KB090133

청소년심리학

| 제12판 |

| 제12판 |

청소년심리학

F. Philip Rice, K. Gale Dolgin 지음 | 정영숙, 신민섭, 이승연 옮김

Σ 시그마프레스

청소년심리학 제12판

발행일 | 2009년 3월 2일 1쇄 발행
　　　　2012년 12월 5일 2쇄 발행
　　　　2018년 2월 5일 3쇄 발행
　　　　2023년 2월 10일 4쇄 발행

저자 | F. Philip Rice, Kim Gale Dolgin
역자 | 정영숙, 신민섭, 이승연
발행인 | 강학경
발행처 | (주) 시그마프레스
편집 | 이상화
교정 · 교열 | 문수진

등록번호 | 제10-2642호
주소 | 서울특별시 영등포구 양평로 22길 21 선유도코오롱디지털타워 A401~402호
전자우편 | sigma@spress.co.kr
홈페이지 | http://www.sigmapress.co.kr
전화 | (02)323-4845, (02)2062-5184~8
팩스 | (02)323-4197

ISBN | 978-89-5832-428-7

THE ADOLESCENT : DEVELOPMENT, RELATIONSHIPS, and CULTURE, 12th edition

Authorized translation from the English language edition, entitled ADOLESCENT, THE : DEVELOPMENT, RELATIONSHIPS, AND CULTURE, 12th Edition, ISBN: 0205530745 by RICE, F. PHILIP; DOLGIN, KIM GALE, published by Pearson Education, Inc, publishing as Allyn & Bacon, Copyright © 2008.

All rights reserved. No part of this book may be reproduced or transmitted in any form or by any means, electronic or mechanical, including photocopying, recording or by any information storage retrieval system, without permission from Pearson Education, Inc.

Korean language edition published by SIGMA PRESS, INC., Copyright © 2009.

이 책은 Pearson Education, Inc와 (주) 시그마프레스 간에 한국어판 출판 · 판매권 독점 계약에 의해 발행되었으므로 본사의 허락 없이 어떠한 형태로든 일부 또는 전부에 대한 무단 복제 및 무단 전사를 할 수 없습니다.

＊책값은 뒤표지에 있습니다.

역자 서문

F. Philip Rice 박사가 저술한 *The Adolescent : Development, Relationships, and Culture*의 제9판을 번역하여 청소년심리학으로 발간한 지 오랜 시간이 지났다. 그 사이 이 책은 세 번이나 개정되었고, Rice 박사는 2008년에 K. Gale Dolgin을 공동 저자로 하여 제12판을 발간하였다. 이번에 새로 번역된 청소년심리학은 Rice 박사가 1981년에 초판을 발간한 이후 계속적으로 자료를 보완하여 가장 최근에 개정한 책이다.

급변하는 환경 속에서 살고 있는 청소년들을 온전하게 이해하기 위해서는 심리학을 비롯한 여러 학문 분야의 포괄적이고 절충적인 지식이 필요하다. Rice 박사의 책은 지난 27년 동안 가장 널리 사용되고 있는 청소년 심리학 교재 중의 하나로, 청소년에 관한 다양하고 포괄적인 내용을 다루고 있다. 따라서 이 책을 읽고 나면 청소년 심리학에 관한 전반적인 지식과 청소년을 이해하는 보다 넓은 시각을 가질 수 있을 것이다.

제12판에서는 청소년들에 관한 이해를 높이기 위해 책의 구성 체제가 이전과 달라진 점이 많다. 그러나 번역서는 국내 대학의 수업일정에 맞추어 장의 구성을 달리하였고, 변경된 일부 체제만을 반영하였다. 개정된 책의 구성에 따라, 각 장의 첫 부분에 그 장에서 '알고 싶은 것'이란 제목으로 몇 가지 질문을 제기하고, 본문 중에 그에 대한 간략한 답변이 제시되어 있다. 또한 이전 판과 동일하게 청소년들이 관심을 보이는 주제들은 'Personal Issues'로, 청소년에 관한 최근의 흥미로운 주제들은 'Research Highlight'에서 다루고 있다.

그동안 청소년심리학의 번역에 대한 요구가 있었으나 역자들의 게으름으로 인해 이제야 비로소 제12판에 대한 번역 작업을 마치게 되었다. 이 책은 세 사람이 번역하였다. 제1장, 제2장, 제8장, 제9장은 정영숙 교수가, 제3장, 제4장, 제5장, 제12장, 제13장은 신민섭 교수가, 그리고 제6장, 제7장, 제10장, 제11장은 이승연 교수가 번역을 해 주었다. 번역 과정에서 원 저자들의 의도를 제대로 드러내면서도 독자들이 쉽게 읽을 수 있는 글이 되도록 노력하였으나, 혹 표현상의 잘못이 있다면 그것은 전적으로 역자들의 잘못으로 돌려 주길 바란다.

끝으로 조금이라도 더 좋은 책을 만들기 위해 애쓰신 (주)시그마프레스 강학경 사장님과 편집부 직원들에게 감사드린다.

2009년 1월
역자 일동

요약 차례

CONTENTS

차 례

제 3 장   성적, 신체적 성숙과 신체상   48

제 7 장 성 가치와 행동 160

제 8 장 사회성 발달 : 변화하는 우정과 사랑 192

알고 싶은 것

▶ 청소년기는 언제 시작되고 언제 끝나는가?

▶ 누가 인터넷을 고안했으며, 왜 고안했는가?

▶ 당신은 부모 세대에 비해 일을 더 많이 하고 있는가, 아니면 더 적게 하고 있는가?

▶ 당신은 부모 세대보다 더 많이 결혼하는가, 아니면 더 적게 결혼하는가?

▶ 성 혁명의 부정적 효과는 무엇인가?

▶ 당신은 10년이나 20년 전보다 더 쉽게 폭력의 희생자가 될 것인가?

청소년기(adolescence)란 용어는 '성장하다' 또는 '성숙해 가다'라는 의미를 지닌 라틴어 동사 *adolescere*에서 파생된 것이다. **청소년기**는 아동기와 성인기 사이에 놓여 있는 성장의 시기이다. 아동기에서 성인기로의 이행은 점진적으로 이루어지고 불안정하며, 이행 기간도 사람마다 다르지만, 결국에는 대다수의 청소년들이 성숙한 성인이 된다. 이런 점에서, 청소년기는 책임을 다할 수 있는 성숙한 창조적 성인으로서의 역할을 맡기 전에 개인이 통과해야 하는 하나의 다리로서 아동기와 성인기를 연결해 준다.

　대부분의 사람들은 청소년기의 시작을 아동이 신체적으로 성숙하기 시작해서 재생산할 수 있는 성적 성숙이 시작되는 시점으로 본다. 사람들은 이를 '사춘기에 도달한' 것이라고 말한다. 하지만 이것은 잘못된 명명이다. 왜냐하면 **사춘기**(puberty)는 신체적으로 생식을 할 수 있다는 의미인데, 생식이 시작되기 몇 년 전부터 이미 '사춘기에 도달한' 신체적 변화들이 시작되기 때문이다. 대부분의 아동들은 11~13세 사이에 사춘기에 도달하는데, 이는 청소년기의 하한선에 해당된다. (라틴어에서 사춘기는 '음모가 자라기 시작하는'을 뜻하는데, 이는 성적 성숙 과정을 잘 표현한 말이 아니겠는가!)

　청소년기의 상한선은 그리 분명하지 않다. 서로 다른 기준이 사용될 수 있고, 보편적으로 합의된 것도 없다. 일부 사람들은 신체적 성숙이 완료되면 청소년기가 끝나는 것으로 생각하는 반면, 다른 이들은 법률적 지위를 획득하여 투표권이 있고, 술을 마실 수 있고, 집을 떠나고, 결혼할 수 있을 때 끝나는 것으로 생각한다(이 주장이 안고 있는 문제는 여러 가지 법률적 지위를 획득하는 나이가 동일하지 않다는 것이다 : 18세에 집을 떠나 독립하더라도 21세까지 술 먹는 것이 금지될 수 있다). 또 다른 모호한 기준은 대부분의 사람들이 개인의 의사결정을 존중하고 독립성을 인정하는 성인으로 취급할 때 청소년기가 끝난다고 보는 것이다.

　청소년 스스로는 부모로부터 정서적으로 독립하고 자신의 행동에 책임을 지는 것에 주목하는 경향이 있다(Arnett, 1997). 대부분의 사람들은 경제적 독립과 정서적 독립이 이루어지고, 보다 성인다운 주제에 관심을

알고 싶은 것

▶ **청소년기는 언제 시작되고 언제 끝나는가?**

청소년기는 약 12세쯤 시작하는 시기로, 신체가 사춘기를 향하여 성숙하기 시작하는 시기이다. 청소년기의 끝은 그리 분명하지 않다. 17세에 집을 떠나 경제적으로 독립한 청소년들이 있는가 하면(이런 17세 청소년은 성인인가?), 집에 살면서 부모로부터 경제적 지원을 받는 20대들도 있다(이런 20대들은 여전히 청소년들인가?).

두는 쪽으로 입장의 변화가 생기는 것을 청소년기의 끝으로 생각하는 경향이 있다. 따라서 이 책에서는 대학생을 청소년으로 간주할 것이다.

　그런데 청소년기는 획일적이지 않다. 심리적으로 불안정하고 몸집이 작은 12세 중학생과 성숙하고 자신만만한 20세 대학생 간에는 엄청난 차이가 있다. 이 때문에 우리는 청소년 초기, 청소년 중기, 그리고 청소년 후기로 나누고자 한다. 청소년 초기는 대략 11~14세 사이의 사람들이고, 청소년 중기는 15~17세 사이의 사람들을 칭하며, 청소년 후기는 18세 이상인 청소년들을 지칭하는데, 18세, 19세, 그리고 20세의 일부는 성인일 수 있음을 알아야 한다. 성인은 (이론적으로) 신체적, 정서적, 사회적, 지적, 그리고 영적 영역의 모든 면에서 성숙한 사람들인 반면에, 청소년들은 이러한 영역에서 계속 성장하고 있는 사람들이다.

　청소년들은 언제 자신이 충분히 성인이 되었다고 인식하는가? 일부 청소년들은 '성인클럽'에 출입하려면 아직도 많이 기다려야 한다고 생각한다. 많은 중년기 성인들과 노인들은 실제 나이보다 자신을 더 젊게 느끼고 있는 반면에, 젊은 성인들은 대체로 자신의 나이를 있는 그대로 지각하고 있고, 청소년들은 신체 연령보다 자신이 더 나이 들고 성숙한 것으로 느끼고 있다(Galambose, Kolaric, Sears, & Maggs, 1999; Montepare & Lachman, 1989). 청소년들의 부모와 교사는 동의하지 않겠지만, 많은 청소년들은 주변에 있는 어른들이 지나치게 자신들을 통제한다고 불평한다.

　이 책에서 자주 사용하는 또 다른 두 단어는 십대

(teenager)와 축약어 *teen*이다. 엄격하게 말하자면, 십대 란 용어는 13~19세까지의 연령에 해당되는 사람들에게만 적용된다(영어에서 13부터 19까지 단어 끝에 teen 이 사용됨). 십대란 단어는 꽤 최근에 사용된 용어로, *Readers' Guide to Periodical Literature*의 1943~1945 판에서 처음 사용되었다. 그런데 종종 아동(특히 소녀)이 13세 이전에 신체적으로 성숙하기 때문에 약간의 괴리가 있다. 십대처럼 보이고 행동하는 11세 소녀가 있는가 하면, 아직 성적으로 미숙하고 여전히 아이처럼 보이고 행동하는 15세 소년도 있다. 이 책에서는 teen-ager, teen, 그리고 청소년을 병용해 사용할 것이다.

일반적으로 **소년/소녀**(juvenile)란 단어는 법적으로 아직 성인이 되지 않은 사람을 지칭하는 용어로, 미국의 대부분의 주에서 18세까지를 말한다. 그런데 18세의 법적 권리는 주마다 달라 혼선이 있다. 미국 헌법의 수정 조항에는 18세에게 투표권을 주도록 되어 있으며, 일부 영역에서 법정 소환이 가능하다. 18세가 되면 일부 가게와 은행에서 자기 이름으로 개인 신용을 얻을 수 있지만, 연대 보증이 필요한 경우도 많다. 많은 임대업자들은 18세 청소년의 부모에게 여전히 주택임대에 대한 보증을 요구한다.

청소년을 연구하는 다양한 접근

청소년을 연구하는 다양한 접근들이 있다. 첫 번째는 **생물학적** 접근으로, 이 접근에서는 사춘기에 일어나는 성적 성숙과 신체적 성장 과정을 주로 다룬다. 즉 여성과 남성의 여러 기관의 성숙과 그 기능, 2차 성징의 발달, 사춘기 동안 일어나는 키와 몸무게의 성장 추세 등을 다룬다. 신체가 변화되면서 청소년들은 영양, 체중, 신체적 매력에 관한 관심이 발달한다. 요약하면, 청소년들이 신체 변화에 대해 언제나 즐거워하는 것만은 아니다.

청소년을 연구하는 두 번째 접근은 인지적 접근으로 두 가지 측면, 즉 (1) 청소년들의 사고 방식에서 일어나는 질적인 변화, (2) 인지 과정과 정보처리 과정에서 일어나는 양적인 변화를 다룬다. 또한 인지적 접근에서는 인지 변화가 청소년의 성격과 행동에 미치는 영향에도

관심을 둔다. 인지적 접근의 연구자들은 지능, 기억력, 사고력, 문제해결 및 의사결정과 같은 주제에 관심을 갖는다.

청소년을 연구하는 세 번째 접근은 심리성적 접근으로, 여기서는 정서와 자기 발달을 다루는데, 자아개념의 발달, 자아존중감, 성역할 및 정체감 등이 이에 포함된다. 또한 정신건강, 정서적 문제, 그리고 스트레스가 청소년들에게 미치는 영향에도 관심을 둔다. 청소년기를 거치면서, 청소년들은 성적 충동과 자기개념을 통합해야 하고 자신의 성을 다룰 수 있는 방법을 배워야 한다.

청소년을 연구하는 네 번째 접근은 사회적 관계 속에서 청소년을 살피는 것이다. 이 접근에서는 가족이 십대에게 미치는 영향, 부모-청소년 자녀 갈등, 형제관계, 그리고 양육 방식 등을 살피게 될 것이다. 다양한 가족 형태—한부모 가정, 복합 가정, 입양 가정—의 효과에 관해서도 살펴볼 것이다. 아울러 또래관계, 우정, 낭만적 관계 등도 다룰 것인데, 여기서는 동조, 유행, 패거리, 집단과 같은 주제가 거론될 것이다. 이 접근의 마지막은 도덕발달에 관한 것이다. 도덕발달은 인지발달에서 다루기 용이한 주제이지만, 우리는 타인과의 상호작용을 통해 도덕적 신념이 형성되고, 도덕적 신념은 타인을 대하는 방식의 지표가 된다는 점에서 도덕성이 본질적으로 사회적 현상임을 강조하기 위해 사회적 접근에서 다루기로 한다.

청소년들이 접하고 있는 보다 넓은 사회와의 연계성도 다루어질 것이다. 청소년들은 깨어 있는 많은 시간을 학교에서 보내며, 또래 및 교사들과 상호작용한다. 학교는 사회적 기술과 직업관련 기술을 포함하여 청소년들이 독립된 성인으로 기능하는 데 필요한 여러 가지 기술을 제공하는 기관이다. 종종 재학 중에, 그리고 졸업 후에는 대부분의 청소년들이 직업을 갖는다. 진로결정, 진로교육, 젊은 층 고용으로 인한 득실, 그리고 청년 실업의 문제들이 후반부에서 다루어질 것이다.

마지막으로 이 책은 오늘날 청소년들이 접한 많은 심각한 문제들인 자살, 비행, 가출, 약물 남용 등의 주제를 다루면서 끝을 맺는다. 모든 청소년들이 다 이러한 문제들을 안고 있는 것은 아니지만, 놀라우리만큼 그 비율이 높다. 그리고 청소년들이 직접 이런 문제를 체

험하지 않는다 하더라도, 대부분의 청소년들이 이런 문제를 갖고 있는 친구를 알고 있다. 따라서 청소년 심리학 교재라면 이런 문제의 원인, 증상 및 대처를 살피지 않고서는 마무리할 수 없을 것이다.

이 책에서는 청소년을 연구하기 위한 **절충적인 접근**을 취하고 있다. 즉 이 책에서는 청소년 발달의 어느 한 측면이 아니라 모든 측면을 강조하고, 청소년의 모든 측면을 알아내는 단일 접근이 없다는 점을 인식하여 학제 간 접근을 취한다. 따라서 생물학자, 심리학자, 교육학자, 사회학자, 인류학자 및 의료 요원 모두의 역할이 다 중요하다. 청소년을 온전히 이해하기 위해 우리는 다른 입장에서 서로 다른 조망으로 청소년을 보아야 한다.

급변하는 우리 사회

청소년들이 성장하고 있는 사회는 청소년들의 발달, 대인관계, 적응 및 여러 가지 문제 발생에 지대한 영향을 미친다. 청소년이 소속된 사회가 청소년들에 대해 가지고 있는 기대는 청소년의 성격을 조성하고, 청소년의 역할에 영향을 주며, 청소년의 미래를 안내한다. 사회의 구조와 기능은 청소년의 욕구 충족을 도와주기도 하고 더 많은 긴장과 좌절을 초래하여 새로운 문제를 만들어 내기도 한다. 청소년들은 더 큰 사회에 속하는 사회적 존재이므로, 사회질서가 청소년에게 어떻게 영향을 미치는지에 관해 이해할 필요가 있다.

사실 대부분의 청소년들의 경험은 꽤 일정하다. 장기적으로 보면, 결국 누구나 사춘기에 도달하지 않을 수 없으며, 사춘기를 잘 견뎌 낸다. 그러나 청소년이 된다는 것에 관해 모든 것이 그렇게 예측 가능한 것만도 아니다. 세상은 끊임없이 변하는데, 때로는 너무 급격하게, 때로는 점진적으로 변한다. 오늘날 청소년들은 이전 세대가 접했던 환경과는 아주 다른 환경을 접하고 있다. 일부 환경은 점진적 진화의 결과로 이전보다 더 발전한 것이다. 그러나 50년 전에는 상상할 수 없었던 환경들도 있다. 이러한 사회적 변화들은 서로 연결되어 있고, 서로 경쟁하여 한 변화가 다른 변화에 영향을 준다.

때때로 이러한 급격한 변화와 특별한 사건으로 인해 태어난 시기에 따라 상이한 특징을 갖는 청소년 **동시출**생집단(cohorts)이 형성된다. 어떤 사건과 주제가 청소년들에게 가장 많은 영향을 미쳤는지 명확하게 알려면 역사적 시간이 충분해야 하기 때문에, 보다 최근에 나타나고 있는 동시출생집단보다는 과거의 동시출생집단에 관해 보다 분명하게 말할 수 있다. 다음의 용어들은 1900년대 이후 각 시대마다 나타난 청소년 동시출생집단을 가장 흔하게 지칭하는 이름들이다.

- 잃어버린 세대(The Lost Generation) : 제1차 세계대전 동안 또는 직후에 청소년이었거나 젊은이였던 사람들로 1880년대 중반부터 1900년 사이에 태어난 사람들이다. 이들은 제1차 세계대전으로 죽은 수많은 사람들로 인해 충격을 받았고 도덕성과 소유에 대한 빅토리아식 사고를 경멸하였다.

- 용병 세대(The G.I. Generation) : 이 세대는 미국에서 대공황 시기에 아동기를 보내고 제2차 세계대전 동안 청년이었던 사람들로, 엄청나게 많은 젊은이들과 여성들이 군대에 지원하거나 징집되었다. 미국 본토에 남아 있던 사람들은 이전에 남자들이 하던 일을 떠맡았다.

- 침묵 세대(The Silent Generation) : 제2차 세계대전에 참여하기에는 너무 늦게 태어났고 탈인습적이고 반권위주의적이기엔 너무 일찍 태어난(대략 1925~1940년) 사람들로, 이 집단은 보수적이고 전통적인 특징을 갖는다. 그런데 Martin Luther King, Jr. 목사, John Lennon, 그리고 Jerry Garcia 같이 자유를 추구하는 많은 지도자들과 인물들이 이 세대의 사람들이었다.

- 베이비붐 세대(The Baby Boomers) : 이 집단은 제2차 세계대전 이후, 즉 용병들이 집에 돌아오고 정상적인 시민의 삶을 영위하기 시작한 이후에 태어난 사람들로, 높은 출생률과 경제 발전 시기에 성장하여 수적으로 거대한 세대이다. 이들은 1940년대 중반부터 1960년대 중반 사이에 태어난 사람들이다. 이들은 1950년대 최초의 로큰롤 세대가 되었고, 1960년대 후반에는 히피 세대를 구성하였다.

- X 세대(Generation X) : 이 이름은 이 세대가 갖고 있는 냉소주의와 소외 감정을 반영하고 있다. 이 세대

는 1960년대 중반부터 1980년대 사이에 태어난 수적으로 적은 세대로, X 세대 구성원들은 1980년대와 1990년대에 청소년기를 보냈다. 이들은 대체로 베이붐 세대의 자녀들이지만 부모가 물려준 세상에 매력을 느끼지 못한 세대였다. 이들은 종종 개인적 자기 충족을 추구했던 부모로부터 무시당했다고 느꼈고, 직업을 얻을 가능성과 세상을 긍정적으로 변화시킬 수 있는 능력에 관해 비관적이었다.

● **Y 세대(Generation Y)** : 새천년 세대로 알려진 이들은 대략 1980년부터 2000년 사이에 태어난 개인들로, 이들은 개인적으로 냉전을 기억하기엔 너무 젊지만 컴퓨터, 인터넷, 그리고 휴대전화가 삶의 일부로 통합될 만큼은 충분히 젊은 사람들이다. Y 세대에 속한 많은 사람들은 지나치게 아동중심적인 '헬리콥터 부모'에 의해 길러졌다.

● **? 세대(Generation ?)** : 2000년 이후 태어난 가장 최근의 세대로 아직 청소년이 되지 않은 세대이다. 이들은 바로 직전에 도래했던 다소 낙천적인 시대와는 아주 다른 시대가 될 수 있는데, 9/11 테러 이후 시대에서만 양육된 첫 번째 세대가 될 것이다. 이 세대에게 무엇이 영향을 줄지는 시간이 말해 줄 것이다.

오늘날의 청소년들의 경험에 영향을 미치고 있는 혹은 미칠 수 있는 일곱 가지 환경적 변화로 청소년기의 연장, 인터넷의 존재, 직업시장의 변화, 연장된 교육의 필요, 가족 구조의 변화, 성 혁명, 그리고 폭력의 증가

비교문화적 관심　전 세계 청소년들이 당면한 주요 위기

UN 인구기금에 따르면, 역사상 가장 거대한 청소년 세대(12억 명)가 도래하고 있다. 이와 관련하여 가장 긴급하게 요구되는 것에는 양성 평등의 증진과 교육기회의 제공, 건강 서비스 및 생식과 건강한 성에 관한 정보가 포함된다. 이런 목표를 달성하기 위해서는 젊은이들의 생활을 개선해야 할 뿐만 아니라 세계적으로 유행하는 AIDS 확산을 저지하고, 널리 퍼져 있는 가난을 해소해야 할 것이다. 미국 이외의 여러 나라 청소년들이 당면하고 있는 이슈가 미국 청소년들이 당면하고 있는 것과 다른 경우도 있지만, 일부 이슈는 서로 유사하다. 예를 들어 자신들이 직면하고 있는 '새로운' 세계에서 살아남기 위해 어떻게 해야 하는가에 대한 충고를 전통보다는 또래와 대중매체에 지나치게 의존하고 있다는 점은 미국 청소년들에게만 해당되는 것이 아니고 전 세계적인 추세라 할 수 있다.

양성 불평등은 주요 주제 중 하나이다. 여자 청소년들은 많은 나라에서 차별받고 있다. 많은 사회에서 가족들은 아들에게 쏟는 만큼 딸의 건강이나 교육에 투자하지 않는다. 많은 지역에서 여성에게는 소유권을 허용하지 않는다. 가난하고 고용기회가 부족하기 때문에, 소녀와 여인은 어린 결혼, 성적 강압, 성매매 등 성적 착취의 대상이 되기 쉽다. 꼬마 신부는 남편과 나이 차이가 크기 때문에 더 이상 교육을 받지 못하고 집에서 복종적인 위치에 있을 수밖에 없으며, 가족 외의 사회화가 허용되지 않는다. 이들은 학대하는 남편을 떠날 수 있는 기회도 거의 없다. 여성의 권리와 사회적 지위가 거의 없는 사회에서는 성적 착취가 파다하며, 이런 발생의 책임은 여성이 진다. 매년 700,000~4,000,000명의 여자 청소년들이 강제적으로 성매매에 동원되며 무시와 질병으로 얼룩진 모진 삶을 살고 있다.

전 세계적으로 혼전 성활동이 많아짐에 따라 HIV/AIDS 및 다른 성병들이 젊은이들에게 퍼지고 있다. AIDS에 걸린 신규 사례의 절반이 15~

24세 사이의 사람들이다. 이는 매일 6,000명의 젊은이들에게 감염이 일어나고 있다는 것이며 대부분이 여성들이다. 그 비율이 가장 높은 곳은 아프리카 사하라 사막 주변이다. AIDS가 젊은이들에게 영향을 미치는 또 다른 방식은 많은 청소년들이 그 바이러스 때문에 가족을 잃는다는 것이다. 가족 중 한 명이 아프면, 아동(일반적으로 딸)이 그 가족을 돌보기 위해 학교를 그만두어야만 한다. 그리고 아동이나 청소년이 고아가 되면, 종종 살기 위해 도둑질을 하거나 매춘을 해야 한다.

성병 확산을 막기 위해 청소년들에게 생식에 관한 건강 정보를 제공하는 것이 중요하다. 개발도상국의 많은 젊은이들이 학교에 다니지 않기 때문에 이런 정보 제공을 학교에만 맡길 수 없다. 여러 나라에서는 종종 대중매체를 동원하여 다양한 접근을 시도하고 있다. 가장 공통적인 주제로는 절제된 성활동, 한 파트너와의 성관계, 콘돔의 사용 등이 포함된다.

또한 이런 노력은 청소년 임신을 감소시킬 수 있다. 이른 임신은 어린 여자 청소년들에게 심각한 건강 문제를 일으킨다. 전 세계적으로 볼 때, 이른 임신은 15~19세 여성의 주된 사망 원인이 되고 있다. 이른 임신으로 인한 사망의 대부분은 출산으로 인한 합병증 탓이지만, 일부는 서투른 낙태로 인해 발생하기도 한다. 출산 후 살아남은 일부 청소년들은 더 이상 임신할 수 없게 되기도 한다.

좋은 소식은 '청소년의 안녕(well-being)'이라는 주제가 아주 진지하게 고려되고 있다는 것이다. 가장 심각한 문제가 무엇인지 확인되고 있고, 한 걸음씩 진척이 되고 있으며, 청소년들의 삶이 나아지기 위해 필요한 개선이 점차 전 세계적으로 이루어지고 있다. 지난 10년간 상당한 진보를 이루어 내고 있다.

출처 : United Nations Population Fund(2003).

에 관해 간략하게 살펴보기로 하자. 각 주제는 나중에 보다 자세히 다루어질 것인데, 여기서는 현재의 청소년 들에게 영향을 주는 사회적 힘에 관해 생각해 보자는 목적으로 제시한다.

청소년기의 연장

1970년대 이후로 성인기로의 완전한 입문이 점차 늦어 지고 있는데, 그것은 교육을 끝마치고, 직업을 확정하 고, 부모로부터 독립하고, 결혼하고, 아이를 낳는 데 점 점 더 시간이 오래 걸리기 때문이다(Arnett, 2000). 다시 말해 청소년기가 연장되고 점차 길어진다는 것이다. 적 어도 20대까지는 부분적으로 부모에게 경제적으로 의 존한다는 것과 30세가 다 되어서야 결혼한다는 것이 낯 설지 않다. 이런 연장으로 인해, 중요한 인생 사건들이 뒤로 미루어질 뿐만 아니라 전통적으로 일어났던 인생 사건의 순서도 와해되고 있다(Fussell, 2002). 예를 들어 19세에 결혼하면서 결혼 전에 아이를 갖는 여자는 별로 없을 것이다. 다른 예로, 20세에 교육을 끝마쳐도 학위 를 얻기 위해 28세까지 계속 공부하는 사람이 많지, 20 세에 바로 정규 직업을 갖는 사람은 별로 없을 것이다.

청소년기의 연장에 대한 여러 가지 설명이 가능하다. 좋은 직업을 얻기 위해 더 많은 기술이 필요하고, 혼전 성행동에 대한 사회적 허용이 높아지고, 효과적인 피임 법을 쉽게 사용할 수 있는 등 여러 가지 요인이 있다. 청소년 기간이 연장된다는 사실은 청소년들이 체험하 는 경험에서도 변화가 초래될 수밖에 없다는 것을 의미 한다.

정보기술의 혁명

오늘날 청소년들은 과학기술이 급속하게 발전하는 사 회에 살고 있다. 아마도 미국만큼 별 제재 없이 과학기 술의 혁신을 존중하는 사회도 없을 것이다. 지난 100년 간 미국인들은 전례 없는 과학적 진보를 목격해 왔다. 전기, 라디오, TV, 자동차, 비행기, 핵에너지, 로켓, 컴 퓨터, 레이저, 로봇, 위성통신의 개발이 바로 그것이다. 이러한 여러 가지 변화 중에서 컴퓨터의 도입만큼

지대한 영향을 준 것은 없다. 최초의 컴퓨터는 오늘날 의 개인용 컴퓨터(PC)보다 막강하지 못하면서도 그 가 격은 수백만 달러를 능가했다. 최초의 컴퓨터는 1980 년에 도입되었다. 그 이후로 컴퓨터의 사용은 급증하였 고, 현재 미국 전체 노동자의 약 절반이 직업상 컴퓨터 를 사용하고 있다(Bureau of Labor Statistics, 2003). 2003년에는 미국 청소년의 78%가 집에서 컴퓨터를 사 용하고 있고, 학교수업에서는 93% 이상 컴퓨터를 사용 하고 있다(U.S. Bureau of the Census, 2003). 또한 유 아원과 유치원에서도 52%의 아이들이 컴퓨터를 사용 하고 있다.

인터넷

컴퓨터를 이용하는 가장 중요한 이유 중의 하나가 인터 넷의 도입이다. 인터넷을 개발한 연구자들은 핵전쟁 시 정부의 중요한 정보를 저장하고 의사소통할 수 있는 안 전한 방법이 필요했다. 그 해결책은 수십억 바이트의 정보를 저장해야 하고 원격 컴퓨터 활동을 직접 지시할 중앙 컴퓨터가 필요 없는 네트워크를 만드는 것이었다. 네트워크상에서 각 컴퓨터 사이트는 독립적이지만 다 른 컴퓨터 사이트들과 서로 연결되어 있다. 따라서 한 사이트가 손상되더라도 다른 사이트들 간에는 정보가 원활하게 교환되고, 다른 사이트에 있는 정보가 파괴되 지도 않는다.

그 결과 오늘날 네트워크를 구성하고 있는 수천 대의 컴퓨터에 자료를 분산 저장하게 되었고, 네트워크 간의 공통 언어가 생기게 되었다. 그러므로 어느 한 컴퓨터 가 고장이 나더라도, 그 네트워크에 연결된 나머지 컴 퓨터들 간에는 아무 문제 없이 서로 접속하여 연결될 수 있다.

인터넷 사용자는 1,000억 명 이상으로 추정된다 (Internet World Stats, 2006). 인터넷은 1년 내내 항시 열려 있다. 인터넷은 사람을 만나고, 모험을 추구하고, 자신의 생각과 경험을 나누고, 직장을 구하고, 데이트 를 하고, 배 우자를 구하고, 궁금한 것을 물어보고, 조 언을 해 주는 길이다. 이제 인터넷을 통해 수천 개의 대 학과 정부기관 및 연구자들이 제공하는 풍성한 정보를 손쉽게 얻을 수 있다. 인터넷은 자동차에서 식품에 이

알고 싶은 것

▶ **누가 인터넷을 고안했으며, 왜 고안했는가?**

인터넷은 컴퓨터 고장에 대비하여 네트워크를 보호하는 방안으로서 미군에 의해 고안되었다. 웹은 분산되어 있기 때문에 파괴하기가 어렵다.

르기까지 모든 것을 구할 수 있는, 결코 문을 닫지 않는 쇼핑몰이다. 또한 인터넷은 인류 최후의 개척지인 가상공간이다. 가상공간은 경계선이 없다. 가상공간은 사람을 만나고, 대화하고, 배우고, 탐색하고, 정보를 얻을 수 있는 하나의 시스템이다. 가상공간은 사람들을 자신의 생각과 감정을 공유할 수 있도록 전자공학적으로 서로 연결시켜 주는 공간이다. 일단 가상공간에 접속하면, 개인은 사적으로 또는 집단적으로 대화할 수 있고, 저명한 전문가와의 직접 토론, 온라인 게임, 수많은 정기 간행물과 전자 간행물 기사 검색, 쇼핑, 비행기 예약이나 호텔 예약 및 가장 최근의 주식장세와 좋은 투자 안내도 받을 수 있다.

미국 청소년의 85% 이상이 현재 웹(web)을 사용하고 있으며, 90% 이상이 웹을 사용한 경험이 있다(Lenhart, Madden, & Hitlin, 2005). 청소년들이 웹을 사용하는 가장 공통적인 이유는 타인과 교류하고(이메일, 쪽지 주고받기, 대화방 사용), 흥미로운 사이트를 찾고, 게임을 즐기기 위해서이다.

인터넷의 폭발적인 성장으로 인해 가상공간에서 얻을 수 있는 것이 엄청나게 많아졌다. 인터넷에는 이용 가능한 엄청나게 많은 정보가 넘쳐나고 있으며, 원하는 정보는 무엇이든 거의 다 얻을 수 있다. 우리가 원하는 모든 책과 그림 또는 음성클립를 확인할 수 있는 마법의 도서관이 마치 우리 손가락 끝에 있는 것 같다. 우리는 전 세계에 있는 위대한 박물관을 관람할 수 있고, 정책입안자들의 주요 결정을 보고 들을 수 있다. 정보 수집에서의 이러한 이점은 교육자료를 접하기 어려운 고립된 개인에게 특히 중요하다. 또한 인터넷은 멀리 있는 사람과도 힘들이지 않고 교류를 할 수 있게 해 준다. 예를 들어 자신의 웹 사이트에 사진을 올려놓으면, 친구는 당신이 보낸 멋진 휴가나 당신의 여자 친구가 어떤 사람인지 볼 수 있다. 또한 웹은 주변에서 구하기 힘든 은밀한 물건을 구입할 수 있게 해 주고, 다른 대륙에 있는 라디오 프로그램도 들을 수 있게 해 준다. 그러나 인터넷 사용은 많은 잠재적 문제도 안고 있다.

인터넷 사용으로 인한 잠재적 위험

부적절한 자료들

인터넷이 갖고 있는 부정적인 측면 중 하나는 인터넷이 아동과 청소년들이 엄청나게 많은 부적절한 자료들을 쉽게 접할 수 있도록 한다는 것이다. 예를 들어 다양한 성행위가 포함된 자위행위, 남녀 간의 성행위 및 집단 성행위에 관한 사진이나 비디오와 같은 성적 음란물을 쉽게 접할 수 있다. 동물과의 성관계나 어린 아동과의 성관계를 담고 있는 사진과 자료들도 있고, 가상 인물이나 실제 인물과의 근친상간, 집단 성행위 등에 관한 것도 있다. 인터넷 이용자들은 혼외정사나 하룻밤 같이 지낼 동성 또는 이성 파트너를 구하는 광고에 접할 수 있다. 폰섹스와 윤락 등을 알선하는 장소에 관한 광고와 성 도구 및 의상에 관한 카탈로그도 보게 된다.

인터넷에서는 모든 것이 가능하면서 접근 통제가 불가능하기 때문에 청소년들과 어린이들이 다른 곳보다 온라인 자료에 쉽게 접근할 수 있다. 그리고 때로는 무해한 사이트에 접속하려고 하는 사람조차도 노골적인 사진이나 자료를 접하게 되는 경우가 있다. Finkelhor와 그 동료들(Finkelhor, Mitchell, & Wolak, 2000)은 자신이 표집한 청소년의 25%가 인터넷상에서 음란물을 접한 경험이 있다고 보고하였는데, 특히 전혀 그럴 용의가 없었음에도 불구하고 그런 경험을 하는 경우도 있다고 보고하였다. 그리고 20%는 온라인으로 성적 유혹을 받은 경험이 있다고 보고하였다.

폭력적이고 파괴적인 자료도 인터넷에 들어 있다. 폭탄, 지뢰 및 기타 파괴 장치 제조를 위한 비법도 제공된다. 한 예로, 1995년 미국 오클라호마 시에서 사용된 폭탄과 유사한 폭탄 제조법을 인터넷상에서 찾아낸 한 청소년이 그 폭탄이 제대로 작동하는지 시험해 보려고 철물점에서 관련 재료들을 구입하기도 하였다. 인터넷은

인터넷 사용의 문제 중 하나는 청소년들에게 포르노와 기타 보아서는 안 될 자료들을 볼 기회를 제공한다는 것이다.

약물과 그 사용 도구에 관한 정보도 제공한다. 과격하고 진보적인 운동가들도 인터넷에 해당 자료들을 올린다. 이런 자료들은 신 나치집단이나 군대 조직에서 나올 수도 있고, 갱집단에 관한 정보도 포함되어 있다.

부모와 법률가들은 아이들을 이러한 음란물에 노출되지 않도록 보호하는 법을 통과시키려 하고 있다. 1996년 2월에 통신규제법이 통과되었으나, 곧이어 일부 시민 단체에서 그 법이 미국의 헌법에 위배된다고 항의하였다. 법원에서는 이 법률을 부결하였는데, 1997년 6월 26일 미국 대법원은 7 대 2로 이 법안이 통신의 자유를 침범하였다고 결론내리면서, 하위법원의 결정을 지지하였다. 이 법률의 두 번째 안인 아동 온라인 보호법은 1998년에 통과되었으나, 2004년 대법원에 의해 거부되었다. 훨씬 범위가 좁은 법령인 '아동 인터넷 보호법(CIPA)'이 2000년 미국 의회에서 통과되었다. 이 법은 인터넷 사이트 제작자들을 겨냥한 것이 아니라 학교와 공공 도서관에 해당되는 것으로, 정부 지원을 받으려면 아동들이 해로운 자료에 접하지 않도록 조치를 취하게 한 것이었다. 무엇이 '해로운' 것인가는 지역사회에서 그 기준이 정해졌다. 이 법은 미국 시민자유연합 단체(ACLU)와 미국 도서관 협회의 저항을 받았지만 2003년 미국 대법원에서 그 법이 확정되었다. 도서관과 학교는 사이트 접근을 방지하는 소프트웨어를 설치함으로써

이 법을 따랐는데, 이 프로그램은 성인 사용자가 원하면 그 설치를 제거할 수 있는 프로그램이었다(American Library Association, 2006).

아동과 청소년에게 미치는 효과

인터넷은 청소년들에게 자신의 정체감을 탐색하기 위해 과거에는 활용할 수 없었던 기회를 제공해 준다. 일부 연구자들은 인터넷 사용자들이 다중적인 '가상적 자기'를 발달시킬 것이라고 우려하기도 한다(Anderson, 2002). 사람들이 웹에서는 원하는 대로 자기를 나타낼 수 있다는 것은 분명하다. 인종과 성이 다른 다중 인물을 계발할 수 있고 자신의 외모를 원하는 대로 다르게 그려 낼 수 있다. 이렇게 하는 것이 청소년의 진정한 정체감을 발달시키는 데 어떤 영향을 미칠지는 현재로서는 명확하지 않다.

부정적인 측면에서 보면, 인터넷에 대한 접근의 차이는 부자와 가난한 자 사이의 차이를 증가시킬 것이다(U.S. Department of Commerce, 1999). 컴퓨터에 익숙하지 못하고, 네트워킹과 정보 접근이 부족해지면 저소득 청소년이 될 것이고, 점점 더 중류층 또래들에게 뒤처지게 되며, 이로 인해 고소득 직업을 얻는 것이 어렵게 될 것이다.

컴퓨터 혁명의 또 다른 흥미로운 결과는 아동과 부모

간에 생기는 기술문명의 괴리이다. 많은 부모들은 컴퓨터를 잘 알지 못할 뿐만 아니라 심지어 두려워하기까지 한다. 컴퓨터 지식에 대한 부모들의 더딘 적응은 기술문명의 격차를 넓혀 놓았다. 부모들은 종종 컴퓨터 사용에 문제가 생기면 자녀에게 도움을 청해야만 한다.

일에서의 혁명

미국은 물질중심 사회이다. 대부분의 개인은 좋은 삶을 위해서는 좋은 집을 갖고 많은 것을 소유하는 것이 중요하다고 믿고 있다. 이런 가치관과 끊임없이 물질적 요구를 채우려는 동기가 있게 되면 고용 상황은 계속 발전한다.

다중 직업과 초과 근무

실제 임금이 인상되고 있음에도 불구하고, 미국인들은 점점 더 일하는 시간이 많아지고 있다. 경제적으로 상당히 어려운 상태에 있는 사람도 있고, 주당 40시간 일하는 것에 비해 훨씬 높은 생활 수준을 바라는 사람들도 있다. 최근에는 하나의 직업을 갖되 초과 근무 시간이 증가하는 것과 2개의 직업을 갖는—일반적으로 하나는 정규 직업이고 다른 하나는 부차적인 시간제 직업—사람들의 수가 증가하고 있다. 미국인들은 유럽인들에 비해 일하는 시간이 훨씬 더 많다. 유럽인들은 1970년대에 비해 일하는 시간이 더 줄어든 반면에, 미국인들은 오히려 일하는 시간이 20% 정도 더 늘었다(Office of Economic Cooperation and Development, 2004). 미국인들은 유럽인들에 비해 주당 일하는 시간이 더 많고 휴가 시간은 더 짧다.

분명한 것은 이렇게 노동 시간이 많아지면 가족이나 자녀와 함께 보낼 수 있는 절대적 시간은 줄어든다는 것이다. 어느 부인은 "내 남편이 일주일에 80시간 일하면서, 도대체 나를 위해 무엇을 할 수 있겠어요?"라고 말하기도 했다(Ricedml의 상담 일지 중에서).

일하는 여성

높아진 생활비를 감당하려는 또 다른 지표는 어린 자녀가 있는 여성들을 포함하여 집 밖에서 일하는 여성의

알고 싶은 것

▶ 당신은 부모 세대에 비해 일을 더 많이 하고 있는가, 아니면 더 적게 하고 있는가?
현재의 추세가 지속된다면, 당신은 부모나 조부모 세대에 비해 일하는 데 더 많은 시간을 쏟을 가능성이 높다.

수가 증가한다는 것이다. 2001년 현재 기혼 여성의 73.9%가 집 밖에서 일하고 있으며, 6~17세 사이의 자녀를 둔 기혼 여성의 80%, 6세 이하의 자녀를 둔 기혼 여성의 63%가 직장을 다니고 있다. 이혼한 어머니들은 직장을 다닐 가능성이 더 높다. 6세 이상의 자녀를 가진 이혼한 어머니의 87%와 6세 이하의 자녀가 있는 이혼한 어머니의 76%가 직장에 다니고 있다(U.S. Bureau of the Census, 2002).

어머니들의 고용 증대로 인해 아동 양육에 대한 요구가 강화되었다. 일부 가정에서는 청소년이나 나이 든 아동들이 직장에서 일하는 부모를 대신하여 동생들을 보살피기도 한다.

청소년 고용

유럽인들에 비해 미국인들의 일하는 시간이 길어진 이유 중 하나는 많은 미국 청소년들이 일을 하기 때문이다. 일하는 고등학생의 비율은 계속 높아지고 있다. 일반적으로 볼 때 부모, 교사, 그리고 사회과학자들은 청소년들이 일하는 것을 지지한다. 그리고 관습적으로 보더라도 일을 한다는 것은 학생들에게도 좋은 것이라 할 수 있다. 사회의 축복하에 미국 청소년들은 일터로 간다. 학기 중에 15~17세 청소년 300만 명이 일하고, 여름 방학에는 400만 명이 일한다. 이 청소년들은 학기 중에는 일주일에 평균 17시간 일하고, 여름 방학에는 일주일에 29시간 일한다(Herman, 2000; Stringer, 2003).

그러나 많은 전문가들이 청소년들이 일하는 데 너무 많은 시간을 할애하고 학교 수업에 충분한 시간을 할애하지 않는다고 느끼기 시작하였다(Marsh & Kleitman, 2005). 16세 청소년은 여름 방학에 보통 주당 250달러를 벌어

시간제 직업을 갖고 있는 청소년의 수가 계속 증가하고 있다. 방과 후 일은 특히 일하는 시간이 주당 20시간 이상일 경우에 종종 숙제를 못하게 되고 가족으로서 생활에도 방해가 된다.

그 돈으로 자동차 유지 비용을 내고, 연주회 입장권, 옷, DVD와 CD를 산다. 이런 소비 양상은 청소년이 어른으로 자립하는 데 도움이 되지 않는다.

청소년 고용 효과는 나중에 다루어지겠지만, 여기서는 방과 후 일하는 것이 학교성적 부진, 비행, 약물 중독과 관련이 높다는 것을 보여 주는 믿을 만한 자료들이 있다는 것만 언급하기로 한다. 또한 일하는 십대들은 일하지 않는 또래에 비해 수면과 운동이 부족하기 쉽다. 일하는 청소년이라면 누구나 이런 위험이 있겠지만, 일하는 시간이 긴 청소년들이 특히 그렇다.

광고와 소비

대중매체는 소비하는 청소년 세대를 창출하는 데 일익을 담당한다. 오늘날의 아동들은 이전의 어느 세대보다도 더 많이 신문과 잡지, 라디오, TV 등에서 새로운 물건, 아침식사 용품, 샴푸 구매를 촉구하는 광고에 둘러싸여 있다. 미국 가정의 99% 이상은 TV를 소유하고 있고, 청소년의 2/3 이상이 자기 방에 TV를 갖고 있다 (Rideout, Roberts, & Foehr, 2005).

오늘날의 청소년들은 거대한 소비시장을 형성하고 있다. 청소년들이 점점 더 돈을 많이 갖게 됨으로써 이들을 겨냥한 사업이 더욱 늘어나고 있다. 의류, 화장품, 자동차, CD와 DVD, 선글라스, 휴대전화, 오디오, 스키 장비, 오토바이, 잡지, 액세서리, 운동장비, 담배 등 수천 가지의 물건들이 점점 더 많은 청소년들의 돈을 노리고 판매되고 있다.

청소년들의 구매력은 엄청난 속도로 증가하고 있다. 그들은 자신이 돈을 벌 뿐만 아니라 부모로부터 용돈도 더 많이 받게 되면서 가족 구매력에 더 큰 영향을 주고 있다. 2006년에 십대들은 1,900억 달러를 소비하였는데, 이는 2001년 이후 25%나 증가한 것이다(Market Research.com, 2005). 십대들이 소비하는 돈의 대부분(약 1/3 정도)은 의류와 액세서리 구입 및 먹는 데 사용되었다(Coinstar, 2003). 소녀들은 성인들보다 쇼핑하는 데 더 많은 시간을 사용하였다. 십대 소녀들은 1년에 쇼핑몰을 평균 54번 가고, 한 번 갈 때 90분 정도 쇼핑을 하였는데, 이는 다른 쇼핑객보다 40% 이상 많은 시간이다(Munk, 1997; Voight, 1999).

청소년들의 소비가 많긴 하지만, 많은 청소년들은 돈의 일부를 저축한다. 청소년의 약 25%는 자기가 받는 돈의 대부분을 저축한다고 말하고, 56%는 자기가 번 돈의 반 정도를 저축한다고 말하고 있다(Dolliver, 1999). 청소년들이 하는 저축의 대부분은 대학 학비와 차를 사기 위한 것이다.

돈, 지위, 명성을 획득할 수 없는 가정은 이전보다 더 가난해지는데, 그 결과 가난한 가정의 청소년들은 종종 자신이 유기되거나 거부되었다고 생각한다. 극빈층 출신의 청소년들은 학교활동에 어울리지 못하고 높은 지위에 오르지도 못하므로, 종종 반사회적 행동을 통해 자신의 지위 상승을 추구하기도 한다(U.S. Bureau of the Census, 2005). 이런 젊은이들은 정체감을 형성하려고 애쓰다가 중류사회가 배척하는 정체감을 발견하기 때문에 문제가 되기도 한다.

교육 혁명

기술이 발달하고 사회가 복잡해짐에 따라 보다 수준 높은 교육이 필요하게 되었고, 따라서 청소년의 의존 시기가 길어졌다. 월급이 괜찮은 직업을 얻기 위해서는 고등학교와 대학 졸업이 절대적으로 필요하다. 미국 청소년들이 또래 내에서 경쟁력을 가지려면 더 오랜 시간 공부해야 하며, 숙제하고 정보를 획득하는 데 많은 시간을 투자해야 한다. 새로운 기술을 배우려면 많은 시간을 투자해야 한다는 것은 당연하게 요구되는 것이다.

교육의 필요가 높아진다는 것은 부모에게 의존해야 할 기간이 연장되었다는 것을 의미한다. 2000년 현재 18~24세까지의 미국 남성의 반 이상(56%)이 부모(편부모 또는 양부모)와 함께 살고 있고, 18~24세 미혼 여성의 40% 이상이 부모와 함께 산다(Fields & Casper, 2001). 그 결과 젊은이들의 독립이 지연되었다.

교육성취

고등교육을 받은 학생들의 수가 상당히 증가하였다. 2000년에는 25세 이상 연령층의 84%가 고등학교 이상의 교육을 받았다. 이 수치는 백인의 85%, 흑인의 79%, 라틴계의 57%에 해당되는 것이다. 고등학교를 마친 학생들의 비율은 지난 40년 동안 2배나 증가했다. 그러나 대학을 마친 비율은 이만큼 이르지 못하고 있다. 2000년에 25세 이상 연령층의 26%가 4년제 대학 이상을 졸업하였다. 이 수치는 백인의 26%, 흑인의 17%, 그리고 라틴계의 11%에 해당되는 것이다. 그런데 4년제 대학 이상을 마친 학생의 비율은 1960년 이후로 모든 인종에서 거의

3배에 이르고 있다(U.S. Bureau of the Census, 2002; 그림 1.1 참조). 그러나 아직도 가야 할 길이 남아 있다.

교육 수준이 높아지면서 생기는 한 가지 문제는 비용 증가이다. 장학금이나 학자금 대부와 같은 경제적 지원이 증가하고 있지만, 학비 부담을 따르지 못하고 있다. 대학 학비가 생활비보다 더 빨리 오르고 있으며, 많은 학생들이 대학 졸업 후 수년 동안 그 대출금을 갚느라 힘겨워한다.

신기술의 수용

교육에서 가장 흥미로운 변화 중 하나는 교사들이 컴퓨터에 익숙해지면서 컴퓨터를 새롭게 교육에 도입한다는 점이다. 미국 전 지역에서 교육자들이 새로운 전자 기술을 계속적으로 수용하고 있고, 많은 교육자들이 교육자료의 개발 및 연구를 위해 교실 밖에 있는 중요한 온라인 자원을 이용하는 역동적 수업을 개발하고 있다. 연구를 위해 컴퓨터를 사용하는 것 이외에, 많은 교사들이 과학수업에서 검사 도구로, 다른 곳에 있는 학생들과의 상호 교류를 위해 외국어 실습실에서, 학생들의 현장 답사에, 복잡한 수학 공식을 구성하는 수학 실험실에서, 그리고 행정업무를 담당하는 행정실에서 모두 컴퓨터를 사용한다. 학생들은 전 세계에 사는 사람들에게 몇 분 안에 이메일을 보낼 수 있고, 인터넷 대화방에서는 키보드를 통해 직접적인 상호 토론에 참여한다. 지난 30년 동안 교육계에서 엄청난 변화가 이루어졌는데, 그중 교실 내에서의 컴퓨터 사용보다 더 크게 영향을 준 것은 없을 것이다.

진로교육의 혁신

청소년에게 영향을 주는 또 다른 교육 추세는 고등학교에서 진로교육의 필요성에 대한 인식이 증가한 것이다. 고등학생 모두가 졸업하는 것은 아니고, 졸업한 학생 중에서도 일부만 대학에 진학한다. 소득이 많은 직업은 보다 전문화된 기술을 요구하는데, 학생들에게 이러한 기술을 제공하는 학교들이 많다.

현재로서는 여러 유럽 국가들에 비해 미국에 있는 학교들이 학생들을 직업세계로 입문하도록 촉진시키는 과정이 훨씬 부족하다(Kerckhoff, 2002). 다른 혁신과

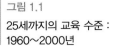

그림 1.1
25세까지의 교육 수준 :
1960~2000년

출처 : U.S. *Bureau of the Census*(2002).

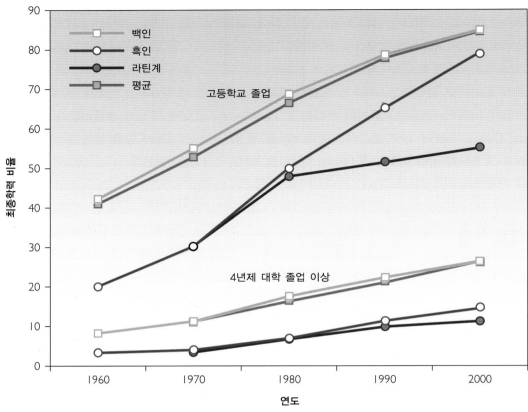

마찬가지로, 전문적인 기술훈련 기회의 증가로 인해 조만간 이러한 격차는 사라질 것이다.

가족 혁명

결혼과 양육에서의 변화

지난 몇십 년에 걸쳐 결혼과 양육 추세가 변했다. 결혼율은 낮아지고, 결혼 연령은 높아졌으며, 자녀의 수는 감소했다.

결혼율

그림 1.2에서 볼 수 있듯이, 과거에 비해 점점 더 많은 성인들이 결혼하지 않고 혼자 산다. 오늘날 청소년들은 부모나 조부모 세대에 비해 결혼하지 않고 혼자 지내는 시간이 훨씬 더 길어졌다.

결혼 연령

결혼을 하더라도 이전보다 훨씬 더 늦게 결혼한다.

1970년에 남자 결혼 연령 중앙치는 23.2세, 2004년에는 27세였다. 1970년에 여자 결혼 연령의 중앙치는 20.8세, 2004년에는 26세였다(Fields & Casper, 2001; Popenoe & Whitehead, 2005). 또한 남자와 여자의 결혼 연령 중앙치의 차이가 상당히 좁아졌다.

결혼 연령이 늦어지는 것은 혼전 성관계가 증가하고, 고등교육 기회가 증대되었으며, 독신에 대한 부정적 태도가 감소했고, 동거가 많아진 요인 탓일 것이다. 이런 추세는 20대 중반부터 후반까지 결혼을 기다린 사람들이 이보다 더 이른 나이에 결혼한 사람들보다 성공적인 결혼을 할 기회가 높기 때문에 그 의미가 있

알고 싶은 것

▶ **당신은 부모 세대보다 더 많이 결혼하는가, 아니면 더 적게 결혼하는가?**

과거보다 결혼하는 사람들이 줄어들고 있고, 결혼도 점차 더 늦어지고 있다.

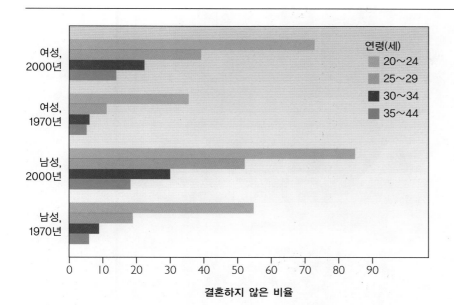

그림 1.2
연령과 성에 따른 미혼자 수 :
1970년과 2000년
출처 : Fields & Casper(2001).

다. 그런데 결혼이 늦어지게 되면 결혼하지 않은 젊은 성인의 수가 엄청나게 증가하게 된다. 현재 미국 남성의 1/3 이상, 미국 여성의 1/4 이상이 30세까지 결혼하지 않고 있다.

어느 경우든, 대다수의 청소년들이 결국에는 결혼을 하게 되지만, 그런 경우라도 이전 세대보다는 성인으로서 혼자 보내는 시간이 더 길어질 것이다.

가족의 수

1965년 이후 출생률의 감소로 인해 가족수가 감소하게 되었다. 1960년에는 한 가족당 평균 가족수가 3.67명이었고, 1985년에는 3.19명, 그리고 2000년에는 2.62명이었다. 2000년에는 자기가 낳은 18세 이하의 자녀가 없는 가정이 반 이상이었다. 그리고 18세 이하의 자녀가 1명뿐인 가정도 20%나 되었다.

이 수치는 거의 믿기 어려운 수준이다. 즉 집에 18세 이하 자녀가 없거나 있어도 1명만 있는 미국 가정이 70% 이상이 된다는 것은 놀라운 사실이 아닐 수 없다. 이 수치는 미국의 여성들이 점점 더 자녀를 낳지 않는다는 것을 의미한다. 20세기 초 기혼 여성들은 평균 5명의 자녀를 낳았다. 오늘날 15~55세 기혼 여성의 평균 자녀수는 1.8명으로 감소하였다(Dye, 2005; U.S. Bureau of the Census, 2002).

가족의 수가 적은 경우에 청소년에게는 몇 가지 좋은 점이 있다. 부모는 각 자녀에게 충분히 관심을 갖고 보살펴 줄 수 있다. 또한 가족수가 적은 가정의 청소년들은 부모의 재원이 자신에게 더 잘 지원될 수 있기에 고등교육을 받을 수 있는 기회가 높아진다. 중요하게 고려되어야 할 사항은 태어난 아이가 부모가 원했던 아이인가, 그리고 우연히 생긴 것이 아니라 계획해서 생긴 아이인가이다. 부모 역할이 자신이 선택한 것이고 좋아하는 것이면 부모의 심리적 부담은 상당히 완화될 것이다. 원치 않은 아이는 방임되거나 학대받기 쉽다는 것은 전혀 놀랄 만한 사실이 아니다. 결혼할 만한 나이가 될 때까지 기다린다면 아이를 적게 낳게 될 것이므로, 결혼의 지연과 가족수의 감소는 함께 나타난다.

가족 역동의 변화

결혼과 가정 구조가 변했을 뿐만 아니라, 결혼에 대해 개인이 갖는 기대도 변했다.

낭만적 사랑

오늘날의 청소년들은 경제적 필요가 아니라 낭만적 사랑과 친밀한 교제를 결혼의 주요 기능으로 간주하는 시대에서 자라났다.

개인적 관계에 대한 중시는 가족에게 더 많은 심적 부담을 준다. 사람들은 가족을 통해 사랑과 친밀감과 정서적 안정감을 채우려 하며, 충족감을 얻지 못하면

HBO 방송국의 인기 TV 드라마인 *Entourage*의 주인공들은 결혼을 미루는 추세를 잘 보여 주고 있다. 미국 남성의 1/3 이상, 미국 여성의 1/4 이상이 30세까지 결혼하지 않는다.

실망하게 되고 실패와 좌절감을 느끼게 된다. 이것이 미국에서 이혼율이 높은 하나의 이유가 된다. 개인적 욕구와 기대가 충족되지 않을 경우, 가족을 위해 함께 있기보다는 서로 헤어지게 된다.

민주적 가정

가족은 점차 더 민주적으로 되어 가고 있다. 미국 역사를 통해 볼 때, 미국 가족은 아버지가 가정의 지도자로 가족 전체에 대해 권위를 갖고 책임을 지는 가부장제 가족이었다. 가정의 우두머리이자 재산의 소유자인 남편의 선택에 따라 아내와 자녀들은 남편과 함께 살도록 되어 있었다. 전통적인 가부장적 가정의 한 가지 특징은 가정에서 남편의 역할과 아내의 역할이 분명하게 구분되어 있다는 것이었다. 남편은 부양 책임자이고 분명하게 '남자의 일'로 규정된 일을 담당하였다. 아내는 청소, 요리, 바느질, 아동 양육 등 '여자의 일'을 담당하였다. 아이들은 부모에게 복종하고 순종하며, 아이들이 할 수 있는 집안일을 담당하고, 부모의 명령을 잘 따르도록 되어 있었다.

이러한 가정은 점차 민주적 가정 형태로 발전되었는데, 이러한 변화는 여러 가지 이유로 생겨났다. 첫째,

여권신장운동은 여성들에게 어느 정도의 경제력과 자유를 가져와 여성들도 재산을 소유하고 대출받을 수 있는 권리를 얻었다. 둘째, 여성들을 위한 교육 기회가 많아지고 집 밖에서 일하는 기혼 여성의 비율이 증가하면서, 가정에서 보다 양성 평등한 성역할을 채택하도록 고무시키고 있다. 많은 주부들이 직장에서 일하게 되면서 남편들이 집안일과 아동 양육에서 이전보다 더 많은 책임을 지게 되었다. 또한 의사결정을 내리는 데 있어서 부부의 의견이 비슷하게 반영되고, 가족에 대해서도 동등한 책임이 부여되는 쪽으로 나아가고 있다. 셋째, 여성의 성적 능력을 인정함으로 인해 성적 표현에 있어서 남녀 평등에 대한 요구가 생겨났다. 이러한 인식이 있을 때 결혼은 사랑의 상호 교환에 근거를 둘 수 있다. 또한 효과적인 피임법의 발달은 여성을 원치 않는 임신으로부터 해방시켜 주었고, 남편과의 사회적 생활뿐만 아니라 자신을 위한 개인 생활도 갖게 해 주었다.

아동 중심 가정

제2차 세계대전 후 아동연구 운동은 아동 중심의 가족 발달의 촉매제가 되었다. 이로 인해 아동이 가족을 위해 무엇을 할 수 있는가에 초점이 맞추어지지 않고, 가

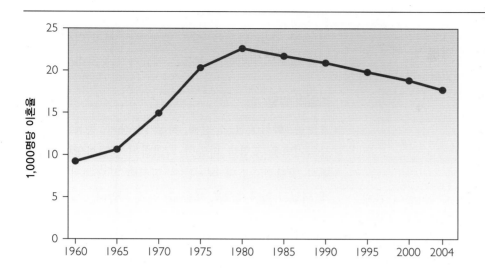

그림 1.3
이혼율 : 1960~2004년
출처 : U.S. Bureau of the Census(2006).

족이 아동의 총체적 발달을 위해 어떤 기여를 할 수 있는지에 초점이 맞추어졌으며, 가족의 중요한 구성원으로서 아동의 권리와 요구가 중시되었다. 아동은 자라면서 가족의 의사결정에 더 큰 목소리를 내게 되었는데, 때때로 이것이 부모에 대한 반항을 낳게 하였다.

동거

미국의 결혼 추세에서 나타나는 또 다른 중요한 변화는 결혼 전에 동거하는 커플의 수가 증가했다는 것이다. 정부에 의하면, 2003년 현재 미국에 결혼하지 않은 동거 커플의 수는 460만 쌍이었다. 이 수치는 1980년 이후로 160% 증가한 것이다(Fields, 2004). 1990년대 후반까지, 모든 성인 여성의 40% 이상이 적어도 한 번은 동거관계에 있었다(Fields & Casper, 2001). 또한 이 동거 커플의 약 40% 정도에게는 15세 이하의 자녀가 있었으며, 전체 동거 커플의 약 20%는 25세 이하였다(Fields, 2004).

다음의 두 가지 이유에서 동거율의 증가는 청소년에게 영향을 미칠 것이다 : (1) 과거에 비해 청소년들이 결혼하지 않은 동거 커플에 의해 양육될 가능성이 더 많아질 것이다. (2) 언젠가는 자신도 동거할 가능성이 높아질 것이다.

혼외 출생

주목할 만한 또 다른 추세는 결혼하지 않은 어머니에게서 출생하는 아이의 수가 엄청나게 많아질 것이라는 것이다. 이것은 십대들이 결혼하기 전에 부모가 될 가능성이 높고, 자신들도 결혼하지 않은 어머니에 의해 양육될 가능성이 높다는 것을 의미한다. 여기서는 결혼하지 않은 어머니는 불행할 가능성이 높고 생활 수준이 낮을 수 있다는 것만 지적하고자 한다. 더욱이 결혼하지 않은 어머니의 아이들은 결혼한 어머니가 키운 아이들에 비해 부모의 적절한 보살핌을 받지 못하고, 좋은 학교에 다니지 못하며, 다양한 문제를 일으킬 가능성이 높다.

이혼

미국의 이혼율은 1980년 이후로 약간 줄어들고 있으나(U.S. Bureau of the Census, 2004; 그림 1.3 참조), 여전히 미국은 세계에서 이혼율이 가장 높은 나라이다. 미국 성인의 거의 1/3이 적어도 한 번은 이혼했고(Krieder & Fields, 2002), 미국 아동의 2/3 이상이 부모의 이혼을 경험하고 있다(Fields, 2003). 이혼율과 별거율이 높다는 것, 그리고 혼외 출생률이 증가한다는 것은 1980년대와 1990년대에 태어난 아이의 절반 이상이 한부모 밑에서 보내야 할 시간이 많다는 것을 의미한다. 이 세대에 태어난 청소년들은 이전 세대보다 친부와의 접촉이 적을 것이다. 이혼한 성인의 대부분이 재혼하기 때문에, 부모가 재혼한 십대들은 이전 세대에 비해 의붓 부모와 함께 사는 복합 가정에서 살 가능성이 더 높다.

성 혁명

소위 성 혁명은 1970년대에 피임약의 발달 및 여성 운동의 발생과 함께 본격적으로 시작되었다. 이 혁명은 긍정적인 효과와 부정적인 효과를 모두 지니고 있다.

성 혁명의 긍정적 효과

성기능에 관한 과학적 지식의 발달

수년 동안 과학자들은 인간의 신체와 그 기능에 관해 연구해 왔다. 그러나 성적 반응 시스템에 관한 과학적 연구는 거의 금기시 되어, 출산에 관해서는 많은 관심을 기울여 온 반면 성적 흥분, 성적 반응, 그리고 성적 표현에 대해서는 거의 관심을 기울이지 않았다.

Masters와 Johnson 연구팀이 실험실에서 인간의 성적 흥분에 대한 신체적 세부 사항을 관찰하기 시작하면서 이 모든 것에 변화가 일어나게 되었다. 성적 자극을 받았을 때 일어나는 인간의 성적 반응에서의 신체적 변화에 대한 보고가 처음으로 이루어진 것이었다. Masters와 Johnson(1966)의 선구적인 작업 이후로, 많은 연구자들이 이 영역에서 지대한 공헌을 하였다.

성적 반응 시스템에 관한 지식은 개인들로 하여금 성적 반응의 단계에 대해 더 잘 알 수 있게 해 주었다. 그리고 이러한 지식은 성관계 시 쾌감을 증진시키고 여러 가지 성 문제를 해결하는 데 도움을 줄 수 있다. 무엇이 일어나는지를 정확하게 앎으로써 의료진들은 성기능 장애를 도와줄 수 있게 되었다. 또한 인간의 성적 반응 시스템에 관한 연구는 여자들이 성적 존재가 아니고 남자처럼 성적으로 반응할 수 없다는 편견을 없앴다. 이 사실은 성이 여자에게는 의무이고 남자에게는 쾌락이라는 잘못된 철학으로부터 여자들을 자유롭게 해 주었다. 오늘날 여성과 남성은 성적 반응에서 동등한 것으로 간주되고 있다.

성기능 장애의 치료

과학적 지식은 의료 당국으로 하여금 성기능 장애의 원인과 그 치료법을 알도록 해 주었다. 여러 가지 이유로 인해 성적 표현을 못하는 사람들이 수백만에 이른다. 이제 적절한 치료로 대다수의 사람들이 정상적인 성관계를 즐길 수 있다. 남성과 여성의 오르가슴 장애나 성적 욕구 억압, 남성의 조루, 발기부전, 사정 억제 및 여성의 성교통과 같은 문제들은 치료가 가능하다.

피임의 발달

호르몬, 화학물질, 살정제, 자궁 내 장치, 콘돔, 새로운 불임기법을 포함한 다양한 피임법이 발달하였다. 피임법이 발달함으로써 여성들은 임신의 부담에서 자유롭게 되었고 가족계획도 세울 수 있게 되었다.

원하지 않는 성행동에 대한 자발적 논의

최근에 사람들은 성희롱이나 성폭력 등에 관한 주제들을 공개적으로 토론할 수 있게 되었다. 과거에는 강간을 당하고도 말하지 못한 채 심적 고통과 수치심을 겪었던 여성들이 이제는 그 가해자들에게 대항하기 시작했다. 아동에 대한 성적 학대 역시 이제는 드러내어 보다 도움이 되고 건강한 방식으로 다루어지고 있다. 여성과 아동에 대한 성학대의 발생을 감소시키기 위해 미국 사회가 가야 할 길은 아직도 멀지만, 많은 진전이 이루어지고 있다.

성역할에서의 융통성

성 혁명으로 인해 부분적으로는 성역할이 다소 급격하게 변화하고 있다. 전통적으로 사회는 여성성과 남성성이 무엇을 의미하는지를 규정하고 있다. 사람들은 자신의 성에 따른 고정관념적 사고와 특정 역할을 수행하도록 강요받고 있다. 이러한 성역할 고정관념은 사람들이 형성하는 인간관계와 개인의 경력 및 성취에 제한을 가한다.

오늘날 가정에서의 성역할은 훨씬 융통성이 있고, 여성과 남성의 역할이 서로 번갈아 행해지고 있다. 가사노동과 아동 양육도 남녀 모두가 담당하는 것으로 확대되고 있다. 직업 선택에서의 성역할도 변하고 있는데, 과거 남성들의 전유물이었던 지도자적 지위를 이제는 많은 여성들이 점유하고 있다.

성 혁명의 부정적 효과

불행하게도, 성에 관한 주제가 개방될수록 이 자유가

남용될 기회도 그만큼 더 많아진다. 아이들은 세 발 자전거를 타기도 전에 이미 대중매체를 통해 성적 장면과 폭력물에 접하게 된다. 20년 전이라면 청소년에게 금기시 되었을 성적 메시지들로부터 아동들을 보호하기가 힘들게 되었다. 청소년들은 TV나 영화를 통해 음란물을 보고 영향을 받는다. 파티 게임의 일부로 성적 탐색을 해 보는 12세 자녀를 둔 부모를 만나는 것은 아주 흔한 일이다. 캔자스 출신의 한 소녀는 "초등학교 5학년 때 친구와 나는 남자아이들과 성관계를 가졌으면 하고 마음먹은 적이 있었다. 이제 우리는 더 이상 명예를 회복할 수 없게 되었다. 우리는 이제 학교의 바람둥이가 되었다."라고 말했다. 또 다른 소녀는 "매우 혼란스럽다. 성관계를 갖도록 압박을 받고 있는데, 그렇게 하면 매춘부라고 놀림을 받게 될 것이다"(Pipher, 1996)라고 말했다.

일찍 시작되는 혼전 성교

연구자들은 지난 40년 동안 혼전 성교에 대한 태도와 행동에서 나타나고 있는 중요한 변화에 주목했다. 혼전 성경험이 있는 젊은이들이 점점 더 많아지고 있을 뿐만 아니라 성교를 시작하는 연령도 점점 더 낮아지고 있다. 자료에 의하면, 미국 십대들의 절반 이상이 고등학교 졸업 전까지 성경험을 하는 것으로 나타나고 있다(Centers for Disease Control, 2006). 또한 구강성교가 더 어린 청소년들 사이에도 흔한 행위가 되었다(Remez, 2000).

불행하게도 초기와 중기의 많은 청소년들은 정서적으로 성교에 대처할 준비가 되어 있지 않다. 이 시기의 청소년들은 관계가 나빠질 때, 피임에 대해 모르고 있을 때, 성병에 대해 충분히 알지 못할 때, 그리고 이런 사항에 대한 대처법을 모를 때 정서적으로 곤혹스럽게 된다. 따라서 대부분의 이른 성경험은 바람직하지 못하거나 불만족스러운 것이 된다.

미혼 임신

현재 미국에서는 매년 80만 건 이상의 십대 임신이 발생하고 있으며, 대부분이 계획하지 않은 임신이다. 1990년대 초기 최고조에 달했던 미국의 십대 임신은 조금씩 줄어들고 있긴 하지만, 미국 청소년의 임신율은 여전히 산업화된 다른 국가들보다 훨씬 높다(Singh & Darrock, 2000). 매년 약 50만 명의 아기가 남편이 없는 십대 미혼모에게서 태어나고 있으며, 이들 중 약 95% 이상이 아이를 입양시키지 않고 자신이 직접 키운다(Henshaw, 2003).

어느 누구도 이것을 이상적인 상황으로 생각하지 않을 것이다. 청소년 엄마들은 계속적으로 경제적 어려움을 겪게 되며, 다른 십대 소녀들에 비해 자기 나름의 독립적인 일을 하기도 힘들다. 게다가 아이도 자신과 비슷하게 가난해지기 쉽고, 부모 양육도 부족하여 발달적으로 결함이 생길 가능성이 높다. 십대 임신율을 감소시킬 수 있는 방법들이 모색되어야 한다.

성병과 AIDS

성 혁명으로 인해 초래된 가장 심각한 결과 중 하나는 급속한 성병의 확산이다. 오늘날 임질은 수두, 홍역, 유행성 인하선염, 백일해, 파상풍, 결핵보다 더 흔한 질병이다. 질병관리본부는 미국에서 매년 새로이 성병에 감염되는 사람들이 1,900만 명 정도이고, 이 중 절반이 25세 이하의 사람들일 것으로 추정하고 있다(Centers for Disease Control, 2004b). 청소년들은 여러 명의 성파트너가 있고, 안전한 성행위를 하지 않으며, 흔히 성병 증상에 대해 잘 모르기 때문에 성병 감염률이 점점 더 높아지고 있다. 많은 청소년들은 다양한 성병 증상이 잘 자각되지 않는다는 사실(증상이 나타나지 않더라도 성병이 있다는 의미)을 모르고 있으며, 따라서 자신도 모른 채 자신의 파트너에게 옮기게 되는 경우가 많다.

성병은 단지 불쾌하고 불편한 점만 있는 경우가 대부분이지만, 불행하게도 몇몇 성병은 훨씬 더 심각한 결과(심각한 질병에서부터 사망에 이르기까지)를 초래할 수 있다. 성병 치료에 대한 저항력이 높아지고 있기 때문에, 많은 성병이 점점 더 치료하기 어려워지고 있다. 십대 임신과 더불어 십대 성병은 결코 무시할 수 없는 국가적 위기가 되고 있다.

성에 관한 혼돈

청소년들은 자신의 성에 관해 점점 더 혼란스러워하고

알고 싶은 것

▶ **성 혁명의 부정적 효과는 무엇인가?**

불행하게도, 성 혁명은 많은 부정적 효과를 가져왔다 : 성병 발병률의 증가와 청소년 임신, 지나치게 이른 나이의 성 활동 시작, 그리고 TV와 영화에서의 성적 메시지의 확산 등. 결과적으로 청소년들은 성에 관해 혼란스럽게 되었다.

있다. 청소년들은 성에 대해 배우고 토론하도록 고무되고 있고, 일부는 성적 흥분을 느끼게끔 자극받기도 한다. 그러나 이들은 성 문제로 인해 자신의 명성에 손상이 가거나, 마음의 상처를 입거나, 또는 위험한 성병에 걸릴 가능성이 있을 때 자신의 성을 표현해야 할지, 한다면 어떻게 표현해야 하는지 정확하게 잘 모르고 있다.

성에 관한 신비가 벗겨지고 있다. 성은 좋은 것일 수 있지만 그것이 상업화될 때에는 좋지 않다. 청소년의 성에 대한 시각이 성을 금기시하고 두려운 것으로 보는 시각에서 가능하고 흥미로운 것으로 보는 시각으로 변하고 있지만, 여전히 두려움을 지니고 있다. 따라서 성 교육과 성에 관한 상담이 그 어느 때보다 더 필요하다.

폭력 혁명

미국에서 일어나고 있는 또 다른 사회적 변화는 아동과 성인, 그리고 청소년을 포함한 모든 사람들에게서 폭력에 대한 공포가 증가하고 있다는 것이다. 9/11 테러 이전에도, 많은 미국인들의 자신이 살고 있는 동네나 학교가 그다지 안전하지 않다는 인식은 점점 증가하고 있었다. 테러리즘과 국제적 불안은 이러한 불안을 가중시켰을 뿐이다.

폭력 범죄

1990년도 중반에서 후반기까지 미국의 범죄율은 급속하게 떨어졌으며, 현재의 범죄율은 지난 30년간의 어느 시기보다 더 낮다(U.S. Bureau of Justice Statistics, 2000). 그러나 범죄율이 낮아지고 있다 하더라도, 여전히 미국은 살기 위험한 곳이라는 인식이 널리 퍼져 있다. 고등학교에서의 공공연한 총격사건은 많은 청소년들을 두렵게 만들었다. 즉 폭력은 언제 어디서라도 발생할 수 있고, 폭력을 피할 수 있는 곳은 어디에도 없다는 인식을 하게 된 것이다.

실제로, 청소년들이 두려워할 만한 이유가 있다. 범죄율이 낮아지고 있지만 십대는 다른 연령층에 비해 폭행 및 강간을 당하기 쉽고, 쉽게 강도를 당할 수 있다(U.S. Bureau of Justice Statistics, 2000).

사회에서의 폭력

오늘날에는 폭력 범죄를 저지르는 청소년들의 비율이 증가하고 있을 뿐만 아니라, 해가 갈수록 모든 청소년들이 전 세계에서 일어나는 물리적 폭력과 파괴를 더 많이 접하고 있다 : 세계 지도자들을 향한 살인과 공격, 대사관 폭발, 대규모 테러, 많은 국가에서 벌어지고 있는 전쟁 등. TV와 신문은 계속적으로 폭력을 보도하고 있다. 대중매체는 즉각적인 뉴스 시대를 만들고 있다 : TV 시청자들은 굶고 있는 아프리카인들, 폭탄테러, 전쟁, 대지진 등의 경험을 공유하게 된다. 오늘날의 젊은 이들은 살상 소식을 단순히 귀로 듣는 것이 아니라 직접 눈으로 본다. 청소년들은 지각 이외에 정서와 감정에 영향을 주는 감각 정보를 접하게 되는 것이다. 이런 식으로 계속 폭력을 접함으로써 많은 청소년들이 주변에서 일어나는 폭력에 둔감해지고 폭력이 삶에서 필요하다고 느끼고 받아들이기 시작한다.

가정에서의 폭력

청소년들이 접하는 폭력의 일부는 가정폭력으로 거슬러 올라갈 수 있다. 배우자 학대와 아동 학대가 일어나는 폭력 가정에서 자란 청소년들은 학대하는 부모나 배우자가 된다. 일반적으로 젊은이들은 자신의 가정에서 본 부부간의 공격성을 모방한다. 어머니를 구타하는 아버지를 본 아이들은 가정폭력의 희생자이자 가해자가 되기 십상이다. 폭력 횟수가 많으면 많을수록 어린 피해자가 폭력 부모나 폭력 배우자가 될 가능성이 더 커진다. 더욱이 폭력에 노출된 십대들은 자신의 부모에 대항해서 폭력을 사용할 가능성이 높다(Holden, Geffner, & Jouriles, 1998).

알고 싶은 것

▶ 당신은 10년이나 20년 전보다 더 쉽게 폭력의 희생
자가 될 것인가?

폭력 범죄율은 크게 낮아지고 있다. 따라서 1980년대
와 1990년 초기에 비해 당신이 폭행이나 살해당할 가
능성은 줄어들었다. 그러나 그렇다 하더라도 테러뿐
아니라 학교에서 일어나는 공공연한 총격은 청소년
들의 공포심을 증가시키고 있다.

폭력으로 인한 사망

최근에 나타나는 가장 혼란스러운 양상은 청소년의 사
망 요인에 관한 것이다. 젊은 사람들은 대부분 폭력으로
인해 사망한다. 15~24세 청소년 사망의 75% 이상은 폭

력으로 인한 것이다. 사고, 자살, 살인으로 인한 사망은
청소년 사망의 주된 원인인 질병을 능가하였다(Centers
for Disease Control, 2006). 지난 30년에 걸쳐 사람들의
건강상태가 많이 향상되었지만 젊은 사람들은 그것을
누리지 못했는데, 그 이유는 폭력으로 인한 사망이 증가
했기 때문이다.

청소년을 이해하는 데 있어서 주의할 점

이 책 전체와 이 장에서는 "부모가 이혼한 청소년들은
부모가 이혼하지 않은 청소년들에 비해 더 불안하다.",
"폭력물을 많이 시청한 청소년들은 그렇지 않은 청소년
들에 비해 더 공격적이다."와 같은 서술을 하고 있다.
이러한 진술은 **상관**을 의미하거나 요인들 또는 상황 간
의 관계를 말하는 것이다. 상관이 **정적**이라는 것은 한

Research Highlight   컴퓨터 게임

컴퓨터 게임은 1970년대에 처음으로 생겨났다. 그 후 컴퓨터 게임은 더
욱 복잡해지고 그림도 훨씬 좋아지면서 그 사용이 급증하였다. 상대편을
죽이기 위해 무기를 사용하도록 하는 등의 컴퓨터 게임이 폭력을 증가시
킨다는 인식이 생기면서 많은 부모들과 교육자들은 컴퓨터 게임이 청소
년에게 미치는 영향에 관해 관심을 갖게 되었다.

분명한 것은, 가장 인기 있는 컴퓨터 및 비디오 게임의 대부분이 폭력
적이라는 것이다. 한 연구에서 9~12세를 대상으로 게임 선호도를 조사
한 결과, 이들이 하는 게임의 거의 반 정도가 폭력성을 포함하고 있었다
(Buchman & Funk, 1996). 더 나이 든 사람을 대상으로 한 연구에서는
폭력 게임으로 보내는 시간이 훨씬 더 많은 것으로 밝혀졌는데, 이 중 일
부는 여성을 향한 폭력 게임이었다(Dietz, 1998).

폭력 비디오와 컴퓨터 게임의 부정적 효과에 관해 수행된 연구는 폭
력적인 TV 프로그램의 영향에 관한 연구보다 그 수가 훨씬 적다. 하지만
폭력적인 TV 프로그램을 시청하는 것이 아동과 청소년의 공격성을 증가
시킨다는 것을 분명하게 보여 주는 자료가 제공된 후 폭력적인 컴퓨터
게임의 효과에 관한 관심도 부각되었다. Anderson과 Dill(2000)은 폭
력적인 게임을 하는 것이 폭력적인 TV를 시청하는 것보다 훨씬 더 나쁠
수 있는 세 가지 이유를 제안하였다.

1. 폭력적인 컴퓨터 게임을 하는 경우에 게임자는 영웅의 역할을 맡게
   되는데, 영웅은 '나쁜 악당'을 죽이는 것이다. 게임자와 영웅이 한
   사람이고 게임자는 영웅의 눈으로 세상을 보기 때문에 그 영웅을

자신과 동일시하게 된다. 선행 연구는 TV 시청자가 공격적 영웅과
   자신을 동일시할수록 TV 폭력의 부정적 효과가 더 크다는 것을 보
   여 주고 있다.
2. 컴퓨터와 비디오 게임은 능동적 참여를 요구하는데, 이는 TV 시청
   과는 차이가 있는 것이다. 이러한 참여의 증가가 공격적 스크립트
   의 발달을 촉진시키고 폭력적 반응을 선택하도록 만든다.
3. 컴퓨터와 비디오 게임은 적극적으로 게임자의 공격적 행동을 강화
   시킨다. 게임에서 누군가를 죽임으로써 게임자는 점수를 얻고 자신
   의 목표를 달성하는 데 더 접근하게 된다.

Kirsh(2006)가 지적한 것처럼, 자료가 아주 빈약하기 때문에 이 시점
에서 명확히 어떤 주장을 하는 것은 불가능하다. 게다가 그나마 있는 소
수의 연구도 오늘날에 비해 화면이 훨씬 덜 실감나고 폭력 수준도 훨씬
덜한 이전 게임 시스템을 사용한 것이 대부분이다. 또한 다양한 폭력 게
임이 청소년에게 미치는 효과에 관해 체계적으로 관찰한 연구도 없다.
예를 들어 3인칭 관점을 제공하는 게임보다는 1인칭 관점을 제공하는 게
임이 더 위험할 수 있다. 또한 폭력을 피하려는 것이 목적인 게임은 가능
한 한 많은 인물들을 죽여 전체 점수를 얻는 게임과는 그 효과가 다를
수 있다. 아직 정확하게 알지는 못한다. 그러나 청소년을 연구하는 대부
분의 심리학자들은 연구를 통해 앞으로 폭력적인 컴퓨터 게임과 비디오
게임을 하는 것이 십대들에게 해로움을 입증하는 결정적이고 확실한 증
거들이 제공될 것으로 믿는다.

요인이 증가하면 다른 요인도 증가한다는 것을 의미한다. 예를 들어 "수입 수준과 학력 수준에는 정적 상관이 있다."는 것은 개인의 수입이 많을수록 개인의 수학 기간이 더 길다는 것을 의미한다. 상관이 **부적**이라는 것은 한 요인이 증가하면 다른 요인은 감소한다는 것을 의미한다. 예를 들어 "미국 여자 청소년들에게서 체중과 인기는 부적 상관이 있다."라는 진술은 체중이 많이 나가는 여자일수록 인기가 더 없을 것이라는 것을 의미한다.

상관을 이해하는 데 있어 가장 중요한 점은 상관관계는 인과관계를 내포하지 않는다는 것이다. 많은 사람들이 "IQ가 높은 청소년들이 학교 성적도 좋다."라는 진술을 IQ가 높은 것이 좋은 성적을 얻게 되는 원인이라는 의미로 파악할 것이다. 이는 해석에서의 오류이다.

어떤 상관이 있다고 할 때, 이것에 대해 세 가지 가능한 설명이 있다. 하나는 A가 B의 원인이 될 수 있다는 것이다. IQ가 높은 것이 실제로 좋은 성적을 얻는 데 도움이 될 수 있다. 그러나 똑같은 가능성으로 B가 A를 일으킬 수도 있다. 즉 좋은 성적을 얻고 학교에서 많은 것을 배운 것이 IQ 검사에서 높은 점수를 얻게 했을 수 있다. 또한 제3의 가능성도 있다. 즉 A와 B가 서로 직접적으로 관련되는 것이 아니라, 제3의 요인인 C가 A와 B 둘 다의 원인이 될 수 있는 것이다. 예를 들어 부모가 자녀와 함께 문제 푸는 법에 관해 많은 시간을 함께 보낸 청소년들이 학교에서 성적도 좋고 IQ도 높을 수 있다. 부모-자녀 간의 이런 토론이 좋은 성적을 얻게 하고 IQ 검사에서도 높은 점수가 나오게 할 것이다. 상관은 A와 B가 동시에 발생한다는 것뿐이다. 핵심은 이것이다 : 당신이 이 책(또는 다른 책이나 신문 또는 잡지 기사)을 읽을 때, 상관을 보이는 한 요인이 다른 요인의 원인이라고 가정하는 실수를 하지 말라는 것이다.

상관관계로부터 인과적 결론을 내릴 수 없음에도 불구하고, 왜 상관관계에 대해 그렇게 많은 설명이 필요한가? 그 답은 우리가 관심을 갖는 많은 주제—성차, 연령차, 인종차, 사회경제적 차이—가 인과적 결론에 도달할 수 있는 방식으로 연구될 수 없기 때문이다. 타당하게 인과적 결론을 내리기 위해서는 **진짜 실험**(true experiment)을 수행해야만 한다. 진짜 실험에서는 연구자가 그 상황과 참여자에 대해 통제를 가할 수 있다. 연구자는 연구가 시작되기 전에 모든 참여자 집단이 관련된 모든 조건에서 동일하고, 연구가 진행되는 동안 (연구되는 주제 하나만을 제외하고) 동일한 경험을 한다는

최근 많은 청소년들이 폭력에 가담하고 있다. 사진에 있는 15세 소년은 캘리포니아에 있는 한 학교 교내에서 총기를 발사하여 친구 2명을 죽이고 13명에게 부상을 입혀 경찰에 체포된 학생이다.

것을 보장할 수 있어야 한다.

예를 들어 교육심리학자가 '음주운전 금지' 영화를 보는 것이 청소년의 음주운전을 감소시킬 것인가를 확인하기 위해 고등학교에 가서 학생들을 무작위로 두 집단으로 나눈다(이것은 연구자들이 일반적으로 처치가 개입되기 전에 특정 집단을 비슷하도록 보장하는 방법이다). 그런 다음 연구자는 한 집단의 학생들에게는 음주운전 영화를, 다른 한 집단에게는 자동차 정비 영화를 보여 준다. 3개월 후, 연구자는 모든 학생들에게 설문지로 지난 달에 몇 번이나 음주운전을 했는지 묻는다. 음주운전 영화를 본 학생들이 자동차 정비 영화를 본 학생들에 비해 음주운전을 적게 하였다면 연구자는 음주운전 영화를 본 것이 음주운전을 감소시켰다고 결론 내릴 수 있을 것이다.

그런데 많은 경우 연구자들은 이런 통제를 하지 못한다. 특히 연구자들은 상이한 참여집단(부유한 집단 대 가난한 집단, 남자 대 여자)을 사용할 경우에는 연구되는 주제를 제외한 모든 면에서 동일하다는 확신을 할 수 없다. 왜 그런가? 진짜 실험에서는 참가자가 조건에 무선적으로 할당되지만, **유사실험**(quasi-experiment)에서는 이미 존재하는 집단이 연구의 대상이 된다. 연구자는 14세 소녀에게 "좋아, 오늘 내 실험을 위해 너는 14세 소년이 되어 저 집단에 들어가라."고 말할 수 없다. 실험적 통제를 할 수 없기 때문에 14세 소녀가 14세 소년과 다른 점수를 받게 된다면, 연구자는 이 차이가 성차 때문이라고 추론할 수 없을 것이다. 14세 소년과 소녀에게 수학 검사를 한다면, 소년들이 소녀보다 더 잘한다는 것을 발견할지 모른다. 이것은 성과 직접적으로 관계가 있는 것인가? 그럴 수도 있고 아닐 수도 있다. 소년집단은 수학 수업을 더 많이 받았을 수 있고, 교사로부터 더 격려받았을 수 있고, 수학을 잘하는 것으로 인해 또래로부터 괴롭힘을 받지 않았을 수 있다. 실험적 통제 없이는 성 자체가 관찰된 두 집단의 차이를 야기했다고 확정할 수 없다. 확인되지 않은 다른 조건들이 더 중요할 수 있다. 다시 말해 당신이 유사실험이나 상관 자료를 읽을 때에는 인과적 추론을 하지 말아야 한다.

Research Highlight   가족을 살해하는 십대

가정폭력의 또 다른 측면은 청소년에 의해 이루어지는 폭력이다. 부모 살해(부친 살해와 모친 살해)와 형제 살해가 여기에 해당된다. 문헌에서는 이런 행동의 예들(오이디푸스 콤플렉스, 카인과 아벨 등)을 많이 볼 수 있지만, 실제로 이런 행동은 아주 충격적일 뿐만 아니라 아주 드문 일이다. 매년 부모 살해로 죽는 사람이 300~400명 정도이며(Sacks, 1994), 형제 살해 피해자의 수도 대략 이와 비슷하다(Underwood & Patch, 1999).

대부분의 부친 살해(약 90%)는 14~17세 사이의 백인 남자 청소년들에 의해 발생한다(Shon & Targonski, 2003). 모친 살해는 부친 살해보다는 훨씬 적은데, 여자에 의한 모친 살해는 특히 드물다. 모친 살해를 저지르는 사람의 가장 일반적인 특징은 폭력 전과가 없는 중상위층 가정 출신의 17~18세 남자이다. 일반적으로 이들은 혼자 지내며, 부모에 의해 반복적으로 학대받았지만 자기방어를 즉각적으로 하지 않은 사람들이다(Hart & Helms, 2003). 이러한 청소년들 대부분은 심리적 혼란도 없고, 정신지체도 아니다(Hart & Helms, 2002).

일반적으로 아버지는 청소년보다 덩치가 더 크고 힘도 좋은 반면에 어머니는 그렇지 않기 때문에, 청소년들은 아버지와 어머니를 살해할 때 서로 다른 무기를 사용한다. 총은 보다 빨리 죽음을 가져오고 일정한 거리를 두고 쏠 수가 있기 때문에 부친 살해 시에 주로 사용된다. 하지만 모친 살해에는 여러 종류의 무기가 사용된다(Hart & Helms, 2003).

형제 살해는 부모 살해와 일부는 비슷하고 일부는 차이가 있다. 가해자와 피해자의 나이가 많은 경향이 있으므로 청소년들이 형제 살해의 주 관계자는 아니다. 또한 연령에 관계없이 대부분 남자형제들이 가해자와 피해자가 된다. 여자형제가 관련될 경우에는 가해자보다는 피해자가 되기 십상이다. 형제 살해는 부친 살해와 마찬가지로 총이 주 무기가 된다. 일반적으로 살인은 다툼과 밀접하게 연관되어 있으며, 알코올이나 약물은 별로 사용되지 않는다(Underwood & Patch, 1999).

Arnett, J. J. (2004). *Emerging Adulthood: The Winding Road from the Late Teens through the Twenties*. New York: Oxford University Press.

Buckingham, D., and Willett, R. (Eds.). (2006). *Digital Generations: Children, Young People, and the New Media*. Mahwah, NJ: Erlbaum.

Chilman, C. S. (2001). *Adolescent Sexuality in a Changing American Society: Social and Psychological Perspectives*. Westport, CT: Greenwood Press.

Cornbleth, C. (2003). *Hearing America's Youth: Social Identities in Uncertain Times*. New York: Peter Lang.

Graff, H. J. (1995). *Conflicting Paths: Growing Up in America*. Cambridge, MA: Harvard University Press.

Hoffman, A. M., and Summers, R. W. (2000). *Teen Violence: A Global Perspective*. Westport, CT: Greenwood Press.

Mortimer, J. T., and Larson, R. W. (2002). *The Changing Adolescent Experience: Societal Trends and the Transition to Adulthood*. Cambridge, England: Cambridge University Press.

제2장 | 청소년을 이해하는 이론적 조망

청소년기에 관한 생물학적 관점

    G. Stanley Hall : 질풍노도

    Arnold Gesell : 나선식 성장 양상

청소년기에 관한 정신분석적 관점과 심리사회적 관점

    Sigmund Freud : 개인화

    Anna Freud : 방어기제

    Erik Erikson : 자아정체감

청소년기에 관한 인지적 관점

    Jean Piaget : 적응과 평형화

    Robert Selman : 사회인지

    Lev Vygotsky : 인지에 미치는 사회적 영향

청소년기에 관한 사회인지 학습적 관점

    Albert Bandura : 사회학습이론

    사회인지이론

문화가 청소년에게 미치는 영향

    Robert Havighurst : 발달과업

    Kurt Lewin : 장이론

    Urie Bronfenbrenner : 생태학적 모델

    Margaret Mead와 Ruth Benedict : 문화인류학적 관점

알고 싶은 것

▶ 청소년을 최초로 연구한 심리학자는 청소년들을 어떻게 규정했는가?

▶ Sigmund Freud는 청소년들을 어떻게 생각했는가?

▶ 심리학자들은 청소년기의 가장 중요한 과업을 무엇이라 생각하는가?

▶ 어떤 점에서 청소년들이 아동보다 더 똑똑한가?

▶ 단지 타인의 행동을 관찰하는 것이 청소년들의 행동에 어느 정도 영향을 미치겠는가?

▶ 현대 미국 문화는 어떻게 해서 청소년기에서 성인기로의 전환을 더 힘들게 만들고 있는가?

▶ 청소년기는 인생에서 불가피하게 힘든 시기인가?

"청소년기가 어떤 시기인가?"라는 질문에 대답하는 방식 중 하나는 청소년기를 다양한 관점에서 살펴보는 것이다. 이 책에서는 생물학자, 정신과 의사, 심리학자, 생태학자, 사회학자 및 인류학자들이 수행한 연구들을 살펴보게 될 것이다. 이 장은 청소년 연구에 관한 대표적이고 영향력 있는 학자들의 관점을 개관하는 것으로 시작하며, 나중에 청소년에 관한 다양한 측면들을 좀 더 자세히 살펴보게 되면서 이러한 관점에 일부 수정을 하게 될 것이다. 우리는 청소년기에 관한 상이한 관점들을 통해 청소년을 있는 그대로 더 온전하게 이해할 수 있게 될 것이다.

이 장에 제시된 이론들은 가장 생물학적인 이론에서부터 점차 그렇지 않은 이론 순으로 제시되어 있다. 가장 생물학적인 이론가들—특히 생물학자, 심리학자—은 청소년기가 유전자, 호르몬 또는 진화적 과정 때문에 나타나는 것이라고 생각한다. 이들 이론가들은 환경적 영향을 중시하지 않고, 개인이 성장한 장소에 관계없이 청소년기 경험이 비슷하다고 생각한다. 좀 덜 생물학적인 이론가들—심리학자, 인류학자, 그리고 사회학자—은 개인의 경험과 문화 모두가 청소년기를 조성하는 것으로 생각한다. 이 연구자들은 청소년기 동안발생하는 구체적 사건에 따라 청소년들이 매우 달라질 수 있다고 생각한다.

청소년기에 관한 생물학적 관점

엄격한 생물학적 관점에서는 청소년기를 신체적 성숙과 성적 성숙이 일어나는 시기로 규정하는데, 이 기간 동안 중요한 성장 변화가 아동의 신체 내에서 일어난다. 이 절에서는 청소년기에 나타나는 신체적, 성적, 그리고 생리적 변화를 소개할 것이고, 아울러 이러한 변화가 일어나는 이유와 그 결과를 소개할 것이다.

또한 생물학적 관점에서는 청소년기에 일어나는 행동과 심리적 변화의 1차적 원인이 생물유전적 요인임을 강조한다. 성장과 행동은 주로 내적 성숙의 힘에 의해 일어나는 것이지, 환경의 영향을 거의 받지 않는 것으로 보는 것이다. 또한 발달은 사회문화적 환경에 관계없이 필연적이고 보편적인 양상으로 나타나는 것이

Hall은 청소년기를 감정의 극단을 오고 가는 요동의 시기로 이론화하였다.

다. 일부 이론가들에 따르면, 이런 양상은 진화적 압력과 자연 도태의 결과로 형성된다.

G. Stanley Hall : 질풍노도

'청소년 심리학의 아버지'가 있다면 그는 G. Stanley Hall(1844～1924)인데, 그는 청소년에 관해 과학적으로 접근한 최초의 사람이었다. 1904년에 발간된 두 권으로 된 그의 저서(*Adolescence : Its Psychology and Its Relation to Physiology, Anthropology, Sociology, Sex, Crime, Religion, and Education*)는 많은 학자들에 의해 이 분야 최초의 중대한 작업으로 간주된다.

Hall은 인간이 자연 도태('적자생존') 과정을 통해 보다 원시적인 형태에서 진화되었다는 다윈의 진화이론에 매료되었다. 다윈처럼 Hall은 "개체발생은 계통발생을 반복한다."고 생각하였는데, 이는 개인의 성장과 발달(개체발생)은 인간 종의 진화적 역사(계통발생)를 반영한다(반복한다)는 뜻이다. Hall은 이러한 아이디어를 인간, 특히 청소년의 행동연구에 적용하였다.

Hall에 의하면, 인간은 동물 시대, 사냥꾼 시대, 원시인 시대를—각각 영아기, 아동기, 청소년 전기에 해

알고 싶은 것

▶ 청소년을 최초로 연구한 심리학자는 청소년을 어떻게 규정했는가?

'청소년 심리학의 아버지'인 G. Stanley Hall은 청소년들이 정서적으로 변덕스럽고 불안정하다고 생각하였다.

당-거쳐, 청소년기에 이르면 **질풍노도**(Sturm und drang)의 시기에 놓이게 된다. 질풍노도란 독일어로 '동요'를 의미하는데, 이는 청소년기를 혼란이 일어나는 시기로 보는 Hall의 입장을 잘 반영해 준다. 그는 청소년기에는 어느 한 순간은 기분이 좋았다가 그 다음에는 울적해지고, 오늘은 아무런 관심이 없었다가 내일은 엄청나게 감동을 받는 등 정서적으로 불안정한 상태에 있다고 생각하였다. Hall은 이렇게 극단적인 정서를 오락가락하는 것이 20대 초기에 가서야 끝이 난다고 보았다. 이러한 특성은 유전에 근거한 것이기에 막을 길이 거의 없다고 할 수 있다.

청소년기가 피할 수 없는 힘든 시기라는 Hall의 견해에 동의하지 않는 심리학자들이 많지만, 그는 다른 학자들에게 청소년을 연구하는 유용한 길을 제시해 주었다. Freud와 같은 학자들은 청소년기에 대한 그의 부정적 견해를 채택하였다.

Arnold Gesell : 나선식 성장 양상

Arnold Gesell(1880~1961)은 출생 후부터 청소년기 동안 일어나는 인간 발달에 관한 관찰로 널리 알려져 있는 학자인데, 그와 그의 팀들은 처음에는 Yale Clinic of Child Development에서 이 작업을 수행하다가 후에는 Gesell Institute of Child Development에서 수행하였다. 청소년기에 관해 가장 잘 알려진 그의 책은 *Youth : The Years from Ten to Sixteen*(Gesell & Ames, 1956)이다. Gesell은 Stanley Hall의 제자로 Hall에게서 많은 것을 배웠다.

Gesell은 발달의 행동적 표출에 관심이 많았다. 그는 여러 연령층의 아동과 젊은이들의 행동을 관찰하여 발달의 단계와 주기에 대한 서술적 개요를 정리하였다.

Gesell은 자신의 글에서 시간적 순서 속에 행동 준거가 있다는 것을 깨달았다고 피력하고 있다.

Gesell은 유전자가 행동 특질의 표현과 발달의 순서를 좌우한다고 생각하였다. 따라서 능력과 기술은 특별한 학습이나 연습 없이 나타난다(Thelen & Adolph, 1992). 이 개념은 교사와 부모로 하여금 인간 발달에 영향을 주는 어떤 일도 하지 못하게 하는 일종의 생물학적 결정론을 내포하고 있다. 성숙은 자연적 과정이기 때문에, 양육 과정에서 아동에게 발생하는 대다수의 사소한 문제들은 오직 시간만이 해결할 수 있다는 가정이 성립된다. Gesell은 장애와 일탈을 성장에서 벗어난 것이라고 주장하면서, 부모들에게 아이들의 잘못된 행동에 대해 과잉대응하지 않도록 충고하고 있다(Gesell & Ames, 1956).

Gesell은 각 아동은 자기 나름의 '유전적 요인이나 개인적 소질, 그리고 선천적인 성숙 순서'를 갖고 태어난 고유한 존재임을 인정함으로써 개인차를 인정하는 데 많은 노력을 하였다(Gesell & Ames, 1956, p. 22). 하지만 그는 1차적으로 성숙을 중요시하였기 때문에 "문화변모는 결코 성숙을 넘어설 수 없다."는 점을 강조하였다. 개인차와 개인의 발달에 미치는 환경의 영향을 인정함에도 불구하고, Gesell은 인간에게 적용되는 많은 원칙과 추이와 순서들을 보편적인 것으로 간주하였다.

비록 Gesell은 인간의 변화가 점진적으로 나타나고 중복된다는 것을 강조하려고 했지만, 종종 한 연령에서 다른 연령으로의 변화가 강렬하고 급격하게 일어난다는 것도 서술하고 있다. 또한 그는 발달이 상향적일 뿐만 아니라 나선적이기도 하다는 것을 강조하였다. 나선식 발달이란 서로 다른 연령에서 상향적 변화와 하향적 변화 둘 다가 반복적으로 나타나는 것이다. 예를 들어 11세와 15세는 반항적이고 잘 싸우는데, 12세와 16세는 정서적으로 꽤 안정되어 있다.

Gesell 연구에 대한 주된 비판 중 하나는 표집에 관한 것이다. 그의 연구결과는 코넷티컷 주 뉴헤이븐에 사는 비교적 부유한 가정의 소년과 소녀들에게서 얻어진 것이었다. 그는 이 동질적 집단에서 얻어진 결과를 일반화할 수 있을 것이라고 주장하였다(이것은 환경의 영향이 중요하지 않다는 그의 생각과 일치하는 것이다). 그런데 신체적 요인만 고려해 보더라도, 아이들마다 성장 수준과 시기가 아주 다르기 때문에 특정 연령에 해당되는 정확한 준거를 마련하기가 매우 어렵다. 그럼에도 불구하고 1940년대와 1950년대에 수많은 부모들이 Gesell의 책을 읽었고, 그의 책은 아동 양육에 지대한 영향을 미쳤다. 그의 책은 그 시절 많은 학생과 교사들을 위한 '아동발달에 관한 성서'였다.

청소년기에 관한 정신분석적 관점과 심리사회적 관점

Sigmund Freud는 뇌를 연구하는 신경학과 신경장애에 관심을 가졌던 비엔나의 내과 의사였다. 그는 정신분석학 이론의 창시자였고, 그의 딸 Anna는 Freud의 이론을 청소년에게 적용시켰다. Freud의 입장은 본래부터 심리학적인 것이었는데, 그가 "생물학은 결정된 것이다."라고 믿었기 때문에 생물학적 요소를 강하게 띠게 되었다. 즉 그는 남자와 여자는 해부학적으로 생식기가 다른 탓에 서로 다른 경험을 할 수밖에 없고, 그래서 서로 다른 사람이 된다고 생각하였다.

Sigmund Freud : 개인화

Sigmund Freud(1856~1939)는 생애 초기의 몇 년간을 중심으로 발달이론을 구성하였기에 청소년기에 관한 이론과는 크게 관련이 없다. 그러나 그의 저서 *Three Essays on the Theory of Sexuality*(Freud, 1953b)에서는 청소년들에 관해 간략하게 다루고 있다. 그는 청소년기를 성적 흥분, 불안, 그리고 때때로 성격 혼란이 있는 시기로 묘사하고 있다. Freud에 따르면 사춘기는 유아 성욕이 사라지고 정상적인 성욕이 생기도록 하는 일련의 변화들이 나타나는 시기이다. 유아기 쾌감의 원천이 구강 활동과 관련되어 있는 경우(**구강기**), 아이들은 자신의 신체 바깥에 있는 어머니의 가슴을 성적 대상물로 활용한다. 이 대상물로부터 아이들은 신체적 만족, 따뜻함, 쾌감, 그리고 안정감을 얻는다. 아이가 젖을 먹는 동안 어머니는 아이를 어루만져 주고, 껴안고, 입 맞추고 흔들어 준다(Freud, 1953b).

점차 아이들의 쾌감은 자위적이 된다. 즉 아이들은 혼자서 할 수 있는 행위를 통해 쾌감과 만족을 얻기 시작하는 것이다. 아이들은 어머니의 가슴을 빠는 것을 그만둠에 따라 다른 구강적 행위로도 쾌감을 누릴 수 있다는 것을 알아낸다. 2~3세 무렵 아이들의 많은 관심과 쾌감은 항문적 활동과 배설에 집중된다(**항문기**). 이 시기 다음에는 자신의 신체와 생식기에 관한 관심이 발달되는 **남근기**(4~5세)가 나타난다.

남근기 이후 Freud가 **잠복기**(대략 6세~사춘기까지)라 칭한 시기에, 아이들은 성적 관심이 약화되고, 자신을 돕고 자신의 애정 욕구를 충족시키는 사람들과 지속적인 인간관계를 형성한다. 쾌감의 원천은 점차 자신에게서 타인으로 옮겨 간다. 그들은 타인과 우정관계를 형성하며, 특히 동성과의 우정 형성에 보다 많은 관심을 갖게 된다.

사춘기(**성기기**)에 이르면 이러한 '대상 발견' 과정이 완성된다. 이 시기에는 외부 및 내부 성기관의 성숙과 더불어 성적 욕구를 해소하려는 강렬한 욕구가 생긴다. 이 해결에는 애정 대상이 필요하다. 그러므로 Freud는 청소년들이 이러한 성적 긴장을 해결할 수 있는 이성에게 매력을 느끼게 된다고 이론화하였다.

Freud는 남근기(4~6세)가 시작되면서 남자와 여자는 해부학적 차이 때문에 서로 다른 성격을 갖게 되고 서로 다른 행동을 하게 된다고 생각하였다. 남자와 여자는 남근기를 거치면서 점점 더 달라지게 된다. 소년들은 Freud가 말한 오이디푸스 콤플렉스(아버지를 죽이고 어머니와 결혼한 그리스 신화의 비극적인 왕 오이디푸스 렉스에서 이름을 따온 것임)를 겪게 된다. 근본적으로 소년은 어머니가 아버지를 좋아하는 것에 질투를 느끼게 되어, 무의식적으로 아버지도 어머니가 자기를 좋아하는 것을 질투하게 될 것이라고 생각한다. 따라서 소년은 아버지가 성적 경쟁자인 자기를 해치고 제거할까 봐 두려워하게 된다(이것을 거세불안이라 칭함). 이 불안을 없애기 위해 소년은 아버지와 자신을 동일시하게 된다. **동일시**에는 아버지의 신념, 행동 및 가치가 포함되어 있고, 다음의 두 가지 기능을 한다 : (1) 이러한 모방은 아버지를 즐겁게 하고, 아버지와 아들 간의 갈등을 완화시키기 때문에 거세불안을 완화시킨다. (2) 동일시는 소년에게 남자로서 행동하는 법을 가르쳐 주며, 이것은 자신이 자랐을 때 자신의 아내를 찾게 해 준다. 거세불안은 심한 스트레스를 주기 때문에, 소년은 열심히 동일시하게 되고 원만한 성격을 발달시키게 된다.

소녀는 아버지에 대해 질투하지 않아 오이디푸스 콤플렉스를 겪지는 않는다. 대신 소녀는 **엘렉트라 콤플렉스**(엘렉트라 역시 그리스 비극에 나오는 인물로, 아버지의 복수를 위해 오빠를 부추겨 어머니를 죽인 여자임)를 겪는다. Freud에 따르면, 이 시기의 소녀는 아버지가 아주 강하고 힘 있게 보이고, 자신이 여자이기 때문에 아버지에게 끌리게 된다. 일단 소녀가 남자와 여자의 성기 차이를 인식하게 되면 소녀는 소년을 부러워하게 되는데, 이는 소년의 음경이 자신의 성기보다 더 낫다고 인식하기 때문이다(이것을 남근 선망이라고 칭함). 소녀는 어머니에게 적대적이 되는데, 이는 아버지가 어머니에게 관심을 보이는 것이 원망스럽기 때문이다. 여성에게 선천적이라 생각했던 Freud의 엘렉트라 콤플렉스와 여러 가지 부정적 성격 특질—낮은 도덕 수준, 지나친 겸손, 성적 욕구의 부족 등—은 비판을 받고 있다.

Freud는 아동기가 끝날 무렵까지 동성 부모를 동일시하여 동성 부모에게 정서적으로 무척 의존하게 된다고 보았다. 그런데 청소년기의 핵심 과제는 독립된 성인이 되도록 이러한 정서적 연대를 끊는 것이다. 이런 과정을 **개인화**(individuation)라고 부르는데, 여기에는 개인의 행동, 감정, 판단 및 사고를 부모로부터 분리시키는 것이 포함된다. 동시에 아동이 가족 내에서 자율적 개체가 되어 감에 따라 부모-아동 관계는 협동, 평등 및 상호성 방향으로 나아가게 된다(Mazor & Enright, 1988).

오늘날 Freud의 입장을 지지하는 심리학자들은 거의 없다. 그는 여성은 약하고 열등한 존재라고 본 빅토리아 시대의 인물이었다. 그의 이론은 인간의 성에 대한 중요성을 인식시키는 기초가 되었지만 너무 다른 방향으로 나아갔고, 행동을 통제하는 성적 충동을 지나치게 강조하였다. 또한 **정신분석학 이론**은 인간이 이기적이고, 공격적이며, 충동에 의해 움직인다고 보는 매우 부정적인 이론이다. 이런 부정주의는 그의 이론이 입원한 정신과 환자를 치료한 작업에 근거하여 발전된 것이기

알고 싶은 것

▶ **Sigmund Freud는 청소년들을 어떻게 생각했는가?**

Sigmund Freud는 청소년들이 불안하고 변덕스럽다고 생각하였는데, 그것은 청소년들에게 성적 욕구가 새롭게 출현하기 때문인 것으로 보았다.

때문일 것이다. 대부분의 심리학자들은 Freud가 초기 경험의 중요성을 지나치게 강조하였고, 성격을 보다 고정된 것으로 보고 있다고 말한다.

하지만 여전히 인간 이해에 대한 Freud의 공헌은 지대하다. 무의식이란 개념을 개발한 것 하나만으로도 그는 수 세기 동안 기억될 것이다.

Anna Freud : 방어기제

Sigmund Freud의 딸인 Anna Freud(1895~1982)는 아버지에 비해 청소년기에 더 많은 관심을 가졌던 사람이다. 그녀는 청소년기 발달 과정과 사춘기에 일어나는 정신적 구조의 변화에 관해 보다 자세하게 언급하고 있다(Freud, 1946, 1958).

Anna Freud는 청소년기를 내적 갈등, 정신적 불균형, 그리고 변덕스러운 행동 등으로 규정했다. 청소년들은 자신을 세상 모든 것의 중심에 있는 유일한 관심의 대상으로 간주하는 이기적 존재이면서 다른 한편으로는 자기희생과 헌신도 할 수 있는 존재이다. 청소년들은 열정적인 사랑관계를 형성하다가도 갑자기 그 관계를 깨뜨리기도 한다. 이들은 때때로 전적으로 사회적 개입을 하고 집단적 참여를 하다가도 완전한 고독을 원하기도 한다. 이들은 권위에 대해 무조건 복종하기도 하고 반대로 권위에 반항하기도 한다. 청소년들은 이기적이고 물질을 중시하는 동시에 고상한 이상주의에 빠지기도 한다. 이들은 금욕적이면서도 제멋대로이고, 타인을 배려하지 않으면서도 자신에 대해서는 과민하다. 이들은 낙천주의와 염세주의, 지치지 않는 열정과 게으름, 무관심 사이를 오락가락한다(Freud, 1946).

Anna Freud에 따르면, 이러한 갈등 행동이 일어나는 이유는 사춘기의 성적 성숙에 수반되는 정신적 불균형

과 내적 갈등 때문이다(Blos, 1979). 사춘기에 나타나는 가장 두드러진 변화는 본능적 충동의 증가이다. 이것은 부분적으로 성적 성숙 탓인데, 성적 성숙으로 인해 청소년은 성기에 관한 관심과 성적 충동이 증가한다. 그러나 사춘기에 나타나는 본능적 충동은 성생활에만 국한시킬 수 없는 여러 신체적 근거가 있다. 공격적 충동이 강해지고, 식욕이 왕성해지고, 때때로 나쁜 장난기가 발동하여 범죄 행동이 일어나기도 한다. 또한 오랫동안 잠복되었던 구강적이고 항문적인 흥미가 다시 나타난다. 질서에 대한 습관이 없어지고 무질서해지며, 겸손과 공감 대신 냉정함과 잔인함이 나타난다. Anna Freud는 사춘기의 이러한 본능적 힘의 증가를 초기 유아기 상태와 비슷한 것으로 보았다. 생애 초기 유아의 성욕과 반항적 공격성은 사춘기에 '부활'한다(Freud, 1946, p. 159).

쾌락원리에 따르면, **원초아**(id)로 불리는 충동이 청소년기 동안 증가한다. 이 충동은 개인의 자아(ego)와 초자아(superego)에 직접적인 도전이 된다. Anna Freud에게 **자아**란 정신적 기능을 보호하려는 정신 과정을 총칭하는 것이다. 자아는 개인의 평가능력과 추론능력이다. **초자아**는 동성 부모의 사회적 가치를 받아들임으로

써 발달한 이상적 자기(ego-ideal)와 양심을 의미한다(그림 2.1). 그러므로 청소년기 본능의 부활은 개인의 추론능력과 양심에 직접적으로 도전이 된다. 원초아와 초자아 간에 갈등이 생기면서 잠복기 동안 이루어진 정신능력 간의 균형이 깨어진다. 이전에는 휴전을 중재할 수 있었던 자아는 이제는 서로 싸우며 자기주장을 강하게 해대는 두 아이 앞에서 어쩔 줄 몰라 하는 부모처럼 평화를 유지시키기가 아주 힘들어진다. 만약 자아가 원초아와 완전히 동맹을 맺으면, "개인의 이전 성격은 흔적도 없이 사라지고 성인기로의 입문은 억제할 수 없는 본능의 충족으로 가득 찰 것이다"(Freud, 1946, p. 163). 그러나 만약 자아가 전적으로 초자아의 입장에 서게 되면, 원초아의 충동은 아동에게 허용된 좁은 범위 안으로 몰리게 될 것이다. 그리고 이런 충동들을 계속 검열하기 위해서는 역부착(정서가가 실린 활동들)에 필요한 일정한 정신 에너지와 방어기제가 필요해질 것이다.

이러한 원초아-자아-초자아의 갈등이 청소년기에 해결되지 않으면 개인은 정서적으로 황폐해질 수 있다. Anna Freud는 이러한 갈등을 해소하기 위해 자아가 어떻게 **방어기제**(defense mechanism)를 동원하는지에 관

그림 2.1

Anna Freud에 따르면, 원초아, 자아, 초자아 간의 갈등은 청소년기 동안 증가한다.

해 논하고 있다. 자아는 본능을 억압하고, 대치시키고, 부인하고, 도치시키며, 자기를 향해 대항한다. 그 결과 공포증과 히스테리적인 증상이 생기고, 강박적 사고와 행동으로 불안이 야기된다. Anna Freud에 따르면, 청소년기의 금욕주의와 주지화는 모든 본능적 소망을 불신하는 증상이다. 청소년기의 지나친 신경증적 증상과 억압은 자신을 희생한 자아와 초자아의 부분적 승리 표시이다. 물론 Anna Freud는 원초아, 자아, 그리고 초자아 간의 조화가 가능하고 결국에는 대부분의 정상적인 청소년에게서 이러한 조화가 생긴다고 생각하였다. 잠복기 동안 극단적인 죄책감과 불안을 야기할 수 있는 본능을 지나치게 억압하지 않으면서, 초자아가 충분히 발달하고, 자아가 갈등을 중재할 만큼 충분히 강하고 현명하면 이러한 균형은 이루어진다(Freud, 1946).

Erik Erikson : 자아정체감

Erik Erikson(1902~1994)은 Sigmund Freud의 심리성적 발달이론을 현대 사회학과 문화인류학에서 발견된 사실들을 토대로 수정하였다. Erikson은 성격의 세 요소로서 원초아-자아-초자아를 포함한 Freud의 여러 가지 개념을 포함시켰으나, Freud에 비해 원초아의 생물학적인 충동을 훨씬 덜 강조하였다. 대신 Erikson은 많

은 행동에 자아의 힘이 깔려 있는 것으로 생각하였다.

Erikson은 인간 발달의 여덟 가지 단계를 제시하였다(Erikson, 1950, 1968, 1982). 각 단계마다 개인에게는 극복해야 할 심리사회적 과제가 있다. 각 과제에 대한 직면은 갈등을 유발하며, 두 가지 다른 방향의 결과가 발생할 수 있다. 갈등이 성공적으로 해결되면 긍정적 자질이 생겨 더 나은 방향의 발달이 일어난다. 하지만 갈등이 지속되거나 불만족스럽게 해결되면 부정적 자질이 생겨 자아가 손상을 입게 된다. Erikson에 따르면, 개인이 수행해야 할 전반적 과제는 한 단계에서 다음 단계로 넘어갈 때 긍정적인 자아정체감을 획득하는 것이다(Erikson, 1950, 1959). 표 2.1에 연령에 따른 Erikson의 여덟 가지 단계와, 각 단계에서 발생할 수 있는 긍정적 결과와 부정적 결과를 제시하였다.

여기서는 청소년기와 관련된 다섯 번째 단계인 정체감 형성에 관심이 있지만, 이 단계 이전의 네 단계를 이해하는 것이 유용하다. 각 단계는 그 이전 단계를 토대로 형성되는데, 그 이전 단계들이 성공적으로 해결되었다면 그 단계는 긍정적으로 해결될 가능성이 크다. 낙천적이고 심리적으로 안정된 청소년, 독립적이고 호기심 많은 청소년, 자신의 성과에 자부심을 느끼는 청소년은—이것은 모두 청소년 이전 단계에서 학습된 자질

이 소녀의 방에 나타나 있는 관심 영역은 소녀가 Erikson이 규정한 개인 정체감을 확립했음을 보여 준다.

표 2.1 Erikson의 성격발달 단계

연령	단계	결과
1. 영아기(출생~2세)	기본 신뢰감 대 불신	낙천주의와 평온 대 비관주의와 불안
2. 걸음마기(2~4세)	자율성 대 수치심과 자기회의	자기신뢰와 독립성 대 의존성과 두려움
3. 학령 전기(4~6세)	주도성 대 죄책감	호기심과 열정 대 지루함과 무감동
4. 학령기(6~11세)	근면성 대 열등감	성취에 대한 자부심과 성실 대 성취 미비로 인한 수치심
5. 청소년기(11~20세)	자아정체감 대 정체감 혼미	현재와 미래 자기에 대한 인식 대 관여 부족과 불안정
6. 성인 초기(20대 초반~40세)	친밀감 대 고립	친밀하고 의미 있는 관계 대 고독
7. 중년기(40~65세)	생산성 대 침체	성장과 타인에게 주기 대 정지와 무의미
8. 노년기(65세 이상)	자아통합 대 절망	죽음에 대한 수용 대 죽음에 대한 두려움

이다—정체감을 효율적으로 형성할 가능성이 크다.

정체감 형성은 청소년기에 시작하는 것도 아니고 청소년기에 끝나는 것도 아닌 평생 지속되는 과정이다. 정체감 형성은 유아를 돌보는 어머니와 보살핌을 받는 유아 간의 상호적 경험에 그 뿌리를 두고 있다. 아이는 자신의 첫사랑의 대상에게 손을 내밀면서 자기에 대한 인식을 시작한다. 아동은 자라면서 또래 및 중요한 성인과의 상호작용을 통해 계속적으로 자기가 누구인지에 대한 인식을 형성하게 된다. 또한 지역사회도 개인의 새로운 인식 형성에 영향을 준다.

Erikson은 청소년기는 자아 강도가 동요하면서 갈등이 증가되는 정상적인 위기 단계임을 강조하였다. 인생 실험을 하는 청소년들은 자의식의 기초가 되는 정체감 인식으로 고민을 하게 된다. 이 기간 동안 개인은 개인적 정체감을 형성하고 정체감 혼미의 위험에서 벗어나야만 한다. 정체감을 형성하기 위해서는 개인의 능력과 취약점이 무엇인지를 평가하고, 이러한 자질을 바탕으로 자신이 누구인지, 어떤 사람이 되고 싶은지에 관한 명확한 개념을 형성하려는 개인적 노력이 필요하다. 적극적으로 정체감 탐색을 하는 청소년들은 자기회의, 혼란, 충동성, 부모와 다른 권위 있는 타인들과 갈등을 보이기 쉽다(Kidwell, Dunham, Bacho, Pastorino, & Portes, 1995).

Erikson 이론에서 한 가지 흥미로운 점은 청소년기를 아동기와 성인기 사이에 있는 사회적으로 허용되는 **심리사회적 유예 상태**(psychosocial moratorium)로 개념화한 것이다. 이 유예 기간 동안 개인은 자유로운 역할 실험을 통해 사회에서 자신을 필요로 하는 곳을 찾을 수 있다(Erikson, 1959). 청소년기는 특정 역할에 대해 책임을 지지 않고 다양한 역할을 분석해 보고 시도해 보는 시기이다. Erikson은 유예 기간과 강도는 사회에 따라 다르지만, 청소년기가 끝날 무렵까지 정체감을 형성하지 못하면 청소년에게 큰 고통이 생긴다고 보았다.

자아정체감 찾기에 실패한 청소년은 자기회의와 역할 혼미를 경험하게 되고, 자기파괴적이고 자기 중심의 일방적인 편견과 활동에 몰입하게 된다. 이런 청소년들은 타인의 의견에 지나치게 몰두하거나 아니면 타인이 무엇을 생각하는지 더 이상 신경 쓰지 않는 양극단으로 나아갈 수 있다. 그리고 정체감 혼미에서 생기는 불안을 없애기 위해 약물이나 알코올을 사용할 수도 있다.

정체감 위기가 청소년기에 가장 두드러지긴 하지만, Erikson은 개인의 자아정체감에 대한 재규정은 생의 다른 시기에도—독립할 때, 결혼할 때, 부모가 될 때, 이혼할 때, 직업을 바꿀 때 등—일어날 수 있음을 강조한다. 개인이 이러한 정체감 변화에 어느 정도 대처할 수 있는지 여부는 부분적으로 청소년기의 첫 번째 자아정체감 위기를 성공적으로 극복했는가에 의해 결정된다(Erikson, 1959).

알고 싶은 것

심리학자들은 청소년기의 가장 중요한 과업을 무엇
이라 생각하는가?

대부분의 심리학자들은 개인적 정체감을 형성하는
것이 청소년 발달에서 가장 중요한 과업이라고 생각
한다.

청소년기에 관한 인지적 관점

인지(cognition)란 앎의 행위 또는 과정이다. 인지는 이
해에 포함된 정신 과정과 사고이다. 발달된 사고 능력
은 부분적으로 뇌의 발달에 따른 것이기 때문에, 보다
생물학적으로 기초를 둔 이론가들이 먼저 소개되고 그
다음으로 인지이론가들이 소개될 것이다.

생물학자였던 Jean Piaget는 인지이론에 상당히 생물
학적인 색채를 띠고 있다. 그는 인지발달의 원동력으로
뇌의 성숙과 개인적 경험 두 가지 모두를 제안했다는
점에서 종종 **유기론적 심리학자**로 불리고 있다. Robert
Selman도 성숙과 경험 두 가지에 의해 인지적 정교화가
일어난다고 보지만, 그의 단계이론은 조금 덜 생물학적
인 이론이다. 마지막으로 논의될 Lev Vygotsky는 인지
발달에 미치는 환경적 결정 요인을 강조한 학자이다.

Jean Piaget : 적응과 평형화

Jean Paul Piaget(1896~1980)는 인간의 인지발달에 관
심을 두었던 스위스 심리학자이다. 아동의 인지능력에
관해 사람들이 갖고 있던 개념화와 이해를 다른 누구보
다도 더 많이 바꾸어 놓은 사람이 Piaget이다. 그는 지
적 능력이 출생 후부터 끝없이 계속적으로 발달한다는
것을 보여 주었다(Beilin, 1992).

Piaget는 파리에 있는 Alfred Binet의 실험실에서 일
하기 시작하였는데, 이 연구실은 현대적 지능검사를 만
들어 낸 곳이다. Piaget는 지능이 고정적이고 선천적이
라는 Binet의 주장에 동의하지 않고 보다 고차원적인
사고 과정을 탐구하기 시작하였다(Piaget & Inhelder,
1969). Piaget는 아이들의 응답이 맞느냐 틀리느냐보다

는 아이들이 결론을 내리는 방식에 더 관심을 갖고 있
었다. 그는 질문에 대한 정답을 채점하기보다는 아이들
의 답변에 깔려 있는 논리를 찾는 데 주력하였다. 그는
자신의 아이들을 포함하여 여러 아이들을 주의 깊게 관
찰하는 엄청난 노력을 통해 인지발달이론을 구성하기
시작하였다(Piaget, 1951, 1967, 1971, 1972).

Piaget는 인지발달이 환경과, 대뇌와 신경계의 성숙
둘 다가 결합되어 나타난다고 제안하였다. 그는 역동적
발달을 서술하는 다섯 가지 용어를 사용하였다. **도식**
(schema)은 사람들이 환경에서 무엇이 발생했는지를
처리하는 사고 또는 정신 구조의 최초 양식이다. 예를
들어 아이들은 자신이 원하는 어떤 것을 보면 그것을
잡으려고 손을 뻗는다. 아이들은 그 상황에서 필요한
도식을 형성하고 있는 것이다. 새로운 도식을 구성하고
서로 다른 도식들을 연결시킴으로써 아이는 환경에 적
응하게 된다.

적응(adaptation)은 개인의 이해를 증진시키기 위해
새로운 정보를 유입하고 그 새로운 정보에 적응하는 것
이다. 적응은 동화와 조절의 두 가지 수단을 통해 일어
난다. **동화**(assimilation)는 새로운 환경 자극에 대한 반
응에서 기존의 구조를 사용하여 새로운 정보를 습득하
는 것을 의미한다. **조절**(accommodation)은 기존의 구
조 대신에 새로운 구조를 만들어 새로운 정보에 적응하
는 것을 말한다. 예를 들어 황금색 코커 스파니엘 어미
개가 검은색 새끼를 낳은 것을 보면, 아이는 코커 스파
니엘 개는 황금색도 있고 검은색도 있다는 것을 알게
될 것이다(동화). 그리고 갓 태어난 새끼 강아지를 안으
려고 할 때 그 강아지가 물면(그 어미개는 문 적이 없
음), 아이는 어떤 개는 사람을 물고 어떤 개는 그렇지
않다는 것을 알게 될 것이다(조절).

평형화(equilibrium)는 동화와 조절 간에 균형을 이루
는 것이다. 평형화는 개인이 경험하는 현실이 자신이
믿도록 교육받은 것과 일치하기 때문에 편안함을 느끼
는 것이다. **불평형화**(disequilibrium)는 현실과 그 현실
에 대한 개인의 이해가 불일치할 때 생기는 것으로, 조
절이 필요하다. 아동들은 자신이 본 것과 자신이 이해
하는 것이 일치하도록 새로운 사고방식을 습득함으로
써 갈등을 해소한다. 평형화에 대한 욕구는 아동으로

하여금 인지발달의 상위 단계로 나아가도록 만드는 추진력이 된다. Piaget는 다음에 언급되는 인지발달의 네 가지 단계를 설정하였다.

감각운동기(출생~2세)

감각운동기 동안 영아는 신체운동 행위와 감각 경험을 조정하는 것을 배우게 된다. 영아는 촉각, 청각, 시각, 미각 및 후각 등을 통해 다양한 속성을 지닌 사물들과 접촉하게 된다. 그 결과 영아는 공을 잡으려고 손을 뻗고, 물건을 잡으려고 팔과 손을 움직이고, 머리와 눈으로 움직이는 사물을 쫓아가는 것을 배우게 된다.

전조작기(2~7세)

전조작기 동안 아동은 언어를 배우고 환경을 표상하는 상징을 사용할 줄 알게 된다. 전조작기의 아동은 세상을 상징적으로 다룰 수 있지만, 여전히 논리적으로 사고하지는 못한다. 어린 아동들은 논리적 사고에 필요한 정신적 조작이 아직 발달되지 않았기 때문에 이 시기를 전조작기라고 부른다.

구체적 조작기(7~11세)

비록 실제로 경험할 수 있는 사물에만 국한되는 것이지만, 구체적 조작기 동안 아동들은 논리적 추론을 할 수 있는 능력을 나타낸다. 아동들은 많은 **정신적 조작**을 포함하여 논리적 규칙을 직관적으로 이해하게 된다. 예를 들어 아동들은 가늘고 긴 컵에 있는 액체와 넓고 큰 컵에 있는 액체가 그 모양이 다름에도 불구하고 액체의 양이 같을 수 있다는 것을 이해한다. 또한 한 물체가 여러 개의 범주에 속할 수 있다는 것(여자가 어머니이면서 선생님이라는 것)을 이해하고, 일부 범주는 다른 범주에 포함된다는 것을 안다. 이 시기에는 이전 단계처럼 외관에 의해 쉽게 영향을 받지는 않는다.

형식적 조작기(11세 이상)

형식적 조작기 동안 청소년들은 구체적이고 실질적인 경험에서 벗어나 보다 논리적이고 추상적으로 사고하기 시작한다. 청소년들은 자신의 사고에 관해 사고할 수 있는 내성능력이 발달한다. 청소년들은 문제를 해결하고 결론을 내리는 데 있어서 체계적이고 명제적인 논

> **알고 싶은 것**
>
> ▶ **어떤 점에서 청소년들이 아동보다 더 똑똑한가?**
> 청소년들은 추상적으로 사고할 수 있고, 가설 연역적으로 사고할 수 있기 때문에 아동보다 더 똑똑하다. 또한 청소년들은 더 논리적이며, 실제로 경험해 보지 않은 사물이나 사건을 상상할 수 있다.

리를 사용할 수 있다. 청소년들은 수많은 사실을 동시에 고려하여 이 사실에 근거한 이론을 구성하는 귀납추리를 할 수 있다. 또한 이론을 과학적으로 검증하고 구성하는 연역추리를 할 수 있고, 대수학적 상징과 은유법을 사용할 수 있다. 그리고 이들은 현재를 넘어 일어날 수 있는 것에 관해 사고할 수 있는데, 이는 자신의 미래에 대한 계획을 세울 수 있게 해 준다.

Robert Selman : 사회인지

사회인지(social cognition)란 사회관계를 이해할 수 있는 능력이다. 이 능력은 타인에 대한 이해—감정, 사고, 의도, 사회 행동 및 일반적 관점 등—를 이끌어 낸다. 사회인지는 모든 인간관계의 기초가 된다. 다른 사람들이 무엇을 생각하고 느끼는지를 아는 것은 타인들과 잘 지내고 그들을 이해하는 데 필수적이다(Feldman & Ruble, 1988; Gnepp & Chilamkurti, 1988).

사회인지 능력이 서서히 발달되면서, 사회적 지식과 물리적 지식이 동일한 방식으로 습득되는지 궁금해질 것이다. 확실한 것은 두 가지 모두가 관찰, 시행착오, 탐색, 직접적인 경험 및 발견을 통해 습득된다는 것이다. 그러나 사회적 지식을 습득하기가 더 어렵다. 물리적 지식은 객관적이고 사실적이지만, 사회적 지식은 사회적, 문화적, 심지어 하위문화적 규정과 기대에 의해 결정되는 상당히 임의적인 성질을 띠기 때문이다. 사회적 규칙은 물리적 현상에 비해 덜 획일적이고, 덜 구체적이며, 더 상황 의존적이기 때문에 예측하기가 어렵고 이해하기가 더 복잡하다.

일반적인 인지능력과 사회적 문제해결 기술은 어떤 관계가 있을까? 지적 문제해결 능력이 우수한 사람이

그림 2.2 Selman의 사회 역할 수용 발달의 5단계

출처 : R. E. Muuss, *Theories of Adolescence*, 6th ed. (New York: McGraw-Hill, 1995), pp. 249, 251, 254, 256, 258. Copyright ©1995 McGraw-Hill Publishing Company. Used by permission of The McGraw-Hill Companies.

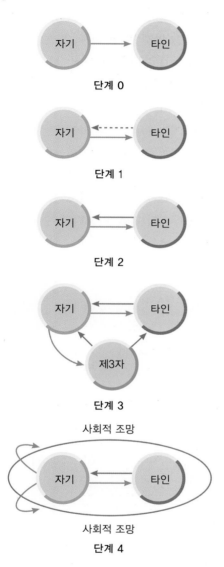

(social role taking)에 관한 이론을 발전시켰다(그림 2.2 참조). Selman(1977, 1980)에게 사회 역할 수용은 자신과 타인을 객체로 이해하고, 타인이 자신에게 반응하는 식으로 자신도 타인에게 반응하며, 타인의 관점에서 자신의 행동에 반응하는 능력이다. Selman의 사회인지 발달의 5단계는 다음과 같다.

- 단계 0 : 자기중심적 미분화 단계(3~6세). 6세 정도까지 아동은 사회적 상황에 대한 자신의 해석과 타인의 관점을 명확하게 구분할 수 없고, 자신의 지각이 잘못될 수도 있다는 것을 이해하지 못한다. 특정 상황에서 누군가가 어떻게 느낄지에 대해 아동에게 질문하면, 아동은 자신이 느끼는 방식대로 타인도 동일하게 느낄 것이라고 대답한다.

- 단계 1 : 차별적 또는 주관적 조망 수용 단계 또는 사회정보적 단계(6~8세). 이 단계에 있는 아동은 타인들이 서로 다른 사회적 조망을 가질 수 있다는 것을 인식한다. 그러나 타인의 관점이 다른 이유를 잘 이해하지 못한다(LeMare & Rubin, 1987). 아동은 타인들이 동일한 정보를 갖고 있다면, 아동 자신이 느끼는 것처럼 타인도 동일하게 느낄 것이라고 생각한다. 그러나 아동들은 비의도적 행동과 의도적 행동을 구분하고, 행위의 원인들을 고려하기 시작한다(Miller & Aloise, 1989). 아동들은 타인의 의도, 감정 및 사고를 추론할 수 있으나 물리적 관찰에 근거하여 결론을 내리다 보면 틀릴 수 있는데, 이는 사람들이 자신의 진짜 감정을 숨길 수 있다는 것을 인식하지 못하기 때문이다.

- 단계 2 : 자기반성적 사고 또는 상호 조망 수용(8~10세). 이 단계에 속하는 사춘기 이전의 아이들은 타인의 개별적인 조망을 수용한다. 따라서 사춘기 이전의 아이들은 타인의 입장에 대한 추론을 할 수 있고, 자신의 행동과 동기를 타인의 관점에서 생각해 볼 수 있다. 이 능력은 어느 개인의 사회적 조망이 절대적으로 옳거나 타당하다고 볼 수 없다는 인식을 하게 한다. 다시 말해 타인의 관점이 자신의 관점처럼 옳을 수도 있다는 것이다. 사춘기 이전의 아이들은 2자 참조틀―"나는 생각한다, 너는 생각한다."―안에서만

반드시 사회적 문제해결 능력에서도 우수한 것은 아니다. 사회적 문제해결 기술은 지적 능력과 별개로 학습될 수 있다. Selman(1980)은 "사회적 개념, 추론, 사고, 즉 사회인지의 발달은 인지발달과 완전히 무관한 것은 아니지만, 비사회적 인지발달과는 다르다."고 결론 내리고 있다.

사회인지에 관한 가장 유용한 모델 중 하나는 Robert Selman(1942~)의 모델인데, 그는 **사회 역할 수용**

생각하고, 보다 일반적인 3자 조망을 취할 수 없다 (Muuss, 1988b).

- 단계 3 : 제3자 조망 또는 공동 조망 수용 단계(10~12세). 아동들은 자신의 조망, 상대방의 조망, 그리고 중립적인 제3자의 조망을 취할 수 있다. 제3자 관찰자로서 그들은 자신을 대상이면서 또한 행위자(주체)로 볼 수 있다. 제3자 관찰자들은 집단의 대다수가 인식하는 보다 일반적인 관점을 이해할 수 있다. 이제 우정은 서로의 필요만을 채워 주는 것이 아니라 상당한 기간에 걸쳐 일어나는 일련의 상호작용으로 이해된다. 또한 서로 성격이 다르기 때문에 갈등이 생기는 것을 이해하게 된다(Muuss, 1982).
- 단계 4 : 심층적 조망 또는 사회적 조망 수용 단계(청소년기에서 성인기). 청소년이 타인을 이해하는 두 가지 두

드러진 특징이 있다. 첫째, 청소년들은 동기, 행위, 사고 및 감정이 심리적 요인에 의해 조성된다는 것을 안다. 심리적 결정 요인에 대한 이러한 인식은 비록 청소년들이 심리적 용어로 이것을 표현하지 못할지라도 무의식적으로 영향을 주고 있다는 생각을 하고 있다는 것을 말해 준다. 둘째, 청소년들은 성격이 나름의 발달적 내력을 지닌 특질, 신념, 가치 및 태도의 시스템이라는 것을 인식하기 시작한다.

청소년기 동안 개인은 더 높고 보다 추상적인 수준의 대 인간 조망 수용으로 나아갈 수 있는데, 여기에는 가능한 모든 제3자 조망인 사회적 조망에 대한 조정이 포함된다. 청소년은 개개인이 공유하고 있는 사회적 시스템인 일반화된 타인의 관점을 고려할 수 있는데, 이것

그림 2.3

Piaget, Freud, Erikson 및 Selman의 단계들 간의 비교

인생주기	Piaget의 인지발달 단계	Freud의 심리성적 단계	Erikson의 심리사회적 단계	Selman의 사회 역할 수용 단계
노년기	↑	↑	자아통합 대 절망	↑
중년기			생산성 대 침체	심층적 · 사회적 조망 수용
성인 초기			친밀감 대 고립	
청년기	형식적 조작기	성기기	정체감 대 혼미	↑
	↑	↑	↑	3자 또는 공동 조망 수용 (10~12세)
중기 및 후기 아동기	구체적 조작기	잠복기	근면성 대 열등감	자기반성적 사고 또는 호혜적 역할 수용 (8~10세)
	↑	↑	↑	차별적 또는 주관적 조망 수용, 사회정보 단계 (6~8세)
초기 아동기	전조작기	남근기	주도성 대 죄책감	자기중심적 미분화 단계 (0~6세)
영아기	감각운동기	항문기 구강기	자율성 대 수치심, 회의 신뢰 대 불신	

은 타인에 대한 이해와 함께 정확한 의사소통을 할 수 있게 해 준다. 나아가 개인은 사회적 시스템으로서 법과 도덕이 집단의 합의된 조망에 따라 달라진다는 것도 알고 있다(Selman, 1980).

인간 발달에 관한 생태학적, 심리사회적 및 인류학적 관점을 살펴보기에 앞서, 지금까지 살펴보았던 발달의 다양한 단계들을 정리하여 비교해 보자. 그림 2.3에는 Piaget, Freud, Erikson 및 Selman의 단계가 비교 제시되어 있다. 청소년기에 해당되는 단계를 주목해 살펴보라.

Lev Vygotsky : 인지에 미치는 사회적 영향

교사 출신이었던 러시아 심리학자 Lev Vygotsky(1896~1934)는 Piaget와는 아주 다른 인지발달이론을 펼쳤다. Piaget가 인지발달을 환경과의 개인적 경험을 통해 이루어지는 것으로 본 것에 반해, Vygotsky(1978)는 인지적 기술이 사회적 상호작용을 통해 발달되는 것으로 생각하였다. Vygotsky에 따르면, 아동들은 보다 숙련된 파트너와 함께할 때 가장 잘 배우고 문제를 해결하기 위해 협동한다는 것이다. 학습은 아동의 현재 역량을 넘어서지만 압도당할 만큼 힘들지 않을 때 가장 급속하게 일어난다. 이 수준을 **근접발달 영역**(zone of proximal development)이라 칭한다. 또한 보다 전문적인 도우미가 아동을 위한 **비계**(scaffolding), 즉 도우미가 적절한 지원을 하면서 아동 혼자 그 과제를 완수할 수 있게 점차 도움을 조금씩 줄이는 방안을 통해 학습이 향상된다. Vygotsky의 이론은 협동적인 집단 학습이 개별 학습에 유용한 보조가 될 수 있고, 더 나아가 개별 학습을 대체할 수 있음을 강하게 암시해 주므로 교육에 내포된 함의가 크다.

청소년기에 관한 사회인지 학습적 관점

사회학습이론은 개인이 어떻게 해서 특정 행동을 수행하는지 또는 수행하지 않는지에 관심을 두고 있다.

Albert Bandura : 사회학습이론

Albert Bandura(1925~)는 사회학습이론을 청소년들에

알고 싶은 것

▶ 단지 타인의 행동을 관찰하는 것이 청소년들의 행동에 어느 정도 영향을 미치겠는가?

청소년(성인과 아동도 마찬가지)은 타인, 특히 존경하는 타인을 관찰함으로써 지대한 영향을 받는다. 청소년들은 거의 본능적으로 본 것을 복사하고 따라 하려는 충동을 지니고 있다.

게 적용하는 데 관심을 가져 왔다. 그는 아동들이 타인의 행동을 관찰함으로써 그리고 이 행동을 모방함으로써 학습한다는 것(**모델링**으로 칭함)을 강조하고 있다. 아동은 성장하면서 주변에 있는 다양한 모델을 모방한다. 많은 연구에서, 청소년의 삶에 가장 중요한 인물이면서 가장 모방하고 싶은 인물로 부모가 거론되고 있다(Blyth, Hill, & Thiel, 1982; Galbo, 1983). 형제 또한 중요한 타인으로 거론된다.

청소년들은 부모로부터 여러 가지 행동을 모방할 수 있다. 이런 행동 중에는 선하고 건설적인 행동도 있는데, 예를 들어 부모가 지역 봉사활동에 참여하면 청소년들도 봉사활동에 참여할 가능성이 높다(Keith, Nelson, Schlabach, & Thompson, 1990). 반대로, 부모의 파괴적 행동을 보게 되면 파괴적 행동을 모방한다. 예를 들어 아버지가 열심히 도박하는 것을 본 청소년은 심하게 도박을 할 가능성이 크다(Vachon, Vitaro, Wanner, & Tremblay, 2004). 자녀를 신체적으로 처벌하는 부모의 자녀는 화가 나면 타인을 때리는 사람이 되기 십상이라는 것은 잘 알려진 사실이다(예 : Bandura, 1973; Johnson & O'Leary, 1987).

강화의 역할

가장 잘 알려진 학습이론인 Skinner(1938)의 조작적 조건형성 이론은 행동에 미치는 **강화**와 처벌의 이중 역할을 강조한다. 학교 수업을 몰래 빠진 십대 청소년을 친구가 잘했다고 격려하면 다음에 또 수업을 빼먹을 가능성이 크다. 반면에 몰래 수업에 빠진 것이 드러나 2주 동안 방과 후 수업을 받게 되었다면, 이러한 벌은 다시는 수업을 빼먹지 않도록 막는 역할을 할 수 있다.

Bandura는 **대리적 강화**(vicarious reinforcement)와 **자기강화**(self-reinforcement)를 언급하면서 이 아이디어를 확장하였다. 대리적 강화는 타인이 경험을 통해 얻은 긍정적 또는 부정적 결과를 개인이 관찰함으로써 일어난다. 공격 행동을 한 타인이 강화를 받는 것을 보면, 관찰자도 공격 행동을 할 가능성이 커진다. Bandura(1973)는 자기강화가 외부적 보상만큼 효과적임을 확인하였다. 농구 골대에 슈팅을 해서 득점을 하는 것처럼, 어떤 행동을 통해 바라던 긍정적 결과를 얻으면, 청소년들은 득점을 통해 기분이 좋아지게 하는 자기강화를 실시할 수 있다. 스스로 적절한 수준의 수행 목표를 세우고 그 수준을 달성한 청소년은 자부심을 느끼고 내면적으로 만족스럽게 되며, 자기에게 강화를 주는 부모나 교사 및 타인들에 대한 의존이 줄어들게 된다.

사회학습이론가들의 연구는 인간 행동을 설명하는 데 아주 중요하다. 특히 성인들과 역할모델이 무엇을 하라고 말하는 것보다는 그들이 하는 행동 자체가 청소년에게 훨씬 더 중요한 영향을 미친다는 것을 강조한 점에서 더욱 그렇다. 교사와 부모들은 자신이 지닌 인간의 존엄성, 이타성, 도덕적 가치 및 사회적 양심 등을 직접 행동으로 보여 줌으로써 청소년들에게 이런 덕목들을 가장 잘 권장할 수 있다.

사회인지이론

1980년대 Bandura는 인지의 역할을 포함시켜 그의 사회학습이론을 확장시켰다(Bandura, 1986, 1989). 그는 개인은 환경에 의해 철저하게 영향을 받기 보다는 자신이 추구하는 목표처럼 미래 환경을 선택함으로써 자신의 운명을 결정한다고 강조하였다. 사람들은 목표를 달성하기 위해 자신의 사고, 감정 및 행위를 반성하고 조절한다. 요컨대, 환경의 영향을 어떻게 해석하느냐에 따라 개인의 반응이 달라진다. 예를 들어 공격적인 아이의 행동을 다시 살펴보자. 연구에 의하면, 공격적인 아동은 다양한 상황에서 상대방을 적대적으로 귀인하는

Research Highlight   수업관련 게시판에서의 비계

점점 더 많은 대학 교수들이 학생들 간의 토론을 촉진시키기 위해 수업에서 채팅방이나 게시판을 사용하고 있다(Berge, 2000). 이는 학생들이 서로 배울 수 있고, 학생들이 제기하는 질문이 수업자료를 더 잘 이해하도록 만들 것이라는 생각에서 나온 것이다. 그런데 Vygotsky(1978)는 개인에게 문제해결의 발판을 제공하는 것은 다른 초보자가 아니라 전문가에 의해 이루어질 때 가장 잘 배운다고 분명하게 말하고 있다. 그렇다면 온라인 또래 토론이 학습을 촉진시키는가? 정말 그럴 수 있는가?

그 답은 "언제나 그렇지는 않다."는 것이고, "아마도 그럴 수 있을 것인데, 그것은 교수가 그 상황을 정확하게 설정할 때에만 그렇다."는 것이다. 학습을 증진시키기 위해 어떤 질문을 해야 할지 학생들이 항상 알고 있는 것은 아니며(van der Meij, 1998), 도움을 줄 만큼 충분한 지식을 갖고 있지 않을 수 있다(Land, 2000; van der Meij, 1990). 여전히 면대면 교실 상황에서 학생들이 서로 유용한 질문을 할 수 있도록 돕는 외적 발판을 교사가 제공할 수 있음을 보여 주는 연구들이 많으며(King, Staffieri, & Adelgais, 1998), 온라인 상호작용에서도 이와 유사한 효과를 나타낼 수 있을 것으로 보인다.

Choi, Land 및 Turgeon(2005)은 의무적으로 몇 번의 온라인 토론 회기가 있는 온라인 대학 수업을 대상으로 이런 시도를 하였다. 연구자들은 학생들이 온라인 토론을 하는 동안 서로 종류가 다른 세 가지 유형의 질문을 할 수 있도록 돕는 비계를 개발하였다(명료화/정교화 질문, 역주장/불일치 질문 및 가설적 질문). 그 의도는 학생들로 하여금 동료 학생이 수업자료를 더 깊이 이해하는 데 도움이 될 수 있는 질문을 하도록 자극하는 것이었다. 이 자극제는 학생들이 서로 더 많은 질문을 하는 데에는 성공적이었으나, 보다 질이 높은 질문을 하는 데에는 도움이 되지 않았다. 연구자들은 이처럼 긍정적 효과가 제한적인 것은 학생들이 해당 주제에 관해 제한된 지식을 갖고 있고(학생들은 전문가가 아니라 초보자임), 학생들이 보인 최초의 질문이 이미 거의 결점이 없는 높은 수준의 질문이었기 때문이라고 설명하였다. 아마도 가장 중요한 문제점은 많은 학생들이 그 자극제를 활용하지 못했다는 것인데, 선행연구들은 이러한 문제가 일반적임을 보여 주고 있다(예 : Greene & Land, 2000). Azevedo와 그 동료들(예 : Azevedo, Cromley, Winters, Moos, & Greene, 2005)은 정적인 자극제보다 역동적인 자극제가 자기지시적인 컴퓨터 학습에 도움이 될 수 있으며, 상호작용적이며 개인화된 자극제가 학생-학생 채팅이나 게시판을 통한 상호작용의 질을 높이는 데 핵심이 될 수 있음을 보여 주었다. 어느 경우든, Vygotsky가 생각했던 바와 같이, 중재와 지도가 없다면 초보자는 훈련된 전문가만큼 서로를 돕기 힘들다.

편향을 갖고 있다(Crick & Dodge, 1996). 공격적인 소년은 자신에게 해를 입힌 행위자의 의도가 적대적인지 우호적인지를 결정하는 데 필요한 정보를 처리하는 데 그다지 주의를 기울이지 않는다. 이들은 타인의 동기에 관해 정확한 추론을 하는 데 도움이 될 정보에 덜 주목한다. 따라서 이들은 성급히 결론을 내리면서 상대방에게 적대적 의도가 있다고 추론하기 십상이다. 다시 말해 소년들의 공격 수준은 어떤 행동이 일어났는가뿐만 아니라 그 행동을 한 타인의 의도를 어떻게 해석하느냐에 따라 달라진다.

사회인지이론은 환경이 제공하는 것을 개인이 수동적으로 받아들이지 않고 자신의 삶에 영향을 주는 사건들을 능동적으로 조정할 수 있다는 점을 강조한다. 사람들은 환경에 대응하는 방식에 의해 부분적으로 환경을 조절한다. 유순하고 명랑하고 순한 청소년은 부모에게 아주 정적인 영향을 미쳐 부모로 하여금 우호적이고 따뜻하고 애정 어린 방식으로 반응하게 만들 것이다. 그러나 지나치게 활동적이고 쉽게 불안해하는 기질적으로 까다로운 청소년은 부모들을 적대적이고, 인내력이 부족하고, 거부적으로 행동하게 만들 수 있다. 이 관점에서 보면, 의도적인 것은 아니라 하더라도, 아동은 자신의 환경을 만들어 내는 데 일부 책임이 있다. 개인차로 인해, 서로 다른 사람들이 서로 다른 발달 단계에서, 환경을 해석하고 반응하는 방식이 다름으로 인해 개인마다 서로 다른 경험을 하게 된다(Bandura, 1986).

문화가 청소년에게 미치는 영향

여기서 우리는 청소년기 발달은 청소년이 성장하는 문화와 사회에 의해 지대한 영향을 받는다는 관점을 지닌 일련의 이론가들을 살피게 될 것이다(Vygotsky는 쉽게 여기에 포함시킬 수 있었다). 당신도 기억하다시피, Hall과 Gesell은 발달에 미치는 생물학의 중요성을 강조하였고, Freud와 Piaget는 생물학과 경험의 상호작용을 언급하였고, Bandura는 청소년과 상호작용하는 사람들의 영향에 관심이 있었다. 다음의 연구자들은 행동에 영향을 미치는 문화적 규범, 전통 및 가치의 중요성을 거론하고 있다.

Robert Havighurst : 발달과업

Developmental Tasks and Education(1972)이란 책에서, Robert Havighurst(1900~1991)는 그가 생각하는 청소년기의 주요 발달과업을 요약해 놓았다. 그의 발달과업이론은 이전에 개발된 개념들을 조합한 절충적인 이론이다.

Havighurst는 개인의 욕구와 사회의 요구 모두를 고려한 청소년기의 심리사회적 이론을 개발하려고 하였다. 개인이 필요로 하는 것과 사회가 요구하는 것이 **발달과업**(developmental tasks)이 된다. 발달과업에는 신체적 성숙, 사회적 기대 및 개인적 노력을 통해 개인이 삶의 특정 시점에서 획득해야만 하는 기술, 지식, 기능 및 태도 등이 포함된다. 각 발달 단계에서 그 과제를 숙달하게 되면, 개인은 적응을 잘하고 앞으로의 보다 힘든 과제를 잘 준비하게 된다. 청소년기 과제를 숙달하면 개인은 성숙해진다. 반면에 과제를 실패하면 불안해지고, 사회적으로 거부되고, 성숙한 사람으로서 제대로 기능할 수 없게 된다.

Havighurst에 따르면, 어떤 과제를 가르칠 수 있는 적절한 순간이 존재한다. 일부 과제는 생물학적 변화 때문에 생기고, 다른 과제는 특정 연령에 부가되는 사회적 기대 또는 어느 시점에서 특정 일을 하고자 하는 개인의 동기 때문에 생긴다. 게다가 발달과업은 문화에 따라 서로 다르다. 미국에서는 사회계층(상류, 중류, 하류)에 따라 발달과업에 차이가 있다. 인생 시기에 따라 청소년들은 서로 다른 과제를 접하게 된다(Klaczynski, 1990). 또한 요구와 기회도 문화마다 다르기 때문에 성공 여부는 문화적으로 규정되는 것이고, 따라서 요구되는 역량도 다를 수 있다(Brown, Larson, & Saraswathi, 2002).

Havighurst(1972)는 미국 젊은이들이 청소년기 동안 감당해야 할 여덟 가지 주요 발달과업을 제시하고 있다.

1. 자신의 신체를 수용하고 신체를 효율적으로 사용하는 것 : 청소년의 특징 중 하나는 성적으로 성숙함에 따라 자신의 신체에 관한 자의식이 생기는 것이다. 청소년들은 자신의 외모와 신체 성장 양상을 수용하고, 자신의 신체를 돌보고, 운동, 여가활동,

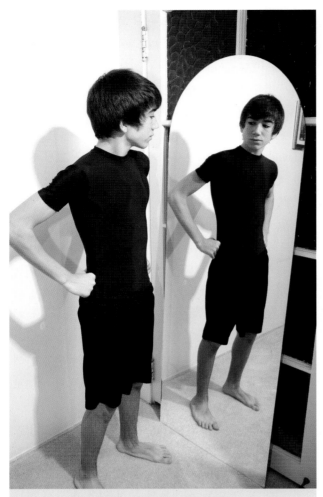

Havighurst가 규정한 청소년기 주요 발달과업 중 하나는 자신의 신체를 수용하고 그것을 효율적으로 사용하는 것이다.

일, 그리고 일상 과제에서 자신의 신체를 효율적으로 사용하는 방법을 배워야 한다.

2. 동성 및 이성의 또래와 새롭고 보다 성숙한 관계를 형성하는 것 : 청소년들은 아동 중기 동성의 놀이친구에 대한 관심으로부터 벗어나 이성 간의 친구관계를 형성해야 한다. 성인이 된다는 것은 집단생활에 필요한 사회적 기술과 행동을 배운다는 것을 의미한다.

3. 남성과 여성의 성역할 형성 : 남성은 무엇이고 여성은 무엇인가? 남성과 여성은 어떻게 다른가? 남성과 여성은 어떻게 행동해야만 하는가? 어떤 사람이 되어야 하는가? 성과 관련된 사회적 역할은 각 문화에 의해 구성되는데, 서구 문화에서 남성-여성 역할이 급격하게 변하고 있기 때문에 변하고 있는 성역할에 대한 재고찰이 있어야 하고, 청소년들이 어떤 측면들을 채택할 것인지 결정해야 한다.

4. 부모 및 다른 성인들로부터의 정서적 독립 : 청소년들은 정서적 의존 없이 타인을 이해하고, 좋아하고, 존중할 줄 알아야 한다. 대체적으로 부모와 청소년 간의 접촉 빈도와 기간은 점점 감소하게 되고(Larson, Richards, Moneta, Holmbeck, & Duckett, 1996), 부모와의 밀접성도 줄어든다(Holmbeck, 1996).

5. 직업에 대한 준비 : 청소년의 1차적인 목표 중 하나는 직업을 결정하고, 그에 대해 준비하고, 생활을 스스로 꾸릴 수 있도록 독립하는 것이다. 인생에서 자신이 원하는 것이 무엇인지를 찾아내는 것이 이 과제에 포함된다.

6. 결혼과 가정생활에 대한 준비 : 사회의 경제적, 사회적, 그리고 종교적 특성이 변함에 따라 결혼 양상과 가족생활의 양상이 바뀌고 있다. 대다수의 젊은이들은 인생의 중요한 한 목표로 행복한 결혼을 하고 좋은 부모가 되길 바란다. 따라서 개인은 원만한 결혼을 위한 이해와 긍정적 태도, 사회적 기술, 정서적 성숙을 발달시켜야 한다.

7. 사회적으로 책임 있는 행동을 바라고 행하는 것 : 이 목표에는 사회적 가치를 고려하는 사회적 이념 발달이 포함된다. 또한 이 목표에는 성인으로서 지역 주민과 국민으로 참여하는 것이 포함된다. 청소년들은 자신의 삶에 의미를 주는 방식으로 사회에서 자신의 역할을 찾으려고 노력해야 한다(Havighurst, 1972).

8. 행동의 길잡이로서 일련의 가치와 윤리체계의 형성—이념의 형성 : 이 목표는 사회정치적-윤리적 이념의 발달과 개인의 삶에서 의미 있는 가치, 도덕, 그리고 이상향을 채택하고 적용하는 것과 관련된다.

Havighurst는 오늘날의 많은 젊은이들이 정체감을 획득하지 못해 목표가 없는 불확실성 속에 헤매고 있다고 본다.

Kurt Lewin : 장이론

청소년 발달에 관한 Kurt Lewin(1890~1947)의 이론은 그의 논문 'Field Theory and Experiment in Social Psychology : Concepts and Methods'(1939)에 요약되어 있다. 장이론은 왜 청소년들이 성숙된 행동과 유치한 행동 사이를 오락가락하는지, 그리고 왜 청소년들은 자주 불행한지 설명하고자 한다.

Lewin(1939)의 핵심 개념은 '행동(B)은 개인(P)과 환경(E) 간의 함수(f)'라는 것이다(p. 34). 청소년의 행동을 이해하기 위해서는 상호작용하는 개인의 성격과 환경 모두를 고려해야만 한다. 가능한 모든 행동의 전체 합을 생활공간(life space, LSp)이라 칭한다. 하지만 불행히도 생활공간에 있는 모든 영역들이 개인에게 다 이용 가능한 것은 아니다.

Lewin은 아동의 생활공간과 성인의 생활공간을 비교하였다. 아동의 생활공간은 금지된 공간, 아동의 능력을 벗어나는 공간 등으로 구조화되어 있다. 아동이 성숙하고 유능해질수록 금지나 규제가 줄어들기 때문에 새로운 영역과 경험으로 생활공간이 확장된다. 아동은 청소년이 되면서 보다 많은 영역에 접근할 수 있지만, 청소년이 통과할 수 있는 영역들이 어떤 영역인지는 분명치 않다. 따라서 생활공간이 규정되지 않은 채 불분명하게 남게 된다. 성인의 생활공간은 상당히 넓지만, 그래도 사회가 금지하거나 개인의 능력을 넘어서는 활동은 규제를 받는다.

Lewin에 따르면, 청소년기는 아동기에서 성인기로 소속이 바뀌는 전환 시기이다. 청소년은 부분적으로 아동집단에 속하기도 하고 성인 집단에 속하기도 한다. Muuss(1988b)는 다음과 같이 기술하고 있다.

부모, 교사, 그리고 사회는 청소년기의 지위에 관해 분명히 규정을 짓지 못하고 있다. 청소년들에 대한 이들의 모호한 감정은 청소년을 때로는 아이로, 때로는 어른으로 대하는 것에서 분명하게 드러난다. 청소년이 보이는 유치한 행동이 더 이상 용납되지 않기 때문에 어려움이 생긴다. 동시에 청소년이 보이는 어른 같은 행동은 아직 허용되지 않거나, 허용되더라도 청소년에게는 아직 낯설다. 이렇게 되면 청소년은 구조화되지

않은 사회적이고 심리적인 장으로 옮겨 가는 '사회적 이동' 상태에 있게 된다. 이제 목표는 분명하지 않고, 그 목표에 이르는 길도 모호하고 불확실하다. 청소년은 더 이상 자신이 바라는 목표로 나아가고 있다고 확신할 수 없을지 모른다(p. 147).

이러한 '인지 구조의 부족'은 청소년 행동에서의 불확실성을 설명하는 데 도움이 된다. Lewin은 청소년을 '주변인(marginal man)'으로 칭하는데, 이는 그림 2.4에서 아동의 영역(C)과 성인의 영역(A)이 겹치는 부분(Ad)에 해당된다. 주변인이 된다는 것은 청소년이 때때로 성인으로서의 책임을 회피하고 싶으면 아이처럼 행동하다가, 다른 때에는 성인처럼 행동하고 성인의 특권을 요구하기도 한다는 뜻이 된다.

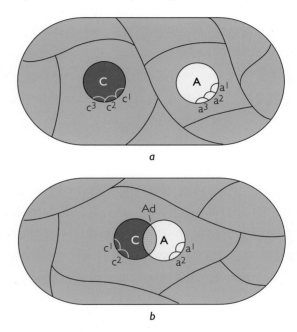

그림 2.4 주변인으로서의 청소년

(a) 아동기와 성인기 동안, '성인들'(A)과 '아동들'(C)은 비교적 분리된 집단으로 존재한다. 개별 아동(c^1, c^2)과 개별 성인(a^1, a^2)은 확실하게 각각 자신의 집단에 속하게 된다. (b) 청소년기에 청소년은 아동들(C)과 성인들(A) 집단의 겹치는 영역으로 간주될 수 있는 한 집단(Ad)에 속하게 되는데, 이 경우 청소년들은 아동과 성인 양쪽에 다 속하거나 아니면 그 어느 쪽에도 속하지 않고 양쪽 중간에 머물러 있다.

출처 : K. Lewin, "Field Theory and Experiment in Social Psychology: Concepts and Methods," *American Journal of Sociology*, 44 (1939): 868-897. Copyright ⓒ the University of Chicago Press. Used by permission of the University of Chicago Press.

Lewin의 장이론의 강점 중 하나는 이 이론이 성격과 문화적 차이를 모두 가정하므로 행동에서 광범위한 개인적 다양성을 허용한다는 것이다. 또한 이 이론은 문화에 따라, 그리고 한 문화권 내에서도 사회계층에 따라 청소년기에 해당되는 기간이 다르다는 것을 허용하고 있다(Muuss, 1988b).

Urie Bronfenbrenner : 생태학적 모델

청소년들은 가족, 지역사회 및 국가 등의 복합적 맥락 안에서 발달한다. 청소년들은 자신들이 접하는 또래, 친척 및 다른 성인들과 그들이 속한 종교단체, 학교 및 집단에 의해 영향을 받는다. 또한 이들은 대중문화, 그들이 성장하고 있는 문화, 국가와 지역의 지도자들 및 세상 사건에 의해 영향을 받기도 한다. 이들은 부분적으로 환경과 사회적 영향의 산물이다.

Urie Bronfenbrenner(1917~2005)는 사회적 영향을 이해하기 위한 하나의 생태학적 모델을 개발하였다(1979, 1987). 그의 입장은 지난 30년에 걸쳐 그 뿌리를 깊게 내리게 되었고, 현재는 가장 널리 받아들여지며 유용하게 활용되는 접근 중 하나이다. 그림 2.5에서 볼 수 있듯이 사회적 영향은 청소년을 둘러싸고 있는 일련의 확대 시스템으로 나눌 수 있으며, 청소년은 이 시스템의 중심에 있다.

미시체계

청소년에게 가장 즉각적인 영향을 주는 것은 **미시체계**(microsystem) 안에 있으며, 이 체계에는 청소년이 즉각적으로 접촉하는 사람들이 포함된다. 대부분의 청소년들에게 있어서 직계가족은 1차적인 미시체계이고, 이어 친구와 학교가 미시체계가 된다. 미시체계의 다른 요소들로는 의료 서비스, 종교집단, 이웃에 있는 공동 놀이터, 그리고 청소년이 속해 있는 다양한 사회집단들을 들 수 있다.

청소년이 다양한 사회적 상황에 들어가거나 나오게 됨으로써 미시체계는 바뀐다. 예를 들어 청소년은 학교를 바꿀 수도 있고, 다니던 교회에 나가지 않을 수 있고, 하던 활동을 그만두고 다른 활동에 참여할 수도 있다. 일반적으로 또래 미시체계는 청소년기 동안 그 영향력이 증가하면서 청소년들에게 수용, 인기, 우정 및 지위와 관련된 사회적 보상을 제공한다. 또한 또래집단은 무분별한 성관계, 약물 사용, 절도, 폭력, 혹은 부정행위 등을 고무시키는 부정적 영향을 미칠 수도 있다. 건강한 미시체계는 청소년들이 성공적인 성인생활을 준비하는 데 필요한 긍정적인 학습과 발달을 제공한다.

중간체계

중간체계(mesosystem)는 미시체계 상황들 간의 교호적 관계를 포함한다. 예를 들어 학교에서 일어난 일이 가정에서 일어나는 일에 영향을 줄 수도 있고, 역으로 가정에서 일어난 일이 학교에서 발생하는 일에 영향을 줄 수도 있다. 청소년의 사회발달은 많은 원천으로부터 오는 영향을 서로의 관계 속에서 고려할 때 가장 잘 이해할 수 있다. 중간체계 분석은 상호작용의 빈도, 질 및 영향력을 살펴보는 것으로, 예를 들면 가정에서의 경험이 학교 적응과 어떻게 연관되는지, 가족 특성이 또래 압력과 어떻게 연관되는지, 또는 교회나 종교단체의 출석률은 이성과의 친밀성과 어떻게 연관되는지 등이 포함된다.

외체계

외체계(exosystem)는 청소년이 적극적인 역할을 하는 것은 아니지만 여전히 청소년에게 영향을 미치는 상황들로 구성된다. 예를 들어 부모의 직장에서 일어난 일은 부모에게 영향을 주고, 그리고 부모는 다시 청소년의 발달에 영향을 준다. 부모의 직장 상사는 부모의 월급 수준, 일과 휴가 스케줄, 그리고 직업환경을 결정한다. 만약 회사가 고용인들을 전근시키기로 결정한다면, 이것은 가족 전체에게 영향을 준다. 이러한 모든 요인들은 부모와 청소년 자녀 간의 관계에 영향을 준다.

이와 유사하게, 지역단체들도 다양한 방식으로 청소년에게 영향을 준다. 예를 들어 학교운영위원회는 교과 과정과 학사일정을 정하고 선생님들을 고용한다. 지역단체장은 청소년을 위한 센터나 수영장을 개방하거나 폐쇄할 수 있다. 외체계에 속하는 이러한 요인들이 청소년에게 영향을 주는 요인들을 결정하는데, 청소년 자녀를 둔 부모는 자녀의 가장 큰 관심사가 무엇인지 고

거시체계
문화에 대한 태도와 이념

외체계
가족의 확대

중간체계

미시체계

가족　　　　학교

이웃

가족의
친구

의료
서비스　　　자기　　　또래

법률
서비스

종교집단　　　이웃에 있는
놀이터

대중
매체

직장　　　지역사회 조직과
서비스

려해야 한다.

거시체계

거시체계(macrosystem)는 특정 문화에서의 이념, 태도, 관습 및 법률을 포함한다. 여기에는 교육, 경제, 종교, 정치 및 사회 가치의 핵심이 포함된다. 거시체계는 어떤 사람이 성인이고 어떤 사람이 청소년인지를 결정한다. 또한 이 체계는 신체적 매력과 성역할 행동의 기준을 세우고, 흡연과 같은 건강 문제에 영향을 주며, 교육적 기준과 인종 간의 관계에도 영향을 준다.

　거시체계는 국가와 인종 및 사회경제적 수준에 따라 달라진다. 그리고 각 집단 내에서도 다르다. 예를 들어 스웨덴에서는 부모가 아이를 때리는 것을 금지하고 있으나, 미국의 일부 집단에서는 인정된다. 미국의 중류계층 부모들은 저소득 계층의 부모와는 다른 아동 양육의 목표와 철학을 갖고 있다. 농촌가정은 도시와 다른 양육 가치를 가질 수 있다(Coleman, Ganong, Clark, &

Madsen, 1989). 가치와 관습의 차이는 청소년에게 차별적인 효과를 나타낸다. 사회발달을 언급할 때에는 반드시 청소년이 성장하고 있는 맥락에 관한 논의를 해야 한다.

Margaret Mead와 Ruth Benedict : 문화인류학적 관점

Margaret Mead(1901～1978), Ruth Benedict(1887～1948) 및 다른 문화인류학자들의 이론들은 Bronfenbrenner처럼 아동의 성격발달에서 보다 광범위한 **사회적 환경**의 중요성을 강조하기 때문에 **문화결정주의**(cultural determinism)와 **문화상대주의**(cultural relativism)라고 불린다. 사회제도, 경제제도, 습관, 관습, 의식 및 종교적 신념은 사회에 따라 다르기 때문에 문화는 상대적인 것이다.

　인류학자들은 사회문화적 환경이 청소년의 발달 과정을 결정짓고, 청소년이 얼마나 자발적으로 성인 공동체로 들어오는지에 큰 영향을 준다고 강조하고 있다.

현대 사회에서 청소년기는 상당히 오랫동안 지속되는 발달 단계이며, 청소년기의 완료는 정확하지 않고, 청소년의 특권과 책임은 종종 비논리적이고 혼란스럽다. 이것은 사춘기 통과의식을 통해 성인기로의 입문을 명확하게 나타냈던 원시 사회와는 대조적이다(Weisfeld, 1997).

청소년에 관한 연구결과를 보면, 청소년들의 만족감은 부분적으로 자신의 삶을 통제할 수 있느냐, 자유롭게 선택을 할 수 있느냐, 자신의 행동에 대해 책임질 수 있느냐에 따라 달라지는 것으로 밝혀졌다(Barker & Galambos, 2005). 이것은 바로 성인이 된다는 것이 무엇을 의미하는지를 나타내는 것이다. 현대 산업 사회에서는 이 과정이 종종 지연되고 있다.

문화적 연속성 대 불연속성

인류학자들은 아동과 청소년 발달에 관한 단계이론(Freud와 Erikson의 이론)과 연령에 대해 근본적으로 도전하고 있다. 예를 들어 Mead는 사모아 아동들의 경우, 한 연령층에서 다른 연령층으로 갈 때 급격한 변화가 없이 비교적 연속적인 성장 양상을 따른다는 것을 발견하였다. 사모아 아동들에게 있어 아동은 이런 식으로, 청소년은 저런 식으로, 그리고 성인은 또 다른 식으로 행동하도록 기대하는 요구가 없다. 사모아인들은 자신의 사고방식과 행동방식을 급격하게 바꿀 필요가 없고, 어른이 된다고 해서 아이였을 때 배웠던 것을 내버릴 필요도 없기 때문에, 청소년기는 이 양상에서 저 양상으로의 급격한 변화 또는 전환을 의미하지 않는다. 문화적 조건화의 연속성이라는 이 원칙은 Benedict(1938)와 Mead(1950)가 제시한 세 가지 예를 통해 알 수 있다.

1. 책임 있는 역할 대 책임 없는 역할 : 책임 있는 역할을 수행했던 원시사회의 아동과 책임 있는 역할이 없는 서양 문화권의 아동은 서로 대조가 된다. 원시사회에서 아동은 아주 일찍부터 책임감을 배운다. 동일한 활동이 종종 일이 될 수도 있고 놀이가 될 수도 있다. 예를 들면 활과 화살을 갖고 놀면서 사냥하는 법을 배운다. 성인에게 사냥이라는 일은 어린 시절에 하던 사냥 놀이의 연속선상에 있다.

알고 싶은 것

▶ 현대 미국 문화는 어떻게 해서 청소년기에서 성인기로의 전환을 더 힘들게 만들고 있는가?

현대 미국 문화는 불연속적이다. 이것은 청소년들이 성숙해 감에 따라 자신의 행동을 변화시켜야만 한다는 것을 의미한다. 변화는 연속성에 비해 대처하기가 더 힘들다.

반면에 서구 문화에서 아동은 성장할 때와는 전혀 다른 역할을 가정해야만 한다. 서구의 아동들은 책임 없는 놀이에서부터 책임 있는 일로 전환해야 하며, 그것도 아주 갑작스럽게 전환해야만 한다.

2. 복종적 역할 대 주도적 역할 : 서구 문화에서 아동의 복종적 역할은 원시사회 아동의 주도적 역할과 대조가 된다. 서구의 아동들은 아동기의 복종과 수용에서 성인이 되어 감에 따라 그 반대인 주도성으로 대체해야만 한다. Mead(1950)는 사모아 아동들이 복종하도록 가르침을 받지 않을 뿐만 아니라 성인기에 들어오면서 갑작스레 주도적으로 되는 것이 아님을 보여 주었다. 6~7세 된 사모아 여자아이들은 어린 동생들을 다스리고, 자신은 또 더 나이 든 형제로부터 지배를 받는다. 나이가 들수록 소녀들은 더욱 지배적이 되고, 다른 사람들을 다스리게 되며, 자신을 지배하는 사람의 수는 점점 더 줄어들게 된다(부모는 결코 아이를 지배하려 하지 않는다). 성인이 되었을 때, 소녀들은 서구 청소년들이 경험하는 지배-복종 갈등을 경험하지 않는다.

3. 유사한 성역할 대 상이한 성역할 : 여러 원시 문화에서 아동과 성인의 성역할이 비슷하다는 점은 서구 문화에서 아동과 성인의 성역할이 서로 다르다는 점과 대조가 된다. Mead는 사모아 소녀가 아동기에서 성인기로 나아가면서 성역할의 불연속을 경험하지 않는다는 것을 보여 주었다. 사모아 소녀는 거의 아무런 금기 없이(근친상간 제외) 성을 실험하고 성에 익숙해지는 기회를 갖는다. 그러므로 성인기에 이르면 사모아 여성들은 결혼 시 성적

Personal Issues   언제 성인이 되는가?

성인기는 전 세계에 있는 모든 문화에서 인정하는 인생의 한 시기이다. 기술 문명이 발달하지 않은 많은 사회에서 성인기에 도달하는 핵심 기준은 결혼을 했느냐이다(Schlegel & Barry, 1991). 그리고 서구 사회에서는 교육을 마치고, 정규 직장인이 되고, 자기 가정을 형성하는 것과 같은 주요한 생활 변화들이 사회적 성숙의 표식으로 간주된다(Goldscheider & Goldscheider, 1999). 과연 이런 표식들이 청소년과 젊은이들이 인정하는 기준인가?

그 답은 대체로 "아니다."이다. 많은 연구들은 청소년들은 이런 사회적 표식보다 심리적, 인지적 특성들을 더 중요한 것으로 생각하고 있다는 것을 보여 주고 있다. 예를 들어 Arnett(2001)의 연구에서 청소년의 90% 이상이 성인이 되기 위해 필요한 것은 '자신의 행위로 발생한 결과에 대해 책임을 지는 것'을 지적한 반면에, '결혼'이라고 응답한 청소년은 15% 미만이었다. 이와 유사하게, Barker와 Galambos(2005)의 연구에서도 성인기의 표식으로 청소년들이 가장 많이 지적한 사항은 '책임 있게 행동하는 능력'이었는데, 이 항목은 독립적으로 생활하고, 경제적으로 자립하고, 학교를 졸업하는 것보다 더 우선시되었다.

청소년들은 언제 책임감을 받아들이기 시작하고 성인이 되었다고 생각할까? 일반적으로 나이가 많은 청소년일수록 성인기가 시작되는 나이가 늦다고 보고하였다(Galambos & Vitunski, 2000). 대부분의 청소년들은 성인기는 비교적 젊은 나이(대략 20세 또는 21세)에 갑자기 시작된다고 생각한다. 그러나 Arnett(2001)은 그의 연구에 참여한 20대 젊은이들의 절반 이상이 자신을 '성인'으로 생각하고 있지 않음을 발견하였다.

위의 연구결과들은 성인기가 새로 생겨나는 하나의 과정임을 제안하는 결과와 일치한다. 성인기는 젊은이들이 (종종 청소년 중기에서) 자신을 인지적으로, 정서적으로, 그리고 행동적으로 성인이라고 생각하기 시작하는 한 시기이다.

역할을 아주 쉽게 할 수 있다. 대조적으로, 서구에서는 유아 성욕이 부정되고 청소년의 성은 억압된다. 성은 죄악시되고 위험스러운 것으로 간주된다. 따라서 청소년이 성적으로 성숙해지면, 이제는 이전의 태도와 금기를 해제하고 성적으로 반응하는 성인이 되어야만 한다.

수정된 질풍노도

Mead의 연구는 일부 학자들에 의해 비판을 받고 있지만(예 : Freeman, 1983), 1950년에 발간된 그녀의 책 *Coming of Age in Samoa*는 학술계를 혼들어 놓았다. Hall 이후로 청소년기는 불가피하게 동요가 있는 것으로 당연시되어 왔다. 청소년기에 거의 동요가 없는 사회가 하나라도 있다는 증거는 청소년의 행동을 모두 생물학적으로 해석하는 것이 완벽하지 않을 수 있다는 것을 보여 준다.

서구 문화의 아동에게서 나타나는 발달적 불연속과는 대조적으로 일부 문화권의 아동에게서 나타나는 발달적 연속성을 보여 줌으로써, 문화인류학자들과 일부 심리학자들(Roll, 1980)은 모든 문화에 적용되는 아동의 성장 단계와 연령에 관한 보편성에 의문을 제기한다.

문화인류학자들은 신체 변화의 혼란을 최소화하고 그러한 변화에 대한 해석을 강조하면서 청소년기를 불가피하게 질풍노도로 보는 시각에 의문을 제기한다. 여기서 생리(월경)를 예로 들어 보자. 한 부족에서는 생리를 하는 소녀를 부족에 위험스러운 존재라고 가르칠 수 있다(소녀는 생리를 두려워하거나, 몸을 깨끗하게 유지하려함). 다른 부족에서는 생리를 축복으로 여길 수 있다(영양을 더 공급하거나 제사장이 소녀를 축복함). 생리가 좋은 것이라고 배운 소녀는 그것을 저주라고 배운 소녀와는 다르게 반응할 것이다. 그러므로 사춘기의 신체적 변화에 대한 스트레스와 긴장은 내재적인 생물학적 성향 때문이 아니라 그러한 변화에 대한 문화적 해석의 탓이라 할 수 있다.

또 다른 예로, 문화인류학자들은 부모와 청소년 자녀 간의 긴장을 촉진시키는 것은 생물학이 아니라 서구 사회에 있는 특수한 조건이라고 생각한다(Mead, 1974). Mead와 다른 연구자들이 주장하는 바는, 특히 급격한 사회 변화, 이용 가능한 다양한 의견들, 그리고 기술의 급속한 발달이 부모 입장을 약화시키는 방향으로 영향

많은 비서구 사회에 사는 청소년들은 중대한 책임을 떠맡고 있다. 사진에 있는 캄보디아 소녀는 가족이 먹을 식량을 마련하기 위해 쌀을 수확하고 있는 중이다.

알고 싶은 것

▶ **청소년기는 인생에서 불가피하게 힘든 시기인가?**

생물학적 견해를 갖고 있는 이론가들은 청소년기가 불가피하게 인생에서 힘든 시기라고 생각한다. 환경이 더 큰 영향을 미친다고 생각하는 이론가들은 덜 그렇다. 연구자료는 청소년이 성인과 아동에 비해 덜 행복하다는 것을 보여 주지만, 획일적으로 비참한 것은 아니다.

을 주고 있다는 것이다. 게다가 신체적 사춘기는 빨라진 반면 교육기간은 오히려 길어짐으로써 발달에 시간이 걸리고, 수년간 또래집단 문화에 동화됨으로써 청소년들의 가치, 관습 및 문화가 성인 세계의 것과 갈등을 일으킬 수 있다(Finkelstein & Gaier, 1983).

청소년들이 자기 나름의 선택을 하고 자기 나름의 삶을 살 수 있는 보다 많은 자유가 주어져야 한다는 Mead

의 생각은 흥미롭다. 동조를 덜 요구하고, 덜 의존하게 만들고, 가족 내에서의 개인차를 수용함으로써 청소년-부모 간의 갈등과 긴장은 최소화될 수 있다(Mead, 1950). 또한 Mead는 젊은이들이 보다 어린 나이에 성인 사회로 입문할 수 있다고 보고 있다. 시간제 아르바이트는 경제적 자립을 높일 것이다. Mead는 부모 역할이 적절한 시기까지 미루어져야 하지만, 성이나 결혼은 반드시 그럴 필요가 없다고 주장하였다. 청소년들이 지역 사회에서 사회적, 정치적으로 더 큰 영향력을 발휘할 수 있도록 해 주어야 한다. 이러한 노력들은 서구 문화에서 문화적 조건화의 불연속성을 일부 제거할 수 있고, 청소년들이 보다 무난하고 쉽게 성인기로 전환할

Research Highlight   청소년, 얼마나 문제가 있는가?

초기 이론가, 철학자, 그리고 작가들은 거의 만장일치로 청소년들이 무례하고, 화가 나 있고, 절제하지 못하며, 파괴적이라고 선언하였다. 오늘날에도 많은 미국의 성인들은 청소년들이 아동들보다 훨씬 더 문제가 많다고 확신하고 있다(Buchanan, Eccles, Flanagan, Midgley, Feldlaufer, & Harold, 1990). 이런 입장들이 얼마나 정확한가?

관련 자료들을 개관한 후, Arnett(1999)은 청소년기를 질풍노도의 시기라고 믿는 사람들은 대체로 다음의 세 가지 행동 유형 중 하나 이상을 언급하고 있다고 결론 내렸다 : (1) 타인과의 갈등, 특히 부모와 다른 권위적 인물과의 갈등, (2) 변덕스러운 기분, 그리고 (3) 모험적인 행동. 이런 문제들이 다른 연령층보다는 청소년층에서 더 흔한 것으로 보인다. 그러나 분명한 것은 이러한 행동이 보편적인 것은 아니라는 점이다. 모든 청소년들이 다 우울한 것은 아니지만, 상당수가 그렇다. 모든 청소년

들이 위험한 성 활동을 하는 것도 아니고, 운전할 때 안전벨트를 매지 않는 것도 아니지만, 그렇게 하는 청소년들이 많다. 그럼에도 불구하고 이러한 사실은 부분적으로 **질풍노도**라는 개념화를 입증해 준다.

아마도 가장 정확한 결론은 청소년은 아동이나 성인보다 큰 어려움을 경험하기가 쉬울 것이라는 점이다. 그 반대도 가능하다. 어떤 개인이 인생의 어느 시기에 울적하고 무모하게 행동했다면, 그것은 청소년 시절이었을 가능성이 크다. 그런데 일부 청소년들이 두려워하는 것처럼, 성인기에 도달한 후에는 인생이 내리막길이 될 것이라는 두려움을 가질 이유가 별로 없다. 아울러, 대부분의 청소년들이 그렇게 심각한 어려움에 처하지 않는다는 점과 문제가 발생하더라도 그것은 대부분 일시적이라는 것을 기억할 필요가 있다(Offer & Schonert-Reichl, 1992).

수 있도록 해 줄 것이다.

　Mead의 후기 글(1970, 1974)과 다른 학자들의 입장은 발달의 보편적 측면(예 : 근친상간)에 대한 인식과 인간 발달에서 생물학적 역할을 더 인정하는 방향으로 수정되었다. 오늘날에는 유전학자와 문화인류학자 모두 어느 한쪽의 극단적인 입장을 취하지 않는다. 이들은 기본적으로 생물학적 요인과 환경적 힘 모두를 인정하는 것이 진실에 더 가깝다는 입장에 동의하고 있다.

권장도서

Bronfenbrenner, U. (2006). *Ecology of Human Development: Experiments by Nature and Design.* Cambridge, MA: Harvard University Press.

Coté, J. E. (1994). *Adolescent Storm and Stress: An Evaluation of the Mead-Freeman Controversy.* Hillsdale, NJ: Erlbaum.

Erikson, E. H. (1994). *Identity and the Life Cycle.* New York: W. W. Norton.

Muuss, R. E. H., & Porton, H. (1998). *Adolescent Behavior and Society: A Book of Readings.* New York: McGraw-Hill.

Rieber, R. W., & Robinson, D. K. (Eds.). (2004). *The Essential Vygotsky.* New York: Kluwer Academic Press.

Serulniko, A. (2000). *Piaget for Beginners.* London, England: Writers and Readers.

알고 싶은 것

▶ 사춘기는 왜 시작되는가?

▶ '왕성한 호르몬'의 시기인 청소년기와 관련된 호르몬은 무엇인가?

▶ 남성 호르몬과 여성 호르몬 간의 주요한 차이는 무엇인가?

▶ 남성과 여성의 생식기에서 드러나지 않는 차이는 무엇인가?

▶ 사춘기의 일반적인 초기 징후는 무엇인가?

▶ 초기 청소년기에 소년보다 소녀가 더 큰 이유는 무엇인가?

▶ 남성과 여성의 신체에서 드러나지 않는 차이는 무엇인가?

▶ 청소년은 얼마나 건강한가?

▶ 왜 청소년은 스스로를 잘 돌보지 않는가?

▶ 대부분의 청소년이 자신의 신체에 대해 만족하는가?

▶ 대부분의 십대들은 자신이 뚱뚱하다고 생각하는가?

▶ 다른 사람들보다 빠르거나 늦게 사춘기가 시작되었을 때의 문제점은 무엇인가?

▶ 왜 십대들은 살이 찌는가?

▶ 신경성 식욕부진증이 생길 위험이 있는 십대의 유형은 무엇인가?

▶ 청소년이 섭취해야 하는 음식의 종류는 무엇인가?

▶ 왜 우리는 8시 수업에서 졸음을 참기 어려운가?

동네 공원을 거닐면서 다른 사람들이 뛰고, 걷고, 자전거를 타고, 스케이트보드 타는 모습을 지켜본다고 상상해 보라. 당신은 지나치는 사람들이 대략 몇 살쯤이나 되었는지 쉽게 알 수 있을 것이다 : 한 사람은 아이, 한 사람은 노인, 한 사람은 십대, 한 사람은 청년. 당신은 그것을 어떻게 빨리 알 수 있는 걸까?

행동이나 옷 입는 스타일과 같은 맥락 단서도 물론 있겠지만, 보통은 사람들의 신체를 보고 알 것이다. 아이들은 청소년처럼 보이지 않고, 청소년기 후기에 있는 청소년들이라 해도 성인처럼 보이지는 않는다. 왜 그런가? 이러한 체형과 체격의 차이를 나타나게 하는 신체적 변화에는 무엇이 있을까? 다시 돌아가서, 남자 아이와 여자 아이는 옷과 머리 모양을 제외하면 별로 달라 보이지 않는다는 것을 주목해 보자. 그러나 청소년기의 소년과 소녀, 그리고 성인 남성과 여성은 확실히 차이가 있다!

이 장에서 우리는 어떻게 그리고 왜 여성과 남성의 신체가 성장하고 변화하며, 왜 서로 그렇게 달라지는지 알아볼 것이다. 또한 청소년기 동안 일어나는 행동의 변화를 이해하기 위해 사춘기에 일어나는 잘 드러나지 않는 내부적인 변화에 대해서 이야기할 것이다.

한편, 청소년기는 본래 일생 중 매우 건강한 시기이다. 우리는 유아와 초기 아동기의 연약하고 취약한 단계를 지나 십대에 도달했고, 아직 성인처럼 만성적인 건강 문제로 쇠약해지지도 않았다. 생리학적인 문제만이 건강에 영향을 미치는 것이 아니라 우리가 선택하는 건강과 관련된 행동 또한 건강에 영향을 준다.

청소년기에 우리가 내리는 선택은 매우 중요하다. 일례로, 청소년기 동안 좋은 행동을 선택하는 것은 우선적으로 신체적인 안녕을 결정한다. 게다가 청소년기 동안 형성된 많은 습관들은 성인기 후반까지 이어지고, 이후 일생 동안의 건강에 영향을 주게 된다. 이러한 많은 선택들은 청소년이 자신의 신체에 대해 어떠한 태도를 가지고 있는지에 달려 있으므로, 이 장의 후반부에는 청소년기에 하는 선택의 종류뿐 아니라 십대들이 자신의 신체와 건강 욕구에 대해 어떻게 지각하는지 논의할 것이다.

사춘기의 생화학적 기초

궁극적으로, 청소년기와 관련된 신체적 변화는 다양한 **내분비선**(endocrine glands)에 **호르몬**의 생산을 증가시

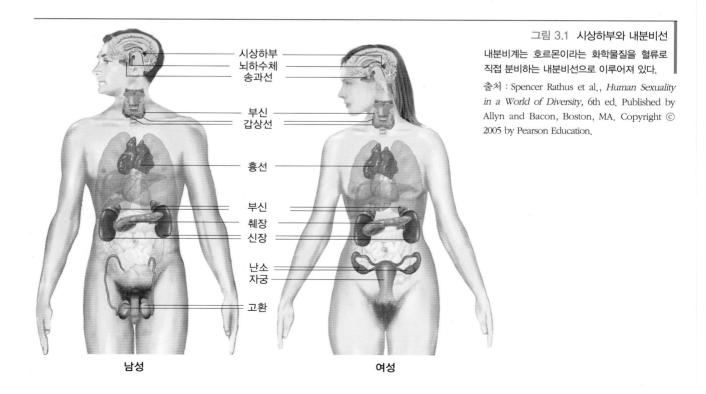

그림 3.1 시상하부와 내분비선
내분비계는 호르몬이라는 화학물질을 혈류로 직접 분비하는 내분비선으로 이루어져 있다.

출처 : Spencer Rathus et al., *Human Sexuality in a World of Diversity*, 6th ed. Published by Allyn and Bacon, Boston, MA. Copyright ⓒ 2005 by Pearson Education.

시상하부
뇌하수체
송과선
부신
갑상선
흉선
부신
췌장
신장
난소
자궁
고환

남성   여성

알고 싶은 것

▶ **사춘기는 왜 시작되는가?**

어떻게 사춘기가 시작되는지 정확히 아는 사람은 없지만, 시상하부라는 두뇌 영역에서의 변화와 관련이 있다.

키라는 두뇌의 지시를 시작으로 일어난다. 혈류를 통해 흐르는 화학적 전달물질은 다른 세포에 영향을 미친다 (그림 3.1 참조). 우리는 아직도 무엇이 이러한 두뇌작용을 만드는지 정확히 알지 못하지만, 유전적 형질과 섭식 상태, 스트레스와 같은 환경적 요소 간의 상호작용인 것만은 분명하다. 어떤 이유든지 간에, **시상하부**— 사춘기 및 성징과 깊이 관련 있는 두뇌의 부분—는 더욱 활성화되고 더 많은 성호르몬을 생성하도록 지시를 내린다(Ellis, 2004).

시상하부

시상하부는 전뇌의 작은 영역으로, 구슬 한 개 정도의 크기이다. 이곳은 동기 및 정서 조절의 중추로 먹기, 마시기, 호르몬 생성, 월경 주기, 임신, 모유 생성, 성적 반응 및 성 행동과 같은 기능을 조절한다. 또한 성적 반응과 관련된 쾌 중추와 통증 중추를 모두 포함하고 있다. 시상하부를 전기 자극하면 성적 사고와 감정이 유발된다. 수컷 쥐의 시상하부를 전기 자극하면 과도한 성적 관심과 성행위를 보이게 된다.

여기서는 호르몬 생성과 조절에서 시상하부가 하는 역할에 대해 중점적으로 살펴보도록 한다. 시상하부에서는 뇌하수체의 황체 형성 호르몬과 여포 자극 호르몬 분비를 통제하는 **성선 자극 호르몬**(gonadotropin-releasing hormone, GnRH)을 생산한다.

뇌하수체

뇌하수체(pituitary gland)는 길이 약 1/2인치, 무게가 0.5그램 이하인 작은 분비선으로, 두개골 내 두뇌 기저부에 위치하고 있다. 뇌하수체는 전엽(anterior lobe), 중엽(intermediary lobe), 후엽(posterior lobe) 세 가지

로 구성되어 있다. 뇌하수체 전엽은 다른 분비선의 활동을 통제하는 호르몬들을 생산하기 때문에 신체의 최상위 분비선으로 알려져 있다.

뇌하수체 전엽에서 분비되는 **생식선 호르몬**(gonadotropic hormone)은 생식선, 즉 성선(sex gland)에 영향을 미친다. 생식선 호르몬은 **여포 자극 호르몬**(follicle-stimulating hormone, FSH)과 **황체 형성 호르몬** (luteinizing hormone, LH) 두 가지이다. 여포 자극 호르몬은 난소의 난자와 고환의 정자의 성장을 자극하게 된다. 여성의 경우는 여포 자극 호르몬과 황체 형성 호르몬이 난소의 여성 성호르몬 생성 및 분비를, 남성의 경우는 황체 형성 호르몬이 고환의 남성 성호르몬의 생성과 분비를 통제한다.

주요 뇌하수체 호르몬 중 하나인 **인간 성장 호르몬** (human growth hormone, HGH)은 향신체 호르몬 (somatotropic hormone, SH)으로도 불린다. 이는 뼈의 성장 및 형성에 영향을 미치며, 과다 분비되면 거인증을, 결핍되면 소인증을 초래하게 된다.

생식선

생식선(gonads) 혹은 성선은 많은 성호르몬을 분비한다. 여성의 경우 **난소**는 **에스트로겐**(estrogen, '성욕을 불러일으킨다'는 의미)이라는 일군의 호르몬을 분비하는데, 이는 유방의 발달, 음모의 성장 및 지방의 체분포와 같은 여성의 성징 발달을 자극하고, 자궁과 자궁내막, 질의 크기와 기능을 정상적으로 유지시킨다. 또한 코와 구강 점막의 상태와 기능을 유지하고, 유선 조직의 성장을 통제하며, 자궁 수축에 영향을 미치고, 그 밖에 여러 가지 방식으로 신체적·정신적 건강을 발달시키고 유지시킨다. 뇌하수체와 상호작용하여 다양한 뇌하수체 호르몬 생성을 조절하기도 한다. 또한 여러 연구에 의하면 에스트로겐은 후각의 민감성에 영향을 미친다. 후각은 에스트로겐 수준이 최고치에 이르는 월경 중반기에 가장 민감해진다고 한다(Doty, 2001).

두 번째 여성 호르몬인 **프로게스테론**(progesteron)은 난소에서 배란이 일어난 후 약 13일에 걸쳐 **황체** (corpus luteum, '노란 덩어리'라는 뜻)라는 새로운 세포가 성장함에 따라 생성된다. 황체는 난포에서 난자가

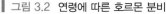

그림 3.2 연령에 따른 호르몬 분비

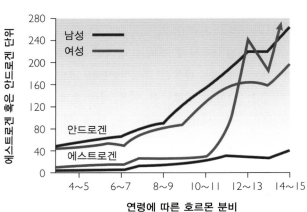

연령에 따른 호르몬 분비

빠져나온 뒤, 뇌하수체로부터 나온 황체 형성 호르몬의 자극을 받아 형성된다. 프로게스테론은 매우 중요한 호르몬이다. 이는 배란에서부터 다음 월경까지 이르는 월경 주기의 길이를 조절한다. 임신을 대비하여 자궁을 준비시키고, 임신이 되면 이를 유지시키는 일이 가장 중요한 역할이다. 또한 조기 자궁 수축을 억제하는 데는 적절한 양의 프로게스테론이 필요하며, 이 때문에 자연 유산의 위험이 있을 때 프로게스테론을 처방하기도 한다. 이때 난자가 수정되지 않으면 황체는 퇴화되고, 다음 생식 주기에 배란이 다시 일어날 때까지 프로게스테론 분비가 중단된다. 반대로 난자가 수정되면 황체는 퇴화하지 않고 계속해서 프로게스테론을 분비하며, 자궁내막이 수정된 난자를 착상시킬 수 있도록 준비하게 한다. 황체는 임신 후 수개월까지 프로게스테론을 지속적으로 분비하고, 그 이후부터는 태반이 에스트로겐과 프로게스테론 분비를 담당하게 된다.

남성의 경우, 뇌하수체에 분비된 황체 형성 호르몬의 자극을 받아 **고환**(testes)에서 남성 성호르몬인 **안드로겐**(androgens)을 생성하기 시작한다. 남성 호르몬의 하나인 **테스토스테론**(testosterone)은 남성의 2차 성징, 즉 수염과 체모, 변성, 그리고 근육 및 골격 발육 등을 발달 및 유지시키며, 정낭, 전립선, 부고환, 남근 및 음낭과 같은 남성 성기관의 발달을 담당한다.

에스트로겐과 안드로겐은 남녀 모두 분비되지만 사춘기 이전에는 그 양이 매우 적다. 아동기 동안에는 부신과 생식선에서 분비되며, 그 양이 점차 증가한다. 그

러다 난소가 성숙하게 되면 난소 내 에스트로겐 생산이 급증하게 되고, 월경 주기의 각 단계에 걸쳐 분비 수준도 일정한 주기적 변화를 보이기 시작한다. 여성의 경우 혈류 내 안드로겐 수준은 소량 증가하는 정도에 그친다. 한편 남성의 경우에는 고환이 성숙하게 되면 테스토스테론 생산 역시 급증하는 반면, 혈류 내 에스트로겐 수준은 증가폭이 매우 작다. 그림 3.2에서 이러한 호르몬 수준의 증가에 대해 보여 주고 있다.

부분적으로는 남성 성징 혹은 여성 성징 발달이 여성 호르몬에 대한 남성 호르몬 수준의 비율로 결정되기도 한다. 성장기 아동에 있어 호르몬 상태에 불균형이 있게 되면 1차 및 2차 성징에 문제가 생길 수 있고, 여성 혹은 남성의 신체적 특성 발달에도 영향을 주게 된다. 예를 들어 여성에게 안드로겐이 과다 분비되면 수염이나 체모가 나타나거나, 남성적인 근육이 발달하거나, 음핵이 커지는 등의 남성 성징이 나타나게 된다. 에스트로겐이 과다 분비되거나 안드로겐이 부족한 남성의 경우에는 발기나 성욕이 저하되고 가슴이 커질 수 있다.

부신선

고환이 남성 호르몬인 안드로겐을 생성하고 난소가 여성 호르몬인 에스트로겐을 생성한다면, 어떻게 남녀 청소년 양쪽 다 안드로겐과 에스트로겐을 모두 가지고 있을까? 답은 **부신선**(adrenal glands) 때문이다. 신장 바로 위에 위치하고 있는 부신선은 남성 성호르몬과 여성 성호르몬 모두를 소량 생성할 수 있다. 남녀 모두 부신선을 갖고 있기 때문에 각각은 안드로겐과 에스트로겐 모두를 생성할 수 있다.

남성의 성호르몬 조절

남성의 경우, 시상하부와 뇌하수체 및 고환이 서로 유기적으로 기능하여 호르몬 생성을 조절한다. 시상하부에서 분비된 성선 자극 호르몬의 영향으로 뇌하수체는 여포 자극 호르몬과 황체 형성 호르몬을 분비한다. 여포 자극 호르몬은 황체 형성 호르몬과 마찬가지로 고환에서 **정자 생성**(spermatogenesis)을 자극한다. 황체 형성 호르몬이 없으면 정자 생성은 2차 세포분열과 2차 발달기 이상으로 진행되지 않는다. 그러나 황체 형성

그림 3.3
부적 피드백 순환고리

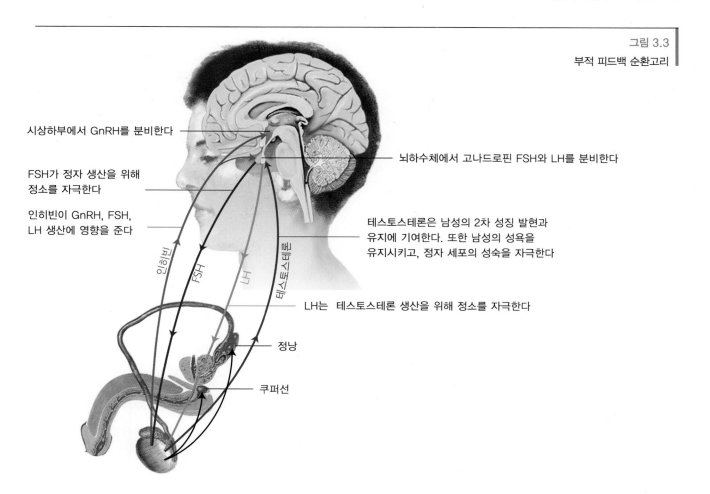

시상하부에서 GnRH를 분비한다

뇌하수체에서 고나드로핀 FSH와 LH를 분비한다

FSH가 정자 생산을 위해
정소를 자극한다

인히빈이 GnRH, FSH,
LH 생산에 영향을 준다

테스토스테론은 남성의 2차 성징 발현과
유지에 기여한다. 또한 남성의 성욕을
유지시키고, 정자 세포의 성숙을 자극한다

인히빈   FSH   LH   테스토스테론

LH는 테스토스테론 생산을 위해 정소를 자극한다

정낭

쿠퍼선

호르몬의 가장 1차적인 기능은 고환으로 하여금 테스토스테론을 분비하도록 자극하는 것이다.

테스토스테론 수준은 부적 피드백 순환고리(negative feedback loop)라는 현상에 의해 매우 일정하게 유지된다(그림 3.3). 성선 자극 호르몬은 황체 형성 호르몬 생성을 자극하고, 이렇게 생성된 황체 형성 호르몬은 테스토스테론 분비를 자극한다. 테스토스테론 수준이 증가하면 현재 테스토스테론 분비량이 어떠한가를 감지한 시상하부가 성선 자극 호르몬 생산을 감소시키고, 따라서 황체 형성 호르몬과 테스토스테론 생성도 감소하게 된다. 테스토스테론 수준이 감소하면 시상하부는 이 신호를 탐지하여 성선 자극 호르몬 분비를 증가시키고, 그러면 황체 형성 호르몬과 테스토스테론 분비가 증가하게 된다. 이 체계는 자동온도조절장치를 가진 난방기구와 아주 유사한 방식으로 작동하는 셈이다. 즉 방 안의 온도가 상승하면 난방기구를 끄게 되고, 온도

가 낮아지면 다시 켜는 것과 같다.

인히빈(inhibin)이라는 물질은 또 다른 부적 피드백 순환고리를 통해 여포 자극 호르몬 수준을 조절한다(Plant, Winters, Attardi & Majumdar, 1993). 인히빈은 고환에서 생성되거나, 아니면 정자 자체가 생성할 수도 있다. 인히빈 수준이 증가하면 여포 자극 호르몬 생성이 억제되고, 따라서 정자 생성도 감소한다. 인히빈이 정자 생성을 억제하는 기능을 하므로, 연구자들은 이를 남성 피임약으로 사용할 수 있을지 여부에 대해 상당한 관심을 보여 왔다. 그러한 생각이 실제로 가능한지는 아직 미지수이다.

여성의 성호르몬 조절

여성의 경우에도 시상하부, 뇌하수체와 난소는 부적 피드백 순환고리를 통해 유기적으로 작용하여 호르몬 생성을 조절한다. 시상하부에서 분비된 성선 자극 호르몬

알고 싶은 것

▶ '왕성한 호르몬'의 시기인 청소년기와 관련된 호르몬은 무엇인가?

청소년기의 '왕성한 호르몬'은 아마도 남성 성호르몬인 안드로겐, 여성 성호르몬인 에스트로겐과 프로게스테론일 것이다. 그 외의 호르몬은 성선 자극 호르몬, 황체 형성 호르몬, 여포 자극 호르몬이다.

알고 싶은 것

▶ 남성 호르몬과 여성 호르몬 간의 주요한 차이는 무엇인가?

호르몬 체계에서 남성과 여성의 가장 중요한 차이는, 남성의 테스토스테론 수준은 매우 일정한 데 반해 여성의 에스트로겐과 프로게스테론 분비량은 주기적으로 변화한다는 점이다.

은 뇌하수체를 자극하여 여포 자극 호르몬과 황체 형성 호르몬을 분비하게 하고, 이 호르몬들이 난소에 작용하여 여포와 난자의 성장, 그리고 난소 에스트로겐과 프로게스테론의 분비를 자극하게 된다. 에스트로겐 수준이 증가하면 성선 자극 호르몬 생성을 억제하고 되고, 그러면 여포 자극 호르몬 생성도 감소하게 된다. 에스트로겐과 프로게스테론 수준은 월경 주기의 단계에 따라 변화하게 되며, 이는 이 장의 후반에 좀 더 살펴보기로 한다.

혈류 내의 인간 성장 호르몬, 성선 자극 호르몬, 그리고 성호르몬의 증가는 체격과 체형을 만드는 데 중대한 영향을 미친다. 결국, 사춘기의 목적은 생식이 가능하도록 우리의 몸을 육체적으로 성장시키는 것이므로, 성기관에서부터 변화가 시작하는 것은 타당해 보인다.

남성 성기관의 성숙과 기능

고환, 음낭, 부고환, 정낭, 전립선, 쿠퍼선, 음경, 정관 및 요도와 같은 남성의 기본적 성기관을 그림 3.4에 제시하였다. 청소년기 동안 성기관은 여러 가지 중요한 변화 과정을 거치게 된다. 고환과 **음낭**(고환을 담은 피부 주머니)의 성장이 가속화되기 시작하는 시점은 약 11세 정도로, 13세 6개월경에 매우 빨라지다가 그 이후부터는 성장 속도가 점차 둔화된다. 이것은 평균적인 연령을 말하며, 성장이 가속화되는 시점은 9세 6개월~13세 6개월 사이, 성장이 둔화되는 것은 13~17세 사이 정도가 될 수도 있다. 이 시기 동안 고환은 길이가 2.5배, 무게가 8.5배 정도 증가한다. **부고환**은 고환에서부터 정관에 이르는 수송관 체계로, 이곳에서 정자가 성숙하고 또 저장된다. 사춘기 전에는 고환에 비해 상대적으로 크지만, 성적 성숙이 끝나고 나면 고환의 1/9 정도 크기밖에 되지 않는다.

정자 생성

고환 내에서 일어나는 가장 중요한 변화는 바로 성숙한 정자 세포의 발달이다. 이는 뇌하수체에서 분비된 여포 자극 호르몬과 황체 형성 호르몬이 정자의 생성과 성장을 자극할 때 일어난다. 정원 세포에서 성숙한 정자가 될 때까지의 정자 생성 전 과정에는 약 10일 정도가 소요된다.

정자 생성 후 정자는 수정관의 수축에 의해 부고환으로 이동하며, 그곳에서 약 6주간 머물게 된다. 그런 다음 섬모활동에 의해 부고환을 타고 **정관**(vas deferens)으로 운반되며, 그곳에 대다수의 정자가 저장된다. 정자는 다시 섬모활동에 의해 정관을 타고 **정낭**(seminal vesicle)과 **전립선**(prostate gland)에 도달하게 되는데, 정액(seminal fluid)이 첨가되어 정자의 운동성이 더욱 높아지는 것이 바로 이곳이며, 정자는 여기에서 **요도**(uthera)를 타고 정액과 함께 이동하여 사정할 때마다 성기 밖으로 분출되는 것이다. 정액의 약 70%는 정낭에서, 나머지 30%는 전립선에서 나온다.

음경의 발달

음경(penis)은 청소년기 동안 길이와 둘레가 2배가 되며, 14~16세 사이에 성장 속도가 가장 빠르다. 성기의 성장은 성인의 상태에 이르기까지 보통 3년이 걸리지

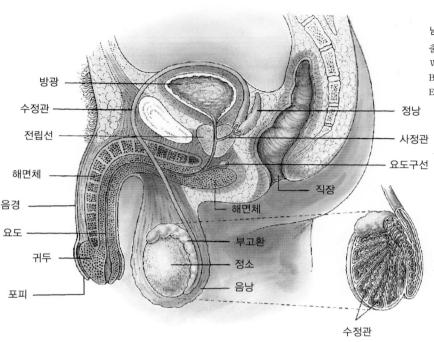

그림 3.4 남성 생식기의 구성

남성의 외부 생식기는 음경과 음낭을 포함하고 있다.

출처 : Spencer Rathus et al., *Human Sexuality in a World of Diversity*, 6th ed. Published by Allyn and Bacon, Boston, MA. Copyright © 2005 by Pearson Education.

방광
수정관
전립선
해면체
음경
요도
귀두
포피
정낭
사정관
요도구선
직장
해면체
부고환
정소
음낭
수정관

만, 어떤 남성들은 대략 2년에 걸쳐 이러한 성장을 완성하기도 하고, 4년 6개월 이상 걸리기도 한다. 성인 남성의 경우 이완된 상태의 음경은 길이가 약 3~4인치, 직경이 1인치 남짓 된다. 발기한 상태에서는 평균적으로 길이가 5.5~6.5인치, 직경이 1.5인치 정도이며, 그 크기는 개인차가 매우 심하다.

청소년기에는 남성성이나 성적인 능력을 음경의 크기와 연관시키므로 자신의 음경이 어느 정도 되는지에 관심이 많아지게 된다. 음낭이 음경보다 먼저 발달하기 때문에 이러한 불안감은 더욱 증폭된다. 고환과 음경이 동시에 성장한다고 잘못 알고 있는 많은 남자 청소년들은 자신의 음경이 더 이상 커지지 않을 것이라고 생각하여 두려워한다.

실제로 이완 시 음경의 크기는 발기했을 때의 음경의 크기와 아무런 상관이 없는데, 이는 큰 성기보다 작은 성기가 발기 시에 더 큰 비율로 확대되기 때문이다. 또한 발기했을 때의 음경의 크기는 성적 능력과 아무런 관계가 없는데, 이는 여성의 질에 신경말단이 거의 분포되어 있지 않고, 여성의 성적 흥분은 주로 외음부의 자극에서 오기 때문이다. 남성과 여성이 경험하는 성적 쾌감의 정도는 남성 성기의 크기와는 아무런 상관이 없다.

귀두(glans penis)는 느슨한 피부 주름인 포피(prepuce 혹은 foreskin)로 덮여 있는데, 이는 위생상의 혹은 종교적인 이유로 포피 절제(circumcision) 수술을 통해 제거된다. 포피가 오그라들어 성기가 깨끗하게 유지될 수만 있으면 포피 절제를 반드시 해야 하는 것은 아니다. 하지만 포피가 오그라들지 않아 귀두 부분을 잘 씻지 못하면 피지(smegma)라는 치즈 같이 생긴 물질이 쌓여 염증이나 질병의 원인이 될 수 있다.

발기(erection)는 유아기부터 가능하다. 옷을 조이게 입거나, 부분적인 염증이 있거나, 소변이 마렵거나, 혹은 손으로 자극하였을 때 발기가 일어날 수 있다. 사춘기에는 성적인 사고와 자극이 발생하는 경우가 더 늘어난다. 게다가 발기가 더욱 분명해지고 음경이 커지기 시작하면 당황할 것이다. 이렇게 원치 않고 통제할 수 없는 발기를 경험하면서 이를 아무도 알아채지 않기를 바라는 것은 남자 청소년들에게 매우 보편적인 일이다.

쿠퍼선

쿠퍼선(Cowper's glands)은 다른 분비선과 마찬가지로 청소년기 동안에 성숙한다. 이는 요도의 산성을 중화시키고 윤활 작용을 하는 알칼리성 체액을 분비하여 정액

Personal Issues   운동선수의 스테로이드 사용

운동선수들은 때때로 근력과 지구력을 증가시키기 위해 **근육증 강제**(anabolic steroids)라 불리는 인공 남성 호르몬을 복용한다. 1988년 올림픽에서 몇몇 선수들이 근육증강제를 불법 사용하여 실격당한 이후로, 모든 연령대의 선수들이 이러한 약물을 사용하는지 여부에 관심이 모아졌다. 야구 스타인 마크 맥과이어와 다른 선수들의 안드로스텐디온(androstenedione)—처방전 없이 살 수 있는 식품보조제로 근육의 부피를 늘리도록 돕는다고 알려져 있다—사용이 이러한 약물에 대한 청소년들의 관심을 더욱 증가시킬 것이라는 염려가 있다. 스테로이드는 알약 형태로 된 것을 먹거나, 크림 형태로 된 것을 바르거나, 주사기를 통해 주입할 수 있다.

스테로이드가 근육의 부피를 늘리고 지방을 감소시킨다는 것은 의문의 여지가 없지만, 여기에는 불행하게도 심각한 신체적 부작용이 뒤따른다. 모든 스테로이드 남용자들은 간종양, 황달, 고혈압, 힘줄의 약화(찢어지고 파열되면서), 심장 발작, 뇌졸중과 혈병, 두통, 근육경련, 심한 여드름, 탈모의 위험이 있다. 그리고 주삿바늘을 같이 쓰는 운동선수들의 경우 간염과 AIDS의 원인이 되는 HIV에 감염될 위험이 증가한다. 스테로이드를 남용하는 남성은 정자 수의 감소, 발기부전, 전립선 비대, 가슴 크기의 증가를 경험할 수도 있다. 스테로이드를 사용하는 여성은 종종 가슴 크기가 작아지고 음핵이 커지며 월경불순을 경험할 수 있다. 또한 목소리가 굵어지고 몸과 얼굴에 털이 많아지기도 한다. 스테로이드를 사용하는 청소년은 과도한 남성 호르몬이 인간 성장 호르몬의 생성을 막으므로 영구적으로 신장이 작아질 위험이 크다.

스테로이드는 정서적인 부작용도 있다. 남용자들은 심각한 기분 변화, 편집증, 우울증, 불안을 경험할 수 있다. 그들은 종종 적대적이고 화를 잘 내며 욱하는 경향이 있다. 이러한 기분은 때때로 싸움이나 물건을 부수는 것과 같은 다른 파괴적인 행동으로 이어지기도 한다.

스테로이드를 사용하는 청소년의 수는 다행히도 적다. 스테로이드를 사용하는 고등학교 3학년 학생은 1991년 1.1%에서 2000년 2.5%로 증가했지만, 최근 2005년 결과에서는 1.5%로 다시 감소하였다. 스테로이드를 사용하는 대다수의 청소년들은 남자이다. 많은 고등학생들이 스테로이드의 사용을 위험하게 여기며, 대부분(약 90%)은 시도하지 않으려 한다. 청소년들은 스테로이드를 쉽게 구할 수 있다고 생각하지만, 몇 해 전만큼 쉽게 구할 수는 없다(Johnson, O'Malley, Bachmann, & Schulenberg, 2006).

이 좀 더 쉽고 안전하게 운반되도록 한다. 이 체액은 성적 흥분이 일어나는 동안 그리고 사정 직전에 귀두부 입구에서 관찰할 수 있다. 이 체액에는 정자가 포함되어 있기 때문에 사정 전에 여성의 질에서 음경을 빼낸다고 할지라도 성기 삽입이 일단 이루어졌다면 임신이 될 수 있다.

몽정

남자 유아와 아동도 발기는 할 수 있지만, 사정은 사춘기에서야 가능하다. 대부분의 청소년기 소년들은 성인 남성과 마찬가지로 소위 '축축한 꿈'이라고 불리는 **몽정**(nocturnal emissions)을 경험한다. Kinsey와 동료들(1948)은 거의 100%의 남성이 성적인 꿈을 꾸며, 그들 중 약 83%가 오르가슴에 달하는 꿈을 꾼다고 보고하였다. 이런 꿈은 십대와 20대 남성에게 가장 빈번하게 나타나지만, 기혼 남성의 약 반 정도는 이러한 꿈을 계속해서 꾼다.

기존 연구들에 의하면 소년이 처음으로 사정하는 것(semenarche 또는 spermarche라는 용어로 쓰인다)은 잊혀지지 않는 사건이라고 한다(Downs & Fuller, 1991; Stein & Reiser, 1994). 이러한 일은 대부분의 소년들이 생각하는 것보다 종종 일찍 일어나기 때문에 매우 당황스럽게 느껴진다(대부분의 소년들은 13세 생일 전에 사정을 시작한다). 소년들은 이 외에도 기쁨과 성숙감을 보고한다. 그러나 대부분의 소년들은 자신이 사정을 시작했다는 것을 다른 사람들에게 말하지 못한다. 사춘기의 변화에 대해 잘 아는 소년들은 대부분 첫 몽정에 대해 긍정적인 감정을 표현한다(Paddack, 1987).

여성 성기관의 성숙과 기능

여성의 주요 내부 성기관으로는 난소, 나팔관, 자궁과 질이 있다. 외부 성기관은 총칭하여 **외음부**(vulva)라고 하는데, 여기에는 치구, 대음순, 소음순, 음핵과 **전정**

(vestiblue, 대음순에 싸인 절개 부위)이 속한다. **처녀막**(hymen)은 성교 경험이 없는 여성의 질을 부분적으로 차단하고 있는 주름진 연결조직이다. **바톨린선**(Bartholin's glands)은 질구의 양측에 위치하며, 성적 흥분 동안 체액을 분비한다. 여성 성기관은 그림 3.5에 자세히 나와 있다.

질의 발달

질(vagina)은 사춘기 동안 여러 가지 면에서 성숙한다. 길이가 길어지고 점막이 두꺼워지며, 탄력성이 증가하고 색이 짙어진다. 바톨린선이 체액을 분비하기 시작하며, 아동기에는 알칼리 반응이던 것이 청소년기에 이르면 질 내벽이 이를 산성 반응으로 변화시킨다.

외음부와 자궁의 변화

소음순(labia minora)이나 **음핵**(clitoris)과 마찬가지로, 아동기에는 없는 것이나 마찬가지였던 **대음순**(labia majora)도 매우 커지게 된다. **치구**(mons veneris)도 지방판의 발달을 통해 더 두드러지게 된다.

자궁(uterus)도 10~18세에 이르는 기간 동안 성장세가 직선형의 그래프를 이루며, 길이가 2배가 되는 등

그림 3.5 여성 생식기의 구성
자궁은 대개 앞으로 기울어져 있다.

출처 : Spencer Rathus et al., *Human Sexuality in a World of Diversity*, 6th ed. Published by Allyn and Bacon, Boston, MA. Copyright © 2005 by Pearson Education.

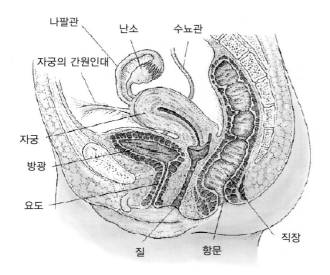

극적인 변화가 일어난다. 성숙한 비임신 여성의 자궁은 속이 텅 비고 벽이 두꺼운 배 모양의 근육 기관으로, 길이는 약 3인치 정도이고, 직경은 맨 윗부분이 2.5인치이고 점차 좁아져 자궁 경부에 이르면 1인치 정도가 된다. 그림 3.5에 보면 자궁은 수직으로 똑바르지 않고 질의 오른쪽 모서리에 자리 잡고 있으며, 앞쪽으로 기울어져 있다는 것을 확인할 수 있다.

난소의 변화

난소 역시 크기와 무게가 증가하게 된다. 여아는 출생 시 각 난소당 약 40만 개의 여포를 가지고 태어나는데, 사춘기에 이르는 동안 그 숫자는 약 8만 개로 줄어든다. 대개 하나의 여포는 약 40년의 기간 동안 매 28일마다 하나의 난자를 배출하며, 이는 여성이 생식 가능한 기간 동안 500개의 난자만을 배출할 수 있음을 의미한다. 지름이 머리카락보다 약간 더 큰 정도인 **나팔관**(fallopian tubes)은 난자를 난소에서 자궁으로 운반하는 역할을 한다.

초경과 월경 주기

청소년기 소녀의 성숙이 일어나는 시기는 개인차가 크지만, 평균적으로는 12~13세경에 초경을 시작한다(9~18세 사이에 시작하는 것이 정상). **초경**(menarche, 월경의 시작)은 신장과 체중의 성장률이 최고치에 이르렀을 때 시작되는 것이 보통이다. 근래에 들어서는 영양공급이나 건강관리 수준이 높아지면서 이전 세대보다 월경을 좀 더 일찍 시작하게 되었다. 체지방이 증가하면 초경이 촉진될 수 있고, 운동을 심하게 하면 지연될 수 있다(Ellis, 2004; Petridou, Syrigou, Toupadakin, Zaritzanos, Willet, & Trichopoulos, 1996). 자료가 완전히 일치하는 것은 아니지만, 월경 시기에 있어 인종과 민족 간의 차이가 있다는 몇 가지 증거가 있다. 예를 들어 Daniels 등(1998)에 의하면 아프리카계 미국 소녀들은 백인 소녀들보다 몇 개월 일찍 사춘기를 맞는다고 한다.

월경 주기는 대략 20~40일이며, 평균 28일 정도이다. 그러나 월경 주기의 길이는 개인마다 차이가 심하며, 한 개인 내에서도 각 달마다 주기의 길이가 변할 수

알고 싶은 것

▶ **남성과 여성의 생식기에서 드러나지 않는 차이는 무엇인가?**

남성은 여성에게 없는 내부 생식기관이 많이 있다. 남성에게는 정자가 성숙하는 관인 부고환과 정자를 고환에서 체강으로 운반하는 관인 정관이 있다. 또한 남성에게는 여성에게 없는 전립선, 정낭, 쿠퍼선이 있다. 여성에게는 질, 자궁, 난소뿐만 아니라 자궁으로 난자를 운반하는 관인 나팔관이 있다. 또한 여성은 대음순, 소음순, 음핵, 바톨린선과 같은 많은 외부 기관들을 가지고 있는데, 이를 총괄하여 외음부라고 한다.

있다. 아주 규칙적인 주기는 사실 매우 드물다.

월경 주기에는 여포기, 배란기, 황체기 및 월경기의 네 단계가 있다. 그림 3.6에서 알 수 있듯이, 호르몬이

이 주기를 조절한다. 월경 출혈 첫날부터 시작되는 월경기(menstrual phase) 동안에는 에스트로겐, 프로게스테론, 황체 형성 호르몬, 여포 자극 호르몬의 수준이 모두 최저가 된다. 이는 시상하부에 신호를 보내어 성선 자극 호르몬 생산을 재개하도록 하고, 이 호르몬은 다시 뇌하수체를 자극하여 황체 형성 호르몬의 분비를 시작하게 한다. 여포기(follicular phase)는 월경 직후부터 하나의 여포와 난자가 성숙할 때까지를 말한다. 이 시기 동안 뇌하수체는 황체 형성 호르몬의 방출을 지속한다. 여포 자극 호르몬은 여포와 난자의 발달을 촉진하고 에스트로겐 분비 수준이 증가되도록 유도한다. 에스트로겐 수준이 최고치에 이르면 시상하부가 뇌하수체에 작용하여 여포 자극 호르몬 수준을 줄이고 다량의 황체 형성 호르몬을 분비시킨다. 그리고 에스트로겐 수준의 증가로 인해 자궁내막이 두터워져 수정된 난자를 받을 준비를 하게 된다.

다음 월경 주기가 시작되기 약 14일 전에 황체 형성

그림 3.6
월경 주기 동안의 호르몬 변화

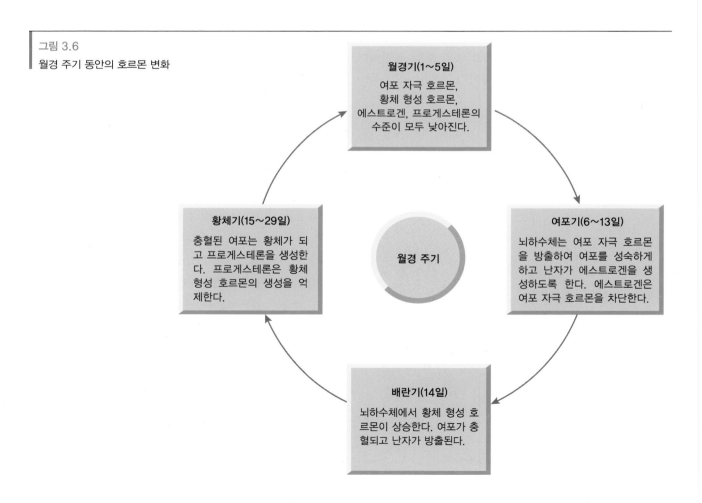

월경기(1~5일)
여포 자극 호르몬, 황체 형성 호르몬, 에스트로겐, 프로게스테론의 수준이 모두 낮아진다.

여포기(6~13일)
뇌하수체는 여포 자극 호르몬을 방출하여 여포를 성숙하게 하고 난자가 에스트로겐을 생성하도록 한다. 에스트로겐은 여포 자극 호르몬을 차단한다.

배란기(14일)
뇌하수체에서 황체 형성 호르몬이 상승한다. 여포가 충혈되고 난자가 방출된다.

황체기(15~29일)
충혈된 여포는 황체가 되고 프로게스테론을 생성한다. 프로게스테론은 황체 형성 호르몬의 생성을 억제한다.

월경 주기

호르몬의 다량 분비로 인해 배란이 시작되고, 이 시기 동안 성숙한 난자가 여포에서 배출되어 나팔관으로 이동한다. 이 배란기(ovulatory phase)는 월경 주기 중 가장 기간이 짧다.

황체기(luteal phase)는 배란 이후에 시작되어 다음 월경 주기가 시작될 때까지 지속된다. 황체기 동안 뇌하수체의 황체 형성 호르몬 분비로 난자가 배출되었던 여포의 성장이 촉진된다. 이 여포는 황체로 발달하여 황체기가 끝날 때까지 프로게스테론을 분비한다(그림 3.7).

프로게스테론 수준이 높아지면 뇌하수체는 여포 자극 호르몬의 생성을 멈추도록 하며, 여포 자극 호르몬의 수준은 곧 저하된다. 하지만 여포 자극 호르몬이 없다면 황체는 퇴화하거나 죽을 것이다. 프로게스테론을 생성하는 황체가 없다면 프로게스테론 수준도 마찬가지로 저하된다. 황체기 후반기에 여성의 몸은 상대적으로 여포 자극 호르몬, 황체 형성 호르몬, 에스트로겐, 프로게스테론의 수준이 모두 저하된다. 이는 월경을 촉발하고 주기가 다시 시작된다.

모두가 그런 것은 아니지만 많은 청소년들은 배란이 28일 월경 주기 중 14일경에 발생한다고 알고 있다. 하지만 주기가 더 길거나 짧은 경우에는 언제 배란이 되는지 알지 못한다. 많은 사람들은 배란이 항상 월경 주기의 중간―34일 주기에는 17일에, 24일 주기에는 12일―에 발생한다고 믿고 있다. 이것은 심각한 오해이다. 배란은 거의 항상 다음 월경기가 시작하기 14일 전에 발생한다. 34일 주기라면 20일에, 24일 주기라면 10일에 발생하는 것이다. 배란은 현재 월경 주기의 시작과는 밀접한 관련이 없다. 이것은 임신이 월경 주기 어느 때라도 일어날 수 있지만 배란일이나 그 다음날 발생할 가능성이 가장 높다는 점에서 중요한 정보가 된다. 월경 주기가 조금이라도 불규칙적이라면(대부분의 사춘기 소녀에 해당된다) 자신이 언제 배란할지 예측할 수 없게 된다. 이를 예측할 수 있으려면 자신이 아직 알지 못하는 다음 월경 날짜로부터 되짚어서 계산을 해야 하는 것이다.

월경 주기가 시작하게 되었다고 해도 성숙한 난자를 배출할 수 있을 정도로 난소가 충분히 성숙하고, 배란이 가능하도록 내분비선에서 충분한 호르몬을 분비할 수 있을 때까지는 **무배란**(anovulatory) 월경을 할 수도 있다. 월경 주기가 일정하게 확립되기 전까지 초기에는 월경의 양이 적고 그 간격도 바뀌어 불규칙할 수 있다. 처음 몇 주기 동안에는 월경이 하루만 있는 경우도 흔하며, 점차 안정되면 2~7일, 평균 약 5일 정도 지속하게 된다. 혈액 손실 총량은 평균 1.5온스(세 숟갈 정도)

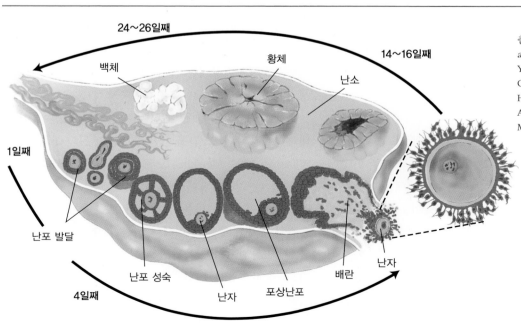

그림 3.7 황체 형성

출처 : J.W. Hole, *Anatomy and Physiology,* 6th ed. (New York: McGraw-Hill, 1992). Copyright © 1992 McGraw-Hill Publishing Company. Adapted by permission of The McGraw-Hill Companies.

Personal Issues 스트레스와 사춘기

많은 연구들은 때 이른 초경에 관한 새로운 이해를 제공하고 있다. 특히 사춘기 시기에 환경적 스트레스가 미치는 영향력에 관한 연구가 활발하다.

1. 부모가 따뜻하고 지지적인 여아들은 차갑고 거절이 잦은 부모의 여아에 비해서 사춘기가 늦게 온다(예 : Romans, Martin, Gendall, & Herbison, 2003).
2. 이혼가정의 여아들은 초경이 빠르다(예 : Quinlan, 2003).
3. 부모의 부부갈등이 많다고 어머니가 보고하는 경우 여아들의 초경이 빠르다(예 : Jorm, Christensen, Rogers, Jacob, & Easteal, 2004).
4. 우울감, 가족관계 문제는 초경 연령을 예측할 수 있다(예 : Ellis & Garber, 2000).
5. 이는 단지 미국의 여아들에게만 해당되는 것은 아니다. 예를 들어 Hulanicka(1999)는 폴란드 여아에게서 유사한 양상을 발견하였다.
6. 몇몇 연구들은 여아에게 아버지가 부재할 경우 초경이 빨라진다고 보고하였다. 가까운 아버지가 부재하는 경향이 여야의 사춘기를 조기에 촉발시키는 것과 마찬가지로, Kana-zawa(2001)는 아버지가 자녀들에게 관심을 덜 기울이게 되는 일부다처제 문화의 여아는 일부일처제 문화의 여아들보다 일찍 초경을 맞는다는 것을 발견하였다.

가족 스트레스와 갈등이 어떻게 이른 초경을 유발할까? 연구자들은 가족 갈등으로 여아들이 신진대사가 저하되고 몸무게가 증가하여 이른 초경이 촉발된다고 하였다(Belsky, Steinberg, & Draper, 1991; Moffitt, Caspi, Belsky, & Silva, 1992). 또한 아동기의 스트레스는 시상하부에 변화를 일으켜 사춘기를 촉발한다고 보고 있다(Dobson, Ghuman, Prabhakar, & Smith, 2003).

이다. 1~5온스까지는 정상 범위이다. 혈액은 월경액 중의 일부에 불과하다. 전체 배출되는 양은 약 한 컵 정도(6~8온스)이며, 일부 점액과 죽은 세포 조직도 포함된다(Warner, Critchley, Lumsden, Campbell-Brown, Douglas, & Murray, 2004).

월경에 관한 문제

월경은 소녀의 인생에서 큰 사건이다. 이것은 자신이 성장하고 있다는 신호가 될 수 있다. 어떤 소녀들—특히 오랜 시간 월경이 시작되길 바라 왔던 소녀들—은 이 사건을 매우 긍정적인 시각으로 볼 것이다. 한 학생은 다음과 같이 말했다.

처음 월경을 시작했을 때, 나는 "드디어!"라고 생각했어요. 내 친구 모두가 이미 오래전부터 월경을 해 왔거든요. 나는 친구들이 모여 앉아 월경에 대해 이야기할 때 따돌림당하는 기분이었어요. 친구들이 그다지 즐겁게 이야기하는 것 같지는 않았는데도 말이에요. 심지어 나는 월경에 대비하여 생리대를 다루는 연습까지 했어요. 토요일 아침에 일어나서 초경의 증거인 얼룩을 보았을 때, 나는 바로 세 명의 절친한 친구에게 전화를 했어요. 아침 7시 30분이었어요. 나는 너무나 행복했어요! 하루 종일 깔깔대며 웃었어요. 나는 더 이상 어린 아이가 아니라는 생각이 들었기 때문이에요.

이들 연구들과는 반대로, 많은 소녀들은 월경에 대해 부정적인 시각을 가지고 있다. 이것은 일찍 성숙한 소녀들에게 더욱 일반적인데, 그들은 나중에 성숙한 다른 또래들에 비해 무엇을 대비해야 하는지, 어떻게 대처해야 하는지 잘 몰랐기 때문이다(Chrisler & Zittel, 1998; Gallant & Derry, 1995). 전형적으로 부정적인 시각은 다른 사람들로부터 불쾌한 메시지를 받는 것, 당혹감에 대한 두려움, 예상되는 불편감이라는 세 가지 근거에서 생겨난다.

불행히도, 많은 경우 초경을 시작하기도 전에 이에 대해 부정적인 느낌을 연합시키게 된다(Frank & Williams, 1999; Merskin, 1999). 예를 들어 생리대 광고에 관한 한 연구결과에 따르면, 이 광고들은 월경을 '청결함의 위기'이며 '마음의 평화'와 보호를 제공하는 '효율적인 안전체계'로 관리해야 하는 것으로 묘사하고 있다. 제대로 간수하지 못하면 여성들은 더러워지고, 얼룩지고, 창피스럽게 되고, 냄새를 풍길지 모르는 위험에 처하게 되는 것이다. 이러한 광고는 여성들의 죄책감, 불안감을 가중시키고 자존감을 감소시킨다(Havens &

> **Personal Issues** **월경에 대비하여 소녀들이 준비해야 할 점**

긍정적인 방법으로 월경을 대비하는 청소년기 소녀는 월경을 더 긍정적인 경험으로 받아들일 가능성이 높다. 가장 좋은 대비는 무엇일까?

한 연구에서 1~3년 동안 월경을 경험해 온 청소년기 소녀에게 자신이라면 더 어린 소녀들을 어떻게 초경에 준비시킬지, 그리고 부모님들께 자신의 딸을 어떻게 대비하도록 충고할지 물어보았다. 마지막으로, 157명의 중학교 3학년 소녀들에게 자신의 월경 경험에 대해 평정하게 하였다. 소녀들은 정서적 지지와 더불어 월경이 정상적이고 건강한 것이며 나쁘거나 무섭거나 창피한 것이 아니라고 안심시켜 줄 필요성을 강조하였다. 이들은 생물학적인 측면이나 월경과 여성으로서 자기 간의 연결에 대해서는 경시하는 반면, 월경 위생의 실질적인 측면이나 월경에 대한 주관적인 경험(실제로 얼마나 느낄지)에 대해 스트레스를 받았다. 대부분의 소녀들은 어머니와는 월경에 대해 이야기하지만 아버지와 이야기하는 경우는 거의 없었다. 이들은 어머니가 결정적으로 중요하지만 종종 자신의 요구를 충족시켜 줄 수 없다고 생각하였다. 많은 소녀들이 아버지가 지지해 주기를 바라지만, 지지하기보다는 침묵하는 아버지와 월경에 대해 이야기하는 것은 불편하게 생각한다. 어떤 소녀들은 아버지가 절대 참견할 일이 아니라고 생각한다. 이 연구의 응답들은 조기 준비 과정을 개선할 수 있는 여러 방법들을 제안하는데, 월경의 생물학으로부터 좀 더 개인적이고, 주관적이며, 즉시적인 경험의 측면으로 초점을 이동하는 것을 포함한다. 또한 월경 교육을 초경 전에 시작하여 이후에도 계속 유지하는 장기 과정으로 개념화하는 것을 지지한다.

출처 : E. Koff & K. Rierdan, "Preparing Girls for Menstruation: Recommendations from Adolescent Girls", *Adolescence*, 30 (1995): 795-811.

Swenson, 1988; Simes & Berg, 2001).

육체적으로 성숙했다는 것에 개인적으로 즐거워하든 아니든 상관없이, 많은 소녀들은 이러한 정보를 세상에 알리길 원하지 않는다. 많은 여대생들이 웃으며 회상하기를 아무도 자신이 그날이라는 것을 의심하지 않도록 화장실 가는 시간을 조정하거나, 긴 줄을 기다려서라도 여성 점원에게서 생리대와 탐폰을 사려고 했다는 것이다. 다행히 자신의 월경 주기를 필사적으로 숨기려 하는 것은 청소년 후기에 와서 감퇴하는 것으로 보인다.

월경 주기에 여러 가지 신체적인 문제들이 생길 수도 있는데, 이는 대개 네 가지 범주로 나눌 수 있다(Huff-man, 1986). 먼저 월경불순(dysmenorrhea)이란 월경 동안 괴롭고 고통스러운 경우, 즉 생리통이나 복통이 있는 경우를 말하며, 요통, 두통, 구토, 피로, 짜증 등이 동반되거나, 성기나 유방의 감각이 예민해지고, 다리에 통증이 오거나, 발목이 붓거나, 여드름 같은 피부 염증이 동반될 수도 있다. 월경과다증(menhorrhagia)은 신체적 혹은 정서적 요인으로 인해 출혈이 과다한 경우이다. 두 상태 모두 다 **프로스타글란딘**(prostaglandin, 평활근을 수축시키는 호르몬)의 과다로 인해 야기된다고 생각된다. 그러므로 이러한 상태를 경험하는 거의 모든 소녀들은 프로스타글란딘을 파괴하거나 억제하는 약물

Research Highlight **운동선수의 월경불순**

불규칙한 월경이 증상인 **월경불순**은 발레리나, 장거리 달리기 선수, 수영 선수와 같은 운동선수들에게서 흔히 나타난다고 보고되었다(Putukian, 1998). 실제로 강렬하게 운동하는 여아들의 10% 이상, 그리고 달리기 선수인 여아들의 절반 이상에서 월경불순이 나타날 수 있다고 한다(DeSouza & Metzger, 1991). 신체 지방의 저하가 이를 유발한다고 알려져 있다(Warren & Perlroth, 2001). 휴가나 부상으로 신체 훈련이 감소하거나 그만두게 되면 월경 주기가 다시 회복된다고 선수들은 전한다(Stager, 1984).

그러나 최근에 소위 '여성 운동선수 3요인'이 문제의 초점이 되고 있다. 여기에는 섭식 문제, 월경불순, **골다공증**이 포함된다(Reinking & Alexander, 2005). 뼈의 무기질 감소와 월경불순이 나타나는 선수들은 폐경기 이후 여성의 상태와 닮을 정도이다(Tietz, Hu, & Arendt, 1997). 물론 적당량의 운동은 생리통이나 불편감과 같은 문제를 감소시키는 것으로 알려져 있다(Golub, 1992).

인 **항프로스타글란딘**(antiprostaglandin)을 섭취하여 도움을 받을 수 있다. 이부프로펜은 처방전 없이 구할 수 있는 항프로스타글란딘이다. 마찬가지로 아스피린도 가벼운 프로스타글란딘 억제제이다(Mehlisch, Ardia, & Pallotta, 2003).

무월경증(amenorrhea)은 월경이 없는 경우로, 과도한 운동으로 인해 체지방 비율이나 호르몬 분비가 변화되는 등의 신체적 원인에 의해 생길 수 있다. 또 내분비계 장애나 기후의 변화, 과로, 정서적 흥분이나 기타 여러 요인들에 의해 생길 수 있다. **자궁출혈**(metrorrhagia)은 월경기가 아닌 때에 자궁에서 출혈이 있는 경우로, 흔하지는 않다. 이런 경우 의학 검진을 통해 신체적 그리고/또는 정서적 원인이 무엇인지 밝혀야 한다(Altchek, 1988).

일반적으로 월경을 시작하기 전의 여성보다는 일단 월경을 경험한 여성들이 월경에 대한 태도가 더 긍정적이다(McGrory, 1990). 이것은 실제로 자신의 월경 주기를 관리하는 것이 소문처럼 나쁘게 여겨지지는 않는다는 것을 말해 준다. 여전히, 어떤 청소년기 소녀들은 월경기가 시작될 때 새로운 기분 변화를 경험한다. 대부분의 사람들이 생각하는 것처럼 모두 다 그런 것은 아니지만(대부분의 여성들은 전혀 증상을 경험하지 않거나 경미한 증상들만을 경험한다), 어떤 사춘기 소녀들은 월경

주기가 시작하기 전에 며칠간 좀 더 짜증이 나거나 우울해진다는 것을 알게 된다. 어떤 여성은 분비액이 나오고, 체중이 늘고, 식욕이 증가하거나, 유방이 부풀고 통증이 있다(Wittchen, Becker, Lieb, Krause, & 2002). 월경 전 불쾌한 기분을 호르몬 변동 탓으로 잘못 귀인하는 경향이 있다. 남성이건 여성이건 모든 사람들은 정서적으로 기복이 있다는 것을 기억하는 것이 중요하다. 월경 주기가 시작되기 전 기분이 가라앉는 소녀는 낮은 호르몬 수준의 영향을 받은 것일 수도 있지만 남자친구와 헤어지고 나서의 반응으로 단지 정서적인 주기를 경험하는 것일 수도 있다. 많은 사람들이 월경 전 기간 동안 나쁜 기분을 모두 생물학적인 것에 귀인하지만, 모든 경우에 항상 해당되는 것은 아니다(Baines & Slade, 1988).

2차 성징의 발달

우리는 남성과 여성이 옷을 입고 있어도 그 몸의 차이를 알아차리기 쉽다는 이야기로 이 장을 시작하였다. 그러나 생식기관의 육체적 차이는 옷을 입은 개인들에게서는 거의 볼 수 없다. 사춘기 동안 생식 구조에서 변화를 일으키는 동일한 성호르몬 또한 **2차 성징**을 발달시킨다. 이것은 생식에 전적으로 필요한 것은 아닐지라도 남성과 여성의 신체에 차이를 만드는 특징이다. 여

표 3.1 1차 성징과 2차 성징의 발달 순서

소년	연령대		소녀
정소, 음낭, 음모 성장 신장 급성장 음경 성장*	11세 6개월 ~13세	10~11세	신장 급성장 시작 음모 성장 시작 가슴, 유두 성장
직모 음모 발달 초기 변성기 음경, 정소, 음낭, 전립선, 정낭의 급성장* 정액 초기 사정* 음모 꼬임 신장 성장의 마지막 단계 겨드랑이 털 성장	13~16세	11~14세	직모 음모 목소리가 깊어짐 질, 난소, 음순, 자궁 급성장* 음모 꼬임 신장 성장의 마지막 단계 유두 성장, 색소 침착 월경*
겨드랑이 털 급성장 두드러진 변성 수염 성장 앞머리 줄	16~18세	14~16세	겨드랑이 털 성장 2차 가슴 성장 단계

* 1차 성징

기에는 체모의 유무, 신체의 곡선이 좀 더 각지거나 둥글어지는 것, 후두(voice box)가 좀 더 커지거나 작아지는 것, 근육의 부피나 지방이 증가하는 것을 포함한다.

표 3.1에 소년과 소녀의 발달 순서를 제시하였다. 일부 1차 성징에 대한 것도 발달의 전체적인 조망을 위해 포함시켰다(* 표시된 것이 1차 성징). 표에 명시된 연령은 평균 연령을 말한다. 실제 연령은 유전에 기반한 개인차에 따라 그 전후로 수년 정도 길어질 수 있다(Akinboye, 1984; Westney, Jenkins, Butts, & Williams, 1984). 보통 소녀들이 소년보다 2년 정도 일찍 성숙하기는 하지만, 발달 속도와 비율이 늘 일정한 것은 아니다.

일반적으로 성적 성숙의 평균 연령은 해를 거듭할수록 점차 낮아지고 있는데, 이는 1차적으로 현 세대의 건강관리 수준이 향상되었고(Gilger, Geary, & Eisele 1991) 좀 더 체격이 커졌기 때문으로 풀이된다. 체격의 증가와 이른 사춘기의 전반적인 연결고리를 확인한 연구들이 많지만(예 : Anderson, Dallal, & Must, 2003), 이는 소년보다 소녀들에게 더 해당된다(Biro, Khoury, & Morrison, 2006). 더불어 아프리카계 미국인 소녀들이 백인 소녀들보다 사춘기가 일찍 찾아오는데, 이는 아프리카계 미국인 소녀들의 체지방률이 더 높다는 점(Kaplowitz, Slora, Wasserman, Pedlow, & Herman-Giddens, 2001), 그리고 이들의 신체에서 사춘기 출발과 관련된 **렙틴**(leptin)이 더 많이 생산되는 점(Wong et al., 1998)에서 비롯될 수 있겠다.

남성

남성은 2차 성징이 점진적으로 발달한다. 음경 뿌리 부근부터 음모가 나기 시작하는데, 처음에는 숱도 적고 직모이던 것이 점차 숱이 많아지고 곱슬거리게 되어 배꼽까지 이르러 역삼각형 형태로 나게 된다. 겨드랑이의 털은 음모가 나기 시작한 지 약 2년 후부터 자라기 시작하며, 턱수염은 거의 모든 2차 성징이 나타날 무렵에야 자라기 시작한다. 이마와 머리털의 경계선의 일부가 머리 쪽으로 들어가는 것(소년의 경우에만 해당)은 2차 성징 발달의 가장 마지막 단계이다. 어깨와 가슴이 넓어지는 등의 근육발달과 신체 굴곡의 변화도 일어난다. 대체로 소년의 경우에는 17세 정도에 성인기 신장의 98%는 다 자라게 된다.

후두(아담의 사과)가 급격하게 자라나고 이에 성대가 길어지면서 목소리가 변화하게 된다. 성대 길이가 거의 2배에 달하게 되며, 음조가 한 옥타브 낮아지게 된다. 성량도 증가하고 음색이 좀 더 듣기 좋은 소리가 된다. 음색은 16~18세경까지는 때로 거칠어지거나 톤이 이상하게 변하기도 한다.

어떤 소년은 성적 성숙이 일어나기 전이나 혹은 그 과정 중에 소위 탈의실 증후군으로 힘들어하는 경우가 있다. 중 · 고등학교에서는 체육시간이 끝나면 다 같이 샤워를 하게 되며, 이때 옷을 벗고 타인 앞에서 몸을 씻어야 한다. 발달의 속도는 개인차가 심하기 때문에 어떤 소년들은 전혀 발달이 일어나지 않은 경우도 있고 어떤 소년들은 또래보다 훨씬 성숙해 있기도 한다. 음모나 겨드랑이털이 채 자라지 않았거나, 턱수염이 나지 않았거나, 음경이 덜 발달되었거나, 몸이 아직 어린아이 같을 경우에는 발달이 많이 이루어진 친구들에 비해 자신이 미숙하다고 느끼게 된다. 이제 막 발달이 시작된 소년들은 자신의 새로운 성적 이미지에 대해 자꾸 의식하게 될 것이다. 타인 앞에서 본의 아니게 발기가 되거나 몸에서 냄새가 나는 것이 특히 수치스러운 경험이다. 게다가 소년의 70% 정도는 **여성형 유방**(gyneco-mastia)을 경험하는데, 이는 신체기관에서 과도한 에스트로겐의 분비로 인하여 일시적으로 유방이 커지는 것이다. 사실은 신체의 발달과 관련된 거의 모든 것이 수치심을 불러일으킬 수 있다.

여성

음모가 발달하는 과정은 소년과 유사하다. 소녀는 평균적으로 12세경에 직모이며 색이 진한 음모가 먼저 음순을 따라 처음 자라기 시작하여, 점차 숱이 많아지고 곱슬해지면서 역삼각형 모양으로 치구 주변에 걸쳐서 자라나게 된다. 청소년기 후반에 이르면 허벅지의 중간 지점까지 자라게 된다.

얼굴의 솜털은 먼저 윗입술에 살짝 나기 시작하여 뺨의 위쪽 부분으로 자라나게 되며, 마지막에는 턱의 옆쪽과 아랫쪽에 나게 된다. 머리카락은 남성의 경우보다 색이 덜 진하고 질감이 더 부드럽지만, 머리색이 검은

그들의 목소리로

"대부분의 친구들은 나의 가슴을 부러워하지만 그들은 전혀 이해하지 못해요. 나는 나를 쳐다보는 시선들이 싫었어요. 지금도 그래요. 여름에 길거리를 다닐 때 바보들이 내뱉는 소리들을 안 들을 수가 없었어요. 중학교 때는 더 안 좋았어요. 나는 중학교 1학년 때 가슴이 정말 커지면서 우리 반에서 매우 큰 편에 속하게 되었어요. 특히 체육시간에 달리기를 할 때는 가슴이 너무 흔들렸기 때문에 힘들었죠. 너무 불편하고, 남자애들은 나를 쳐다보고 놀렸어요. 나는 심지어 뛸 때 누군가 나를 쳐다보는 게 싫어서 축구를 그만뒀어요. 가슴이 좀 더 작아 보이려고 항상 스포츠 브라를 꽉 조이게 입었죠. 다른 여자애들처럼 튜브 톱이나 가느다란 어깨끈이 달린 옷을 입을 수가 없었고, 다른 애들이 귀엽게 꾸미는 것을 보면 속상했어요!"

"나는 중·고등학교 때 너무 마르고 왜소했어요. 늦게 성숙했죠. 어릴 때부터 야구를 해 왔지만 너무 작았기 때문에 중학교 1학년 때에는 야구팀에 끼지 못했어요. 같은 버스를 타고 다니던 남자애들은 나를 괴롭혔어요. 특히 세 명이 그랬고, 그들은 모두 나보다 컸어요. 그들은 항상 내가 남자답지 못한 겁쟁이(그리고 더 나쁜 말도)라고 말했어요. 하루는 놀림이 더 심해졌어요. 싸움이 시작되자 한 애가 나의 셔츠를 움켜잡더니 찢어버렸고 옷의 절반이 떨어져 나갔어요. 남자애들 중 한 명이 비웃으면서 말했어요. "남자 맞군. 겨드랑이에 털 좀 보라구!" 그 후 그들은 나를 '겨드랑이'라고 부르기 시작했지만, 더 이상 괴롭히지는 않았어요. 겨드랑이 털이 내가 진짜 남자라는 것을 증명해준 셈이죠."

경우는 금발보다 더 진하고 짙을 수 있다. 겨드랑이 털은 음모가 난 지 약 2년 후부터 자라며, 금발보다 갈색에서 더 곱슬거리고 색이 어둡다. 팔과 다리의 털은 가장 나중에 자란다. 일반적으로 소녀들은 내분비선에 문제가 있는 경우를 제외하고는 가슴이나 어깨, 등에는 눈에 띌 만한 털은 자라지 않는다.

여성의 경우 가장 눈에 띄는 변화 가운데 하나가 바로 유방의 발달로, 다음 다섯 단계를 거친다.

1. 사춘기 전 단계 : 가슴 모양이 평평하다.
2. 봉오리 단계 : 젖꼭지와 주변 부위(유륜)가 봉긋해지고, 확장되고, 색이 분명해지기 시작하며, 대개 초경이 시작되기 1년 6개월~2년 정도 전에 시작된다.
3. 1차 단계 : 유두와 유륜 주변부의 피하지방이 증가하여 유륜이 가슴 높이보다 봉긋하게 돌출된다.
4. 2차 혹은 성숙 단계 : 유선 조직이 발달하여 가슴이 더 크고 둥글게 되고, 유륜이 내려앉아 가슴속에 파묻혀 유두만 돌출되게 된다. 이 시기는 대개 초경 이후에 나타난다. 발달이 언제 시작했는가에 상관없이 유두가 가슴에서 돌출되는 데는 대략 3년이 걸린다.
5. 성인 단계 : 발달이 완성된다.

많은 청소년기의 소녀들은 자기 가슴의 크기와 모양에 관심이 많다. 가슴이 납작한 소녀들은 풍만한 가슴을 미와 성적 매력의 지표로 간주하는 사회적 압력 때문에 이에 대해 매우 예민해지게 된다. 어떤 소녀들은 패드를 넣은 브래지어를 하고 딱 붙는 옷을 입거나 유방 확대수술을 받기도 한다. 가슴이 지나치게 큰 소녀들도 타인이 이상한 눈길로 쳐다보거나 불쾌한 소리를 하면 이에 대해 예민하게 느끼게 된다.

소녀들의 또 다른 관심거리는 신체 굴곡의 변화이다. 가슴 이외에 가장 눈에 띄는 변화는 엉덩이가 커지고 둥글어지는 것이다. 이는 골반이 넓어지고 이 부분의 피하조직에 지방질이 몰리기 때문이다. 이러한 변화는 약 18개월에 걸쳐 일어나며, 대개 가슴의 멍울이 처음 잡힐 때 시작된다. 소녀들이 엉덩이에 피하지방이 많아지는 시기에 소년들은 이 부분의 지방질이 점차 줄어들게 된다. 소녀는 평균 16세에서 13개월 전후로 신장의 성장이 멈추게 된다(Tanner, 1991).

청소년기 소녀가 소년보다 자신의 신체적 변화에 대해 더 관심이 많다고 한다(Frost & McKelvie, 2004; Tiggemann, 2005). 가장 중요한 이유는 사회가 여성의 자세히 다룰 것이다.)

신장과 체중의 성장

청소년기에 가장 먼저 시작되고 또 명백히 보이는 신체적 변화 중 하나는 바로 키가 커지는 것이다. 이에 따라 체중도 증가하고 신체 비율에도 변화가 생기게 된다.

성장 곡선

그림 3.8에 나와 있듯이, 소녀의 경우는 대략 12세경에, 소년의 경우는 14세경에 키와 체중이 가장 많이 늘어나게 된다(Abassi, 1998; Tanner, 1990). 소녀는 소년에 비해 보통 아동기가 짧고 가볍다. 소녀는 성숙을 더 일찍 시작하기 때문에 평균 12~14세경부터 소년보다 조금씩 더 커지기 시작하고, 10~14세 무렵부터는 체중도 더 나가게 된다. 소녀는 거의 17세에 성인기 신장의 98%까지 자라게 되지만 소년은 18세 정도가 되어야 그렇게 된다.

신장을 결정하는 요인

키가 얼마나 클지는 어떻게 결정될까? 중요한 것으로 보이는 요인들은 수없이 많지만(Rowe, 2002), 가장 중요한 것 중 하나는 유전이다. 부모가 키가 크면 아이도 그렇고 부모가 작으면 아이도 그런 경향이 있다. 가장 중요한 환경적 요인은 영양섭취이다. 성장기 동안 영양섭취가 잘된 아이들은 그렇지 못한 경우보다 키가 더 자란다. 연구결과에 의하면 사회경제적 상태가 더 높은 아동들이 가난한 아동에 비해 더 키가 크다고 한다. 그 원인은 수입이나 직업이나 교육이 아니라 바로 영양섭취를 더 잘했기 때문이다.

성적 성숙이 시작되는 연령도 최종적으로 키가 얼마만큼 클 것인가에 영향을 미친다. 성숙을 일찍 시작하는 아이들이 그렇지 않은 경우보다 성인기에 키가 더 작은 경향이 있다. 성적 성숙이 일어나면 생식선에서 성호르몬이 분비되는데, 이 호르몬은 뇌하수체가 성장호르몬을 생산하지 못하도록 억제한다. 성숙이 늦게 시작되는 사람은 성호르몬이 성장을 방해하기 전까지 성장을 할 시간이 많은 것이다. 게다가 사지의 뼈는 굵어

알고 싶은 것

▶ **사춘기의 일반적인 초기 징후는 무엇인가?**

소년의 경우, 사춘기가 시작되는 첫 번째 징후는 고환과 음낭이 커지기 시작하는 것이다. 소녀의 경우에는 키가 더욱 커지며 급속히 성장하기 시작하는 것이다.

체형을 상당히 강조한다는 것이다. 여성은 외모를 통해 사회에서 보상을 받는다. 따라서 소녀는 자신이 사회적으로 괜찮은가, 그리고 나는 어떤 사람인가를 결정하는 데 자신의 체지방이 도움을 주므로 이에 대해 관심을 기울이지 않을 수 없다. 청소년기 소녀의 관심은 자신이 외모에 있어서 문화적 기준을 충족시키는지, 그리고 친구들이 인정해 주는지 여부이다. 결과적으로 글래머인지 여부와 인기도가 중요한 관심사가 되는 것이다. 이에 대해서는 이 장 후반에서 보다 많이 논의하도록 하겠다.

성적 성숙의 결과들

성적 성숙의 가장 직접적인 결과 중 하나는 성에 점차적으로 몰두하게 된다는 것이다. 성, 새로운 성적 감각, 이성에 대해 관심이 쏠리게 된다. 청소년기의 소년, 소녀들은 성에 대해 생각하고, 성적 매력이 있는 사람들의 사진을 보고, 이성에 대해 얘기하는 데 많은 시간을 쏟게 된다.

점차 성적인 데 눈을 뜨게 되면서 소년들은 옷차림이나 보디빌딩, 또는 소녀의 관심을 끌기 위해 여러 가지 시도를 하는 데 많은 시간과 공을 들인다. 그들은 포르노를 보거나 인터넷에서 성적으로 노골적인 사이트를 찾기도 한다. 소녀들은 그들의 머리 모양에 대해 고민하고, 화장을 하며, 이성친구들과 시시덕대고, 낭만적인 영화나 '여성용 멜로 영화(chick flicks)'를 동경하기도 한다. 그들은 또한 반에서 가장 인기가 많은 소년에 대해 친한 친구들과 끊임없이 얘기하며 시간을 보낸다.

물론, 단지 생각과 공상만에 그치지 않는다. 대부분의 청소년들은 키스, 애무, 자위, 그리고 성교와 같은 성적 행동을 한다. (이들 주제에 대해서는 이후에 더욱

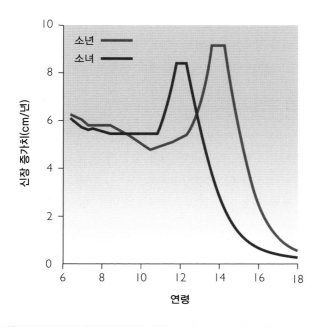

그림 3.8 신장 증가

출처 : J. M. Tanner, *Growth at Adolescence*, 2nd ed. (Oxford: Blackwell Scientific Publishers, 1962), as reprinted in H. Katchadourian, *The Biology of Adolescence*(San Francisco: W. H. Freeman, 1977), p. 55.

알고 싶은 것

▶ **초기 청소년기에 소년보다 소녀가 더 큰 이유는 무엇인가?**

당신의 6학년 때 사진은 거짓말을 하지 않는다. 소녀들은 중학교 시절 내내 전형적으로 소년들보다 키가 크다. 왜냐하면 소녀들은 소년들보다 청소년기 성장 급등을 2년 일찍 맞기 때문이다.

지는 것보다 길어지는 것이 더욱 빠른 경향이 있기 때문에, 성숙이 늦게 시작되는 사람은 일찍 성숙을 마친 사람들보다 보통 상대적으로 가늘고 덜 단단하게 된다.

연구들에 의하면 성장의 전체 과정이 빨라지고 있다. 요즘 아동과 청소년들은 성장을 일찍 시작하고, 더 빨리 자라고, 키도 더 크고, 키가 다 자라는 연령도 점차 어려지고 있으며, 100년 전의 아동과 청소년에 비해 더욱 빨리 성인의 키에 도달하고 있다. 정상적인 건강한 소녀의 경우 자신의 어머니보다 0.5~1인치 더 크고, 10개월 일찍 초경을 시작한다. 20세기 초의 조사결과를 보면 키가 다 자라는 것은 18~19세경이었으나, 요즘은

그 나이가 16세로 낮아졌다. 한 연구자는 19세기에 비해 성인 남성의 키가 2.5~3.5인치 더 커졌다고 보고하였다. 1880년에는 남성이 23~25세가 되어서야 키가 다 자랐는데 요즘은 18세면 다 자란다(Tanner, 1968). 1812년 전쟁 당시 미국 해병의 평균 신장은 약 158cm로 추정되는데, 이 때문에 미국함대의 갑판 높이는 168cm 이상이 될 필요가 없었다.

이렇게 성장 속도가 가속화되는 것을 소위 **세속화 경향**(secular trend)이라고도 하는데, 이러한 경향은 적어도 미국이나(Sun et al., 2005) 다른 선진국에서는 이미 줄어들기 시작했다(예 : Simsek, UlUkol, & Gulnar, 2005). 확실히 인간의 최대 크기에는 한계가 있는 것이다.

다른 신체적 변화들

성숙한 남성과 여성 신체의 차이는 아직도 있다. 남성의 경우 높은 수준의 테스토스테론은 낮은 수준의 테스토스테론을 가진 여성과는 다르게 그들의 신체발달을 촉진시킨다. 테스토스테론은 골격을 좀 더 굵고 두드러지게 발달시킨다. 따라서 남성은 여성에 비해 상대적으로 큰 턱과 보다 뚜렷한 눈썹 뼈를 가지게 된다. 남성은 후두가 더욱 커지면서 목소리가 굵어진다. 또한 테스토스테론은 근육의 성장을 촉진시키기 때문에 남성은 여성보다 일반적으로 근육이 많아진다. 마지막으로, 테스토스테론은 광범위한 신체 부위에 털을 자라게 한다. 남성은 전형적으로 여성에 비해 팔, 다리, 가슴, 등에 털이 많다. 역설적으로, 테스토스테론은 이마에 난 머리카락을 감소시키며 여성에 비해 이마가 더욱 노출되게도 한다. 청소년기 여성의 신체기관에서도 테스토스테론이 생성되면서 뼈와 근육이 성장하고 털이 더 많이 나지만 그 정도는 청소년기 남성에 비해 적다.

반대로, 높은 수준의 에스트로겐은 소녀의 신체를 더욱 여성스럽게 만든다. 더욱 분명한 것은 에스트로겐이 유방의 발달을 촉진시키고 피하층('피부 속')에 지방을 저장하도록 자극하는 것이다. 또한 소녀의 엉덩이는 분만이 용이하도록 더욱 넓어진다.

내부적으로 일어나기 때문에 눈에 보이지 않는 다른 변화들도 있다. 남성은 여성과 비교해 볼 때 신체 크기에 비해 심장과 폐가 상대적으로 크다. 따라서 남성은

알고 싶은 것

▶ 남성과 여성의 신체에서 드러나지 않는 차이는 무엇인가?

청소년기 중반 말미부터는 단지 생식기의 차이에만 머무르지 않는다. 소녀의 신체는 남성의 신체에 비해 더 작고, 골격이나 근육도 적으며, 털도 적게 난다. 또한 소녀는 유방이 발달하고 골반이 넓어지는 반면, 소년은 어깨가 더욱 넓어진다.

면 여성의 신체는 '장시간' 동안 움직일 수 있도록 만들어졌다. 여성들은 내분비학적으로 심장발작, 동맥경화, 뇌졸중의 위험이 더 적다.

건강 상태

사망률

더욱 높은 혈압과 **기초대사량**을 보인다. 남성의 혈액에는 산소를 운반하는 헤모글로빈이 좀 더 많이 포함되어 있다. 남성에게는 오래 수축을 지속하지는 못하지만 힘센 근육 세포인 '속근(fast-twitch)' 섬유가 여성에 비해 더 많다. 상대적으로 여성에게는 초기 힘은 더 적지만 오래 끌어당길 수 있는 근육 세포인 '지근(slow-twitch)' 섬유가 더 많다.

종합하면, 이러한 차이로 인하여 청소년기 후반의 소년과 성인 남성은 여성보다 힘이 더 세다. (물론, 유전적 변인이나 운동과 같은 요인에 의해 어떤 여성은 남성에 비해 힘이 더 세기도 하다.) 성숙한 남성의 신체는 힘과 에너지를 빠르게 발산하도록 설계되어 있다. 남성들은 좀 더 많은 산소를 들이마시고 운반하며, 보다 빠르게 산소를 활용하여 큰 근육들에 에너지를 댄다. 반

건강 문제를 이해하는 가장 보편적인 방법 중의 하나는 **사망률**을 조사하는 것이다. 사망자의 수는 특정 집단이 상대적으로 얼마나 건강한지를 말해 주며, 사망의 원인은 가장 중요한 문제가 어디 있는지를 알려 준다. 그림 3.9에 미국 아동, 청소년, 성인의 사망률이 나와 있다. 여기서 볼 수 있듯이, 초기 청소년(10~14세)의 사망률은 매우 낮지만 후기 청소년(15~19세)의 사망률은 상당히 높은 편이다(CDC, 2006).

미국 청소년 사망의 주요 원인을 나타낸 그림 3.10을 보면 이러한 상승의 원인을 추측해 볼 수 있다. 청소년 죽음에서 가장 흔한 한 가지 이유는 교통사고와 관련되어 있다는 것이다. (물론 안전벨트를 착용하고 음주운전을 하지 않는 청소년은 자동차 사고로 사망하거나 심각한 상해를 입을 가능성이 매우 낮아질 것이다.) 청소년 사망의 3/4은 의학적인 원인에 기하지 않는다. 즉 여러 가지 사고가 사망의 절반을 차지하며, 폭력(살인과 자살) 또한 1/4을 차지한다(CDC, 2005). 이러한 양상은

그림 3.9 일생 동안의 사망률
출처 : Centers for Disease Control(2006).

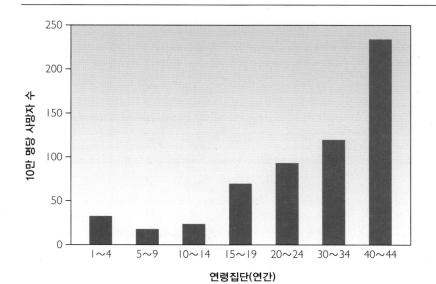

연령집단(연간)

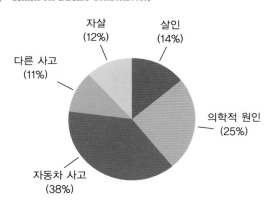

그림 3.10   미국 청소년 사망의 주요 원인

출처 : Centers for Disease Control(2005).

대부분의 청소년 사망이 자연적인 요인에 의했던 과거와는 변화된 점이다(Ozer, Park, Paul, Brindis, & Irwin, 2003). 청소년 후기에는 청소년 전기보다 사고와 폭력 모두에 의해 사망할 가능성이 더 높으며, 따라서 사망률이 늘어나게 되는 것이다. 폭력적이며 위험을 추구하

알고 싶은 것

▶ **청소년은 얼마나 건강한가?**

청소년들은 실제로 그리 건강하지 않다. 왜냐하면 많은 청소년들이 자신의 건강을 위협하는 상황에 스스로를 내몰고 있기 때문이다. 또한 십대들이 접하는 심각한 건강 문제의 대다수는 예방할 수 있는 것들이다.

는 남성일수록 여성에 비해 사망할 가능성이 높아진다. 사고와 폭력은 죽음뿐만 아니라 상해와 장해를 야기할 수 있고 따라서 생존해 있는 청소년의 건강 문제에도 상당한 영향을 미친다.

건강에 대한 바람직한 결정

우리는 날마다 스스로의 건강에 영향을 미치는 결정을

Research Highlight   청소년 건강 개선

미국 청소년의 전반적 건강 수준을 개선시키려면 어떻게 해야 할까? 미국 정부는 '건강한 사람들 2010' 선창하에 이를 시도하고 있다. 질병관리본부는 청소년과 초기 성인기를 위한 21개의 핵심 건강 목표를 정했다(CDC, 2004). 주요 목표로는 자동차 사고, 살인, 자살 등으로 인한 청소년기 사망 감소, 청소년 약물 남용 감소, 성병을 앓거나 임신한 청소년의 감소, 그리고 청소년 건강 수준 증진이 있다.

정부의 시도 중에서 특히 흥미로운 점은 건강 수준의 저하가 다양한 원인에서 유발된다는 점을 인식했다는 데 있다. 특히 정부 연구자들은 청소년 건강에 영향을 미치는 아홉 가지 사회환경을 확인하였고, 긍정적 결과를 낳기 위해 이 환경을 활용할 것을 제안하였다.

1. 가족 : 가난 감소, 집안의 총기 감소, 부모가 건강한 행동의 본보기를 보이고 청소년을 잘 돌보는 것은 청소년의 건강에 긍정적인 영향을 미친다.
2. 학교 : 체육수업 개선, 깨끗하고 안전한 공간 유지, 영양식 제공, 정확한 건강 관련 정보의 제공 등은 변화를 일으킬 수 있다.
3. 대학 : 대학생들이라고 항상 건강한 생활양식을 지니는 것은 아니다. 지나치게 술을 먹거나, 충분히 잠을 자지 못하거나, 안전하지 못한 성행동을 할 수 있다.
4. 건강 관련 기관 : 건강보험의 폭이 넓어지고, 비밀보장의 두려움을

다룬다면 청소년들이 치료받으러 올 수 있고, 예방 개입도 가능해지며, 서비스를 직접 활용할 수 있게 하여 건강 개선을 도모할 수 있다.
5. 지역기관 : 쉽게 제공받을 수 있고, 편리하고, 문화적인 차이를 다루고, 열정적이라면 청소년을 위한 서비스가 개선될 것이다.
6. 신념 기반 기관 : 공동체 외부에서 개인을 도울 수 있으며, 공동체 구성원들에게 신뢰감을 줄 수 있다.
7. 언론 : TV를 비롯한 언론 매체에서 위험한 행동을 전시하기보다는 건강한 생활양식을 증진시키면 효과적일 것이다.
8. 고용주 : 장기간의 노동은 청소년의 건강 악화와 관련되어 있으므로, 청소년의 주당 근무시간을 적절하게 제한해야 한다.
9. 정부기관 : 이 집단은 청소년 건강을 위한 정책을 마련하고, 기금을 조성하고, 프로그램을 확산시킬 수 있다.

이 모형이 추구하는 것처럼, 간접적인 방식으로 청소년 건강을 증진시킬 수 있다. 안정된 공동체를 형성하고, 가난을 감소시키며, 긍정적인 삶의 기회에 대한 신념을 높이고, 지식과 의사결정능력을 증진하고, 다른 사람과 연결되어 있다고 느끼고, 적절한 서비스에 쉽게 접근할 수 있다면 청소년의 전반적인 생활의 질을 증진시키는 동시에 건강도 개선시킬 수 있다. 이는 또한 청소년 비행, 학업 중단, 임신의 비율을 줄일 수도 있다.

내린다. 예를 들어 건강 식단 프로그램을 따르고, 규칙적으로 운동하고, 의학적 지시를 준수하며, 적당한 수면을 취하는 것과 같은 건강한 결정을 내릴 수 있다. 반대로 나쁜 결정을 내려 약물을 복용하고, 위험한 성교를 하고, 스릴 있지만 위험한 묘기를 하는 등의 위험한 행동에 참여할 수도 있다. 청소년은 여러 가지 요인들의 복잡한 상호작용을 통해 건강에 대한 바람직한 결정을 내리게 된다.

1. 특정 행동이 건강에 미치는 영향에 대한 지식. 물론 이러한 지식은 부모, 또래, 의사 및 교사들이 십대에게 가르치는 것들뿐만 아니라 대중매체와 사회 전반에서 십대들이 전달받는 메시지에 근거한다.

2. 위험을 판단하고 합리적인 결정을 내릴 수 있는 능력. 인지발달은 이 책의 다음 장에서 다루어질 것이지만, 청소년기에는 추상적으로 생각하고, 행위의 장기적인 결과를 예측하며, 정보를 평가하고, 개인적 위험 정도를 심사숙고하는 능력이 충분히 발달되지 않는다는 것을 여기에서 밝혀 두는 것이 좋을 것이다.

3. 청소년을 둔 부모의 행동. 청소년은 자신의 부모가 하는 행동이나 그들의 가치를 모방한다. 따라서 부모가 자신의 건강에 신경 쓰지 않는다면 자녀들도 마찬가지로 건강에 관심을 두지 않을 것이다. 또 다른 요인으로는 부모가 자녀를 주의 깊게 지켜보고 지도한다면 아이들이 위험한 행동에 가담하는 기회를 상당히 줄일 수 있다는 것이다.

4. 십대와 그들의 가족이 사용할 수 있는 자원들. 어떤 가족은 건강한 생활양식을 따르고 싶은 욕구는 있지만 그럴 수 없을 때도 있다. 예를 들면 어떤 가족은 위험하고 불결하며 폭력적인 이웃들과 살 수밖에 없을 수 있다. 마찬가지로, 정기적인 의료적, 치과적 건강진단을 받을 만한 여유가 없는 사람도 있다.

5. 또래 압력. 또래들은 서로 성적인 활동을 하고, 술을 마시거나 약물을 사용하며, 혹은 급류에서 수영하는 것과 같은 위험한 일을 하도록 부추길 수 있다. 반대로, 또래들은 서로 콘돔을 사용하고, 약

알고 싶은 것

▶ **왜 청소년은 스스로를 잘 돌보지 않는가?**

청소년들은 과도한 다이어트를 하고, 안전벨트를 하지 않은 채 운전을 하고, 약물을 사용하는 위험에 대해서는 염두에 두지 않는 경향이 있다. 그들은 자신에게 어떤 나쁜 일이 일어나지 않을 것이라고 믿으며 스스로 강하다고 느낀다. 게다가 그들이 접하는 위험 중 어떤 것은 그들이 걱정하기에는 너무 먼 미래일 뿐이다. 마지막으로, 대중매체가 그렇듯이 부모와 친구들은 종종 청소년들의 나쁜 건강 습관을 부추기기도 한다. 대중 가수와 배우들이 술 마시고 담배 피우는 모습을 보여 주는 것도 역시 도움이 안 된다.

물을 사용하지 않으며, 스포츠나 운동을 같이 하자고 서로를 북돋을 수 있다.

6. 사회적 가치. 예를 들어 청소년들은 날씬한 것이 중요하다거나 음주 및 흡연이 멋지다는 등의 메시지를 접한다. TV나 영화에서 보는 이미지, 그리고 잡지나 다른 매체들에서 직접적으로 전달되는 광고는 종종 이상적인 건강 행동보다는 그렇지 못한 행동을 부추길 수 있다.

제3세계에서의 청소년 건강

저개발 국가의 청소년들이 접하는 건강 문제는 미국의 십대들이 직면하는 것과는 상당히 다르다(Call, Aylin, Hein, McLoyd, Petersen, & Kipke, 2002). 제3세계 십대들의 몇몇 문제들은 직접적으로 가난과 정치적 불안정성에서 기인한다. 예를 들면 대부분의 아시아, 아프리카, 라틴 아메리카에 사는 청소년들은 미국 청소년에 비해 좀 더 영양이 부족하고 질병에 노출될 가능성이 높다. 정치적으로 불안정한 많은 나라에서 전쟁과 테러는 청소년들의 삶과 건강을 희생시키며, 이들의 정부가 필요한 건강 서비스를 제공할 수 있는 능력을 붕괴시킨다. 더욱이, 사하라 남쪽 아프리카에 있는 수많은 아이들과 청소년들은 AIDS를 일으키는 HIV에 감염되어 있고, 부모들이 이러한 질병으로 사망하면서 고아의 숫자도 셀 수 없을 정도이다.

서구화와 급속한 문화적 변화가 건강에 미치는 다른 부정적인 결과들도 있다. 예를 들면 제3세계 젊은이들은 오늘날 더더욱 많은 수가 흡연을 하고 있다. 이것은 미국 담배 회사가 미국 내에서 제약이 더 심해지자 해외로의 시장 진출을 증가시키고 있기 때문이다(Verma & Saraswathi, 2002). 그리고 동남아시아, 중국, 인도 아대륙, 라틴 아메리카, 아프리카 청소년들의 성적 가치관의 변화는 혼전 성관계를 증가시키고 첫 성관계를 맺는 나이를 더욱 낮추고 있다(Brown, Larson, & Saraswathi, 2002). 이는 또한 십대들이 성병에 감염될 가능성을 상당히 높이고 있다.

신체상

건강과 관련된 청소년들의 선택은 청소년들이 스스로에 대해 어떤 식으로 느끼는지와 관련되어 있다. 스스로에 대해 긍정적으로 생각하는 청소년들은 해로운 행동을 피할 가능성이 높은 반면, 그렇지 않은 청소년들은 해로운 행동을 할 가능성이 높다. 불행하게도, 청소년기 동안 우리 자존감의 상당 부분은 우리의 신체를 얼마나 매력적으로 느끼는지와 관련되어 있다. 더욱 불행한 것은, 우리가 생각하는 표준은 종종 비합리적으로 높다는 것이다. 여기에서는 청소년들의 신체적 매력에 대한 청소년들의 개념과 자신의 신체에 대한 청소년들의 감정에 초점을 맞출 것이다.

신체적 매력

신체적 매력과 신체상은 청소년기의 긍정적 자기평가, 인기, 그리고 친구들과의 교제와 중요한 관련이 있다(Davison & McCabe, 2006). 신체적 매력은 성격발달, 사회적 관계 및 사회적 행동에 영향을 미친다. 매력적인 청소년들은 따뜻하고 우호적이며, 성공적이고 지적인 등 일반적으로 긍정적일 것으로 생각되는 경향이 있다(Langlois, Kalakanis, Rubenstein, Larson, Hallam, & Smoot, 2000; Zebrowitz, Hall, Murphy, & Rhodes, 2002).

이러한 차별대우의 결과로, 매력적인 청소년들은 자존감이 더 높고 건강한 성격특성을 지녔으며, 사회적으로 더 잘 적응하고, 더 많은 대인관계 기술을 가진 것으로 보인다(Perkins & Lerner, 1995). 신체적 매력은 남성 및 여성 모두에서 자존감과 유의미한 관련이 있다(Frost & McKelvie, 2004). 또 다른 연구에서 스스로의 평정과 교사의 평정을 함께 해 본 결과, 신체적으로 매력적이라고 꼽힌 청소년들은 그렇지 않은 경우에 비해 친구관계 및 부모와의 관계가 더 좋은 것으로 나타났다(Lerner et al., 1991). 신체적인 외양은 소년보다 소녀의 자존감에 더욱 영향을 미치며(Williams & Currie, 2000), 또한 소녀의 사회적 지위에도 영향을 준다는 연구결과도 있다.

사진 속의 청소년들은 다양한 체형과 체격을 보여 준다. 맨 왼쪽에 있는 소녀는 근육질의 중배엽형인 반면, 오른쪽 끝에 있는 소년은 내배엽형이다. 그 옆에 있는 소녀는 키가 크고 날씬한 외배엽형이다.

Personal Issues   청소년의 성형수술

1990년대부터 자신의 신체에 대해 불만을 가진 청소년들이 자신의 '결점'을 고치는 가장 극단적인 방법으로 흔히 성형수술에 의지하기 시작하였다. 2003년 한 해 동안 거의 223,000명의 18세 이하 청소년들이 성형수술을 받았다. 전체 수술의 절반에 해당되는 가장 보편적인 성형수술은 코 성형이다. 유방 축소술도 인기가 있다. 한 해에 16,000명의 청소년들이—3,000명은 소년들이다—수술을 통해 유방을 축소하고 있다. 나머지 수술의 대부분은 유방 확대수술, 돌출된 귀를 교정하는 수술, 지방제거술이 차지하고 있다. 현재 전체 성형수술 환자 중 청소년은 약 4%에 이른다(American Society of Plastic Surgeons, 2004; Zuckerman, 2005).

미국 성형외과의사협회는 성형수술을 다음과 같은 청소년들에게 제한하도록 권고한다. 즉 성형 요구를 처음 시작하는 청소년(부모가 수술을 강요하지 않는 경우), 현실적인 목표와 기대가 있는 청소년, 그리고 수술하고 싶어 하는 처음의 불편함과 결점을 다룰 수 있을 만큼 충분히 성숙한 청소년의 경우이다(Plastic Surgery Information Service, 2000b).

성형수술을 희망하는 청소년들은 자신의 외모를 바꾸는 것이 인기를 얻고, 운동 경기에서 승리하거나, 잃어버린 남자친구나 여자친구를 되찾기 위한 빠른 해결책이 될 수 없다는 것을 알 필요가 있다. 한 번 변화된 신체는 이후 영구적이며, 수술은 손실이 크고, 합병증이나 만족스럽지 못한 결과가 나올 위험도 있다. 대부분의 경우에서 더 나은 해결책은 개인의 긍정적인 특성에 기초한 자신감을 고취시키고 신체적인 완벽주의에 집착하지 않도록 하는 것이다.

알고 싶은 것

▶ 대부분의 청소년이 자신의 신체에 대해 만족하는가?

대부분의 청소년들은 자신의 신체에 대해 만족하지 못한다. 청소년기 후기에 있는 백인, 라틴, 아시아 소녀들은 더욱 그렇다.

체형과 이상형 개념

체형에는 외배엽형(ectomorph), 내배엽형(endomorph)과 중배엽형(mesomorph) 세 가지 종류가 있는 것으로 알려져 있다. 대부분의 사람은 이 세 가지가 혼합된 형태의 체형이지만, 각각의 체형을 구분해 두면 여러 가지 체형에 대해 논의할 때 편리하다. **외배협형**은 키가 크고, 팔다리가 길고 가늘며, 골격이 호리호리하고 뼈대가 굵은 농구선수 같은 체형을 말한다. **내배엽형**은 그와 정반대로, 체형이 부드럽고, 둥글둥글하고 뚱뚱하며, 팔다리와 몸통이 무겁고, 레슬링 선수 같은 체형이다. **중배엽형**은 이 두 유형의 중간쯤에 속하는 체형으로, 어깨가 넓게 벌어지고, 근육이 잘 자리 잡고 있으며, 팔다리의 길이가 적당하다. 또한 운동선수를 함 직한 골격이며, 이런 사람들은 격렬한 운동을 더 많이 하는 경향이 있다.

대부분의 백인 청소년기 소녀들은 자신의 신체에 대해서 불만족하고 외배엽형이 되고 싶어 한다(Button, Loan, Davies, & Sonuga-Barke, 1997; Gardner, Friedman, & Jackson, 1999). 이러한 불만족감은 청소년기를 거치는 동안 점점 더 심해진다(Rosenblum & Lewis, 1999). 대부분의 연구자들은 날씬하고자 하는 소녀의 소망에 매체가 상당히 기여한다는 사실에 동의한다(Levine & Harrison, 2004). 영화, TV 프로그램, TV 광고, 그리고 잡지는 한결같이 키 크고, 마르고, 잘록한 허리를 가진 여성을 바람직한 것으로 묘사한다. 이러한 이미지에 끊임없이 노출되면서 소녀와 여성들은 명백한 메시지를 받는다. 즉 당신이 예뻐지길 바란다면, 날씬해져야 한다. 일례로, 한 연구에서는 이상적으로 마른 체격을 가진 모델을 잠깐 보여 주자 피험자들의 신체 불만족이 증가하였음을 발견하였다(Thornton & Maurice, 1997). 따라서 수많은 시간 동안 이러한 이미지를 보아 오며 축적된 효과는 분명 방대하고 강력할 것이다.

자신의 신체에 대한 불만족은 자기 자신에 대한 불만족으로 이어지며, 소녀의 경우에 특히 더 그렇다. 다시 말해 자신을 과체중으로 지각하는 소녀들은 다른 소녀들에 비해 낮은 자존감을 가지며(Guiney & Furlong, 1999), 우울해질 가능성도 높다(Siegel, 2002). 실제로,

Siegel, Yancy, Aneshensel, Schuler(1999)의 연구에서 부정적인 신체상이 청소년기 소년에 비해 청소년기 소녀가 더욱 우울해지는 중요한 원인이 된다고 보고하였다. 이러한 자존감의 저하는 과체중인 사람이 또래들과 만족스러운 교류를 하기 어렵다는 사실에 부분적으로 기인한다. 예를 들면 청소년기 소년은 뚱뚱한 소녀보다는 날씬한 소녀와 데이트하고 싶어 한다(Paxton, Norris, Wertheim, Durkin, & Anderson, 2005).

더 나아가, 어떤 연구에서는 여성의 외모 불안이 아동기와 초기 청소년기의 부정적인 사회적 경험과 관련된다고 제안하였다. 일례로, 체중과 관련하여 부모와 또래들로부터 받은 놀림이 젊은이들의 신체 불만족을 증가시킨다는 연구가 있다(Barker & Galambos, 2003; Paxton, Schultz, Wertheim, & Muir, 1999). 이러한 불만족은 이후 청소년기 후기와 성인기 초기의 외모 불안과도 관련된다(Keelan, Dion, & Dion, 1992).

청소년기 소녀들 사이에서의 신체 불만족은 인종과 민족에 따라 다양하다. 아프리카계 미국 소녀들은 다른 인종과 민족의 소녀들에 비해 자신이 과체중이라고 생각하지 않는다(White, Kohlmaier, Varnado-Sullivan, & Williamson, 2003). 백인 소녀들도 자신의 체형에 대해 상당한 불만족감을 느끼지만, 아시아계나 히스패닉 미국 소녀들은 더욱 그렇다. 특히 매우 마른 히스패닉이나 아시아계 미국 소녀들까지도 자신의 체중에 불만을 가지며 더욱 마르길 바라는 경향을 보인다(Robinson, Killen, Litt, & Hammer, 1996).

반대로, 소년의 경우에는 대부분 중배엽형의 신체를 더 선호한다(Ricciardelli & McCabe, 2004). 결과적으로 소년은 자신이 과체중이라고 생각할 가능성이 소녀에 비해서 낮은 편이다(Field et al., 1999). 하지만 특별히 놀림을 받아 왔을 경우에는 소년들도 자신을 저체중이나 과체중으로 본다(Carlson Jones & Crawford, 2005). 체격이 좋고 키가 큰 남성들은 키가 작은 남성보다 더 매력적이라고 평가되며, 키가 작은 소년들은 쉽게 낙인이나 다른 심리사회적 스트레스를 경험한다(Barker & Galambos, 2003; Sandberg, 1999). 근육질의 중배엽형 골격을 가진 남성들은 그렇지 않은 경우보다 사회적으로 더 인기가 높다.

매체가 보여 주는 과도하게 마른 여성상은 청소년기 소녀들로 하여금 자신의 체중에 대해 심각하게 비판적이고 불만족스럽게 만든다.

알고 싶은 것

▶ **대부분의 십대들은 자신이 뚱뚱하다고 생각하는가?**
청소년기 소녀들은 이상형이 과도하게 마른 몸매이기 때문에 자신이 뚱뚱하다고 생각하는 경향이 있다. 청소년기 소년의 경우에는 너무 뚱뚱하거나 너무 말랐다고 생각하는 둘로 나뉘는데, 이는 이들이 마른 몸매보다는 운동선수 같은 몸매를 선호하기 때문이다.

청소년기 소년들은 청소년기가 지남에 따라 자신의 신체에 대해 더욱 긍정적으로 느끼는 경향이 있는 반면(Allgood-Merten, Lewinsohn, & Hops, 1990), 청소년기 소녀들의 경우에는 그렇지 않다(Richards, Boxer, Petersen, & Albrecht, 1990). 그러므로 청소년기 전기 동안에는 소녀에 비해 소년이 자신의 신체에 대해 좀 더 만족할 뿐만 아니라(Rosenblum & Lewis, 1999) 후기 청소년기 동안 이러한 차이들은 더욱 심해진다(Pritchard, King, & Czajka-Narins, 1997).

일찍 성숙한 경우와 늦게 성숙한 경우

앞에서 언급한 것과 같이, 사춘기를 겪는 청소년의 나이에는 상당한 개인차가 있다. 이러한 부분은 그림 3.11에 자세히 나와 있다. 언제 사춘기의 신체적 변화를 경험하는가는 청소년들이 자신의 신체와 자신에 대해 어떻게 느끼는지에 깊은 영향을 미친다. 스스로 좋게 느끼는지 나쁘게 느끼는지와는 별개로, 이는 또한 다른 사람들이 자신을 어떻게 대하는지, 그리고 자신에게 어떤 기대를 갖는지에 영향을 미칠 수 있다. 특히 평균에 비해 좀 더 일찍 성숙하거나 늦게 성숙한 경우에 더욱 그렇다. 사춘기 시기가 청소년의 자존감과 행동(건강 관련 행동을 포함)에 어떤 영향을 미치는지 이해하기 위해 많은 연구들이 이루어져 왔다.

일찍 성숙한 소년의 경우

이전의 연구에 기초하여 오랫동안 지속되어 온 신념은, 일찍 성숙한 소년의 경우 긍정적인 경험을 한다는 것이다(Ge, Conger, & Elder, 2001). 이는 논리적인 것처럼 보인다. 어쨌든, 일찍 성숙하는 소년들은 나이보다 더 크고, 힘이 세고, 근육이 더 발달하며, 균형이 잘 잡혀 있기 때문에 운동 등을 할 때 상당히 유리하다. 또한 경쟁적인 스포츠 경기에서 더 잘할 수 있게 되고 이렇게 뛰어난 운동 실력 덕분에 사회적 특권과 지위가 높아지기도 한다. 또래들과의 관계에서도 상당한 사회적 특권을 누리며, 고등학교에서도 과외 활동에 더 많이 참여하고, 리더에 뽑히기도 한다. 또한 이들은 소녀들에 대해 관심이 더 많을 뿐 아니라, 외모도 더 수려하고 사회적 관심이나 기술이 더 세련되었기 때문에 소녀들에게 인기가 많다. 성적 성숙이 일찍 일어나므로 어린 나이에 이성관계를 갖게 되는 것이다.

일찍 성숙하는 일부 소년들은 갖게 된 자유를 감당하지 못할 수 있다. 일찍 성숙한 소년들은 부모의 지도가 부족하고 나이 많은 또래와 어울리는 경향이 있어 비행

행동에 관여하게 되고(Dubas, Garber, & Pedersen, 1991), 약물과 술을 사용하며(Wichstrøm, 2001), 광범위한 의미에서 정신병리 증상을 보일 가능성이 더 크다(Graber, Lewinsohn, Seeley, & Brooks-Gunn, 1997). 이러한 경향은 이들 소년들이 생활에서 스트레스를 겪고 있을 경우 더 발생할 수 있다. 이러한 문제가 일찍 성숙하는 모든 소년에게 나타나지는 않지만, 발달이 늦은 소년에 비해서 그런 경향이 더 일반적으로 나타난다고 할 수 있다.

늦게 성숙한 소년의 경우

성숙이 늦게 일어나는 소년들은 사회로부터 무언가 열등하지 않은가 하는 시선을 받게 된다. 15세가 되도록 사춘기에 접어들지 못한 소년들은 일찍 성숙한 친구들보다 20cm는 작고 14kg은 덜 나갈 것이다. 이런 차이 때문에 골격, 힘, 균형에서도 현저한 차이가 난다. 체격이나 운동 신경 같은 것이 사회적으로 인정을 받는데 중요하기 때문에 성숙이 늦은 소년들은 자기지각과 자기개념이 부정적으로 발달하게 된다(Alsaker, 1992; Richards & Larson, 1993). 이들은 덜 매력적이고 인기도 덜하며, 침착하지 못하고, 자기 마음대로 하려고 하며, 부모에 더욱 반항적이 된다. 또한 부적절감, 거부감, 의존욕구를 가진 경우가 많으며, 때로는 스스로가 어떻게 비춰지는지에 대해 예민해지고 타인에게 거부당한다는 느낌에 위축되기도 한다.

성숙이 늦게 일어나는 소년들은 때로 타인에게 지나치게 의존적이 되거나 혹은 지위와 관심을 지나치게 얻고자 함으로써 과잉보상하려고 하기도 한다. 또 어떤 경우에는 타인을 무시하고 공격하고 놀려댐으로써 혹은 주의를 끌려고 노력함으로써 자신의 부적절감을 보상하고자 한다. 가장 전형적인 예는 시비조로 건들거리면서, 조금만 비위에 거슬려도 싸우려고 드는 경우이다.

일찍 성숙한 소녀의 경우

일찍 성숙한 청소년기 소녀는 대개 청소년기 소년에 비해 긍정적인 경험을 하지 못한다(Graber, Petersen, & Brooks-Gunn, 1996). 소녀들은 보통 소년에 비해 2년 일찍 사춘기가 시작되기 때문에, 일찍 성숙한 소녀들은

그림 3.11 사춘기 발달 정도의 개인차

그림의 소녀 세 명 모두 12세 9개월이고 소년 세 명 모두 14세 9개월이지만 사춘기의 발달 단계가 다르다.

출처 : J. M. Tanner, *Scientific American* (Sept. 1973) : 38.

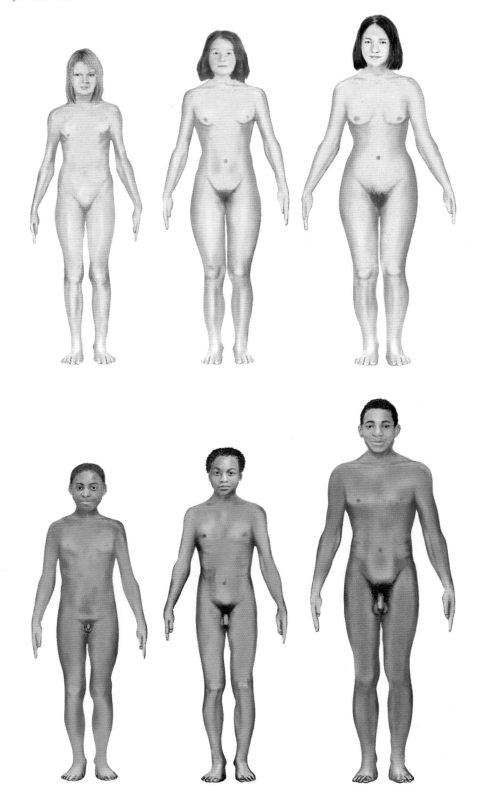

또래들에 비해 상당히 두드러져 보인다. 키가 더 크고 성적으로도 더 발달해 있기 때문에 이들은 종종 어색하게 느끼며, 다른 사람에게 어떻게 보일지에 대해 예민해지게 된다. 또한 앞에서도 논의했던 것처럼, 일찍 성숙하는 경우 또래들보다 더 체중이 증가하기 때문에, 대부분의 청소년기 소녀들에게 부정적으로 비춰진다. 또래들과 많이 다른 것은 소녀의 자존감에 부정적인 영향을 미친다(Alsaker, 1992).

이러한 스트레스와 더불어 일찍 성숙한 소녀는 나이 많은 소년들의 관심을 끌기 쉽다는 사실 때문에 다양한 문제에 노출될 가능성이 더 높아진다. 일찍 성숙한 소녀들은 불안 및 우울과 같은 내재화 장애를 겪을 가능성이 높다(Graber, Lewinsohn, Seeley, & Brooks-Gunn, 1997; Hayward, Killen, Wilson, & Hammer, 1997). 또한 학교에서 파괴적인 행동을 보이며(Simmons & Blyth, 1987), 비행을 저지를 가능성도 더 높다(Caspi, Lynam, Moffit, & Silva, 1993). 마지막으로, 그들은 성행동(Flannery, Rowe, & Gulley, 1993)과 음주를 일찍 시작할 가능성이 있다(Tschann, Adler, Irwin, Milstein, Turner, & Kegeles, 1994). 일찍 성숙한 소년과 마찬가지로 일찍 성숙한 소녀도 그들의 인생에서 다른 스트레스에 취약하다(Ge, Congev, & Elder, 1996).

이러한 결과는 미국 소녀들에만 국한되는 것은 아니다. 예를 들어 슬로바키아의 연구에서 Prokopcakova(1998)는 일찍 성숙한 소녀가 적절한 시기에 성숙하거나 늦게 성숙한 또래들에 비해 음주, 흡연, 대마초를 사용할 가능성이 높으며 소년들과 더 많은 시간을 보내는 경향이 있다고 주장하였다.

늦게 성숙한 소녀의 경우

성숙이 늦은 소녀들은 중학교와 고등학교 시절에는 사회적으로 상당한 불이익을 받는다. 이들은 외견상 어린애처럼 보이며 그런 취급을 받는 데 대해 분개하게 된다. 이 소녀들은 그냥 무시되어 버리거나 파티나 행사에 초대되지 않기 일쑤이다. 14~18세에 초경을 하는 소녀들은 특히 데이트를 늦게 시작하게 된다. 때문에 성숙이 늦은 소녀들은 발달이 더 많이 된 친구들을 시기하게 된다. 보통 정도로 성숙하는 소녀들과 일반적으

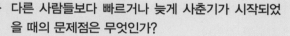

알고 싶은 것

▶ **다른 사람들보다 빠르거나 늦게 사춘기가 시작되었을 때의 문제점은 무엇인가?**

당신이 또래들의 중간 시기 쯤에 사춘기가 시작된다면 사춘기를 보내기 가장 쉬울 것이다. 일찍 성숙한 청소년의 경우에는 놀림을 당하거나, 비행을 저지르는 더 나이 든 또래들의 눈에 띄게 되면서 문제에 노출되기가 더욱 쉽다. 늦게 성숙하는 청소년의 경우 또한 미성숙하고 어리게 보이기 때문에 또래들에게 놀림을 받고 따돌림을 당할 수 있다.

로 같은 수준에 있게 되므로 이들과 친구로서 많은 공통점을 갖게 된다. 그러나 여러 소년 소녀들이 많이 모인 큰 모임은 회피하며, 좀 더 나이 어린 아이들이 재미있어 하는 활동들을 주로 하게 된다.

한 가지 이익은 성숙이 늦은 소녀들은 성숙이 이른 경우만큼 부모나 어른들의 비난을 받지 않는다는 점이고, 가장 불리한 점은 신체적인 성숙이 덜 되었기 때문에 일시적으로나마 사회적 지위를 잃게 된다는 것이다.

성숙 시기가 궤도를 벗어났을 때

사춘기에 대한 연구에서는 일찍 성숙하든 늦게 성숙하든, 남성이든 여성이든 간에 성숙 시기가 궤도를 벗어날 때 문제가 있다고 주장한다. 이러한 개념은 편차 가설(deviance hypothesis)이라고 불려 왔다(Brooks-Gunn, Petersen, & Eichorn, 1985). 청소년 개개인이 가지는 문제는 성숙 정도와 성별 간의 상호작용에 따라 다를 수 있겠지만, 또래들과 동일한 행로에서 벗어났다는 것만으로도 혼란과 스트레스를 야기한다.

이러한 혼란으로 인해 발생하는 바람직하지 못한 행동은 표면적으로는 유사하지만, 같은 활동이라도 늦게 그리고 일찍 성숙한 사람에 따라 각각 다르게 동기화될 수 있다. Williams와 Dunlop(1999)은 일찍 혹은 늦게 성숙한 소녀들은 모두 높은 비행 비율을 보인다는 것을 발견하였으며, 이때 늦게 성숙한 소년은 자신의 자존감을 높이고 사회적 지위를 얻기 위해 비행을 저지르는 반면, 일찍 성숙한 소년은 더 나이 든 소년들이 부추길

때 잘못된 행동을 저지를 가능성이 많다고 주장하였다. 모든 청소년들은 또래들이 자신을 좋아하고 인정해 주기를 바라며, 이러한 수용을 얻기 위해 보상적인 행동에 가담할 것이다.

사실상, 성숙 시기가 달리 나타나는 청소년들이 문제를 보이는가 아닌가는 받아들여지느냐 아니냐에 따를 수 있다. 최근 연구에서 Nadeem과 Graham(2005)은 따돌림 받거나 피해자가 되는 자들은 일찍 성숙한 소년들임을 밝혔다. 실제로, 신체적으로는 발달했음에도 '남성적으로' 행동하지 못하는 측면은 학교폭력의 대상이 되기 쉽고, 폭력으로 인한 스트레스가 오히려 문제 행동을 촉발시킨다고 한다. 유사하게, 성숙이 늦은 소년들은 몸의 크기가 작으므로 폭력의 대상이 되기 쉽다(Olweus, 1991). 그러므로 성숙 시기가 다른 점은 또래들 사이에서 받아들여지느냐의 여부와 상호작용하면서 적응에 영향을 미친다고 볼 수 있다.

체중

비만

청소년 중에 뚱뚱해지길 바라는 사람은 거의 없고, 심지어 아동들조차 자신의 체중에 대해 고민한다. 예를 들어 Ricciardelli, McCabe, Holt, Finemore(2003)는 8~11세 오스트레일리아 아동 500명에게 체중에 대해 걱정하는지와 체중을 줄이기 위해서 다이어트를 한 적이

있는지를 물었다. 소년, 소녀의 대답은 거의 유사했는데, 45%는 가끔, 종종, 혹은 거의 늘 체중에 대해 생각하고, 또한 다이어트를 통해서 체중감량을 시도했다고 한다. 이렇듯 많은 아동들은 체중을 줄이기 위해서 운동한다고 한다(Ricciardelli & McCabe, 2001).

그럼에도, 청소년기 **비만**은 미국에서 현재 증가 추세에 있다. 1999~2004년 사이에 비만 비율은 급격히 상승했다(Ogden, Carroll, Curtin, McDowell, Tubak, & Flegal, 2006). 더 나아가, 과체중인 청소년의 수는 증가하는 추세이다. 즉 과체중인 청소년들은 점점 더 몸무게가 는다는 뜻이다(Jolliffe, 2004).

그림 3.12에서 보듯이, 십대의 비만율은 1970년대 중반에 급속하게 상승하기 시작하였다. 아프리카계 미국 소녀들과 멕시코계 미국 소년들이 가장 높은 비만율을 보였고(각각 25% 이상), 백인 소년과 소녀들의 비만율이 가장 낮은 것으로 나타났다(약 12% 정도). 심지어 1960년대 중반 이후 십대들의 비만율은 3배에 이를 정도로 매우 높아졌다(Ozer, Park, Paul, Brindis, & Irwin, 2003).

많은 사람들이 알고 있듯이, 비만은 아동이나 성인에게도 수많은 심각한 건강상의 위험을 초래한다. 특히 청소년 비만은 이전에는 아동에게서 거의 발견되지 않은 질병인 2형 당뇨병의 위험을 유의미하게 증가시킨다. 또한 다른 날씬한 또래들에 비해 과체중의 청소년은 심장질환의 전조가 되는 고혈압과 높은 콜레스테롤

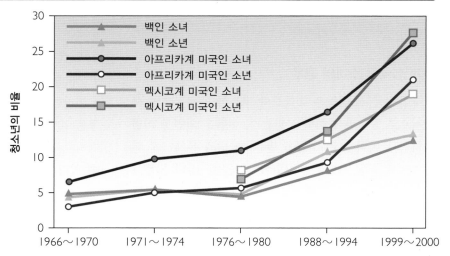

그림 3.12 청소년 비만율 : 1966~2000년
출처 : Centers for Disease Control(2006).

수치를 보인다(U.S. Department of Health and Human Services, 2001). 또한 과체중 청소년은 사회적 거절에 부딪히고 자존감이 낮아질 수 있다.

비만의 원인과 비만이 왜 이렇게 보편화되었는지에 대한 이유는 복잡하다. 이러한 건강 위기를 이해하기 위해서는 (1) 청소년 개인 내 요인, (2) 다른 사람과의 상호작용, (3) 청소년이 시간을 보내는 환경, 그리고 (4) 폭넓은 사회적 영향을 살펴볼 필요가 있다.

과체중의 개인적 변인

과체중이 되도록 하는 수많은 개인적 특성들이 있다. 이러한 특성에는 유전적 기질, 과도한 섭식 동기, 섭식 패턴, 고칼로리 음식에 대한 선호, 그리고 신체적 활동의 부족이 포함된다.

비만의 유전적 변인

몇몇 연구들은 체중의 유전적인 관련성에 대한 명백한 증거를 제시하였다. 일례로, 다른 가정으로 입양된 생물학적인 형제들의 체중이 친형제는 아니지만 같이 자란 형제들의 체중보다 더 유사하고(Grilo & PogueGeile, 1991), 입양된 아동은 양부모에 비해 친부모의 체중과 좀 더 유사하다(Stunkard et al., 1986).

섭식 동기

비만인 사람은 정상 체중의 또래들과는 다른 이유로 섭식을 하는 경우가 종종 있다. 예를 들어 비만인 사람들은 정상 체중인 사람보다 먹는 것을 더 즐기기 때문에, 먹는 행동이 강한 정적 강화 요인이 된다. Jacobs와 Wagner(1984)의 연구에 따르면, 비만인 사람들이 정상 체중인 사람들보다 가족 및 친구와 함께 시간을 보내는 것의 강화가(reinforcement value)를 더 높게 본다고 한다. 어떤 경우에는 먹는 것이 고통스러운 감정의 부적 강화물이 되기도 한다. 즉 먹는 것이 불안 및 우울이나 혼란감을 감소시키는 것이다. 입으로 하는 활동은 안정감을 찾고 긴장을 완화시키는 수단이 될 수 있다(Heatherton, Herman & Polivy, 1992).

어떤 경우에는 먹는 것이 처벌의 수단이 되기도 한다. 이들은 자존감이 낮거나 스스로를 미워하는 사람들

그들의 목소리로

"내가 기억하는 한, 나의 몸무게는 자존감과 단단히 연결되어 있어요. 이것은 고등학교 때부터 시작되었죠. 다이어트는 모든 소녀들이 종종 하게 되는 것이죠. 먹지 않는다는 것은 정말 자랑스러워할 만한 일이었어요! 나는 분명히 정상 체중이었고, 다른 학급 친구들도 모두 마찬가지였지만, 우리는 모두 우리가 상당히 살이 쪘다고 생각했어요. 수업이 끝나고 체육관에 가는 것은 우리 모두에게 매우 싫은 일이었지만 꼭 해야 하는 일이었어요."

"마른 것이 아름다운 것이라는 개념이 있었어요. 게다가 남자애들은 학교의 뚱뚱한 여자애들에 대해 계속 농담을 했어요. 글쎄요, 남자애들이 우리에 대해 갖고 있는 생각이 우리를 가장 자극했다고 생각지는 않아요. 우리를 자극한 것은 말랐다는 것이 아름답고 섹시하다는 의미라는 생각이었어요. 먹지 않을 때 나는 스스로에 대해 좋게 느꼈고, 먹었을 때는 비참하게 느껴졌어요. 먹을 것밖에 생각 안 날 때도 있었어요. 샌드위치를 먹을 때는 죄책감을 느끼곤 했고 내가 제정신이 아닌 것 같았어요. 내가 뚱뚱해져서 다른 사람들이 나를 비웃는 악몽도 여러 번 꾸었어요."

"나는 마른 소녀들이 나오는 잡지를 사곤 했고 항상 그들을 바라봤어요. 심지어 배고플 때 그들을 보고 있으면 식욕이 사라졌죠. 나는 그들처럼 되길 무척 바랐어요! 내가 어리석다고 생각하지 않았어요. 날씬해지면 내 모든 문제가 해결되고 나도 행복해질 거라 생각했죠."

"지금까지도 나는 여전히 체중을 자주 재고 있어요. 섭식 장애라고 생각하지는 않지만, 피자 한 조각을 먹을 때의 죄책감은 여전해요. 나는 죄책감을 느끼며 살아가야 한다는 것을 알게 되었죠."

이다. 체중이 증가하면 이는 자신의 부정적인 자기개념을 강화할 수 있고, 스스로에 대해 부정적으로 느끼는 것이 정당한 것임을 입증하는 셈이 된다.

섭식패턴

대부분의 뚱뚱한 십대들은 자신의 체중에 대한 불만을 가지고 있기 때문에 먹는 것을 통제하려는 노력을 자주 하게 된다. 예를 들어 그들은 아침을 먹지 않으려고 하고 점심도 조금만 먹으려고 하지만(Keski-Rahkonen, Viken, Kapiro, Rissanen, & Rose, 2004), 저녁이 되면 너무 배고파지기 때문에 폭식을 하거나 밤늦게 먹게 된다. 어떤 사람들은 특별히 배고프지 않을 때에도 과자를 자주 먹는다. 또한 어떤 사람들은 급하게 먹기 때문에 정해진 시간 동안 정상 체중의 사람들보다 많은 음식을 섭취하기도 한다(Marcus & Kalarchian, 2003).

음식에 대한 선호

우리들 대부분은 배고플 때 선택하는 다양한 음식이 있다. 과일을 좋아하거나 저칼로리의 음식을 즐기는 사람들에 비해 아이스크림과 감자칩 등 고칼로리 음식을 좋아하는 사람들은 살이 찌기 쉽다. 청소년 평균 몸무게가 증가하는 요인 중 하나는 패스트푸드 소비량의 증가와 관련될 수 있다. 미국 청소년들은 3일 중 하루는 패스트푸드 음식점에 간다(Bowman, Gortmaker, Ebbeling, Pereira, & Ludwig, 2004). 연구에서는 과체중인 청소년들이 그렇지 않은 청소년들에 비해서 패스트푸드를 더 많이 먹는다고 하였고, 패스트 푸드점에서 먹을 때에는 다른 곳에서 먹을 때보다 총 칼로리 섭취량이 훨씬 높다고 한다(Ebbeling, Sinclair, Pereira, Garcia-Lago, Feldman, & Ludwig, 2004).

운동 부족

청소년기의 신체적 활동 및 스포츠 참여는 다음 부분에서 논의할 것이다. 여기에서는 운동을 하는 것이 운동하는 동안에도 칼로리를 소비하고 운동을 마친 후의 시간 동안에도 신체의 **신진대사율**(칼로리를 소비하는 비율)을 증진시킨다는 것만 밝혀두겠다.

대인관계 상호작용과 과체중

부모와 또래들은 모두 청소년기에 체중을 늘리는 데 영향을 줄 수 있다.

가족 변인

부모는 자녀가 먹는 음식의 종류 및 신체 활동에 참여하는 정도에 상당한 영향을 미친다. 예를 들어 부모는 가족 모두가 함께 저녁을 먹고 건강식을 준비하자고 할 수 있다. 반대로, 자녀가 땅콩버터 샌드위치, 핫도그, 패스트푸드를 먹게 내버려 둘 수도 있다. 어떤 부모들은 보상으로 고칼로리 음식을 이용하여 본의 아니게 자녀가 뭔가 잘했을 때 쿠키나 사탕을 기대하게 만들 수도 있다. 마찬가지로, 부모는 자녀들과 걷거나 테니스를 치는 등 운동 활동에 참여하는 모델이 되어 주거나, 자녀와 함께 TV를 보는 데 시간을 보낼 수도 있다.

또래 변인

또래 또한 다른 또래들의 체중에 영향을 미친다. 예를 들어 친구가 스포츠를 하는 경우 같이 스포츠를 할 가능성이 높아지는 것처럼, 또래들은 행동 규준을 세우는 데 도움을 준다. 반대로, 패스트푸드점에 가거나 대부분의 시간 동안 과자를 먹는 친구들을 사귀는 십대들은 정상 체중을 유지하기가 어려울 것이다.

환경적 영향

청소년이 노출되어 있는 환경은 체중을 늘게 하거나 그렇지 않을 수도 있다.

학교

앞서 언급한 대로, 청소년은 많은 시간을 학교에서 보낸다. 그러므로 학교 정책을 통해 학교에 있는 동안 그들이 무엇을 먹을지 결정할 수 있다. 점심에는 어떤 음식을 제공해야 할까? 자동판매기는 유용할까? 만약 그렇다면, 어떤 음식이 들어 있어야 할까? 학생들이 학교를 떠나 어디서나 점심을 먹을 수 있도록 허용해야 할까? 만약 그렇다면, 그들은 패스트푸드점으로 향하기 쉬울 것이다. 2006년, 미국에서 가장 큰 음료 판매업계에서는 초등학교와 중학교에 탄산음료의 판매를 중지하는 데 동의하였고, 고등학교에는 다이어트 소다만을 팔기로 했다. 이는 어린이들이 물, 주스, 지방량이 적은 우유를 먹도록 하고 고등학생들의 설탕 섭취량을 줄이는 데 도움이 될 것이다.

알고 싶은 것

▶ **왜 십대들은 살이 찌는가?**

점점 더 많은 십대들이 살이 찌고 있는데, 이는 부분적으로 (학교와 집에서조차) 정크 푸드의 섭취가 많아졌을 뿐만 아니라, 음식들이 패키지화되어 1인분의 분량이 더 많아졌기 때문이다. 또한 청소년들은 TV 앞에 오래 앉아 있고 비디오 게임을 하거나 채팅을 하는 데 더 많은 시간을 보내기 때문에 과거보다 운동량이 더 적어졌다.

알고 싶은 것

▶ **신경성 식욕부진증이 생길 위험이 있는 십대의 유형은 무엇인가?**

완벽주의적인 성격을 가졌으며, 통제적이고 지나치게 과잉보호하는 부모를 둔 청소년 초기의 백인 소녀들은 신경성 식욕부진증에 걸릴 위험이 높다.

학교 정책도 학생들의 신체 활동 수준을 증진시킬 수 있다. 예를 들어 버스를 타지 않고 학교와 근접한 곳에 살도록 제안할 수 있다. 또한 학생들이 땀을 흘릴 수 있도록 체육 수업에 정기적으로 참여하게 할 수 있다.

공동체

공동체 역시 비만을 촉진하거나 막을 수 있다. 공원과 레크리에이션 센터가 있는가? 공용 농구장이 있는가? 이러한 시설들이 오랜 시간 동안 개방되어 있는가? 걸을 수 있는 보도나 자전거를 탈 수 있는 자전거 도로는 있는가?

폭넓은 사회적 영향

부분적으로는 과거에 비해 음식, 특히 칼로리가 높은 음식을 좀 더 손쉽게 이용할 수 있게 되면서 비만이 증가하였다. 더욱이 우리는 이미 만들어졌거나 거의 만들어져 바로 소비할 수 있는 음식을 살 수 있고, 이러한 편의는 충동적인 섭식을 부추긴다. 게다가 음식점에서 제공하는 1인분의 양은 막대하게 늘어났다(Nielsen & Popkin, 2003).

활동 부족 또한 중요하다. 오늘날 청소년들은 과거에 비해 TV와 컴퓨터 모니터 앞에서 더욱 많은 시간을 보내며 상대적으로 칼로리를 덜 소비한다. 또한 어딘가에 가고자 할 때 점점 더 자동차에 의지하게 되어 걷는 시간은 더욱 줄어들고 있다.

섭식장애

신체적 매력의 사회적 통념으로 인해 대부분의 청소년기 소녀들은 날씬해지기를 바란다. 실제로 청소년기 초기에 소녀들이 다이어트를 시작하는 것은 사회 표준이 되었다(Tyrka, Graber, & Brooks-Gunn, 2000). 때로 날씬해지고자 하는 소망이 지나치게 되면 섭식장애가 생기기도 한다. 섭식장애는 청소년기 소녀들이 겪는 만성적인 질병 중 세 번째로 흔한 유형으로 더 이상 희귀한 병이 아니다(Rosen, 2003). 여기서 논의할 장애는 신경성 식욕부진증과 폭식증이다.

신경성 식욕부진증

신경성 식욕부진증(anorexia nervosa)은 음식과 체중에 대한 강박관념을 보이는 정서장애로, 생명까지 위협할 수 있다. 신경성 식욕부진증은 아사병(starvation sickness) 혹은 다이어트 병(dieter's disease)으로 불리기도 한다.

신경성 식욕부진증으로 진단하기 위해서는 키와 체격에 비례한 정상 체중에서 최소한 15%가 감소되어야 한다. 또한 체중이 증가하고 뚱뚱해지는 것에 대해 과도한 공포를 보이고, 자신의 체중을 저체중으로 지각하지 못하는 것과 같은 신체상의 왜곡이 있어야 한다. 또한 이들은 무월경이나 월경 주기가 없어지는 것을 경험한다(American Psychiatric Association, 2000). 신경성 식욕부진증 환자들에게 우울감(Kennedy, Kaplan, Garfinkel, Rockert, Toner, & Abbey, 1994)과 강박적인 특성(Fisher, Fornari, Waldbaum, & Gold, 2002)은 일반적이다. 또한 어떤 환자들은 폭식과 구토 행동을 하기도 한다.

　또한 이 장애는 심박 저하, 심장마비(때로 죽음에 이르기도 함), 저혈압, 탈수, 저체온, 전해질 불균형, 신진대사율 변화, 변비, 복통 등 다양한 의학적 상태를 보이기도 한다(Becker, Grinspoon, Klibanski, & Herzog, 1999). 신경성 식욕부진증이 시작되면 몸이 마르고 수척해지고, 따뜻한 날씨에도 추위를 느끼며, 체열을 보호하려고 몸에 가는 털이 나기 시작한다. 또한 칼륨 부족으로 신장 기능에 장애가 오기도 하며, 영양 부족으로 두뇌 이상이 생겨 정신활동 수행이 손상되고 반응시간과 지각 속도가 느려지기도 한다.

　어떤 환자들은 단 한 번 장애를 겪고 말지만, 30～40%의 환자들은 재발한다(Herzog et al., 1999). 결과적으로 신경성 식욕부진증 환자의 10% 이상은 영양 결핍과 관련된 의학적 문제들로 인해 사망하게 된다(Nye & Johnson, 1999; Reijonen, Pratt, Patel, & Greydanus, 2003). 다이어트에 대한 강박관념으로 거의 강박적으로 운동을 하게 되고, 이 때문에 사회적으로 고립되고, 가족과 친구들을 만나지 않으려고 한다(Davis, 1999). 대개는 배고프거나 피곤하지 않다고 부인하며, 자신이 하고자 하는 대로 놓아 두지 않으면 강한 분노 반응을 보이기도 해 치료가 매우 힘들다(Woodside, 2005).

　신경성 식욕부진증은 아프리카계 미국 소녀가 더 뚱뚱한 경향이 있는데도 불구하고 이들보다는 백인 소녀들에게 더욱 흔하다(Henriques, Calhoun, & Cann, 1996; Walcott, Pratt, & Patel, 2003). 남성이 신경성 식욕부진증을 갖는 경우는 드물지만 남성 중에서도 종종 체중을 관리해야 하는 운동선수나 무용수, 모델에게서는 나타나기도 한다(Rolls, Federoff, & Guthrie, 1991). 레슬링 선수, 보디빌더, 장거리 달리기 선수는 특히 위험하다(Garner, Rosen, & Barry, 1998). 사실, 신경성 식욕부진증 환자의 95%가 여성이고 나이는 12～18세 정도이다. 이 장애를 가진 사람들은 점차 증가하고 있으며, 전체 여자 청소년의 1% 정도가 이 장애로 고통 받고 있다(Dolan, 1994). 또한 최근에는 모든 경제 계층에 나타나고 있고, 연령층도 확대되고 있다.

　최근 많은 연구들은 이 장애의 원인으로 신경성 식욕부진증 환자와 이들 가족들 간의 관계에 초점을 맞추었다. 이 장애를 가진 딸을 둔 가족은 종종 응집력이 없고 지지적이지 않은 것으로 묘사된다(Tyrka, Graber, & Brooks-Gunn, 2000). 이러한 경우 딸들은 과도한 죄책감을 가질 수 있고(Berghold & Lock, 2002), 때론 신체적 매력이나 체중에 대한 엄마의 염려가 딸들에게 전해질 수도 있다(Hirokane, Tokomura, Nanri, Kimura, & Saito, 2005). 즉 엄마가 다이어트를 한다면 딸 또한 그러하기 쉽고, 엄마가 자기 몸에 불만족스럽다면 딸들은 체중감량에 관여하기 쉽다(Benedikt, Wertheim, & Love, 1998; Hill & Pallin, 1998). 섭식장애는 성학대와 관련 있기도 하다(Fornari & Dancyger, 2003).

　이에 대해 종단적으로 살펴본 몇몇 연구는 손상된 가족관계가 병적인 섭식 증상을 예언하는 데 있어 체중보다도 더 강력한 예언 변인이 될 수 있다고 제안하였다(Archibald, Graber, & Brooks-Gunn, 1999). 이러한 효과는 청소년기 중반과 후반이 아닌 초반에만 해당된다(Archibald, Linver, Graber, & Brooks-Gunn, 2002).

　사춘기에 들어 성징이 발달한 후 이 장애가 나타나는 것을 보면, 여기에 성적 갈등이 주된 문제가 됨을 알 수 있다. 누구나 여성적인 생리적 변화가 있을 때 불안감을 느낄 수 있다. 소녀의 몸이 성숙한다는 것은 상징적으로 여성으로서의 성적 정체성을 갖도록 요구함을 의미한다. 자신의 새로운 신체상을 여성으로서의 성 역할 개념과 통합해야 하는 과제를 안게 되는 것이다. 만약 소녀가 자신의 여성적 성 정체성을 수용할 수 없으면 자신의 신체적 발달을 사춘기 전의 단계로 억누르고 싶어 하게 된다. 그러면 극단적인 체중감량을 통해 자신의 신체상을 왜곡하고, 남성처럼 평평하고 마른 외모를 유지하려고 한다. 이렇게 되면 너무 심하게 야위어서 2차 성징이 모두 없어질 수도 있고, 월경도 중단된다. 이러한 노력은 자신의 성적 발달을 멈추려는 필사적인 시도인 것이다. 청소년기로 나아가는 대신 병리적인 일탈을 거쳐 사춘기 이전 발달 단계로 퇴행하게 되는 것이다.

　신경성 식욕부진증인 사람은 부적절감이 심하고 신체상이 왜곡되어 있어 종종 우울증에 걸린다. 또한 이들은 자존감이 낮고 불안 수준이 높은데(Button, 1990), 이는 이들이 신체적 매력에 대한 태도가 부정적임을 반영하는 것이다(Canals, Carbajo, Fernandez, Marti-Henneberg, & Domenech, 1996). 이들은 종종 불평이 많고 자기회의적이며, 의존적이고, 완벽주의적이며, 불안한 것으로 묘사된다(McVey, Pepler, Davis, Flett, & Abdolell, 2002; Nye & Johnson, 1999). 이들은 배고픔이라는 신체 내부의 신호를 잘 조율하지 못한다(Wonderlich, Lilenfeld, Riso, Engel, & Mitchell, 2005). 신경성 식욕부진증이 있는 청소년들은 자신을 돌아보는 경우가 거의 없고, 그렇게 하도록 되어 있을 때에도 신체상을 정확하게 지각하는 일이 드물다. 그들은 자기 몸에 혐오적으로 반응하며, 이는 자기 자신에 대한 느낌을 투사하는 것이다.

신경성 식욕부진증을 치료하는 방법에는 어떤 것이 있을까? 우선 의학적 치료를 통해 이들의 신체적 상태를 점검하고 체중을 안전한 범위까지 증가시킨다. 음식을 먹거나 체중이 증가되면 보상을 주고 그렇지 않은 경우는 보상을 주지 않는 행동 수정 기법도 있다. 가족치료를 통해 가족 상호작용 문제를 해결하고 관계를 증진시킬 수 있다(Dare, Eisler, Russell, & Szmukler, 1990). 또한 개인 치료를 통해 정서적 갈등을 해결하는 데 도움을 줄 수도 있다. 최근 연구는 가족치료가 전반적으로 가장 효과적이라고 밝혔다(Le Grange & Lock, 2005). 치료 목표는 식욕부진 증상을 없애고, 환자로 하여금 스스로를 사랑하는 독립적인 인간으로 느끼고 행동하며, 자신의 능력에 대해 자신감을 가지고 스스로의 삶을 통제할 수 있도록 하는 데 있다. 이러한 목표들을 달성하려면 장기적인 치료가 필요할 것이다(Lask, Waugh, & Gordo, 1997).

폭식증

폭식증(bulimia)은 '먹고 토하기' 증후군(binge-purge syndrome)이다. 이 명칭은 *bous limos*라는 그리스어에서 유래하였으며, 이는 '황소의 굶주림'이라는 뜻이다(Ieit, 1985). 문헌에 처음으로 보고되었던 환자 사례는 신경성 식욕부진증과도 관련이 있었다(Vandereycken, 1994). 폭식증을 신경성 식욕부진증의 하위 유형으로 분류하는 임상가들도 있었지만, 폭식 자체가 비만이나 정상 체중인 사람들에서도 나타나므로 폭식증을 또 다른 섭식장애로 구분하고 있다(American Psychiatric Association, 2000).

폭식증을 진단하기 위해서는 (1) 통제할 수 없는 폭식 삽화를 반복적으로 보이고, (2) 체중 증가를 피하기 위한 단식, 구토, 하제 사용과 같은 과도한 보상 행동을 하고, (3) 체중이 과도하게 자존감에 영향을 미쳐야 한다. 또한 폭식은 최소 3개월 동안 적어도 일주일에 두 번 이상 일어나야 한다(American Psychiatric Association, 2000).

폭식증은 단시간 동안 고칼로리 음식을 매우 많이, 강박적으로 빠르게 먹어 치우는 것이다(Holleran, Pascale & Fraley, 1988). 외래진료를 받는 폭식증 환자들을 대상으로 폭식 행동의 빈도와 지속 시간을 연구한 결과, 그들은 일주일에 약 13.7시간 동안 폭식을 하며, 한 번 할 때마다 15분에서 8시간까지 걸리는 것으로 나타났다(Mitchell, Pyle & Eckert, 1981). 폭식과 토하기는 하루에도 몇 번씩 일어날 수 있다. 한 번 폭식을 할 때마다 1,200~11,500칼로리가 섭취되며, 주로 탄수화물을 가장 많이 섭취한다. 환자들은 배부르다는 느낌을 느끼지 못하겠다고 보고하는 경우가 많다. 또한 폭식은 오후에서 저녁, 혹은 밤에 몰래 이루어지며, 폭식을 한 직후에는 대개 먹은 것을 토해낸다. 어떤 경우에는 자신이 먹은 엄청난 음식량을 상쇄하기 위하여 하제, 이뇨제, 관장제, 암페타민을 복용하기도 하고, 강박적으로 운동을 하거나 굶기도 한다.

이들은 스스로의 외모에 대해 불만족스러워 하며 사회가 미화해 놓은 대로 날씬한 몸매가 되기를 갈망한다(Ruuska, Kaltiala-Heino, Rantanen, & Koivisto, 2005). 그러나 이들은 먹기를 통제하지 못한다. 이들은 마구 먹고 싶었다가도 다시 몸매에 대한 걱정으로 인해 토해내고 싶은 강한 충동을 느낀다. 대개 스트레스를 받으면 폭식을 하게 되며, 폭식하는 동안과 폭식 후에는 불안감과 우울감을 느끼고, 자신을 비난하는 생각들을 하게 된다(Davis & Jamieson, 2005; Wegner, Smyth, Crosby, Wittrock, Wonderlick, & Mitchell, 2002).

어떤 사람에게 폭식증이 생기는가? 폭식증은 소년에 비해 소녀에게서 월등하게 많이 나타난다. 폭식증 환자들 중 남성의 비율은 10%에 불과하다(Nye & Johnson,

1999). 폭식증은 청소년기 중반부터 후반에 발달하여 20대까지 지속되는 경향이 있는데, 이는 신경성 식욕부진증보다 다소 더 늦은 연령 범위이다(Reijonen, Pratt, Patel, & Greydanus, 2003). 저소득 가계의 소녀는 고소득 가계의 소녀에 비해 상대적으로 폭식증을 발달시킬 가능성이 높다(Gard & Freeman, 1996).

폭식증 환자들은 완벽해지고자 하는 소망이 있으나, 자기상이 부정적이고 자기가치감이 낮으며, 수줍음이 지나치게 많고 주장성이 부족하다(Bardone, Vohs, Abramson, Heatherton, & Joiner, 2000). 또한 식욕부진증이 있는 사람들처럼 종종 완벽주의적인 사람이 있고, 외모에 불만족스러워하는 사람도 있다. 그들은 자신이 매력이 없다고 생각한다(Young, Clopton, & Bleckley, 2004). 그들은 날씬해지라고 압력받는 것처럼 느낀다.

완벽하고 싶은 소망이 있으면서도 그 기준은 비현실적으로 높기 때문에 이들은 내적 압박감을 심하게 느끼게 된다. 이러한 압박감은 먹고 토하는 행동을 하면서 통제력을 아예 놓아버림으로써 완화된다. 그런 후에는 수치심과 죄책감이 들게 되고, 이는 다시 자존감을 저하시키고 우울해지게 한다. 이들은 치료를 안 받으려고 하거나 치료 과정에서 은근히 훼방을 놓곤 하기 때문에 치료가 어려운 경우가 자주 있다.

폭식증 환자들의 가족은 신경성 식욕부진증 환자의 가족과 다소 차이가 있다. 신경성 식욕부진증 환자의 가족이 과잉보호적이고 억압되어 있으며 지나치게 밀착되어 있는 반면, 폭식증 환자의 가족들은 혼란스럽고, 스트레스가 많으며, 유리되어 있다고 묘사된다(Johnson & Flach, 1985; Tyrka, Graber, & Brooks-Gunn, 2000). 폭식증 환자의 부모는 전형적으로 신체적인 매력, 날씬함, 성취, 성공에 대해 지나치게 강조한다(Roberto, 1986).

가장 효과적인 치료 프로그램 중 하나는 인지행동적 접근으로, 내담자로 하여금 비현실적이고 자기파괴적인 생각과 신념들을 확인하도록 돕는 것이다(Phillips, Greydanus, Pratt, & Patel, 2003). 이러한 비합리적인 신념들을 교정하는 것이 이들의 폭식 행동을 변화시키는 가장 핵심적인 단계이다. 가족치료 또한 유용한 것으로 보인다(Vanderlinden & Vandereycken, 1991). 좀 더 최근에는 항우울제가 먹고 토하는 행동을 감소시킨다는 것이 발견되었다(Freeman, 1998).

많은 사람들은 신경성 식욕부진증과 폭식증을 구별하기 어려워한다. 차이를 보다 명확히 하고자 표 3.2에 두 장애에 대한 각 항목별 비교를 제시하였다.

표 3.2 신경성 식욕부진증과 폭식증의 비교

특성	신경성 식욕부진증	폭식증
체중	여윔	거의 정상
발병률	청소년기 소녀의 1%	청소년기 소녀의 2~3%
발병 시기	십대	십대 후반, 20대 초반
인종/민족	주로 백인	인종/민족별 차이 없음
섭식 행동	거의 먹지 않음	주기적으로 많은 양의 음식을 먹고 토함
성격	의존적임, 불안함, 완벽주의적임	불안정함, 충동적임, 욕구 지연이 안 됨
정서 상태	부인	죄책감과 수치심
변화에 대한 의지	의지가 없음	변화하고 싶어 함
행동 동기	통제에 대한 소망과 여성성의 거부	매력적으로 보이고 싶은 소망
가족환경	밀착된, 억압된	갈등이 있는, 스트레스가 많은
치료 성공	치료하기 매우 어려움	다소 쉬운 편임

건강관련 행동

건강해지기 위해서는 건강하지 않은 행동을 피하는 것뿐만 아니라 건강한 행동을 실행하는 것이 필요하다. 청소년은 건강해지기 위해서 잘 먹고, 충분히 움직이고, 충분히 자야 한다. 이렇게 하기 위한 방법에는 무엇이 있을까?

영양섭취

어른의 눈에는 청소년들이 끊임없이 먹어 대는 것처럼 보이기도 한다. 성장이 급격히 일어나는 동안에는 신체가 요구하는 것보다 더 많은 양의 음식이 필요하다.

청소년기 동안 필요한 음식이 증가하면서 이를 소화하기 위해 위의 크기와 용량이 늘어난다. 연구에 따르면 소녀들의 칼로리 요구량은 10~15세 사이에 평균 25%가 증가하며 이후 약간 감소했다가 안정되게 된다고 한다. 소년들의 칼로리 요구량은 10~19세 사이에 평균 90% 정도 증가한다. 활발한 청소년기의 소년은 하루에 2,500~3,000칼로리가 필요하다. 소녀의 경우엔 키가 더 작고 기초대사율도 더 낮으므로 약 2,200칼로리가 필요하다.

청소년기 영양섭취에 대한 연구에 의하면, 많은 청소년들이 음식 섭취를 충분히 하지 못하는 것으로 나타났다(Venkdeswaran, 2000). 부족한 영양소를 요약해 보면 다음과 같다.

1. **칼슘 부족** : 주로 우유와 유제품을 충분히 섭취하지 않기 때문이다. 청소년은 날마다 유제품 3개 정도에 해당하는 양인 칼슘 1,200~1,500mg이 필요하다.
2. **철분 부족** : 특히 소녀의 경우에 그렇다. 소녀들은 월경 시 혈액의 손실이 있기 때문에 남성들에 비해 철분이 더욱 필요하다(15mg 대 12mg). 철분은 붉은 고기, 달걀, 콩, 그리고 시금치와 같은 담황색 채소에 들어 있다.
3. **단백질 부족** : 보통 다이어트를 하는 소녀의 경우에 나타난다.
4. **너무나 부족한 비타민 A** : 이는 황록색 과일과 채소

알고 싶은 것

▶ **청소년이 섭취해야 하는 음식의 종류는 무엇인가?**
청소년기에 가장 건강한 식사는 과일과 채소(녹색, 붉은색, 황색 종류)와 정제되지 않은 곡물(현미, 하얗지 않은 빵), 살코기와 생선, 저지방 유제품을 많이 섭취하는 것이다. 정제된 설탕, 포화지방(버터와 아이스크림), 녹말(감자)은 여기에 포함되지 않는다.

에 들어 있다.
5. 비타민 B6의 부족 : 씨앗, 정제되지 않은 곡물, 콩에 들어 있다.

청소년기 소녀들은 소년보다 영양결핍인 경우가 더 많다. 그 이유 중 하나는 소녀들이 먹는 양이 더 적어서 필요한 영양분을 덜 섭취하기 때문이다(Newell, Hamming, Jurick & Johnson, 1990). 또 다른 이유는 소녀들이 다이어트를 더 많이 함으로써(Adams, Sargent, Thompson, Richter, Corwin, & Rogan, 2000) 필수 영양소들의 섭취를 막는다는 것이다. 월경이나 임신 때문에 더 많이 필요한 영양소들도 있는데, 이 때문에 문제가 생기기도 한다.

남녀를 막론하고 그렇게 많은 청소년들이 영양섭취를 충분히 하지 못하는 이유는 무엇일까? 이를 요약해 보면 다음과 같다.

1. 늦잠을 자거나 해서 아침에 시간이 부족하기 때문에 아침 식사를 거른다.
2. 하루 음식 섭취량의 1/4 정도를 차지하는 간식(스낵류)은 식사를 거른 만큼을 충분히 채워 주지 못한다. 간식은 주로 지방, 탄수화물, 당분으로 되어 있는데다, 간식 섭취가 식사를 대신할 만큼 양이 많지 못하기 때문이다.
3. 특히 과일, 채소, 우유, 치즈, 고기 같은 음식은 소량만 먹는다. 소녀의 경우는 달걀과 곡류를 더 많이 먹을 필요가 있다. 십대들이 먹는 모든 채소의 1/4은 감자튀김이라고 하니(Washington State Depart-

날씬해지고 매력적이 되기 위해, 많은 청소년기 소녀들은 자주 다이어트를 한다. 불행하게도, 당근 조각과 다이어트 소다는 적당한 영양소를 제공하지 못한다.

ment of Health, 2000), 영양가 있는 선택일리가 없다! 고작 20%의 청소년들만이 과일과 채소를 충분히 섭취하고 있다(Grunbaum Kann, Kirchen, Williams, Ross, & Lowry, 2002). 과일과 채소가 부족하면 장기간의 건강에 위험할 가능성이 높으므로(Frazao, 1999), 청소년들이 이러한 음식을 좀 더 섭취하도록 이끌어야 한다.

4. 영양섭취에 대한 지식이 부족해서 나쁜 식습관이 생기기도 한다. 많은 경우 남녀 고등학생들은 영양 섭취에 대해서 너무 모르기 때문에 식당에서 급식을 할 때에도 균형 있는 메뉴를 고르지 못한다.

5. 사회적 압력으로 인해 나쁜 식습관이 생기기도 한다. 특히 소녀의 경우 살을 빼려는 목적으로 과도하고 물의를 일으키는 다이어트를 서로 부추기기

도 한다. 친구들은 또한 엄격한 채식이나 자연식을 강요할 수도 있다. 이러한 섭식 아래 건강하게 먹는 것이 가능할 수도 있겠지만, 청소년들은 적절한 단백질 섭취를 확보하도록 의식적으로 노력할 필요가 있다.

6. 가족관계나 적응에 문제가 있을 경우 식습관이 나빠지기도 한다. 가정에 문제가 있는 청소년들은 집에서 부모님이 요리를 해 주거나 제대로 먹는지 지켜봐 주지 못하는 경우가 많다. 정서적 문제가 있는 청소년들은 위에 문제가 있거나, 궤양이 생기거나, 그 외에 제대로 된 음식섭취를 못할 만한 복잡한 문제가 있기 마련이다.

7. 경제적 형편이 어려워서 음식을 충분히 살 수가 없는 경우이다. 미국 가정의 약 12%가 이 정도의 빈곤층이다(U.S. Bureau of the Census, 2003b).

어떻게 십대들이 더 좋은 음식을 먹도록 할 수 있을까? 부모와 주위의 어른들은 좋은 식습관을 가진 모델이 될 수 있고 영양이 풍부한 식사를 준비해 줄 수도 있다. 대부분의 십대들이 칼슘과 다른 영양소의 양(mg)을 귀찮게 계산하지 않도록, 좋은 영양소(비타민, 미네랄, 단백질)를 섭취하고 안 좋은 음식(포화지방, 설탕)을 남기도록 도울 수 있는 기준을 가르쳐야 한다. 폭넓게 이용되고 있는 모델은 '나의 피라미드' (My Pyramid)이다(그림 3.13 참조). 이 모델에 따르는 청소년들은 필요한 영양을 모두 섭취할 수 있다. 또한 각각의 음식류 내에서 현명한 선택을 하는 것이 지나친 칼로리 소비 없이 적당한 영양소를 얻게 해 준다.

운동

미국 성인뿐만 아니라 청소년들도 전국적인 건강 열풍의 중심에 있다(적어도 그렇다고 인정한다). 몸매를 다듬고 유지하는 것, 그리고 그에 대해 이야기하는 것이 유행처럼 번져 나간다. 운동복과 고가의 선수용 신발은 가장 유행하는 옷에 속한다. 어느 정도 큰 공동체는 모두 피트니스 센터, 체육관, 수영장, 테니스 코트, 자전거 트랙을 가지고 있다.

하지만 불행하게도, 그것에 대해 말하고 관심을 갖는

그림 3.13 **나의 피라미드**
정부에서 제안하는 새로운 섭식
출처 : www.mypyramid.gov

곡류 약 200g	야채 3컵	과일 2컵	우유 3컵	육류 및 콩 170g

것만으로는 활동을 증가시킬 수 없다. 오직 절반 정도의 미국 청소년들만이 신체적 활동에 규칙적으로 참여한다. 25% 정도는 신체적 활동에 전혀 참여하지 않는다고 보고하였고, 14%는 전혀 운동을 하지 않는다고 하였다. 청소년기 소녀는 소년에 비해 신체적인 활동을 덜하고, 흑인 여성은 백인 여성에 비해 더 적게 운동을 하는 것으로 나타났다. 전체적인 신체적 활동의 양은 청소년기 동안 줄어드는데, 이는 십대 후반의 아이들이 더 어린 십대들에 비해 운동을 덜 한다는 것을 의미한다(Aaron, Stortin, Robertson, Kriska, & LaPorte, 2002; U.S. Department of Health and Human Services, 2001).

운동의 이점

사람들은 운동이 재미있고 또 여러 가지로 유익하다는 것을 점차 알게 되었다. 가장 명백한 이점 중 하나는 신체적 건강을 유지할 수 있다는 것이다. 운동은 신체 체계를 활성화하고, 근육을 키우고, 심장과 폐를 강화하며, 순환을 돕는다. 또한 신경성 긴장감, 우울, 불안을

완화시킨다. 유사하게, 체중을 줄이려는 욕구는 청소년들이 운동하도록 동기를 제공한다. 거의 모든 사람들은 운동이 칼로리를 소모시키며 식욕을 억제한다는 점을 알고 있다(Vartanian & Herman, 2006; Watkins, 1992).

운동은 또한 심리적·정신적 건강을 증진시킨다(Carruth & Goldberg, 1990). 날씬하고 아름다운 문화적 이상형에 맞는 건강한 몸을 지니면 신체상과 자존감이 향상될 수 있다(Ferron, Narring, Cauderay, & Michaud, 1999). 또한 운동은 유능감과 성취감을 증진시킴으로써 자존감을 높일 수 있다(Maton, 1990). 신체적 활동과 유능감(사회적 유능감 포함) 간에는 정적 상관이 있다. 또한 신체적으로 활동적인 청소년들은 덜 활동적인 청소년들에 비해 우울이나 불안을 경험할 가능성이 적다(Kirkcaldy, Shephard, & Siefen, 2002; Sears, Sheppard, Scott, Lodge, & Scott, 2000). 소년과 소녀들이 스포츠나 운동에 참여하면서 얻는 이점은 비슷한 것으로 보인다(Gore, Farrell, & Gordon, 2001).

청소년기에 발달된 신체 활동 패턴이 성인기에도 계속될 수 있다는 증거가 있다. 23~25세인 453명의 성인

남성을 대상으로 아동기 건강 점수와 신체 활동 패턴을 분석한 결과, 성인기에 신체적으로 활동적인 사람들은 아동기 신체 건강검사 점수가 더 높았다(Dennison, Straus, Mellits & Charney, 1988).

청소년에게 필요한 운동량은 어느 정도일까? 미국 보건위생국에 따르면, 청소년들은 중등도 강도의 신체적 활동을 일주일 동안 거의 매일, 평균 최소 30분 동안 해야 한다(U.S. Department of Health and Human Services, 2001). 어떻게 하면 청소년들이 이렇게 하도록 가장 잘 북돋울 수 있을까? 가장 좋은 방법은 방과 후 체육 활동에 학생들을 참가시키는 것으로 보인다(Sallis, Prochaska, Taylor, Hill, & Geraci, 1999). 이것은 학교가 학교 대표팀의 운동 활동뿐만 아니라 교내 체육 활동에도 역점을 두어야 한다는 것을 의미한다. 또한 소녀들이 체육 시간에 참여하도록 하기 위해서 두려움이나 창피함 없이 서툴거나 땀에 차도 괜찮은 환경을 제공해야 한다. 창피함은 체육 활동 참여 방해가 되기 때문이다(Grieser et al., 2006).

수면

청소년의 건강을 지키기 위해서는 운동뿐만 아니라 적절한 수면을 취하는 것도 필요하다. 사실, 많은 십대들은 그들이 원하는 만큼 충분히 수면을 취하지 못한다.

Mary Carskadon과 동료들은 청소년의 수면패턴과 그 결과에 대해 집중적으로 연구하였다. 한 연구에서, 학업 성적이 좋은 학생들과 성적이 안 좋은 학생들(주로 C 이하를 받음)의 수면 습관을 비교하였다. 학점 A와 B를 받은 학생들에 비해 학점 C와 D를 받은 학생들은 밤마다 40분을 덜 자고 주말에는 밤늦게까지 자지 않는다는 것을 발견하였다(Wolfson & Carskadon, 1998). 더 적은 수면을 보고한 참가자가 더 많은 수면을 보고한 참가자에 비해 낮 동안 더 피곤하고 우울해 하는 것은 놀랄 만한 일이 아니다. 또한 수면이 부족한 학생들은 집중하기도 어려웠고(Fallone, Acebo, Arendt, Seifer, & Carskadon, 2001), 당연히 학업 수행도 떨어졌다. 청소년 수면 결핍의 심각성은 Carskadon의 최근 연구에서 명백하게 나타나고 있다. 그녀가 표집한 청소년의 2/3 정도는 피로로 인해 힘들게 운전을 한다고 보

알고 싶은 것

▶ **왜 우리는 8시 수업에서 졸음을 참기 어려운가?**

당신은 아마도 1교시 수업에서 잠이 들 텐데, 왜냐하면 너무 늦게 잠이 들어 충분히 수면을 취하지 못했기 때문이다. 그러나 이것은 당신의 잘못만은 아니다. 청소년의 뇌는 성인의 뇌보다 좀 더 늦은 시간에 잠이 들도록 준비되어 있기 때문이다. 그렇지만 마지막 순간까지 학기말 리포트를 쥐고 있으면 곤란해질 것이다.

고하였고, 20%는 운전석에 앉아 실제로 잠이 든 적도 있다고 한다! 남성들은 여성들에 비해 매우 피곤한 상태에서도 운전하는 경향이 있다(Carskadon, 2002b).

대부분의 청소년들이 아동기 때보다 더 늦게 잠들어야 한다고 알고 있겠지만, 십대들은 오히려 십대 이전보다 더 많이 자야 하며(9시간) 적어도 더 적게는 아니다(Carskadon, Harvey, & Duke, 1980). 그러나 청소년들은 아동들보다 더 늦게 잠이 든다. 그리고 나이 많은 청소년들은 나이 어린 청소년들보다 더 늦게 잠이 든다. 왜냐하면 이들은 숙제, 스포츠, 그리고 일자리와 같은 임무를 잘 처리해야 한다는 부담이 증가하기 때문이다(Carskadon, 2002a). 그들은 또한 늦은 시간에 사회적인 활동을 하기도 한다(Allen, 1992). 또 다른 문제는 부모님들도 아동기 때처럼 일찍 자라고 강요하는 일이 더 적어졌다는 것이다(Mercer, Merritt, & Cowell, 1998).

왜 그렇게 많은 청소년들이 특별히 할 일이 없을 때에도 늦게 자는 걸까? Carskadon의 연구는 이러한 행동을 뒷받침하는 실제 생물학적인 토대가 있음을 제시하였다. 그녀는 밤에 **멜라토닌**(수면을 취하기 위해 뇌에서 생성하는 호르몬) 분비가 최고점에 이르는 시각이 청소년의 경우 아동이나 성인에 비해 두 시간이 늦다는 것을 발견하였다(Carskadon, Wolfson, Acebo, Tzischinsky, & Seifer, 1998). 이러한 지연은 사춘기 상태에 직접적으로 영향을 미친다. 사춘기에 접어든 소녀와 사춘기가 시작되지는 않았지만 같은 나이의 소녀를 비교해봤을 때, 사춘기 소녀에게서만 지연된 멜라토닌 분비를 보였다(Carskadon, Vieira, & Acebo, 1993).

아이러니컬하게도, 늦게 잠이 들수록 일어나는 시간도 더 빨라진다. 중학교는 초등학교에 비해 일반적으로 아침 일찍 수업을 시작하고, 고등학교는 더 일찍(오전 8시 이전에) 시작한다(미국의 대부분의 학교에서는 각 학생들이 초등/중등/고등학교 별로 같은 스쿨버스를 이용하도록 하기 위해 등교 시간을 시차제로 나눈다). 청소년들은 생물학적 시계로 인해 늦게 잠이 들기 때문에 중학생과 고등학생이 1교시 수업시간 동안 조는 것은 놀라운 일이 아니다. 그래서 이러한 청소년들은 등교 시간을 늦추고 일찍 하교하기를 주장한다(Carskadon, Wolfson, Acebo, Tzischinsky, & Seifer, 1998).

여드름

여드름은 심각하지 않은 의학적 문제이긴 하지만, 종종 청소년의 발달에 혼란을 주기도 한다. 많은 십대들이 여드름을 없애기 위해 노력하며, 크림, 수렴제, 특별한 비누 등을 사고 또 끊임없이 바르는 데 많은 돈과 시간을 들인다. 또한 여드름으로 인해 예민해지고 특히 피부 상태 때문에 놀림을 당하거나 창피를 당할 경우에는 사회적으로 위축될 수도 있다. 이처럼 여드름이 나는 것은 청소년기의 중요한 현상이다.

피부샘의 발달

청소년기에 문제가 될 수 있는 피부샘에는 다음 세 가지가 있다.

1. **Merocrine** 땀선 : 체표면 대부분에 걸쳐 분포하고 있다.
2. **Apocrine** 땀선 : 겨드랑이, 유방, 생식기 및 항문 부위에 위치해 있다.
3. **Sebaceous** 선 : 피부의 피지분비선이다.

청소년기 동안에는 merocrine 땀선과 apocrine 땀선이 악취를 동반하는 지방질을 분비한다. 이로 인해 신체에 악취가 생겨나는 것이다. Sebaceous 선은 피부지방을 배출하는 통로인 피부관보다 더 빠른 속도로 발달하기 때문에 결과적으로 피부관이 막히고 여드름이 생길 수 있다. 거의 85%의 청소년들은 어떤 부위이건 여드름을 가지고 있다(University of California at Los Angeles Medical Center, 2000).

여드름은 그 심각도에 따라 다양한 형태를 보인다. 화이트헤드와 블랙헤드는 지방분비선이 막혔을 때 생긴다. 블랙헤드의 경우에는 지방이 산화되면서 검게 변한다. 블랙헤드는 원래 까맣지 않으며 그 안에 먼지가 포함된 것이다. 모공이 오염되면 **뾰루지**가 생겨 빨갛게 부어오르고, 만지면 아프고 터지게 되며, 혹은 고름이 가득 찬 여드름인 **농포**가 생긴다. **포낭**이라고도 부르는 큰 농포는 깊은 상처가 남을 수도 있다. 여드름은 일반적으로 얼굴, 등의 윗부분, 가슴에 가장 많다.

원인

여드름은 청소년기 동안 많은 양의 테스토스테론이 증가하면서 생긴다. 소년들은 소녀들에 비해 테스토스테론이 더 많기 때문에 여드름이 더욱 잘 생긴다. 대부분의 사람들이 하루에 얼굴을 한두 번은 씻기 때문에 여드름은 개인위생과 거의 관련이 없다. 자위 역시 여드름의 원인이 아니다. 그리고 일반적으로 생각하는 것과 다르게, 대부분의 사람들은 초콜릿이나 기름기 많은 음식을 먹어도 여드름이 악화되지 않는다. 반면, 기름진 화장품, 피부를 문지르는 것, 그리고 스트레스는 여드름을 악화시킬 수 있다.

치료

여드름이 심각하지 않은 경우에는 처방전 없이 시중에서 파는 약으로도 효과를 볼 수 있다. 벤조일 과산화문(benzoyl peroxide)이 함유된 크림은 농포의 원인이 되는 박테리아를 죽이고 기름기를 줄여 줄 수 있다. 살리실산(salicylic acid)은 모공을 막히지 않게 하는 데 효과가 있다. 좀 더 여드름이 심각한 경우에는 의사가 처방한 약물이 필요하다. 국부 비타민 A 용해제(Retin-A)도 하나의 선택이다. 테트라시클린(tetracycline)이나 에리스로마이신(erythromycin)과 같은 경구용 항생제도 가능하다. 에스트로겐이 든 피임약 또한 효과적인데, 이는 에스트로겐이 테스토스테론의 작용을 방해하기 때문이다.

여드름이 있는 사람은 연마용 비누를 이용하여 피부

를 거칠게 문지르려는 경향이 있고, 검은 여드름을 없애고 피부를 건조하게 하기 위해 독한 수렴제를 바르기도 한다. 두 가지 방법 모두 피부를 예민하게 하고 여드름을 종종 악화시키므로 바람직하지 않다. 여드름이 있는 사람은 문지르지 말고 순한 비누를 이용하여 피부를 부드럽게 다루어야 한다(National Institute on Arthritis and Musculoskeletal and Skin Diseases, 2006).

권장도서

Bancroft, J., and Reinisch, J. M. (Eds.). (1990). *Adolsecence and Puberty*. New York: Oxford University Press.

Burniat, W., Coke, T. J., Lissau, I., and Poskitt, E. M. E. (Eds.). (2002). *Child and Adolescent Obesity: Causes and Consequences, Prevention and Management*. New York: Cambridge University Press.

Carskadon, M. A. (Ed.). (2002). *Adolescent Sleep Patterns: Biological, Social, and Psychological Influences*. New York: Cambridge University Press.

Kalodner, C. R. (2003). *Too Fat or Too Thin? A Reference Guide to Eating Disorders*. Westport, CT: Greenwood.

Kipke, M. D. (1999). *Adolescent Development and the Biology of Puberty: Summary of a Workshop on New Research*. Washington, DC: National Academy Press.

Plant, T. M., and Lee, P. A. (Eds.). (1995). *The Neurobiology of Puberty*. Malden, MA: Blackwell Science.

Rew, L. (2003). *Adolescent Health: A Multidisciplinary Approach*. Thousand Oaks, CA: Sage.

Romer, D. (Ed.). (2003). *Reducing Adolescent Risk: Toward an Integrated Approach*. Thousand Oaks, CA: Sage.

Seiffge-Krenke, I. (1998). *Adolescents' Health: A Developmental Perspective*. Mahwah, NJ: Erlbaum.

Smoll, F. L., and Smith, R. E. (2002). *Children and Youth in Sports: A Biopsychological Perspective*. Dubuque, IA: Kendall/Hunt.

Thompson, J. K., and Smolak, L. (Eds.). (2001). *Body Image, Eating Disorders, and Obesity in Youth: Assessment, Prevention, and Treatment*. Washington, DC: American Psychological Association.

제4장 | 인지발달에 대한 전통적 접근
Piaget와 Elkind

알고 싶은 것

▶ 아기들은 생각할 수 있는가?

▶ 왜 취학 전 아동들은 때로 이기적인 것처럼 보이는가?

▶ 왜 학령기 아동은 취학 전 아동보다 더 똑똑한가?

▶ 왜 청소년들은 종종 '젊은 과학자'로 묘사되는가?

▶ 왜 청소년들은 종종 극단적인 정치적 관점을 갖는가?

▶ 왜 청소년들은 종종 자신이 말한 것과 다르게 행동하는가?

▶ 왜 청소년들은 자의식이 강한가?

▶ 실제로 성인들은 청소년보다 더 똑똑한가? 아니면 성인들이 단지 더 많이 알고 있을 뿐인가?

▶ 청소년기에 추론능력을 증진시키기 위해 무엇을 할 수 있는가?

인지(cognition)라는 말은 문자 그대로 '아는 행위 혹은 이해하는 행위'라는 뜻이다. 따라서 이 장에서는 청소년이 지식의 측면에서 성장해 가는 과정을 논의하고자 한다. 구체적으로 말하자면, 이해하고, 생각하고, 지각하는 능력 및 일상생활의 실제적인 문제를 해결하는 데 이 능력을 사용하는 역량에 대해 살펴볼 것이다.

이러한 인지발달 연구에는 기본적으로 세 가지 접근법이 있다. 첫 번째는 Piaget식 접근법으로, 청소년들이 사고하는 방식의 광범위한 패턴 및 질적인 변화를 강조한다. 두 번째는 **정보처리적 접근법**으로, 청소년이 정보를 받아들이고, 지각하고, 기억하고, 생각하고, 활용할 때 일어나는 순차적인 단계나 행위, 조작 등을 연구하는 것이다. 세 번째 접근법은 **심리측정적 접근법**으로, 청소년 지능의 양적인 변화를 측정하는 것이다. 이 장에서는 Piaget식 접근법에 대해 논의할 것이며, 이와 더불어 청소년기의 인지발달이 개인의 성격 형성에 어떠한 영향을 미치는지를 연구한 David Elkind의 관점도 함께 다룰 것이다.

정보처리적 접근법과 심리측정적 접근법은 제5장에서 다룰 것이다.

Piaget의 인지발달 단계

제2장에서 살펴보았듯이 Piaget는 인지발달을 4개의 주요 단계로 나누고 있다(Overton & Byrnes, 1991; Piaget, 1971).

1. 감각운동기 : 출생 시부터 2세까지
2. 전조작기 : 2세부터 7세까지
3. 구체적 조작기 : 7세부터 11세 또는 12세까지
4. 형식적 조작기 : 11세 또는 12세 이후

네 단계는 주로 (1) 무엇을 생각할 수 있는가, (2) 그들의 사고가 얼마나 유연한가, (3) 얼마나 정확한 논리를 사용할 수 있는가에 따라 달라진다. 감각운동기에는 움직이지 않고서는 생각하지 못한다. 생각하는 것이 곧 움직이는 것이다. 따라서 유아들의 사고는 유연하지 못하며, 논리도 사용하지 못한다. 전조작기 단계에서 어

린 아동들은 전적으로 자신의 마음 속에서 사고할 수 있게 된다. 이들은 상상하거나 생각하기 위해 신체적 행동을 취하지 않아도 된다. 그러나 이 단계의 아동들은 유연한 사고에 필요한 **정신적 조작능력**이 결핍되어 있다는 점에서 사고가 전조작적이다. 이 단계 아동들의 논리는 불충분하여 종종 잘못된 결론에 도달하게 된다. 일단 아동이 구체적 조작기에 들어가면 정신적 조작능력은 좋아진다. 그러나 단계의 명칭이 말해 주듯이, 이 단계의 아동들은 현실적이고 구체적인 대상이나 실제 행동에 대해 생각할 때만 이러한 정신적 조작을 사용할 수 있다. 이때의 사고는 유연하며 논리적이다. 마지막으로 형식적 조작기가 시작되면 개인은 추상적이고 가

Piaget가 말한 감각운동기에 속하는 2세 이하의 아동은 물건 집기 같은 단순한 활동에 호기심을 갖게 되면서 신체 중심적인 세상에서 대상 중심적인 세상으로 나아가게 된다.

알고 싶은 것

▶ **아기들은 생각할 수 있는가?**

아기들은 우리가 생각하는 의미에서의 사고는 하지 못한다. 아기들의 사고는 감각과 움직임, 그리고 이 둘 사이의 관계에 한정되어 있다. 아기들은 자기 신체의 경계와 더불어 어떻게 자신이 주변 환경에 영향을 미칠 수 있는지를 배울 필요가 있다는 것을 알게 된다.

설적인 사고를 할 수 있게 된다. 이 시기에서는 추론이 가능하며, 실제로 경험해 보지 않았던 것에 대해 생각할 때도 논리적인 결론을 도출해 낼 수 있다. 이제 각 단계를 좀 더 자세히 살펴보도록 하자.

감각운동기

감각운동기(sensorimotor stage) 동안에는 감각-운동 연합을 익힘으로써 학습이 이루어진다. 유아는 시각, 촉각, 미각, 청각, 후각을 통해 사물과 접촉하게 되는데, 이 사물들은 여러 가지 특성을 지니고 있으며 다른 사물과도 다양한 관계를 맺고 있다. 이를 통해 유아는 자기중심적이고 신체 중심적이던 세상에서 대상 중심적인 세상으로 나아가게 되는 것이다. 아이는 물건을 집어 올리거나, 베개 위에 벌렁 눕거나, 입으로 바람을 부는 것과 같은 단순한 활동에 호기심을 갖게 된다. 이 시기에 생각이라는 것이 있다면, 이는 물리적 세상과의 자극반응의 연결 형태로 일어난다. 그러나 이 시기 후반부로 가면 기호를 사용한 놀이, 모방 및 대상 표상을 보이게 된다. Elkind(1967)는 감각운동기의 가장 중요한 인지적 과제를 대상의 정복이라고 명명하였다.

전조작기

전조작기(preoperational stage)는 언어를 습득하는 시기이다. 아이는 움직임과 같은 활동 혹은 환경과의 직접적인 상호작용을 통해서뿐만 아니라, 기호(symbol)를 배우고 조작함으로써 세상과 만나기 시작한다. 즉 기호를 사용한 놀이 혹은 내면화된 모방(internalized imitation)이 나타나게 된다. Elkind(1967)는 전조작기의

주된 과제를 기호의 정복이라고 명명하였다.

이 시기 동안에는 보다 성숙한 방식인 연역 추론이나 귀납 추론이 아닌 변환 추론이 나타난다. **변환 추론**(transductive reasoning)은 아이가 개별적인 것에서 일반적인 것으로(**귀납 추론**, inductive reasoning) 혹은 일반적인 것에서 개별적인 것으로(**연역 추론**, deductive reasoning) 추론하는 것이 아니라, 일반화를 하지는 못하면서 개별적인 것에서 개별적인 것으로 추론하는 것을 말한다. 변환 추론을 하는 아동은 존재하지도 않는 원인과 영향을 추론하는 경향이 있다. 예를 들어 4세 소녀가 수염이 있는 어떤 심술궂은 사람을 만났다고 하자. 그 소녀는 수염이 사람을 심술궂게 만들기 때문에 수염을 가진 모든 남자는 심술궂을 것이라고 가정할 것이다. 만약 소녀의 아빠가 "남자는 성장하면서 수염을 갖게 된단다."라고 말을 한다면 그녀는 성장이 남자를 심술궂게 만들지는 않을지 걱정할 것이다. 이와 유사하게, 어떤 소년이 자신이 머리를 빗을 때 목이 아프다는 것을 알았다면 그 이후부터는 머리를 빗어서 아프게 되었다고 믿을 것이다.

이러한 사례는 **제설혼합주의**(syncretism)라는 개념을 보여 주며, 이는 관련성이 항상 존재하는 것이 아닌 개념들 간에 연관성을 부여하려는 것이다. 예를 들어 지난번에 엄마가 병원에 갔을 때 아이를 낳았으므로, 이번에 병원에 갈 때도 또 아이를 낳아 올 것이라고 기대하는 것이다.

전조작기의 사고는 또한 **자기중심적**(egocentric)이다. 즉 다른 사람이 자기와 같은 방식으로 사물을 볼 수 없음을 이해하기 어려워한다. 예를 들어 당신이 이미 3개의 쿠키를 먹었고 당신의 동생은 단 하나만 먹었다고 가정해 보자. 이제 접시에 하나의 쿠키가 더 있다. 만약 당신이 전조작기에 있다면 누가 마지막 쿠키를 먹어야 한다고 믿겠는가? 물론 당신이다. 왜냐하면 당신은 여전히 배가 고프기 때문이다. 이 단계에서 당신은 동생의 입장에 설 수 없고 동생이 어떻게 느끼는지 상상할 수 없다. 제설혼합주의는 자기중심주의와 짝을 이루어 **물활론**(animism)이라 불리는 현상을 가져온다. 어린 아동은 생명이 없는 대상(특히 동물의 눈과 얼굴 같은 특징을 공유하고 있는 경우)도 감정을 가지고 있고 살아

알고 싶은 것

▶ **왜 취학 전 아동들은 때때로 이기적인 것처럼 보이는가?**

취학 전 아동들은 자기중심적이기 때문에 이기적으로 보이기도 한다. 아동들은 다른 사람이 무슨 생각을 하는지 상상하지 못한다. 오히려 아동들은 자신이 원하는 것이 상대방이 원하는 것이며, 자신이 좋아하는 것을 상대방도 좋아할 것이라고 가정한다. 그렇다고 해서 아동들이 의도적으로 타인의 감정을 무시하는 것은 아니다.

있다고 믿는다. 그러므로 아동들은 자신이 혼자 있을 때 외로운 것처럼 인형이나 테디 베어 같은 생명이 없는 대상도 외로움을 탈 것이라고 생각한다.

앞서 설명한 모든 특징과 관련되는 것이 바로 **중심화**(centering)이다. 이는 아동들이 한 가지 세부 사항에만 주의를 기울이고 그 상황의 다른 측면으로는 주의를 돌리지 못하는 경향을 말한다(Muuss, 1988b). 예를 들어 아동은 컵에 있는 모든 물을 접시에 붓는 것을 보았어도 컵보다 접시가 더 넓기 때문에 컵보다는 접시 속에 물이 더 많이 있다고 생각한다(그림 4.1). 컵의 높이가 더 높다는 것과 물을 부었다는 것을 무시한 것이다.

아동들은 한 번에 한 가지 이상의 관련성을 자신의 생각 속에 유지시키지 못하기 때문에 판단의 오류를 범하게 되고, 아동들은 설명은 보통 불충분하거나 비일관적이며, 논쟁을 할 때는 논리적인 오류를 쉽게 보이고, 항상성을 이해하지 못한다. 분명 생각을 하기는 하지만 조작적 사고는 하지 못한다.

구체적 조작기

청소년기 초기는 보통 인지적 발달의 **구체적 조작기**(concrete operational stage)에 해당한다. 그리고 앞으로 보겠지만, 심지어 나이 든 청소년과 성인도 가끔씩 형식적이고 조작적이기보다는 구체적인 사고의 특성을 보인다. 따라서 이 단계에 있는 개인이 할 수 있는 것과 할 수 없는 것을 이해하는 것은 중요하다.

구체적 조작기 동안 아동은 비록 아주 구체적인 수준

이긴 하지만 논리적인 추론능력이 상당히 증가한다. 아동이 좀 더 논리적으로 사고할 수 있게 되는 이유 중 하나는 이들이 사물을 **위계적인 분류**(hierarchical classification)로 배열할 수 있고 **유목포함 관계**(class inclusion relation, 사물들이 동시에 여러 다른 수준의 위계에 속함)를 이해할 수 있기 때문이다. 이는 아동으로 하여금 전체에 대한 부분의 관계, 부분에 대한 전체의 관계, 그리고 부분에 대한 부분의 관계를 이해할 수 있게 해준다.

예를 들어 여러 개의 파란색 네모와 빨간색 네모, 검은색 동그라미와 흰색 동그라미를 무선적으로 배열해 놓았다고 하자. 아동이 포함관계를 이해한다면, 두 가지 상위 집합(네모와 동그라미)이 있고 각각에 두 가지 하위 유형(파란색 네모와 빨간색 네모, 검은색 동그라미와 흰색 동그라미)이 있음을 알게 될 것이다. 높은 수준은 모양으로 정의되고 낮은 수준은 색으로 정의되는 위계가 있는 것이다. 그러면 아동은 모든 네모는 파랗거나 빨갛다, 파란색 네모보다는 전체 네모가 더 많다, 빨간색 네모보다는 전체 네모가 더 많다, 빨간색 네모를 빼면 파란색 네모가 남는다 등의 말을 할 수 있다.

이 시기의 아동들은 서로 다른 사물이 크기나 알파벳 순 혹은 나이에 따라 분류될 수 있다는 것, 혹은 하나의 사물은 동시에 하나 이상의 집단에 속할 수도 있다는 것을 배운다. 한 아동이 있을 때 그 아동은 소녀인 동시에 4학년에 속하고, 운동선수이면서 동시에 빨간 머리 학생일 수 있는 것이다. 또한 대칭적(symmetrical) 혹은 상보적(reciprocal)인 관계도 있음을 알게 된다. 예를 들어 두 형제가 있을 때 각각은 서로에게 형제라는 것 등이다. 숫자를 다룰 때 숫자를 서로 다르게 더해도 합이 같을 수 있고, 서로 다르게 빼도 결과가 같을 수 있음을 배운다. 액체와 고체를 다루면서, 모양의 변화가 반드시 부피의 변화를 가져오는 것은 아니며 질량은 보존된다는 것을 배운다.

처음으로 아동은 **이행추리**(transitive inferences)를 할 수 있게 된다. 이행추리 문제는 매우 쉽거나 또는 매우 어렵지만, 동일한 형태를 가지고 있다. 전형적인 이행추리 문제는 "오렌지는 자몽보다 비싸다. 그리고 자몽은 사과보다 비싸다. 그러면 사과는 오렌지보다 비싼

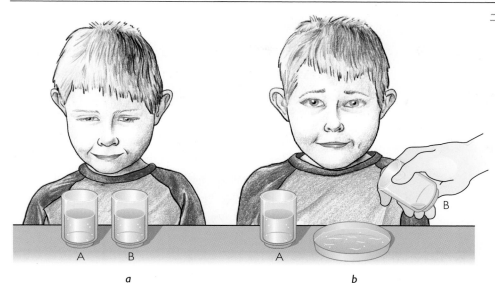

그림 4.1 **질량 보존의 법칙의 이해**

(a) 아동은 컵 A와 B의 물의 양이 똑같다는 것에 동의한다. (b) 컵 B의 물을 접시에 붓는다. 아동은 컵 A와 접시에 있는 물이 같은 양의 물이라는 것을 이해하지 못한다. 왜냐하면 접시는 더 얕기는 하지만 더 넓게 보이기 때문이다. 아동은 다른 측면이 변화했을 때(물기둥의 높이와 넓이) 한 가지 측면(양)을 유지하지 못한다.

가?"와 같다. 이런 문제를 해결하기 위해서 아동은 **서열화**(seriation), 즉 큰 것부터 작은 것까지, 혹은 작은 것부터 큰 것까지 머릿속에서 항목을 배열할 수 있어야 한다. 전조작기 아동도 서열화가 가능하지만(물론 이 단계의 아동에게 종종 어려울 수 있다) 이행추리에 필요한 만큼의 정신적 조작을 수행할 수는 없다.

　Piaget가 이 단계를 구체적 조작기라고 한 이유는, 이 단계에서는 구체적 요소(대상, 관계 혹은 차원), 더하기나 빼기와 같은 조작, 그리고 그 조작이 이루어지는 방식을 나타내는 규칙 혹은 특성(properties) 등이 관련되기 때문이다. Elkind(1967)는 이 시기의 주요 인지 과제가 유목(class), 관계(relations), 양(quantities)의 개념을 숙달하는 것이라고 보았다.

　네 가지 정신적 조작은 특히 중요하다.

1. **가역성**(reversibility) : 모든 행동, 심지어 정신적 행동조차도 반대의 조작이 가능하다. 예를 들어 '카나리아'와 '거북이'는 '애완동물'이라는 범주에 함께 속할 수 있다. 그리고 '애완동물'은 다시 '카나리아'와 '거북이'라는 하위 그룹으로 나뉜다. 가역성을 이해하면 결과적으로 반대의 사고가 가능해지며, 어떤 행동이 이루어지기 전에 그 대상의 상태를 상상하게 된다. 예를 들어 젖은 수건을 보았을 때, 우리는 물기를 제거하면 이 수건이 다시 마

를 것임을 알기 때문에 그 수건이 물에 빠져 있었다는 것을 안다.

2. **동일성**(identity) 혹은 **무효성**(nullifiability) : 이 조작은 만약 우리가 사물에 어떤 행위를 하고 다시 반대되는 행위를 하면, 최종적으로 사물은 변하지 않는다는 것을 이해하는 것이다. 예를 들어 당신이 600원을 가지고 있다고 가정해 보자. 만약 형이 당신에게 200원 더 주었는데 후에 여동생이 와서 200원을 가지고 가버렸다면 당신은 다시 600원을 갖게 되는 것이다. 동일성에 대해 또 다른 방식으로 생각해 보면, 어떤 것에 0을 더하면 똑같다는 점이다. 만약 물 한 잔을 가지고 와서 이를 다른 형태의 컵에 부었다고 해도 여전히 처음과 동일한 양의 물을 가지고 있는 것이다(만약에 물을 더하거나 흘리지만 않았다면).

3. **연합성**(associativity) : 연합적 조작을 할 수 있다는 것은 서로 다른 조합, 군집, 혹은 행동으로도 같은 결과를 산출할 수 있다는 것을 이해하는 것이다. 예를 들어 과일 샐러드가 먹고 싶다면 블루베리와 딸기를 섞고 그 다음에 파인애플을 추가할 수 있다. 만약 딸기와 파인애플을 섞은 다음에 블루베리를 추가하더라도 결과는 똑같을 것이다.

4. **결합성**(combinativity) : 유목이란 항상 더 크고 포괄적인 범주로 결합할 수 있다. 예를 들어 '상자'

그림 4.2 질량 보존

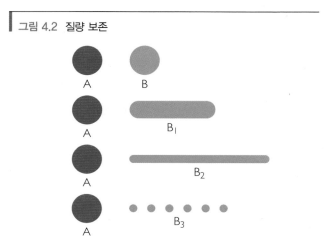

와 '항아리'는 개념적으로 '용기'라는 범주로 합쳐질 수 있다(Muuss, 1988b).

Piaget는 아동이 인지발달에 있어 구체적 조작기에 들어섰는지를 알아보기 위해 **보존**(conservation) 문제를 사용하였다. 보존이란 담긴 그릇이나 모양을 바꾼다 해도 무게나 부피와 같은 사물의 특성이 변화하지 않음을 인식하는 것을 말한다. 보존 과제에서는 물체의 부피나 크기를 변화시키지 않으면서 모양만 다르게 한다(Piaget & Inhelder, 1969). 전형적인 보존 과제가 그림 4.2의 찰흙 공의 예에 나와 있다. 이 예에서 아동에게 A와 B가 똑같은 크기임을 확인하도록 한다. 그러고 나서 B를 B_1으로, 다시 B_2로, 그 다음 다시 B_3로 변화시킨다. 그 다음 아동에게 A와 B_1을, 그 다음에는 A와 B_2를, 그 다음에는 A와 B_3를 비교하도록 하고, 그때마다 A와 B가 아직도 같은지 여부를 말해 보도록 한다. 전조작기 아동은 그들이 본 모양을 보고 판단하지만, 위에서 기술한 구체적 조작기 아동은 물리적 모양이 바뀐 B와 A가 같다는 데 대한 인식을 가진다.

그러나 구체적 조작기까지는 아동의 사고가 아직 경험적 현실과 관련되어 있음을 잊지 말아야 한다(Piaget, 1967). 아동의 사고가 실제에서 잠재적으로 가능한 것까지로 다소 확장되긴 하였지만(Elkind, 1970), 구체적 조작기 아동은 그들이 직접적이고 개인적인 경험을 한 것에 대해서만 추론을 할 수 있기 때문에 출발점은 여전히 현실에 두고 있다. 아동은 가설적인 명제 혹은 사실과 반대되는 명제를 가지고 시작하면 어려워한다.

알고 싶은 것

▶ **왜 학령기 아동은 취학 전 아동보다 더 똑똑한가?**

학령기 아동은 위계와 전체/부분의 관계에 대해 더 잘 이해하기 때문에 취학 전 아동보다 더 똑똑하다. 학령기 아동은 작은 것부터 큰 것까지 항목들을 배열할 수 있다. 또한 학령기 아동은 과거를 거슬러 생각할 수 있고 현재로부터 과거를 추론할 수 있다. 마지막으로, 학령기 아동은 외양의 변화가 중요한 것은 아니라는 것을 알고 있다. 종합하면, 이런 기술들이 발달에서 큰 변화를 가져온다.

Elkind(1967)는 아동이 동시에 다룰 수 있는 유목이나 관계나 양적 차원이 단 2개뿐이라는 점도 구체적 조작기에서의 사고의 한계라고 지적하였다. 변인이 늘어나면 아동은 혼란스러워진다. 2개 이상의 변인을 한 번에 고려할 수 있는 능력은 형식적 조작기에 이르러서야 가능하다.

형식적 조작기

인지발달의 마지막 단계인 **형식적 조작기**(formal operational stage)는 초기 청소년기에 시작된다. Piaget는 형식적 조작기를 III-A와 III-B의 하위 단계로 나누었는데, III-A는 형식적 기능이 거의 다 이루어지는 11~12세에서 14~15세까지이고, III-B는 형식적 기능이 완전히 이루어지는 14~15세 이후를 말한다. 14~15세를 기준으로 청소년기를 나눈 것은 또 다른 재구조화와 탈평형이 일어남을 의미하며, 이는 후기 청소년기에 더 높은 수준의 평형과 지적 구조화가 일어남을 의미한다.

초기 청소년기에 해당하는 III-A 단계는 예비적 단계로, 이 시기에는 정확한 발견을 하고 특정한 형식적인 조작적 사고는 할 수 있다. 그러나 사고의 접근 방식은 여전히 미숙한 수준이다. 자기주장에 대해서 체계적이고 정밀한 근거는 제시할 수 없다. 이 단계를 형식적인 조작적 사고 출현기라고 부르기도 한다. 이 시기 동안에는 어떤 상황에서는 형식적 조작을 할 수 있지만 어떤 상황에서는 그렇지 못하다.

III-B 단계에 이르면 좀 더 수준 높은 일반화를 하고

초기 청소년기에 시작되는 Piaget의 형식적 조작기 동안 개인의 사고는 아동의 사고와는 급격하게 달라진다. 이 시기의 청소년들은 이론을 세울 수 있고, 과학적 방법을 사용하여 이러한 이론을 검증할 수도 있다.

더욱 포괄적인 원칙을 수립할 수 있게 된다. 무엇보다도 이 시기가 되면 사고하는 방법의 중요성을 이해할 수 있어, 자기주장에 대해 자발적으로 좀 더 체계적인 근거를 제시할 수 있게 된다(Muuss, 1988b). 이 두 번째 단계는 어떤 상황인가에 상관없이 이러한 사고 양상을 보일 수 있다는 점에서 형식적인 조작적 사고가 확고해진 단계라고 할 수 있다. 이 시기까지 도달하지 못하는 청소년 혹은 성인들도 많이 있다. 대부분은 III-A 단계에 고착되어 있으면서 자신에게 익숙한 상황에서만 형식적 사고를 하는 것 같다(Flavell, Miller & Miller, 1993).

형식적인 조작적 사고능력은 획득하느냐 못하느냐 하는 실무율적인 문제가 아니다. 11~12세에서 14~15세 사이에는 사고 과정이 상당한 폭으로 수정되고, 체계화되고, 형식화된다. 개인이 다룰 수 있는 문제의 복잡성이 이 시기 동안 현저하게 증가하며, III-B 단계가 획득되고 나면 안정기에 도달한다(Muuss, 1988b). 청소년과 성인 일부는 지능 수준이 제한되거나 문화적인 결핍으로 인하여 이 형식적 조작 단계에 도달하지 못하기도 한다.

Elkind(1967)는 이 마지막 단계를 사고의 정복 단계라고 하였다. 이 시기 동안 청소년의 사고는 아동의 사고와는 급격히 달라지기 시작한다(Piaget, 1972). 구체적 조작기의 아동도 정신적 조작을 수행할 수 있고 유목이나 관계에 대한 이해를 할 수 있다. 그러나 연역법과 귀납법을 사용하는 능력에는 분명히 한계가 있다. 이 단계에 있는 아동은 어떤 문제를 동시에 다각도로 조작하거나 문제해결을 위해 자신의 이전 경험을 무시하도록 요구하면 어찌할 바를 모른다. 그러나 청소년기에 이르면 유목과 관계의 논리 위에 명제 논리를 부가할 수 있다. 다시 말해 형식적 조작기의 청소년들은 귀납 추론을 통해 자기가 사고한 내용을 체계화할 수 있을 뿐 아니라, 자신의 생각을 비판적으로 다루어 이에 대한 이론도 수립할 수 있다는 것이다. 더 나아가, 여러 가지 변인을 고려하여 이 이론을 논리적이고 과학적으로 검증할 수 있고, 연역 추론을 통해 과학적으로 진리를 발견할 수 있다(Inhelder & Piaget, 1958). 이렇듯 이론을 구성하고 검증할 능력이 있다는 점에서 청소년은 과학자의 역할을 할 수 있는 것이다.

다음 예를 통해 아동이 문제에 접근하는 방식과 청소년의 논리적이고 체계적인 방식의 차이를 살펴보도록 하자.

E. A. Peel은 아동들에게 다음 사건에 대해 어떻게 생각하는지 물었다. "용감한 비행사만 높은 산 위를 날

수 있는 허락을 받는단다. 그런데 알프스산 위를 비행하던 한 공군 비행사가 항공 케이블과 충돌하여 주 전선이 끊어졌고, 케이블 몇 대가 빙하 아래로 추락하게 되었지. 그래서 여러 사람이 죽었단다." 구체적 조작기의 아동은 다음과 같이 대답하였다. "비행사가 조종을 잘 못하는 사람이었다고 생각해요." 형식적 조작기의 아동은 다음과 같이 대답하였다. "조종사가 자기 항로에 케이블이 있다는 사실을 미리 듣지 못했거나 너무 낮게 날았을 거예요. 이륙 전후에 비행 나침반이 무슨 영향을 받았을 수도 있고요. 그래서 방향감각을 잃어서 케이블과 부딪쳤을 거예요."

구체적 조작기 아동은 충돌이 생겼다면 그것은 조종사 잘못이라고 생각하고, 형식적 조작기 아동은 충돌을 일으켰을 법한 모든 가능성을 고려한다. 또한 구체적 조작기 아동은 자기 생각에 가장 그럴듯한 가설을 채택하고, 형식적 조작기 아동은 모든 가능성을 상정하고 이를 하나하나 확인한다(Kohlberg & Gilligan, 1971, pp. 1061, 1062).

Piaget가 했던 실험 중에 진자를 가지고 한 것이 있는데, 이를 통해 청소년이 문제해결에 사용하는 전략을 알 수 있다. 먼저 청소년 참가자들에게 줄에 매달린 진자를 보여 주었다(그림 4.3). 문제는 진자의 진동 속도에 영향을 미치는 요인이 무엇인지를 찾아내는 것이었다. 피험자들에게 네 가지 가능한 요인을 조사해 보도록 하였다. 즉 진자의 길이를 변화시켜 보거나, 무게를 변화시켜 보거나, 다양한 높이에서 진자를 놓아 보거나, 진자를 다양한 힘의 각도로 진동시켜 보도록 하였다. 어떤 방식으로든 자신의 생각대로 문제를 풀어 나가도록 하였다.

문제해결 행동에서 피험자들은 세 가지 기본적인 특성을 보여 주었다. 첫째, 그들은 체계적으로 실험을 계획하였다. 줄을 길게 혹은 짧게, 무게를 가볍게 혹은 무겁게, 높이를 높게 혹은 낮게, 그리고 미는 힘의 각도를 다양하게 하여 진자 운동의 모든 가능한 원인을 검증하기 시작하였다. 둘째, 서로 다른 실험 조건하에서 편견 없이 정확하게 결과를 기록하였다. 셋째, 논리적인 결론을 도출할 수 있었다. 예를 들어 청소년은 줄의 길이,

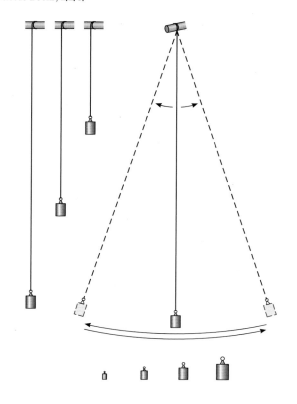

그림 4.3 진자 문제

가는 끈으로 매달린 단순한 진자를 짧게도 할 수 있고, 길게도 할 수 있고, 무게의 변화를 다양하게 할 수도 있다. 또 다른 변인으로는 참가자가 첫 번째로 진자를 미는 힘과 진자를 투하시킨 높이가 중요하게 고려되었다.

출처 : "The Pendulum Problem" from *The Growth of Logical Thinking: From Childhood to Adolescence* by Jean Piaget. Copyright © 1958 by Basic Books, Inc. Reprinted by permission of Basic Books, a member of Perseus Books, L.L.C.

진자를 미는 힘, 혹은 무게와 같은 진자의 특성이 한 번에 하나씩만 변한다고 직관적으로 생각하였다. 이들은 동시에 한 가지 이상의 특징에서 변화가 관찰된다면 어떤 특징이 그 변화의 원인인지 곧바로 알 수 없을지 모른다는 것을 깨달았다. 심리학자들은 이 같은 접근을 **가설-연역법적 사고**(hypothetico-deductive reasoning)라고 부르지만 과학적인 방법으로 더 자주 언급된다.

나이가 어린 피험자들은 동일한 문제에서 시행착오를 통해 정답을 낼 수는 있을지 모르지만, 체계적이고 과학적인 절차를 사용하지 못하거나 결론을 논리적으로 설명할 수 없을 것이다. 아동들은 사실에 의해 보장된다고 생각하는 것을 결론으로 택하는 경향이 있다. 그러나 아동들은 모든 가능한 사실을 고려하지 못하고 또 이들에 대해 논리적으로 추론할 수 없기 때문에 결

알고 싶은 것

왜 청소년들은 종종 '젊은 과학자'라고 묘사되는가?

일부 인지심리학자는 청소년들이 문제해결을 위해 직관적이고 자발적으로 과학적인 방법을 사용한다는 점에서 청소년을 '젊은 과학자'로 묘사한다. 다시 말해 청소년들은 어떤 상황의 특정 요소가 무슨 효과를 나타내는지 탐색하고자 다른 모든 요소들은 그대로 유지하면서 한 번에 한 가지 특성만을 변화시켜야 한다는 것을 안다.

론이 성급하고 틀린 경우가 많다. 반증을 제시해도 아동들은 자신의 원래 생각을 고집하고 여기에 주변 환경을 맞추려고 하는 경향이 있다.

청소년기 사고의 한 가지 특징은 유연할 수 있는 능력이다. 이들은 사고하고 문제를 해결하는 데 상당한 융통성을 발휘할 수 있다. 또한 한 가지 관찰된 결과에 대해 여러 가지 해석을 내려 볼 수도 있다. 실제 사건이 일어나기 전에 여러 가지 가능성을 예측할 수 있기 때문에 흔치 않은 결과가 나와도 놀라지 않는다. 이들은 선입견에 사로잡히지 않는 것이다. 이와 반대로, 어린 아동들은 사건에 대한 자신의 단순한 이해에 부합하지 않는 비전형적인 결과가 나오면 혼란스러워하게 된다.

전조작기의 아동도 기호를 사용하기 시작한다는 것은 이미 앞에서 설명하였다. 그러나 형식적 조작기에 이르면 두 번째 기호체계인 기호를 위한 기호 세트(set of symbols for symbols)를 사용하기 시작한다. 예를 들어 은유적인 말이나 대수 기호들은 말이나 숫자라는 기호의 기호인 것이다. 기호를 기호화할 수 있는 능력은 청소년기의 사고를 아동의 것보다 훨씬 더 유연하게 해 준다. 이제 말로 두세 가지 의미를 전달할 수 있는 것이다. 만화는 말로 설명해야 하는 얘기를 그림으로 제시해 줄 수 있다. 초등학생에게 대수를 가르치지 않는 것이나, 고등학생이 되어야 정치풍자 만화나 종교적 상징을 이해할 수 있다는 것은 사실 당연한 것이다(Elkind, 1970).

구체적 조작기와 형식적 조작기의 또 다른 중요한 차이는 형식적 조작기에는 추상적이면서 지금 현재 존재하지 않는 것도 생각할 수 있다는 것이다. 이 시기에는

구체적 현실의 것이 아닌 추상적인 것과 가능성에 대해 생각할 수 있다. 이러한 능력으로 인해 청소년들은 자신의 미래를 상상해 보고, 현재의 현실과 가능성을 분별해 보고, 무엇이 가능한지에 대해 생각해 볼 수 있다. 청소년들은 주어진 것을 수용하고 이해할 능력이 있을 뿐 아니라 무엇이 가능할지, 무엇이 불가능할지를 생각할 능력도 갖추게 된다. 왜냐하면 이 단계의 청소년들은 사고를 새로이 구성해 낼 수 있기 때문에 자신이 받아들인 것을 더 정교화 하여 새로운 혹은 다른 생각이나 사고를 해낼 수 있는 능력이 있기 때문이다. 그들은 창조적이고 독창적이며 상상력을 발휘할 수 있게 된다. 가능성이 현실보다 우세한 위치를 점하게 되는 것이다. "청소년은 자신을 가능성에 투여하는 사람이며, 가장 광의의 의미로 '체계'나 '이론'을 세우기 시작하는 사람이다"(Baker, 1982). 자신을 미래에 투영해 볼 수 있는 능력은 그들의 삶에 여러 가지 중요한 결과를 낳게 된다.

요컨대, Piaget에 따르면 형식적 사고는 다음의 다섯 가지 주요한 측면을 가진다 : (1) 내성(생각에 대한 생각), (2) 추상적 사고(현실을 넘어선 가능성을 생각하는 것), (3) 조합적 사고(모든 중요한 사실과 개념들을 고려할 수 있는 것), (4) 논리적 사고(연역법과 귀납법을 사용하여 올바른 결론을 내릴 수 있는 능력), (5) 가설적 추론(가설을 세우고 다양한 변인을 고려하여 증거를 찾는 것). 그림 4.4는 구체적 조작기와 형식적 조작기 단계를 구분하는 능력에 대해 개괄하고 있다.

청소년기 사고가 성격 및 행동에 미치는 영향

부모와 형제자매들은 자신의 예의 바르고 사랑스러운 아들/딸/남동생/여동생이 십대가 되면서 개구쟁이가 되어 버렸다는 사실에 곤혹스러워 한다. 이러한 고정관념은 시트콤과 코믹 연재물의 주요 소재이다. 그러나 이러한 지각은 얼마나 정확한가? 청소년기에 성격이 더 나빠졌다고 할 수 있는가? 우리는 이전 장에서 십대들이 아동이나 성인보다 더 변덕스럽고 우울하다는 것을 논의했었다. 이 장에서는 청소년 성격과 행동의 일반적인 변화에 대해 기술할 것인데, 이는 역사적으로 인지발달과 관련을 맺고 있다.

그림 4.4 구체적 조작기와 형식적 조작기의 사고 특성

구체적 조작기	형식적 조작기
위계성	추상성
유목포함	사실에 반하는 추론
서열화	귀납법
이행추리	연역법
현실성, 실제 경험	체계적인 문제해결
정체성	포괄적인 추론
가역성	가설-연역법적 사고

이상주의

청소년은 어른의 세계로 나아가는 과정에서 반성적 사고를 통해 자신이 배운 것을 평가해 보게 된다. 이들은 도덕적 추론능력이 훨씬 향상되어 불공정한 상황에서 침묵하는 것이나 자신들에게 동조하지 않는 것을 견디지 못하게 된다. 더 나아가, 현실과 가능한 것을 구분할 수 있는 능력으로 인해 어른들의 세상이 어떠한가뿐 아니라 특히 이상적인 상황이라면 어떠할 수 있다는 것까지 변별할 수 있다. 이렇게 현재 상태와 가능성을 구분해서 파악할 수 있는 능력을 갖게 됨으로써 이상주의적(idealistic)이 되는 것이다. 이들은 실제와 가능성을 비교하고, 실제가 이상보다 못하다는 것을 발견하며, 있는 그대로의 사물을 비판적으로 관찰하고, 어른들에 대해 매우 비판적인 시각을 갖게 된다.

어떤 청소년들은 일시적으로 **구세주 콤플렉스**(messianic complex)에 걸리기도 한다. 자신이 인류 구원에 중요한 역할을 해야 한다고 생각하는 것이다. 자신이 주장하는 바를 관철하는 데 결정적인 역할을 해 보겠다는 생각으로, 아무 대가 없이 신에게 봉사하겠다며 신과 계약을 맺으려 할 수도 있다(Piaget, 1967). 이들은 주로 언어적 논쟁이나 집단 행동을 통해서 스스로가 세상을 변혁하는 중요한 노력을 하고 있다고 생각한다. 어떤 청소년들은 정치적 이상주의에 사로잡혀 이상사회 건설이라는 신념에 몰두하기도 한다.

알고 싶은 것

▶ **왜 청소년들은 종종 극단적인 정치적 관점을 갖는가?**
청소년들은 종종 정치나 혹은 그 밖의 것들에 대해 극단적인 관점을 갖게 되는데, 이는 그들이 이상주의적이기 때문이다. 이상주의는 가설적으로 사고하고 세상이 어떻게 변화할 수 있는지 상상할 수 있는 청소년기의 새로운 능력으로부터 나온다. 또한 가설적 사고는 오래된 문제에 새로운 방법으로 접근할 수 있도록 해 준다.

또한 청소년들은 정치적 이상주의자가 되는 동시에 약한 자들을 위한 투사가 된다. 타인의 고통을 공감하는 능력은 바로 이들 자신의 내적 혼란 때문에 가능하다. 자기 자신의 심리적 위치가 불안정하기 때문에, 약하고 가난하며 이기적인 사회의 억압된 희생양인 사람들을 쉽게 동일시할 수 있는 것이다. 따라서 이들이 지각하는 사회적 불평등은 실은 자신의 내적 갈등을 반영하는 것이다. Elkind(1967)에 따르면, 청소년기 초기에는 본인들이 주장하는 인본주의를 위해 실제로 하는 일은 별로 없으면서, 주로 언어적인 수준에서만 반항을 한다고 한다. 청소년기 후기에 이르러서야 비로소 자신의 이상을 적절한 행동으로 옮기고, 좀 더 이해심이 넓어지고 참을성이 커지며, 남을 돕고자 하게 된다.

장기적인 가치

청소년기에 관찰되는 또 다른 중요한 특징은 이들이 성인의 역할을 취하기 시작한다는 점이다. 스스로를 성인과 동등하다고 보고, 삶의 계획을 세우고, 미래에 대해 염려하고, 사회를 변화시키는 데 대한 생각을 하게 된다. 처음에는 성격이 매우 자기중심적이지만 이런 특성은 탈중심화 과정을 통해 점차적으로 없어지게 된다. 또한 형식적 추론능력의 발달에 힘입어 즉각적인 만족과 목표 만족보다는 장기적 의미를 갖는 가치관을 발전시키게 된다.

위선

청소년들은 말과 행동이 불일치한다고 하여 종종 **위선적**(hypocrisy)이라는 비난을 받는다. Elkind(1978)는 다음 두 가지 예를 통해 이러한 경향을 보여 주고 있다.

첫째, 한 십대 소년이 형이 자기 방에 와서 물건을 가져간다며 한참 불평을 한다. 아버지에게 형을 혼내지 않는다고 화를 내기도 한다. 그러면서도 아버지 서재에 들어가 아버지의 컴퓨터와 계산기를 쓰고, 물어보지도 않고 아버지의 오디오로 음악을 듣는 데 대해서는 전혀 양심의 가책을 느끼지 않는다.

둘째, 청소년들이 무리를 지어 '수질보호를 위한 걷기대회'에 참가한다. 여기서 1마일을 걸을 때마다 스폰서가 돈을 지원한다. 그 돈은 온타리오 호수의 수질을 조사하고 오염을 예방하는 데 사용된다. 이를 보고 Elkind는 젊은이들이 흔히들 말하는 것처럼 가치관이 없거나 물질 만능주의적이지 않다는 데 대해 흐뭇하기도 하였다. 그러나 바로 다음날 걷기대회를 했던 그 길에는 햄버거 포장지와 음료수와 맥주 캔이 잔뜩 널려 있었고 이를 치우기 위해 청소부를 고용해야 했다. 그렇다면, 쓰레기를 치우는 데 든 돈이 걷기대회를 통해 지원받은 돈보다 많았는지가 궁금해진다. 이것도 위선의 아주 좋은 예이다. 이들은 오염에 반대했으면서도 환경을 더럽힌 주범이었다(Elkind, 1978).

청소년의 행동은 이상과 행동 간의 불일치를 드러낸다는 점에서 위선적이다. 그러나 이들이 일반론을 구체적인 사례로 연관시키는 능력이 있다면 정말 위선적이라고 할 수 있지만, 사실 어린 청소년들은 꼭 그렇지 못할 수도 있다. 초기 청소년기에는 '환경오염 금지'라는 보편적 원칙을 세울 수 있는 능력은 있지만 이러한 일반적 규칙을 구체적 사례로 적용하는 것을 본 경험이 없다. 이는 성격적 결함이라기보다는 지적 미숙 때문인 것이다. 청소년들은 자신이 고차원적인 도덕적 원칙을 생각하고 표현할 수 있기만 하면 이런 도덕성을 이미 달성한 것이며 구체적인 실천은 필요 없다고 생각한다. 이러한 태도는 이상이란 실천되어야 하고 당장에 얻을 수 있는 것이 아니라고 생각하는 어른들을 혼란스럽고 당황하게 한다. 또한 어른들의 이러한 태도를 두고 청소년들

청소년기 이상주의는 새롭게 현실과 이상적인 상황을 구별할 수 있는 능력이 증가하면서 발생한다. 청소년들은 약한 자들을 위한 투사가 되고, 종종 어려운 처지의 사람들을 돕는 일에 참여하게 된다.

알고 싶은 것

왜 청소년들은 종종 자신이 말한 것과 다르게 행동하는가?

청소년들은 마음은 고결한 이상에 두면서 몸으로는 세속적인 일상의 일들을 수행한다. 청소년들은 이 둘 간의 관련성을 항상 보지는 못하기 때문에 자신이 말한 것과 다른 행동을 하게 되는 것이다. 또한 성인은 청소년이 느끼지 않는 감정을 마치 느끼는 것처럼 가장하게 함으로써 부지불식간에 위선을 조장하기도 한다.

알고 싶은 것

왜 청소년들은 자의식이 강한가?

청소년들은 모든 사람들이 항상 자신을 보고 있다고 믿기 때문에 자의식이 강하다. 그리고 청소년들은 다른 사람들이 자신들에게 주의를 기울인다고 믿을 뿐만 아니라 자신이 까다로운 청중들 앞에서 공연을 하고 있다고 믿는다. 이렇게 주시당한다고 생각한다면 누구라도 불안함을 느끼는 것이 당연하다.

은 냉소적이고 위선적이라고 생각한다(Elkind, 1978).

청소년들이 스스로에 대해서, 스스로의 생각에 대해서, 그리고 사회에 대해서 생각할 수 있는 능력도 또 다른 위선의 모습, 즉 자기의 모습이 아닌데도 그런 체하는 행동을 하게 한다. 이들은 공부를 좋아하는 것 같지만 거의 그렇지 않다. 자기가 동의하지 않으면서도 부모의 관점과 신념에 따르는 것처럼 보인다. 남에게 상처를 주거나 화를 내지 않는 것 같지만 실제로는 그렇다. 부모를 실망시키거나 상처 주는 행동을 안 할 것이라고 남들이 생각하기 때문에 감히 앞에서 말을 안 할 뿐이다. 이들은 실제 자기 모습이 아니도록, 그렇게 느끼지 말도록, 그런 소망을 갖지 말라고 강요당한다. 자기 자신을 부인하라는 압력을 받기 때문에 어쩔 수 없이 위선적으로 행동하는 것이다. '이러이러 해야 한다'는 것을 생각할 수 있는 능력이 새롭게 생김에 따라, 실제 자기가 아니라 남이 자신에게 기대하는 바의 자기인 척할 수 있게 된다.

거짓 어리석음

Elkind(1978)는 어린 청소년들의 경우 과제가 어려워서가 아니라, 실은 문제는 쉬운데도 너무 복잡한 수준에서 해결하려고 하여 결국 실패하게 되는 경향을 보인다고 지적하고, 이를 **거짓 어리석음**(pseudostupidity)이라고 명명하였다. 그것은 마치 청소년들이 대부분의 문제들을 함정이 있는 다항선택형 시험문제인 양 접근하는 것과 같다. 그들은 상황을 과잉분석한 나머지 아마도

결코 발견되지 않을 뉘앙스를 찾아 헤매다 결국 일이 너무 어려운 듯하여 당황할 수 있다. 예를 들어 어떤 청소년은 레스토랑 메뉴를 20분 동안 뚫어지게 처다보았지만 어떤 음식으로 할지 결정을 하지 못할 수도 있다. 이와 마찬가지로, 고학년들은 어떤 수업을 들을 것인지 선택을 하거나 어떤 옷을 입을 것인지 선택하는 것에 압도되어 있을 수 있다.

다시 말해 형식적 조작을 수행할 능력이 있으므로 여러 가지 대안들을 고려할 수는 있지만, 이러한 새로운 형식적 조작능력을 아직 완전히 통제할 수 있게 된 것은 아닌 셈이다. 그러므로 청소년들은 똑똑하면서도 경험이 없기 때문에 때로 바보처럼 보일 수가 있는 것이다.

자기중심성

청소년들은 지적 변화의 결과로 새로운 형태의 **자기중심성**(egocentrism)이 발달하게 된다(Vartanian & Powlishta, 1996; deRosenroll, 1987). 이런 자기중심성은 '상상 속의 관중'과 '개인적 우화'라는 두 가지 방식으로 나타난다(Lapsley, FitzGerald, Rice, & Jackson, 1989).

자신의 생각에 대해 생각할 수 있는 능력이 생김에 따라 청소년들은 자기 자신, 자기의 사람됨, 그리고 자기 생각에 대해 예리하게 인식하게 된다. 그 결과 이들은 자기중심적이고 되고, 자의식이 생기며, 내성적이 된다. 남보다는 자기 자신을 향해 사고하게 되는 것이다(Goossens, Seiffge-Krenke, & Marcoen, 1992). 또한 스스로에 대해 관심이 집중된 나머지 다른 사람도 자기의 외모와 행동에 대해 똑같이 관심을 두고 있을 것이

그들의 목소리로

"상상 속 관중의 개념은 청소년기에 내가 확실하게 경험해 봤다. 내 생각에 나는 아주 뒤늦게 성숙한 편이었고 그래서인지 내 모습에 대한 자의식이 심했다. 나는 늘 지나치게 옷차림에 신경을 썼다. 내 기억으로, 나는 춤을 추기 전에 머리를 손질하는 데 너무 많은 시간을 보낸 나머지 팔이 아플 정도였다."

"나는 일기를 전혀 쓰지 않고 시적 감각도 없는 소녀였지만, 연예인에게는 그 지긋지긋하게 싫어하는 편지를 미친 듯이 써 대고 가끔씩 그것을 보내기도 했다. 나는 시트콤 '프렌즈'의 출연진 중 몇 명에게 내가 얼마나 이 드라마와 관련이 있는가, 얼마나 내가 등장인물에 대해 잘 이해하고 있는가, 그리고 같은 반 친구들보다도 그들과 훨씬 더 좋은 친구가 될 수 있다는 생각에 대해 편지를 쓰기도 했다. 열세 살 때였다."

"우리 집에는 농구 골대가 있었다. 혼자서 놀 때면 마이클 조던 같이 유명한 선수와 경기를 하고 있고, 우리 반 애들 모두가 나를 지켜보고 있다는 상상을 하곤 했다. 슛을 할 때마다 나는 관중들이 열광하는 것처럼 행동했다. 그리고 지치기 시작하면 마치 경기 시간 5초를 남겨 두고 2점 차로 따라 가고 있는 순간인 듯 카운트다운을 했다. 그런 다음 나는 슛을 하곤 했다. 그 슛으로 내가 경기에서 이기기도 하고 또는 져서 교체되기도 했다. 내가 상상 속의 관중을 경험하는 심각한 사례였음은 분명하다."

라고 결론을 내린다. "청소년의 자기중심성을 이루는 것은 바로 타인도 나의 외모와 행동에 대해 신경을 쓰고 있다는 믿음이다"(Elkind, 1967, p. 1029). 그 결과 이들은 많은 경우 자기가 '무대에 서 있는 것처럼' 느끼게 된다. 따라서 많은 에너지를 **상상 속의 관중**(imaginary audience)에게 반응하는 데' 사용하게 된다(Buis & Thompson, 1989).

청소년기에는 이러한 상상 속의 관중에게 반응하려는 욕구가 있기 때문에 극단적인 자의식이 생긴다

(Peterson & Roscoe, 1991). 구내식당에서나 집에 오는 버스에서, 많은 청소년들은 자기가 주목의 대상이라고 느낀다. 어떤 경우에는 모두가 자기를 보고 있다고 믿은 나머지, 멋있어 보이려고 큰 소리를 내고 도발적인 행동을 함으로써 청중들에게 반응하는 청소년 무리도 있다. 또한 상상 속의 관중에게 반응하는 것은 동조 행동에 기여한다. 예를 들어 만약 친구들이 당신이 신고 있는 신발과 똑같은 신발을 신었다면 당신을 비웃지 않을 것이다. 마지막으로, 상상 속의 관중 개념으로 인해서 많은 청소년들에게 사생활에 대한 욕구가 증가되고 있다. 청소년들이 유일하게 이완되고 편하게 쉴 수 있는 순간은 말 그대로 누구에게도 관찰되지 않고 혼자만 있을 때뿐이다.

Elkind(1967)는 또한 청소년들이 자기의 경험을 매우 독특한 것이라고 믿는 신념에 대해서도 논의하였으며, 이를 **개인적 우화**(personal fable)라고 명명하였다. 상상 속의 관중에 대한 믿음, 또 아주 많은 사람들에게 있어 자기가 중요한 존재라는 신념 때문에 청소년들은 자기 자신을 특별하고 독특한 존재라고 생각하게 된다. 어떤 경우에는 자기가 죽지 않을 것이며 위험한 상황에서도 다치지 않을 것이라는 생각을 하기도 한다(Dolcini et al., 1989). 이는 많은 청소년들이 자신에게는 절대 원치 않는 임신 같은 일이 생기지 않거나, 비록 자신이 공격적으로 난폭하게 운전을 함에도 불구하고 교통사고가 일어나지 않을 것이라고 믿는 이유 중 하나이다.

자기중심성은 청소년들의 사회 개혁에 대한 소망이나 성인의 역할을 하려는 노력과도 관련될 것이다(White, 1980). 이들은 자신의 자아를 사회환경에 적응시키려고 할 뿐 아니라, 환경을 자신의 자아에 맞추려고 한다. 이들은 자신이 어떻게 사회를 바꿀 것인지를 생각하기 시작한다. Inhelder와 Piaget(1958)는 이에 대해 다음과 같이 말한다.

청소년은 자기 생각에 무한한 힘을 부여하여, 생각을 통해 찬란한 미래나 세상의 변혁을 꿈꾸는 것(이상주의가 물질주의적인 것일지라도)이 단지 환상에 지나지 않는 것이 아니라 그 자체로 실제 세상을 바꾸는 행위라고 생각하는 시기를 거친다. 이것이야말로 인지적

자기중심성이다(p. 345).

자기반성

청소년들은 추상적이고 가설적으로 생각하는 능력이 점점 증가하면서 사회 병리에 관심을 갖게 되고, 또한 모든 사람이 자신을 주시하고 있다고 믿고, 자신이 주변 사람들보다 더 깊이 있고 민감하다는 개인적 우화를 발달시키면서 **자기반성**(introspection)에 더 많은 시간을 보내게 된다. 다른 인지적 변화까지 모두 더해 보면 청소년이 자신의 생각이나 느낌에 매혹되어 있는 것은 당연한 것이다. 그들은 전보다 더 똑똑하고, 전에는 할 수 없었던 복잡한 주제에 대해서도 이제는 생각할 수 있다. 더 나아가, 자신들의 생각은 의심할 것도 없이 다른 사람들의 생각보다 뛰어나기 때문에 상세히 살펴볼 가치가 있다. 청소년들은 항상 마음 속에서 친구나 다른 사람과 있었던 상호작용들을 재연한다. 오늘 아침 캐리가 "안녕."이라고 인사한 방식에 무언가 미묘한 의미가 있었을까? 토니에게 할 말이 있었는데 메리에게 대신 전해 달라고 하지 말고 지리 시간에 쪽지를 줄 걸 그랬나? 청소년의 세계는 복잡하게 얽힌 문제들로 가득 차 있으며, 신중한 생각은 이러한 문제들을 풀어 가는 데 도움을 줄 수 있다.

자기개념

스스로에 대해 생각할 수 있는 능력은 청소년기에 자기개념과 정체성을 발달시키는 과정에도 필요하다. 이 과정에서 청소년들은 자신에 대해 "나는 신체적인 매력이 있어.", "나는 똑똑해.", "나는 인기가 많아."와 같은 많은 가정들을 세워야 한다. 이런 가정들은 "나는 머리카락이 예쁘니까 신체적인 매력이 있어."와 같은 여러 가지 구체적인 사실에 기반을 두고 있다. 형식적인 조작적 사고를 통해 수많은 생각을 동시에 하면서 각각을 검토해 볼 수 있다. 예를 들어 친구에게 "내 머리 어때?" 혹은 "내 머리 흉하니?"라고 물어볼 수 있다. 점차적으로 이들은 스스로에 대한 느낌 중 진실과 거짓을 분류하고 전체적인 자기개념을 형성해 가기 시작한다.

Piaget 이론에 대한 비판

Piaget의 연구는 20세기 초반에 이루어졌다. 따라서 21세기 초에 그의 업적에 대한 비평이 진행되고 인지발달 영역이 새로운 이론으로 옮겨 갔다는 것은 놀라운 일이 아니다. 청소년기의 사고가 보다 어린 아동의 사고를 능가한다는 Piaget의 주장을 아무도 의심하지는 않지만, 형식적인 조작적 사고에 대한 그의 특정 주장은 수

Research Highlight 개인적 우화는 전적으로 나쁜가?

Elkind(1967)는 개인적 우화를 처음으로 설명하면서 그것의 부정적인 면에 대해 강조했다. 만약 자신이 특별하고 독특하다고 믿는다면, 당신은 외롭다거나 진가를 인정받지 못한다는 느낌을 가질 수 있다. 만약 자신이 다치지 않을 거라고 믿는다면, 당신은 스스로에게 나쁜 일이 일어날 수 있다거나 위험한 행동을 하고 있다는 생각을 하지 않을 것이다. 만약 자신이 전능하다고 생각한다면, 당연히 당신 자신은 옳고 다른 사람들은 틀렸다고 여길 것이다. 그러나 개인적 우화가 전적으로 나쁜 것일까? 최근의 연구들은 그렇지 않다는 사실을 보여 주고 있다.

Aalsma, Lapsley와 Flannery(2006)는 최근에 중·고등학생의 개인적 우화의 여러 측면과 정신건강의 다양한 측면들 사이의 상관을 살펴본 연구를 끝마쳤다. 한편으로, 독특성에 대한 느낌은 정신건강과 부적으로 관계가 있었다. 특히 자신이 가장 독특하다고 느끼고 있는 청소년들일수록 심하게 우울하고 자살에 대한 생각까지 갖는 것으로 나타났다.

반면에, 전능감을 느끼는 청소년들은 정신건강과 정적인 관계를 보였는데, 그들은 스스로가 가치 있다고 느꼈으며, 강하고, 어떤 상황에도 잘 적응하고 대처할 수 있다고 느꼈다. 자신이 다치지 않을 것이라는 믿음과 정신건강의 관계는 좀 더 복잡했다. 자신이 다치지 않을 것이라고 믿는 십대 청소년일수록 위험한 행동에 참여하거나 약물을 사용하는 경향이 두드러졌다. 하지만 그들은 자신에 대해서는 긍정적으로 느끼는 경향이 있었다.

이 연구자들은 청소년뿐만 아니라 성인에게서도 이러한 관계가 성립할 것이라고 조심스럽게 제안하고 있다. 그들의 연구는 청소년과 성인의 자기중심성을 비교하기 위해 고안되지는 않았기 때문에, 앞으로의 연구에서는 이러한 경향성이 십대에게만 나타나는 것인지를 살펴볼 필요가 있다.

많은 점에서 의문의 여지가 있다.

Piaget의 첫 두 단계에 대한 비판

일반적으로, 현대의 연구자들은 어린 아동이 Piaget가 믿었던 것보다 훨씬 더 인지적으로 앞서 있다는 사실을 발견했다(Berk, 2006). Piaget가 사용 가능했던 것보다 훨씬 더 예민한 측정방법들을 통해 감각운동기와 전조작기와 같은 시기에 그가 상상했던 것보다 많은 능력들이 더 이르게 나타난다는 것이 알려지고 있다(예 : Wang, Baillargeon, & Paterson, 2005). 게다가 현재 인지발달을 연구하는 많은 심리학자들은 아기들이 상당한 양의 선천적 지식들을 부여받는다고 믿고 있으며(예 : Carey & Markman, 1999), 아무것도 없는 상태에서 그들이 알게 될 모든 것을 배워야 할 필요는 없다고 믿는다.

연령과 발달

연구자들의 한 가지 의문은 형식적인 조작적 사고가 구체적 조작기를 대체하게 되는 나이에 관한 것이다. Piaget(1972)는 어떤 환경에서는 형식적 조작이 15~20세경에 나타날 가능성도 있으며, "극도로 좋지 못한 조건하에서는 그러한 유형의 사고가 결코 나타나지 못할 것이다."라고 하였다(p. 7). Piaget(1971)는 사회적 환경이 형식적 조작의 시작을 가속화하거나 지연시킬 수 있음을 인식하였다. 실제로 경제적 형편이 어려운 경우에는 그렇지 않은 경우보다 형식적인 조작적 사고를 획득한 경우가 더 적으며, 정신지체에서는 형식적 조작이 전혀 나타나지 않는다. 형식적인 조작적 사고를 보이는 청소년의 비율은 대개 50% 이하이다(Kuhn, 1979). 청소년들 중 60~70% 정도의 높은 비율이 형식적 사고를 보인다고 한 연구들은 지능이 높은 청소년 혹은 나이가 많고 공부를 더 많이 한 대학생 표본을 대상으로 한 것이었다.

동일 연령에 있다고 해서 모두 똑같은 발달 단계에 있는 것은 아님을 어른들, 특히 부모와 교사가 알아야 한다(Flavell, 1992). 이들 중에는 아직 형식적인 조작적 사고를 획득하지 못한 경우도 많다. 이들은 자기이해 수준 이상의 추론은 아직 이해할 수가 없다. 이들에게

동시에 파악할 수도 없는 여러 가지 대안이나 변인을 고려하여 의사결정하도록 하는 것은 불가능한 일을 하라고 하는 것이나 다름없다. 이들 중 극소수는 10~11세에 형식적 조작기로 넘어갈 수도 있지만, 고등학교를 졸업할 때까지 구체적 조작기를 넘어서는 경우는 40% 정도뿐이다(Lapsley, 1990).

일관성

형식적 조작을 할 수 있는 사람들조차도 항상 일관되게 이를 사용할 수 있는 것은 아니다. 특히 화가 났거나 당황했을 때, 혹은 급할 때는 퇴행이 일어난다(Neimark, 1975). 잃어버린 열쇠꾸러미를 찾기 위해 15번이나 침대 밑을 뒤지는 사람이 자료를 수집하고 그것을 논리적이고 체계적인 방식으로 사용하기란 매우 힘들다. 이와 마찬가지로, 동전을 삼켜 버린 자동판매기의 단추를 반복적으로 누르는 사람은 그 행동이 쓸데없다는 점을 받아들이지 못하고, 따라서 형식적 조작 수준에서 생각하는 것에 실패한 셈이다.

형식적 조작기 이후

Piaget는 형식적 조작기 단계가 인지발달의 네 번째이자 최종 단계라고 믿었다. 물론 사람들은 성숙하면서 계속해서 더 배우고 더 나은 판단을 내리겠지만—아마도 그들이 더 많은 경험을 하고 더 자료를 모을 수 있기 때문일 것이다—그들이 가진 '하드웨어' 중 대부분은 청소년기 중반 수준인 것이다. 모두 그런 것은 아니지만 많은 연구자들은 이제 이 같은 주장에 동의하지 않는다(Commons, Richards, & Kuhn, 1982).

현재는 형식적 조작기 이후 인지발달에 있어 유일하고, 일관되며, 획일적인 개념이 없다. Riegel(1973)과 Basseches(1980)는 어떤 성인은 인지적 **변증법**(dialectics)의 상태에 들어간다고 제안하고 있다. 변증법적으로 사고할 수 있는 사람이란 한 자료에서 두 가지 이상 대립되는 요소를 통합할 수 있는 사람을 말한다. 이와 비교해 볼 때, 형식적 사고를 보이는 사람들은 한쪽이 맞으면 다른 쪽은 틀리다고 주장한다. 하지만 변증법적 사고를 하는 사람들은 세상에는 상호 연관되어 있는 많은 측면들이 있으며, 만약 어느 한쪽에 변화를 주었다

알고 싶은 것

▶ **실제로 성인들은 청소년보다 더 똑똑한가? 아니면 성인들이 단지 더 많이 알고 있을 뿐인가?**

성인이 십대보다 많은 사실을 배우고 경험을 쌓아 온 것이 자명하지만, 성인은 또한 더 나은 방식으로 사고하려는 것처럼 보인다. 성인들은 많은 문제들의 복잡성과 애매모호함을 더 잘 인지하고, 대립되는 정보를 더 잘 다룬다. 또한 많은 성인들은(실제로 모두가 그렇지는 않다고 하더라고) 위기에 다다르기 전에 문제를 방지할 수 있다. 그러므로 많은 전문가들은 성인이 청소년보다 더 똑똑하다는 것에 동의한다.

부모는 아동의 인지발달을 촉진할 수 있도록 자극적이고 지지적인 가족 환경을 만들 수 있다.

면 다른 쪽에도 영향이 있을 것이라고 생각한다. 형식적 사고를 하는 사람들은 정신적 가리개를 쓰려는 경향이 있으며 문제해결이 미칠 파급효과를 무시한 채 자신이 관심이 있는 특정 문제에만 골몰한다. 이 같은 접근은 종종 이상주의와 연관이 있는 극단적 태도를 유도하게 한다.

예를 들어 형식적 추론자나 변증법적 추론자 모두에게 국유지에서 제한 없이 벌채를 해도 되는 새로운 법안에 대해 질문을 한다고 가정해 보자. 먼저, 형식적 추론자는 "그것은 끔찍한 법이에요. 죽어 갈 야생동물을 생각해 보세요."라고 말하거나, "훌륭해요! 집을 짓기 위해서는 목재가 필요하니까 그 법이 경제적으로 도움이 될 거예요."라고 말을 할 것이다. 반면에 변증법적 추론자들은 "벌목꾼들의 실업률을 감소시킨다는 점에서는 좋겠군요. 하지만 생태환경이란 다른 무엇으로도 대체할 수 없는 아름다운 것이지요. 아마 더 많은 벌채가 가능하면서도 숲은 계속해서 보호할 수 있는 방법을 찾을 수 있을 거예요."라고 말을 할 것이다. 세상은 변증법적 사고자보다는 형식적 사고자에게 더욱 단순해 보이고 간단해 보인다. 이러한 형식적 사고의 긍정적인 측면은 개인이 복잡성에 무력해지기보다는 스스로 결정을 하고 행동을 취하게 만든다는 점이다. 반면, 이런 단순한 접근의 부정적인 측면은 해결방안이 근시안적이고 확연하게 틀릴 위험성이 있다는 것이다. (이 지적도 어떤 주제에 대한 변증법적인 논리의 사례를 제공해 주고 있다.)

Piaget와 대조적으로, Arlin(1975)은 다섯 번째 인지발달 단계인 **문제 발견기**(problem-finding stage)를 제안하였다. 이 새로운 단계의 특징은 창조적 사고, 새로운 의문을 떠올리는 것, 생각 속에서 새로운 문제해결 방법을 발견하는 것이다. 이는 명시되지 않았던 문제들을 발견하고, 이런 문제들을 개념화하고, 잘못 정의된 문제들에 대한 일반적인 의문들을 제기하는 능력을 말한다. 문제 발견기에 있는 사람은 앞을 내다보고 행동하며, 문제가 밖으로 두드러지기 전에 문제를 발견한다.

형식적 조작기에 있는 모든 사람들이 문제 발견기에 도달하지는 않는다는 증거가 있다. Arlin(1975)은 대학 4학년생을 대상으로 한 연구에서, 문제 발견을 잘하는 학생들은 모두 형식적인 조작적 사고를 할 수 있었지만 형식적인 조작적 사고를 할 수 있는 사람이라고 모두 문제 발견을 잘하는 것은 아님을 관찰하였다. 이 사실은 문제 발견기 혹은 그와 같은 다음 단계로 넘어가기 위해서는 먼저 형식적인 조작적 사고를 획득해야 한다는 점, 즉 그 순서가 명확하다는 점을 증명한다.

문화와 환경

비교문화 연구에 따르면 형식적 사고는 감각운동적 사고 혹은 구체적인 조작적 사고보다 사회적 경험의 영향을 많이 받는다. Piaget 이론의 첫 세 단계는 대체로 보편적인 것으로 보이나, 대학생이나 성인이라고 하더라도 형식적 사고가 다 획득되는 것은 아니다. 여러 문화적 배경에 따라 추상적 추론능력에 상당한 차이가 있다. 어떤 문화에서는 풍부한 언어적 환경이나 문제해결 상황과 같은 성장을 촉진하는 경험을 제공하여 추상적 사고를 발달시킬 기회를 더 많이 갖게 해 준다. 촉진적 환경을 제공하는 문화에서는 추상적 세계를 다루는 데 필요한 인지적 기술 습득이 촉진된다.

가족이나 학교와 같은 사회집단도 형식적 조작의 발달을 촉진하거나 저해한다. 어머니의 지능이나 사회인구학적 지위, 가정환경의 질과 같은 요인이 아동의 인지발달과 관련된다고 한다(Ardila, Rosselli, Matute, & Guajardo, 2005)

생각을 교환하고, 상상력 있게 탐색하고, 학업적 성취를 이루고, 야심 찬 교육적 · 직업적 목표를 획득하도록 격려하는 부모는 인지적 성장을 촉진하고 있는 것이다. 학생들에게 추상적 추론을 할 수 있고 문제해결 기술을 발달시키도록 격려하는 학교환경도 인지발달을 향상시킨다.

동기와 반응

형식적 조작검사 결과를 가지고 청소년의 학업 수행 행동을 예언하려면 매우 조심해야 한다. 검사모델은 청소년이 지적으로 '할 수 있는 것'이 무엇인가를 보는 것이지 그것이 반드시 구체적인 상황에서 그렇게 '하고자 할 것'임을 나타내는 것은 아니다. 피로, 지루함, 혹은 그 밖에 동기에 영향을 미치는 다른 요인들이 청소년으로 하여금 주어진 상황에서 인지적 수행을 모두 발휘하지 못하게 할 수도 있다(Klaczynski, Byrnes, & Jacobs,

---

Research Highlight   자기중심성은 왜 발달하는가?

이제까지 광범위한 연구들이 상상 속의 관중과 개인적 우화의 존재를 확인해 왔다. 그러나 연구결과를 보면 이러한 자기중심성이 형식적 조작기의 사고와 밀접하게 연관되어 있다는 생각에 의문이 생기게 된다. 즉 수많은 연구에서 형식적 조작기의 사고와 자기중심성 사이의 관련성에 대해 연구를 해 왔지만(Hudson & Gray, 1986), 많은 연구들이 형식적 조작기에 막 진입하려고 하는 청소년들에게 상상 속의 관중과 개인적 우화가 최고조로 강해진다는 사실을 보이는 것에는 실패하였다(개관을 원한다면 Vartanian, 2000 참조). 게다가 형식적 조작기의 출현에는 성차가 존재하지 않는데도 자기중심성에는 성차가 종종 보고되어 왔다(Pesce & Harding, 1986). 그러므로 이제까지 자기중심성이 왜 발달하는지에 대한 경쟁적인 관점이 제안되어 왔다.

한 예로, Lapsley와 Murphy(1985)는 청소년기의 자기중심성에 대한 사회-인지적 이론을 제안했다. 그들은 청소년기 자의식의 증가는 사회적인 조망 수용(perspective-taking)의 수준 변화(Selman, 1980)에 기인한다고 제안했다. 특히 사회적 상황에서 자신의 조망과 타인의 조망을 동시에 고려할 수 있는 능력으로 특징지어지는 Selman의 사회적 조망 수용 수준의 세 번째 수준에서 자기중심성의 발달에 매우 중요하다고 제안하고 있다. 현재까지 Selman이 말한 세 번째 수준이 상상 속의 관중과 관련이 있다는 증거는 부족하지만, 개인적 우화와 관련이 있다는 증거들은 있다(Jahnke & Blanchard-Fields, 1993).

또 다른 이론적 설명은 '새로운 모습(New Look)'이다(Lapsley, 1993). 이 설명은 자기중심성, 특히 상상 속의 관중이 청소년기의 정체성 탐색과 부모로부터의 독립 욕구에 기인한다고 가정한다(O'Connor, 1995). 여러 자료들은 상실로 인한 위협감을 느끼는 청소년들일수록 자기중심성을 더 많이 나타내는 경향이 있다는 사실을 보여 준다(Vartanian, 1997). 이러한 설명은 앞에서 언급했던 성차를 쉽게 설명할 수 있다는 면에서 매력이 있는데, 여자 청소년은 남자 청소년에 비해 부모님과 더 깊이 결속되어 있는 경향이 있기 때문에, 이 이론적 모델에 따라 여자들이 개인적 우화와 상상적 관중을 남자들보다 더 강하게 드러내게 된다(Vartanian, 2000).

그림 4.5 Piaget의 수위 과제와 막대선-틀 과제

수위 과제

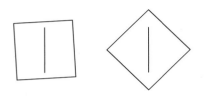

막대선-틀 과제

알고 싶은 것

청소년기에 추론능력을 증진시키기 위해 무엇을 할 수 있는가?

개인에게 자신과 다른 관점을 갖고 있는 사람들과 토론하고, 논쟁하며, 설득하는 기회가 주어져야 비로소 가장 높은 수준의 논리에 이를 수 있다. 청소년들에게 그들의 생각과 의견을 도출해 내는 기회를 준 다음 거기에 조심스럽게 도전하는 것은 이 같은 추론능력을 증진시킬 수 있는 한 가지 방법이다. (소크라테스는 이런 방법을 이미 수천 년 전에 가르쳤다.) 십대들에게 행동하고, 경험하고, 질문함으로써 적극적으로 무언가를 배울 수 있는 기회를 제공하는 것 역시 매우 유익하다.

2001). 또한 Piaget 모델은 양적인 측정치가 아니라 질적인 측정치이다. 사고의 문제를 기술하는 데 사용되는 것이지 반드시 청소년의 수행을 똑같이 재현하거나 깊이 있게 예측하는 것이 아니다.

이에 대한 좋은 예로, Piaget의 수위(water level) 과제를 푸는 능력에는 성별의 차이가 있다. 이 과제는 관련된 막대선-틀(rod-and-frame) 과제처럼 공간지각 능력을 측정한다. 수위 문제에서 참가자들은 누군가가 물을 마시고 있는 사진을 본다. 그리고 컵에 있는 물의 수위를 그린다. 막대선-틀 과제에서 참가자는 경사 진 틀 안에 막대가 수직으로 놓일 수 있도록 해야 한다. 이러한 과제를 잘하려면 참가자는 주변의 틀의 방향을 무시할 수 있어야 한다. 그림 4.5는 이 문제들의 삽화이다. 성인 남성과 소년은 이런 과제를 할 때 종종 성인 여성과 소녀보다 더 잘 수행한다. 그러나 남성의 이점을 다양한 방법으로 제거할 수 있다. 예를 들어 막대선-틀 과제에서 막대선을 대신하여 인간 모양을 그려 넣는다면 여성이 남성보다 더 잘 수행하게 된다. 과제에서 지시가 공간적 측면을 강조할 때 여성의 수행은 저하되는 반면, 이 같은 측면이 감소될 때 여성의 수행은 향상된

다. 훈련 과정은 이 두 가지 과제 모두에서 성별 차이를 줄일 수 있다(Brannon, 1999). 요약하면, 이런 소견들은 수행에 있어 맥락, 자신감, 그리고 동기의 중요성을 강조하고 있다.

형식적 조작기 이후 무엇을 계속 유지할 수 있는가

이 장에서 제시한 수많은 비평들은 Piaget의 인지발달 이론에 명백한 오류가 있고 이제 그의 이론은 더 이상 적절하지 않다는 제안을 하는 것처럼 보인다. 물론 Piaget에 의해 주창된 형식적 조작기 단계로의 이동이 청소년기의 추론능력에서 일어나는 모든 변화를 설명해 주지는 못하지만(Moshman, 1997), 그의 업적이 완전히 무시될 수는 없다. Piaget는 청소년 인지에서 다음과 같은 핵심적 측면을 정확하게 보았다.

- 아동은 11세경에 유의미하게, 그리고 질적으로 총명해진다. (이는 다음 장에서 보다 자세히 언급할 것이다.) 이 같은 변화는 시간이 걸리고 청소년기 내내 발달하게 된다.
- 연역적 추론은 청소년기에 많이 향상되어(Klaczynski, 1993) 짧은 시간 안에 더 나은 답들을 이끌

어 낸다(Foltz, Overton, & Ricco, 1995).

- 가설적인, 혹은 너무나도 뻔히 거짓인 상황에 대해서 생각할 수 있는 능력은 청소년기에 실질적으로 증가한다(Markovitz & Bouffard-Bouchard, 1992).
- 전치논리의 사용은 청소년기에 증가한다(Ward & Overton, 1990).
- 확률적 추론 연구결과에서와 같이, 철저한 조합적 논리는 청소년기에 발달한다(Dixon & Moore, 1996).

- 개인이 자신의 사고에 대해 생각할 수 있는 능력으로서 초인지(metacognition)는 청소년기에 발달한다(Moshman, 1994).

인지발달의 영역이 변화하고 있음에도 불구하고, 현재도 Piaget가 처음 제기한 물음과 주제에 영감을 받은 청소년 인지연구들이 많이 수행되고 있다. 구체적인 발견들에 대해서는 많은 의문이 제기되고 있으나, 그의 업적은 현대의 많은 연구들이 기초하고 있는 근본이다.

권장도서

Elkind, D. (1981). *Children and Adolescents: Interpretive Essays on Jean Piaget.* 3rd ed. New York: Oxford University Press.

Elkind, D. (1998). *All Grown Up and No Place to Go: Teenagers in Crisis.* New York: Perseus Books.

Jardine, D. W. (2005). *Piaget & Education: Primer.* New York: Peter Lang Publishing.

Montangero, J., Maurice-Naville, D., and Cornu-Wells, A. (1997). *Piaget or the Advance of Knowledge.* Mahwah, NJ: Erlbaum.

Pass, S. (2004). *Parallel Paths to Constructivism: Jean Piaget and Lev Vygotsky.* Greenwich, CT: Information Age Publishing.

Piaget, J. (2001). *Language and Thought of the Child.* London, England: Routledge.

Serulinkov, A. (2000). *Piaget for Beginners.* New York: Writers & Readers. York: Plume.

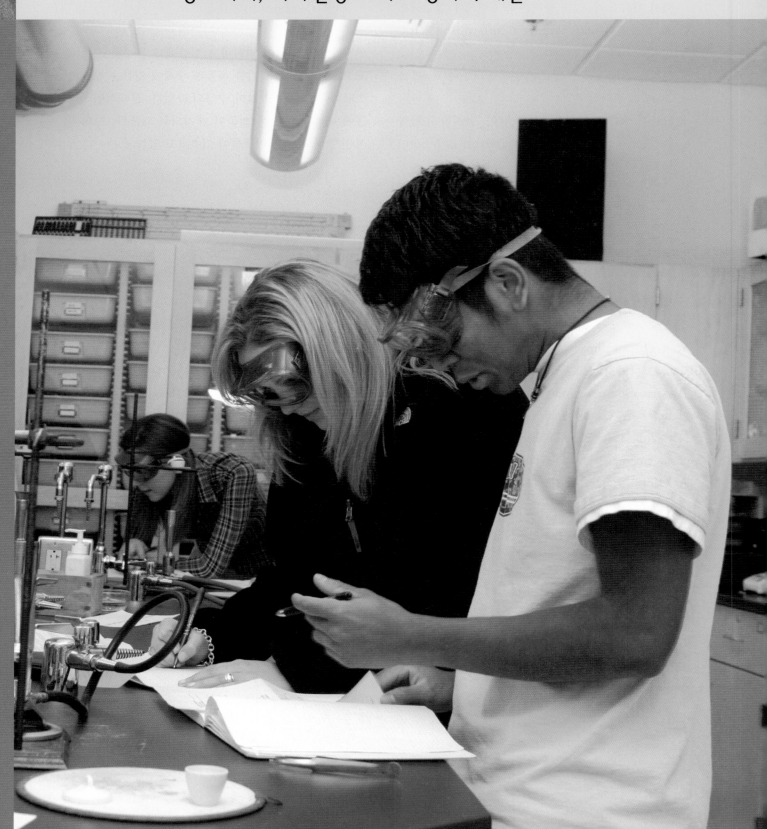

알고 싶은 것

▶ 왜 청소년들은 성인보다 더 위험에 뛰어들려 하는가?

▶ 청소년의 기억 기술은 아동보다 나은가?

▶ 왜 청소년은 아동보다 더 빨리 생각할 수 있는가?

▶ 청소년기에 어떻게 추론이 발전하게 되는가?

▶ 부모와 교사는 청소년이 올바른 선택을 할 수 있도록 어떻게 도울 수 있는가?

▶ 왜 청소년은 가끔씩 권위에 회의적이 되는가?

▶ 진리를 보는 가장 성숙한 방법은 무엇인가?

▶ 왜 청소년들은 성인보다 더 감정적인가?

▶ '똑똑하다'의 의미는 무엇인가?

▶ 지능검사는 지능을 측정할 수 있는가?

제4장에서는 인지발달에 대한 Piaget의 전통적인 접근법에 대해 논의하였다. 이 장에서는 인지발달에 대한 오늘날의 관점에 대해 논의할 것이다. 인지발달에 대한 최근 연구의 대부분은 **정보처리 접근법**에 기초를 두고 있으며, 청소년들이 어떻게 정보를 받아들이고, 집중하고, 인출하고, 다루는가를 연구한다(명칭이 그러하듯). 어떤 연구자들은 청소년이 어떻게 추론하고 어려운 의사결정을 내리는지 발견하려고 노력하고 있다. 또한 두뇌발달이 청소년 인지능력에 미치는 영향에 관심이 집중되고 있다. 제5장은 지능과 평가에 관한 결론을 내릴 것이다.

전체적으로, 최근 연구는 Piaget의 연구와는 여러 가지 차이를 보인다는 점에서 일관된 모습이다. 첫째, Piaget는 대부분 인지발달의 개략적인 발전에 관심이 있었던 것에 비해—성숙해짐에 따라 갖게 되는 지적 성과물의 광범위한 기술—최근 연구자들은 이러한 거대한 변화의 기초가 되는 과정들을 자세하게 분석하는 데 초점을 두고 있다. 그들이 이러한 방식을 취하는 이유는 Piaget의 제안을 통해서는 서로 다른 단계에 있는 개인들의 커다란 지적 차이를 적절하게 (대부분의 심리학자들의 기대만큼은) 설명할 수 없기 때문이다.

최근 연구자들이 Piaget에게 동의하지 않는 또 다른 부분은 단계적 개념 그 자체이다. Piaget는 인지발달에 대한 단계적 접근을 확실하게 믿었고, 개인도 단계적으로 성장한다고 제안했다. 이러한 단계이론에 의하면 개인의 성숙은 일정 시기 동안 매우 **빠르게** 진행되며, 그

후에는 성장이 매우 느려지고 발달이 마무리된다. 하지만 대부분의 최근 연구자들은 변화는 보다 점진적이고 연속적이라고 믿고 있다. 또한 작은 성취들이 점차적으로 축적되어 큰 변화가 일어난다고 생각한다(그림 5.1).

Piaget와 최근 연구자 사이의 세 번째 차이점은 지식과 기능이 영역 특수적(domain specific)이라는 신념에 있다. Piaget는 한 개인이 인지기술을 습득했다면 광범위한 환경에 두루두루 적용할 수 있다고 믿었다. 하지만 많은 기술은 그 기술을 습득했던 맥락에서만 사용할 수 있다고 한다(Wellman & Gellman, 1998). 연구자들은 인지 구조가 일반적이기보다는 특수화되어 있다고 믿는다.

마지막으로, Piaget는 청소년기 인지발달의 주요 특징이 추상적으로 사고하는 능력의 발달이라고 믿었던 반면, 최근 연구자들은 집행적 통제능력(executive control)의 증가를 강조한다(Keating, 2004; Kuhn, 2006). 즉 좀 더 나이가 많은 청소년일수록 자신만의 학습과 생각들을 감찰하고 통제하는 능력이 더 좋아진다. 이 때문에 그들은 인지적 과제에서 더 효율적이고 성공적인 결과를 맺게 된다.

정보처리

인지에 대한 정보처리 접근법은 청소년들이 정보를 수용하고, 지각하고, 기억하고, 사고하며, 사용하는 과정에서 이루어지는 진행 단계, 행위, 작동 등을 강조한다(Siegler, 1995). 상이한 컴퓨터가 상이한 정보처리 속도를 나타내는 것처럼, 청소년들은 정보처리 속도 면에서 차이를 나타낸다. 초기 청소년기에는 정보처리 속도가 계속 향상된다(Hale, 1990). 예를 들어 10세 아동들은 15세 아동들에 비해 정보처리 속도가 느리지만, 15세 아동들은 성인과 정보처리 속도 면에서 별 차이가 없다.

우리가 인간의 정보처리 과정을 이해하는 한 가지 방법은 그것을 컴퓨터의 작동과 비교하는 것이다. 정보는 조직화된 방법으로 부호화되고 입력되어 메모리 속에 저장된다. 저장된 정보 중 어떤 것이 필요하면, 컴퓨터는 명령에 따라 관련 정보를 재생하거나 출력해 낸다.

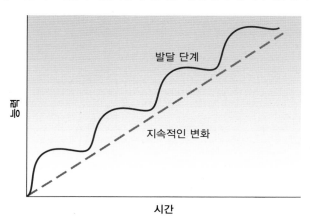

그림 5.1 성장의 비연속성 대 연속성 : 발달 단계 대 지속적인 변화

그림 5.2 정보처리 단계

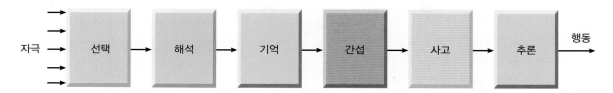

청소년들의 정보처리는 방식 면에서는 이와 유사하지만 훨씬 더 정교하고 복잡한 과정으로 이루어져 있다. 청소년은 정보를 받아서 조직화하고, 저장하고, 인출하고, 이에 대해 생각하며, 적절히 질문에 답하거나 문제를 해결하고, 의사결정을 내릴 수 있도록 정보를 조합한다. 인공지능을 사용하는 가장 정교한 컴퓨터도 인간의 두뇌와 정보의 입출력을 담당하는 신경계의 역량에 견줄 수는 없다(Keating, 1990).

정보처리의 단계

그림 5.2는 정보처리를 일련의 논리적 단계로 분리하여 설명하고 있는데, 자극을 받아서 어떤 행위가 취해지기까지 정보의 흐름을 일방향적으로만 도식화한 것이다. 전반적인 정보의 흐름은 한 방향으로 이루어지지만, 실제로 전향과 후향의 양방향적인 흐름이 나타나기도 한다. 예를 들어 청소년은 몇 가지 정보를 받고 선택해서 결정을 하고, 행동을 하기 전에 오랜 시간 동안 관련 정보를 회상해 내고 생각에 잠길 수 있다. 이처럼 실제적인 정보처리의 흐름에는 양방향 소통이 이루어질 수 있지만, 단순화된 도표는 정보 흐름의 전체적인 과정을 이해하는 데 도움이 될 것이다. 한 단계씩 상세히 살펴보자.

자극

모든 사람은 항상 청각, 시각, 촉각, 후각 등 여러 가지 자극 속에 둘러싸여 있다. 예를 들어 거리를 걸어갈 때도 우리는 울리는 소리, 빛, 그리고 누군가와의 신체적인 접촉에 노출되어 있다. 이러한 감각은 외부 세계와의 접촉을 가능케 해 주는 수용기(receptors)의 역할을 하며, 이를 통해 모든 정보가 수용된다. 정보를 수집할 수 있는 원래 능력 면에서 보자면 감각기관은 생의 초

기에 성숙되며 청소년기에는 거의 발달하지 않는다.

선택

사람들은 자신이 노출되는 모든 자극을 듣고, 보고, 느끼지는 않는다. 이는 모든 것들에 대해 동시에 주의를 기울일 수 없고, 또한 주변에 일어나는 모든 일에 관심을 가지고 있지도 않기 때문이다. 예를 들어 희미하게 경적 소리를 들을지 모르지만, 그 차의 색깔과 제조회사가 어디인지, 또 경적을 울리는 운전자가 누구인지에 대해서는 전혀 주목하지 않는 경우를 생각해 볼 수 있다. 반면에 누군가에 의해 자신의 이름이 불리는 것을 들었을 때에는 그 즉시 주의가 그 소리의 근원으로 향하게 되어 자신을 부른 사람이 늘 익숙하게 보아 오던 파란색 차 속에 앉아 있는 친한 친구라는 정보를 분명하게 인식할 수도 있다. 또 친구가 차를 세우고 다가와서 이야기를 건네는 동안 주변의 무수한 소리와 광경들에는 무신경해지고 모든 주의가 친구와의 대화로 집중될 것이다. 이와 같이 사람들은 흥미를 유발하는 현상을 선택하여 주의를 집중시키도록 동기화된다.

주의력을 관리하는 이러한 능력은 청소년기에 발달한다(Hamilton, 1983; Harnishfeger, 1995). 18세 청소년은 보다 어린 아동보다 주의집중력을 잘 유지하고 분산 자극을 무시할 수 있다. 이들은 부적절한 정보를 무시하고 주의집중해야 하는 중요한 관점에 초점을 맞출 수 있다(Lehman, Morath, Franklin, & Elbaz, 1998).

해석

사람들은 자신이 접하는 모든 것들에 대해서 판단을 내린다. 이는 부분적으로는 과거의 경험에 근거하여 이루어진다. 예를 들어 알코올 중독자 아버지에 의해 양육된 소녀는 자신의 남자 친구가 맥주 한 병을 마시는 것

알고 싶은 것

▶ 왜 청소년들은 성인보다 더 위험에 뛰어들려 하는가?

어떤 청소년은 스스로가 절대로 취약하지 않고 매력적이라고 생각한다(개인적 우화). 청소년들은 성인에 비하여 기꺼이 위험을 감수하려고 하고 부정적 결과를 생각할 때 아무렇지 않은 듯 여긴다. 이러한 청소년들은 숙명론적이고 나쁜 일은 그들이 무엇을 하든 간에 발생한다고 믿는 경향이 있다. 그러니 신중하게 행동할 마음이 생기겠는가?

을 보고 취했다고 지각할 것이다. 그러나 다른 소녀는 그를 전혀 취한 것으로 생각하지 않을 수도 있다. 이 두 소녀는 각자 자신들의 지각하는 바에 따라 주어진 정보를 상이하게 해석했다. 성인들뿐만 아니라 청소년들도 때때로 부정확한 지각이나 불충분한 정보로 인해 오류적인 판단을 내리게 된다. 그러므로 정확히 지각하였는지를 확인하기 위해서는 종종 추가적인 질문을 하고, 더 많은 정보를 획득하거나, 지각 내용을 검증해 볼 필요가 있다.

청소년이 보이는 해석의 편향은 가끔 이들을 위험한 행동으로 이끈다. 일반적으로 청소년, 특히 어린 청소년이 성인보다 위험에 더 뛰어들려는 경향이 있다. 청소년들은 꼭 필요한 경험이 부족할 때가 있고, 어떤 행동이 얼마나 위험한지 정확하게 결정하는 것이 성인에 비해 덜 숙련되었기 때문이다(Millstein & Halpern-Felsher, 2002a). 또한 이것은 청소년이 성인들에 비해 위험을 심각하게 보지 않고 그것에 대해 그다지 걱정하지 않기 때문이기도 하다(Gerrard, Gibbons, Benthin, & Hessling, 1996; Millstein & Halpern-Felsher, 2002b). 게다가 어떤 청소년들은 자신이 오랫동안 건강하고 행복한 삶을 살 수 있을까에 대해 회의하기 때문에 위험한 행동에 개입할 수도 있다(Chapin, 2001). 확실히, 청소년들이 담배를 피우고, 술을 지나치게 마시고, 안전벨트를 하지 않고 운전을 하게 만드는 것은 위험 자체에 대한 낮은 민감성이 아니라 결과의 중요성에 대한 그들의 해석 때문이다.

기억

유용한 정보는 추가적인 정보처리를 거칠 수 있도록 충분한 시간 동안 기억되어야 한다. 기억 과정 역시 일련의 단계들을 거친다(Fitzgerald, 1991). 가장 광범위하게 수용되는 모델은 감각 기억, 단기 기억 및 장기 기억의 개별적인 저장고 혹은 구획으로 구성되는 3단계 모델이다(Murdock, 1974). 정보는 한 구획에서 다른 구획으로 넘어가며, 이 과정 중에는 정보의 부분적인 소실이 일어난다. 그림 5.3은 기억의 3단계 모델을 보여 준다.

정보는 **감각 기억 저장소**(sensory storage) 속에 몇 분의 1초 미만의 매우 짧은 순간 동안 지속되다가 자동적으로 사라지거나, 혹은 또 다른 감각 기억 정보에 의하여 차단된다. 감각 기억에서 아직 사라지지 않은 정보들은 **단기 기억 저장소**(short-term storage)로 읽혀 들어간다. 단기 기억의 용량은 매우 제한적이므로, 오랫동안 유지되어야 할 정보는 반복적인 시연을 거쳐 비교적 영구적인 **장기 기억 저장소**(long-term storage)로 이동되어야 한다. 실제로 장기 기억의 용량은 무한하다. 인출 과정은 회상(recall)이나 재인(recognition)을 통해 저장된 정보를 탐색하고 발견하고 기억해 낸다. 기억의 효율성은 이러한 세 가지 과정 모두에 의존하는 것이며, 보통 청소년기와 초기 성인기 동안 최상의 상태를 유지한다.

감각 정보는 각각의 특정한 **감각 기억 저장소**에 극히 순간적인 시간 동안 유지된다. 청각 정보는 청각 기억 저장소에 머무는데, 이를 **잔향 기억**(echoic memory)이라고 부른다. 시각 정보는 시각 기억 저장소에 머무르며, 이것을 **잔상 기억**(iconic memory)이라고 부른다. 촉각이나 후각 정보를 위한 저장고도 있다. 연구결과들은

그림 5.3 기억의 3단계 모델

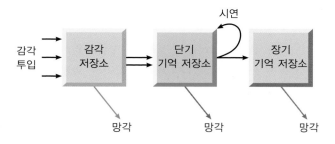

감각 기억 저장소에서 정보를 인출해 내는 능력은 아동이나 청소년기의 성숙 과정에서 크게 변하지 않는 것으로 보고하고 있다(Wickens, 1974).

단기 기억과 장기 기억 간의 차이점에 대한 몇 가지 혼동이 있다. 한 가지 유용한 구별방법이 Waugh와 Norman(1965)에 의해 제시됐다. 그들은 1차적 기억과 2차적 기억이라는 용어를 사용했다. 1차적 기억(primary memory) 또는 단기 기억은 여전히 시연되고 있는 정보이며, 의식 상태의 초점이 되고 있는 것이다. 2차적 기억(secondary memory) 또는 장기 기억은 정보가 얼마나 오랫동안 유지되는지가 아니라 얼마나 심도 있게 처리되는지에 의해 특징지어진다. 2차적인 기억을 구성하는 심도 있는 정보처리는 지각된 정보를 의식 수준 이하의 기억 층으로 저장시킨다. 예를 들어 당신이 단어 목록을 암기하려고 할 때, 현재 의식 수준에서 되뇌고 있는 단어는 1차 기억 혹은 단기 기억의 단계에 있는 것이다. 이미 보고 외워서 덮어 버린 단어들은 단시간 동안 학습되었다고 할지라도 이미 2차적 기억, 즉 장기 기억의 단계로 진행된 것이다. 며칠 뒤 또는 몇 달 뒤에 회상되는 특정 단어는 2차적 기억에서 회상된 것이다. 2차적 기억은 짧게는 30초에서 길게는 수년 동안 지속될 수 있다. 어떤 2차적 기억은 비교적 짧은 시간 간격 후에 회상이 가능하지만, 이 장에서는 1차적 기억과 2차적 기억을 단기 기억 및 장기 기억과 동일한 의미로 사용하였다.

1차적 기억이나 2차적 기억을 측정할 때 피험자는 짧은 숫자, 문자, 혹은 단어들을 제시받은 후 즉각적으로 가능한 모든 것들을 회상해 내는 방식을 통해 평가된다. 가장 최근의 연구에서 단기 기억은 청소년기와 초기 성인기에도 계속 개선된다는 것을 보여 주었다(Fry & Hale, 1996). 예를 들어 Kail(2000)은 단기 기억의 폭이 청소년기 동안 증가한다는 연구결과를 보여 주었다. 이것은 언어와 시공간 기억 모두에서 사실인 것으로 밝혀졌다(Swanson, 1999; Zald & Iacono, 1998).

기억 저장에 있어 가장 의미 있는 변화는 장기 기억 능력이나 정보를 단기 기억 저장소에서 장기 기억 저장소로 옮기는 능력에서 나타난다. 청소년은 기억에서 정보를 인출해 낼 때 초기 성인보다 시간이 더 오래 걸린

알고 싶은 것

청소년의 기억 기술은 아동보다 나은가?
청소년은 아동보다 작업 기억에 많은 정보를 저장할 수 있다. 또한 청소년은 아동보다 새로운 기억을 더 잘 저장하는데, 왜냐하면 청소년들은 자신이 기억하고자 하는 정보에 보다 집중할 수 있기 때문이다.

다(Kail, 1991). 또한 효과적으로 기억 저장을 사용하는 것도 초기 성인보다 덜 효율적이다. 예를 들어 십대들은 인출을 할 때 도움이 되는 군집(cluster)방법을 나이든 어른들만큼 효과적으로 사용하지 못한다(Lehman Morath Franklin, & Elbaz, 1998). 그러나 청소년들은 성인들보다 심도 있는 정보처리를 더 효과적으로 해내고 보다 뛰어난 장기 기억 능력을 보여 준다. 매우 흥미롭게, 거의 모든 피험자들(20~79세까지)은 연령에 관계없이 그들이 15~25세였을 때 발생했던 사회·역사적 사건들을 가장 잘 기억할 수 있다. 이 역시 이 시기가 기억력의 효율성이 가장 높은 시기임을 의미하는 것이다.

청소년기에 기억에서 일어나는 변화의 일부는 아동기에 비해 좀 더 나이 든 청소년은 부적절한 정보로 인해 기억이 혼란스러워지지는 않는다는 점 때문에 일어나기도 한다. 예를 들어 Bjorklund와 Harnishfeger(1990)는 아동과 청소년에게 마지막 단어가 없는 문장을 제시해 주었다. 각 문장은 마지막 단어가 명백하고 확실한 선택이 되게끔 구성되어 있었고(예 : 바나나는 색깔이…), 각 피험자는 빠진 마지막 단어를 채워 넣었다. 대개 정답은 확실하지만, 피험자는 채워 넣은 답이 틀렸으며 예상치 못한 답이 정답이라는 결과를 얻게 되기도 한다. 그 다음, 각 문장에 대한 정답을 외우라고 지시받은 뒤, 마지막으로 피험자는 정답과 추측한 오답의 목록을 작성하게 되었다. 청소년 피험자들은 지시받은 대로 정답만을 기억했지만, 어린 피험자일수록 정답 단어뿐 아니라 추측하다가 틀린 답도 기억했다. 청소년 피험자들은 정답을 기억하는 데에만 주의집중했기 때문에 아동 피험자보다 정답을 더 많이 회상할 수 있었다.

알고 싶은 것

▶ **왜 청소년은 아동보다 더 빨리 생각할 수 있는가?**
청소년은 보다 많은 뉴런이 수초화되어 있거나 지방
물질로 덮여 있어 보호받으므로 아동보다 빨리 생각
할 수 있다. 덮여 있는 뉴런으로 신경전달물질의 속
도는 빨라지고, 결과적으로 사고도 빨라진다.

인지적 감찰을 통해 사람들은 자신이 하고 있는 행동
에 대해서, 그 다음에는 무엇을 할 것인지, 문제를 어떻
게 해결할 것인지, 또한 자신이 취하려는 접근방법에
대해서 생각한다.

처리 속도

주의폭과 기억에서 나타나는 연령 간 차이는 정신 처리
속도(mental processing speed)라는 기제에 의해 설명될
수 있다. **처리 속도**는 우리의 두뇌가 얼마나 빨리 정보
를 지각하고 이용할 수 있느냐와 관련이 있다. 이것은
자극의 상세한 특징들을 얼마나 빠르게 인식하고 생각
할 수 있는지에 영향을 준다. Kail(1991)에 의하면, 12∼
13세 청소년은 과업을 수행할 때 정신적인 덧셈, 회전,
기억 조사, 그리고 단순한 운동 기술의 수행 등 광범위
하고 다양한 처리 속도가 성인보다 상당히 낮고 전체
표준편차도 낮다. 처리 속도의 이 같은 변화는 신경발
달 및 수초화(myelinization)와 연결되어 있으며(Kail,
2000), 이것은 단기 기억 증진의 원인이 된다(Kail,
1997). 확장된 단기 기억은 차례로 지능, 합리성, 문제
해결능력의 향상을 유도한다. Fry와 Hale(1996)은 이 같
은 일련의 향상을 '발달적 연쇄반응'이라고 명명했다.

고차적 사고 처리 과정

기억 저장소에서 인출된 정보는 어떤 방식으로든 조작
된다. 오랜 문헌 고찰에서 Moshman(1997)은 세 단계의
고차적 사고 처리 과정-추리, 사고, 추론-을 구분했
다. 각 단계는 청소년기에 발전한다.

추리(inference)는 사고 과정의 기본이며 오래된 정보
로부터 새로운 사고를 일반화하는 능력이다. 매우 어린
아동조차도 무의식적인 추론을 할 수 있지만, 새로운

사실을 추론하기 위해 이미 알고 있는 것을 도출해 내
는 능력은 연령이 증가하면서 발전한다. 예를 들어
Barnes, Dennis와 Haefele-Kalvaitis(1996)는 147명의 6
∼15세 아동들에게 이야기를 읽어 준 후에 추리를 하게
하였는데, 청소년은 아동보다 분명하지 않은 정보들을
더 잘 추론할 수 있었다.

사고(thinking)는 보다 의식적이고 정보를 섬세하게
조화시킨다는 점에서 더욱 증진된 과정이다(Moshman,
1997). 우리는 어떤 문제로 갈등하고 있을 때, 혹은 여
름휴가 여정의 계획 또는 두 가지 의견 사이에서 결정
을 해야 할 때 사고를 하게 된다. 청소년은 아동보다 더
명확하게 사고하며, 보다 계획적이다(Lachman &
Burack, 1993). 여러 연구들은 나이가 많은 청소년들이
어린 청소년들에 비해 정보를 사용할 때 보다 더 정교
하고 체계적이라는 것을 보여 주었으며(예 : Nakajima
& Hotta, 1989), Piaget가 주장했듯이 그들은 문제를 해
결하는 과정에서 한 변수를 한꺼번에 다루는 경향이 더
많음을 보여 주었다(Kuhn & Dean, 2005).

청소년의 사고가 증진되는 한 가지 이유는 더 어린
아동보다 부정적 정보-그들의 가설을 반박하는-를 더
잘 사용한다는 점에 있다. 초기와 중기 아동기 동안 아
동들은 확실한 증거를 찾고 자신들이 찾은 증거에 기초
하여 결정을 내린다. 청소년기 동안 청소년들은 불확실
한 증거를 찾고 이에 보다 의존을 한다. 예를 들어 당신
이 모든 배가 녹색인지를 결정하라는 요구를 받았다고
가정하자. 당신을 돕기 위해서 다수의 배나무 사진이
제공될 수 있다. 만약 당신이 8∼9세의 나이라면 녹색
배의 사진에 초점을 맞추고 매우 기쁘게 모두가 녹색이
라고 말을 할 것이다. 만약 당신이 15세라면 같은 사진
을 보여 주었을 때 "모두 녹색처럼 보이지만 나는 확신
할 수 없네요."라고 말하거나 사진 더미 밑에서 빨간색
배가 있는 사진을 찾을 것이다. 당신이 "모든 배가 녹
색은 아니다."라고 결론을 지을 것이다. 왜냐하면 비록
수많은 확증들이 있을지라도 단 하나의 반대 사례만으
로도 이 가정을 논박하기에 충분하다고 이해하고 있기
때문이다. 따라서 청소년은 **확증**(affirmation)보다 **부정**
(negation)에 더 의존한다(Mueller, Sokol, & Overton,
1999). 그리고 청소년들은 어린 아동의 **확증 전략**보다

소거 **전략**을 더 사용한다(Foltz, Overton, & Ricco, 1995).

청소년은 판단을 할 때 아동보다 부정적인 정보를 보다 잘 조합할 수 있지만, 성인과 마찬가지로 개인적 혹은 정서적으로 상황에 개입될 때 일을 잘 수행하지 못할 수 있다(Kuhn, 1989). 예를 들어 Klaczynski와 Gordon(1996)은 청소년은 자신의 종교적 신념과 일치하는 논쟁보다 자신의 신념과 일치하지 않는 논쟁에서 논리적 결점을 잘 찾는다고 하였다. 이런 **자기확증적 편향**(self-serving bias)은 성인기와 마찬가지로 청소년기에도 동일한 기능을 한다 : 실제 자료를 자신의 의견과 일치하는 자료라고 보는 것이 자존심을 세워 주고, 자기가 더 옳다고 느끼게 하며, 낙관주의를 증진시킨다(Schaller, 1992).

가장 정교화된 인지는 세 번째 사고 과정인 **추론**(reasoning)이다. 추론은 이성적이고 유익하다고 믿는 바에 따라 사고를 제한하고 억제할 수 있을 때 발생한다. 이는 성공적이었든 성공적이지 않았든 간에 모든 사고 전략에 대한 사전 경험에 기초한다.

유사한 문제 간에 공통점을 찾아내는 것은 유추 추론으로 알려져 있는 추론의 한 형태이다 : 잔디는 녹색이고 하늘은…. 많은 인지 기술처럼 어린 아동은 유추할 수 있는 능력을 가지고 있지만 이런 기술은 청소년기에 발전한다(Nippold, 1994).

추론의 또 다른 형태는 논리의 규칙을 신중하게 따르거나 연역하는 것이다. 이것은 Piaget(1963)가 형식적 조작기의 논의에 핵심을 두었던 추론의 유형이다. 형식적 조작기의 사고가 청소년기에 시작된다는 것은 논리적, 연역적 사고능력이 성장하였음을 암시한다. 이처럼 연역법 사용이 증가하는 것은 보다 최근의 연구들에서 확인되었다. Moshman과 Franks(1986)의 연구에 따르면 후기 청소년이 초기 청소년보다 논리적인 논쟁을 더 잘할 수 있었고, Byrnes와 Overton(1988)의 연구에서는 후기 청소년이 "만약 …하다면 …하다." 문장을 초기 청소년보다 더 잘 이해했다고 나타났다.

물론 청소년은 친숙한 내용의 문제를 해결할 때 연역법을 가장 잘 사용하였지만(Klarczynski & Narasimhan, 1998), 내용이 낯설거나 사실과 다를 때는 가설을 만들

> ### 알고 싶은 것
>
> ▶ **청소년기에 어떻게 추론이 발전하게 되는가?**
>
> 청소년들은 아동보다 문제들 간의 공통성을 더 잘 관찰하게 된다. 이는 과거 경험을 사용하여 현재의 문제들을 보다 효과적으로 해결하게 한다. 청소년은 아동보다 연역적인 답변을 더 잘하거나 일반적 진실에서 시작해서 논리적으로 문제에 대한 특정 답을 끌어낸다. 청소년은 그 반대도 더 잘 수행한다. 특정 사례로부터 일반적인 결론을 잘 끌어낸다.

고 검증할 수 있었다(Ward & Overton, 1990). 사실, Moshman(1999)은 대부분의 추론의 발전은 청소년기에 발생하며, 이것은 자신의 신념을 보류할 수 있는 능력에서 온다고 결론 내렸다. 세 번째 형태의 추론인 귀납법(여러 사례들로부터 일반적인 결론을 도출해 낼 수 있는 능력) 역시 청소년기에 발전된다(예 : Caspo, 1997; Galotti, Komatsu, & Voelz, 1997).

마지막으로, 진보된 유형의 추론은 문제를 풀기 위해 **원칙**(principle)을 사용할 때 발생한다. 원칙은 규칙이보다 자세하다는 점에서 규칙과는 또 다르다. 예를 들어 "어떤 수에든 0을 곱하면 0이 된다."라는 문장은 항상 사실이기 때문에 규칙이 된다. 만약 이 규칙을 적용한다면 항상 같은 답을 얻을 것이다. 반면, 원칙은 보다 추상적인 개념이다. 그러므로 두 명이 같은 원칙을 사용하더라도 딜레마를 풀기 위해 서로 다른 해결책을 제안할 수 있다. "사람은 다른 사람에게 친절해야 한다."는 원칙을 믿는 두 사람은 그들의 이웃에게 서로 다른 방법으로 행동할 수 있다. 한 사람은 친절이란 포괄적인 호의를 포함할 수 있다고 생각하는 반면, 다른 사람은 친절이란 서로 농담을 주고받는 것이라고 믿고 작은 호의면 충분하다고 생각할 수 있다. 청소년들은 아동보다 원칙에 기반한 추론을 하는 경향이 있다(Moshman, 1993). 도덕적 추론 원칙의 발달은 광범위하게 연구되어 왔고 제9장에서 더 논의될 것이다.

문제해결

정보처리의 최종 결과 중 하나는 문제해결이다. 이것은

문제의 발견에서 시작된다. 이는 무엇을 해야 하는지 결정할 수 있도록 문제를 정의하는 것을 의미한다. 두 번째 단계는 사람들이 작업해야 할 정보와 과제를 인식할 수 있도록 밝혀진 문제의 요소들을 평가하는 것이다. 이 단계는 보통 통찰력 있는 재조직화와 문제의 다양한 측면에 대한 깊이 있는 사고를 요구한다. 세 번째 단계는 해결책의 목록을 만들어 내고 미리 각 해결책이 야기할 결과와 효과를 예견하고 평가하는 작업이다. 이를 통해 여러 대안 중에 선택을 하게 된다.

청소년과 아동들 간에 나타나는 문제해결 능력의 차이 중 하나는 청소년들의 정보처리 특성이다. 청소년들은 더 많은 정보를 더 잘 기억할 수 있고, 모든 가능한 관계를 고려하고, 그것들을 논리적으로 생각하며, 해결책을 결정하고 행동을 하기에 앞서 다양한 변수와 해결책들을 모색하고 평가하는 것이 가능하다. 아동들은 보통 충분한 정보를 구하거나 기억하지 못하고, 충분히 논리적으로 사고하거나 해결책에 도달하기 이전에 모든 가능한 관계들을 생각해 보지도 않는다. 아동기의 정보처리 능력은 청소년기에 비해 제한적이다(Kuhn, 2006).

게다가 연구자들은 청소년들이 문제해결을 위해 서로 모이게 될 때 보다 만족스러운 해결책을 찾아낸다는 것을 밝혀냈다. 때로 그 과정은 개인이 문제해결을 위해 고민할 때보다 더 많은 시간이 소요되기도 하지만, 보다 깊이 있는 이해를 통해 문제가 해결되고 그 결과 역시 보다 만족스러운 것이 보통이다. 여러 연구에서 문제해결에서 또래 간의 협동이 지니는 효과를 보고하였다(Tudge & Winterhoff, 1993).

정보처리적 접근법은 아동기보다 청소년기에 어떻게 그리고 왜 보다 발전된 방식으로 사고할 수 있는지를 제시해 준다. 또한 청소년들이 보다 효과적인 문제해결자가 될 때 어떠한 능력을 개발하게 되는지를 조명해 준다.

지식의 역할

"불완전한 것을 투입하면 불완전한 것이 배출된다."는 말은 문제해결 상황에 해당되는 말이다. 머릿속의 사실을 정확하게 조절하기 위해서는 그 사실을 반드시 알아야 한다. 청소년이 아동보다 더 똑똑하다는 추론의 일부는 단지 청소년이 보다 많은 정보를 아는 것이고 보다 많은 경험을 한다는 데서 온다(Byrnes, 2003). 따라서 청소년들은 그 정보와 경험 위에서 그들이 직면한 새로운 문제를 추론할 수 있는 것이다. 예를 들어 친구에게 새로운 파이 조리법을 얻었는데 얼마나 오래 구워야 하는지 잊어버렸다고 가정하자. 만약 그동안 살아오면서 많은 파이를 만들어 왔다면 굽는 시간이 약 한 시간 정도라고 추측할 것이다. 그러나 만약 그 전에 빵을 구워 보지 않았다면 해결할 수 없을 것이다.

앞서 언급했듯이 청소년은 내용이 익숙할 때 문제해결을 더 잘한다. 분명히, 나이가 더 들수록 내용은 우리에게 더 익숙할 것이고 우리의 문제해결 능력 역시 강화될 것이다.

의사결정

지적이고 성숙한 사람의 특징 중 한 가지는 **훌륭한 의사결정 능력**이다. 청소년기에 이루어지는 몇몇 의사결정은 일생을 통해 영향을 미친다. 중요한 의사결정은 교육, 직업, 배우자 선택, 여가 활동, 약물 사용, 의학적 관리 및 건강에 관련된 습관들과 관련되어 있다. 청소년기는 도전과 변화의 시기다. 또한 청소년기의 경과에 영향을 미치는 의도적인 혹은 비의도적인 의사결정이 이루어지는 시기이다. 더군다나 청소년들은 부모의 권위에 의문을 품기 시작하고, 친구 교제, 귀가 시간, 여가 활동, 학습 습관 등에 대한 사안을 스스로 결정하기를 원한다. 이런 결정의 결과들은 부분적으로 얼마나 현명한 판단력이 발휘되는가에 따라서 달라질 것이다(Mann, Harmoni, & Power, 1989).

과정

의사결정을 하는 것은 가능한 대안들을 이해하기 위한 정보 탐색과 정보처리의 복잡한 과정이다(Moore, Jensen, & Hauck, 1990). 여기에는 새롭거나 창조적인 해결책들을 발견해 내는 문제해결 과정이 포함된다. Ross(1981)는 의사결정 능력을 정보처리적 관점에서 접근하였다. 그는 의사결정을 위해 다섯 가지 기술이 필

알고 싶은 것

▶ 부모와 교사는 청소년이 올바른 선택을 할 수 있도록 어떻게 도울 수 있는가?

부모와 교사는 연습을 통해서 청소년이 올바른 의사결정을 할 수 있도록 도울 수 있다. 올바른 의사결정은 연마가 필요한 기술이다. 청소년에게는 스스로 의사결정을 할 수 있는 기회가 주어지는 것이 필요하며, 그들은 실수를 통해 배우게 된다.

요하다고 제안하였다 : (1) 행동의 대안적인 과정들을 밝혀내는 것, (2) 대안책들을 고려하는 적절한 준거를 찾아내는 것, (3) 준거에 의해 대안들을 평가하는 것, (4) 대안에 대한 정보를 요약하는 것, (5) 의사결정의 결과를 평가하는 것.

청소년기의 의사결정에 대한 한 연구에서는 초기 청소년기와 비교해 중기의 청소년들이 의사결정 행위에 관련되는 사항을 보다 잘 이해한다는 것을 보고하였다. 초기 청소년들은 의사결정 행위가 명확히 목표를 구체화하고, 대안을 고려하고, 또 결정한 내용을 실행하기 이전에 검토하는 작업을 필요로 한다는 것을 잘 인식하지 못한다. 이런 결론은 어린 청소년들이 보다 성숙한 청소년들에 비해 의사결정 과정에서 여러 가지 대안을 생각해 내고, 결정의 결과를 예측하고, 정보 근원의 신뢰성에 대해 평가하는 등의 과정을 잘 거치지 않는다는 또 다른 연구결과와 일관된 것이다(Ormond, Luszez, Mann, & Beswick, 1991).

많은 연구자들은 연령과 의사결정 능력 간의 관계를 발견하였다. 보다 성숙한 청소년들은 많은 결정의 대안을 만들어 내고, 차후에 일어날 결과에 주의를 기울이고, 전문가에게 조언을 구하며, 이해관계가 있는 어떤 사람의 충고에 담긴 의미를 보다 잘 인식한다. 다른 연구에서는 청소년들의 이러한 인지적 변화를 기억의 향상, 정보처리 능력 및 지식의 응용력 향상 등으로 설명하였다(Friedman & Mann, 1993).

경험의 폭은 우수한 의사결정을 하는 데 중요한 역할을 한다. "경험은 세상에서 가장 좋은 선생님이다."라는

옛말이 있듯이 스스로 의사결정을 해야 하는 기회가 많았던 청소년은 그런 경우가 별로 없었던 청소년보다 의사결정을 더 잘할 수 있다(Jacobs & Potenza, 1990; Quadrel, Fischoff, & Davis, 1993). 가족의 중요한 의사결정에 자녀들을 관여시키는 부모들은 자녀들에게 보다 성숙한 성인기의 삶을 준비하도록 돕는 것이다. 어떤 학교에서는 청소년들에게 비판적인 사고력을 함양시키는 프로그램을 개발하여 운영하기도 한다(Ennis, 1991).

의사결정의 9C 모델

Mann과 동료들(1989)은 매우 유용한 의사결정 모델을 개발하였다. 이 모델에는 우수한 의사결정의 아홉 가지 요소(9C)를 제시하고 있다 : 선택(choice), 이해(comprehension), 창조성(creativity), 타협(compromise), 결과 예측(consequentiality), 선택의 적합성(correctness), 정보 신뢰도(credibility), 일관성(consistency), 투신(commitment).

선택

무엇을 선택하고자 하는 것은 의사결정을 위한 중요한 전제조건이다. 높은 자아존중감은 선택에 대한 용기와 자신감을 고양시킨다(Brown & Mann, 1991). 만약 청소년들에게 통제의 소재(locus of control)가 외부보다는 내부로 귀인된다면, 의사결정의 권위나 결정권은 그들 내부에 존재하는 것이다. 일반적으로 성숙한 청소년들(15~17세)은 연령이 낮은 청소년들(12~14세)에 비해 보다 내적인 통제 소재를 지닌다(Mann, Harmoni, Power, & Beswick, 1986). 어떤 청소년들은 또래집단에 동조하고자 하는 소망으로 인해서 개인적인 통제를 포기하기도 한다. 또래집단의 압력은 일반적으로 12~13세경에 최고조에 달하며, 집단에의 동조 현상 역시 이 시기에 가장 현저하게 나타난다. 또 다른 청소년들은 새로운 사고능력 때문에 뭔가를 선택하는 것에 너무 압도되어 선택의 기회를 스스로 포기하기도 한다.

이해

이해는 의사결정 과정을 하나의 인지 과정으로서 파악하는 것을 말한다. 종종 **상위인지**라고 불리는 이것은

자신의 사고나 학습에 대해 생각하고 이해하는 것을 가리킨다. 만약 시끄러운 음악보다 조용한 음악을 들으면서 공부하기가 쉽다는 것을 알고 있거나 혹은 물리 교과서의 한 장을 읽는 것이 인기 소설책 한 장을 읽는 것보다 더 오래 걸린다는 것을 안다면 당신은 어떤 특정 상위인지 기술을 가지고 있는 것이다.

상위인지는 현재 실행적 통제능력(executive control)이라고도 언급되고 있다. 앞에서 언급했듯이, 많은 연구자들은 실행적 통제능력(혹은 상위인지)의 향상이 대부분 청소년기의 인지적 발달에 기인한다고 믿는다(Keating, 2004). Klaczynski(2005)가 말했듯이, 청소년들은 추론 과정이 더욱 분석적이게 되고, 더욱 심사숙고하게 되며, 자신이 무엇을 생각하는지 내성하게 된다. 그들은 반사적으로 반응하지 않으며, 자신의 사고 과정을 능동적이고 의식적으로 다루게 된다.

창조성

최선의 해결책이라 해도 가장 명백한 것이 아닐 때가 있다. 그리고 복잡한 문제에 직면했을 때 첫 번째로 떠오르는 답이 최선의 답이 되는 법은 거의 없다. Sternberg와 Williams(1996)에 의하면 창조성은 하나의 인지 기술이 아니라 세 단계 능력의 군집이라고 했다. 첫 번째 군집은 **종합능력**(synthetic ability)으로, 새롭고 흥미로운 소재를 만들고 추론을 위해 문제 간의 연관성을 발견하는 기술 등을 포함한다. 많은 사람들은 이런 능력이 창조적인 사람의 특성이라고 정의한다. 그러나 Sternberg와 Williams는 이런 기술만으로는 충분치 않다고 생각했다. 그래서 두 번째 군집을 **분석능력**(analytic ability)이라는 용어로 기술했다. 비판적 사고 기술은 창출된 사고를 스스로 평가하게 한다. 왜냐하면 모든 생각이 좋은 것은 아니기 때문이다. 마지막으로 **실용화 능력**(practical ability)은 생각을 실천하기 위해서 필요하다. 실용화 능력은 추상적 사고를 실제 세계에 적용할 수 있게 해 준다. 결국 만약 그 사고가 이로운 것이라면 반드시 이행되어야 한다. 실제적인 무언가가 분명히 거기로부터 나올 것이다.

청소년들은 창조적인 사람인가? 청소년들을 창조적이게 만드는 요인들―예를 들어 그들은 종종 전통을 거부하고 새로운 방식으로 생각할 수 있다―이 있는가 하면, 그렇지 못하게 하는 요인들도 있다. 특히 청소년들은 상상 속의 관중의 압력 때문에 동료들을 따라 하게 되는 경우가 많다. 그렇기 때문에 청소년들은 매우 창조적일 수 있지만 때로는 이 능력을 발휘하지 못하게 된다고 말하는 것이 아마도 적절한 표현일 것이다.

타협

가족이나 친구와의 논쟁에서 상호 모두가 받아들일 수 있는 해결안을 절충해 내는 과정처럼, 의사결정에는 기꺼이 타협을 받아들여야 하는 경우가 발생한다. 여기에는 다른 사람의 견해 역시 중요하게 고려할 줄 아는 의향이 필요하다.

결과 예측

유능한 의사결정은 또한 선택한 행위로 인해 자신과 타인에게 초래되는 잠재적인 결과에 대해 고려할 수 있는 능력을 전제로 한다. 나이를 조금 더 먹은 청소년들은 더 어린 청소년보다 행동의 결과를 더 잘 예측할 수 있고(Halpern-Felsher & Cauffman, 2001) 실수를 통해 더 잘 배울 수 있다(Byrnes, Miller, & Reynolds, 1999).

선택의 적합성

올바른 선택은 의사결정의 핵심적인 과제이다(Klayman, 1985). 하지만 불행하게도 성인들조차도 항상 최선의 결정을 하는 것은 아니다. 이는 부분적으로 의사결정 시에 우리가 휴리스틱 혹은 주먹구구식 방법이라고 불리는 것에 지나치게 의존하기 때문일 수 있다. 이것의 좋은 예 중 하나로 '매몰 비용의 오류(sunk-cost fallacy)'를 들 수 있다. 이것은 사람들이 싫어하는 일을 하는 경우에도 무상으로 할 때보다 비용을 들이는 경우에 더 많이 하게 되는 상황을 일컫는다. 한 연구에서는 지겨운 영화를 보게 된 성인의 63%가 무료로 입장했을 때보다 돈을 들였을 때 더 오랫동안 이 영화를 시청했다. 게다가 16세의 경우에는 73%가, 12세의 경우에는 84%가 어른과 똑같은 방식으로 행동했다(Klaczynski & Cottrell, 2004). 물론 확실히 나이가 들수록 이러한 실수를 피하는 경향이 증가하지만, 어른인 경우에도 대부분의 사람들이 여전히 어리석은 결정을 한다. 이와 비슷한 경우로, 청소년들은 (어른들과 비슷하게) 예쁘고 쾌활한 소녀가 있으면, (여성 밴드 멤버의 수가 치어리더의 수보다 많더라도) 그녀가 치어리더일 확률이 더 크다는 잘못된 결론을 내린다(Jacobs & Potenza, 1991). 이러한 실수들은 비사회적 맥락에서보다 고정관념을 배워 온 사회적 맥락에서 더 많이 일어난다(Jacobs & Klaczynski, 2002).

정보 신뢰도

이것은 대안적인 선택 사안들에 관련된 정보의 신뢰성을 평가하는 능력이다. 나이가 어린 청소년들은 정보 제공자의 기득권에 대해서 혹은 정보의 원천이 지니는 전문성이나 신뢰도에 대해서 의문을 제기하거나 심각하게 검토하지 못한다. 그러나 보다 성숙한 청소년들은 습득된 지식과 비교하여 새로운 정보를 검토하고 확인하려고 한다.

일관성

유능한 의사결정자는 선택의 패턴에서 일관성과 안정성을 보이곤 한다.

투신

투신은 결정된 바를 기꺼이 따르려 하는 것이다. 보다 성숙한 학생들(16~20세)은 나이 어린 학생들(14~15세)보다 결정된 사항을 잘 지켜 나간다(Mann, Harmoni, & Power, 1989).

　요컨대, 많은 청소년들이 체계적인 의사결정 과정에 개입되는 일련의 단계를 인식할 수 있고, 또한 창의적인 문제해결 능력을 지니고 있다. 경험이 보다 많은 후기의 청소년들이 초기의 청소년들에 비해 의사결정에서 보다 뛰어난 능력을 나타낸다는 점이 여러 연구를 통해 보고되고 있다. 15세까지 적절한 자율성을 획득한 청소년들은 양호한 의사결정 능력을 나타낸다. 그러나 때때로 의사결정 능력과 실제로 의사결정에 관여하는 것 간에는 괴리가 있다. 낮은 자아존중감, 또래집단의 압력, 경직되고 구조화된 가족 상황(Brown & Mann, 1988), 법적인 제한 등은 청소년들이 실제적인 의사결정 과정에 관여하지 못하도록 만드는 원인일 수 있다. 청소년들에게 이러한 기술을 함양하도록 하기 위해서는 의사결정의 방법을 배우는 것뿐만 아니라 실제로 의사결정 과정에 참여할 수 있는 기회를 제공해 주어야 한다(Baron, 1989).

인식론적 이해

청소년기에 발생하는 추론에서 중요한 변화는 사실(fact)과 진실(truth)에 대해 어떻게 생각하는가를 포함하고 있다. 청소년기를 지나면서 개인은 정보와 지식을 받아들이는 법이나 추론하는 법에서 보다 현학적이 된다. 이들은 진실이라는 것이 객관적이 아니라 주관적이라는 것을 이해하기 시작한다. 구체적으로, 청소년들은 진실이란 **구성**되는 것이지 밝혀지는 것이 아니라는 점을 깨닫게 된다. 청소년기에 이루어지는 지식─**인식론**─에 대한 사고에서의 가장 큰 진보는 형식적 조작기에 나타나는 추상적 추론능력과 상위인지 능력에 의존한다.

　Boyes와 Chandler(1992; Chandler, Boys, & Ball, 1990)는 4단계의 인식발달 도식을 제안하였는데, 이는 아동기와 청소년기 동안에 나타나는 다양한 변화에 대해 다루고 있기 때문에 주목할 만하다.

1단계

Piaget 인지발달의 전조작기에 있는 아동은 **고지식한 현실주의자**이다. 그들은 이 세상에 절대적이고 보편적인 진실이 있다고 믿는다. 그리고 의견과 사실을 구분하는 것을 어려워한다. 고지식한 현실주의자는 사람들이 정보의 서로 다른 분야에 속해 있기 때문에 의견이 갈라지는 것이라고 생각한다. 4세 아동은 당신이 초콜릿이 가장 좋아하는 향이라고 말하면 "내 바닐라 아이스크림을 먹어 봐요. 이 아이스크림이 초콜릿 아이스크림보다 더 낫다고 생각할 거예요"라고 할 텐데, 이는 고지식한 현실주의를 보여 주는 것이다. 이 단계는 Selman의 사회적 역할이론 1단계를 연상케 한다(제2장 참조).

2단계

아동기 중반의 구체적 조작 단계에 있을 때 아동들은

알고 싶은 것

▶ **왜 청소년은 가끔씩 권위에 회의적이 되는가?**

어떤 청소년들은 권위에 대한 존경심을 상실하는데, 이는 진실을 이루는 것이 가끔 변하고 전문가도 틀릴 수 있다는 것을 깨닫기 때문이다. 어떤 의미에서 청소년들은 진실에 대한 지식이 불완전함을 이해하기 때문에 모든 의견이 동등하게 유효하다고 본다.

알고 싶은 것

▶ **진리를 보는 가장 성숙한 방법은 무엇인가?**

진리의 가장 성숙한 개념화는 당신이 어떤 사실을 확신하지 못하거나, 무언가가 반박의 여지 없이 옳다는 것은 모를지라도, 정보의 한 부분이 다른 부분보다 더 옳다고 인식할 수 있는 것이다.

방어적인 현실주의자이다. 그들은 여전히 현실주의자인데, 이는 절대적이며 보편적인 진실이라는 것에 집착하고 있기 때문이다. 그러나 이들은 사람들이 같은 정보를 알고 있을지라도 다른 의견을 고수할 수 있고 다른 결론을 도출할 수 있다는 것을 인식하게 된다. 이 시기의 아동들은 사실과 의견을 구별하고 사람들이 편향되어 있다(따라서 진실을 잘못 나타내고 왜곡한다)고 주장함으로써 현실주의적인 자신의 신념을 방어한다. 방어적인 현실주의자는 사실을 분명하고도 보편적인 진실로 보고, 의견은 가변적인 것으로 본다. 이 중 일부는 이러한 인식 단계에서 결코 진보하지 못한다.

3단계

청소년이 일단 형식적 조작기 단계에 들어서면, 그들은 최소한 단기간은 **독선주의자**이거나 **회의주의자**가 된다. Boyes와 Chandler(1992)는 이러한 정반대의 유형은 동일한 인식에 뿌리를 두고 있다고 보았다 : 진실은 항상 만들어지는 것이고 사실은 다양한 타당한 해석이 가능하다는 것이다. 이는 아무래도 불안하고 새로우며, 청소년들은 불확실함에 휩싸이게 된다. "만약 거짓으로부터 사실을 말하지 않는다면 누가 옳고, 누가 틀린지 알 수 없을 것이며, 우리가 어떻게 최선의 선택을 할 수 있겠는가?"라고 의아해 할 것이다.

회의론적 청소년들은 추론을 거부함으로써 이와 같은 불확실성에 반응한다. 그들은 무엇을 할 것인가 혹은 누구를 믿을 것인가가 확실하지 않다면 모든 의견과 입장은 동등하게 유효하며 누구(또는 특정한 누구)의 말도 듣지 않는다는 태도를 취하게 된다. 그들은 권위에 대한 존경심을 잃었고 전문가라고 과시하는 사람들

을 봐주지 못한다. 이런 청소년들은 논리에 대한 신념을 잃었기 때문에 **충동적으로**(상황에 대한 추론 없이), **직관적으로**(그들의 논리보다 감정에 따라 행동하려 하고), 그리고 **무관심하게**(좋은 행동 과정을 고르려 하지 않고 그저 흐름을 따라가는) 행동한다. 이들은 타인에게 순응하려 하고, 다수가 자신들을 대신해 결정을 하게끔 하고, 반항아가 되든지 또는 참여하지 않게 된다.

회의론자와 달리, 독선주의자는 어떤 종류의 신념에 단단히 집착하여, 불확실성으로부터 자유롭다. 그들은 다른 사람의 관점이 자신들을 위협한다고 보기 때문에 그것을 참지 못하며, 자신들의 신념을 의심하고자 하지 않는다. 그리고 그들은 자신의 동맹군으로서 그들이 선택한 사람들의 관점에 동의한다. 그들은 자신의 사고방식이 맞고, 그들에게 동의하지 않는 사람들이 틀리다고 주장한다.

회의론자들은 어떤 것에 심취하여 믿는 사람은 어리석다고 믿고 있으며, 독선주의자들은 자기 행동과는 다른 무언가를 주장하는 사람은 잘못되었다고 믿고 있다. 명백한 것은 이 두 가지 태도 모두 바람직하지 않다는 것이다. Boyes와 Chandler(1992)는 회의주의와 독선주의를 형식적 조작기로의 진입과 관련한 단기비용으로 보았다. 다시 말하지만, 많은 사람들은 이 추론의 단계에서 빠져나오지 못한다.

4단계

마지막으로, 일부 청소년은 **후기 회의적 합리주의**로 발전한다. 후기 회의적 합리주의는 어떤 절대적인 진실이 합리적 행동에 필수조건은 아니라는 것을 이해한다. 물론 무엇이 옳은가를 확실하게 알 수는 없지만, 어떤 가능성이 다른 것들보다 더 높다는 것은 확실하다. 후기

회의적 합리주의자들은 당신이 유용한 정보를 가지고 최선을 다한다는 것을 믿고 있다. 그러나 다른 사람들이 그 자료를 가지고 다른 결론을 도출하거나 당신이 사용한 자료 일부를 거짓이라고 거절할 수 있다는 것을 인식한다.

그들의 목소리로

"나는 확실히 세계를 이분법적으로 보았어요. 세상은 선과 악, 정의와 불의 같은 몇몇 진리를 갖는다고 생각했죠. 그때 나에겐 어른들이 동일한 방식으로 사물을 보지 않는다는 것이 매우 놀라운 일이었어요. 나에게 그것은 분명했어요. 세상에는 문제가 존재하고, 그 해결책은 쉽다는 것이었죠. 내 종교와 신념이 독선적이 되면서, 내가 옳고 나에게 동의하지 않는 사람들은 틀렸다는 내 주장을 굽히지 않았어요. 나는 엄마와 가족, 그리고 친구들에게 매우 논쟁적이었어요. 만약 그것이 내 신념을 유지한다는 것을 의미한다면 나는 논쟁하는 데 두려움이 없었어요. 나는 내 신념과 사고가 세상에서 진실 되었다고 느꼈어요."

"나는 회의적인 소년이었고 어떤 점에서는 지금도 그래요. 나는 아빠나 선생님과 논쟁을 하면서 '그것을 모르고 계신 거예요. 단지 생각만 할 뿐이죠.' 라고 말하곤 했어요. 나는 내 의견이 다른 사람의 의견만큼 훌륭하다고 생각했어요. 나는 영어선생님과 크게 다퉜는데, 선생님은 셰익스피어를 흠모했고, 나는 셰익스피어의 연극이 실망스럽다고 생각했어요. 영어선생님은 나에게 '대부분의 학자들이 셰익스피어는 항상 가장 위대한 극작가라고 하는 데 동의한다.' 하셨고, 나는 선생님에게 내 생각에 셰익스피어의 연극은 우스꽝스럽고 지루하며 나는 다른 사람들의 생각에 상관하지 않는다고 했어요. 나는 다른 사람이 나에게 말해 줄 가치가 있는 그 어떤 것을 가지고 있을 것이라고 생각하지 않았어요. 나는 내 스스로 밝혀내야 했어요. 나는 아직도 많은 소위 전문가들이 대부분 허풍쟁이라고 생각해요. 나는 어떤 것에 대해 내 스스로 생각하는 것을 좋아해요."

연구자들은 인식론적 발달의 4단계를 얼마나 빨리 거칠 수 있는가에 대해서는 의견이 일치하지 않는다. Boyes와 Chandler(1992)는 그들이 연구한 고등학생의 일부에서 합리주의의 근거를 발견했다고 주장했으나 King, Kitchener, Davidson, Parker와 Wood(1983)는 합리주의가 나타나기 전에 수년간의 대학 경험이 필요하다는 소견을 제시했다.

청소년기 동안의 두뇌발달

왜 청소년들은 인지적 발달을 이룰 수 있는가? 그것은 아마도 많은 양의 지식을 습득할 수 있는 시간이 있기 때문일 것이다. 또한 부분적으로는, 인지 기술을 훈련할 수 있었거나 어떤 인지 전략이 가장 성공적이었는지 배웠기 때문일 것이다. 또는 부분적으로는, 두뇌의 생리적인 성숙에 기인할 것이다(Byrnes, 2003).

과학자들은 수년간 초기 아동기 동안에 뇌의 발달이 광범위하게 이루어진다고 믿고 있었다(Straugh, 2003). 하지만 이제 그들은 이것이 사실이 아니며, 20대에 이르러서야 수많은 핵심 뇌 구조가 성숙한다는 것을 안다(Casey, Giedd, & Thomas, 2000; Giedd et el., 1999a). 밝혀진 변화의 대부분은 **대뇌**(cerebrum)에서 이루어진다. 인간 뇌의 가장 큰 구조인 대뇌는 완전한 뇌를 볼 때 보이는 대부분을 차지한다. 대뇌는 두 반구로 나뉘어져 있고 **뇌량**(corpus callosum)을 통해 연결되어 있다. 뇌량은 신경섬유 다발로 앞뒤로 정보를 전달해 준다. 또한 각 반구는 4개의 엽으로 나뉘어 있다(그림 5.4 참조).

각 엽은 서로 다른 방식의 사고에 관여하며, 3개의 엽(**두정엽, 전두엽, 측두엽**)은 청소년기에 들어서도 계속해서 발달한다. 두정엽의 세포는 공간 추론에 관한 일을 할 때 활성화된다(Kandel, Schwartz, & Jessel, 1991). 예를 들어 작은 주차 공간에 차를 주차해야 하거나 친구 집에 가기 위해서 회전하는 방향을 알아야 할 때 등이다. 전두엽은 계획능력, 충동통제능력과 같은 고차 사고 과정을 포함한다. 전두엽이 손상된 사람들은 생각하기 전에 행동하고 장기적 결과에 대해 관심이 없다. 이와 대조적으로, 만약 당신의 상사가 합리적이지

그림 5.4 대뇌 엽들

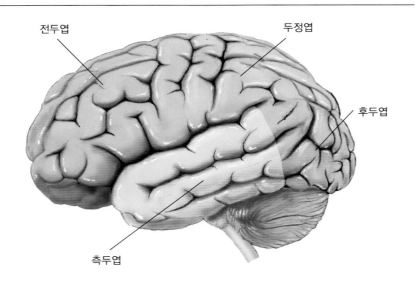

전두엽　　　두정엽　　　후두엽　　　측두엽

않을 때 직접 불평하기보다 속으로 삭인다거나, 기말고사 예정일 일주일 이전부터 공부를 한다면 당신은 전두엽이 잘 기능한다고 볼 수 있다. 측두엽의 기능으로 가장 잘 알려진 것은 언어다. (또는 대부분의 사람들은 좌측두엽이라고 한다. 우측두엽은 비언어적 의사소통의 해석에 더 관여한다.)

이 영역들은 청소년기를 통해 계속해서 성숙해 가며, 이들 간의 연결 또한 계속 발생하게 된다. 예를 들어 전두엽으로부터 측두엽으로 연결되는 신경섬유들은 점점 굵어지며 수초화된다(Paus et al., 1999)(수초는 신경자극이 더욱 빠르게 전달되도록 돕는 지방성 덮개이다.) 좌반구와 우반구를 연결해 주는 세포 조직인 뇌량도 굵어진다(Giedd et al., 1999b). 이로 인해 뇌의 여러 영역들이 보다 효과적으로 서로 정보를 공유하게 된다.

측두엽 깊은 곳에 위치한 2개의 서로 다른 구조인 **해마**(hippocampus)와 **편도**(amygdala)는 청소년기에 성숙한다고 알려져 있다. 해마는 학습, 기억, 동기와 관련되어 있다. 편도는 입수된 감각 정보를 분석하여 우리로 하여금 그에 대한 1차적 감정적 반응을 일으키도록 한다. 이것은 또한 기억, 특히 정서적 기억과 연관되어 있다. 예를 들어 강한 편도와 약한 전두엽을 지닌 사람은 쉽게 화내고 다른 사람과 부딪히며 작은 실패에도 눈물을 흘릴 것이다. 흥미롭게도, 해마는 소녀들에게서 빠르게 성숙하고 편도는 소년들에게서 빠르게 성숙한다(Giedd, Castellanos, Rajapakse, Vaituzis, & Rapaport,

1997).

이러한 뇌 구조의 성숙은 두 단계를 거쳐 일어난다. 첫째, 세포들이 빠르게 성장하고 증식한다. 이 같은 성장은 너무 빨라 그 결과로 생긴 상호연결을 왕성한 시냅스(exuberant synapse)라고 말한다. 이러한 과정은 아동이 약 16세가 될 때까지 지속되고 그 이후로는 세포와 상호연결의 수가 감소하게 된다. 일부 세포는 점점 커지고 강해지며, 주변에 덜 사용되는 세포들은 사멸하게 된다(빠르게 성장하는 참나무가 많은 그늘을 만들고, 이로 인해 늦게 자라는 이웃 나무들이 죽게 되는 경우를 상상해 보라. 그로 인해 빠르게 자란 참나무는 더 확장되고 커질 여유를 지니게 된다). 세포 소멸은 꽤 극적으로 발생한다. 두뇌는 실제로 자기 세포의 7~10%를 잃고 특정 영역에서는 약 절반의 세포가 사라진다(Durston et al., 2001). 억제가 성숙기와 연관이 있다는 주제를 반복하고자 하면 더 많은 수의 흥분성 시냅스가 억제성 시냅스보다 제거되어야 한다. 실제로 청소년기의 흥분성 시냅스와 억제성 시냅스 간의 비율은 7:1~4:1 정도 된다. 이 사실은 청소년기 두뇌발달에서의 환경의 중요성을 강조하는 것인데, 어떤 상호연결이 강화될 것인지 혹은 상실될 것인지는 청소년이 지니고 있는 경험에 의해 좌우되기 때문이다.

수많은 연구자들은 방금 논의된 두뇌의 변화가 청소년기에 관찰되는 인지발달의 상당 부분을 설명할 수 있다고 가정하였다(예 : Case, 1992 : Kail, 2000 : Waltz et al., 1999). 증가된 처리 속도, 기억력 향상, 보다 정교한 언어의 사용, 자의식의 개선 등이 이러한 두뇌 변화로부터 기대되는 동시에 청소년의 행동에서 관찰되는 다소 부정적인 점-무모함, 우울함, 충동성-은 두뇌 성장의 불균형과 관련이 있다.

인지평가

이미 기술하였던 Piaget식 접근법과 정보처리 접근법에 더하여, **심리측정적 접근**(psychometric approach)으로 인지발달을 연구할 수 있다. 심리측정적 접근은 지식과 사고능력을 측정하는 데 관심이 있다. 이러한 목적을 위해 많은 검사를 고안했고 그중 일부는 수많은 아동과 청소년을 대상으로 실시되었다. 흔히 IQ 검사라 불리는 지능지수 측정을 위해 고안된 검사는 특정 학술 프로그램에 대한 적합성 평가를 위해 일선 학교에서 광범위하게 사용되고 있다. 검사의 다른 주요한 유형은 **성취도 검사**(achievement test)인데, 이것은 독해력이나 기하학 같은 어떤 구체적 주제의 숙달도를 평가하는 것이다.

이런 유형의 검사에 대한 의문과 일반적인 검사실 시험의 유용성이 최근 공적인 논쟁의 주제가 되었는데, 가장 큰 이유는 부시 행정부가 모든 미국 학생들을 대상으로 성취도 검사를 자주 시행할 것을 교육 방침의 하나로 정했기 때문이다. 물론 이런 검사는 지능검사 혹은 성취도 검사로 명명되어 왔지만, 사실 대부분이 이 두 가지가 포함되어 있다. 이러한 검사에서 좋은 결과를 얻기 위해서는 **빠른 사고능력**과 관련 지식을 지니고 있어야 한다.

지능이론

지능은 그것을 측정하고자 하는 전문가들의 수만큼이나 다양한 방식으로 정의된다. 지능은 학습하고, 생각하고, 추론하고, 이해하고, 문제를 해결해 내는 선천적인 능력으로 기술되어 왔다. Piaget(1963)는 이것을 개인의 환경에 적응하는 능력이라고 했다. 최근에는 지능의 두 가지 서로 다른 이론이 일반적으로 받아들여지고 있다. 이를 차례대로 살펴보도록 하자.

알고 싶은 것

▶ **왜 청소년들은 성인보다 더 감정적인가?**

이는 편도(정서 센터)가 전두엽(계획과 충동조절 센터)보다 더 빠르게 성장했기 때문이다. 이러한 사실은 여자 청소년보다 남자 청소년에게 더욱 두드러진다.

지능의 3요인 이론

Sternberg(1997)와 그의 예일 대학교 동료들은 지능의 3요인 이론에서 지적 능력을 크게 세 범주로 분류하였다.

1. **구성요소적 지능**(componential intelligence) : 구성요소적 지능은 풍부한 어휘력과 우수한 독해력, 유추나 연역적 추리, 수열 등을 해내는 능력, 비판적인 사고능력 등과 같은 전반적인 학식과 이해 능력 등을 포함한다. 이것은 검사를 통해 측정되는 지능의 전통적인 개념이다.

2. **경험적 지능**(experiential intelligence) : 경험적 지능은 정보를 선택하고, 부호화하고, 비교하며, 의미있게 조합하여 새로운 통찰을 획득하거나 어떤 이론, 개념 혹은 사상 등을 만들어 내는 능력이다.

3. **맥락적 지능**(contextual intelligence) : 맥락적 지능은 상황을 판단하고, 목표를 달성하거나, 실제적인 문제를 해결하는 등의 현실 세계에 대한 적응적인 행동능력을 반영한다(Sternberg & Wagner, 1986).

연구는 이러한 세 가지 유형의 지능을 활용하는 방식으로 교육을 받은 학생들이 전통적인 암기를 기반으로 하는 교육을 받은 학생들보다 더 많이 학습한 것을 보여 주었다(Sternberg, Torff, & Grigorenko, 1998).

여덟 가지(혹은 열 가지?) 마음의 형식

하버드 대학교 교수인 Howard Gardner는 지능을 단지 2개의 차원(언어적 능력과 논리-수리적 능력)으로 평가하는 것에 반대하였다(Gardner, 1993). Gardner는 그의 고전적인 교재인 마음의 형식(Frames of Mind, 1993)에서 지능의 일곱 가지 유형을 기술하였다.

1. 언어적 지능(linguistic intelligence)
2. 논리-수리적 지능(logical-mathematical intelligence)
3. 공간 지능(spatial intelligence) : 공간 지능이란 공간 이미지를 형성하거나 자신의 환경 속에서 주변의 공간을 파악하고 개념화하는 능력이다. 미크로네시아에 위치한 캐롤라인 섬의 선원들은 오직 별과 자신의 신체 감각만을 사용해 수백 개의 섬 사이를 항해한다. 그러므로 미크로네시아에서는 전혀 색다른 항목과 검사 방식을 통해서 지능을 측정해야 할 것이다.
4. 음악적 지능(musical intelligence) : 음악적 지능이란 음조와 리듬의 패턴을 지각하고 창조해 내는 능력이다. 음악 이외의 일상적인 영역에서는 정신지체로 분류되는 사람들이지만 음악을 한 번 듣고 나서 피아노로 옮겨 칠 수 있거나, 또는 신문도 아직 읽지 못하면서 매우 뛰어난 트롬본 연주 능력을 가지고 있는 사람들도 있다.
5. 신체-운동적 지능(body-kinesthetic intelligence) : 신체-운동적 지능은 외과 의사나 무용수에게서 볼 수 있는 정교한 근육 운동 능력이다.
6. 대인관계적 지능(interpersonal intelligence) : 대인관계적 지능은 타인에 대한 이해, 즉 사람들이 어떻게 느끼고, 그들이 보이는 행동의 동기가 무엇이며, 또 서로 간에 어떻게 교류하는지를 이해할 수 있는 능력이다. 어떤 사람들은 그들의 공감적 이해능력 때문에 타인들과 뛰어난 상호작용을 한다. 정치가와 같은 사람들은 타인을 이해하고 조종하는 기술이 뛰어나다.
7. 개인 내적 지능(intrapersonal intelligence) : 개인 내적 지능은 자기 자신을 알아 가고 정체감을 형성해 가는 능력에 초점을 맞추고 있다.

Gardner(1999)는 그의 최근 연구에서 추가적인 세 가지 지능 유형의 가능성을 고려하였는데, 실체론적(existential), 영적(spiritual), 자연주의적(naturalistic) 지

Gardner에 의하면 지능을 평가하는 한 차원은 음악과 음조와 리듬의 패턴을 지각하고 창조해 내는 능력을 포함한다.

능이 그것들이다. 그는 식물과 동물을 구별할 수 있는 능력인 **자연주의적 지능**을 가장 확실하게 지지하였다.

또한 Gardner는 어떤 사람이 영리한 사람이며, 또 영리함을 어떻게 측정할 것인가에 대하여 완전히 상이한 개념을 발달시켜야 한다고 주장한다. Gardner의 개념은 이처럼 인간의 신경체계 속에 서로 다른 지적 기능이 독립적으로 존재함을 주장했다는 점에서 그 이론적 독특성을 지니고 있다. 그는 지능이라고 불리는 어떤 단일 차원에 따라 개인을 측정하려는 것에 반대하고 대신 여러 가지 지적인 능력의 견지에서 생각하려고 하였다.

이러한 다양한 지능의 유형들은 아동기와 청소년기 사이에 개선되는가? 언어적, 공간적, 그리고 수학적 능력은 분명히 개선된다. 대인관계적 지능도 마찬가지이

알고 싶은 것

▶ **'똑똑하다'의 의미는 무엇인가?**

지능에 대해 합의된 정의는 없으며, 이와 관련한 가장 탁월한 두 가지 이론 간에도 매우 큰 차이가 있다. 대부분의 사람들은 '똑똑하다'는 단어를 새로운 정보를 쉽게 받아들이는 사람, 문제를 잘 해결하고 올바른 선택을 하는 사람, 그리고 융통성이 있어 새로운 상황에 잘 적응하는 사람을 일컬을 때 사용한다.

며 친구와 타인과의 관계에 변화를 가져오는 이러한 영향은 제8장에서 논의할 것이다. 자의식에 대한 극적인 변화도 생기는데 이는 제6장에서 논의될 것이다. 또한 음악적 지능은 청소년기에 급격히 증가하고(Hassler, 1992), 운동능력도 초기 청소년기까지 증가한다(Visser & Geuze, 2000).

지능검사

가장 잘 알려진 지능검사는 스탠포드-비네 검사(Stanford-Binet)와 웩슬러 검사(Wechsler)이다. 앞으로 이어지는 논의에서 알게 되겠지만, 이들은 모두 Sternberg 혹은 Gardner의 지능이론에 기반을 두고 있지 않다(두 검사 모두 이들 이론보다 선행되었다). 또한 검사상의 질문들은 각 이론의 관점을 반영하고 있지만 검사는 각 이론이 제안하는 것보다 더 좁은 영역을 측정한다. Sternberg 관점의 검사는 대부분 잠재지능을 평가하는 것인 반면, Gardner 관점의 검사는 언어적 지능과 논리-수리적 지능을 평가한다.

스탠포드-비네 검사

최초의 지능검사는 프랑스의 소르본 대학교 교수인 Alfred Binet에 의해 고안되었다. 당시 파리의 교육부에서 해결하고자 했던 문제는 지적으로 우수한 아동들에게는 심도 있고 광범위한 교육을 제공해 주고, 그렇지 못한 아동들에게는 보다 실용적이고 덜 학문적인 학교교육을 제공하는 것이었다. 그들은 고등교육 과정에 적합한 아동들을 적절히 선발해 내고 싶었기 때문에 Binet에게 지적으로 뛰어난 아동과 그렇지 못한 아동을 구분해 낼 수 있는 검사의 개발을 요청했다. Binet와 그의 동료들은 각 연령대의 아동들이 대답할 수 있는 일련의 질문 목록을 만들어 냈다.

비네 검사의 수정판은 스탠포드 대학교의 Lewis Terman에 의해 제작되어 그 명칭이 스탠포드-비네 검사로 바뀌었다. 이 검사는 2세부터 성인에게까지 사용되었다. 스탠포드-비네 검사의 제5판이 최근에 발간되었으며, 이 검사는 종합 IQ 점수뿐만 아니라 언어적 지능과 활동적 지능(비언어적)으로 분리하여 각각의 점수도 제공한다.

웩슬러 검사

가장 널리 사용되는 지능검사의 한 가지는 웩슬러 성인용 지능 척도(WAIS-III)로 16세 이상에게 사용된다(Kaplan & Saccuzzo, 2005). 16세 미만의 청소년들은 보통 아동용 웩슬러 지능검사(WISC-III)를 받는다. 현재 한국어로 번역되어 실시되고 있는 WAIS-R은 지능을 언어성 지능과 동작성 지능의 두 가지 구성요소로 나눈다. 언어성 지능은 상식, 이해, 산수, 공통성, 숫자,

표 5.1 WAIS-R의 소검사

언어적 검사	동작성 검사
산수 – 수리적 계산을 수행하는 것	토막 짜기 – 색깔 토막을 조작하여 특정 패턴을 모방하는 것
이해 – 사회적, 실제적 문제를 해결하는 것	기호 쓰기 – 주어진 규칙을 사용해서 각 숫자를 기호로 바꾸는 것
숫자 – 숫자 세트를 반복해서 따라 외우기, 또는 거꾸로 따라 외우기	모양 맞추기 – 퍼즐을 만드는 것
상식 – 일반적인 정보와 공통된 지식에 대한 질문에 대한 대답	차례 맞추기 – 일관된 이야기에 따라 그림의 세트를 만드는 것
공통성 – 귀납적 추론을 사용하는 것(A가 B와 어떻게 비슷한가?)	
어휘 – 단어를 정의하는 것	빠진 곳 찾기 – 그림에서 누락된 것을 찾는 것(예 : 꼬리가 없는 개)

불안과 동기는 시험 결과에 영향을 미치는 요인이다. 또한 문화적 편향의 효과도 있는데, 주로 중류 계층이나 소수 민족이 아닌 사람들에게 유리하다.

어휘의 여섯 가지 하위 검사로, 동작성 지능은 바꿔 쓰기, 빠진 곳 찾기, 토막 짜기, 차례 맞추기, 모양 맞추기의 다섯 가지 하위 검사로 구성되어 있다(표 5.1 참조).

연령에 따른 변화

비록 IQ는 아동기 이전부터 청소년기에 이르기까지 상당히 변할 수 있지만(Schneider, Perner, Bullock, Stefanick, & Zeiglev, 1999), 보통은 십대가 되면서 점수가 안정되기 마련이다(Kaufman & Lichtenbeger, 2002). 아동기 IQ와 청소년기 IQ 간의 차이는 각 개인이 경험한 환경적 요인에 의해 설명될 수 있다. 예를 들어 그 혹은 그녀가 상당한 스트레스를 경험했다면(예 : 가난이 심하거나, 부모님의 장기화된 질병이나 사별을 경험했거나, 부모님 사이에 갈등이 심한 경우 등), 그들의 IQ는 시간에 따라 감소할 가능성이 높다(예 : Gutman, Sameroff, & Cole, 2003). 이러한 사실은 IQ 점수가 생물학적 산물일 뿐만 아니라 환경적인 요인들도 매우 중요하다는 것을 분명히 나타내 준다. 과거 경험뿐 아니라 현재 겪고 있는 상황들도 IQ 검사에 영향을 줄 수 있다.

검사 결과에 영향을 미치는 요인

IQ나 지능의 다른 측정치들이 변화를 보이는 한 가지 이유는 때로 타당한 검사 결과를 얻기가 어렵기 때문이다. 결과에 변화가 생기는 것은 지능이 변하기 때문만이 아니라 검사 점수에 영향을 미치는 요인들 때문이다(Richardson, 2002). 가장 중요한 요인 중 한 가지는 피검자가 느끼는 불안(anxiety)이다. 불안한 청소년들은 정서적으로 안정되어 있는 청소년들에 비하여 검사를 잘 수행하지 못한다(Zeidner, 1995).

동기(motivation) 또한 결과에 현저한 영향을 미친다(Wentzel, 1996). 검사 수행에 대한 동기가 부족하지만 다른 면에서는 똑똑한 학생들은 잠재능력을 충분히 발휘하기 어려우며, 그들이 할 수 있는 것보다 훨씬 나쁜 결과를 맺을 수도 있다(Goff & Ackerman, 1997). 게다가 검사들은 문화적 편향(cultural bias)의 영향도 받는다. IQ를 측정하는 검사들은 본래 환경적 영향과는 무관한 선천적인 지능을 측정하기 위해 고안된 것이다. 그러나 오랜 기간에 걸친 연구는 사회문화적 요인이 검사 결과에 중요한 역할을 한다는 것을 보여 주었다(Richardson, 2002). 검사에서 사용되는 언어, 삽화, 예시, 추상화는 중류 계층에 기초하여 지능을 측정하기 위해 고안된다. 한 예로, IQ 검사에 있는 질문 중 일부는 '기본' 지식에 대해 묻는데, 이는 책을 꾸준히 읽어 왔거나 부모님의 어휘력이 상당히 좋은 중류 계층의 아동들이 쉽게 접근할 수 있는 정보들로 이루어져 있다(Martinez, 2000). 사회경제적 지위가 낮은 가정에서 자라 온 많은 청소년들은 주로 사용하는 어휘가 매우 다른 세상에서 자라 왔으며, 이에 지능검사에 나오는 중류 계층의 표현들을 이해하기 매우 어렵다. 이와 같은 이유로 인해 몇몇 청소년들은 실제로 지능이 낮기보다는 그들의 배경과 경험에 비추어 낯선 언어를 이해하기 어렵기 때문에 수행이 저조해지기도 한다(Berry & Bennett, 1992; Berry, Poortinga, Segal, & Dasen, 1992).

그러나 문화적 편향으로부터 자유로운 검사를 개발하기 위한 노력은 상당히 절망적이었다. 일반적인 접근방법은 특정 소수집단에게 익숙한 언어를 사용한 검사 혹은 완전히 비언어적인 검사를 개발하는 것이었다. 그러한 검사들 중 가장 유명한 예는 Raven Progressive Matrix Test(혹은 RPM)이다. 이 검사의 문항들은 여러 줄의 기호들로 이루어져 있다. 밑줄의 가장 오른쪽 기호는 빠져 있으며, 피검자가 할 일은 빈 칸의 기호를 선택하여 위의 열들의 패턴과 일치하게 열을 완성하는 것이다. 이 검사의 비언어적 특성으로 인해 문화적인 공정성을 지키게 되었다고 생각하게 되었지만, 지금의 많은 연구자들은 이러한 주장에 동의하지 않는다. 예를 들어 Carpenter, Just와 Shell(1990)은 비록 기호들 자체는 문화에 종속되어 있지 않지만, 옳은 답을 도출하기 위한 과정은 그렇지 않다고 결론 내리고 있다. 왼쪽부터 오른쪽으로 읽는 것(위에서 아래로 읽거나 오른쪽에서 왼쪽으로 읽는 것과는 반대된다)과 덧셈이나 뺄셈, 혹은 다른 수학적 개념에 익숙한 사람들은 그렇지 않은 사람들보다 문제를 풀기가 훨씬 쉬울 것이다. 일반적으로 이러한 검사들은 그렇게 성공적이지 못해 왔다.

역동적 검사라고 불리는 상대적으로 새로운 접근이 있다(Lidz, 2001). 역동적 검사는 지능에 대한 Vygotsky의 견해에 기초를 두고 있으며, 사회적 상호작용을 기초로 수행이 개선되는 능력을 측정한다. 먼저 아동을 대상으로 몇몇 과제에 대한 수행능력을 측정한 후에,

가능한 한 도움이 되는 방식으로 지도를 받는다. 그 후에 마지막으로 이전 과제에 대한 수행능력을 다시 측정하게 된다. 역동적 검사는 아동들을 고정되고 일정한 존재로 다루기보다는 개별적이고 독특한 존재로 다룬다는 점과 처음에 했던 방법에 대해 피드백을 제공한다는 점에서 전통적인 검사들과 구별된다. 역동적 검사를 사용해 온 연구자들은 역동적 검사의 결과가 학교에서의 학습능력에 대한 훌륭한 예측치라는 사실을 발견했다(Sternberg & Grigorenko, 2002).

지능검사의 사용과 오용

지능검사 점수를 해석할 때는 매우 주의해야 한다. 첫째, 앞서 언급했듯 검사 점수는 기껏해야 어떤 특정 시점에서 개인 능력의 단면을 반영할 뿐이다. 만약 피곤하고, 심술이 나 있고, 기분이 안 좋을 때 검사를 하게 된다면 사람들은 검사에 최선을 다하지 못할 것이다.

Research Highlight　지능에 차이를 보이는 청소년

미국 인구의 95%는 IQ 점수가 70~130 사이이다. 나머지 5%는 최고와 최저로 반씩 나뉘어 2.5%는 130 이상, 나머지 2.5%는 70 이하의 지능을 지니고 있다. 130 이상의 지능을 가진 사람은 천재로 분류되는 반면 가장 낮은 점수를 지닌 사람들은 정신지체로 분류된다. 어느 집단에 속한 사람이건 청소년기는 이들 모두에게 힘든 시기이다.

인지장애가 있는 사람들은 청소년기에 더 큰 중압감을 느끼게 된다. 그들은 전에 비해 또래들에게 더 뒤처지기 때문에 그 어느 때보다 학교가 힘들게 느껴지게 된다. 이런 학생들은 자신의 또래 아동들이 형식적 조작기로 이동할 때 전조작기 혹은 구체적 조작기에 머무른다. 인지장애를 지닌 학생들은 자아존중감도 낮고 정상 지능의 청소년보다 생활조절 능력이 떨어짐을 느끼게 된다(Wehmeyer & Palmer, 1997). 전형적인 청소년(즉 주류인 아동들)에 섞여 학교생활을 해 온 정신지체 청소년이 학교에서 고립되어 지내 온 정신지체 청소년들보다 사회적 삶이 더 알찼으나(Heiman, 2000), 그들 역시 평균적인 십대보다는 여전히 사회적으로 뒤처졌다(Freeman & Alkin, 2000). 정신지체가 있는 아동들은 전에 친구로 지냈던 아동이 멀어지는 것을 겪게 되는데, 이는 친구였던 아동들이 정신지체인 친구와 지내는 것이 그들의 사회적 입지에 어떻게 영향을 미칠지 걱정을 하기 때문이며, 이 또한 청소년기의 불안정성 때문이다.

성 문제는 인지장애가 있는 청소년들이 직면하는 또 다른 문제로 보통의 청소년보다 더 심각할 수도 있다. 많은 성인들은 정신적으로 장애가 있는 개인들이 유아적이고 무성(중성)이라 본다. 이들의 잘못된 편견 때문에 부모와 교사는 정신지체 청소년과는 사춘기와 성에 대해 논의하지 않는 것 같다. 정신지체 청소년은 성적인 감정에 대해 적절한 방식으로 훈련받지 않았으며 다른 사람에게 말을 해야 할 때 어떻게 하는지도 배우지 않았기 때문에 성적 착취에 취약하다.

천재 십대가 직면하는 문제는 정신지체 청소년의 경우보다 심각성이 덜하지만 그것은 같은 뿌리에서 기원한다 : 다른 사람에 의한 고정관념과 기대에 걸맞고자 순응하는 것. 사람들은 천재 청소년은 완벽주의자이고, 바보 같고, 교사의 애완동물 같다고 흔히 추측한다. 사실 천재 청소년은 평균 지능의 아동들과 같거나 혹은 그 이상으로 적응을 잘하며(Garland & Zigler, 1999; Nail & Evans, 1997) 완벽주의자도 아니다(LoCicero & Ashby, 2000). 천재 청소년은 다른 학생들이 자신의 학업을 복사해서 이득을 얻으려 한다는 것과 교사들이 수업시간에 그들을 무시한다는 것을 깨닫는다(Moulton, Moulton, Housewright, & Bailey, 1998). 타인에 맞추려고 하는 욕망으로 인해 일부 천재적 십대들은-특히 여성의 경우-자신의 재능을 숨겨 자신이 훨씬 앞서는 분야에서 탈락한다. (Patrick, Ryan, Alfeld-Liro, Fredricks, Hruda, & Eccles, 1999).

모든 청소년들은 또래나 그들에게 중요한 어른들이 자신을 좋아하고 이해해 주기를 원한다. 지능이 다르다는 사실은 그와 같은 욕구의 달성을 어렵게 할 수 있다. 왕으로 결정되고 나면 어떻게든 다른 존재가 되기란 매우 어려운 일이다.

알고 싶은 것

▶ **지능검사는 지능을 측정할 수 있는가?**

지능검사는 지적 능력의 하위 척도를 측정하기에 유용한 검사이다. 이는 기억, 어휘, 공간 지각 등을 측정하기 위해 고안되었다. 만약 해당 검사에서 수행을 잘하려면 그와 관련된 기술을 가지고 있어야 한다. 그러나 이것은 사실이 아닐 수 있다. 만약 어떤 사람이 지능검사에서 저조한 수행을 했을지라도 기술 부족과 같은 다른 요소가 포함되어 있을 수 있다.

둘째, 만약 검사 점수가 특정 검사에서 얼마나 잘 수행했는지는 정확하게 반영하고 있다고 할지라도, 그 개인의 지능 자체를 반영하는 것이 아니라 태도나 배경을 반영하는 것일 수 있다. 만약 익숙하지 않은 문화에 대한 질문이 포함되어 있거나 완전하게 유창하지 않은 언어로 지능검사를 받았다면 검사 점수가 변할 수 있다는 것에 대해 당신은 어떻게 생각하는가? 그럴 경우 분명히 자신의 본래 환경을 반영하는 지능검사보다 안 좋은 결과를 보일 것이다.

이와 동시에, 지능검사는 유익하게 사용될 수도 있다. 사실, 지능검사 결과가 안 좋은 청소년에게는 몇 가지 방해 요인이 있을 수 있다. 개인적인 문제-동기 부족, 기대되는 만큼의 학습기회를 제공받지 못한 배경, 낮은 지능 등-가 무엇이든 간에 이를 규명하여 그 학생에게 적절한 조치가 제공되도록 하는 것은 중요한 일이다. 그러므로 지능검사는 선별의 도구로 이용될 수 있으며, 도움이 필요한 학생에게 관심을 불러일으킬 수 있다.

또한 지능검사가 지능 그 자체와 간접적이거나 인과적으로 관련이 없다 하더라도, 한 개인이 처한 상황의 여러 중요한 측면을 예측할 수 있다. 예를 들어 IQ 점수는 청소년 시기에 동료들 사이에서의 인기를 어느 정도 예측한다(Scarr, 1997). 그리고 누구나 예상할 수 있듯이 IQ는 학교에서의 성취를 예측한다(Brody, 1997). 이 때문에 IQ는 취업 시장에 들어가는 수준이나 직업적 신분도 예측할 수 있다(Neisser et al., 1996). 그러나 IQ는 일터에서의 성공을 예측하지는 않는다(Wagner, 1997). 왜냐하면 직업적 수행에는 직업윤리나 동기와 같은 다른 요소들이 매우 중요한 역할을 하기 때문이다.

성취도 검사

성취도 검사는 개인들이 어떤 사실과 기술을 얼마나 잘 익혔는지 측정하기 위해 고안된 검사이다. 초등학교, 중학교, 고등학교에서 보았던 대부분의 검사는 성취도 검사였으며 대학에서도 마찬가지일 것이다. 예로 중간고사나 기말고사는 대개 교재를 숙지하였는지 평가하는 것이다(물론 실제 배웠던 것을 뛰어넘어 추론하도록 요구할 수도 있는데, 그 또한 지능을 묻는 것이다). 최근 연방교육 법률로 인해 미국 학교 아동에게 곧 실시될 예정인 의무적인 능력검사는 학업적성 검사의 또 다른 예이다(생물학, 문학과 같은 SAT 영역 검사가 있다). ACT(다음 페이지의 'Research Highlight' 참조)는 원래는 학업 성취도 검사를 목적으로 만들어졌으나 SAT와는 달리 적성과 학업성취 구성요소 모두를 가지고 있다.

SAT

미국에서 가장 보편적으로 사용되는 검사들 중 하나는 SAT이다. (그것은 한때 학업 평가 시험[Scholastic Assessment Test]이라고 불렸었고, 그 전에는 학업 적성 검사[Scholastic Aptitude Test]라고도 불렸었다. 지금은 학업 추론 검사[Scholastic Reasoning Test]라는 이름으로 불리며, SAT라는 약자가 더 이상 맞지 않지만, 아직 사용되고 있다.) 미국의 많은 대학에서 SAT를 입학의 근거 자료로 사용하고 있으며, 2002년에는 대략 1,300만 명 이상의 고등학생들이 이 시험을 치렀다.

2000년 3월부터 SAT가 대폭 수정되었다. 이전에 SAT는 수리 영역과 언어 영역으로 이루어져 있었다. 전체 시험은 2시간 30분이 걸렸으며, 최대 점수는 1600점(각 영역당 800점)이었다. 가장 큰 변화는 쓰기 영역의 추가(다중-선택 질문과 에세이 포함)인데, 그것은 대부분 이전의 SAT II 쓰기 과목 검사를 기초로 이루어졌다. 뿐만 아니라, 언어 영역(지금은 비판적 읽기라고 불림)에서 유추 질문(analogy question)들이 없어졌으며, 수리 영역에 고등학교에서 배우는 대수학 II의 지식이 요구되는 여러 질문들이 포함되었다. 그리고 학생들에게 양적 비교를 요하는 문제들(2개의 공식 중 어느 것이 더 큰 값을 내는지, 혹은 답이 없는 문제가 무엇인지 고르는 것)이 없어졌다. 현재 SAT의 최대 점수는 2400점(각 영역당 800점)이며, 이전보다 훨씬 더 많은 시간이 걸린다.

언어와 수학의 합산점은 대학 입학뿐 아니라 장학금과 재정보조금 지급을 결정하는 데 종종 사용되었다. SAT 검사를 만들어 낸 ETS(Educational Testing Service)는 고등학교 성적과 결합시키면 SAT 점수가 다른 어떤 측정치보다도 대학교 1학년 때의 성적을 정확히 예측해 낸다고 주장한다. 그럼에도 불구하고, 이 검사의 사용이나 오용에 대한 반대의 목소리가 점점 커지고 있다(예 : Lemann, 2000).

SAT에 대한 두 가지 주요한 반대론이 있다. 첫째, 이 검사는 인종/민족, 사회경제적 지위, 그리고 성별에 중립적이지 않다는 것이다(예 : Freedle, 2003). 아시아계 미국인들이 항상 코카시언계 미국인보다 점수가 높고, 이 두 집단은 아프리카계 미국인이나 히스패닉계 미국인보다 점수가 높다. 게다가 남성이 여성보다 언어와 정량적 영역 모두에서 점수가 높다(예 : Jackson & Rushton, 2006). 그림 5.5에서처럼 SAT 검사 점수는 높은 사회경제적 배경을 지닌 개인의 점수가 더 높다(College Board, 2003).

두 번째 주요한 반대론은 검사는 일생을 통해 획득된 기본적인 능력을 측정하므로 막판에 벼락치기와 같은 공부에 의한 영향을 받지 않으며 특별지도를 받는다고 점수가 향상되지 않는다는 주장에서 비롯되었다. 그러나 연방 공정거래 위원회의 소비자보호국에 의한 연구는 SAT에 대한 특별 지도를 통해서 800점 만점 중에 평균 25점까지 점수를 향상시킬 수 있다는 것을 보여 주었다. 전국적으로 연계된 80개 학교에서 10주 과정으로 30,000명의 학생들을 지도하여 25점까지 점수를 향상시켰다. 이 학교들은 개인에 따라 100점까지도 향상될 수 있음을 주장한다. 이와 대조적으로, 대학 입학 자격 시험 본부(College Board, SAT를 만든 기구)가 지원했던 한 연구는 지도를 받은 학생들이 그렇지 않은 학생들보다 높은 점수를 얻을 가능성은 약간 높은 정도일 뿐이라고 밝혔다(Powers & Rock, 1999). 그래도 잊어버리기 쉬운 수학 공식을 다시 살펴본다거나 시간제한이 있는 시험의 지시사항에 익숙해지는 것 등은 지도를 받든 혼자 공부하든 간에 점수에 영향을 줄 수 있다는 사실은 명백해 보인다.

SAT는 적성과 성취도를 모두 검사한다. 사실, 정신적 민첩성(적성)을 측정하는 어떤 시간제한 검사에서 학생들은 동작성 영역의 수행을 잘하기 위해서 특정 수학적 원칙을 배운다. 그리고 언어적 영역(성취)을 잘하기 위해서 특정 어휘를 배운다. 적성 그 자체는 지도가 가능하지 않은 반면, 특정 시험을 치르는 기술을 학습하게 되면 적성검사에서 더 나은 수행을 하게 한다. 물론 성취는 지도에 의해 증강된다.

만약 수험 지도에 의해 점수가 향상된다면, 과연 SAT가 기본적인 학업 적성을 측정하는 도구로서 신뢰받을 수 있겠는가? 이러한 지도 과정을 들을 여건이 허

Research Highlight   ACT 평가 프로그램

ACT 평가 프로그램은 두 번째로 많이 사용되는 대학 입학 시험이고 해마다 200만 명 이상이 이 시험을 본다. 이 검사는 세 분야, 즉 (1) 학업검사, (2) 학생 프로파일 영역(Student Profile Section), (3) ACT 흥미검사(Interesting inventory)로 이루어져 있다. 학업검사는 영어능력 측정, 수학능력 측정, 사회연구 읽기 검사, 그리고 과학 읽기 검사 등이 있다.

학생 프로파일 영역은 192문항으로 이루어져 있고 고등학교 활동과 성취도, 대학에서의 학업 및 과외 활동 계획 등이 포함되어 있으며,

UNIACT는 학생들의 직업 선호도에 대한 조사이다.

ACT 학업검사는 1~36까지의 표준점수를 산출하게 되어 있고 종합 점수가 매겨지는데, 종합 ACT에서 평균을 내 보니 2005년 현재 종합 점수는 20.9였다(ACT, 2006). SPS를 추적해 보니 명확한 것으로 밝혀졌는데 SPS에서의 전공 선택과 1학년 말의 실제 선택 간에는 69~70%의 일치율이 나타났다(Laing, Valiga, & Eberly, 1986).

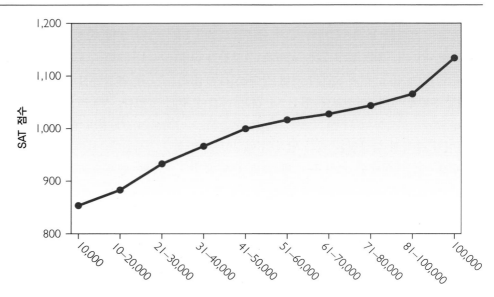

그림 5.5
연간 가정 수입과 SAT 점수
출처 : College Board(2003).

락되었던 사람들이 획득한 기술에 부분적으로 근거하여 입학 허가를 결정하는 것이 타당한가? 공정성에 근거하여 대학입시위원회(College Entrance Examination Board)는 SAT 점수에만 근거하여 입학 결정을 하는 것에 대해 오랫동안 경고를 해 왔다. SAT를 제작한 ETS도 개인의 점수가 30~35점 정도로 총 60~70점 정도의 범위에서 변할 수 있다고 보고하였다. 이런 이유로 인해

일부의 좋은 학교들은 학생들의 논술, 면담, 혹은 기타 다른 입학 절차를 SAT와 동등한 혹은 더 높은 비중을 두어 입학을 결정하고 있다(Laird, 2005). 게다가 점점 더 많은 대학들이 SAT를 필수보다는 선택사항으로 선택하고 있으며, 2001년에 캘리포니아 대학교 학장인 Richard Atkinson은 SAT가 대학 입학 요구사항에서 점점 더 배제될 것이라고 주장했다(Atkinson, 2001).

권장도서

Gardner, H. (1999). *Intelligence Reframed: Multiple Intelligences for the Twenty-First Century*. New York: Basic Books.

Jacobs, J. E., and Klaczynski, P. A. (Eds.). (2005) *The Development of Judgment and Decision Making in Children and Adolescents*. Mahweh, NJ: Erlbaum.

Moshman, D. (1999). *Adolescent Psychological Development: Rationality, Morality, and Identity*. Mahwah, NJ: Erlbaum.

Pressley, M., and Memory de Schneider, W. (1997). *Introduction to Memory Development during Childhood and Adolescence*. Mahwah, NJ: Erlbaum.

Sternberg, R. J. (2003). *Wisdom, Intelligence, and Creativity Synthesized*. New York: Cambridge University Press.

알고 싶은 것

▶ 좋은 자아개념을 갖는 것이 왜 중요한가?

▶ 좋은 성적을 받는 것은 자아존중감에 얼마나 많은 영향을 미치는가?

▶ 비행 청소년이 되는 것은 낮은 자아존중감을 지니고 있기 때문인가?

▶ 어떤 유형의 부모가 아이들로 하여금 높은 자아존중감을 갖도록 양육하는가?

▶ 청소년들의 자아존중감 수준은 성별에 따라 다른가?

▶ 대학생들에게는 어떤 정체성 지위가 가장 흔한가?

▶ 성(sex)과 사회적 성(gender)의 차이는 무엇인가?

▶ 남성다운 특성과 여성다운 특성을 모두 혼합해서 갖는 것이 왜 좋은가?

Erik Erikson이 처음으로 청소년의 주요 과제가 정체성을 발견하는 것이라고 주장한 이래로, 연구자들은 청소년들이 자기발견의 이러한 과정을 어떻게 헤쳐 나가는지를 연구해 왔다. 그러나 청소년들이 정체성을 확립하기 전에도, 그들은 자신이 누구인지에 대한 생각을 아동기 때부터 가지고 있다. 어떤 이가 자신을 어떻게 기술하는지는 이러한 자기견해의 좋은 지표이다.

자기(self)란 자신이 알고 있는 한 개인의 인성의 일부분이다. **자아개념**(self-concept)은 자기에 대한 의식적이고 인지적인 지각과 평가이다. 즉 자기 자신에 대한 자신의 생각과 의견이다. 그래서 자아개념을 개인의 '자기가설적 정체성(self-hypothesized identity)'이라고도 한다(Wayment & Zetlin, 1989). Erikson(1968)은 이 자아개념을 '자아정체성(ego identity)' 또는 개인의 일관된 자기지각적 특성이라고 했다.

자아개념은 정체성보다 그 범위에서 훨씬 제한적이다. 정체성은 더 완전하고, 더 일관되고, 그것이 장기적 목표를 포함한다는 점에서 더 미래 지향적이다. 자아개념, 그리고 더 후의 정체성은 **자아존중감**(self-esteem)의 기초를 형성하며, 자아존중감은 어떻게 스스로에 대해 느끼는가와 관련된 개념이다. 높은 자아존중감을 가진 사람들은 자신을 좋아하며 낮은 자아존중감을 가진 사람들은 자신을 좋아하지 않는다.

따라서 자아존중감을 '영혼의 생존(survival of the soul)'에 필요한 요소라고도 하는데, 왜냐하면 자아존중감이야말로 인간에게 존엄성을 부여해 주는 요소이기 때문이다. 자아존중감은 누군가가 자신을 소중한 존재로 대접해 주는 상호작용을 통해 발달한다. 자아(ego)는 작은 성취, 칭찬, 성공을 통해 성장한다(Lazarus, 1991).

이 장은 청소년기에 생겨나는 자아개념과 자아존중감에서의 변화에 대한 연구를 검토하면서 시작한다. 정체성 탐색에 대한 자세한 논의가 그 뒤에 따른다. 현대미국 사회에서 사회적 성과 민족성이 개인의 자아개념에 중요한 역할을 하므로, 이 장은 자기지각과 정체성에서 민족성과 성의 차이들을 검토하는 것으로 마무리지을 것이다.

자아개념과 자아존중감

자아개념은 자신이 별개의 독립적인 개인이라는 사실을 인식하면서부터 발달한다. 이러한 인식은 초기 아동기 때부터 시작된다. 또한 자아개념은 자신이 누구이고 어떤 사람인지에 대해 발달하는 의식도 포함한다. 자아개념은 개인이 자신이 지각하는 신체 특징, 성격적 기술, 기질, 역할, 사회적 지위라는 측면에서 자신을 볼 때 어떤 면을 보는가 하는 것이다. 자아개념은 자신에 대해 갖고 있는 태도체계라고 말할 수 있다. 그것은 자기정의(self-definition) 또는 자아상(self-image)의 총체이다(Harter, 1990).

자아개념은 종종 포괄적 실체(global entity)로 기술된다. 즉 사람들이 자신에 대해 전반적으로 어떻게 느끼는가 하는 것이다(DuBois, Felner, Brand, Phillips, & Lease, 1996). 그러나 이것은 다양한 역할과 관련되어 발달한 다수의 자아개념(multiple self-conception)들로 구성되어 있기도 하다(Griffin, Chassin, & Young, 1981). 따라서 사람은 자신을 아들 혹은 딸, 학생, 운동선수, 친구 등으로 평가할 수 있다. 마찬가지로, 자아개념은 사회적 기술, 운동능력, 그리고 도덕성 같은 자아의 다른 측면들에 대한 신념들로 구성되기도 한다. 자기의 다른 측면들에 대한 이러한 개념들은 서로 다를

| 그림 6.1 여섯 가지 서로 다른 자기유형

Personal Issues   우리 자신과 타인을 사랑하기

어떤 이론가들은 사람이 자아존중감만을 촉진하거나 강화하게 되면 자기 자신에게 너무 몰두하게 되고, 이는 자의식, 자기도취, 이기심 같은 것을 유발할 수 있다고 강조한다. 사람이 자아존중감을 향상시키기 위해 타인에게 주의를 기울인다면, 그것은 결국 타인을 2차적인 부분으로 간주하는 관심이기 때문에 근본적으로 이기적인 유형의 주의이다. 이러한 이론가들은 "자신을 사랑하지 않으면, 다른 사람들도 사랑할 수 없다."는 금언

이 사실은 틀린 이야기라고 주장한다. 반어적이고 역설적이게도, 만약 그 금언을 우리가 "다른 사람을 사랑할 수 있을 때 비로소 우리 자신을 사랑할 수 있다."라고 바꾼다면, 이는 더 사실이고, 더 관련 있으며, 덜 해가 될 것이다. 이론가들은 우리가 다른 사람들의 복지에 주의를 기울이고 타인과의 친밀하고, 정서적이며, 인정 많은 유대를 만들어야 한다고 제안한다(Burr & Christensen, 1992).

수 있고, 그것은 어떻게 행동이 상황에 따라 달라지는지를 설명하는 데 도움이 된다.

청소년은 자신을 평가하는 데 도움이 되는 증거들을 수집한다. 나는 유능한가? 매력적인가? 똑똑한가? 그리고 이러한 증거들로부터 자신에 대한 가설을 설정하고, 다른 경험과 대인관계를 통해 자신의 느낌과 의견을 점검한다. 그들은 스스로를 자신이 생각하는 이상적 자기와 다른 사람의 이상적 자기와 비교해 보기도 한다.

사람이 정확한 자아개념을 가지고 있는지 여부는 중요하다. 그림 6.1처럼, 모든 사람들은 여섯 가지 서로 다른 자기유형을 갖고 있다. 즉 실제의 자기, 본인이 자기라고 생각하는 자기, 다른 사람이 생각하는 자기, 다른 사람이 그렇게 생각한다고 본인이 생각하는 자기, 본인이 그렇게 될 거라고 생각하는 자기, 그리고 다른 사람이 원한다고 생각하는 모습의 자기이다. 이런 자기의 개념은 실제적인 것일 수도 있고 아닐 수도 있다. 자아개념은 항상 변하는데, 특히 아동기와 청소년기에 그러하다. Allport(1950)는 인성이란 완성된 산물이라기보다는 이행하는 과정임을 강조했다. 몇 가지 안정적인 특징을 가지고 있긴 하지만 동시에 변화를 겪고 있다는 것이다. Allport는 **proprium**이라는 용어를 만들고, 그것을 '내적 통일성을 이루는 인성의 모든 측면'으로 정의했다. 즉 proprium이란 개인적 정체성의 핵심을 이루고 있는 자기 혹은 자아이다.

50년 전에, Strang(1957)은 자아의 네 가지 기본 차원을 개관하였다. 첫째는 전반적이고 기본적인 자아개념(overall, basic self-concept)이다. 이것은 자신의 인성에 대한 청소년의 관점이고 '자신의 능력, 그리고 외부 세

계에서 자신의 상태와 역할에 대한 지각'이다(p. 68).

다음은 개인의 일시적이거나 잠시 동안의 자아개념(temporary or transitory self-concept)이다. 이러한 자아개념에는 순간적인 기분이나 최근의 경험, 혹은 지속되는 경험이 영향을 준다. 가령 최근에 본 시험 성적이 나쁘면 자신이 바보 같다는 일시적인 느낌을 갖게 된다. 또는 부모의 비난 때문에 일시적으로 자기가치감이 낮아질 수도 있다.

셋째로, 청소년의 사회적 자기(social selves)가 있다. 즉 본인의 생각에, 다른 사람들의 눈에 비춰진 자신이라 생각되는 자기이다. 이것은 다시 청소년의 자신에 대한 견해에 영향을 미친다. 만약 남들이 자신을 둔하고 사회적으로 적응을 잘하지 못한다고 생각한다는 인상을 본인이 가지고 있다면 청소년 자신도 이러한 부정적인 방향으로 자신을 생각하는 경향이 있다. 타인의 느낌에 대한 청소년의 지각은 스스로에 대한 자신의 견해에 영향을 준다(Harter, Stocker, & Robinson, 1996). 자아개념은 부분적으로 친밀감, 집단에의 참여, 협동, 타인과의 경쟁을 통해 형성된다. 자아개념은 또한 사회적 상호작용을 통해서 발달하며, 자기의 연속성과 자기가 아닌 대상에 대한 동일시 모두를 포함한다.

자아개념의 일부는 사회적 체제에서 현재 또는 미래에 자신이 놓이게 될 것 같은 사회적 지위에 대한 인식이다. 예를 들어 낮은 사회경제적 지위를 가진 어떤 청소년이 자신은 낮은 사회경제적 계층에 속하지 않으며 더 높은 사회경제적 계층의 일원이라고 간주한다면, 자신의 높은 포부로 인해 새로운 정체성을 형성해 가고 있는 중이라 할 수 있다.

Personal Issues   완벽주의

일반적으로, 뛰어나고자 하는 생각은 칭찬할 만한 속성이다. 정상적인 완벽주의자는 자신의 성취에서 진정한 기쁨을 느끼지만, 상황에 따라서는 덜 정확해도 자유로움을 느낀다. **부적응적 완벽주의자**(maladaptive perfectionists)는 건강하지 않은 정도의, 극단적인 우수성을 추구한다. 그들은 인정받기 위해서는 완벽해야 한다는 불합리한 믿음을 가지고 있다. 그들의 기준은 이성적인 수준을 넘어선다. 그들은 절대로 도달할 수 없는 불가능한 목표를 향해 팽팽하게 긴장하고 있고, 자기비난으로 괴로워하면서 그들의 자기가치는 더욱 낮아진다. 또한 스스로 생각하기에 자신은 결코 기대에 부응할 수 없기 때문에, 그들은 가능한 비판에 직면하게 되면 방어적이 되고 분노한다. 또한 이러한 행동은 다른 사람들을 힘들게 하고 멀어지게 하며, 그들이 두려워하는 바로 그 불승인을 일으킨다. 그들은 시간이 흐를수록 공포와 정서적 혼란으로 가득 차게 되고, 보상보다는 고통을 경험한다. 학업적 성취조차도 자신감을 높이기 위해서는 별 효과가 없다(Halgin & Leahy, 1989). 완벽주의는 섭식장애의 발달과 밀접한 관계가 있다(Pearson & Gleaves, 2006). 건강한 정체성 발달은 좋은 사람이 되고자 하는 것과 동시에 스스로에게 결점이 없기를 기대하지 않는 것을 포함한다.

알고 싶은 것

▶ **좋은 자아개념을 갖는 것이 왜 중요한가?**

긍정적인 자아개념을 갖는 것은 보다 활동적이고 친근한 사람이 되도록 할 뿐만 아니라, 새로운 활동과 도전을 시도할 수 있도록 자신감을 준다. 또한 긍정적인 자아개념을 갖는 것은 높은 자아존중감을 갖게 한다.

네 번째 차원은 **이상적 자기**(ideal self)인데, 이것은 청소년이 되고 싶은 자기이다. 그의 열망은 현실적일 수도 있고, 너무 낮을 수도, 또 너무 높을 수도 있다. 너무 낮은 이상적 자기는 성취를 방해할 수 있고, 너무 높은 이상적 자기는 좌절과 자기가치감의 저하를 가져올 수 있다. 현실적인 자아개념은 자기수용(self-acceptance), 정신적 건강, 현실적 목표의 성취를 가져올 것이다.

좋은 자아개념을 갖는 것의 중요성

좋은 자아개념을 갖는 것은 왜 중요할까? 자아개념은 그것이 사람의 행동을 동기화하고 방향감을 주기 때문에 중요하다. 만약 당신이 운동능력이 뛰어나다고 믿는다면, 당신은 스스로를 운동능력이 형편없다고 생각할 때보다 스키를 배우기 위해 더 기꺼이 노력할 것이다. 마찬가지로, 스스로를 머리가 좋고 열심히 공부한다고 생각한다면 당신은 그 반대라고 생각할 때보다 훨씬 더 어려운 과목들을 수강할 것이다.

동기와 자아개념의 연결에 대한 논의를 통해서, Oyserman과 Markus(1990a, 1990b)는 청소년의 **가능한 자아**(possible selves)에 초점을 둔다. 가능한 자아는 그 또는 그녀가 언젠가는 될 수 있는 사람이다. Oyserman과 Markus는 현재가 아니라 미래를 언급한다. 우리들 각각은 **바라는 자아**(hoped-for selves) 또는 우리가 되기를 원하는 사람, **기대되는 자아**(expected selves), 즉 우리가 될 수 있으리라고 생각하는 사람, 그리고 **두려워하는 자아**(feared selves), 즉 우리가 그렇게 되기를 겁내는 사람을 가지고 있다. 예를 들면 당신은 세계적으로 유명한 바이올린 연주자가 되기를 바라지만(바라는 자아), 고등학교 음악 선생님이 될 것이라고 기대하며(기대되는 자아), 직업이 없는 거리의 악사가 될까 봐 두려워한다(두려워하는 자아).

Oyserman과 Markus(1990a, 1990b)는 기대되는 자아가 긍정적이지 못한 청소년들은 비생산적이고 반사회적인 행동을 하게 될 것이라고 주장한다. 어떤 이에게 행복한 결과에 대한 희망이 없다면, 그는 자기파괴적인 행동들을 하게 될 것이다. 당신이 스스로를 위해 상상한 가장 낙관적인 미래가 그렇게 좋지 않다면, 미래를 위해 왜 노력해야 하는가? 역으로, 당신이 당신의 꿈을 이룰 것이라 믿는다면, 그 가능성을 높이기 위해 열심히 노력할 것이다. 또한 두려워하는 자아들을 균형 있게 갖고 있는 것은 책임 있는 행동을 촉진할 수 있다.

매우 나쁜 결과가 일어날 수 있음을 아는 것은 활기를 북돋우며, 부정적 결과들을 인지하는 것은 반사회적인 행위들을 피할 수 있게 한다. 예를 들어 당신이 부자가 되기를 원하지만(바라는 자아), 은행을 터는 것은 당신을 감옥에 가도록 하고 범죄자(두려워하는 자아)로 만들 것이다. 연구자들은 청소년의 가능한 자아들이 그들의 비행, 흡연, 음주에 영향을 준다는 것을 밝혀 왔다(Aloise-Young, Hennigan, & Leong, 2001; Oyserman & Saltz, 1993).

자아존중감

자기 자신에 대한 개념들을 형성하면서, 청소년들은 스스로를 얼마나 존중하고 있는지 생각해 봐야 한다. 자기 스스로를 살펴볼 때, 자신이 지각하는 자기에게 어떤 가치를 두고 있는가? 이러한 평가가 자기수용과 인정, 자기가치감으로 이어지는가? 만약 그렇다면, 그는 자신을 수용하고 자신과 함께 살아가기에 충분할 만큼 자기를 존중하고 있는 것이다. 높은 자아존중감을 가지려면 자아개념과 자기이상(self-ideals) 간의 조화가 이루어져야 한다.

사춘기가 시작되면 대부분의 청소년은 자신에 대한 대대적인 평가 작업을 시작하는데, 신체뿐만 아니라 운동능력, 지적 능력, 사회적 기술까지도 또래, 자신의 이상, 자신의 우상과 비교해 보기 시작한다. 이러한 비판적인 자기평가 작업 때문에 청소년은 때로 지나치게 자기를 의식하며 행동하는 실수를 저지른다. 이는 상상 속의 관중(imaginary audience)을 낳을 수 있다. 그 결과 청소년들은 이상적 자기를 가지고 자신을 지각하게 되고, 그들의 여러 자아들을 일치시키기 위해 몰두하게 된다. 청소년 후기에 접어들 무렵 그는 드디어 자신을 알게 된다. 즉 자신이 가장 효율적으로 무엇이 될 수 있는지를 결정하고, 자신의 목표와 이상적 자기를 통합하는 것이다.

Carl Rogers(1961)는 자기이상의 이론적, 실제적 구조를 발전시킨 가장 중요한 이론가들 중 한 명이다. 그는 객관적 현실과 자신의 자기지각이 일치하는 것을 인성발달의 종점으로 생각하였다. 이러한 결과는 내적 갈등과 불안으로부터의 자유를 허용한다. 자신이 누구인지, 자신이 어떤 사람이 될 거라 지각하는지, 그리고 어떤 사람이 되기를 원하는지가 통합되기 시작함을 발견할 때, 사람들은 갈등 없이 자신을 받아들일 수 있게 된다. 그들의 자기지각과 타인과의 관계는 자기수용과 자아존중감으로 이어진다. 타인과의 관계 속에서 자신이 실제 어떤 사람인지와 자신이 그렇다고 지각하거나 원하는 모습 사이에 불일치가 존재하면 심리적 부적응이 생긴다.

정신건강

긍정적 자기지각 또는 높은 자아존중감은 인간 발달 과정에서 추구되는 결과이다. 높은 자아존중감은 장기적인 정신건강과 정서적 안녕감(emotional well-being)과 연결되어 왔다(Klein, 1995). 자아존중감이 충분히 발달한 적이 없는 사람들은 건강하지 않은 다수의 정서적 징후들을 보인다(Koenig, 1988). 청소년의 낮은 자아존중감과 우울증 간의 연결은 잘 확립되어 왔으며(Dori & Overholser, 1999), 낮은 자아존중감과 자살 행동 간에도 분리된, 마찬가지로 강한 연결이 존재한다(Grøholt, Ekeberg, Wichstrøm, & Haldorson, 2000).

낮은 자아존중감을 가진 사람들은 신체화 증상들과 불안을 보일 수 있다(Byrne, 2000). 낮은 자아존중감은 약물 남용과 혼외 임신으로 이어질 수도 있다(Kalil & Kunz, 1999; Parker & Benson, 2005). 사실상 젊은 여성들은 자아존중감을 높여 보려고 혼외 임신을 하기도 한다(Streetman, 1987). 낮은 자아존중감은 신경성 식욕부진증과 폭식증이라는 섭식장애와 관련이 있다(Sassaroli & Ruggiero, 2005).

때때로 자아존중감이 낮은 청소년들은 거짓된 외관(false front)으로 세상과 직면한다. 이것은 자신이 가치 있는 존재임을 타인에게 확신시킴에 의해서 무가치감을 극복하려는 일종의 보상기제이다. 이들은 다른 사람들을 감동시키기 위해 일종의 연극을 하기도 하는데, 이렇게 행동을 꾸미는 것 자체가 자신에게도 항상 긴장을 초래한다. 자칫 실수하여 그 가면이 벗겨져 버릴지도 모른다는 불안은 늘 긴장을 유발한다.

불안의 또 다른 이유는 자아존중감이 낮은 사람은 정체성이 불안정하여 변하기 쉬운 상태에 있다는 데에도 있다. 자아존중감이 낮은 청소년은 자의식적(self-conscious)이고 지나치게 비난 혹은 거부에 민감하며, 이는 자신이 느끼는 부적절감의 증거가 된다(Rosenthal & Simeonsson, 1989). 그들은 비웃음을 당할 때나 꾸중을 들을 때, 남이 자신을 좋게 평가하지 않을 때 깊은 상처를 받는다. 자신이 예민한 사람이라고 느끼면 느낄수록 불안 수준은 더 높아진다. 이런 청소년은 "비난 때문에 심하게 상처를 받았어요." 혹은 "잘못했을 때, 남들이 나를 비웃거나 나무라는 걸 견딜 수가 없어요."라고 말한다. 결과적으로 그는 사회적 상황을 어색해하고 불편해하며, 될 수 있으면 그런 상황을 피하려고 한다.

대인 간 능력과 인기

자아개념이 낮은 사람들은 종종 다른 사람에게 거부당하곤 한다. 타인에 의한 수용, 특히 가장 친한 친구들에 의한 수용은 자아개념 점수와 정적 상관을 보인다. 자신을 수용하는 것은 다른 사람들을 받아들이는 것, 그리고 다른 사람들에 의해 받아들여지는 것과 정적으로 유의미한 상관이 있다(Harter, Stoker, & Robinson, 1996). 이처럼, 자기수용과 인기 사이에는 밀접한 관계가 있다.

사회적 적응이 좋지 않은 것은 낮은 자아개념, 낮은 자아존중감과 관련되어 있으며, 여러 면에서 그 모습이 드러난다. 자아존중감이 낮은 청소년은 어디서건 눈에 잘 띄지 않는다(제12장 참조). 그들은 눈에 잘 띄지 않으며 리더가 되는 일이 드물다. 학급 활동, 특활 활동이나 동아리 모임에도 보통 참여하지 않는다. 또한 자기의 권리를 주장하지도 않고 자기와 관련된 문제에서도 별로 의사표명을 하지 않는다. 이러한 청소년들은 늘 외롭고 고립감을 느낀다. 이러한 감정들이 부정적인 자아개념과 낮은 자아존중감을 강화하게 되면 악순환이 계속될 것이다.

낮은 자아존중감을 지닌 청소년들이 직면하는 다른 문제는 그들이 상당한 역할 갈등을 경험한다는 것이다(de Bruyn & van den Boom, 2005; Fenzel, 2000). 대개의 어린 청소년들은 그들이 중학교에 가게 될 때 새로운 기대, 확장된 또래집단, 그리고 개인 간의 감정적 거리를 더 넓히는 학교 크기로 인해 스트레스를 경험한다. 그러나 더 인기 있는 십대들이 사회적 지지를 위해

알고 싶은 것

▶ **좋은 성적을 받는 것은 자아존중감에 얼마나 많은 영향을 미치는가?**

좋은 성적은 자아존중감을 증가시킨다. 그러나 높은 자아존중감과 자신의 능력에 대한 자신감은 좋은 성적을 받을 수 있도록 도와준다.

친구들에게 기댈 수 있는 반면, 인기가 없는 청소년들은 또래에 의해 조롱을 당하거나 따돌림을 당한다. 따라서 덜 인기가 있는 십대들은 중학교에 진학하는 것과 관련된 스트레스와 또래의 무관심이나 적대감이라는 이중고를 겪는다.

학교에서의 진보

많은 증거들이 자아개념과 학업 성취도 사이에 상관이 있다는 이론을 지지한다. 성공적인 학생은 개인적인 가치감이 더 높고 자신에 대해서도 더 좋은 느낌을 갖게 된다(Garzarelli, Everhart, & Lester, 1993). 그러나 이 관계는 상호적이다. 즉 자아존중감이 높은 학생은 더 높은 학업 성취를 하는 경향이 있고 학업 성적이 좋은 학생은 자아존중감이 더 높다(Liu, Kaplan, & Risser, 1992). 자아존중감이 성적에 영향을 미치는 것보다는 성적이 자아존중감에 더 많이 영향을 미치는 것 같다(Hoge, Smit, & Crist, 1995). 한 이유는 자신에 대해 자신감이 있는 학생들은 노력해 볼 용기를 갖고 있고 자신에 대한 스스로의 믿음에 따라 살겠다는 동기를 갖게 되기 때문이다. 반면에 자신에 대해 부정적인 태도를 가진 학생들은 스스로의 성취에 제한을 가한다. 그들은 "아무리 해도 난 할 수 없어." 혹은 "난 별로 똑똑하지가 못해."라고 느낀다(Fenzel, 1994).

최근에 연구자들은 자신을 공부를 잘 할 수 없는 것처럼 보이게 하기 위해 학교에서 아동들이 사용하는 전략들에 관심을 갖기 시작하였다. 자주 꾸물거리고, 의도적으로 다른 친구들이 공부를 방해하도록 내버려 두고, 자기패배적인 전략들을 사용함으로써, 학생들은 능력의 결핍이 아니라 상황이 낮은 학업 수행의 원인이라는 것을 보여 주려 하였다. 중학교 2학년생 256명을 대상

으로 한 조사 자료에 따르면, 소년이 소녀보다 이러한 전략을 더 많이 사용하고, 학업 성취도가 낮은 학생이 높은 학생보다 더 많이 사용하였다(Midgley & Urdan, 1995).

다른 연구들은 방과 후 활동에 참여하는 것이 자아존중감의 증가가 관련이 있음을 강조한다. 자아존중감이 높기 때문에 활동에 더 많이 참여했는지 아니면 활동 참여 때문에 자아존중감이 높아졌는지는 분명하지 않지만, 그 둘은 분명 상관이 있다. 또한 방과 후 활동에 참여하는 것은 더 높은 평균성적 및 낮은 결석률과 관계가 있다(Fertman & Chubb, 1992). 이것은 고등학생들이 운동경기와 같은 학교 활동에 참여하는 것이 남녀 모두의 더 높은 자아존중감과 관계가 있다는 연구결과들과도 일치한다(Steitz & Owen, 1992).

흑인 소년들은 좋은 성적에 대한 흑인집단의 태도 때문에 학업 성취가 높아도 긍정적인 자아개념을 덜 발달시킨다(Osborne, 1995). 따라서 학업 성취가 사회적 자아상에 미치는 영향을 알려면 또래집단의 맥락에서 그 개인을 고려해야 한다. 다시 말해 성취에 대한 또래의 태도가 어떻게 개인의 사회적 자아상에 영향을 주는지를 고려해야 한다. 또래집단 내에서 우세한 가치가 무엇이냐에 따라 또래는 학업적 성공을 북돋울 수도 있고 저하시킬 수도 있다. 학업에 높은 가치를 두는 또래들은 학교에서 잘 해내도록 서로를 격려한다(Roberts & Petersen, 1992).

중요한 타인(significant others), 즉 부모와 조부모, 손위 형제, 친한 친구, 교사, 혹은 학교 상담자 등의 지지와 긍정적 태도는 학생의 학업적 자아개념(academic self-concepts)에 중요한 영향을 미친다. 다른 사람들이 자신의 학업능력을 신뢰한다고 느끼는 학생은 스스로에게 자신감을 가진다.

직업포부

어떤 사람들에게는 직업을 선택하는 것이 자아감(sense of self)을 충족하려는 것이 될 수도 있다. 왜냐하면 직업에서 성공하려는 욕망과 기대는 또한 자아존중감에 달려 있기 때문이다. 자신을 위해 직업목표를 결정한 청소년은 직업목표가 없는 청소년보다 자아존중감이

더 높다(Chiu, 1990; Munson, 1992). 자아존중감이 낮은 청소년들과 높은 청소년들 모두 성공하는 것이 중요하다는 것을 알지만, 낮은 자아존중감을 지닌 청소년들은 그들이 성공할 것이라는 기대를 덜 한다. 그들은 "난 인생에서 성공하고 싶긴 하지만 내가 원하는 만큼 성공할 수 있으리라고는 생각하지 않아요."라고 흔히 말한다. 그들은 자신에겐 성공에 필요한 자질이 부족하다고 믿는다.

자아존중감이 낮은 청소년과 높은 청소년은 원하는 지위 유형이 다를까? 일반적으로 자존감이 낮은 사람은 지도력을 행사해야 하는 지위를 피하려고 하며, 다른 사람들이 자신을 지배하는 직업도 피하려고 한다. 즉 권력을 휘두르는 자가 되는 것도, 권력에 의해 지배되는 자가 되는 것도 원하지 않는다. 지도적 위치나 지도를 받는 위치 모두를 피하는 이유는 비판이나 평가를 받고 싶지 않기 때문이다.

교육, 직업포부는 부분적으로는 자아상에 달려 있다. 그리고 자아상은 다시 가족의 배경으로부터 나올 수 있다. 사회경제적 지위가 더 낮은 청소년들이 사회경제적 지위가 더 높은 청소년들보다 직업적 포부가 더 낮다(Trusty, Robinson, Plata, & Ng, 2000). 이 사실에는 여러 이유가 있겠지만, 사회경제적 지위가 더 낮은 청소년들이 스스로를 성공적인 일군으로 보지 못하는 것이 부분적인 이유이다(Sarigiani, Wilson, Petersen, & Vicary, 1990).

비행

오랫동안, 심리학자와 사회학자들은 낮은 자아존중감과 비행 사이에 밀접한 관계가 있다고 믿었다. 즉 비행 청소년이 되는 것은 자신에 대해 좋지 않은 감정을 가진 것에 대해 보상하려는 시도라고 생각되었다. 이러한 생각은 **자기증진 이론**(self-enhancement thesis)으로서 Kaplan(1980)에 의해 제일 처음 제시되었다. 그는 소위 정도를 따르는 데 실패한 사람들은 자신의 행동에 대해 긍정적 강화를 받지 못하고 따라서 자아존중감이 낮을 것이라고 주장하였다. 그러므로 나쁜 성적을 받고, 더 정상적인 또래들과 어울리지 못하고, 어떤 것도 잘하지 못하는 것 같은 청소년들은 자신에 대해 좋지 않게 느

알고 싶은 것

▶ **비행 청소년이 되는 것은 낮은 자아존중감을 지니고 있기 때문인가?**

비행 청소년들이 반드시 낮은 자아존중감을 지니고 있는 것은 아니다. 실제로 몇몇 연구에 따르면, 비행 청소년들은 자신의 재능과 능력에 대해 지나친 우월감을 가지고 있는 것으로 밝혀졌다.

끼고 낮은 자아존중감으로 괴로워한다. 그들은 자신에 대해 기분 좋게 느끼기 위해 비행 청소년들과 어울리고, 그 비행 청소년들은 비행 행동에 대해 그들을 칭찬하고 강화해 줄 것이다. 비행 또래들과 어울리는 것은 그들의 행동을 훨씬 더 정상에서 벗어나게 할 것이고, 강화가 계속됨에 따라 그들의 자존감은 늘어날 것이다. 요약하면, Kaplan은 낮은 자아존중감을 가진 청소년들이 비행 청소년이 될 것이고, 그렇게 한 후에 그들의 자아존중감은 상승할 것이라고 주장하였다.

그러나 1990년대에 행해진 연구들은 이러한 연결을 밝히는 데 실패하였다(Heaven, 1996). 실제로 연구결과들은 매우 다양하다. 비행 청소년의 자아존중감은 늘어나기도, 줄어들기도, 그리고 변하지 않기도 한다. 그것은 낮고, 높고, 그리고 별 차이가 없기도 해 왔다. 도시

청소년들을 대상으로 종단연구를 실시했던 Jang과 Thornberry(1998)는 낮은 자아존중감이 비행 또래들과의 연합을 예언하지는 않음을 발견하였다. 그렇지만 비행 청소년을 친구로 선택했던 청소년의 자아존중감은 자신의 비행이 늘어나지 않았음에도 증가하였다. 비행과 낮은 자아존중감 사이의 관계가 발견될 때, 이는 보통 소년이 아니라 소녀들에게서이다(Esbensen, Deschenes, Winfree, 1999; Rigby & Cox, 1996).

그러나 가장 최근의 한 연구는 마침내 모순이 되는 발견들에 대한 설명을 가능케 했다. Donnellan과 그 동료들(2005)은 자아존중감과 **자기애**(narcissism, 어떤 사람이 지나치게 허영심에 가득 차고 자기 이익에 골몰하는 것을 나타내는 성격적 특징)의 효과를 분리해 내는 연구를 실시하였다. 그들은 낮은 자아존중감, 비행 행동, 그리고 공격성 사이에 강한 관계를 발견하였다. 높은 자아존중감은 비행을 예언하지 않지만, 자기애는 비행을 예언하였다. 이전의 연구들은 정상적이고 건강한 높은 자아존중감과 병리적인 자기애 사이를 구분하지 않았기 때문에, 실제로는 그렇지 않음에도 불구하고 높은 자아존중감이 공격성과 관련이 있는 것처럼 보였다.

긍정적 자아개념의 발달

어떻게 긍정적인 자아개념이 발달할 수 있을까? 긍정적

아버지와의 긍정적인 관계는 남자 청소년이 높은 자아존중감과 안정적인 자아상을 발달시키는 것을 도울 것이다. 이는 여자 청소년과 아버지와의 관계에서도 마찬가지다.

자아개념의 발달을 이루게 하는 몇 가지 요인들을 살펴보도록 하자.

중요한 타인

자아개념은 나에 대한 타인의 의견에 의해서, 혹은 타인이 나를 생각한다고 내가 생각하는 방식에 의해 영향을 받는다(Juhasz, 1989). 그러나 모든 사람이 동등하게 강한 영향을 주는 것은 아니다. 중요한 타인(significant others)이란 높은 수준의 중요성을 갖는 개인을 말한다. 그들은 영향력이 있으며 그들의 의견은 의미가 있다(Lackovic-Grgin & Dekovic, 1990). 그들의 영향력은 그들이 개입하는 정도와 친밀감의 정도, 그들이 제공하는 사회적 지지(Blain, Thompson, & Whiffen, 1993), 그리고 남들이 그들에게 부여하는 힘과 권위에 달려 있다.

부모

연구자들은 청소년기 동안의 가족관계의 정서적인 질이 높은 수준의 자아존중감과 연관되어 있음을 발견했다(Robinson, 1995). 이는 미국에서뿐만 아니라 많은 다른 나라들에서도 마찬가지이다(Farruggia, Chen, Greenberger, Dhitrievan, & Macek, 2004).

자아존중감이 높은 청소년은 부모와의 관계가 친밀하다. 다시 말해 부모를 가깝게 느끼고 부모와 잘 지낸다(Field, Lang, Yando, & Vendell, 1995). 청소년의 자아존중감은 부모의 지지, 개입, 통제(Barber, Chadwick, & Oerter, 1992; Robinson, 1995)뿐만 아니라 자녀에게 기꺼이 자율성을 부여하는 것(Linver & Silverberg, 1995), 부모의 수용, 유연성(Klein,1992), 의사소통(Caughlin & Malis, 2004), 함께 나누는 만족감과 관계가 있다.

간단히 말하자면, 인종이나 민족성과 상관없이, 권위적인(authoritative) 부모들은 높은 자아존중감을 가진 자녀를 키운다(Dekovic & Meeus, 1997). 우리는 더 자세하게 이러한 요인들에 대해 논의할 것이다.

어머니와의 관계와 동일시 어머니-청소년 관계의 질은 청소년의 자아존중감에 중요한 영향을 미친다(Hahn-Smith & Smith, 2001; Turnage, 2004). 어머니를 가깝게

알고 싶은 것

▶ **어떤 유형의 부모가 아이들로 하여금 높은 자아존중감을 갖도록 양육하는가?**

따뜻하고, 지지적이고, 친절하며, 권위적인 부모는 자녀들이 높은 자아존중감을 갖도록 양육할 가능성이 높다.

느끼는 더 나이 든 여자 청소년은 자신이 자신감 있고 현명하며, 이성적이고, 자기조절이 잘 되는 사람이라고 생각한다. 어머니를 멀게 느끼는 청소년은 자신을 반항적인, 충동적인, 과민한, 재치가 없는 등 부정적인 용어를 사용하여 지각한다. 이러한 발견은 어머니와의 동일시 정도가 자아개념에 영향을 준다는 것을 보여 준다.

아버지와의 관계와 동일시 아버지와의 관계 역시 청소년의 발달에 매우 중요하다. 과거에는 어머니와의 관계가 아버지와의 관계보다 아동의 심리적 적응에 더 중요하다고 했었지만, 가장 최근의 연구들은 그렇지 않음을 발견하였다(Rohner & Veneziano, 2001). 연구들은 일반적으로 부모 모두와의 관계가 동일한 기능을 담당하거나 또는 아버지와의 관계가 청소년의 발달에 다르긴 하지만 마찬가지로 필수적인 역할을 한다는 것을 보여 준다. 아들과 딸의 자아존중감에 대한 아버지의 영향은 다른 행동들로부터 나오는 것 같다. 즉 아버지는 딸에게 신체적 애정을 표현함에 의해 가장 많이 딸의 자아존중감을 증가시키는 한편, 아들과의 접촉을 유지함에 의해서 아들의 자아존중감을 증가시킨다(Barber & Thomas, 1986).

부모의 관심, 배려, 훈육 부모의 따뜻함, 관심, 배려는 청소년이 건강한 자아정체성을 형성하는 데 있어 결정적인 요소이다. 자녀에게 관심이 많고 충분히 배려하는 부모의 자녀는 자아존중감이 높다. 그리고 자아존중감이 높은 청소년의 부모는 엄격하지만 일관성이 있으며, 높은 기준을 요구하지만 특별한 상황에서는 어느 정도의 이탈을 허용할 정도로 융통성이 있다. 즉 따뜻함과 엄격한 훈육이 잘 조화되어 있다(Buri, 1989).

이혼과 혼합가정 아동이 부모들 사이에 또는 부모와 자신들 사이에 갈등을 지각할 때 자아존중감은 낮아질 수 있다. Amato(1986)는 갈등적인 가족 출신의 청소년들과 부모-자녀 관계가 좋지 않은 가족으로부터 온 청소년들이 낮은 자아존중감을 가지고 있음을 발견하였다. 그러나 중요한 발견들 가운데 하나는 부모의 이혼 당시 자아존중감이 낮아지는 것은 대부분 일시적이라는 것이다. Amato(1988)는 또한 성인기의 자아존중감과 아동기에 겪은 부모의 이혼이나 죽음 사이에는 유의미한 관련성이 없음을 발견하였다.

자녀의 행복은 특정한 가정 형태에 달려 있다기보다는 얼마나 적절한 양육, 사랑, 훈련을 받느냐에 달려 있다(Hutchinson, Valutis, Brown, & White, 1989). 한 연구는 부모가 이혼한 청소년은 학교에 있지 않을 때는 부모의 적대감, 보살핌 결여, 부적절한 감독을 겪으며, 교사들에 의한 무관심, 그리고 더 큰 재정적 어려움에 시달린다고 보고했다. 그리고 결과적으로 자아개념이 낮아지고 사회적 기술도 잘 습득되지 않았다(Parish, 1993; Parish & Parish, 1991).

사회경제적 지위

사회경제적 지위(SES)는 자아존중감에 다양한 영향을 준다. 사회경제적 지위가 낮은 학생은 높은 사회경제적 지위를 지닌 학생에 비해 일반적으로 자아존중감이 더 낮다. 그리고 이러한 SES의 효과는 나이가 증가함에 따라 더 강해지는 것으로 보인다.

사회경제적 지위의 효과는 직접적이라기보다는 간접적이다(Dusek & McIntyre, 2003). 십대들은 가난하기 때문에 자신을 더 엄격하게 바라보는 것이 아니라, 그들의 경제적 상황 때문에 학교에서 잘하고 있지 못하다. 또한 경제적 어려움은 부모의 애정적 지원을 감소시키고, 청소년에 대한 부정적 평가를 전하게 될지도 모르며, 이는 자아존중감을 낮추게 될 것이다(Ho, Lempers, & Clark-Lempers, 1995). 또한 수입이 적은 가족 출신의 십대들은 가장 최신의 패션 경향을 따르기 어려울 것이며, 자신의 인기를 증가시키게 만들 그런 클럽과 집단에 더 부자인 또래처럼 가입할 수도 없을 것이다. 그들은 다른 또래들이 자신을 어떻게 평가하는

> **알고 싶은 것**
>
> ▶ **청소년들의 자아존중감 수준은 성별에 따라 다른가?**
>
> 자아존중감에서의 성차는 아동기 동안에는 거의 존재하지 않지만, 청소년기에는 보통 소년들이 소녀들보다 더 높은 수준의 자아존중감을 갖는다. 이것은 여자 청소년들이 이 연령대의 남자 청소년들보다 자신들의 외모에 더 많이 몰두하며, 덜 만족하기 때문일 수 있다.

지를 걱정해야 할 합당한 이유가 있으며, 이는 당연히 그들이 자아존중감을 저하시킬 수 있다.

사회적 성

자아존중감에 미치는 사회적 성(gender)의 영향에 대한 대부분의 연구는 청소년기에 소녀의 자아존중감이 소년보다 다소 낮음을 발견하였다. 이 결과는 Kling, Hyde, Showers, 그리고 Buswell(1999)이 이 주제에 대한 수백 개의 연구들을 바탕으로 최근 실시한 메타분석에서도 입증되었다. 그들은 남성이 여성보다 전반적으로 더 높은 자아존중감을 가지고 있었으며, 이 차이는 후기 청소년기에 가장 크다는 것을 발견하였다. 이러한 발견들은 십대 시기에 소녀의 자아존중감이 소년보다 더 떨어진다는 신념과 일치한다(AAUW, 1992; Marsh, 1989). 소녀의 자아존중감이 더 낮은 이러한 패턴은 미국뿐 아니라 다른 나라들에서도 반복검증이 되었다.

소녀들의 자아존중감은 소년과는 다른 요인들에 기초한다. 소녀의 자아존중감은 그들이 지각한 신체적 매력(Wade & Cooper, 1999)과 다른 사람들과의 유대감, 즉 사회적 지지망(Josephs, Markus, & Tafarodi, 1992)에 훨씬 더 많이 연결되어 있다. 소년의 자아존중감은 성취감과 운동능력에 가장 강하게 연결되어 있다(Wigfield, Eccles, MacIver, Reuman, & Midgley, 1991).

여자 청소년들이 남자 청소년들보다 자아존중감이 더 낮은 이유는 무엇일까? 일부 연구자들은 미국 사회가 남성성을 나타내는 특징들을 더 바람직한 것으로 본다는 사실을 지적한다(Markus & Kitayama, 1994). 다른 연구자들은 소녀의 신체상에 미치는 미디어의 부정적

그들의 목소리로

"나는 청소년기 초기에 자아존중감이 많지 않았던 것을 기억해요…. 나는 수줍고 매우 조용했고, 또한 굉장히 사내아이 같았어요. 그래서 다른 여자아이들이 화장을 하고 치마를 입기 시작했을 때, 난 갑자기 그들과는 달라져 버렸죠. 나는 나를 변화시키기를 원하지 않았어요. 나는 사내아이처럼 재미있게 사는 것이 좋았어요. 중학교에 들어갔을 때 처음으로 내 자아존중감은 크게 떨어졌는데, 난 거기 있는 누구도 알지 못했고 매우 고립된 것을 느꼈어요. 그렇지만 얼마 후에, 나는 내가 좋아하고 나를 좋아해 주는 친구들을 발견했고 서서히 나의 자아존중감은 상승하기 시작했죠. 그건 꽤 시간이 걸렸지만, 지금은 내가 상당한 자아존중감을 가지고 있음을 느껴요."

영향(Kilbourne, 1995)을 지적하며, 또 다른 연구자들은 자아존중감이 다른 사람들이 당신에 대해 갖는 인상에 대부분 달려 있다면 높은 자아존중감을 갖는 것이 어려울 것이라고 설명한다. 어느 쪽이든 이러한 차이들은 그 차이가 작을 때조차도 중요한데, 자아존중감이 사람의 기분, 목표, 그리고 인생 설계를 결정하는 데 도움을 주기 때문이다.

신체 장애

흔히 예상하듯이, 신체적 장애나 부정적 신체상을 가진 청소년은 긍정적 자아개념과 자아존중감을 발달시키는 데 아무래도 어려움을 갖게 된다(Koff, Rierdan, & Stubbs, 1990). (신체적 매력과 신체상의 중요성은 제3장에서 다루었다.) 신체적 매력과 신체적 자기수용의 정도는 자아개념의 전체적인 발달에 확실히 큰 영향을 준다(Padin, Lerner, & Spiro, 1981).

스트레스

노스다코타 주의 14~19세 고등학생들을 대상으로 한 연구는 부정적인 생활사건이 많을수록 자아존중감이 낮아진다는 것을 발견했다(Youngs, Rathge, Mullis, & Mullis, 1990). 부정적 생활사건은 가까운 가족의 죽음, 시험 실패, 전학, 이사, 질병, 일 문제, 대인관계상의 문제, 새 가족 구성원이나 이혼 등에 의한 가족의 변화 등을 포함한다. 이러한 스트레스는 자아존중감에 부정적인 영향을 주며 이는 역으로 청소년의 생활에 여러 가지 변화를 가져온다. 자아존중감에서의 문제가 청소년기 초기에 적응과 부정적으로 관련이 있다는 것은 당연하다.

청소년기 자아개념의 변화

청소년기 동안 자아개념은 얼마나 변할까? 대체로 자아개념은 시간이 흐를수록 안정된다(Cole et al., 2001). 그러나 청소년은 중요한 사건의 발생이나 일상생활의 변화에 대해 매우 예민하다. 한 연구는 멀리 떨어진 곳으로 이사를 간 고등학교 저학년 학생의 자아개념이 낮아졌음을 발견했는데, 최근에 이사를 많이 했을수록 자아개념은 훨씬 더 부정적이었다(Hendershott, 1989).

연구는 자아존중감은 청소년기 초기에 가장 낮았고, 이는 인종/민족성, 성, 사회경제적 지위를 막론하고 사실임을 보고한다. 이러한 자아존중감 저하에는 여러 가지 원인이 있다. 인지적 발달과 함께 어린 아동들이 흔히 그러하듯 자신을 부풀린 방식으로 보는 것이 아니라, 보다 현실적으로 바라볼 수 있는 능력도 발달한다(Marsh, 1989). 따라서 청소년기에 갑자기 자신이 그렇게 잘 생기지 않았다고 느끼게 될지 모른다. 게다가 사춘기에 다다르면 청소년들은 여자 친구나 남자 친구를 찾는 것에 매우 관심이 있게 되고 자신의 외모에 대해 걱정하고 불만족스럽게 된다. 이는 소년들보다는 소녀들에게 있어 더 사실이며, 이때 소녀의 자아존중감이 훨씬 더 낮아진다(Allgood-Merten, Lewinsohn, & Hope, 1990; Pliner, Chaiken, & Flett, 1990).

무엇보다도 중요한 것은 이 시기에 학생들이 중학교에 입학하게 된다는 사실이다. 소수의 교사가 있고 정해진 한 집단의 급우가 있는 보호적인 초등학교를 떠나 교사, 급우, 심지어 교실마저 끊임없이 바뀌는 더 크고 더 비개인적인 중학교로 진학하는 것은 청소년의 자아상을 흔들리게 한다. 많은 연구들이 초등학교에서 중학교로의 이동이 청소년기 초기에 스트레스적인 사건이라는 것을 보여 주었다(Fenzel, 1989; Mullis, Mullis, & Normandin, 1992).

자아상과 자아존중감은 도움이 될 만한 사건들에 의해 향상될 수 있다(Markstrom-Adams & Spencer, 1994). 예를 들어 여름캠프 경험은 어린 청소년들의 자아개념을 향상시키는 데 도움이 될 수 있음이 밝혀져 왔다. 연구들은 유약하고 위축되어 있어서 친구, 교사, 친척들 사이에서 제대로 처신하지 못하는 고등학생과 대학생을 위한 자기주장 훈련의 긍정적인 결과들을 보고했다(예 : Waksman, 1984).

요약하면, 뚜렷한 성향과 특징이 지속되긴 하지만 자아개념이 청소년기 동안에 완전히 형성되는 것은 아니다. 나이가 들수록 이러한 뚜렷한 특징들은 점점 안정된다. 그러나 자아개념들은 어떤 강력한 영향을 받으면 쉽게 변화된다(그림 6.2 참조). 부정적인 정체성을 가진 청소년이 성숙하고 긍정적인 자아상을 가지도록 돕는 것은 중요한 일이지만, 이는 일부의 사례에서만 가능하다. 성인기보다는 청소년기에 변화가 더 쉽다는 것은 분명하다.

정체성

의심할 것 없이, 청소년들이 직면하는 가장 중요한 과제 중 하나는 정체성을 형성하는 것이다. 제2장에서 언급되었듯이, 정체성의 개념은 Erik Erikson에 의해 처음으로 제안되었다. 정체성은 어찌 보면 한 사람의 인생 이야기이다(McAdams, 2001). 사회는 젊은이들이 대학과 직장을 결정하고, 누군가와 사랑을 하게 되고, 정치철학과 종교에 대해 선택할 수 있기를 기대한다(Rotheram-Borus, 1989). Erikson은 정체성 형성을 대안 탐색과 역할 헌신을 통해 어떤 선택을 하게 되는 것으로서 정의한다(Adams, Gulotta, & Montemayor, 1992). 사람이 청소년기를 통과하면서 만약 이러한 가치, 신념, 목표, 그리고 실행방법이 더 이상 적합하지 않게 되면 정체성을 재정의하고 정교화하는 작업을 할 수 있을 것이다. 자아정체성은 분명 안정적이지 않지만, 대신 자기반성의 지속적 과정이며 일

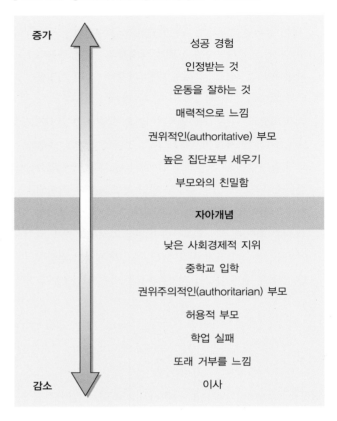

그림 6.2 청소년의 자아존중감에 영향을 미치는 요인

증가

성공 경험
인정받는 것
운동을 잘하는 것
매력적으로 느낌
권위적인(authoritative) 부모
높은 집단포부 세우기
부모와의 친밀함

자아개념

낮은 사회경제적 지위
중학교 입학
권위주의적인(authoritarian) 부모
허용적 부모
학업 실패
또래 거부를 느낌
이사

감소

생 동안 변화한다(Baumeister, 1991).

일곱 가지 갈등

완전히 형성된 정체성을 발달시킬 수 있기 전에 사람은 어디에 살 것인지, 아이들을 낳을 것인지, 인생에 있어 종교가 얼마나 중요한지 등 수많은 결정을 내려야만 한다. 그럼에도 Erikson은 일곱 가지 문제가 특히 중요하다고 생각했고, 그중 일부는 다른 것들보다 더 명백해 보인다.

1. 시간 조망 대 시간 혼미 : 과거와 미래를 협응하고 자신의 인생계획을 이루는 데 얼마나 걸리는지에 대한 개념을 형성해야만 하는 청소년에게 시간과 인생의 연속성에 대한 감각을 얻는 것은 결정적이다. 이는 자신의 시간을 추청하고 할당하는 것을 배우는 것을 의미한다. 진정한 시간 감각은 상대적으로 청소년기 후기인 약 15세 혹은 16세경이 되어서야 발달한다.

2. 자기확실성 대 자의식 : 이 갈등은 어떤 사람이 자기 자신을 믿고 미래의 목표를 달성할 합당한 기회를 가지고 있다고 느낄 수 있도록, 과거 경험에 비추어 자신감을 발달시키는 것을 포함한다. 이렇게 하기 위해서 청소년들은 자기인식과 자의식을 늘리는 기간을 거쳐야 하며, 특히 신체적 자아상과 사회적 관계와 관련하여 그러하다. 발달이 상대적으로 정상적인 과정을 거쳐 이루어질 때, 아동들은 자신과 자신의 능력에 대해 자신감을 획득하게 된다. 그들은 현재의 적응력과 미래의 성공 가능성에 대해 자신감을 발달시킨다.

3. 역할 실험 대 역할 고착 : 청소년들은 그들이 사회에서 행해야 하는 다양한 역할들을 실험할 기회들을 갖는다. 그들은 서로 다른 정체성, 성격 특징, 말하고 행동하는 법, 생각, 목표, 혹은 관계의 유형들을 가지고 실험을 할 수 있다. 정체성은 그러한 실험 기회를 통해 발달한다. 너무나 많이 내적 제재와 죄책감을 발달시켰던 청소년들, 주도권을 잃었던 청소년들, 또는 너무 이르게 역할 고착을 경험했던 청소년들은 진정으로 자신이 누구인지를 발견하지 못한다(Erikson, 1968).

4. 도제살이(apprenticeship) 대 일 마비(work paralysis) : 마찬가지로, 청소년들은 직업을 결정하기 전에 다양한 일들을 탐색하고 실험할 기회를 갖는다. 직업 선택은 사람의 정체성을 결정하는 데 큰 부분을 차지한다(Erikson, 1968). 게다가 부정적 자아상은 열등감의 형태로 어떤 사람이 학교나 직장에서 성공하기 위해 필요한 에너지를 불러일으키는 것을 막을 수 있다.

5. 성적 양극화 대 양성적 혼동(bisexual confusion) : 청소년들은 계속해서 남성이라는 것과 여성이라는 것이 무엇을 의미하는지를 정의하려고 시도한다. Erikson은 미래의 이성애적 친밀감과 확고한 정체성의 기초로서 청소년들이 남성이나 여성의 한 성으로 명확히 동일시하는 것이 중요하다고 믿었다. 게다가 그는 공동체가 잘 기능하려면 남성과 여성이 사회적으로 적합한 역할들을 기꺼이 수행해야 한다는, 즉 성적 양극화가 필요하다고 강조하였다

(Erikson, 1968). 현재 Erikson에 대한 분석(그리고 상당히 많은 비판!)의 대부분은 성적 양극화의 필요성에 대한 그의 강조와 관련된다.

6. 지도력과 추종력 대 권위 혼동 : 청소년들이 학교 과제, 사회적 집단, 새로운 친구들을 통해 사회적 지평선을 넓힐 때, 그들은 다른 사람들을 따르는 방법뿐 아니라 지도자의 책임을 취하는 것도 배울 필요가 있다. 동시에 그들은 자신의 충성과는 경쟁적인 요구들이 존재한다는 것도 알게 된다. 사회, 고용주, 부모, 그리고 친구들 모두 청소년이 권위에 대해 혼동을 일으키게끔 여러 요구들을 한다. 그들은 누구의 말을 들어야 할까? 그들은 누구를 따라야 할까? 그들이 가장 먼저 충성을 바쳐야 하는 대상은 누구일까? 답을 찾아내기 위해서는 개인적 가치와 우선순위를 검토할 필요가 있다.

7. 관념적 헌신 대 가치 혼동 : 이데올로기를 만들어 내는 것은 행동의 다른 측면들을 안내한다. Erikson (1968)은 이러한 갈등을 '충실함을 구하는 것 (search for fidelity)'으로 정의한다. 그는 각 개인들이 믿거나 따를 어떤 것을 필요로 한다는 것을 강조하였다.

개인이 이러한 일곱 가지 갈등을 해결할 수 있다면 확고한 정체성이 나타날 것이다. 그가 더 이상 자신의 정체성에 대해 매 순간 질문을 하지 않아도 될 때—그가 아동기 정체성을 중요시하지 않고 새로운 자아정체성을 발견하게 되었을 때—정체성의 위기는 이미 지나간 것이다(Erikson, 1950). Erikson은 적절한 정체성을 발견하는 일은 급격한 사회 변화 기간 동안 훨씬 더 어렵다는 것을 인정하였는데, 이는 더 나이 든 세대가 더 이상 젊은 세대를 위해 적절한 역할 모델을 제공해 줄 수 없기 때문이다.

정체성 지위

Erikson이 정체성이라는 개념을 생각해 냈을 때, 그는 청소년 발달에 대한 우리의 이해를 더 깊게 하고, 청소년기 동안 출현하는 자아감의 발달에 관해서 엄청난 양의 연구를 불러일으켰다. 그러한 많은 연구들 중에서

Erikson에 따르면, 통합된 자아정체성은 청소년이 가치, 신념, 목표를 선택함에 따라 형성된다. 이러한 선택은 대안을 탐색하고 역할에 헌신함으로써 만들어진다.

James Marcia(1966, 1976, 1991, 1994)의 연구가 가장 영향력이 있다. Marcia에 의하면 성숙한 정체성 획득을 위한 기준에는 두 가지 요인이 있다고 한다. 그것은 직업 선택, 종교, 정치적 이데올로기와 관련한 위기와 헌신이다. "위기(crisis)란 유의미한 대안들 중에서 하나를 선택하기 위해 탐색하는 기간을 말하고, 헌신(commitment)이란 각 개인이 보이는 개인적 투자의 정도를 말한다"(Marcia, 1966). 개인은 위기를 경험한 후 어떤 직업과 이념에 헌신하게 되었을 때 **성숙한 정체성**(mature identity)을 획득한다.

Marcia(1966)는 네 가지 유형의 기본적 정체성 발달 상태를 보여 주었는데, 그것은 정체성 혼미, 유실, 유예, 그리고 정체성 획득이다. 표 6.1은 4개 유형의 정체성 상태를 보여 준다.

정체성 혼미

정체성 혼미(identity diffused) 상태에 있는 사람은 위기의 시기를 경험하지도 않았고 어떤 직업이나 종교, 정치철학, 성역할, 혹은 행동의 개인적 기준에 대해서도 헌신하고 있지 않다(Archer & Waterman, 1990). 그들은 이러한 주제들과 관련해서 아무런 정체성 위기도 겪지 않았고 대안에 대한 재평가나 조사, 탐색의 시간도 가져 본 적이 없다.

혼미는 발달 과정상 가장 수준이 낮은 정체성 상태이고 청소년기 초기에 흔히 나타나는 일반적인 특징이다. 나이가 들수록 부모, 또래, 학교로부터 압력을 받게 되기 때문에 청소년들은 결국 이 문제를 붙들고 씨름하게 된다. 헌신에 대해 여전히 전혀 관심이 없는 청소년일수록 사실은 내면에 감추어진 불안감이 더 클 수 있다(Berzonsky, Nurmi, Kinney, & Tammi, 1999). 자기확신이 없으므로 애써 무관심한 척함으로써 자신의 진짜 감정을 은폐하는 것이다. 정체성 혼미 상태인 청소년들은 보통 낮은 자아존중감을 가지고 있고, 또래 압력에 심하게 영향을 받으며, 의미 있는 친구관계가 없다. 그들은 여러 관심사, 관계들 사이를 표류한다. 그들은 이기적이고 쾌락주의자이다.

만일 정체성 헌신을 하려고 노력했는데도 실패했다면, 청소년은 부모, 혹은 종교적 또는 정치적 지도자에 대해 분노를 나타낼 수 있다. 사회적 낙오자가 된 나이든 청소년이나 모든 기존의 가치에 반기를 드는 청소년, 허무주의를 택한 청소년 등이 이 범주에 속한다. 알코올과 약물을 탐닉함으로써 불안과 위기, 헌신을 회피하고자 하는 정체성 혼미 상태의 청소년들은 어떤 문제가 분명히 존재한다는 사실을 애써 외면하려고 한다.

유실

유실(foreclosure) 상태에 있는 사람은 위기를 경험하지 않았지만, 곧바로 자기가 탐색한 적이 없는, 보통 부모

표 6.1 자아정체성 차원에서 본 4개의 정체성 지위		
	헌신 차원	
탐색 차원	**헌신이 있음**	**헌신이 없음**
과거에 대안을 탐색했음	정체성 획득	정체성 혼미
현재 대안을 탐색 중임	–	유예
대안을 탐색해 본 적이 전혀 없음	유실	정체성 혼미

출처 : S. L. Archer, "The Status of Identity : Reflections on the Need for Intervention", Journal of Adolescence 12(1989) : 345-359.

에 의해 주어진 직업과 이념에 헌신하게 된다. 그들은 보통 같은 성의 부모를 친밀하게 동일시한다(Cella, Dewolfe, & Fitzgibbon, 1987). 그들은 진정한 의미에서 자신의 일을 스스로 결정한 게 아니면서도 남들이 원하는 그 사람이 되어 버린다. 부모가 의사이기 때문에 자신도 의사가 되기를 원하는 청소년들이 그 전형적인 예가 될 수 있다. 유실 상태의 청소년은 자기 자신의 목표와 자신에 대해 부모가 세운 목표를 구분하지 못한다. 한 연구는 유실 상태 청소년이 가족 내에 강한 정서적 뿌리를 보고했으나, 그것은 일종의 과도한 가족밀착을 반영하는 것이다. 유실 상태의 청소년은 더 낮은 수준의 건강한 분리를 보였다(Papini, Mucks, & Barnett, 1989).

유실 상태의 청소년은 보통 권위주의적이고 참을성이 없다. 그들은 동조주의자이고 관습적 사색가이다(Berzonsky, 1989; Kroger, 2003). 그들은 안정을 추구하고 중요한 타인이나 가족의 지지를 기대한다(Kroger, 1990). 그러나 스트레스를 받으면 수행능력이 떨어진다. 그들이 추구하는 안정이란 변화와 스트레스를 회피함에 있다. 어떤 연구자가 관찰한 것처럼, "청소년기 동안 갈등하지 않는다는 것은 심리적인 성숙이 이루어지고 있지 않다는 불길한 조짐이다"(Keniston, 1971, p. 364). 유실이 불안을 감소시키는 한 방편이라는 시각도 있다. 불확실성을 못 견디는 사람은 장기간의 심사숙고 없이 선택을 감행한다. 이들은 아직 학생 신분임에도 결혼해 버리고 직업도 서둘러 결정한다.

어떤 연구자들은 각 정체성 상태는 동질적인 사람들로 구성되어 있지 않을 수 있으며, 하위 범주가 필요하다고 지적한다(Kroger, 1995). 예를 들어 변화하는 주변 상황들에 반응하려는 의향에 기초하여 확고한 유실 상태와 발달적 유실 상태를 구분하는 가능성을 제시한다. 확고한 유실 상태의 개인은 자신의 상태를 변화시키려는 의지가 없다. 그러나 **발달적 유실 상태**의 개인은 부모의 지도하에 계속 머무르기보다는 미래 어느 시점에서 유예 단계로 진입하리라 기대할 수 있다. 청소년기 후기와 성인 초기 청소년 대상의 최근의 종단 · 횡단 연구결과는 정체성 유실 상태에 있는 청소년의 절반 미만이 1~6년의 간격을 두고 이 상태에서 벗어난다는 것을 보여 주었다(Kroger, 2003). 정체성 유실 상태에서 벗어나는 잠재력을 지닌 개인들은 그렇지 못한 사람들에 비해 더 안정적이고 누군가의 승인을 원하는 욕구가 더 적다(Kroger, 1995).

정체성의 위기를 장려하지도 않고 지지하지도 않는 문화권에서 살고 있는 사람들도 정체성을 가지고 있을까? 물론 그렇지만, 그 정체성은 유실 상태의 정체성일 것이다. 이러한 문화권에서는 제대로 기능하기 위해서 정체성이 형성될 필요가 없다. 만들어야 할 어떤 선택도 없다면, 정체성 형성을 위해 필요한 의사결정 과정을 겪는 것은 불필요하다. 예를 들어 가능한 직업이 오직 하나(예 : 농부)라면, 모든 사람이 똑같은 신념을 가지고 있다면, 그리고 모든 사람이 결혼을 한다면 직면해야 할 진정한 위기도 없다. 유실된 사회에서는 정체성 유실 상태로 있는 것이 분명 더 쉽다.

유예

유예(moratorium)란 아직 어떤 결정을 내리거나 의무를 떠맡을 준비가 덜 된 사람을 위해 연장된 기간을 말한다. 청소년기에서 유예는 헌신이 이루어지기 전에 대안을 탐색하기 위한 시간이다. 유예 상태에 있는 사람들 중에는 계속적인 위기를 맞는 사람도 있는데, 결과적으로 그런 사람은 혼란스럽고 불안정하며, 불만에 가득 찬 것처럼 보인다. 그리고 종종 반항적이고 비협조적이다. 어떤 유예 상태의 청소년들은 문제에 직면하길 회피하고 더 이상 미룰 수 없을 때까지 꾸물거리는 경향도 있다(Berzonsky, 1989). 이들은 위기를 경험하기 때문에 불안한 경향이 있다(Meeus, Iedama, Helsen, & Vollebergh, 1999). 한 연구는 유예 상태의 청소년이 다른 정체성 상태에 있는 청소년들보다 죽음에 대한 공포가 더 크다고 지적하기도 한다(Sterling & Van Horn, 1989). 유예 상태에 있는 청소년은 대학 전공과목이 적성에 맞는다는 확신이 부족하며, 대학생활과 교육 수준에 대해 불만을 품는 경우가 많다. 청소년들이 그들에게 가장 맞는 정체성을 발견하기 전에 다양한 정체성(심지어 인종적으로 다른 정체성까지도)을 '실험해 보는' 것은 드문 일이거나 특히 바람직하지 못한 그런 일은 아니다(Muuss, 1988b). 따라서 그들은 이국적인 종교를 맛보고, 이상하고 주의를 끄는 옷을 입고, 실제적이지 않은 직업을 선택하기도 한다. 그러나 대부분의 사람들은 정체성 탐색의 마지막에는 적당하게 관습적

알고 싶은 것

▶ **대학생들에게는 어떤 정체성 지위가 가장 흔한가?**
대부분의 대학생들은 유예 상태에 놓여 있으며, 자신의 삶에서 무엇을 원하는지 찾아내기 위해 적극적으로 노력하고 있다.

이 된다.

왜 청소년들은 정체성 유실이나 혼미에서 유예 상태로 이동하는 것일까? 대학에 가는 것은 탐색을 장려한다. 대학생들은 적극적으로 직업적 헌신을 해야 할 위기에 직면하고 그들의 이념을 다시 생각해 보도록 자극받는다. 게다가 대학은 사람들이 자기와는 다른 사람들을 만나는 환경이다. 가치와 소망이 다른 사람들을 만나는 것은 자신의 견해에 대해 다시 생각해 보도록 자극하고 자신의 신념에 대해 확신을 덜 갖게끔 만들 수 있다. 갈등적인 의견을 접하는 것은, 특히 그것이 존경하는 사람들의 의견일 때 정체성 성장을 자극한다(Bosma & Kunnen, 2001).

정체성 획득

정체성이 획득된(identity-achieved) 청소년은 심리적 유예를 경험했고, 다양한 대안과 선택들을 신중하게 평가함에 의해 자신의 정체성 위기를 해결했으며, 스스로 어떤 결정과 결론에 도달했다. 그들은 높은 성취 동기를 가지고 있고 실제로 성취를 이룰 수도 있는데, 이는 그들이 높은 수준의 내적인 통합과 사회적 적응을 획득했기 때문이다. 일단 정체성이 획득되면 자기수용과 안정적인 자기정의가 생기게 되며 직업, 종교, 정치 이념에 대한 헌신을 하게 된다. 또한 자신의 내적인 조화와 함께 자신의 능력, 기회, 그리고 한계를 받아들이게 되고, 보다 현실적인 목표를 갖는다.

고등학생을 대상으로 한 연구에 따르면, 졸업 때까지 정체성 획득 상태를 이루는 경우는 드물다. 가정이라는 집에 살면서 제한된 삶과 직업 경험을 갖는 것은 정체성 획득에 별 도움이 되지 않는다. 대부분의 18세 청소년들은 그들이 정체성을 발견해야만 함을 안다. 한 학

그들의 목소리로

"나는 완전히 정체성 유예 상태에 빠져 있어요. 결코 유쾌한 일이 아니죠. 대학에 들어왔을 때, 나는 주변 사람들이 내가 인생에서 무엇을 하기를 원하는지를 많은 시간을 들여 알아내야 한다고 말했던 것을 기억해요. 글쎄요… 시간은 진짜 빨리 흘러 버렸고, 나는 여전히 내가 무엇을 하고 싶은지 몰라요. 보통 어떤 사람도 유예 상태에 끝까지 머물러 있지는 않는다는 것을 배웠을 때 상당히 격려가 되었죠. 왜냐하면 난 지금 내가 무엇이 될 것인지를 평생 모를 것 같거든요. 나는 내 미래와 내가 10년 뒤에 어느 곳에 있게 될지에 대한 생각에 사로잡혀 있어요. 그러니까 지난 10년을 요약해 보면, 외모와 인기에 대한 걱정에서 직업과 돈에 대한 걱정으로 옮겨 온 거죠. 하나의 명확한 답이 없다는 사실이 이런 과정을 힘들게 하는 것 같아요. 내 자아존중감은 상당히 좋은 편이거든요."

생이 일기에 썼듯이…

고등학교 3학년 때, 난 내가 의사가 될 거라는 것을 그 냥 알았다. 매우 오랫동안, 난 의학 분야의 직업을 계 획해 왔다. 그것이 내가 하게 될 일이라는 것에 1억 달 러를 걸 수도 있었다. 웃기는 일이지! 난 내가 수강해 야만 했던 모든 과학 과목들을 싫어했고 간신히 학점 을 딸 수 있었다. 대학 3학년인 지금, 난 내가 무엇을 하고 싶은지 잘 모르겠다. 확실한 건, 그게 의사는 아 니라는 것이다. 나는 사람들과 함께 일하는 곳에서 무 언가를 하고 싶지만, 그게 내가 지금 확신할 수 있는 전부이다.

유실 상태에 있는 청소년들은 종종 자신의 직업 선택 을 확신하고 자신이 정체성을 형성했다고 느낀다. 그러 나 유예 상태로 이동하게 되면, 보통 초기 계획을 다시 생각해 보고 이를 거부한다. 대학생 수준에서조차, 학 생들의 80%가 학부 기간 동안에 입학 당시의 전공을 바꾼다(Waterman, 1992). 그러나 일반적으로 볼 때 정 체성을 획득한 청소년의 비율은 연령과 함께 증가한다 (Waterman, 1999).

정체성의 구성요소

정체성은 전체의 자아를 구성하는 많은 요소들, 즉 신체 적, 성적, 사회적, 직업적, 윤리적, 이념적, 심리적 특징들로 이루어져 있다(Grotevant, 1987). 따라서 사람들은 자신 의 신체적 외양, 성(gender), 사회적 관계와 집단 소속, 직업과 일, 그리고 종교적, 정치적 연합과 이념에 따라 스스로를 정의한다. 정체성은 자아의 전체적 개념으로 기 술된다. 정체성은 그것이 '나다움(I-ness)'이기 때문에 개인적이지만, 그것이 '우리다움(we-ness)' 또는 집단 적 정체성을 포함하기 때문에 사회적이다. 정체성은 본 질적으로 개인적이고 사회적인 과정이다(Adams & Marshall, 1996). 긍정적 정체성을 가진 청소년들은 스 스로를 수용하는 느낌을 발달시킨다. 게다가 정체성 발 달은 친밀감의 발달과 타인의 수용과 관련이 있다. 청 소년들은 자신과 비슷한 정체성 상태인 사람들에게 끌 린다(Goldman, Rosenzweig, & Lutter, 1980). 정체성

획득은 또한 헌신적인 관계를 발달시키는 것을 돕는 다 : 친밀감은 정체성을 바꾸며, 그것은 사람을 성장하 게 한다(Kacerguis & Adams, 1980).

다른 청소년들은 공동체의 문화적 가치와는 어울리 지 않는 **부정적 정체성**(negative identity)을 택한다. 어 떤 면에서 부정적 정체성은 정체감 유실의 변종이다. 정체감 유실이 권위를 지닌 사람이 원하는 것을 노예처 럼 따라 가는 것이라고 생각할 수 있는 반면, 부정적 정 체성을 지닌 사람은 서라고 하면 앉을 것이다. 그 사람 은 더 복종적이고 주류인 사람들을 무시하고 반항하는 것에서 만족을 얻을 것이다. 부정적 정체성을 지닌 사 람은 그가 자신의 행동을 부모, 교사, 크게는 사회 구성 원들이 원하는 것에 기초하지만, 그 반대를 행한다는 점에서 '역유실(reverse foreclosure)'로서 간주할 수 있 다. 게으름뱅이, 무단 결석자, 비행 청소년, 그리고 반 항성 장애를 가진 청소년들은 부정적 정체성을 가지고 있을지 모를 사람들의 유형이다. Protinsky(1988)는 행 동 문제를 보이는 청소년들이 그런 문제가 없는 청소년 들보다 일반적 정체성을 측정했을 때 더 낮은 점수를 받음을 발견하였다.

다른 청소년들은 불확실하거나 불완전한 정체성에 대한 불안감을 줄이기 위한 방식으로 행동할 것이다. 어떤 청소년들은 약물 사용이나 거친 파티와 같은 강렬 하고 즉각적인 경험을 통해 도피하려고 시도할 것이다. 이러한 감정적 경험들은 일시적으로 정체성을 발견해 야 함을 잊게 할 것이다. 청소년은 여러 집단에 계속 가 입하는 사람, 게으름뱅이, 웃기는 사람, 혹은 폭력 가해 자가 됨에 의해 일시적인 정체성(temporary identity)을 만들어 낸다. 어떤 이들은 기물 파괴, 경쟁적 스포츠, 혹은 인기 콘테스트를 통해 일시적으로 자신의 정체성 을 강화시키려 할 것이다. 인지적으로 독단적인 사람들 은 고집불통 또는 광신적 애국자가 될 수 있으며, 일시 적인 요새 정체성(fortress identity)을 만들려 할 것이다. 일시적 유행을 따름에 의해 의미가 없는 정체성 (meaningless identity)을 확보하는 것도 또 다른 가능성 이다.

정체성의 어떤 측면들은 다른 것들보다 훨씬 쉽게 형성된다. 신체적, 성적 정체성은 가장 먼저 확립된다.

어린 청소년들은 직업을 선택하거나 자신의 도덕적 가치와 이념을 검토하는 데 관심을 갖기 전에 자신의 신체상에 관심을 갖게 된다. 마찬가지로, 그들은 사춘기 이전과 이후 모두에서 자신의 성적 정체성을 다루어야만 한다.

직업적, 이념적, 그리고 도덕적 정체성은 더 느리게 발달한다. 이러한 정체성들은 대안적 생각과 다양한 행동 경로를 탐색할 수 있게 하는 더 진보된 수준의 인지 성장과 발달이 이루어지느냐에 달려 있다. 게다가 이러한 정체성들의 재형성은 사고의 독립성을 필요로 한다. 직업적 대안들을 탐색하는 것은 청소년들이 고등학교를 마치거나 대학에 들어갈 때 경험하는 가장 즉각적이고 구체적인 과제이다. 종교적이고 정치적인 이념들은 보통 후기 청소년기 동안, 특히 대학교에 다니는 동안 검토되지만, 이러한 영역들에서의 정체성은 수년간 끊임없이 변화 속에 있을 것이다(Cote & Levine, 1992).

비판

Marcia의 모델은 1960년대에 처음 제안된 이래 많은 비판을 받아 왔다. 어떤 비판은 그의 네 가지 정체성 지위가 Erikson이 생각했던 대로의 정체성 개념의 전체성을 잘 반영하지 못한다는 것이다. 즉 비판가들은 Marcia가 정체성의 위기/헌신 측면에 너무 많이 주의를 기울이고, 다른 결정적인 요소들에는 거의 주의를 주지 않는다고 말한다. 예를 들어 van Hoof(1999)는 Marcia의 모델은 정체성에 너무나 핵심적인 개인적 연속성에 대한 느낌을 다루지 않는다는 점에서 부적절하다고 말한다. 마찬가지로 Glodis와 Blasi(1993)에 따르면, 4개의 정체성 발달 상태는 자아의 다른 부분들을 통합하거나 정체성을 갖는 것에 따르는 통일감을 포착하지 못한다.

게다가 이제는 정체성 상태들이 항상 정확한 순서에 따라 발달하지 않는다는 것이 잘 알려져 있다. 원래는 발달적 진전이 표준이라고 누구나 믿었다. 대부분의 청소년들은 정체성 유실 상태로부터 정체성 위기에 들어가게 되고, 유예 상태를 거쳐서 획득 상태에 이를 것이다. 청소년기 동안의 혼미 상태는 이러한 자연스러운 진전 중에 일어난, 바라건대 일시적인, 일종의 궤도 이탈 현상이라고 간주되었다.

이러한 발달적 순서에 세 가지 중요한 변형이 있음을 주목하라. 첫째, 상당한 수의 청소년이 혼미 상태에서 곧바로 청소년기로 진입한다는 것이다. 그리고 일부 청소년은 그 상태에 머문다. 둘째, 어떤 청소년은 유실 상태에 고정된 채 결코 유예 상태와 획득 상태로 넘어 가지 않는 것 같다. 셋째, 획득 상태를 달성한 청소년이 때로는 몇 년 후에 더 낮은 상태로 퇴행한 듯이 보이기도 한다(Marcia, 1989). 이것은 개인이 일생 동안 한 번 이상 정체성 발달 과정을 되풀이할 수 있다는 것을 의미한다. 생의 어떤 시점에 정체성을 획득한 적이 있는 사람이 인생의 더 늦은 시점에서 다시 정체성 획득을 이루기 전에 또 다른 유예 단계나 정체성 혼미 단계를 경험할지도 모른다(Stephen, Fraser, & Marcia, 1992).

과정으로서의 정체성

정체성에 대한 Erikson과 Marcia의 접근은 **상태** 또는 결과에 기초한 접근이다. 그들의 연구는 어떻게 청소년들이 정체성을 발견하는지 그 **과정**에 대해서는 관심을 두지 않는다. 청소년의 정체성 형성에 관한 대부분의 현재 연구, 그리고 Erikson과 Marcia의 연구에 대한 비판의 대부분은 이러한 과정에 초점을 맞추고 있다.

Grotevant(1992)는 이러한 과정에 기초한 관점으로 정체성을 논의한 최초의 연구자들 중 한 명이다. 그는 탐색이 정체성을 발견하는 열쇠임을 강조한다. 사람은 인생 선택을 하기 위해 자신과 환경에 대한 정보를 수집할 필요가 있다. (이는 분명히 Erikson의 견해와 모순되지는 않는다.)

Burke(1991)은 2개의 대인 간 요소와 3개의 개인 내 요소들로 구성된 **정체성 통제 시스템**(identity control system)을 구상했다. 대인 간 요소들은 어떤 이의 **사회적 행동**, 그가 다른 사람들로부터 얻는 대인 간 피드백을 포함한다. 개인 내 요소들은 자아개념, **정체성 기준**(identity standards), 그리고 둘 사이의 유사점을 측정하는 **비교자**(comparator)이다. 사람들이 어떤 행동을 하고 자신의 행동에 대한 피드백을 얻음에 따라 그들의 자아개념은 변하게 된다. 비교자는 자신에 대한 자기지각(self-perception)을 자신이 되고 싶은 사람에 대해 스스로 만들어 놓은 기준에 매치시킨다. 둘 사이의 차이가 발견되면 행동, 기준, 혹은 자아개념이 일관성을 유지하기 위해 수정되어야 한다.

다른 정체성 상태를 지닌 청소년들은 다른 방식으로 불일치를 해결한다. 정체성 혼미 상태의 사람들은 정체성 기준부터 발달시켜야 한다. 유실 상태의 청소년들은 그들의 부모나 중요한 다른 사람들로부터의 피드백을 과장하고 일찍 정체성 기준을 형성한다. 그들은 피드백이 자신이 이미 확립한 정체성 기준에 맞지 않으면 그 불일치하는 정보를 무시해 버린다. 유예 상태의 청소년들은 적극적으로 피드백을 구하고 기꺼이 그들의 정체성 기준을 조정하려고 한다. 정체성을 획득한 사람들은 유실 상태의 청소년들처럼 그들의 정체성 기준을 더 분명하게 만들어 왔지만, 그들은 이러한 기준들을 더 느리게, 그리고 폭넓은 피드백에 기초하여 발달시켰다 (Kerpelman, Pittman, & Lamke, 1997).

Berzonsky(1997; Berzonsky & Kuk, 2000)는 정체성 탐색의 세 가지 스타일을 찾아냈다. 정보적 스타일 (informational style)을 지닌 청소년들은 진단적 정보를 찾으려고 하며 필요하다면 자신의 계획과 행동을 수정하려 한다. 이러한 유형은 유예와 정체성 획득 상태의 사람들의 특징이다. 다른 사람들은 규준적 스타일 (normative style)을 지니며, 그들은 변화에 저항적이고 불일치하는 정보를 막아 버린다. 유실 상태의 사람들은 정체성 탐색에 있어 회피적 스타일(avoidant style)을 가장 많이 보일 것이다. 그들은 결정을 미루고 피드백을 회피한다. 그들이 어떤 변화를 만들 때, 이러한 변화들은 피상적이고 일시적이다. 이러한 유형들은 성 (gender)에 상관없이, 그리고 미국, 핀란드, 체코 공화국 이렇게 적어도 세 나라의 청소년들에게서 일관적으로 나타난다(Berzonsky, Macek, & Nurmi, 2003).

사회적 성

심리학자와 사회학자들이 sex라는 용어를 사용할 때, 이는 사람의 해부학적, 신체적 요소들을 언급하는 것이다. sex는 염색체와 태내기 호르몬에 의해 결정되며, 이는 생물학적 현상이다. 이처럼 모든 사람은 생물학적 성을 지니고 태어난다.

알고 싶은 것

▶ **성(sex)과 사회적 성(gender)의 차이는 무엇인가?**
성(sex)은 순수하게 생물학적인 개념으로 남성 또는 여성을 나타낸다. 사회적 성(gender)은 남성과 여성이 어떠해야만 하는가에 대한 기대를 포함하는 사회적 구성개념이다.

태어나면서부터 각 개인은 **사회적 성**(gender)을 부여받는다. 사회적 성은 sex보다 훨씬 더 포괄적인 개념이다. 사회적 성은 사람의 생물학적 성에 따라오는 문화적 연합과 기대 모두를 포함한다. 그것은 심리학적이고 사회적인 현상이다. 이러한 문화적 기대들 중 일부는 생물학에 직접적으로 기초한다. 예를 들면 오직 여성들만이 임신을 하고 아이를 낳을 수 있으며, 남자 운동선수들이 여자 운동선수들보다 훨씬 근육량이 많게끔 되어 있다. 어떤 문화적 기대들은 생물학과 더 간접적으로 연결되어 있는데, 예를 들면 여성들은 아이들을 돌보기 위해서 양육적이어야 하며 남성들은 짝을 찾기 위해서 서로 경쟁해야만 한다는 것이다. 다른 기대들은 생물학이나 진화의 역사와는 거의 또는 전혀 관계가 없다. 단지 여성들만이 치마 입는 것을 즐겨야 한다거나 (스코틀랜드에서는 아니다) 단지 남성들만이 몸을 접촉하는 스포츠에 참여해야만 한다는 것이 그 예이다.

사람이 자신의 생물학적 성과 사회적 성에 대해 어떻게 느끼는지는 정체성의 중요한 부분이다. 사회가 어떻게 당신의 사회적 성을 정의하는지를 이해하고 당신과 같은 사회적 성을 지닌 누군가가 행동해야만 하는 방식에 따라 자신의 개인적 코드를 발달시키는 것은 정체성 탐색의 핵심적 부분이라고 할 수 있다.

생물학적 성

생물학적 성은 유전과 호르몬에 의해 결정된다. 태아는 XX 염색체와 XY 염색체 중 어느 것을 가지고 있는지와 태아기 동안 혈류 속의 남성/여성 호르몬의 균형에 따라서 여성이나 남성이 된다. 호르몬은 태어난 후에도 신체적 특징에 명확한 영향을 끼친다. 남성 호르몬이 여성에게 투여되면 수염과 체모의 성장 및 남성적 근육, 몸매, 힘의 발달을 촉진한다. 마찬가지로, 여성 호르몬이 남성에게 투여되면 가슴의 발달을 촉진하고, 목소리가 고음이 되며, 다른 여성적인 특성들을 촉진한다. 그리하여 본래의 여성다움이나 남성다움은 좀 빈약하게 되고 부분적으로 변화될 것이다.

호르몬은 분명히 신체 특성들을 변화시킨다. 하지만 성유형화된 행동(sex-typed behavior)에도 영향을 미치는 것일까? 만약 여성이 출생 전에 과도한 안드로겐(남성화시키는 성호르몬)의 영향에 노출되면 다른 여성에 비해 더 남자 같이 되고, 신체적으로 더 원기 왕성해지며, 자기주장이 강해진다. 그들은 놀이친구로 여자아이들보다 남자아이들을 선호하고 대부분의 사춘기 전 소녀들의 비교적 온순한 놀이 대신 활동적인 놀이들을 선택할 것이다. 유사하게, 임신 기간 중 에스트로겐과 프로게스테론을 투여받은 어머니에게서 출생한 남자 청소년은 덜 자기주장적이고, 신체활동을 적게 보이는 경향이 있으며, 일반적인 남성 유형화 행동에서 낮은 점수를 받을 것이다(Rabin & Chrousos, 1991). 이것은 인간의 경우 태아기 호르몬 수준의 변화가 사회적 성역할 행동에 현저한 효과를 가진다는 것을 보여 준다. 그러나 출생 후 호르몬의 변화는 이미 명백해진 남성적/여성적 특징들에 효과가 더 적다.

인지발달이론

인지발달이론에 의하면, 사회적 성 동일시(gender indentification)는 출생 시 아동에게 할당되고 성장하면서 자신에 의해 수용되는 성에서 시작한다. 출생 당시 생식기 검사에 기초하여 대개 사회적 성이 부여된다. 그 시점부터 아동은 소년이나 소녀로 간주된다. 만약 생식기가 비정상이라면, 성의 배정은 그것이 존재하는 성염색체와 생식선과 일치하지 않을 경우에 잘못되었을 수 있다. 그러나 비록 성의 배정이 잘못되었다 해도 사회적 성 동일시는 그 아동이 양육된 성을 주로 따른다.

사회적 성의 배정은 아동이 자신에 대해 어떻게 느끼고 다른 사람들이 그 아동에 대해 어떻게 느끼는지에 영향을 준다. 물론 인지이론들은 아동의 자기지각에 초점을 맞춘다. 그 이론들은 아동이 자신을 소년 또는 소녀로 자기범주화(self-categorization)하는 것이 발달된

성 동일시 태도(gender identification attitudes)의 기초적 조직자라고 주장한다. 예를 들어 본인을 남자라고 인식하는 아동은 남성성에 가치를 두고 남성의 성 기대에 맞도록 행동하기 시작한다. 그는 자신이 수용한 성에 따라 자신의 경험을 구조화하고 적절한 성역할을 표현하기 시작한다. 아동이 자기 문화의 성 동일시 기대를 알고 나름대로 그것들에 대해 해석하면서 남성다움 혹은 여성다움을 학습하기 시작함에 따라 서서히 성차별화(sex differentiation)가 일어난다(Trepanier-Street, Romatowski, & McNair, 1990).

사회적 성에 대한 인지발달적 관점 중 가장 많이 받아들여지는 변형은 **성 도식 이론**(gender schema theory)이다. 그것은 다단계 발달 과정을 제안한다. 먼저 아동은 자신이 소년 또는 소녀라는 것을 배운다(그 명칭들이 정확히 무엇을 의미하는지를 잘 알지 못한다고 하여도). 다음으로, 아동들은 사람뿐 아니라 사물과 행동들도 소년다운 것과 소녀다운 것으로 불린다는 것을

아동의 성역할 정체성은 출생 시 사회적 성이 인지적으로 배정되면서 시작된다. 그러나 사회는 또한 아동에게 여성성 또는 남성성의 어떤 특징들을 부여하면서 중요한 역할을 하게 된다.

알게 된다. 아동들은 자연스럽게 자신의 명칭에 맞는 물건과 행동들에 대해 그렇지 않은 것들보다 더 많은 호기심을 갖게 된다. 따라서 그들은 사회적 성에 적절한 물건과 행동들에 대해 더 많이 주의를 기울이고 더 많은 것을 배우게 된다. 우리가 친숙한 것들을 좋아하게 되는 것은 잘 알려진 인간 본성의 한 부분이다. 친숙한 것들은 우리를 편안하게 느끼도록 한다. 아동들은 사회적 성에 적합한 행동을 선호하기 시작할 것이고 성에 부적합한 행동들보다 더 자주 행하게 될 것이다(Martin, Ruble, & Szkrybalo, 2002).

사회적 영향

아동들은 진공 속에서 사회적 성에 대한 태도를 발달시키지는 않는다. 그들은 부모, 선생님, 다른 어른들, 친구, 그리고 덜 우호적인 또래들을 통해 적절한 남성적, 여성적 행동이 무엇인지에 대해 관점을 형성하게 된다. TV 프로그램과 영화, 라디오와 TV에서 그들의 노래나 비디오가 계속 나오는 가수들처럼, 아동이 잘 알지 못하고 직접적으로 상호작용하지 않는 사람들조차 남성과 여성의 이미지를 퍼부어댄다. 이러한 관찰과 상호작용을 통해 아동들은 그들의 사회가 처방한 **성역할**(gender role)을 배우게 된다. 즉 남성과 여성이 다른 빈도로 참여할 것이 기대되는 행동들이 그것이다. 예를 들어 공격적인 것은 미국 남성의 성역할 중 일부이지만, 감정적인 것은 여성의 성역할에 해당된다. 먹는 것은 남녀가 똑같은 빈도로 먹기 때문에 누구의 성역할도 아니다. (그러나 어떤 음식을 먹거나 먹지 않는 것은 누군가의 사회적 성역할의 일부이다. 어떤 사회적 집단에서는 깔끔한 오이 샌드위치를 먹는 것보다는 돼지고기 소시지를 먹는 것이 더 남성적이다.) 사람들은 그들이 성역할 기대를 얼마나 일관되게 따르는지에 기초하여 **남성적**(masculine) 또는 **여성적**(feminine)으로 기술된다.

남성성

전통적으로 남성적인 남자들은 공격적이고, 강하고, 주장이 강하며, 자신감이 있고, 씩씩하며, 용맹스럽고, 논리적이며, 감정에 좌우되지 않는다고 여겨졌다(Bran-

non, 1999). Pleck(1976)은 네 가지 표현으로 전형적인 미국 남성의 성역할을 포착하였다. 남성은 '거물', 즉 성공적이고 높은 지위를 가지고 있어야만 한다. 남성은 '견고한 참나무', 즉 존 웨인, 클린트 이스트우드, 아놀드 슈워제너거처럼 항상 강인함, 자신감, 자기의존성(self-reliance)을 보이도록 요구된다. 또한 '아수라장을 만드는 것'이 허용되고 기대된다. 즉 대담하고 자신의 문제를 해결하기 위해서 필요하다면 폭력도 마다하지 않을 것이 기대된다. 마지막으로 남성은 "계집애처럼 굴면 안 된다."고 듣는다. 다시 말해 어떤 식으로든 여성적인 관심 또는 행동은 무슨 일이 있어도 피해야만 한다. 특히 남성이 다른 남성에게 어떤 식이든 상냥함과 친절함을 표현하는 것은 반드시 피해야만 한다(Rabinowitz, 1991; Salt, 1991).

최근에는 미국 사회의 많은 구성원들이 남성성의 이러한 엄격한 개념화로부터 멀어지고는 있지만, 여전히 어떤 집단들은 그렇지 못하다. 예를 들어 길거리의 깡패집단에 합류한 남자 청소년들은 남성적으로 보이는 것에 대해 매우 걱정하는 듯하다. 싸움이나 전철의 선로를 따라 달리기와 같은 위험한 행동들을 해서 용기를 증명해야 하는 것과 같은, 깡패집단에 받아들여지기 위해 치러야 하는 많은 의식들은 구세대적인 남성적 이상형의 잔재이다(Hunt & Laidler, 2001).

여성성

미국 사회에서 중류나 중상류 계층이 가르치는 전통적인 여성성의 개념은 무엇인가? 과거에는 여성이란 복종적이고, 예민하고, 부드럽고, 상냥하고, 감성적이고, 의존적이어야 했다. 여성적인 여자는 말이나 행동이 결코 공격적이거나, 시끄럽거나, 저속하지 않다. 또한 동정심이 많고, 쉽게 울고, 작은 일에도 잘 흥분하며, 하찮은 것들을 좋아할 것이라 기대했다. 의존적이고 복종적이며, 자기 가정에 우선적으로 관심이 있어야 여성다운 여자였다. 하지만 오늘날 사회집단들은 이러한 여성성에 대한 고정관념을 거의 갖고 있지 않으며, 이는 사람들이 갖고 있는 생각에 의미 있는 변화가 일어났음을 보여 준다.

표 6.2 아동이 성유형화된 행동을 배우는 법

기제	남성의 예	여성의 예
보상	한 소년이 풋볼게임에서 태클에 성공해 팀원들에게 칭찬을 받는다. 다음날, 그는 미래에 더 많은 태클을 할 수 있도록 더 빨리 달리는 연습을 한다.	한 소녀가 책상에 조용히 앉아 공부하는 것에 대해 선생님께 칭찬을 받는다. 그녀는 일어서거나 다른 친구들과 이야기하는 일 없이 계속해서 공부에 집중한다.
처벌	강아지가 죽었을 때 아들이 울음을 터뜨리자 아빠가 그 모습을 보고 아들을 놀린다. 그 후로 그 소년은 다른 사람들 앞에서 절대 울지 않는다.	다른 소녀들이 지나치게 거칠게 노는 한 유치원 친구와 놀기를 거부한다. 다음날, 그 유치원생은 더 얌전하게 놀이를 한다.
직접적 가르침	할아버지가 손자에게 낚시하는 법을 가르친다. 그 소년은 오후 내내 집 뒤의 개울에서 낚시를 하며 시간을 보낸다.	엄마가 딸에게 뜨개질하는 법을 가르친다. 소녀는 이모의 생신에 선물할 스카프를 만든다.
모델링	한 소년이 비속어를 사용하는 스포츠 스타의 인터뷰를 보았다. 소년은 친구들과 대화를 할 때 비속어를 사용하기 시작한다.	한 소녀가 촌스러운 옷을 입은 어떤 소녀들에 대해 험담하는 언니의 이야기를 엿들었다. 그 후 그녀는 친구들에게 촌스러운 소녀들에 대해 비판한다.

사회학습이론

사회학습이론(social learning theory)은 아동이 다른 유형의 행동을 학습하는 것과 같은 방식으로 성유형화된 행동도 학습한다고 말한다. 즉 보상, 처벌, 직접적 가르침, 모델링을 통해서 학습한다. 처음부터 남아들과 여아들은 다르게 사회화된다. 남아들에겐 보다 더 활동적이고, 적대적이며, 공격적이길 기대한다. 그들은 놀림을 당할 때 맞서서 싸우고 약한 자를 괴롭히는 자에게 대항하도록 기대된다. 그리고 기대에 맞게 행동할 때 칭찬을 받는다. 그러나 투쟁을 거부하면 '계집애 같은 남자'라고 비난받는다. 마찬가지로, 여아들은 너무 거칠거나 공격적이면 혼나거나 벌을 받고, 예의 바르고 순종적일 때 칭찬을 받는다. 결과적으로 소년, 소녀들은 성장하면서 다른 행동들을 나타낸다(표 6.2 참조).

아동들은 성장하면서 여러 방법으로 전통적인 성역할과 개념을 배우게 된다. 예를 들어 TV는 연령의 고하를 막론하고 사회화 과정에서 의미 있는 역할을 한다. 특히 TV 광고는 상당한 성편견과 성차별주의를 내포하고 있다(Calvert, 1999). 성역할을 강화하는 또 다른 방법은 직업 선택에 영향을 미칠 여성 또는 남성에 국한된(gender-specific) 장난감을 아동들에게 주는 것이다. 예를 들면 그러한 장난감들을 가지고 놀면서 남아들은 과학자, 우주비행사, 미식축구 선수가 되도록 설득될 것이며, 여아들은 간호사나 교사, 비행기 승무원이 되도록 영향 받을 것이다(Blackmore & Centers, 2005).

그 사실을 깨닫지 못하고, 많은 교사들이 학교에서 여전히 전통적인 남성/여성 정형화된 행동을 발달시키고 있다. 교사들과 남녀 아동들 간의 관계에 대한 연구들은 교사들이 일반적으로 남아들에게 학급에서 보다 더 주장적이도록 격려한다는 것을 보여 준다(Sadker & Sadker, 1995). 교사들이 질문을 할 때, 남아들은 사실상 교사의 주의를 끌기 위해 손을 들지 않고도 소리쳐 대답을 한다. 반면에 대부분의 여아들은 손을 들고 참을성 있게 앉아 있는데, 만약 어떤 여아가 큰소리로 대답을 하면, 교사는 "교실에서 소리쳐 대답하는 게 아니고 손을 드는 거야."라고 그 여아를 꾸짖는다. 그 메시지는 미묘하지만 강력하다 : 남아는 학문적으로 자기주장이 강해야 하고, 여아는 조용히 있어야만 한다.

또한 아동들은 특히 부모와의 동일시와 모델링 과정을 통해 적합한 사회적 성역할을 발견한다. 부모와의 **동일시**는 아동이 부모의 가치, 태도, 행동 특성, 성격 특성을 받아들이고 내재화하는 과정이다. 아동의 부모에 대한 초기 의존성 때문에 출생 직후부터 즉시 동일시가 시작된다. 그리고 이러한 의존성은 보통 친밀한 정서적 애착으로 이끈다. 성역할 학습은 이러한 친밀한 부모-자녀 관계에서 거의 무의식적이고 간접적으로 일어난다. 아동들은 부모가 말하고, 행동하고, 옷 입는 방식, 또한 부부 사이에서, 다른 아동에게, 가족 외의 사람들과의 관계 속에서 어떻게 행동하는가를 경청하고 관찰한다. 그리하여 아동은 엄마, 부인, 아빠, 남편, 여성, 남성이 된다는 것이 어떤 것인가를 이런 실례들을 통해, 그리고 매일 매일의 접촉과 교류를 통해 배워 나간다.

어떻게 부모가 아동의 사회적 성역할 관점에 영향을 주는지의 특별한 예는 어머니의 취업이다. 엄마가 집 밖에서 일을 하는 여자 청소년들은 엄마가 전업주부인 소녀들보다 성역할에 대해 덜 전통적인 견해를 갖고 있으며(Nelson & Keith, 1990), 덜 전통적인 직업을 추구하는 경향이 있다(Phillips & Imhoff, 1997). 이는 아버지가 지지적이고 여성 취업을 허용하는 경우에 특히 그러하다(Christian, 1994). 자신의 어머니가 직업이 있고 아버지가 이에 대해 지지적인 경우, 소년들은 여성의 취업을 더 많이 허용할 뿐 아니라 자신들도 덜 전통적인 직업을 선택하는 경향이 있다.

또래들은 아동의 성 정체성 발달에 특히 중요한 역할을 한다. Maccoby(1990)는 소년, 소녀들이 혼자 있을 때에는 비슷하게 행동하지만, 동성의 놀이집단에서는 다르게 행동한다는 것을 관찰하였다. 동성의 놀이집단은 대부분의 아동들이 아주 어린 나이에서부터 동성의 아동들과 노는 것을 더 선호하기 때문에 흔히 생겨난다. 여자아이들은 남자아이들이 너무나 거칠고 자신들의 제안에 귀를 기울이지 않기 때문에 다른 여자아이들과 노는 것을 더 좋아한다. 남자아이들은 여자아이들이 재미있는 게임을 하는 것을 좋아하지 않기 때문에 다른 남자아이들과 노는 것을 더 선호한다. 이러한 남성, 여성 동성집단은 매우 분명한 문화를 발달시킨다. 소년들은 경쟁적이고 신체적인 놀이를 하며, 이기는 것을 좋아하고, 누가 최고인지를 보여 주려고 한다. 소녀들은 말하고, 차례를 기다리며, 협동하는 것을 좋아한다. 소년, 소녀들이 또래로부터 얻는 메시지는 매우 다르다. Maccoby(1990)는 행동에서의 많은 성차는 이러한 초기의 사회적 그룹나누기와 관련이 있다고 생각한다.

사회적 성 고정관념

사회적 성 고정관념(gender stereotypes)은 고정관념화하고 있는 사람들에게뿐 아니라 고정관념화되는 사람들에게 상처가 된다. 왜냐하면 사람들은 개인의 성격이나 능력에 맞지 않는 고정관념에 따라 살도록 압력을 받을 수 있기 때문이다. 청소년들은 아동이나 어른들보다 동조와 또래 의견을 값진 것으로 생각하기 때문에 이러한 압력을 특히 강렬하게 느낄지 모른다. 당신이 아닌 어떤 사람이 되기 위해 애쓰는 것은 스트레스적이고 불만족스럽다. 당신에게 맞지 않는 일들을 하는 것은 보통 실패로 이끈다. 엄격한 성역할에 대한 믿음 역시 그것이 그가 실제로 즐길지 모르는, 그러나 겉으로 보기에 부적합한 행동을 탐색하는 것을 막기 때문에 제

사나이다운 남자가 되려고 노력하는 것은 때로 위험하며, 자살, 건강과 정서적 문제, 스트레스, 약물 남용과 연합되어 왔다. 사진 속 청소년들은 전형적인 사나이(macho) 고정관념에 들어 맞을까?

한적이다.

다행스럽게도, 지난 25년간 사회적 성 고정관념은 어느 정도 무너져 왔고, 개인들은 그들 성에 전형적인지 여부와는 관계없이 자신의 관심사를 더 자유롭게 추구할 수 있게 되었다. 이는 또래 압력으로 인해 인생의 다른 시점에 비해 청소년기 초기와 중기에는 덜 그러하다. 그럼에도 불구하고, 청소년들은 과거보다는 오늘날 좀 더 성역할 융통성을 서로에게 허용한다.

양성성

남성적, 여성적 특성과 역할이 균형 있게 조화된 것이 **양성성**(androgyny, 남성, 여성이 하나가 된 것)이다 (Bem, 1974). 양성적인 사람들은 (비록 그들의 사회적 성이 분명하게 남성이나 여성이라 할지라도) 역할에 대해서 성유형화되어 있지 않다. 그들은 문화적으로 남성이나 여성으로 정의된 것에 의해 제한되기보다는 오히려 자신의 행동을 상황에 맞춘다. 양성적인 남성은 껴안고 어린 소년을 돌보는 일을 편안하게 여기고, 양성적인 여성은 자신의 차에 기름을 넣거나 오일 교환을 하는 것을 편안하게 느낀다. 양성성은 개인으로 하여금 다양한 환경에 효율적으로 대처하도록 해 줌으로써 인간 행동의 범위를 확대시켜 준다.

양성적인 것은 많은 남성적 특징들이 여성적 특징들보다 더 높이 평가되므로 남성들에게보다는 여성들에게 더 많은 이득을 가져온다. 예를 들어 자기주장성과 독립성이라는 남성적 특징을 지닌 여성들은 보통 보상을 받지만, 감정을 표현하거나, 수동적이거나, 비전형적인 직업을 가진 남성들은 일반적으로 무시를 당한다. 따라서 여성들에 비해 남성들은 양성적이 되어야 할 더 적은 이유를 갖는다(Skoe, 1995).

비록 양성성 개념이 여성성 혹은 남성성이라는 배타적인 개념을 넘어서 발달된 개념이라 할지라도, 많은 초기 지지자들이 상상했던 것만큼 그렇게 만병통치약은 아님이 결국 밝혀졌다(Doyle & Paludi, 1995). 어떤 이론가들은 양성성이 성역할 초월(gender-role trans-cendence)로 대체되어야 한다고 믿는다—그 믿음은 개인의 유능성이 거론될 때 남성성, 여성성, 혹은 양성성을 기초로 개념화되어서는 안 되며, 사람 그 자체에 기

알고 싶은 것

▶ **남성다운 특성과 여성다운 특성을 모두 혼합해서 갖는 것이 왜 좋은가?**

전통적으로 남성적인 특성과 여성적인 특성을 모두 소유한 사람들은 그렇지 않은 사람들에 비해 더 많은 상황들에서 적절하게 행동하는 융통성을 갖고 있다. 따라서 양성적인 것은 좋은 것이며, 이는 특히 여성의 경우에 그러하다.

초를 두어야만 한다는 것이다. 그러므로 남성적 혹은 여성적으로 사람들을 정형화시키거나 성역할을 통합하기보다는 사람들에 대해서 그 사람 자체로 생각하기 시작해야 한다.

청소년기의 사회적 성

개인의 사회적 성에 대한 생각은 청소년기에 들어서면 어떻게 변화할까? 보통 사람은 더 성유형화된다. 즉 사람들은 더 성 고정관념화된 방식으로 행동하기 시작하고 더 고정관념적인 믿음을 지니게 된다. 이것은 **성 강화 가설**(gender intensification hypothesis)로 불린다 (Basow & Rubin, 1999). 이 효과는 소년들보다는 소녀들에게 더 강력한데, 아마도 소녀들의 성역할 행동이 소년들에 비해 아동기 중기에 덜 고정관념적이고 따라서 따라잡을 것들이 더 많이 있기 때문일 것이다 (Huston & Alvarez, 1990). 또한 일단 사춘기가 되면, 소녀들은 소년들이 자신들을 매력적이라고 생각하는지에 매우 관심이 있으며 '여성성'은 매력의 일부로 간주된다.

이러한 발견들이 어떻게 정체성과 연결될까? 소녀들이 생물학, 사회적 메시지, 그리고 강화에 의해서 더 고정관념적인 여성적 특징을 갖도록 만들어진다면, 또는 그들이 고정관념적으로 여성적인 특징들을 반드시 가져야 한다고 믿게 된다면 그들은 그러한 자질들을 갖추기 위해 자신의 정체성 선택을 제한할 것이다. 그들은 자기주장성과 경쟁을 요구하는 직업을 선택하려 하지 않을 것이며 반드시 아내와 어머니가 되어야만 한다고 느낄 것이다. 만약 소년들이 자신이 전형적으로 남성적

이어야만 대우를 받을 것이라고 믿는다면 그들은 자신의 일 속에 쳐박혀서 자신의 삶 속의 관계들은 경시할 것이다. 분명히, 우리가 만드는 선택들은 사회적 성을 배경으로 하여 만들어진다.

사람들이 정체성을 형성하기 위해 사용하는 과정에는 성차가 거의 없는 듯하다. 실제로 문헌조사에 따르면 정체성 형성에서의 성차는 작고, 주로 가족-직업 우선순위와 성적 가치(sexual values)라는 두 가지 문제에 국한된다(Kroger, 1997). 이는 더 많은 사람들이 양성적이거나 성역할 초월적이라는 사실 때문일 수 있다. 사실 성역할 지향성(gender-role orientation)은 그 자체보다는 정체성 형성에 훨씬 더 영향력이 있다(Bartle-Haring & Strimple, 1996).

권장도서

Beal, C. R.(1994). *Boys and Girls: The Development of Gender Roles*. New York: McGraw-Hill.

Dublin, T. (Ed.).(1996). *Becoming American, Becoming Ethnic: College Students Explore Their Roots*. Philadelphia: Temple University Press.

Harter, S.(1999). *The Construction of the Self: A Developmental Perspective*. New York: Guilford Press.

Kimmel, M.(2000). *The Gendered Society*. Oxford, England: Oxford University Press.

Kimmel, M., and Aronson, A.(2003). *Men and Masculinities: A Social, Cultural, and Historical Encyclopedia*. Santa Barbara, CA: ABC-CLIO.

Kroger, J.(2000). *Identity Development: Adolescence through Adulthood*. Newbury Park, CA: Sage.

Lerner, R. M., and Hess, L. E.(Eds.).(1999). *The Development of Personality, Self, and Ego in Adolescence*. New York: Garland Press.

Simon, B.(2004). *Identity in Modern Society: A Social Psychological Perspective*. Oxford, England: Blackwell.

Winters, L. I., and De Bose, H. L.(2002). *New Faces in a Changing America: Multiracial Identity in the 21st Century*. Thousand Oaks, CA: Sage.

제7장 | **성 가치와 행동**

알고 싶은 것

▶ 대부분의 미국 십대들은 몇 살 때 성관계를 맺는가?

▶ 대부분의 미국 십대들이 가지고 있는 성 윤리는 무엇인가?

▶ 청소년들이 섹스에 대해 갖는 태도에 성차가 있는가?

▶ 여자 청소년들은 성관계를 하도록 얼마나 자주 압력을 받는가?

▶ 미국의 십대들이 가장 빈번하게 사용하는 피임법은 무엇인가?

▶ 피임하는 것이 용이할 때, 십대들은 성관계를 더 많이 가지는가?

▶ 성관계를 빈번하게 하는 십대들은 얼마나 자주 성병에 감염되는가?

▶ 성적 활동을 하는 십대들의 AIDS 발병 가능성은 얼마나 되는가?

▶ 매년 얼마나 많은 미국 소녀들이 임신을 하며, 임신했을 때 그들 대부분은 어떻게 하는가?

▶ 무엇이 어떤 사람을 이성애자 또는 동성애자로 만드는가?

▶ 절제-유일 성교육은 성적 활동과 원하지 않는 임신, 그리고 성병을 감소시키는 데 얼마나 효과적인가?

사춘기와 함께 성에 대한 관심은 증가한다. 이런 관심은 처음에는 청소년의 신체적 변화나 눈에 보이는 일들에 주로 초점이 맞추어진, 자기중심적인 것이다. 대부분의 청소년들은 거울을 보거나 자신의 신체 부분들을 자세히 살펴보며 많은 시간을 보낸다. 초기의 이런 관심은 성애적인 감각(erotic sensations)이나 표현보다는 마음에 드는 신체 이미지를 발달시키는 것에 집중되어 있다.

어린 청소년은 점차적으로 자신의 발달뿐만 아니라 다른 아이들의 발달에도 관심을 갖게 된다. 이성의 발달, 변화, 성적 특징에 대한 궁금증도 점점 늘어 간다. 청소년은 또한 인간의 생식에 관한 기초적인 사실들에 대해 매혹되기 시작한다. 소년, 소녀 모두 발달되어 가는 자신의 성적인 느낌과 욕구를 서서히 의식하게 되고 어떻게 이것들이 일어나고 표현되는지 알게 된다. 대부분의 청소년은 일종의 실험을 시작하게 되는데, 자신의 신체를 만져 보기, 성기를 가지고 장난하기, 새로운 발달을 탐색하기 등이 그 예이다. 때로는 이러한 자기자극을 통해 우연히 성적 극치감(orgasm)을 경험하기도 한다. 청소년들은 성애적인 느낌과 표현으로서의 성에 대한 관심이 많아진다. 그들은 자신의 생각을 친구들과 비교해 보기도 하고, 성에 대한 이야기를 하고, 노골적인 농담을 하며, 선정적인 웹사이트를 보고, 성과 관련된 책자를 교환하며 많은 시간을 보낸다. 어른들은 때때로 그들이 사용하는 언어와 농담에 충격을 받는다. 자기 아이들의 침대 밑에 숨겨진 '불순한' 책들을 발견하고는 기겁을 하는 부모도 많다. 그러나 이러한 행동의 동기는 인간의 성(sexuality)을 이해하고 싶은 욕구 때문이다. 즉 자신이 느끼는 성적인 느낌을 이해하고 표현하고 통제하려는 수단인 것이다.

점차적으로 청소년들은 다른 사람과의 성적 실험(sexual experimentation)에 더 관심을 갖기 시작한다. 이러한 관심의 일부는 호기심에 의해 동기화되며, 성적 자극과 방출이 그 동기가 되기도 하고, 또한 타인으로부터 사랑, 애정, 친밀감, 수용을 받고 싶은 욕구가 동기가 되기도 한다. 어떤 청소년들의 경우, 육체적 충족이 아닌 정서적 충족과 안정감이 성적 행동의 더 강한 동기가 된다.

미국에서의 성 윤리는 1960년대 후반, 1970년대 초기 성 혁명의 시대 이래로 큰 변화를 겪어 왔다. 이러한 변화들 중 어떤 측면은 긍정적이다. 예를 들어 오늘날 대부분의 청소년들은 성에 대해 훨씬 개방적이고 정직하며 성에 대해 이야기하는 데 별로 주저함이 없다. 이러한 태도는 결혼생활을 더욱 만족시켜 줄 것이다. 소위 새로운 도덕관은 성에 대한 태도와 행동에 몇 가지 변화를 가져왔다. 젊은이들, 특히 소녀들의 성적 허용성(sexual permissivenss)이 증가하고 있으며, 성 윤리에 관한 한 현대 사회가 다원화된 사회임이 여러 연구 결과에 나타난다. 현대인들은 성행동에 대해 한 가지가 아닌 많은 기준을 인정하고 받아들인다. 일반적으로 요즘 청소년들은 개인 윤리를 인정하는데, 즉 모든 사람은 스스로 각자의 개인적인 기준을 정해야 한다고 생각한다.

이러한 변화에 따라 몇 가지 문제도 대두되었다. 난잡한 성행동이 증가함에 따라 성병, 사생아, 낙태, 혼외임신 등의 문제가 증가하였다. 이러한 증가의 원인은 청소년들이 성적으로는 적극적이지만 효과적인 피임법과 질병 예방법을 사용하는 데는 대부분 무책임하기 때문이다.

과거 세대처럼, 오늘날의 청소년도 성적 의사결정을 해야 하는 과제에 직면해 있다. 오늘날의 청소년도 과거 다른 세대들과 똑같은 성적인 본능과 충동을 가지고 있지만, 과거와 다른 점은 이러한 충동이 끊임없이 자극을 받고 있음에 비해 조절이나 표현에 관한 지침은 덜 명확하다는 것이다. TV와 영화를 통해 수없이 보아 온 성에 대한 내용과 잡지에 실린 성에 대한 많은 논의들에도 불구하고, 많은 청소년들이 자신의 성에 대해 여전히 잘 모르거나 잘못된 지식을 가지고 있다. 따라서 단편적인 성 지식과 왜곡된 지식을 바로잡고 청소년들이 도덕적 혼란을 헤쳐 나올 수 있도록 도울, 긍정적인 청소년 성교육 프로그램의 마련이 시급하다.

변화하는 태도와 행동

청소년들은 어떻게 성적으로 활발하게 될까? 대부분이 고등학교에서 순결을 잃을까? 중학교에서? 성교와는 별

도로, 그들은 어떤 성적인 행동들을 하고 있을까? 이 부분은 청소년들의 실제 성행동을 살펴본다.

혼전 성행동

미국 질병관리본부(Centers for Disease Control)(2006)에 따르면, 13세까지는 청소년들의 약 4~9%만이 성교를 경험하지만, 고등학교 1학년까지는 약 40%의 소녀들과 45%의 소년들이 성관계를 맺는다. 그러나 청소년기 중기 동안 성적 활동은 증가해서 고등학교 3학년까지는 약 60%의 청소년들이 성적으로 활발하게 된다. 미국은 20대 청소년의 약 15~20%만이 성경험이 없다(Mosher, Chandra, & Johnes, 2005).

대부분의 성적으로 활발한 청소년들은 자기 나이와 비슷한 파트너를 가진다. 보통 소년들은 자기보다 한두 살 정도 어린 파트너를 가진다. 소녀들은 자신들보다 나이가 많은 파트너를 갖는 경향이 있는데, 2/3 정도가 1~3세 더 나이 많은 파트너를 가지며, 약 1/4이 자신보다 3~5세 정도 나이가 많은 파트너를 갖고 있다(Alan Guttmacher Institute, 1999). 다시 말해 대부분의 십대가 다른 십대 또는 매우 젊은 성인과 성관계를 갖는다는 것이다.

그들에게 처음으로 성교를 하게 된 원인을 물었을 때, 고등학교 남학생의 43%는 기회가 있었기 때문이라고 답했고, 23%는 사랑했기 때문이라고 답했다. 여학생들의 경우 54%는 사랑했기 때문이라고 답했고, 단지 11%만이 기회가 있었고 그들이 준비되어 있었기 때문이라고 답했다. 남녀 모두에서 육체적 쾌락을 위해서였다는 응답은 매우 낮은 비율이었고 단지 소수만이 또래 압력이 원인이었다고 답했다. 평균적으로 소녀들은 17세에, 소년들은 16세에 순결을 잃었다(Kaiser Family Foundation, 1998).

적어도 십대 여자 청소년들의 경우에, 원치 않는 첫 성교가 매우 빈번하게 발생함을 보여 주는 다른 자료가 있다. 젊은 여성의 약 7%는 성관계를 갖도록 강요되었음을 보고했고, 거의 25%가 그들의 첫 번째 경험은 원치 않는 것이었고 순전히 상대를 만족시키기 위해 행해졌음을 보고하였다. 첫 성교 시 소녀의 나이가 어릴수록 이는 훨씬 더 사실이었다. 13세 이전에 성교를 경험

알고 싶은 것

▶ **대부분의 미국 십대들은 몇 살 때 성관계를 맺는가?**
대부분의 미국 십대 청소년들은 17세 무렵에 이미 성경험을 갖고 있다.

했던 소녀들의 70%가 그 경험을 강요되었거나 원하지 않은 것으로 기술하였다(Alan Guttmacher Institute, 1999). 일반적으로 여성들에 비해 남성들이 자신의 첫 성교가 더 만족스러웠던 것으로 보고하는 것은 놀라운 일이 아니다(Sprecher, Barbee, & Schwartz, 1995). 남성들은 여성들에 비해 그 경험을 육체적으로 더 만족스럽고 죄책감을 덜 일으키는 것으로 회상한다. 또한 남녀 모두 성적 파트너가 그들이 애정을 느꼈던 대상이었을 경우 그 경험을 정서적으로 더 강렬했던 것으로 기억한다.

전체적으로, 오늘날의 청소년들은 그들의 조부모들보다는 성관계를 더 일찍 갖지만 그들의 부모들보다 더 이르지는 않다. 1960년대 이래 발생했던 십대 성행동의 증가는 대부분이 백인 여자 청소년의 성행동 증가에 기인한 것이며, 다른 집단들의 비율은 거의 변화하지 않았다. 1980년대에 지속적으로 증가했던 성교 비율은 실제로는 1990년대에 감소했다(그림 7.1 참조). 이러한 변화는 대부분은 남성의 행동 때문이었다. 대부분의 연구자들은 이러한 감소가 성병에 대해 인식과 공포가 증가한 것에 기인한다고 믿는다.

현재 평균 결혼 연령이 20대 중반임을 감안하면 성교를 하기 위해 결혼할 때까지 기다리는 미국인은 거의 없다고 봐야 한다. 그러나 성적으로 가장 적극적인 고등학생들에게서도 다수의 성 파트너를 갖고 있다는 증거는 나타나지 않는다. 선호되는 양상은 한 번에 한 사람과만 데이트를 하고 오직 한 파트너와만 성교를 하는 순차적 단혼(serial monogamy)이다. 대부분의 청소년들은 자신의 성행동이 자신에게 중요한 관계 속에서 발생한다고 말한다. 그렇다고는 해도, 약 15%의 고등학생들은 동시에 여러 관계를 갖기도 하며(Kelley, Borawski, Flocke, & Keen, 2003), 이 비율은 대학교에서 더 높아

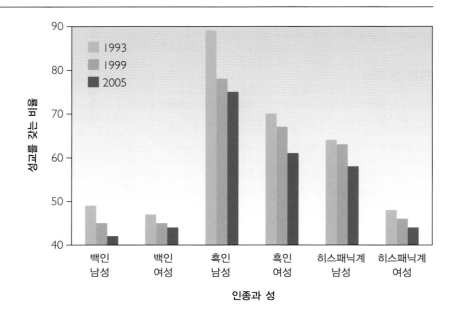

그림 7.1

인종과 성에 따른 성교 비율 : 1993~2005년

출처 : Centers for Disease Control(2006).

진다. 십대 소년들은 소녀들보다 성과 사랑을 훨씬 더 분리시키는 경향이 있다(Feldman, Turner, & Araujo, 1999).

상관 요인

모든 십대가 똑같이 성적으로 적극적인 것은 아니다. 청소년들의 성행동과 관련된 주요 요인들을 살펴보자.

연령

나이가 많은 청소년일수록 혼전 성교 경험이 있을 가능성이 높다(Centers for Disease Control, 2006).

인종/민족성

다른 조건이 같다면, 흑인이 백인보다 혼전 성교 경험을 더 많이 보고한다. 그러나 사회경제적 지위의 차이를 고려하면 인종과 민족성에 의한 차이는 덜 유의미해진다(Bingham, Miller, & Adams, 1990).

종교

종교적 성향과 성 허용성의 낮은 수준은 적어도 여성들의 경우에 비례한다(남성들의 경우 증거가 비일관적이다). 그러나 종교적 성향 그 자체가 감소된 성적 활동의 원인인지는 분명하지 않다. 그 관계는 단순히 상관을 나타내는 것 같다(Rostosky, Wilcox, Wright, & Ran-

dall, 2004). 여전히, 성적으로 금욕한다고 보고한 많은 청소년들이 종교적 이유 때문이라고 주장한다(Kaiser Family Foundation, 1998).

남자 친구나 여자 친구

남자 친구 혹은 여자 친구가 있다고 보고한 청소년은 그렇지 않은 청소년보다 혼전 성교를 할 가능성이 높다(Scott-Jones & White, 1990).

이른 교제 시기와 지속적인 교제

일찍 데이트를 시작해서 지속적인 관계로 발달시킨 청소년은 더 늦은 나이에 데이트를 시작해서 지속적인 교제를 하는 청소년보다 혼전 성교에 대해 더 허용적이고, 성적으로 더 적극적이며, 더 많은 수의 파트너와 성관계를 갖는 경향이 있다(Dorius, Heaton, & Steffen, 1993).

첫 성교 당시의 어린 나이

어린 나이에 첫 성교를 한 청소년이 더 늦은 나이에 첫 성교를 한 청소년보다 결과적으로 성에 대해 더 허용적인 경향이 있다.

자유분방함

높은 수준의 사회적 진보주의는 높은 수준의 성적 허용

성과 관계가 있다(Costa, Jessor, Donovan, & Forten-berry, 1995).

초경 연령

초경 연령이 빠를수록 성교를 더 일찍 경험하게 될 것이다(Billy, Brewster, & Gardy, 1994). 마찬가지로, 일찍 사춘기에 이른 소년들은 그렇지 않은 소년들보다 더 일찍 성적으로 적극적이 되는 경향이 있다(Halpern, Udry, Campbell, Suchrindran, & Masson, 1994). 호르몬이 성인으로서의 자아개념과 성욕에 부분적으로 책임이 있다고 할 때, 이 상관은 논리적이다.

부모의 기준과 관계

청소년들이 그들의 부모와 갖는 관계의 많은 특징이 청소년의 성행동에 영향을 미친다(Miller, benson, & Galbraith, 2001 참조). 자신의 청소년 자녀와 따뜻하고 친밀한 관계를 갖는 부모들은 금욕하며, 성교를 늦추고, 더 적은 수의 성적 파트너를 갖는 자녀를 둔다. 이는 십

많은 요인들이 청소년들의 혼전 성행동과 상관이 있다. 자신의 부모와 성적인 문제들에 대해 논의할 수 있는 것은 청소년기 초기에 가장 큰 영향력을 갖는 반면, 친구들의 영향은 청소년기 후기에 더 큰 효과를 갖는다.

대의 태도가 부모의 태도와 일치하는 점에서 부분적으로는 직접적 효과이며, 십대가 전반적 충동 통제를 더 잘하고, 비행 또래와 어울리지 않고, 약물 사용을 피하고, 친사회적 활동에 참여한다는 점(이 모두가 십대의 성 활동 비율을 감소시킨다)에서는 간접적 효과이다. 마찬가지로, 규칙을 세우고, 집에 들어오는 시간(curfew)을 시행하는 등 자녀의 행동을 조절하고 모니터하는 부모들은 성적으로 적극적인 십대를 덜 갖는 경향이 있다. (극히 엄격하다고 지각되는 부모들은 성적으로 더 활발한 자녀들을 갖는다.) 또한 일반적 믿음과는 반대로, 성에 대해 십대에게 말하는 것은 그들에게 성적으로 적극적이어도 된다는 허가를 암묵적으로 전하지 않는다. 자녀에게 자신의 성적 가치에 대해 명확하게 말하는 부모는 성교를 늦추고 더 적은 수의 성적 파트너를 갖는 자녀를 갖는다. 예를 들어 도시 흑인 청소년들에 대한 연구에서 Jaccard, Dittus, Gordon(1996)은 부모가 자신의 보수적인 성적 가치를 자녀와 이야기했던 청소년들의 경우에 성 활동의 비율은 단지 1/12 정도였음을 밝혔다.

또래 기준

청소년들은 또래 기준에 가까운 성적 기준을 형성하는 경향이 있고, 또래들이 자신의 경험을 논할 때 성에 더 관여한다(Billy & Udry, 1985). 또한 또래 일탈집단에 속해 있는 청소년일수록 어린 나이에 성행위를 시작할 가능성이 높다(Underwood, Kupersmidt, & Coie, 1996). Miller 등(1997)은 청소년 성 활동의 많은 예언 요인들을 동시에 비교하였고, 자신의 친구가 성적으로 활발하다고 믿는 것이 청소년 성행동의 가장 강력한 예언 요인임을 밝혔다. 성행동에 대한 친구들의 효과는 초기 대학생 시기에 가장 크다(Treboux & BuschRossnagel, 1995).

형제자매

청소년, 특히 여자 청소년은 더 나이 많은 자매의 태도와 행동에 의해 영향을 받는다(East, Felice, & Morgan, 1993). 어떤 나이에서도 동생이 언니나 형보다 성적으로 더 활발하다는 것이 보편적이다(Rodgers, Rowe, &

Harris, 1992).

사회적 성

이중 기준이 서서히 사라지고 있음에도 불구하고, 아직도 소녀들이 소년들보다 덜 개방적이다. 가령 소녀들의 첫 성교 평균 연령이 낮아지고 있기는 하지만, 소녀들은 성교가 일어나기 전 관계의 질을 더 중시한다(Wilson & Medora, 1990). 최근에 가진 성교의 빈도를 측정해 보았더니 성교 경험이 있는 남녀 청소년들은 비슷한 정도의 성적인 적극성을 가지고 있었다(DeGaston, Weed, & Jensen, 1996).

문제 행동

비행, 약물 사용, 성적 문란과 같은 문제 행동들은 보통 함께 일어나며, 하나의 문제 행동을 하는 청소년은 다른 문제 행동들도 더 많이 한다. 따라서 약물을 사용하는 청소년들이 그렇지 않은 청소년들에 비해 혼전 성교를 더 많이 한다는 것은 놀라운 일이 아니다(Weinbender & Rossignol, 1996). 고위험 성행위의 가장 강력한 예측 요인 중 하나는 술을 마시는 것이다(Harvey & Spigner, 1995). 흥미롭게도, 비행과 성행동의 이러한 연합은 저소득층의 흑인 청소년들에게는 적용되지 않으며(Black, Ricardo, & Stanton, 1997), 이는 아마도 청소년의 성교가 그 집단에서는 훨씬 규준적이고 허용적이기 때문일 것이다.

아버지 부재

편모 가정 소녀의 경우에는 특히 아버지가 있는 가정에서 자란 소녀보다 애정과 사회적 승인을 얻기 위해 성관계를 가질 가능성이 높다(Miller, Norton, Curtis, Hill, & Schaneveldt, 1997).

이혼 가정과 재혼 가정

이혼이나 재혼 가정의 청소년은 비결손 가정의 청소년보다 더 많은 성 경험을 보고한다(Upchurch, Aneshensel, Sucoff, & Levy-Storms, 1999; Young, Jensen, Olsen, & Cundick, 1991).

부모의 교육 수준

부모가 고졸 학력이나 그 이하인 청소년은 더 높은 학력의 부모를 가진 청소년보다 성교를 경험했을 가능성이 더 높으며 더 개방적인 성적 태도를 갖기 쉽다(Sieving, McNeely, & Blum, 2000).

교육적 기대

교육에 대한 기대치가 높은 청소년일수록 혼전 성교를 할 가능성이 적다(Ohannessian & Crockett, 1993). 공부에 많은 시간을 쏟는 청소년들, 특히 여학생들은 성적으로 덜 활발하다(Whitbeck, Yoder, Hoyt, & Conger, 1999). 근로 청소년이 학생인 청소년보다 혼전 성교 빈도가 더 높다(Huerta-Franco, deLeon, & Malacara, 1996). 자녀에 대한 부모의 교육적 열망이 높을수록 자녀들은 성적으로 덜 활발하다(Miller & Sneesby, 1988).

사회경제적 지위

부모의 교육 수준이 낮고 사회경제적 지위도 낮은 청소년들 가운데 더 어린 나이에 성교를 하는 사례가 더 많았다(Murry, 1996; Upchurch, Aneshensel, Sucoff, & Levy-Storms, 1999).

자위 행위

자위 행위(masturbation)란 오르가슴 도달 여부에 상관없이 성애적 각성(erotic arousal)을 일으키는 자기자극의 모든 형태를 일컫는다. 자위 행위는 남녀 모두, 결혼을 했든 안 했든 간에 흔하게 행해진다. 보고된 자위 행위 빈도는 연구들 간에 다소 차이가 있다.

남녀 대학생을 대상으로 한 연구에서, 여학생의 2배 정도 되는 남학생이 자위 행위를 했다고 보고했고, 그런 남학생은 여학생보다 매우 빈번하게 자위 행위를 했다(Leitenberg, Detzer, & Srebnik, 1993). 이 연구와 다른 연구들은 남성이 여성보다 자위 행위를 더 많이 한다고 보고한다. 자위 행위를 하는 사람 중에서, 남성은 여성보다 훨씬 자주 하고 있으며 더 빈번하게 성애적인 경험을 상상한다(Smith, Rosenthal, & Riechler, 1996). 한 조사에 따르면, 십대 소년은 일주일에 5회가량 자위 행위를 한다(LoPresto, Sherman, & Sherman, 1985). 청

소년 후기에 이르면 사실상 모든 남자 청소년과 약 3/4
의 여자 청소년이 자위 행위로 오르가슴을 경험한다.

대부분의 권위 있는 건강·의학·정신분석이론들이
지적하고 있듯이, 자위 행위는 성장의 정상적인 한 부
분이다. 자위 행위는 육체적, 정신적으로 전혀 해롭지
않고 정상적인 성적 적응을 방해하지도 않는다. 실제로
결혼 전에 자위 행위에 의해 오르가슴을 경험한 적이
없는 여성들은 경험해 본 여성들보다 결혼 첫 해 동안
에 성교 중 오르가슴에 이르는 데 더 많은 어려움을 겪
는다. 자위 행위는 각 개인이 자신의 신체를 이해하고,
성적으로 어떻게 반응하는지를 배우며 성적 정체감을
발달시키고, 성적 방출을 돕는 등 유용한 기능을 담당
한다. 유일한 부정적 측면은 자위 행위 그 자체에 있는
것이 아니라 청소년이 자위 행위가 해로운 것이고 문제
를 일으킬 것이라고 염려할 때 생겨나는 죄책감, 공포,
불안이다. 이러한 부정적 정서는 많은 심리적 손상을
일으킬 수 있다. 자위 행위가 불건전하고 해롭다고 믿
으면서도 여전히 자위 행위를 계속한다면 결국 불안을
느끼게 될 것이다.

섹스와 그 의미

더 어린 나이에 성교를 하는 청소년들이 늘어 감에 따
라 이러한 관계가 가지는 의미에 대한 물음이 제기된
다. 혼전 성교의 증가는 증가된 정서적 친밀감, 사랑하
는 감정의 발달, 그리고 헌신(commitment)의 증가를
수반하는가?

수년간의 연구는 청소년이 선호하는 기준이 애정을
가진 허용성임을 보여 주었다(Christopher & Cate,
1988). 그러나 오늘날 대단히 많은 청소년들이 애정이
나 헌신 없이 성행위를 하고 있다(Manning, Longmore,
& Giordano, 2004).

청소년은 무엇을 추구하는가

청소년이 섹스(sex)를 원한다고 말할 때 근본적인 동기
는 무엇일까? 생물학적인 본능을 즉각적으로 해소하기
위해서라고 말하기는 쉽다. 그러나 청소년의 성
(sexuality)은 섹스와는 아무 상관없이 정서적 욕구에

알고 싶은 것

▶ 대부분의 미국 십대들이 가지고 있는 성 윤리는 무
엇인가?

대부분의 미국 십대들은 '애정이 있는 성관계'는 문
제가 되지 않는다고 믿는다. 물론 일부 십대 청소년
들은 애정을 느끼지 않는 사람과 성관계를 갖기도 하
지만, 이것을 이상적이라고 생각하지는 않는다.

의해 자주 일어난다(Hajcak & Garwood, 1988). 이러한
정서적 욕구는 애정을 얻고 싶은 욕구, 외로움을 덜고
싶은 욕구, 누군가에게 받아들여지고 싶은 욕구, 여성
성 혹은 남성성을 확인하기 위해, 자존감을 높이기 위
해, 분노를 표현하기 위해, 혹은 따분함에서 벗어나고
싶은 욕구 등이다. 성행위를 통해 자기를 표현하고 성
적인 것과 아무 상관없는 욕구를 만족시키기도 한다는
것이다(그림 7.2 참조).

청소년이 이러한 정서적 욕구를 다루기 위한 노력으
로 성행위를 하게 되면 여러 가지 문제가 발생한다. 만
약 그래도 정서적 욕구가 채워지지 않으면 결과적으로
더 우울해지고, 자아존중감이 저하되고, 친밀감도 줄어
들고, 과민해지고, 성적인 만족감도 덜하게 된다. 청소
년이 성인기까지 이어지는 미성숙하고 불만족스러운
성관계와 성적 습관을 발달시키는 것은 위험한 일이다
(Hajcak & Garwood, 1988).

성적 다원주의

오늘날의 성적 관행이 갖는 의미를 파악하려면 성적 태
도와 행동에 있어서 개인적, 그리고 사회적인 차이가
있음을 알아야 한다. 우리는 **다원화된 사회**(pluralistic
society)에 살고 있으며, 우리 사회는 하나가 아닌 여러
개의 성행동에 대한 기준을 가지고 있다.

이러한 기준을 분류해 보려는 많은 시도가 있었으나,
여기서는 특히 Reis의 기준을 중심으로 살펴보기로 한
다(Reis, 1971). 그는 우리 문화의 성적 허용성에 대한
네 가지 기준, 즉 절제(abstinence), 이중 기준(double
standard), 애정을 가진 허용성, 애정이 없는 허용성에
대해 요약하였다. 오늘날의 청소년 성행동에 대한 분석

은 Reis의 범주들을 다음과 같이 확대할 것을 요구한다.

- ▶ 절제
- ▶ 이중기준
- ▶ 애정, 헌신, 책임감이 있는 성관계
- ▶ 애정, 헌신은 있으나 책임감이 없는 성관계
- ▶ 애정은 있으나 헌신이 없는 성관계
- ▶ 애정 없는 성관계
- ▶ 이면에 숨겨진 동기가 있는 성관계

절제의 정확한 의미는 성적인 활동을 멈추고 절제를 시작하는 시점에 따라 달라진다. 어떤 청소년은 오직 상대방에게 애정이 있을 경우에만 키스를 허락한다. 그러나 어떤 청소년은 애정 없이도 키스할 수 있다. 다시 말해 그것이 가벼운 키스건 진한 키스 혹은 프렌치 키스건 간에 그냥 기계적으로 키스하기도 한다. 어떤 청소년은 목을 껴안고 하는 키스나 애무는 괜찮지만 목 이하 부분의 애무는 안 된다고 생각한다. 어떤 청소년은 가슴의 애무는 괜찮지만 성기 부분은 안 된다고 생각한다. 또 다른 청소년은 오르가슴에 이르도록 서로 자위 행위를 해 주는 것과 같은 성기 자극까지도 괜찮으나 실제적인 성교는 안 된다고 말한다. 어떤 청소년은 '엄밀하게 말하면' 미경험자(virgin)이다. 다시 말해 그들은 절대로 여성의 질에 남성이 성기를 삽입하는 것을 허락하지는 않지만 성교 자체만을 제외한 다른 형태의 행위 또는 구강성교를 시도한다.

이중 기준이란 남성과 여성에게 각각 다른 행위 기준을 적용하는 것이다. 그러나 나중의 논의에 나타나겠지만, 이러한 기준의 성차는 점점 사라지고 있다.

어떤 청소년은 상대방에 대해 애정과 의무, 그리고 책임감이 느껴질 때에 성행위를 한다. 서로 사랑에 빠졌고, 의무를 다하고 있으며, 자신들의 행동에 대해 책임을 질 수 있을 때 성행위를 하는 것이다. 이 책임감에는 원치 않는 임신을 피하기 위한 피임법 사용도 포함된다. 예상치 못한 임신의 경우에는 그들이 택한 조치가 무엇이든 간에 기꺼이 책임을 지려고 한다. 그런데 헌신(commitment)이란 무엇을 의미하는 걸까? 해석은 다양할 수 있다. 어떤 청소년은 서로 약혼한 상태일 때

만 성교를 하고자 한다. 어떤 이는 결혼하기로 합의를 했을 경우에만, 또 다른 이는 동거하는 경우에만, 그리고 또 다른 이는 다른 이와의 교제를 배제하는 둘만의 지속적인 관계를 약속했을 경우에만 성교를 하려고 한다. 이런 다양한 방식들이 의미하는 것은 성행위(sex)에는 일정 수준의 헌신뿐만 아니라 사랑과 책임감까지도 포함된다는 것이다.

어떤 청소년은 애정과 헌신은 있으나 책임이 배제된 상태의 성관계를 원한다. 그들은 사랑에 빠졌고 서로 헌신도 했으나, 대체로 그것은 단지 일시적인 상태일 뿐이며 행동에 대한 진정한 책임은 없다. 이러한 청소년들은 피임법을 덜 사용하며 그들이 원치 않는 임신을 하게 되었을 경우 어떻게 해야 하는지에 대해서도 덜 생각한다.

애정은 있으나 헌신이 없는 성행위는 많은 청소년의 기준이 되어 왔다. 그들은 상대방을 정말 사랑하거나 애정을 느껴야지만 성행위를 할 수 있다고 생각한다. 그들은 피임법의 실행에 대한 책임감을 보여 줄 수도 있고 그렇지 않을 수도 있다. 그러나 그들은 장래에 관해 아무런 약속이나 계획도 하지 않는다. 어쨌든 그들은 서로 사랑하고 성관계도 갖고 있다. 그리고 적어도 당분간 그것이 전부이다.

물론 애정에는 차이가 존재한다. 우리는 좋아할 수 있거나 사랑할 수 있다. 최근에 생겨난 용어는 '서비스를 해 주는 친구(friends with benefits)'이다. 서비스를 해 주는 친구는 그가 성관계(구강성교 또는 성교)를 갖는 친구이다. 어떤 헌신도 없고 그 관계를 낭만적 파트너 관계로 만들려는 의도도 없다(Hughes, Morison, & Asada, 2005). 이러한 관계는 대학 캠퍼스에서 매우 흔하며, 연구는 학부생들의 약 50~60%에서 이러한 일이 발생한다고 보고한다(Mongeau, Ramirez, & Vorrell, 2003, Hughes, Morison, & Asada, 2005에서 재인용).

애정이 없는 성행위는 어떤 사람이 감정적인 개입 없이, 애정에 대한 욕구 없이 성교를 하는 것을 말한다. 그들은 단지 성행위 자체를 위해 성행위를 한다. 왜냐하면 그들이 성행위를 좋아하고 즐기며, 아무런 조건이나 단서 조항 없이 하기 때문이다. 어떤 사람은 본인이 의식하지도 이해하지도 못하는 동기로 인해 성행위를

하기도 한다. 이런 기준을 따르는 사람들 중 일부는 이미 수많은 파트너와 성관계를 가졌다. 이들 중 어떤 사람은 뭔가 잘못되었다는 의식도 없이 단지 즐길 뿐이다. 어떤 사람들은 문란한 성생활을 하지만, 자신이 통제할 수 없다는 것에 대해 갈등과 죄책감을 느낀다. 그리고 이들 중에는 피임기구 사용에 책임감을 느끼는 사람도 있고 그렇지 않은 사람도 있다.

이면에 숨겨진 동기가 있는 성관계는 다양한 동기들을 포함할 것이다.

1. 벌하기 위해 : "그녀가 날 미치도록 화나게 만들어서 분풀이로 했어." 이 경우 성행위는 적개심, 분노, 혹은 복수의 표현이다. 어떤 청소년은 심지어 부모에게 앙갚음하기 위해 또는 전 애인을 벌하기 위해 성관계를 맺고 임신을 하려 한다.

2. 호의를 얻거나 답례로 : "난 오늘밤 15달러를 너에게 썼어. 그렇다면 내가 무엇을 얻을 수 있지?", "나는 네가 선물로 준 외투에 대해 어떻게 감사의 표시를 해야 할지 모르겠어." 이것은 분명히 성의 매춘 행위이다. 즉 성을 대가로 지불하는 것이다.

3. 행동을 통제하기 위해 : "내가 너와 자면 나랑 결혼해 줄래?", "아이를 갖자. 그러면 우리 부모님이 결혼을 허락하실 거야."

알고 싶은 것

▶ **청소년들이 섹스에 대해 갖는 태도에 성차가 있는가?**

대부분의 여자 청소년들은 성에 관해 남자 청소년들보다 더 보수적인 입장을 취한다. 여자 청소년들은 자신이 성적인 관계를 맺게 된 사람들에 대해 더 깊은 관심을 기울인다. 또한 다수의 성적 파트너를 갖고 있을 경우, 소녀들은 자신의 평판에 대해 (그리고 나쁜 평판을 얻게 되는 것에 대해) 더 많이 걱정한다.

4. 자아를 강화하기 위해 : "내가 어젯밤에 누구랑 잤는지 사람들이 알면 깜짝 놀랄 거야.", "내가 그 여자와 자는 것에 5달러 내기하자.", "누가 뇌쇄적인지 보여 주지."

5. 이기적으로 이용하기 위해 : 상대방의 행복이나 행위의 결과에 대해 고려하지 않고 육체적인 만족만을 위해 상대방을 이용하는 것이다. "네가 기분 나빠도 난 상관없어. 넌 내 것이고 난 지금 섹스를 원해."

이런 행동의 기준들이 현재 미국 문화권에서 실행되고 있다. 대부분의 청소년은 다른 사람이 성적으로 무

Research Highlight 대학에서의 '그냥 한 번 즐기기'

'그냥 한 번 즐기는 것(hooking up)'은 많은 대학생들에게 있어 피할 수 없는 현실이다. 그냥 한 번 즐기는 것은 방금 만났거나 어느 정도 안면이 있는 두 사람이 술집이나 파티에서 우연한 만나 장기적인 향후 관계에 대한 어떤 기대 없이 성적 행위를 할 때 발생한다. 그냥 한 번 즐기기(이후 원어로 표시)는 두 사람이 술을 마시고 있을 때 보통 발생한다. Paul, McManus와 Hayes(2000)는 대학생의 거의 80%가 최소한 한 번 hooking-up을 한 적이 있으며, 남성의 절반 이상, 여성의 1/3이 hooking-up 동안 성관계를 가졌다고 보고하였다. 그렇다면 학생들은 그들이 한 행동에 정말 만족할까?

대답은 "당신이 생각한 것만큼은 아니다."이다. Lambert, Kahn과 Apple(2003)은 대학생들에게 대학생활의 보편적인 hooking-up에 대

해 얼마나 편안함을 느끼는지를 질문하는 연구를 진행하였고, 남성이 여성보다 더 편안함을 느끼긴 했지만, 남녀 모두 실제적으로 불편함을 느낀다고 보고하였다. 바꿔 말하면, hooking-up에 대한 태도에서 자신들보다 더 개방적으로 여겼던 또래들에게 자신이 보조를 맞추고 있지 못하다고 믿고 있었다. 이러한 불일치감은 여성보다 남성에게 더 크다. 요약하면, 많은 학생들은 동조를 해야 하는 필요성 때문에 hooking-up을 하고 있다고 느꼈다. 더욱이 남성들은 여성들이 믿고 있는 것보다 hooking-up 행동을 하는 데 있어 편안함을 덜 느끼며, 마찬가지로 여성들 역시 남성들이 믿고 있는 것보다 hooking-up을 하는 데 있어 편안함을 덜 느낀다. 이것은 큰 문제가 있다. 왜냐하면 이는 원치 않는 성적 행위가 많이 발생하고 있음을 의미하기 때문이다.

슨 짓을 하든 그것은 그가 알아서 할 일이라고 생각한다. 즉 아무도 간섭하거나 판단할 권리가 없다는 것이다. 그들의 유일한 기준은 "아무도 상처받지 않는 한…"이다. 왜냐하면 성교는 두 사람만 개입되어 있지만, 어떠한 윤리도 전적으로 개인적일 수는 없기 때문이다. 최소한 자신의 성적 파트너를 고려해야만 한다. 물론 어떤 이의 행동은 많은 사람들에게 영향을 줄 것이다. 혼외 임신으로 태어난 아이, 가족과 친척, 그리고 그가 도움을 얻으려고 의존하려고 한다면 지역사회의 다른 사람들에게까지 다 영향을 줄 것이다. 누구에게도 아무런 영향을 주지 않는 그런 행동이란 있을 수 없다.

누군가와 잠자리로 향하는 사람들 모두가 사랑 때문에 그러는 것은 아니다. 성행위는 "나는 당신을 사랑해.", "당신이 필요해."를 의미할 수도 있고 혹은 "당신

에 대해 상관하지 않아.", "네가 미워서 상처를 주고 싶어."를 의미할 수도 있다. 그러므로 성행위는 사랑하는 것일 수도 있고, 미워하는 것일 수도 있으며, 도움이 되기도 하지만 때로 해로우며, 충만감을 주기도 하지만 절망에 빠뜨리기도 한다. 결과는 부분적으로 동기, 의미, 그리고 관계에 달려 있을 것이다. 왜냐하면 성행위는 인간이 단순히 무엇을 '행하는' 그 이상의 것이기 때문이다. 다시 말해 섹스는 그 사람이 누구이고 무엇을 느끼는가를 나타낸다. 도덕성은 한 인간이 다른 인간을 어떻게 대하고 있는지, 즉 책임감 있게 대하고 있는지 여부로 판가름되는 개념인 것이다.

성 윤리에 있어서의 성차

성행동의 동기에서 성차가 줄어들고 있기는 하지만, 여

Research Highlight   성폭행의 특징

성폭행은 세 가지 유형으로 나눌 수 있다. 흔히 떠오르는 성폭행의 유형은 **낯선 사람에 의한 성폭행**(stranger rape)으로, 그 혹은 그녀가 모르는 사람에 의해 성폭행을 당할 때 발생한다. **지인에 의한 성폭행**(acquaintance rape)은 직장 동료, 같은 아파트 건물 혹은 같은 단지에 사는 사람, 식료품 가게의 직원처럼 피해자가 아는 사람에 의해 가해지는 성폭행이다. **데이트 성폭행**(date rape)은 자발적으로 사전에 합의한 데이트에서 일어나거나, 한 여성이 사교적 모임에서 남성을 만나 자발적으로 그와 함께 다른 곳으로 간 후에 발생하는 성폭행의 한 종류이다(Koss, Gidyca, & Wisniewski, 1987). 데이트 성폭행은 고등학교와 대학교 캠퍼스에서 점차 증가하고 있는 문제이다(Klingman & Vicary, 1992). 한 학생의 예를 보자.

찰리와 나는 영화를 본 후에 주차를 했다. 그는 나에게 뒷좌석으로 가자고 말했고, 나는 그를 믿었으며, 그와 있을 때 안전함을 느꼈기 때문에 그렇게 했다. 우리는 잠시 키스와 애무를 했고 그때 그가 폭력적으로 변했다. 그는 나의 속옷을 벗겨 냈으며, 나를 좌석에서 움직이지 못하게 누르고는 강제로 덮쳤다. 나는 아무것도 할 수 없었다. 그 후에 그는 뻔뻔스럽게도 내가 즐거웠는지 물었다. (학생의 글에서)

여성을 성폭행한 남성은 반복적인 성적 공격성의 전력을 가지고 있으며, 그들은 성적 만족을 얻기 위해 완력을 사용한다. 그들은 일반적으로 다른 남성에 비해 더 공격적이며, 일부는 모든 여성에게 적대적이다. 몇몇은 여성의 정서적 고통으로부터 흥분을 경험하는 성적 가학성(sexual sadism)의 증상을 보인다(Heilbrun & Loftus, 1986). Greendlinger와

Byrne(1987)은 남자 대학생들이 성폭행을 저지를 가능성은 그들의 강제적인 판타지와 공격적 성향, 성폭행 신화의 수용(예 : 여성은 강제적인 것을 좋아한다)과 상관이 있음을 발견하였다.

이것은 성폭행 신화에 대한 신념이 피해자를 더 많이 비난하는 것과 연관이 있음을 보여 주는 다른 연구들과 일치한다(Blumberg & Lester, 1991). 성에 대한 여성의 감정에 대해 정당성을 부정하는 것은 남성들이 성폭행에 찬성하는 태도를 갖게 한다(Feltey, Ainslie, & Geib, 1991; Kershner, 1996).

한 연구에서, 고등학생들은 자극적인 옷을 입은 성폭행 피해자의 사진과 보수적인 옷을 입은 성폭행 피해자의 사진을 보았다. 학생들은 자극적인 옷을 입은 피해자가 가해자의 행동에 책임이 있으며, 가해자의 행동은 정당하고, 그녀가 원하지 않았던 성행위는 성폭행이 아니라고 말하는 경향을 보였다(Cassidy & Hurrell, 1995).

성폭행은 피해자와 그 가족에게 있어 외상적 경험이다. 성폭행 피해자는 보통 심각한 혼란에 빠지고 큰 고통을 경험하게 되며, 피해자는 이를 말과 눈물로 보여 준다. 그녀가 삶을 다시금 정상으로 돌리려고 애를 쓸 때, 그녀는 몇 달 또는 심지어 몇 년에 걸쳐 우울과 공포, 불안을 경험할지도 모른다. 성폭행 피해자의 1/5 정도가 자살 시도를 하는데, 이 비율은 성폭행을 경험한 적이 없는 여성보다 8배 더 높다. 만약 그녀가 부모와 배우자, 타인으로부터 결정적인 지지를 받을 수 있다면 회복이 증진된다. 성폭력 위기 센터를 통해 얻을 수 있는 전문적 상담도 도움이 된다(Koss, 1993).

출처 : F. P. Rice, *Human Sexuality*(Dubuque, IA: Wm C. Brown, 1989).

알고 싶은 것

▶ **여자 청소년들은 성관계를 하도록 얼마나 자주 압력을 받는가?**

많은 수의 여자 청소년들은−그리고 아주 소수의 남자 청소년들은−원하지 않는 성관계를 갖도록 압력을 받는다. 데이트 중에 성폭력을 당하는 것이 매우 흔하긴 하지만, 대부분의 경우 그런 압력은 신체적인 것이 아니다.

전히 존재한다. 남성들은 보통 여성보다 더 기꺼이 사랑이 없는 성을 받아들인다(Feldman, Turner, & Araujo, 1999). 왜 성적으로 활발한지를 논의할 때, 여성들은 정서적 친밀감에 대한 욕구를 강조하는 반면, 남성들은 쾌락과 성적 긴장의 해소를 강조한다(Leigh, 1989). 이러한 상황을 더 악화시키는 것은 남자 청소년들은 여자 청소년들보다 더 그들의 관계를 '가벼운(casual)' 것으로 기술하는데, 그들이 의미하는 '가벼운'은 여자들에게는 '지속적' 또는 '정기적'인 것이다(Rosenthal, Moore, & Brumer, 1990). 불행하게도 이러한 차이들은 상처와 배신감을 일으키는 공식이 된다.

많은 청소년들은 여전히 성행위가 여성보다는 남성들에게 더 허용적이라고 믿는다(Crawford & Popp, 2003). 소녀들은 그들이 성적으로 활발하다고 알려질 경우 자신의 명성에 대해 더 걱정하는 경향이 있다(Hillier, Harrison, & Warr, 1997). 그들의 공포는 다수의 성적 파트너를 지닌 소녀들을 또래가 경멸한다는 사실에 의해 정당화된다(Graber, Brooks-Gunn, & Galen, 1998). 이러한 이중 기준은 결코 미국에만 해당되는 것이 아니다. 영국과 러시아와 같은 다른 서구 사회의 소녀들 역시 마찬가지이다(Ivchenkova, Efimova, & Akkuzina, 2001; Jackson & Cram, 2003).

성적 공격성

성적 공격성을 경험한 청소년들에 대한 연구들은 거의 대부분이 성적 공격성이 매우 흔하다고 보고한다. 미국 질병관리본부에 따르면, 고등학생의 약 9%가 전년도에 남자 친구나 여자 친구에 의해 맞거나 신체적으로 상해를 입은 적이 있다고 보고하였다(데이트 폭력). 그 비율은 고등학교 3학년, 흑인 학생에게서 가장 높다. 거의 비슷한 숫자인 7.5%가 같은 기간에 그들이 신체적 강압에 의해 성교를 맺은 적이 있다고 보고하였다. 신체적 폭력에 의한 강간(forcible rape)은 남성보다는 여성들에 의해 더 흔하게 경험되며(11% 대 4%), 더 나이 든 학생들에게서 더 흔하다(Centers for Disease Control, 2006). 비율은 신체적 폭력에 의한 강간뿐 아니라 강요된 강간(coercive rape)도 고려하였을 때 훨씬 더 높은데, 이는 많은 경우 신체적 폭력이 사용되지 않기 때문이다. 대신, 예를 들면, 폭력을 쓸 것이라고 위협받거나 심한 만취 상태가 성행위에 합법적으로 동의하는 것을 막게 된다. 한 연구에 따르면, 뉴잉글랜드 지역의 성적으로 활발한 여자 중·고등학생들 중 30%는 그들이 폭력을 당하거나 강요되어 성교를 한 적이 있다고 보고하였다(Shrier, Pierce, Emans, & DuRant, 1998).

비율은 원치 않는 성행위가 고려되면 훨씬 더 높다. 이는 어떤 이가 성행위를 하고 싶지 않음에도 이에 동의할 때 발생한다. 때로 사람은 자신의 파트너에 대한 의무감을 느끼거나 파트너가 관계를 끝낼지 모른다고 두려워한다. 때로 십대들은 그들이 이성애적인 기회가 왔을 때 이를 취하지 않는다면 '동성애자'로 불릴 것을 두려워한다(Rhynard, Krebs, & Glover, 1997). 때로 그들은 약물이나 술 때문에 탈억제된다.

빈도가 낮긴 하지만 남자 청소년들 또한 원치 않는 성행위에 참여한다. 캐나다의 한 연구에서 표본 남학생들의 22%가 원치 않는 성행위에 참여한 적이 있음을 주장하였다(Rhynard, Krebs, & Glover, 1997). 위에서 언급된 뉴잉글랜드의 연구에서 남자 청소년의 10%는 원치 않는 성교를 한 적이 있음을 보고하였다(Shrier, Pierce, Emans, & DuRant, 1998).

여성들은 원치 않는 성행위를 피하기 위해 거부 전략을 사용한다(Perper & Weis, 1987). 즉 유혹적인 행동을 하지 않기, 둘만의 호젓한 상황을 피하기, 남성이 보내는 성적인 신호를 무시하기, 남성의 주의를 딴 데로 돌리거나 기분 전환을 시키기, 양해를 구하기 ("나 내일 중요한 시험이 있어."), 안 된다고 분명히 말하기, 그리고 신체적으로 거부하기 등이다. 또한 여성들은 나중으로 미루기도 하고("난 아직 준비가 안 됐어.", "난 정서적인 관계가 필요해!"), 위협을 하기도 한다("그만두지 않으면 다신 널 보지 않을 거야.", "나 갈 거야!").

어떤 청소년은 다른 사람들보다 원치 않는 섹스를 더 쉽게 거절할 수 있다. 거의 2,500명의 고등학교 1학년 백인, 히스패닉, 흑인 청소년을 대상으로 한 연구에서, 거절할 수 있는 능력 면에서의 민족적, 인종적 차이는 나타나지 않았다. 여성은 남성보다 원치 않는 성관계를 거절할 수 있는 자신의 능력을 더 믿는 경향이 있다. 성에 대해 덜 개방적인 태도를 가지고 있는 것, 또래의 영향을 덜 중요하게 생각하는 것, 그리고 여성들의 경우 일반화된 자기효능감을 가지고 있는 것이 거절할 수 있는 능력의 예측 인자들이다(Zimmerman, Sprecher, Langer, & Holloway, 1995).

피임법과 성병

16세 소녀들의 거의 1/3과 17세의 소녀들 중 2/3가량이 혼전 성교를 하고 있기 때문에, 피임법의 사용 여부는 대단히 중요한 문제이다. 성적으로 활발하되 피임법을 사용하지 않는 여자 청소년의 90%는 1년 내에 임신하게 될 것이다(Alan Guttmacher Institute, 1999). 그리고 수없이 많은 청소년들이 예방할 수도 있었을 성병을 갖게 될 것이다.

청소년들의 피임기구 사용

성적으로 활발한 젊은이들 중 몇 %가 임신과 성병 방지를 위한 어떤 보호책을 사용하고 있을까? 과거에 비해 점점 더 많은 청소년들이 그렇게 하고 있다.

1988년 National Survey of Family Growth(NSFG)의 결과에 의하면, 15~19세 여성들 또는 그들의 파트너 중 불과 35%만이 첫 성교에서 어떤 종류의 것이든(질외 사정을 포함해서) 피임법을 사용했다(Forrest & Singh, 1990). 같은 해에 15~19세 여성들 혹은 그들의 파트너의 32%만이 현재 피임기구를 사용하고 있었다(Mosher, 1990). 더 최근의 수치는 십대 커플의 74%가 그들의 첫 성교에서 피임법, 대부분은 콘돔을 사용하였고, 여자 청소년의 96%가 적어도 간헐적으로 피임법을 사용한다고 보고하고 있다(Martinez, Mosher, & Dawson, 2004). 여전히 여자 청소년들은 나이 든 여성들보다 피임법을 유의미하게 덜 일관적으로 사용하는 경향이 있으며(Glei, 1999), 간헐적으로 사용하는 것은 충분히 좋지 못하다. 가장 최근의 성관계에서 피임법을 사용하였는지 물었을 때, 여성들의 70%와 남성들의 81%만이 그렇다고 답하였다(Abma & Sonenstein, 2001).

이러한 양상은 원하지 않는 임신이나 성병 예방에 관

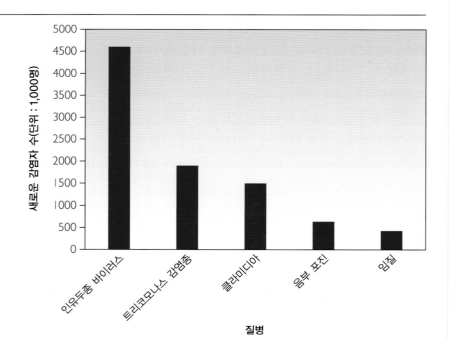

그림 7.2   미국 15~24세 인구에서 가장 흔한 다섯 가지 성병의 연간 발생 빈도

출처 : Weinstock, Berman, & Cates(2004).

알고 싶은 것

▶ **미국의 십대들이 가장 빈번하게 사용하는 피임법은 무엇인가?**

콘돔은 미국 십대들이 가장 많이 사용하는 피임법이다. 피임약은 근소한 차이에 의해 두 번째로 흔하게 사용되는 피임법이다. (수년간, 이 순위는 역전되기도 했었다.) 패치나 주사요법과 같은 오랜 시간 지속되는 호르몬 방식 또한 널리 사용되기 시작했지만, 콘돔이나 피임약의 사용에 비해 호르몬 방식의 사용은 매우 드물다.

심이 없는 사람들이 많다는 것을 의미한다. 결과적으로, 미국에서는 매년 15~19세의 성적으로 활발한 여성 5명당 1명꼴로 임신하고 있고(Martinez, Mosher, & Dawson, 2004), 이런 여성들의 5명 중 4명은 미혼이다(Darroch & Singh, 1999).

미국 청소년들이 가장 흔하게 사용하는 피임법은 콘돔이고(94%), 그 다음이 경구 피임약(61%)이다. 질외사정은 그 다음으로 인기 있는 방법이다(55%). 자연주기법이나 주사, IUD 등 다른 방법들은 단지 소수의 십대들만이 사용한다(Martinez, Mosher, & Dawson, 2004).

개인적 성취를 중요시하고 관습적 생활방식을 가진 성적으로 적극적인 청소년은 덜 관습적인 청소년보다 피임법을 더 규칙적으로 사용할 가능성이 높다(Hollander, 1996). 또한 파트너에게 성에 대해 의사소통할 수 있다고 느끼며 자신의 성적 관심(sexuality)을 수용한 십대 소녀들은 상대적으로 피임법을 더 사용할 것이다.

많은 건강 전문가들은 콘돔 사용이 임신의 위험을 크게 줄이고 성병에 걸릴 확률을 실질적으로 감소시키므로 콘돔이 청소년들을 위한 피임법이 되어야 한다고 믿는다. 반대로 경구 피임약과 다른 호르몬 방법들은 성병에 걸릴 확률을 감소시키지 않는다. 콘돔은 성적으로 적극적인 십대들에 의해 점차 더 많이 사용되고 있는데, 아마도 AIDS를 일으키는 HIV에 걸리는 것에 대한 두려움 때문인 것 같다. 그러나 이러한 콘돔 사용은 간헐적이다. 십대 여성들의 1/4만이 성교를 할 때마다 콘돔을 사용한다.

개인이 선호하는 피임법은 인종/민족성, 연령, 성적 성향(sexual orientation)의 함수이다. 예를 들어 흑인 십대 청소년은 상대적으로 경구 피임약보다 콘돔을 더 선호하지만, 백인 십대들에게는 그 반대이다(Grunbaum, Kann, Kinchen, Williams, Ross, & Lowry, 2002). 나이 든 십대들은 더 어린 십대들에 비해 경구 피임법을 더 선호하며(Santelli et al., 1997), 동성애자인 십대들은 이성애자인 또래들에 비해 콘돔을 덜 사용한다(Blake, Ledsky, Lehman, Goodenow, Sawyer, & Hack, 2001).

왜 콘돔은 더 자주 사용되지 않는가? 콘돔 사용에 대한 부정적 경험(손상, 감각 저하 등)(Furby, Ochs, & Thomas, 1997), 위험에 대한 일반화된 무시, 자기효능감 결여, 자신에 대한 책임을 취하지 않으려는 것, 그리고 콘돔이 비효과적이라는 지각(Christ, Raszka, & Dillon, 1998) 등이 이유이다. 콘돔은 장기적 관계에서보다는 가벼운 성적 관계에서 더 자주 사용된다(Landry & Camelo, 1994).

흥미로운 한 연구에 따르면, 만약 청소년이 성교 중 콘돔 사용을 권유한다면 그 청소년이 자신이 성병을 가지고 있음을 알고 있다는 것을 의미한다고 파트너가 가정할 확률이 50:50 이상이다. 게다가 약 절반의 십대들은 그들의 파트너가 자신에 대해 의심하고 있다고 믿을 것이라고 보고하였고, 약 20%는 모욕을 당했다고 느낄 것이라고 답하였다(Kaiser Family Foundation, 2000).

피임법이 사용되지 않는 이유

성적으로 적극적인 십대들이 효과적인 피임법을 항상 사용하게 하는 것은 하나의 도전이다. 심지어 임신을 원하지 않는다고 말하는 십대들조차도 제대로 피임기구를 사용하지 않기 때문이다. 사용자들은 사용법을 정확히 알아야 하고, 자신이 성적으로 활발하다는 사실을 스스로 인정할 수 있어야 하며, 필요 시에는 기꺼이 피임기구를 사용하고 구입할 수 있어야 한다. 어떤 청소년들은 소위 성교를 해도 '안전한' 기간에 대해 잘못 알고 있고 임신 가능성에 관련된 지식도 부족하다. 많은 청소년이 임신은 남의 일이라고 생각한다. 자신들이 서로 사랑하고 있으며 임신이 결혼을 보장할 것이라고 믿기 때문에 임신을 진심으로 원하는 청소년들도 있기

Personal Issues 고등학교에서의 성희롱

1993년, 미국 대학여성연합회(AAUW)는 1,600명의 중·고등학생을 대상으로 설문조사를 실시하였고, 여학생의 87%, 남학생의 71%가 학교에서 또래들에 의해 성희롱(sexual harassment)을 당했다는 것을 발견하였다. 이러한 성적인 괴롭힘은 신체 일부를 노출하기, 성적 농담이나 제스처, 성적으로 적나라한 그림 보여 주기, 화장실 벽에 외설적인 낙서하기, 성적인 소문 퍼트리기(대상이 동성애자일 때를 포함하여), 피해자가 샤워를 하는 동안 훔쳐보기, 성적인 방식으로 만지기, 쓰다듬기, 상대방의 옷 잡아당기기 등의 다양한 형태로 나타난다. 연구자들은 이 조사를 2001년에 반복하였다(AAUW, 2001). 그들이 발견한 주요한 변화는 바로 1993년에 비해 2001년 조사에서 남학생들이 성희롱을 당했다고 더 많이 보고한 것이다.

AAUW 연구자들은 이러한 성적 괴롭힘이 단순히 불쾌한 것으로 끝나지 않는다는 것을 발견했다. 성희롱은 피해자들에게 실제적으로 부정적인 결과를 낳는다. 괴롭힘이 심각할 때 학생들은 수업을 빼먹거나 그만두게 되고, 성적이 떨어지고, 학교에 오지 않게 되고, 친구를 잃으며, 두려움과 외로움, 분노로 인해 고통 받는다.

또래뿐 아니라, 교사들 역시 성희롱의 기회를 가지고 있다. 얼마나 흔하게 이런 일이 일어날까? 한 연구에서, 105명의 대학생들은 고등학교 시절 교사에 의한 성희롱의 심각성과 빈도를 평가하는 조사에 참여하도록 요청받았다. 이 연구에 따르면, 성희롱은 '교사-학생 관계의 맥락에서 반대할 만한 원하지 않는 성적인 추파, 제안, 발언, 혹은 육체적인 접촉'으로 정의되었다. 이 연구의 결과는, 절반이 그들이 알고 있던 사람들에게 그러한 사건이 일어난 적이 있음을 언급했음에도, 대부분의 응답자들은 고등학교에서 교사에 의한 성희롱이 빈번했거나 심각했다고는 생각하지 않음을 보여 주었다. 대부분의 예는 원치 않은 발언이나 선정적인 시선을 포함하며, 몸을 만지는 것과 정사는 그런 사건들 중 가장 드물었다. 비록 대부분의 사건들이 남자 교사와 여학생을 포함하지만, 남학생에게 성적으로 부적절하게 행동한 여교사의 예들도 있다. 게다가, 드물지만 남성 대 남성 괴롭힘의 경우도 있다.

응답자의 1/3 이상이 교사와 고등학생 간의 성적인 관계에 대해 알고 있다고 말했다. 대부분의 학생들은 학생과 교사가 똑같이 자신들의 관계에 관심을 보였다고 느꼈다. 분명하게, 대부분의 학생들은 연령과 지위의 차이에도 불구하고, 고등학생과 교사가 상호 합의된 성적인 관계를 갖는 것이 가능하다고 생각하였다. 다른 연구들과 마찬가지로, 이러한 발견은 응답자들이 고등학교에서의 성희롱의 예들을 종종 인정하지 않는다는 증거를 제공한다(Corbett, Gentry & Pearson, 1993).

성희롱은 가해자가 청소년들에게 상당한 권위를 가진 교사나 다른 성인일 때 특히 해로울 수 있다(Lee, Cloninger, Linn, & Chem, 1995). 그렇다면, 만약 당신이 괴롭힘의 피해자라면 무엇을 해야 할까? 여기에 몇 가지 유용한 전략들이 있다.

1. 학교의 '성희롱에 대한 지침'을 찾아라. 대부분의 학생 지침서는 성희롱을 당할 경우 도움을 받기 위해 누구를 찾아가야 하는지와, 신고를 해야만 한다면 신고 시에 취해야 하는 단계들에 대해서 알려 준다.
2. 사건에 대한 서면 기록이나 일지를 보관해라. 반드시 시간, 장소, 성희롱의 성질과 같은 세부사항에 대해 기록해라. 가능하다면, 사건에 대한 목격자도 기록해라. 이러한 종류의 기록은 만약 나중에 공식적인 행동을 취하기로 결정했을 때 매우 큰 도움이 될 것이다.
3. 가해자에게 그 또는 그녀의 행동이 당신을 불편하게 했음을 이야기하는 편지를 써라(사본은 보관하라). 가해자는 당신의 비난에 간담이 서늘해질 것이며, 이러한 행동을 즉각 멈출 것이 분명하다. 만약 가해자가 단지 소극적인 행동을 저지른 것이라면(예 : 훑어보는 시선, 어깨에 손 올리기 등) 특히 그러할 것이다. 비록 가해자가 더 지독한 행동을 했더라도, 당신이 이러한 행동을 수동적으로 그냥 받아들이지만 않을 것이라는 신호를 보냈기 때문에 자신의 행동을 멈추게 될 것이다. 이러한 편지를 보냈음을 다른 사람들도 알게 해라.
4. 부서의 담당자나 가해자의 윗사람에게 이야기해라. 만약 상황이 나아지지 않거나 그러한 행동이 너무나 부적절하여 처벌이 필요하다고 느낀다면, 적절한 경로를 통해 공식적인 고소를 해라. 당신은 성희롱을 당하지 않고 학교를 다닐 법적인 권리가 있다. 그 누구도 당신을 희생당하게 할 권리를 가지고 있지 않다.

는 하다. 어떤 청소년들은 성교에 대한 도덕적인 거부감 때문에 임신의 결과를 부정하거나, 반대로 어머니가 된다는 스릴에 대해 낭만적으로 생각하는 청소년들도 있다. 또는 부모의 반대가 두려워서 도움을 요청하지 못하는 경우도 있다(Milan & Kilmann, 1987).

청소년들이 피임법을 사용해야만 하는가

1977년 6월 9일, 미국 대법원은 모든 주정부가 미성년자에게 피임기구를 배포하는 행위를 법적으로 제한할 수 없고, 처방전이 필요 없는 피임기구는 정식 약사가 아닌 사람도 판매, 진열, 광고할 수 있다고 공포했다

알고 싶은 것

▶ 피임하는 것이 용이할 때, 십대들은 성관계를 더 많이 가지는가?

아니다! 피임법에 대한 접근이 용이한 것이 십대 청소년들 사이에서 성적 행동을 증가시키지는 않는다. 그러나 분명히 피임법은 임신할 수 있는 가능성을 줄여 준다.

(Beiswinger, 1979; Carey, 1977). 또한 병원은 부모의 동의 없이도 모든 연령층의 청소년에게 피임약을 처방할 수 있다고 판결했다.

청소년이 피임기구를 구입해도 되는가 하는 문제는 늘 논란의 대상이었다. 일각에서는 피임기구를 청소년이 마음대로 구입할 수 있으면 문란한 성행동이 증가할 것이라고 우려한다. 그럼에도 불구하고 대부분의 성인들은 십대를 포함한 모든 사람이 손쉽게 피임기구를 구할 수 있어야 한다는 것에 동의한다(Princeton Survey Research Associates, 1997). 피임기구의 구입 용이성은 청소년이 성관계를 가질 것인지 여부에는 영향력이 거의 없지만, 특정 소녀가 임신하게 될 것인지 여부에는 주요한 결정 요인일 것이다(Furstenberg, Mariarz Geitz, Teitler, & Weiss, 1997; Schuster, Bell, Berry, & Kanouse, 1998). 성교육의 주요 목표 중 하나는 피임에 관한 정보를 반드시 제공해야 하는 것이다. 성교육을 반대하는 사람들은 십대들이 '너무 많은 걸 알게 될까 봐' 두려워하고 있고 '말썽을 일으키는 데' 그들의 지식을 이용할 것이라고 주장한다. 그러나 연구결과들은 피임법에 대한 지식이 성행동에 영향을 미치지 않음을 보여 준다. 진정으로 행동에 영향을 미치는 것은 청소년이 속한 집단과 각 개인이 받아들이는 가치관 및 도덕이다. 사실 더 큰 문제는, 피임기구 구입이 점점 더 쉬워지고 있지만 청소년들이 피임법을 잘 사용하지 않는다는 것이다.

성병

어떠한 연령층(어린이, 청소년, 성인)이라도 성적 접촉을 통해 성병에 감염될 수 있다(Nevid & Gotfried, 1995). 그러나 성병은 상당히 큰 청소년 문제이다. 특히 성적으로 적극적인 십대들은 생물학적인 취약성과 여러 가지 위험한 성행동들로 인해 성병에 감염될 위험이 높다(Rosenthal, Biro, Cohen, Succop, & Stanberry, 1995). 클라미디아(Chlamydia)와 임질(gonorrhea) 같은 많은 성병들은 성인보다는 청소년들 사이에 더 흔하다(Centers for Disease Control, 2000a). 매년 미국인들에 의해 감염되는 성병의 새로운 사례들 중 50%는 15~24세 사이의 청소년들에게 발생한다(Weinstock, Berman, & Cates, 2004).

가족계획 클리닉은 성경험이 있는 청소년들을 위한, 피임법에 대한 좋은 정보원이다. 그러나 청소년들은 보통 자신이 성적으로 활발하게 되거나 심지어 임신하고 난 다음에야 클리닉에 찾아간다.

tute of Allergy & Infectious Diseases, 2002).

알고 싶은 것

▶ 성관계를 빈번하게 하는 십대들은 얼마나 자주 성병에 감염되는가?

매년, 성적 활동을 하는 십대들 4명 중 1명은 성병에 감염된다.

성행위를 통해 감염될 수 있는 전염체는 25가지 이상이며 클라미디아, 임질, AIDS, 매독, B형 간염이 발생빈도 10위권 안에 드는 전염병이다(Donovan, 1997). 안타깝게도 청소년들은 자신들이 성병 감염에 얼마나 취약한지를 전혀 알지 못한다.

소녀들은 소년들보다 훨씬 성병의 위험이 높은데, 이는 소년은 감염된 소녀와 성교 후에 그 반대의 경우에 비해 성병을 덜 발달시키기 때문이다(Rosenthal, Biro, Succop, Bernstein & Stanberry, 1997). 게다가 여성들은 남성보다 성병으로 인한 심각한 부작용을 발달시킬 가능성이 더 크다. 이는 여성들이 더 빈번하게 어떤 증상도 경험하지 않으며, 그들이 경험하는 증상조차 종종 분명하지 않고, 따라서 몸에 심각한 손상이 생겨날 때까지 치료를 필요로 하지 않게 되기 때문이다.

많은 성병들이 항상 증상을 일으키지는 않으며, 이는 사람들이 성병이 있으면서도 종종 그 사실을 모를 수 있음을 의미한다. 이러한 사람들은 의도하지 않게 타인을 감염시킬 것이다. AIDS의 빠른 증가와 높은 사망률 때문에 지난 10년간 이 병에 대중적 관심이 집중되었다. 다른 치료되지 않은 성병들 역시 불임과 사망을 일으킬 수 있으며 매우 심각하게 다루어져야 한다.

AIDS

AIDS는 미국 15~24세 청소년들의 경우 사망 원인 6위이다. 청소년층에서 실제 AIDS 발병률은 상대적으로 낮지만, AIDS를 지닌 젊은 성인들 대부분은 그들이 십대였을 때 바이러스에 감염되었다(MacKay, Fingerhut, & Duran, 2000). 또한 실제 청소년 HIV 감염률은 젊은 성인층의 AIDS 유병률로부터 추론할 수 있는 것보다 훨씬 높은데, 이는 HIV에 감염된 많은 젊은 성인들이 아직 증상이 발현되지 않았다는 점 때문이다(National Insti-

AIDS의 원인과 진단

AIDS는 인간 면역결핍 바이러스(human immunode-ficiency virus, HIV)가 원인균이다. HIV가 혈류에 침입하면 T-임파구라는 특정 백혈구를 공격한다. T-임파구는 인체의 면역체계를 자극하여 병에 대항할 능력을 갖추게 하는 백혈구인데, HIV가 증가할수록 T-임파구는 파괴된다. 그리하여 인체의 면역체계는 점점 약해지고, 몸은 다른 질병에 취약하게 된다. 그러나 HIV에 노출되었다고 해서 반드시 AIDS에 걸리는 것은 아니다. 체내 HIV 존재 여부는 노출 약 3개월 후에 HIV 항체가 혈액 속에 있는지를 결정하는 혈액검사를 통해 밝혀줄 수 있다(ELISA 또는 EIA 검사).

증상이 나타나면, 그 사람이 AIDS에 걸렸다고 간주한다. AIDS의 잠복 기간은 수년에서 길게는 10년까지일 수 있다. 바이러스 감염에서 발병할 때까지의 평균 잠복 기간은 약 5~7년이다(Ahlstrom, Richmond, Townsend, & D'Angelo, 1992). 어떤 청소년은 HIV에 감염되고도 그 사실을 모른 채 수년 동안 HIV를 지니고 있을 수 있으며, 청소년기가 끝날 때까지 AIDS로 쓰러지지도 않는다. 바로 이런 이유 때문에 청소년기 동안에는 극소수의 AIDS 환자가 보고될 뿐이다. 그러나 청소년기 동안 위험한 성행위를 했던 젊은 성인들 중에서 AIDS 보균자의 수가 점점 늘어 가고 있다(Anderson, Kann, Holtzman, Arday, Truman, & Kolbe, 1990).

AIDS를 진단하는 것은 어려울 수 있다. 어떤 사람들은 바이러스에 감염된 후에도 외견상 차이가 없고, 아무런 신체적 증상이 나타나지 않기 때문이다. 그러므로 감염 사실을 알지 못한 채 다른 사람에게 바이러스를 퍼뜨릴 수가 있다. 그러나 어떤 증상이 나타나기 전 수주 혹은 수개월 동안 면역체계가 비정상적으로 발달할 수 있다는 사실에 주목해야 한다. 바이러스가 인체의 면역체계를 서서히 파괴하기 시작하면, 다른 전염병이 인체에 침입하게 된다. AIDS 환자는 이런 2차적인 질병으로 인해 사망한다. AIDS 환자는 잘 붓고 목, 겨드랑이, 사타구니 임파선에 통증이 있으며, 갑자기 식욕이 없어지고, 체중이 감소되며, 원인 불명의 지속적인 설사와 혈변이 있고, 한밤중에 식은땀을 흘리며, 열이 있고, 만성 피로와 함께 가쁜 숨을 쉬며, 심한 두통, 기침, 자줏빛 피부돌기, 혀와 목의 백화 현상이 나타난다. 신체적 징후는 다음의 다섯 가지로 나눌 수 있다(Ognibene, 1984).

1. 전염성 문제 : 여러 가지 전염성 병원균 때문에 폐렴, 식도염, 입과 항문의 궤양, 중추신경계의 주요 부위 손상, 뇌막염, 뇌염, 복막염, 눈, 간, 비장, 폐의 감염, 림프 결절이 생긴다.

2. 혈액에 관계된 문제 : AIDS는 백혈구, 적혈구 모두를 감소시키며, 감염을 막는 인체의 저항력을 저하시키고 빈혈을 일으킨다.

3. 신경적인 문제 : AIDS 환자는 중추신경계에 손상을 입기 때문에 진행성 치매, 중풍, 실어증 또는 신경 퇴화의 징후가 나타날 수도 있다.

4. 영양, 위장의 문제 : 설사가 아주 심해져서 체중이 준다.

5. 종양의 문제 : 카포시 육종은 심장, 혈관, 임파선 내벽 세포에서 확산되는 드문 암이다. 자주색 반점 또는 혹이 피부와 점막에 생긴다.

HIV/AIDS의 치료와 전염

현재 AIDS에 대한 완전한 치료는 없다. 그러나 면역결핍과 그와 관련된 증상들의 시작을 늦추는 점점 더 좋은 약물치료법이 개발되고 있다. HIV는 감염된 사람의 정액, 혈액, 질 분비물, 소변, 타액, 눈물, 모유에서 발견될 수 있다. 이 병은 감염된 어머니에게서 태아로, 출생 시 그녀의 아이에게로, 그리고 출생 후 모유수유를 통해 전달될 수 있다. HIV는 흔히 정맥주사를 통해 약물을 사용하는 사람들이 주사를 공유함에 의해 감염된 혈액 또는 혈액 부산물과 접촉하게 됨으로써 감염된다. 또한 바이러스는 특히 혈액이나 정액 같은 체액을 교환하게 되는 동성애 또는 이성애 활동을 하는 중에 전달될 수 있다. 피부 자체는 바이러스에 대한 장벽 역할을 하지만, 질 내벽이나 직장에 눈에 보이지도 않을 만큼 아주 조금 헐은 곳이 있다면 이는 바이러스에게 혈관 속으로 직행할 수 있는 통로를 제공하는 것이 된다.

AIDS에 감염된 학생도 본인이 학교에 다닐 수 있을 만큼 건강하다고 느끼고 수두와 같은 다른 질병에 걸리지 않았다면 당연히 학교에 다닐 수 있다. 그러나 아물지 않은 상처나 염증이 있는 아동에게 AIDS에 감염된 아동의 혈액이나 체액이 묻으면 감염될 수도 있다. 사

Personal Issues   AIDS에 대해 얼마나 알고 있습니까?

아래의 물음에 답하고, 당신이 AIDS에 관해 얼마나 알고 있는지 생각해 보십시오. 각 질문에 '예' 혹은 '아니요'로 답하십시오.

1. 주삿바늘을 공동으로 사용할 경우 걸릴 수 있다.
2. 성관계 시 상대방을 HIV에 감염시킬 수 있다.
3. 콘돔을 사용하지 않는 성행위에서 감염될 수 있다.
4. 손을 잡아도 AIDS에 걸릴 수 있다.
5. 콘돔을 사용함으로써 HIV 감염의 위험을 줄일 수 있다.
6. 오직 남자 동성애자만이 AIDS에 걸린다.
7. 교실에서 친구들과의 일상적인 접촉으로도 걸릴 수 있다.
8. 현재 AIDS/HIV 감염에 대한 치료제가 나와 있다.
9. 임신한 여성은 태아를 감염시킬 수 있다.
10. 금욕에 의해 감염의 기회를 줄일 수 있다.
11. 주사로 약물 남용하는 사람과 성행위를 하지 않음으로써 감염 가능성을 줄일 수 있다.

12. 피임약을 복용하면 감염률이 낮아진다.
13. 사람의 외모로 감염 여부를 알 수 있다.
14. 공중화장실에서 AIDS에 전염될 수 있다.
15. 헌혈에 의해 AIDS에 전염될 수 있다.
16. 벌레에 물려도 AIDS에 전염될 수 있다.
17. 자신이 보균자인지 알지 못한 채 다른 사람에게 HIV를 옮길 수 있다.
18. 구강성교에 의해 AIDS에 걸릴 수 있다.
19. 수혈에 의해 AIDS에 걸릴 수 있다.
20. AIDS에 감염된 사람을 포옹해도 AIDS에 걸릴 수 있다.

정답 : 1. 예, 2. 예, 3. 예, 4. 아니요, 5. 예, 6. 아니요, 7. 아니요, 8. 아니요, 9. 예, 10. 예, 11. 예, 12. 아니요, 13. 아니요, 14. 아니요, 15. 아니요, 16. 아니요, 17. 예, 18. 예, 19. 예, 20. 아니요.

알고 싶은 것

▶ **성적 활동을 하는 십대들의 AIDS 발병 가능성은 얼마나 되는가?**

청소년들에게서 AIDS는 거의 발생하지 않는데, 이는 어떤 사람이 HIV에 감염된 지 수년 후에야 AIDS가 발병하기 때문이다. 그러나 20대에 AIDS를 발병시킨 (AIDS 감염 사례의 많은 경우가 여기에 속함) 사람들 중 많은 수는 그들이 십대 청소년이었을 때 HIV에 감염되었다.

알고 싶은 것

▶ **매년 얼마나 많은 미국 소녀들이 임신을 하며, 임신했을 때 그들 대부분은 어떻게 하는가?**

15~19세의 성적으로 활발한 소녀 5명 중 1명 정도가 매년 임신을 한다. 1999년에 860,000명의 미국 소녀들이 임신을 한 것으로 보고되었다. 청소년 임신의 거의 대부분은 계획하지도 원하지도 않은 것이다. 그렇기는 하지만, 대부분의 경우 소녀들은 아이를 낳고 스스로 양육하게 된다.

실 AIDS 환자라 하더라도 아물지 않은 염증 같은 것이 없는 한 특별한 제재 없이 직장에 다닐 수 있다. 그들 역시 전화, 컴퓨터, 사무실 집기, 책상, 연장, 종이, 교통수단, 화장실, 샤워, 유니폼, 간이식당, 커피포트 등을 공동으로 사용할 수 있다. 일상적인 접촉만으로는 AIDS에 걸리지 않는다는 것을 기억해야만 한다.

전반적인 절제 외에, 콘돔은 AIDS의 확산을 막는 가장 좋은 방법으로서 광범위하게 장려되었다. 라텍스(latex) 콘돔만이 HIV에 대한 보호를 제공하며, 콘돔을 올바르게 사용하려면 사용 전에 구멍이나 다른 미비점을 살펴보아야만 한다. 어떤 잘못된 점이 있다면 그 콘돔은 사용되어서는 안 된다. 또한 콘돔을 씌울 때 손톱에 긁히거나 찢어지지 않도록 조심해야 하고, 질이나 항문에서 성기를 뺄 때 벗겨지거나 찢어지지 않도록 콘돔의 끝 부분을 꼭 잡고 있는 것이 좋다. 살정용 거품제, 젤리, 크림과 함께 사용하면 피임효과를 높일 수 있는데, 특히 살정제는 HIV 퇴치에도 효과가 있다. 올바르게 사용된다면 콘돔은 HIV와 다른 성병을 퍼뜨릴 가능성을 크게 줄여 주지만, 그렇다고 해서 이러한 위험을 0이 되게 하는 것은 아니다.

AIDS의 확산을 막거나 치료할 어떤 의학적 절차도 없는 상태에서, AIDS에 걸리게 할 위험이 있는 성행동 유형을 파악하여 이를 바꾸는 것이 현재로서는 최선의 방지책이다. 그리고 그런 행동변화를 목적으로 실시되는 성교육이 실효를 거두려면, AIDS에 걸릴 가능성을 낮추는 안전한 성행동은 무엇인지를 명확하게 기술하고 참여자들이 이러한 성지식을 자신에게 적용할 수 있

도록 장려되어야 한다(Brown, Baranowski, Kulig, Stephenson, & Perry, 1996; Jurich, Adams, & Schulenberg, 1992).

혼외 임신과 낙태

피임기구를 제대로 사용하지 않는 혼전 성교가 증가함에 따라 혼외 임신도 크게 증가하고 있다.

십대 임신 발생률

러시아 연방 국가들을 제외하고, 미국은 현재 산업 국가들 중에서 십대 임신 발생률이 가장 높다(Singh & Darrock, 2000). 미국 사회는 청소년 임신을 가장 복잡하고 심각한 건강 문제들 중 하나로 간주한다.

다행스러운 것은 십대 임신율이 1990년대에서 2000년대 초기에 걸쳐 감소되었다는 것이다. 물론 미국 십대 임신율이 1990년대 동안, 그리고 2000년대 초기에 떨어지긴 했지만 매년 성적으로 활발한 15~19세 소녀 5명 중 1명이 임신한다. 1990년대에 일어났던 청소년 임신의 저하는 인종/민족성에 따라 차이가 있었다. 임신율은 백인과 흑인 청소년들에서 가장 주목할 만하게 감소하였고(각각 26%와 23%), 히스패닉계 청소년에게서는 감소율이 그렇게 크지 않았다. 여전히 흑인 소녀들이 백인 소녀들보다 3배 정도 더 임신을 하고, 히스패닉계 소녀들보다는 1.5배가량 더 많이 임신한다(Ventura, Mosher, Curtin, Abma, & Henshaw, 2001).

미국의 청소년 출산율은 다른 많은 나라들보다 훨씬

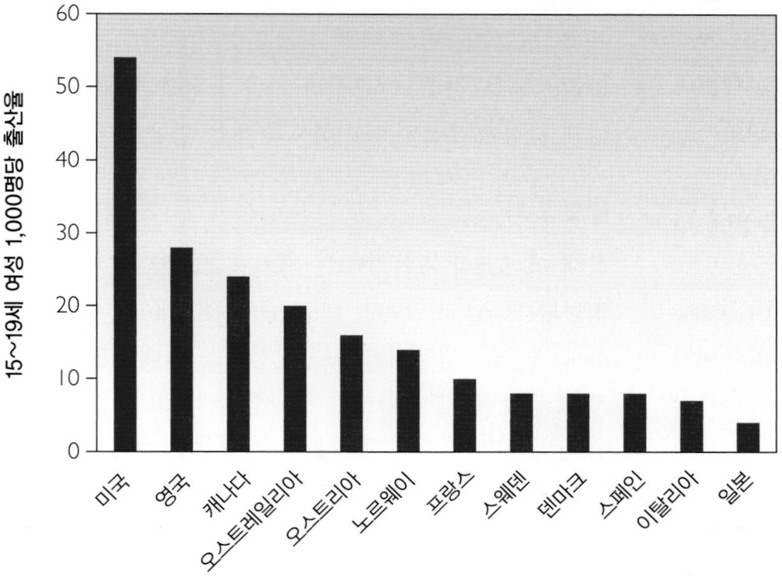

그림 7.3
일부 국가들의 청소년 출산율
출처 : Singh & Darroch(2000).

높다(그림 7.3). 미국 십대들에 의한 출산의 거의 80% 는 계획되지 않은 것이다(Henshaw, 1999). 십대 출산율에서의 감소는 십대 어머니들이 두 번째로 임신하는 비율이 20%로 떨어진 데 기인한다(Blake et al., 2006). 출산율은 히스패닉계 미국 청소년에게서 가장 높다 (Ryan, Franzetta, & Manlove, 2005).

원인

다른 서구 선진국들에 비해 미국의 청소년들이 훨씬 더 임신을 많이 하는 이유는 무엇일까? Darroch와 그 동료들(2001)은 미국의 상황을 다른 4개의 선진국들과 비교하여 다음과 같은 결론을 도출하였다.

1. 미국 십대들이 유럽의 십대들과 비교해서 성적으로 더 활발하지는 않다. 따라서 임신율에서의 차이는 성관계를 더 많이 하는 것 때문이 아니다.

2. 미국 청소년들은 다른 나라의 청소년들보다 피임법을 덜 사용하는 경향이 있다. 피임법을 사용할 때에도 그들은 경구용 피임약과 오래 효과가 지속되는 호르몬 요법들(주사, 임플란트)처럼 임신을 가장 신뢰성 높게 예방할 수 있는 방법들을 덜 사용한다. 유럽의 십대들은 임신과 성병 모두의 위험을 감소시키기 위해 콘돔과 호르몬 요법을 동시에 사용하여 '이중으로' 예방한다.

3. 빈곤율은 많은 선진국들에 비해 미국에서 더 높다. 연구된 모든 국가에서 빈곤은 높은 임신율과 연합이 되어 있었다는 점에서 유의미한 발견이다.

4. 미국 정부는 다른 서구 사회에 비해 중산층 시민들에게 더 적은 건강관리 서비스를 제공한다. 따라서 미국 십대들은 무료 또는 싼 가격의 처방된 피임법들을 덜 접하게 되므로 피임법을 덜 사용하게 되고 더 많이 임신하게 된다.

5. 미국의 1차 진료 의사들은 다른 나라의 1차 진료 의사들보다 피임에 덜 신경 쓴다. 종종 미국의 여자 청소년들은 피임약을 처방받기 위해 산부인과나 독립된 클리닉에 가야 한다.

6. 다른 나라들의 젊은이들은 청소년기에서 성인기로 전환할 때 외부의 지원을 더 많이 받는다. 예를 들어 그들은 직업 훈련을 더 많이 받고 직업을 찾을 때에도 도움을 받는다. 그러한 도움은 가난을 줄이고, 이는 다시 십대 임신율을 감소시킨다.

7. 다른 나라들에서 육아 휴가 정책은 출산을 연기하게 만드는 좋은 이유가 된다. 예를 들어 육아 휴가 중 받는 임금은 정상 임금에 비례한다. 더 높은 임금의 60%를 가지고 사는 것이 더 낮은 임금의 60%를 가지고 사는 것보다 훨씬 쉽기 때문에 많은 커플들이 아이 갖는 것을 미룬다. 출산을 미루는 진짜 경제적인 이유가 있는 것이다.

8. 청소년의 성행동에 대한 태도는 많은 유럽 국가들에서 더 허용적이다. 성적으로 적극적인 것에 대한 수치심이 적으므로, 청소년들은 거리낌없이 그들이 성관계를 가지려고 하며 따라서 피임기구가 필요함을 스스로 인정한다.

9. 미국 사회는 다른 나라들보다 청소년 출산에 더 관용적이다.

10. 많은 미국 학교들이 채택한 '절제-유일(abstinence-only)' 성교육과는 반대로, 다른 나라들에서는 총체적인 성교육이 선호된다(성교육은 이 장의 뒷부분에서 논의된다).

따라서 미국에서의 십대 임신율을 감소시키기 위해 많은 것들이 행해질 수 있음은 분명하다.

임신 해결 결정

청소년 임신에 대한 네 가지 가능한 결과들은 다음과 같다 : (1) 청소년은 아이를 낳고 키우기로 결정할 수 있다. (2) 청소년은 낙태를 선택할 수 있다. (3) 청소년은 유산을 할지 모른다. 그리고 (4) 청소년은 아이를 낳고 입양을 보내기로 결정할 수 있다. 아래에 이러한 선택들이 가장 흔한 것부터 가장 흔하지 않은 것의 순서로 배열되어 있다.

낙태

십대들이 미국 내에서 행해지는 낙태의 약 20%를 점유한다(Jones, Darroch, & Henshaw, 2002). 기대할 수 있듯이, 청소년 낙태율은 1990년대 청소년 임신율이 떨어지는 것과 함께 감소하였다. 그러나 임신율보다 낙태율이 훨씬 더 많이 감소하였다. 이러한 감소는 부분적으로는 임신한 청소년들 중 더 적은 수가 낙태를 하기로 결정한다는 사실 때문이지만, 더 직접적인 원인은 응급 피임기구를 훨씬 더 쉽게 사용할 수 있게 되었다는 점 때문이다(Jones, Darroch, & Henshaw, 2002).

어떤 청소년들이 낙태를 선택할까? 낙태의 가장 강력한 예측 요인은 소득 수준이다. 즉 청소년의 사회경제적 지위가 높을수록 출산보다는 낙태를 더 선택할 것이다(Murry, 1995). 낙태를 하는 미성년자들 대부분은 적

어도 한 부모는 이를 아는 상태에서 그렇게 한다. 부모들의 대다수는 딸의 낙태 결정을 지지한다(Henshaw & Kost, 1992). 사실, 대부분의 미국 주정부는 미성년자의 낙태 결정에 부모가 관여하도록 하는 법을 통과시켰다.

부모 되기

십대 엄마들의 거의 95%는 아기를 스스로 키우기로 결정한다(Hanson, 1992; Namerow, Kalmuss, & Cushman, 1993). 입양시키기로 결정하는 십대들은 일반적으로 그들의 결정에 매우 편안함을 느낀다. 출산 수개월 후 사회인구학적 결과들을 측정했을 때, 그들은 아이를 곁에 두고 키우는 부모들보다 확실히 더 잘해 나가고 있다.

한 연구는 아기를 입양 보내기로 결정한 임신한 청소년들과 아기를 키우기를 원하는 임신한 청소년들 간에 대처양식과 심리사회적 적응을 비교하였다(Stern & Alvarez, 1992). 아이를 입양 보내기로 결정했던 청소년들은 아이를 직접 키우기로 결정한 청소년들에 비해 전반적으로 더 높은 수준의 자아상을 지니고 있었다. 다른 연구에 따르면, 아기를 직접 키우기로 선택한 청소년들은 입양이나 낙태를 선택한 청소년들에 비해 임신 전에 더 많이 임상적으로 우울하였고(Miller-Johnson et al., 1999), 더 낮은 자아존중감을 가지고 있었다(Plotnick & Butler, 1991). 만약 청소년이 부모, 교사, 상담자로부터 지원을 받지 못한다면 적응은 훨씬 더 어렵다(Caldwell & Antonucci, 1996; Gruskin, 1994).

최근의 문헌 연구에 따르면 십대 엄마들은 다른 청소년들에 비해 더 가난하고, 그들 부모와의 관계가 더 좋지 않고, 아동 학대를 경험한 적이 있고, 그들의 부모가 약물 남용자일 가능성이 더 많고, 부모가 그들의 행동을 모니터링하지 못했을 가능성이 더 크다. 이러한 젊은 여성들은 좋지 않은 사회성 기술을 지닌 추종자들인 경향이 있다. 그들은 어리석게도 아이를 갖는 것이 아이 아버지와의 관계를 향상시킬 것이라고 믿는다. 또한 그들은 부모가 되는 것이 얼마나 어렵고 힘든 일인지를 깨닫지 못하고 아기가 그들에게 줄 사랑만을 바란다. 이러한 젊은이들은 자신의 성(sexuality)에 불편함을 느끼고 따라서 파트너와 피임에 대해 논의하는 것을 꺼린

다(Garrett & Tidwell, 1999).

청소년 엄마

여자 청소년들이 엄마가 되기를 원하는 이유는 무엇일까? 한 가지 이유는 사랑할 누군가를 갖는 것이다. 어떤 젊은 엄마는 이렇게 말했다 : "나는 이 아기를 원했어요. 이 아이는 결코 사고가 아니에요. 돌볼 누군가를 갖고 싶어서 난 항상 아기를 원했어요. 난 이제 내가 한 번도 받아 보지 못했던 사랑을 아기에게 모두 줄 수 있어요." 다른 동기는 어린 엄마가 그녀의 아기를 통해 자기 자신을 실현하고 싶은 욕구이며, 또 다른 동기는 아기 아빠와의 관계를 굳히려는 것이다. 그럼에도 불구하고, 엄마가 된다는 현실은 이 젊은 여성들이 기대하는 그런 것이 결코 아니다. 아기들은 되돌려 주는 것 없이 항상 요구를 해대고, 청소년 부모들은 결코 행복하게 살지 못한다.

대부분의 경우 어린 십대 소녀가 어머니 노릇을 한다는 것은 비극이다(Zachry, 2005). 아기를 키우기로 결정한 독신 엄마는 학업 중단과 반복되는 임신(Kuziel-Perri & Snarey, 1991), 안정된 가정생활 확립 실패, 지원을 받기 위해 타인에게 의존(Hanson, 1992)하는 것과 같은 악순환에 빠지기가 쉽다. 결혼을 한다면, 결혼한 채로 남아 있을 가능성은 단지 1/5 정도이다. 요즘 대부분의 십대 엄마들이 고등학교를 마치기는 하지만, 그들이 대학을 간다는 것은 쉬운 일이 아니다. 전국 청소년 종단 연구(National Longitudinal Survey of Youth)는 어린 나이에 출산하는 것이 젊은 여성의 교육적 성취를 저하시킴을 보고하였다. 20세 이전의 출산은 유의하게 학업 기간을 단축시키며, 보통 거의 3년 정도 단축된다(Klepinger, Lundberg, & Plotnick, 1995). 결국, 십대 엄마들은 스스로와 그들의 가족을 지원할 만큼 좋은 직업을 갖는 것이 어렵고 수년간 공공 보조금에 의존하게 된다(Ahn, 1994; Blau & Gulotta, 1993; Klaw & Saunders, 1994).

청소년 출산은 큰 대가를 치러야 하고, 3세대에 걸친 가족 구성원들이 그 대가를 함께 치르게 된다. 첫째, 어린 엄마들은 학업을 중단하거나 연기하고, 그들의 발달 경로에서 급격한 변화를 겪으며, 경제활동의 기회를 잃어버리는 등 직접적인 피해를 입는다. 많은 어린 아빠들 역시 어린 나이에 부양해야 할 가족이 생기므로 부정적인 영향을 받는다. 둘째, 이러한 어린 부모의 부모들 또한 영향을 받는다. 처음엔 큰 실망과 충격을 받으며, 자신의 인생 설계가 무너진 것을 바라봐야 하고, 그들의 자녀가 아닌 아이들을 위해 양육 책임의 큰 몫을 공유해야 하며, 다른 추가적인 부담 또한 지게 된다(Cross & Aday, 2006). 셋째, 청소년 엄마에게 태어나는 아동 또한 대가를 치러야 한다. 즉 한부모 가정이라 빈곤한 생활을 할 수도 있고, 빈약한 교육적 기회를 갖게 될 수도 있고, 전반적으로 발달이 더딜 수도 있고, 그들 자신이 또 다시 청소년 부모가 될 가능성이 높다는 것이다(Pogarsky, Thornberry, & Lizotte, 2006). 대부분의 청소년들은 어떻게 해야 좋은 부모가 되는지를 모르며, 이는 아동의 발달에 해가 될 수 있다.

최근 들어 새로운 입장이 지지를 받고 있다 : 십대 엄마들이 다른 십대 소녀들과 비교해서 그 결과가 좋지 않다는 것이 사실이기는 해도, 어머니가 된 것이 나쁜 결과들의 원인은 아니라는 것이다. 대신, 이러한 소녀들은 처음 시작부터 평균보다 더 좋지 않았다는 것이 이 이론이 주장하는 바이다. 어머니가 된 것은 그들이 겪은 어려움의 증상이지, 그들이 지닌 문제들의 원인이 아니다(예 : Oxford, Gilchrist, Gillmore, & Lohr, 2006). 그들은 약물도 더 사용하고, 학대를 받은 적도 더 많으며, 비행을 저지른 경우도 더 많다. 이 이론은 이러한 젊은 여성들은 자신이 아이를 키우려고 하든 아니든 문제를 가질 수 있다고 말한다. 예를 들어 한 연구자는 최근에 자신이 연구했던 십대 미혼모들이 돌봐야 할 아이가 생긴 후로 자신의 교육에 더 많이 관심을 갖게 되었다고 주장하였다(Zachry, 2005). 그러나 이러한 청소년들이 엄마가 되기 전에 많은 문제들에 대처하고 있다고는 해도, 엄마가 되는 것은 여전히 대부분의 사람들에게 또 다른 스트레스이다.

청소년 아빠

대부분의 청소년 엄마들은 자신보다 2~3세 나이 많은 남자 청소년들과 성관계를 갖고 임신을 하게 되므로(Coley & Chase-Lansdale, 1998), 십대 엄마들뿐 아니라 상당한 수의 십대 아빠들도 있게 된다. 이러한 청소년들은 누구인가? 그들은 자신의 아이, 그리고 아이의 엄마와 어떤 관계를 가지는가?

여러 측면에서, 아빠가 된 남자 청소년들은 엄마가 된 여자 청소년들과 인구학적으로 비슷하다. 그들은 흔히 더 가난하며, 저소득층 지역에서 살고, 학교에서 성적이 좋지 못하다. 그들은 종종 학교 중퇴자들이고 심각한 비행에 관여한다(Fagot, Pears, Capaldi, Crosby, & Leve, 1998; Stouthamer-Loeber & Wei, 1998).

대부분의 십대 아빠들은 자신의 아이와 아이 엄마와 만나고 지원을 제공하기를 원한다고 말한다. 그러나 그러한 만남은 아이의 출생 후에 점차 줄어드는 것이 현실이다. 예를 들어 한 연구(Larson, Hussey, Gilmore, & Gilchrist, 1996)는 십대 아빠들의 40% 미만이 아이가 한 살이 되었을 때 자신의 아이와 아이의 엄마와 함께 살고 있는 것으로 보고하였다. 아이가 태어난 이래로 한 가족으로서 계속해서 함께 살아가는 경우는 약 1/4 정도이다.

왜 그들의 관여가 이렇게 낮은 것일까? 십대 엄마와 아빠들은 이 문제에 대해 다소 다른 생각을 가지고 있다. 청소년 아빠들은 그들이 참여하는 데 가장 큰 장벽이 엄마의 거부라고 말한다. 반면 청소년 엄마들은 아빠의 무관심이 가장 큰 원인이라고 말한다. 두 가지 견해 모두 옳을 수 있다 : 아빠들은 경제적 지원을 해 주지 못하는데 대한 엄마들의 좌절과 분노를 자신의 존재를 원치 않는 것으로 더 일반화하여 지각한다. 엄마들은 더 많은 돈을 주지 못하는 것에 대한 아빠들의 창피함과 아이들을 다룰 때 보이는 불편함을 이러한 관계에 관여하고 싶어하지 않는 것으로 해석할 수 있다(Rhein et al., 1997). 또한 두 부모 모두 아빠의 약물 사용을 그들의 관여가 낮은 이유로서 흔히 거론한다.

십대 아빠들은 보통 가난하고, 이는 자녀에게 재정적 지원을 제공하는 것을 불가능하게 한다. 보통, 청소년 아빠들은 이웃의 다른 청소년들보다 학교를 더 일찍 그만두고, 소득 수준이 낮으며, 1년에 일하는 날도 더 적다(Nock, 1998). 또한 청소년 아빠들은 종종 임신 전에 시작된 문제들이 있다. 다른 남자 청소년들과 비교해 볼 때, 십대 아빠들은 비행 청소년일 가능성이 2배나 더

높고(Stouthamer-Loeber & Wei, 1998), 약물 사용자일 가능성이 3배 이상 높다(Guagliardo, Huang, & D'Angelo, 1999). 불행하게도, 아버지가 되기 전의 반사회적 행동은 좋지 못한 양육 행동의 강력한 예언자이다(Florsheim, Moore, Zollinger, MacDonald, & Sumida, 1999). 십대 아빠들은 종종 본인이 아빠가 없이 자랐다. 그들은 남자 부모모델을 가지고 있었을 수도, 갖지 못했을 수도 있다. 그리고 실제로 혼외 임신의 많은 모델들을 가지고 있었을 것이다(Leadbetter, 1994; Leadbetter, Way, & Raben, 1994). 많은 청소년 아빠들은 학교를 중도 탈락하면서 문제를 복잡하게 만든다(Resnick, Wattenberg, & Brewer, 1992).

이러한 점들로 봤을 때, 전문가들은 십대 아빠들을 돕기 위한 시도를 늘릴 필요가 있다. 더 이상 우리 사회는 십대 아빠들에게 너무 일찍 부모가 되어 버린 위기를 성공적으로 다룰 수 있도록 지식과 지도를 제공하지 않으면서, 그들이 책임 있는 부모가 되기를 요구할 수는 없다. 십대 아빠들은 적절한 구제활동들에 잘 반응하며, 그러한 노력들이 십대 아빠들이 그들의 삶을 향상시키도록 돕고 사회와 그 아이들의 복지에 긍정적으로 기여한다는 증거들이 있다(Kiselica & Sturmer, 1993).

동성애

동성애(homosexuality)란 생물학적 성이 같은 사람에게 성적 흥미를 느끼는 성적 지향을 말한다. Alfred Kinsey는 다른 정도의 이성애(heterosexuality, 반대의 성인 사람에 대한 성적 지향)와 동성애가 존재한다고 강조한 최초의 사회과학자 중 한 사람이었다. 그림 7.4는 Kinsey가 주장한 연속선상의 일곱 가지 성행동을 보여준다. 그는 많은 사람들에게 이성애와 동성애가 혼합되어 있으며, 어느 정도는 양성애(bisexual)적임을 발견했다. 예를 들어 이들 중 어떤 사람들은 그들의 배우자와 자녀들과 전형적인 이성애적 삶을 살면서, 한편으로는 동성애적인 성(sex)을 즐기기도 한다.

동성애자들은 이성애자들과 신체적 외관, 성역할, 혹은 성격에서 다르지 않다. 동성애 남자들 중에도 외모

와 행동에서 남성적인 사람이 많고, 어떤 이들은 뛰어난 운동선수이기도 하다. 많은 레즈비언들은 외모와 행동에서 여성적이다. 어떤 사람들은 사회와 가정에서 고정관념적인 이성애적 성역할을 취할 수도 있고, 어떤 사람들은 반대 성의 신체적, 성격적 특징을 나타내며 반대 성의 성역할을 수행하기도 한다.

얼마나 많은 사람들이 전적으로 동성애적일까? 많은 연구자들이 다소 다른 수치를 제공하지만(부분적으로는 그들이 동성애의 서로 다른 정의를 사용하기 때문에), 대개의 수치는 성인 남성의 2~5%, 성인 여성의 1~2%에 해당한다(예 : Laumann, Gagnon, Michael, & Michaels, 1994). 얼마나 많은 청소년들이 동성애적일까? 대다수의 게이들이 생의 초기에 그들의 동성애적 지향을 알게 되며(Bailey & Zucker, 1995), 청소년과 성인 남성들이 동성애자인 비율은 비슷하다. 레즈비언들이 청소년기 동안 자신의 동성애 성향을 알게 되는 것은 흔하지 않으며, 더 적은 수의 여자 청소년들만이 그들이 동성애자임을 알고 있다(Diamond & Savin-Williams, 2000).

동성애가 미국 문화의 일부 사람들에 의해서 일탈적인 것으로 간주되지만, 다른 문화들에서는 그렇지 않다. 미국 정신의학회(American Psychiatric Association, APA)는 동성애를 정신적 장애로 간주하지 않는다. APA의 정의에 따르면 '정신병적 장애로 간주되는 정신 상태'란 다음과 같은 경우이다. "그것은 규칙적으로 정서적 고통을 일으켜야 하고, 사회적 기능의 일반적인 손상과 관계가 있어야 한다. 동성애는 이러한 기준에 부합하지 않는다"(McCary & McCary, 1982, p. 457).

원인

동성애를 일으킨 원인이 무엇인가라는 질문은 이성애를 일으킨 원인은 무엇인가라는 질문과 크게 다르지 않다. 답은 생물학적, 개인적, 사회적 요인들의 상호작용이다. 성적 지향성에 대한 단일 결정 요인은 없다. 또한 여성들의 성적 지향은 남성들의 성적 지향과는 다르게 원인들이 조합됨에 따라 결정될 것이다(Baumeister, 2000).

생물학적 이론

어떤 사람의 생물학적 특징은 세 가지 방식 중 하나로 성적 지향성에 영향을 미칠 수 있다. (1) 유전자의 차이, (2) 태아기에 비전형적 농도의 성호르몬에 노출, 그리고 (3) 뇌 구조의 차이다. 이러한 세 가지 방식은 서로 관련이 없거나 상호 배타적인 것이 아니다. 예를 들어 유전자의 특정 패턴이 존재하는 것이 뇌의 성장에 영향을 미치거나 또는 태아기 호르몬 수준에 반응하는 것에 영향을 줄 수 있다. 마찬가지로, 태아기 호르몬들은 뇌의 발달에 영향을 줄 수 있다.

대부분의 연구자들은 성적 지향성이 적어도 어떤 사람들에게서는 부분적으로 유전적 현상이라는 데 동의한다(Rahman, Glenn, & Wilson, 2003 참조). 예를 들어 한 연구에서는 동성애 쌍둥이를 가진 사람들의 성적 지향성이 검토되었다. 연구자들은 어떤 사람이 게이인 일란성 쌍둥이를 갖고 있다면, 그 사람 역시 게이일 확률

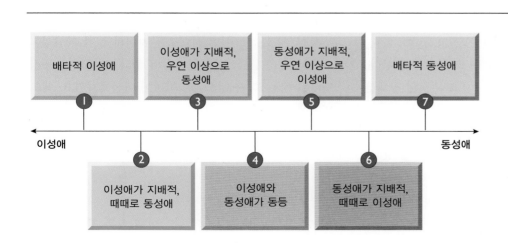

그림 7.4
Kinsey의 이성애-동성애 연속선
출처 : Kinsey(1948).

은 약 2/3임을 밝혀냈다. 그러나 그 사람이 게이인 이란 성 쌍둥이를 갖고 있을 경우, 자신이 게이가 될 가능성은 1/3 미만이었다. 같은 난자에서 발생했던 일란성 쌍둥이들은 이란성 쌍둥이들보다 유전적으로 더 비슷하였는데, 이란성 쌍둥이들은 나이가 다른 형제들보다 더 가깝게 연결되어 있지 않았다. 일란성 쌍둥이 쌍이 이란성 쌍둥이 쌍들보다 비슷한 성적 지향성을 공유할 가능성이 더 크다는 사실은 이 현상에 유전적 요소가 있음을 말해 준다. 그러나 연구의 모든 일란성 쌍둥이들이 동성애 성향을 가지고 있지는 않았으므로, 환경적 요소 또한 부분적으로는 관련된다(Whitman, Diamond, & Martin, 1993).

다른 가능성은 태아기의 호르몬 수준이 성적 지향성에 영향을 미친다는 것이다(Meyer-Bahlburg et al., 1995). 증가된 그리고 저하된 테스토스테론 수준은 인간 태아의 뇌 발달에 영향을 줄 수 있다(Reiner, 1997). 특히 증가된 태아기 테스토스테론 수준은 발달 중인 시상하부(성욕과 가장 관련된 뇌 부위)가 안드로겐에 민감한 전문화된 수용기 세포(receptor cell)들을 만들어 내도록 한다(Fernandez-Guasti, Kruijver, Fodor, & Swaab, 2000).

이는 뇌의 해부학적 구조가 성적 지향성의 차이를 가져오는가에 대한 논의로 이끈다. 이 분야에서 가장 잘 알려진 연구는 Simon LeVay(1991)에 의해 행해졌는데, 그는 동성애자 남성과 여성에 비해 이성애자 남성의 경우에 시상하부의 신경섬유 다발이 3배나 큰 것을 발견하였다. 그러나 그의 연구는 불완전하다. 그는 매우 적은 수의 시상하부 샘플을 가지고 있었고, 그중 많은 시상하부가 AIDS로 사망했던 사람들의 뇌로부터 수집된 것이었다. 그러므로 LeVay의 발견은 결정적이지 않다. 다른 연구자들이 비슷한 유형의 연구를 계속해 왔다. 예를 들어 연구들은 시상하부의 어떤 부분들은 실제로 동성애자의 경우 더 크다는 것을 보여 주었다. Swaab과 Hofman(1995)은 성행동에 관여하는 부분인 supra-chiasmic nucleus(SCN)가 동성애자의 경우 더 크고 길쭉함을 발견했다. 이 모양은 여성에서 더 특징적이다. Scamvougeas 등(1994)은 뇌량(좌반구와 우반구를 연결하는 신경섬유 다발)의 한 부분이 이성애자인 남성들과

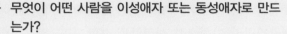

알고 싶은 것

▶ **무엇이 어떤 사람을 이성애자 또는 동성애자로 만드는가?**

성적 지향성은 복잡한 현상이며, 많은 요소들이 함께 작용하여 한 개인이 이성애자인지 동성애자인지를 결정하게 된다. 더욱이 어떤 사람의 성적 지향성을 결정짓는 것으로 보이는 요인은 또 다른 사람에게는 중요한 요인이 아닐 수 있다. 대부분의 전문가들은 생물학적 요소, 개인의 경험, 그리고 사회적 가치의 조합이 성적 지향성을 결정하는 데 기여한다는 것에 동의한다.

비교해서 동성애자인 남성들에서 더 크며, 또한 남성들보다는 여성들에게서 더 크다는 것을 발견하였다.

정신분석이론

전통적으로, 정신분석이론가들은 동성애가 가족 내 부모-자녀 관계의 문제로 인해 생겨난다고 생각했다. 즉 문제가 많은 부모-자녀 관계 때문에 동성 부모와의 동일시에 문제가 생긴다는 것이다. 그러나 미국의 여러 다른 지역에 사는 322명의 동성애 남녀를 대상으로 한 연구에 따르면, 그들 중 2/3가 아버지와의 관계가 극히 만족스럽거나 만족스럽다고 지각했다. 그들 중 3/4은 어머니와의 관계가 극히 만족스럽거나 또는 만족스럽다고 지각하였다(Robinson, Skeen, Flake-Hobson, & Herman, 1982). 불과 4%만이 어머니에 의해 전혀 혹은 거의 사랑받지 못했다고 느꼈고, 11%는 아버지에 의해 사랑받지 못했다고 느꼈다.

사실, 부모들이 어떤 식으로든 자녀의 성적 지향성에 크게 영향을 준다는 증거는 거의 없다. 아버지가 동성애자일 경우 그 아들의 90% 이상이 이성애자였고, 레즈비언에 의해 키워진 여성들의 90% 이상도 이성애자였다(Bailey, Bobrow, Wolfe, & Mikach, 1995; Golombok & Tasker, 1996).

사회학습이론

행동주의자들은 동성애는 단순히 학습의 결과라고 주

장한다. 행동주의 이론에 따르면, 초기의 성적 사고, 감정, 행동에 대한 강화 또는 처벌을 통한 심리적 조건 형성이 성적 선호도(sexual preference)에 영향을 미친다. 그러므로 어떤 사람이 불쾌한 이성애의 경험과 보상적인 동성애 경험을 가진다면 동성애 쪽으로 기울 것이다. 강간을 당했거나 혹은 이성애적 성교의 첫 시도가 상당히 고통스러웠던 소녀는 동성애자가 될 수도 있다.

한 연구에서 686명의 동성애 남자, 293명의 동성애 여자, 337명의 이성애 남자, 140명의 이성애 여자들을 3~5시간에 걸쳐 집중 인터뷰했다(Bell, Weinberg, & Hammersmith, 1981). 연구자들은 동성애의 원인을 밝혀낼 자료를 얻고자 했다. 그들은 수집된 자료를 경로분석(path analysis)이라는 통계적 기법을 사용하여 분석했다. 연구자들은 동성애인 참여자들에 공통되는 특징들을 발견할 수 없었다. 어떤 이들은 부정적인 이성애적 경험을 했지만, 많은 사람들은 그렇지 않았다. 어떤 이들은 부모와의 관계가 좋았지만, 많은 사람들은 그렇지 못했다. 어떤 동성애자들은 자신의 동성애 성향을 인식할 수 있도록 촉진한 긍정적인 동성애 경험을 했지만, 다른 사람들은 동성과의 접촉 훨씬 이전에 자신이 동성애자임을 알았다. 일관된 환경적 요인들이 없음은 이 연구자들이 동성애가 생물학적 원인에 의한 것임이 틀림없다고 결론 내리게 하였으며, 이는 오늘날 대부분의 연구자들이 지지하는 입장이다(Rahman, Glenn, & Wilson, 2003).

사실, 동성애의 원인은 아직 확실히 알 수 없다. 원인으로 보이는 그럴듯한 요인이 많이 있으나 어떤 한 가지의 요인도 일관된 원인으로 나타나지 않는다. 동성애 유형이 워낙 다양하고, 동질(homogeneous) 집단이 아니므로, 어떤 동성애자에게 작용한 요인이 다른 동성애자에게는 작용하지 않을 것이다(Diamond & Savin-Williams, 2003). 어떤 사람의 동성애 경향은 유년시절부터 시작된 것으로 보인다. 그들은 청소년기 초기까지는 자신이 동성애자임을 알게 된다. 대부분의 경우에 동성애자의 자녀가 자라서 동성애자가 되는 것은 아니기 때문에 모델링(modeling)과 모방만으로는 개인이 동성애자가 되느냐 혹은 이성애자가 되느냐 하는 것을 설명할 수 없다. 대부분의 동성애자는 성적 선호도를 스스로 선택하지 않는다. 사실 많은 동성애자가 그것을 부정하고 그것에 대항해서 수년 동안 자신과 싸운다. 왜냐하면 사회적 비난이 두렵기 때문이다. 모든 가능성을 살펴보건대, 결론적으로 동성애의 원인은 한 가지 요인만으로 설명할 수 없다.

정체성 적응

게이 청소년을 대상으로 한 연구는 '동성애의 표출(coming out)'을 다음의 세 단계로 개념화했다 : 자신의 동성애 성향에 민감해지는 단계(sensitization), 죄책감, 부정, 혼란, 수치심을 느끼는 단계, 그리고 수용의 단계(Newman & Muzzonigro, 1993). 어떤 동성애자들은 자신의 동성애 성향을 의외로 쉽게 받아들인다. 다른 이들은 자기부정의 시기를 겪게 된다. 그런 후에 자신의 동성애 정체성을 받아들이고, 동성인 사람들과 친밀한 우정을 확립하고, 그것 때문에 더 행복해지고 심리적으로 더 잘 적응하게 된다. 가장 불행한 경우는 자신의 성적 지향을 절대로 받아들일 수가 없어서 스스로 고립되어 비밀스러운 생활방식을 택하고, 일시적이고 익명인 성적 만남을 추구하는 동성애자이다. 그들은 보통 다른 동성애자로부터도 고립되어 있고, 외로우며, 불행하다. 그리고 누군가로부터 거부되는 것을 끔찍하게 두려워한다.

어떤 청소년들은 자기 자신이 게이 혹은 레즈비언으로 분류되는 것을 극복하지 못하며, 게이 혹은 레즈비언 공동체에 소속되지도 못한다. 게이와 레즈비언 청소년은 동성애 정체성을 표출하는 것이 가져올 이익과 손해를 따져 보게 되는데, 만일 동성애 표출에 따르는 이득이 손해보다 크다고 느낄 때에는 동성애 정체성의 표현이 촉진된다. 반면에 정체성 표현의 지각된 손실이 지각되는 이득보다 클 때에는 정체성 혼란이나 심리적 부적응 상태에 빠지게 될 것이다(Waldner-Haugrud & Magruder, 1996).

안타깝게도, 많은 게이와 레즈비언 청소년들은 부모에게 자신의 성적 정체성을 밝히는 것을 극히 어려워한다. 그들은 버림받거나 심지어 학대(Cohen & Savin-Williams, 1996)받게 될 것을 두려워하며, 특히 아버지로부터 버림받거나 학대받는 것을 두려워한다(Savin-

어떤 청소년 동성애자들은 기꺼이 자신의 성적 지향성을 받아들인다. 어떤 청소년 동성애자들은 부인의 시기 후에야 그렇게 한다. 어떤 청소년은 여전히 자신의 성적 선호도를 결코 수용할 수가 없다. 게이/레즈비언 공동체에 관여하는 것은 이러한 개인들이 자신의 정체성을 표현하는 것을 격려하고 도울 수 있다.

Williams & Dubé, 1998). 유감스럽게도, 이러한 두려움은 비현실적인 것이 아니다. 약 60~80%의 게이, 레즈비언 십대들이 결국 어머니에게 자신의 성적 정체성을 밝히지만, 단지 50~65%만이 아버지에게 이야기한다. 이야기를 듣게 되는 첫 번째 사람이 부모인 경우는 매우 드물고, 더 흔하게는 동성의 친구가 선택된다(Savin-Williams, 1998).

게이와 레즈비언 청소년들은 또한 부수적인 스트레스들을 경험한다. 그들은 학교에서 괴롭힘과 희생을 경험하게 될 위험이 높고(Williams, Connolly, Peplar, & Graig, 2005), 남성의 경우 AIDS를 갖게 될 위험이 증가한다. 이러한 스트레스들이 가족과 친구에게 거부당하고 비전형적인 정체성을 수용해야 하는 고통과 맞물릴 때, 동성애자인 십대들이 이성애자인 십대들보다 훨씬 더 우울하고 더 많이 자살을 시도하게 된다는 것은 그다지 놀라운 일이 아니다(Hershberger, Pilkington, & D'Augelli, 1997).

성 지식과 성교육

청소년의 임신, AIDS와 다른 성병 감염이 계속해서 증가함에 따라, 청소년에게 적절한 성교육을 제공하는 것은 훨씬 더 중요해졌다. 청소년들은 성에 관한 정보를 어디에서 얻을까?

성 정보의 출처

9~73세 남녀 700명을 대상으로 행해진 연구의 일부로서 성 정보의 출처가 조사되었다. 응답자의 약 1/4가량이 정보의 주요 출처가 형제자매라고 답했고, 약 20%는 교사라고 답했다. 약 12%의 응답자는 주요 출처가 부모라고 답했으며 약 5%는 친척이었다. 그리고 약 1/3가량의 응답자는 그 외의 출처에서 성 정보를 얻는다고 답했다(예 : 친구, 대중매체, 서적, 그 외 갖가지 출처들)(Ansuini, Fiddler-Woite, & Woite, 1996). 13~15세 학생들을 대상으로 한 비슷한 또 다른 연구에서는 성에 대해 누구로부터 배웠는지가 검토되었다. 가장 흔한 두 가지 반응은 TV와 잡지 같은 '미디어'(61%)와 '친구'(60%)였다. 교사들은 부모보다 더 중요한 출처였다(각각 45%와 40%). 종교기관은 중요성이 적었다(13%)(Shibley-Hyde & DeLamater, 2000). 의사들은 많은 청소년들에 의해 성에 대한 정보의 출처로서 언급되지 않았다.

부모의 역할

어떤 사람들은 성교육의 적절한 장소는 청소년의 가정이라고 믿는다. 안타깝게도, 많은 부모들은 자녀들과 성에 대해 말하지 않는다(Raffaelli, Bogenschneider, & Flood, 1998). 그들이 성에 대해 말할 때, 대화는 월경과 같은 사춘기와 결합된 신체적 변화와 임신이나 성병과 같은 객관적인 주제들에 제한된다(Baumeister, Flores, & Marin, 1995). 대부분의 청소년들이 듣고 싶어 하는 주제들—자위 행위, 몽정, 피임기구들을 사용하는 법, 그리고 오르가슴—은 거의 언급되지 않는다(Rosenthal & Feldman, 1999).

어머니들은 아버지들에 비해서 성에 대해 자녀와 훨씬 더 많이 논의하며(DeIorio, Kelley, & Hockenberry-Eaton, 1999), 어머니들은 성에 대해 아들보다는 딸과 더 많은 시간을 이야기한다(Noller & Callin, 1990). 청소년들은 어머니와 성에 대해 논의하는 것에 대해 더 기분 좋게 느끼는데, 이는 어머니들이 더 개방적이고, 십대들을 편안하게 만들기 위해 노력하고, 질문을 장려하며, 성적 문제들을 다른 건강 문제들과 마찬가지로 다루기 때문에 그러하다(Feldman & Rosenthal, 2000). 이는 십대와 성에 대해 의미 있는 대화를 하는 사람들 모두에게 공통된 특징이다.

대부분의 연구에 따르면, 부모는 가치와 태도를 전달하는 중요한 출처이고, 특히 본보기에 의해서 청소년의 태도와 행동에 영향을 준다. 그러나 공식적인 성교육 제공에 관한 한 많은 부모가 자격 미달이다. 여기에는 많은 원인이 있다.

1. 어떤 부모는 너무 당혹감을 느끼기 때문에 주제를 제대로 논의하지 못하거나, 또는 주제를 부정적인 방식으로 다룬다. 많은 부모가 모든 성은 나쁘고 불결한 것이라는 식의 교육을 받았기 때문에 성적인 주제가 언급될 때마다 몹시 불편해한다. 만약 그런 부모가 성에 대해 논한다고 하면, 그들이 자녀에게 전하는 메시지는 부정적인 것이 될 것이고, 이것은 성적 만족감을 방해한다. 몇몇 청소년들 역시 자신의 부모에게 말하는 것에 대해 당혹감을 느끼기 때문에 부모와 성적 주제를 논의하려 하지 않는다.

2. 어떤 부모는 자신과 자녀 사이의 근친상간의 장애물을 극복하는 데 어려움을 느낀다. 부모-자녀 간의 성행동에 대한 금기가 아주 강하기 때문에 이러한 관

계에서는 성에 관한 어떤 언어적 표현도 거의 상징적인 근친상간이 된다. 어린 자녀와 성 관련 의사소통이 어느 정도 있던 가정에서조차도 아동이 청소년이 되어 감에 따라 이러한 의사소통이 사라진다는 것이 발견되었다.

3. 어떤 부모는 성지식이 별로 없어서 자녀에게 성을 어떻게 설명해야 할지 모른다. 한 연구에서, 90명의 청소년과 73명의 어머니에게 성 발달과 관련된 7개의 용어를 자신의 언어로 정의해 보도록 요청했으며, 그 용어는 사정, 호르몬, 월경, 성교, 사춘기, 정액, 몽정이었다. 결과는, 어머니들이 성 발달 용어를 적절하게 정의하지 못했고, 어머니들이 성에 관해 자녀를 가르치거나 학교에서 배운 정보를 강화해 줄 준비가 되어 있지 않다는 것이었다(Hockenberry-Eaton, Richman, Dilorio, Rivero, & Maibach, 1996). 어떤 엄마가 말했다. "나 자신도 월경을 이해할 수가 없는데 어떻게 딸에게 설명할 수가 있겠어요?"

4. 어떤 부모는 성지식이 자녀로 하여금 성적 실험을 하게 만들까 봐 두려워한다. 그들은 자신의 자녀가 순진무구하길 바라기 때문에 자녀에게 말하지 않는다. "그들을 순진한 채로 내버려둬라. 그러면 말썽을 일으키지 않을 것이다."라는 오래된 논쟁은 대단히 잘못된 생각이다. 지식이 없는 젊은이들이 말썽을 일으킬 가능성이 더 높다. 성지식 그 자체가 성적 실험에 이르게 한다는 증거는 없다. 그러나 무지가 곤경에 이르게 한다는 증거는 많다.

5. 어떤 부모는 너무 적게, 너무 늦게 말한다. 대부분의 부모는 생식에 관한 기본적 사실들을 설명해야 하는 시기가 사춘기 이전임을 알게 될 때 충격을 받는다. 대부분의 아동은 7~9세 사이에 수정(fertilization)에 대해 알아야 하고 그것이 인간에게 어떻게 일어나는지에 대해 알아야 한다. 어떤 아동에게는 이 시기도 너무 늦다. 그들은 단순하고 정직한 설명을 필요로 하는 취학 전 시기에 질문을 하기 시작한다. "나이가 들 때까지 더 기다려." 라고 말하는 부모는 너무 적게, 너무 늦게 말하는 위험 속에 있는 것이다. 월경에 대해 설명해야 하

는 시기는 소녀가 월경을 시작하기 전이지 후가
아니다. 한 소년이 말했듯이 "어린 시절에 내가 부
모님에게 성에 관해 물을 때마다 부모님이 답했던
방식은 똑같았다 : '클 때까지 기다려!' 내가 열여
덟 살이 되어서 무언가를 물었을 때, 부모님은 이
렇게 대답했다 : '맙소사, 넌 열여덟 살이야. 그쯤
은 알아야지!'"

6. 어떤 부모는 가정에서 부정적인 모델을 제공한다. 중요
한 것은 부모가 어떤 말을 하는가가 아니라, 어떤
생활을 하고 어떤 모범을 보여 주는가이다. 어떤
청소년이 말했다. "우리 부모님은 단 한 번도 내게
직접적으로 삶의 진실들에 관해서 이야기를 한 적
이 없다. … 그러나 그들은 많은 것을 간접적으로
내게 말해 주었다. 즉 그들은 성이란 불결하고 수
치스럽거나 혹은 당혹스러운 어떤 것이라고 내가
느끼게 만들었다."

물론 어떤 부모들은 다른 부모들에 비해 성에 대해
자녀들에게 더 많이 이야기한다. 정치적으로 보수적이
고 종교적인 부모들은 진보적이고 비종교적인 부모들
보다 성의 부정적 결과들에 대해 자녀들과 더 많이 논
의한다. 비종교적인 부모들은 종교적인 부모들에 비해
어디서 피임기구를 구하는지에 대해 보통 더 많이 이야
기한다. 딸, 나이 든 십대, 그리고 낭만적 관계 속에 있
는 십대를 가진 부모들은 자녀가 남자이고, 더 어리고,
애정관계 속에 있지 않은 경우보다 더 많이 성에 대해
논의한다(Swain, Ackerman, & Ackerman, 2006).

부모들은 성에 대해 더 많은 정보를 알게 되고 편안
함을 느낄수록 자신의 역할을 더 잘 수행할 수 있다. 인
간의 성에 관한 책이나 강좌를 통해 대단히 많은 도움
을 받을 수 있을 것이다. 학교는 부모들이 자신의 자녀
를 가르치는 역할을 잘할 수 있도록 그들을 교육시키는
중요한 역할을 한다. 부모들은 또한 그들의 노력을 보
완하기 위해 학교의 성교육 프로그램과 가정생활 관련
프로그램을 지지하고 도울 수 있다.

학교의 역할

전국 단위의 설문조사에 따르면, 대부분의 미국 성인들

은 학교에서 성교육을 실시하는 것을 선호한다(Sex-
uality Informaion and Education Council of the United
States, 1999). 구체적으로, 응답자의 90% 이상이 고등
학교에서 성교육을 하는 것을 선호하며, 80% 이상은 중
학교에서 성교육을 실시하는 것에 대해 호의적이다. 이
러한 응답자들에 따르면, 성교육 과목들은 사춘기, 절
제, HIV와 기타 성병, 남녀관계, 피임법, 성적 지향성,
그리고 낙태에 대한 내용을 포함해야만 한다. 캐나다
성인들을 대상으로 한 연구에서도 유사한 결과들이 발
견되었다(Mckay, Pietrusiak, & Holowaty, 1998). 매우
많은 부모님들이 그들의 역할을 적절히 이행하지 못하
고 청소년들은 또래보다 더 신뢰할 수 있는 정보원을
필요로 하기 때문에, 공립학교는 성교육을 실시해야 할
책임을 지니게 된다. 그에 대한 몇 가지 이유는 다음과
같다.

1. 가정생활과 성교육은 이미 개설되어 있는 수많은 기존
교과목의 본질적인 부분이다. 생물 과목은 다른 신체
기관을 논의할 때 생식기관을 다루어야 한다. 그렇
게 하지 않는 것은 위선적이다. 기초 사회 단위로
서의 가정을 다루지 않거나, 사생아, 너무 이른 결
혼, 이혼 같은 사회 문제를 다루지 않고 사회학이
나 사회 문제를 가르치기는 어렵다. 건강 교육은
통상적으로 월경기의 위생법, 자위 행위, 여드름,
성병, 체취 같은 주제를 포함한다. 가정경제학에는
부모-자녀 관계, 결혼 준비, 육아와 발달을 다룬
다. 문학 과목에서는 현대 사회의 청소년들, 도덕
적 가치, 대인관계에 관한 토의를 자극할 수 있고
그 밖에 가정생활과 성교육에 관련된 주제들에 관
한 토론을 장려할 수 있다. 성이나 성행동에 관한
논의는 현대 소설이나 시 관련 과목에서 피하기 힘
들 것이다. 문학으로서의 성경에 관한 연구에서조
차 성적인 부분이 포함되어 있다. 그러므로 현존하
는 과목들을 정직하게 가르친다면 가정생활과 성
교육이 많은 과목들 속에 자리 잡을 것이다.

2. 행복한 결혼생활과 책임감 있는 부모 역할을 하도록 청
소년을 준비시키는 것이 교육의 중요한 목표이다. 행복
한 결혼생활을 하는 것과 좋은 부모가 되는 것이

평균적인 사람의 가장 중요한 개인 목표라는 것은 확실하다. 만약 학교가 직업뿐만 아니라 이와 같은 목표를 위해서도 청소년을 준비시키지 않는다면, 살기 위한 방편뿐만 아니라 사는 것 자체를 그들에게 제대로 준비시키고 있다고 할 수 있겠는가?

3. 학교는 각계 각층의 청소년과 접할 수 있는 유일한 사회 기관이다. 그러므로 가정생활과 성교육이 필요한 청소년들을 가장 잘 도울 수 있는 특별한 기회를 갖는다. 어떤 부모는 탁월하게 제 기능을 발휘하고 있으나 대다수의 부모는 그렇지 못하다. 그들의 자녀는 적절한 교육, 태도, 모델, 지도의 기회를 박탈당해야 하는가? 아무도 그렇게 되길 바라지는 않을 것이다. 교회나 스카우트 연맹 같은 지역사회의 청소년 서비스기관들도 책임이 있다. 가정생활과 성교육은 사회 전체의 책임이기 때문이다. 그러나 어떤 기관도 학교만큼 많은 수의 청소년과 접하게 되지 않는다.

4. 전문적 교육기관인 학교는 제 기능을 발휘하도록 준비되었거나 준비될 수 있어야 한다. 그러나 이것은 모든 교사가 가르치는 자격을 갖추고 있다거나 각각의 학교가 프로그램을 발달시킬 전문성과 자원을 이미 갖추었음을 의미하지는 않는다. 그러나 학교는 일단 우선순위와 필요성이 정해지면 교사를 훈련시키고, 교과 과정을 발달시키며, 필요한 자원을 제공할 수 있어야 함을 의미한다.

성교육 지지

어떤 사람들은 성에 대해 말하는 것이 청소년들에게 성행동을 해도 된다는 승인을 주는 것이라고 믿기 때문에 성교육에 반대한다. 그들이 옳은 것일까? 정답은 확실히 아니라는 것이다! 성교육을 가르치는 효과에 대한 47개 연구를 검토한 결과, Grunseit와 그 동료들(Grunseit, Kippax, Aggleton, Baldo, & Slutkin, 1997)은 단지 3개 연구만이 성교육에 대한 수업을 들은 후 학생의 성행동에서의 증가를 보고했음을 발견하였다. 17개 연구들은 초기 성교, 성적 파트너의 수, 그리고 임신과 성병의 상당한 감소를 보고하였다. 수업들의 대부분은 십대 성활동에 거의 효과가 없는 것 같았다. 게다가 Singh(1986)은 한 주에서 성교육을 듣는 학생들의 수와 그 주의 청소년 임신율 사이에 부적 상관이 있음을 발견하였다.

다수의 여론조사에 따르면, 학교에서의 성교육은 강력한 지지를 받고 있다. 대부분의 연구는 공립 중·고등학교에서의 성교육을 거의 90% 이상 지지하고 있다(SEICUS, 2005). 대부분의 부모들은 종합적인 성교육을 선호한다. 즉 그들은 학교가 사춘기, 절제의 이득, HIV

Research Highlight　　**고등학교에서의 콘돔 가용성**

American Journal of Public Health는 매사추세츠 주의 고등학교들을 대상으로 학생의 성행동에 콘돔을 구하기 쉬운 정도가 미치는 영향을 알아보는 연구를 발표하였다(Blake, Ledsky, Goodenow, Sawyer, Lohrmann, & Windsor, 2003). 연구된 60개 학교 중 15%가 학생들이 학교 내에서 콘돔을 구할 수 있도록 만들었고, 85%는 그렇지 않았다. (이 연구의 첫 번째 발견은 매사추세츠 주의 소수의 공립 고등학교만이 학생들에게 콘돔을 제공한다는 것이다.) 콘돔을 제공했던 학교들 대부분은 양호 선생님이 체육교사 같은 다른 학교 인사를 통해 그렇게 하였다.

가장 흥미로운 질문은 콘돔을 쉽게 구할 수 있는 것이 청소년의 성적 활동을 증가시키는지 여부였다. 이 질문에 대한 답은 '아니요'이다. 콘돔을 제공하지 않았던 학교의 학생들 중 49%가 성경험이 있었던 것과 비교하여, 콘돔을 제공하였던 학교의 학생들 중 42%가 성경험이 있다고 답하였다. 게다가 최근에 성관계를 가진 적이 있다고 보고한 학생의 수는 비교집단에 비해 콘돔을 제공하였던 학교에서 더 적었다.

연구자들은 또한 콘돔을 제공하는 것이 학생들의 콘돔 사용을 증가시키는지를 알기를 원했는데, 이는 효과가 있는 것 같다. 콘돔을 제공했던 학교의 학생들 중 70% 이상이 마지막으로 성관계를 할 때 콘돔을 사용하였던 반면, 다른 학교들의 학생들 중 56%만이 마지막으로 성관계 시 콘돔을 사용했다고 보고하였다. 또한 콘돔을 제공하였던 학교를 다녔던 학생들은 다른 학생들에 비해 다른 형태의 피임법도 더 많이 사용하는 경향이 있었다.

요약하면, 콘돔을 제공하는 것은 성관계를 더 증가시키는 것이 아니라 더 안전하게 만든다.

알고 싶은 것

절제-유일 성교육은 성적 활동과 원하지 않는 임신, 그리고 성병을 감소시키는 데 얼마나 효과적인가?

절제-유일 성교육이 점점 더 흔하게 행해지고 있지만, 이것은 성적 활동과 원치 않는 임신, 그리고 성병을 감소시키는 데 더 종합적인 접근만큼 효과적이지 않다.

와 다른 성병들, 피임법과 낙태와 같은 매우 다양한 주제들에 대해 정보를 제공하기를 바란다.

성교육에 대한 접근

학교들은 어느 정도로 성교육 프로그램을 제공하고 있을까? 성교육을 의무화하고 있는 주는 HIV/AIDS에 대한 우려로 인해 1970년대 후반 이래로 증가해 왔다. 그러나 성교육이 어떻게 접근되어야 하고 어떤 정보들이 제공되어야 하는지에 대해서는 상당한 차이가 존재한다.

1998년에 Landry와 동료들은 825개 학군으로 이루어진 국가적으로 대표적인 샘플을 조사하였으며, 대략 70%가 학군 내 성교육 정책을 가지고 있음을 발견하였다(Landry, Kaeser, & Richards, 1999). 가장 흔한 정책(51%)은 절제-선호 모델(abstinence-preferred model)을 사용하여 성교육을 하는 것이다. 이러한 학군들에 있는 학교들은 학생들에게 십대 시절에 절제하는 것이 가장 바람직한 행동이라고 가르치며, 성병과 피임에 대한 약간의 정보를 함께 제공한다. 약 35%의 학군들은 절제-유일 모델(abstinence-only model)을 따르며, 피임에 대한 정보는 거의 제공되지 않는다. 이러한 학교들에서는 성에 대해 논하는 것은 일반적으로 부정적이며 발생할 수 있는 해로운 결과에 초점을 맞춘다. 나머지 14%의 학군들은 종합적인 성교육(comprehensive sex education) 정책을 사용하는데, 여기서 절제는 가능한 한 방법으로서 제시되지만, 다른 더 넓고 포괄적인 교과 과정 또한 포함된다.

요약하면, 학교들은 대다수의 부모들이 원하는 교육을 행하고 있지 않다. 성교육 정책을 지닌 학군의 1/3 이상이 절제-유일 프로그램을 선호하며, 이 수는 점점 늘

어나고 있다. 절제-유일 프로그램을 재정적으로 지원하기 위해 미국 연방정부는 1998~2002년 사이에 단독으로 2억 5천만 달러를 따로 떼어 놓았다. 따라서 이런 종류의 교과 과정이 다른 모델들에 비해 얼마나 더 성공적인지를 묻는 것은 당연하다. 실제로 절제-유일 접근을 지지하는 연구는 거의 없다. 대부분의 연구들은 절제-선호 또는 종합적 성교육 프로그램에 비해 절제-유일 프로그램이 효과적이지 않음을 보여 준다(Rabasca, 1999).

많은 성교육 프로그램이 십대 임신과 성병의 비율을 줄이는 데 실패한 것은 거의 항상 이러한 프로그램들이 부적합하다는 사실과 관련이 있다. 안전하고 건강한 행동을 촉진시키는 프로그램들을 개발하는 것은 시급한 일이다. 문헌연구에 따르면, 성공적인 성교육 프로그램에는 7개의 특징이 있다.

1. 성공적인 성교육 프로그램들은 위험을 줄이는 행동을 촉진시키는 것에 집중한다.
2. 학습이론의 잘 확립된 원리에 따라, 성공적 프로그램들은 건강한 행동들에 대한 동기를 부여하고 학생들이 이러한 행동들을 할 수 있는 방법들을 가르친다.
3. 성공적 프로그램들은 역할극과 집단토론 같은 적극적인 학습 기법을 사용한다.
4. 성공적 프로그램들은 고위험 행동을 조장하는 미디어와 또래 영향력을 다룬다.
5. 성공적 프로그램들은 그 교과 과정에 등록된 특정 학생집단에 맞게 계획된다.
6. 성공적 프로그램들은 건강한 가치를 촉진하고 절제를 권장한다.
7. 성공적 프로그램들은 의사소통기술을 가르친다 (Kirby et al., 1994).

중학교 1학년~고등학교 3학년 대상으로 한 공립학교에서의 성교육에 대한 국가적 연구에 따르면, 교사들이 각 학년 수준에서 가르쳐야 한다고 믿는 것들과 실제로 가르치고 있는 것들 사이에 차이가 존재한다 (Darroch, Landry, & Singh, 2000). 거의 모든 교사들은

성교육이 성적 의사결정, 절제, 피임방법, 임신 예방, AIDS와 성병에 대해 다루어야 한다고 생각한다. 많은 학교들이 이러한 주제들을 다루지만, 중학교 3학년 또는 고등학교 1학년이 되어서야 이에 대해 다룬다. 교사들은 그 주제들이 적어도 중학교 1학년 또는 2학년경에는 다루어져야 한다고 생각한다. 성교육을 제공할 때 교사들이 직면하는 주요한 문제는 주정부로부터의 부정적 압력이다(Landry, Kaeser, & Richards, 1999).

권장도서

Emery, B., and Lloyd, S. (1999). *The Dark Side of Courtship.* Thousand Oaks, CA: Corwin Press.

Evans, R. (2006). *Teenage Pregnancy and Parenthood.* New York: Routledge.

Gottfried, T. (2001). *Teen Fathers Today.* Evergreen, CO: Century Books.

Harris, M. B. (Ed.). (1997). *School Experiences of Gay and Lesbian Youth: The Invisible Minority.* New York: Harrington Park Press.

Huegel, K. (2003). *GLBTQ: The Survival Guide for Queer and Questioning Teens.* Minneapolis, MN: Free Spirit Publishing.

Irvine, J. (2004). *Talk About Sex: The Battles over Sex Education in the United States.* Berkeley: University of California Press.

Levy, B. (1998). *Dating Violence: Young Women in Danger.* Seattle, WA: Seal Press.

Luker, K. (1996). *Dubious Conceptions: The Politics of Teenage Pregnancy.* Cambridge, MA: Harvard University Press.

제8장 | 사회성 발달

변화하는 우정과 사랑

우정

　친구의 필요성
　고독
　가족과 또래관계
　청소년 초기의 우정관계
　초기 우정관계의 확대
　우정활동

집단 수용과 인기

　어떻게 하면 인기를 얻을 수 있는가
　인기를 얻는 길
　또래 상호작용의 어두운 면 : 또래 괴롭힘

이성교제

　심리사회적 발달
　청소년기 사랑과 홀딱 반하기
　실연

데이트

　데이트 과정의 발달
　데이트 폭력
　한 사람과 사귀기

알고 싶은 것

▶ 청소년들은 얼마나 자주 고독을 느끼는가?

▶ 초기 청소년들의 우정은 어떤 모습인가?

▶ 청소년들은 서로 동조하도록 압력을 가하는가?

▶ 청소년들이 인기를 얻게 되는 이유는 무엇인가?

▶ 이성 친구를 갖는 것이 청소년에게 좋은가?

▶ 십대 소년은 십대 소녀만큼 쉽게 사랑에 빠지는가?

▶ 청소년들 사이에서 데이트 폭력이 얼마나 흔한가?

▶ 한 사람의 이성과 사귀는 것이 십대에게 좋은가, 나쁜가?

청소년기는 또래와의 관계에서 큰 변화가 있는 시기이다. 십대들은 가족과 분리되면서 점차 많은 시간을 친구들과 보내게 된다. 그리고 인지능력도 이전보다 더 발달되기 때문에, 청소년들은 타인을 더 잘 이해할 수 있게 되고, 또래 역시 청소년을 더 잘 이해하게 된다. 이것은 보다 친밀하고 의미 있는 상호작용으로 나아가는 길이 된다. 초등학교에서 중학교로, 중학교에서 고등학교로 진학할 때 청소년들은 새롭고 더 다양한 또래집단을 만나게 된다. 그리고 마침내, 신체적 성숙과 성적 흥미의 출현으로 인해 이상적 애착과 낭만적 사랑을 꿈꾸게 된다.

이 장은 청소년기에 나타나는 친밀한 또래관계의 성질에 관심을 두고, 우정에서의 변화를 시작으로 하여, 낭만적 관계 형성을 다루는 방향으로 전개될 것이다.

우정

친한 친구는 청소년에게 절실하게 필요한 존재이다. 청소년기 이전의 아동들은 또래에 대한 의존성이 상당히 적은 편이다. 아동들은 공동 관심사나 공동 활동을 할 수 있는 같은 연령대의 놀이친구를 찾는다. 아동들은 우호적인 경쟁을 하기도 하고, 존중과 충성을 얻기도 하고 잃기도 하지만, 정서적 몰입은 그렇게 강하지 않은 편이다. 아동들은 1차적으로 정서적 만족을 얻기 위해 서로에게 의존하지 않는다. 아동들은 자신의 정서적 욕구를 충족시키기 위해 주로 부모에게 의존하고, 부모의 칭찬과 인정 및 귀여움을 받으려고 애쓴다. 부모로부터 사랑받지 못하고, 거부당하고, 야단맞게 되면, 아동들은 정서적 만족의 대체물로서 친구나 다른 대상에 관심을 돌리게 된다.

그러나 청소년기에는 상황이 달라진다. 성적 성숙으로 인해 정서적 만족을 위한 새로운 욕구와 감정이 생기고, 부모로부터의 정서적 독립과 해방을 위한 새로운 정서와 욕구가 생긴다. 이제 청소년은 이전에 가족이 제공해 주던 심리적 지지를 받기 위해 또래에게 관심을 돌린다(Helsen, Vollebergh, & Meevs, 2000).

친구의 필요성

청소년들에게서 나타나는 또래관계의 긍정적 측면은 비교적 잘 입증되어 있다. 많은 연구에서 청소년의 우정의 질과 안정감이 자아존중감과 관련 있는 것으로 나타났다(예 : Keefe & Berndt, 1996). 또래와의 어울림은 여러 가지 심리적, 사회적 적응과 정적으로 관련이 있는 것으로 나타나고 있다(Bishop & Inderbitzen, 1995). 여러 연구들에서 사회적 지지는 심리적 안녕감과 직접적인 관련이 있고, 스트레스로 인한 부정적 효과를 완화시키는 것으로 나타나고 있다.

또한 청소년기가 또래관계로부터 발생하는 잠재적 스트레스가 특히 높은 시기임을 보여 주는 근거가 있다. 청소년들은 또래에게로 관심이 쏠려 있고 또래에 의해 자기가치감이 좌우된다. 청소년 초기에는 또래에의 동조가 증가한다. 따라서 청소년기에 또래로부터 무시당하거나 거부당하는 것은 청소년 비행, 약물 복용 및 우울증 등과 같은 심각한 문제 발생과 연결된다(Merten, 1996). 청소년 초기는 또래로 인해 생기는 사회적 스트레스를 경험할 소지가 아주 높아 취약한 시기라 할 수 있다(Moran & Eckenrode, 1991).

청소년들의 첫 번째 욕구는 공통의 관심사를 공유할 수 있는 타인들과 관계를 형성하는 것이다(Hortacsu, 1989). 나이가 들면서, 청소년들은 서로 좋아하고, 어려운 문제나 자신의 개인적 생각을 공유할 수 있는 친밀하고 애정 어린 관계를 원한다(Pombeni, Kirchler, & Palmonari, 1990). 청소년들에게는 자기 곁에 있으면서 자신을 이해해 주고 배려해 주는 가까운 친구가 필요하다. 친구는 비밀이나 계획을 공유하는 것을 넘어서 서로의 감정을 공유하고 개인적 문제와 갈등을 해결하도록 서로를 돕는다(Berndt, 2004). 어느 소년이 말했듯이, "그는 나의 가장 친한 친구이며, 우리는 누구에게도 말할 수 없는 것을 서로 말할 수 있고, 서로의 감정을 잘 알며, 필요할 때 서로 도울 수 있다"(Rice의 상담 일지 중에서).

청소년기 동안 또래관계를 잘 형성하고 유지하는 것은 개인의 사회적, 심리적 적응, 그리고 성취와 정적 상관을 갖는다. 또래관계를 성공적으로 형성하는 데 있어

Personal Issues   혼자 있다는 것 대 고독하다는 것

때때로 사람들, 특히 청소년들은 이 두 가지 개념을 혼동하기도 하지만, 혼자 있다는 것과 고독하다는 것은 엄청난 차이가 있다. 혼자 있다는 것은 문자 그대로 다른 사람과 물리적으로 떨어져 있다는 의미이다. 고독하다는 것은 개인이 충분한 지지를 받거나 교류를 하지 않고 있다고 주관적으로 느끼는 것을 의미한다. 따라서 군중 속에 있을 때에도 고독을 느낄 수 있다.

청소년에게 고독은 부모보다는 또래와의 거리감과 강하게 연결되어 있다. 좋은 친구가 한 명도 없고 또래와의 네트워크에서 떨어져 있다고 느끼는 것 모두가 젊은이들의 고독감에 영향을 줄 수 있다(Hoza, Bukowski, & Beery, 2000).

일반적으로 청소년들은 혼자 있는 것을 좋아하지 않고

(Buchholz & Catton, 1999), 혼자 있을 때 덜 행복하지만(Larson, Csikszentmihalyi, & Graef, 1982), 혼자 있음으로 인해 많은 유익을 얻기도 한다. 예를 들어 청소년기 정체감 탐색에 필요한 사색을 위해, 힘든 일에 집중하기 위해, 그리고 휴식과 새로운 충전을 위해 개인적 시간을 가질 수 있다.

많은 십대들은 자신의 모든 자유 시간을 친구와 교제하는 데 사용하는 것이 바람직하고, 혼자 있기를 원하는 십대는 무언가 잘못되었다고 느끼는 것으로 보인다. 그러나 이런 생각은 그다지 바람직하지 않다. 다른 사람과 교제를 하는 것이 즐거운 만큼 사적인 시간을 보내는 것도 즐거움이 된다(Burger, 1995).

서 한 가지 중요한 요소는 친사회적으로 되려 하는 의향—즉 정서적 지원, 의견 및 정보를 제공하는 것—이다(Estrada, 1995). 그런데 소녀들이 소년들보다 친구에게 기대하는 것이 많고(Claes, 1992), 적어도 초기와 중기 청소년기 동안에는 친구와의 애착과 친밀 수준도 더 높다(Azmitia, Kamprath, & Linnet, 1998).

연구에 따르면, 초기 청소년들은 자신의 감정을 부모에게 털어놓는 것을 더 선호한다. 이는 가족 의사소통에서의 개방성에 따라 달라진다. 그러나 나이가 들면서 청소년들은 점점 친구에게 더 많은 것을 털어놓게 되고 나중에는 친구에게 가장 많이 털어놓게 된다. 연령에 관계없이 여성들은 남성들보다 부모와 또래 둘 다에게 감정을 더 많이 털어놓는다. 이러한 결과는 남성들에게는 감정과 느낌을 표현하지 않도록 강조하는 전통적인 남성적 개념과 일치하고 있다(Papini, Farmer, Clark, Micka, & Barnett, 1990).

우정이 필요한 결정적인 이유 중 하나는 청소년들이 불안정하고 자신에 대한 걱정이 많다는 것이다(Hartup & Stevens, 1999). 청소년들은 자신의 성격에 관해 명확한 정의를 내리지 못할 뿐만 아니라 안정된 정체감을 형성하지 못하고 있다. 따라서 이들은 자신의 주변에서 힘을 얻고 개인적 한계를 규정하는 데 도움이 되는 친구들과 어울리게 된다. 청소년들은 친구들로부터 더 큰 성인 세계로 나아가는 데 필요한 개인적, 사회적 기술

과 규정을 배운다. 청소년들은 자신의 약점을 이해해주고 자신의 심층에 있는 것을 공유할 수 있는 타인과 정서적으로 연계된다. 그들은 이 적대적인 세상에서 동지가 되는 것이다.

고독

청소년들의 가장 큰 문제 중 하나는 고독이다. 한 소녀는 "나는 정말 고독하다. 엄마와 아빠는 두 분 다 일하시기 때문에 집에 계시지 않는다. 오빠는 나보다 여섯 살 더 많기 때문에 나와 공통되는 것이 별로 없다. 친구마저 없다면 나는 더 이상 말할 사람조차 없을 것이다."라고 말하고 있다. 청소년들은 자신의 고독을 허전함, 격리, 그리고 지루함으로 서술한다. 청소년들은 거부당하며, 혼자 있고, 고립되고, 상황을 통제할 수 없을 때 쉽게 자신을 고독하다고 서술한다(Woodward & Kalyan-Masih, 1990). 소년들은 소녀보다 고독으로 인해 더 큰 문제를 갖고 있는 것으로 보이는데(Koenig & Abrams, 1999), 이는 아마도 소년들이 자신의 감정을 표현하는 데 더 어려움을 겪기 때문일 것이다.

청소년들이 고독한 이유는 여러 가지이다. 일부 청소년들은 타인과 어떻게 관계를 형성해야 하는지 모르며, 이들은 사회적 불안이 높다(Goossens & Marcoen, 1999). 또 다른 경우는 청소년들이 자신의 이미지가 형편없다고 느끼고 타인의 비난에 아주 취약하기 때문에

이들의 관계 형성은 어려워진다. 이런 청소년들은 미리 거부당할 것을 예견하고, 자신을 당혹케 할지도 모르는 행위를 피한다(Cacciopo et al., 2000). 이렇게 되면 악순환에 빠지게 된다. 청소년은 고독하기 때문에 우울해질 수 있다. 우울해지면 새로운 관계를 형성하기가 더 힘들어진다. 그 결과 더욱 고독해진다(Brage, Meredith, & Woodward, 1993). 어렸을 때 학대를 받아 또래를 불신하도록 조건화되어 또래와 관계를 맺는 것에 냉소적으로 되는 청소년도 있다(Boivin, Hymel, & Bukowski, 1995). 이런 청소년들은 사회적 접촉과 친밀함을 피하기 때문에 상대방에게 필요한 사람이 될 수 없다. 부모로부터 심리적 지지가 부족하다고 느끼는 청소년들도 친구를 사귀기 어렵다. 청소년들이 친구를 사귀는 데서 오는 사회적 부담이 잠재적 이점보다 더 크다고 지각하면 의미있는 관계 형성은 힘들어진다(East, 1989).

대부분의 경우에, 젊은이들이 나이 든 사람들보다 더 고독하다(Medora & Woodward, 1986). 고독의 일부는 상황에 의해 생긴다. 금요일 밤에 혼자 있는 것을 처량하게 여기는 청년문화 때문에 청소년들은 금요일 밤에 혼자 있을 때 처량함을 느낀다는 점에서 고독은 사회적으로 조건화된 것이라 할 수 있다(Meer, 1985). 이는 일종의 자기충족적 예언이 된다.

청소년들은 각기 다른 방식으로 자신의 고독에 대처하고 있다. 보다 독립적인 청소년들은 개인적인 일을 추구하고, 바쁘게 일하고, 자신은 오히려 만족스럽다는 식으로 사고를 재적응시킨다. 의존적인 청소년들은 사회적 접촉을 높이고, 타인들과 함께 있으려 하며, 외부 지지원에 의존하거나 성인의 도움을 구하고, 종교나 신체활동 또는 전문적인 도움에 의지하기도 한다(Woodward & Kalyan-Masih, 1990). 그러나 여전히 사회로부터 철수하는 청소년들도 있다.

대학생을 포함하여 거의 모든 청소년들이 청소년기 어느 시점에서는 고독을 느끼고, 많은 청소년들이 상당한 기간 동안 고독을 느낀다는 사실을 아는 것은 중요하다. 또한 객관적으로 볼 때, 대체로 고독한 청소년들이 사교적인 청소년들에 비해 매력이 없거나 사회적으로 바람직하지 않은 것은 아니다(Cacciopo et al., 2000). 이들은 똑똑하고, 잘 생겼고, 운동도 잘한다. 고독은 개

알고 싶은 것

▶ **청소년들은 얼마나 자주 고독을 느끼는가?**
청소년들은 대체적으로 고독을 느낀다. 실제로, 고독을 느끼는 것은 아동기나 성인기보다 청소년기에 더 흔히 있는 일이다.

인의 내면에서, 그리고 타인을 향해 나아가기보다는 물러나고 떨어지려는 성향에서 나온다.

따라서 모든 청소년들은 고독할 때 긍정적이고 생산적인 방식으로 고독을 다룰 수 있는 책략을 개발하는 것이 중요하다. 개인이 즐길 수 있는 활동에 전념하는 것, 친구나 좋아하는 사람들과 어울리는 것, 도움이 필요한 사람을 돕는 것 등이 좋은 선택에 포함될 것이다.

가족과 또래관계

친밀관계를 형성하는 능력은 부분적으로 가정에서 학습된다. 부모와의 관계와 청소년의 사회적 적응 간에는 유의한 상관이 있다(Markiewicz, Doyle, & Bregden, 2001).

부모-자녀 **애착**의 질을 또래관계와 연계시킨 연구들이 많다(예 : Zimmerman, 2004). 애착은 일반적으로 아동이 경험하는 부모와 아동 자신 간의 가장 최초의 사랑이다. 건강하고 안정된 애착 경험을 한 청소년들은 타인을 신뢰하고 따라서 타인과 따뜻한 인간관계를 형성할 수 있다(Waters & Cummings, 2000). 반대로, 부모와 안정된 애착관계를 형성해 보지 못한 청소년들은 또래와의 관계에서 경직되고 적대적이 된다(Zimmerman, 1999).

부모-아동 간 친밀감의 효과는 부분적으로 부모와 친밀한 청소년의 자아존중감이 그렇지 않은 청소년보다 더 높다는 사실에 의해 설명될 수 있다(Sim, 2000). 자아존중감이 높으면 외향적이 되며 자신을 괜찮은 사람이라고 생각하게 되어, 그 결과 또래에게 쉽게 접근하고 개방적인 태도를 취하게 된다.

부모 역시 친구관계를 적극적으로 권장하거나 제지함으로써 우정관계에 영향을 줄 수 있다. 예를 들어 Way

알고 싶은 것

▶ 초기 청소년들의 우정은 어떤 모습인가?

초기 청소년들의 우정관계는 일반적으로 동성 간의 우정이며, 변덕스럽고, 서로 비슷한 특성에 기반을 두고 있다.

와 그 동료들(Way & Chen, 2000; Way & Greene, 2005)은 미국에 사는 아시아계 부모는 라틴계나 아프리카계 부모에 비해 자신의 청소년 자녀가 가족 이외의 사람들과 친밀한 관계를 갖는 것을 덜 권장한다는 것을 발견하였다. 따라서 아시아계 젊은이들은 다른 집단의 청소년들에 비해 친구들과 보내는 시간이 적고 친구들과도 덜 친한 것 같다.

청소년 초기의 우정관계

우정에 대한 욕구로 인해 초기 청소년은 대부분 한두 명의 제일 친한 동성친구와 우정관계를 맺게 된다. 청소년들은 이런 친한 친구와 전화로 이야기하면서 몇 시간을 보내고, 함께 학교에 가고, 동아리 활동에도 참여하며, 운동도 같이 하고, 옷도 비슷하게 입고, 모습과 행동도 비슷하게 하려고 한다. 일반적으로 이렇게 친한 친구는 생활 수준, 인종 및 가정환경이 비슷하고, 같은 동네, 같은 학교, 같은 학년이다. 그리고 나이가 같고 관심이나 가치가 비슷하며, 사귀는 친구들도 공통성이

있다. 친한 친구를 제대로 선택하면 둘이 함께 잘 지내게 되는데, 그것은 이들이 서로 비슷하여 양립할 수 있기 때문이다. 성공적인 우정은 상대의 욕구를 얼마나 잘 충족시켜 주느냐에 의해 좌우된다(Zarbatany, Ghesquiere, & Mohr, 1992). 친한 친구가 자신의 욕구를 충족시켜 주면 우정은 강해질 것이다.

그런데 청소년 친구들은 왜 그렇게 비슷한가? 한 가지 이유는 청소년들은 의식적으로 자신과 비슷한 사람을 선택한다는 것이다(Urberg, Degirmenciouglu, & Tolson, 1998). 자신과 비슷한 사람은 있는 그대로의 자신을 지지해 주고 자신이 택한 선택도 지지해 주기 때문에, 친구는 개인의 자아존중감을 고양시킨다. 청소년 친구가 그렇게 비슷한 또 다른 이유는 일단 친구가 되면 둘이 함께 잘 지낼 수 있는 상호 만족할 만한 활동을 하도록 서로 영향을 주고 격려한다는 것이다. 그런데 많은 성인들의 기대와는 반대로, 친구들이 서로에게 어떤 것을 하도록 강요하는 일은 드물다(Berndt, 1992). 오히려 친구들은 정보를 제공하고, 상대방을 인정하거나 인정하지 않고, 서로에게 존경받는 모델이 되려 한다. 대체로 우정은 한쪽에서 상대방에게 원치 않는 압박을 지나치게 가할 때 끝이 난다.

청소년 초기의 우정관계는 강렬하고 정서적이며 때때로 감정이 격해지기도 한다. 청소년들은 친한 친구가 자신이 필요한 곳에 있기를 기대하고, 그렇지 않을 때에는 화를 내고 욕구 좌절감을 느끼게 된다. 초기 청소년은 종종 자기중심적이기 때문에, 친구가 제공해야 할

Research Highlight   **청소년의 고독에 영향을 주는 요인들**

여러 가지 요인들이 청소년의 고독에 영향을 준다.
▶ 부모와의 분리감과 소원감
▶ 부모의 이혼
▶ 자신을 인식하는 새로운 인지능력
▶ 자유로움의 증가로 인한 두려움
▶ 자아정체감의 탐색
▶ 의미 있는 목표 추구
▶ 사회에서 청소년의 주변적 지위

▶ 실패감과 거부감을 초래하는 지나친 경쟁적 개인주의
▶ 인기에 대한 지나친 기대
▶ 자아존중감이 낮아 타인으로부터 인정받지 못하고 사랑받지 못한다는 비관주의
▶ 실패와 위축의 악순환을 일으키는 냉담과 목표 상실감, 교육과 직업에 대한 낮은 포부 수준
▶ 심한 수줍음과 자의식

지원을 비현실적으로 높게 기대할 수 있다. 이들은 친구의 지지가 불만족스러우면 다투거나 절교까지 할 수 있다. 따라서 청소년들의 우정은 종종 격동적이고 불안정하다.

동성의 엄격한 우정관계가 청소년기를 거치면서 무너지기도 하지만(Dunphy, 1963), 여전히 청소년들은 동성친구를 사귄다(Hartup, 1983). 이 연령에서 남성과 여성의 우정관계를 구분해 주는 친밀감이 나타나기 시작한다(Berndt & Perry, 1990). 소녀들은 자신들의 우정이 소녀들보다 더 친밀하고(Blyth & Foster-Clark, 1987). 자기개방을 더 많이 한다고 보고한다(Dolgin & Kim, 1994). 소년들은 친구에게 자신을 많이 개방하면 귀찮아질 것이라고 생각한다(Berndt, 1990; Youniss & Smollar, 1985). 따라서 소년들은 친구들과 대화할 때 주로 자신의 업적을 자랑하게 된다(Stapley & Haviland, 1989). 여자 청소년들은 남자 청소년들에 비해 정서적 지지를 위해 친구에게 더 의존하는 경향이 있다(Lederman, 1993). 남자들은 지지가 필요할 때 친구로부터 구체적이고 물질적인 도움을 기대하고, 권위적 인물과 갈등이 있을 때 자기 곁에 있어 주기를 기대한다(Douvan & Adelson, 1966). 청소년기 동안 소녀는 우정관계에서

청소년들은 비밀을 털어놓을 수 있고, 함께 계획을 세우고, 감정을 공유할 수 있고, 개인적으로 문제가 있을 때 도와줄 수 있는 친밀한 친구가 필요하다. 일반적으로 가장 친한 친구는 서로 아주 비슷하고, 생활 수준과 인종이 같고, 이웃에 살며, 학교를 같이 가고, 관심과 가치를 공유하는 사람들이다.

스트레스를 경험하기 시작한다. 소녀는 소년에 비해 친구의 성실함에 더 많은 관심을 갖는다(Schneider & Couts, 1985).

앞서 보았듯이, 청소년 초기의 우정관계는 불안정하다. 하지만 청소년기를 거치면서 보다 안정적이 된다. 이것은 사회인지 발달, 자기중심성의 감소 및 관계를 다루는 기술의 향상 때문이다(Erwin, 1993). 18세 이후에는 우정관계의 중요가 다시 증가하는데, 이것은 학생들이 대학에 입학하거나, 직업을 갖거나, 입대하거나, 결혼을 위해 집을 떠나기 때문이다.

초기 우정관계의 확대

초기 청소년들이 이웃에 있는 초등학교의 경계를 벗어나 조금 떨어진 중학교로 가게 되면, 곧장 더 광범위하고 이질적인 친구를 접하게 된다. 이제 이들은 사는 지역이 다르고, 사회계층이 다르고, 인종이 다른 청소년들을 만날 기회를 갖는다. 새로 만나는 청소년들은 이전에 알고 있던 친구들과는 다른 식으로 행동하고, 말하고, 사고한다.

이 발달 단계에서 수행해야 할 한 가지 사회적 과제는 많은 사람들을 사귀고, 다양한 사람들과 관계를 맺고 함께 잘 지내는 방법들을 배우는 것이다. 이 시기 동안 청소년들은 많은 친구들을 원하게 된다. 일반적으로 청소년 초기에 친구의 수가 증가하며, 그 이후로 청소년들은 친구들을 차별화하여 수가 줄어들게 된다.

우정활동

청소년들은 친구와 함께 무엇을 하는가? 함께 모여 시간을 어떻게 보내는가? 1990년대 중반, 중류계층에 속한 캐나다 고등학교 학생 2,000여 명을 대상으로 수행된 한 연구는 이런 질문에 대한 좋은 해답을 제공해 준다(van Roosmalen & Krahn, 1996). 이 표집에 속한 고등학생들이 가장 많이 하는 활동은 이리저리 돌아다니는 것이었다. 일부 여학생들은 이리저리 돌아다니면서 주로 자기 집이나 친구 집에서 시간을 보냈다. 학생들은 이리저리 배회하면서 다른 활동도 하였다. 예를 들어 이들은 노는 토요일 아침에 집안 청소를 하면서 이리저리 다닌다. 남학생들은 여학생들보다는 배회하는

Personal Issues   청소년의 대인관계와 적응

발달적 관점에서 보면, 또래의 상대적 영향력은 나이에 따라 달라진다. 아동 중기에서 후기를 거치면서 부모에 대한 의존성이 증가하다가, 청소년 초기에서 중기 동안에는 또래에 대한 의존성이 증가한다. 청소년 후기에 이르면, 개인은 또래집단의 압력에 저항하며 보다 자율적으로 행동하게 된다. 많은 청소년들이 또래 지향적으로 된다는 것이 반드시 부모의 의견과 가치를 거부한다는 의미는 아니다.

청소년 자녀와 부모와의 관계에서 지지적인 관여와 자립에 대한 격려 간에 균형이 깨지면, 가족으로부터 또래로의 전환 과정에 혼란이 생길 수 있다. 부모로부터 정서적 지지를 덜 받고, 가족과 관여가 적다고 보고한 청소년들은 가족과 관여가 높고 지지를 많이 받는다고 보고한 청소년들보다 비행 또래의 영향을 더 잘 받는 것으로 나타났다. 또한 지나치게 자율적이거나 너무 이른 시기에 자율적으로 되는 것은 여자 청소년의 성행동의 조기 발생과 관련이 있었다. 따라서 가족관계와 또래관계의 질 모두 청소년의 발달 및 적응과 관련되는 것으로 보인다.

데 시간을 덜 소모하였다.

TV 시청은 청소년들에게 있어 여가를 보내는 공통적인 한 방편이었다. 청소년들이 TV 앞에서 많은 시간을 보내긴 하지만, TV 시청이 이들이 원하는 최우선의 여가선용 방안은 아니었다. TV를 보는 유형에서는 남녀 차이가 있었는데, 대부분의 고등학교 여학생들과 남학생들은 모두 주말에 TV를 시청할 때는 만화 영화를 많이 보았다. 그런데 주말에 남학생들은 스포츠도 많이 보지만, 여학생들은 스포츠를 보는 일이 거의 없었다.

캐나다의 연구에서 많은 고등학생들은 자동차나 오토바이를 몰고 이리저리 다니는 데 제법 시간을 소모하였다(일주일에 1~5시간 사이). 또한 여학생들보다 남학생들이 시내를 돌아다니고, 자동차를 몰고 여기저기 돌아다니고, 친구를 태우고 다니는 등 학교 밖에서 더 많은 시간을 보냈다.

남학생들에 비해 여학생들은 친구와 함께 쇼핑센터에서 더 많은 시간을 보냈다. 여학생들은 돌아다니면서 아이쇼핑을 하고, 옷을 입어 보고, 다른 청소년들을 구경하고, 음식을 먹곤 하였다. 여학생들은 남학생보다 친구와 가족들과 이야기하는 데 더 많은 시간을 보냈다. 여학생들은 '멋진 남자와 통화하기', '엄마 아빠에게 이야기하러 아래층에 내려가기', '할머니와 이야기하기', '언니, 동생과 이야기하기', '할 일 없이 다니면서 친구와 이야기하기' 등에 시간을 보냈다. 남학생들이 이야기하면서 시간을 보낼 때에는 주로 '친구와 이야기하기', '친구와 맥주를 마시면서 이야기하기', '둘러앉아서 이야기하기' 또는 '친구와 모여 밤을 새우면

서 이야기하기' 등을 하였다. 남학생들은 여학생들에 비해 전화 통화를 덜 하고, 가족과 이야기하는 시간이 적었다.

상당수의 학생들이 꽤 정기적으로 술을 마셨는데, 대개는 친구와 함께 마셨다. 연구에 참여한 학생의 44%가 적어도 일주일에 한 번은 술을 마셨다. 6%는 술을 마신 적이 없었다. 여학생들의 음주가 점점 더 늘어나고 있지만, 남학생들이 여학생들에 비해 술과 약물을 더 많이 소비하였다. 특히 청소년들은 친구와 함께 있을 때 술이 그들을 훨씬 더 재미있게 만들어 주는 것으로 지각하였다.

위의 연구는 1990년대 중반에 이루어졌기 때문에 오늘날 반복 조사한다면 조금 변화가 있을 것으로 기대된다. 첫째, 전부는 아니라도 거의 대부분의 십대들이 휴대전화를 사용하기 때문에 친구와 대화하는 데 보내는 시간이 더 많아질 것이다. 둘째, 청소년들이 컴퓨터로 일하고 놀기 때문에 서로에게 즉각적인 메시지를 보낼 수 있어, 친구와의 대화가 훨씬 더 많아질 것이다. 끝으로, 적어도 남자 청소년들에게는 비디오 게임이 TV 시청 시간을 대체할 것이다.

집단 수용과 인기

점차 더 많은 사람과 사귀게 되면서 청소년들은 어느 집단에 소속되고 싶어 한다. 한 연구에서는 소년들이 소녀들보다 집단 수용과 연관된 지위나 속성에 더 관심이 많다는 점을 강조하고 있다. 소녀들은 비교적 소수

의 또래와 친해지려는 친애(affiliation)에 더 관심이 있었다(Benenson, 1990). 그런데 소년과 소녀 모두 또래가 자신을 좋아해 주길 원했다. 청소년 중기까지 청소년들이 추구하는 목표는 자신이 무척 선망하는 동년배 소집단(clique)이나 군집(crowd)의 구성원들에게 수용되는 것이다. 이 단계에서 청소년들은 자신에 대한 타인의 비판이나 부정적 반응에 민감해진다. 이들은 사람들이 자신을 어떻게 생각하는지에 관심이 많은데, 그것은 자신이 누구인지에 대한 개념과 자기가치 평가에 타인의 의견이 영향을 주기 때문이다.

어떻게 하면 인기를 얻을 수 있는가

이제 막 고등학교를 다니기 시작한 저자의 딸이 자신이 인기가 없다면서 가끔 혼란스러워하였다. 이것은 저자인 엄마를 놀라게 하였는데, 딸에게는 말 그대로 친구가 매우 많았고, 어디 놀러가자는 초대도 많이 받았으며, 무엇을 같이 하자는 초대도 많이 받았고, 그녀를 찾는 전화도 끊이질 않았기 때문이었다. 엄마 눈에는 그 딸이 조금도 한곳에 붙어 있지 않고 여기저기 다니는 인간 나비로 보였던 것이었다. 자신이 인기 없다고 느끼는 딸의 생각과 엄마의 생각의 차이에 대해 말하자,

딸은 "그런데 엄마, 인기 있는 아이들이 나를 좋아하지 않아요. 나 역시 그들을 좋아하지 않아요. 그래서 나는 인기가 없는 거예요."라고 말했다. 3년 후, 사랑하는 아들의 똑같은 말을 들으면서 저자는 딸이 말한 이전의 기억이 재현되었다. 아이들은 분명히 혼자가 아니었다. 많은 청소년들은 무척이나 인기 있는 사람이 되고 싶어 한다(Jarvinen & Nichols, 1996). 중학생과 고등학생은 인기 있는 아이들에 관해 이야기하는 데 엄청나게 많은 시간을 보낸다(Eder, Evans, & Parker, 1995).

이러한 괴리는 성인들(그리고 최근까지 심리학자들)이 십대들이 '인기 있다'는 단어를 사용할 때 그 뜻을 정확하게 알지 못했기 때문에 발생한 것이다. 성인들과 심리학자들에게는 인기 있는 사람이란 모든 사람들이 좋아하는 사람들이다. 인기 있는 아이란 친구가 많은 아이다. 이들은 친절하고, 우호적이고, 사교적이고, 남을 잘 돕고, 관대하며, 믿음직스럽다(Rubin, Bukowski, & Parker, 1998). 청소년들이 말하는 '인기 있는 아이'란 완전히 다른 뜻이다. 이는 사회적으로 주도적인 리더를 말한다. 이런 학생들은 모두가 좋아할 수도 있고 아닐 수도 있지만, 학교에서 사회적 중심 역할을 한다. 이들은 유행을 선도하는 사람들이고 다른 아이들이 함

Research Highlight　　우정에 대한 기대

Clark과 Ayers(1993)는 청소년기의 우정에 대한 기대를 연구하여 다음과 같은 결론을 내렸다.

1. 공동 활동에 참여하기는 학령기 초기의 우정 형성에 중요하고, 청소년기에도 여전히 우정의 핵심 특성이었다. 공동 활동은 친구 간의 연대를 강화하고 촉진시키는 것으로 보인다. 근접성과 공동 활동에 참여하기는 대인 간 매력을 촉진한다.

2. 초기 청소년들은 친구란 도덕적으로 선하고, 특히 우정에 관한 자신의 감정에 있어 개방적이며 솔직해야 한다고 생각하였다. 초기 청소년들은 인습적 도덕 수준에 걸맞은 높은 기준을 갖고 있었다. 그런데 많은 또래들이 이러한 이상적인 모습과 맞지 않는다는 것을 알고는 자신이 기대했던 것보다 기준을 조금 더 낮추게 된다. 초기 청소년들은 진실성을 중시하며, 진실성은 우정을 촉진한다. 청소년들은 진실성 부재와 거짓을 절교의 중요 이유로 들었다.

3. 초기 청소년들은 충성심과 우정관계에의 헌신을 중요시하였다.

4. 청소년들은 서로 공감적 이해를 하는 관계가 되길 원했다. 그러나 남녀 간에 약간의 차이가 있었다. 남자 청소년은 여자 청소년에 비해 친밀한 우정관계에서의 공감적 이해에 대한 바람이 더 적었으며, 공감적 이해에 대한 요구도 더 적었다. 따라서 현재 관계에서 공감적 이해에 대한 기대가 낮았다. 그리고 남자들은 여자만큼 친구의 충성심과 관여를 요구하지 않는다. 따라서 남자들의 우정은 충성심과 관여를 초월한다. 일반적으로 청소년 초기의 우정에는 청소년들이 생각하는 친밀한 우정관계에 필요한 주요 자질들이 많이 포함되어 있다. 그럼에도 불구하고, 여자 청소년들은 현재의 우정관계에서 자신이 누리고 있는 것보다 더 많은 것을 기대하였다. 우정에서 도덕성에 대한 이러한 강조는 초기 청소년들이 문제를 일으키지 않는 친구들에게 더 애착을 느낀다는 입장을 지지해 준다(Gillmore, Hawkins, Day, & Catalano, 1992).

게 있고 싶어하는 아이들이다(de Bruyn & van den Boom, 2005).

그렇다면 인기 있는 십대는 어떤 사람들인가? 인기 있는 십대는 대체로 신체적으로 매력적이다(Lease, Musgrove, & Axelrod, 2002). 또한 옷을 사는 데 많은 돈을 사용하여 아주 멋지고 근사하게 보인다(LeFontana & Cillessen, 2002). 모두가 인기 있는 아이를 알고 있으며, 이들은 다른 인기 있는 십대와 어울릴 수 있고, 이성의 십대들은 이들을 아주 멋지다고 생각한다(Lease, Musgrove, & Axdral 2002). 또한 이들은 사회적 처신이 탁월하며, 좋은 리더십 기술을 갖고 있고, 다른 사람들을 조정할 수 있다(Farmer, Estell, Bishop, O'Neal, & Cairns, 2003). 이들은 다른 사람을 매료시키는 방법을 알고 있지만 자신이 원하는 것을 얻기 위해 강제력을 동원하지는 않는다(Hawley, 2003). 다시 말해 이들은 사회적으로는 언제나 성공적이지만, 인품이 언제나 괜찮은 것은 아니다. 많은 또래들이 그들의 집단에 소속되길 원하지만 동시에 그들을 건방지고 비열한 사람으로 간주하기도 한다.

인기 있는 청소년들이 종종 자신의 높은 위상을 유지하기 위해 사용하는 두 가지 수단은 **관계 공격**(relational aggression)과 **평판 공격**(reputational aggression)이다(Xie, Swift, Cairns, & Cairns, 2002). 관계 공격에는 다른 사람이 규칙을 지키게 하기 위해 친구를 이용하는 것이 포함된다. 예를 들어 여러분이 그만두라고 할 때까지 여러분의 친구들이 다른 사람을 몰아세우겠다는 약속을 하도록 만들 수 있다. 평판 공격은 특정 개인의 사회적 위상을 손상시키기 위해 개인에 관해 거짓말과 루머를 퍼뜨리는 것이다. 예를 들어 새라가 지난 주말 빅게임 이후에 남자 농구팀 전원과 성관계를 가진 것을 알고 있다고 말하는 것이다. 처음에는 평판 공격이 사용된다. 그러나 이것이 효과가 없으면, 분수를 알도록 관계 공격이 사용된다. 소녀들은 소년들에 비해 관계 공격을 더 많이 사용하는 것으로 보이며, 소년들은 흔히 보다 직접적인 언어적 모욕이나 신체적 공격을 많이 사용한다(Crick, 1997). 또한 청소년들은 아동들보다 관계 공격과 평판 공격을 더 많이 사용하는 것 같다(Rose, Swenson, & Waller, 2004). 중학교에 입학할 때, 사회적

<table>
<tr><td>

알고 싶은 것

▶ **청소년들은 서로 동조하도록 압력을 가하는가?**

그렇다. 그러나 항상 드러내 놓고 하는 것은 아니다. 대신에 청소년들은 서로 동조하도록 부추기는 비언어적인 신호, 인정, 주의집중 및 괴롭히기 등을 사용한다.

</td></tr>
</table>

양상은 더욱 악의적이 된다.

인기를 얻는 길

동조

우정관계에서 청소년들은 유사성을 최대화할 수 있는 친구를 선택한다(Urberg, Degirmencioglu, & Tolson, 1998). 친구의 태도나 행동이 자신과 잘 맞지 않는 불균형 상태에 있게 되면, 청소년들은 그 친구와 절교하고 다른 친구를 찾거나, 아니면 그 친구와의 관계를 유지하면서 자신의 행동을 수정할 것이다.

동년배 소집단(clique)과 동년배 집단도 같은 방식으로 작동한다. 각 집단은 그 나름의 성격을 지닌다. 구성원들이 옷을 입는 형태와 외모, 학업성적, 과외활동, 사회적 기술, 사회경제 수준, 평판 및 성격 특질에 따라 그 집단의 특성이 드러난다. 개인이 특정 집단에 소속되는 방식 중 하나는 그 집단의 다른 구성원들과 같아지는 것이다. 여기에는 그들만의 은어를 사용하는 것, 특정 핀이나 리본을 다는 것, 혹은 색깔이 다른 양말을 한 짝씩 신는 것 등이 포함될 수 있다. 한 가지 유행이 생기면, 그 집단에 있는 모든 사람이 그것을 채택한다. 이것에서 벗어나는 사람들은 집단에서 배제된다.

물론 동조성은 그 집단의 성질과 집단이 추구하는 가치에 따라 청소년에게 긍정적 영향을 미칠 수도 있고 부정적 영향을 미칠 수도 있다. 비행집단에 소속되고 싶은 청소년이 도둑질을 해야만 하는 것은 분명한 동조 현상이다. 그러나 이런 행동은 정상적인 또래 규범에서 보면 문제가 된다.

동조 욕구는 청소년의 가족 적응도에 따라 달라진다. 가족과 적응이 잘 되고 부모를 좋아하는 청소년들은 적

어도 일부 영역에서는 또래의 요구에 동조해야 할 필요가 적어진다. 따라서 의사결정에 직면했을 때 또래의 의견보다는 부모의 의견을 따른다. 중요한 점은 부모에 대한 전반적인 적응은 청소년들이 부모에게 동조하느냐 아니면 또래에 동조하느냐 하는 정도에 영향을 준다는 것이다.

여자 청소년들이 남자 청소년들보다 더 동조를 잘하는 것으로 나타나고 있다. 소녀집단의 구성원들은 소년집단의 구성원들보다 조화로운 관계, 사회적 인정과 수용, 그리고 또래의 기대에 부응하는 데 관심이 더 많다. 고등학생의 또래 압력에 관한 한 연구에서, 또래 압력은 소년보다 소녀들에게 더 중요하고 크게 영향을 미치는 요인이었다. 소녀들은 소년들보다 훨씬 더 많은 또래 압력을 보고하였다(Brown, 1982). 또래 압력의 내용을 보면, 소녀들은 조직에서 열심히 활동하는 것과 '멋진 여성'이 되는 것이었고, 소년들은 남성적인 운동을 하는 것, 약물이나 술을 복용하는 것, 그리고 성 경험을 하는 것 등이었다.

또래가 어떻게 서로 동조를 부추기는가? 놀라운 것은 대부분의 십대들이 직접적인 **동조 압력**을 거의 보고하지 않는다는 것이다(Bradford-Brown & Klute, 2003). 달리 말하면, 청소년들은 동조하라고 서로 명령하지도 않고, 동조하지 않으면 거절당하거나 관계가 악화되리라는 위협을 가하지도 않는다. 그러나 또래는 **규범적 조절**(normative regulation) 역할을 한다(Brown & Theobald, 1999). 즉 친구는 서로 단결하며 비슷하게 행동할 것이라는 무언의 이해가 있다. 때때로 또래는 미묘한 비언어적 신호를 통해 서로의 행동에 대한 인정이나 거부를 표시한다.

동조를 부추기는 다른 두 가지 기법이 있다. Bandura (1971)에 의해 최초로 제안된 개념인 모델링은 영향을 미치는 아주 중요한 방법이다. 십대들은 서로의 행동, 특히 가장 인기 있는 사람들의 행동을 모방한다. 또한 친구는 특정 행동을 할 수 있는 기회를 제공한다. 어떤 십대 소년이 모든 친구에게 함께 축구를 하자고 초청한다면, 그 초대에 응한 사람들은 모두 동일한 활동을 하면서 오후를 보낼 것이다.

성취

집단의 수용과 인정을 얻는 또 다른 방식은 스포츠나 동아리, 여가활동 또는 학업에서의 성취이다. 성취를 통해 개인이 얻는 인정과 수용은 또래집단이 그 성취에 어느 정도의 지위를 부여하느냐에 따라 달라진다.

연구를 통해 얻어진 일관성 있는 결과는 공부만 하는 학생들보다는 운동선수들이 더 높은 사회적 지위를 얻는다는 것이다. 예를 들어 Landsheer, Maasen, Bisschop 및 Adema(1998)는 수학, 과학 성적과 또래로부터의 인기 간에 부적 상관이 있음을 보여 주었다. 이러한 결과에 관해 연구자들은 학업적으로 스트레스를 받는 학생들이 공부하는 데 보내는 시간 때문에 또래와의 상호작용 기회가 줄어들어, 젊은이들이 가치 있게 여기는 자율성이 감소하기 때문일 것으로 설명하였다. 다른 연구자들은 십대 영재들이 다른 청소년들에 비해 혼자 있는 시간이 많지만, 혼자 하는 활동을 더 즐기기 때문에 고독하지 않고 불행하지 않다고 결론 내리고 있다(Csikszentmihalyi, Rathunde, & Whalen, 1993). 운동도 잘하면서 공부도 잘하는 학생들이 가장 인기 있는데, 이는 청소년들이 공부와 운동 둘 다에 높은 지위를 부여한다는 것을 시사해 준다.

참여

교내 동아리에 가입하고 다양한 교외활동에 참여하는 것은 청소년들이 사회적 수용을 얻을 수 있는 한 방식이다(Dubois & Hirsch, 1993). 한 연구에서 교외활동에 참여하는 가장 중요한 동기는 소속에 대한 욕구로 밝혀졌다(Bergin, 1989). 가장 인기 있는 학생들은 여러 가지 활동에 참여하는 학생이었는데, 이들은 다양한 교내 활동에 참여할 뿐만 아니라 지역에서 제공하는 여러 청년 활동에도 참여하고, 친구들이 선망하는 각종 사회활동과 여가활동에도 참여하였다.

청소년들의 집단생활은 일종의 **무리생활**(herd life)이다. 무리는 쉬고 대화하기 위해 지역의 소굴에 모인다. 이 무리들은 자동차를 타고 돌아다니며, 영화를 보고, 춤추고, 록 콘서트에 가고, 스키를 타고, 해변에 가기도 한다. 이 무리들은 지역에 있는 쇼핑몰에서 시간을 보내기도 한다(Anthony, 1985). 사회의 일원이 되려면 개인은 이 무리에 가입하고 함께 있어야 한다.

신체적 매력

신체적 매력 역시 인기에 영향을 준다. 한 연구에서, 270명의 중학교 3학년 학생들에게 학교 숙제를 함께 하고 싶은 가상의 동성 또래의 수용 정도를 평가하게 하였다. 참가자들은 성적이 좋든 나쁘든 관계없이, 신체적으로 매력적인 파트너를 그렇지 않은 파트너보다 더 수용할 수 있다고 일관성 있게 평가하였다. 소년과 소녀 모두 외모가 준수한 파트너 갖는 것을 가치 있게 여겼다(Boyatzis, Baloff, & Durieux, 1998).

교사들조차 신체적으로 매력적인 학생들을 그렇지 않은 학생들보다 학문적으로 더 유능하다고 평가하는 것으로 나타났다(Lerner, Delaney, Hess, Jovanovic, & von Eye, 1990). 그러나 덜 매력적인 학생들을 더 잘 알게 된 후에는 청소년들과 성인 모두 신체적 매력을 덜 중요시하기 시작하고 다른 자질들을 더 중요하게 여기게 된다. 나이가 들수록, 청소년들은 친구관계에서 대인관계 요인들을 더 중요시하고 성취와 신체적 특성은 덜 중요시하게 된다.

일탈

지금까지, 일탈행동—즉 대다수의 젊은이들과는 다르고, 규범에서 벗어났으며, 특정 집단에서는 수용 가능한 행동—을 통한 집단의 수용에 관해서는 거의 언급하지 않았다. 외현적으로 공격적이고 적대적인 행동은 대체로 사회에서는 용납되지 않지만, 빈민가 갱집단에서는 집단에 소속되는 전제 조건이 될 수 있다. 마찬가지로, 학교에서는 나쁜 평판(싸움꾼, 말썽꾸러기, 비협조자, 반사회자, 성적으로 문란한 자, 비행 청소년)을 들을 수 있는 행동들이 비행 청소년 집단에서는 좋은 평판을 얻을 수 있다.

자신보다 어리고 약한 학생들을 심하게 공격하고 괴롭히는 12~16세 사이의 소년들에 관한 한 연구에서는 이렇게 남을 괴롭히는 소년들이 다른 소년들 사이에서 보통의 인기를 누리는 것을 보여 주었다(Olweus, 1994). 반면 공격의 대상이 된 피해 소년들은 괴롭히는 소년들보다 훨씬 더 인기가 없었다. 이 사실은 집단행

> **알고 싶은 것**
>
> ▶ **청소년들이 인기를 얻게 되는 이유는 무엇인가?**
>
> 인기 있는 청소년들은 운동을 잘하고(특히 소년들의 경우), 많은 활동에 참여하고, 성적이 좋고, 외향적이다. 신체적 매력 역시 인기를 높이는 요인이다.

동의 준거가 집단에 따라 달라지기 때문에, 인기는 고정된 준거에 좌우되기보다는 집단 동조성에 좌우된다는 것을 보여 주고 있다.

반사회적 청소년들이 좋은 친구가 될 수 없을 것처럼 보이지만, 사실은 그렇지 않다. 실제로 비행 청소년 간의 우정관계는 아주 친밀하다(Hussong, 2000). 불행하게도, 앞에서 언급된 모델링, 기회, 그리고 규범적 조절과 같은 기제 탓에, 비행 청소년들과 우정을 맺는 청소년들은 종종 잘못된 행동으로 끝을 맺게 된다.

또래 상호작용의 어두운 면 : 또래 괴롭힘

또래 괴롭힘(bullying)은 타인을 해치려는 의도를 지닌 정당한 이유가 없는 공격 행동이다. 일반적으로 또래 괴롭힘은 계속 반복되며, 괴롭히는 가해자와 괴롭힘을 당하는 피해자 간의 지각된 힘의 차이에서 발생한다(Olweus, 2001; Rigby, 2002). 또래 괴롭힘은 학교에서 발생하는 가장 흔한 공격 행동 양상이며(Smith, Walker, Fields, Brookins, & Seay, 1999), 참혹할 정도로 흔하다. 청소년의 절반 이상이 다른 학생을 괴롭힌 적과 자신이 괴롭힘을 당한 적이 모두 있다고 보고하고 있다(Bond, Carlin, Thomas, Rubin, & Patton, 2001). 또래 괴롭힘은 신체적 공격, 조롱하기, 피하기 등 다양한 형태가 있다(Tanaka, 2001). 또래 괴롭힘은 한 개인에 의해 이루어질 수도 있지만, 보통 적극적으로 지지하거나 수동적으로 방관하는 또래들이 있을 때 발생한다(Karatzias, Power, & Swanson, 2002; Salmivalli, Kaukiainen, & Lageropetz, 1999).

또래 괴롭힘의 피해자는 정서적으로 불안정하고, 조용하며, 수줍음을 많이 탄다(Olweus, 1994). 이들은 친구가 거의 없고 신체적으로 약하다(Card, 2003). 이들은

신체적 매력이 없거나(Sweeting & West, 2001) 괴롭히는 아이들과는 인종이 다른 집단 출신이다(Siann, Callaghan, Glisson Lockhart, & Rawson, 1999). 이들은 종종 가난한 학생들이거나 아니면 지나치게 강한 학생들이다(Horowitz et al., 2004).

또래 괴롭힘은 피해자에게 지대한 영향을 미친다. 단기적으로 보면 일단 친구들이 없어지는데, 이는 다른 아이들이 피해자와 친하면 자신들도 또래 괴롭힘의 대상이 될까 봐 두려워하기 때문이다(Batsche & Knoff, 1994). 피해자들은 학교를 회피하기 시작하고(Kochenderfer & Ladd, 1997), 자살을 시도하거나 자살한다(Tanaka, 2001). 그리고 시간이 지나 나이가 더 들었을 경우에는 우울해질 가능성이 높다(Bond, Carlin, Thomas, Rubin, & Patton, 2001).

가해자들, 특히 남학생 가해자들을 보면, 부모가 냉정하고, 자녀를 거부하며, 권위주의적이고, 집안이 가난한 학생들이 많다(Baldry & Farrington, 2000). 가해자들의 자기존중감이 높은가 낮은가에 관한 연구결과는 일관성이 없다(Smith, 2004). 물리적 폭력을 사용하는 가해자들은 나이가 들어서도 폭력을 사용할 가능성이 있다(Olweus, 1993). 소수이긴 하지만 가해자인 동시에 피해자이기도 한 경우도 있다. 이런 청소년들은 가해자이기만 하거나 피해자이기만 한 청소년들보다 더 상태가 나쁘다(Wolke, Woods, Bloomfield, & Korstadt, 2000). 이들은 다른 사람들에게 적대적으로 행동할 뿐만 아니라 다른 사람들에게 미움을 받아 괴롭힘의 대상으로 지목되기도 한다. 이런 청소년의 일부는 주의력결핍 과잉행동장애를 갖고 있다(Griffin & Gross, 2003).

다행스럽게도 또래 괴롭힘을 예방하는 데 아주 효과적인 일부 학교 프로그램들이 개발되었다. 이런 프로그램들이 제대로 운영된다면, 또래 괴롭힘의 비율은 50~75%까지 낮아질 수 있다(Olweus, 1994). 최근 Greene(2006)은 가장 효과적인 개입이 지닌 특성들을 정리했다.

1. 가해자와 피해자뿐만 아니라 모든 학생들이 적극적으로 개입해야만 한다. 모든 학생들이 또래 괴롭힘을 저지하는 규칙과 또래 괴롭힘이 누구에게 일어나고 있는지 알 필요가 있으며, 또래 괴롭힘에 반대하는 태도를 개발할 필요가 있다. 잠재적인 또래 괴롭힘 상황을 분산시키는 책략들을 배우는 것도 도움이 된다.

2. 교사들도 참여해야만 한다. 교사들은 학급에 있는 학생들의 행동을 통제할 뿐만 아니라 사회적 기술을 가르치고 어떤 일이 일어나고 있는지 감시

Research Highlight   사이버 괴롭힘

컴퓨터와 인터넷은 학생들의 학습을 증진시키고 사람들 간의 의사소통을 촉진시키는 힘이 있지만, 동시에 새로운 형태의 괴롭힘(사이버 괴롭힘)을 낳기도 한다(Beran & Li, 2005). Willard(2004)에 따르면, 사이버 괴롭힘에는 인터넷이나 기타 디지털 통신 수단을 이용하여 해가 되거나 무례한 글이나 이미지를 보내는 것이 포함된다. 구체적인 예로 다음의 것들이 포함된다 : (1) 욕설이나 위협적인 메시지를 보내는 것, (2) 타인을 조롱하는 이야기나 사진을 첨부하는 것, (3) 수치심을 느낄 만한 음란물을 보내는 것, (4) 웹 상에서 타인에 관해 헛소문을 퍼뜨리는 것, (5) 이메일로 보낸 개인 정보를 복사하는 것 또는 다른 사람을 조롱하도록 권유하는 즉각적인 메시지 등.

사이버 괴롭힘은 아직까지 잘 연구되지는 않았지만, 만연된 현상으로 보인다. Beran과 Li(2005)는 그들이 연구한 캐나다 청소년의 25%가 사이버 괴롭힘을 당했고, 50%는 적어도 온라인에서 괴롭힘을 당한 십대를 한 명 이상 알고 있다고 응답하였다. 영국에서 행해진 한 연구도 이와 아주 비슷한 결과를 보고하고 있다(National Children's Home, 2002).

관습적으로 보면, 남자들이 여자들보다 남을 더 괴롭힐 것으로 생각된다. 사이버 공간에서도 이것이 사실일까? 그런 것 같다. Li(2006)는 남자 청소년들은 여자 청소년들에 비해 약 2배 정도 사이버 괴롭힘을 더 수용함을 발견하였다.

더욱이, Li(2006)는 피해자들의 1/3 정도가 반복적으로 사이버 괴롭힘을 받았음을 확인하였다. 대부분의 피해자들은 성인에게 말하지 않았는데, 학교에서 일어난 괴롭힘조차 그랬다. 학생들은 사이버 괴롭힘을 멈출 수 있을 것으로 생각하지 않는 것 같다. 불행하게도, 이들의 판단이 옳은 것 같다. 표현의 자유를 보호하는 법 때문에 사이버 괴롭힘을 막는 것은 어렵다.

Personal Issues   수줍은 청소년 도와주기

사회적 상황에서 수줍음이 많은 청소년들이 보다 자신감을 갖도록 효과적으로 도울 수 있는 몇 가지 기법이 있다. 예를 들어 **인지-행동 수정**은 수줍음이 많은 개인이 흔하게 가지고 있는 불안-유발 사고를 완화시키는 데 도움이 된다. 이런 사람들은 먼저 자기를 불편하게 만드는 인지("아무도 나를 좋아하지 않는다.", "누군가에게 말하려고 할 때마다 항상 바보가 되어 버린다.")가 무엇인지 알게 한 후에, 이러한 생각에 대해 부드럽게 논박을 가한다. 자신이 느끼는 만큼 그렇게 암담한 것은 아니라는 것을 개인이 깨달으면 자신감이 증가한다. 또한 파괴적인 생각에 사로잡히면 보다 긍정적인 메시지("나는 유머 감각이 있다. 많은 사람들이 나와 이야기하는 것을 좋아한다.")로 대체하도록 배운다.

수줍음이 많은 청소년들은 사람을 만날 경우에 도움이 되는 사회적 기술을 배울 수도 있다. 예를 들어 효과적으로 대화를 시작하는 법, 다른 사람의 말을 경청하는 법, 말할 때 눈 맞춤을 하는 법 등은 상호작용을 보다 즐겁게 만들고 자신감도 높인다. 연습을 통해 이러한 새로운 기술들은 점차 습관화된다.

수줍음을 많이 타는 청소년들은 다른 사람과 상호작용할 때 진정하는 법을 배울 수 있다. 심호흡이나 근육 이완과 같은 다양한 이완 기법은 대화하기 전이나 대화하는 동안 스스로를 진정시키는 데 도움이 된다. 부정적인 사회적 경험 때문에 공황을 느끼는 조건화된 공포 반응은 전통적인 소거 기법을 사용하여 완화되거나 제거될 수 있다.

끝으로, 증상이 심한 경우에는 약물치료를 통해 사회적 불안을 경감시킬 수 있다. 프로작이나 팍실 같은 항우울제가 처방될 수 있는데, 이는 구체적이고 제한된 상황에서만 사회적으로 불안해지는 사람들에게 보다 효과적이다.

수줍음이 많은 사람들이 조용히 고통만 받을 수는 없다. 도움을 구하면, 이들은 꽤 신속하게 보다 평안해지는 방법을 배울 수 있다. 대부분의 대학 상담 센터에서는 사회불안이 있는 사람들을 위한 집단 상담을 하기도 하고 필요한 경우 다른 상담자에게 개인을 의뢰하기도 한다. 이와 관련된 모든 처치에 관한 개관을 위해서는 Beidel과 Turner(1998)를 참조하라.

해야 한다.

3. 공정하고 전체 학교에 다 적용될 수 있는 정책이 제정되어야 한다. 학교관리자들은 교사들이 또래 괴롭힘을 심각하게 여기며, 어쩔 수 없는 정상적인 행동으로 보지 않도록 훈련받아야 한다는 것을 분명히 알고 있어야 한다. 또한 관리자들은 또래 괴롭힘이 발생했을 때 교사들이 이에 대처할 수 있는 적절한 훈련을 받아야 한다는 것을 알아야 한다. 그리고 또래를 괴롭히는 가해자에게 일관성 있는 제재를 가할 수 있어야 한다.

4. 가장 좋은 프로그램은 부모와 관련 지역 구성원들도 포함되어야 한다. 학교는 현장에서 발생한 것만 직접 다룰 수 있다. 시간이 지나면 다른 사람들이 이것을 떠맡아야 한다.

5. 또래 괴롭힘의 구체적인 동기가 무엇인지 각 학교에서 다루어져야 한다. 만약 주된 원인이 인종 문제라면, 이런 주제를 다루어야 한다. 성희롱이 문제라면, 이 주제에 초점을 둔 프로그램이 필요하다. 학교는 또래 괴롭힘의 구체적인 형태에도 역점을 두어 다루어야 한다.

6. 계속된 노력이 있어야만 한다. 단기적 중재는 거의 효과가 지속되지 않는다.

이성교제

심리사회적 발달

청소년 중기의 가장 중요한 사회적 목표 중 하나는 이성교제이다(Miller, 1990). 심리사회적 발달 과정에서 아동은 다음의 세 단계를 거치게 된다.

1. **자기교제** : 첫 번째 단계인 자기교제(autosociality)는 학령전 초기 시기로 아동의 주된 즐거움과 만족이 자신에게 있는 시기이다. 이것은 다른 아동들과 함께 있기를 원하지만, 어울려 놀지 못하고 옆에서 각자 노는 2세 아동에게서 나타나는 전형적인 행동이다. 친구 하나 없이 홀로 있는 청소년은 발달적으로 여전히 이 단계에 있는 것이다.

2. **동성교제** : 두 번째 단계인 동성교제(homosociality)는 초등학교 시기로, 아동의 주된 즐거움과

만족이 동성의 다른 아동들과 함께 있는 것인데, 이는 성적인 목적이 아니라 친구관계 및 친구와 어울리는 목적으로 함께 하는 것이다(Bukowski, Gauze, Hoza, & Newcomb, 1993). 정상적인 모든 아동들이 동성의 친구관계를 형성하는 이 단계를 거친다(Lempers & Clark-Lempers, 1993). 청소년기 이전에 동성과 우정관계를 형성하는 것은 정체감 형성과 그 후의 이성과의 유대를 형성하는 데 매우 중요하다. 동성 친구와의 '교감 교환'을 통해, 청소년 전기에 자신에 대한 인식이 풍요로워지고 자기가치를 확인할 수 있다(Paul & White, 1990). 이 단계 동안 아동들은 이성과 어울리는 것을 적극적으로 회피하고(Adler, Kleiss, & Adler, 1992), 아동들이 중성적인 활동을 할 때조차 성 분리가 심화된다. 아동 중기에는 자신과 반대되는 성을 매우 적대적으로 여기게 된다. Thorne(1986)은 이것을 '테두리 작업'으로 칭하고, 이것이 두 성 간의 경계선을 더욱 강조하게 되는 것으로 생각한다. 이런 뚜렷한 성 분리는 거의 보편적인 현상으로 스웨텐(Tietjen, 1982)과 서부 케냐(Harkness & Super, 1985)처럼 아주 이질적인 문화에서도 나타나고 있다.

3. **이성교제** : 마지막 단계인 이성교제(heterosociality)는 청소년기와 성인기로 개인의 즐거움과 우정을 동성과 이성 모두에게서 찾는 단계이다(Goff, 1990). 친밀감 발달은 후기 청소년이 감당해야 할 가장 중요한 과업의 하나이다(Paul & White, 1990). 이성과의 친밀관계를 형성하지 못하면 불안이 높아지고, 자신의 성에 대한 두려움이 생기고, 자아존중감이 낮아질 수 있다. 보다 나이 든 청소년들은 자신이 이성관계에서 부적절하다는 느낌을 쉽게 가질 수 있는 취약성을 지닌다.

이성을 사귀는 것이 일부 청소년들에게는 고통스러운 과정이 된다. 아래에 소개된 'Personal Issues'에는 이성교제를 하고 싶은 중기 청소년들이 염려하는 질문들이 제시되어 있다.

성적 성숙이 일어남에 따라 이성에 관한 생물학적-정서적 인식이 생기고, 적대적 태도가 줄어들며, 정서

알고 싶은 것

▶ **이성 친구를 갖는 것이 청소년에게 좋은가?**

그렇다. 이성과의 우정관계는 남자 청소년과 여자 청소년 모두에게 좋다. 소녀들은 이성 옆에서 편안해지는 것과 소년들이 무엇을 생각하는지 알게 됨으로써 유익을 얻는다. 소년들은 자신의 감정을 개방할 기회를 갖게 됨으로써 이런 유익을 얻는다.

Personal Issues　　사회성 발달과 대인관계에 관한 중학생들의 질문

다음의 질문들은 가족생활 교육 수업을 듣는 청소년들이 묻는 것으로, 사회성 발달과 대인관계에 관한 중학생들의 관심을 보여 준다.

▶ 어떻게 하면 사람들 앞에서 부끄러움을 많이 타는 것을 극복할 수 있나요?
▶ 인기를 얻으려면 모두의 말을 따라야 하나요?
▶ 여자들은 남자가 진정으로 자기를 좋아한다고 말할 때까지 기다려야 하나요?
▶ 새로운 상대를 만날 때 왜 자의식이 강해지는 걸까요?
▶ 지금 당장 데이트를 못하면 어떡하죠?
▶ 어떻게 하면 남자아이가 나를 주목하고 좋아하게 할 수 있

을까요?
▶ 남자아이들은 왜 소개받는 것이 수줍어 도망가나요?
▶ 어떻게 하면 다른 사람들이 나를 좋아하게 할 수 있나요?
▶ 남자들은 여자에게 무엇을 기대하나요?
▶ 언제 데이트를 시작할 수 있나요?
▶ 여자에게 데이트 신청하는 것이 두려울 때, 어떻게 하면 되나요?
▶ 여자에게 말을 걸려면 어떻게 해야 하나요?
▶ 상대방에게 데이트를 하자는 말도 못 건네는 겁쟁이인데, 어떻게 하면 좋을까요?
▶ 어떻게 하면 이성에게 멋지게 보일 수 있을까요?

표 8.1 심리사회적 발달의 연령과 단계	
연령	**단계**
영아기	자기교제 : 남자아이와 여자아이 모두 자신에게만 관심이 있다.
2~7세 무렵	성에 관계없이 다른 아동과 사귀려 한다.
8~12세 무렵	동성교제 : 아동들은 동성의 다른 아동들과 놀기를 더 좋아한다. 성 간에 약간의 반목이 있다.
13~14세	이성교제 : 소년과 소녀가 서로에게 관심을 갖는다.
15~16세	일부 소년들은 소녀들과 짝이 된다.
17~18세	대다수의 청소년들이 데이트를 한다.

적 반응이 일어나기 시작한다. 전에는 겁 많고 놀림과 미움을 받던 여자아이가 이제는 새롭게 근사한 유혹의 대상으로 변한다. 성장하는 남자아이는 한편으로 이런 여자에게 매혹되면서, 다른 한편으로는 두렵고 당혹스럽다. 따라서 남자아이는 "어떻게 하면 여자아이에게 말을 걸 수 있을까?"라는 질문을 하게 된다.

남자아이들의 첫 번째 노력은 모종의 물리적 접촉을 통해 상대를 괴롭히는 것이다 : 여자아이의 책을 훔치고, 머리를 잡아당기고, 눈덩이를 던지는 등. 이 경우 상대 여자아이의 반응은 종종 문화적 조건화로 예측 가능하다 : 고함을 지르고, 도망가고(남자아이로부터 멀어지거나 남자의 뒤로 물러가거나), 당황한 척한다. 남자아이는 여자아이에게 능숙하게 이야기하지 못하지만, 소동을 벌일 줄은 안다. 따라서 남자아이는 처음으로 정서가 담긴 이성적 접촉을 하는 방법으로 이러한 유서 깊은 방식을 사용한다.

이러한 초기 접촉은 점진적으로 보다 세련된 방식으로 나아가게 된다. 짓궂게 구는 것은 어린아이들의 짓이 되어버렸다. 자신감 있고, 안정되고, 침착하고, 대화를 잘하고, 사회적 상황에서 편안하고 매너 있게 행동하는 것이 이 시기에 주로 하는 일이다. 집단적으로 대하던 남자/여자 관계가 두 사람의 일대일 관계로 바뀌는데, 이것이 우정관계나 서로를 발견하는 사랑으로 깊어진다. 표 8.1에 일반적인 심리사회적 발달 단계가 제시되어 있다.

전반적으로 볼 때 이성관계를 선택하는 평균 연령이 점차 낮아지고 있는데, 이것은 아마도 보다 일찍 성적으로 성숙하며 사회적 관습이 변하기 때문일 것이다. 초기 단계에서는 남자 친구/여자 친구 관계가 호혜적이지 않을 수 있고, 상대방이 사랑의 대상으로 인식되지 않을 수 있다. 그러나 나이가 들면서, 기대한 호혜성과 실질적 호혜성이 일치하기 시작한다.

일부 십대 게이와 레즈비언들은 청소년 초기부터 자신의 성적 지향을 알고 있다. 물론 이들은 이성에 대해 낭만적 애착 욕구나 욕망을 느끼지 않을 수 있다. 동성애자 청소년들도 이성과의 우정이나 다른 편안한 인간관계를 형성할 필요가 있다. 또한 이들은 동성과의 연애관계를 추구하는 것도 배워야 한다. 편견과 거부에 대한 두려움이 큰 탓에, 게이와 레즈비언 젊은이들은 종종 동성애가 이성과의 연애관계로 나아가는 것보다 훨씬 더 어렵다는 것을 알게 된다.

청소년기 사랑과 홀딱 반하기

사랑은 청소년들의 공통 관심사이다. 한 조사는 12~18세 미국 청소년의 반 이상이 지난 18개월 내에 낭만적 관계를 가진 적이 있다고 보고하였다(Furman & Shaffer, 2003). 대부분의 미국 십대들은 청소년 초기에 처음으로 사랑에 빠진다(Montgomery & Sorrell, 1998). 혼자 있을 때조차, 고등학생들은 적어도 일주일에 다섯 시간 정도는 실제로 좋아하는 사람이나 상상의 연애 대상을 생각한다고 보고한다(Richards, Crowe, Larson, & Swarr, 1998). 소녀에 대한 소년들의 사랑이 소년에 대한 소녀들의 사랑에 비해 신체적 매력에 더 근거를 두기 때문에 (Feiring, 1996), 소년들은 소녀보다 더 일찍 사랑에 빠지기 시작하고, 언젠가 사랑에 빠질 가능성이 더 높으며, 청소년기인 현재 사랑에 빠져 있는 경우가 많다(Montgomery & Sorrell, 1998).

사랑에 빠지는 것은 대부분의 사람들의 삶에 긍정적으로 작용한다. 사랑이 호혜적이 되면, 그 사랑은 충족감과 황홀감을 느끼게 한다. 사랑에 빠져 있다고 보고한 대학생 커플들은 가장 행복하다고 응답하였다. 또한 낭만적 관계는 정체감 탐색을 돕고 청소년이 부모로부터 정서적으로 분리되는 데 도움을 준다(Gray & Steinberg, 1999).

청소년들은 자신이 잘 모르는 누군가에게 완전히 홀딱 빠져 그 사람과의 낭만적 사랑을 꿈꾸게 된다. 이들은 종종 잘 모르고 말도 걸어 보지 않은 사람과 사랑에 빠져 있다고 보고한다. 청소년 후기까지, 십대들은 자신의 감정을 '사랑'이라고 명명하는 데 매우 조심스럽다(Montgomery & Sorrell, 1998).

강렬한 사랑은 모험적인 사업이 될 수 있다. 성공은 기쁨을 주고 실패는 절망을 가져다준다. 짝사랑은 공허감과 불안을 초래한다. 청소년에게 있어서 실연은 마음을 황폐화시키는 경험이 될 수 있다.

실연

낭만적 관계의 상실은 중요한 생활 변화 사건이 되며, 따라서 남자 친구나 여자 친구가 자기를 떠날 때 청소년들의 마음은 종종 황폐해진다. 부모와 성인들은 청소년들이 느끼는 슬픔을 과소평가한다. 성인들의 입장에서 보면, 이들의 관계는 간단하고 중요하지 않은 것이다. 성인들은 다음과 같은 다양한 유형의 위로를 할 수 있다 : "넌 사랑을 알기에는 아직 나이가 너무 어려. 이것은 진짜 사랑이 아니야.", "내일이면 나아질 거야.", "아직 나이가 젊은데, 더 좋은 사람을 만날 기회가 많아." 또는 "이 사람에 대해 다시 한 번 생각해 봐야겠다." 그러나 청소년의 입장에서 보면, 이 관계는 오랫동안 지속된 관계일 수도 있다. 낭만적 관계의 붕괴 경험은 청소년기 우울증, 자살 및 살인의 가장 흔한 원인에 속한다(Joyner & Udry, 2000).

알고 싶은 것

▶ 십대 소년은 십대 소녀만큼 쉽게 사랑에 빠지는가?
십대 소년은 십대 소녀보다 더 쉽게 사랑에 빠진다. 즉 소년은 더 빨리 그리고 더 자주 사랑에 빠진다.

실제로 청소년들의 자아가 발달 중에 있고, 대처기술도 온전하게 발달되어 있지 않기 때문에 청소년들은 상실에 특히 취약하다. 청소년들은 낭만적 관계를 형성할 때 그 상대와 미래에 관한 환상적 꿈을 꾸는 경향이 있기 때문에 상실에 대해 더욱 취약해진다.

어떤 관계에서 정서적으로 분리되는 데에는 상당한 시간과 노력이 든다. 청소년들은 종종 깊은 슬픔을 경험하는데, 깊은 슬픔은 집안일이나 직장에 대한 책임감을 상실하게 만들고, 학업과 옷에 신경을 쓰지 않게 만들 뿐만 아니라 학업 성적을 떨어뜨리고 건강 문제를 일으킬 수 있다. 청소년들은 사회적으로 철수하여 혼자 많은 시간을 보내게 되고 식사도 자기 방에서 혼자서 한다. 이들은 슬픈 음악을 들으면서 이전 상대를 생각하며 계속 환상을 갖는다. 이들은 이제 아무도 사랑할 수 없다는 절망감을 표현할 수 있다. 이들은 또한 약물이나 알코올 사용을 시도해 보기도 한다. 상실에 대해서는 아무런 반응을 보이지 않지만, 상실 후 흥분되어 새로운 강렬한 관계를 너무 빨리 시작하는 청소년들에게도 관심을 가질 필요가 있다. 사랑하는 사람의 상실은 청소년기 자살의 중요한 요인으로 확인되었다.

Kaczmarek과 Backlund(1991)의 글에서 인용한 아래의 기법들은 청소년들이 실연을 견뎌 낼 수 있도록 도와줄 수 있다.

- 청소년들이 실연으로 인해 생기는 심각한 감정을 정상적이고 예상되는 것으로 인식할 수 있도록 돕는다. 청소년들이 있는 그대로 느끼고 슬퍼할 수 있도록 허용할 필요가 있다.
- 청소년들이 감정과 생각을 표현하도록 격려한다.
- 슬픔의 과정에 대해 가르친다.
- 청소년들에게 가족과 친구를 활용하도록 격려한다.

이 경우 가족과 친구는 청소년의 고통을 인정해 주고, 상투적 위로를 하지 않아야 한다. 실연 경험이 있는 친구는 실연당한 청소년을 공감해 줄 수 있고 통찰을 준다.

● 청소년들이 감정을 서서히 가라앉히고 치료 과정을 시작할 수 있도록 허용해 준다.

● 다른 사람과 연계를 맺고 싶은 욕구와 철수하고 싶은 욕구 간에 균형을 유지하도록 격려한다.

● 휴식, 식사, 운동을 통해 청소년들이 자신의 건강을 돌볼 수 있도록 격려한다.

● 추억을 떨쳐내도록 제안한다. 이렇게 하는 것은 재결합에 대한 환상의 여지를 없앤다는 의미를 지닌다.

● 시간이 지나면 상처는 아문다는 것을 이해하도록 돕는다.

● 세상에는 궂은 날이 있으면 좋은 날도 있다는 것과 가끔 슬픔도 생긴다는 것을 이해하도록 돕는다.

● 중요한 의사결정을 미루고, 가급적 다른 큰 변화를 시도하지 않도록 제안하고, 슬픔이 인생의 중대한 변화를 초래하는 시기가 아님을 제안해 본다.

● 여가시간과 새로운 자유를 즐기는 새로운 방식을 찾도록 격려한다. 취미를 가져 보고, 새로운 친구를 사귀고, 다른 일이나 다른 활동을 해 보도록 제안한다. 이것은 자신감과 자아존중감을 회복하는 데 도움을 준다.

데이트

데이트는 보편적 현상은 아니다. 실제로 많은 사회에서 이성 간의 데이트나 혼전의 친밀한 접촉을 금하고 있다 (Hatfield & Rapson, 1996). 실제로 미국 청소년들이 하는 데이트, 즉 자유롭게 독립적으로 낭만적 파트너를 선택하고 연애를 결혼과 연계시키지 않는 데이트는 최근의 문화적 관습이다. 데이트가 구애가 아니라면, 데이트의 목적은 무엇인가? 청소년들은(성인들도) 왜 데이트를 하는가? 데이트를 하는 여러 가지 이유가 다음에 제시되어 있다.

1. 레크리에이션 : 데이트를 하는 한 가지 중요한 이유는 재미이다. 데이트는 즐거움을 준다. 따라서 데이트는 일종의 레크리에이션이고, 즐거움의 원천이다. 그 자체가 목적일 수 있다.

2. 결혼에 대한 책임감이 없는 교제 : 다른 사람과의 교제를 원하는 것은 데이트를 하는 강력한 동기 중 하나이다. 친교, 타인의 인정, 타인에 대한 애정을 원하는 것은 성장하는 사람이 지닌 정상적인 욕구이다.

3. 지위 상승, 분류 및 성취 : 사회경제적 수준이 높은 젊은이들이 사회경제적 수준이 낮은 젊은이들보다 데이트를 더 자주 한다. 일부 사람들은 지위를 얻고, 자신의 지위를 확인하고, 유지하기 위해 부분적으로 데이트를 활용한다. 어떤 집단에서의 멤버십은 데이트를 통한 지위 추구적인 측면과 관련

청소년들의 데이트 목적은 순수한 정신적 사랑에서부터 편안한 친구관계, 배우자 선택, 그리고 성적 경험과 낭만적 관계에 이르기까지 매우 다양하다.

Personal Issues   데이트에 관한 고등학생들의 질문

다음의 질문들은 가족생활 교육 수업을 듣는 청소년들이 자주 묻는 것으로, 고등학교 청소년들의 관심을 반영해 준다.
▶ 동시에 여러 명의 사람과 데이트를 해도 괜찮은가요?
▶ 정말로 사랑에 빠졌다는 것을 어떻게 알 수 있나요?
▶ 여자들은 왜 데이트를 거절하나요?

▶ 성관계를 원하지 않는다면 남자 친구가 따라 줄까요?
▶ 어떻게 하면 상대방에게 상처를 주지 않고 관계를 정리할 수 있나요?
▶ 나이차가 많은 이성과 데이트하는 것을 부모님이 싫어하면 어떻게 해야 하나요?

되어 있기도 하다. 지위를 얻고 확인하는 수단으로서 데이트의 역할은 급격하게 줄어들고 있지만, 여전히 이성 간 사회화에 주요 차원이 된다.

4. 사회화 : 데이트는 개인적 성장과 사회적 성장의 한 수단이다. 데이트를 통해 다양한 사람들을 알고, 이해하고, 잘 지내는 법을 배우게 된다. 젊은이들은 데이트를 통해 협동, 배려, 책임감, 다양한 사회적 기술, 에티켓 및 다른 사람과 상호작용하는 기법들을 배운다. 흔히 사회화는 데이트를 하는 한 이유가 아닐 수 있지만, 이런 활동으로 얻는 유익이 있음은 틀림없다.

5. 성적 실험 또는 성적 만족 : 많은 청소년들이 성 경험을 하게 됨에 따라 데이트는 성 지향적이라는 것을 보여 주는 연구들이 있다. 데이트가 성 경험을 하도록 만드는지 아니면 데이트를 통해 성이 개발되는지는 개인의 태도, 감정, 동기 및 가치에 따라 달라진다. 대부분의 연구에서 남성들은 여성보다 인간관계에서 성적 접촉을 더 원하는 것으로 나타나는데, 이러한 괴리는 잠재적 갈등의 원천이 된다.

6. 친밀감의 형성 : 친밀감의 발달은 젊은이들의 중요한 심리사회적 과제이다. 친밀감에는 개방성, 공유하기, 상호 신뢰, 존중, 애정 및 충성 등이 포함된다. 따라서 친밀한 관계는 가깝고, 지속적이고, 사랑과 관여가 포함되는 특징을 지니고 있다. 친밀감을 발달시키는 역량은 사람에 따라 차이가 있다. 나이가 들면서 남성들이 상대방에게 더 가까워지고 더 지지적이 되면서 청소년 후기에는 성차가 줄어들긴 하지만, 남성보다 여성들이 친밀감을 더 가치 있게 여긴다(Eaton, Mitchell, & Jolley, 1991).

일반적으로 여성은 남성보다 더 쉽게 친밀하게 이야기할 수 있다.

7. 배우자 선택 : 이것이 의식적 동기이든 아니든, 배우자 선택은 궁극적으로 일어나는 것인데, 특히 이전에 데이트 경험이 있는 나이 든 젊은이들에게서 더욱 그렇다. 데이트 기간이 길어질수록 서로에 대한 환상은 그만큼 줄고 서로를 알 기회는 더 많아진다. 또한 데이트는 두 사람이 짝이 되는 기회를 제공해 준다. 두 사람의 신체적 매력과 심리적, 사회적 특성이 다른 경우보다는 두 사람의 역할 선호, 여가에 대한 흥미, 성격 특성이 비슷할 때 관계 형성이 더 쉽다.

젊은이들의 삶에서 데이트는 다른 사람에게 영향을 주고 또한 영향을 받는 것이다. 한 연구에서, 데이트를 하는 사람들은 데이트를 하지 않는 사람들에 비해 부모로부터 더 자율적이고 부모와 갈등을 더 많이 경험하는 것으로 나타났다(Dowdy & Kliewer, 1998). 다른 연구에서는 부모와 정서적으로 격리되어 있는 청소년들이 부모와 밀접한 청소년들에 비해 데이트 관계에 덜 만족스러워한다는 것을 확인하였다(Larson, Peterson, Health, & Birch, 2000). 추가적인 연구에서, 임시적으로 데이트를 하는 청소년들은 한 명의 남자 친구나 여자 친구와 안정된 데이트를 하는 청소년에 비해 다른 친구들과 더 가깝게 느끼고 있음을 보고하고 있다(Davies & Windle, 2000).

데이트 과정의 발달

청소년 후기까지는 대부분의 미국 십대들이 적어도 한

번의 낭만적 관계를 갖는다(Carver, Joyner, & Udry, 2003). 대부분의 청소년들은 청소년기 꽤 후반부에 이르러서야 정기적으로 데이트를 하는데, 15~16세의 경우 약 1/3 정도만이 현재 남자 친구나 여자 친구가 있다고 보고하였다(Feiring, 1996).

전체적인 흐름을 보면, 청소년들은 1차적으로 또는 전적으로 동성 친구에서 혼성집단으로 옮겨 간다. 그다음 이 혼성집단의 일부가 데이트를 하기 시작하는데, 이들은 혼성집단과도 잘 어울린다. 마지막으로, 둘이 짝을 이루고 집단에서 분리되어 둘만의 방식으로 행동하면서 둘만의 시간을 많이 보낸다(Dunphy, 1963). 원래는 이러한 발달 과정이 안정되고 고정된 순서로 이루어지는 것으로 간주되었는데, 이제는 대부분의 연구자들이 이보다 훨씬 더 유동적임을 인식하고 있다. 십대의 행동을 보면 전진과 후퇴를 하면서 유동성을 보여 준다(Connolly, Craig, Goldberg, & Peplar, 2004).

데이트 발달이 점진적으로 이루어짐으로써 발생하는 이점은 다음과 같다. 첫째, 십대들은 어느 집단에 소속됨으로 인해 친구들이 많아져, 자신을 좋아하는 지지자들이 많아지게 된다. 소속된 집단으로부터 거절당할 일은 거의 없다. 둘째, 십대들은 이성의 타인들을 관찰하고, 평가하고, 누가 관심의 대상이 되는지 파악할 수 있는 기회를 갖게 된다. 셋째, 십대들은 자신이 관심을 둔

알고 싶은 것

▶ 청소년들 사이에서 데이트 폭력이 얼마나 흔한가?

데이트 폭력은 놀라울 정도로 흔하다. 약 1/4 정도의 청소년들이 데이트를 하는 중에 성적 폭력이나 신체적 폭력을 경험하는 것으로 추정되고 있다.

사람이 자신에게 관심이 있는지 없는지 아주 자연스럽게 관찰할 수 있다. 만약 관심이 없다면, 쉽게 떨쳐버릴 수 있다. 넷째, 사람들은 보통 대화를 해야 하고 다른 사람을 즐겁게 해 주어야 한다는 부담을 갖고 있다. 그런데 청소년 집단에서는 이런 부담이 별로 없다. 다섯째, 이성교제에 아직 준비되어 있지 않은 어린 십대들에게는 제한된 친밀감—신체적 또는 정서적 친밀감—의 기회만 있다.

보다 편안해지고 성숙해지면서 이런 환경이 덜 필요해지고, 청소년들은 점차 낭만적 파트너와 많은 시간을 보내고 싶어 한다.

데이트 폭력

청소년의 낭만적 경험에 관한 최근 논문들을 정리한 한 문헌 연구는 '청소년기 사랑', '청소년 데이트' 및 '한 사람과 사귀기'란 탐색어를 사용하여 2001년 이후 발표

데이트 폭력은 많은 청소년들이 알고 있는 것보다 더 흔하게 일어나고 있다. 특히 소녀들은 데이트 관계에서 신체적, 성적으로 공격당할 위험성이 있다.

된 논문을 추출한 결과, 논문의 40% 이상이 데이트 폭력에 관한 것이라는 소름 끼치는 사실을 발견하였다.

청소년이 데이트를 할 때, 공격성—신체적, 정서적 및 성적—은 매우 흔한 일이다. 로스앤젤레스 고등학교에 재학 중인 900명 이상의 학생들을 대상으로 한 연구에서, 남학생과 여학생 모두 약 45% 정도가 데이트 시 적어도 한 번 이상은 어떤 신체적 폭력을 경험한 것으로 나타났다. 남학생과 여학생들 간 숫자는 비슷하였지만, 폭력의 성질은 달랐다. 남학생들은 주로 신체적으로 떠밀리거나 발길로 차였고, 여학생들은 원치 않는 성행동을(반드시 성교는 아니지만) 강제적으로 하게 되는 것으로 보고하였다. 남학생들은 대개 질투심이나 화 때문에 폭력을 사용하는 경향이 있었다. 여학생들은 종종 화가 나고 자신에게 상처를 준 남학생에게 보복하기 위해 데이트 폭력을 사용하였다. 데이트 폭력에 대한 여학생들의 반응은 두려움을 느끼거나 상처를 입는 경우로 세분되었다. 반면에, 데이트 폭력에 대한 남학생들의 반응은 화가 나는 경우와 자신에게 상처를 주려는 시도를 재미있다고 여기는 경우로 세분되었다(O'Keefe & Treister, 1998).

다른 연구는 낭만적 관계에 있는 여자 청소년들에 대한 성적 공격 위험이 높다는 것을 지지하는 결과를 보여 주었다. 적어도 여자 청소년의 25%가 데이트 폭력의 희생자로 추정되고 있다(Wolfe & Feiring, 2000). 더욱이 후기 여자 청소년에게 가해진 성희롱 가해자의 반 이상 또는 2/3 이상이 데이트 파트너인 것으로 보고되고 있다(Flanagan & Furman, 2000).

데이트 폭력이 미국의 십대에만 국한된 것은 아니다. 영국에서 수행된 한 연구에서는 13~19세 청소년의 약 절반이 데이트 중에 어떤 형태의 공격을 경험했음을 보고하였다(Hird, 2000). 이와 유사하게, 뉴질랜드 십대를 대상으로 한 연구에서도 여학생의 80%와 남학생의 67%가 원치 않은 성행동을 했으며, 이들 대부분이 적어도 한 번 이상의 정서적 폭력을 당한 것으로 나타나고 있다. 미국 연구에서와 마찬가지로, 소년들은 소녀에 비해 이런 사건으로 인한 곤란을 덜 겪었다(Jackson, Cram, & Seymour, 2000).

알고 싶은 것

▶ 한 사람의 이성과 사귀는 것이 십대에게 좋은가, 나쁜가?

한 사람과 사귀는 것이 심리적 안정감을 주며, 보다 깊고 의미 있는 관계를 경험한다는 점에서는 십대에게 좋다. 반대로 한 사람과 사귀는 것이 다양한 타인을 만날 수 있는 기회를 제한시키고, 아직 준비되지 않은 청소년에게 정서적 성숙을 요구하며, 성 활동의 기회를 높인다는 점에서는 나쁘다.

한 사람과 사귀기

청소년의 데이트 양상은 다양하다. 데이트에서 한 걸음 더 전진한 상태가—일부 지역에서는 거의 비슷한 용어로 사용되기도 하지만—한 사람과 사귀기이다. 데이트는 충성과 배타성을 꼭 내포하고 있지는 않지만, 한 사람과 사귀기는 그것을 내포하고 있다. 우리가 한 사람과 사귄다면 적어도 그 기간 동안 그 이외의 다른 사람과는 연애관계를 갖지 않는다는 것을 전제한다. '한 사람과 사귀기'라는 용어는 넓게 보면 '정해 놓은 데이트 상대와 사귀기'라는 용어로 대체할 수 있다. 그 용어야 어찌되었든 '한 사람과 사귀기'는 바람직한 것인가? 이것이 건강한 발달을 촉진하는가?

부모들은 청소년들이 미성숙한 관여를 하지 않을까 우려하기 때문에, 가끔 자녀들에게 가급적 많은 사람들과 데이트하도록 촉구한다. 그런데 연구결과는 많은 상대방과 데이트하는 사람은 그만큼 더 많이 다양하고 개입된 데이트 관계를 갖는다는 것을 보여 주고 있다. 상대방이 많으면 많을수록 그들과 고정된 관계를 가질 가능성은 그만큼 더 커진다. 결혼의 성공은 결혼 전의 동성과 이성친구의 수와 정적 상관이 있기에, 데이트 상대의 수가 많다는 것이 어느 정도의 이점이 있다. 오랜 기간 동안 한 사람과 사귀기는 데이트 상대의 수를 제한시키고, 한 사람과 사귀기를 집단의 규범으로 받아들이는 사회에서는 청소년들이 정해진 한 사람과의 관계를 피하기 어렵게 만든다. 어떤 경우에는 청소년들이 한 사람을 사귀거나 아니면 아예 데이트를 하지 않는 둘 중의 하나를 해야만 하는 경우도 있다. 부모가 지닌 또 다른 우려는 자녀들이 한 사람과 사귀면서 성적으로 적극적으로 되지 않을까 하는 것이다. 이런 관심은 타당한 것 같다 : 가톨릭 학교에 재학 중인 1,200명의 학생을 대상으로 한 연구에서, 대부분의 십대들은 지속적으로 사귀는 남자 친구나 여자 친구와 첫 성 경험을 하는 것으로 보고하였다(de Gaston, Jensen, & Weed, 1995).

한 사람과 사귀기는 장단점이 있다. 데이트의 1차적 동기는 누군가와 친교관계를 즐기는 것이지 결혼이 아니다. 한 사람과 사귀기는 일부 청소년에게 안정감을 제공해 준다. 분명한 것은 이들이 정서적 · 사회적 필요에 의해 한 사람과 사귄다는 것이다. 이들은 누군가를 사랑하고, 자신을 이해해 주고 공감해 주는 누군가로부터 사랑을 받고 싶어 한다. 한 사람과 사귀기는 종종 정서적 필요를 채워 줄 수 있다(McDonald & McKinney, 1994).

한 사람과 사귀기는 단점도 많다. 일부 젊은이들은 한 사람과 사귀기를 다른 사람들과 더 재미있게 지낼 수 있는 것을 방해하는 '장애물'로 느낀다. 일부 젊은이들은 친밀관계와 그 관계로 인해 생기는 문제를 처리할 만큼 정서적으로 성숙하지 않다. 또한 관계 붕괴는 상처를 준다. 종종 질투도 생긴다. 소년들은 성 문제에 대해 질투를 느끼는 경향이 있고, 소녀들은 시간과 관심이 부족하다고 불평한다.

어느 누구도 오랜 기간에 걸쳐 강렬하고 친밀한 인간관계를 형성할 준비가 되어 있지 않다는 것이 근본적인 문제일 수 있다. 대부분의 젊은이들은 한 사람과 사귀기를 성적 친밀감을 높이는 허가증으로 받아들인다. "결혼하고 싶은 마음이 드는데, 이것은 위험한 일이다."라는 말은 청소년들의 이런 심적 상태를 표현해 주고 있다. 한 사람과 사귀는 청소년들 중에는 서로를 존중하여 애무 또는 성관계를 해야 한다고 느끼는 청소년들도 있는데, 이것은 단점이 아니라 장점이다. 특정 사회경제 계층에서 가장 빈번히 그리고 가장 일찍 데이트를 하는 사람들은 가장 일찍 결혼할 가능성이 높다. 그러므로 한 사람과 사귀는 것은 젊은이들로 하여금 성숙하기 전에 너무 이른 결혼을 하도록 몰아 간다는 점에서 상당히 위험하다.

권장도서

Furman, W., Brown, B. B., & Feiring, C. (Eds.). (1999). *The Development of Romantic Relationships in Adolescence.* Cambridge, England : Cambridge University Press.

Garbarino, J., & deLare, E. (2003). *And Words Can Hurt : How to Protect Adolescents from Bullying, Harassment, and Emotional Violence.* New York : Free Press.

Way, N., & Hamm, J. V. (Eds.). (2005). *The Experience of Close Friendships in Adolescence : New Directions for Child & Adolescent Development.* San Francisco : Jossey-Bass.

알고 싶은 것

▶ 아동의 도덕적 사고는 성인과 어떻게 다른가?

▶ 다른 사람이 어떻게 생각하는가에 근거하여 자신의 행동을 평가하는 사람은 어떤 도덕발달 수준에 있는가?

▶ 도덕적인 사람도 기꺼이 법을 어길 수 있는가?

▶ 남성과 여성은 도덕적 주제에 관해 서로 다르게 사고하는가?

▶ 십대와 그 부모들은 종종 기본적 도덕 주제에 관해 의견이 다른가?

▶ 자녀가 도덕적으로 성숙한 성인이 되게 하려면 부모는 무엇을 도와주어야 하는가?

▶ TV의 폭력물을 보는 것이 실제로 사람들에게 영향을 주는가?

▶ 학생들의 시험부정은 얼마나 흔한 일인가?

이 장은 도덕판단, 도덕행동, 그리고 가치의 발달을 다룬다. 도덕성은 관계와 분리될 수 없는 주제이다. 대부분의 도덕적 신념은 우리 주변에 있는 사람들에 의해 강한 영향을 받는다. 우리는 부모, 친구, 그리고 TV에서 보았던 사람들로부터 무엇이 윤리적인지 아닌지 배운다. 우리는 그들이 믿는 것을 믿게 되거나, 아니면 우리에게 혐오감을 주는 사람들이 있는 경우 그들의 신념을 거부하고 그 반대의 견해를 형성한다. 그리고 도덕성은 타인을 향한 행동 방식과 그들이 우리에게 행동하리라 기대하는 방식을 조절한다. 우리의 도덕적 코드는 주변의 타인들을 향한 우리의 권리와 책임감을 말해 준다. 도덕성은 사회적 기준과 분리되어 논의될 수 없다.

청소년들의 도덕발달이 일어나는 과정은 아주 흥미롭다. 많은 주요 이론들이 개발되었으며, 이 장에서 논의될 것이다. Jean Piaget, Lawrence Kohlberg 및 Carol Gilligan은 도덕판단을 아동들의 사회적 관계 변화에 따른 점진적 인지발달 과정으로 보는 대표적 이론가들이다. 소위 이 단계이론들은 점차 도덕행동의 사회-인지 영역 모델에 의해 그 자리를 대신하게 되었는데, 여기서는 도덕적 의사결정에 영향을 주는 다중적 요인을 강조한다. 물론 도덕발달에 영향을 주는 다양한 가족관련 변인들에 관심을 집중하는 연구자들도 있다. 이 장에서는 도덕학습에 영향을 주는 부모의 따뜻함, 부모-십대 상호작용, 훈육, 부모의 역할 모델 및 집 밖에서의 독립성 기회 등과 같은 요인들이 논의될 것이다. 그리고 또래와 참조집단, TV 및 학교와 같은 사회적 영향에 대해서도 살펴볼 것이다. 이러한 요인들이 가치와 행동 발달에 미치는 효과는 지대하며, 이에 관한 이해가 필요하다.

도덕발달에 관한 인지-사회화 이론들

아동의 도덕판단 발달에 관한 가장 중요한 초기 연구는 Piaget(1948) 및 Piaget와 Inhelder(1969)의 연구이다. Piaget가 발견한 사실 중 일부 세부사항은 후속 연구에서 지지되지 않는 것도 있지만, 그의 아이디어는 이후의 많은 연구들의 이론적 토대가 되었다. Piaget는 아동을 대상으로 연구하였지만, 발달 단계를 정리한 그의 이론

적 틀은 청소년과 성인에게도 적용될 수 있다. 그러므로 Piaget가 발견한 내용들을 이해하는 것이 중요하다.

Piaget와 아동의 도덕발달

도덕성에 관한 Piaget(1948)의 연구는 두 부류의 연구를 포함하고 있다. 한 부류의 연구는 아동들에게 놀이에 필요한 게임의 규칙에 관해 질문하고 관찰한 것이었다. 규칙들이 바뀔 수 있는가? 바뀔 수 있다면 어떤 경우에 바뀔 수 있는가? 두 번째 부류의 연구는 아동들에게 이야기를 들려주고 도덕판단을 하도록 요구하였다. 예를 들어 고의로 컵 하나를 깬 아이와 실수로 여러 개를 깬 아이 중 누가 더 나쁜 아이인가? 이 결과를 토대로, Piaget는 발달적 변화가 있는 많은 주제들을 밝혀냈다.

놀이를 하면서 게임의 규칙을 이해하는 아동의 태도에 관한 연구결과, Piaget는 **규제의 도덕성**(morality of constraint)이 먼저이고 그 다음이 **협동의 도덕성**(morality of cooperation)이라고 결론을 내렸다. 도덕발달의 초기 단계에서 아동들은 게임의 규칙에 의해 규제를 받는다. 이 규칙들은 강압적 성격을 띠는데, 이는 아동들이 이 규칙들을 거역할 수 없는 것이고, 부모의 권위를 반영하는 것으로 여기기 때문이다. 규칙은 하나의 절대적 명령이 되어, 부모에게 해야 하는 것처럼, 무조건적으로 복종하도록 한다. 그러나 사회적 상호작용이 증가함에 따라 아동들은 점차 규칙이 절대적이지 않음을 알게 된다. 아동들은 사회적 합의에 의해 자신들이 그 규칙을 바꿀 수 있다는 것을 알게 된다. 규칙은 이제 더 이상 신성시되는 외적 법률이 아니다. 왜냐하면 규칙이 비록 성인에 의해 정해진 것이긴 하지만, 자유로운 의사결정 과정을 통해 얻어진 사회적 산물이기에 상호 존중과 합의가 있어야 하기 때문이다.

이야기를 사용한 Piaget의 연구는 그에게 아동의 도덕판단 밑에 깔려 있는 추론에 대한 추가적인 통찰을 제공해 주었다. Piaget에 따르면, 도덕판단의 첫 단계는 잘못된 행위의 결과에만 근거한 판단(**객관적 판단**, objective judgement)이고 두 번째 단계는 동기와 의도를 고려하는 판단(**주관적 판단**, subjective judgement)이다. 따라서 어린 피험자들은 고의로 컵 하나를 깬 아이

알고 싶은 것

▶ **아동의 도덕적 사고는 성인과 어떻게 다른가?**

아동과 성인의 도덕적 사고에는 크게 두 가지 차이가 있다. 첫째, 아동은 규칙은 정해진 것이고 바꿀 수 없는 것으로 생각하는 반면에, 성인은 규칙은 토론할 수 있고 바꿀 수 있는 것으로 본다. 둘째, 아동은 결과에 의거하여 행동을 판단해야 한다고 생각하는 반면에 성인은 행동 밑에 깔려 있는 의도를 고려한다.

보다는 실수로 여러 개의 컵을 깬 아이가 벌을 더 받아야 한다고 판단한 반면에, 더 나이 든 피험자들은 그렇게 판단하지 않았다.

Piaget(1948)는 조작적 사고에서의 변화를 제시하였는데, 조작적 사고의 변화로 아동들은 자라면서 객관적 책임감에서 주관적 책임감으로 나아가게 된다. Piaget는 두 과정이 겹치는 부분도 있지만, 점진적으로 두 번째 단계가 첫 번째 단계를 대신하게 된다고 주장한다. 아동들이 결과보다 의도나 동기를 더 중요하게 생각할 때 첫 번째 단계는 사라진다.

Piaget(1948)는 아동들이 **타율적 도덕성**(heteronomous morality)에서 **자율적 도덕성**(autonomous morality)으로 이동한다고 말하고 있다. 타율적 도덕성에서는 권위적 인물이 말하는 것을 얼마나 복종하느냐에 따라 도덕성이 결정된다. 이의를 제기할 수 없고 오로지 복종해야 한다. 규칙은 절대적이고 거역할 수 없는 것이라 생각하며, 규칙을 만든 사람들(부모, 신, 교사)의 전지함을 믿기 때문에 만약 규칙을 어기게 되면 분명히 붙잡혀서 처벌받을 것이라고 생각한다. 규칙은 불가피하게 절대적이고 거역할 수 없는 것이라 생각한다. Piaget는 이것을 **내재적 정의**(immanent justice)라고 명명하였다. 이와 반대로, 자율적 도덕성은 독립적이면서도 협동적이다. 개인은 자기 나름의 도덕적 신념을 갖고 있다고 느낀다는 점에서 독립적이며, 이는 누군가에 의해 주어진 것이 아니라 자기 안에서 나온 것이다. 협동적이란 의미는 타인들과 상호 합의에 의해 신념이 형성된다는 것이다. 예를 들어 게임을 시작하기 전에 주사위를 던져 제일 큰 숫자가 나온 사람이 아니라 제일 낮은 숫자가 나온 사람이 게임을 먼저 시작한다고 동의한다면, 규칙은 바뀔 수 있다.

아동들이 자율적 도덕성 단계로 나아가면서, 이들의 정의에 대한 개념도 바뀐다. 아동들은 호혜성(reciprocity) 개념을 발달시킨다. 아동들은 처음에는 협동적으로 행동하면 자신들에게 이득이 될 것이라고 생각하기 때문에 협동을 생각하게 된다. 그러나 종국에 가서는 대접받고 싶은 대로 대접하는 것이 도덕적이고 옳기 때문에 그렇게 해야 한다고 여기게 된다.

Piaget(1948)는 아동이 다음의 두 가지 측면에서 발달하기 때문에 도덕적 성장이 일어난다고 보았다. 한 측면은 아동들이 점점 더 똑똑해지고 인지적으로 정교해지는 것이다. 사고능력이 증가함으로써 아동들은 대안들을 고려할 수 있고, 모순을 인식할 수 있으며, 타인을 더 잘 이해할 수 있게 되어 공감을 경험할 수 있다. 다른 한 측면은 아동들이 보다 복잡한 사회 속으로 들어가게 되는 것이다. 아주 어린 아동들은 주로 어른들과 상호작용하는 반면에, 더 나이 든 아동들은 또래와도 상호작용한다. 동년배와의 이러한 상호작용은 협동과 타협을 할 수 있는 더 많은 기회를 제공하게 된다. 어른 없이 아동들만 있을 때, 아동들은 그들 나름의 규칙을 만들고 기준을 설정한다. Piaget는 이런 류의 상호작용이 자율적 도덕성 발달에 핵심적인 것으로 생각하였다.

Kay(1969, p. 157)는 아동의 도덕적 삶에 대한 Piaget의 결론을 다음과 같이 잘 요약해 놓았다.

1. 인간은 진실된 사회관계를 경험하면서 점차 법을 존중하게 된다.
2. 사회적 관계는 두 가지 기본 형태를 띤다. 처음에 아동이 복종하고 어른은 지배하는 관계에서, 서서히 호혜적인 관계로 변한다. 평등과 공평은 호혜적 관계의 근거가 된다.
3. 사회적 관계는 기능적으로 도덕판단 체계와 연계되어 있다. 사회적 관계가 복종과 지배 중의 하나가 되면, 도덕판단은 객관적이고 타율적인 권위적 고려에 근거를 두게 된다. 관계가 호혜적이면 도덕판단은 자율적이 되는데, 이것은 아동 내면에서

주관적 도덕체계가 작동하고 있다는 것을 반영해 준다.

4. 도덕발달의 최종 단계에서 판단과 행위는 법의 외적 명령에 대한 복종이나 인간관계에서의 경직된 호혜성에 근거를 두지 않는다. 이제는 상황적 조건과 도덕적 원칙을 고려하여 모든 개인의 권리와 필요에 대한 인식에 근거를 둔 판단과 행위가 이루어진다.

비록 Piaget의 결론은 12세까지의 아동 연구에서 나온 것이지만, 이것은 청소년의 도덕적 삶과 어느 정도 관련이 있다. Piaget는 아동들이 규제(또는 복종)의 도덕에서 협동(또는 호혜성)의 도덕으로, 타율적 도덕판단에서 자율적 도덕판단으로, 그리고 객관적 책임감에서 주관적 책임감으로 나아간다고 말하고 있다. Piaget는 아동이 자라면서 도덕발달의 첫 번째 단계가 점차 두 번째 단계로 대체된다고 말하고 있다.

물론 오로지 응집력과 외적 처벌의 위협 때문에 어떤 법과 규칙을 따르는 청소년들이 있고, 심지어 그런 성인들도 있다. 이들은 내적 양심에 의해서가 아니라 권위에 의해 규제를 받는다. 규칙을 어겼을 때, 그들은 잘못했다는 양심의 가책이 아니라 들켰다는 것에 관심을 둔다. 즉 이들은 결코 타율적 도덕에서 자율적 도덕으로, 객관적 판단에서 주관적 판단으로, 규제의 도덕에서 협동의 도덕으로 나아가지 않는다. 이들은 어린아이들처럼 전조작적, 전도덕적 발달 단계에 머물러 있는데, 여기서는 규칙이 결코 내면화되지 않으며, 상호 존중 및 타인의 감정과 복지에 대한 배려로부터 나오는 옳은 것을 하려 하지 않는다.

그러므로 도덕발달의 단계에 대한 범주를 나이와 결부시키는 것이 언제나 합당하지는 않은 것 같다. 아동과 청소년, 그리고 성인 모두 도덕적 성장의 어떤 단계에도 속할 수 있다. 이것은 Piaget가 발견한 사실들이 아동뿐만 아니라 청소년에게도 적용될 수 있는 한 가지 이유가 된다.

Kohlberg와 도덕발달 수준

Piaget 연구의 주요 결함 중 하나는 12세 이하의 아동에

게만 관심을 두었다는 것이다. Kohlberg는 청소년들을 대상으로 일련의 연구들을 수행함으로써 이러한 결점을 보완하였다(Kohlberg, 1963, 1966, 1969, 1970; Kohlberg & Gilligan, 1971; Kohlberg & Kramer, 1969; Kohlberg & Turiel, 1972). Kohlberg는 Piaget의 연구를 확장시켰고, 오랜 시간에 걸쳐 자신의 도덕발달이론을 개발하였다.

Kohlberg(1963)의 최초 연구는 10세, 13세 및 16세 소년 72명을 대상으로 하였다. 세 연령집단의 피험자들의 IQ는 비슷하였고, 각 집단의 반은 중상위 계층에 속하였다. 면접을 통하여 각 소년에게 10개의 도덕적 딜레마를 제시하고 그 반응을 녹음하여 자료를 수집하였다. 각 딜레마의 내용은 합법적-사회적 규칙을 어긴 행동이나 권위적 인물의 명령을 위반하는 행동이 개인의 욕구나 타인의 복지와 갈등을 일으키는 것이었다. Kohlberg의 이야기 중 가장 유명한 것은 Heinz라는 사람에 관한 것이다.

유럽에서 희귀한 암으로 죽어 가는 한 부인이 있었다. 의사의 소견으로는 그녀를 구할 수 있는 약이 한 가지 있는데, 그 약은 같은 마을에 사는 약사가 최근에 발견한 것으로 라듐의 일종이었다. 그 약은 제조하는 데 비용이 많이 들었는데, 약사는 그 약을 제조하는 데 든 비용의 10배를 약 값으로 산정하였다. 약사는 200달러가 든 약을 2,000달러에 팔려고 하였다. 암으로 죽어 가는 부인의 남편인 Heinz는 자기가 알고 있는 모든 사람들에게 부탁해서 돈을 빌렸지만, 그 돈은 약 값의 반에 해당되는 1,000달러밖에 되지 않았다. Heinz는 약사에게 가서 자기 부인이 죽어 가고 있다고 말하면서, 그 약을 좀 싸게 팔도록 부탁하고 모자라는 나머지 돈은 나중에 갚겠다고 애원하였다. 그러나 그 약사는 "안 됩니다. 내가 그 약을 발명했기 때문에 나는 그것으로 돈을 벌어야 합니다."라고 말하였다. Heinz는 절망을 느끼고, 약국의 문을 부수고 들어가 아내를 위해 그 약을 훔쳤다.

Heinz는 그 약을 훔쳐야만 합니까? 그렇게 하는 것이 옳은가요, 그른가요?(Kohlberg & Gilligan, 1971)

그림 9.1 Kohlberg의 도덕발달 수준과 단계

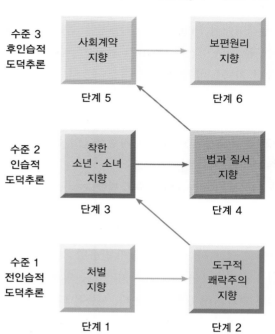

수준 3
후인습적
도덕추론

사회계약
지향
단계 5

보편원리
지향
단계 6

수준 2
인습적
도덕추론

착한
소년 · 소녀
지향
단계 3

법과 질서
지향
단계 4

수준 1
전인습적
도덕추론

처벌
지향
단계 1

도구적
쾌락주의
지향
단계 2

각 소년에게 두 가지 행위 중 보다 바람직한 해결책으로 생각되는 어느 하나를 선택하게 한 후, 그것을 선택한 이유를 말하도록 하였다. Kohlberg가 사용한 재료와 기법은 형태상으로 Piaget식 과제이다. 이 연구에서 Kohlberg는 도덕행동보다는 도덕판단에 관심을 두었고, 아울러 특정 도덕판단을 내리는 개인의 사고 과정에 관심을 두었다. 이 연구에서는 옳고 그른 답이 없었고, 개인의 도덕판단은 선택한 반응의 추론 양상에 따라 채점되었다.

면접 분석을 토대로, Kohlberg(1970), Kohlberg와

Gilligan(1971)은 도덕발달의 세 가지 주요 수준을 밝혀냈는데, 각 수준에는 도덕적 정향 또는 판단의 두 단계가 있다. 각 수준과 하위 유형들은 그림 9.1에 제시되어 있다. Kohlberg는 수준 1에 해당되는 전인습적 도덕추론이 나이가 들어 감에 따라 급격하게 줄어든다는 것을 발견하였다. 수준 2에 해당되는 인습적 도덕추론은 13세까지 증가하였다가 그 후에는 안정된다. 수준 3에 해당되는 후인습적 도덕추론 역시 10~13세 사이에 현격하게 증가하는데, 13~16세 사이에 일부 추가적 증가가 일어난다. 그림 9.2에는 36세까지 각 연령에서 남성들이 보인 도덕추론의 단계별 평균 비율이 제시되어 있다.

그런데 Kohlberg는 그의 단계를 요약하면서 도덕판단의 각 유형을 특정 나이와 연계시키지 않으려고 조심하였다. 어떤 연령층에서든 개인에 따라 도덕적 사고 발달은 서로 다른 수준에 머물 수 있다. 어떤 사람의 도덕발달 수준은 연령에 뒤처질 수 있고, 어떤 사람의 도덕발달 수준은 연령보다 앞서갈 수 있다. 도덕판단의 여섯 가지 유형 중 어느 한 유형에만 정확하게 딱 맞아 떨어지는 사람은 거의 없다. Kohlberg와 Gilligan(1971)은 도덕적 사고의 발달이 점차 보다 정교한 단계로 순차적으로 통과하는 점진적이고 연속적 과정임을 보여 주었다.

도덕성의 세 수준은 서로 매우 다르지만, 한 수준 내에 있는 두 단계는 서로 비슷하다. 이제 하나씩 차례로 살펴보기로 한다.

수준 1

전인습적 도덕추론(preconventional moral reasoning)은

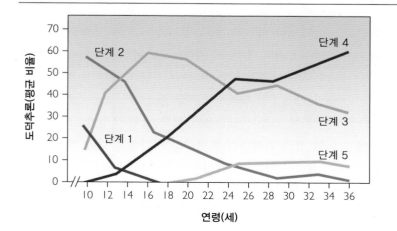

그림 9.2 도덕추론 단계와 연령(Kohlberg의 최초 연구 대상자들에 대한 20년간의 종단적 추적 연구 자료에서)

출처 : L. Kohlberg, *Moral Reasoning in Adolescence*(Boston : Allyn & Bacon, 1994), P. 200. Copyright ⓒ 1994 by Allyn & Bacon. Used with permission.

이기성으로 대표되는데, 실제로 이 수준은 전도덕적이라 할 수 있다. 이 수준에 있는 사람들은 자기이해에 의해 동기화된다. 이들은 '오직 하나를 추구'하는데, 그것은 자신에게 좋은 것이 선한 것이기 때문에 추구해야 하는 것이고, 자신에게 나쁜 것은 악한 것이기 때문에 피해야 한다는 것이다. **처벌 지향**(punishment orientation) 단계인 단계 1에 있는 사람들은 부정적 결과를 피하기 위해 행동한다. 이들은 죄책감 때문에 혹은 좋은 사람이 되기 위해 복종하는 것이 아니라 그렇게 하지 않았을 때 받을 수 있는 벌을 두려워해서 복종한다. Heinz 딜레마를 제시했을 때, 단계 1에 있는 사람은 "약을 훔치는 것은 바보 같은 일이다. 만약 잡히면 틀림없이 감옥에 갈 텐데."라고 말할지 모른다. 또는 "Heinz는 약을 훔쳐야만 한다. 부인이 죽는다면 얼마나 불행할지 생각해 보라."라고 대답할 수도 있다. 이런 반응들은 이 단계에 있는 대부분의 사람들이 Heinz가 약을 훔쳐야 한다고 보는지 훔치지 말아야 한다고 보는지가 아니라 이런 결정을 정당화하기 위해 어떤 설명을 사용하느냐가 관건임을 보여 준다.

전인습적 수준에 속한 두 단계 중 보다 상위 단계인 단계 2에 해당되는 **도구적 쾌락주의 지향**(instrumental hedonism orientation) 단계에 있는 사람들은 자신에게 돌아올 보답과 미래의 이득에 의해 동기화된다. 이들은 자신이 보답을 받게 되리라는 생각으로 호의를 베푼다. 이들은 복종하는 것이 손해보다는 이득이 더 많기 때문에 그렇게 한다. 도구적 쾌락주의자는 Heinz가 약을 훔쳐야 한다고 생각할 것이다. 이들은 "Heinz가 아내를 구한다면 그녀가 얼마나 고마워하겠느냐, 그렇게 되면 아내는 Heinz에게 평생 왕 같은 대접을 해 주게 될 것이다."라고 추론할 것이다. 거의 모든 아동들이 전인습적인 도덕추론자일 것이며, 대부분은 아니더라도, 다수의 젊은 청소년들도 그럴 것이다.

수준 2

인습적 도덕추론(conventional moral reasoning) 수준에 있는 사람들은 타인의 인정을 얻기 위해 행동한다. 이들은 타인이 옳다고 생각하는 것을 행한다. 이 수준의 낮은 단계인 단계 3에 해당되는 **착한 소년ㆍ소녀 지향**

(good girl-good boy orientation) 단계에서 타인이란 가족, 친구, 교사, 동료 및 개인에게 중요한 사람들이다. Heinz 딜레마에서 Heinz는 약을 훔쳐야 하는가? 물론 그래서는 안 된다. "만약 Heinz가 잡혀 그 이름이 신문에 난다면 가족들이 얼마나 당혹스러울지 생각해 보라." 때로는 훔치는 것이 정당화될 수도 있는데, "Heinz의 아이들은 아빠가 엄마의 생명을 구하기 위해 위험을 무릅쓰고 용감하게 행동했다고 자랑했음이 틀림없다."라는 추론이 가능하다.

단계 4에 해당되는 **법과 질서 지향**(low and order orientation) 단계에 있는 사람들은 타인이란 용어에 대해 보다 광범위하고 추상적인 개념을 갖는다. 이들은 자신이 알고 있는 사람들이 어떻게 반응할 것인지에 관해 관심을 두기보다는 대체로 사회가 자신의 행동에 관해 어떻게 말할지에 관심을 갖는다. 이들은 타인들이 말하는 것이 옳고 도덕적이기 때문에 규칙을 따르고 법을 준수하도록 동기화된다. 단계 4에 있는 사람 중 Heinz가 약을 훔쳐야 한다고 생각하는 사람은 거의 없다. 보다 전형적인 반응은 "당연히 약을 훔쳐서는 안 된다! 훔치는 것은 법을 어기는 것이다! 모든 사람들이 자기가 필요할 때 아무 때나 법을 어긴다면, 혼란이 생기고 무정부 상태가 되지 않겠는가!"이다. 실제로 대부분의 청소년과 성인들이 인습적 도덕추론자이다.

수준 3

가장 높은 도덕추론 수준인 **후인습적 도덕추론**(postconventional moral reasoning)은, 반드시 자신에게 최선이 되는 것을 행하는 것도 아니고, 자신이 해야만 한다고 타인들이 기대하는 것을 행하는 것도 아니며, 자신이 생각하기에 옳고 정의로운 것을 행하는 것이다. 이것은 원리 지향 도덕추론(principled moral reasoning)으로 칭해지기도 한다. 원리 지향 단계의 첫 번째 단계인 단계 5의 **사회계약 지향**(social contract orientation) 단계에 있는 사람들은 규칙과 법의 목적이 더 큰 사회적 선에 기여하는 것이라고 이해하고 있다. 이 단계에 있는 사람들은 도덕성을 인권, 인간존엄, 평등 및 상호존중과 같은 일반적인 원칙을 고려하여 규정한다. 이들은 법이 이러한 목적을 따르지 못한다면 바뀌어야 한다

알고 싶은 것

▶ 다른 사람이 어떻게 생각하는가에 근거하여 자신의
행동을 평가하는 사람은 어떤 도덕발달 수준에 있
는가?

Kohlberg는 이 수준이 도덕발달의 중간 수준이라고
말한다. 대부분의 청소년(그리고 대부분의 성인)들이
도덕추론의 중간 수준인 이 인습적 수준에 있다.

알고 싶은 것

▶ 도덕적인 사람도 기꺼이 법을 어길 수 있는가?

그렇다. 정말로 도덕적인 사람은 그 법이 부당하고
자신의 도덕적 원칙과 위배되면 그 법을 기꺼이 어길
수 있다. 비도적적인 사람이 자신의 이익을 위해 법
을 어긴다면, 도덕적인 사람은 타인의 이익을 위해
법을 어긴다.

고 생각한다. 단계 5에 속하는 도덕추론자들은 정당한 도덕적 기초를 마련하기 위해 어떤 규칙을 위반하는 것을 허용하는 정상 참작 조건을 중시한다. 이들은 법의 정신을 따르는 것을 중시한다(대조적으로, 단계 4의 추론자들은 법률을 문자 그대로 따르는 것을 중시한다). 단계 5의 도덕추론자들은 Heinz 딜레마에서 "훔치는 것은 나쁘지만, 누군가를 죽게 만드는 것은 더 나쁘다. 이런 경우에는 절도법이 적용되지 않아야 한다. Heinz 는 옳은 일을 했다."라고 말할 것이다. 미국의 독립선언과 헌법은 모두 사회계약적 도덕을 반영한다.

Kohlberg는 원래 도덕 추론의 여섯 번째 단계로 **보편적 원리 추론**(universal principled reasoning) 단계를 포함시켰다. 여기에 속하는 사람은 자기비난을 피하기 위해 행동한다. 이들은 도덕적 이슈를 다룰 때 이기적 필요나 현존하는 사회 질서에 대한 동조에 근거하지 않고 현존하는 법률, 사회 조건, 또래의 가치관을 넘어서는 자율적이고 보편적인 정의의 원리에 근거를 둔다. 따라서 이들은 현존하는 법을 넘어선 도덕성을 인식하기 때문에 부당한 시민법은 어길 수 있다는 보편적 윤리 원칙에 의해 영향을 받는다.

Martin Luther King, Jr. 목사(1964)는 버밍햄 감옥에서 보낸 한 편지에서 Kohlberg의 도덕추론의 최고 수준을 분명하게 드러냈다.

나는 법을 없애거나 파괴하는 것을 원치 않는다. …그 것은 혼란을 초래할 뿐이다. 부당한 법을 위반하는 사람은 공개적으로 애정을 갖고 해야 하며, 그 법을 어긴 벌을 기꺼이 감수해야 할 것이다. 양심에 비추어 부당한 법을 어기는 사람은 그 부당함에 대한 사회의 양심을 발동시키기 위해 투옥의 벌을 기꺼이 받아들여야 하며, 그 기존 법에 대해 실제로 최고의 존중을 표해야 한다(p. 86).

단계 6 도덕추론을 하는 사람은 거의 없기 때문에 Kohlberg는 그의 후기 논문에서 논의를 중지하였다.

Kohlberg의 단계와 사고능력 간의 관계

Kohlberg 이론은 도덕추론에 관한 것이기 때문에, 전반적인 추론능력의 발달은 보다 높은 수준의 도덕적 사고와 연계되어야 할 것이다. 따라서 인지발달과 도덕추론 간에는 어떤 관련이 있어야 한다. Kohlberg(Kuhn, Langer, Kohlberg, & Hann, 1977)는 더 높은 도덕추론을 위해 높은 수준의 인지발달이 필요하다고 생각하였다. 그런데 그는 추론 기술의 발달은 더 정교한 도덕추론을 위해 필요하지만 충분 조건은 아니라고 생각하였다. 달리 말하면, 후인습적 도덕추론자가 되려면 성숙된 방식으로 생각할 수 있어야 하지만, 성숙된 사고 과정을 할 수 있다고 해서 후인습적 도덕추론을 한다고 보장할 수는 없다.

Kohlberg의 이런 주장은 맞는 것인가? 그렇게 보인다. 인지발달 수준과 도덕추론 수준은 분명히 관련이 있다(예 : Krebs & Gillmore, 1982; Walker & Henning, 1997). 게다가 아동에게 자신의 인지 수준보다 높은 도덕추론을 훈련시키려고 한 연구자들은 실패하고 말았다(Walker & Richards, 1979). 도덕발달을 연구하는 일부 학자들은 인지발달과 도덕발달 간의 영향이 양방향적이라고 생각한다. 즉 하나가 다른 하나에 영향을 준다는 것이다. 이런 연구자들(예 : Gibbs, 2003)은 아동

과 청소년이 계속해서 보다 어려운 도덕적 딜레마와 씨름하게 되면 새로운 인지능력이 발달할 수 있다고 생각한다.

도덕발달 문헌에서 거의 주목을 받지 못한 개념 중 하나가 **상위인지**(metacognition)이다. 상위인지, 즉 인지에 대한 인지는 아동들이 자신의 인지 과정에 대해 갖고 있는 통찰을 지칭한다. 상위인지로 유추한다면, 도덕적 상위인지는 아동이 자신의 도덕성에 관해 갖고 있는 지식을 지칭하는 것이 된다. 한 연구에서 중학교 1학년, 중학교 3학년, 고등학교 3학년의 세 연령집단에서 도덕적 상위인지, 도덕판단 및 도덕행동 간의 관계를 살펴보았다(Swanson & Hill, 1993). 연구자들은 나이 든 연령층이 어린 연령층보다 도덕판단 과정을 더 정확하게 이해하고 있으며, 도덕적 상위인지가 높으면 높을수록 도덕추론과 도덕행동이 더 앞선다는 것을 발견하였다. 도덕판단과 관련해서, 이 연구자들은 자신의 도덕추론 과정을 더 잘 생각하는 아동일수록 도덕추론에서의 불일치를 더 잘 알고 있고, 이러한 불일치를 해결하기 위해 더 노력할 것이라는 가정을 확인하였다. 자신의 행위 이유를 잘 추론하는 아동들이 자기 행위의 도덕적 측면을 더 잘 인식하고, 따라서 자신의 행동 계획을 세우는 데 도덕적 추론을 더욱 간절히 필요로 한다는 점에서 도덕적 상위인지는 행동에 영향을 준다. 도덕적 상위인지는 도덕행동 및 도덕판단과 관련된 상관 변인으로, 그리고 개인의 행동 방향을 결정짓는 도덕판단에 필수적인 선행요건이 된다.

최근에 도덕추론과 인식론적 발달을 연계시키는 한 연구가 수행되었다. Krettenauer(2004)는 중학교 1학년에서부터 고등학교 3학년까지의 독일 청소년 200명을 대상으로 도덕판단의 확실성에 관한 믿음 정도, 도덕판단을 상대적인 것으로 보는지 절대적인 것으로 보는지, 어떤 명목으로 도덕적 신념의 변화를 정당화하는지, 도덕적 평가를 할 때 고려되어야 하는 정보가 무엇인지 등에 관해 질문하였다. 응답자들 대부분의 반응이 꽤 일관성을 보였는데, 그것은 인식론적 범주에 따른 분류와 잘 들어맞는다. Krettenauer의 응답자 중 가장 어린 청소년들은 주로 직관주의자이거나 현실주의자들이었다. 이들은 도덕판단은 옳거나 틀리거나 둘 중 하나이며,

어떤 것이 도덕적이고 어떤 것이 도덕적이지 않은지를 정확하게 알아야 하며, 우리는 전문가의 말을 들어야 한다고 생각하였다. 고등학생들은 주로 주관주의자 또는 회의주의자들이었다. 이들은 도덕판단은 완전히 주관적이며, 어느 것보다 더 정당한 도덕적 기준이라는 것은 없다고 생각하였다. 초주관주의 또는 탈회의주의적 합리주의는 중학교 3학년 이후에 점진적으로 생겨났다. 초주관주의자들은 도덕판단은 비교적 기초가 튼튼한 것으로, 모든 입장이 다소 주관적 요소를 띠며, 개인은 이용 가능한 모든 증거에 부합되도록 자신의 입장을 채택해야 한다고 생각하였다.

Kohlberg 이론에 대한 비판

Kohlberg 이론에 대한 비판은 세 가지 이슈로 정리된다 : (1) 그가 제안한 단계가 문화보편적인가 아니면 서구 문화에 한정된 것인가? (2) 도덕추론을 단계로 개념화해야 하는 것인가? (3) 그의 아이디어는 성 편향적인가?

Kohlberg의 단계는 문화보편적인가? Kohlberg는 단계 개념에는 문화적 조건이 다르더라도 그 순서는 동일하다는 보편성이 내포되어 있다는 점을 강조하고 있다(Jensen, 1995). 즉 도덕판단의 발달은 단순히 특정 문화의 규칙을 학습하는 문제가 아니라 보편적인 발달 과정을 반영한다는 것이다. 이 가설을 검증하기 위해 Kohlberg(1966)는 영국, 캐나다, 미국뿐만 아니라 터키의 시골, 대만의 도시, 말레이시아의 원주민 마을에 사는 10, 13, 16세 소년들을 대상으로 자신의 연구방법을 사용하였다. 대만과 미국의 연구결과는 두 민족에서 유사한 연령 추세를 나타냈다.

연구결과 모든 문화에서 비슷한 발달 순서를 보여 주긴 하지만, 도덕추론의 마지막 두 단계는 문자를 사용하지 않는 마을이나 원시 사회에서는 명확하게 발달되지 않았다(Snarey, 1995). 원리 지향 도덕추론은 다양하게 갈등적인 견해를 접한 사람들에게서만 발달된다. 따라서 비교문화 연구결과, 도시화되고 공식 교육을 받는 사회에서만 원리 지향 도덕추론이 가능한 시민이 생기는 것으로 보인다(De Mey, Baartman, & Schulze,

1999).

더욱이 일부 문화에서는 Kohlberg의 위계론과 일치하지 않는 것에 가치를 부여할 수 있다. 자기 주변의 다른 사람들에 대한 개인적 책임을 강조하는 집단주의 사회에서 자란 사람들은 Kohlberg의 딜레마에서 구조적이고 거시적으로 설명하고, 딜레마 속에 있는 구체적인 인물들을 책망하지 않는 경향이 있다(Miller, 1997). 예를 들어 집단주의 문화에서 자란 사람은 Heinz 딜레마에서 문제가 Heinz에게 있는 것이 아니라, 치료약이 부족한 탓에 Heinz의 입장이 곤란하다는 점을 지적할 수 있다.

도덕발달은 단계적인가? 발달에서 단계란 용어를 붙이려면 두 가지 기준이 있어야 한다. 첫째, 각 단계는 한계가 있고 일관성이 있어야 한다. 예를 들어 어떤 사람이 단계 1이나 단계 2 중 어느 한 단계에만 속해야지, 이 두 단계를 왔다 갔다 해서는 안 된다. 둘째, 단계는 불변하고 점진적 순서로 나아가야 한다. 반드시 단계 1은 단계 2 전에, 단계 2는 단계 3 전에 나타나는 식으로 전개되어야 한다. 도덕추론이 이 두 가지 기준을 충족시키고 있는가?

일찍부터 사람들은(Kohlberg 자신의 자료에서조차) Kohlberg의 딜레마에 대해 일관성 있는 도덕반응을 보이지 않았을 뿐만 아니라(Boyes, Giordano, & Galperyn, 1993), 언제나 그가 제안한 상위 단계로 나아가지도 않았다. Kohlberg와 Kramer(1969)는 시간이 지나면서 많은 연구 참가자들이 단계 4에서 단계 2로 퇴행했다는 것을 발견하였다. 실제로, 전도덕적 추론이 청소년 중기와 후기에 다시 나타난다고 보고하는 연구가 많은데, 특히 개인에게 주어진 부담이 큰 경우에 그렇다(Eisenberg, 1998). 그리고 도덕적 사고를 확인하는 보다 새롭고 대안적인 방법을 사용하는 경우, 개인의 답변은 일관성이 없고 상황에 따라 달라진다(Gibbs, Basinger, & Fuller, 1992; Smetana & Turiel, 2003).

또한 단계가 높을수록 도덕 수준이 높다고 말하는 것은 사실이 아니고 공평하지 않다는 비판도 제기되었다(Callahan & Callahan, 1981). 단계 6은 자유적이고 급진적인 정치적 추론을 반영하고 있다. 이것은 자유주의자들이 보수주의자들보다 도덕적으로 더 앞선다는 것

을 의미하는 것인가? 이것이 사실이라고 결론 내릴 만한 경험적 증거는 거의 없다.

Kohlberg 이론에 대해 가장 널리 알려진 중대한 도전은 그의 이론이 여성에 대해 편파적이라는 것이다.

Gilligan과 도덕추론에서의 성차

Kohlberg의 동료인 Carol Gilligan(1977)은 Kohlberg가 남성 피험자들만을 대상으로 도덕발달 연구를 수행하였다는 점을 지적하였다. 남성의 반응을 토대로 만들어진 채점방법을 사용하면 보통의 여자 청소년들은 단계 3(착한 소년·소녀 지향)에 해당되는 것으로 평가되고, 보통의 남자 청소년들은 단계 4(법과 질서 지향)로 평가되었다. Gilligan은 여성의 도덕판단 수준은 남성의 도덕판단 수준보다 낮은 것이 아니라, 여성은 남성과 다른 관점으로 도덕적 문제에 접근한다고 제안한다. 남성은 권리, 규칙 및 원칙을 고수하는 정의를 중요시한다. 이에 반해 여성은 타인에 대한 배려와 보살핌, 그리고 상대방의 감정과 권리에 대한 민감성을 중요시한다. 여성은 추상적 원칙보다는 인간에 대한 책임감을 중요시한다. 즉 남성과 여성은 서로 다른 입장에서 말하고 있다(Gilligan, 1982). 4개의 종단 연구를 포함한 6개의 연구를 요약하면서, Gilligan(1984)은 남성은 정의 지향적인 것에 더 비중을 두고, 여성은 대인관계나 보살핌 지향적인 것에 더 비중을 둔다는 것을 밝혔다.

이러한 차이는 부분적으로 사회화 경험의 차이로 인해 생긴다. 남성과 여성에게 주어지는 역할과 기회 부여가 점점 더 동등하게 되어 가고 있지만, 보살피는 역할을 하는 모델은 여전히 여성이다. 예를 들어 일반적으로 노인과 아이들을 돌보는 주된 사람은 남성보다는 여성이고, 유치원과 초등학교에서 일하는 전형적인 사람도 여성이다(Skoe & Gooden, 1993).

Gilligan은 도덕추론에 관한 Kohlberg의 단계에 대한 여성판 대안을 제안하였는데, 이는 여성과 남성의 사고방식에서의 차이로 인해 생기는 것으로 보았다. 표 9.1에 Kohlberg와 Gilligan의 수준이 비교되어 있다.

수준 1에서 여성은 자기이득과 생존에 몰두하는데, 여기서는 자신에게 부과된 규제에 대한 순종이 요구된다. 점진적으로 여성들은 자신이 원하는 것(이기심)과

표 9.1 Kohlberg 대 Gilligan의 도덕발달에 관한 이해

Kohlberg의 수준과 단계	Kohlberg의 정의	Gilligan의 수준
수준 1 : 전인습적 도덕		수준 1 : 전인습적 도덕
단계 1 : 처벌 지향	처벌을 피하도록 규칙에 복종	자신과 생존에 대한 관심
단계 2 : 도구적 쾌락주의 지향	보상을 얻기 위해 복종하고, 보답받기 위해 나눔	
수준 2 : 인습적 도덕		수준 2 : 인습적 도덕
단계 3 : 착한 소년 · 소녀 지향	타인의 승인/비난에 의해 규정된 규칙에 동조	책임에 대한 관심, 타인에 대한 배려
단계 4 : 법과 질서 지향	사회규칙, 법과 질서에 철저히 동조, 규칙 위반에 대한 비난 피함	
수준 3 : 후인습적 도덕		수준 3 : 후인습적 도덕
단계 5 : 사회계약 지향	사회질서가 필요하여 규칙을 준수 하지만 규칙은 더 좋은 대안이 있으면 바뀔 수 있다는 보다 융통성 있는 이해를 함	자신과 타인에 대한 배려가 상호 의존적이 됨
단계 6 : 보편원리 지향	자기비난을 피하기 위해 내적 원칙(정의, 평등)에 동조, 때때로 사회 규칙을 위반할 수 있음	

출처 : J. S. Hyde, *Half the Human Experience*(Lexington, MA: D.C. Heath, 1985).

알고 싶은 것

남성과 여성은 도덕적 주제에 관해 서로 다르게 사고하는가?

남성과 여성은 도덕추론을 할 때 다르게 사고하기보다는 훨씬 더 비슷하게 사고한다. 그런데 여성은 남성보다 다소 '손상 통제'에 더 관심을 두고 손해를 최소화시키려고 하고, 남성은 여성보다 계약과 확립된 절차에 근거한 결정을 하는 것 같다.

자신이 해야만 하는 것(책임) 간의 차이를 인식하게 된다. 이것이 수준 2로 나아가게 만드는데, 수준 2에서는 타인을 기쁘게 해 주려는 욕구가 자기이득보다 더 앞선다. 여성은 자신의 선호를 희생해 가면서까지 타인을 보살피려는 책임을 느낀다. 점차 여성은 자신이 타인의 필요를 충족시킬 수 있을까 생각하기 시작하지만 여전히 자신의 필요도 생각한다. 아직 자신의 욕구와 타인의 욕구를 동일하게 충족시키지는 못한다. 많은 사람들이 결코 도달하지 못하는 수준 3에서 여성은 보편적 관점을 발달시키는데, 이 수준에서 여성은 더 이상 자신을 수동적이고 무력한 존재로 보지 않고 능동적인 의사결정을 한다. 이제 여성은 의사결정 시 자신을 포함하여 모든 사람에게 미칠 결과에 대해 관심을 갖는다.

Gilligan의 이론에 대해서도 비판이 없을 수 없다. 많은 연구자들은 Kohlberg의 검사가 실제로 여성에게 불리하지 않다고 결론 내리고 있다(Greeno & Maccoby, 1986). 그리고 많은 연구들이 배려 지향적 도덕의 존재를 입증했는데, 여성이 남성보다 약간 더 배려를 사용하는 경우도 있지만(Jaffee & Hyde, 2000), 남성과 여성 모두 배려 추론과 법적 추론 둘 다 사용하는 것으로 보인다(Perry & McIntire, 1995; Wark & Krebs, 1996). 아마도 연구자의 많은 해석을 필요로 하는 Gilligan의 개방식 면접법이 성의 유사성보다는 성차를 강조하는 방향으로 편향되도록 했을 것이다(Colby & Damon, 1983). 또한 참가자가 선택한 토론 딜레마의 내용이 법적 응답을 하느냐 아니면 배려적 응답을 하느냐에 영향을 주었을 것이다. 남성과 여성 모두 개인적 관심과 관련된 주제를 거론할 때에는 배려 지향적이었고 비개인적인 주제를 거론할 때에는 법적 지향을 보였다(Walker, 1991).

분명한 것은 Kohlberg의 단계와 Gilligan의 단계가 병행적이라는 것이다. Gilligan은 그녀의 이론이 Kohlberg의 이론을 대체해야 한다고 주장하지는 않는다. 그녀는 자신의 이론이 여성의 도덕추론에 더 잘 적용될 수 있다는 것과 도덕추론의 최고 형태는 권리와 정의를 강조하는 남성적 도덕과 책임과 보살핌을 강조하는 여성적

도덕 모두에 적용될 수 있고, 양자를 결합할 수 있으며, 양자를 다 해석할 수 있어야 한다고 주장한다(Muuss, 1988a).

도덕추론에 관한 사회-인지 영역 접근

앞에서 언급된 단계이론들이 지닌 문제점(특히 개인은 일관성 있는 방식으로 단계를 진행하지 않는다는 사실) 탓에, 도덕적 사고에 대한 새로운 접근이 등장하였다. **사회-인지 영역 모델**(social cognitive domain model)은 도덕추론을 넘어 보다 광범위한 사회적 추론을 분석하는데, 이 영역의 연구자들이 주로 거론하는 것이 도덕발달과 관련된 것이다(Killen, Lee-Kim, McGlothlin, & Stangor, 2002). Piaget는 한 번 정해진 규칙은 영원한 규칙이고, 모든 규칙은 본질상 도덕적이라고 생각한 반면에, 이제 우리는 모든 규칙이 아동, 청소년, 그리고 성인에게서 동일하게 취급되지 않는다는 것을 안다.

사회-인지 영역 모델은 세 가지 유형의 규칙이 있는데, 이 중 한 규칙이 Piaget와 Kohlberg가 연구한 규칙과 유사하다(Turiel, 1998). 이 규칙이 **도덕규칙**(moral rule)이다. 도덕규칙은 사람들이 서로에게 어떻게 행동해야 하는가와 관련이 있다. 예를 들어 남을 해쳐서는 안 되는 것이다. 두 번째 유형의 규칙은 **사회적 인습**(social convention)이다. 이 규칙은 모든 사람이 동의한 것으로 사회가 무난하게 돌아가도록 돕는다. 사람들은 서로에게 어떤 기대를 하는지 알고 있다. 사회적 인습은 그 성질상 도덕규칙에 비해 문화적 보편성이 낮다. 예를 들어 어떤 문화권에서는 식사 후에 트림을 하는 것은 예의가 없는 것으로 주변 사람들을 존중하지 않는다는 것을 나타낸다. 그러나 다른 문화권에서는 식사 후에 트림을 하는 것이 음식을 충분히 맛있게 먹었다는 신호로 간주되며, 이는 음식을 준비한 주인에 대한 감사의 표시가 된다. 도덕규칙과 사회적 인습은 두 가지 모두 사회적 상호작용을 조절하는 데 기여하지만, 그 본질은 아주 다르다. 사회적 인습을 위반하는 것보다 도덕규칙을 위반하는 것이 더 나쁘다. 세 번째 유형의 규칙은 **개인적 선호**(personal preference)이다. 이 규칙은 사적 영역에 속하는 행동을 조절한다. 개인적 영역에서 어떻게 행동하는가에 관해서는 그 어느 누구도 말

알고 싶은 것

▶ 십대와 그 부모들은 종종 기본적 도덕 주제에 관해 의견이 다른가?

그렇지 않다. 일반적으로 십대는 기본적인 도덕 주제에 관해서는 부모와 의견이 같다. 청소년들이 이견을 보이는 것은 사회적 인습 및 개인적 선택과 관련된 주제에서이다.

할 권리가 없다. 개인이 좋아하는 옷의 색깔, 좋아하는 음악, 머리 길이 등은 모두 개인적 선호에 속하는 것이다. 일찍부터 아동은 위의 세 가지 규칙 유형을 잘 구분하고 있다(Smetana & Turiel, 2003).

사회-인지 영역 접근은 사회적 결정이 복잡하다는 것과, 결정을 할 때 개인이 도덕적 관심, 사회적 관심 및 개인적 관심을 잘 생각해야 한다는 것을 강조한다. 사회적 판단을 결정하는 것은 결정이 이루어지는 맥락과 각 요인에 부여하는 비중이지 개인이 어떤 도덕추론 수준에 있느냐가 아니다. 청소년들이 도덕발달에서 후퇴가 있는 것처럼 보인다면, 그것은 나이에 따라 이 요인들에 부여하는 비중이 다르기 때문이다(Killen, Lee-Kim, McGlothlin, & Stangor, 2002).

청소년들은 성인들이 진정한 도덕행동에 관한 규칙을 만들 권리가 있고 그 규칙에 복종해야 한다고 믿는 경향이 있다(Smetana, 1995). 그런데 성인은 오로지 자신들의 영향 영역에서 도덕규칙을 만들고 강요하도록 되어 있다. 예를 들어 교사가 학생들이 학교 밖에서 어떻게 행동하는지에 관해서는 말할 필요가 없다. 부모와 청소년은 기본적인 도덕규칙과 관련된 주제에 관해서는 거의 반론이 없으나, 청소년이 성인에 비해 사회적 인습 영역을 덜 중시한다. 초기 청소년들은 사회적 인습을 권위적 인물이 불필요하게 자신들의 행동을 통제하려는 방식으로 보고, 후기 청소년들은 불필요하고 낡아 빠진 사회적 기대로 본다(Smetana & Turiel, 2003). 부모들과 청소년 자녀들은 종종 어떤 문제가 개인적인 선택의 문제인지 아니면 사회적 인습의 문제인지에 관해 의견이 다르다. 예를 들어 십대 청소년은 노출이 심한 옷을 입는 것은 개인적 영역이라고 생각하는 데 반

해, 부모는 그렇게 하는 것은 사회적 규범을 위반하는 것으로 느낄 수 있다. 일반적으로 청소년들—전통적인 비서구 문화권에 사는 청소년들조차—은 부모는 개인적 선택을 간섭할 권리가 없다고 생각하고 있다(Fuligni, 1998; Smetana, 2002). 물론 부모는 이러한 주장에 대해 별로 동의하지 않는다.

도덕추론과 친사회 행동

앞서 보았듯이, 도덕성에 관한 초기 연구들은 도덕추론—정확한 도덕적 의사결정을 하는 능력—에 초점을 맞추었다. 도덕추론 발달에 관한 많은 연구들이 여전히 수행되고 있으며, **친사회 행동**(prosocial behavior) 연구로 그 영역이 확장되고 있다. 친사회 행동은 반사회 행동과 반대되는 것으로, 타인을 이롭게 하고, 도와주고, 지지해 주는 행동으로 구성된다. 친사회 행동의 예로는 친구를 기쁘게 해 주고, 이웃에게 호의를 베풀고, 집안일을 거들고, 자원해서 골목 청소를 하는 것 등이 있다.

　도덕추론과 친사회 행동 간에는 강력한 연계성이 있지만, 언제나 일치하는 것은 아니다. 한편으로, 도덕적 의사결정을 잘했다 하더라도 게으름과 두려움, 흥미 때문에 그 일을 실행하지 않을 수 있다. 따라서 좋은 도덕적 의사결정은 친사회 행동에 필요하지만 충분한 것은 아니다. 반대로, 이기적인 이유로 친사회적 행동을 할 수도 있다. 예를 들어 아버지 차를 빌려 타려고 세차를 도와주기도 하고, 다음 주에 친구로부터 화학 숙제 도움을 받기 위해 오늘 수학 숙제를 도와주는 친구도 있다. 여전히, 사람들이 훌륭한 도덕추론을 하면 친사회적 방식으로 행동할 가능성이 높다는 것에는 의심의 여지가 없다(Eisenberg, Carlo, Murphy, & Van Court, 1995).

　Fabes와 Carlo 및 그의 동료들은 청소년의 친사회 행동과 도덕행동에 영향을 미치는 주요 요인들을 정리하였다(Carlo, Fabes, Laible, & Kupanoff, 1999; Fabes, Carlo, Kupanoff, & Laible, 1999).

도덕적으로 높은 수준에 도달한 청소년들은 도덕적으로 덜 성숙한 또래에 비해 덜 이기적이다. 도덕적 성숙은 타인을 돕고자 하는 바람으로 나타날 수 있다.

1. **사춘기 지위** : 사춘기를 지난 청소년들은 점점 더 키가 크고, 힘도 강해지며, 할 수 있는 행동도 다양해진다. 사춘기를 지나면서 성적 충동과 낭만적 사랑의 감정이 발생하는데, 이 두 가지 요인 모두 가 친사회 행동 또는 반사회 행동을 촉진시킬 수 있다.

2. **조망 수용** : 인지적 성숙과 새로운 경험으로 인해 청소년들은 타인의 입장을 더 잘 이해하게 된다.

3. **도덕추론** : 청소년의 도덕추론 기술이 발전될수록 도덕적 의사결정을 더 잘할 것이다.

4. **공감** : 타인에 대해 공감할수록 도덕행동과 친사회 행동을 더 잘 실행할 것이다.

5. **성격** : 화를 잘 내는 사람일수록 반사회적으로 행동할 것이다(Carlo, Roesch, & Melby, 1998).

6. **가족관계** : 가족의 지지는 도덕발달을 촉진시킨다.

7. **또래관계** : 또래는 친사회 행동 또는 반사회 행동을 권장할 수 있다.

8. **학교** : 학교 및 학급 크기, 학교 분위기는 친사회적 경향에 영향을 줄 수 있다. 학교는 보다 높은 수준의 도덕추론을 권장한다.

9. **문화와 인종** : 청소년들은 자신이 속한 문화의 규범과 가치에 영향을 받는다. 예를 들어 영국 청소년과 중국 청소년을 대상으로 한 연구에서 중국 청소년들이 영국 청소년들보다 남을 구하기 위해 위

험을 무릅쓰고 자기 목숨을 던질 각오가 더 높게 나타났다(Ma, 1989).

아동기부터 청소년기까지 친사회 기능은 어떻게 변화하며, 또한 청소년기 동안에는 어떻게 변화하는가? 친사회 기능이 증가해야 하는 이유에는 여러 가지가 있다(Eisenberg, Cumberland, Guthrie, Murphy, & Shepard, 2005). 첫째, 청소년들은 이기적 행동을 부적절하고 미성숙한 것으로 간주한다(Galambos, Barker, & Tilton-Weaver, 2003). 둘째, 친사회적 추론은 타인을 공감하고 타인의 입장을 수용하는 능력과 깊은 연관이 있으며, 타인의 입장을 조망하는 능력은 청소년기에 매우 증가한다(Eisenberg, 1986). 셋째, 인지가 발달되면서 청소년은 잘 모르는 사람이나 자신과 입장이 다른 사람에 대해서도 급격하게 공감할 수 있게 되어, 이타적 행동을 하고자 하는 동기가 확장된다(Hoffman, 2000). 개인의 동기에 따라 도덕 추론 자체가 발전되기에, 청소년들은 이기적인 결정보다는 친사회적으로 행동할 가능성이 더 커진다.

선행 연구들은 친사회적 기능의 모든 측면은 아니지만 일부 측면은 아동기에서 청소년기로 나아가면서 증가된다는 것을 보여 주고 있다(Eisenberg & Fabes, 1998). 특히 타인을 향해 자발적으로 공감하고 표현하는 능력이 증가한다. 그러나 타인을 위로하거나 실질적으로 돕는 경향성은 증가하지 않는다. 아동기에서부터 청소년 중기까지 친사회 행동이 증가한다는 것을 보여 주는 강력한 증거는 없다. 이러한 증거는 (자연적 관찰이 아닌) 실험실 연구에서만 나타나며, 배려의 대상이 성인이 아니라 아동인 경우에만 나타난다. 비슷한 양상으로, 청소년들은 중기에서 후기로 가면서, 그리고 청소년 후기에서 성인 초기로 가는 동안 일부 영역에서만 친사회적 경향성이 증가한다. 친사회 도덕추론과 조망 수용은 발달되지만, 도움 행동 자체는 20대 초기에 실제로 감소한다. 공감 반응에서 어떤 체계적 변화를 보이지 않고 있다. 그러나 시간에 걸친 친사회 행동의 일관성은 꽤 나타나고 있다(Eisenberg et al., 2002). 즉 아주 친사회적인 아동은 자라서 친사회적인 청소년, 친사회적인 성인이 되는 반면에, 이기적인 아동은 여전히 이기적으로 남아 있을 것이다.

가족 요인과 도덕 교육

가족의 역할

가족 사회화에 관한 연구들은 부모가 아동의 발달에 지대한 영향을 미친다는 것을 반복해서 보여 주고 있다. 부모는 아동기로부터 성인기로의 전환에 핵심적 역할을 하는데, 주로 사회적, 종교적, 그리고 정치적 가치의 발달 및 친사회 행동과 곤경에 처한 사람들에 대한 공감 반응의 발달에서 그렇다(Eisenberg, & Murphy, 1995; McDevitt, Lennon, & Kopriva, 1991).

아동과 청소년의 도덕발달에 관한 주요 연구들은 전체 과정에서 부모와 가족의 중요성을 강조한다. 도덕학습과 관련되는 가족 변인들은 다음과 같다.

1. 아동에게 보여 주는 부모의 따뜻함, 수용, 상호 존중 및 신뢰 정도
2. 부모-청소년 자녀 간의 상호작용 및 대화의 빈도와 강도
3. 사용되는 훈육의 유형과 정도
4. 아동에게 제공되는 부모의 역할 모델
5. 부모가 제공하는 독립성의 기회

부모의 수용과 신뢰

도덕학습에 도움이 되는 중요한 요인 중 하나는 부모와 아동이 서로 신뢰하고 존중하는 따뜻하고 수용적인 관계를 형성하는 것이다. 부모에게 정서적으로 의존적이고 강한 정서적 애착을 지닌 어린 아동들은 양심이 잘 발달되는 반면에 의존적이지 않은 아동들은 양심의 발달이 부족해진다(Eisenberg & McNally, 1993).

부모의 따뜻함과 도덕학습 간에 상관이 높다는 사실에 관해 여러 가지 설명이 있다. 따뜻한 정서적 맥락에서는 젊은이들이 자신이 존경하는 부모들을 모방하기가 쉽다. 그 결과 청소년에게서도 비슷한 긍정적인 특성이 생긴다. 젊은이들은 부모로부터 배려받고, 사랑받으며, 부모가 그들을 믿어 주는 것을 통해 타인에 대한 배려를 배운다. 적대와 거부의 분위기 속에서는 젊은이

아무도 좋아하지 않겠지만, 부모는 때때로 청소년 자녀를 훈육해야만 한다. 가장 좋은 훈육은 어떤 행동이 왜 용납되지 않는지 그 이유를 분명하게 설명해 주는 것이다. 제대로 하면, 이런 상호작용은 젊은이들의 도덕발달을 증진시킬 수 있다.

알고 싶은 것

자녀가 도덕적으로 성숙한 성인이 되게 하려면 부모는 무엇을 도와주어야 하는가?

부모는 따뜻하고 지지적이어야 하며, 가혹한 훈육은 삼가야 하고, 규칙의 논리를 설명해 주어야 하며, 도덕행동의 모범을 보여 주어야 한다.

들이 공격자와 동일시하여 부모의 반사회적 특성을 지니게 된다. 도덕학습과 범죄학습을 촉진시키는 조건들을 요약한 Sutherland와 Cressey(1966)의 **차별적 연합**(differential association) 이론에서는 우선순위, 지속 기간, 강도 및 빈도에 따라 관계의 영향력이 달라진다. 밀접한 정서적 애착(높은 강도)과 최대한의 접촉과 대화(높은 빈도)로 수년에 걸쳐(장기간) 형성된 가장 중요한 관계인 부모-자녀 관계(최우선 순위)는 아동의 도덕발달에 가장 긍정적인 영향을 미친다. 유사한 방식으로, 수년 동안 강하게 반복되는 부정적인 부모-자녀 관계는 엄청나게 큰 부정적 효과를 낳게 된다.

부모-청소년 자녀 상호작용의 빈도와 강도

역할 모델 이론에서는 부모와의 동일시 정도가 아동과 부모 간 상호작용의 양에 따라 달라진다고 주장한다.

빈번한 상호작용은 의미 있는 가치와 규범에 관한 대화를 할 수 있는 기회를 제공하는데, 특히 그 교류가 민주적이고 상호적인 경우 그렇다. 반면에 일방적이고 전제적인 상호작용은 대화를 부실하게 만들고 학습이 잘 일어나지 않게 만든다. 그러므로 부모와 청소년 자녀 간에 대화의 통로가 개방되어야 한다는 것은 매우 중요하다. 도덕추론을 함양하는 데 특히 좋은 의사소통 방식이 있는 것으로 보인다. 예를 들어 청소년 자녀로 하여금 스스로 사고하도록 압박을 가하고 도덕추론에 도전을 던지는 Vygotsky/Socrates식 상호적 대화를 하는 아버지의 청소년 자녀는 또래들에 비해 도덕적으로 더 발달하였다(Pratt et al., 1999).

훈육의 유형

부모의 훈육이 청소년의 도덕학습에 미치는 영향에 관한 연구들은 훈육이 (1) 변덕스럽지 않고 일관성이 있을 때, (2) 외적·물리적 통제보다는 내적 통제를 발달시키는 명료한 언어적 설명을 통해 이루어질 때, (3) 공정하고 공평하며, 냉혹한 처벌적 수단을 사용하지 않을 때, 그리고 (4) 강압적이거나 전제적이 아니라 민주적일 때 가장 긍정적인 효과를 나타낸다는 것을 보여 준다(Zelkowitz, 1987).

가장 중요한 한 가지 요건은 부모 내(한 부모 안에서)에서 그리고 부모 간(양 부모 간에) 모두에게서 훈육의 일관성이 있어야 한다는 것이다. 부모의 일관성 없는 기대는 청소년에게 애매한 환경을 제공하여 부실한 도덕학습, 불안, 혼동, 불안정, 불복종, 그리고 때때로 청소년의 공격성과 비행을 초래한다.

행동을 통제하기 위해 명료하고 합리적으로 설명하는 부모는 외적 통제를 사용하는 부모보다 훨씬 더 긍정적인 효과를 나타낸다(Lopez, Bonenberger, & Schneider, 2001). 이것은 인지적 방법이 기본적으로 가치와 기준을 내면화시키기 때문인데, 특히 설명이 사랑과 결합되어 청소년 자녀가 설명을 듣고 그것을 수용하려 할 때 더욱 그렇다. 행동을 교정하고 강화하기 위해 사용되는 추론이나 칭찬은 학습을 증진시키는 반면에, 물리적 처벌 사용, 헐뜯기와 잔소리 같은 부정적 언어 사용이나 설명 부족은 반사회적 행동 및 비행과 관련이 높다.

거친 처벌적 방법을 사용하는 부모는 훈육의 진정한 목적인 민감한 양심의 발달, 사회화 및 협동의 발달을 저해한다(Hoffman, 1994). 잔인한 처벌, 특히 부모의 거부가 수반되는 처벌은 자녀를 둔감하고, 남을 배려하지 않고, 적대적이고, 반항적이고, 잔인한 사람이 되게 한다. 처벌은 아동에게 타인을 배려하도록 가르치지 못하고 민감성을 없애기 때문에, 아동들은 다른 사람을 두려워하고 싫어하는 것을 배워, 더 이상 타인을 배려하지 않고 타인을 기쁘게 해 주려 하지도 않는다. 이 경우 아동들은 처벌이 있을 때에는 복종하지만, 외적 처벌의 위협이 사라지고 나면 오히려 반사회적이 된다.

지나치게 허용적인 부모 역시 아동의 사회화 과정과 도덕발달을 지체시킨다(Boyes & Allen, 1993). 왜냐하면 이러한 부모들은 아동의 내적 통제를 발달시키는 데 아무런 도움이 되지 못하기 때문이다. 외부의 권위가 없게 되면, 이런 아동들은 도덕 부재가 된다. 청소년들은 부모의 지도를 일부 원하며 또한 필요로 한다. 이런 지도가 없으면 청소년들은 타인에 대한 배려가 부족해지고, 자기훈련, 인내 및 끈기가 부족하여 동료들이 싫어하는 철없는 망나니로 자랄 수 있다.

부모의 역할 모델

부모가 자신을 따르는 아이들에게 좋은 역할 모델이 되려면 부모 자신이 도덕적인 사람이 되어야 한다. 아동은 물론 청소년조차도 자연스럽게 부모의 행동을 모방하려는 경향이 있다. 따라서 부모가 정직에 관해 무슨 말을 하든지 관계없이, 세금을 속이고, 웨이터에게 주는 팁을 슬그머니 훔치고, 거스름돈을 더 많이 받은 것을 알고도 그냥 나오는 것을 보여 주는 것은 자녀에게 정직하지 못한 것을 가르치는 것이 된다. 청소년들은 아동보다 성인들의 위선을 훨씬 더 잘 파악하고 더 영향을 받는다. 따라서 자녀가 나이 들수록 부모의 도덕 행동 모델이 더 중요해진다. 또한 부모는 남을 보살피고 관대하게 행동함으로써 자녀의 친사회 행동을 격려할 수 있다.

독립성 기회

부모가 자녀에게 도덕판단을 독립적으로 할 수 있도록 부여하는 기회의 빈도와 종류도 도덕발달에 영향을 준다. 어떤 종류든 좋은 의사결정을 하기 위해서는 연습이 필요하다는 점에서 의사결정은 일종의 학습된 기술이다. 청소년들은 자신의 도덕행동에 영향을 주는 의사결정을 할 수 있는 기회가 주어지고, 그 다음 자신의 행위의 결과를 관찰할 수 있어야 한다.

물론 자녀를 살피고 지도하지 못할 정도로 독립성을 너무 많이 주는 부모는 자녀로 하여금 외부인에게 도덕적 지도를 받게 만든다. 예를 들어 힘 있는 동료가 반사회 행동을 고무시킬 수 있다. 부모의 방임과 무관심으로 도덕적 진공 상태가 되어 있다면, 모든 종류의 외적 힘이 다 크게 영향을 미친다.

도덕성에 영향을 주는 가족 외적 변인들

또래

앞서 논의되었듯이, 청소년과 그 친구들은 비슷한 방식으로 행동하는 경향이 있다. 도덕적으로 중성적인 행동뿐만 아니라 친사회 행동과 반사회 행동에서도 그렇다. 이것이 사실이라면, 약물 사용이나 비행과 같은 일탈 행동에 또래가 어느 정도 영향을 미치는지에 관해 사회적 관심이 높아질 것이다. 실제로, 많은 청소년 중재 프로그램은 그 내용의 일부로 또래-저항 훈련이 포함되어 있다. 또래들 간에 이런 유사성은 청소년들이 자기와 비슷한 사람을 친구로 선택한다는 사실 때문이지만, 또래가 서로의 행동에 직·간접적으로 영향을 미치는 방식으로도 설명될 수 있다.

Brown과 Theobald(1999)는 또래가 서로의 행동에 영향을 줄 수 있는 네 가지 방식을 밝혔다 : (1) 또래 압력, (2) 규범적 기대, (3) 기회 구조화, 그리고 (4) 모델링(본뜨기). 때로는 이 네 가지 힘이 동시에 작용하기도 한다. 예를 들어 최근에 다른 고등학교로 전학하여 새로운 친구집단을 사귀게 된 십대 소녀 로리의 사례를 생각해 보자. 금요일 밤에 영화를 보러 갔을 때, 로리는 충격에 빠졌다. 로리는 친구들이 영화비를 낸 적이 없다는 것을 알게 되었다. 친구들은 돈을 모아 한 사람의 표만 사고, 합법적으로 영화관에 입장한 다음, 다른 창으로 다른 친구에게 영화 입장권을 건네 주어 그 표로 또 다른 친구가 영화관으로 들어오도록 했다. 로리는 친구들의 행동에 실망했지만, 친구들은 그 행동을 아주 정상적인 것으로 생각했고(규범적 기대), 돈을 내지 않는 수단을 지금까지 실행해 왔으며, 이번 주에도 그렇게 했고(기회), 모두 비합법적으로 순서대로 입장했다(본뜨기). 그리고 로리가 그들의 일에 가담하기를 거부했을 때 큰 어려움을 주었기(또래 압력) 때문에 충격을 받았다.

또래는 서로 긍정적이고 친사회적인 행동을 격려할 수도 있다. 실제로, 또래와 친사회 활동 간에는 상보적 관계가 있다 : 또래는 선한 일을 하도록 격려할 수 있고, 선한 일을 함으로써 또래에게 더 인기 있는 사람이 될 수 있다(Wentzel & McNamara, 1999). 청소년에게 친한 친구가 많으면 많을수록 도덕추론 수준은 더 높을 가능성이 있다(Schonert-Reichl, 1999).

TV

청소년에게 영향을 주는 대중매체의 영향이 점차 커지고 있다는 점에 관해서는 이미 논의되었다(제1장 참조). 대부분의 관심은 TV가 청소년에게 미치는 잠재적이고 부정적인 영향에 대한 우려에 집중되어 있기 때문에, 여기서는 그러한 부정적 효과를 살피기로 하겠다. 초기 청소년기 동안에는 매일 3시간 반 이상을, 그리고 중기 청소년기와 후기 청소년기에는 거의 3시간 정도 TV를

일부 청소년들은 분명한 반사회적 행동을 하는데, 이는 종종 또래의 영향 때문에 그렇다. 청소년들은 부모의 무시와 거부에 대한 반작용으로 또래에게 관심을 돌릴 수 있다.

시청한다(Roberts, 2000). 고등학교 졸업 때까지, 청소년은 교실에서 보내는 시간보다 TV 앞에서 보내는 시간—14,000시간 대 20,000시간(비디오 게임이나 영화를 본 시간은 제외)—이 훨씬 더 많다(Comstock & Paik, 1999). 8~18세 미국 청소년의 거의 70%는 자기 방에 TV를 갖고 있다(Roberts, Foehr, & Rideout, 2005).

그렇다면, 이러한 지속적인 TV 시청이 청소년의 가치관에 미치는 효과에 관해 우려할 만한 것이 있을까? 이런 우려는 세 가지 주제로 집중된다 : (1) TV의 폭력물을 보는 효과, (2) 성적 충동을 유발하는 자극에 노출되는 효과, 그리고 (3) 광고가 청소년의 물질 욕구에 미치는 효과.

폭력

TV 쇼의 내용에 대한 공공의 관심은 수많은 폭력을 시청하는 아동과 청소년들에게 미치는 효과에 집중되어 있다. 1992년에 Althea Huston과 그녀의 동료들은 미국 아동들이 18세가 될 때까지 TV를 통해 폭행, 강간, 살인을 포함한 평균 20만 번의 폭력 장면을 보게 될 것이라고 추정하였다. 미국 TV가 점점 더 폭력적이 되어 간다면(유선방송 때문에), 지금은 이 수치를 훨씬 더 넘어설 것이다. 미국 TV는 세계에서 가장 폭력적이다(Strasburger, 1995).

이 주제를 고찰하고 있는 거의 모든 연구자들과 아동 보호 관련 기관들은 TV를 통해 폭력을 접하는 것이 공격성을 증가시킨다고 결론 내리고 있다(Anderson & Bushman, 2002). TV 폭력과 아동 및 청소년의 공격성 간의 관계를 살핀 대부분의 고전적 연구들은 이런 관계를 보여 주며, 실제로 TV 시청과 청소년의 반사회 행동을 연계시키는 1,000여 개의 독립적인 연구가 수행되었다(Strasburger, 1995).

폭력적인 TV는 여러 가지 방식으로 폭력을 조장한다. 폭력적인 TV는 공격성을 덜 충격적이고 더 허용적인 것으로, 심지어 정상적이고 전형적인 것으로 만든

다. 많은 경우, 폭력적인 TV에서는 공격적으로 행동하는 모델을 좋아할 만하고 매력적인 인물로 제시한다(Center for Communication and Social Policy, 1998). 그리고 이런 인물들은 종종 그러한 공격 행동을 함으로써 강화받고 존경받는다. 게다가 액션 중심의 프로그램은 시청자를 자극하고 흥분시키는데, 이것이 더 쉽게 공격적으로 반응하도록 부추긴다(Cantor, 2000). 폭력 행동에의 반복적 노출은 사람들에게 폭력 상황에서 각성이 증가하지 않고 감소하는 폭력에 대한 둔감화를 초래한다. 그 결과 사람들은 폭력에 대해 스트레스를 덜 느끼게 되고 피해자에게 덜 공감하게 된다. 이 모두가 폭력을 더 허용적인 것으로 만드는 것이다(예 : Molitor & Hirsch, 1994).

폭력적인 TV 시청의 또 다른 효과는 시청자들로 하여금 세상은 타인을 해치려고 애를 쓰고 있는 곳이라는 믿음을 갖게 한다는 것이다(Gerbner, 1992). 아동과 청소년들은 TV에서 본 것 때문에 두려움을 갖게 될 수 있으며, 심지어 그것은 평생 동안 지속될 수 있는 악몽과 강박적인 생각을 일으킬 수도 있다. 특히 청소년들은 초자연적 힘과 성폭행을 보여 주는 장면 때문에 고통을 받는다(Harrison & Cantor, 1999). 많은 성인들은 영화

Research Highlight   우리는 왜 공포물을 좋아하는가?

만약 사람들이 보지 않는다면, TV 제작자는 폭력물을 방송하지 않을 것이며, 영화 제작자는 공포영화를 만드는 데 수억 달러를 투자하지 않을 것이다. 그런데 사람들은 어느 정도 공포 프로그램이나 공포영화를 즐긴다(그리고 청소년들이 아동이나 성인에 비해 공포물을 좋아한다는 것을 보여 주는 자료가 있다; 예 : Cantor, 1998). 십대들과 그 외 사람들은 왜 공포물을 좋아하는가?

여러 이론들이 제안되었다. Zillman(1996)은 위험에 빠진 타인을 보면서 느끼는 공감적 불편에 의해 유발된 생리적 각성이 끝나면서 오히려 긍정적 정서를 고양시킨다고 제안하였다. 앞서 나타난 불편이 마지막에 해소가 된다(이 이론은 때때로 사람들이 해피 엔딩이 없을 때에도 공포영화를 즐긴다는 사실을 설명하는 데 문제가 있다). 이와 반대로, Tamborini(1996)는 공감이 높은 사람들은 주인공의 곤경으로 인해 너무 불편을 느낄 것이기 때문에, 공감이 낮은 사람들만이 공포물을 즐길 수 있다고 제안하였다. Slater(2003)는 공포물이 감각 추구 욕구를 충족

시킨다고 생각하며, Sparks(2001)는 공포물을 보는 것을 도피주의-일시적으로 일상생활을 잊어 버리는 방식-의 한 수단으로 본다. Cantor(1998)는 공포물을 보는 것을 '금단의 열매'에 비유하는데, 그 매력이 그것이 매우 적절하지 않다는 사실에서 나온다는 의미이다. Goldstein(1999)은 공포쇼와 공포영화를 대부분 집단으로 관람하기 때문에 교제를 위한 것이라고 말한다. 많은 연구자들이 죽음과 신체 상해를 보는 것은 대리적 공격의 한 수단이라고 제안하고 있다.

Hoffner와 Levine(2005)은 이 주제로 수행된 연구들을 메타분석하였다. 이들은 많은 자료들에서 남성들은 여성들보다 폭력물을 더 즐기고, 청소년들은 나이 든 사람들보다 폭력물을 보는 것을 더 즐긴다는 것을 발견하였다(아동들을 대상으로 한 연구는 포함되지 않았다). 또한 이들은 좋은 결말이 있든 없든 쇼가 공포적일수록 더 즐긴다는 것을 발견하였다. 또한 공격적인 사람과 감각 추구적인 사람들이 공포물을 더 즐기는 반면에, 공감을 잘하는 개인들은 다른 사람들에 비해 공포물을 덜 즐겼다.

TV 폭력 프로그램을 시청하는 것은 여러 방식으로 폭력을 증가시킨다. 예를 들어 매력적인 주인공이 폭력 행동으로 보상을 받는 것을 보면, 폭력이 흔하게 일어나고, 용납되며, 더 나아가 존경의 대상이 되기도 한다.

'사이코'나 '엑소시스트'를 본 후 계속 공포가 밀려들 수 있다.

자료를 종합해 보면, 폭력적인 TV 시청과 공격 행동 간에 인과적 연계가 있는 것은 의심의 여지가 없다. 폭력적인 TV가 폭력 행동을 일으키는 사회 오염의 일종이라는 것을 결정적으로 보여 주는 수많은 실험실 실험과 현장 실험이 수행되었다. 그런데 수많은 사람들은 자신들이 폭력적인 TV를 시청하지만 공격적이지는 않다고 생각하기 때문에 이 사실을 잘 받아들이지 않는다. 그러나 하루에 담배 두 갑을 피우지만 아직 폐암이 발생하지 않은 사람을 생각해 보자. 이것은 흡연이 암을 유발할 가능성이 없다는 것을 의미하는가? 그렇지 않다. 마찬가지로, 폭력적인 TV를 시청하는 모든 사람이 영향을 받

알고 싶은 것

▶ TV의 폭력물을 보는 것이 실제로 사람들에게 영향을 주는가?

TV의 폭력물 시청으로 인한 부정적 효과를 보여 주는 강력한 자료들이 있다. 공격성을 사용함으로써 그 시대를 구하는 주인공이 나오는 프로그램을 정기적으로 시청한 사람들은 결국에 가서는 공격성을 일반적인 것이고 용납할 만한 것으로 여기게 된다. 더욱이, 일부 사람들은 화가 날 때 공격적으로 반응할 가능성이 높다.

지는 않지만(여러분이 자각하는 것보다 더 영향을 받을 수 있지만), 전체적 수준에서는 공격성이 널리 퍼짐에 따라 공격 정도가 증가한다.

성적 내용물

TV는 청소년들에게 폭력 이미지를 범람시키는 것뿐만 아니라, 엄청난 성적 이미지도 제공한다. 보통의 미국 청소년은 TV를 보는 동안 매년 약 15,000번의 성적 장면이나 행동을 접하게 된다(Strasburger & Donnerstein, 1999). TV 프로그램의 성적 내용이 급속하게 증가하고 있으며, 심지어 가족들이 보는 시간대에도 그렇다. 소위 가족 시간대(저녁 8~9시)에 방송되는 쇼의 약 1/3 정도는 성적 내용을 담고 있으며, 시간당 이런 장면이 평균 8개 이상 된다. 더욱 심각한 것은, 일반적으로 성이 이기적으로 이용되거나 하찮은 것으로, 무해한 재밋거리로 제시되면서 성이 갖는 잠재적인 정서적 결과와 건강 문제는 거의 언급되지 않는다는 것이다. 실제로, TV에서 제시되는 성적 장면의 1% 정도만이 임신이나 성병의 위험성, 피임, 성적 절제와 같은 주제를 다루고 있다(Zillman, 2000). TV에 나오는 성적 장면의 수는 1997~1998년 이후로 2배가 되었고, 청소년들이 보는 쇼의 내용은 성인들이 보는 쇼보다 더 선정적이다(Kunkel, Finnety, Biely, & Donnerstin, 2005). 반면에 성적 위험에 대한 언급은 많지 않다.

이것은 TV 폭력이 문제인 것과 동일한 이유로 문제가 된다. 청소년들은 TV의 선정적인 내용에 의해 영향을

받는다. 성에 관해 단순히 토론만 하는 프로그램을 시청하는 것이 청소년들의 성행동 규범에 관한 신념에 영향을 주는 것으로 나타났으며(Ward, 2002), 불특정 다수와의 성교에 대한 신념에도 영향을 주는 것으로 나타났다(Taylor, R. D. 2005). 잘 설계된 한 종단 연구는 TV의 성 프로그램을 많이 보는 것이 성교를 포함한 성적 활동의 조기 출현과 관계가 있음을 보여 주었다(Collins et al., 2004).

TV의 폭력에 관한 연구와 유사하게, TV 시청이 청소년의 정상적인 성행동 개념에 편파적인 영향을 줄 수 있음이 확인된 이후, 국립 청소년 성건강 위원회(SEICUS, 1996)는 대중매체에서의 성적 묘사에 대한 다음의 가이드라인을 권고하고 있다. 이 위원회는 이런 변화가 청소년의 성적 태도와 행동을 보다 바람직한 방향으로 촉진시킬 것으로 생각한다. 이 위원회에 따르면, 대중매체가 다음과 같이 한다면 사회는 유익해질 것이다.

1. 오로지 잘 생긴 사람들만이 바람직하고, 이들만이 성관계를 할 수 있다고 묘사하는 것을 멈출 것.
2. 청소년은 성적으로 활발하기도 하고 성적으로 절제하기도 한다는 것을 보여 줄 것.
3. 전형적인 성관계는 이기적이지 않음을 보여 줄 것
4. 전형적인 성적 접촉은 충동적인 것이 아니라 계획된 것임을 보여 줄 것.
5. 피임법의 사용과 피임 실패로 인한 부정적 결과를 보여 줄 것.
6. 성에 관한 부모-자녀 간의 대화 장면을 보여 줄 것.

물질주의

미국 아동과 청소년들은 매년 약 40,000번의 TV 광고를 보는데, 이는 1970년대부터 급격하게 증가한 것이다(Wilcox, Cantor, Dowrick, Kunkel, Linn, & Palmer, 2004). 지금은 학교에서 상업광고를 담은 비디오 프로그램을 제공하는 것이 일반화되었기 때문에, 일부 아동과 청소년은 학교에서도 상업광고를 보게 된다. 여러 회사가 자신들의 상품을 광고하기 위해 기꺼이 엄청난 돈을 들여 방송시간을 산다는 것은 이런 광고물이 사람들의 소비 행동을 바꾸는 데 효과가 있다는 것을 의미한다. 불행한 것은 아동과 청소년을 겨냥한 많은 광고가 이들에게 매우 좋지 않은 물건들(예 : 달콤한 스낵)이나 아주 값비싼 물건(예 : 명품 옷)이라는 사실이다. 이런 광고들은 이 상품에 대한 요구를 창출해 내고 십대들로 하여금 이것을 사고 싶도록 만든다.

광고 연구가 잘 되어 있기 때문에, 우리는 특정 상품(예 : 담배, 술)에 대한 광고가 십대들로 하여금 쉽게 이런 상품들을 사용하게 만든다는 것을 알고 있다. 예를 들어 최근의 한 연구에서는 청소년들이 평균 이상으로 본 각 광고 상품마다 그것을 사용할 가능성이 1% 높아졌음을 보고하였다(Snyder, Milici, Slater, Sun, & Strizhakova, 2006). 이와 유사하게, 초기 청소년을 대상으로 한 한 연구에서는 TV 맥주 광고를 더 잘 알고 있는 12세 청소년들이 그렇지 않은 청소년들에 비해 음주에 대해 더 긍정적 입장을 갖고 있었고, 성인이 되었을 때 더 많이 마실 것이라고 말하였다(Grube, 1995).

보다 전체적인 수준에서 본다면, TV 광고는 '행복한 삶'이란 많은 물질을 소유하는 것이라는 개념을 조장한다. 광고에서 전달하는 메시지는 우리의 문제를 해결할 수 있는 모든 상품이 거기 다 있다는 것이다. 인기가 없나요? 그렇다면 이 크림이나 이 구강청정제, 그리고 이 차를 사 보세요. 외모가 불만족스럽나요? 이 샴푸를 사용해 보시고 이 옷을 입어 보세요. 행복을 가져오는 데 물질의 역할이 대중매체에서 지나치게 과장되고 있다. 한 연구에서 Sirgy 등(1998)은 미국 대학생들이 TV를 많이 보면 볼수록 더욱 더 물질적이 되었고 자신의 삶의 기준에 대해 더 불만족스러워 하는 것으로 보고하였다. 따라서 TV 광고는 시청자들에게 영향을 주는 것으로 보인다.

기타 문제

폭력, 성, 그리고 물질주의 이외에도 TV에 관해 제기되는 불만은 더 있다. 신체 이미지와 관련해 보면, 대중매체는 과도하게 날씬한 사람을 그려 넘으로써 신체에 대한 불만족을 낳게 하는데, 특히 소녀들에게 그렇다. 또한 청소년은 TV를 보는 데 하루에 몇 시간씩 소비하고 있는데, 이런 시간들은 운동, 교우관계, 가족 간의 대

Personal Issues   대학에서의 학업부정

대학에서의 부정이 전염병 수준에 이르렀다. 적게 잡아도 그 비율이 50%에서(Pino & Smith, 2003) 80%를 넘을 것으로 (Cochran, Wood, Sellers, Wilkerson, & Chamlin, 1998) 추정된다. 표절 역시 시험부정만큼 흔하게 일어나고 있다 (Wilson, 2001). 또한 70% 이상의 학생들이 시험을 준비하거나 보고서를 완성하는 데 추가 시간을 얻기 위해 거짓 변명을 한다(Roig & Caso, 2005).

아주 가끔이라도 부정을 저지르는 학생들이 많다면, 부정을 저지르는 학생들이 누구인지를 묻기보다는 부정을 저지르지 않는 학생들이 누구인지를 묻는 것이 더 나을 것이다. 여학생들은 남학생들보다 훨씬 부정을 덜 저지른다고 주장하지만(예 : Jensen, Arnett, Feldman, & Cauffman, 2002), 보다 객관적인 지표로 보면 성차는 거의 없다(McCabe, Trevino, & Butterfield, 2001). 그리스 문자 클럽을 좋아하지 않는 독립적인 학생들은 이 클럽에 속한 학생들에 비해 부정을 덜 했는데 (Storch & Storch, 2002), 아마도 그렇게 할 기회가 적기 때문일 것이다. 그리고 학교 동아리에 개입되면 될수록 부정을 저지를 가능성은 더 커진다. 일반적으로 가장 똑똑하고 유능한 학생들은 그렇지 않은 학생들보다 부정할 가능성이 적다 (Nathanson, Paulhus, & Williams, 2006). 아마도 너무나 많은 학생들이 부정을 저지르기 때문에, 성격 변인과 시험부정 간에는 아주 약한 상관만 있는 것으로 나타났다(Whitley & Keith-Spiegel, 2002). Szabo와 Underwood(2004)는 진지하게 배우려는 의욕을 가진 학생이 부정을 덜 저지른다고 제안하였다.

부정은 상황 요인에 의해 권장될 수도 있고 저지될 수도 있다. 교수들은 학생들이 부정을 하기 힘들도록 만듦으로써, 즉 부정을 위한 노력이 전혀 쓸모없도록 만듦으로써 부정을 저지할 수 있다(Szabo & Underwood, 2004). 강의자들은 광범위하고 일반적인 과제보다는 구체적인 과제를 주어야 한다 (Davis, 1994). 또한 학생들로 하여금 부정이 틀림없이 들킬 것이고, 들키면 심한 제제를 받을 것임을 명확하게 믿도록 해야 한다(Szabo & Underwood, 2004). 강사들은 학생들로 하여금 시험부정과 표절을 처벌하는 규칙이 무엇인지 정확하게 알도록 하여(Roig, 1999), 어느 누구도 잘못 행동하지 않도록 해야 한다. 또한 학생들이 과제를 완수할 수 있을 만큼의 충분한 시간을 주어야 하며(Szabo & Underwood, 2004), 수업 자료가 중요하며 학생들의 삶에 도움이 됨을 느낄 수 있도록 가르쳐야 한다(Kibler, 1993).

실패에 대한 두려움은 부정행위의 가장 일반적인 이유였다. 부정행위가 가장 빈번하게 일어나는 과목은 수학과 과학이다. 정직성을 함양하는 가장 좋은 곳이 가정이고 가장 나쁜 곳이 학교로 보인다. 지난 30년 동안 부정이 필요하다는 인식이 급격하게 증가하였다. 시험과 과제물에서 부정을 허용하는 학생들이 더 많아지고 있다. 또한 학생들이 학교 규칙을 어기는 것을 방조하거나 조장하는 부모들도 많아지고 있다(Schab, 1991).

학생들이 자신의 부정행위를 타인-부모, 교사, 학교, 심지어 사회까지-탓으로 돌리고 있음을 강력하게 보여 주는 연구들이 있다(Anderman, Griesinger, & Westerfield, 1998; McCabe, 1999). 더욱이 학생들은 부정행위가 적발되지 않을 것이며, 설사 적발된다 하더라도 심하게 처벌받지는 않을 것으로 생각한다(McCabe & Trevino, 1997). 인터넷에 이용할 수 있는 자료들이 풍부하여 학생들이 표절할 수 있는 좋은 환경을 만들고 있기 때문에, 부정 문제는 쉽게 사라지지 않을 것 같다 (McCabe, 1999).

화, 취미활동, 독서와 같은 다른 활동에 보낼 수 있는 시간들이다. 더 유익한 활동을 할 수 있는 시간을 빼앗는다는 점에서, 좋은 TV 프로그램도 지나치게 오래 시청하는 것은 문제가 될 수 있다.

도덕 교육

우리 모두는 타인의 도덕행동에 영향을 받고 있기 때문에, 학교에서는 학생들에게 도덕성을 함양시키고자 노력한다. 미국을 건국한 많은 사람들, 예를 들어 Thomas Jefferson과 John Adams는 젊은이들에게 민주적 가치를 전수하는 수단으로 공공교육을 주장하였다(Wynne, 1989). 민주적 전통에서 자라지 않은 사람들이 미국으로 많이 이민 했던 1800년대에는 학교가 민주적 가치를 가르쳐야 할 필요가 많았다(Titus, 1994). 그러나 시간이 지남에 따라 사회적 관심과 가치가 조금씩 변화되고 바뀌면서 도덕 교육에 대한 접근도 바뀌게 되었다.

Superka, Ahrens 및 Hedstrom(1976)은 도덕 교육에 대한 서로 다른 다섯 가지 접근을 규정하였다. 첫 번째 접근은 **가르침**(inculcation), 혹은 학생들에게 구체적인 가치와 규범을 가르쳐 이런 가치에 동조하고 따르도록 하는 것이다. 그런데 다양한 사람들이 공존하는 다중사회에서 "어떤 가치를 가르칠 것인가?"라는 질문이 제

알고 싶은 것

학생들의 시험부정은 얼마나 흔한 일인가?
다양한 형태의 시험부정이 엄청나게 많다. 시험부정을 하는 가장 큰 이유는 낙제나 성적이 떨어질까 두려워서이다.

기된다. 가르침을 지지하는 사람들은 문화, 종교, 인종을 넘어 보편적으로 동의할 수 있는 가치가 있다고 주장한다. 보편적 가치에 대한 많은 유사한 목록들이 개발되어 왔는데, 그중 하나가 Josephson 윤리연구소(2002)에 나온 것으로 다음의 여섯 가지 도덕 덕목을 제안하고 있다.

1. 신뢰성. 여기에는 정직, 신실, 믿음직함, 충성심이 포함된다.
2. 존경. 여기에는 타인을 존중하고, 공손하고 예의 바르게 대하고, 참는 것이 포함된다.
3. 책임감. 이는 개인은 자신의 행위에 책임이 있고, 참고, 근면하며, 자제를 보이는 것이다.
4. 공평함. 이는 옳은 과정을 따르고, 편파적이지 않으며, 타인의 이익을 부당하게 취하지 않는 것이다.
5. 보살핌 또는 타인의 복지에 대한 배려.
6. 시민의식 또는 지역에 봉사하고 공공 규칙을 준수하는 것.

도덕발달(moral development)로 알려져 있는 도덕교육에 대한 두 번째 접근은 Kohlberg의 이론과 연구로부터 직접 나온 것으로, 1970년대 초기에 널리 알려졌다. 이 접근은 청소년의 도덕성이 발달하기 위해서는 더 높은 수준의 도덕추론을 접해야만 한다는 가정을 하고 있다(Harding & Snyder, 1991). 이 유형의 접근에서 주로 사용되는 방법은 도덕적 사례나 딜레마를 제시하고 학생들에게 풀도록 하는 것이다(Mills, 1987a, 1987b, 1988). 여기에 도덕적 사고와 토론을 촉진시키는 하나의 딜레마가 있다.

조는 몹시 캠핑을 가고 싶어 하는 14세 소년이다. 조의 아버지는 조에게 캠핑에 필요한 돈을 스스로 마련하면 보내주겠다고 약속하였다. 그래서 조는 신문배달을 열심히 하여 캠핑에 필요한 돈 40달러와 약간의 돈을 더 모았다. 그런데 캠핑을 가기 바로 직전에 아버지의 마음이 바뀌었다. 아버지의 몇몇 친구분들이 특별한 낚시 여행을 가기로 결정하는 바람에, 조의 아버지는 비용이 부족하게 되었다. 그래서 아버지는 조에게 신문배달로 마련한 돈을 아버지에게 달라고 말하였다. 조는 캠핑을 포기하고 싶지 않았기 때문에 아버지의 청을 거절하기로 작정하였다(Pagliuso, 1976, p. 126).

그 다음에 학생들은 몇 가지 질문을 받았다(Pagliuso, 1976).

▶ 조는 아버지에게 돈을 드려야 하는가, 드리지 말아야 하는가? 왜 그런가?
▶ 조의 아버지가 조에게 돈을 달라고 한 것에 대해 어떻게 생각하는가?
▶ 돈을 주는 것이 좋은 아들이 되는 것과 어떤 관련이 있는가?
▶ 약속은 언제나 지켜야만 하는가?

교사들은 학생들 자신의 삶과 관련되고 그들에게 의미 있는 다른 상황들을 고안할 필요가 있다.

도덕 교육에 관한 세 번째 접근은 **가치 명료화**(values clarification)로 1970년대와 1980년대에 번창하였다. 가치 명료화 접근은 가치의 내용에 관한 것이 아니라 가치를 부여하는 과정에 관심을 두고 있다. 가치 명료화 접근은 특정 가치를 가르치는 데 목적을 두지 않는다. 가치 명료화의 목표는 학생들에게 자신이 소중하게 여기는 신념과 행동을 인식하고 그것을 고수하도록 도와줄 뿐만 아니라, 다양한 대안들의 장점과 단점 및 결과의 중요성을 생각할 수 있도록 가르치고, 그 결과들을 고려한 후에 자유롭게 선택하고, 자신의 행동과 신념을 일관성 있게 일치시키는 것을 배우게 하는 것이다.

가치 명료화 교육에서 중요한 점은 학생들이 자신의 가치를 선택하도록 허용한다는 것으로, 이것은 강점이 될 수도 있고 아니면 약점이 될 수도 있다. 이 접근을 선호하는 사람들은 자유롭고 민주적인 사회에서는 개인이 자신이 원하는 가치를 갖도록 허용해야 한다는 것을 주장한다. 국가가 국민들에게 무엇을 생각해야 할지를 지시해서는 안 된다는 것이다. 이 방법에 대한 비판은 보다 나은 도덕적 선택이 있고, 청소년들에게 모든 도덕적 선택이 똑같이 타당하다고 가르치는 것은 무책임한 것이라 반박한다.

가치 명료화를 채택하는 교사들은 다양한 방법을 사용한다. 학생들은 자신이 추구하는 가치에 관해 생각해 보고 서로 토론해 볼 수 있다. 학생들에게 실제적이거나 가상적인 윤리 딜레마를 제시하고 고려해 보도록 하기도 한다. 학생들에게 강제적으로 도덕적 선택을 하게 하는 방법도 있는데, 예를 들어 사람들이 원하는 만큼 큰 소음을 내도록 허락할 것인지(개인의 자유) 아니면 타인에게 방해가 된다면 소리를 줄이도록 할 권리가 있는지 선택하게 한다. 학생들에게 우선순위를 정하게 하는 방법도 있다.

네 번째 접근인 **분석**(analysis)은 다른 접근만큼 널리 알려진 것은 아니다. 분석에서 학생들은 도덕적 결정을 할 때 비판적인 사고와 추리를 사용하도록 배운다. 일반적으로, 수업은 개인적 딜레마보다는 보다 넓은 사회적 가치에 집중하도록 한다. 비판적 사고 지시에서 흔히 그렇듯이, 분석은 학생들에게 문제를 구체화하고, 그 주제에 관해 서로 다른 입장을 지지하는 데 사용된 사실의 진실성을 입증하고 평가하며, 사실의 관련성을 평가하고, 적절한 결론을 내리며, 자신이 내린 결정의 함의를 숙고하게 한다(Huitt, 2003).

도덕 교육에 관한 마지막 접근인 **행위학습**(action learning)은 가장 새로운 것으로, 학생들에게 지역 봉사 프로젝트에 참가할 기회를 제공하여 도덕추론과 도덕 행동 간의 틈을 이어 주는 것이다(Cottom, 1996). 행위학습에 깔려 있는 가정은 행위학습을 통해 청소년은 도덕적이고 배려하는 행동을 가치 있게 여기게 될 것이고, 사회적 문제(예 : 빈곤, 오염)를 직접 관찰함으로써 사회적 인식이 고양될 것이며, 자신이 지역사회를 도왔다는 인식에서 오는 자기만족을 경험할 것이라는 것이다. 최근에는 점점 더 많은 고등학교들이 지역사회 봉사 의무를 교육 과정의 요건으로 정하고 있다.

권장도서

Brooks, B. D., & Goble, F. G. (1997). *The Case for Character Education : The Role of the School in Teaching Values and Virtue*. Northridge. CA : Studio 4 Production.

Goodman, J. F., & Lesnick, H. (2000). *The Moral Stake in Education : Contested Premises and Practices*. Boston : Allyn & Bacon.

Hamilton, J. T. (2000). *Channeling Violence*. Princeton, NJ : Princeton University Press.

Killen, M., & Smetana, J. (Eds.). (2006). *Handbook of Moral Development*. Mahwah, NJ : Erlbaum.

Kirsh, S. J. (2006). *Children, Adolescents, and Media Violence : A Critical Look at the Research*. Thousand Oaks, CA : Sage.

Nucci, L. P. (2001). *Education in the Moral Domain*. Cambridge, England : Cambridge University Press.

Palmer, E. L., & Young, B. M. (Eds). (2003). *Faces of Televisual Media : Teaching, Violence, and Selling to Children*. Mahwah, NJ : Erlbaum.

Roehlkepartain, E. C., King, P. E., Wagener, L., & Benson, P. L. (Eds.). (2006). *The Handbook of Spiritual Development in Childhood and Adolescence*. Thousand Oaks, CA : Sage.

Ryan, K., & Bohlin, K. E. (2003). *Building Character in Schools : Practical Ways to Bring Moral Instruction to Life*. San Francisco : Jossey-Bass.

알고 싶은 것

▶ 최고의 부모는 어떤 특징을 가지고 있는가?

▶ 대부분의 십대들은 어머니와 어버지 중 누구와 대화하는 것을 더 편하게 생각하는가?

▶ 청소년들은 자신들의 부모가 애정적이고 표현적이기를 원하는가?

▶ 십대들은 어떻게 부모가 자신을 믿게 할 수 있는가?

▶ 자기 가족에게 지나치게 가깝게 되는 것이 가능한가?

▶ 청소년들을 훈육하는 가장 좋은 방법은 무엇인가?

▶ 가족에 관한 어떤 계획을 세울 때, 청소년들이 얼마나 관여하도록 해야 하는가?

▶ 부모-청소년 간의 갈등은 정말로 대부분이 더 큰 자유에 대한 청소년들의 욕망 때문인가?

▶ 부모-청소년 간의 논쟁은 대부분 무엇에 관한 것인가?

▶ 청소년에 대한 이혼의 단기적 효과는 무엇이며, 얼마나 오랫동안 이러한 효과가 지속되는가?

▶ 이혼한 가정의 아동들은 그렇지 않은 가정의 아동들보다 장기적인 행동 문제를 가질 가능성이 더 큰가?

▶ 이혼한 부모의 자녀들은 나중에 더 많이 이혼하게 되는가?

▶ 아이들의 행복을 위해서, 행복하지 않은 부모가 함께 살아야 하는가, 아니면 이혼해야 하는가?

▶ 무엇이 청소년에게 더 좋은가 : 부모가 공동 양육권을 갖는 것, 아니면 한 부모가 단독 양육권을 갖는 것?

▶ 미혼모에 의해 길러질 때, 아동들은 얼마나 잘 지낼 수 있는가?

▶ 엄마의 재혼은 청소년들에게 어떤 장점이 있는가?

이번 장에서 우리는 먼저 청소년들이 관심과 도움, 의사소통, 사랑, 수용, 승인, 신뢰, 애착, 자율성, 규제 등의 방식에서 자신의 부모에게 무엇을 기대하는지를 논의하는 것으로 시작하고자 한다. 그 다음에 부모-청소년 간의 갈등을 다루고, 청소년과 형제자매 간의 관계와 가족 내의 다른 친족과의 관계에 대해 초점을 맞출 것이다. 또한 아동 학대, 성적 학대, 근친상간, 방임 등 청소년에 대한 부당한 대우에 대해 다룰 것이다. 마지막으로, 한부모 가정 혹은 혼합가정 문제뿐 아니라 이혼 자체에 의해 청소년이 어떤 영향을 받는지에 관해 논의할 것이다.

청소년 양육

거의 모든 연구는 부모가 청소년의 행동에 엄청난 영향력이 있음을 보여 준다(Steinberg, 2001). 그러나 부모들은 그들의 행동에 있어서 다양하며, 어떤 행동 유형은 다른 행동들보다 더 이롭다.

청소년은 어떤 부모를 원하는가

청소년들은 어떤 부모를 원하고 또 필요로 할까? 여러 연구들에 의하면, 청소년들은 다음의 자질을 갖추고 있는 부모를 원하며 필요로 한다고 지적한다(Newman, 1989).

"우리에게 관심이 있고 필요할 때 쉽게 도움을 청할 수 있는 부모"
"우리의 이야기를 경청하고 이해하려 애쓰는 부모."
"우리를 사랑한다는 것을 느끼게 해 주는 부모."
"우리를 승인해 주는 부모."
"있는 그대로의 우리의 모습, 단점까지도 받아들여 주는 부모."
"우리를 믿고 최선의 모습을 기대하는 부모."
"우리를 성인으로 대우해 주는 부모."
"우리를 이끌어 주는 부모."
"좋은 성격과 유머감각을 지닌 행복한 사람, 행복한 가정을 꾸리며, 우리에게 좋은 본보기가 되어 주는 부모."

> **알고 싶은 것**
>
> ▶ **최고의 부모는 어떤 특징을 가지고 있는가?**
> 최고의 부모는 자녀에 대한 사랑과 관심을 보이며, 사생활과 적절한 수준의 자유를 자녀들에게 허용하고, 행동의 규칙과 기준을 정한다.

이러한 자질들은 연구자들에 의해 식별된 양육의 세 가지 핵심요소와 일치한다. 첫 번째는 **연결**(connection), 즉 부모와 자녀 간의 따뜻하고, 안정적이며, 사랑스럽고, 주의 깊은 유대이다. 연결은 가족 밖 세계를 청소년들이 탐색할 수 있도록 안전감을 제공한다. 두 번째 요소는 **심리적 자율성**(psychological autonomy)이다. 자기 자신의 견해를 형성하고, 사생활이 있고, 스스로 결정을 내린다. 자율성이 없다면 청소년들은 문제 행동에 취약하게 될 것이고 독립적 성인이 되기가 어렵다. 마지막으로, 아동들은 **규제**(regulation)를 가져야 한다. 성공적인 부모는 자녀의 행동을 모니터하고 감독하며 그 행동을 제한할 규칙들을 세운다. 규제는 아동에게 자기통제를 가르치고 반사회적 행동을 피할 수 있게 돕는다(Barber, 1997).

이러한 자질들을 좀 더 자세히 살펴보도록 하자.

연결

부모의 관심과 도움

부모가 많은 관심을 보이고, 충분한 시간을 함께 보내며, 필요할 때는 기꺼이 자신을 돕고 지원하려 할 때 청소년은 부모가 자신을 돌보고 있음을 느낀다(Amato, 1990; Gecas & Seff, 1990). 긍정적인 부모의 지지는 부모, 형제자매와의 가까운 관계, 높은 자아존중감, 학업적 성공, 그리고 도덕적 발달과 관계가 있다(예 : Barber, Maughan, Olsen, & Thomas, 2002). 부모 지지의 결여는 정반대의 영향을 줄 수 있는데, 즉 낮은 자아존중감, 낮은 학업 성적, 충동적 행동, 빈약한 사회적응, 그리고 일탈적이고 반사회적인 행동이나 비행과 관계가 있다(Herman, Dornbusch, Herron, & Herting, 1997). 예를 들어 고등학교 농구 선수인 학생이 표현한

다음과 같은 반응을 생각해 보라.

> 나는 우리 학교 농구팀의 간판스타예요. 하지만 부모님은 내가 경기하는 걸 보러 온 적이 없으세요. 두 분은 너무 바쁘거나 피곤하거나 아니면 내 여동생을 맡길 베이비시터를 구할 수가 없었다고 말씀하세요. 관중들은 나를 향해 열광하고 여자애들은 나를 둘러싸요. 어떤 꼬마들은 내게 사인을 해 달라고도 해요. 그러나 내 인생에서 가장 중요한 두 분이 내게 관심이 없다면, 이 모든 것은 별 의미가 없어요(Rice의 상담 일지 중에서).

청소년은 부모가 자신에게 주의를 기울여 주고 친구가 되어 주기를 원한다(Henry, Wilson, & Peterson, 1989).

어떤 부모는 친구 역할을 너무 지나치게 하기도 한다. 청소년들은 자신의 친구와 시간을 보내고 싶어 하지, 자신의 부모와 단짝 친구가 되고 싶은 것은 아니다. 즉 어른의 관심과 도움이 필요하지, 어른이 마치 청소년들처럼 행동하길 바라는 것은 아니다. 청소년들은 혼자 있을 시간이 필요하며, 자신의 또래와 오붓이 있고 싶어 한다.

일반적으로, 부모들은 그들의 자녀가 나이가 듦에 따라 청소년 자녀와 시간을 덜 보내게 된다. 그들은 계속해서 정서적 지지와 따뜻함을 제공하겠지만, 아동의 활동에는 덜 관여하게 된다. 예를 들면 한 연구에서는 청소년과 그들의 부모를 대상으로 어머니의 요구와 부모 모두의 요구, 민감성, 성취에 대한 가치, 학교생활에 대한 관여, 학교 기능에 대한 관여의 정도를 측정했다. 결과는 중학교 3학년과 고등학교 3학년 모두에서 청소년과 그들의 부모 모두는 어머니가 아버지보다 양육(parenting)에 더 관여한다고 지각했다. 또한 어머니와 아버지 양쪽 모두는 양육의 전반에서 자녀가 자신들에 대해 지각하는 것보다 자신들을 더 높게 지각하고 있었다. 종단 연구에서, 청소년과 부모 모두는 중학교 3학년에서 고등학교 3학년 사이에 부모의 양육 수준이 떨어진다고 지각했으나, 그중 성취에 대한 가치는 변함이 없었다(Paulson & Sputa, 1996).

경청과 공감적 이해

공감(empathy)이란 타인의 생각, 태도, 느낌을 동일시할 수 있는 능력을 말한다. 그것은 타인에 대한 정서적 민감성이고, 타인의 경험과 그것에 연관된 정서를 대리적으로 공유하는 것이다(Decety & Jackson, 2004).

자녀의 느낌과 기분에 대해 전적으로 무감각한 부모들도 있는데, 그들은 자신의 청소년 자녀가 무엇을 생각하고 느끼는지를 전혀 모르기 때문에 자녀의 생각과 느낌을 고려하지 않고 행동한다. 그들은 자녀가 아무리 속상해 해도 왜 그런지를 알지 못한다. 이러한 무감각이 초래하는 한 가지 결과는 그들의 자녀도 부모처럼 무감각한 사람으로 자랄 수 있다는 것이다. 그들은 어렸을 때 자신의 감정에 대해 배려를 받아 본 적이 없었기 때문에 타인의 감정을 배려하는 법을 알지 못한다.

부모 자녀 간의 의사소통은 청소년기 동안 다소 저하된다. 청소년들은 어렸을 때보다 부모와 상호작용하는 시간을 덜 갖는다고 보고했다. 청소년들은 부모에게 자신에 관한 정보를 덜 제공하며, 부모와의 의사소통은 종종 어렵다(Beaumont, 1996). 이러한 의사소통 부족 현상은 많은 부모가 십대들의 생각을 경청하거나 의견을 수용하지 않고, 그들의 느낌과 관점을 이해하려고 노력하지도 않기 때문일 것이다. 청소년들은 부모가 그들에게 일방적으로 통보하는 식이 아니라 함께 대화를 나눌 수 있기를 원한다.

> "우리는 어려운 문제를 이야기할 수 있고 그 어려움을 이해해 줄 것이라 확신할 수 있는 그런 부모를 원해요. 어떤 부모님들은 우리 얘기를 들으려고도 하지 않고 설명할 기회도 주지 않아요. 부모님들은 좀 더 우리의 관점에서 문제를 보려고 노력해야 해요."

> "우리는 가끔 한 번만이라도 부모님이 우리와의 논쟁을 멈추고 우리 입장에서 문제를 바라봐 주었으면 좋겠다고 생각해요."(Rice의 상담 일지 중에서)

청소년들은 기본적으로 공감적인 이해와 경청하는 귀, 그리고 자신의 자녀도 중요하게 말할 것을 갖고 있다고 생각하는 그런 부모를 원한다고 말한다(Noble, Adams,

알고 싶은 것

▶ **대부분의 십대들은 어머니와 아버지 중 누구와 대화하는 것을 더 편하게 생각하는가?**

대부분의 십대들은 어머니가 이해심이 더 깊을 것이라 믿기 때문에, 아버지보다는 어머니와 이야기하는 것이 더 쉽다고 여긴다.

& Openshaw, 1989). 연구는, 부모가 청소년의 의견을 존중하는 것이 그 가정의 분위기와 행복에 크게 기여한다는 점을 지적한다.

많은 연구들에 따르면, 청소년들은 아버지보다는 어머니와 더 많은 시간을 이야기하며, 매우 다양한 주제들에 대해 조언을 얻기 위해 어머니를 더 찾는다(예 : Ackard, Neumark-Sztainer, Story, & Perry, 2006; Greene, 1990). 이는 딸들에게는 분명히 사실이다. 어머니들은 언제든 찾아가 말할 수 있고, 아버지들처럼 판단하지 않고 더 동정심을 갖고 이야기를 들어주는 존재로서 지각된다. 의사소통은 조화로운 부모-자녀 관계의 한 열쇠이다(Masselam, Marcus, & Stunkard, 1990).

자녀가 자신의 의견에 동의하지 않거나 논쟁하려는 것을 일종의 위협으로 느끼는 부모들도 있다. 대화하길 거부하고, "난 이 문제를 더 이상 논하고 싶지 않아. 그러니까 내 말대로 해."라며 논의를 끝내 버리는 부모는 효과적인 의사소통의 문을 닫고 있는 것이다. 마치 청소년들이 화를 내며 방을 나가 버리고, 문제를 이성적으로 논의하기를 거부하고, 자기 방으로 들어가서는 토라져 버리듯이 말이다.

부모와 청소년이 똑같은 일에 대해 서로 다르게 지각한다는 사실뿐 아니라, 부모와 청소년 사이의 제한된 의사소통으로 인해 공감적이고 잘 돌봐주는 부모들조차도 종종 자녀가 겪고 있는 스트레스에 대해 알지 못한다. 몇몇 연구들(Hartos & Power, 1997; O'Brien & Iannotti, 1993)은 어머니들이 청소년 자녀가 겪는 스트레스의 크기를 항상 과소 추정함을 보여 왔다. 부모들이 자신이 알지 못하는 문제들이 자녀가 다룰 수 있게 도울 수는 없으므로, 이러한 인식의 차이가 커질수록 청소년이 보이는 문제들이 더 많다는 것은 놀라운 일이

아니다.

사랑과 긍정적 정서

정서(affect)란 가족 구성원들 사이에 존재하는 감정이나 느낌을 말하는 것으로 긍정적이거나 부정적이다. 가족 구성원들 사이의 **긍정적인 정서**(positive affect)란 따뜻함, 애정, 사랑, 그리고 민감성 등의 특징을 가지는 관계를 말한다. 가족 구성원들은 서로에게 중요한 존재이고 상대방의 느낌과 요구에 민감하게 반응한다. **부정적인 정서**(negative affect)란 차가움, 거부, 그리고 적대감으로 특징지어진다. 가족 구성원들은 서로 사랑하는 것 같지 않으며, 심지어 서로 좋아하는 것 같지도 않다. 실제로 서로 미워하고 있는 가족들도 있다. 그들은 서로의 느낌이나 요구에 무관심하며, 가족 구성원 누구에게도 관심이 없는 것처럼 행동한다. 가족에 대한 애정, 긍정적인 정서적 지지, 공감이나 이해가 거의 존재하지 않는다.

대부분의 청소년은 부모로부터 사랑을 많이 받아야

대부분의 청소년들은 부모로부터 많은 사랑과 애정을 필요로 한다. 부모의 내적, 외적 지지에 대한 지각은 청소년들의 삶에 대한 만족도와 정적인 상관관계가 있다.

알고 싶은 것

▶ **청소년들은 자신들의 부모가 애정적이고 표현적이기를 원하는가?**

대부분의 십대들이 자신의 학교 앞에서 부모가 자신을 끌어안고 키스하는 것을 원하지 않기는 하지만, 그들은 분명 부모가 관심을 표현해 주기를 원하고 필요로 한다. 만약 십대들이 충분한 사랑을 받지 못한다면, 그들은 미래의 모든 관계에서 불안정한 성향을 보일 가능성이 크다.

하며, 동시에 부모가 주는 실제적인 애정의 표현 역시 꼭 필요하다(Barber & Thomas, 1986). 그러나 때로는 부모 자신이 애정표현을 잘 하지 않는 가정에서 성장했을 수 있기 때문에 자신의 자녀를 껴안아 주거나 손을 잡거나 키스해 주는 일이 거의 없는 경우도 있다. 그들은 여간해서는 긍정적이고 따뜻한 감정을 표현하지 않는다. 어떤 소녀는 다음과 같이 말했다. "부모님이 절 사랑한다고 말했던 기억이 없어요. 부모님은 당연히 제가 알고 있을 거라고 짐작하신 것 같아요. 하지만 전 부모님이 절 사랑한다고 직접 말해 주길 바랐고 가끔씩 그걸 표현해 주길 바랐어요."

부모의 사랑과 애정표현을 제대로 받지 못한 청소년은 사랑과 애정에 몹시 굶주려서 애정의 욕구가 지나친 사람으로 성장할 수도 있고, 반대로 그들 자신이 냉담해져서 자신의 배우자나 자녀에게 애정표현하는 것을 힘들어 하는 사람이 될 수도 있다. 청소년들은 내적 지지(격려, 이해, 자녀에 대해 기뻐하기, 신뢰, 사랑)와 외적 지지(포옹과 키스, 외식이나 영화 관람, 특별한 선물 같은 지지의 외형적 표현) 둘 다가 필요하다고 강조한다. 특히 내적 지지와 친밀감 같은 부모의 지지에 대한 지각은 청소년의 삶의 만족도와 정적인 상관관계가 있다(Young, Miller, Norton, & Hill, 1995).

수용과 승인

사랑의 중요한 요소 중 하나는 무조건적인 수용이다. 사랑을 보여 주는 한 가지 방법은, 청소년들의 단점을 비롯한 모든 것을 있는 그대로 받아들여 주고 이해해 주는 것이다. 자신이 가치 있는 사람이고, 받아들여지고 있으며, 부모가 자신을 좋아하고 있다는 것을 청소년이 느낄 수 있도록 해야 한다. 또한 청소년들은 부모가 자신의 개성을 받아들이고 친밀하게 느끼며 가족 간의 개인차에 대해서도 관대하길 바란다(Bomar & Sabatelli, 1996).

부모는 자녀를 어떤 고유한 특성을 지닌 한 인간으로 바라보는 객관성을 충분히 유지하면서 그들을 승인하고 있음을 보여 주기 위해서 각고의 노력을 기울여야 한다. 청소년은 자신이 완벽하지 않으면 부모의 사랑을 받지 못할 거라는 불안감에 시달리길 원치 않으며, 끊임없는 비판과 냉랭한 분위기 속에서는 잘 성장할 수도 없다.

여러 가지 이유로 인해서 부모와 청소년 자녀 간에 부정적인 감정이 싹틀 수 있다. 가령 어떤 아동들은 단지 계획에 없던, 원치 않은 아이였다는 이유 하나만으로 태어나던 순간부터 원망의 대상이 되어 거부되고 제대로 사랑받지 못한다. 한 소녀는 이렇게 설명했다.

우리 엄만 당신께서 절 임신한 걸 알게 됐을 때 얼마나 당황했는지 모른다고 자주 말하곤 했어요. 제가 태어났기 때문에 엄만 좋은 직장을 포기했대요. 임신으로 엄마의 몸매는 망가졌고, 아이를 낳는 것은 너무 고통스러웠대요. 저는 너무 많이 울어대고 밤잠을 못 자게 만드는 귀찮은 아기였고, 엄마 말에 의하면 전 항상 엄마의 고통이었지요. 그래서 엄마는 늘 제게 분개했고 저한테 그걸 분명하게 보여줬죠(Rice의 상담 일지 중에서).

어떤 부모들은 자녀들이 자라나면서 보이는 특징에 당황할 수 있다. 어떤 아버지는 이렇게 불평했다.

난 인정하고 싶진 않지만, 솔직히 아들에게 매우 실망했습니다. 그 아이는 전혀 날 닮지 않았어요. 내가 학교 다닐 때는 축구나 다른 운동을 하며 놀았는데, 내 아들은 음악과 책을 좋아합니다. 그 앤 머리가 길고 왼쪽 귀에 귀걸이를 하고 있어 꼭 계집애처럼 보입니다. 난 그 애가 자랑스러웠으면 좋겠는데 사실 그렇지가 못해요. 그 애는 정말 날 창피하게 합니다(Rice의 상담 일지 중에서).

신뢰감

"왜 부모들은 우리가 무슨 나쁜 짓이라도 할까 봐 그렇게 두려워하지요? 왜 좀 더 우릴 믿어 주지 못하는 걸까요?"

"부모님들은 지금보다 더 우리를 믿어 줄 수 있어요. 우리의 이성교제에 대해서도 구식 부모와는 다르게 우리가 무엇을 알고 있어야 하는지 알려 주어야만 해요. 그런 다음 우리를 그대로 놔두고 보면서 우리의 최선의 모습을 기대해야 해요. 우리가 그렇게 될 수 있도록 말이죠." (Rice의 상담 일지 중에서)

자녀를 믿지 못하는 부모들이 흔히 하는 일 중 하나는 자녀의 이메일을 열어 보거나, 일기를 훔쳐보거나, 전화를 엿듣는 것인데, 청소년들은 부모의 이런 행동들을 가장 싫어한다. 어떤 소녀는 이렇게 불평했다.

우리 엄만 '청소' 한다는 구실로 항상 제 방을 뒤져요. 저는 제 책상이 가지런해져 있거나(거긴 제가 일기장을 감춰두는 곳이에요) 서랍에 뒤진 흔적이 있는 게 싫어요. 16세 소녀도 사생활이 보장되어야 한다고 생각하지 않으세요? (Rice의 상담 일지 중에서)

어떤 부모는 다른 부모에 비해 자신의 자녀를 신뢰하는 일을 더 많이 힘들어하는 것 같다. 이런 부모는 자신의 공포나 불안, 죄의식을 자녀에게 투사(project)하는 경향이 있다. 가장 두려움이 많은 부모는 보통 가장 불안정한 부모거나 그들 자신이 성장기 때 많은 어려움을 가지고 있었던 사람이다. 혼외 임신이나 혼외 출산 경험이 있는 어머니가 딸의 데이트와 성행동에 대해 가장 걱정이 많다. 청소년은 신임받지 못할 만한 근거를 자신들이 먼저 어른들에게 제공하지 않는 한 부모가 자신들을 완벽하게 믿어줘야 한다고 생각한다.

최근의 연구는 부모의 신뢰는 주로 그들이 청소년 자녀에 대해 갖고 있는 지식의 양과 종류에 달려 있다고 지적한다. 부모의 신뢰는 아동의 과거 잘못된 행동에 대해 아는 것보다는 자녀의 하루 일과에 대해 아는 것

알고 싶은 것

▶ 십대들은 어떻게 부모가 자신을 믿게 할 수 있는가?
십대들이 자신의 부모로부터 믿음을 이끌어 내기 위한 최선의 방법은 자신들의 일상생활에 대해 부모에게 이야기하는 것이다.

에 의해 더 많이 설명된다. 자신의 일상생활에 대해 부모에게 먼저 말을 하는 청소년들이 가장 많은 신뢰를 이끌어 낸다(Kerr, Stattin, & Trost, 1999).

애착 유형

앞부분에서 언급된 특징들은 아무 생각 없이 그냥 배열된 것이 아니다. 많은 애정을 보이는 부모들은 그렇지 않은 부모들에 비해 자녀들의 이야기를 더 잘 경청하고, 자녀를 승인해 주는 부모들은 더 많이 자녀들을 신뢰한다. 따라서 이러한 특징들을 함께 묶고, 유아와 양육자 사이의 유대를 표현하기 위해 원래 사용되었던 용어를 사용해서 청소년의 **애착 유형**(attachment style)을 설명하는 것은 흔한 일이다.

애착 유형에는 세 가지가 있다 : 안정, 불안, 회피(Ainsworth, Blehar, Waters, & Wall, 1978). **안정애착**(secure attachment)을 지닌 사람들은 일관되게 따뜻하고 양육적인 부모를 가지고 있다. 안정애착인 사람들은 타인을 신뢰하고 개방적이다. **불안애착**(anxious attachment)을 지닌 사람들은 그 이름이 보여 주듯이 사람들과의 관계에 있어서 불안하고 불안정하다. 그들은 자신이 사랑받고 있다는 증거를 자주 필요로 하고 버려지는 것을 두려워한다. 불안하게 애착된 사람들은 보통 자신이 도움을 필요로 할 때 부모가 비일관적으로만 옆에 있었던 배경을 지닌다. **회피애착**(avoidant attachment)을 지닌 사람들은 초연하고 거리감이 있다. 그들은 상처받는 것을 두려워하고 감정적으로 자신을 드러내지 않는다. 회피애착인 사람들의 부모는 흔히 차갑고 거부적이다.

부모에게 안정적으로 애착된 청소년들은 유능함을 느끼며(Papini & Roggman, 1992) 다른 사람들과 잘 어울린다(Kenny, 1994). 그들은 학교에서도 잘하고, 자아존

증감이 높으며, 문제 행동을 덜 한다(Noom, Dekovic, & Meeus, 1999). 그들은 우울함도 덜 경험한다(Kenny, Lomax, Brabeck, & Fife, 1998). 안정애착인 청소년들과 불안 또는 회피애착인 청소년들의 차이는 스트레스를 받았을 때 가장 두드러진다(Rice & Whaley, 1994).

자율성

모든 청소년의 공통된 목표 중 하나는 자율적인 성인으로 인정받는 것이다. 이것은 **분리-개별화**(separation-individuation)라는 과정을 통해 성취되는데, 이 기간 동안 부모-청소년 사이의 유대는 변형되지만 유지된다(Fleming & Anderson, 1986; Josselson, 1988). 청소년은 독자성과 부모와의 연결을 동시에 확립한다(Grote-vant & Cooper, 1985). 즉 청소년은 부모와의 의사소통, 애정, 신뢰를 지속시킴과 동시에 부모와의 분화된 관계를 추구하게 되는 것이다(Quintana & Lapsley, 1990). 예를 들어 개별성을 경험하고 싶어서 새로운 관심, 가치관, 목표를 발달시키고 부모와는 다른 관점을 발달시킬 수도 있다. 그럼에도 불구하고, 청소년은 여전히 가정의 일부이다. 청소년과 부모들은 계속해서 서로에 대한 정서적 헌신을 기대한다(Newman, 1989).

개별화는 인간 성장의 근본 원리이다(Gavazzi & Sabatelli, 1990). 그것은 개인이 자기를 이해하고 타인과의 관계에서 정체성을 확립하기 위해 부단히 노력하는 것을 포함한다. 아동기에서 성인기로 넘어갈 때, 청소년은 성인의 역할과 책임을 떠맡기에 적절한 수준의 **자율성**(autonomy)과 정체성을 확립할 필요가 있다. 부모에게 너무 의존적인 채로 남아 있는 청소년은 또래와의 만족스러운 관계를 발달시키기엔 역부족이다(Sch-neider & Younger, 1996).

자율성에는 두 가지가 있다. **행위적 자율성**(behavi-oral autonomy)은 타인의 지도를 받기 위해 지나치게 의존하지 않으면서 혼자 힘으로 충분히 살아갈 수 있을 만큼 독립적이고 자유로운 것을 말한다. **정서적 자율성**(emotional autonomy)은 부모에 대한 어린아이 같은 정서적 의존에서 벗어나는 것을 의미한다. 연구자들은 스스로를 위해 결정을 내리는 능력인 행위적 자율성이 청소년기 동안 확실히 증가한다고 말한다(Feldman &

Wood, 1994). 청소년은 옷을 고르거나 친구를 선택하는 일 등에서는 행위적 자율성을 바라지만, 교육적 계획을 세우는 일 같은 분야에서는 부모의 지도를 따르고자 한다. 청소년은 자신이 행위적 자율성을 사용하는 법을 배우는 동안, 단번에가 아니라 서서히 더 많이 행위적 자율성을 허용해 줄 수 있는 부모를 원하고 또 필요로 한다. 단번에 너무 많이 허용된 자유는 청소년들에게 오히려 거부로 느껴질 수도 있다. 청소년은 스스로 선택하고, 자신의 독립성을 행사하고, 어른들과 논쟁도 하고, 스스로 책임을 질 권리가 주어지기를 원하는 것이지 완전한 자유를 원하는 것은 아니다. 본인이 아직 자유를 어떻게 사용해야 하는지 모른다는 것을 알기 때문에, 너무 많은 자유가 주어지면 청소년은 근심하게 된다.

청소년기 동안의 정서적 자율성으로의 이행은 행위적 자율성으로의 이행만큼 극적이지는 않다. 정서적 자율성의 습득 여부는 주로 부모의 행동에 달려 있다. 어떤 부모는 과잉 의존을 장려한다. 예를 들어 불행한 결혼생활을 하는 부모는 때로는 정서적 만족을 위해 자녀에게로 눈을 돌리고 지나치게 의존하게 된다. 의존을 장려하는 부모는 심지어 자녀가 성인이 된 후에도 자신에게 많은 것을 요구하고 과도하게 의존하길 바라기 때문에 자녀가 효율적인 어른으로 기능할 수 없게 만든다. 부모에 의해 좌우되어 온 청소년은 의존적인 태도를 받아들이고 심지어 더 좋아하게 되기 때문에, 결과적으로 청소년기가 연장된다. 예를 들어 어떤 청소년은 결혼 후에도 부모와 같이 살고 싶어 하거나 성숙한 사회적 관계를 성취하려 들지 않는다. 또한 자신의 선택에 의한 직업 정체성을 확립하려 하지 않는다거나, 혹은 분리되고 독립된 인간으로서의 긍정적인 자아상을 발달시키지 못할 수도 있다.

과잉 의존과 정반대가 되는 것은 부모에 의한 분리이다. 청소년은 지도와 조언을 위해 부모에게 전혀 의존할 수 없게 된다. 인생에서의 다른 문제들과 마찬가지로, 이 문제에서도 역시 중도가 필요하다.

결속과 자율성은 언뜻 보기에는 상호 배타적인 것 같다. 어떻게 사람이 부모에게 가깝게 느끼면서 동시에 독립적일 수 있을까? 그러나 대부분의 연구자들은 그

두 특징이 상호 보완적이며(Montemayor & Flannery, 1991), 가장 건강한 가족은 독립과 정서적 지지의 균형을 유지한다고 믿는다(Grotevant & Cooper, 1985). 가족 구성원이 결속을 향해 너무 지나치게 기울어져 있는 가족은—너무 많은 시간을 함께 보내고, 서로의 삶의 모든 부분에 대해 세세하게 알기를 기대하는 등—**과도하게 밀착되어 있는**(enmeshed) 것으로서 기술된다. 반대로, 가족 구성원들이 서로 고립되어 있는 가족은—어느 누구도 다른 가족들이 낮에 무엇을 했는지, 그들의 친구가 누구인지, 중요한 일들에 대해 어떻게 생각하는지를 알지 못하는 것처럼—**유리된**(disengaged) 것으로 표현된다(Olson, 1988).

청소년과 가족의 **응집력**(cohesion)에 있어서는, 많은 것이 항상 더 좋지는 않다. 많은 것들이 청소년의 연령과 가족생활 주기의 단계에 달려 있다. 보통 자녀가 아주 어린 시기인 결혼생활 초기에 가족 응집력이 가장 강하다. 자녀들은 자신이 촘촘하게 짜여진 가정이라는 단위의 일부라고 느끼고 싶어 한다. 그러나 자녀가 청소년으로 성장함에 따라 대부분의 가족은 응집력이 떨어지기 시작한다(Ohannesian & Lerner, 1995). 자녀가 독립하여 집을 떠나는 단계일 때, 가족 응집력(적어도 청소년에 한해서는)이 보통 가장 최하의 지점에 있게 된다(Larson & Lowe, 1990).

청소년기 동안에 가족 응집력이 낮아지는 이유는 청소년이 분리-개별화의 과정 속에서 자율적이 되고 자신의 힘으로 인생을 개척해 보려고 노력하기 때문이다. 동시에 부모들이 스스로를 위해 새로운 인생을 만들어감에 따라 사생활에 대한 요구가 늘어나고 결과적으로 청소년으로부터 분리하기 때문이다(Demick, 2002). 이러한 동시적인 분리 과정의 결과로, 가족생활 주기 중 청소년 단계에서 가족 응집력이 더 약해지는 것이다.

게다가 부모-청소년의 공간적인 거리 또한 나이 든 청소년의 가족이 어린 청소년의 가족보다 더 멀다고 한다(Bulcroft, Carmody, & Bulcroft, 1996). 이러한 현상은 나이 든 청소년이 어린 청소년보다 더 많은 자율성과 분리, 개인적 공간을 추구한다는 관점을 지지한다(Larson & Lowe, 1990). 따라서 가족의 발달 단계와 가족의 공간적 거리 사이에는 중요한 관계가 있다. 이러

알고 싶은 것

▶ **자기 가족에게 지나치게 가깝게 되는 것이 가능한가?**

그렇다. 너무 많은 사랑이라는 것은 있을 수 없다고 해도, 너무 지나친 결속은 있을 수 있다. 가족의 모든 구성원들은 어느 정도 사생활을 원하며, 혼자 있거나 자신의 친구들과 함께하는 시간을 필요로 한다.

한 결론은 Larson과 Lowe(1990)의 연구에서 더욱 분명히 나타나는데, 그들에 따르면 나이 든 청소년과 부모는 어린 청소년과 부모보다 평균 70% 정도 더 먼 공간적 거리를 유지하고 있었다.

기능적인 가족과 역기능적 가족의 가족 응집력 차이는 어느 정도일까? 가장 기능적인 가족 상황은 자녀가 성장하는 동안 높은 수준의 가족 응집력을 지니고 있으며, 자녀가 청소년이 되면서 보다 균형적인 친밀함으로 점진적으로 이행한다. 이는 독립적인 사람이 되기 위해 애쓰는 청소년들에게 새로 싹트고 있는 정체성의 형성을 도와준다.

규제

생활지도와 통제

35년보다 더 전에, Diana Baumrind(1971)는 부모가 자녀에게 행사하는 통제의 네 가지 기본 유형을 기술하였다. 이 네 가지 유형은 양육의 두 가지 독립적 차원, 즉 통제와 따뜻함에서 나온다. 첫 번째 차원인 **통제**(control)는 부모가 자녀의 행동을 다루는 정도와 관련이 있다. 예를 들어 한쪽 극단에는 많은 통제를 행사하는 부

그림 10.1 네 가지 주요 양육 방식
출처 : Baumrind(1971).

	통제적	비요구적
따뜻함	권위적인 부모	허용적 부모
차가움	권위주의적인 부모	무관심한 부모

모들이 있는데, 그들은 자녀 행동의 많은 부분들을 명령하고 자녀가 그들의 지시를 맹목적으로 따르기를 기대한다. 통제의 연속선상에서 다른 극단은 거의 규칙을 세우지 않고 규칙을 위반한다고 해도 아무런 결과도 부과하지 않는 부모들이다. 두 번째 차원인 **따뜻함**(warmth)은 애정적이고 지지적인 정도를 반영한다.

이러한 두 차원이 다른 방식으로 조합될 때 네 가지 분리된 양육 방식이 결정된다(그림 10.1 참조).

1. **권위적인 부모**(authoritative parents)는 자녀의 이야기를 잘 듣고 규칙이나 결정을 만들 때 자녀가 원하고 바라는 것들을 고려한다. 그러나 이러한 부모들이 반드시 민주적인 것은 아니다. 합의를 구할 수 없을 때에는 결국 부모들이 결정한다.
2. **권위주의적인 부모**(authoritarian parents)는 엄격한 훈육가이다. 그들은 자신이 원하는 것과 자신이

옳다고 믿는 것에 따라 결정을 한다. 규칙과 가족의 관습에 대한 논의는 전혀 없다. 자녀들은 부모의 기대에 따라 살지 않는다면 큰 어려움을 겪게 된다.

3. **허용적 부모**(permissive parents)는 지나치게 관대하다. 그들은 사랑을 표현하는 최상의 방법은 자녀가 원하는 것을 하도록 그냥 내버려 두는 것이라 믿는다. 그들은 자녀가 스스로를 위해 거의 모든 것을 결정하게 놔두며 자녀를 잘 모니터하지도 않는다. 그들은 자녀에게 안 된다고 말하거나 자녀를 실망시키는 것을 싫어한다. 자녀가 부모가 선호하는 것과는 반대로 어떤 행동을 해도 아무런 제재도 가하지 않는다.
4. **무관심한 부모**(uninvolved parents)는 자녀가 원하는 것이 무엇이든 하도록 내버려 두며, 자녀에 대해 전혀 신경을 쓰지 않는다. 그러나 이러한 부모

Research Highlight   부모님을 속이는 것이 괜찮은가?

청소년기는 개개인들이 활발하게 자율성과 독립을 찾으며, 새로운 것을 경험하고 성장하기 위해 노력하는 시기이다. 이러한 성숙이 일어나야 하는 속도와 자녀들에게 적절한 구체적인 활동들에 대해 부모들은 그들의 십대 자녀와 흔히 의견이 일치하지 않는다. 이 때문에, 그리고 또래들에게 동조하고 멋지게 보일 지각된 필요성 때문에, 청소년들이 부모가 반대할지도 모르는 어떤 것을 하기 원하는 상황에 스스로가 놓여 있음을 발견하게 되는 것은 거의 피할 수 없는 일이다. 이런 딜레마에 대한 한 가지 '해결법'은 노골적으로 거짓말을 하거나 앞으로의 활동에 대해 이야기하지 않음으로써 부모를 속이는 것이다. 최근에는 부모의 모니터링에 대한 관심의 결과로 청소년기 거짓말에 대한 연구활동이 활발히 진행되고 있다.

아마도 가장 기초적인 질문은 "청소년들이 부모에게 거짓말을 하는 것이 흔한가?"일 것이다. 대답은 '그렇다'이다. Jensen, Arnett, Feldman과 Cauffman(2004)은 고등학생과 대학생들에게 지난 한 해 동안 여섯 가지 주제(예 : 파티, 술)에 대해 부모에게 거짓말을 한 적이 있는지를 물었다. 고등학생의 1/3~2/3, 대학생의 28~50%가 각 주제에 대해 거짓말을 한 적이 있음을 보고하였다. 거의 80%에 달하는 학생이 지난 해 적어도 한 번은 거짓말을 하였다. 또한 아들이 딸보다 다소 더 많은 거짓말을 하였다.

청소년들은 부모에게 거짓말하는 것을 도덕적으로 받아들일 수 있다고 생각하는 걸까? 때때로 그렇다. 그것은 거짓말을 하게 되는 주제와

동기 모두에 달려 있다. 청소년들은 그들 부모가 관심을 갖는 것이 합당하다고 믿는 주제에 대해서는 부모에게 이야기해야 한다고 의무감을 느끼며, 순전히 개인적이고 따라서 부모의 관심사가 아닌 문제에 대해서는 그들에게 말해야 하는 어떠한 책임감도 느끼지 않는다(Smetana, Metzger, Gettman, & Campione-Barr, 2006). 물론, 부모와 청소년들이 어떤 주제들이 이에 해당하는지에 대해 항상 동의하지는 않지만, 이러한 불일치는 청소년이 나이를 먹으면서 점점 줄어든다. 거짓말은 동기가 악의적이기보다 이타적이거나 친사회적일 때 더 허용된다(Jensen, Arnett, Feldman, & Cauffman, 2004).

그러나 작은 양으로는 허용되고 규범적일 수 있는 것도 그 양이 더 커지면 반드시 좋지는 않다. 대부분의 기존 연구들과 동일하게, Frijns, Frinkenauer, Vermilst와 Engels(2005)는 그들의 부모에게 비밀을 갖는 습관이 있는 청소년들이 더욱 정직한 또래들에 비해 낮은 자아존중감을 갖고 있고, 우울한 기분을 보이며, 스트레스를 받고, 공격적이고, 낮은 수준의 자기통제력을 갖고 있음을 발견했다. 그들은 이러한 부정적인 연관성에 대해 세 가지 가능한 원인을 제안했다. 첫째, 비밀을 갖는 것은 스트레스가 많고 힘든 일이다. 둘째, 부모들이 청소년의 삶이 실제로 어떻게 돌아가고 있는지에 대해 충분한 정보가 없다면, 그들이 해야 하는 것만큼 충분히 자녀를 도울 수 없다. 셋째, 비밀을 갖는 것은 가족과의 소속감과 응집성을 손상시킨다. 어쨌든, 일반적으로 정직이 최선의 방책이다!

Personal Issues   체벌

체벌(corporal punishment) 또는 **신체적인 처벌**(physical punishment)은 아동의 행동을 교정하거나 제어할 목적으로, 상해는 아니지만 아동에게 고통을 유발할 의도를 가지고 물리적인 힘을 사용하는 것을 의미한다. 미국 사회에서 부모에 의한 아동 체벌은 훈육의 일반적인 형태이다. 사실, 아동의 엉덩이나 뺨을 때리는 것은 용인될 수 있는 것으로 여겨질 뿐만 아니라, 일반적으로 매우 필요하고 효과적인 것이라고 믿어진다. 한 연구에 따르면, 성인표집의 84%가 엄격한 매는 때로 필요하다는 데 동의하였다. 아동에게 체벌을 사용하는 것을 거부하는 부모들은 너무 관대하고 비효과적인 부모, 즉 본질적으로 좋은 부모

가 아니라고 생각된다. 자녀가 성장함에 따라 체벌의 사용이 줄어들기는 하지만, 심지어 청소년기 동안에도 여전히 높은 수준을 유지한다. 초기 청소년기 아동들의 거의 절반 정도가 부모에 의한 체벌을 경험한다(Turner & Finkelhor, 1996). 체벌이 널리 받아들여지든 아니든 간에, 체벌의 효과에 관한 70개의 연구들(1961~2000년 사이에 행해진 연구들)에 대해 최근에 메타분석을 실시한 것에 따르면, 신체적 훈육은 부정적인 행동적, 정서적 결과를 모두 갖고 있었다(Paolucci & Violata, 2004). 다른 형태의 훈육들이 더욱 효과적이며 이러한 부정적인 결과도 낳지 않는다.

알고 싶은 것

▶ 청소년들을 훈육하는 가장 좋은 방법은 무엇인가?

청소년들을 훈육하는 가장 좋은 방법은 그들의 행동이 수용될 수 없는 이유에 대해 이야기하는 것이다. 협박을 하거나 처벌을 가하는 것은 아동들과 청소년들을 공격적으로 만드는 경향이 있고, 사랑과 애정을 철회하는 것은 이들을 불안정하게 만든다.

는 (잘못된) 사랑에서가 아니라 무관심에서 그러는 것이다. 그들은 가능한 한 최소한으로 개입하기 원한다. 종종 부모들은 그들이 자기 삶의 스트레스로 인해 압도당하거나 아이들을 원하지 않았기 때문에 무관심하다.

각각의 통제방법은 청소년에게 어떤 효과가 있을까? 어떤 방법이 가장 기능적일까?

발달심리학자들은 권위적인 양육이 최고라는 생각에 전적으로 동의한다(Steinberg, 2001). 실제로, 한 부모는 권위적이고 다른 부모는 그렇지 않은(부모 간 불일치가 있게 됨을 의미한다고는 해도) 경우가 두 부모 모두 권위적이 아닌 다른 양육 방식을 사용하는 것보다 더 낫다(Fletcher, Steinberg, & Sellers, 1999). 권위적인 부모는 권위를 행사하지만 지도를 통해 관심을 표현한다. **유도**(induction; Hoffman, 2000)는 권위적인 부모에 의

해 가장 흔하게 사용되는 기술이다. 유도는 아동과 말하는 것을 포함하는데, 문제가 되는 행위가 왜 부적절한지를 설명하고 그것이 어떻게 다른 사람들에게 부정적으로 작용하는지를 설명한다. 논의의 목적은 그 행동이 다시 반복되지 않도록 그 행동에 대한 죄책감을 유발하는 것이다. 유도는 가장 효과적인 훈육 기술이면서 청소년들이 가장 잘 반응하는 기술이기도 하다.

권위적인 부모는 또한 개인의 책임, 의사결정, 그리고 자율성을 장려한다. 청소년은 부모의 합리적 설명을 듣고 논의하면서 스스로 결정을 내린다. 청소년은 또한 가족으로부터 자신을 점차적으로 분리시키도록 격려된다. 결과적으로 권위적인 가정환경은 존경, 이해, 따뜻함, 수용, 그리고 일관적인 양육으로 가득 찰 것이다(Necessary & Parish, 1995). 이러한 가정은 소년, 소녀 모두의 순응적이며, 말썽을 일으키지 않고, 비행에 연루되지 않는 행동과 연합된다.

권위적인 양육의 효과에 대한 이러한 발견은 너무나 확고해서 매우 다양한 인종과 민족집단을 포함한 미국 청소년들에게뿐 아니라 비교 문화적으로도 역시 사실로 입증되었다(Khalique & Rohner, 2002; Rohner & Britner, 2002). 예를 들어 미국, 스위스, 헝가리, 그리고 네덜란드 청소년들을 대상으로 한 비교연구에서, Vazsonyi, Hibbert와 Snider(2003)는 상대적으로 권위적인 부모들이 상대적으로 권위주의적(authoritarian)이거나 허용적인 부모들보다 더 잘 적응하는 청소년 자녀를

알고 싶은 것

▶ 가족에 관한 어떤 계획을 세울 때, 청소년들이 얼마나 관여하도록 해야 하는가?

부모들은 가족에 관한 어떤 계획을 세울 때 청소년들이 자신의 의견을 말하도록 반드시 허용해야 한다. 그렇게 하는 것은 청소년들의 의견에 대한 존중을 표현하며 그들에게 의사결정을 연습할 수 있게 한다. 그러나 의사결정을 하는 데 있어 청소년들이 부모만큼 또는 부모보다 더 많이 의견을 피력하게 하는 것은 바람직하지 않다.

갖는다는 것을 발견하였다. 이러한 결과는 비서구 문화에서도 사실로 나타났다(예 : Feldman & Rosenthal, 1994).

권위주의적인 양육의 일반적 효과는 반항과 의존의 조합을 만들어 낸다는 것이다. 청소년들은 부모의 지시와 결정을 일방적으로 따르고 스스로 결정을 내리지 말라고 배운다. 그런 환경에서 청소년들은 보통 부모에게 더 적대적이고, 그들의 통제와 지배에 대해 매우 분개하며, 그들과 덜 동일시한다. 부모의 권위에 대한 도전에 성공한 청소년은 더 반항적이 될 수도 있고, 특히 부모의 훈육 방식이 가혹하거나, 부당했거나, 충분한 사랑과 애정이 없었을 경우에는 때로 부모에게 명백하게 공격적이고 적대적인 태도를 갖기도 한다. 그러므로 독재적인 가정에서 자란 자녀의 모습은 다양하게 나타난다. 말을 잘 듣는 아동일수록 겁에 질려 있고, 자라서도 의존적이며, 좀 더 강한 아동은 반항적이다. 양쪽 모두 대체로 정서적 어려움과 문제들을 지니게 된다. 반항적인 아동일수록 가능한 한 빨리 독립하려 하며, 그들 중 일부는 비행을 저지르게 된다(Fischer & Crawford, 1992).

권위주의적인 부모는 보통 융통성이 없다. 완고한 부모는 세상에는 오직 하나의 바른 길이 있고 자기 방식이 바로 그것이라고 믿는다. 이런 부모는 자신의 신념을 절대로 굽히지 않으며, 자신의 사고와 행동을 바꾸길 거부한다. 그들은 자신과 다른 의견에 대해서는 아예 논의조차 하려 하지 않으며, 반대를 허용하지 않는다. 그리하여 그들과 그들의 자녀는 결코 서로를 이해할 수가 없다. 그들은 자녀가 자신의 편협한 틀에 맞추어 생각하고 행동하며, 자기와 비슷해지기를 기대한다.

완고한 부모는 흔히 완벽주의자여서 자녀의 수행에 대해 주로 비판적이고 만족하지 못한다. 결과적으로 청소년 자녀는 자아존중감이 낮아지고 견디기 힘든 긴장과 스트레스를 겪게 된다. 이들 중 대다수가 뭔가를 잘못할 것이며 기대에 미치지 못할 것이라는 엄청난 불안과 공포를 가지고 성장하게 된다.

권위주의적인 부모는 처벌을 주로 사용하며, 통제를 위해 처벌적인 수단을 사용한 결과는 대체로 부정적이다. 청소년은 (비유적으로 말하자면) 부모의 가혹함에 짓밟힐 것이며, 권위주의적인 부모의 청소년들은 다른 청소년들보다 훨씬 더 임상적 수준의 우울함을 경험하기 쉽다(Aquilino & Supple, 2001). 게다가 부모가 거칠고 신체적인 처벌을 사용하는 가정에서 자란 청소년들은 보통 부모의 공격적 행동을 모방할 것이다. 가족 폭력은 집 안팎에서 더 많은 폭력을 낳게 된다(Walker-Barnes & Mason, 2004).

또한 가정에서의 거친 훈육과 청소년의 교우관계는 관련이 있다. 부분적으로는 자녀가 부모의 공격적인 행동을 모방하기 때문에, 자신의 사회적 행동에서 거의 자제할 줄 모르는 청소년들은 가정에서의 긍정적 모델들로부터 자제하는 법을 배웠던 청소년들만큼 또래에게 환영받지 못한다(Feldman & Wentzel, 1990; Kaufmann, Gesten, & Santa Lucia, 2000).

다른 극단의 형태는 허용적인 가정이다. 허용적인 부모는 자녀에게 지도나 안내를 거의 하지 않고, 아무런 제재도 가하지 않으며, 자녀 스스로 모든 것을 결정하도록 내버려 둔다. 여러 형태의 허용성이 갖는 구체적인 효과는 다양하지만, 전반적 결과는 동일하다. 한껏 응석부리고 자란 청소년들은 좌절이나 책임을 수용할 준비가 되어 있지 않고, 타인에 대한 배려도 부족하다. 그들은 때로 타인을 제압하려 들고, 자기중심적이며, 이기적이고, 자신의 부모처럼 자신을 다 받아 주지 않는 사람과는 잘 지내지 못한다. 그리고 자신의 행위에 제재가 가해진 적이 없기 때문에, 오히려 그들은 불안정하고 삶의 방향감이 없으며 불확실하다고 느낀다. 만약 청소년이 부모의 통제 부족을 자신에 대한 무관심이나 거부라고 받아들일 경우, 자신에게 경고하거나 지도하지 않은 부모를 원망하게 된다. 느슨한 훈육, 거부, 애정 부족은 비행과 연관될 수 있다. 무관심한 부모에 의해 키워진 청소년들은 허용적 부모에 의해 자란 청소년들과 비슷하지만, 그 효과는 훨씬 더 심각하다.

규칙을 세우고 처벌을 가하는 것에 더하여, 부모는 자녀들을 모니터링함으로써 자녀의 행동을 통제한다. 성공적인 부모는 자녀가 무엇을 하고, 어디에 가고, 누구와 시간을 보내는지를 알고 있다(Jacobson & Crockett, 2000). 게다가 청소년들은 부모가 알게 될 것이라 생각하면 문제를 덜 일으킨다. 모니터링이 되고 있는 청소년들은 비행(Snyder, Dishion, & Patterson, 1986), 성적 행동(Ensminger, 1990)을 덜 하게 되고, 약물을 덜 사용하게 된다(Brown, Mounts, Lamborn, & Steinberg, 1993). 물론 허용적인 부모들은 독재적이거나 권위적인 부모들보다 자녀를 모니터링하는 데 덜 노력을 기울인다.

부모-청소년의 긴장

청소년들이 자율성을 증가시키기 위해 노력한다는 점으로 볼 때, 부모와 청소년 자녀 사이의 상당한 갈등은 정상적이고 불가피하다. 이러한 갈등은 건강한 발달에 기여한다고 말할 수도 있다. 불일치를 해결하는 것은 청소년들로 하여금 자신의 정체성을 명료하게 하고, 타인의 관점을 고려하며, 도덕적 문제들을 이해하고, 어떻게 타협하고 좌절과 분노를 다루는지를 배우도록 한다(Walker & Taylor, 1991). 부모-청소년 긴장의 주요 원인 중 몇 가지를 살펴보도록 하자.

관점의 차이

부모-청소년 자녀 간의 오해는 성인과 청소년의 서로 다른 두 가지 관점 때문이다. 표 10.1은 그 관점들을 비교하고 있다. 모든 성인이나 청소년이 기술된 유형에 다 부합되지는 않는다 할지라도, 이러한 차이들이 갈등의 주요 원천이 될 만큼 충분히 이와 비슷하다.

표 10.1은 중년층의 부모와 청소년 자녀 간의 유의한 차이들을 보여 준다. 많은 경험의 세월을 거친 부모들이 보기에 청소년들은 자신들의 어리석음을 깨달을 수도 없을 만큼 너무 세상을 모르고, 무책임하며, 무모하고, 순진하다. 부모는 자녀가 사고를 당할까 봐, 상처를 입을까 봐, 혹은 법적으로 말썽을 일으킬까 봐 우려한다. 그러나 청소년은 부모들이 지나치게 조심스럽고 쓸데없이 걱정을 많이 한다고 생각한다.

중년층 부모들은 요즘 청소년들의 생활방식을 과거 자신들의 것과 비교해 보는 경향이 있다. 부모 세대들은 자신들을 상대적으로 무지하게 만드는 영구적인 문화적 지체(cultural lag)로 인해 고통 받는다. 자녀들은 부모가 유능한 정보 제공자가 못 된다는 사실을 일반화하여 일반적인 교육자로서의 부모의 능력에 대해 의문을 제기하게 된다. 심지어 어떤 청소년들은 자신이 부모를 현대적인 관점에 맞게 새롭게 사회화시켜야 한다고 느낀다.

표 10.1 중년기 성인과 청소년의 관점

중년기 성인 세대	청소년 세대
조심성이 있고 경험이 풍부하다.	대담하고 모험적이다. 때로는 무모한 기회도 잡는다.
과거에 집착한다. 현재를 과거와 비교하는 경향이 있다.	과거는 관련이 없다고 생각한다. 현재에 산다.
현실적이다. 때때로 삶과 인간에 대해 회의적이다.	이상적, 낙천적이다.
태도, 도덕, 사회적 관습 등에 대해 보수적이다.	자유분방하다. 전통적 사고에 도전한다. 새로운 관습을 실험한다.
대체로 만족한다. 현 상태를 받아들인다.	현존하는 것에 대해 비판적이다. 개혁과 변화를 열망한다.
젊음을 유지하고 싶어 한다. 늙는 것을 두려워한다.	어른이 되길 바라지만, 나이가 드는 것을 싫어한다.
나이에 적합한 행동 유형에 대해 제한적인 생각을 하는 경향이 있다.	나이에 적합한 행동 유형에 대한 사회적 기대를 위반한 행위에 대해 성인보다 더 관대하다.

알고 싶은 것

▶ 부모-청소년 간의 갈등은 정말로 대부분이 더 큰 자유에 대한 청소년들의 욕망 때문인가?

부모-청소년 간의 논쟁은 부분적으로는 더 큰 자유에 대한 청소년들의 욕구 때문에 생기지만, 중년의 부모들이 자신의 심리적인 갈등과 싸우고 있고 십대 자녀들과는 삶에 대한 다른 관점을 지니기 때문이기도 하다.

부모들은 또한 인간에 대해 차츰 냉소적이 되어 가고, 세상을 변화시킬 수 있다는 환상에서 벗어나고 있다. 즉 그들은 사물을 있는 그대로 받아들이는 법을 배우게 된다. 반면에 청소년은 여전히 극단적으로 이상적이기 때문에, 있는 그대로의 것을 받아들이고 좋아하는 기성 세대 어른들을 참을 수가 없다. 청소년들은 밤새도록 세상 개혁을 논하며 자신의 십자군적인 개혁에 동참하지 않는 부모 세대에 분노한다.

제4장에서 보았듯이, 청소년들은 자신의 새로운 인지능력에 매료되어 있다. 그들은 이제 추상적으로, 가설적으로, 그리고 역설적으로 생각할 수 있다. 그들은 실제로는 존재하지 않는 대안들을 상상할 수 있다. 한때 당연한 것으로 여겨졌던 부모의 행동들이 이제는 의심이 가기 시작한다. 청소년들은 자신이 연장자들이 제안했던 것보다도 훨씬 더 좋은 해결책들을 직관적으로 안다고 믿는다. 때로 그럴 수도 있겠지만, 그들의 해결책은 그들이 경험이 부족하고 세상의 복잡함을 이해하지 못하기 때문에 비현실적이다. 그러나 청소년들은 그들의 해결책이 수용되지 않을 때 이해받지 못했다고 느낀다.

청소년은 대부분의 어른들이 너무 비판적이고 자신을 이해하지 못할 것이라고 느끼기 시작하면서 어른들에게 신중하게 처신하기 시작한다. 청소년은 자신들 역시 좋은 생각을 가지고 있고, 오히려 어떤 분야는 부모들보다 더 많이 알고 있으며, 다 큰 성인이기를 원하기 때문에 부모의 제안이나 생각을 비웃을지도 모른다. 어른들은 청소년들의 이런 비판과 거부에 분노하고 상처받는다.

어떤 어른은 늙는다는 사실이나 노인으로 취급되는 것에 대해 과민해지는데, 이는 늙어 가고 있다는 생각을 하고 싶지 않기 때문이다. 그들은 젊음을 유지하려고 몹시 노력한다. 그러나 부모가 이러한 불안정함을 극단적인 차림새나 행동으로 표현한다면, 분명히 그들의 십대 자녀들은 당혹감과 수치심을 느낄 것이고 다른 청소년들의 비웃음을 사게 될 것이다.

갈등의 핵심

성격 차이에도 불구하고, 부모-청소년 관계는 대체로 원활한 편이다(Noack & Buhl, 2004; Steinberg, 1990). 갈등이 발생했을 때, 논쟁은 아마도 다음의 다섯 가지 영역 중 하나일 것이다(Holmbeck, Paikoff, & Brooks-Gunn, 1995; Laursen, 1995).

사회생활과 관습

청소년들의 사회생활과 그들이 따르는 사회관습은 아마 다른 어떤 문제보다도 더 많이 부모와 갈등을 일으킬 것이다(Smetana & Asquith, 1994). 가장 흔한 알력의 출처로는 다음과 같은 것들이 있다.

▶ 친구나 데이트 상대자의 선택
▶ 외출 허락을 받는 빈도, 학교 행사와 관계된 외출의 빈도, 데이트 빈도
▶ 가는 것이 허용되는 장소, 그들이 참석할 수 있는 활동의 유형
▶ 통금 시간
▶ 데이트와 운전을 해도 되는 나이, 특정 행사에 참가해도 되는 나이
▶ 지속적인 이성교제
▶ 옷과 머리 모양

부모의 가장 흔한 불평 중 하나는 청소년 자녀가 집에 붙어 있지 않고, 부모와 시간을 함께 보내지 않는다는 것이다.

책임감

부모들은 책임감이 부족한 청소년 자녀에게 가장 비판

청소년들과 그들의 부모들은 친구의 선택, 집에 들어오는 시각, 집안일, 성적, 비속어 사용 등 여러 가지 문제들에 대해 갈등을 일으킬 수 있다.

적이 된다. 부모는 청소년이 아래의 영역에서 책임감을 보여 주길 기대한다.

- ▶ 가사일 돕기
- ▶ 용돈을 벌고 쓰는 문제
- ▶ 개인 소지품, 옷, 방 정리정돈
- ▶ 가족 공용차 사용 문제
- ▶ 전화 사용 문제
- ▶ 가정 밖에서 타인을 위해 일하는 것
- ▶ 가족의 공동 소유물 사용의 문제(가구, 기구들, 장비, 비치용품 등)

학교

부모는 청소년의 학업 성적, 학교에서의 행동, 학교에 대한 태도 등에 대해 많은 관심을 가지고 있으며, 특히 다음의 사항을 염려한다.

- ▶ 성적(청소년이 그의 잠재력만큼 잘하고 있는가?)
- ▶ 공부 습관과 숙제
- ▶ 출석률
- ▶ 학교 수업과 교사에 대한 일반적인 태도
- ▶ 학교에서의 행동

가족관계

가족 간의 갈등은 다음과 같은 문제에서 비롯된다.

- ▶ 미숙한 행동
- ▶ 부모에 대한 일반적인 태도와 존중의 수준
- ▶ 형제자매 간의 다툼
- ▶ 친척, 특히 함께 사는 조부모와의 관계
- ▶ 가족 지향의 정도나 가족으로부터의 자율성의 정도 (Barber & Delfabbro, 2000).

사회적 관습

부모들은 다음의 문제들을 특히 염려한다.

- ▶ 음주, 흡연, 약물 사용
- ▶ 언어와 언어습관
- ▶ 성행동
- ▶ 말썽에 휘말리지 않기
- ▶ 교회나 주일 학교 출석

도덕성 발달에 대해서는 제9장에서 논의되었지만, 부모와 그들의 십대 자녀들은 속이거나 남을 해치는 것이 나쁘다는 것과 같은 기본적인 도덕적 가치에 대해서

알고 싶은 것

▶ **부모-청소년 간의 논쟁은 대부분 무엇에 관한 것인가?**

대부분의 부모-청소년 논쟁은 다른 가족 구성원을 배려하는 것, 학교 과제와 집안일을 하는 것, 그리고 사회적 관습을 수행하는 것에 대해서이다. 부모와 자녀들은 무엇이 전형적인 것이고 또 적절한 것인지에 대해 종종 다른 견해를 가지며, 그들의 기대 또한 차이가 있다.

는 거의 불일치하지 않는다(Reisch et al., 2000). 대신, 그들은 한 집단(청소년)에게는 사회적으로 용인되지만, 다른 집단(어른)에게는 용인되지 않는 행동들에 대해 동의하지 않는다. 예를 들어 청소년들은 어른들에 비해 욕을 하거나 거친 말을 쓰는 것에 더 수용적이다.

갈등은 보통 사람의 기대가 깨졌을 때 일어난다. 이러한 위반은 특히 청소년기에 생기기 쉬운데, 이는 청소년들이 급격하게 변화하고(따라서 부모의 기대는 구식이 된다) 자신의 성숙함과 능력에 대해 부풀려진 생각을 가지고 있기 때문이다(Collins, Laursen, Mortensen, Luebker, & Ferreira, 1997). 청소년들은 부모들이 적절하다고 믿는 것보다 더 이른 나이에 자율성을 허용받기를 기대한다(Feldman & Quatman, 1988). 이는 아마도 그들이 실제보다 더 나이 든 것으로 느끼기 때문일 것이다(Montepare & Lachman, 1989).

갈등에 영향을 미치는 요인

어떤 가정에서나 다양한 요인들이 갈등 발생에 영향을 준다. 청소년의 성(gender), 부모의 성, 그리고 청소년의 연령은 가장 분명한 세 가지 요인이다.

청소년의 성은 그것이 다른 두 요인과 상호작용하기는 하지만, 그 자체로는 가족 내 갈등의 전체 양에 크게 기여하지 않는 것 같다(Bosma et al., 1996). 남녀 청소년은 그들의 부모와 다소 다른 주제들에 대해 갈등을 일으킨다. 한 연구에 따르면, 아들은 딸들에 비해 행동 문제로 인해 부모와 더 많이 갈등을 일으키고, 딸들은 또래와 친구 문제로 인해 더 많이 (적어도 아버지와) 부딪힌다(Renk, Liljequist, Simpson, & Phares, 2005).

청소년들은 아버지와는 다른 유형의 갈등을 그들의 어머니와 경험하는데, 이는 그들이 어머니와 다른 식의 관계를 갖기 때문이다. 청소년들은 보통 아버지가 어머니보다 더 많은 권위를 지닌다고 지각한다(Youniss & Smollar, 1985). 이는 어머니를 더 많은 시간을 보낸다는 사실과 더불어, 그들이 어머니와 더 많이 논쟁을 일삼는 경향이 있음을 보여 준다(Laursen & Collins, 1994; Montemayor, 1986). 그러나 다시 말하지만, 갈등이 반드시 친밀함의 결여나 싫어함을 의미하지는 않는다. 대부분의 청소년은 어머니를 훨씬 더 가깝게 느끼고, 어머니와 더 터놓고 대화한다(Ackard, Neumark-Sztainer, Story, & Perry, 2006).

청소년들은 나이가 들어 감에 따라 부모에게 더 많이 동의하고 덜 논쟁하는 경향이 있다. 18, 19세경이 되면 부모들은 청소년이 원하는 자율성과 자유를 기꺼이 허용한다. 갈등이 심한 것은 청소년기 중기, 그리고 특히 청소년기 초기 동안이다. 최근의 메타분석 연구에 따르면, 갈등의 빈도는 청소년기 기간 동안 감소한다. 그러나 갈등은 청소년이 성숙해 감에 따라서 더 강렬해지고 감정적이 된다(Laursen, Coy, & Collins, 1998).

가정 내 전반적인 분위기도 갈등에 영향을 미친다. 모든 유형의 갈등은 권위적인(authoritative) 가정보다 권위주의적인(authoritarian) 가정에서 더 자주 발생한다. 권위주의적인 가정에서는 용돈 문제, 사회생활, 집 밖에서의 활동, 그리고 가사일 등에서 더 많은 갈등을 빚는다. 부모 사이의 갈등 역시 가정의 분위기에 영향을 미치며 청소년에게 해로운 영향을 준다. 부모-청소년의 갈등 정도는 부분적으로 가족 분위기에 의해 결정되기도 한다. 온화하고 지지적인 가족 분위기는 부모와 청소년 자녀가 더 쉽게 일치점을 찾아 성공적으로 타협하도록 촉진하기 때문에 갈등을 낮추고 적정 수준에 머물게 하는 것을 돕는다(Rueter & Conger, 1995).

가정의 사회경제적 지위는 갈등에 영향을 주는 또 다른 변인이다. 중산층 가정이 독립성의 발달에 더 관심을 가지는 반면, 낮은 사회경제적 계층의 가정은 순종, 공손함, 존경에 더 관심을 갖는다. 낮은 사회경제적 지위의 가정은 또한 자녀가 학교에서 말썽을 피울까 봐 더 염려할 수도 있다. 그러나 중산층의 부모는 성적과 성취에 더 관심을 갖는다(Hoff, Laursen, & Tardif, 2002). 빈곤층 부모들은 더 권위주의적이고, 거칠고, 비일관적인 훈육 방식을 사용하는 경향이 있다(Leyendecker, Harwood, Comparini, & Yalcinkaya, 2005).

자녀가 성장하는 지역환경은 부모가 무엇을 걱정할지를 결정하게 될 것이다. 비행 발생률이 높은 지역이나 약물 남용 문제가 심각한 지역에서 성장하는 청소년들은 부모들이 이러한 문제들에 대해 더 많이 걱정하는 것을 보게 된다.

갈등에 영향을 주는 또 다른 요인은 부모의 일의 양이다. 부모-청소년 갈등은 양쪽 부모 모두가 스트레스를 받고 있을 때 가장 높다. 이는 부모가 모두 자신의 직업 때문에 스트레스를 받고 있는 맞벌이 가정에서 특히 사실이다(Galambos, Sears, Almeida, & Kolaric, 1995). 가족을 부양하기 위해 부모 모두 일을 해야 하는 맞벌이 가정의 경우, 부모의 주의와 모니터링은 감소한다. 자녀에 대한 적절한 감독 부족이 어려움의 주된 원인이 되는 가정이 있는 반면, 맞벌이임에도 불구하고 부모 노릇을 훌륭히 해내는 가정도 있다. 그러나 어떤 부모는 부모의 책임을 전적으로 소홀히 하며, 자녀가 스스로를 알아서 챙기도록 방치해 둔다.

부모-자녀 간의 갈등에 영향을 주는 변인들은 이루 헤아릴 수 없을 만큼 많으며, 여기에 언급된 요인들만 보아도 개입된 요인이 얼마나 많은지를 알 수 있을 것이다. 모든 부모와 청소년이 비슷한 문제로 갈등하거나 비슷한 정도로 갈등하는 것은 아니다.

부모와의 갈등 대 또래와의 갈등

청소년들은 또래보다는 부모와 더 많은 시간을 논쟁하고 싸우면서 지내며(Fuhrman & Buhrmester, 1992), 부모와의 말다툼은 더 감정적이고 격하다(Laursen, 1993). 부모와의 논쟁은 분명하게 이긴 자와 진 자를 갖는 경향이 있는 반면, 친구와는 타협으로 끝을 보는 경우가 더 많다(Adams & Laursen, 2001). 이러한 차이점은 두 가지 이유로 설명이 가능하다. 첫째, 친구와 청소년보다는 부모와 청소년이 논쟁할 것이 더 많고 더 다양한 기대를 갖고 있다. 둘째, 우정은 종결될 수 있는 자발적 결합이지만, 가족은 본질적으로 영속적이다(Collins,

Laursen, Mortensen, Luebker, & Ferreira, 1997). 간단히 말하면, 우리는 어머니가 나를 버리고 다른 아이를 선택할 것이라고 걱정하지 않고 어머니에게 큰소리로 대들 수 있지만 친구는 그 관계를 끝낼 것이기 때문에 마구 호통을 칠 수 없다.

갈등의 결과

다시 강조하지만, 끊임없는 강렬한 청소년-부모 갈등은 비정상적이다(Smetana, 1996). 임상적인 치료를 받고 있지 않는 정상적인 가정 대상의 연구에서, 청소년 자녀는 부모와의 논쟁에도 불구하고 자신의 가족관계를 친밀하고, 긍정적이며, 유연하다고 보고한다. 그러나 결혼생활과 부모-자녀 관계에서의 갈등 모두를 포함하는 가족 갈등의 빈도 및 강도에 관한 연구는 높은 수준의 갈등은 가족 응집력과 청소년의 발달에 부정적인 영향을 미친다는 점을 강조한다. 갈등이 심한 가정의 청소년은 갈등이 적은 가정의 청소년보다 반사회적 행동과 미성숙, 낮은 자아존중감을 나타낼 가능성이 더 높다(Barber & Delfabbro, 2000).

부모들은 청소년들보다도 자녀와 논쟁을 경험하는 것으로 더 많은 스트레스를 겪는다. 한 연구에서 40%의 부모들이 십대 자녀와의 갈등 후 낮아진 자아존중감, 증가된 불안 등 둘 이상의 부정적 결과를 경험하는 것으로 보고하였다(Steinberg & Steinberg, 1994). 논쟁에 대해 생각하는 것을 쉽게 멈출 수 없는 사람들은 자녀들이 아니라 부모들이다.

다른 가족 구성원과의 관계

청소년-형제자매 관계

연구들은 가족 내의 부모-자녀 관계를 탐색하는 데 노력을 집중해 왔고, 청소년-형제자매 관계에 대한 정보는 더 적다. 그러나 형제자매 관계는 대단히 중요한데, 왜냐하면 청소년 발달과 성인이 되었을 때의 성격과 역할에 지속적인 영향을 미치기 때문이다. 형제자매 관계가 중요하게 작용하는 방식들을 검토해 보자.

첫째, 손위 형제자매는 손아래 형제자매의 역할 모델이 되기 쉬우며, 손아래 형제자매의 발달에 강한 영향을 준다. 예를 들어 대도시 중심부 저소득층 청소년들이 지지적이며 잘 적응하고 있는 손위 형제자매와 친밀한 관계를 가지고 있을 경우, 그런 관계가 없는 청소년들보다 비행을 덜 보이고 학교에서도 더 잘한다(Widmer & Weiss, 2000).

둘째, 손위 형제자매는 때로 부모와 양육자의 대리인 역할을 한다(Dunn, Slomkowski, & Beardsall, 1994). 만약 손위 형제가 동생을 보살피는 일을 통해서 자신이 쓸모가 있고, 인정받고, 존경받을 만하다고 느끼게 된다면, 이런 자기존중과 유용성의 느낌은 그의 자기 가치감에 긍정적인 영향을 준다. 또한 손위 형제자매는 선생님처럼 행동하고 더 어린 형제자매의 인지적 발달을 촉진한다(Azmitia & Hesser, 1993). 한편 손위 형제자매들은 나이 많은 아동의 공격으로부터 동생을 보호하리라 기대된다(Tisak & Tisak, 1996). 그리하여 많은

청소년들은 흔히 자신의 손아래 형제자매들에게 역할 모델과 선생님으로서 기능한다.

청소년은 성장하면서 동생을 보살피는 일을 통해 성인의 책임과 역할을 배운다.

셋째, 손위 형제자매는 때로 서로의 친구가 되어 주고, 우정을 제공하며, 애정과 의미 있는 관계를 원하는 서로의 욕구를 충족시켜 준다. 손위 형제자매는 절친한 친구처럼 행동하고 서로 도와주며 많은 경험을 나눈다. 이는 형제자매에게 더 가깝고 그들로부터 더 많은 정서적 지지를 얻는다고 보고한 소녀들에게서 특히 그러하다(Moser, Paternite, & Dixon, 1996).

형제자매가 6세 이상 차이가 나면 마치 외동아이처럼 자라는 경향이 있다. 그러나 6세 이하의 차이가 난다면, 부모에 대한 권한과 세력 면에서 우위에 서려고 서로 위협하기 때문에 경쟁이 보다 표면화되고 갈등이 심각해지는 경향이 있다. 고등학생 274명을 대상으로 한 연구는 형제자매 갈등의 원인과 갈등해결 전략을 조사했다(Goodwin & Roscoe, 1990). 가장 흔한 갈등의 원인 10개는 다음과 같은 것이었다 : 놀리기, 소유물 문제, 가정에서의 의무와 가사일 분담, 별명 부르기, 남의 옷 입기, 사생활 침해, 부모의 차별 대우, 친구들 앞에서 망신 주기, 특권에 관한 갈등. 주요한 갈등해결 전략으로는 소리 지르기, 다투기, 무시하기, 타협하기, 갈등에 관해 대화하기 등이 있었다. 소년들은 소녀들보다 갈등해결책으로서 물리적 힘이나 물리적 힘을 쓰겠다는 위협을 더 많이 사용했다.

청소년 후기보다 초기에 형제자매와의 마찰이 더 심한 경향이 있는가? 청소년이 성숙하면 자신의 형제자매를 더 차분하고 이성적인 방식으로 받아들이게 되므로 갈등적인 관계는 잦아들고, 더 다정하고 협동적인 관계로 대체된다(Fuhrman & Buhrmester, 1992).

다른 친척들과의 관계

조부모와의 관계 또한 청소년에게 긍정적인 영향을 줄 수 있는데, Baranowski(1982)는 이 가운데 세 가지를 논의했다.

1. 조부모는 청소년의 삶에 연속성의 느낌을 복구시킨다. 조부모는 현재와 과거를 연결하고, 가족 문화와 가족의 뿌리를 전달하는 핵심적인 역할을 하

조부모들은 청소년인 자신의 손주와의 관계에서 긍정적인 영향력을 발휘한다. 조부모는 과거와 현재를 연결시킴으로써 청소년의 정체성 탐색을 도울 수 있으며, 청소년과 그 부모들 사이의 갈등에서 중재자로서의 역할을 하기도 한다.

므로 청소년의 정체성 탐색에 긍정적인 영향을 줄 수 있다(Kopera-Frye & Wiscott, 2000).

2. 조부모는 청소년에게 부모에 관한 정보를 줄 수 있기 때문에 부모-청소년 관계에 긍정적인 영향을 준다. 청소년 역시 부모와 갈등할 때 절친한 친구이자 중재자로서 조부모에게 의지한다(Lussier, Deater-Deckard, Dunn, & Davies, 2002).

3. 조부모는 청소년이 노화를 이해하고 노인을 받아들이는 데 중요한 역할을 한다. 자신의 조부모를 자주 만나며 좋은 관계를 맺고 있는 청소년은 연장자에 대해 긍정적인 태도를 가질 가능성이 높다(Harwood, Hewstone, Paolini, & Voci, 2005).

무엇이 조부모-손주 관계의 성질을 결정할까? 분명히, 물리적 근접성은 접촉을 유지하기 쉽게 한다(Uhlenberg & Hammill, 1998). 부모들이 보통 조부모-손주의 접촉을 조절하기 때문에, 부모와 조부모의 관계 또한 주요한 열쇠이다. 보통 딸들이 아들보다 부모와 더 가깝기 때문에, 손주들은 어머니의 부모와 더 많은 시간을 보낸다(Chan & Elder, 2000). 또한 조부모와의 관계는 청소년기 동안 향상되는데(Crosnoe & Elder, 2002), 이는 자율성 문제가 해결되고 전체적으로 가족관계가

향상되기 때문에 그러하다.

학대

아동에 대한 부당한 대우(maltreatment)는 아동 학대(child abuse) 또는 아동 방임(child neglect)을 포함한다. **아동 학대**는 고의적인 신체적 상해나 폭력, 성적 학대, 정신적, 정서적 상해 등을 의미한다. 아동은 신체적으로 공격당하고, 화상을 입으며, 두들겨 맞고, 벽이나 바닥에 내동댕이쳐지며, 난타 당하여 골절이 되거나 피부가 찢어지고 타박상을 입는다. **성적 학대**(sexual abuse)는 대단히 외설적인 언어, 포르노 영화 출연, 애무, 페팅, 자위 행위, 노출증, 관음증, 구강성교, 혹은 직접적인 성교, 항문성교를 모두 포함한다. **정서적 학대**(emotional abuse)에는 아동에게 끊임없이 소리 지르기, 불쾌한 이름으로 부르기, 비난, 놀리기, 형제자매와 비교하거나 무시하기 등이 있다. **아동 방임**은 아동의 정서적, 사회적, 지적, 도덕적 욕구 등을 채워 주지 못할 뿐만 아니라 적절한 음식, 의복, 쉴 곳, 의료지원 같은 최소한의 보살핌도 제공하지 않는 경우를 말한다. 그러므로 부당한 대우는 아동에 대한 공격과 방임을 모두 포함하는 복합적인 개념이다.

신체적 학대

자녀를 신체적으로 공격하여 상해를 입히는 부모는 자녀를 정서적으로나 신체적으로 황폐하게 만든다. 학대로 인해 사망하는 아동도 있고, 영원히 불구가 되는 아동도 있다. 고문당하고 공포에 떨며 자신을 향한 분노와 증오를 겪은 아동은 정서적으로 깊은 상처를 입게 된다. 병적인 공포, 수줍음, 수동적인 성격, 깊게 자리 잡은 적대감, 침울, 그리고 타인을 사랑하지 못하는 차가움과 무관심이 종종 그 결과이다. 또한 신체적으로 학대받은 청소년은 스스로─어른이 되었을 때조차─폭력을 더 쉽게 사용하게 된다. Fagan(2005)은 청소년기에 신체적으로 학대받은 청소년들은 그렇지 않은 사람들에 비해 일반 범죄에 가담하거나 약물을 사용하게 될 가능성이 50%나 더 높음을 발견했다. 신체적으로 학대받은 여자 청소년들은 종종 지속적으로 폭력의 희생자가 되는 경향이 있다. 그들은 학대적인 데이트 파트너를 고르고, 자신의 낭만적 관계에서 외상을 경험한다(Reuterman & Burcky, 1989). 그들은 또한 다른 여자 청소년들보다 위험한 성적 행동을 더 많이 한다(Elliott, Avery, Fishman, & Hoshiko, 2002). 마지막으로, 신체적으로 학대받은 청소년들은 학대의 경험이 없는 청소년들보다 임상적 우울과 자살상념을 발달시키기가 더 쉽다(Danielson et al., 2005).

성적 학대

아동과 청소년에 대한 성적 학대의 효과에 대한 많은 연구결과들이 있다. 아동 성 학대 분야의 연구자들은 학대 생존자에게 나타나는 증상들이 외상 후 스트레스 장애(posttraumatic stress disorder, PTSD)의 진단 기준에 부합된다는 점을 주목해 왔다(Banyard & Williams, 1996).

임상연구와 지역사회연구 모두는 성적 학대 희생자에게서 높은 수준의 우울, 불안, 성적인 문제, 자살 위협과 자살 행동을 발견했다(Paolucci, Genius, & Violato, 2001). 게다가 성적 학대 희생자는 약물 남용(Martin et al., 2005), 섭식장애(Johnson, Cohen, Kotler, Kasen, & Brook, 2002), 그리고 자기학대적 행동(Cyr, McDuff, Wright, Theriault, & CinqMars, 2005)에 매우 취약하다.

성적 학대는 또한 몇 가지 유형의 반사회적 청소년 행동에 대한 중요한 배경 요인이다. 성적으로 학대받은 사람들─주로 여자들─은 적대감과 공격의 측정 도구에서 통제집단보다 더 높은 점수를 받으며, 더 많이 비행 청소년이 된다(Kendall-Tackett, Williams, & Finklehor, 1993). 무단결석과 중도탈락 등 학교 문제 역시 훨씬 빈번하게 발생했고, 청소년기 동안 가출할 가능성도 통제집단에 비해 더 높았다. 많은 수의 매춘부가 성적 학대의 희생자였다는 증거가 있는데, 그들은 특히 상대적으로 어린 나이에, 더 심한 폭력으로 성적 학대를 당한 사람들이다. 여성은 남성보다 더 자주 성적으로 학대당한다. 그리고 남녀 모두에 대한 수많은 성적 학대가 발견되지 않고, 보고되지 않은 채 남아 있다.

근친상간

아동과 청소년에 대한 성적 학대 사례 중 많은 수가 근

청소년들을 포함해서 모든 연령의 아동들은 종종 신체적 학대, 성적 학대, 정서적 학대, 방임의 희생자가 된다.

친에 의한 것이다. 다시 말해서 가까운 사람이 행한 성적 학대이다. 대부분의 사람들은 아버지-딸의 근친상간이 가장 흔한 형태라고 가정하지만, 실제로는 여동생-오빠, 사촌-사촌, 그리고 계부-의붓딸 사이에 훨씬 흔하다(Canavan, Meyer, & Higgs, 1992). 학대자가 아버지이거나 계부일 때, 학대가 삽입을 포함했을 때, 그리고 학대가 만성적이었을 때 가장 장기적이고 심각한 결과를 낳는다(Wyatt & Newcomb, 1990). 아버지-딸의 근친상간은 보통 다른 문제들을 가지고 있는 가족에서 일어난다. 예를 들어 아버지는 배우자나 자녀들에게 종종 신체적 학대를 가하곤 한다(Alter-Reid, Gibbs, Lachenmeger, Sigal, & Massoth, 1986). 그 아버지는 집안의 지배적 구성원이고, 학대 발생 이전에 직업을 잃는 등의 어려움을 흔히 겪는다(Waterman, 1986).

근친상간의 장기적 결과는 성적 학대의 다른 유형들과 비슷하다. 그러나 그들이 겪은 강렬한 배신감 때문에 근친상간의 희생자는 보통 다른 성적 학대의 희생자보다 훨씬 심하게 영향을 받는다(Banyard & Williams, 1996; Rind & Tromovitch, 1997). 흔한 반응들로는 타인을 신뢰하지 못하는 것, 낮은 자아존중감, 우울, 섭식장애, 약물 남용을 발달시킬 위험의 증가하는 것, 그리고 복통과 같은 여러 가지 신체 증상이 있다(Holifield, Nelson, & Hart, 2002; Luster & Small, 1997). 다른 사람을 신뢰하는 것이 어려운 것은 근친상간의 생존자들에게 드문 일이 아니며, 그들은 친밀한 관계를 형성하는 것에 어려움을 겪는다. 소년이었을 때 근친상간을 경험한 남성들은 소녀일 때 근친상간을 겪은 여성들보다 훨씬 더 강하게 영향을 받는다(Garnefski & Diekstra, 1997).

방임

방임은 아동, 청소년에게 일어나는 가장 흔한 형태의 부당한 대우이며, 많은 유형이 있을 수 있다(Doueck, Ishisaka, & Greenaway, 1988). 신체적 방임(physical neglect)은 충분한 음식물이나 적절한 식사, 알맞은 의복, 건강관리, 적당한 쉴 곳이나 집안의 위생적 환경, 개인적 위생 등을 자녀에게 제공하지 않는 것을 일컫는다. 정서적 방임(emotional neglect)은 관심과 보살핌이 부족하고, 사랑과 애정을 보여 주지 않으며, 승인과 수용, 동료 역할 등에 대한 아동의 욕구를 충족시켜 주지 않는 것이다. 지적 방임(intellectual neglect)은 이유 없이 자녀가 학교에 가지 않는 것을 방치하거나, 지적 자극이 되는 경험과 자료들을 제공하지 않는 것을 말한다. 사회적 방임(social neglect)은 자녀의 사회활동에 대한 감독이 불충분하고, 자녀의 교우관계와 놀이친구에 대한 관심이 부족하며, 자녀를 적극적으로 사회활동에 참여시키지 않고, 타인과 잘 지내도록 아동을 사회화시키지 않는 것을 말한다. 도덕적 방임(moral neglect)은 아동에게 긍정적인 도덕적 모범을 보여 주지 않고 아무런 도덕 교육과 생활지도를 제공하지 않는 것을 말한다.

부모 방임의 예는 무수히 많다. 어떤 부모는 12세 된 딸을 보호자 없이 혼자 집에 내버려 두고 몇 주 동안 휴가를 다녀왔고, 어떤 어머니는 15세 된 아들이 스스로 알아서 살도록 내버려 두고 자신의 남자 친구와 나날을 보냈다. 또 다른 어머니는 치과에 데려가지 않고 이가 썩어서 빠질 때까지 딸의 치아를 내버려 두었다(Rice의 상담 일지에서).

어떤 종류의 방임은 더 미묘하다. 부모가 자녀를 정서적으로 거부하고 사랑을 보여 주지 않거나 보살핌을 받고 있다는 느낌을 주지 않는 것이다. 이런 종류의 방임도 실제 학대만큼이나 아동에게 치명적이다(Wolock & Horowitz, 1984).

정서적 학대는 약물 사용과 흔히 연합되며(Moran, Vuchinich, & Hall, 2004), 정서적으로 학대받은 아동들은 낮은 자아존중감을 갖고, 우울하기 쉬우며, 학교에서 여러움을 겪기 쉽고, 또래관계가 좋지 않은 경향이 있다(Sneddon, 2003).

이혼과 청소년

이혼이 더욱 흔해짐에 따라, 이혼이 청소년에게 미치는 영향에 관한 의문이 제기되고 있다.

이혼에 대한 태도

미국에서 모든 결혼의 거의 1/2이 이혼으로 끝난다는 자료가 있다(National Marriage Project, 2005). 이러한 커플의 대다수가 자녀를 가지고 있으며, 일부는 청소년 자녀들이다.

많은 정신건강 전문의들은 이혼을 불안정성, 혼란, 그리고 고통스런 감정을 자극하는 주된 부정적 사건이라 말한다. 대다수의 전문의는 대부분의 아동들은 이혼에 의해 영구적인 손상을 입지는 않는다고 생각하지만, 어떤 전문의들은 당혹감이 장기간에 걸쳐서 정서적, 사회적 성장을 방해한다고 주장한다(Wallerstein & Lewis, 2004).

단기적 정서 반응

부모의 이혼에 대한 자녀들의 즉각적인 정서적 반응은 잘 문헌화되어 있다(Kelly, 2003). 만약 청소년이 부부간의 문제의 정도를 모르고 있었다면, 한 가지 반응은 충격과 불신이다. 어느 여대생은 다음과 같이 말했다. "어느 날 엄마가 절 부르더니 아빠와 이혼하게 됐다고 말했어요. 전 믿을 수가 없었어요. 전 부모님이 문제를 가지고 있다는 것조차 모르고 있었어요"(Rice의 상담 일지에서). 또 다른 반응은 미래에 대한 공포와 불안, 불안정감이다. "아빠가 집을 나가나요? 내가 아빠를 만날 수 있나요?", "내가 전학을 가야 하나요?", "난 누구랑 살게 되죠?", "내가 과연 대학에 진학할 수는 있는 건가요?"

특히 이혼에 책임이 있다고 느껴지는 한쪽 부모를 향한 분노와 적대감도 청소년의 흔한 정서적 반응이다. 한 소녀는 어머니에게 물었다. "왜 아빠를 떠나게 했나요?" 다른 12세 소녀는 물었다. "왜 엄만 아빨 혼자 내버려 두었나요?" 어느 소년은 아버지에게 말했다. "다른 여자 때문에 엄마를 버린 아빠가 미워요"(Rice의 상담 일지에서). 때때로 분노는 부모 모두를 향한다. "아빠, 엄마는 내 인생을 전부 망쳐 버렸어요. 난 친구와 학교를 모두 떠나야만 해요." 어떤 청소년들은 자신의 고통에 대해서만 생각하느라 (적어도 일시적으로는) 자신의 부모가 겪고 있는 고통은 생각하지 않는다.

또 다른 공통적인 반응은 자기비난과 죄책감이다. 부모의 갈등이 자녀 문제에 있었다면, 자녀들은 부모가 헤어진 데에는 부분적으로 자신도 책임이 있다고 느끼거나, 한쪽 부모가 자신으로부터 멀어지고 싶었기 때문에 떠났다고 생각할 수도 있다. 또한 부모의 이혼에 대

알고 싶은 것

청소년에 대한 이혼의 단기적 효과는 무엇이며, 얼마나 오랫동안 이러한 효과가 지속되는가?

이혼한 부모를 둔 대부분의 청소년들은 공포와 분노, 우울, 죄책감, 적의와 같은 다양한 감정들을 경험하게 되며, 때때로 부모의 이혼에 의해 완전히 압도당한다. (하지만 소수의 청소년들은 안도감과 행복감을 느낀다.) 이러한 격변의 시기에 학교와 다른 활동들에 대한 흥미를 잃는 것은 드문 일이 아니다. 청소년들이 부모의 이혼에 적응하기까지는 보통 1~2년 정도의 시간이 걸린다.

해 혼란스러워서 이혼 사실을 친구들에게 숨기려 애쓸 것이다.

부모의 별거 후, 청소년은 자신이 애정과 도움을 받기 위해 깊이 의지해 왔던 한쪽 부모가 이제는 없다는 사실에 적응해야 한다. 한 소녀는 "내게 가장 힘들었던 일은 아빠 없이 지내는 데 익숙해져야 하는 일이었어요. 아빠가 떠난 다음에야 비로소 내가 얼마나 아빠를 필요로 했는지 알았어요."라고 말했다(Rice의 상담 일지에서). 이혼 후에는 부모와 사별한 것과는 다른 느낌의 애도와 비탄의 시기가 따른다. 슬픔과 낙담, 우울이 흔한 경험이다.

만약 부모가 다시 데이트를 시작하고 정서적으로 다른 사람에게 열중하기 시작하면, 청소년 자녀는 다른 어른과 자신의 부모를 공유해야 하므로 질투하고 분개하게 될 것이다. 만약 부모가 재혼하면, 청소년은 계부모에 대한 새로운 적응이라는 문제에 직면하게 된다.

Burns와 Dunlop(1999)은 이혼 당시에는 거의 보편적인 이런 부정적인 감정들이 지속되지는 않음을 발견하였다. 부모의 이혼 3년 후에, 대부분의 청소년들은 슬픔과 충격이 거의 사라졌음을 보고하였으며, 이러한 감정들은 갈등이 끝났다는 안도감과 기쁨으로 대체되었다. 여전히 많은 청소년들이 한쪽 부모(보통 아버지)에게 화가 나 있기는 하지만, 이혼 10년 뒤에는 십대 청소년들의 정서에서 기쁨과 안도감이 지배적이었다.

알고 싶은 것

▶ **이혼한 가정의 아동들은 그렇지 않은 가정의 아동들보다 장기적인 행동 문제를 가질 가능성이 더 큰가?**

간단히 말하면, 그렇다. 이혼한 가정의 아동들은 그렇지 않은 가정의 아동들에 비해 장기적인 행동 문제를 가질 가능성이 더 크다. 그럼에도 불구하고, 75~80%는 유의미한 문제를 경험하지 않는다.

장기적 영향

많은 사람들은 경험상 부모의 이혼이 아동에게 일생 동안 깊은 상처를 남길 것이라고 믿는다. 이러한 확신은 Judith Wallerstein의 베스트셀러 *Second Chances : Men, Women, and Children a Decade after Divorce*에 의해 강화되었는데(Wallerstein & Blakeslee, 1989), 이 책은 획기적인 15년간의 임상적 추적조사를 근거로 쓴 것이었다. Wallerstein은 캘리포니아에서 그녀의 연구 대상이었던 아동의 거의 절반가량이 성인 초기가 되었을 때 '근심이 많고, 성취도가 낮으며, 자기비난적이고, 화를 잘 내는 젊은이'가 되었음을 발견했다. 많은 사람이 부적응적인 인생 경로를 걷고 있었고, 이것은 복잡한 관계와 결국 이혼으로 끝나는 충동적인 결혼도 포함되어 있었다(Wallerstein, 1991, p. 354). 초기에는 조용하고 말썽이 없었던 사람도 그들 중에 있었다. 이런 사실 때문에 Wallerstein은 아동에게 미치는 이혼의 장기적인 영향은 아동의 이혼 초기 반응으로는 예견할 수 없다고 말했다.

이러한 다소 비관적인 결론은 다른 연구들이 상이한 결과를 발표했기 때문에 도전받았다. 또한 비평가들은 연구의 크기가 작은 것, 이혼 안 한 통제집단의 결여, 그리고 표본이 통계적 근거에 의해 선정되지 않았으며 임상적인 도움을 구했던 가정들로 과잉 표집된 것과 같은 캘리포니아 연구의 한계에 주목하였다(Cherlin & Furstenberg, 1989).

높은 비율의 결혼 파탄이 이어지고, 그것이 아동에게 미치는 영향에 관한 논쟁이 계속되었기 때문에(Gill, 1992), 학자들은 부모 이혼의 장기적 영향에 관한

Wallerstein과 다른 연구자들의 가설들을 검증할 수 있는 더 나은 증거를 찾기 시작했다. 15~20년 사이에 이 주제에 대한 훨씬 많은 연구가 행해졌으며, 대부분은 Wallerstein과 Blakeslee의 발견들을 확장하고 확대하는 것이었다. 부모의 이혼을 경험한 아동, 청소년들은 그들이 미성년자일 때와 성인일 때 다양한 문제 행동을 발달시킬 위험이 증가한다.

차이가 항상 큰 것은 아니지만, 이혼한 부모의 자녀들은 학업 성취가 떨어지고, 비행에 더 많이 가담하며, 또래와 잘 어울리지 못하고, 성적 행동을 더 일찍 시작하고, 약물을 사용하기가 훨씬 쉽다(Hines, 1997; McLanahan & Sandefur, 1994). 이러한 부정적 결과들은 이혼 당시의 아동의 나이와 상관없이 일어난다(Wallerstein & Lewis, 1998). 많은 연구들은 소년의 행동이 소녀들보다 훨씬 더 영향을 받는다고 결론 지어 왔다.

게다가 부모의 이혼을 경험한 영향은 성인기로 확대된다. 이혼을 경험한 적이 없는 성인들에 비해서 어렸을 때 부모가 이혼한 성인들은 대학 진학률이 떨어지고, 결혼하지 않고 동거하기 쉬우며, 어린 나이에 아이를 갖고, 정신건강의 문제를 경험하기 쉽다. 이러한 차이들은 단순히 청소년기 동안 나타나는 문제들의 연장은 아니다. 실제로 이혼이 없었던 가정에서 자란 사람들과 이혼한 부모 밑에서 자란 사람들 사이의 차이는 성인기 동안에 증가한다(Cherlin, Chase-Lansdale, & McRae, 1998).

다른 연구자들에 의해 확증된 Wallerstein과 Blakeslee(1989)의 발견 중 한 특징은 부모 이혼이 아동의 결혼관계에 미치는 장기적 효과이다. 2001년에 Amato와 DeBoer는 이혼한 부모의 자녀였던 사람들이 그렇지 않은 사람들에 비해 이혼할 위험이 2배 높은 것을 발견하였다. 결혼만족도가 낮지만 이혼하지는 않았던 부모에 의해 키워진 성인들은 그런 위험을 갖지 않았다. 흥미롭게도, 이혼의 위험은 부모들이 이혼 전에 낮은 수준의 불화를 보여 주었을 때 가장 높았다.

연구자들은 이 현상의 원인이 무엇인지를 밝히고자 노력해 왔다(Glenn & Kramer, 1987). 한 설명은 사회학습이론에 의한 것이다. 아동들은 부모의 행동을 모방하는 경향이 있다. 아동은 성공적인 결혼에 해를 끼치고

알고 싶은 것

▶ **이혼한 부모의 자녀들은 나중에 더 많이 이혼하게 되는가?**

그렇다. 이혼 가정의 아동들은 언젠가 자신들도 이혼을 할 경향성이 더 높다.

알고 싶은 것

▶ **아이들의 행복을 위해서, 행복하지 않은 부모가 함께 살아야 하는가, 아니면 이혼해야 하는가?**

아동의 행복을 결정하는 가장 중요한 요소는 아동이 가정에서 얼마나 많은 불화를 경험하는가이다. 만약 부모의 이혼이 가정에서의 갈등을 감소시킨다면, 지속적인 적대적 가정환경에 아동들을 두는 것보다는 이혼이 더 바람직하다. 그러나 이혼이 부모의 다툼을 줄이지 않거나 늘린다면, 이혼은 더 나은 해결책이 아니다.

이혼에 이르게 할 만한 부모의 행동을 모방할 수 있다.

또 다른 두 가지 설명이 있다. 하나는 부모의 이혼을 경험한 적 있는 아동이 결혼하면 그들은 이혼에 대해 매우 걱정하면서 결혼에 덜 헌신하게 되고, 따라서 결혼에 더 실패하기 쉽게 된다. 또 다른 설명은 그들이 이혼이 없었던 가족의 아동들보다 더 이른 나이에 결혼한다는 것이다. 이는 유쾌하지 않은 가정 상황을 탈피하기 위한 정서적 욕구 때문일 수 있다. 이른 나이의 결혼은 결혼 실패와 유의하게 더 관련이 있다(Booth & Edwards, 1985).

부모가 이혼한 대부분의 청소년들이 장기적인 적응 문제가 없음을 강조할 필요가 있다. 이혼은 위험요소이다. 이혼은 문제가 생길 확률을 증가시키긴 하지만 문제가 일어날 것을 보장하지는 않는다(Amato, 2000). 일반적으로 부모가 이혼한 아동들은 그렇지 않은 아동들에 비해 문제를 발달시킬 확률이 2~3배 높으며(Kelly, 2003), 이혼한 적이 없는 가족의 아동들 중 약 10%가 적응 문제를 겪는 반면, 부모의 이혼을 경험한 아동의 약 20~25%가 적응 문제를 일으킨다(Hetherington & Kelly, 2002).

게다가 이혼의 대안, 즉 갈등적이고 불행한 결혼에 남아 있는 것은 결코 아동의 발달에 더 좋지 않다. 여러 연구들(예 : Morrison & Coiro, 1999)은 부모가 이혼한 적이 있는 아동들이 이혼은 없었지만 갈등적이었던 가정에서 자란 사람들보다 더 낫다는 것을 보여 준다. 이혼은 없었지만 갈등적인 가정에서 자란 아동들이 부모가 이혼을 선택했던 아동들보다 더 안정적인 결혼생활을 하지는 않는다(Amato & Booth, 2001).

이혼의 효과에 영향을 미치는 요인

많은 요인들이 부모의 이혼을 경험한 청소년의 안녕감

을 낮추는 데 기여한다. 먼저, 이혼을 낳았던 외상과 갈등이 있다. 행복한 결혼생활을 하고 삶에 만족하는 성인들은 이혼하지 않기 때문에, 부모가 이혼한 아동들은 부모의 싸움을 목격해 왔고 가정 내의 심각한 긴장을 경험해 왔다. 다음은 이혼 그 자체의 외상이다. 가장 조화로운 상황 속에서조차 이혼은 고통과 불확실성을 불러일으킨다. 아동들은 다음과 같은 질문을 하곤 한다. "우린 어디에서 살아?", "아빠는 날 여전히 사랑해?", "나는 누구와 살게 되는 거야?" 마지막으로, 이혼으로 생겨나는 장기적인 생활 스타일의 변화가 있다. 아동들은 한쪽 부모와 시간을 훨씬 덜 보내게 될 것이고, 혹은 두 가정 사이를 번갈아 움직이게 될 것이다. 게다가 가정의 경제적 상황은 일반적으로 이혼 후에 나빠지며, 가족은 새로운 지역으로 이사를 하게 될 것이다. 아동을 향한 부모의 행동 또한 변할 것이다.

전부는 아니지만 이러한 많은 이슈들이 갈등으로 인해 일어난다. 부모와의 잦은 마찰, 결혼 갈등, 부모의 공격성 등 여러 형태의 가족 갈등은 일관되게 그리고 부정적으로 청소년에게 영향을 미친다. 이혼한 가정과 재혼 가정의 많은 청소년들의 경우, 갈등은 삶의 일상적인 부분이었다. 많은 청소년들은 지속되는 이혼 전 결혼 갈등과 그에 딸린 여러 가족 문제들, 즉 비일관적인 양육, 배우자 간 폭력, 부모-자녀 공격성, 그리고 부모-자녀 관계 저하 등의 문제들로부터 나오는 효과들을 지속적으로 경험한다. 이러한 문제들은 부모 사이의 이혼 후 긴장과 적대감에 의해 복잡해지며, 청소년들이 갈등에 휘말리고, 부모 사이에 끼어 있는 듯이 느끼며, 한 쪽을 선택하도록 압력을 받거나 모든 부모와 가까이 지내려고 노력하면서 충성에 대한 갈등을 느끼게 됨에 따라 더 심각해진다.

유전과 기질적 차이

개인이 얼마나 변화에 적응적인가에는 차이가 있는데, 대처 기술, 자아존중감 수준, 타인에게 도움을 구하는 자세에서 그러하다. 이러한 개인적 속성은 아동이 부모의 이혼에 어떻게 적응할 것인지에 영향을 미칠 것이다(Hetherington & Stanley-Hagan, 1999). 어떤 아동들은 다른 아동에 비해 더 적응유연적(resilient)이다. 이러한 성격 특징들이 부분적으로는 유전적이며, 심리적 안녕과 적응에 기여한다는 많은 증거들이 있다. 예를 들어 Kendler, Walters, Neale, Kesslar, Heath, Eaves(1995)는 유전적 차이가 스트레스에 우울증으로 반응하는 경향성에 영향을 미친다고 보고한다.

이혼 전 경제 상황

전반적으로, 이혼을 향해 가고 있는 가족들은 이혼을 경험하지 않는 가족들과 질적으로 다르다. 특히 낮은 교육 수준을 지니고, 돈을 적게 벌며, 어린 나이에 결혼하는 사람들은 이러한 프로파일에 맞지 않는 사람들보다 더 많이 이혼하는 경향이 있다(Pryor & Rogers, 2001). 게다가 나빠지는 경제적 환경(또는 출발이 어디였든지 점점 더 가난해지는 것) 또한 이혼의 확률을 높인다(O'Connor, Pickering, Dunn, & Golding, 1999). 이는 부모가 이혼하는 아동들이 안정적인 가족의 아동들보다 가난이나 생활 수준의 저하를 경험하기가 쉽다는 것을 의미한다.

이혼 전 부모 행동

앞서 언급되었듯이, 부모의 갈등에 덧붙여 부모의 이혼 전 행동의 다른 측면들이 그 가정에 살고 있는 아동에게 치명적이다. 예를 들면 결혼생활이 끝나게 될 어머

Research Highlight   동성애자 부모에 의해 양육되는 청소년기 아동들

많은 사람들은 게이나 레즈비언 부모에게서 양육된 청소년기 아동들이 이성애자 부모에 의해 양육된 아동들보다 (1) 비정상적인 성 정체성, (2) 적응과 성격 문제, (3) 손상된 관계, (4) 성적으로 학대받을 가능성 증가를 포함하여 문제들을 가질 가능성이 더 크다고 가정한다(American Psychological Association, 1995). 이러한 우려는 타당한 것인가? 순서대로 살펴보기로 하자.

1. 비정상적인 성 정체성 : 성 정체성은 사회적 성 정체성(gender identity, 남성이거나 여성인 것에 대한 긍정적인 감정), 성유형화 행동(남성이라면 이른바 남자다운 활동을, 여성이라면 여자다운 활동을 하고 즐기는 것), 성 지향성(파트너에 대한 개인의 성적인 기호)을 포함하는 광의의 개념이다. 일반적인 믿음과는 달리, 동성애자 부모에 의해 양육된 아동이 이성애자 부모에 의해 양육된 아동보다 비정상적인 성 정체성을 발달시킨다는 증거는 없다. 동성애자 부모에게서 양육된 아동의 대부분은 이성애자이다(Bailey, Bobrow, Wolfe, & Mikach, 1995; Patterson, 1994).

2. 적응 문제 : 연구자들은 동성애자 부모에게 양육된 아동들과 이성애자 부모에게 양육된 아동들의 성격, 자율성, 행동 문제, 우울 수준, 도덕성 발달, 지능을 비교하였다. 하지만 의미 있는 차이는 발견되지 않았다(American Psychological Association, 1995; Fitzgerald, 1999).

3. 사회적 관계 : 비록 동성애자 부모의 많은 자녀들이 의심할 여지 없이 부모의 성 지향성에 대해 놀림을 당하고 괴롭힘을 당하게 되지만, 전체적으로 이러한 청소년들의 또래관계는 좋다(Green, Mandel, Hotvedt, Gray, & Smith, 1986). 이성애자 부모를 가진 것이 괴롭힘으로부터 아동들을 보호하지 않는 것처럼, 동성애자 부모를 갖는 것이 또래로부터의 괴롭힘을 보증하지도 않는다.

4. 성적 학대 : 동성애자 부모의 아동이 다른 아동들에 비해 성적인 학대를 더 많이 받는 경향이 있다고 믿는 것에는 아무런 근거가 없다. 게이가 이성애자 남성보다 아동 성추행을 더 많이 한다는 관념은 그릇된 가정이다. 그것은 사실이 아니다(Jenny, Roesler, & Poyer, 1994).

요약하면, 동성애자에게 양육된 아동들은 이성애자에게 양육된 아동들과 크게 다르게 행동하지 않는다. 그리고 이 분야에 장기적인 연구는 매우 드물긴 하지만, 이러한 아동들은 성인기에 들어서 다른 아동들과 마찬가지로 정상이며 잘 적응하는 것으로 보인다(Tasker & Golombok, 1995).

니들은 성공적인 결혼생활을 하고 있는 어머니들에 비해 이혼 전에조차 자녀에게 더 부정적으로 행동하며, 이혼하려는 부모들은 그렇지 않은 부모들에 비해 자녀에게 많은 통제를 가하지 않는다(Hetherington, 1999a). 더군다나 어른들은 이혼으로 가는 기간 동안 일반적으로 신체적, 심리적으로 고통을 겪으며, 스트레스하에서 양육의 질은 분명히 떨어지게 된다. 한쪽 배우자에게 술이나 약물 남용의 문제가 있을 수 있는데, 이는 흔히 이혼의 원인으로서 거론된다(Ostermann, Sloan, & Taylor, 2005). 이혼 전에 이러한 스트레스 요인들이 가정에 있었다는 사실은 이혼 후 아동이 보이는 문제들의 원인이 될 수 있다.

이혼 후 경제적 자원

대개의 사례에서 아동들의 경제적 지위는 부모의 이혼 후에 나빠진다. 대부분의 아동들은 부모의 결별 후에 어머니와 완전히 또는 부분적으로 함께 살게 되고, 여성의 생활 수준은 이혼 후에 평균적으로 27% 정도 저하된다(Peterson, 1996). 이러한 저하는 아동들이 가정의 안정성을 잃을 뿐만 아니라, 그들이 익숙했던 생활 스타일 역시 상실하게 됨을 의미한다. 예를 들어 아동이 이혼 후에 다른 지역 또는 다른 학교구에 있는 더 작은 집으로 이사하게 되는 것은 드문 일이 아니다. 그들은 음악학원을 포기해야 하거나 아르바이트를 해야 할지 모른다.

이혼 후 부모 행동

청소년에 대한 이혼의 효과는 부분적으로 그들의 부모가 어떻게 영향을 받았는지에 달려 있다. 부모, 특히 양육권을 가진 부모의 심리적 적응은 청소년의 적응에 크게 영향을 준다(Hetherington, 1999a). 부모가 더 많이 힘들어할수록, 청소년도 더 많이 고통을 겪게 될 것이다. 어떤 부모들은 이혼으로 인해 더 편안해 하고 이는 청소년에게 긍정적인 영향을 주게 될 것이다.

이혼은 최상의 상황에서조차 커플에게 매우 어려운 경험이다. 최악의 상황에서라면 정서적 외상과 엄청난 충격과 혼란을 가져올 것이다. 새로 이혼한 사람들은 외로움과 사회적 재적응을 겪게 될 것이고, 새로운 우

정과 동반자 관계를 찾게 된다(Pinquart, 2003). 자녀가 있으면서 이혼한 여성들은 이제 자신이 가족의 모든 기능을 담당해야 하므로, 역할갈등과 과다한 업무에 직면하게 된다(Bird & Harris, 1990). 전 배우자와의 접촉은 여전히 어려울 것이다. 자신의 부모로부터의 긍정적 지원은 도움이 되며, 조부모들은 청소년의 적응에 마찬가지로 중요한 역할을 할 수 있다. 이혼 후 부모의 적응이 청소년의 적응에 영향을 주기 때문에, 부모들은 자신이 이혼으로 인한 전환기를 잘 견딜 수 없다면 도움을 받을 필요가 있다(Guidubaldi & Perry, 1985).

이혼 후에 양육의 질이 떨어진다는 것은 일반적으로 동의되는 바이다. 예를 들면 이혼 직후에 부모들은 자녀에게 덜 애정적이고 더 독재적이다. 그들은 규칙을 요구하거나 시행하는 데 일관적이지 않을 수 있다(Hetherington, 1991). 궁극적으로, 양육권을 지닌 이혼한 어머니들은 자녀의 행동에 덜 주의를 기울이고 덜 효과적인 양육 전략들을 사용하는 경향이 있다(Simons, Lin, Gordon, Conger, & Lorenz, 1999).

어떤 부모들은 이혼에 대해 죄책감을 느끼고 자녀에게 이를 보상하려고 한다(Raphael, Cubis, Dunne, Lewin, & Kelly, 1990). 이러한 욕구가 부모가 아동을 버릇없게 만드는 데 일조한다면, 의도는 좋으나 결과는 좋지 않을 것이다. 청소년들은 때로 응석받이가 될 수 있겠지만, 비싼 선물들을 끊임없이 받고, 새벽 3시까지 밖에서 놀아도 되고, 해야 할 일들로부터 면제를 받는 것은 청소년을 성숙하고 책임감 있는 어른이 되게 하지는 않을 것이다. 흔히, 자녀와의 제한된 시간을 최대한 이용하려 노력하고 아동의 애정을 구하기 위해 노력하는 것은 양육권이 없는 부모들이다.

이혼의 우호적 분위기

앞서 논의했듯이, 아동은 갈등적인 상황으로부터 벗어날 수 있다면 부모의 이혼으로부터 이득을 얻을 수도 있다(Hetherington, 1999a; Morrison & Coiro, 1999). 불행하게도 부모 사이의 갈등은 이혼이 완전히 처리가 된다고 해도 사라지지는 않는다. 스트레스는 보통 계속되고, 아동은 부모 사이에 끼인 느낌을 받게 될 것이다. 부모가 청소년으로 하여금 한쪽 편을 들게 만들거나,

자신을 스파이로 이용하거나, 다른 부모를 이기기 위한 정보원으로 사용할 경우에 청소년은 특히 당황한다. 대부분의 경우, 청소년은 부모 모두를 사랑하며 한쪽 편 들기를 원하지 않는다.

이혼 후에 대부분의 청소년들은 한쪽 부모, 보통 아버지를 전만큼 자주 보지 못한다. 게다가 그들은 양육권이 없는 부모의 확대가족들과는 시간을 덜 보내게 될 것이다. 만약 당신이 당신의 아버지를 한 달에 6일만 볼 수 있다면, 친조부모와 아버지 쪽의 당신 사촌들을 보는 일은 더 적을 것이다. 또한 많은 아동, 청소년들은 그들의 양육권자인 부모가 이사를 가게 됨에 따라 친구들과도 만나지 못하게 된다. 비슷한 지역 내에서 이사를 하게 된다고 하여도, 아동이 학교를 바꾸고 그 결과 친구와 선생님들과 헤어지게 될 가능성이 크다.

자녀 양육권과 생활 배정

이혼할 때 내려야 하는 결정 중에서 가장 어려운 것 중 하나가 자녀의 양육권에 관련된 결정이다. 양육권은 두 가지 분리된 이슈들로 구성된다. **법적 양육권**(legal custody)은 아동에게 영향을 주는 결정을 할 수 있는 부모의 권리를 말하며, **주거 양육권**(residential custody)은 아동이 어느 부모와 어디에서 사는가의 문제이다. 정서적 애착, 공평성, 그리고 자녀와 부모에게 미치는 경제적 영향들이 양육권 결정 시 고려해야 할 문제들이다.

1980년대까지만 해도, 어머니가 유능한 부모가 될 수 없는 상황만 아니라면 어머니가 양육권을 갖는 경우가 대부분이었다. 그러나 근래에는 자녀가 손위 자녀일 때, 특히 맏이가 아들일 때, 아버지가 이혼 재판의 원고일 때, 그리고 이혼 재판 진행 중에 법정 조사가 발생했을 때에는 아버지의 양육 가능성이 높아진다. 그러나 어머니의 교육 수준이 더 높고, 어머니의 수입이 더 많으며, 최종 이혼 판결 전에 아버지가 부양 의무를 게을리했다면 아버지가 양육권을 갖게 될 가능성은 낮아진다. 양육권 합의와 관련된 실제적인 정책 논의가 많다는 것은 놀랄 일이 아니다(Fox & Kelly, 1995).

부모 둘 다와 좋은 관계를 가지고 있는 청소년들의 가장 큰 두려움은 부모 이혼이 한 부모와의 접촉을 상실하게 할지도 모른다는 점이다. 실제로 18~25%의 아동들은 이혼 후 2~3년 내에 아버지와의 모든 접촉을 상실하므로, 이러한 두려움은 비현실적인 것이 아니다(Kelly, 2003). 이는 분명 도움이 되지 않는데, 자료에 따르면 양육권이 없는 아버지와 친밀한 접촉을 유지한 청소년들, 특히 아버지가 권위적이고(authoritative), 자녀의 학업에 관여하며, 경제적으로 지원할 경우에는 학업 수행이 더 높고, 행동 문제가 더 적다(Amato & Gilbreth, 1999; Menning, 2002). 이러한 이유 때문에 부모는 자신들이 자녀와 이혼하는 것이 결코 아니며 앞으로도 계속 적극적으로 관심을 쏟고 잘 보살피는 부모가

최근까지, 어머니의 유능성에 대한 우려가 있지 않는 한 어머니는 자동적으로 아동의 양육권을 부여받았다. 최근에는 아버지가 양육권을 획득할 가능성이 증가되었다. 사진과 같은 가두행진은 이러한 패턴을 변화시키는 것을 도와 왔다.

알고 싶은 것

▶ **무엇이 청소년에게 더 좋은가 : 부모가 공동 양육권을 갖는 것, 아니면 한 부모가 단독 양육권을 갖는 것?**

공동 양육권의 주요 이점은 아동이 부모 모두와 친밀한 접촉을 유지하게 된다는 것이다. 하지만 이러한 긍정적인 측면은 아동들이 자신이 서로 잘 어울리지 못하는 부모 사이에 끼어 있다는 것을 발견하게 될 때 사라진다. 공동 양육권이든 단독 양육권이든 어느 하나가 청소년들에게 일관되게 더 좋은 것은 아니다.

될 것이라는 점을 자녀에게 확실하게 이해시켜야 한다. 물론 한 부모가 적응 문제가 있고, 극히 미성숙하거나 어떤 식으로든 학대적인 경우라면, 아동 방문에 엄격한 제한을 가하는 것이 필요할 것이다(Warshak, 1986). 최상의 상황하에서, 청소년이 자신이 원하거나 필요할 때 부모를 볼 수 있다면 어려움은 최소화될 것이다.

이혼은 때로 양육권이 없는 부모에 대한 애착을 감소시킨다. 일반적으로, 비결손 가정의 청소년은 이혼한 가정과 재혼 가정의 청소년보다 자신이 아버지에게 더 긍정적, 정서적으로 애착되어 있다고 생각했다. 이처럼 이혼은 청소년이 아버지와 나누는 정서적 유대에 영향을 줄 수 있으며 재혼이 이러한 영향을 감소시킬 것 같지는 않다(McCurdy & Scherman, 1996).

어떤 경우에는 **공동 양육권**(joint custody)이 부모들에게 주어진다. 공동 양육은 양쪽 부모 모두가 자녀를 보살필 책임이 있고 자녀의 행복에 관계된 결정을 내릴 책임이 있다는 것을 의미한다. 이는 요즘 이혼 재판의 가장 흔한 결과물이다(Hardcastle, 1998). 연구들은, 공동 양육권을 가진 아버지는 양육권이 없는 아버지보다 자녀 양육에 더 적극적일 가능성이 높으며, 아동들은 그 결과로 훨씬 잘 적응한다고 말한다(Bauserman, 2002).

이러한 배정은 부모가 높은 수준의 성숙함과 융통성을 갖고 있을 것을 요구한다. 그렇지 않을 경우에는 입씨름과 결혼생활 시절의 갈등의 연속이 될 수도 있다. 만약 부모 모두가 원하고 그들이 함께 잘해 나갈 수만 있다면, 분명히 공동 양육권은 어려운 문제에 대한 바람직한 해결방법이라는 것이 일반적인 합의이다(Kolata, 1988).

어떤 유형의 배정이 가장 좋을까? 이 질문에 대한 명확한 답은 없다. 20세기의 대부분에서 어머니가 아버지보다 더 좋은 부모라고 가정되었으며, 양육권 결정의 대부분은 어머니의 편에서 만들어졌다. 또한 지난 30년간은 동성의 부모-자녀 쌍이 가장 잘 작용한다는 많은 연구결과들이 있어 왔다. 즉 딸은 어머니에 의해 키워지는 것이, 아들은 아버지에 의해 키워지는 것이 가장 좋다는 연구결과들이 그것이다(Camara & Resnick, 1988). 그러나 다른 많은 연구들은 이러한 관계를 발견하지 못했다(Guttman & Lazar, 1998). 공동 양육권하의 청소년들과 한부모 양육권하의 청소년들을 비교한 연구도 혼합된 결과를 보여 주었다. 어떤 연구들은 양육권의 유형에 따라 거의 차이가 없는 결과를 보여 주었던 반면(Hines, 1997), 어떤 연구들은 이득을 보여 주었다(Bauserman, 2002). 더 중요한 것은 이혼 후에 아동이 갖는 각 부모와의 관계의 질과 부모가 다른 쪽 부모와 갖는 관계의 질이다. 공동 양육권의 이득은 그 상황이 고통스럽고 부모들이 다투고 싸운다면 대부분 사라진다(Lee, 2002).

한부모 가정에서 키워지는 것의 효과

어떤 유형이든 한부모 가정(one-parent family)에서 성장하는 것은 많은 문제들의 위험요소이다(McLanahan & Sandefur, 1994). 한부모 가정에서 키워진 청소년들은 부모 모두가 있는 가정에서 키워진 청소년들에 비해 정서 및 성격적 문제, 비행, 조기 임신, 약물 사용, 학교 성취 문제, 공격성을 나타내기 쉽다. 이 연구는 미국 밖, 특히 오스트레일리아와 영국(Pryor & Rogers, 2001), 다른 스칸디나비아 나라들에서도 반복 검증되었다(예 : Nævdal & Thuen, 2004).

남성성/여성성의 발달과 학교 성취라는 두 문제는 특히 주의를 요한다.

남성성/여성성의 발달

효과적인 아버지상이 결여되어 있고 어머니에 의해 키워진 소년은 남성성 측정에서 낮은 점수를 보이며, 남자답지 못한 자아개념과 성역할 지향성(sex-role orientation)을 가지고, 더 의존적이고 덜 공격적이며, 또래관계에서 덜 유능할 것이라는 것이 전문가들의 공통적인 가정이었다(Beaty, 1995; Mandara, Murray, & Joyner, 2005). 아버지와 떨어진 연령이 어릴수록, 그리고 떨어져서 사는 기간이 길수록 초년 시절에는 더 영향을 받을 것이다. 그러나 소년이 나이가 들어 감에 따라 아버지 부재의 초기 영향은 감소한다. 아동 후기가 되면 아버지 부재 소년은 성역할 선택과 선호도 측정에서 아버지가 있는 소년들만큼 높은 점수를 받을 것이다.

아버지 부재의 영향은 소년이 남성 대리 모델(male surrogate model)을 가졌는지 여부에 대략적으로 의존한다(Klyman, 1985). 예를 들어 나이가 많은 남자형제처럼 아버지 대리자(father substitute)가 있는 아버지 부재 소년은 아버지 대리자가 없는 소년보다 아버지 부재의 영향을 덜 받는다. 남자 또래친구, 특히 좀 더 나이가 많은 남자 또래친구는 아버지 부재 소년에게 있어서 중요한 대체 모델이 되어 줄 것이다. 어린 아버지 부재 남자 아동은 더 나이 든 남성의 주의를 끌고 싶어 하며, 잠재적 아버지상을 모방하고 그를 기쁘게 하는 일에 강하게 동기화될 것이다.

그러나 딸에게 미치는 아버지 부재의 효과는 정반대인 것 같다. 딸은 어릴수록 영향을 덜 받고 청소년기 때

한부모 가정에서, 많은 아동들은 그들의 부모가 일을 하기 때문에 혼자 집에 있게 되곤 한다. 이것이 청소년들에게 많은 부정적인 영향을 주기도 하지만, 독립성과 자율성의 발달은 한 가지 긍정적인 결과일 것이다.

더 영향을 받는다. 아동기 때의 의미 있는 남성/여성 관계의 결여는 이성과 교제하는 것을 보다 더 어렵게 만든다.

청소년 심리학 분야에서 가장 잘 알려진 연구들 가운데 하나는 1972년 Mavis Hetherington에 의해 행해진 연구이다. Hetherington은 결혼한 여성, 이혼한 여성, 사별한 여성에 의해 키워진 여자 청소년들의 이성관계를 분명하게 비교하였다. 그녀는 이혼한 여성의 딸들이

Research Highlight 편부

한부모와 살고 있는 미국 아동 7명 중 1명은 아버지와 살고 있다. 아버지들은 거의 절대로 사생아를 키우지 않으며, 또한 단독 양육권 결정의 85~90%가 어머니에게 친권을 주기 때문에, 아버지들은 어머니에 비해 한부모가 되는 경우가 더 적다. 보통, 어머니가 사망하였거나, 부적당한 부모라고 간주되거나, 혹은 아이들과 잘 지낼 수 없다면 아버지가 양육권을 갖게 된다. 또한 어린 아동보다는 청소년이, 딸보다는 아들이 아버지와 함께 살게 될 가능성이 더 크다(Cancian & Meyer, 1998).

편부(single fathers)는 편모보다 한 가지 확실한 장점을 가지고 있는데, 그것은 그들이 충분한 수입을 가질 가능성이 더 크다는 것이다(Richards & Schmeige, 1993). 따라서 그들은 가난에 따른 여러 가지 스트레스를 피할 수 있다. 대신, 편부의 스트레스는 이전엔 아내의 의무로 생각되었던 것들을 책임지는 법을 배우는 것에서 주로 생겨난다

(Grief, 1985; Maccoby & Mnookin, 1992).

예외가 있긴 하지만, 대부분의 연구에 따르면 아버지에 의해 양육된 아동들은 어머니에 의해 양육된 아동들과 비슷하게 성장한다(Amato & Keith, 1991). 예를 들어 그들은 학교에서 똑같이 잘 해낸다(McLanahan & Sandefur, 1994). 편모와 편부가 아동을 양육하는 방법에 있어 차이점이 존재한다는 사실에도 불구하고 이러한 유사점이 나타난다. 예를 들어 어머니는 아버지보다 더 가깝게 아동들을 감독하고 모니터링한다. 반면에 아버지들은 더욱 효과적인 훈육자이다(Buchanan, Maccoby, & Dornbusch, 1992). 편부로서 자녀를 키우는 아버지들이 점점 흔해지고 있기 때문에, 모든 면에서 아버지들이 어머니들만큼 유능하다는 것을 알게 되는 것은 위안이 된다.

알고 싶은 것

▶ **미혼모에 의해 길러질 때, 아동들은 얼마나 잘 지낼 수 있는가?**

아이를 가졌을 때 미혼모는 보통 어리며, 따라서 지속적인 경제적 어려움에 직면하게 된다. 하지만 미혼모와 이혼한 어머니의 수입 수준이 비슷할 경우, 그들의 자녀들에게서 차이점은 거의 발견되지 않는다.

다른 두 유형의 여성에 의해 키워진 소녀들보다 유혹적이며 부적절한 방식으로 이성을 대하는 경향이 많고 이른 나이에 데이트를 시작한다는 것을 발견하였다. 이러한 소녀들은 이혼한 것에 대해 어머니가 느끼는 불행함을 로맨틱한 애착을 결여했기 때문에 느끼는 불행함으로 더 많이 해석하였다. 반대로 사별한 여성의 딸들은 남성과의 관계에서 훨씬 엄격하고 신중하였다. 어머니가 고인이 된 남편을 상당히 미화하였기 때문에, 그들은 남성과 교제하기 전에 충족시켜야만 하는 높은 기준을 가지고 있었다.

학업 수행, 성취, 직업에 미치는 영향

한부모 가정의 청소년들은 부모 모두가 있는 가정에서 자란 청소년들에 비해 학교에서의 수행이 더 떨어진다(Amato, 2001). 이는 특히 소녀들에게 사실이며, 특히 수학 영역에서 사실이다(Murray & Sandqvist, 1990). 부분적으로는 이 때문에, 그리고 부분적으로는 두 가지 경제적인 문제, 즉 어머니 혼자인 가정이 보통 수입이 더 낮다는 것과 함께 살지 않는 아버지들이 보통 자녀의 교육에 경제적으로 기여하려고 하지 않거나 기여할 수 없다는 사실 때문에(Popenoe, 1996), 한부모 가정의 청소년들은 다른 청소년들에 비해 대학에 덜 진학한다. 이는 남자 청소년보다는 여자 청소년에게 훨씬 더 사실이다(Krohn & Bogan, 2001). 낮아진 자아존중감과 학업적으로 성공하기 위한 자신의 능력에 대한 믿음 저하와 같은 다른 요인들도 이 현상에 기여한다.

게다가 학교에서 잘하는 것이 흥미롭고 수입이 좋은 직업을 구하는 데 결정적이기 때문에, 한부모 가정에서 자란 아동들, 특히 소녀들은 교육 과정을 마친 후에 만족스런 직업을 얻을 가능성이 더 낮다(Keith & Finlay, 1988).

혼합 가정

자녀가 있으면서 이혼한 여성의 50% 이상이 이혼 후 5년 내에 다시 결혼하며, 3/4 이상이 10년 내에 재혼한다(Bramlett & Mosher, 2002). 높은 비율의 이혼과 재혼은 거의 과반수의 결혼이 한 사람 또는 두 사람 모두에게 두 번째 결혼이라는 것을 의미한다. 재혼할 때 배우자의 평균연령은 30대 초반 혹은 30대 중반이고 자녀는 초등학교 혹은 사춘기 이전으로 막 들어서는 연령대이다(U.S. Bureau of the Census, 2000e).

안타깝게도, 재혼의 거의 절반 이상은 이혼으로 끝나며, 두 번째 결혼의 이혼율은 첫 번째 결혼의 이혼율보다 더 높다. 결과적으로 많은 아동들은 한 번 이상의 부모 이혼을 겪게 된다. 아동들이 여러 명의 계부모와 의붓 형제자매(stepsiblings), 이복 형제자매(half-siblings)를 갖는 것은 더 이상 드문 일이 아니다(Tzeng & Mare, 1995).

혼합 가정에는 여러 가지 조합이 있다. 재혼에서의 가족관계는 대단히 복잡해질 수 있다. 자녀는 친부모와 친형제자매, 계부모와 의붓 형제자매, 친조부모와 의붓조부모, 그리고 다른 친척들을 가지게 될 것이다. 성인 배우자들은 서로 관계를 맺고 자신의 친부모, 친조부모, 그리고 새로운 배우자의 인척들과 관계를 맺으며, 전 배우자의 인척들과 다른 가족 구성원들과도 계속 관계를 유지할 수 있다. 왜 가족의 통합이 어려운 일인지 이해할 만하다.

자신의 가족이 보다 더 융통성이 있다고 지각하는 재혼한 가정의 청소년들은 전체적인 가족관계와 부모-계부모 체제 모두에 대해 큰 만족감을 보고한다. 융통성은 그 가정이 가정과 가족 구성원 개인의 변화하는 요구에 잘 적응할 수 있게 한다(Henry & Lovelace, 1995).

아동들은 보통 친부모가 재혼할 때 기뻐하지 않으며 새로운 계부모를 환영하지도 않는다. 그들의 행동은 흔히 새로 결혼한 커플들을 긴장시킨다(Lagoni & Cool, 1985). 실제로 이전 결혼으로부터 자녀가 있는 것은 재

알고 싶은 것

▶ **엄마의 재혼은 청소년들에게 어떤 장점이 있는가?**

남자 아동들은 집에서 다시 한 번 남성 역할 모델을 갖게 됨으로써 이득을 얻게 된다. 하지만 여자 아동들은 그만큼 잘 적응하지 못한다. 그들은 흔히 자신과 엄마와의 관계를 계부가 방해한다고 느낀다.

혼한 커플들의 이혼 가능성을 높인다(Fine, 1986). 재혼한 커플이 이혼할 때, 이는 흔히 의붓자녀들을 떠나고 싶어서이지 새로운 배우자를 떠나고 싶어서가 아니다(Meer, 1986).

대부분의 경우에, 적어도 한 배우자는 재혼이 시작될 때 이미 자녀가 있다. 어머니가 가장 흔히 주거 양육권을 갖게 되므로, 그녀의 자녀들은 그녀와 그녀의 남편, 즉 계부와 함께 살게 된다(Bramlett & Mosher, 2002). 남편의 자녀들은 보통 그의 전 부인과 살게 되며, 이는 전 부인의 가정과 연결되게 하고, 적대감과 갈등의 가능성을 일으킨다. 아내의 비양육권자로서의 전 배우자는 보통 그의 자녀들을 방문하며, 그는 전 부인과 그녀의 새 남편과 접촉하게 되고, 이 역시 문제와 긴장을 야기한다. 계부모가 되는 것은 친부모가 되는 것보다 훨씬 어려운데, 이는 자녀들이 대리 부모를 받아들이려 하지 않기 때문이다.

자신의 친자녀가 전남편의 소생이건, 현 남편의 소생이건 간에 상관없이, 계모는 계부에 비해 친자녀보다 의붓 자녀를 키우기가 훨씬 더 어렵다. 계모의 어려움에는 몇 가지 이유가 있다. 첫째, 친부는 계모(즉 그의 새 아내)가 양육을 더 많이 맡아 주기를 기대한다. 계부는 훈육이 필요할 때 관여하지 않은 채 물러나 있을 수 있다. 둘째, 비양육권자인 친모가 비양육권자인 친부보다 자녀에게 지속적으로 더 많이 관여하는 경향이 있다. 따라서 계부와 친부 사이보다 계모와 친모 사이에 더 큰 갈등이 생겨날 가능성이 있다(Hetherington, 1999a). 마지막으로, 동화와 민담들은 잔인한 계모에 대한 고정관념을 발달시켜 왔으며, 이는 극복하기가 어려운 신화이다(Claxton-Oldfield & Butler, 1998).

이러한 문제들에도 불구하고, 계모들은 어렵겠지만

가끔 방문하여 의붓 자녀들과 다정한 관계를 발달시키도록 노력해야만 한다(Ambert, 1986). 모든 성인들이 두 명이 아니라, 셋 또는 네 명의 성인으로 함께 공동 양육을 하게 된다. 자녀들은 2개의 가정에 있는 사람들, 즉 셋 또는 네 명의 성인과 두 가지 이상의 이성 간 관계유형에 지속적으로 적응하게 된다. 자녀와 부모 모두는 다른 가족 구성원의 태도와 영향력과 싸워야 한다.

많은 연구들이 딸들이 아들보다 부모의 재혼에 적응하는 것이 더 어렵다고 보여 주었다. 소녀들은 계모와 계부 모두에 더 저항적이며, 그들의 적응 어려움은 훨씬 심각하고 지속적이다(Hetherington & Jodl, 1994). 행동문제를 보이는 대신 그들은 종종 위축되고, 퉁명스럽고, 비의사소통적인 방식으로 행동한다(Hetherington, 1993). 어머니에게 가까운 사춘기 이전의 소녀는 새로운 계부에게 특히 저항적일 것이다(Hetherington, 1993).

의붓 자녀 청소년들은 새로운 계부 혹은 계모를 받아들이는 일에 특히 어려움을 겪는다. 그들은 자신의 친부모가 그 혹은 그녀의 새 배우자에게 주의를 기울이는 것을 질투할 것이다. 또한 그들은 계부모를 침입자로서 또는 단지 그들의 자유를 속박하는 또 다른 어른으로서 간주할 수도 있다(Hetherington, 1999a). 그들은 또한

이혼과 재혼의 높은 비율 때문에 많은 두 번째 결혼이 존재한다. 대부분의 혼합 가정에서 문제를 해결하고 좋은 계부와 의붓 자녀 관계를 형성하는 데에는 시간과 노력이 든다.

Personal Issues   계부모 대 친부모

많은 계부모들은 친부모가 되는 것과 계부모가 되는 것이 전혀 다른 문제임을 깨닫게 될 때 실망하고 놀라며, 어찌할 바를 모르고 당황한다. 둘 사이의 중요한 차이점들을 살펴보기로 하자.

▶ **계부모들은 자신과 의붓 자녀에 대해 비현실적인 기대를 가질지 모른다.** 어쨌든 자신들이 예전에 부모였기 때문에, 계부모 역할도 당연히 잘해 내리라고 기대한다. 만약 의붓 자녀가 자신을 즉각적으로 받아들이지 않고 자신에게 마땅히 표해야 할 존경을 보여 주지 않으면 그들은 당황한다. 이것은 분노, 불안, 죄책감, 그리고 낮은 자아존중감을 낳는다. 그들은 의붓 자녀가 뭔가 잘못됐다고 생각하거나 아니면 자신을 자책한다. 하지만 그들은 서로를 받아들이고 만족스런 관계를 발달시키려면 족히 몇 년은 걸린다는 것을 깨달을 필요가 있다.

▶ **친부모와 계부모들은 자신들의 실패한 결혼에 대해 많은 후회와 죄책감을 가지고 새로운 가정생활을 시작할 것이다.** 그들은 자녀가 부모의 이혼이라는 충격적인 사건을 겪도록 한 것에 대해 미안하게 생각한다. 결과적으로 부모는 너무 응석을 받아 주고 예전처럼 엄격하게 대하지 않는 경향이 있고, 그리하여 자녀의 행동을 통제하고 지도하는 일에 더 곤란을 겪는다(Amato, 1987). 때로 그들은 자녀의 협조와 환심을 사려고 애쓴다.

▶ **계부모들은 다른 한 쌍의 부모에 의해 사회화된 자녀를 다루어야만 한다.** 그들은 의붓 자녀를 유아기 때부터 양육하는 기회를 가지지 못했다(의붓 자녀가 아주 어리지 않다면). 자녀들은 계부모가 들어와서 뭔가를 바꾸려 드는 것에 대해 분노할 수도 있다.

▶ **계부모의 역할은 명확하게 정의되어 있지 않다.** 계부모는 부모도 아니고 친구도 아니다. 부모 역할을 하려는 노력은 처음부터 나이 든 자녀들에 의해 거부된다. 계부모는 부모로서의 책임에 직면해 있고 자녀들의 생활에 기여하기를 바라기 때문에, 단지 친구일 수만은 없다. 지지, 신체적 보살핌, 여가활동의 기회, 운동경기 행사와 학교 행사에 가는 것 등 부모로서의 많은 책임이 그들에게 부가된다. 그들은 부모로서의 책임은 지지만, 특권이나 만족은 거의 가질 수 없을지도 모른다.

▶ **계부모들은 자신이 하는 일에 대한 감사를 기대하지만, 감사 대신에 비난과 거부를 받을 수도 있다.** 그들은 친자녀에게 하는 것처럼 의붓 자녀도 보살피지만, 대부분의 의붓 자녀와 친자녀들은 그러한 도움을 당연한 것으로 받아들이는 것 같다. 어떤 계부는 이렇게 말했다. "나도 가끔은 작은 감사와 존중을 받고 싶습니다"(Rice의 상담일지에서).

▶ **계부모들은 자신의 이전 결혼생활과 이혼에서 생겨난 해결되지 않은 정서적 문제들에 직면한다.** 계부모들은 이전의 가정생활에서 일어났던 일들에 의해 여전히 영향을 받고 있다. 그들은 여전히 많은 노여움, 분노, 상처를 가지고 있을지 모르며, 그러한 감정들은 새로운 가정에서 파괴적인 방식으로 돌출될 수 있다. 그들은 별거와 이혼 때문에 생겨났던 부정적인 감정들을 해소하기 위해 적절한 심리치료를 받아야 할지도 모른다.

▶ **가족 응집력은 계부모 가정이 비결손 가정보다 더 낮은 경향이 있다.** 재구성된 가족의 생활은 재혼 후 몇 년 동안은 스트레스로 가득 찬 혼돈 상태인 경향이 있다. 다행스럽게도 시간이 지나면 모든 것들이 대체로 안정이 된다.

자신의 부모에게 1차적인 충성심을 느끼며 계부모는 침입자라고 느낄 수 있다(Moore & Cartwright, 2005). 이것은 처음으로 남편의 큰딸에게 인사를 하게 된 어떤 새 아내의 경우에 극적으로 드러난다. 그녀는 좋은 인상을 주고 싶었다. "내가 네 새엄마란다."라고 그녀가 다정하게 말했을 때, 딸은 욕을 한 마디 하고는 방을 나가 버렸다(Rice의 상담 일지 중에서).

이러한 경우는 흔한 예이다. 계부모에 대한 의붓 자녀의 전형적인 반응 중 하나는 거부이다. "당신은 우리 아빠가 아니에요." 혹은 "당신은 우리 엄마가 아니에요." 라고 말한다. 이러한 명백한 거부는 계부모가 감당하기

에는 너무 힘들어서 때로 자신의 의지와 싸움을 벌여야 한다. 많은 경우에, 처음에는 친절하고 노력했던 계부모가 계속되는 적대감에 뒤로 물러나게 된다. 계부모는 따뜻함과 지지를 덜 보일 것이며 청소년의 행동을 통제하거나 모니터링하는 것을 멈추게 될 것이다(Anderson, Greene, Hetherington, & Clingempeel, 1999).

이러한 갈등과 자녀와 그들의 친부모, 계부모와의 관계가 재혼 얼마 후에 냉담해진다는 사실로 볼 때(Hetherington, 1993), 의붓 자녀들이 비결손 가정에서 자라난 아동들보다는 한부모 가정에서 자란 아동들과 훨씬 더 닮았다는 것은 놀라운 일이 아니다(Amato, 2001). 부모

가 이혼했지만 재혼하지 않은 아동들처럼, 의붓 자녀들은 비결손 가정의 아동들보다 학업 성취도에서 더 낮은 점수를 받고, 십대 임신이 일어나기 쉬우며, 약물을 사용하고, 그 자신도 나중에 이혼하게 될 가능성이 더 많다(Hanson, McLanahan, & Thomson, 1996; McLanahan & Sandefur, 1994). 전에도 말했듯이, 더 많다는 것이 보통 그렇다는 것은 아니다. 그럼에도 불구하고, 부모가 이혼한 (그리고 재혼했든 아니든) 아동들은 비결손 가정의 청소년들보다 이러한 문제를 경험하는 비율이 거의 2배 이상 혹은 20~25%이다(Amato, 2001).

부모의 재혼은 형제자매 관계를 변화시킬까? 이복 형제자매들과 의붓 형제자매들은 서로 얼마나 잘 어울릴까? 재혼 전에 함께 살았던 형제자매들, 즉 원래의 결혼에서 생겨난 친형제자매들 간의 관계에 미치는 효과부터 살펴보도록 하자. 많은 연구들은 복합가정(stepfamilies)에서 자라난 친형제자매들은 비결손 가정에서 자라난 친형제자매들보다 덜 친밀한 경향이 있다고 보고한다(예 : Hetherington & Clingempeel, 1992). 소년들은 특히 남자든 여자든 그들의 형제자매에게 더 많이 거리를 유지하는 것 같다. 이러한 거리는 성인기에도 유지된다. 혼합 가정(blended families)에서 자라난 친형제자매들은 그들의 아동기 가정을 벗어난 후조차도 비결손 가정에서 자라난 친형제자매들보다 더 관계가 소원하다(Hetherington, 1999a).

부모가 즉각적이든 궁극적으로든 재혼한 아동들의 2/3는 이복 형제자매 또는 의붓 형제자매를 가지며(Bumpass, 1984), 이는 갈등의 원인이다. 예를 들어 가정에서 맏이인 것에 익숙한 청소년이 그 지위와 그에 딸린 특권을 잃게 될 수도 있다. 여전히 대부분의 의붓 형제자매들은 서로 잘 어울린다(Beer, 1992). 그들의 관계는 친형제자매나 이복 형제자매의 관계에 비해 더 가볍고 덜 감정적이지만(Hetherington, 1999b), 긍정적 상호작용도 더 적고 극히 부정적인 상호작용도 더 적게 갖는다. 흔히 이복 형제자매들은 친형제자매들처럼 동등하게 취급되며, 그들은 비슷한 유형의 관계를 가진다(Anderson, 1999).

권장도서

Barber, B. K. (Ed.). (2002). *Intrusive Parenting: How Psychological Control Affects Children and Adolescents*. Washington, DC: American Psychological Association.

Crosson-Tower, C. (2001). *Understanding Child Abuse and Neglect* (5th ed.). Boston, MA: Allyn & Bacon.

Ferrara, F. F. (2001). *Childhood Sexual Abuse: Developmental Effects across the Lifespan*. Pacific Grove, CA: Brooks-Cole.

Fontenelle, D. H. (2000). *Keys to Parenting Your Teenager*. Hauppauge, NY: Barrons.

Glasser, W. (2003). *For Parents and Teenagers: Dissolving the Barrier between You and Your Teen*. Chatsworth, CA: Quill.

Lipinski, B. (2001). *Heed the Call: Psychological Perspectives on Child Abuse*. Seattle: Pacific Meridian.

Emery, R. L. (1999). *Marriage, Divorce and Children's Adjustment*. 2nd ed. Thousand Oaks, CA: Corwin.

Ganong, L. H., & Coleman, M. (2003). *Stepfamily Relationships: Development, Dynamics, and Interventions*. New York: Springer.

Hetherington, E. M. (1999). *Coping with Divorce, Single-Parenting, and Remarriage: A Risk and Resiliency Perspective*. Mahwah, NJ: Lawrence Erlbaum.

Mason, M. A., Skolnick, A., and Sugarman, S. D. (2002). *All Our Family: New Policies for a New Century*. A Report of the Berkeley Family Forum.

2nd ed. Oxford, England: Oxford University Press.

Papernow, P. L. (2002). *Becoming a Stepfamily: Patterns of Development in Remarried Families.* Hillsdale, NJ: Analytic Press.

Tasker, F. L., and Golombok, S. (1998). *Growing Up in a Lesbian Family: Effects on Child Development.* New York: Guilford.

Teyber, E. (2001). *Helping Children Cope with Divorce.* 2nd ed. Lexington, MA: Lexington Books.

알고 싶은 것

▶ 학생들은 큰 규모의 학교에서 잘 지내는가, 작은 규모의 학교에서 잘 지내는가?

▶ 학생들이 학교에서 성공적일 수 있도록 교사는 무엇을 도와줄 수 있는가?

▶ 자녀가 학교에서 성공할 수 있도록 부모는 무엇을 도와줄 수 있는가?

▶ 학생들은 왜 학교에서 중도탈락하는가?

▶ 임신과 중도탈락의 관계는 어떠한가?

▶ 직업이 나에게 알맞은지 아닌지 어떻게 알 수 있는가?

▶ 대부분의 십대들은 부모가 자신들의 직업계획에 조언을 해야 한다고 생각하는가?

▶ 부모님을 제외하고 누가 청소년의 직업 선택에 영향을 줄 수 있는가?

▶ 오늘날 여성과 남성은 취업에 있어 동등한 기회를 갖는가?

이 장은 크게 청소년 교육에 관한 문제와 직업 선택에 관한 문제로 나누어 볼 수 있다. 대부분의 청소년들은 깨어 있는 시간의 대부분을 집이 아니라 학교에서 보내며, 학교에서 또래와 교사들로부터 광범위한 영향을 받는다. 성공적인 학교 경험은 경제적 안정성의 초석이 된다. 이 장은 좋은 학교의 특징과 청소년들의 학업 성취와 중도탈락에 영향을 미치는 요인들을 먼저 살펴본다. 청소년이 내려야 하는 가장 중요한 결정 중 하나는 직업의 선택이다. 이 장의 후반부에서는 직업 선택에 영향을 미치는 요인들을 검토하며, 직업 선택의 주요한 이론들을 살펴볼 것이다. 이 이론들은 직업발달에 대한 부모, 또래, 학교인사, 문화, 성역할 개념, 지능, 적성, 흥미, 취업 기회, 직업보상과 만족도, 사회경제적 지위,

명성의 영향에 관한 연구결과들을 정리한 것이다.

중학교

많은 학생들은 중학교에 들어오면서 슬럼프에 빠지게 된다. 그들은 학업 동기, 자신의 학업능력에 대한 지각, 초등학교를 떠난 이후의 학업 성취에서 큰 저하를 보인다(Roeser & Eccles, 1998; Roeser, Eccles, & Freedman-Doan, 1999).

왜 이런 일이 발생하는가? 중학교는 초등학교보다 더 크고 비개인적이다. 학생들은 친구들과 더 적은 시간을 보내게 되고 낯선 이들과 더 많은 시간을 보낸다. 여러 개의 초등학교들이 하나의 중학교로 모이게 될 때, 오

Research Highlight   능력별 학급편성

능력별 학급편성(tracking; ability grouping)은 학생들이 지정된 학과목에서의 유능성에 따라 다른 학급으로 분리되는 교육적 기법이다. (능력별 학급편성은 전체 교과목 프로그램에 대해서 행해지는 것이 아니라 개별수업에 대해서 행해진다는 점에서 어떤 교과 과정에 배정되는 것과는 다르다.) 수학이나 과학 같은 과목들은 다른 과목들보다 더 흔하게 능력별로 편성된다.

시행되고는 있지만, 많은 사람들은 능력별 학급편성을 의심을 갖고 바라본다. 우려 중 하나는 학생들이 인종, 사회경제적 지위, 또는 다른 성격적 특성들 때문에 더 낮은 수준으로 불공평하게 배정될 수 있다는 것이다(Kubitschek & Hallinan, 1996). 문제를 더 복잡하게 만드는 것은, 한 학생이 일단 더 낮은 수준으로 배정되면 수업교재가 더 쉽고, 학습속도도 더 느리고, 학생이 덜 유능한 것으로 간주되기 때문에 더 높은 수준으로 이동한다는 것이 어렵다는 점이다(Lucas & Good, 2001). 게다가 더 낮은 수준의 학생들은 자아존중감 저하를 겪게 될 것인데, 자신이 (그리고 다른 사람들이) 그들이 어떤 과목에서 능력이 없다는 증거를 갖게 될 것이기 때문이다.

반면에, 능력별 학급편성은 어떤 사람들에 의해서는 유용한 것으로 지지된다. 더 높은 수준의 학생들은 교재가 더 신속하게 다루어지기 때문에 더 많은 내용을 배우게 될 것이다. 더 낮은 수준의 학생들은 교재를 숙달할 충분한 시간이 주어질 것이기 때문에 실제로 내용을 잘 숙지할 수 있다. 더 낮은 수준의 학생들은 매일 자신이 더 유능한 또래들 앞에서 답을 몰라 괴로워하는 불편함을 더 이상 느끼지 않아도 된다.

그러나 궁극적으로 우리는 높고 낮은 수준의 학생들 모두의 성취와 자아존중감에 미치는 장기적 효과를 알기를 원한다. 안타깝게도, 이러한

이슈들을 다른 대부분의 연구가 횡단적 실험설계(cross-sectional design)를 사용하고 적절한 통제집단을 사용하지 않았기 때문에 최근까지도 이에 대한 매우 뛰어난 자료는 찾을 수 없었다. 그러나 2005년에 Mulkey와 그녀의 동료들(Mulkey, Catsambis, Steelman, & Crain, 2005)은 24,000명의 학생들을 대상으로 중학교에서 고등학교까지의 6년 종단연구를 출판하였다. 이 학생들의 일부는 수학 과목에서 능력별로 편성되는 학교에 다녔으며, 다른 학생들은 그렇지 않았다. 이러한 학생들의 일부는 높은 수준에 편성되었고, 일부 학생들은 낮은 수준에 배정되었다.

Milkey와 동료들의 반직관적인(counterintuitive) 발견들은 더 낮은 수준에 배정된 학생들이 높은 수준에 배정된 학생들보다 능력별 학급편성으로 더 많은 이득을 얻는다는 것이다. 능력별로 편성된 학교의 모든 학생들이 능력별 편성이 없는 학교의 학생들에 비해 수학에서 더 높은 성취를 보였지만, 그러한 이득은 초기에 유능하지 않았던 학생들에게서 더 컸다. 또한 자아존중감 문제를 보였던 것은 더 낮은 수준에 배정된 학생들이 아니라 더 높은 수준에 배정된 학생들이었다. 더 높은 수준의 학생들은 수학 과목에서 '최고'에서 '평균'으로 변화되면서, 시간이 갈수록 자신의 수학능력에 대해 신뢰감을 잃게 되었다. 반면에, 더 낮은 수준의 학생들은 이제 동등한 능력의 또래들과 함께 있게 되면서 자신에 대해 더 좋게 느끼게 되었다. 능력별 학급편성은 여학생들보다는 남학생들에게 더 이득을 주는 것 같았다.

우리는 단 하나의 연구에 기초하여 결론을 내리는 것에 대해 항상 주의를 기울여야 하지만, 이러한 결과는 반복 검증된다면 능력별 학급편성이 더 낮은 능력의 학생들에게 결코 해를 끼치지 않을 것임을 보여 준다.

래된 또래 네트워크는 붕괴된다. 친구들은 더 이상 서로를 자주 보지 못한다. 학생 등록인원이 더 많다는 것은 교사들이 학생 대부분을 이름으로 알지 못한다는 것을 의미한다. 이러한 친밀함의 결여는 학생의 문제 행동에 대해 효과적인 감독이 이루어지지 못한다는 것을 의미하기도 한다(Carlo, Fabes, Laible, & Kupanoff, 1999). 이러한 변화들로 인해 많은 중학생들은 소외감을 느끼고 낙담하게 된다.

어떻게 하면 이러한 문제들을 피할 수 있을까? Eccles와 Midgley(1989)는 중학교가 초기 청소년의 특수한 요구들을 인지할 필요가 있다고 한다. 초기 청소년들은 매우 자의식이 강하며, 자율성을 원하고, 부모로부터 떨어져 나오려 애쓰는 동안 부모가 아닌 다른 어른들로부터 지원이 필요하다. 다른 연구자들처럼, 이 연구자들도 대개의 학교가 가진 **수행목표 구조**(performance goal structure)가 학생들의 요구에 맞지 않으며, 많은 청소년들에게 치명적이라고 제안한다. 수행목표 구조를 지닌 학교들은 학생들 간의 경쟁을 촉진시킨다. 목표는 학급에서 가장 높은 점수를 받는 것이다. 반대로 **과제숙달 구조**(task mastery structure)를 지닌 학교들은 사전에 세워진 기준을 만족시키는 대신, 덜 경쟁적이고 노력과 향상을 매우 가치 있게 여긴다(Middleton & Midgley, 1997). 자료에 따르면 청소년들은 과제숙달 구조를 지닌 학교에서 더 적은 문제를 경험한다(Roeser & Eccles, 1998; Roeser, Midgley, & Urdan, 1996). 예를 들어 과제숙달에 의해 동기화되는 학생들은 목표 지향적인 학생들보다 그들이 잘 이해할 수 없을 때 도움을 구하는 경향이 더 많으며, 그 과제를 더 잘 학습하게 될 것이다. 그러나 목표 지향적인 학생들은 자신이 바보스럽게 보이는 것을 꺼리기 때문에 도움을 구하지 않는다(Ryan & Pintrich, 1997). 게다가 교사들이 과제숙달 기준을 사용하는 학생들은 과목들을 더 중요시하며 배우고 싶어 한다(Anderman, Eccles, Yoon, Roeser, Wigfield, & Blumenfeld, 2001). 수행목표 구조를 지닌 학교의 학생들은 좌절감 때문에 과제숙달을 강조하는 학교의 학생들보다 더 많이 분노를 느끼고 우울하며, 학교를 빠지기 쉽다(Roeser & Eccles, 1998).

대규모 전문가 집단의 연구에 기초하여, Jackson과 Davis(2000)는 성공적인 중학교의 특징적인 속성들을 정리하였다. 다음은 그들의 가장 중요한 요점들이다.

1. 초기 청소년들과 일하는 교사들은 계속되는 전문적 발달기회뿐 아니라, 이 연령대와 상호작용하기 위해 특별한 훈련을 받아야 한다.
2. 교과 과정은 엄격해야 하며, 높은 학습기대가 있어야 한다.
3. 교과 과정은 학생들이 자신의 삶에 관련이 있다고 느낄 수 있게 제시되어야 한다.
4. 학교는 친절하고 지지적인 분위기를 지니고 있어야 한다. 학생들은 자신이 또래와 교사들과 함께 학교 사회를 공유한다고 느껴야 한다.
5. 중학생들은 그들의 의견과 생각이 존중받는다고 느낄 필요가 있다.
6. 학교는 학업적으로 무능하든 우수하든 간에 모든 학생들의 성공을 보장하기 위해 노력해야 한다.
7. 부모들이 학교에 참여해야 한다.
8. 학교는 더 큰 지역사회의 일부분이 되어야 하며, 회사나 지역사회 서비스 기관 등과 상호작용해야 한다.
9. 학생들은 좋은 건강습관을 발달시킬 수 있도록 격려되어야 한다.

좋은 학교의 특징

Jackson과 Davis의 목록은 중·고등학교 학생들을 위한 이상적 학습환경이 어떤 것인지를 논의하기 위한 좋은 출발점을 제공한다.

크기

학생들은 자신이 보호적이고 지지적인 사회의 일부라고 느낄 경우 학교에 더 많이 관여하고 더 잘한다. 이는 학교가 상대적으로 크기가 작은 경우(1,000명 이하, 학교 크기가 너무 작은 경우는 아님)에 일어나기 쉽다(Lee & Smith, 2001).

학생들은 두 가지 이유에서 크기가 작은 학교에서 더 성공적이다(Elder & Conger, 2000). 먼저, 작은 학교에

알고 싶은 것

▶ 학생들은 큰 규모의 학교에서 잘 지내는가, 작은 규모의 학교에서 잘 지내는가?

규모가 작은 학교는 몇몇 이유로 큰 학교보다 학생들에게 더 좋다. 더 많은 학생들이 밴드활동이나 스포츠와 같은 활동에 참여할 수 있고, 학생들은 소속감이나 존재감을 더 느낄 수 있다.

서 학생들은 여러 활동들에 능동적이고 의미 있는 참여를 하게 될 가능성이 더 높다. 학교 연극이나 축구팀, 학생의회에는 정해진 수의 역할들이 있다. 이는 더 큰 규모의 학교에서는 더 많은 학생들이 옆에서 지켜만 봐야 한다는 것을 의미한다. 활동을 통해 학습할 수 있는 기회를 거부당하면서, 학생들은 소외감을 느낄 수 있다.

두 번째 이유는 교사들에 의한 모니터링의 질이 규모가 큰 학교들에서는 덜 적절할 수 있다는 것이다. 작은 학교에서는 교사들이 대부분의 학생들의 이름을 알고 있으며, 학생들은 규모가 큰 학교에서만큼 익명성이 없다. 교사들이 학생을 한 개인으로서 알고 어떻게 지내고 있는지를 자주 묻는다면, 나쁜 길로 들어서는 것은 분명 더 어렵다. 이 문제를 해결하기 위해 일부 큰 학교는 자립적인 소규모 하위 학교들로 스스로를 분할하기 시작했다. 그러나 너무 작은 학교들은 기회의 결핍과

학생들이 자신이 싫어하는 또래와 교사들을 피할 수 없다는 이유로 인해 문제가 있을 수 있다.

분위기

교사가 개별 학급에서 일어나는 일들을 통제하는 반면, 교장은 전체 학교의 분위기를 조성한다. 높은 기준을 세우고, 공평한 규칙을 확립하고 규칙을 위반한 학생들을 훈육하며, 외부 사회와의 연결을 만들고, 협동과 성취라는 정신을 고양하기 위해 자신의 지도력을 사용하는 강하고 유능한 교장은 전체 학교를 위한 큰 재산이다. 복도에서 그들이 안전하지 않다고 느낀다면 학생들은 산만해질 것이다. 그들은 자신이 끊임없이 감시와 의심을 받는다고 느낀다면 불행하고 비협동적이 될 것이다. 어떤 학생들은 특별대우를 받는다고 믿는다면 그들은 화가 날 것이다. 학교의 전체적 분위기는 성취를 증진시킬 수도 있고 저하시킬 수도 있다.

학교는 성취를 증진시키기 위해 학습 분위기를 조성해야 한다. 너무나 자주, 학생들은 기본적으로 학교가 배우는 곳이라는 생각을 하지 않는다. 많은 경우에, 학교를 좋아하는 학생들조차도 학교에서 행해지는 교육 때문에 학교를 싫어한다. 오히려 그들은 친구를 만나고 여러 활동들에 참여하는 장소로서 학교를 생각한다 (Anderson & Young, 1992). 학교환경의 중요한 측면은 학생들이 학습에 얼마나 투자하느냐이다. 학교의 교과

학습의 분위기가 조성되어 있을 때, 학생들은 학습의 책임이 부과되는 대신 스스로의 학습에 책임이 있다고 느낀다. 마찬가지로, 학생들은 교재에 흥미를 느끼며, 공부를 하려고 한다.

알고 싶은 것

▶ 학생들이 학교에서 성공적일 수 있도록 교사는 무엇을 도와줄 수 있는가?

교사들은 융통성 있고 참을성 있게 행동하면서 동시에 학생들에게 높은 수준의 학업수행을 요구함으로써 학생들이 성공할 수 있도록 도울 수 있다. 잘하기 위해서는, 학생들 또한 교사가 수업자료를 숙달할 수 있는 그들의 능력을 믿고 있으며 그들이 성공하는 것에 관심을 갖고 있음을 알 필요가 있다.

과정이 학생들에게 관련이 있으며 도전적인 것으로 지각되는 것은 매우 중요하며, 그럴 때에만 학습은 1차적 목표가 될 수 있다.

학생들에게 책임이 부과되는 대신에, 학생 스스로가 자신의 학습에 책임이 있다고 느낄 경우에 학교는 학습을 위한 분위기를 갖게 될 것이다. 스스로의 학습에 책임감을 느끼고 교재에 관심이 있는 학생들은 공부하라고 항상 재촉받을 필요가 없다. 그들은 스스로 공부하기를 선택한다. 학생들은 그들이 충분한 자율성과 통제를 갖게 되었을 때 책임감을 느낀다(Bacon, 1993).

교사

교사들은 학생들이 스스로의 학습에 책임감을 느낄 수 있도록 하는 여러 전략들을 사용할 수 있다(Bransford, Brown, & Cocking, 1999; Eccles & Roeser, 2003). 예를 들어 학생들은 그들이 많은 양의 정보를 암기하도록 기대되기보다는 스스로 답을 발견할 수 있도록 허용되는 경우에 보통 더 잘한다. 게다가 교사들은 어떻게 하면 가장 잘 학습할 수 있는지에 대해 직접적으로 가르칠 수 있다. 그들은 학생들에게 성취한 부분들과 여전히 향상시킬 필요가 있는 부분들을 강조하면서, 그들이 어떻게 하고 있는지 자주 피드백을 줄 수 있다. 교사들은 교과자료들을 숙달할 수 있는 여러 방법들을 학생들에게 주고 나중에 그 숙달을 증명하도록 할 수 있는데, 이는 학생들이 자신의 개인적 장점과 학습양식을 사용할 수 있게 허용한다.

또한 훌륭한 교사들은 학생들을 참여시킨다. 그들은

정보를 학생들에게 관련이 있고 의미 있는 것으로 만들며 학생들에게 그들이 학습한 수업자료와 기술들을 어떻게 일상생활에 적용할 수 있는지를 보여 준다. 그들은 학생들의 질문, 다른 견해, 자기고찰을 격려한다. 그들은 학생들에게 스스로가 관심 있는 영역들을 탐색할 수 있는 시간을 허용한다(National Middle School Association, 2005).

교사들이 지지와 보살핌을 보여 주는 것 역시 중요하다. 학생들은 교사가 그들을 좋아하고, 보살피며, 그들의 능력에 믿음을 가지고 있을 때 최상으로 기능한다. 교사들은 따뜻하고 친절하며, 학생들과 시간을 보냄에 의해서 그러한 관심을 보여 줄 수 있다. 그들은 높은 기대를 갖고, 뛰어난 수준의 과제를 요구하며, 인내를 갖고, 기준에 못 미치는 과제는 다시 할 수 있는 기회를 제공함으로써 학생들의 능력에 대한 믿음을 보여 줄 수 있다. 교사들이 그들이 학생을 싫어한다거나 학생을 믿지 못한다는 것을 암시한다면 학생의 성취를 저하시킬 것이다. 교사의 부정적인 기대는 소녀, 인종적 소수집단, 가난한 가정의 아동들에게 불균형적으로 주어진다(Ferguson, 1998; Jussim, Eccles, & Madon, 1996).

성취와 중도탈락

여기에서는 학업 성취 및 학교 중도탈락과 관련된 요인들을 논의하기로 한다.

중도탈락과 그 이유

청소년이 학교를 중퇴하거나 학업이 부진한 이유는 수없이 많다. 청소년이 태내에 있을 때부터 이미 문제가 싹트고 있었다고 볼 수 있는데, 미숙아나 저체중아로 태어나는 아동들은 생물학적으로나 사회적인 면에서 볼 때 문제가 되는 요인을 갖고 있기 때문이다. 저체중아는 학교 기능에서 나타나게 되는 미묘한 결함을 안고 있는 것으로 알려져 있다. 신경학적인 문제도 만숙아보다는 미숙아에게 더 많이 발생한다. 주의력과 단기기억 같은 특수한 인지적 과정이 영향을 받으며, 이러한 과정들은 다시 읽기능력과 계산능력, 사회적응에도 영향을 준다. 초등학생 대상의 많은 연구들에서, 저체중아로 태어난 아동들은 학습 문제, 시각 운동 장애, 유급이 더 많았다(Cohen, Beckwith, Parmelee, Sigman, Asarnow, & Espinosa, 1996).

매우 많은 요인들이 학업의 성공이나 실패에 영향을 미치게 된다. 사회경제적 지위, 인종적 편견과 차별대우, 가정환경, 부모의 영향력과 부모-자녀 관계의 질, 가족에 대한 책임, 성격적인 문제, 사회적응, 사회활동, 사회적 교류, 경제적 문제, 건강, 임신, 결혼, 지능 장애, 읽기장애, 학교 적응 실패, 비행, 나쁜 성적, 퇴학, 학교에 흥미가 없는 것 등도 중요한 원인이 된다(Connell, Halpern-Felsher, Clifford, Crichlow, & Usinger, 1995). 보통 문제들은 중도탈락이 일어날 때까지 수년간 누적된다.

그러나 중도탈락을 하게 하는 결정적인 사건이나 상황은 하찮은 것들로, 교사의 오해나 징계, 급우들과의 마찰, 가족의 몰이해 등을 포함한다. 예를 들어 한 소년은 고등학교 3학년 마지막 학기에 학교를 그만두었는데, 이유는 단지 계부모가 졸업예복을 안 사줬기 때문이었다. 수업에 늦어서 참여하지 못하게 된 또 다른 소년은 이전 시간 담당인 체육교사로부터 늦은 것에 대한 사유서를 받아와야만 했지만, 체육교사가 사유서를 써주는 것을 거부했고, 소년은 화가 나서 결국 학교를 자퇴해 버렸다. 위의 예들을 보면, 나쁜 성적이나 유급, 학교에서의 행동 문제들, 가족 간의 갈등적 관계, 혹은

사회적 부적응이나 소외 등 일련의 이전 사건들이 자퇴에 이르게 한다는 것을 알 수 있다.

중도탈락이 일어날 가능성이 있는 징후들은 다음과 같다(Brooks-Gunn, Guo, & Furstenberg, 1993; Horowitz, 1992):

1. 일반 학업 과정에서의 지속적 학업 실패
2. 연령보다 2년 이상 아래인 학년에 배정됨
3. 불규칙한 출석
4. 교사와 교장, 교감을 향한 적대감
5. 소속감이나 의미 결여와 함께, 학교에 대한 주목할 만한 무관심
6. 낮은 학문적 적성
7. 낮은 읽기능력
8. 잦은 학교 전학
9. 학교 교직원에 의해 수용되지 않음, 소외
10. 급우들에 의한 소외
11. 친구들이 자기보다 너무 어리거나 너무 나이가 많음
12. 불행한 가정환경
13. 급우들과 너무 차이 나는 체구
14. 급우들의 평균적인 지출을 따라 갈 용돈이 없음
15. 특별활동에 참가하지 않음
16. 형제자매와 경쟁할 능력이 부족하거나 형제자매

Research Highlight   밀어내는 요인과 끌어당기는 요인

전국적으로 표집된 고등학생 대상의 연구는 중도탈락의 이유를 밀어내는 요인(push factors)과 끌어당기는 요인(pull factors)으로 나누었다. **밀어내는 요인**은 학교 자체와 관계가 있는데, 학교가 학생들을 몰아내는 것이다. **끌어당기는 요인**은 학생들이 중도탈락하는 학교 외의 요인들을 말한다.

조기 학업포기와 관련된 학교 요인에는 여러 가지가 있다. 만약 학교가 학생들에게 좌절을 안겨 주고, 처벌적이며, 벗어나고 싶은 장소가 된다면 학교 자체를 밀어내는 요인으로 정의할 수 있다. 학생들이 중도탈락하는 세 가지 요인은 다음과 같다. 첫째, 학교로부터의 학생들의 일반적인 소외감으로, 학업 실패, 교사들과 잘 어울리지 못하는 것, 학교에서

환영받고 있지 못하다는 느낌을 포함한다. 둘째, 학교의 안전 문제이다. 학생들은 다른 학생들의 폭행이나 적대적 행동에 대해 걱정하거나, 급우들과 잘 어울리는 데 심각한 어려움이 있을 수 있다. 셋째는 정학이나 퇴학으로, 보통 심각한 훈육 문제나 교직원들과의 대립을 포함한다.

끌어당기는 요인들 중 하나는 청소년이 친척 어른이나 동생, 혹은 자신의 아기를 돌봐야 하는 상황이다. 분명하게, 이런 의무감은 주로 여자 중퇴생들에게 영향을 미친다. 두 번째 유의한 요인은 취업으로, 남녀 중퇴생들이 흔히 말하는 이유이다. 취업의 매력과 돈을 벌어야 하는 필요성은 분명히 많은 학생들을 학교로부터 끌어당기고 있다(Jordan, Lara, & McPartland, 1996).

를 창피하게 생각함

17. 실제 점수가 본인의 잠재력보다 지속적으로 낮음
18. 심각한 신체적·정서적 장애
19. 징계 문제
20. 비행 기록

우리는 이러한 징후들을 조심스럽게 해석해야 한다. 조기 학교중퇴의 하나 이상의 징후들은 별 문제가 안 될 수도 있지만, 때로는 한 가지 징후만 가지고 있던 학생이 중도탈락할 때도 있다. 많은 징후들이 함께 나타날 때, 중도탈락의 예측은 훨씬 신뢰할 만하다. 중도탈락을 막기 위한 조치를 취하기 위해서는 중도탈락할 위험이 높은 청소년들을 그들이 학교생활을 시작한 초기에 식별해 낼 필요가 있다. 중도탈락의 위험이 있는 많은 청소년들은 그들이 학교에서 현재 받고 있는 것 이상으로 많은 주의를 받을 필요가 있다(Gregory, 1995).

전학

전학이 중도탈락의 원인이 되기도 한다. 전학을 하면 학교 교육에 대해 현명한 결정을 하기 위한 부모와 청소년의 능력이 저하되기 때문이다. 학생과 부모는 새로운 학교와 교사, 수업에 관한 정보가 부족하므로 새로운 학교와 교사가 제공하는 자료를 잘 활용할 수가 없다. 교사 또한 최근에서야 그 학교 시스템에 들어온 학생에게 덜 헌신적일 것이며, 그 학생에게 과외로 시간과 에너지를 쏟으려는 열의가 더 적을 것이다. 그러한 청소년은 교육 과정에서 소외되어 있다는 느낌이 들게 되기 때문에 주변인적인 사회적 접촉을 구하려 할 것이다(Teachman, Paasch, & Carver, 1996).

무단결석

중도탈락한 학생들은 무단결석률도 높다(Sheldon & Epstein, 2004). 무단결석자들은 무단결석을 하지 않는 학생보다 일반적으로 학업능력이 낮고, 성적도 저조하며, 한부모 가정의 아동일 가능성이 높고, 형제자매가 더 많다(Sommer & Nagel, 1991).

Bimler와 Kirkland(2001)는 무단결석의 몇 가지 다른 유형을 발견하였다. 첫 번째 두 유형은 부모가 결석을 용인하거나 격려하기 때문에 무단결석하는 청소년들에 해당한다. 예를 들어 결석자의 부모들은 청소년 자녀가 더 어린 형제자매들을 돌보기 위해 집에 머무르기를 원한다. 두 집단의 차이는 청소년들 스스로가 학교에 본질적으로 반항적인지 여부이다. Bimler와 Kirkland는 세 번째 유형을 '동기화되지 않은 외톨이'로 명명하는데, 이는 간단히 말해서 학교에 관심이 없는 부적응적인 외톨이이다. 네 번째 유형은 마찬가지로 동기화되어 있지 않고 부적응적이지만, 반항적인 학교집단의 일부인 경우이다. 마지막으로, 다섯 번째 집단은 '잘 사회화된 비행 청소년들'로 구성된다. 그들은 잘 적응하고, 다른 비행 청소년들에게 인기가 있지만, 학교는 그들의 우선순위에 포함되지 않는다.

사회경제적 요인

연구자들은 낮은 사회경제적 지위가 조기탈락과 관계가 있다고 강조한다. 낮은 사회경제적 계층 학생들의 중도탈락률이 높은 이유는 다음과 같다(Simons, Finley, & Yang, 1991).

1. 낮은 사회경제적 계층 학생들은 긍정적인 부모의 영향과 모델이 부족하다. 대부분의 부모들은 자녀가 자신들보다 더 많은 교육을 받기를 바란다. 그러나 자신이 겨우 초등학교 5학년 정도를 마쳤다면, 자녀가 중학교를 졸업하면 그것으로 충분하다고 생각할 수 있다. 일반적으로, 낮은 사회경제적 계층 가정의 아들들은 딸들보다 학교를 마치도록 더 격려를 받는다.

2. 교사들이 낮은 사회경제적 계층 학생들에게 편견을 가지고 있어서 높은 사회경제적 계층 학생들을 편애한다. 교사들은 높은 사회경제적 배경의 학생들에게는 더 자주 작은 특권을 주면서도(예 : 심부름하기, 모니터링, 학급 임원 맡기), 사회경제적 배경이 낮은 학생들에게는 그들이 받아야 하는 것 이상의 징계를 준다. 교사들은 대부분 중류 계층 출신이기 때문에 자신과 다른 계층 출신 학생들의 목표, 가치관, 행동을 이해하지 못한다.

3. 낮은 사회경제적 계층 학생들은 학교생활을 잘하고 학교

에 잘 출석하는 것에 대해 높은 사회경제적 계층 학생들보다 보상을 덜 받는다(Taylor, Casten, & Flickinger, 1993). 보상의 내용으로는 학업 성적, 교사의 총애, 급우들의 인정, 학생회 임원직, 과외활동 참여, 학교에서 주는 상 등이 있다. 사회경제적 지위가 낮은 학생들은 사회경제적 지위가 높은 학생들에 비해 이러한 보상들을 드물게 받는다. 즉 그들의 성적은 그다지 좋지 않고 급우들의 선망의 대상이 되거나 인정을 받는 일도 드물다. 또한 반장에 선출되지 않으며, 과외활동에 참여하거나 상을 받는 일도 거의 없다.

4. 낮은 사회경제적 계층 학생들은 중류 계층 학생들의 언어능력을 따라 가지 못한다. 이러한 능력 부족은 읽기를 비롯한 전반적인 학습 면에서 볼 때 그 자체가 불리한 조건이 된다. 또한 언어능력 부족과 낮은 사회경제적 지위가 연관되면 학습부진아가 될 뿐만 아니라 중도탈락할 가능성도 높아진다.

5. 낮은 사회경제적 계층 학생들에 대한 또래의 영향력은 보통 학교에 적대적(anti-school)이다. 낮은 사회경제적 계층의 청소년들은 종종 기존의 제도와 가치관에서 벗어나서, 대신 무직의 중퇴생 집단에 합류하기도 한다.

가족관계

가족 구성원 간의 상호작용의 질은 청소년의 성공적인 학교생활에 큰 영향을 준다(Paulson, Marchant, & Rothlisberg, 1998). 영리하고 학업 성적이 우수한 학생과 학업부진 학생의 가족관계에 관한 연구에 따르면, 성적이 우수한 학생은 성적이 부진한 학생보다 자신의 부모가 여가시간을 자녀와 함께 보내며, 자신들의 생각을 자녀와 함께 나누는 사람들이라고 기술했다. 또한 부모들이 이해심이 많고, 자신이 하는 일을 찬성하며, 신뢰할 만하고, 다정하며, 성공하라고 압력을 가하기보다는 격려하고, 징계에 있어 지나치게 엄격하거나 심하지 않은 것으로 보고했다. 학업 성적이 우수한 학생들의 부모는 자녀에게 집에서 학습기회를 제공하고, 자녀의 과제와 성취를 모니터하며, 자녀의 학교에서 자원봉사를 하기 위해 시간을 낸다(Paulson, 1994).

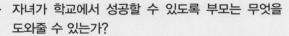

알고 싶은 것

▶ **자녀가 학교에서 성공할 수 있도록 부모는 무엇을 도와줄 수 있는가?**

부모들은 자녀 교육에 대해 열정과 적극적인 관심을 가지고 격려를 제공함으로써 학교에서의 자녀의 성공을 가장 잘 도울 수 있다. 예를 들면 부모는 반드시 자녀들이 모든 숙제를 마칠 수 있도록 하고, 자녀의 선생님들과 알고 지낼 수 있다. 그러나 부모들은 자녀들에게 지나친 압력을 가하는 것을 피해야 하는데, 이는 학교생활을 즐겁지 않게 만들기 때문이다.

많은 연구들이 아동의 학교 성공에 미치는 양육 방식의 효과를 검토하였다. 권위적인(authoritative) 부모들은 학교를 소중히 여기며 좋은 성적을 얻는 자녀들을 가질 가능성이 크다(예 : Spera, 2005). 권위적인 부모들은 권위주의적인(authoritarian) 부모들보다 더 많이, 허용적인 부모들에 비해서는 훨씬 더 많이 자녀의 교육에 참여할 가능성이 크다. 그들은 또한 자녀의 교사와 더 자주 만나고, 자녀가 과제를 하는 것을 돕기 위해 시간을 더 많이 쓰고, 학교에서 무슨 일이 있었는지에 대해 자녀와 이야기하기 위해 시간을 더 투자한다(Melby & Conger, 1996).

학업적 유능감

학교에서 잘하는 청소년들은 그들이 학업적으로 성공할 수 있다고 믿는다(Cadieux, 1996). 자신의 학업능력에 믿음이 있는 학생들은 배우는 것이 어려울 때조차도 지속할 수 있으며, 실패에 유연하게 대처하여 다시 일어서고, 자신이 무능하다고 믿는 학생들보다 더 좋은 학점을 받는다(Patrick, Hicks, & Ryan, 1997). 이러한 유능감은 여러 측면에서 나오는데, 부모로부터의 피드백(Bornholt & Goodnow, 1999), 교사의 격려, 소속감, 학교에서의 이전 성공 경험들이 그 예이다.

소녀들이 더 좋은 점수를 받는 경향이 있긴 하지만, 남녀 청소년들은 자신의 학업적 장점에 대해서는 비슷한 정도로 신념을 갖고 있다. 소녀들의 학업적 자신감은 소년들보다 사회적 요인에 의해 더 영향을 받는다

(Patrick, Hicks, & Ryan, 1997).

사회적응과 또래관계

또래집단은 특정 학생의 학업 성공에 큰 영향을 준다. 대부분의 청소년들은 친구들이 하는 것을 따라 하고 싶어 하기 때문이다. 예를 들어 친구들이 '한 몫' 잡으려고 혹은 결혼 때문에 학교를 그만두는 것을 보면 다른 청소년들도 그렇게 하고 싶은 유혹을 느낀다(Schwartz, 1995). 또는 교육을 거부하는 하위집단이나 기존의 학교체제에 반항하는 비행집단의 문화를 받아들인 청소년은 학교를 그만두도록 하는 또래들의 영향을 강하게 받는다. 한 연구에 의하면, 남자 청소년에 대한 친구들의 지지는 자아개념과 교육계획에 부적인 상관관계가 있었다(Cotterell, 1992a).

또래관계에서의 발달적 변화 또한 학습 동기와 학교활동 참여에 영향을 준다. 또래집단에의 소속, 수용, 칭찬은 특히 청소년의 성취 동기에 큰 영향을 준다. 그리고 강한 사회성 기술을 가지고 있는 학생들이 또래들과 잘 어울리지 못하는 학생들에 비해 학교에서 더 잘한다(Berndt & Keefe, 1995; Patrick, Hicks, & Ryan, 1997). 학생들은 소속감을 가지고 있어야 하는데, 소속감이란 학급의 담임교사나 급우들이 자신을 인정하고 수용하며 소중히 여기고 있다는 느낌이나 학급의 여러 활동과 생활에서 자신이 중요한 존재라는 느낌이다(Goodenow, 1993).

취업과 재정

학업 지속 여부를 결정할 때, 가정의 재정 상태는 중요한 참고사항이 된다. 어떤 연구는 가정의 경제적 스트레스가 초등학교 6학년과 중학교 1, 2학년 학생들의 학업 성취와 관계가 있다고 지적하였다(Clark-Lempers, Lempers, & Netusil, 1990). 고등학교조차도 돈이 많이 든다(예를 들어 학생들은 자신이 '적절한' 옷을 입어야 한다고 느끼며, 많은 학교들이 적어도 어떤 수업에서는 학습자료나 참여를 위해 돈을 요구한다). 가정의 경제적 어려움뿐 아니라 이러한 요소는 일부 청소년들이 학교를 그만두고 직장에 나가도록 만든다. 때로는 부모들이 돈을 벌어서 가족 부양을 도울 것을 권유하기도 한다. 반면에 자유로운 사회활동이나 자동차 구입을 위해 돈을 벌고 싶은 청소년도 있다. 일부 청소년들은 옷이나 차, 그리고 부유층임을 나타내는 다른 상징물들이 갖고 싶어서 조기취업을 선택하기도 한다. 위기에 처한 청소년들은 학력과 상관없는 괜찮은 직업만 있다면, 공부를 마치기보다 취업할 가능성이 높다(Stallmann & Johnson, 1996).

학교 스트레스

연구자들은 지속적인 강한 스트레스가 심리적 행복감과 신체의 건강, 그리고 과제 수행 능력을 저하시킨다고 보고했다. 많은 연구자들이 학생들이 학교에서 느끼는 다양한 스트레스 유형을 조사했는데, 그중 하나가 안전에 관한 스트레스이다. 점점 더 많은 학생들이 누군가가 그들을 때리고, 발로 차며, 떠밀고 칼이나 총으로 위협하며, 학교는 더 이상 안전한 곳이 아니라고 말한다. 또한 교사가 자신을 혼내는 것뿐 아니라, 급우들 앞에서 또는 친구들에 의해 웃음거리가 되는 것은 스트레스를 일으킨다. 열등감을 느끼게 하거나 창피를 주는 것, 학급 일을 제대로 할 수 없는 것, 시험성적이 나빠지는 것, 혹은 한 과목 이상에서 교사가 바뀌는 것은 스트레스의 근원이다. 사물함에서 물건이 없어지는 것, 교실에서 반 친구들이 서로 물건을 던지고 식당에서 싸우는 것을 보는 일도 빼놓을 수 없는 스트레스 요인이다. 조화를 깨고 학급활동을 방해하는 모든 것은 스트레스의 근원이 될 수 있으며, 학업에 현저히 지장을 준다(Ainslie, Shafer, & Reynolds, 1996).

학업 실패, 무관심, 불만족

많은 학교 요인이 청소년의 중도탈락과 관련이 있는데(Evans, Cicchelli, Cohen, & Shapiro, 1995), 빈약한 읽기능력이나 유급, 과목 재수강, 잘못된 반 배정, 낮거나 낙제에 해당되는 점수(Goldschmidt & Wang, 1999), 교사와의 불화와 비행이 이에 해당한다. 학습장애나 낮은 IQ를 가진 학생들도 너무 많이 학교를 중도탈락한다(Dunn, Chambers, & Rabren, 2004). 또한 무관심이나 동기 부족, 학교가 자신과는 관련이 없다는 막연한 느낌도 중도탈락의 요인이 될 수 있다. 어떤 청소년은 정서적으로나 사회적으로 문제가 있다기보다는, 단순히 학업에 흥미를 잃었고 학교생활이 시간낭비라고 느끼기 때문에 차라리 결혼을 하거나 직장을 구하고자 한다. 이런 청소년은 학업을 지속할 수 있는 능력은 있으나 단지 그럴 필요성을 느끼지 못할 뿐이므로, 적절치 못한 교육 과정에 배치되어 있지 않은지 점검해 보아야 한다. 가령 적성에 맞지 않는 대학 진학반에 있는 것이 흥미를 잃게 한 요인이었다면 취업 준비반으로 옮기는 것이 도움이 될 수 있다. 또한 많은 학생들은 스스로 학교를 그만두는 것이 아니라 학교에서 쫓겨나거나 일시적인 정학이 주어지는데, 이것이 영구적인 학업포기의 한 요인이 될 수도 있다.

소외감

학생의 소외는 학교 맥락에서 낮은 학업 수행, 무단결석, 반항으로 나타나는 복합적인 개념이다. 소외의 한 가지 차원은 무력감(powerlessness)인데, 사람들은 기존 사회의 권위자에 의해 통제되거나 조작될 때 무력감을 느낀다. 학교 상황에서 어떤 학생들은 학교정책이나 배정되는 학급, 자신의 형편없는 학업 성취 등을 통제하거나 바꿀 수 없을 때 무력감을 느낀다. 그들은 상이나 높은 성적 같은 긍정적인 보상을 주는 경쟁을 회피하고, 대신에 무단결석을 하며, 고의적으로 학교 규칙을 어기고, 시간을 때우기 위해 학교에 나온다.

소외감의 두 번째 차원은 무의미한 느낌(meaninglessness)인데, 학생들은 학교에서 배우는 과목과 장차 사회에서 자신이 해야 역할들 사이에는 별로 관련이 없다고 느낄 수 있다.

소외감의 세 번째 차원은 규준 부재의 느낌(normlessness)으로, 학생들이 사회적 기관들에서 일관된 목표와 규준이 존재한다는 느낌을 거의 갖지 못할 때 생긴다. 공식적인 학교 규준은 학업 성적이 우수하고 고등교육

Research Highlight   학교 폭력

콜로라도 주 리틀턴에서 일어난 것과 같은 학교 총기난사 사고는 많은 청소년들로 하여금 그들이 학교에서 안전한가에 대해 의문을 갖게 한다. 그들은 안전한가?

그들은 안전하지 않다. 학생들은 1990년대 중반에 비해 그들이 학교에서 훨씬 더 안전하다고 여기지만, 그들이 한때 그러했던 것보다는 상대적으로 덜 안전하다. 청소년 범죄 비율이 학교 내부보다 외부에서 빠르게 감소하고 있기 때문에, 오늘날의 청소년들은 학교 내부와 외부에서 모두에서 비슷하게 공격을 당한다(반면 과거에는 학교 내부가 더 안전했다). 고등학생의 약 9% 정도가 학교 소유지에 있는 동안 무기로 공격을 당했다고 보고한다. 약 6%의 학생들은 그들이 학교에 무기를 가져온 적이 있다고 말한다. 남성과 여성, 백인, 흑인, 라틴계 미국인 모두 학교에 있는 동안 똑같이 공격을 받을 가능성이 있다.

학생들은 공격을 받기보다 물건을 빼앗기는 경우가 더 많으며, 그들은 학교 밖에 있는 동안 약탈을 당하는 정도의 약 절반 정도로 학교 내에서도 약탈을 당한다. 고등학생의 약 30% 정도는 학교에 있으면서 돈을 빼앗기거나 무엇인가를 털리게 된다(Snyder & Sickmund, 2006).

학교에 총을 가져올 가능성이 가장 큰 사람은 누구인가? 어린 청소년들보다는 나이 든 십대들이 총을 가져올 가능성이 더 크다. 또한 비전통적인 가족의 학생들이 있는 비결손 가정의 학생들보다 그렇게 할 가능성이 더 크다. 소외되고 인기가 없다고 느끼는 학생들도 갱단의 조직원처럼 총을 가져올 가능성이 더 크다. 분위기가 냉담하고 적대적이며, 사람들이 상대적으로 서로에게 무례한 학교에 다니는 학생들이 총을 가지고 오기 쉽다. 학교에 총을 가지고 다니는 학생들은 스스로를 보호하기 위해 그렇게 한다고 이야기한다. 그들은 스스로를 방어할 필요가 있음을 염려한다(May, 1999).

많은 학생들이 학교에서의 자신의 안전에 대해 걱정한다. 이러한 두려움은 도시 지역에 사는 백인이 아닌 여학생들 사이에서 더 흔하다(Harris & Associates, 1995). 두려운 학생들은 종종 그들의 불안이 성적에 영향을 미치고, 때때로 학교를 빼먹는 원인이 된다고 보고한다(Bowen & Bowen, 1999).

학교는 학생들의 두려움에 대해 다양한 방법으로 대응하고 있다. 대부분의 중·고등학교 교사들과 행정가들은 이제 잠재적 문제들에 대해 더 경각심을 갖고 있다. 거의 80%의 학교들이 현재 어떤 유형이든 공식적인 폭력 예방 프로그램을 제공한다(Heaviside, Rowand, Williams, & Farris, 1998). 대부분은 학생 내부의 갈등을 해결하기 위해 새로운 또래 중재 프로그램(peer-mediation programs)을 시행하고 있다. 또한 점점 더 많은 수의 학교들이 경비원들을 고용하거나 교사들로 하여금 학교를 감시하도록 하고 있다. 소수의 학교는 주기적으로 사물함을 점검하거나 문에 금속 탐지기를 설치하였다.

학교 폭력에 대한 공포는 쉽게 사라지지 않을 문제이다. 소외감, 무기의 가용성, 매체의 폭력성에 의해 강화되는 한, 이것은 더 이상 학교 혼자에 의해 해결될 수 있는 문제가 아니다.

알고 싶은 것

▶ **학생들은 왜 학교에서 중도탈락하는가?**

간단히 말해, 학생들은 학교에서 행복하지 않기 때문에 중도탈락한다. 학생들은 사회적 혹은 학업적으로 소외된 느낌을 가질 수 있다. 아마도 그들은 선생님과 또래로부터 지나치게 많은 부정적 피드백과 너무나 적은 긍정적 피드백을 받고 있을 것이다. 학교에서 받는 교육이 자신들의 실제 생활과 관련이 없어 보인다면, 학생들은 학교가 자신의 욕구를 충족시켜 주지 못한다고 느낄 수 있다. 그들은 전임으로 일하면서 시간제 고용으로 자신이 벌 수 있는 것보다 더 많은 돈을 벌기를 원할지도 모른다.

을 추구하려는 학생들에게만 보상을 준다. 낮은 사회적 계층과 소수집단 출신 학생들은 공식적 학교 규준이 불공정하다고 지각한다. 소외된 학생들은 공식적 학교 규준을 거부하고, 대신 또래와 학교에 반하는 규준들을 따를 것이다(Mau, 1992).

임신과 결혼

남학생들이 결혼을 위해 고등학교를 떠나는 것은 매우 드문 일이지만, 임신과 출산은 여학생들이 학업을 포기하는 가장 큰 이유 중 하나이다. 십대 미혼모의 약 30%는 학교를 중도탈락한다(Whitman, Bokowski, Keogh,

알고 싶은 것

▶ **임신과 중도탈락의 관계는 어떠한가?**

소녀의 경우, 임신은 학교 중도탈락의 가능성을 높이고, 중도탈락은 후에 임신하게 될 가능성을 증가시킨다. 아빠가 되는 남자 청소년들 또한 고등학교를 마치게 될 가능성이 더 적다.

& Weed, 2001). 한 연구에서, 학업을 포기하지 않은 임신한 여학생들은 더 좋은 학생들이었고, 16세 이상이었으며, 취업반에 더 많이 등록되어 있었다(DeBolt, Pasley, & Kreutzer, 1990). 학교는 십대 부모의 많은 요구들을 만족시키는 데 중요한 역할을 할 수 있고 또 그렇게 해야 한다(Kiselica & Pfaller, 1993). 고등학교를 졸업한 청소년 부모들은 고등학교를 졸업했지만 아이 낳는 것을 미룬 여성들과 가장 비슷하지만, 대학 진학률은 그들보다 더 낮았다(Aseltine & Gore, 1993). 임신은 소녀들이 학교를 그만두도록 만들 뿐 아니라, 중도탈락하게 될 경우 그들은 더 많이 임신을 하게 된다(Manlove, 1998).

십대 아빠들은 어떨까? 십대 아빠들은 십대 아빠가 아닌 청소년들보다 교육 일수가 더 짧았고, 고등학교를 졸업할 가능성이 더 낮았다. 이러한 교육적 결핍은 가정과 개인적 특징을 고려한 후에조차도 영향력을 발휘

임신과 결혼은 소녀들이 학교를 중도탈락하게 되는 가장 흔한 이유들에 속한다. 십대 어머니들의 필요를 만족시키기 위한 특별 프로그램을 제공하는 학교들은 그들을 학교에 남아 있게 하는 데 중요한 역할을 한다.

한다. 십대 아빠들은 더 어린 나이에 노동 시장에 진출하고, 처음에는 다른 청소년들보다 돈을 더 많이 벌지만, 20대 중반이 되면 다른 청소년들보다 더 적게 번다. 십대 아빠들은 20세 이후로 아이 갖기를 지연시킨 청소년들보다 보수를 더 적게 받는다(Pirog-Good, 1996).

중도탈락과 직업

고정관념과는 반대로, 많은 고등학교 중퇴자들이－주로 임금이 낮고 그다지 좋은 직업은 아니지만－일을 한다. 미국의 경우, 2004년 현재 여전히 학교 중퇴자들의 실업률은 고등학교 졸업자들에 비해 1.5배 더 높았다(21% 대 13%). 또한 남자 중퇴자들이 여자 중퇴자들에 비해 더 많이 직장을 가지고 있는데(U.S. Bureau of the Census, 2006), 이는 소녀들이 아이 때문에 학교를 그만두기 때문에 일리가 있다. 학교 중퇴자들이 직장을 구할 수 있다는 가정하에, 처음에는 그들이 고등학교 졸업자만큼 소득을 올릴 수 있지만(2004년 남성의 경우, 20,000달러 대 23,000달러), 그들은 주로 전망이 없는 직장을 구하며, 그들의 임금은 오르지 않기 때문에 소득의 차이는 연령과 함께 점점 증가한다.

학교 중퇴자의 급여가 지난 20년간 2배가 되긴 했지만, 학사학위를 지닌 사람들의 경우에는 3배 이상으로 올랐다. 낮은 사회경제적 계층과 소수집단 사람들의 낮은 임금 및 높은 실업률은 학교 중도탈락자들이 공공지원을 훨씬 더 많이 받고 범죄 행위에도 더 많이 가담하게 된다는 것을 의미한다. 복지 지원을 받는 가정의 가장들과 재소자들의 약 절반이 고등학교 중도탈락자들이다(Federal Interagency Forum on Child and Family Statistics, 2001).

직업 선택에의 동기

몇 가지 기본적인 심리적 이유 때문에 직업 선택은 개인에게 중요한 과제이다. 모든 사람은 인정, 칭찬, 수용, 승인, 그리고 독립에 대한 정서적 욕구를 충족시킬 필요가 있다. 이렇게 할 수 있는 한 가지 방법은 직업 정체감을 확립하여 다른 사람들이 알아볼 수 있는 '누군가'가 되고 그리하여 다른 사람들이 그 개인에게 정서적 충족감을 주는 것이다. 사람은 특정 직업과의 동일시를 통해 개성의 발견, 자기에 대한 깨달음, 자기실현에 이른다. 높은 직업포부는 높은 자아존중감의 결과이며 우월한 자아상의 형성에 기여한다(Chiu, 1990). 자신과 타인의 시각에서 성공한 정도만큼, 청소년들은 자기만족과 인정을 획득한다. 정체감과 자기만족을 추구하면서 청소년들은 자기충족감에 도움이 되는 직업을 선택하겠다는 강한 동기를 갖게 된다(제6장 참조).

철학적인 사고 구조를 가진 청소년들에게는 직업이 자신의 인생 목표와 목적을 실현하는 통로가 된다. 그것은 그의 존재 이유이다. 그는 세상에는 자신이 채워야 할 자기만의 자리가 있음을 강하게 느낀다(Homan, 1986). 만약 청소년이 인생에는 반드시 어떤 의미와 목적이 있다고 믿는다면, 그는 자신의 시간, 재능, 에너지를 다 쏟아 그 의미와 목적을 발견하고 그것을 실현하기 위해 노력하게 된다. 한 가지 방법은 그가 수행하는 일을 통해서이다. 직업 선택에는 어떻게 생계를 유지해야 하는가에 관한 질문뿐만 아니라 인생에서 무엇을 추구해야 할 것인지에 대한 질문도 포함된다.

관심 분야가 봉사, 즉 다른 사람들의 필요를 채워 주거나 자신이 속한 사회를 더 좋게 만드는 일인 청소년의 경우, 그가 가장 중요한 것이라고 인식하며 일을 통해서 가장 잘 충족시킬 수 있는 욕구에 따라 직업을 선택한다. 따라서 그들은 다른 사람들을 도울 수 있는 직업을 찾는다. 현실적인 사고방식을 가진 청소년들은 자리가 가장 많이 비어 있고, 가장 많은 돈과 이익이 제공되며, 가장 흥미진진한, 자신이 가장 적임자일 수 있는 일의 유형을 찾는다. 이러한 선택은 주로 경제적 동기, 실제적 고려, 그리고 개인적 흥미와 자격 요건에 근거한다. 그 외의 청소년들에게 있어서 직업의 의미는 자신이 성인이 되었고, 경제적으로 독립하였으며, 부모로부터 벗어나서 혼자 힘으로 살아갈 수 있게 되었음을 보여 주는 수단이다. 그들에게는 일을 하러 가는 것이 어른의 세계로 진입하는 통로를 획득하는 수단이 된다.

그러나 때로는 합리적인 직업 선택이 전혀 이루어지지 않기도 한다. 청소년들은 단지 나가서 자신이 찾을 수 있는, 보수가 괜찮은 첫 번째 일자리에 그냥 취업한다. 혹은 친구가 추천했거나, 자신에게 기회가 온 유일한 직업이거나, 들어 본 적이 있는 직업이기 때문에 어떤 직업을 받아들인다. 이러한 상황에서는 직업 선택이 사려 깊은 과정이라기보다는 우연히 일어난 사건이다. 청소년들은 일시적으로 이러한 취업이 가져다주는 경제적 이익과 그 외의 혜택을 즐길 수도 있다. 그러나 오래지 않아서 자신이 행복하지 않고 일에 잘 맞지 않으며, 어정쩡한 이익을 얻기 위해 자신의 자유와 삶을 희생하고 있음을 발견하게 된다. 그들은 뒤로 한 발짝 물러나서 자신의 목표, 재능, 기회를 재평가하고, 이러한 요소들이 의미 있고 보상적인 일 속에서 조화를 이룰 수 있는 방법을 발견할 필요가 있다.

가장 좋은 여건이 주어진다 해도 직업을 선택하는 일은 매우 어려운 과제이다. 왜냐하면 사회가 더욱 복잡해지고 있기 때문이다. 미국의 *Occupational Outlook Handbook*(2006)은 1,000개 이상의 서로 다른 직업을 목록화하였는데, 대부분은 익숙하지 않은 것들이다. 청소년들은 가능한 한 합리적이고 신중하게 직업 선택을 해야 할 필요가 있다. 만약 자신에게 어울리고 만족감과 성취감을 느낄 수 있는 직업과 동일시하는 데 실패한다면, 그들의 직업적 무정체성(nonidentities)은 자신의 정체성을 발견하는 일에 대한 더 큰 실패를 반영할 것이다. 어떤 의미에서, 그들은 자신의 인생이 어떤 것인지를 발견하는 데에도 실패할 것이다.

직업 선택 이론

많은 이론가들이 직업발달의 과정을 기술하고자 했다. 우리가 논의할 특정 이론은 Ginzberg(1988), Holland(1985), 그리고 Gati(1998; Gati, Fassa, & Houminer, 1995)의 이론이다.

Ginzberg의 현실타협이론

현실타협이론(compromise with reality theory)에서 Eli Ginzberg(1988)는 직업 선택이란 한순간에 일어나는 일이 아니라 오랜 기간에 걸친 발달적 과정이라고 강조했다. 그것은 함께 더해져서 특정 직업의 선택으로 이끄는 일련의 '하위 결정들'을 포함한다. 각각의 하위 결정은 중요하다. 왜냐하면 각각의 하위 결정은 개인이 그

다음의 선택을 하게 되는 자유와 원래의 목표를 성취할 수 있는 개인의 능력을 제한할 수 있기 때문이다. 예를 들어 고등학교에서 대학 진학반 대신에 상업 과정을 택한 결정은 이후의 대학 진학 결정을 어렵게 만든다. 부족한 것을 채우기 위해 과외의 시간, 노력, 때로는 금전이 필요하기 때문이다. 아동들은 성숙함에 따라 여러 가지 대안에 노출되고 지식을 얻게 된다. 그들은 합리적 선택을 더 잘할 수 있게 된다. 이러한 선택의 대부분은 이상과 현실의 비교를 포함한다. Ginzberg는 직업 선택 과정을 세 단계로 나누었는데, 환상적 단계, 시험적 단계, 현실적 단계가 그것이다.

환상적 단계

환상적 단계(fantasy stage)는 일반적으로 11세까지 지속된다. 이 시기 동안 아동들은 욕구, 능력, 훈련, 고용 기회, 혹은 그 외의 현실적인 고려사항들과는 상관없이 자신이 원하는 직업을 상상한다. 그들은 비행기 조종사, 교사, 미식축구선수, 무용가 등이 되기를 원한다. 가장 흔하게 그들이 선택하는 직업은 그 직업을 가진 사람들이 입는 특정한 제복 때문에 멋지고 쉽게 식별되는 것들이다.

시험적 단계

시험적 단계(tentative stage)는 11~17세 정도의 기간이고 네 시기 혹은 하위 단계로 구분된다. 11~12세까지의 흥미 시기(interest period)에, 아동은 주로 자신의 기호와 흥미에 기초한 선택을 한다. 이 시기는 환상적인 선택에서 시험적인 선택으로 넘어가는 과도기이다. 두 번째 시기인 능력의 시기(capacities period)는 약 13~14세 사이에 나타난다. 이 시기 동안 청소년은 역할이 요구하는 바와 직업의 보상적 측면, 그리고 다른 준비 수단들에 대해 의식하게 된다. 그러나 그들은 직업적 요구와 관계된 자신의 능력에 관해 주로 생각해 보고 있다. 15~16세 사이에 나타나는 세 번째 시기인 가치의 시기(value period) 동안 청소년은 직업역할과 자신의 흥미와 가치를 연관시키고자 하며, 직업의 요구와 자신의 가치와 능력을 통합하고자 한다. 그들은 직업과 자신의 흥미 모두를 고려한다. 이행 시기(transition period)

환상적 단계 동안, 어린 아동들은 훈련, 능력, 기회, 혹은 다른 현실적 고려사항들에 대해 생각하지 않은 채 자신이 하고 싶어 하는 일의 유형을 상상한다.

는 17세경에 나타나며, 네 번째이자 마지막 단계이다. 이 시기 동안 청소년은 학교, 또래, 부모, 대학, 고등학교 졸업 후의 상황들로부터의 압력에 반응하여 시험적인 것에서 현실적인 선택으로 이행한다.

현실적 단계

17세경부터 시작되는 현실적 단계 동안, 청소년은 직업 선택이라는 자신의 문제에 대해 진일보한 해결을 추구한다. 이 단계는 더 많은 지식과 이해를 위해 집중적으로 정보를 수집하는 탐색(exploration) 시기(17~18세)와 어떤 한 종류의 직업 선택들로 좁혀 들어가면서 거기에 전념하는 공고화(crystallization) 시기(19~21세 사이), 그리고 예를 들어 의사와 같은 일반적인 선택이 '어떤 분야'의 의사 같은 특정한 선택으로 더욱 제한되는 시기인 구체화(specification) 시기로 다시 분류된다.

Ginzberg의 면담은 주로 고수입 가정 출신의 청소년들과 이루어졌는데, 당연히 그들은 상당히 광범위한 직업 선택 범위를 갖고 있었다. 다른 아동들에 비해 이들의 직업 선택 과정은 더 오래 걸리는데, 그들은 자신이 많은 수의 다양한 기회들을 가지고 있는 것으로 지각하기 때문이다. 저소득 가정 출신의 청소년들은 이론적인 모델이 제시하는 선택 시기에 부합하기는 하지만, 좀 더 일찍 직업 선택의 공고화 시기를 갖는다. 또한 Ginzberg

는 소녀들도 환상과 시험의 단계인 첫 두 단계에 부합한다고 결론을 내리기는 했지만, 그는 주로 소년들을 대상으로 관찰했다. 다른 연구는 현실로의 이행은 소년, 소녀 모두에게 해당되지만 소녀들은 소년들보다 자신의 직업계획을 더 시험적으로, 더 유연하게 세우는 경향이 있음을 지적한다.

Ginzberg의 이론은 각 단계들의 정확한 순서, 특징, 그리고 시점의 측면에서 너무 경직되어 있어 부자연스럽고 인위적일 수 있다. 대부분의 연구들은 일반적으로 가설의 대략적 내용은 지지하지만, Ginzberg의 단계들과 연합되어 있는 연대기적 나이를 항상 지지하지는 않는다.

Gottfredson(1996)은 Ginzberg의 이론과 비슷한 직업 발달이론을 제안하였다. 그녀는 초기 직업발달이 **제한**(circumscription)과 **절충**(compromise)을 포함한다고 제시하였다. 나이가 상당히 어릴 때, 아동들은 유명하고 세력 있는 사람들에 대해 흥미를 갖는다. 점차 그들은 남녀는 서로 다른 직업과 역할을 갖는 경향이 있음을 알게 된다. 아동기 후기가 되면 그들은 사회와 주변 사람들의 가치에 귀를 기울이며, 다른 직업은 다른 가치를 표현한다는 것을 인식하게 된다. 이 나이쯤에 아동들은 어떤 직업은 그들이 갖고 있지 않은 능력을 요구하거나 그들이 별로 기울이고 싶지 않은 노력을 요구한다는 것을 알게 되며, 따라서 그들은 자신의 선택을 제한하고 이러한 근거에 비추어 여러 직업들을 거부하기 시작한다. 초기 청소년기가 되면, 개인적 흥미와 필요는 직업 선택의 주된 관심사가 된다. 그러나 청소년들은 현실과 발맞추기 위해서 자신의 선택을 수정하여 절충한다. 청소년들은 전형적으로 예상적 절충(anticipatory compromise)을 하는데, 즉 그들이 하는 수정은 실제적 경험에 기초한 것이 아니라 예상에 근거하여 만들어진다.

Armstrong과 Crombie(2000)는 중학교 2학년~고등학교 1학년 학생들을 대상으로 종단연구를 실시하였는데, Ginzberg와 Gottfredson 모두에 의해 이론화된, 현실성으로의 이동에 대해 지지증거를 발견하였다. 즉 그들의 이상과 자신들에게 가능한 것이 무엇인가에 대한 평가 사이의 불일치를 지각한 청소년들은 자신의 직업 목표를 바꾸었다. 그런 변화들은 일반적으로 그들의 직업 선택을 보다 성 고정관념화하고 더 현실적으로 만들었다. 불일치를 지각하지 않았던 청소년들은 그들의 직업포부를 변화시키지 않았다.

마찬가지로, Helwig(2001)의 연구 또한 Ginzberg와 Gottfredson의 이론들을 지지하였다. Helwig는 환상적 직업을 선택하는 경향성은 아동기와 청소년기에 걸쳐 줄어든다는 것을 발견하였다. 흥미롭게도, 소년들은 이 점에서 소녀들에게 뒤처지는데, 이는 부분적으로는 많은 소년들이 고등학교까지도 전문 운동선수가 되려는 환상적 직업 선택에 매달려 있기 때문이다. 게다가 사회적 가치에 부합하는 직업들은 중학교 2학년에 절정에 이르다가 그 이후 감소하였다. 이 시점부터 개인적 관심사가 더 중요성을 갖게 되었다.

Ginzberg는 새로운 자료와 비난을 고려하여 자신의 이론을 재정립했다. 그는 직업 선택이 반드시 첫 번째 직업에서 끝나는 것이 아니며, 평생토록 직업이 늘 바뀌는 사람들도 있다는 것을 인정하고 있다. 그는 특히 경제적 소외 계층과 소수집단 사람들은 상류계층 사람들만큼의 다양한 선택권을 갖지 않는다는 것을 강조하였다(Ginzberg, 1988). 또한 정상적인 순서와 시기에서 실제로 벗어나는, 선택 형태의 다양성과 공고화 시기의 다양성이 존재한다고 강조하였다. 그는 어떤 사람들은 어렸을 때부터 안정적인 직업 선택을 할 수도 있다는 것을 인정하였다. 다른 사람들은 정신병리나 혹은 필요한 타협을 할 수가 없을 만큼 너무 강한 쾌락 지향성 때문에 결코 직업 선택을 할 수 없다(Ginzberg, 1988).

Research Highlight　　발달적-맥락적 개념

진로발달에 관한 연구는 직업탐구에서 개인과 환경 간의 역동적인 상호작용을 강조했다. 특히 발달에 영향을 미치는 세 가지 유형이 있다(Vondracek & Schulenberg, 1986, 1992).

1. **규준적, 연령에 따른 영향** : 이러한 영향들은 연대기적(chronological) 시간에 따라 변하며, 생물학적이거나 환경적일 수 있다. 예를 들어 전문적인 스포츠 같은 직업 유형은 필수적 신체 특성들을 요구한다.

2. **규준적, 역사에 따른 영향** : 이러한 영향들 역시 본질적으로 생물학적, 혹은 환경적일 수 있다. 그 영향에는 불경기, 전쟁, 기근, 심지어 스푸트니크호 발사 같은 사건이 포함될 수 있다.

3. **비규준적, 생활사건들의 영향** : 이러한 영향에는 직업계획을 변경하도록 만드는 가족 부양자의 예상치 못한 죽음, 질병, 상해, 혹은 장학금 중단 등이 있다.

다시 말해 개인이 단지 최소한의 통제를 할 수밖에 없는, 직업 선택에 있어서의 유의한 영향력들이 있을 수 있다는 것이다. 어떤 연구자들은 우연한 기회가 진로결정을 구체화시키는 데 있어서 한 몫을 담당한다고 말한다(Cabral & Salomone, 1990). 대부분의 경우에, 이러한 결정은 순전히 합리적인 경우도 드물고, 순전히 우연에 기초를 두지도 않는다. 계획과 우연의 결합이 결정에 영향을 주는 것 같다. 사람은 인생의 과도기, 특히 직업생활 초기에 발생하는 예상치 못한 사건에 대해 가장 취약하다. 그러나 예상치 못했던 사건에 대처하는 능력은 개인의 자아개념 강도, 그리고 내적 통제감에 따라 크게 좌우된다. 직업 선택의 우연성 이론(accident theory of vocational choice)은 진로발달에 미치는 예상치 않은 개인적 사건의 영향을 강조하지만, 여전히 어떤 사람은 부정적인 우발적 사건을 다른 사람보다 더 잘 극복할 수 있고 긍정적인 발달의 기회로 더 잘 이용할 수 있음을 강조한다(Scott & Hatalla, 1990).

Holland의 직업환경이론

Holland(1985)의 **직업환경이론**(occupational environ-ment theory)에 따르면, 사람들은 자신의 성격 유형에 일치하는 환경을 제공하는 직업을 선택하며, 개인의 특성과 환경의 특성이 유사한 분야를 선택하고 거기에 종사할 가능성이 높다(Vondracek, 1991).

Holland는 6개의 성격 유형-현실적 유형, 지적인 유형, 사회적 유형, 관습적 유형, 기업적 유형, 예술적 유형-을 제시하고 이러한 성격 유형과 상응하는 직업환경을 제시했다(Lowman, 1991; 표 11.1 참조). 성격 유형은 자기-주도적 탐색체계(self-directed search system)로 측정했다. 이 체계는 6개의 척도로 나뉘는데, 각각의 척도는 Holland의 성격 유형 중 하나와 상응한다. Holland는 각 척도의 문항들에 대한 반응이 개인의 직업환경 선호도를 나타낸다고 믿는다. 즉 자신에게 적합한 직업을 찾으려 노력하는 개인들이 자신의 개인적 지향성과 일치하는 환경을 찾아내려 할 것이고, 성격 검사 항목에 대한 반응을 통해 이러한 성향을 드러낸다. Holland (1985)에 따르면 이처럼 성격 척도의 점수에 의해 직업적 성향을 규명하는 것이 가능하다.

후속 연구는 단지 부분적으로 Holland의 이론을 지지한다(Brown, 1987). 아무리 성격이 흔히 직업 선택에 영향을 준다 할지라도, 개인은 자신의 성격이 직업환경에 맞지 않을 경우에도 때때로 그 직업을 선택하고 거기에 종사한다(Wallace-Broscious, Serafica, & Osipow,

> ### 알고 싶은 것
>
> ▶ 직업이 나에게 알맞은지 아닌지 어떻게 알 수 있는가?
>
> 당신의 흥미와 능력, 가치관(Ginzberg, Gottfredson, Gati), 그리고 성격(Holland)과 맞는 직업이라면, 그 직업은 당신에게 매우 적합할 것이다.

1994). 사람들은 그 직업이 더 안정적이고 급료가 더 높으며 출장이 덜하기 때문에, 더 낮은 교육 정도를 요구하기 때문에, 곧 은퇴하게 되므로, 또는 지리적으로 이동하길 원치 않기 때문에 특정 직업에 그냥 머무를 수 있다. 많은 직업인들이 개인적인 혹은 가족에 대한 의무 때문에 잘 맞지 않는 직업에도 계속 종사한다(Salo-mone & Sheehan, 1985).

Gati의 순차적 제거 모델

Gati(1995; Gati et al., 1998)는 의사결정에 대한 현재의 이론들을 바탕으로 직업 선택 모델을 개발하였다. 그는 직업탐색 과정을 사전 선별(prescreening)과 심층분석(in-depth analysis)이라는 2개의 큰 단계로 구분하였는데, 이는 Ginzberg의 시험적 단계와 현실적 단계와 비슷하다. 그러나 그는 흥미, 능력, 가치를 직업 측면(career aspects)으로 함께 묶고, 이것들을 측면 내 선호도(within-aspect preferences) 또는 직업관련 특징들과 대비시킨다는 점에서 Ginzberg와는 다르다. Gati의 견해에 따르

표 11.1 Holland의 직업환경이론

성격 유형	특징	제안된 직업
예술적	창조적 활동과 예술(음악, 연기, 그림)을 좋아함 자신을 표현적이고 독립적이라고 지각함	작곡가, 패션 디자이너, 도서 편집자, 의사, 미술교사, 그래픽 디자이너
관습적	구조와 질서, 수를 가지고 일하는 것을 좋아함 자신을 체계적이고 조직적이라고 지각함	경리사원, 은행원, 우체국 직원, 법원 사무직원, 부동산 권리분석 판독자, 비서
기업적	지휘하고 설득하고 성공하는 것을 좋아함 자신을 야심차고 외향적이라고 지각함	시행정 담당관, 변호사, 부동산 매매중개인, 판매원, 학교 교장
지적	수학과 과학을 좋아함 자신을 지적이고 정확하다고 지각함	건축가, 생물학자, 치과 의사, 기상학자, 약학자, 측량기사, 수의사
현실적	사람이 아닌 기계와 동물을 가지고 일하는 것을 좋아함 자신을 실제적이라고 지각함	목수, 경찰관, 전기기술자, 소방관, 비행기 조종사, 자물쇠 제조공, 정비사

Personal Issues 진로 미결정과 가족 밀착성

진로발달에 관한 연구들은 개인의 진로결정에 가족의 역학관계가 작용할 수 있다는 사실을 대부분 무시해 왔다. 어떤 청소년은 부모에게 얽매여 있고, 분리되어 있지 않다. 이러한 상황에서는 개별화 혹은 분화가 거의 일어나지 않으며, 따라서 청소년들은 부모의 지배로부터 벗어나지 못했고 자율적인 자아정체성도 발달시키지 못했다. 그들은 낮은 자아존중감과 외적 통제소재(external locus of control), 불안으로 인해 고통 받고, 진로결정을 하는 데 곤란을 겪는다. 결정된 진로는 감정에 기초한 것이고 지각된 부모의 소원에 대한 반응일 뿐이다(Kimmier, Brigman, & Noble, 1990).

면, 직업 측면은 측면 내 선호도보다 우선한다.

직업상담자들이 피험자가 만족할 만한 직업결정을 내릴 수 있도록 돕기 위해 개발된 Gati의 이론은 많은 단계들을 포함한다. 그 단계들은 다음과 같다 : 결정해야 할 문제를 정의하기, 서로 다른 직업 측면들을 알아내기, 찾아낸 직업 측면들에 우선순위 매기기, 그 측면들의 최적의 그리고 수용할 만한 수준을 판단하기, 중요한 직업 측면들과 일치하지 않는 직업들을 제거하기, 남아 있는 직업대안들에 대해 부수적인 정보를 수집하기, 전반적인 바람직함에 따라 그 대안들의 순위 매기기, 그 특정 직업으로 들어가기 위해 피험자가 취해야하는 단계들을 정리하기. Gati의 접근에서 주요한 요소는 피험자가 그들에게 중요한 직업 특징들 사이에서 가장 수용할 만한 절충을 하도록 돕는 것을 포함한다.

직업 선택에 영향을 미치는 사람들

부모

부모는 여러 가지 방식으로 청소년 자녀의 직업 선택에 영향을 준다(Young & Friesen, 1992). 그중 하나는 직접적인 계승이다. 즉 아들이나 딸이 부모의 사업을 물려받는 것이다. 가족의 사업을 계속하는 것이 독자적인 사업을 시작하는 것보다 쉽고 현명할 것 같다. 유사한 경우로, 부모는 견습 훈련 기회를 제공함으로써 영향력을 행사한다. 예를 들어 목수인 아버지는 자녀를 일하는 곳에 대동하여 자녀에게 일을 가르치거나 다른 목수에게 견습생으로 보냄으로써 일을 배우도록 한다. 낮은 사회경제적 계층 가정의 경우에는 청소년이 다른 기회를 가질 수 없었기 때문에 아버지나 어머니가 자녀에게 자신의 기술을 가르쳐 왔다.

부모는 장난감을 제공하거나 자녀의 취미나 흥미를 격려 혹은 반대함으로써, 자녀가 어떤 활동에 참여하도록 격려함으로써, 그리고 가정에서 제공되는 전반적인 경험을 통해 어릴 때부터 자녀의 흥미와 활동에 영향을 준다(Lent, Brown, & Hackett, 2000). 남성적 혹은 여성적 흥미를 자극하는 측면에서 형제자매의 영향 또한 중요하다. 음악가인 부모는 음악가가 아닌 부모가 결코할 수 없는 방식으로 자녀가 음악수업에 참여하도록 하며, 음악을 좋아하도록 영향력을 발휘한다. 마찬가지로, 변호사인 어머니는 보통 자녀가 어릴 때부터 변호사직에 노출되길 원한다.

부모는 자신의 자녀가 따라야 할 역할 모델을 제시한다. 부모가 의식적으로 직접적인 영향력을 발휘하려고 애쓰지 않는다 할지라도, 본보기를 제공함에 의해 영향을 줄 수 있다. 예를 들어 Castellino, Lerner, Lerner, 그리고 von Eye(1998)는 직업의 명성과 직장이 있는 어머니라는 자신의 역할에 얼마나 만족하는지를 포함하여, 일에 대한 어머니의 감정이 남녀 청소년 모두의 직업포부를 예측한다는 것을 발견하였다.

부모는 때로 어떤 특정한 학교에 가지 말라거나 혹은 가라고 자녀에게 강요함으로써, 특정 전공을 택할 것을 주장함으로써, 혹은 미리 정해진 직업을 강요함으로써 자녀의 선택을 지시하거나 명령하거나 혹은 제한할 수 있다. 청소년의 재능이나 흥미, 욕구를 고려하지 않고 그렇게 하는 부모는 자녀에게 맞지 않는 일의 세계로 자녀를 몰아넣고 있는 것이다. 때로 청소년은 부모를 기쁘게 해주기 위해, 그리고 달리 어떻게 해야 할지를 몰라서 강한 반대를 하지 못하고 부모가 원하는 것에

부모가 청소년 자녀의 직업 선택에 영향을 줄 수 있는 한 가지 방법은 역할모델로 기능을 하는 것이다. '직장에 자녀 데려오는 날' 행사는 아동에게 그 직업을 가진 부모를 볼 수 있는 기회를 제공한다.

알고 싶은 것

▶ 대부분의 십대들은 부모가 자신들의 직업계획에 조언을 해야 한다고 생각하는가?

대부분의 십대들은 자신들의 직업계획에 대해 부모가 어느 정도 조언을 해야만 하며, 부드러운 설득을 통해 자신들을 안내할 수 있는 자격을 갖고 있다고 믿는다. 하지만 십대들은 자신들이 어리석은 행동을 하고 있지 않는 한, 부모가 자신들의 선택을 존중해야 한다고 믿는다.

고 있고, 그리하여 가능한 직업 선택의 기회를 제한한다 (Galambos & Silbereisen, 1987).

그러나 부모의 지위 범주에 있는 직업을 선택하지 않은 1/3의 청소년들 가운데서 많은 수가 부모보다 더 높은 지위를 갖기 위해서 광범위한 교육을 받고 이로써 전체 지위 구조를 앞선다. 이러한 방법으로, 청소년은 육체노동자(blue-collar) 지위로부터 전문직으로 이동한다. 다른 청소년들은 사회적으로 하향 이동되어 가며 그들의 부모처럼 성공하겠다는 야심이 없거나 성공할 수가 없다.

청소년들은 그들의 부모가 적어도 어떤 한계 내에서 자신의 직업결정에 영향을 주려고 노력할 권리가 있다고 믿는다(Young, 1994). 그들은 결정이 궁극적으로 자신에 의한 것이어야 한다고 믿지만, 청소년들은 자녀가 좋지 않은 이유로(예: 그것이 가장 쉬운 길이기 때문에 또는 남자 친구 혹은 여자 친구와 함께 있기를 원하기 때문에) 중요한 직업 선택을 하려고 한다면 부모들이 개입하는 것이 적절하다고 생각한다. 그러나 십대들은 부모가 자녀의 마음을 바꾸게 하려고 처벌이나 처벌을 가할 것이라는 위협을 사용해서는 안 된다고 생각한다 (Bregman & Killen, 1999).

한 연구는, 부모 모두가 청소년 자녀에 대한 교육적 기대와 목표에 동의했을 때, 그들의 자녀는 한쪽 부모는 지지하고 다른 부모는 반대한 방향보다는 부모 둘 다가 지지한 방향을 더 채택하고 싶어 한다는 것을 발견했다(Smith, 1991). 같은 연구는 어머니의 교육목표라고 지각된 것에 동의하는 것은 어머니의 교육 수준과

순종한다. 이와 같은 행동 방식을 취하는 부모들의 동기 중 하나는 부모 자신이 항상 흥미가 있었지만 결코 가질 수 없었던 직업을 자녀로 하여금 선택하게 하고자 하는 것이다. 즉 부모는 자녀를 통해서 대리적으로 사는 것이다. 또 다른 동기는 만족스러운 직업을 가진 부모가 자녀 역시 그 직업을 좋아하리라고 확신하고 자신의 목표를 공유하기를 자녀에게 강요하는 것이다. 자신의 모교에 들어가기를 아들에게 강권하고, 같은 대학 친목 단체에 가입시켜서 자신이 했던 미식축구를 하게 하고, 자신과 같은 전문가가 되기를 강권하는 수많은 아버지들에 관한 이야기가 있다. 어떤 부모는 용돈을 주거나 중단함으로써 혹은 자신의 모교에 자녀를 강제로 집어넣음으로써 압력을 행사한다. 물론, 어떤 부모들은 자녀에게 대단히 낮은 교육적, 직업적 기대를 갖

긍정적으로 연관되어 있다고 지적했다. 아버지의 경우에는 전문직, 경영인, 실력 있는 사업가 같은 높은 직업적 지위가 아버지의 교육목표라고 지각한 것에 대한 청소년의 동의를 증가시키는 것 같다. 요약하면, 어머니의 학력이나 아버지의 직업적 지위가 상당히 높을 때 청소년은 부모의 교육목표라고 지각한 것에 동의하기 쉽다(Smith, 1991).

후속 연구는 고등학교 2학년 학생들과 그의 부모들이 평가하는 가족 기능(family functioning) 차원은 성별, 사회경제적 지위, 교육 정도보다 더 강하고 더 빈번한 직업발달 예측 요인임을 발견했다(Penick & Jepsen, 1992). 이 연구는 가족 기능을 목표를 달성하는 가족의 능력이라고 정의했다. 그것은 응집력, 표현력, 갈등의 정도, 조직, 사회성, 민주적 지휘체계, 가족 밀착성(enmeshment), 그리고 가족체계와 관련 있는 다른 요인들에 의해 측정된다. 예를 들어 민주적인 가족 유형이면서 갈등을 해결할 능력이 있는 가족은 청소년의 직업발달에 강력한 영향력을 발휘한다(Kracke & Schmitt-Rodermund, 2001). 다른 연구는 부모에게 강한 애착을 가진 청소년들이 강화된 직업발달을 경험한다는 것을 확증하였다(Ketterson & Blustein, 1997).

또래

청소년의 교육목표에 대해 (어떤 특정 직업보다는 직업의 수준과 관련해서) 부모와 또래가 주는 상대적 영향에 관한 연구들은 다소 상반된 결과들을 나타낸다. 사실상, 대부분의 청소년은 부모와 친구들의 계획과 일치하는 계획을 세운다. 다시 말해 청소년은 부모의 목표와 일치하는 목표를 가진 또래들과 어울리기 때문에, 친구들은 부모의 포부를 강화한다.

노동자 계층 청소년의 상향 이동의 정도는 부모와 또래 양쪽 모두에게 달려 있다. 만약 노동자 계층 청소년이 부모와 또래 양쪽 모두에 의해 이러한 상향 이동 방향으로 영향을 받으면 높은 등급의 직업에 대한 포부를 가질 가능성이 높다. 만약 그가 둘 중 어떤 영향도 받지 않는다면 높은 포부를 가질 가능성이 가장 낮다.

또한 Kracke(2002)는 친구들이 직업 선택에 대해 생각해 보고 직업에 대한 정보를 적극적으로 구하도록 서

알고 싶은 것

▶ 부모님을 제외하고 누가 청소년의 직업 선택에 영향을 줄 수 있는가?

친구와 선생님, 코치, 진로상담자는 모두 청소년의 직업 결정에 영향을 줄 수 있다. 격려를 하든, 단념을 시키든 간에 그러한 사람들은 강하고 지속적인 영향력을 발휘할 수 있다.

로에게 긍정적으로 영향을 줄 수 있음을 발견하였다.

학교 교직원

학교의 교직원은 어느 정도까지 청소년의 교육계획에 영향을 주는가? 일부 사례에서, 그들은 상당히 많은 영향력을 지니고 있다. 예를 들어 학생의 멘토(mentor)인 교사나 코치는 직업에 대한 정보와 조언을 제공할 수 있다. 때로 학생과 교사의 개인적 연결은 그가 자신의 선생님을 모방하고 싶게 만들며, 새로운 직업 흥미가 생겨나기도 한다. 그러한 사람들로부터의 격려와 칭찬은 학생들에게 자기효능감과 특정 과목에 대한 유능감을 제공할 수 있고, 관련된 직업의 가능성을 열어 준다.

역으로, 우리 모두는 그 반대의 경험을 가졌던 학생들을 알고 있다. 학생들은 어떤 교사에게 너무 지루함을 느끼거나 무서워서 그 교사가 가르치는 영역과 관계된 수업들을 더 이상 듣지 않는다. 예를 들어 고등학교의 몇몇 소녀들은 노골적인 성차별주의자였던 수학 교사에 의해 위협받았기 때문에 상위 수준의 수학 과목들을 더 이상 수강하지 않았다. 그 교사는 소녀들이 너무나 어리석다고 느끼고 자의식적이 되도록 만들어서 그 학생들은 자신이 수학을 할 수 없다고 확신하였다. 그 소녀들이 수학과 조금이라도 관련된 화학이나 물리학 같은 다른 과목들에 대해서도 수강하기를 계속 거부한다면, 그들은 과학 쪽 직업을 선택하지 않게 될 것이다. 분명히, 기를 죽이는 것은 격려만큼 강력한 도구가 될 수 있다.

교사, 코치, 진로상담자는 학생들이 자신의 기술과 능력에 대해 현실적인 평가를 할 수 있도록 도울 수 있다(또는 방해할 수 있다!). 이러한 학교 교직원들은 자신

의 전문 분야와 관련된 다양한 직업들에 필요한 기술의 종류에 대해 지식을 갖고 있을 것이다. 따라서 그들은 학생들의 초기 목표가 실현 가능하지 않다면 대안적인 관련된 목표들을 학생들이 세울 수 있도록 도울 수 있다. 예를 들어 심리학의 경우, 학생들은 도움을 주는 전문직에 해당하는 직업의 종류들에 대해 배워야 한다. 대부분의 학생들은 잘 알지 못하지만, 도움이 필요한 사람들과 일을 하기 위한 많은 대안적 경로들이 있다. 이러한 학생들에게 그들이 궁극적으로 직업을 구할 수 있도록 그들의 이력서를 어떻게 만들어 갈 것인지에 대해 조언을 해 주는 것은 대학교 지도교수 업무의 상당히 큰 부분이며, 유쾌한 일이다. 대부분의 대학들은 이런 종류의 도움을 제공하는 경력센터를 두고 있다.

성역할과 직업 선택

청소년은 남성, 여성이 해야 하는 일의 유형에 대해 사회적 기대의 영향을 크게 받는다(Jozefowicz, Barber, & Mollasis, 1994). 여성들은 전통적으로 교사, 간호사, 비서, 사서, 웨이트리스 같은 좁은 범위의 직업을 갖도록 유도되었다. 미국의 경우, 2002년 현재 변호사의 29%, 내과의사와 외과 의사의 29%만이 여성이었다(U.S. Bureau of Labor Statistics, 2005).

왜 여성들이 많은 고수입 전문직을 더 적게 갖게 되는지를 설명하기 위한 노력으로 세 가지 장벽이 확인되었다(Fiorentine, 1988) : **구조적 장벽**(structural barriers), **규준적 장벽**(normative barriers), 그리고 인지적 차이가 그 예이다. **구조적 장벽**은 여성의 직업 성공에 외적으로 부과되는 제한으로 성차별화에서 생겨난다. 어떤 회사들은 중요한 직업에 여성을 고용하기를 거부하며, 그들이 자신의 일에서 잘한다고 해도 승진을 시켜 주지 않고, 남성 고용인에게 허용되는 보너스를 주지 않는다.

규준적 장벽은 소녀들이 여성스럽게 되도록 사회화되는 것에서 생겨나는데, 대부분의 경우 어머니가 되는 것을 가치 있게 생각하고 인생에서 사람들과의 관계를 매우 중요하게 생각하는 것을 포함한다. 이러한 목표들은 여성들이 높은 권력을 지닌 직업을 멀리하게 만들 수 있는데, 사무실에서 하루에 10시간을 일하면서 아이

들을 돌보는 것은 너무 어려운 일이기 때문이다. 마찬가지로, 많은 여성들은 남편의 직업이 먼저라고 믿으며, 따라서 그들 자신의 직업 전망에 해가 될 수 있는 결정을 내린다.

여성의 직업적 성공에 대한 세 번째 장벽인 **인지적 차이**는 여성들이 남성들과는 다르기 때문에 경영자나 다른 고위 직급을 갖지 못한다는 것을 의미한다. 구체적으로, 여성들은 어떤 영역에서 덜 능력이 있거나, 기업체 지위서열의 상층부로 오르거나, 중요한 과학적 발견을 하기 위해 필요한 성질들(예 : 자기주장성)을 갖고 있지 않다고 전제된다. 이러한 견해들이 절망스러울 정도로 구식이긴 하지만, 하버드 대학교의 총장이었던 Larry Summers를 생각해 보라. 그는 2006년 여름, 여성들이 최고의 과학자가 되기에는 인지적 능력이 부족하

청소년들은 어떤 종류의 일이 여자와 남자가 해야 하는 일인지에 대한 사회적 기대에 의해 강하게 영향을 받는다. 이는 왜 여자 유치원 교사들은 많지만 여자 건설 인부들은 거의 없는지를 부분적으로 설명한다.

다는 것이 가능한 일임을 믿는다고 말한 후에 강제로 사임되었다.

줄어들고는 있지만, 이러한 구조적, 규준적 장벽들은 고등학교와 대학교의 소녀들에게 역시 영향을 미친다. 소녀들이 이러한 장벽들을 알고 있거나 (실제로 존재하지 않음에도) 존재한다고 믿는다면, 많은 소녀들이 어렵게 느껴지는 직업경로는 피하게 될 것이다. 대부분의 여자 고등학생과 대학생들은 은퇴할 때까지 일을 하고 싶다고 말하지만, 대부분은 결혼을 하고 아이를 가질 것이라고 말한다(Phillips & Imhoff, 1997). 자녀를 돌보는 책임이 남성보다는 여성에게 훨씬 더 많이 부여되므

로, 대부분의 경우, 여자 청소년들은 남자 청소년들보다 자신의 직업계획에 있어 양육의 책임을 더 중요하게 생각하게 될 것이고, 아마도 많은 시간을 할애해야 하는 직업이나 업무시간이 일정하지 않은 직업들은 고려하지 않을 것이다.

인지적 차이에 관련하여, 지능에서는 아무런 유의한 성차가 없다. 유사하게, 성취, 동기, 자신감 같은 다른 잠재적 차이들 역시 대부분의 경우 개인이 과제를 어떻게 지각하는가에 달려 있다. 소년, 소녀 모두 주어진 과제가 자신의 성에 적합하다고 믿을 때 성공하기 위해 동기화된다. 소년, 소녀 모두 과제가 자신의 성에 적합

Research Highlight　　여성 과학자들이 소수인 이유

과학자가 되는 길은 일찍 시작되며, 늦어도 고등학교에 다닐 때는 시작된다. 과학 분야에서 직업을 추구하기 위해 학생들은 적합한 과목들을 수강함으로써 과학을 하는 방법을 배워야 한다. 여자 아이들은 초등학교 동안 수학과 과학 과목에서 남자 아이들과 비슷하거나 더 좋은 점수를 받으며 순조롭게 시작한다. 이는 중학교 때 변하기 시작하는데, 물론 이 시점에서의 차이는 작다(American Association of University Women, 1992). 남자 아이들은 이 기간 동안 과학활동을 하는 데 더 많은 시간을 보내고(Lee & Burkam, 1996). 고등학교에 들어서면서 과학에 대해 여자 아이들보다 더욱 긍정적인 태도를 갖게 된다(Weinburgh, 1995). 여자 아이들은 과학 과목의 수강을 결정할 때 물리학과 화학은 피하고 스스로를 생물학에 제한하는 경향이 있다.

이러한 경향은 대학에서도 계속된다. 미국 내 학사 학위의 54%가 여성의 차지임에도 불구하고, 여성은 수학 학위의 47%, 화학 학위의 41%, 물리학 학위의 17%만을 받고 있는 실정이다(National Science Foundation, 1996). 또한 공학과 자연과학 분야의 대학원 학위 중 10% 미만이 여성에게 수여되고 있다(Betz & Schilano, 1999). 과학에서 손을 떼는 대부분의 고등학교, 대학교 여성의 배경은 그들이 과학에서 성공할 수 있는 능력을 가지고 있음을 보여 준다. 그들에게 부족한 것은 열망이다(Ware & Lee, 1988).

여자 아이들이 과학을 피하는 이유는 무엇일까? 성차별과 타인으로부터의 기죽임을 포함한 많은 요인들이 이에 기여한다. 과학을 하려고 계획 중인 여자 아이들은 무엇보다 먼저 그 주제에 흥미를 느끼기도 하지만, 또한 좋은 성적, 친구들의 지지, 과외활동 경험, 격려해 주는 엄마와 같은 이에 대한 긍정적인 내력도 가지고 있다(Jacobs, Finken, Griffen, & Wright, 1998). 과학을 멀리하는 여자 아이들은 이러한 지지를 가지고 있지 않다. 게다가 그들은 스스로를 '과학자'나 '과학 학도'와 다르다고 인식한다(Lee, 1998). 또한 직업이 그들의 자아상과 맞지 않는

데, 왜냐하면 보통 이 분야는 남성적인 것으로 인지되기 때문이다.

게다가 많은 젊은 여성들이 동료들과 따뜻한 상호작용을 하고 타인을 돕는 직업을 원하기 때문에 과학관련 직업은 그들에게 적합하지 않다고 생각한다. 여성들은 일반적으로 과학관련 직업이 이러한 가치들에 있어 도움이 되는 것으로 지각하지 않고, 그러므로 흥미를 덜 갖는다. 남성들은 이러한 속성에 더 적은 가치를 두기 때문에 과학에 더욱 이끌리게 되는 것이다(Morgan, Isaac, & Sansone, 2001).

더욱이 여자 아이들은 Holland의 현실적 성격 유형에서 남자 아이들보다 더 낮은 점수를 받는 경향이 있다. 현실적 성격을 가진 사람들은 사물을 만지작거리고, 손을 사용하고, 물건 고치는 것을 좋아한다. 이러한 사람들은 자연스럽게 공학과 자연과학의 직업 쪽으로 끌리는 경향이 있다. 여자 아이가 기계적 물체와 손으로 조작하는 활동들에 흥미를 보인다 해도, 그들은 종종 **남자 아이들보다 그런 일들에서 덜 유능하다고 느낀다.**

Betz와 Schilano(1999)는 기계적 사물들에 관한 젊은 여성들의 낮은 자기효능감을 끌어 올리는 것이 가능하다는 것을 증명했다. 그들은 Bandura(1977)의 4단계 사회학습모델을 기초로 한 7시간 길이의 개입 방법을 고안하였다. 3회기 동안 여대생들은 다양한 도구를 사용하고 청사진을 읽는 법을 보게 된다. 그들에게는 장비를 갖춘 과제가 주어졌고, 과제에 성공하도록 코치를 받았다. 그들은 격려를 받았고, 그들의 노력에 대해 보상을 받았다. 그리고 그들은 이완법과 불안을 감소할 수 있는 기술을 연습했다. 개입의 끝에 이르자, 여성들은 기계적으로 더 유능하다고 느끼게 되었다.

이 연구는 심지어 비교적 단기의 개입도 여성의 직업 선택을 제한하는 부정적인 감정의 일부를 제거할 수 있다는 것을 증명했다. 만일 이러한 종류의 활동들이 격려와 탐구 기회, 여성 역할 모델과 함께 제시된다면, 더 많은 여성들이 과학관련 직업을 선택하게 될 것이다.

알고 싶은 것

> **오늘날 여성과 남성은 취업에 있어 동등한 기회를 갖는가?**
>
> 상황이 점진적으로 개선되고 있다고는 해도, 상당수의 직업은 여전히 남성보다는 여성에게 덜 열려 있다. 구조적 장벽은 여성을 높은 지위로 승진시키지 않는 것과 같은 다양한 종류의 성적 차별을 포함한다. 규준적인 장벽 또한 아직 존재한다. 여성은 가족에 대한 많은 책임을 어깨에 짊어지고 있으며, 결국 많은 여성들이 일의 강도가 높고 많은 시간을 요구하는 직업들을 피하게 된다.

하다고 지각할 때 자신의 능력에 훨씬 자신감을 느낀다. 이처럼 인지적 차이는 생물학적 성에 내재된 것이 아니라 사회적 성 고정관념(gender stereotypes)에서 생겨난다(Brannon, 1999).

어렸을 때 소녀들은 소년들보다 훨씬 더 우수한 학생들이기 때문에, 초기에는 소녀들이 소년들보다 더 높은 직업포부를 갖는다(Mau & Bikos, 2000). 그러나 고등학교 이후에 소녀들의 직업포부는 떨어지고, 더 전통적이고 덜 훌륭한 것이 된다. 많은 젊은 여성들이 궁극적으로 자신의 재능과 능력을 충분히 활용하지 않는 직업

을 선택한다(O'Brien, Friedman, Tipton, & Linn, 2000). 사회화, 역할기대, (실제적이든 자신이 그렇게 지각한 것이든) 차별, 그리고 서로 다른 흥미는 이러한 직업포부의 저하에 기여한다.

직업 선택의 다른 결정 요인

정신적 능력은 몇 가지 측면에서 직업 선택에 중요한 것으로 알려져 왔다.

지능

첫째, 지능은 개인의 의사결정능력과 관련 있음이 연구 결과에 나타났다. 현명한 청소년은 자신의 지적 능력, 흥미, 자질, 그리고 훈련을 받을 수 있는 기회에 부합하는 직업 결정을 할 가능성이 높다. 덜 현명한 청소년은 비현실적인 결정을 할 가능성이 높다. 그들은 자신이 자격을 갖추지 않았거나 심지어 명성 외에는 흥미도 없는 화려하거나 유명한 직업을 더 자주 선택한다. 그들은 자신이 할 수 있는 어떤 것보다 자신이 생각하기에 부모가 원하는 어떤 것이나 혹은 또래들이 괜찮다고 생각하는 어떤 것을 더 자주 선택한다.

둘째, 지능은 포부 수준과 관련이 있음이 나타났다. 우월한 학업능력과 수행을 보여 주는 학생들은 더 낮은

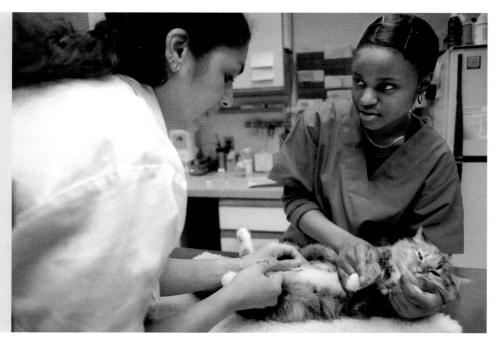

여자 청소년들은 남자 청소년들에 비해 과학과 관련된 직업에 덜 흥미를 갖는데, 이는 상당 부분 과학 쪽 일을 하는 것이 남성적인 시도라고 지각되기 때문이다.

능력으로 할 수 있는 일보다는 더 높은 능력으로 할 수 있는 일을 선택하려는 포부를 가지는 경향이 있다.

셋째, 지능은 주어진 직업에서 성공하거나 혹은 실패하는 개인의 능력과 관련이 있다. 그러므로 직업상담자는 내담 학생의 직업적 자격 요건을 평가할 때 지능 수준을 보통 먼저 측정한다. 왜냐하면 어떤 직업은 다른 직업에 비해 더 높은 능력을 요구하기 때문이다. 그러나 높은 IQ가 직업적 성공을 보장하는 것은 결코 아니며, 낮은 IQ가 실패의 예측 인자가 되는 것도 아니다. 흥미, 동기, 그 외의 능력들, 그리고 다양한 성격 특성들이 지능과 마찬가지로 성공을 결정한다. 개인의 지능과 관계되는 한, 높은 IQ는 성공할 자질을 갖추고 있음을 보여 줄 뿐이다. 그러므로 실제적인 성취 또한 고려되어야 한다. 똑똑하고 성취 수준이 높은 학생은 똑똑하지만 성취 수준이 낮은 학생보다 공부 습관, 포부 수준, 전문적으로 지향된 직업기대 면에서 우수하다. 높은 동기와 근면성, 진지함을 갖춘 평범한 능력의 개인이 예상 외로 큰 성과를 올리고 더 똑똑한 사람을 훨씬 앞지르기도 하는 반면, 무관심하고 빈약한 동기를 가진 똑똑한 개인이 직업에서 실패할 수도 있다.

게다가 다양한 직업들에 맞는 IQ 수준은 어디에서 시작해야 하는가? 실제로 다양한 직업을 지닌 사람들의 IQ 검사결과는 대단히 중복된다. 당신이 광부, 혹은 회계사, 의사가 되려면 얼마나 '똑똑' 해야 할까? 의사, 교사, 엔지니어, 혹은 회사의 경영진들 중에는 IQ 검사결과가 그들 직업의 평균을 훨씬 밑도는 사람도 있다.

교육기관들은 학생들을 선별하는 합격선을 결정할 때 딜레마에 빠진다. 비록 SAT 점수가 어떤 집단 학생의 성공 혹은 실패 가능성을 예측하는 데 도움을 주기는 하지만, 한 개인에 대한 확실한 지표는 아니다. 상담자는 정신적 능력만을 근거로 성공이나 실패를 예측해야 할 때 검사결과 해석에 특히 신중을 기해야 한다. 만약 현재 전문 분야에서 이미 성공한 많은 전문가들이 요즘 시행되고 있는 대학입학시험에 합격해야만 한다면, 아마 다수의 전문가가 입학 허가를 받지 못할 것이다.

적성과 특수능력

다양한 직업들은 서로 다른 적성과 특수한 능력을 요구한다. 예를 들어 어떤 직업은 체력을, 어떤 직업은 속도를, 또 어떤 직업은 눈과 손의 뛰어난 협응능력 또는 우수한 공간적 지각능력을 요구한다. 어떤 직업은 예술적, 음악적, 혹은 언어적 기술 같은 특수한 재능을 요구한다. 어떤 분야는 창의성, 독창성, 자율성을 요구하는데 반해 어떤 분야는 순응, 협동, 지시를 잘 따르는 능력을 요구한다. 요약하면, 어떤 적성의 소유 혹은 결여는 즉각적인 직업적 성공이나 훈련과 경험을 통한 성공 가능성의 결정 요인이 될 수 있다. 과학 기술의 발달이 갈수록 특수한 훈련과 능력을 요구하는 것은 분명한 것 같다.

그러나 적성의 측정은 정밀과학은 아니기 때문에 특정 직업에서 누가 성공할 가능성이 가장 높은지를 매번 정확히 결정할 수 있는 것은 아니다. 사용된 검사 자체의 결함이 통상적으로 존재하기 때문이다. 적성검사에 지나치게 의존하기 전에, 상담자와 학생은 사용할 검사 도구가 측정할 적성에 대한 타당한 검사 도구인지를 먼저 확인해야 한다.

흥미

흥미는 직업적 성공에 중요하다고 고려되는 또 다른 요인이다. 자신의 일에 대해 흥미가 많은 사람일수록 성공할 가능성이 높다. 다시 말해 그들의 흥미가 어떤 분야에서 이미 성공한 사람들과 더 많이 유사할수록—다른 모든 조건들이 동등하다고 한다면—그들 역시 그 분야에서 성공할 가능성이 크다. 직업흥미검사는 이러한 후자의 원리에 기초하고 있다. 즉 성공 가능성을 예측하기 위해 그 분야에서 이미 성공한 사람들의 흥미들과 유사한 흥미들의 군집을 측정한다. 그리하여 개인은 가장 흥미가 많은 분야의 직업을 고려해 보라는 조언을 듣게 된다.

지능, 능력, 기회, 그리고 기타 요인들은 어떤 분야에서의 성공에 대한 흥미와 관련이 있어야 한다(Prediger & Brandt, 1991). **Strong 직업흥미검사**(Strong Vocational Interest Blank; Strong, 1943)의 요인 분석에 따르면, 흥미는 그 수준에 의해 일정한 등급으로 다시 나뉘고 묶일 수 있다. 예를 들어 전문적-과학적(professional-scientific), 전문적-기술적(professional-technical), 그리

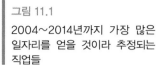

그림 11.1
2004~2014년까지 가장 많은
일자리를 얻을 것이라 추정되는
직업들
출처 : Hecker(2005).

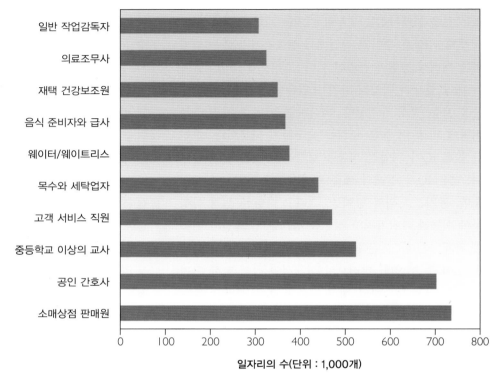

고 준전문적-기술적(subprofessional-technical) 집단 등의 구분이 있을 수 있다. 흥미는 직업 선택의 영역과 수준 양쪽 모두와 관련이 있다. 능력에 기초한 흥미는 주로 명성과 그 집단의 가치에 의해 영향을 받은 흥미보다 더 강력하고 현실적이다. 그러나 흥미와 적성 간에는 단지 낮은 상관이 있을 뿐이다.

직업기회

흥미가 있다는 것이 그 직업을 구하기가 쉽다는 것을 의미하지는 않는다. 농장일 같은 고용 분야는 점점 작아지고 있는 반면에, 사무직은 점점 늘어나고 있다. 또한 화이트칼라와 서비스 직종으로의 이동이 계속 이어지고 있다. 이것은 청소년이 흥미에 의해 통제될 뿐만 아니라 자신의 흥미를 통제할 필요가 있다는 것을 의미한다. 왜냐하면 흥미와 취업 가능성은 동의어가 아니기 때문이다(Mitchell, 1988).

다양한 직업에서 취업기회는 어느 정도일까? 그림 11.1은 선택된 몇몇 직업들의 2004~2014년까지의 증

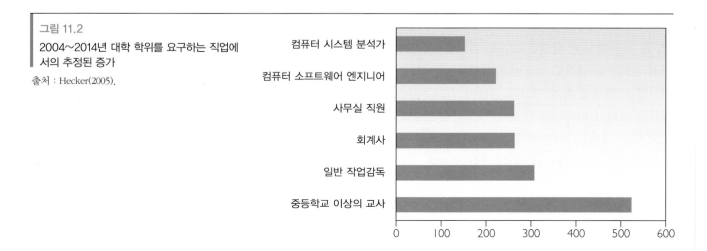

그림 11.2
2004~2014년 대학 학위를 요구하는 직업에서의 추정된 증가
출처 : Hecker(2005).

표 11.2 2005년 학사 학위 졸업생의 평균 초봉

분야	평균 초봉(달러)
회계	52,741
전기공학자	51,888
컴퓨터 과학자	50,820
화학자	32,500
광고	31,340
교사	30,496
산림감독관	27,950
경제학자	24,667

출처 : Occupational Outlook Handbook, U.S. Bureau of Labor Statistics(2006).

가를 추정한 것이다(Hecker, 2005). 고용기회가 가장 많은 직업들은 (높은 순서대로) 소매상점 판매원, 공인 간호사, 중등학교 이상의 교사, 고객 서비스 직원, 목수, 웨이터/웨이트리스, 음식 준비하는 사람들(예 : 패스트푸드점 직원), 재택 건강보조원, 의료조무사, 일반 작업감독이다. 분명, 이러한 직업 대부분은 학사 학위를 요구하지 않는다. 그림 11.2는 대학 학위를 필요로 하고, 2014년까지 가장 많은 고용기회가 있다고 추정되는 직업의 목록을 제시하고 있다. 중등학교 이상의 교사, 일반 작업감독, 그리고 회계사가 목록의 선두를 차지하고 있다.

봉급

직업 선택에 영향을 미치는 한 요인은 기대할 수 있는 봉급이다. 물론 봉급은 직업에 따라 매우 다양하며, 보수에서 지역차가 있기도 하다.

명성

일부 청소년들은 단순히 어떤 직업이 화려해 보이거나 명성이 높기 때문에 그 직업을 원한다. 미국 문화에는 직업가치에 관해 일반적으로 수용되는 적어도 다섯 개의 가정이 있다 : (1) 화이트칼라 직종이 더 우월하다. (2) 자기고용(self-employment)이 더 우월하다. (3) '깨끗한' 직업이 더 우월하다. (4) 사업의 중요한 정도는 그 사업의 규모에 달려 있다. (5) 개인 서비스 직종은 품위가 떨어진다(즉 개인을 위해 일하는 것보다는 같은

일을 해도 대규모의 기업에 취업하는 게 더 낫다).

가치를 분류하는 또 다른 방법은 세 가지 주요 가치 단위로 묶는 것으로, 인간 지향적(people oriented), 외적 보상 지향적(extrinsic reward oriented), 그리고 자기표현 지향적(self-expression oriented)의 세 가지이다. 직업 선택은 개인에게 어떤 가치가 더 중요한가에 부분적으로 달려 있을 것이다. 공동체의 가치 역시 청소년들에게 영향을 미친다. 청소년들은 가장 높은 명성과 지위를 가졌다고 생각되는 직업을 낮은 명성과 지위의 직업보다 더 선호한다.

사회경제적 요인

친숙성

사회경제적 지위(SES)는 청소년의 다양한 직업에 대한 지식과 이해에 영향을 주는 경향이 있다. 중류 계층의 부모들은 사회경제적 지위가 낮은 계층의 부모들보다 광범위한 직업에 대한 흥미와 자신이 속한 지역사회를 넘어서는 직업기회에 대한 인식을 발달시킬 수 있다. 낮은 사회경제적 계층의 청소년들은 높은 사회경제적 계층의 청소년보다 일반적으로 덜 보고, 덜 읽고, 정보를 덜 듣고, 환경적인 다양성을 대체로 덜 경험했으며, 더 적은 기회를 가지고 있다. 결과적으로, 낮은 사회경제적 지위의 청소년들은 노동시장에 들어간 바로 그 시점에 자신이 알고 있는 직업들만을 선택하려는 경향이

있다. 청소년의 사회경제적, 문화적 배경은 그들의 직업정보와 직업선호에 영향을 준다(Weinger, 2000).

사회계층과 포부

중류층 청소년들은 더 낮은 계층의 청소년에 비해 높은 지위의 직업을 선택하는 경향이 있다. 이러한 현상의 원인에 대한 많은 연구가 있다. 어떤 지위를 열망하는 것과 실제적인 성취를 기대하는 것과는 다른 문제이다. 빈곤층 청소년들은 중류 계층 청소년들에 비해 스스로가 성취할 수 있다고 기대하지 않는 직업들을 더 자주 원한다. 그러나 더 낮은 사회경제적 계층의 청소년들은 목표에 도달할 가능성이 희박하다는 것을 인식하면서 자신의 포부 수준을 낮춘다. 물론, 진로상담자, 교사, 부모, 혹은 그 밖의 사람들이 낮은 계층의 청소년들이 고수입 직종을 시도하도록 설득할 수 있다. 그들이 열심히 공부하고 자신이 선택한 직업 분야에서 성공하기 위해 필요한 기초 기술들을 제공받는다면 성공할 수 있다.

직업포부에 영향을 주는 또 다른 요인은 학업능력과 사회경제적 지위의 상관관계이다. 사회경제적 지위가 높을수록 학업수행의 수준이 더 높고, 학업수행을 더 잘할수록 더 명성 있는 직업을 열망한다(예 : Watson, Quatman, & Edler, 2002). 학생들은 분명히 자신의 높은 학업능력이 명성 있는 직업에의 접근을 더 용이하게

하리라고 생각한다. 그러므로 직업포부는 사회계층과 학업능력 양쪽 모두와 관련이 있다.

인종/민족성과 포부

인종(race)과 민족성(ethnicity)을 사회경제적 계층과는 별개의 문제로 따로 떼어 놓고 생각할 때, 인종이나 민족성 단독으로 직업포부의 결정 요인이 될 수 있다는 증거는 거의 없다(Fouad & Byars-Winston, 2005). 그러나 낮은 사회경제적 계층의 백인 청소년이 그런 것처럼, 낮은 사회경제적 계층의 흑인 청소년은 낮은 직업포부를 가지고 있다. 포부와 상관없이, 청소년은 성인보다 더 적은 취업기회를 가지며 흑인은 백인보다 더 적은 기회를 가진다. 그리고 청소년과 흑인들은 그것을 알고 있다(Gloria & Hird, 1999).

어떤 연구들은 아시아계 미국인들과 백인 미국인들이 직업포부에서 차이가 있음을 발견했다. 아시아계 미국인들은 백인 미국인들에 비해 외적이고 안정적인 직업가치 요소(예 : 돈을 더 많이 벌고, 안정적이며, 명망 있고, 안전한 미래를 보장하는 것)에 더 중점을 둔다(Leung, Ivey, Susuki, 1994). 이러한 효과는 아시아계 미국 남성들보다 아시아계 미국 여성들에게 훨씬 더 뚜렷하다(Song & Glick, 2004).

권장도서

Barling, J., and Kelloway, E. K. (Eds.). (1999). *Young Workers: Varieties of Experience.* Washington, DC: American Psychological Association.

Bonilla, D. M. (2000). *School Violence.* New York: H. W. Wilson.

Csikszentmihalyi, M., and Schneider, B. (2000). *Becoming Adult: How Teenagers Prepare for the World of Work.* New York: Basic Books.

Harris, S. (2006). *Best Practices of Award-Winning Secondary School Principals.* Thousand Oaks, CA:

Corwin Press.

Howard, C. M., and Ill, P. J. (2003). *Career Pathways: Preparing Students for Life.* Thousand Oaks, CA: Sage.

Jackson, A. W., and Davis, G. A. (2000). *Turning Points 2000: Educating Adolescents in the Twenty-First Century.* New York: Teacher's College Press.

Jacobsen, M. H. (1999). *Hand-Me-Down Dreams: How Families Influence Our Career Paths and How We Can Reclaim Them.* Bourbon, IN: Harmony

Books.

Krovetz, M. L., and Gilberto, A. (2006). *Collaborative Teacher Leadership: How Teachers Can Foster Equitable Schools.* Thousand Oaks, CA: Corwin Press.

Lee, V. E., and Smith, J. (2001). *Restructuring High Schools for Equity and Excellence: What Works.* New York: Teacher's College Press.

San Antonio, D. M. (2004). *Adolescent Lives in Transition: How Social Class Influences the Adjustment to Middle School.* Albany: State University of New York Press.

Siegel, S. (Ed.) (2003). *Career Ladders: Transitions from High School to Adult Life.* Austin, TX: Pro-Ed.

Youniss, J., and Yates, M. (1997). *Community Service and Social Responsibility in Youth.* Chicago: University of Chicago Press.

알고 싶은 것

▶ 가출 청소년들은 대부분 집으로 돌아가지 않는가?

▶ 청소년들이 가출을 하는 이유는 무엇인가?

▶ 자살 시도는 누가 더 많이 하는가? 남자 청소년인가, 여자 청소년인가?

▶ 청소년을 자살의 위험으로 내모는 요인은 무엇인가?

▶ 청소년 범죄는 증가하는가 감소하는가?

▶ 소녀들은 청소년 폭력조직 내에서 어떻게 참여하고 있는가?

▶ 법을 어기고 체포된 십대들에게는 어떤 일이 일어나는가?

▶ 청소년 범죄율을 줄이기 위해서는 어떤 것을 시행할 수 있는가?

정서적으로 격앙된 청소년들은 때때로 무단결석, 난폭한 행동, 위험한 성행위, 절도, 폭행, 강간, 심지어는 자신이나 남의 목숨을 앗아가는 파괴적인 행동 등 다양한 행태로 억눌린 정서를 표출한다. 대부분의 경우, 그런 청소년들은 친구, 가족, 학교로부터 소외감을 느낀다. 그들은 청소년 및 성인 사회의 주류에 속하여 기능하지 못한다. 비행 청소년들이 보이는 이러한 행위는 사회적으로 승인될 만한 방식으로 적절히 다루기 어려운 내면의 소외감을 표현하는 방식이다(Calabrese & Adams, 1990).

이 장에서는 혼란스러운 행동 표출(acting-out)의 세 가지 발현 형태를 다룰 것인데, 가출, 자살 및 청소년 비행이 그것들이다. 비록 이러한 문제들이 서로 다르기는 하지만, 근원적으로는 여러 가지 동일한 원인들에서 비롯된다. 청소년들의 혼란감이 다양하게 표출되더라도 그러한 문제들의 원인은 동일하다고 보는 인식이 증가하고 있다. 게다가 약물 남용, 임신, 비행, 자살, 자퇴와 같은 청소년의 문제 행동들은 군집화되는 경향이 있다. 즉 문제가 되는 행동들 중 한 가지에라도 관여한 십대들은 다른 여러 문제들을 저지르는 경향이 있다(Lindberg, Boggess, Porter, & Williams, 2000; Ozer Pack, Paul, Brindis, & Irwin, 2003)

군집화는 분리된 두 가지 원인으로부터 생긴다. 첫 번째 이유는 일반적인 원인이다. 가족으로부터 버림받거나, 일탈한 친구들과 만나거나, 가난하거나, 학교생활에 실패하는 등 모든 원인들이 수많은 문제 행동에 기여한다. 군집화의 두 번째 원인은 한 가지 문제가 직접적으로 또 다른 문제를 일으킬 수 있다는 것이다. 예를 들어 청소년들은 가출에 의해서 유발된 스트레스로 인해 약물 남용, 위험한 성행위 및 범죄 행위를 하게 된다.

가출

미국에서 가출하는 청소년의 수는 매년 100~200만 명 가량으로 추정되고 있고(Hammer, Finkelh, & Sedlak, 2002), 7명의 청소년 중 1명은 자신의 18세 생일 이전에 적어도 한 번은 가출을 하는 것으로 추정된다(Sedlak, Finkelhor, Hammer, & Schultz, 2002). 한부모

알고 싶은 것

▶ **가출 청소년들은 대부분 집으로 돌아가지 않는가?**

아니다. 그들 중 약 반 정도는 하루 혹은 이틀 정도 동안 가출해서 친구나 친척 집에서 지낸다. 오랜 기간 동안 집을 나가는, 보다 계획적인 가출을 하는 대부분의 청소년들도 결국에는 집으로 돌아온다.

가정에서 태어난 청소년들은 부모가 모두 있는 가정에서 태어난 청소년들보다 더 많은 가출을 하는 것으로 보인다(Finkelhor, Hotaling, & Sedlak, 1990). 극소수의 가출 청소년들은 입양 가정, 수용 시설(group homes) 및 거주 치료 시설(residential treatment facilities)에서 가출하고 있다.

대부분의 가출 청소년들은 15세 이상이지만, 그중 9%는 16세 미만이다(Unger Simon, Newman, Montgomery, Kipke, & Albornoz, 1998). 이러한 어린 십대들은 거리에서 집 없는 생활을 하는 것이 얼마나 힘든지를 경험하게 되는데, 연령이 더 많은 청소년들보다도 훨씬 더 그렇다. 어린 십대들은 나이 든 십대들보다 몸집이 작기 때문에 특히 희생당하기 쉬울 뿐 아니라 합법적인 일자리를 찾는 것도 불가능하다. 그들은 부모에게 다시 돌아갈 일을 두려워하기 때문에 사회적 서비스(쉼터, 극빈자들을 위한 식량 저장소 등)를 이용하려고도 하지 않는다.

가출의 유형

가출하게 되는 수많은 원인이나 청소년들이 집을 떠나는 동기에 기반하여 가출을 여러 유형으로 구분할 수 있다. 하지만 두 가지 주요한 분류가 있는데, 그것은 계획된 가출과 일시적인 가출이다. 계획된 가출을 하는 청소년들은 마음먹고 집을 나온 것이다. 그들은 만약 영원할 수 없다면 가능한 긴 시간 동안 멀리 떠나 있고 싶어 한다. 일시적인 가출은 순간적인 충동으로 집을 나오는 경우이며, 몇 시간 혹은 하루나 이틀 이상 떠나 있으려고 의도한 것이 아니다. 이러한 청소년들은 종종 두려움이나 충동 때문에 가출한다. 그들은 부모님들이

학교 성적이 나쁘다거나 귀가 시간을 어겼다는 이유로 자신들을 때릴 거라고 생각하고 집으로 돌아가기를 두려워한다. 또 다른 십대들은 자신들이 하려고 하는 것을 허락받지 못했거나 벌을 받았음에 분개한다.

이러한 두 가지 집단을 구별하는 것은 가치 있는 일인데, 그 이유는 모든 가출 청소년들의 절반—일시적인 가출—은 이틀 이내에 집으로 다시 돌아가기 때문이다(Finkelhor, Hotaling, & Sedlak, 1990). 대부분의 아이들은 대개 친구나 친척 집으로 가기 때문에 부모들은 그들이 어디 있는지 알고 있다(Snyder & Sickmund, 1995). 한 청소년이 단기간이라고 해도 가출을 했다면 가족 역동이 그리 긍정적이라고 말할 수는 없을 것이다. 그러한 행위는 보다 더 심각한 문제가 닥칠 수 있다는 초기 경고가 될 가능성이 있다. 그래도, 일시적인 가출은 돌아오겠다는 계획이 없는 계획된 가출에 비해 훨씬 덜 심각하고 덜 위험한 행동이다.

가출의 원인

Rotheram-Borus, Parra, Cantwell, Gwadz와 Murphy (1996)는 청소년들이 가출하는 이유 여섯 가지를 파악하였는데, 그것들은 다음과 같다.

1. 부모의 갑작스런 죽음이나 이혼으로 인해 버림받음.
2. 부모가 쫓아냄.
3. 부모가 자녀의 동성애적 행위에 대처할 수 없음.
4. 부모로부터 성적 학대를 받은 후 집을 떠남.
5. 약물 남용의 문제로 인해 집을 나오거나 버려짐.
6. 오랫동안 지속된 정신건강 문제로 인해 집을 나오거나 버려짐.

계획된 가출과 관련된 모든 배경 원인들 중에서 역기능적인 가정환경은 집을 떠나게 만드는 핵심적인 요인이다. 그들은 부모로부터 성적 혹은 신체적으로 학대당하거나, 유기되고, 거부당했던 과거력을 가지고 있다. 그들의 부모들은 끊임없이 싸우고 종종 약물을 남용하기도 한다(Baron, 1999; Terrell, 1997). 한 보고서에서는 가출한 청소년들의 70%가 어떤 방식으로든 학대를 받았었다는 사실을 제시하였다(Jencks, 1994).

그러므로 대부분의 청소년들은 그들의 가정으로부터 쫓겨난다. 그들은 참을 수 없다고 생각되는 상황으로부터 도망친다. 계획된 가출을 하는 대부분의 청소년들은 자신들의 가정 상황을 바로잡으려고 노력했지만 그러한 시도가 소용없었다고 말한다(Schaffner, 1998). 또 다른 십대들은 **버림받은** 아이들, 즉 부모들이 집을 떠나도록 적극적으로 부추기거나 실제로 유기한다(Gullotta, 2003). 단지 상대적으로 적은 수의 청소년들만이 길거리에서의 삶에 대한 매력적인 환상을 가지고 가출한다.

가출 소녀들은 일반적으로 자신의 부모의 행동이 보다 통제적이고 처벌적이라고 지각하는 반면, 많은 가출 소년들에게서는 부모가 과잉 통제한다는 것이 잘 보고되지 않으며 오히려 또래집단과 같은 외적인 압력이 가출을 유발하는 원인으로 기능하는 것으로 보인다. 따라서 소년들에 있어서는 부모의 통제 수준이 낮을 경우에 가출할 기회를 허용하게 되는 셈이다. 가출 청소년의 부모들 중 많은 사람들이 자신의 문제에 너무나 몰두해 있어 자녀들을 돌아볼 시간이 거의 없다. 그러한 상황에서 청소년들은 집에 있고 싶지 않다고 보고한다.

가족관계 문제 때문에 가출한 대부분의 청소년들이 가출하기 전에 이미 수많은 문제 행동들을 보이는 것은 놀랄 만한 일이 아니다. 비행을 저지르는 청소년들은 대개 또래들과 잘 지내지 못하거나 불안이나 우울을 경험한다. 많은 청소년들이 학교생활에서의 어려움을 겪고 있다. 학습능력이 떨어지거나, 유급이나 제적을 당하는 청소년들은 자신을 거절하는 학교환경으로부터 도피하고자 한다. 가출을 했거나 집 없이 떠도는 청소년들을 위한 쉼터에 머물고 있는 16~21세 사이의 청소년들을 대상으로 한 연구에서 52%가 읽기장애, 29%는 계산 및 쓰기에 어려움을 보였으며, 오직 20%만이 정상적인 학업 성취를 보였다(Barwick & Siegel, 1996).

유기된 청소년

가출 청소년들을 대상으로 이루어진 가장 큰 규모의 NISMART 연구(Hammer, Finkelhor, & Sedlak, 2002)에서는 가출한 모든 청소년들이 실제로는 가출한 것이 아니라는 점을 확인하였다. 44%의 청소년들은 가정에서 버림받았거나 혹은 그들의 부모로부터 집을 나가도록

Personal Issues   십대들의 가출을 예방하고 가출 시 찾는 방법

대부분의 청소년들은 갑작스럽게 가출을 하지는 않는다. 그들의 가출은 보다 더 오랫동안 생각해 왔던 극적인 행동이다. 이는 가출을 경고하는 신호들을 인식하고 주의를 기울이는 부모나 선생님은 청소년들과 함께 대화를 할 수 있을 뿐 아니라 가출을 방지할 수도 있다는 것을 의미한다.

가출을 계획하고 있다는 가장 직접적이고 분명한 신호는 그들이 거리에서 생활하는 데 필요할 것들을 모으기 시작하는 것이다. 그들은 돈을 모으거나 여행 가방이나 배낭을 준비할 것이다. 또한 절친한 친구들의 사진과 같은, 개인적인 추억거리를 모을 것이다.

어떤 가출 청소년들은 넌지시 말하거나 심지어는 직접적으로 집을 떠나겠다는 자신들의 계획을 말하기도 한다. 종종 자신들의 계획을 친구들에게 털어놓기도 한다. 다른 사람들이 말하는 힌트, 직접적인 언급 및 유머들을 진지하게 다루어야 한다.

있을 수 있는 또 다른 신호들은 가출에만 국한되지는 않지만, 다른 문제들의 전조가 된다. 행동 변화, 고분고분하지 않음, 혼자 있고 싶어 함, 친구를 바꾸거나 혹은 무단결석을 하는 것은 종종 어떤 문제의 조짐이 되므로 탐색해 볼 필요가 있다.

만약 청소년이 사라지거나 집에서 가출한 것으로 생각될 때에는 청소년 법원 및 비행 예방국(Office of Juvenile Justice and Delinquency Prevention, 1998)이 권고한 다음의 행동들을 하기 바란다.

1. 청소년의 소재를 알 수 있는 사람들을 체크해 본다 – 친구, 이웃 및 그 밖의 사람들.
2. 청소년이 자주 가는 장소에 있는지를 체크한다.
3. 청소년의 침실 및 학교 책상이나 라커를 조사해 본다. 그들이 어디로 갔는지에 대한 단서 – 노트나 지도 – 를 찾는다.
4. 수신인이 누군지 잘 모르는 전화통화 내역을 조사해 본다.
5. 청소년의 이메일을 조사해 본다.
6. 경찰에 전화를 걸어 보고하고, '찾고 있는 아이들' 명단에 그 청소년을 포함시켜 달라고 한다.
7. 청소년의 사진을 공개하고, 청소년을 찾는 뉴스를 낸다.
8. 국가 가출 도움 센터에 긴급전화를 걸어 청소년이 그곳에 연락했는지를 알아본다.

요구받았다. 또한 많은 다른 십대들은 자발적으로 가출을 하긴 했지만 그들이 다시 집으로 돌아가기를 원했을 때 받아들여지지 않았다. 이미 말했듯이, 이러한 청소년들은 유기된 청소년이라 불리는 것이 더욱 적절하다.

무엇이 가족으로 하여금 청소년 자녀와의 관계를 끊도록 만들까? 부모들은 종종 자녀의 다루기 힘든 행동, 약물 남용, 위험한 성행위, 비행 및 그와 비슷한 어떤 행동들로 인해 고통을 받는다. 종종 청소년 자녀들은 오랫동안 지속되는 품행장애와 같은 정신장애를 가지고 있는데, 이것은 그들이 가족과 함께 생활하는 것을 어렵게 만든다. 또 문제 청소년이 형제자매 혹은 부모 중의 한 명과 성적인 관계로 얽히기도 한다(Gullotta, 2003). 어떠한 이유에도 불구하고, 부모들이 자신의 아이들을 버리기로 결정하는 것은 제대로 된 성숙한 결정이 될 수 없다. 만약 가족이 강하고 건강하다면 청소년 자녀의 문제 행동이 발생하지 않았을 뿐 아니라, 설사 발생한다 하더라도 그들은 문제 행동을 치료하고 보다 더 순행적인 방식으로 다루었을 것이다. 자녀를 내쫓는 일이 부모의 문제를 줄여 줄지는 모르겠지만, 그것은 오히려 아이의 행동을 악화시키게 될 것이다.

부모들이 자녀에게 집을 떠나라고 하는 또 다른 이유는 심각한 가난이다. 어떤 부모들은 자녀들을 먹일 수도 입힐 수도 없다. 이러한 경우, 부모들은 종종 연령이 가장 많은 자녀에게 혼자 힘으로 살아갈 것을 요구함으로써 더 어린 자녀를 돌보는 것에만 신경을 쓸 수 있게 된다(Shinn & Weitzman, 1996). 이와 유사하게, 어떤 청소년들은 고아원에서 나오거나, 혹은 어떠한 지지적인 수단도 갖추지 못한 채 집에서 나오기 때문에 거리에서 생활한다(National Coalition of the Homeless, 1999).

거리에서의 생활

가출한 청소년들은 거리에서 생활하는 것이 극심하게 어렵다는 것을 곧 자각하게 된다. 집이 없는 청소년들은 다른 사람들로부터 희생당할 수 있다. 한 연구에서는 거리에서 지내는 남자 청소년의 43% 및 여자 청소년의 39%가 흉기로 공격당한 적이 있다는 사실을 발견하였다(Whitbeck & Simons, 1990). 또한 소년들은 약

알고 싶은 것

▶ **청소년들이 가출을 하는 이유는 무엇인가?**

계획적으로 가출을 하는 대부분의 청소년들은 학대와 같이 참을 수 없는 가정 상황으로 인해 집을 나간다. 그러나 가출 청소년들의 약 1/2은 부모들이 집을 나가라고 했거나, 또는 부모로부터 버려진 것이다.

탈이나 구타를 더 많이 당하는 반면 소녀들은 일반적으로 성폭행을 더 많이 당한다.

음식, 옷, 그리고 지낼 곳을 구하기 위한 돈을 얻기 위해 며칠 이상을 거리에서 지낸 청소년들은 거의 마약 거래, 좀도둑질 및 절도를 할 수밖에 없다(Terrell, 1997). 수많은 청소년들이 매춘, 돈을 벌기 위한 섹스, 소위 '생존을 위한 섹스'라고 불리는 것을 하거나, 성관계를 대가로 음식과 지낼 장소를 제공받기도 한다. 장기간 길거리에서 살아 온 청소년들 중 약 75% 정도는 일정한 범죄에 관여하고 있으며, 그중 50%는 매춘이나 생존을 위한 섹스를 한다(Kipke, O'Connor, Palmer, & MacKenzie, 1995; Kipke, Palmer, LaFrance, & O'Connor, 1997).

이러한 행위에 가담하는 것은 가출 청소년들이 일탈된 사람들과 관계를 맺게 되는 원인이 되며, 그들로 하여금 건강하지 못한 생활방식에 더욱 빠져들게 한다. 거리에서 오래 생활한 가출 청소년들은 마약을 사용하고, 여러 명의 파트너들과 콘돔도 사용하지 않고 성관계를 가지는데, 이는 HIV 감염의 위험성을 매우 높이며, AIDS에 걸리는 원인이 된다(Booth, Zhang, & Kwiatkowski, 1999). 또한 집이 없는 청소년들은 높은 비율의 심리적 문제를 겪게 된다. 그들은 낮은 자아존중감 및 우울을 경험하고, 여러 가지 유형의 자해 행동을 하게 되고, 자살 위험도 높다(Molnar, Shade, Kral, Booth, & Watters, 1999; Yoder, 1999). 집이 없는 청소년들을 대상으로 하여 로스앤젤레스에서 수행된 최근의 한 연구는 그들 중 2/3가 임상적인 수준의 우울증을 경험하고 있다는 것을 확인하였다(전체 청소년 집단 중 약 7%가 우울증을 경험한다)(Unger, Kipke, Simon, Montgomery, & Johnson, 1997). 또 다른 연구는 집이 없는 십대들 중 21% 이상이 자살 생각을 하고 있음을 확인하였다(National Network of Runaway Youth Services, 1991).

가출 청소년들을 위한 지원

가출한 청소년들은 여러 가지 난관을 극복하기 위해 다양한 지원을 필요로 한다. 지원은 다음 사항, 즉 단기적

집이 없는 청소년들은 길거리에서 잠을 자고, 쓰레기통의 음식을 먹고, 돈을 훔치거나 성매매를 통하여 생존한다.

인 응급 쉼터에서 일시적으로 음식과 잘 곳을 해결하고, 의학적 심리학적 보살핌을 받고, 가족들과 함께 사는 것이 적절하다면 다시 가족을 만날 수 있게 하거나 혼자 살 수 있도록 조정해 줄 수 있는 사회복지사를 만나고, 의료 지원, 고등학교 수업을 듣고 졸업을 할 수 있는 교육 프로그램, 장기적이고 안정적인 주거지, 직업 훈련과 구직에 필요한 도움을 제공받는 것을 포함할 수 있다. 불행하게도, 가출 청소년이나 유기된 청소년들을 위한 서비스는 현재 불충분하다.

전 세계적인 규모

집 없이 떠도는 청소년들이 단지 미국에만 있는 현상은 아니다. 전 세계적으로 약 1억 명으로 추정되는 아동들과 청소년들이 집 없이 떠돌고 있다. 미국 청소년들과 마찬가지로, 이러한 아동과 청소년들은 영양실조, 자기 파괴적인 행동 및 약물 남용으로 고통 받는다. 그들은 쓰레기통에서 나온 것들을 먹고, 훔치고, 생존을 위한 성관계를 한다. 이러한 아동들의 대다수는 심각한 가난 속에서 살고 있는 가정에서 비롯되었다. 어떤 아동들은 가출을 했지만, 어떤 아동들은 버려지거나 부모들이 사망했다.

Le Roux와 Smith(1998)는 산업화와 도시화가 결합되면서 거리의 아동들이 증가하고 굶주림이 유발된 것에 대해 비난하였다. 도시화는 농촌의 전통적인 확대 가족의 구조를 파괴하였고, 부모가 자신의 자녀들을 스스로 돌보게 되었다. 기근은 마을을 파괴하고, 부모들을 죽이며, 가족들 모두에게 줄 수 있는 음식이 충분하지 않을 때에는 가족들로 하여금 힘겨운 선택을 하지 않을 수 없게 한다.

자살

청소년 자살은 매우 심각한 문제이다. 왜냐하면 청소년 사망 원인 중 자살이 자동차 사고와 살인에 이어 3위를 차지하고 있기 때문이다(Anderson & Smith, 2003). 미국 청소년 조사에 따르면 1년 동안 자살을 생각한 청소년은 19%, 자살을 계획한 청소년은 15%인 것으로 나타났다(Kann et al., 2000).

자살의 빈도

아동들, 특히 13세 이하 아동의 자살률은 매우 낮다(Brent, Baugher, Bridge, Chen, & Chiappetta, 1999). 그에 대한 여러 가지 이유가 있는데, 첫째, 청소년들은 아동들보다 자살에 결정적인 위험 요인이 되는 심리적 장애를 가지고 있는 경우가 더욱 많다. 둘째, 청소년들은 아동들보다 더 발달된 인지적 능력을 가지고 있기 때문에 훨씬 더 실제적인 자살 계획을 세울 수 있다(Shaffer et al., 1996).

대중적인 믿음과는 반대로, 자살로 인한 사망률은 연령이 높을수록 증가하여, 남성의 경우 85세에 최고를 이루고 여성의 경우에는 45~54세에 최고에 이른다(Centers for Disease Control, 2004c). 그림 12.1은 이러한 추세를 보여 준다. 15~24세의 자살률은 1950년에서 1995년에 3배나 증가하였다—10만 명의 청소년당 자살률이 4.5명에서 거의 14명으로 증가한 것이다. 그 이후부터는 청소년 자살률이 10만 명당 10명으로 감소하였다(U.S. Bureau of the Census, 2003a).

자살 시도를 하는 사람들 가운데서 오직 소수만이 자살에 이른다. 청소년 자살 시도로 인한 사망 비율은 100건 중 1건에서 350건 중 1건으로 그 범위가 넓다(Seroczynski, Jacquez, & Cole, 2003). 15~24세 청소년들 중 대략 5,000명이 매년 자살로 죽는다(U.S. Bureau of the Census, 2003). 소녀들이 소년들에 비해 자살 시도를 2배 정도 많이 하지만, 소년들이 85% 정도 더 많이 성공한다(Anderson & Smith, 2003). 소년들이 더 성공적으로 자살하는 이유 중 하나는 그들이 더욱 치명적인 방법—'목 매기, 고층 빌딩에서 투신하기, 자동차 사고 내기, 권총이나 칼로 자해하기 등—을 사용하기 때문이다. 반면에 소녀들은 훨씬 수동적이고 덜 위험한 방법—약물 과다 복용 등—을 사용한다. 남성에 비해 여성들이 더 많이 자살 시도를 하지만, 실제로 죽음을 원하거나 정말 죽으려고 자해하는 경우는 드물다(Peck & Warner, 1995).

자살률은 인종과 민족에 따라 다양하다. 아메리칸 인디언 청소년들이 가장 높은 자살률을 보이며, 백인 청소년들보다도 4배 이상 높다(Indian Health Service, 2000). 백인 청소년들은 흑인 청소년들보다 더 높은 자

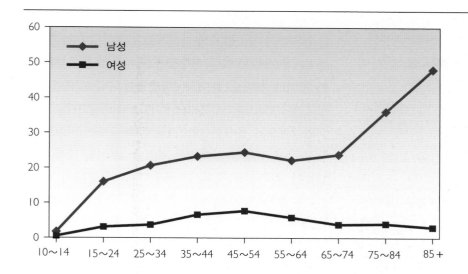

그림 12.1 성과 연령에 따른 자살로 인한 사망자 수 : 2002년

출처 : Centers for Disease Control(2004c).

살률을 보이며, 흑인 청소년들은 라틴 아메리칸 청소년들보다 더 높은 자살률을 보인다(U.S. Bureau of the Census, 2003). 흑인 소년들의 자살률은 과거 20년 전보다 2배 이상 증가하였다(Centers for Disease Control, 1996).

자살의 원인과 동기

청소년들이 자살을 시도하는 이유는 무엇인가? 그들의 동기는 무엇인가? 많은 사람들은 자살을 시도했던 사람들 중 90%가 심리적인 장애들을 가지고 있다는 것을 알고 놀란다. 가장 일반적으로, 그들은 우울하고 약물 남용의 문제나 불안장애를 가지고 있을 수 있다. 사실, 자살을 예측하는 데 있어 가장 결정적인 요인은 임상적인

수준의 우울증과 이전의 자살 시도 경험이다(U.S. Department of Health and Human Services, 1999).

심리적 장애들이 비록 생물학적인 원인들을 가지고 있지만, 그것들은 본래 부정적인 경험과 환경에서 기인한 스트레스들이 원인이라는 점을 기억하라. 따라서 자살 시도를 하는 대부분의 청소년들에게는 공통적인 배경이 있다. 특히 많은 경험적인 문헌에서 십대의 자살 행위는 가족과 관련이 있다고 주장한다(Koopmans, 1995).

우울증

우울증(depression)은 빈번하게 재발되며, 7~9개월 동안 지속되기도 한다. 사람들은 우울할 때 무기력감(자

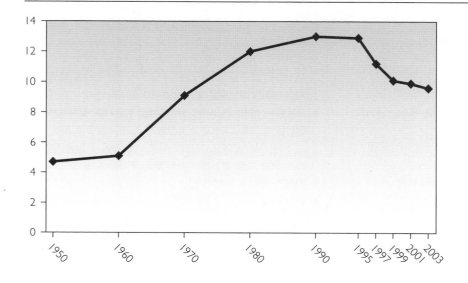

그림 12.2 청소년 자살률 : 1950~2001년

출처 : U.S. Bureau of the Census(2003).

알고 싶은 것

▶ 자살 시도는 누가 더 많이 하는가? 남자 청소년인가, 여자 청소년인가?

여자 청소년들이 자살 시도를 더욱 많이 하는 것으로 알려져 있지만, 자살로 실제 죽음에 이르는 경우는 남자 청소년들이 더 많다.

신의 고통스러운 상황을 개선시킬 수 있는 것은 아무것도 없다)과 무망감(자신의 상황은 더 나은 방향으로 절대 변하지 않을 것이다)을 느낀다. 그들은 슬픔을 느끼고 자기비판적이 된다. 우울한 사람들은 심지어 단순한 의사결정을 할 때도 압도되는 느낌을 경험하며, 때로는 외모에 전혀 신경을 쓰지 않거나, 자신의 좌절감을 공격적인 행동으로 표출하기도 한다(American Psychiatric

Association, 2000).

우울증은 청소년기 동안에 나타나는 가장 일반적인 장애이다. 15~20%의 십대들은 초기 성인기가 시작되는 시기에 적어도 한 번은 임상적인 수준의 우울증을 경험한다(Harrington, Rutter, & Fombonne, 1996).

임상적으로 우울한 청소년들의 약 2/3는 적어도 한 가지 다른 심리적 장애들을 가지고 있는데, 대개 약물 남용이 그것이다.

우울증은 가족으로부터 유전된다. 우울한 청소년들은 우울하지 않은 청소년들보다 우울증이 있는 가족 구성원들을 가질 확률이 3배나 높다. 또한 우울한 청소년들의 가족들은 불화를 더 많이 경험하거나, 이혼이 더욱 일반적이다. 또한 부모들은 그들을 과보호하는 경향이 있다(Nilzon & Palmérus, 1997).

우울증의 유병률은 아동기에는 소년과 소녀가 거의

Personal Issues   자살의 예방

자살을 이끄는 요인들 인식하기

▶ 죽음이나 이사 등으로 인해 친밀한 친구와 가족들의 상실
▶ 직장, 집, 지위 등의 다른 중요한 요소들의 상실
▶ 약물 남용
▶ 우울증
▶ 오랫동안 지속되어 왔고 최근 들어 악화된 문제
▶ 무가치감
▶ 사회적인 고립

자살 시도가 임박했다는 신호들 인식하기

▶ 아무런 이유도 없이 우울증이 없어지는 것
▶ 학교를 결석하고 수행능력이 저하되는 것
▶ 이전에 즐거워했던 활동들에 대한 관심의 감소
▶ 신체적인 외양 상태가 나빠짐
▶ 자기학대적이고 자해적인 행동
▶ 죽는다거나 떠날 거라는 말을 직접적으로, 혹은 넌지시 하는 것
▶ 유언을 준비하고 자신의 물건들을 버리라는 언어적 표현
▶ 좋아하는 장소에 방문하며 감상적이 됨
▶ 총, 약, 독극물과 같은 치명적인 것들을 사서 모음

당신이 할 수 있는 것

▶ 이러한 신호들을 무시하지 말고, 그 사람에게 말하라. 당

신은 그 사람과 문제에 대해 얘기함으로써, 혹은 자살에 대해 생각하고 있는지를 질문함으로써 자살 시도를 막을 수 있다.

▶ 그 사람이 말하고자 하는 것에 귀를 기울여라. 감정을 모으고 공감적으로 경청하라. 그의 문제를 과소평가하거나 평범한 것으로 보지 말라.
▶ 그 사람으로 하여금 당신이 보살피고 있다는 것을 알도록 하라.
▶ 그 사람이 겪고 있는 문제들에 대한 해결책들을 생각해 보게 도와줌으로써 무망감을 감소시키도록 하라.
▶ 만일 그가 자포자기 상태라고 여겨지면 그를 혼자 두지 말라.
▶ 그 사람이 자살을 시도할 수 있는 어떠한 수단들도 모두 제거하라. 도움을 줄 수 있는 더 많은 시간을 확보할 때까지만 그러한 수단들을 맡고 있겠다고 말하라.
▶ 도움을 주어라. 그 사람으로 하여금 상담자를 찾아가서 상담을 받도록 하거나, 긴급전화에 전화를 걸도록 하라. 그 사람으로 하여금 자신이 다른 누군가에게 말을 한다고 해도 그를 결코 포기하지 않을 거라는 점을 알도록 하라.
▶ 만약 이 분야에서 훈련받은 누군가와 만나도록 할 수 없다면, 당신 스스로 그 일을 하라.

동일하다. 그러나 청소년기에는 소녀들의 우울증 비율은 증가하는 반면 소년들은 그렇지 않다(Wade, Cairney, & Pevalin, 2002). 성인기에 여성은 남성보다 2배 정도 더 많은 우울증을 겪는다(Angold & Rutter, 1992). 소년들과 소녀들은 전형적으로 다른 촉발 사건에 의해서 우울증을 보이게 된다. 소녀들은 소년들보다 사회적인 관계에서 겪는 문제로 우울해질 수 있다. 예를 들어 인기가 없는 소녀들은 인기가 있는 소녀들보다 더 많이 우울해질 수 있는데, 이러한 우울증과 사회적인 관계와의 관련성이 소년들에서는 나타나지 않는다(Oldenberg & Kerns, 1997). 소녀들은 타인의 고통을 더 잘 느끼고, 사랑하는 사람들이 경험하는 스트레스에 의해 더 우울해지곤 한다(Eberhart, Shih, Hammen, & Brennan, 2006). 또한 소년들은 문제가 생기면 부인하거나 회피하기를 통해 대처하려는 경향이 있다. 즉 자신의 주의를 전환시키고 그것에 대해 생각하지 않으려고 하는 것이

알고 싶은 것

▶ 청소년을 자살의 위험으로 내모는 요인은 무엇인가?

전부는 아니지만 자살을 시도하는 대부분의 십대들은 우울증을 경험한다. 그들 중 많은 십대들은 마약이나 알코올을 사용하며, 대다수의 십대들은 성적 학대를 당한 과거력이 있다. 삶에서 중요한 사람이나 대상을 상실하는 것도 십대들을 종종 자살로 이끈다.

다. 반대로, 소녀들은 자신의 문제에 대해 반추하는 경향이 있는데, 이러한 대처 전략은 훨씬 더 많은 우울증을 경험하게 한다(U.S. Department of Health and Human Services, 1999). 우울증을 경험한 소녀들은 소년들에 비해 성인기까지 우울증이 지속될 가능성이 더욱 높다(Gjerde & Westenberg, 1998).

모든 유형의 스트레스는 우울증의 위험을 증가시킨

Research Highlight   자해 행동의 급격한 증가

반갑지 않은 새로운 행동이 청소년들에게 나타나고 있다. 자기를 해하는, 혹은 자기파괴적인 행동이 그것이다. 자해 행동은 사회적으로 받아들여지지 않은 목적(피어싱과 같이 미용을 목적으로 하지 않는)으로, 혹은 자살하려는 의도 없이 신체에 의도적으로 해를 가하는 행동이다(Alderman, 1997). 자해는 칼이나 면도날로 상처를 내기, 불로 지지기, 상처를 더욱 손상시키기, 날카로운 물체를 삼키기, 신체 구멍 안으로 날카로운 물체를 넣거나, 긁히는 일, 단단한 물체를 치는 것, 그리고 유사한 해로운 행동을 하는 것 등이 속한다(Burrows, 1992).

청소년 집단의 자기파괴적 행동 발생 비율에 관한 연구는 많지 않다. 일반적으로 비임상집단에서는 14~39%, 입원 환자 등 임상집단에서는 40~61%의 비율이 나타났다(Nock & Prinstein, 2005). 일부 연구에서는 소녀들이 소년들에 비해서 자해 비율이 높다고 밝힌다(Ross & Heath, 2002). 이는 별다른 정신병리가 없는 사람들에게도 광범위하게 나타나기 때문에 미국 정신의학회의 진단 및 통계 편람에 속하지 않지만, 일부 임상가들은 다음 편에 정신병리로 포함되어야 한다고 주장한다.

무엇이 자해 행동을 유발하는가? 이는 청소년기 우울(Briere & Gill, 1998), 경계선 인격장애(Sansone, Gaither, & Songer, 2002), 섭식장애(Thomas, Schroeter, Dahme, & Nutzinger, 2002)와 밀접히 관련되어 있지만, 심리적 장애가 완전히 발병하지 않은 청소년들도 자기를 해하고 있다. 성학대를 경험한 청소년들은 자해 비율이 높다(Zlotnick, Shea, Pearlstein, Simpson, Costello, & Begin, 1996). 일반적으로,

자해는 높은 수준의 스트레스와 불행감에 대한 반응인 듯 보인다. 그러므로 실질적인 문제가 있는-예를 들면 집 없는 청소년(Tyler, Whitbeck, Hoyt, & Johnson, 2003)-경우 위험이 높아 보인다.

근래에 이 행동이 표면화된 이유는 무엇일까? 추측할 수밖에 없겠다. 피어싱이 이를 시작했을 수도 있다. 이는 자살처럼 모방 현상이고, 공동체나 공중으로 퍼져 나간 것임을 우리는 알고 있다(Yates, 2004).

자기파괴는 청소년이 압도적인 스트레스에 대항하는 데 여러 모로 일조한다(Suyemoto, 1998). 첫째로, 자기와 타인에게 자신의 고통을 표현하는 길이다. 둘째로, 지독한 감정에 대한 통제력을 획득하는 수단이다. Nock와 Prinstein(2005)은 이 두 가지 동기-도와 달라는 외침과 정서적 통제-에 대한 근거를 찾았다. 그러나 자해 행동을 하는 대부분의 사람들이 '부정적인 감정을 더 이상 느끼지 않도록', 그리고 '둔감해지도록' 자해를 하는 경우도 있다고 보고했다. 자기파괴적 행동을 할 때 대부분 거의 통증이 없다고 느낀다(Zila & Kiselica, 2001).

다행히도 자기파괴적 행동을 멈추는 데 효과적인 치료가 발견되었다. Yaryura-Tobias, Neziroglu, Kaplan(1995)은 노출과 반응방지 기법에서 성공했다. 이는 강박장애 치료에 흔히 쓰이는 치료법이다. 참여자들은 자기를 해하고 싶을 때 그렇게 하지 못하게 되는데, 이를 통해 점차 자기를 해하려는 충동이 사라지고 자해 습관이 줄어들었다. 다른 형태의 행동 조율과 인지치료 또한 효과적이다(Zila & Kiselica, 2001). 대부분의 치료자들은 복합적인 치료를 지향한다(Suyemoto & MacDonald, 1995).

다. 예를 들어 학교에서 성취가 좋지 않은 학생들은 우울증 위험이 증가한다. 특히 주의력 결핍 과잉행동장애, 학습장애 및 품행장애가 있는 학생들은 위험하다. 폭력과 같은 외상, 사랑하는 사람을 잃는 것—가족 구성원, 친밀한 친구, 남자 친구나 여자 친구—또한 우울증을 촉발시킬 수 있다(National Institute of Mental Health, 2000).

그렇다면 청소년기 우울증이 성인의 우울증과 유사한가 하는 의문이 들 수 있다. 비록 많은 공통점이 확인되기는 하였지만, 두 연령집단에서 우울장애가 어떻게 표현되는가 하는 점에 있어서는 차이가 있다. 예를 들어 성인들에 비해 청소년들은 우울 증상으로 신체적인 증상을 더 많이 경험하는 듯하지만, 성인들은 피로해하거나 식욕을 잃는 양상을 나타낸다(Carlson & Kashini, 1988). 또한 성인들에게서 우울 증상들을 경감시켜 주는 항우울제들이 청소년들에게는 효과가 낮다(Birmaher et al., 1996). 이러한 차이점들은 장애에 따라서 생물학적 기전이 다를 수 있다는 가능성을 어느 정도는 제시해 준다.

다시 자살의 문제로 돌아오자면, 두 가지의 연결고리가 있다. 첫째, 우울한 청소년들은 자살 위험이 더 높다(Birmaher, Arbelez, & Brent, 2002). 둘째, 우울의 가장 일반적인 치료제인 프로작(Prozac, 항우울제의 일종)과 같은 SSRI(selective serotonin reuptake inhibitor, 선택적 세로토닌 재흡수 억제제)가 청소년에게 자살 사고와 행동을 촉발시킬 수 있다는 염려가 커지고 있다. 그러니 2002년 미국 의사들이 17세 미만의 청소년들에게 SSRI 처방전을 1,100만 번 써 주었다는 사실은 놀랄 일이다(Hampton, 2004). 2004년 10월, FDA는 이러한 약물이 자살 위험을 높일 수 있고, 일부 집단에게는 매우 조심해서 사용해야 함을 경고했다. (몇몇 유럽 지역에서는 성인 환자에게도 SSRI 처방을 제한하기도 했다.) 정부측 패널들은 SSRI가 이를 복용하는 우울한 청소년들에게 자살 사고와 행동의 비율을 2배로 높였다고 판단했다.

그러나 위험보다는 이득이 많다고 주장하는 연구자들도 있다. Vasa, Carlino와 Pine(2006)은 자살과의 연결고리가 과장되었다고 믿는다. 위험성은 증폭될 수 있지만, 2%에서 4%로 증가하는 것은 역시나 적은 수라고 말하고 있으며, 약물 치료를 받고 있는 청소년의 자살 위험은 치료받지 않고 있는 청소년들의 자살 위험률보다 낮다고 한다. 또한 여러 지역의 통계를 보았을 때 전체적으로 이러한 약물을 처방하는 횟수와 청소년 자살률은 부적 상관을 보이므로, SSRI 복용과 청소년 자살의 인과관계는 약하다고 본다. 이 연관은 논란이 많으며, 몇 년 후에 더 자세히 밝혀질 것이다.

가족관계

청소년 자살의 두 번째 요인은 가족관계 역기능이다. 가족 생활의 다양한 측면은 자살 사고, 자살 시도, 그리고 죽음에 이르기까지에 영향을 줄 수 있다(Bridge, Goldstein, & Brent, 2006). 부모의 정신병리나 약물 남용은 자녀의 자살 시도나 자살로 인한 죽음과 상관이 높다(Brent, 1995). 더불어, 자살 행동은 유전적 요인에 기인하기도 한다(Brent & Mann, 2005). 부모-자녀 관계가 좋지 않을 경우 자살 행동이 이어지기도 한다

그들의 목소리로

나를 멈출 수 없을 것 같다. 자동차 열쇠를 집어들어, 팔 안쪽의 창백한 살에 꾹 누른채, 천천히 깊게 피부를 그어 내려간다. 쇳덩이가 팔에 상처를 새기면 견딜 수 없을 정도의 긴장감이 올라간다. 열쇠를 떼었을 때 엄청난 안도감이 몰려온다. 숨이 잦아들고 근육이 이완된다. 그 모든 긴장감은 완전하게 잦아들고 나는 편안함 속으로 가라앉는다.

나는 나를 파괴하려 그러는 게 아니다. 나는 나에게 상처를 주기 위해 그런다. 자해에서 가장 이해받지 못하는 부분은, 이는 도움을 요청하기 위함이 아니며 자살 시도도 아니라는 점이다. 이는 스트레스에 대응하는 방식이고, 술을 마시거나 담배를 피우듯이 하나의 대처 방식일 뿐이다. 정서적 고통을 신체적 고통으로 압도시키는 방법이다. 안도감은 일시적이지만 즉각적이다. 마치 따뜻한 비처럼 내 위로 쏟아져 내릴 때 나는 아주 적막한 희열을 느낀다. 약 없이 약에 취한다 할까.

(예 : Yeun et al., 1996). 자녀가 아버지와 얼마나 잘 지내고 의사소통이 원만한가 또한 중요하다(Gould, Fisher, Parides, Flore, & Shaffer, 1996). 자녀들을 잘 눈여겨 보지 못하는 부모들도 위험을 높인다(King et al., 2001). 한부모 가정의 집안에서는 자살 시도가 높아지기도 한다(Weitoft, Hjern, Haglund, & Rosén, 2003). 이는 일정 부분 부모가 자녀를 자주 만나지 못하거나 부모-자녀 관계가 나쁜 점에서 기인한다.

자살 시도자들은 종종 어떤 어른들에게도 친밀감을 느끼지 못한다고 말한다. 많은 경우에, 자살 시도자들은 종종 그들 주변의 중요한 인물들과 의사소통하는 데 어려움을 지닌다(Stivers, 1988). 그들은 누군가에게 이야기하고 싶을 때 의지할 사람이 아무도 없다. 부모에 대한 친밀감 부족은 결과적으로 정서적 지지의 부족으로 이어진다(Dukes & Lorch, 1989). 한 연구에서는 자살 생각을 하고 있는 대학생들의 세 가지 공통적인 특징을 규명하였다(Dukes & Lorch, 1989). 그들은 부모나 또래들과의 관계에 결함이 있었고, 미래에 대한 무기력감이나 자신이 무기력하다는 확신을 가지고 있었다. 연령에 관계없이 적절한 사회적 관계를 유지하고 있을 때 자살 시도의 비율이 낮았다(Lester, 1991).

사회적 고립이라는 요인은 청소년들을 애착 대상의 상실에 매우 취약하도록 만들며, 이 때문에 자살 시도가 촉발된다. 아동기의 부모 상실은 이후에 가족이나 동료, 남자 친구나 여자 친구의 상실을 매우 받아들이기 어렵게 만든다(Agerbo, Nordentoft, & Mortensen, 2002). 한 연구에서는 상실 경험과 가족의 지지 부족이 청소년기 자살 시도에 대한 가장 뛰어난 예측 변인임을 보여 주었다(Morano, Cisler & Lemerond, 1993).

다른 심리적인 문제들의 관련성

알코올이나 약물 남용은 청소년들의 자살 시도 위험을 증가시킨다(Brent, Baugher, Bridge, Chan, & Chiappettan, 1999). 약물이나 알코올의 영향하에서 청소년들은 더욱 충동적으로 행동하기 쉬워지며(Sommer, 1984), 때때로 의도와는 무관하게 치사량을 복용하여 목숨을 잃기도 한다(Gispert, Wheeler, Marsh, & Davis, 1985). 품행장애, 외상 후 스트레스 증후군, 불안장애,

섭식장애와 같은 심리적 어려움 또한 자살 행동의 경향성을 높인다(Bridge, Goldstein, & Brent, 2006).

자살을 시도하는 청소년의 일부는 성학대의 과거력을 가지고 있기도 하다(Pompili, Mancinelli, Girardi, Ruberto, & Taterelli, 2004).

성적 지향

게이나 레즈비언인 청소년들은 이성애적인 성적 지향을 가진 십대보다 더 많이 자살 시도를 할 뿐 아니라 실제로 자살에 성공한다(Hershberger, Pilkington, & D'Augelli, 1997). 동성애적 성향을 가진 청소년들 중 30% 정도가 자살 시도를 한 것으로 나타났다(Safren & Heimberg, 1999).

이러한 청소년들은 그들의 또래와 동일한 위험 요인들을 가진다 : 약물 남용, 우울증, 상실, 가족 갈등 등. 그러나 동성애적인 성적 지향을 가진 십대들의 자살 시도 비율이 더욱 높은데, 왜냐하면 그들은 자신의 성적 지향을 인식하게 되고, 부모들과 친구들로부터 부정적인 반응들을 경험하고, 해를 가하려고 하는 사람들에 의해서 희생되는 등의 추가적인 스트레스에 직면하기 때문이다(Garland & Zigler, 1993; Savin-Williams, 1994).

자살 모방

자살을 모방하는 것은 실제적인 현상이다(U.S. Department of Health and Human Services, 1999). 누군가 자살을 시도했다는 사실을 알게 되는 것은 한 개인의 상실감을 증가시킬 뿐 아니라 자살에 대한 스스로의 자제력을 잃게 만든다. 또한 한 개인의 자살은 다른 사람들이 자살하는 것에 대한 '승인을 제공'해 준다. 만일 자살이 광고되거나 광범위한 매스컴의 보도를 탈 경우에는 더욱 그렇다(Stack, 2003). 사실, TV나 영화에서 나오는 자살에 대한 허구적인 기술도 자살의 모방을 촉진시킬 수 있다(Gould, 2001).

미완의 자살

때때로 자살은 관심을 끌거나, 동정을 받거나, 혹은 주변 사람들을 조종하기 위한 목적의 울부짖음이다. 의도

청소년 자살은 남겨진 가족과 친구들에게 특히나 힘든 일이다. 이들은 상실감과 허전함, 그리고 죽은 이의 고통을 알아주지 못했다는 죄책감에 고통스러워한다.

적인 자살 시도는 반드시 죽음이 그 목적이라기보다는 자신의 삶을 향상시키기 위한 타인과의 의사소통 행위이다. 사실, 의도적인 자살 시도의 결과로서 바라던 생활 환경의 변화가 일어날 수 있다. 그러나 도움의 손길을 바라던 많은 자살 제스처가 불발하여 죽음으로 파국을 맞는 경우도 발생한다.

공통적인 의견과는 반대로, 많은 경우에 자살 시도는 사전에 다른 대안책과 저울질을 해 보거나 심각한 고민에 뒤이어 발생한다. 자살 시도자들은 반항, 가출, 거짓말, 절도, 혹은 관심을 유발할 수 있는 다른 수단 등 여러 가지 다른 방법 역시 시도해 봤을 것이다. 이런 방법을 시도해 보았으나 실패로 돌아간 후에는 자살 시도로 돌아서게 되는 것이다. 자살을 시도하는 청소년들은 대부분 이와 같은 사실을 가장 먼저 말한다. 만일 주변 사람들이 시기적절하게 이를 감지하고, 상황의 전개를 주의 깊게 살피며 변화시키기 위한 노력을 한다면 죽음은 막을 수 있을 것이다(Ghang & Jin, 1996).

생존자

청소년 자살은 뒤에 남겨진 가족과 또래들에게 매우 파괴적인 영향을 미친다. 주변에 남겨진 사람들은 전형적으로 공포, 분노, 죄책감, 우울감을 느끼게 된다. 이들

은 미리 알아차리기만 했다면 자살을 막을 수도 있었겠지만 그런 신호를 간과해 버린 것에 대하여 죄책감을 느끼고, 한편으로는 그들을 버리고 떠나간 자살자에게 분노감을 느낀다. 상실감과 공허감 및 불신감은 곧 자기회의와 비난으로 이어지고, 충격에 휩싸여 현실이 믿기지 않고 망연자실한 상태에 빠진다. 그들의 성격에 따라, 또한 자살을 둘러싼 상황에 따라 상실로부터 회복되는 데는 1~2년의 시간이 소요된다. 상실 경험으로부터 회복하기 위해서는 이와 같은 강렬한 감정을 견뎌 내야 한다(Baugher, 1999).

청소년 비행

청소년 비행(juvenile delinquency)이라는 용어는 청소년들, 대부분의 경우 18세 이하 청소년들의 법률 위반을 의미한다. **청소년 비행**은 청소년들이 법적 기록에 범법자로 분류되는 오명과 낙인을 피하고, 미성년자들을 구별하여 성인 범죄자들과는 다른 처우를 하기 위하여 만들어진 법률 용어이다. 청소년 법원에서는 그들의 재활을 목적으로 노력한다.

젊은이들이 살인에서 무단결석에 이르기까지 수많은 법률을 위반하는 경우에 그들을 비행자 혹은 일탈자로

지칭할 수 있을 것이다. 미성년자에게만 적용되는 법률 위반은—미성년 음주, 야간 외출 및 무단결석 등—**상태 범죄**(status crime)라고 지칭된다. 법률마다 일관적인 것은 아니므로, 특정 행동이 한 지역사회에서는 비행으로 간주될 수 있지만 다른 사회에서는 그렇지 않을 수 있다. 게다가 법집행 공무원들은 집행의 방법과 강도 면에서 상이하다. 어떤 지역사회의 경찰은 사소한 범행으로 고발된 청소년에게 단순히 몇 마디를 하는 것으로 그칠 수도 있고, 어떤 지역에서는 이들을 부모에게 인도할 수도 있으며, 또 다른 지역에서는 이들을 검거하여 청소년 법정으로 넘길 수도 있다. 성인들의 경우처럼 청소년들이 저지르는 많은 범죄는 끝까지 밝혀지지 않으며, 혹은 밝혀졌다 하더라도 보고되거나 기소되지 않는다. 그러므로 실제적으로 대부분의 통계치는 청소년 범죄에 대한 과소추정치일 것이다(Flannery, Hussey,

Biebelhausen, & Wester, 2003).

비행의 발생률

청소년 법원 및 비행 예방국(2002)에 따르면, 2002년에 체포된 모든 폭력 범죄자들의 15%, 재산 범죄의 30%가 청소년들이었다(Snyder, 2004). 그림 12.3에서 볼 수 있듯이, 청소년들은 방화, 공공 시설물 파괴 및 오토바이 절도를 가장 많이 저지르고, 살인이나 심각한 폭력은 덜 저지른다. 청소년들의 폭력 범죄 가담 비율은 1970년대 중반에서 1980년대 중반까지는 변화가 없이 일정했지만 1985년에서 1993년 사이에는 급격하게 증가하였다. 이후로 청소년 폭력 범죄 비율은 감소되었으며, 사실상 지금은 지난 1980년보다 더 낮은 정도이다(그림 12.4 참조).

이러한 경향은 또한 청소년 살인율의 실태를 보여 준

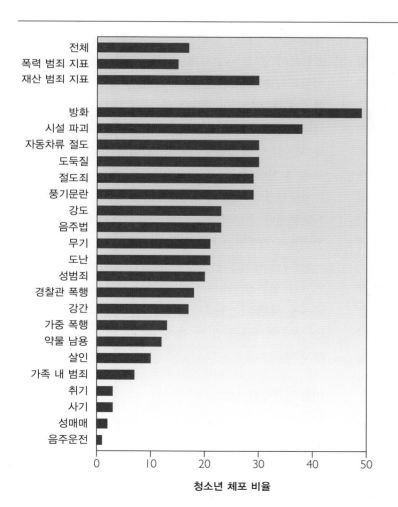

그림 12.3 범죄 유형에 따른 청소년 체포 : 2002년

출처 : Snyder(2004).

청소년 체포 비율

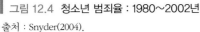

그림 12.4 청소년 범죄율 : 1980~2002년
출처 : Snyder(2004).

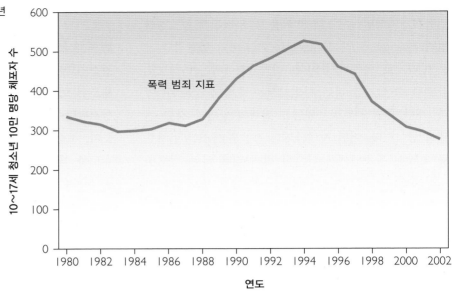

다. 청소년들이 저지르는 살인에 대한 사회적인 관심의 증가로 인해, 청소년 살인율이 지속적으로 증가되어 왔다는 잘못된 인식이 넓게 퍼졌다. 게다가 청소년 살인율은 1993년에 최고였던 이래로 약 44%가량 감소되었다. 이러한 감소의 대부분은 총기 사용의 감소로 인한 것이다. 그러나 불행하게도 다른 종류의 무기를 사용하는 청소년 살인 사건은 거의 일정하게 변함이 없다.

혹인 미국 청소년들은 백인 미국 청소년들보다 5배 정도 더 많이 살인에 가담한다. 살인을 저지르는 대부분의 청소년들은 자신의 인종이나 민족집단의 사람을 죽이는데, 이것은 또한 백인 청소년들에 비해 혹인 청소년들이 살인으로 더 많이 희생당한다는 것을 의미한다. 또한 여자 청소년들에 비해 남자 청소년들이 살인을 더 많이 저지르고, 더 많이 살해당한다(Fox & Zawitz, 2006).

청소년은 성인보다 폭력 범죄로 인해 희생당하는 경향이 더욱 크며, 절도 범죄의 희생자가 되는 경향도 높다. 청소년 희생자들을 낳게 되는 범죄들은 성인 및 다른 십대들에 의해 저질러진다. 살인으로 희생되는 4명의 청소년 희생자들 중 1명은 십대들에게 당한 것이다(Snyder & Sickmund, 2006).

최근에는 체포된 전체 청소년들 중 25%가 소녀들이다. 그러나 수년 동안 소녀들의 체포 비율은 소년들보다도 더 빠르게 증가하고 있고, 따라서 그 차이는 점차적으로 줄어들고 있다. 게다가 소년들은 범법 행위로 인도되는 경우가 더욱 많은 반면, 소녀들은 무단결석, 가출 행동 및 사회적/개인적 문제로 더 많이 의뢰되는 경향이 있다. 소년들은 보다 심각한 탈선 행동에 참여하는 경향이 있는 반면, 소녀들의 행동은 더 협소하게 제한되어 있다(Rhodes & Fisher, 1993). 하지만 수많은 여성들이 현재 무장 강도, 폭력 조직 활동 및 마약 거래에 참여하고 있다(Calhoun, Jurgens, & Chen, 1993). 소녀들은 아는 사람이나 낯선 사람보다는 가족에게 폭력을 휘두르거나 살해하는 경우가 더욱 많은 반면, 소년들은 그 반대이다.

청소년들은 학교에 있을 때보다 학교 밖에서 범죄에 가담하거나 희생되는 경향이 더욱 높다. 학기 중에 청소년들이 가담하는 대부분의 범죄들은 하교 후, 오후 3~6시경에 일어난다. 주말과 휴일에는 대부분의 청소년 범죄가 오후 8~10시 사이에 일어나는데, 이것은 외출 금지를 시행하는 것보다는 방과 후 프로그램을 제공하는 것이 범죄를 훨씬 더 감소시킬 수 있다는 점을 제안해 준다.

비행의 원인

반사회적 행동은 보통 어린 시절부터 시작된다(Tolan, Guerra, & Kendall, 1995). 청소년 비행 문제의 원인을 밝히기 위해 연구 자원을 집중시킨 결과, 일반적으로 그 원인은 크게 세 가지 주요 범주로 구분될 수 있다.

많은 청소년들은 술을 마시는 등 상태 범죄에 가담하게 된다.

알고 싶은 것

청소년 범죄는 증가하는가 감소하는가?

1990년대 중반 이후 청소년 범죄는 감소하고 있다. 이는 폭력 범죄나 비폭력 범죄 모두에 해당된다.

▶ 환경적 요인 : 청소년들의 이웃과 지역사회 속에 내재된 요인.

▶ 대인관계 요인 : 가족, 친구, 형제자매 및 또래집단.

▶ 성격적 요인 : 성격 특성 및 반사회적 행동을 하게 하는 생물학적 소인.

또한 Bronfenbrenner(1979)가 행동에 대한 생태학적 분석에서 설명했듯이, 이러한 세 가지 유형의 요인들은 서로 독립적이지 않고, 상승적인 상호작용을 한다.

환경적 원인

청소년 비행과 관련하여 연구되어 온 가장 중요한 환경적 요인들은 다음과 같다.

▶ 가난

▶ 범죄 발생이 많은 지역 내 거주

▶ 폭력집단에 가담

▶ 마약의 사용

▶ 수준이 낮은 학교에 다님

▶ 화합하지 못하거나 분열된 지역사회에 거주

▶ 미디어 폭력에 노출

▶ 급격한 사회 변화

물론 이러한 많은 요인들은 대개 동시에 발생되는 것으로, 이것은 왜 가난한 지역에서 성장한 청소년들이 중산층에서 자란 청소년들보다 비행 행동 및 폭력 범죄에 더 많이 가담하는지를 보여 주는 이유가 된다. 그러나 범죄에 가담하는 중산층 가정 청소년도 있으며, 가난한 가정 청소년들 모두가 범죄에 빠지는 것이 아님은 분명하다.

가난한 가정의 청소년이 비행에 빠지도록 만드는 원인은 무엇인가? 다양한 위험 요인들이 상호작용한다. Chung과 동료들(Chung, Hawkins, Gilchrist, Hill, & Nagin, 2002)은 가난한 가정 아동들의 전반적 상황을 살피고 어떤 아동들이 비행 행동을 하는가를 관찰하게 되었다. 그 결과, 비행 행동을 하지 않는 아동들은 기질이 다르고, 부모와 가까웠으며, 반사회적 또래들과 어울리지 않고, 학교 참여가 양호했으며, 약물이 흔하지 않은 지역에 산다는 점을 발견하게 되었다. 더 나아가 단기간 비행 행동을 보이는 아동들은 만성적으로 비행 행동을 보이는 아동들보다 낮은 수준으로 이러한 영역에서 차이를 보이는 것으로 나타났다.

학교에서의 수행은 개인적인 성격 및 학교의 특성 모두로부터 영향을 받는다. 불행하게도, 어떤 학교환경은 반사회적인 태도와 행동을 조성하는 듯하다. 특히 규칙들이 산발적으로 적용되고, 너무 복잡한 문제를 가지고 있으며, 방과 후 프로그램이 시행되지 않는 체계적이지 않은 학교는 비행을 촉진시키는 가장 큰 대상이다 (Flannery, Hussey, Biebelhausen, & Wester, 2003).

오늘날의 청소년들이 살아가고 있는 문화의 급변, 해체 및 동요가 역시 비행률을 증가시키는 경향이 있다 (제1장 참조). 일반적으로 이전에 수용되었던 가치들이 금세 회의의 대상이 된다. 한때 안정과 보호의 근원이 되어 왔던 가족과 같은 사회 제도가 혼란을 초래할 수 있다. 사회적, 경제적 및 정치적인 불안정 공포는 불안과 반항을 자극하고 있다.

대인관계적 원인

가족 배경은 청소년 발달 및 적응에 중요한 영향을 미치며, 결과적으로 사회적 행동에도 중요한 영향을 미친다. 와해된 가족과 긴장된 가족관계는 비행 행동과 관련이 있는 요인들이다. 가족의 응집력 결핍과 문제 많은 가족관계는 특히 청소년 비행과 상관이 높은 중요한 요인이다(Bischof, Stiph, & Whitney, 1995; Lytton, 1995). 자녀들을 돌보면서 공격성을 보이거나 폭력 행동을 강화하는 부모들은 비행 자녀를 두게 될 가능성이 더욱 높다(Patterson, DeBarysne, & Ramsey, 1989). 자신의 자녀들과 배우자를 신체적으로 학대하는 부모들은 가장 단시간에 폭력의 모델이 될 수 있으므로, 그들의 아이들이 훨씬 더 폭력적이 된다는 점에는 의심할 여지가 없다(Flannery, Huff, & Manos, 1998).

또래집단에 참여하는 것은 비행에 중요한 영향을 미친다(Mitchell, Dodder & Norris, 1990). 청소년들은 또래집단 내에서, 무엇보다도 또래에 의해 사회화되기 때문에 비행을 저지르게 된다(Kazdin, 1995). 또한 또래 지향성이 높은 청소년들은 비행 행동에 연루될 가능성이 높다(Elliott & Menard, 1996). 일탈 행동을 보이는 또래와의 밀접한 관계는 항상 또래의 주류로부터 거절당하거나 부정적인 가족관계를 겪은 후에 일어난다. 다시 말해 그 이전부터 이미 불행하고 적절하게 적응하지 못한 청소년 집단에 속한 또래들은 더욱 심한 비행을

사진의 청소년 클럽과 같은 학교나 공동체 조직에 참여하는 것은 비행 행동을 방지하는 방법이다.

저지르거나 비행을 조장할 수 있다.

개인적 원인

청소년에게서 비행을 유발하는 특정한 성격 요인이 무엇인지를 파악하려는 노력이 있어 왔다. 어떤 단일한 성격 유형도 비행과 관련될 수는 없지만, 비행을 저지르게 되는 청소년들은 사회적으로 독단적이고, 반항적이며, 권위에 대해 양가 감정적이고, 쉽게 분노하며, 적대적이고, 자기통제력이 부족한 것으로 알려졌다(Caspi, Lynan, Moffitt & Silva, 1993; Feldman & Weinberger, 1994). 적절한 자기통제력을 가지고 있는 사람들은 성격 및 행동 특성에 있어 일반적인 틀을 가지고 있는 경향이 있으며, 이러한 경향은 비행과 부적 연관성을 가진다. 그것들에는 (1) 욕구 만족을 지연시키기, (2) 일관성, (3) 신중함, (4) 자신을 위한 장기적인 계획을 세울 수 있음, (5) 학업 기술의 중요성 인식, (6) 다른 사람들의 감정에 대한 민감성이 포함된다(Gottfredson & Hirshi, 1990).

일부 비행 청소년들은 일관적으로 낮은 자아존중감이나 부정적인 자아상을 보였고, 다른 일부 청소년들은 자신의 문제를 부인하거나 혹은 자신의 행동과 자기지각 간의 불일치를 인정하지 않음으로써 자아존중감을 유지하였다. 그런 청소년들은 부인(denial)하는 것에 익숙해진다. 그들은 자신의 행동에 대해 책임지지 않으려 하며, 자신이 처한 곤란에 대해 지속적으로 다른 사람이나 외부환경을 비난한다. 많은 경우, 비행 청소년들은 반항 장애, 품행장애 및 주의력 결핍 과잉행동장애와 같은 정신병리를 가지고 있다.

알코올 및 약물 사용과 청소년 비행이 관련되는 정도에 대한 연구도 수행되었다(Watts & Wright, 1990). 여러 연구에서는 이전의 체포 경력, 범행 및 마약 사용에의 연루, 청소년기 헤로인 복용 등과 같은 요인들이 존재할 때 음주가 심각한 탈선 행동과 강한 연관을 지니고 있음을 발견하였다. 이것은 또한 약물 사용과 범죄 행위 간의 강한 상관관계를 지적한 후속 연구에 의해 지지되었다. 게다가, 물질 남용의 과거가 있는 부모에 의해 양육된 청소년들과 청소년 비행 간에도 강한 상관관계가 보고되었다. 물질 남용의 문제가 있는 가정에서

성장한 청소년들은 낮은 자아존중감, 우울증, 분노감, 다양한 행동 문제를 겪는 것으로 밝혀졌다(McGaha & Leoni, 1995).

학교 수행 또한 비행에 중요한 요인이 된다(Maguin & Loeber, 1996). 특히 낮은 성적, 교실 내 문제 행동, 학교 프로그램에의 부적응, 관리자나 교사 및 부모와의 관계에서 겪는 어려움 등 성공적인 학교 수행의 결여는 비행과 연관성을 지니고 있다(Huizinga & Jakob-Chien, 1998). 또한 비행 청소년들은 그렇지 않은 청소년들에 비해 사회인지 기술(social cognitive skill)에서 낮은 점수를 받는다는 것이 밝혀졌다(Edwards, 1996).

비행 청소년들은 모든 관계에서 큰 갈등을 경험하며, 이는 친구관계의 질과 안정성을 저하시킨다. 예를 들어 Lochman과 Dodge(1994)는 공격적인 청소년들이 그렇지 않은 청소년들보다 다른 사람들을 더욱 적대적으로 인식한다는 점을 밝혀냈다. 만약 한 개인이 다른 사람의 행동을 위협적인 것으로 해석한다면, 그들은 더욱 공격적으로 행동할 가능성이 크다.

대부분의 비행은 환경적 원인들을 지니지만 어떤 경우 기질적이거나 생물학적인 요인이 직접적 혹은 간접적인 영향을 미칠 수 있다. 예를 들어 일부 비행 청소년들은 전두엽에 발달상 지연이 있는데, 이는 신경생리학적 기능장애와 비행 행동을 유발할 수 있다(Chretien & Persinger, 2000). 즉 인지체계 자체가 손상되는 것은 아니고, 그보다는 청소년들이 자신이 지닌 지식에 근거하여 행동할 수 없게 되는 것이다.

다른 연구자들은 청소년 비행에서 생물학적 영향의 역할을 강조하였다. 비록 가족의 영향력이 환경 및 유전적 영향력 모두를 포함하고 있다고 할지라도, 비행의 경향이 유전될 수도 있음을 제시하는 몇 가지 증거가 있다(Rowe, Rodgers, & Meseck-Bushey, 1992). 기질(temperament)과 같은 성격 특징들은 유전적으로 영향을 받는 것이므로, 어떤 아동들은 행동 결함의 소인을 가지고 있을 수 있다. 이러한 경우에, 만일 부모들이 어떻게 대처해야 할지를 모른다면 청소년기의 심리적 장애로 귀결될 것이다.

또한 높은 수준의 테스토스테론 및 신경전달물질인 세로토닌의 수준이 낮은 것도 공격적인 행동과 연관이

있다(Flannery, Hussey, Biebelhausen, & Wester, 2003). 어떤 연구들은 범죄 행위와 이러한 화학적인 불균형을 결부시켰는데, 이러한 화학 작용들은 환경적·상황적인 요인들과 관련하여 작용하는 듯하다. 예를 들어 낮은 수준의 세로토닌은 행복감과 만족감을 덜 느끼도록 하고, 폭력적으로 행동하게 이끈다.

청소년 폭력조직

지난 1980년에서 1990년대 동안, 미국에서는 청소년 폭력조직의 범죄가 주요한 문제로 부각됐다. 그들에 의해 자행된 난폭한 사건(종종 무작위적인 희생자가 발생하였던 범죄)은 대중매체의 주요 기사로 빈번히 등장하였다. 청소년 폭력조직의 범죄에 대해 연구에서는 이를 어떻게 설명할까?

가장 최근의 국가적인 청소년 폭력조직에 대한 연구(Egley & Ritz, 2006)에 따르면, 미국에는 약 24,000개의 청소년 폭력조직이 있다. 청소년 범죄가 전반적으로 감소하는 추세와 더불어, 이는 1990년 중반의 정점에서부터 유의미하게 줄어든 수치이다. 연구에 참여했던 경찰 조직의 약 30%가 자신들의 관할 내에서 폭력조직의 활동이 있다는 점을 보고하였다. 폭력조직들은 미국 동부보다 서부에서 더욱 일반적이며, 상당한 비율의 폭력조직들이 불법 마약 거래에 연루되어 있다.

한 대규모 연구에서는 폭력조직에 속한 조직원의 전형적인 특징으로 낮은 수입, 가족과 함께 살지 않는 미성년인 남자 청소년을 꼽았다(Duke, Martinez, & Stein, 1997). 2001년에 폭력집단의 절반가량은 라틴계였고 1/3은 아프리카계 미국인이었다(Eagley, Howell, & Major, 2006). 그러나 1990년대에는 폭력조직들에 많은 변화가 일어났다. 그들은 도시 내부에 거주하는 동시에 교외 지역으로 이동해 갔으며, 여성 조직원들이 늘어나고, 여성으로 조직된 폭력조직이 더욱 많아지고, 폭력조직 구성원들의 연령 범위도 넓어졌다.

유사한 배경을 지닌 사람이라도 왜 어떤 사람들은 폭

Research Highlight   품행장애, 반항장애 및 주의력 결핍 과잉행동장애

품행장애는 청소년 비행과 가장 많은 연관성을 가지는 정신병리이다. 이 장애는 연령에 적합한 사회적 규범들을 어기고 다른 사람들의 권리를 무시하는 만성적인 행동 패턴을 가지고 있는 것으로 기술된다. 이렇게 장기적으로 지속되는 파괴적인 행동들은 청소년이 사회적, 직업적 및 학업적인 상황에서 기능하는 능력에 손상을 입힌다.

품행장애로 진단 내리기 위해서는 한 개인이 세 가지의 각기 다른 파괴적인 증상들을 보여야 한다. DSM-IV는 이러한 증상들을 네 가지로 범주화하고 있다.

1. 사람과 동물에 대한 공격성(예 : 또래 친구들을 때리고, 위협하거나, 동물에게 돌을 던지는 등의 행동)
2. 재산의 파괴(예 : 부수기, 방화, 낙서 등)
3. 사기 또는 도둑질(예 : 거짓말, 속임수, 절도 등)
4. 심각한 규칙 위반(예 : 반복되는 무단결석, 밤늦게까지 돌아오지 않는 등)(American Psychiatric Association, 2000.)

이러한 증상들은 청소년기 이전 혹은 청소년기가 시작될 무렵에 나타나게 된다.

품행장애를 가진 청소년들은 종종 낮은 수준의 사회적 기술을 가지고 있으며 다른 사람들과 잘 지내지 못한다. 그들은 좌절을 다루는 데 어려움을 겪고 분노를 폭발시킨다. 또한 어린 나이에 약물 복용을 시작하고 성 경험도 이른 시기에 한다(Altepeter & Korger, 1999).

품행장애는 **반항장애**(ODD) 및 **주의력 결핍 과잉행동장애**(ADHD)와 유사한데, 이러한 장애를 가지고 있는 아동들은 파괴적인 방식으로 행동한다는 점에서 그렇다. 그러나 품행장애는 이 두 가지 장애와 다른 특성이 있다. 반항장애를 가지고 있는 아동들은 실제로 품행장애를 가진 아동들보다도 다른 사람들을 해치는 행위를 덜 보인다. 반항장애를 가지고 있는 아동들은 논쟁을 하거나 화를 낸다. 그들은 다른 사람들을 비난하고, 방어적이며, 복종하지 않는데, 특히 권위적인 인물들과 상호작용할 때 그렇다. 반항장애 청소년들은 그들의 선생님과 부모들을 괴롭히기 위해 규준에서 벗어나려고 한다. 그러나 또래들은 덜 괴롭힌다. ADHD가 있는 아동들은 좌절에 대한 낮은 내성을 보이고 충동조절능력이 부족하다. 그래서 화가 나면 언어적으로나 신체적으로 다른 사람들을 공격할 수 있다. 이러한 반사회적인 행동들은 증상 그 자체라기보다는 그들의 다른 증상들로 인해 생겨나는 2차적인 경우가 더욱 많다. ADHD와 반항장애는 종종 공존병리를 보이는데, 모두 그런 건 아니지만 품행장애가 있는 아동들과 청소년들은 ADHD를 함께 가지고 있기도 한다(Stewart, Cummings, Singer, & deBlois, 1981).

청소년 길거리 갱단을 구성하는 이들의 대부분은 16~17세의 소년들이다. 이들은 다양한 정서적, 사회적 욕구─동지애를 느끼고, 보호받고, 신나기 위해─를 위해 갱단에 머무른다.

력조직에 가담하고, 어떤 사람은 가담하지 않을까? 한 이론에서는 자기선택적인 과정이 포함된다고 보았는데, 이미 부적응적인 청소년들이 폭력조직에 가담한다고 말한다. 이에 필적하는 또 다른 이론은 평범한 청소년들이 폭력조직에 가담하고 그런 후에 동료 조직원들에 의해 일탈된 행동들을 하도록 강요당한다고 주장하였다. 이러한 이론들은 상호 배타적인 것이 아니며, 두 가지 가설 모두 맞는 듯하다. 폭력조직에 가입하려고 결정한 청소년들은 처음에는 갈등을 겪는다. 그러나 그들의 비행 수준이 한 차례 상승되고 나면 폭력조직에 가입하게 된다. 특히, 폭력조직에 가담하는 청소년들은 낮은 자아존중감, 부모와의 갈등적인 관계 및 미해결된 민족 정체감을 가지고 있다(Duke, Martinez, & Stein, 1997). 그들은 돈을 벌고, 지위와 승인을 얻고, 폭력조직 구성원들과의 유대감을 형성하고, 또한 스스로를 보호하기 위해 반사회적 행동에 가담한다.

최근까지는 폭력집단에 여자 구성원은 거의 없다는 것이 당연시되었다. 또한 소녀들이 폭력조직에 가담하게 되면, 그들은 비주류로 남거나, 그들의 주요 역할은 대개 남자 구성원들의 섹스 파트너일 거라고 믿었다. 최근의 수많은 연구들은 이러한 믿음과는 반대되는 결과들을 보고하였다. 일례로, Maxson과 Whitlock(2002)은

그들의 연구에 포함된 폭력조직에 소속된 이들의 1/4~1/3 이상이 여학생들이라는 것을 확인하였다. 물론 이러한 양상도 변화하고 있으나, 소녀들이 소년들에 비하여 폭력적인 활동에 가담하는 비율은 여전히 낮다. 그러나 범죄 행동에 가담하는 경향은 유사하다. 소녀들은 소년들보다도 더 어린 나이에 조직에 가입하고, 보다 일찍 조직을 떠나는 경향이 있다. 마지막으로, 소녀들은 소년들보다도 훨씬 더 많이 친밀감 및 관계를 맺으려는 욕구를 충족시키기 위하여 폭력조직에 가담한다.

폭력조직의 구성원들인 청소년들은 조직 구성원이 아닌 청소년들에 비해 더 많은 절도를 저지르거나 폭행을 가하고, 무기를 운반하거나 사람을 죽이게 된다. 또한 폭력조직 구성원들은 미성년기에 임신을 하거나, 마약을 사용하고, 폭력을 당하고, 충동적으로 쏜 총에 상해를 입고, 어린 나이에 살해당하는 경우가 더 많다(Flannery et al., 1998a; Morris Harrison, Knox, Romanjhauser, Marques, & Watts, 1996). 게다가 어떤 청소년들에게 있어서는 조직에 가입하는 것이 실패한 그들의 삶을 향상시키고자 하는 최후의 노력이기도 하다.

청소년 사법체계

미국의 각 주는 청소년 비행을 다루는 나름대로의 체계

여자 청소년들은 갱단 내에서 점점 증가하고 있으며, 과거와 달리 조직의 중심부에 머무른다.

알고 싶은 것

▶ **소녀들은 청소년 폭력조직 내에서 어떻게 참여하고 있는가?**

폭력조직의 구성원 중 1/3 이상이 소녀들이다. 게다가 소녀들은 지엽적인 위치에서 탈피하고 있으며, 그들의 행동은 점차적으로 남성 폭력조직원들과 유사해지고 있다.

를 가지고 있다. 비록 주마다 그 내용이 상이하지만, 각 체계는 세 가지의 개별적인 구성요소로 이루어져 있다 : 경찰, 청소년 법원, 교화 시설.

경찰

청소년 사법체계에서 청소년이 가장 먼저 접하게 되는 것은 지방경찰 부서이다. 법률의 유지와 집행의 책임을 지고 있는 경찰들은 법원으로 이송되기 전에 각 사례를 검토한다. 범법 사실이 밝혀지면, 경찰은 다음의 몇 가지 조치 중 하나를 택할 것이다 : (1) 범법 사실을 묵인해 준다. (2) 경고하고 풀어 준다. (3) 부모님들에게 문제를 보고한다. (4) 학교, 복지기관, 클리닉, 상담센터, 혹은 가정으로 신변을 인도한다. (5) 담당 경찰이 청소년을 심문하고 문책하기 위해 구류해 둔다. (6) 조

사 후 구류하여 청소년 법정으로 인계한다. 만약 구류되어 재판을 기다리는 상태라면, 청소년들은 보석금을 내거나 혹은 내지 않고서도 풀려날 수 있으며, 혹은 비행 청소년 단기 수용소(detention center)로 보내질 것이다. 만약 특정한 청소년 시설에서 이들을 수용할 수 없다면, 때때로 성인 범죄자들과 함께 교도소에 감금될 수도 있다.

이 과정 초기에 일어나는 문제 중 하나는 사건이 전적으로 경찰의 재량에 맡겨진다는 것이다. 그들에게는 법률을 집행해야 할 의무가 있지만, 이것이 차별적으로 이루어진다. 경찰이 도시의 '불량한' 지역에 거주하는 청소년이나 '불량한' 피부색을 지닌 청소년들은 체포하지만 부유한 가정이나 말끔하게 차려 입은 청소년들은 풀어 줄지도 모른다. 많은 경찰들이 청소년들을 괴롭히는 것을 즐기기도 한다. 어떤 경찰은 청소년들에 대해 유별나게 가혹할 수도 있다. 또한 변호사를 고용할 여유가 있는 부모들은 그들의 자녀가 법적인 제재를 받기 이전에 공정한 대우를 받을 권리를 보장해 줄 것이다. 청소년들이 경찰을 증오하게 되는 이유들 중 한 가지는 불공평하고 차별적인 대우와 시달림 때문이다.

몇몇 지역사회에서는 청소년을 전문적으로 다루는 청소년 경찰을 고용하기도 한다. 그런 경찰들은 법률 집행 이상의 기능을 하며, 청소년들과 그들의 가족을

알고 싶은 것

▶ **법을 어기고 체포된 십대들에게는 어떤 일이 일어나는가?**

십대들이 불법적인 행위를 해서 경찰에게 체포되면, 대개 경고를 주고 돌려보내거나 그들의 부모와 학교 관계자들과 연락을 취한다. 십대들은 거의 형사상의 법원체계에 따르지 않는다. 만약 십대가 체포된 후 심리를 받고 재판에 의해서 유죄라고 밝혀지면, 대부분은 보호관찰을 받게 된다.

도와 문제를 해결하기 위해 노력한다. 몇몇 큰 도시들은 다섯 가지 기능을 하는 독립적인 청소년 사무국을 설치해 두고 있다.

1. 비행 청소년, 잠재적인 비행 청소년 및 탈선을 조장하는 조건을 발견
2. 비행 행동을 하거나 성인 범법자와 연루되어 범행한 청소년 사례에 대한 조사
3. 청소년 보호
4. 청소년 사건의 처리
5. 청소년 비행의 방지

현재는 많은 지역사회의 경찰들이 단순히 법집행을 뛰어넘어 청소년 모임에 대한 후원에서부터 지역 학교에서 약물 교육 프로그램이나 안전 교육을 제공하는 등에 이르기까지 다양한 기능을 하고 있다.

청소년 법원

청소년 법원은 최종적으로 한 사례의 처분을 결정하지만, 그 절차는 주마다 다르다. 법관은 얼마나 '부모다워야' 하는 것일까? 청소년 사례는 종종 비공식적으로 사적인 심문을 통해 처리된다. 재판은 판사들의 방에서 사적인 논의를 통해 이루어진다. 그러나 공식적인 재판 없이는 어떤 결과가 나올지가 전적으로 판사의 의향에 따라 결정되는 것이다. 일반적으로 변호사들 간의 진술 협상이 이루어지므로, 때로 변호사들이 사례를 결정 짓기도 한다.

청소년 사법체계 관련 법무에 대해 최상의 전문성을 지니고 있을 뿐만 아니라 아동심리학 및 사회 문제에도 식견을 지닌 판사들을 고용한다. 적절한 위탁 가정과 기관의 보호 및 오락 시설과 더불어, 다양한 의학적, 심

Research Highlight   청소년 법원을 변화시킨 사례

1990년도 이전의 법률체계는 청소년을 성인처럼 다루었다. 만약 체포되면, 그들은 성인과 똑같은 법정에 출두하게 되었다. 만약 형이 판결되면, 성인과 같은 감옥에 감금되었다. 20세기 초에 이루어졌던 개혁자들의 활동은 이러한 정책을 효과적으로 변화시켰다. 그들은 미성년자들은 벌을 받기보다는 사회로 복귀해야 하며, 또한 복귀가 가능하다고 주장하였다. 또한 법원은 부모의 권리를 포함하는 역할을 해야 하며, 아동들에게는 최대한의 관심을 기울여 행동해야 한다고 주장하였다. 비록 이것이 실제로는 고상한 의도로 보일 수 있었지만, 그것은 청소년들이 비일관적으로 다루어질 뿐 아니라 때로는 그들이 가지고 있는 헌법상의 권리가 침해받는다는 점을 의미하였다.

그 체계를 변화시킨 사례는 Gerald Gault라는 이름의 15세 소년이었다. Gerald는 한 이웃이 그가 자신에게 외설적인 전화를 걸었다고 신고한 후에 경찰에 체포되었다. 경찰들은 Gerald의 부모에게 그의 체포를 알리지 않았다. Gerald의 아버지와 고소인 모두 법원의 심리에 나타나지 않았다. 목격자들은 반대 심문에서 증언하지 않았으며, 어떠한 공식적인 기록도 소송절차에 남겨지지 않았다. 법원은 Gerald를 20세 첫 생일이 될 때까지 6년 동안 청소년 단기 수용소로 보내라는 판결을 내렸다. 성인이 동일한 범죄로 받을 수 있는 최고의 형벌은 50달러의 세금과 2개월의 감금이었다.

이 사례는 애리조나 대법원에 항소되었으나 기각되었다. 이 사례를 1967년에 미국 대법원에 제출하였을 때, 법원은 4~5명의 법원 결정 협의에서 Gerald에 대한 평판이 좋음을 확인하였다. 법원은 청소년들에게도 기본 인권에 관한 선언 및 14번째 수정 조항의 원칙에 입각한 정당한 절차를 누릴 자격이 부여된다고 판결하였다. 그때 이후 청소년 법원이 성인 법원과 분리되었지만, 청소년들은 성인과 동일한 재판상의 권리를 가지게 되었다. 예를 들어 그들은 법정 대리인에 관한 권리를 가지며, 증인을 반대심문할 수 있으며, 스스로 죄를 인정하게 할 수 없었다.

청소년을 성인 감옥으로 보내는 일은 청소년 교화체계 중 최악의 방법이다.

리학적, 사회적 서비스도 이용 가능하다(Stein & Smith, 1990). 자질을 갖춘 보호관찰관들도 제한된 수의 사례만 담당하며 건설적인 계획을 가지고 주의 감독하에 노력한다. 청소년 구류는 최소화되고, 그것도 가능하다면 교도소와 경찰서 밖에서 이루어진다. 청소년들은 부적절한 기록이 남거나 무분별하게 공식적인 조사를 받지 않도록 보호받는다.

교화 시설

법정에 선 대부분의 청소년들, 특히 처음으로 법정에 선 청소년들은 집행 유예의 판결을 받거나 적절한 의학적, 심리학적, 혹은 사회적 서비스 시설의 도움을 받도록 명령받는다. 법원의 목적은 단지 처벌만은 아니며, 범법자들에게 적절한 처치와 사회 복귀를 보장해 주는 것이다. 그러므로 종종 판사는 가장 적절한 처우가 무엇인가에 대해서 신속한 결정을 내려야 한다.

교화 절차의 중심이 되는 것은 보호관찰체계(probation system)인데, 여기서 청소년들은 자신의 행동을 통제하고 안내해 주는 보호관찰관들의 보호를 받고, 필요한 사항들을 보고해야 한다. 비행 행동을 일으킨 청소년들은 약 2/3의 비율로 보호관찰체계에 놓인다.

전적으로 처벌 위협에 기초한 보호관찰은 사회 복귀 방책으로서는 바람직하지 못하다. 긍정적인 행동과 정적인 강화에 초점을 맞추는 프로그램들이 더 유용하다. 보호관찰을 받는 청소년 범법자들이 청소년 시설에 유치된 청소년들에 비해 더 낮은 재검거율과 일반적으로 더 좋은 기록들을 갖는다는 연구결과가 보고되고 있다.

대부분의 청소년 교화 시설은 비행 청소년 단기 수용 시설을 가지고 있다. 이것들 대부분은 청소년들이 심문을 기다리는 동안 잠시 동안 억류되어 있는 수용소이자 진단센터이다. 만일 심문이 이미 행되었다면, 더 결정적인 조치가 취해지기 전에 추가적인 진단과 평가를 받기 위해 센터에 머무르게 된다. 이곳에 있는 청소년들의 대략 1/3은 비행 청소년들이 아니다(Snyder & Sickmund, 2006). 그들은 부모가 자신들을 돌볼 수 없거나, 돌보지 않으려 하거나, 혹은 돌봐서는 안 될 사람들이기에 법원의 감독(JINS)이 필요한 청소년들이다. 어떤 부모들은 아프거나 사망했고, 또 다른 부모들은 자녀들이 집을 뛰쳐나올 정도가 될 때까지 방치하고, 거부하거나 학대했다. 이곳에 있는 일부 청소년들은 집에서 도피해 가출한 청소년들이다. 많은 청소년들이 법원의 처분을 기다리며 이곳에 머문다. 이런 혼잡한 수용시설은 청소년을 위한 장소가 아니라는 비판도 제기되고 있다. 성적인 문제를 가진 정신질환자들과 마약 밀매인들이 통금위반 같은 사소한 규칙 위반으로 체포된 청소년들과 함께 구류되어 있기도 한데, 이런 센터는 해로울 뿐이다.

교화 시설에는 또한 소년원, 목장, 삼림 캠프와 농장 등도 포함된다. 공적인 감독을 받고 있는 청소년들의 30% 정도는 이런 유형의 사설기관에 들어간다. 대부분의 청소년들은 소년원이나 기술학교에 가게 된다(Snyder & Sickmund, 2006).

이 체계는 **토큰경제**(token economy)라고 불리는 강화 체계에 의해서 크게 향상되었는데, 이 방법은 24시간 긍정적인 학습환경을 강조한다(Miller, Cosgrove & Doke, 1990). 토큰경제 체계에서 학생들은 긍정적인 행동을 통해 점수를 획득하며, 이 점수는 물건들을 구입할 수 있는 돈이나 어떤 특권으로 환원된다. 돈은 방세나 범칙금으로, 혹은 매점이나 스낵코너에서, 혹은 오락을 목적으로 사용될 수 있다. 학생들은 학업 성취와 학교 공부를 하는 경우, 적절한 사회적 행동을 하는 경우, 자질구레한 일이나 다른 일들 혹은 사회적 발달을 위한 것들을 하는 경우에 점수를 얻는다. 토큰경제 체계는 학업 성취, 직업 훈련, 혹은 공격적이고 파괴적이며 반사회적 행동을 없애는 데 상당한 도움이 된다.

이러한 교화 시설에 대한 비판 중 하나는 청소년들이 일단 지역사회로 되돌아가면 처음 상황과 다를 바 없이 동일한 영향력과 문제에 다시 직면하게 된다는 것이다. 한 가지 제안은 사회복지시설(halfway house)과 그룹홈(group home) 등을 설치하여 청소년들이 이곳에 거주하며 학교나 일터로 나가게 하는 것이다. 이런 방식으로 그들이 적절한 자기관리를 배울 때까지 어느 정도의 통제를 유지시킬 수 있다. 가장 필요한 것 중 한 가지는 수용시설에서 복귀한 이후에 일자리를 준비하도록 하는 것이다.

비행 청소년의 매우 소수만이 교도소로 보내진다. 2003년 현재 교도소에 구금된 사람의 1%만 18세 이하였다(Snyder & Sickmund, 2006). 이 비율은 1990년대에 급작스럽게 상승했고, 1996년에 최고점에 머물렀다가 그 이후로 감소하고 있다. 교도소에 구금된 청소년의 대부분은 학대나 살인처럼 심각한 대인 범죄를 일으켰다.

명수가 적다는 것은 좋은 소식이다. 왜냐하면 청소년들을 교도소로 보내는 것은 최악의 사회 복귀 방책이기 때문이다. 이곳에 감금된 범법자들의 많은 비율이 반사회적 행동을 선호하고, 타인의 권리를 존중할 줄 모르며, 아무런 양심의 가책도 느끼지 않고, 적절히 대처하는 것이 거의 불가능한 반사회적 인물들이다. 그들은 아직도 어리고 발달 중에 있는 청소년들과는 다르다. 이러함에도 불구하고, 동일한 범죄에 대하여 성인에 비해 청소년들에게 더욱 무거운 판결이 내려지는 경향이 있다(Cullen & Wright, 2002).

교도소에서 그들은 중요한 관계를 맺고 지내 온 적절한 성인 남성 모델을 갖고 있지 못하다. 게다가 일단 전과 기록을 갖게 되면, 유익한 삶을 찾고자 하는 기회가 위태롭게 된다. 그들은 문제를 해결하는 방식으로 위협, 뇌물 수수, 속임이나 가학을 배우게 된다. 또한 많은 죄수들은 동성애 행위를 포함한 여러 가지 방식으로 동료 죄수들을 괴롭히고 협박한다. 만일 청소년들이 권위자나 그 체제에 대해 반항적이지 않다 하더라도, 일단 교도소에 도착하면 얼마 지나지 않아 그렇게 되어 버리고 만다.

개인 상담이나 집단 상담 모두 청소년 범법자들의 치료 및 교정을 위한 종합적인 프로그램의 중요한 부분이다. 일대일로 이루어지는 개인 상담은 상당한 시간이 소모되고, 비행 청소년의 수에 비해 전문가의 수가 턱없이 부족한 실정이지만, 이는 상황에 따라 효과적일 수 있다. 청소년 범법자들이 집단 상황에서 덜 불안하고 덜 방어적인 태도를 취하므로, 개인 상담보다 집단 상담을 통해 이들을 치료에 몰입시키기 쉽다. 때로 청소년과 부모 모두를 대상으로 집단 상담이 이루어지는데, 이 경우에 가족치료의 일부 유형과 유사성을 띠게 된다. 부모들과 함께 작업하는 것은 무엇보다도 탈선에 기여하는 가족 상황을 수정하는 데 중요한 역할을 하게 된다.

청소년 사법체계에 대한 비판

청소년 사법체계에 대한 가장 큰 비판은 그것이 효과가 없다는 것이다. 청소년들을 성인처럼 대하려는 현재의 추세가 효과적이지 않다는 점이 증명되었다(Lipsey & Wilson, 1998). 이 체계로 인해서 청소년 범죄나 성인 범죄의 비율이 감소된 것도 아니며, 상습적인 범죄의 비율 역시 감소되지 않았다(Ashford & LeCroy, 1990). 이 체계에 대한 대부분의 비판은 체계 내 공동작업의 부족과 역할 규정의 모호성을 지적한다. 판사와 사회사업가, 경찰들 간에 일어나는 책임과 역할의 혼란, 석방 시스템의 결함, 아동 및 사회에 대한 보호 역할 수행의 실패 등이 그 내용이다. 청소년 범법자를 처벌하는 것만이 강조되는 한, 치료와 사회 복귀는 등한시될 것이다. 어떤 경우라도 초기 예방책이 훨씬 중요하며, 비행이 시작되기 전에 멈추는 데 초점을 두어야 한다.

복귀적인 사법활동

청소년 법원체계의 지속적인 실패에 대한 반응으로, 지난 10년간 청소년 사법에 대한 새로운 접근이 추진력을 얻어 왔다. 이는 **복귀적인 사법활동**으로, 희생자의 욕구(배상과 대면을 위한), 주요한 지역사회(안전과 보호), 청소년 범죄자(범죄를 저지르는 대신에 대안으로 사용할 수 있는 기술들을 배움)들 간의 균형을 맞추기 위해 노력한다. 범죄자들은 확실하게 자신의 범행에 대한 설명을 할 수 있어야 한다. 자신들이 저질렀던 행동의 위해를 이해하고, 그 범죄에 대한 책임을 받아들이고, 자신들이 저지른 잘못을 교정할 수 있게 되기를 기대한다. 이론적으로 보면, 희생자와 만나서 손해배상을 하도록 하고, 교육, 상담, 그리고 지역사회 서비스의 기회를 제공하면 범죄자들은 도덕적으로 더욱 성숙해질 뿐 아니라 지역사회에 통합되었다는 느낌 및 지역사회의 생산적인 구성원이 되고자 하는 욕구나 기술들을 얻게 된다(Office of Juvenile Justice and Delinquency Prevention, 1995).

이러한 복귀적인 사법 접근에 대한 비판이 없지는 않다(Cullen & Wright, 2002 참조). 예를 들어 이러한 접근이 살인이나 강간과 같은 심각한 범죄의 경우에서는 어떻게 실행될 수 있는지가 명확하지 않다. 피해자는 범죄자를 이해하는 마음으로 만나려 하지 않을 것이다. 만약 범죄자가 함께 협력하기를 약속한 후에 그것을 이행하지 않는다면 어떻게 될 것인가? 그들이 프로그램에 참여했지만 또 다른 범죄를 저지른다면 어떻게 되는가? 지금까지, 복귀적인 사법적 접근의 효과에 대한 연구는 일관적이지 않다. 복귀적인 접근이 다른 접근들에 비해 더욱 효과적이라고 말하기 위해서는 더 많은 시간이 필요할 것이다.

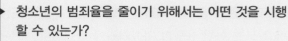

알고 싶은 것

▶ 청소년의 범죄율을 줄이기 위해서는 어떤 것을 시행할 수 있는가?

삶의 기술들을 배우고, 미래에 대한 희망을 심어 주고, 멘토를 제공하고, 개인적인 가치들을 가르쳐 주는 프로그램들은 청소년 범죄를 감소시킬 수 있다.

청소년 비행의 예방

예방 노력의 목적은 비행이 발생되기 전에 문제 행동들을 제거하는 것이다. 많은 전문가들은 여러 가지 이유를 들어 예방에 더 많은 노력들을 기울여야 한다고 믿는다. 첫째, 하나의 개별적인 프로그램은 약물 남용이나 학교중퇴와 같은 여러 가지 바람직하지 않은 행동들의 위험을 효과적으로 동시에 감소시킬 수 있다. 또한 예방은 그들의 가족과 피해자들과 마찬가지로 비행 청소년들이 경험하는 외상적인 경험들을 줄여 줄 수 있다. 마지막으로, 예방 프로그램들은 하나의 문제가 다른 문제를 야기하거나 혹은 적어도 악화시키는 실패의 악순환을 없앨 수 있다.

다양한 형태의 예방하고자 하는 노력의 목적은 비행 및 다른 문제들을 감소시키는 것이지만, 그중 **청소년 발달 프로그램**(youth development program)이라고 불리는 것에 가장 큰 희망을 건다. 비록 매우 다양하기는 하지만, 이러한 프로그램들은 기술들을 제공하고, 관계를 맺고, 자아존중감을 높임으로써 청소년들이 비행 행동을 피하고 적응적으로 기능하는 성인이 되도록 고안된 것이다. 반대로, 안전하지 못한 성관계의 위험성 및 약물 남용에 대한 정보를 제공하는 강의 같이 보다 지엽적인 초점을 맞춘 예방 노력은 학생들에게 성공적인 삶에 요구되는 삶의 기술들을 제공해 주지는 못한다(Roth, 2000).

청소년 발달 프로그램에 대한 개관에서 성공적인 프로그램들이 공유하고 있는 다섯 가지 특성이 밝혀졌다.

1. 학업적, 사회적, 그리고 직업적 능력의 향상
2. 자신감 및 자아존중감의 증진

3. 청소년들과 성인 멘토들과의 관계 및 또래 간의 강한 유대감 발달
4. 성격을 형성하고 긍정적인 가치들을 가지도록 함
5. 다른 사람들을 돌보고 동정심을 증진시킴(Roth, Brooks-Gunn, Murray, & Foster, 1998).

또한, 성공적인 프로그램들은 세 가지 다른 유형의 지지를 제공한다. 즉 정서적 지지와 양육, 높은 기대 수준과 기준들에 대한 동기적인 지지, 계획과 재능을 개발하는 형태의 전략적인 지지이다(Roth, 2000). 서비스는 단기간보다는 지속적이어야 한다. 이에 대한 연구들은 청소년들이 자발적으로 도전적인 프로그램에 참여하고 거기서 유익함을 얻으며, 자신들의 삶에 대한 의미를 느낀다는 점을 보고하였다.

불행하게도, 가장 유용한 프로그램들의 특성들을 자세하게 기술하는 것은 어렵다. 그렇다면 얼마나 오랫동안 프로그램이 지속되어야 하는가? 어떤 활동들이 효과적일까? 청소년들이 어디에 거주해야 하는가? 프로그램을 시작해야 하는 나이는 언제인가? 프로그램은 매우 다양하고, 그 결과에 대한 연구는 부족하다. 이전에 이루어진 많은 연구들은 연구에 포함된 표본이 작고 통제집단이 부족하다는 문제점을 가지고 있다(Moote & Wodarski, 1997; Roth, Brooks-Gunn, Murray, & Foster, 1998). 현재 우리는 청소년들을 바로잡아 주고 그들에게 개인적인 성취감을 제공하는 환경 내에서 그들을 돌보는 성인과 청소년들이 함께 하는 활동들이 효과가 있다는 결론만 내릴 수 있다.

권장도서

Berman, A. L., Jobes, D. A., and Silverman, M. M.(2005). *Adolescent Suicide: Assessment And Intervention*. Washington, DC: American Psychological Association.

Empey, L. T., Stafford, M. C., and Hay, C. H. (1999). *American Delinquency: Its Meaning and Construction*. New York: Wadsworth.

Fassler, D. G., and Duman, L. S. (1998). *"Help Me, I'm Sad": Recognizing, Treating, and Preventing Childhood and Adolescent Depression*. New York: Penguin Books.

Flannery, D. J., and Huff, C. R. (1999). *Youth Violence: Prevention, Intervention, and Social Policy*. Washington, DC: American Psychiatric Press.

Heibrun, K., Goldstein, N. E. S., and Redding, R. E. (Eds.). (2005). *Juvenile Delinquency: Prevention, Assessment, and Intervention*. New York: Oxford University Press.

Howell, J. C. (2003). *Preventing and Reducing Juvenile Delinquency: A Comprehensive Framework*. Thousand Oaks, CA: Sage.

Hoyt, D., and Whitbeck, L. (1999). *Nowhere to Grow: Homeless and Runaway Adolescents and Their Families*. Somerset, NJ: Aldine.

Jackson, R. K., and McBride, W. D. (2000). *Understanding Street Gangs*. Belmont, CA: Wadsworth.

Jamison, K. R. (1999). *Night Falls Fast: Understanding Suicide*. New York: Knopf.

Koplewicz, H.(2003). *More Than Moody: Recognizing and Treating Adolescent Depression*. New York: Perigee.

Sikes, G. (1998). *Eight Ball Chicks: A Year in the Violent World of Girl Gangsters*. New York: Doubleday.

Wodarski, J. S., Wodarski, L. A., and Dulmus. C. N. (2002). *Adolescent Depression and Suicide: A Comprehensive Empirical Intervention for Prevention and Treatment*. Springfield, IL: Charles Thomas.

알고 싶은 것

▶ 약물 사용과 남용은 어떻게 구분하는가?

▶ 약물의 사용 유형에 따라 위험 정도에 어떠한 차이가 있는가?

▶ 주된 약물의 종류에는 어떤 것들이 있는가?

▶ 청소년들이 가장 흔히 사용하는 약물에는 어떤 것이 있는가?

▶ 대학생들의 약물 사용은 증가하는가, 감소하는가?

▶ 오늘날 얼마나 많은 청소년들이 약물을 사용하는가?

▶ 약물 사용자와 비사용자 간에 어떠한 인구통계학적 차이가 있는가?

▶ 어떤 종류의 예방과 치료 프로그램이 청소년들에게 효과적인가?

▶ 십대들이 유해성을 알면서도 흡연을 하는 이유는 무엇인가?

▶ 많은 청소년들이 음주를 시작하게 되는 이유는 무엇인가?

▶ 대학교 시절 과음한 대부분의 학생들은 성인이 되어서도 계속 과음을 하는가?

이 장에서는 청소년들의 주된 건강 문제인 약물 남용 (drug abuse)에 초점을 맞추고 있다. 이는 약물 남용의 빈도와 청소년들의 삶에서 차지하는 중요성에 근거하여 선정된 것이다. 약물 남용은 청소년들과 관련된 가장 심각한 사회적 건강 문제로 간주되고 있으며, 약물은 청소년 탈선과 범죄에 밀접하게 관련되어 있는 문제이기도 하다. 이 장에서는 이러한 문제를 검토하고 다음과 같은 질문들에 대해 논의해 볼 것이다 : 어떤 약물이 가장 흔하게 사용되는가? 약물 남용은 과대추정되어 왔는가? 누가 어떤 이유로 약물을 사용하는가?

불법적인 약물 사용과 더불어, 많은 청소년들이 흡연과 음주를 하는데, 그 시작을 미연에 방지할 방법은 없는가? 어떤 유해한 결과가 생기는가? 흡연과 음주는 너무나 흔히 사용되고 있기 때문에 각각에 대해서는 나중에 따로 설명할 것이며, 우선은 **약물 사용**(drug use)과 약물 남용에 대해 구분해 보겠다.

약물 사용과 남용

사실 우리는 항상 약물을 사용한다. 두통이 있으면 아스피린을 몇 알 먹고, 코가 막히면 충혈완화제를 사용한다. 실제로 모든 약물은 남용될 위험이 있다. 아스피린조차 과다한 양을 복용하면 치명적일 수 있다. 그렇다면 약물 사용과 남용을 어떻게 구분할 수 있을까 ?

이 둘을 구분하는 유일하고 절대적인 법칙은 없다. 그러나 흔히 다음과 같은 두 조건이 충족될 때 **약물 남용**으로 분류한다. (1) 약물 사용이 부정적인 일이 일어날 위험성을 현저하게 증가시키는 경우, (2) 약물이 일상생활을 영위하는 데 지장을 초래하는 경우. 약물에 의존할 경우 첫 번째 조건은 쉽게 충족된다. 약물을 과다하게 자주 복용할 경우에는 두 번째 조건도 대개 만족시키게 된다.

솔직히 말해 약물을 시험 삼아 사용한 대부분의 청소년들에게 장기간 지속되는 후유증이 있는 것은 아니다. 그러나 문제는 약물을 처음 복용한 뒤 심장마비가 생기거나 약물을 먹은 상태로 차를 몰다가 심각한 교통사고를 일으키게 될지도 모른다는 것이다. 마찬가지로, 약물을 복용하기 전에는 약물에 중독되거나 의존하게 될

알고 싶은 것

▶ **약물 사용과 남용은 어떻게 구분하는가?**
약물로 인해 위험해질 우려가 있거나, 해를 입거나, 행동을 통제하지 못하게 되는 경우에 약물 남용이라고 한다.

지의 여부를 알 수가 없다. 그리고 청소년들이 사용하는 약물 대부분은 소지가 금지된 불법 약물이다. 그러므로 이러한 약물을 사용하는 청소년은 체포되거나, 벌금형을 받거나, 보호관찰하에 놓일 수 있고, 심한 경우 감옥에 갈 수도 있다.

많은 경우, 약물 사용은 마치 러시안 룰렛 게임을 하는 것과 같다. 총알이 8발 중 1발만 장전되어 있다면, 총을 쏴도 살아남을 가능성이 높다. 그러나 운이 없으면 치명적인 결과가 생길 수 있다.

신체적 중독과 심리적 의존

약물을 지속적으로 사용하게 되면 신체적 중독(physical addiction)이나 심리적 의존(psychological dependency)이 생기게 될 위험이 있다. 약물에 대한 **신체적 중독**은 약물에 대한 생리적 요구가 형성되어 약물을 습관적으로 복용하게 되는 것으로, 갑작스럽게 약물 사용을 중단할 경우 금단 증상이 일어나게 된다. **심리적 의존**이란 약물에 대한 지속적이고 참을 수 없는 심리적 욕구가 형성되는 것이며 결과적으로 강박적인 약물 복용으로 이어진다. 약물에 대한 심리적 의존이 견고하게 굳어지면 신체적 의존에 비해 극복하는 것이 더욱 어렵다. 특히 약물 없이는 전혀 기능할 수 없을 정도로 약물에 깊게 빠져들게 되었을 경우에는 더욱 그러하다. 예를 들어 헤로인에 대한 신체적 의존을 극복하고도 그것에 대한 심리적 의존을 견디지 못해 다시 헤로인을 복용하게 되는 경우가 있다. 그러므로 신체적인 중독성을 지닌 약물들만이 위험하다고 생각하는 것은 착각이다.

약물에 중독되거나 의존하게 되면 일상생활에 지장이 초래된다. 예를 들어 수업에 빠지거나, 숙제를 못해 가거나, 또는 시험을 제대로 못 볼 수도 있다. 심지어

알고 싶은 것

약물의 사용 유형에 따라 위험 정도에 어떠한 차이가 있는가?

실험적 사용에서 강박적인 약물 사용으로 사용 수준이 올라갈수록 위험이 증가한다. 약물 사용의 빈도와 용량이 증가함에 따라 문제의 성격이나 범위도 확대된다. 강박적인 약물 사용자들은 심각한 문제들을 가지고 있다.

약물에 중독되거나 의존하지 않는 사람도 약물 사용의 부작용으로 이러한 결과가 생길 수 있다.

약물 사용의 유형과 강도

약물을 사용하는 대부분의 사람들은 약물을 복용하는 동기에 따라 다음과 같은 5개 범주로 분류할 수 있다.

1. **실험적 사용**(experimental use) : 단기간, 특정한 복용습관 없이 약물을 1회 혹은 그 이상 써 보는 것이다. 주로 호기심이나 새로운 느낌을 경험해 보려는 욕구에 의해 약물 사용이 이루어진다.

2. **사교-오락적 사용**(social-recreational use) : 사회적 상황에서 친구나 아는 사람들과 경험을 공유하기 위해 약물을 사용하는 것이다. 이런 종류의 약물 사용은 사용의 빈도나 강도, 지속 기간이 저마다 상이하지만 약물 사용이 통제할 수 없을 정도로 증가하지는 않는다. 사용자들은 대개 헤로인 같이 중독적인 약물을 사용하지 않고, 자신의 행동에 대해 통제력을 유지할 수 있다.

3. **환경-상황적 사용**(circumstantial-situational use) : 약물의 효과 때문에 약물을 사용하는 것이다. 여기에는 깨어 있기 위해 약물을 사용하거나 긴장을 풀고 잠들기 위해 약물을 사용하는 것도 포함된다. 청소년들은 흔히 우울한 기분, 가치관의 혼란(뚜렷한 가치나 의견, 규율을 가지고 있지 않음), 사회적 고립, 낮은 자아존중감으로 어려움을 겪을 때 불법 약물을 사용한다. 문제 상황에 대한 대처 수단으로 마리화나를 사용했을 때 생길 수 있는

가장 큰 위험은 문제해결 수단으로 약물을 사용하는 것에 익숙해진다는 점이다. 이러한 습관은 결과적으로 과다 약물 사용으로 이어질 수 있다.

4. **과다 약물 사용**(intensified drug use) : 계속해서 스트레스를 받는 상황에서 위안을 얻기 위해 적어도 하루에 한 번 약물을 장기간 사용하는 유형이다. 약물 사용이 일상적인 활동으로 자리 잡지만, 지역사회 내에서의 사회경제적 활동은 유지한다. 약물 사용의 빈도나 강도, 복용량에 따라 직무수행의 효율성에 차이가 나타날 수 있다.

5. **강박적인 약물 사용**(compulsive drug use) : 높은 빈도와 강도로 약물을 장기간 사용하여 약물에 대한 생리적, 심리적 의존이 생기고, 약물을 사용하지 않을 경우 생리적 불편감이나 심리적 스트레스를 경험한다. 신체적, 심리적 안락감이나 위안감을 얻기 위해 계속해서 약물을 사용한다. 이 범주에는 뒷골목에서 마약을 상습 복용하는 사람들뿐만 아니라 아편에 의존하는 의사, 수면제에 의존하는 주부, 술에 의존하는 사업가 등도 포함된다.

약물의 종류

가장 많이 남용되는 약물들은 크게 마약, 흥분제, 진정제, 환각제로 나누어 볼 수 있다. 몇몇 약물들은 여러 범주에 포함되기도 한다.

마약

마약(narcotics)에는 아편(opium)과 그 파생물, 즉 모르핀(morphine), 헤로인(heroin), 코데인(codeine) 같은 것들이 포함된다. 이들은 신체적 통증을 완화시키기 위해 신체 내에서 생산되는 화합물인 **내인성 엔도르핀**(endogenous endorphin)과 비슷한 기능을 한다. 아편은 양귀비의 설익은 깍지에서 나온 즙에서 추출한 점착성의 검은 물질이다. 아편은 보통 가열하여 발생하는 증기를 경구나 코로 흡입한다.

아편의 주요 활성인자인 **모르핀**은 쓴맛을 내는 무취의 백색 가루 형태로 추출된다. 아편 1gr에는 대략 1/10gr의 모르핀이 함유되어 있다. 모르핀은 중추신경계를 진정시키는 효과를 지니고 있기 때문에 극심한 고

통을 완화시키기 위한 의약품으로 사용된다. 중독자들은 모르핀을 'M' 또는 '원숭이(monkey)'라고 부른다. 모르핀은 흡입할 수도 있지만, 분말을 물에 용해시켜 피하주사용 바늘로 주사한다. 또한 약효를 극대화시키기 위해 직접 정맥으로 주입하기도 한다.

코데인 또한 모르핀의 파생물이다. 코데인은 종종 감기 시럽에 사용되거나 가벼운 통증을 완화시키는 데 사용되는데, 다른 아편제들과 동일하지만 더 경미한 진통제 속성을 지니고 있다. 젊은이들은 코데인에는 중독성이 없다고 잘못 알고 이 약물을 자주 사용한다.

헤로인('H', 'horse', 'Harry' 혹은 'smack')은 1874년에 모르핀의 화학처리를 통해 처음으로 만들어졌다. 다른 마약과 마찬가지로, 헤로인 역시 무취의 쓴 맛이 나는 백색 분말이다. 헤로인은 순수한 형태로는 거의 판매되지 않고 우유 분말이나 녹말 같은 다른 백색 물질과 섞어서 판매된다. 이렇게 희석된 약물의 맛을 보고 농도를 가늠해 낼 수 없도록, 헤로인은 종종 쓴맛을 내는 염산 키니네제와 섞인다. 헤로인이 항상 흰색인 것은 아니고, 혼합물을 통해 변색될 수 있다. 어두운 갈색에서부터 검은색까지 있는 블랙 타르 헤로인의 경우 미국 서부에서 점차 인기를 얻고 있다. 헤로인이 매우 위험한 이유 중 하나는 한 팩 속에 들어 있는 양이나 한번에 복용하는 양이 매우 다르고 과잉 복용할 경우 쉽게 죽음에까지도 이를 수 있다는 점이다. 최근 팔리고 있는 헤로인은 몇십 년 전에 팔렸던 것보다 순도가 더 높고 사용 방식이 변화되었다. 과거에 헤로인은 주사를 통해 정맥에 주입되거나 피하주사로 주입되었다. 여전히 많은 사용자들이 헤로인을 주사하고 있기는 하지만, 이제는 코로 흡입하거나 흡연하는 사람이 더 많아지고 있다. 청소년들에게 이러한 방법은 주삿바늘을 함께 쓰는 과정에서 AIDS나 패혈증에 감염될 위험성을 줄여주기 때문에 더 안전한 방법으로 알려지고 있다. 마약에 취하기 위해 필요한 헤로인의 양이 치사량에 가깝다는 점을 감안하면, 어떠한 방식이든 헤로인의 사용은 위험하다. 헤로인을 술이나 다른 진정제와 함께 사용할 경우 특히 더욱 위험하다. 헤로인은 널리 사용되는 마약이지만 매우 소수의 청소년들만이 헤로인을 사용한다. 1990년대 들어 헤로인 사용이 증가하였지만, 고등

학교 학생들 중 1% 미만만이 지난 한 해 동안 헤로인을 사용했다고 보고했다(Johnson, O'Malley, Bachman & Schulenberg, 2006).

합성 아편제인 디메롤(demerol, meperidine)과 돌로핀(Dolophine, methadone)은 자연 아편제의 화학적 대체물질로 개발되어 임상 장면에서 진통제로 사용된다. 이것들은 중독성이 있으므로 의약품으로만 사용하도록 법으로 제한하고 있다.

모르핀과 헤로인을 사용한 결과는 심각하다. 이 약물들은 신체적 의존을 가장 강하게 일으키는 약물이다. 사용자들은 심리적 의존뿐 아니라 신체적인 의존, 약에 대한 내성이 급속히 생겨나므로 복용량을 점차적으로 증가시키게 된다. 약물 의존은 절대적인 지경에까지 이르며, 고가의 헤로인을 구입하기 위해(중독자들은 매일 수백 달러를 쓴다) 많은 사용자들이 범죄나 매음을 저지른다. 약물이 없으면 금단 증상이 나타나는데, 처음에는 눈물과 콧물, 하품, 발한, 동공 팽창 등을 보이고 피부에 소름이 돋기도 한다. 중독자들은 24시간 내에 다리, 등, 복부의 경련, 격렬한 근육 경련, 구토 및 설사를 나타낸다. 'kicking the habit'이라는 영어 표현은 아편제를 중단했을 때 금단 현상으로 나타나는 근육 경련에서 비롯된 것이다. 또한 저하되어 있던 호흡, 혈압, 체온, 신진대사 같은 신체 기능들이 과잉 활성화된다. 이런 증상들은 일주일 이상의 시간이 경과한 뒤에는 점차적으로 감소된다. 또한 중독되어 있을 때 임신한 여성은 중독된 아기를 출산하거나 약물 독성으로 인해 사산하게 될 수도 있다.

중독은 또 다른 부작용도 유발할 수 있다. 중독자들은 보통 식욕이 저하되는데, 이로 인해 극단적인 체중 감소와 심각한 영양실조가 발생하게 된다. 자신의 건강을 방치하고, 만성적인 피로감에 시달리며, 전반적으로 피폐화된다. 성적인 흥미와 활동도 감소한다. 대부분의 결혼생활은 별거나 이혼으로 끝을 맺는다. 중독자들은 사고를 내기 일쑤다. 자주 넘어지고, 물에 빠져 익사하거나, 심지어 담배를 피우다 잠이 들어 불을 내기도 한다. 그들은 일상적인 기능들을 수행할 의욕마저도 상실하고 외모에도 거의 신경을 쓰지 않는다. 그리고 다시금 아편을 구하는 일에 삶의 모든 초점을 맞춘다.

헤로인 중독의 치료는 예후가 매우 좋지 않기 때문에, 현재는 의학적으로 인정된 프로그램에서 메타돈 (methadone)을 중독 치료용 대체 마약으로 처방하는 방법을 사용하고 있다. 이 약물은 헤로인에 대한 갈망과 그 효과를 차단하고 결과적으로 대부분의 중독자들이 더 이상 헤로인을 바라지 않도록 해 준다. 헤로인에 대한 갈망이 없어지면 약물에 취하거나 졸린 상태를 벗어날 수 있기 때문에 정상적으로 생활할 수 있게 된다. 여러 연구에서 메타돈 투약을 통한 성공적 치료 사례들이 보고되었다. 의학적으로 처방된 메타돈을 정기적으로 복용한 대부분의 환자들이 건설적인 시민으로 변화되어 일터나 학교로 복귀했으며, 약물과 관련된 범법 행위에서도 벗어나게 되었다(O'Brien & Cohen, 1984). 이 프로그램의 성공에도 불구하고, 헤로인 중독자 중 20%만이 메타돈 치료를 받을 수 있었다. 현재로서는 메타돈이 가장 효과적인 치료방법이기 때문에, 최근 미국립 보건원에서는 메타돈을 쉽게 구할 수 있도록 법 개정을 권고하고 있다. 1993년에는 더 새로운 약물인 레보-알파 아세틸 메타돌(Levo-Alpha Acetyl Methadol, LAAM)이 메타돈을 대신하여 사용될 수 있도록 FDA의 승인을 받았다. 이 약의 장점은 효과가 더 오랜 시간 지속된다는 점이며, 이 약의 사용자들은 이 약을 매일 복용하지 않고 일주일에 세 번만 복용해도 된다. 만약 사람들이 처음의 약속대로만 살아간다면, 이 약을 사용하는 사람들이 더 많아질 것이다.

흥분제

흥분제(stimulants)는 중추신경계를 활성화시키는 다양한 약물들을 말한다. 흥분제는 대뇌의 뉴런에서 작용하는 노르에피네프린(norepinephrine)과 **도파민**(dopamine)의 양을 증가시킴으로써 약효를 발휘한다(Mckim, 1997). 특히 도파민은 쾌감과 관련되어 있다.

가장 잘 알려진 흥분제 중의 하나가 바로 코카인 ('coke', 'snow', 'blow')이다. 코카인은 남아메리카의 코카나무 잎사귀에서 추출되며, 무취의 백색 분말형태로 통용된다. 비록 고가의 약물이지만 부유층뿐만 아니라 청소년들에게도 널리 사용되고 있다. 코카인은 식욕을 저하시키고 과민하게 만든다. 코카인은 경구로 복용되었을 때는 약효가 없으므로 흡입이나 정맥주사를 통해 혈액에 직접 주입한다. 코카인 복용은 경제적인 부담은 차치하더라도 신경과민, 과흥분성, 안절부절못함, 경미한 편집증, 신체적 소진, 정신적 혼란, 체중 저하, 피로와 우울감, 비강 점막과 연골 질환 등 1차적인 부작용을 유발한다. 약물의 과다 복용은 약효가 지속되는 동안 정신병적 증상을 유발하기도 한다. 코카인의 과다 복용은 두통, 식은땀, 호흡 항진, 구역질, 진전, 경련, 의식 소실 등을 유발하며, 심지어는 목숨을 잃게 할 수도 있다. 심리적인 의존 역시 매우 심각하다. 심각한 우울 증상이 금단 현상으로 나타나며 이에 대한 유일한 치료방법은 코카인밖에 없는 것처럼 보일 정도이다. 유명한 코카인 중독자 중 한 사람이 Sigmun Freud인데, 그 역시 사용량을 단계적으로 올렸다.

고등학교 학생 중 8%가 코카인을 사용했던 경험이 있고, 그들 중 5%는 작년 한 해 동안 코카인을 복용했다(Johnson, O'Malley, Bachman, & Schulenberg, 2006). 초기 성인 중 약 2%가 작년 한 해 동안 코카인을 복용했다(Substance Abuse and Mental Health Service Administration, 2005). 히스패닉계 학생들은 백인 학생들에 비해 현저하게 코카인 사용이 많았으며, 흑인 학생들은 앞의 두 집단 학생들에 비해 코카인 사용이 상대적으로 적었다.

코카인을 암모니아나 나트륨 중탄산염을 통해 가열하면 흡연을 통해 복용할 수 있는 마약인 '크랙(crack)'을 얻을 수 있다. 크랙을 흡입하는 것은 분말을 통해 코카인을 주입하는 것보다 더욱 강렬하지만 약물의 효과는 보다 짧게 지속된다. 크랙은 가장 끊기 힘든 습관성 약물 중 하나이다. 크랙은 약효가 매우 강력하기 때문에 사용자들은 이 약물에 매우 급속하게 빠져들게 된다. 약물에 대한 욕구가 매우 절실해지기 때문에, 사용자들은 이 약물을 구하기 위해 절도, 사기, 폭력 등에 의존하게 된다. 크랙은 두뇌의 신경전달물질에 파괴적인 효과를 미치고, 심장과 다른 신체 기관들을 과도하게 흥분시키므로 건강에 심각한 영향을 미칠 수 있다. 청소년 크랙 사용자들은 학업 성적이 저조하고, 우울하며, 가족이나 친구들로부터 소외되는 경우가 많다 (Ringwalt & Palmer, 1989).

암페타민(Amphetamines)은 벤제드린(benzedrine), 덱세드린(Dexedrine), 리탈린(Ritalin), 메테드린(methedrine) 같은 약물들로 구성된 흥분제이다. 이 약물은 비만, 경도의 우울증, 피로 및 다른 상태를 치료하기 위한 의약품으로 사용되며, 보통 정제나 캡슐 형태로 경구 투약된다. 흥분제이기 때문에 민감성을 증가시키고, 기분을 고양시키며, 행복감을 느끼게 한다. 많은 양의 복용은 일시적인 혈압 상승, 심계 항진, 두통, 현기증, 발한, 설사, 동공 확대, 혈관 수축 이상, 초조, 혼란, 격정, 섬망 등의 증상을 유발한다. 암페타민을 규칙적으로 복용하는 사람들은 신체적인 의존이 생기지는 않지만 약물을 계속해서 복용하고 싶은 강렬한 심리적 욕구와 내성이 생기면서 점차 더 많은 양을 복용하게 된다. 약을 중단한 후에는 우울감과 피로감을 느끼게 되고, 다량의 약을 복용하면 매우 기분이 좋아지는 반면 소량을 복용할 경우 우울감이 유발되므로 급속도로 심리적인 의존이 형성된다. 환자들은 보통 정신병원에서 치료를 받아야 하는데, 특히 정맥주사를 통해 암페타민을 주입했던 환자들의 경우가 그렇다. 어떤 사용자들은 정제 한두 알 정도를 복용하는 것이 아니라 아예 한 주먹의 분량을 집어삼키기도 한다. 이러한 과다 복용이나 정맥주사로 인해 암페타민 정신병(psychosis)이 유발될 수 있다.

암페타민 중에서 메테드린('speed', 'meth', 'chalk'로 불림)이 특히 위험한데, 이는 피하주사나 정맥주사를 통해 복용되는 과정에서 종종 혈관 파열을 일으키거나 사망을 초래할 위험이 있다. 또한 청결하지 않은 주삿바늘을 통해 복용하는 과정에서 파상풍, AIDS, 매독, 말라리아, 간염 등에 감염될 위험이 있다. 과다 복용하는 사람들은 폭력, 편집증, 기괴한 행동 등을 보일 가능성이 있다. 금단 현상에 뒤따르는 심한 우울증 기간 동안에는 빈번하게 자살 시도를 하기도 한다. 메테드린은 도파민의 방출을 자극하는데, 이 과정에서 신경전달물질인 도파민과 **세로토닌**(serotonine)이 생산되는 뉴런의 종단 부분에 손상을 입는다. 메테드린은 흡연 형태로도 복용이 가능하고, 결정 형태('ice', 'crystal', 'glass'로 불림)로도 만들어질 수 있다. 고등학생 중 2%가 지난 1년 동안 메테드린을 사용했다(Johnson, O'Malley,

Bachman, & Schulenberg, 2006).

리탈린과 아데랄은 **주의력 결핍 과잉행동장애**(ADHD)를 가진 아동들이나 청소년들에게 널리 처방되기 때문에 십대들이 쉽게 구할 수 있는 흥분제이다. 저용량을 처방해서 복용하게 했을 때는 ADHD 문제를 가진 학생들이 집중하고 조용히 앉아 있도록 돕는 데 매우 효과적인 약물이다. 그러나 고용량으로 복용했을 때, 이 두 약물은 다른 암페타민제와 비슷한 악영향이 나타나며 매우 위험할 수 있다.

진정제

흥분제와는 달리, **진정제**(depressants)는 중추신경계의 활동을 저하시킨다. 바르비투르산염(Barbiturates), 신경 안정제(tranquilizer), 흡입제(inhalans), 알코올은 모두 진정제이다. 이들은 심장박동과 호흡을 느리게 하기 때문에 과다 복용 시 치명적일 수 있다.

바르비투르산염은 중추신경계의 활동을 저하시키는 진정제로 보통 진정(sedation), 중독(intoxication), 수면을 유도한다. 바르비투르산염에는 콸루드(Quaalude), 넴뷰탈(Nembutal), 세코날(Seconal), 튜이날(Tuinal), 아미탈(Amytal), 페노바비탈(Phenobarbital)과 같이 널리 사용되는 수면제들이 포함된다. 이 중 넴뷰탈, 튜이날, 세코날은 약효가 즉시 나타났다가 곧바로 사라지는 단기 활성화 약물이다. 페노바비탈 같은 다른 약물들은 활성화 시간이 길다. 바르비투르산염은 불면증, 신경과민, 간질 같은 질환을 치료하기 위해 널리 처방된다. 적은 양을 직접 복용하였을 때 장기 활성화 특성을 지닌 바르비투르산염이 중독을 일으킨다는 증거는 없다. 반면 단기 활성화 특성을 지닌 약물들의 경우는 중독될 가능성이 더 크다. 모든 바르비투르산염은 남용되었을 때 신체적 의존과 심리적 의존을 모두 유발할 수 있기 때문에 위험한 약물이다. 약에 대한 내성이 발달함에 따라 복용량도 필연적으로 증가한다. 바르비투르산염은 억제기능을 담당하는 신경전달물질 GABA에 뇌세포가 민감해지게 만듦으로써 약효를 발휘한다.

바르비투르산염 사용자들은 발음이 무뎌지고, 걸음걸이도 휘청거리며, 반응속도도 매우 둔화된다. 또한 쉽게 울음이나 웃음을 터뜨리고, 변덕스러운 감정 반응을 나타내고, 쉽게 화를 내거나 적대적인 모습을 보인다. 또한 쉽게 넘어지고, 물건을 떨어뜨리며, 빈번히 타박상을 입고, 담뱃불에 화상을 입기도 한다.

신체적 의존이 형성된 후에는 불과 24시간이면 심한 금단 증상이 나타난다. 신경과민, 두통, 근육 경련, 쇠약, 불면, 구역질, 갑작스런 혈압저하 등이 일반적이다. 경련은 치명적인 증상으로서 바르비투르산염의 금단 증상에서 언제나 빠지지 않는 것이다. 또한 섬망과 환각이 나타날 수 있으며, 특히 바르비투르산염이 알코올이나 마약과 함께 복용되면 진정효과가 배가되어 혼수상태나 사망에 이를 수 있다.

밀타운(miltown), 에콰닐(equanil), 플라시딜(placidyl), 리브리엄(librium), 발륨(valium) 같은 신경안정제(tranquilizer)는 바르비투르산염과 유사하게 중추신경계의 기능을 저하시킨다. 발륨을 제조하는 로쉬 연구소에서는 제품 설명에 다음과 같은 경고문을 포함시켰다.

경고 : … 발륨(디아제팜)을 복용하는 환자들은… 기계 작동이나 운전과 같이 기민함이 요구되는 위험한 일을 할 경우에 매우 주의해야 한다. … 발륨은(디아제팜)은 중추신경계에 진정효과를 일으키므로, 알코올이나 다른 중추신경 진정제와 동시에 복용하지 않도록 의사와 충분히 상의해야 한다….

신체적 의존과 심리적 의존 : 디아제팜의 복용을 갑작스럽게 중단하면 금단 증상이 나타날 수 있다(경련, 진전, 복부 및 근육 경련, 구토, 식은땀…). 특히 약물 중독자나 알코올 중독자처럼 약물 중독에 취약한 사람들은 디아제팜을 전문가의 지도를 받아 주의 깊게 복용해야 한다.

간단히 말해, 남용될 경우에는 이런 약물들도 바르비투르산염처럼 위험하다.

흡입제(inhalants) 역시 진정제의 하위 범주에 속한다. 진정제에는 다음과 같은 세 종류가 있다 : (1) 페인트 희석제, 드라이클리닝 액체, 가솔린, 접착제 등에 사용되는 솔벤트, (2) 스프레이 페인트나 면도용 거품 스프레이에서 사용되는 가스, (3) 화학비료에 쓰이는 아질산염(nitrites). 이들은 모두 신체 기능을 저하시키고 과다 복용할 경우에는 혼수상태에 빠뜨리거나 죽음에 이르게 할 수 있다. 더구나 흡입제의 사용은 청력을 저하시키거나 골수를 얇게 하며, 간과 신장에 손상을 유발할 수 있다(NIDA, 1999c). 일부 흡입제 사용자들은 약물의 농도를 높이기 위해 머리에 비닐 백을 뒤집어쓰고 약물을 흡입하기도 한다. 이 경우 환자가 약물에 취해서 의식을 잃을 경우 질식사할 수 있으므로 특히 위험하다. 다른 이들은 흡입제로 흠뻑 젖어 있는 헝겊을 입

Personal Issues   엑스터시

엑스터시는 1990년대 중반 이후 사용이 증가했으며, 처음에는 소위 클럽 약물로 불렸다(MDMA, XTC로 알려지기도 했다). 엑스터시는 성분이 암페타민이며 효과가 약한 흥분제이다. 엑스터시는 메타암페타민에서 만들어졌고, 미국에 있는 엑스터시의 대부분은 네덜란드에서 수입된 것이다. 엑스터시는 알약 형태이며, 개당 25달러이다. 이 알약에는 종종 엑스터시뿐만 아니라 메타암페타민, 에페드린, 코카인 같은 물질들이 첨가되어 있는 경우가 있다. 알약 한 알을 먹으면 취한 상태가 4~6시간 동안 유지되고, 복용 2시간 후에 효과가 최고조에 달한다.

엑스터시는 신체 내에서 세로토닌뿐만 아니라 도파민과 노르에피네프린 같은 신경전달물질의 방출을 증가시켜 약효를 발휘한다. 자신감과 안녕감을 고양시키고, 에너지를 폭발시키고, 억제력의 상실을 초래한다. 또한 혼란감, 우울, 불면증, 불안,

편집 증상이 생길 수 있다. 혈압과 심장박동이 급격하게 증가하여 사용자는 메스꺼움이나 현기증이 생기고 앞이 뿌옇게 보일 수 있다. 엑스터시는 온도를 조절하는 신체의 능력을 파괴시켜 체온이 건강하지 않은 수준까지 상승될 위험이 있다. 그리고 뇌세포를 파괴할 수 있는데, 인간이 아닌 다른 영장류 동물에게 엑스터시를 복용하게 한 결과, 몇 년이 지난 후에도 학습과 기억 결손이 지속되었다(NIDA, 2001).

불행하게도, 엑스터시는 대부분의 미국 고등학생들이 쉽게 구할 수 있는 약물이다. 이 약물의 사용은 1990년대 중반부터 2001년까지 증가하다가 2002년에 들어서면서 감소하였다. 2005년에 고등학교 고학년 중 5%와 중학교 2학년 중 2%가 이전 해에 엑스터시를 사용했다고 보고했다(Johnson et al., 2006).

에 넣어서 흡입한다. 다른 약물들과 달리 흡입제는 어린 아동이 초기 청소년들이 많이 사용하는데, 이는 싸고 구하기 쉽기 때문일 것이다. 중학교 2학년의 8%, 고등학교 고학년생의 5%가 2005년에 흡입제를 사용했다고 보고했다(Johnson, O'Malley, Bachman, & Schulenberg, 2006).

마지막으로 소개할 것은 소위 데이트 강간용 약물들(date rape drugs)로 불리는 진정제들이다. 로히프놀('roofies')과 GHB('scoop')는 술과 함께 복용할 경우 혼미, 혼수상태 또는 죽음에까지 이를 수 있는 진정제이다. 이 약물들은 무색, 무취, 무미기 때문에 여성이 모르게 술 속에 섞어 마시게 한 뒤 성폭력의 위험에 빠지게 할 수 있다. 1996년 미 의회에서는 약물을 통한 강간 예방 및 처벌관련 법령을 통과시켰다. 이 법령에서는 금지된 약물을 성폭력을 위해 사용할 경우 형사상 가중처벌을 받도록 하고 있다(NIDA, 1999a). 로히프놀과 GHB는 엑스터시, 케타민과 함께 종종 클럽 약물이라고 불린다. 케타민(Ketamine, '비타민 K', '특별한 K')은 수의사가 주로 사용하는 마취제의 일종이며 주사로 주입하거나 흡입할 수 있다.

환각제

환각제(hallucinogen)에는 중추신경계에 작용하여 지각과 의식 상태를 변화시키는 광범위한 물질들이 포함된다. 가장 널리 사용되며 강도도 가장 약한 환각제는 마리화나이다. 또 다른 잘 알려진 환각제는 LSD(lysergic acid diethylamide)로 실험실에 상비되어야 하는 합성약물이다. 다른 환각제로는 페요테와 메스칼린(선인장 묘목에서 추출됨), 사일로사이빈(중미산 버섯에서 추출됨)이 있다. 환각제는 지각적 왜곡을 유발하는데, 이는 환각제가 신경전달물질인 세로토닌과 화학적으로 유사하기 때문이다. 이 약물들을 섭취하면 감각 및 지각과 관련된 뇌 부위가 활성화된다.

각 합성물들에는 각각이 지닌 독특한 효과를 추종하는 사용자들이 있다. 일반적으로 이 약물들은 색, 소리, 시간, 속도감의 왜곡을 비롯한 여러 예기치 않은 결과들을 초래한다. 색깔이 들리고 소리가 보이는 이상감각 현상도 흔히 나타난다. 어떤 사람들은 강력한 공포, 공황, 정신병적 상태 등이 나타나는 끔찍한 경험을 하게 되기도 한다. 이처럼 불쾌한 환각 체험을 한 대부분의 사람들은 아무도 자신을 도와줄 수 없고, 자신의 지각을 더 이상 통제할 수 없으며, 자신의 신체 일부가 파괴될지 모른다는 두려움을 느낀다. 사용자들은 자살, 폭력, 살인을 저지르게 되고, 정신병적 상태로 장기간 입원하는 경우도 있다.

LSD 또는 'acid'는 효과가 가장 강력한 환각제이다. 버섯으로부터 얻어진 이 약물은 1938년에 최초로 생산되었다. 이 약물은 여러 가지 형태로 팔리지만, 캡슐이나 1회 사용량이 종이봉지에 담겨져 있는 경우가 대부분이다. 약물의 순도나 사용량, 효과는 다양하다. 하지만 어떤 종류의 LSD든 간에 느리게 활성화되고 효과가 오래 지속된다. 일반적으로 약물을 섭취하고 30~90분이 경과할 때까지는 약물의 효과가 느껴지지 않지만, 8~16시간에 이르면 환각 상태에 빠져들게 된다. 특히 문제가 되는 것은 LSD를 더 복용하지 않아도 나중에 발생할 수 있는 '환각 재현(flashback)'이다. 환각 재현은 심한 중독자에게 가장 흔히 나타나지만, 그들에게만 국한되어 일어나는 것은 아니다. 환각 재현은 지방세포에 저장되어 있던 LSD가 혈류로 방출될 때 발생한다. LSD 사용자들은 신체적 의존이 생기지는 않지만 심리적으로 약물에 의존하게 된다. 2005년도에 고등학교 고학년 중 2%가 작년 한 해 동안 적어도 한 번 이상 LSD를 사용해 본 적이 있다고 보고했다(Johnson, O'Malley, Bachman, & Schulenberg, 2006).

마리화나('grass', 'pot', 'dope', 'weed'로 불림)는 지금까지 가장 널리 사용되는 불법약물로서 12세 이상의 미국인들 중 9,400만 명 이상이 마리화나를 적어도 한 번 이상 사용해 보았다(NIDA, 2005). 2002년에는 고등학교 고학년 중 약 34%가 지난 한 해 동안 마리화나를 사용했다고 보고했다(Johnson, O'Malley, Bachman, & Schulenberg, 2006). 마리화나는 야생 대마의 말린 잎으로부터 만들어진다. 대마는 튼튼하고 용도가 다양한 식물로서 거의 세계 모든 나라에서 무성하게 자라고 있으며, 대마의 강한 섬유질을 사용해서 옷이나 캔버스, 밧줄 등을 만든다. 대마의 기름은 속성 건조 페인트에 사용되기도 한다. 이런 이유 때문에 미국의 농부들은 대마초를 재배했으며, 제2차 세계대전 무렵까지도 연방정부는 남부와 서부에서 대마초 생산을 허용하였다. 연방법은 현재 마리화나 재배를 금지하고 있지만 미국 내 불법 생산은 여전히 계속되고 있다.

　대마초의 핵심적인 성분은 delta-9-THC라는 화학물질인데, 여기서는 간단히 **THC**로 부르겠다. 대마초 속에 들어 있는 THC 함유량은 종류에 따라 다양하다. 1975년에 뒷골목에서 거래된 마리화나의 THC 함유량은 좀처럼 1%를 넘지 않았다. 하지만 최근 들어 3% 이상의 THC를 함유하고 있는 새로운 종류의 마리화나가 제작되었는데, 이들은 보다 현저한 효과가 나타난다. 또한 THC 함유량은 사용되는 식물의 부위에 따라 가변적이다. 줄기, 뿌리, 씨앗 등에는 THC가 거의 없는 반면, 꽃과 잎사귀에는 보다 많은 THC를 함유하고 있다. 꽃잎과 작은 잎사귀에서 추출되는 간자(Ganja)나 신세밀랴(sinsemilla)는 THC 함유량이 최고 24%에 이른다. 수정되지 않은 암꽃의 송진에서 추출되는 하시시(Hashish)에는 최고 28%의 THC가 함유되어 있다. 송진의 농축액인 하시시 기름에는 최대 43%까지 THC가 함유되어 있고, 일반적으로는 16%의 THC를 함유한 것으로 알려져 있다(NIDA, 1998). 마리화나를 사용하는 가장 흔한 방법은 담배에 말아서 피우는 것이다. 또한 파이프를 이용해서 피울 수도 있으며, 최근에는 시가의 형태로도 만들어졌다.

　이처럼 식물의 종류와 제조에 사용되는 부위에 따라 THC의 함유량이 천차만별인 까닭에 마리화나의 사용이 초래하는 신체적, 심리적인 효과를 밝히는 것은 과학자들에게 어려운 문제로 남아 있다. 여러 연구가 표준화된 절차에 따라 수행되지 않았기 때문에 상충되는 결과들도 종종 보고되고 있다. 마리화나와 관련된 연구들을 살펴보면 다음과 같다.

　칸나비스(cannabis)에 대한 내성 또는 동일 분량의 반복 복용에 따른 반응성 저하는 이제는 잘 입증되어 있다. 금단 증상을 통해 알 수 있듯이, 소량의 약을 섭취하는 보통 사용자들에게는 신체적 의존이 발생하지 않는다. 그러나 장기간 다량의 THC를 복용한 뒤 사용을 중단할 경우에는 금단 증상이 발생할 수 있다. 금단 증상에는 과흥분성, 식욕 저하, 수면장애, 식은땀, 진전,

알고 싶은 것

주된 약물의 종류에는 어떤 것들이 있는가?

마음을 변화시키는 약물에는 크게 네 종류의 약물이 있다. (1) 마약 : 자연적으로 발생하는 엔도르핀의 작용을 모방하여 행복감을 유발한다. (2) 흥분제 : 중추신경계를 활성화시킨다. (3) 진정제 : 중추신경계의 기능을 저하시킨다. (4) 환각제 : 지각적 왜곡을 유발한다.

구토와 설사 등이 있다. 이런 증상들은 다량의 THC를 복용한 이후에만 나타난다는 점에 주목할 필요가 있다. 마리화나를 어느 정도 복용하다 보면 심리적 의존이 생길 수 있으며, 이로 인해 만성 사용자들은 마리화나의 복용 중단이 어려울 수 있다.

　마리화나 복용에 따른 생리적 결과로 가장 일관되게 보고되는 것은 심장박동률의 증가와 안구 충혈이다. 심장박동률의 증가는 투약량과 매우 밀접하게 관련되어 있다. 마리화나 사용은 심장 질환이 있는 사람들에게 운동에 대한 내성을 저하시킨다. 그러므로 심혈관계 질환이 있는 사람들이 마리화나를 사용하는 것은 매우 어리석은 짓이다(NIDA, 2005). 반면에 젊고 건강한 피험자들의 심장 기능에는 사소한 변화만을 일으킨다.

　여러 임상 연구에서 마리화나가 폐에 여러 가지 부정적 영향을 끼치며 폐암의 원인이 될 수 있다는 사실이 지적되고 있다. 마리화나 연기에는 보통의 담배보다 훨씬 강력한 타르와 자극성분이 함유되어 있다. 마리화나 한 대는 보통 담배 네 개피를 피우는 것과 맞먹기 때문에 장기간 마리화나를 흡연하는 것은 폐에 해롭다. 마리화나에서 추출된 타르를 실험 동물의 피부에 발랐을 때 종양이 발생했다. 또한 세균 침투에 저항하는 폐의 방어체계들이 마리화나 연기에 의해 손상된다는 사실이 밝혀졌다(NIDA, 2005).

　마리화나는 학습과 기억, 동기와 관련된 뇌의 영역인 **해마**(hippocampus)를 손상시킨다. 그러므로 심한 중독자들이 기억 상실을 경험하고, 태아 상태에서 마리화나에 간접적으로 노출된 아동들이 학습과 기억능력의 저하를 보인다는 것도 놀랄 일이 아니다. 간단히 말해, 마

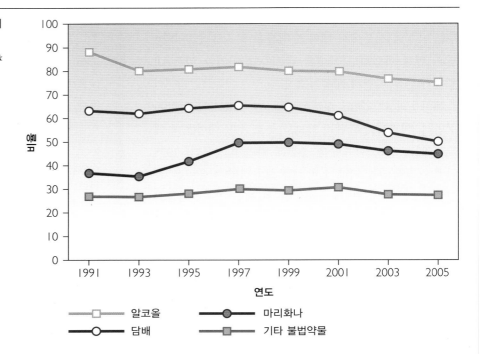

그림 13.1 미국 고등학교 고학년들이 약물을 경험한 비율 : 1991~2005년

출처 : Johnson, O'Malley, Bachman, & Schulenberg(2006).

리화나는 학교 수업을 제대로 받을 수 없게 만들어 광범위한 지적 과제의 수행에 지장을 초래한다. 또한 시간감, 공간감을 변화시키고, 시력을 손상시키며, 반응시간과 수행능력을 둔화시킨다.

또한 다량의 마리화나 사용은 인간의 생식 기능을 손상시킬 수 있다는 연구결과도 보고되었다. 만성적인 사용이 혈액 내의 테스토스테론(남성 호르몬) 수준을 감소시켜, 성기능과 성적인 욕구가 저하되고 정자의 수와 운동성이 감소될 수 있다. 마리화나는 또한 여성의 임신을 방해할 수 있다. 이러한 예비연구 결과들은 특히 임신이 잘 안 되는 여성들에게 중요한 의미를 지닐 것이다. 또한 임신 기간 동안 마리화나를 피울 경우 태아 발달에 해를 입힐 수 있다는 많은 연구결과들이 보고되었다. 한 연구에서, 마리화나를 피우는 어머니에게서 태어난 아기들은 출산 시 과도하게 울고, 비전형적인 지각반응을 보였으며(Lester & Dreher, 1989), 학령전기와 초등학교 때 일반 아동들에 비해 학습 문제와 주의력 결핍 과잉행동장애(ADHD)가 더 많이 나타났다(Fried, 1995).

마리화나를 피우는지 여부를 부모나 교사가 어떻게 알아낼 수 있을까? 마리화나에 취해 있을 경우, 방향감각을 잃고 잘 걷지 못하는 모습을 보일 수 있으며, 바보같이 킥킥 웃거나 방금 말했던 것을 기억하지 못할 수 있다. 또한 눈이 충혈되어 있을 수 있다. 마약 사용자들은 자신의 붉은 눈을 가리기 위해 점안약을 사용하거나, 냄새를 감추기 위해 향수나 향을 사용할지도 모른다.

청소년 약물 사용의 빈도

청소년 약물 사용에 대한 연구 조사들에 따르면, 미국에서 청소년들이 가장 빈번하게 사용하는 약물은 알코올, 담배, 마리화나 순인 것으로 밝혀졌다. 그림 13.1과 13.2는 1991~2005년까지 약물 사용 비율의 변화 추이를 보여 준다. 두 그래프 모두에서 다음과 같은 동일한 기본적 경향을 보인다 : 알코올과 담배는 과거 10년 동안 사용 비율이 대체로 감소한 반면, 마리화나를 포함한 불법적인 약물 사용의 비율은 다소 증가하였다. 이 두 그래프를 기타 약물들의 월간 사용 비율이 나와 있는 그림 13.3과 비교해 보면 사용 빈도의 차이를 즉각적으로 확인할 수 있다. 즉 고등학교 고학년 학생들 중 5%만이 다른 약물을 사용한다.

대학생이 고등학생보다 약물을 더 많이 사용할까? 대학생들은 고등학생들보다 술을 더 많이 마시지만, 담배흡입 비율은 비슷하고 불법약물 사용은 고등학생들보다 덜하다(그림 13.4). 이는 선택 요인을 통해 설명할

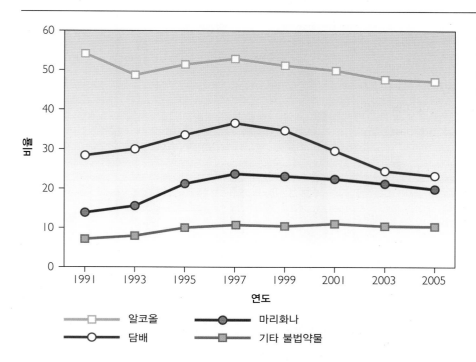

그림 13.2　미국 고등학교 고학년들이
최근 30일 동안 약물을 사용한 비율 :
1991~2005년

출처 : Johnson, O'Malley, Bachman, &
Schulenberg(2006).

수 있다. 즉 스피드, 헤로인, 크랙 같은 약물을 사용하
는 고등학생들은 약물을 사용하지 않는 고등학생들에
비해 대학교에 진학하는 데 필요한 학점을 받지 못했을
수 있다.

　청소년들의 약물 사용 비율을 과거와 비교하면 어떨

까? 사실, 약물 사용은 감소 추세이다. 1970년대와 1980
년대에 청소년들은 요즘 청소년들에 비해 약물을 더 많
이 사용했으며, 특히 마리화나와 코카인 같은 약물들의
경우 더 심했다(Johnson, O'Malley, Bachman, &
Schulenberg, 2006). 그러나 약물 사용은 1990년대 들어

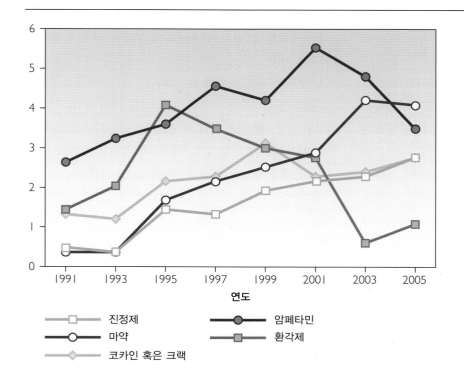

그림 13.3　미국 고등학교 고학년들이
최근 30일 동안 흔하지 않은 약물을 사
용한 비율 : 1991~2005년

출처 : Johnson, O'Malley, Bachman, &
Schulenberg(2006).

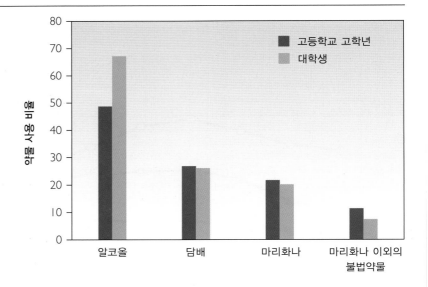

그림 13.4 미국 고등학교 고학년과 대학생 간의 약물 사용 비율 비교 : 2002년

출처 : Johnson, O' Malley, & Bachman(2003).

알고 싶은 것

▶ **청소년들이 가장 흔히 사용하는 약물에는 어떤 것이 있는가?**

미국 고등학교 고학년들을 대상으로 조사한 결과 응답자 중 절반이 지난 한 달 동안 음주를 했고, 1/3이 같은 기간 동안 담배를 피웠으며, 1/5이 마리화나를 피웠다고 답했다. 다른 종류의 약물들은 소수의 청소년들만이 정기적으로 사용하였다.

전반적으로 약물 종류에 따라 사용이 증가되거나 증가 비율이 정체된 상태이다. 예를 들어 지난 10년간 마리화나, 코카인, 흥분제, 환각제의 사용은 모두 증가하였다.

　나쁜 소식 중의 하나는 약물 사용의 감소가 남성보다 여성에게서 더 작다는 사실이다. 역사적으로 남성들은 여성들보다 더 많은 종류의 약물들을 사용하는 경향이 있을 뿐만 아니라, 약물을 대량으로 사용하는 경향이 있었다. 이러한 경향이 변화하고 있다. 현재 중학교 2학년 여학생들은 같은 학년 남학생들과 비슷한 양의 술을 마시고 있으며, 2004년에는 더 많이 마시기도 했다. 또한 중학교 2학년 여학생들은 같은 학년 남학생들보다 흡연율이 더 높았다. 그러나 여전히 어린 남자 청소년들이 여자 청소년들에 비해 불법약물 복용률이 높다 (Johnson, O' Malley, Bachman, & Schulenberg, 2006).

알고 싶은 것

▶ **대학생들의 약물 사용은 증가하는가, 감소하는가?**

알코올을 제외하면, 대학생들의 약물 사용은 증가하지 않았다.

처음 약물을 사용하는 이유

청소년들이 처음 약물을 사용하는 이유는 무엇인가? 대다수는 호기심 때문에, 즉 약물이 어떤 것인지 알고 싶어서 시작한다. 만약 청소년들이 약물이 지닌 잠재적인 해악에 대한 거부감보다 약물이 지닌 효과에 더 끌린다면, 약물 복용을 시도해 볼 것이다.

　일부 청소년들은 전통적인 규범과 가치에 대한 반항이나 항의, 불만 표현의 수단으로 약물 사용을 시작한다. 여기에는 생활방식이 약물과 관련성을 가지고 있는 활동가나 반항아들이 포함된다(Pedersen, 1990).

　약물을 사용하는 다른 이유는 재미나 감각적 쾌락을 위한 것이다. 사용자들은 자극적인 경험을 추구한다. 청소년들은 즐기는 것에 대한 욕구와 가치가 강조되는 흥미 위주의 문화 속에서 성장하고 있다. 만일 마리화나를 피우는 것이 흥미롭게 여겨지면, 이것은 마리화나 사용의 강력한 동기가 될 수 있다. 또 다른 측면으로는 감각적 쾌락의 경험을 생각할 수 있다. 이런 쾌락은 성적인 것일 수 있다. 많은 청소년들은 마리화나가 섹스

알고 싶은 것

▶ 오늘날 얼마나 많은 청소년들이 약물을 사용하는가?

청소년들의 약물 사용은 1970~1980년대에 최고조에 달했다가 이후 감소 추세이다. 1990년대의 경우 약물 사용은 전반적으로 정체된 상태를 유지했지만, 코카인이나 마리화나 같은 약물의 경우 사용이 증가하였다. 불행하게도, 청소년들은 점차 더 어린 연령에서 약물 사용을 시작하고 있으며, 약물 사용의 양상에 있어 남녀 간의 차이는 줄어들고 있다.

알고 싶은 것

▶ 약물 사용자와 비사용자 간에 어떠한 인구통계학적 차이가 있는가?

성별이나 사회경제적 지위, 거주 지역 같은 인구통계학적인 요인에 의해서는 약물 사용자와 비사용자가 구별되지 않는다. 이는 물질 사용이 미국 십대들 사이에 광범위하게 확산되어 있다는 것을 시사해 준다.

를 더욱 추구하고 즐길 수 있게 만든다고 생각한다. 쾌락 동기는 촉감이나 미감에 대한 민감성을 증진시키려는 노력과도 관련될 수 있다.

약물 사용의 또 다른 강력한 동기는 교제나 집단 소속과 같은 사회적 압력이다. 친구들이 약물을 사용하는지의 여부가 청소년의 약물 사용을 결정하는 가장 중요한 요인 중 하나이다(Hart, Robinson, & Kerr, 2001).

조사 결과, 특정한 약물을 사용하는 청소년들은 거의 예외 없이 같은 약물을 사용하는 친구가 있다는 사실이 밝혀졌다(Dinges & Oetting, 1993). 청소년들은 "많은 친구들이 약물을 사용하는데, 나 혼자 유별난 사람이 되기 싫어요." 혹은 "모든 아이들이 그걸 해요."라고 말한다. 이러한 동기는 특히 또래집단이나 폭력집단에 소속되고 싶어 하는 미숙한 청소년들 사이에서 강하다(Johnson, Bachman & O'Malley, 1994; McDonald & Towberman, 1993).

약물 사용의 또 다른 동기는 긴장과 불안을 완화하고, 문제를 회피하거나 혹은 약물의 힘을 빌려 문제를 직면하고 처리하기 위해서이다(Eisen, Youngman, Grob & Dill, 1992). 학생들은 약물을 사용하는 이유에 대해 다음과 같이 말한다.

"나를 괴롭히는 문제들로부터 벗어나고 싶었어요."
"지치고 우울했어요. 기분전환이 필요했어요."
"시험공부를 하기 위해 깨어 있어야만 했어요."
"마리화나를 피우면 자신감이 생기고 어떤 일도 다 해낼 수 있을 것 같았어요."

한 연구에서는 수줍음을 타지만 사교적인 청소년들이 수줍음을 타지 않는 청소년들에 비해 약물을 사용할 가능성이 많다는 사실을 발견했다. 약물은 사회적 상황에서 보다 편안함을 느끼게 하는 도구로 사용될 수 있다(Page, 1990).

긴장, 불안, 문제나 현실로부터 회피하거나 자신의 부적절한 측면들을 메우기 위해 약물을 사용하는 사람들은 약물 중독에 빠지기 쉽다(Simons, Whitbeck, Conger & Melby, 1991).

경우에 따라 보다 나은 자기인식이나 타자 인식, 종교적 통찰, 창의성을 얻기 위해 약물을 복용하는 사람들도 있다. 인식이 증가하고 창조성이 늘어난 것 같은 느낌은 실제라기보다는 가상적이지만, 사용자는 약물로 인해 정말로 이러한 효과를 얻었다고 믿을 수 있다. 특히 이것은 환각제를 사용하는 강력한 동기가 된다.

약물을 사용하기에 앞서 어린 나이부터 약물 판매에 손을 대는 청소년들이 있다. 이러한 약물 판매는 약물 사용으로 연결될 가능성이 있다. 약물을 파는 동기는 명백히 돈을 벌기 위함이고, 이 돈이 처음에는 업자에게서 약물을 사는 데 사용될 수도 있고 다른 데 쓰일 수도 있다(Feigelman, Stanton & Ricardo, 1993).

인구학적 차이

중산층 백인들에게 약물 사용자의 모습을 연상해 보라고 하면, 많은 사람들이 도시 중심부의 저소득층 거주 지역에 있는 가난한 흑인 청소년들을 떠올릴 것이다. 그러나 실제로 흑인 청소년들은 알코올, 담배, 불법약물을 포함한 대부분의 약물을 백인 청소년들에 비해 덜 사용한다. 히스패닉계의 경우 청소년기 후기에는 약물 사용 비율이 흑인 청소년들과 백인 청소년들의 중간에 위치하지만, 청소년기 초기에는 다른 집단들에 비해 약물을 가장 많이 사용한다(이러한 변화가 약물의 조기 사용을 반영하는지 아니면 약물 사용자들이 학교를 중도에 그만두기 때문인지는 확실치 않다). 도시 지역의 청소년들이 교외나 지방에 사는 청소년들에 비해 약물 복용을 더 많이 하는 것 같지는 않으며, 사회경제적 차이는 약물 사용과 별반 관련이 없다(Johnson, O'Malley, Bachman, & Schulenberg, 2006). 앞에서 언급했듯이, 남성들이 여성들에 비해 불법약물 사용이 다소 더 많고 빈번하다.

어떤 의미에서 보면, 어떠한 인구통계학적 특징들도 면역적인 역할을 하지 못하기 때문에 모든 미국의 청소년들이 약물 사용의 위험이 있다고 말할 수 있다. 그러나 다음 절에서는 약물 남용자가 되는 사람들과 실험적 또는 사교-오락적으로 약물을 사용하는 사람들을 구분하는 요인들을 살펴볼 것이다.

강박적인 약물 사용

청소년들이 약물을 처음 써 보고 계속 사용하는 이유는 다양하다. 정서적인 문제의 해결 수단으로 중독성 없는 약물을 지속적으로 사용하는 사람들은 약물에 대해 심리적인 의존성을 갖게 된다(Johnson & Kaplan, 1991).

약물은 안정감이나 편안함, 안도감을 얻는 수단이 된다(Andrews Hops, Ary, Tildesley & Harris, 1993). 알코올, 바르비투르산염, 헤로인 같이 신체적인 중독성을 지닌 약물에 일단 심리적으로 의존하게 되면, 이러한 의존성은 금단 증상으로 인한 고통과 불편감을 피하려는 욕구에 의해 2차적으로 강화되게 된다.

약물 남용에 기여하는 위험 요인 중에서 가족 요인이 가장 중요하다. 약물을 과도하게 사용하려고 하는 욕구는 아동이 성장하는 가족 내에 원인이 있다. 약물 남용자들은 자신의 부모와 친밀하지 않으며, 청소년기에 부모와 부정적인 관계를 가졌을 가능성이 많고, 약물을 사용하지 않는 사람들에 비해 가족과의 지지적인 상호작용이 적다(Smart, Chibucos & Didier, 1990). 또한 이혼 가정(Doherty & Needle, 1991)이나 재혼 가정 출신(Jenkins & Zunguze, 1998)인 경우가 많다. 약물 남용자의 부모는 비남용자 부모보다 비권위적이고(Adalbjarnardottir & Hafsteinsson, 2001; Fletcher & Jefferies, 1999), 약물 남용자의 부모 스스로 약물을 사용하거나 약물 사용을 용인해 주는 경우가 많다(Andrews, Hops, Ary, Tildesley, & Harris, 1993). 더구나 약물 남용자의 부모들은 자녀들을 주의 깊게 보살피지 않는다(Martens, 1997; Svensson, 2003). 대체로 약물을 남용하는 청소년

비교문화적 관심   **아메리칸 원주민 청소년들의 약물 사용**

물질 남용은 아메리칸 원주민 청소년들 사이에서 특히 큰 문제이다. 많은 연구에서 아메리칸 원주민 청소년들의 음주율이 어떤 다른 인종이나 민족집단보다 높게 나타났다. 아메리칸 원주민 십대들은 다른 십대들에 비해 마리화나와 흡입제를 더 많이 사용하였다. 사실 아메리칸 원주민 청소년들은 다른 인종, 민족집단에 비해 코카인을 제외한 거의 모든 불법약물들을 더 많이 사용하였다(Novins, Spicer, Deals, & Spero, 2004 참조).

아메리칸 원주민들은 다른 집단 사람들에 비해 여러 가지 이유로 약물을 사용하지 않았고, 약물을 권장하는 문화적 전통을 가지고 있지도 않다(Beauvais & LaBoueff, 1985). 그 대신 아메리칸 원주민들은 그들의 독특한 역사적 상황과 전반적으로 낮은 사회경제적 지위로 인해 강한 압박을 받아 왔다. 이로 인해 아메리칸 원주민 청소년들은 대체로 다른 인종이나 민족의 청소년들에 비해 더 많은 위험 요인에 직면해 있다. 그들은

보다 경제적으로 불리한 입장에 있고, 학교에서 소외감을 느끼며, 자신의 인디언 문화뿐만 아니라 일반적인 미국 문화로부터도 거리감을 느낀다. 또한 절망감과 우울감을 느끼고 있고, 약물을 남용하는 부모나 또래집단의 영향을 받고 있으며, 사회적, 물리적 고립감을 경험하고 있다. 더구나 다른 인종이나 민족의 청소년들을 대상으로 만들어진 예방과 개입 프로그램들은 아메리칸 원주민 청소년들에게는 잘 맞지 않는다.

높은 알코올 중독 비율로 인해 아메리칸 원주민 공동체는 많은 손실을 보고 있다. 음주와 결부된 간 손상으로 인해 성인 사망률이 높으며, 약물에 중독되어 더욱 빈곤에 빠져들고, 건강을 제대로 돌보지 못하는 실정이다. 많은 아메리칸 원주민 아이들이 태아 알코올 증후군(FAS)을 지닌 채 태어나고 있다. 태아 알코올 증후군은 학습 불능과 행동 문제를 초래해 결국 이들이 학교나 이후 인생에서 성공할 기회를 감소시킬 수 있다.

들의 가족관계는 정서적 어려움을 가진 청소년들의 가족관계와 유사하다. 부정적인 가족관계는 청소년들에게 성격적인 문제를 유발시켜 약물 사용에 취약해지게 만들 수 있다.

　청소년 약물 사용에 기여하는 다른 요인으로는 또래의 영향을 들 수 있다. 많은 연구에서 또래들 간의 약물 사용 양상은 강한 정적 상관관계를 가지고 있다. 다시 말해 약물 사용자들은 약물을 사용하는 친구나 친지가 있거나 적어도 친구들이 약물을 사용하고 있다고 믿고 있다(Thornberry & Krohn, 1997). 그러나 청소년의 약물 사용에 있어 또래는 간접적인 영향을 미치는 것으로 생각된다(Bauman & Ennett, 1994, 1996). 십대들은 대

Research Highlight　약물 남용자의 가족

여러 연구에서 가족 요인과 약물 남용 사이의 관계를 기술했다. 다음과 같은 가족 요인들이 약물 사용에 영향을 준다.

가족의 친밀도

가족으로부터 청소년이 고립됨
부모와의 친밀감 부족
부모의 지원이 거의 없음
사랑의 부족
인정, 신뢰, 사랑에 대한 욕구가 충족되지 않음
부모의 거부와 적대감
지나치게 밀착된 부모-자녀 관계
가족 상황에 개의치 않는 아버지

갈등

부부 갈등, 남편의 무책임
불행한 가정
아내의 불행감
가족 간의 불화
부부간 갈등에 저당 잡힌 아이들
높은 수준의 스트레스나 외상

희생양 만들기

부적절한 가족관계의 희생양이 된 청소년

역할 모델

부적절한 역할 모델을 하는 부모
약물을 사용하는 부모
약물 남용의 모델이 되는 부모
청소년들이 부모를 모방하지 않음

이혼, 가족의 붕괴

붕괴된 가족
오랫동안 부모 중 한 명이 집에 없음
아버지의 부재는 특히 부정적인 영향을 끼침
한부모 가정

규율

대처 기술의 부족을 보이는 부모
비일관적인 규율
규율이 너무 엄격하거나, 반대로 방치함
명확한 규율이나 제한, 지도가 부족함
처벌의 과도한 사용

위선적인 도덕성

이중적인 행동 기준 : 자신을 위한 규율과 청소년을 위한 규율이 다름
부모 자신의 잘못을 인정하지 않음

심리적 버팀목의 역할

부모 자신이 삶에 대처할 자신감을 상실하고 심리적 버팀목으로 약물을 사용함
부모로부터 효과적인 대처 기술을 배우지 못하고, 부모가 하듯이 약물이나 알코올을 통해 대처하려고 함

의사소통의 차이

의사소통할 수 있는 능력의 부족
부모의 이해 부족
자녀에게 부정적인 말을 들을까 봐 부모가 의사소통을 회피함
자녀의 도움 요청에 귀 기울이지 않음

관련 연구에 따르면, 부모와 개방적으로 대화할 수 있는 청소년들은 부모와 대화하지 못하는 청소년들에 비해 불법약물을 사용하는 경우가 덜하다고 한다(Kafka & London, 1991).

신앙심

관련 연구에 따르면, 신앙심이 높을수록 알코올 및 마리화나를 덜 사용한다고 한다. 비슷하게, 종교적으로 보수주의적 입장을 가질수록 알코올과 마리화나 사용이 덜하다고 한다.

출처 : Coombs & Landsverk(1988); Dunn(2005); Jurich, Polson, Jurich & Bates(1985); Melby, Conger, Conger, & Lorenz(1993); Volk, Edwards, Lewis, & Sprinkle(1989).

개 자신과 비슷한 사람을 친구로 선택한다. 그래서 어떤 청소년이 약물을 사용할 계획이 있다면, 약물 사용에 찬성할 친구를 찾게 된다. 만약 약물 사용을 중단하려고 한다면, 약물을 사용하지 않는 사람들 중에서 친구를 선택할 것이다.

청소년들이 약물 사용을 마음먹게 되는 이유는 무엇일까? 가족 배경과 가정생활이 중요한 영향을 미친다. 가족 간에 친밀하고 건강한 유대감을 가지고 있는 청소년들은 약물을 남용하는 친구들을 갖게 될 경우가 더 적다(Bahr, Marcos & Maughan, 1995). 극심한 빈곤 속에 놓여 있는 청소년에게는 또래의 영향이 더욱 강력하며(McGee, 1992), 더 나이 든 청소년들이 더 어린 청소년들에 비해 또래들의 말을 더 잘 따르며(Bush, Weinfurt, & Iannotti, 1994), 마지막으로, 한 번 약물 사용자가 되고 나면 또래의 영향을 더 많이 받게 된다(Halebsky, 1987).

약물 사용에 기여하는 요인 중에서 양육 방식이나 빈곤 같은 요인들은 남녀 청소년들 모두에게 똑같이 영향을 미치지만(Amaro, Blake, Schwartz, & Flinchbaugh, 2001), 다른 요인들은 성별에 따라 미치는 영향이 다르다. 예를 들어 남자 아이들은 여자 아이들에 비해 일탈 행동을 보이는 또래들한테 더 많은 영향을 받는다(Svensson, 2003). 여자 아이들은 낮은 자아존중감을 가지고 있거나(Crump, Lillie-Blanton & Anthony, 1997), 체중 감량을 원하거나(French & Perry, 1996), 신체적/성적 학대를 경험했을 때 약물 사용을 더 하는 경향이 있다(Sarigiani, Ryan & Peterson, 1999).

예방과 치료

청소년들이 약물을 사용하기 전에 이를 예방하기 위한 노력을 기울여야 한다. 예방 프로그램들은 약물 사용을 유발하는 위험 요인들에 초점을 맞추고 있다. NIDA는 가장 훌륭한 프로그램들의 기초가 되는 핵심 원리들을 개발하기 위해서 여러 종류의 예방 노력들의 결과물들을 고려해 왔다(NIDA, 2003). 가장 중요한 몇 가지는 예방 프로그램이 다음과 같아야 한다는 것이다.

1. 가정의 좋은 역할과 같은 보호 요인들을 증진시키

는 데 도움이 되어야 한다.
2. 빈곤이나 학업 실패와 같은 위험 요인들을 줄이는 역할을 해야 한다.
3. 미성년의 합법적 약물 사용 등을 포함하여 물질 남용의 모든 형태에 대해 다루어야 한다.
4. 지역사회에서 일어나는 일에 초점을 맞춰야 한다.
5. 대상 집단의 나이, 인종 등에 따른 특수한 필요에 목표를 맞춰야 한다.
6. 다양한 양육 문제에 긍정적 효과를 가져와야 한다.
7. 최대한 이른 시기, 어쩌면 유치원 때부터 시작해야 한다.
8. 사회 기술에 목표를 맞춰야 한다.
9. 학업 성취를 증가시키도록 해야 한다.
10. 다면적이고 장기적이어야 한다.
11. 교사를 훈련시키는 요소를 포함해야 한다.
12. 동료 간의 토론이나 역할 연기 등과 같은 대화식 기법을 사용해야 한다.

(이 목록은 청소년 비행이나 임신, 학교에서의 낙제 등을 막기 위한 효과적인 프로그램의 특징과 사실상 동일하다. 효과적인 프로그램들은 모두 같은 특징들을 공유한다.)

일단 청소년이 약물 남용자가 되고 나면, 보다 직접적인 개입 전략이 필요하다. 치료를 받는 대부분의 십대들(대략 70%)은 외래 환자로서 치료를 받는다(Dennis, Muck, Dawud-No, & McDermeit, 2003). 이는 이들이 병원이나 치료기관에 계속 머물러 있지 않고 치료를 받지 않을 때는 집에 머물러 있다는 것을 의미한다. 불행하게도 물질 사용 장애(substance use disorder) 증상을 보이는 청소년들 중 10%는 어떠한 치료도 받지 못했다(Muck, Zempolich, Titus, Fishman, Godley, & Schwebel, 2001).

약물 사용 문제를 가지고 있는 청소년들은 여러 가지 면에서 성인들과 다르다. 예를 들어 청소년들은 성인들보다 심리적 의존성이 생기기 쉽고, 약물 사용에 전에 있던 심리적 문제들이 동반될 가능성이 높으며(Winters, 1999), 이러한 문제들은 약물 사용이 중단된다고 해서 쉽게 사라지지 않는다(Kandel et al., 1997). 청소년들은

그들의 목소리로

"중학교 때 친구들과 처음으로 같이 약물을 써 보았다. 가장 친한 친구가 중학교 1학년 때 담배를 피우기 시작했고 시험 삼아 술도 마셨다. 2년 뒤에는 보다 정기적으로 그것들을 사용했고 마리화나도 피우기 시작했다. 매우 이상했다. 나는 친구 앞에서 매우 작은 아이처럼 느껴졌다. 그 친구는 나에게 그녀가 더 나이 든 친구들과 함께했던 이 모든 미친 짓들에 대해 나에게 이야기해 주었다."

"내가 중학교 1학년 때 술을 마실 길이라곤 전혀 없었다. 내 친구의 엄마는 내 친구가 어디서 뭘 하는지 전혀 몰랐지만, 우리 엄마는 그렇지 않았다. 아이들이 물질 남용을 하게 되는 데 있어 가장 영향을 주는 것은 부모의 돌봄을 받는 정도라고 생각한다. 자녀가 어디서 무엇을 하는지를 부모가 알고 신경 쓴다면 열두 살의 나이에 술에 취해 비틀거리는 일은 생기지 않을 것이다."

성인보다 약물을 중단하려는 동기가 적고 대개는 스스로 치료를 받으러 오기보다는 주변 사람들이 치료를 의뢰한다(Muck, Zempolich, Titus, Fishman, Godley, & Schwebel, 2001). 청소년을 위한 치료 프로그램이 성공을 거두기 위해서는 이러한 차이가 고려되어야 한다.

약물에 대한 화학적 의존성을 치료하기 위한 다양한 접근방법들이 있다. 여기에는 알코올 중독자 자조집단(Alcoholics Anonymous, AA)의 12단계 프로그램, 전문적인 상담, 의학적 치료, 정신과적 치료, 가족체계 치료 등이 있다. 각각을 좀 더 상세히 살펴보자.

알코올 중독자 자조집단

화학적 의존성을 치료할 때 가장 널리 사용되는 접근방법은 **알코올 중독자 자조집단(AA)**이다. 때로 질병적 관점(disease perspective)으로도 불리기도 하는 AA에서는 약물 복용을 각 개인이 통제할 수 없다는 것을 강조한다. 이 접근방법은 집단 치료, 개인 상담, 교육, 가족 상담, 과제 부여, 집단모임에의 참여로 이루어져 있다(Winters, Stinchfield, Opland, Weller, & Latimer, 2000).

여기서는 자의로 약물을 끊으려고 시도하는 것을 무익하고 오히려 역효과를 초래하는 것으로 여긴다. 회복 과정은 크게 12단계를 거쳐 이루어지는 영적인 자각 과정으로 구성되어 있다. 12단계 프로그램은 우선적으로 약물 조절 능력에 대한 자신의 무력감을 받아들이고, 약물 습관을 조절할 수 있도록 해 주는 보다 상위 힘의 존재에 대한 인식을 일깨워 가는 것이다.

행동치료

인지행동치료로도 불리는 이 접근법은 학습이론을 바탕

Research Highlight **약물 남용 저항 교육(Drug Abuse Resistence Education, Project DARE)**

Project DARE는 현재 가장 유명한 약물 예방 프로그램 중 하나이다. 이 프로그램은 훈련받은 경찰관들이 4개월 동안 매주 학생들에게 약물을 사용하게 만드는 또래의 압력에 저항하는 방법을 교육한다. Project DARE는 특정 약물들에 대한 정보와 약물 복용이 학생들의 자아존중감과 생활방식의 선택에 어떠한 영향을 줄 수 있는지를 알려 준다.

이 프로그램의 인지도에도 불구하고, Project DARE가 효과적이라는 증거는 거의 없다. 예를 들어 Donald Lynam과 그의 동료들은 DARE 훈련이나 다른 단기 약물 교육을 받았던 1,000명의 초등학교 6학년들을 10년간 추적하여 연구하였다. 20세에, DARE 교육을 받았던 학생들은 다른 교육을 받은 학생들과 비교했을 때 담배, 알코올 또는 다른 불법약물들의 사용에 있어 차이가 없었다. 더구나 이들이 다른 학생들보다 또래 압력에 더 면역성이 있는 것도 아니었고 더 높은 자아존중감을 가진 것도 아니었다.

이 연구와 다른 연구들의 결과에도 불구하고, 왜 DARE는 여전히 인기가 있는 것일까? 저자는 다음과 같은 두 가지 이유를 제시한다. 첫째, DARE는 '좋은 기분을 느끼게 하는 프로그램'처럼 여겨져서 호응하기가 쉽다. 더구나 Project DARE를 거친 대부분의 학생들이 약물을 사용하지 않기 때문에 효과적인 것처럼 보인다. 그러나 실상 그 프로그램을 거치지 않은 대부분의 학생들도 약물을 사용하지 않는다.

약물 남용의 근원이 가족 내에 있다는 것을 시사하는 많은 연구들을 감안할 때, 가족관계를 다루지 않는 Project DARE가 약물 사용 문제를 예방하는 데 성공적이지 않다는 사실은 놀랄 일이 아니다.

으로 하고 약물 복용을 거절할 수 있는 기술 습득, 또래의 압력에 저항하기, 올바른 선택하기에 초점을 두고 있다. 모델링과 역할 연습이라는 두 가지 기법이 함께 사용된다. 치료자는 먼저 기대되는 행동을 모델링을 통해 보여 준다. 그리고 나서 청소년이 그 행동을 직접 해 보게 한다. 이러한 연습은 내담자가 여기에 익숙해지고 도전적인 상황에서 효과적으로 반응할 수 있을 때까지 반복된다. 세 번째 기법은 **행동적 계약 맺기**(behavioral contracting)로, 청소년과 치료자 혹은 부모 사이에 어떤 행동이 받아들여지고, 그러한 행동을 했을 때는 어떠한 보상과 특권이 주어지고, 하지 못했을 때는 어떠한 처벌이 주어지는지에 대해 명확하고 구체적인 합의를 보는 것이다.

전문 상담, 의학적 치료, 정신과적 치료

전통적인 심리치료적, 정신의학적 접근은 화학적인 의존성을 그것 자체로 질환으로 보기보다는, 그 원인이 되는 것으로 정서적인 문제를 강조해 왔다. 그러므로 치료는 건강 회복을 위한 의학적 처치뿐만 아니라 약물 사용의 기저에 잠재된 정서적인 문제를 이해하고 해결하는 데 초점을 맞춘다.

가족체계 치료

이 접근은 화학적 의존성을 유발하고 지속시키는 핵심적인 요인으로 가족 갈등과 문제에 초점을 맞춘다. **가족체계 치료**(family system therapy)는 가족들이 분리(separation) 문제를 다루고, 중독자가 약물 사용 행동을 포기할 수 있도록 가족체계가 보다 효과적으로 대응하도록 돕는 데 중점을 둔다. 핵심적인 목표는 자녀의 약물 사용과 반사회적 행동에만 집착하여 간과했을 수 있는 가족 구성원들 간의 갈등을 다루고 서로 간에 보다 효과적으로 의사소통할 수 있도록 돕는 것이다.

치료적 공동체를 통한 치료

치료적 공동체를 통한 치료(therapeutic community treatment) 모델에서는 알코올 사용의 억제 및 약물 사용과 관련된 정서적 요인을 강조한다. 거주식 치료 모델(residential treatment model)로서 내담자들은 일반적

알고 싶은 것

▶ **어떤 종류의 예방과 치료 프로그램이 청소년들에게 효과적인가?**

가장 좋은 프로그램은 청소년들의 전반적인 삶을 향상시키고, 미래에 대한 희망을 주고, 청소년들이 부모와 잘 어울릴 수 있도록 도와준다. 불행하게도, 소수의 청소년들만이 이러한 프로그램에 참여할 기회를 가졌다.

으로 기관에서 적어도 1년간 거주한다. 이 치료적 접근방법이 가진 철학의 핵심은 동료 약물 사용자들 간의 관계 형성이다. 참여자들은 과정 집단, 직면 집단, 지지 집단과 지역사회 만남 집단 등에 들어가게 된다.

정리하면, 약물 복용에 대한 치료는 여러 가지 다른 치료 모델을 통합되는 중다양식적(multimodal) 접근법의 방향으로 나아가고 있다. 이러한 변화는 약물에 화학적으로 의존하는 내담자에게 필요한 다양한 요구들로 인해 폭넓은 접근방법이 요구되는 현실을 반영한다.

치료 효과

위와 같은 치료방법들은 얼마나 효과적일까? 이들 모두 단기적으로 보면 효과적이다(Muck, Zempolich, Titus, Fishman, Godley, & Schwebel, 2001). 그러나 이전의 약물 남용자들이 치료를 받고 수년 후에 어떻게 살아가는지에 대한 연구가 거의 없기 때문에, 긍정적인 치료 결과가 지속되는지는 확인하기 어렵다.

어떤 치료방법이 상대적으로 더 효과적일까? 각각의 접근법들을 저마다 지지하는 사람들이 있지만, 치료적 접근법들 간의 효과를 직접적으로 비교한 연구는 거의 없다. 그보다는 대부분의 연구에서, 치료를 받은 집단은 전혀 치료를 받지 않은 집단이나 최소한의 개입만 받은 집단(예 : 교육) 혹은 프로그램을 받기 시작했지만 아직 종결되지 않은 집단과 비교되었다. 가족체계 치료나 인지행동치료의 경우 상대적으로 장기간에 걸쳐 양호한 치료 효과가 보고되었다(Ozechowski & Liddle, 2000; Vaughn & Howard, 2004).

많은 치료연구들의 효과를 개관한 Williams와 동료

들의 조사 연구(2000)에 따르면 가장 성공적인 프로그램은 (1) 치료를 중도하차하는 사람들의 비율을 낮추고, (2) 치료 종결 후에도 지속적으로 환자에게 추후 자료를 제공하며, (3) 포괄적이고, (4) 가족치료를 포함한 것이다. 다수의 청소년들에게 도움이 될 수 있는 성공적인 프로그램의 개발이 필요하다.

담배와 흡연

담배 사용의 발생률

미국에서 청소년 담배 사용은 1990년대 초·중반에 급격히 증가했다가 그 이후로는 감소 추세이다. 그럼에도 담배는 12~17세의 청소년들이 두 번째로 가장 많이 남용하는 약물이다. 중학교 2학년 중 9%, 중학교 3학년 중 15%, 고등학교 2학년 중 23%가 현재 담배를 피우고 있고(지난 한 달간 담배를 한 대 이상 피운 것을 기준으로 했을 때), 각각의 집단 중 4%, 8%, 14%가 매일 담배를 피우고 있다. 흡연에 대한 부정적인 시각도 증가했다. 고등학교 학생들 중 절반 정도가 흡연자 옆에 있고 싶지 않다고 했고 3/4이 흡연자와 데이트하고 싶지 않다고 말했다. 씹는 담배 역시 최근 몇 년간 사용이 감소하고 있다(Johnson, O'Malley, Bachman, & Schulenberg, 2006).

백인 십대들은 히스패닉계 십대들에 비해 더 많이 담배를 피우고, 두 집단 모두 흑인 십대들에 비교해서 더 많이 담배를 피운다. 남자와 여자 청소년의 흡연 비율은 매우 비슷하다(NIDA, 2000a).

성인 흡연자의 80%가 18세 이전에 흡연을 시작하고(Smith & Stutts, 1999), 10%는 18~21세 사이에 흡연을 시작한다(American Academy of Pediatrics, 1994). 그리고 많은 흡연 청소년들이 결국 자신이 금연을 할 것이라고 믿고 있지만, 이는 자신을 기만하는 것이다. 대부분의 청소년들은 담배에서 벗어나지 못하고 나이가 들수록 더욱 더 담배를 많이 피운다(Perry & Staufacker, 1996; U.S. Department of Health and Human Services, 1994). 일반적으로 가장 심한 흡연을 하는 성인들은 더 어린 나이에 담배를 시작한다(Escabedo, Marcus, Holtz-man & Giovino, 1986). 또한 담배는 다른 약물로 이어지기 쉽다. 흡연자들은 비흡연자들에 비해 알코올 복용은 3배가량, 불법약물은 10배가량 많이 사용할 가능성이 높다(De Civita & Pagani, 1994; Torabi, Bailey, & Majd-Jabbari, 1993).

청소년들이 흡연을 시작하는 이유

대부분의 청소년들이 흡연의 위험성을 알고 있다. 그렇다면 그들은 왜 흡연을 시작하고 계속해서 담배를 피우는 것일까? 전형적인 대답은 다음과 같다.

> "주변 친구들도 피우니까요."
> "세련되게 보이고 싶어서요."
> "호기심 때문에요."
> "긴장되고 신경이 예민해져서요."
> "담배 피우는 것을 즐기니까요."
> "피우지 말라고 하니까요."

이러한 대답은 십대들에게 처음 담배를 피웠을 때의 경험을 물어 본 최근 연구결과를 반영하고 있다(Delorme, Kreshel, & Reid, 2003). '또래의 영향'이 담배를 시작하는 이유로 가장 자주 언급되었다(Prince, 1995; Stanton & Silva, 1992). 또한 '자신이 원하는 이미지를 보이기 위해서(define their image)'라고 많이 설명했다. 이 두 가지 이유는 무관하지 않은데, 이는 '이미지 관리'가 자신의 사회적 지위를 향상시키려는 노력과 관련되어 있기 때문이다. 응답자의 거의 절반은 '반항적으로 행동하기 위해서'를 흡연 동기 중 하나로 들었다.

여자 청소년들과 남자 청소년들은 다소 다른 이유로 흡연을 시작한다. 한 연구에서 여자 청소년들은 처음 담배를 시작하게 된 이유로 성숙해 보이고 자아상을 고양시키기 위해서라고 응답하는 경우가 많았던 반면, 남자 청소년들은 반항적으로 보이고 흡연이 긴장을 풀어주기 때문에 시작하게 되었다고 응답하는 경우가 많았다. 여자 청소년들은 남자 청소년들보다 담배를 시작하고 나면 중단하기 어렵다(Van Roosmalen & McDaniel, 1989, 1992).

이에 덧붙여, 많은 청소년들이 담배를 피우는 부모나

성인들을 모방한다. 만약 부모와 형제들의 습관이 변하지 않는다면, 십대들의 흡연 습관이 바뀔 희망은 그리 많지 않다. 그렇게 많은 청소년들이 흡연 하는 주된 이유 중 하나가 바로 성인들이 담배 피우는 광경을 목격했기 때문이다. 이들은 성인의 행동을 모방하고자 애쓴다. 부모가 흡연하는 청소년들은 흡연하지 않는 부모를 둔 청소년들에 비해 흡연 습관을 가지게 되기 쉽다(Bricker, Peterson, Leroux, Andersenn, Rajan, & Sarason, 2006; Rajan et al., 2003).

담배 광고의 영향

청소년들은 거대한 광고 산업에 의해 초기 아동기부터 세뇌되어 왔다. 흡연은 남성적이고, 독립적이며, 자연스럽고, 아름답고, 젊고, 성적이고, 사교적이고, 건강하고, 멋진 삶이라는 말들로 치장되어 왔다. 광고 산업은 모든 가능한 책략을 동원하여 흡연을 권장해 왔다. 광고는 늘 정서적인 면에 호소해 왔고 관용성, 대중성 혹은 성적 매력에 대한 욕구에 호소해 왔다. 광고에는 관능적인 여성의 목소리, 사교 장면, 자연으로 돌아갈 수 있다는 약속 등이 담겨 있었고, 이것들은 모두 십대들이 흡연에 매력을 느끼게 만들었다. 그 결과 청소년들은 성인들보다 담배 광고에 의해 더 크게 영향을 받고, 광고를 많이 하는 담배 브랜드를 피우게 되기 쉽다(Strasburger, 1995).

수십 년 전부터 담배 광고가 청소년들에게 영향을 미친다는 사실이 확인되어 왔다. 1969년 미 연방의회에서는 TV에서 담배 광고를 금지하는 법안인 공공 보건 흡연 관리법을 통과시켰고, 이 법은 1971년부터 효력을 발휘하였다. 그때 이후로 담배 회사에서는 다른 방식으로 광고를 하였다. 1998년 현재 담배 산업에서는 소비를 증가시키기 위해 거의 70억 달러의 돈(하루 1,800만 달러 이상)을 소비하였다. 이보다 더 많은 돈을 쓴 산업은 자동차 산업뿐이었다(U.S. Department of Health and Human Services, 2000). 담배 회사는 잡지를 통해 광고를 하고, 스포츠 경기나 음악회의 스폰서를 맡거나, 상표와 브랜드 이름이 담긴 옷이나 물품들을 생산하는 등 다양한 판매촉진 활동을 하고 있다.

1998년 11월, 담배 회사는 여러 주의 복지 사업의 일환으로 미성년자들에게 광고하는 것을 멈추는 데 동의하였다. (또한 이 담배 회사는 25년 이상 담배관련 질병으로 인해 노인 의료 보험에서 지불한 비용을 보상하기 위해 2,060억 달러를 지불하기로 동의하였으며, 담배 사용으로 발생할 수 있는 건강상의 문제들을 명시하기로 했다.) 이로 인해 담배 광고가 이전보다 줄었을 거라고 상상할 수 있겠지만, 그렇지 않다. 1998~2003년 사이에 담배 광고로 소비된 돈의 양은 125%나 상승했다(Campaign for Tobacco Free Kids, 2005). 게다가 사회 복지 사업 이후에 회사들은 많은 젊은이들이 읽는 잡지들에 광고의 수를 늘려 왔다(Biener & Siegel, 2000). 광고가 줄어드는 대신에, 금지된 광고 게시판으로부터 상점이나 잡지들로 광고를 옮겨 갔다.

이러한 광고가 중요한가? 그렇다. 젊은이들은 광고를 가장 많이 하는 상표의 담배를 사용하며(Arnett, 2001), 이 광고에 출연하는 모델은 이 광고가 목표로 삼고 있다는 초기 성인기보다 더 젊어 보인다(Arnett, 2005). 한 연구에서는, 그들의 주의를 끄는 담배 광고를 말할 수 있

Research Highlight 합법약물의 유해한 영향

미국인들 대다수가 크랙이나 엑스터시, LSD를 사용하는 것은 나쁘다고 말하지만, 담배를 피우는 것은 덜 나쁘다고 하고, 음주를 하는 것은 좋다고까지 말한다(적어도 21세 이상에서 적정량을 마신다면). 결국 담배와 알코올은 합법이고 다른 약물들은 합법이 아니다.

여기에는 역사적, 문화적, 경제적 이유가 있다. 그러나 약물의 안전성 때문에 합법과 불법이 나뉘는 것은 아니다. 그러므로 합법약물은 덜 유해하고 불법약물을 사용하는 것보다 위험성이 적다고 생각하는 것은 잘못된 것이다. 사실 마법과 알코올 모두 중독성이 있고 신체적으로 심각한 해를 끼칠 수 있다. 이는 불법약물이 안전하다는 의미가 아니라, 니코틴과 알코올 역시 전적으로 안전하지는 않다는 말이다.

었던 십대가 그렇지 못한 십대에 비해 흡연을 더 일찍 시작할 가능성이 2배나 높은 것으로 나타났다(Biener & Siegel, 2000). 또 다른 연구에서는 흡연을 시작하는 데 있어 광고가 동료들의 압력보다 훨씬 큰 영향을 끼친다는 사실을 발견했다(Evans, Farkas, et al., 1995).

청소년들이 흡연을 계속하는 이유

일단 청소년들이 흡연을 하기 시작하면, 성인과 비슷한 이유로 흡연을 계속한다.

1. 긴장 완화 : 심한 흡연자들은 과도하게 긴장하고 불안해하는 경향이 있다.
2. 무의식적인 습관의 발달 : 멈추기 힘든 반사적인 행동, 즉 담배로 손을 뻗는 행동이 형성된다.
3. 사교 및 여흥과 연합됨 : 흡연자들은 흡연을 저녁 후의 커피, 대화, 사교적 모임 또는 즐거운 주변 상황과 연합시킨다.
4. 사회적 대처 기제 : 흡연은 사람들에게 손을 가지고 무언가 할 일을 준다. 더구나 흡연은 말하기 전에 생각을 모을 수 있는 몇 분간의 휴식을 가져다줄 수 있다.
5. 니코틴에 대한 신체적 중독 : 많은 연구에서 흡연자들이 담배에 심리적으로 의존할 뿐 아니라 신체적으로도 중독 상태에 빠져든다는 결론을 내리고 있다.

마지막 이유를 좀 더 설명하자면 다음과 같다. 첫째, 신체는 니코틴에 대한 강한 욕구를 가지게 되는데, 이는 니코틴을 직접 주입하거나 담배의 니코틴 함량을 증가시킴으로써 완화될 수 있다. 둘째, 흡연자의 2% 정도만이 간헐적으로 혹은 가끔씩 담배를 피우는 것이 가능하다. 니코틴 사용의 전형적인 양상은 매일, 매시간 간격의 흡연이다.

셋째, 니코틴 사용 중단은 신경과민, 불안감, 몽롱함, 두통, 피로감, 변비, 설사, 현기증, 발한, 경련, 진전, 심계항진 등의 증상을 유발한다. 넷째, 흡연자들은 니코틴에 대한 내성을 갖게 된다. 어린 흡연자들은 담배 한두 모금 정도만을 견딜 수 있지만, 점차로 한 대, 두 대, 세 대, 그 이상의 담배를 견딜 수 있게 된다. 만약 그들

이 니코틴을 내성 수준 이상으로 섭취한다면 급성 불안 증세를 보일 것이다. 내성의 수준이 올라갈수록, 만일 이전이었다면 파괴적인 결과를 초래할 수 있을 정도의 니코틴을 섭취할 수 있게 된다(Russell, 1971).

또한 흡연을 중단하게 되면, 흡연자들은 헤로인 중독자들과 유사하게 비이성적이고 반사회적인 행동을 보인다. 예를 들어 독일 남성에 대한 담배 할당이 제2차 세계대전이 시작되면서 한 달에 두 갑 정도로 감소하자 다음과 같은 현상이 발생하였다.

대부분의 습관적인 흡연자들은 극도의 불량한 영양 상태에서도 담배 없이 지내는 것보다 차라리 음식 없이 지내는 것을 선호했다. 포로 수용소에서 하루 할당되는 음식량이 900~1,000칼로리로 떨어졌을 때도, 흡연자들은 여전히 자신의 음식을 기꺼이 담배와 바꾸려고 하였다. 질문을 받은 300명의 독일 시민들 중 256명은 암시장에서 담배를 구했다… 개인적인 긍지나 명예, 교양, 위생과 같은 것은 아랑곳하지 않고, 다른 때 같았으면 혐오감을 느꼈을 만한 길거리 오물 속에 있는 담배꽁초를 집어 들었다. 흡연자들은 다른 이유로는 전혀 그렇게 행동하지 않았지만, 담배를 얻기 위해서라면 비굴한 짓도 마다하지 않았다….

질문받은 사람의 80%는 니코틴 없이 사는 것이 알코올 없이 사는 것보다 훨씬 끔찍하다고 주장했다(Brill & Christie, 1974).

결론을 내리면, 흡연은 중독성이 매우 심하고 멈추기 어렵다. 일단 시작되면 의지로 쉽게 멈출 수 있는 성질의 것이 아니다.

무연 담배

미국 청소년들의 씹는 담배와 흡입 담배 사용량은 1970년대 이후로 증가했지만, 운 좋게도 1990년대 중반부터 현재까지는 사용량이 감소해 왔다(Boyle, Claxton & Forster, 1997; Johnson, O'Malley, Bachman, & Schulengerg, 2006). 시골의 백인 남성들은 무연 담배를 가장 많이 사용한다(Tomar & Giovino, 1998). 무연 담배의 사용은 보통 흡연보다 더 이른 나이에 시작된다

(Boyle, Claxton & Forster, 1997). 니코틴은 입의 점막을 통해 흡수될 수 있으며, 중독될 수 있고, 건강에 해롭다. 연기가 폐로 흡입되지 않기 때문에 폐암과는 관련이 없지만, 구강암, 인후암, 관상동맥질환, 궤양, 그리고 신경근 질환에 걸릴 가능성을 높일 수 있다.

청소년 흡연 예방

가장 이상적인 것은 청소년들이 애초에 흡연을 시작하지 않도록 막는 것이다. 청소년들이 담배에 빠지지 않도록 방지하고, 일단 흡연을 시작한 후에는 금연을 하도록 돕기 위한 효과적인 방법을 찾으려는 목적으로 여러 연구들이 행해졌다. 중요한 제안과 의견들 중 일부를 살펴보면 아래와 같다.

첫째, 청소년들을 놀라게 해서 금연하게 하는 위협적인 전략은 쓰지 말아야 한다. 흡연이 폐암과 호흡기 질환 및 심혈관계 질환 등에 어떻게 관련되는지를 지적해 주고, 임신 중이나 경구 피임약을 복용 중일 때 흡연하면 어떤 위험이 있는지에 대해 알려 주는 것은 적절한 조치이다. 어느 정도의 불안은 청소년들이 흡연을 시작하지 못하도록 방지하는 데 유용할 수 있다. 그러나 과도하게 위협적인 방법들은 결과적으로 청소년들로 하여금 흡연이 신체적으로 해롭다는 사실을 부인하게 만들거나 자신들을 위협하려는 사람들의 가르침을 거절

알고 싶은 것

▶ 십대들이 유해성을 알면서도 흡연을 하는 이유는 무엇인가?

십대들은 흡연이 그들을 멋지고, 대담하고, 반항적으로 보이게 하며, 친구들이 피워 보라고 하기 때문에 흡연을 시작한다. 흡연을 계속하는 이유는 흡연을 즐기고, 흡연이 기분을 풀어 주며, 또한 니코틴에 중독되었기 때문이다.

하도록 만든다. 흡연을 반대하는 교사들은 중립적인 입장을 취하는 교사들에 비해 금연 교육에서 더욱 효과적이다. 교사들은 입장을 분명히 하되, 극도의 부정적인 방법을 사용해서는 안 되며, 실제보다 과장적인 정보를 제공하지 않아야 한다.

둘째, 주된 호소방법은 긍정적인 것이어야 한다. 금연 프로그램은 청소년들의 허영심이나 긍지, 자신에 대한 신념, 성취감에 호소해야 한다. 그들이 자신의 흡연과 관련하여 남을 비난하기보다는 스스로의 행동에 대한 통제력을 가질 수 있도록 고취해야 한다(Sheppard, Wright & Goodstadt, 1985). 건강한 신체를 유지하려는 그들의 소망에 호소하는 것은 매우 효과적인 방법으로 판명되었다.

흡연은 강한 중독성이 있으며 한 번 시작하면 끊기 어렵기 때문에, 청소년들이 흡연을 시작하지 않도록 하는 것이 중요하다.

셋째, 가능한 한 모든 사실에 대해 솔직하게 청소년들에게 알려야 한다. 프로그램은 진실의 일부만을 알리거나 신뢰에 금이 가게 해서는 안 된다. 흡연의 위험성에 대한 알고 있을 때조차도, 일부 청소년들은 폐암이나 기타 질병이 '나에게는 발생하지 않겠지'라고 생각하기 때문에 흡연을 시작하거나 계속한다. 흡연의 해독에 대한 사실적인 정보를 제시하는 것은 항상 행동을 변화시키지는 않지만, 대개는 지식과 태도에 상당한 영향을 미친다.

넷째, 학생 리더나 학생들의 도움을 이끌어 내야 한다. 또래의 압력이나 멋져 보이려는 욕구가 흡연의 강한 동기가 되기 때문에, 인기 있는 청소년이 금연 메시지를 전달하는 것이 성인이 동일한 메시지를 전달하는 것보다 훨씬 효과적이다.

다섯째, 프로그램은 아동기 때부터 시작해서 몇 년마다 주기적으로 지속되어야 한다. 프로그램을 반복하는 것이 일회적으로 프로그램을 시행하는 것보다 훨씬 효과적이다. 뉴욕 주의 교육법에서는 금연 교육을 중학교 2학년 이후에 하도록 규정하고 있다. 그러나 이것은 너무 늦다. 초등학교 4학년이나 5학년이 금연 교육을 시작하기에 더 좋은 시기이다.

여섯째, 흡연의 이면에 감춰진 정서적, 사회적 이유를 찾아 분석할 수 있도록 돕고, 더 이상 흡연이라는 버팀목에 의지하지 않도록 그러한 문제들을 적절히 다룰 수 있게 해야 한다.

마지막으로, 어떤 한 가지 예방 교육만으로 충분할 수는 없다. 여러 금연 프로그램이 이미 흡연을 하고 있던 청소년들의 흡연 행동을 변화시키는 데 부분적으로 성공을 거두고 있다.

청소년들의 흡연 시작을 막기 위해 다른 방책들도 사용되고 있다. 미국의 여러 주에서는 18세 미만의 흡연을 금지하는 법안을 통과시켰다. 또한 청소년들이 담배를 사기 어렵게 만들기 위해서 담배에 무는 세금을 올렸다. 청소년들을 표적으로 광고를 하거나 니코틴의 강한 중독성을 왜곡하는 광고 회사를 상대로 소송이 제기되어, 담배 회사들이 담배를 팔기 위해 거짓된 주장을 하는 것을 막고 있다. 이러한 모든 방책들이 담배의 사용을 감소시켜야 할 것이다.

알코올과 과음

알코올은 청소년들이 가장 선호하는 약물이지만, 대개는 심각한 약물로 보지 않는 경우가 많다.

알코올 사용의 발생률

중학생, 고등학생, 대학생을 대상으로 한 연구들에서 상당수의 청소년들이 음주를 한다는 사실이 밝혀졌다. 2005년도 통계에 따르면 중학교 2학년의 41%, 고등학교 고학년생의 75%가 술을 마신 경험이 있다고 하며, 같은 집단의 17%, 47%가 최근 할 달 내에 음주를 한 적이 있다고 한다(Johnson, O'Malley, Bachman, & Schulenberg, 2006).

음주가 미국에서 매우 흔한 일임을 감안할 때, 청소년들 대다수가 알코올을 경험한 적이 있다는 것은 그리 놀랄 만한 일이 아니다.

음주 자체보다는 빈번한 과음이 문제이다. 2000년도에 고등학교 고학년 중 30%와 중학교 2학년 중 15%가 최근 2주 동안 적어도 한 번 이상 **폭음**(binge drinking)을 했던 것으로 보고되었다(Johnson O'Malley, & Bachman, 2003). 폭음은 남성의 경우 두 시간 동안 5잔 이상의 술을, 여성의 경우에는 같은 시간 동안 4잔 이상의 술을 마시는 것으로 정의된다. 이 기준은 여러 연구들을 통해 이만큼의 양이 다양한 위험들을 상당히 증가시킨다는 것이 밝혀졌기 때문에 정해졌다. 또한 전형적인 72kg 정도의 남성이 두 시간 안에 5잔을 마시는 경우 혈중 알코올 농도가 0.08에 이르게 되는데, 이 수준은 미국의 50개 모든 주에서 합법적으로 취했다고 여기기에는 높은 수준이다(Substance Abuse and Mental Health Services Administration, 2003).

앞에서 언급했듯이, 폭음을 하는 사람들은 여러 가지 부정적 결과들에 대한 위험을 증가시키는 동시에, 다른 사람을 위험에 처하게 만들 수 있다. 예를 들면 알코올은 교통사고의 주요 원인이 되며, 매년 음주 운전자로 인해 일어난 교통사고로 죽는 사람의 거의 절반 정도가 운전자가 아닌 다른 사람이다(Hingston & Winter, 2003). 또한 알코올은 매년 1,500건 이상의 살인 사건과 관련이 있으며, 익사나 화상, 추락 등의 치명적인 사고로 인한 21세 이하의 희생자 중 거의 40%에서 알코올 양성 반응이 나왔다(Bonnie & O'Connell, 2004). 젊은 사람이 관여된 대다수의 성폭행은 한 사람 혹은 두 사람 모두 취한 상태에서 일어나며, 합의에 의한 성행위를 할 때에도 술에 취한 경우에는 안전한 방법을 따르지 않는 경향이 있다(Flanigan, McLean, Hall, & Propp, 1990). (누구든 원치 않는 임신 중 대다수가 알코올 섭취로부터 시작되었을 거라고 추측해 볼 수 있을 것이다.) 마지막으로, 술에 취한 청소년들은 다른 사람의 물건을 상하게 하거나, 다른 사람들을 한밤중에 깨우거나, 시비를 걸 수도 있다.

맥주는 음주의 빈도에 관계없이 모든 연령대의 소년들에게, 또한 마찬가지로 연령과 관계없이 한 주에 한 번 이상 술을 마시는 소녀들에게 가장 선호되는 술이다. 음주의 빈도가 그리 빈번하지 않은 보다 나이 많은 소녀들은 맥주보다는 증류된 술을 선호한다(Bonnie & O'Connell, 2004). 하지만 대부분의 연구에서는 시원한 포도주를 마시는지에 대해서만 질문해 왔으며, 알코팝(alcopop, 알코올이 함유된 청량 음료 : 역자 주) 혹은 더 새로운 맛있는 알코올 음료를 마시는지에 대해서 질문한 연구는 거의 없었다. 이렇게 맛있는 알코올 음료의 사용 또한 많은 것으로 나타난다(Johnson, O'Malley, Bachman, & Schulenberg, 2006).

청소년들이 술을 마시는 사회적 상황은 법적으로 제한되어 있음에도 불구하고, 청소년들은 합법적으로 술을 사거나 업소를 이용할 수 있는 권리가 주어지기 이전에 이미 술을 마시기 시작한다. 음주를 시작한 대부분의 청소년들은 부모의 통제하에 집에서 술을 마신다. 이러한 음주는 주로 공휴일이나 어떤 특별한 사건이 있는 경우에 생긴다. 청소년들은 성장함에 따라 점점 집 밖에서 술을 마시게 되며, 어른들이 없는 장소를 찾게 된다. 십대들이 술을 마시는 장소는 보통 파티나 야외, 차 등인데, 이 모든 장소는 십대들이 어떤 행동을 하는지 관찰할 수 없는 곳이다.

중·고등학생의 음주율은 여러 주에서 합법적인 음주 연령에 대한 법률을 재검토하도록 만들었다. 베트남 전쟁 이후, 여러 주에서 음주 제한 연령을 18세 미만으로 하향 조정하였다. 그 논지는 다음과 같았다. "그들이

싸울 수 있을 만큼 나이가 들었다면, 선거권을 갖고 술도 마실 수 있을 만큼 성숙한 것이다." 그러나 관련 당국에서는 18세의 청소년들에게 술을 살 수 있는 권리를 부여한다면, 그들보다 어린 중·고등학생들도 술을 손에 넣을 수 있게 될 것이라며 이의를 제기했다(보다 어린 학교 친구들을 위해 술을 구입해 줄 수 있다). 그 결과, 합법적인 음주 제한 연령을 하향 조정했던 많은 주에서 연령 제한을 21세 미만으로 상향 조정하였다(Newman, 1987). 오늘날 50개 주에서 합법적으로 음주가 허용되는 연령은 모두 21세이다.

음주 제한 연령을 21세로 올리는 것은 여러 가지 긍정적인 효과가 있었다. 첫째, 그로 인해 청소년들의 음주율이 낮아지고 관련 문제들이 줄어들었다(Wagenaar & Toomey, 2002). 둘째, 수천 건의 교통사고를 방지하게 되었다(NHTSA, 1998). 마지막으로 21세까지 음주하지 않은 청소년들은 보다 일찍 음주를 시작한 청소년들에 비해 술을 덜 마신다(Grant & Dawson, 1997).

청소년기 동안에 술을 마시는 이유

왜 그렇게 많은 청소년들이 술을 마시기 시작하는가? 이 시기에 음주가 시작되는 이유는 무엇인가? Schulenberg와 Maggs(2002)는 여러 가지 발달적 변화들이 십대들을 알코올 섭취로 이끈다고 제안했다. 그중에서 가장 중요한 것들을 설명해 보면 다음과 같다.

1. 사춘기와 결부된 신체적 변화가 알코올에 대한 내성을 증가시킨다. 그래서 청소년들은 다량으로 음주를 할 수 있게 된다.
2. 청소년들은 스스로를 더 이상 아이로 여기지 않기 때문에 보다 성숙하고 어른 같이 보이기를 바란다. 그들은 손에 술을 들고 있는 것이 자신들을 성인처럼 보이게 만든다고 믿는다.
3. 사춘기 이후에 생겨나는 인지적 기술은 술을 마실지 말지를 포함한 다양한 문제들을 절대적인 관점이 아닌 상대적인 관점에서 바라볼 수 있게 해 준다. 이로 인해 알코올 섭취에 대해서도 된다, 안 된다의 관점을 넘어 언제, 얼마나 마실 것인가에 대해 생각하게 만든다.

4. 인지능력의 발달에 수반된 자부심으로 인해 권위적 인물의 의견에 대해 의문을 가지기 쉽다.

5. (제4장에서 논의된 것과 같이) 청소년들은 자신을 특별한 인생 여정을 가진 이야기 속 주인공처럼 생각하기 때문에(개인적 우화), 자신은 위험에 처하지 않을 것이라고 여긴다. 그래서 자신은 위협이나 해를 입지 않을 것이라고 생각한다.

6. 추론 기술의 향상으로 십대들은 성인들의 위선에 대해 더 잘 파악하게 된다. 그래서 스스로는 술을 마시면서 자녀나 학생들에게는 음주가 위험하다고 얘기하는 성인들의 말을 존중하지 않을 수 있다.

7. 자아정체성을 찾는 과정에서 새로운 경험을 시도해 보려 할 수 있다.

8. 청소년들은 아동들보다 더 많은 자유와 독립성을 가지고 있기 때문에 어른들의 지도나 감독을 잘 받지 않는다.

9. 청소년들은 또래들과 같이 시간을 많이 보내고, 가족들과는 별로 함께 하지 않는다. 이로 인해 행동에 미치는 또래들의 영향력은 더 커지고 가족들의 영향력은 더 작아진다.

10. 십대들은 사람들의 음주율을 실제의 음주율보다 높게 생각한다. 그래서 '모든 사람들이 술을 마신다'는 생각으로 인해 더욱 술을 마시게 된다.

11. 청소년들은 낭만과 성에 관심이 많다. 그래서 청소년들은 술집이나 파티에 자주 가게 되는데, 이런 장소들은 술이 접대되는 곳이다.

Personal Issues   대학 교정에서의 음주

지난 10여 년간 대학교 내에서의 음주 정도에 대한 많은 연구들이 행해졌다. 한 연구에서, 대략 70%의 대학생들이 지난달에 술을 마셨던 것으로 나타났다(Johnson et al., 2005). 그러나 이 학생들이 모두 과음을 하는 것은 아니다. 2004년에는 대학생 중 약 45% 정도가 2주 동안 적어도 한 번의 폭음을 한다고 보고하였다. 특히 남성이 여성에 비해 폭음을 더 많이 하는 경향이 있었다. 즉 남성의 50%, 여성의 40% 정도가 폭음을 보고하였다(Johnson, O'Malley, Bachman, & Schulenberg, 2005). 술을 많이 마시는 것과 관련된 다른 요인으로는 사교 클럽에의 가입, 인종/민족(흑인 학생이 백인 학생보다 술을 덜 먹는다), 운동경기 참여, 규모가 작은 대학교에 진학, 북동부에 위치한 대학에 진학, 기숙사 거주가 있다(Presley, Meilman, & Leichliter, 2002).

4년제 대학에 다니는 학생들에 의해 소비되는 술의 거의 반 정도(약 48%)를 미성년 학생들이 소비한다(Wechsler, Lec, Kuo, Seibring, Nelson, & Lee, 2002). 대학에 다니는 초기 성인들은 동년배에 비해 술을 더 많이 마시는 경향이 있다(Johnson, O'Malley, Bachman, & Schulenberg, 2005).

폭음하는 대학생들은 그렇지 않은 대학생들에 비해 보다 부정적인 결과들을 경험한다. 폭음자의 성적은 좋지 않을 때가 많은데, 이는 술 때문에 머리가 맑지 않아서 공부에 지장을 받고 또 수업을 빠지기 때문이다. 운동능력도 저하된다. 그리고 많은 폭음자들이 술 취했을 때 주변 사람들과 있었던 일을 잘 기억하지 못하고 필름이 끊기는 사건(blackout)을 경험한다. 폭음하는 학생들은 넘어지거나, 싸우거나, 자동차 사고를 당해서 신체적으로 상해를 입는 경우가 상대적으로 더 많다. 폭음자들은

감기나 단기간 지속되는 질병에 걸리기 쉬우며, 심각하고 장기적인 건강 문제를 일으킬 소지가 높다. 또한 과음자들은 의도치 않은, 질병의 위험이 있는 성행위를 하게 될 가능성이 높고, 이로 인해 성적으로 전염되는 질병을 얻거나 임신을 할 위험성이 커진다(Cooper, 2002; Perkins, 2002).

폭음자들은 자기 자신에게뿐만 아니라 다른 학생들에게도 심각한 문제가 될 수 있다. 약 75%의 학생들은 적어도 한 번 원치 않은 불쾌한 방식으로 술취한 학생들과 부딪친 적이 있다고 보고했다(Wechsler, Lee, Kuo, & Lee, 2000). 이러한 일들의 대부분은 짜증 나는 수준이지만(공부하는 것을 방해받거나, 잠을 깨거나, 술 취한 친구를 돌봐야 하는 정도), 일부는 공격적인 수준이었다(밀치거나 때림, 원치 않게 성적으로 접촉하거나 심지어 데이트 중에 강간을 시도함)(Abbey, 2002; Perkins, 2002).

또한 대학들도 학생들의 폭음으로 어려운 상황을 겪는다. 지역사회와 대학 간 관계가 어려워질 수도 있으며, 알코올 관련 문제로 인한 비용이 증가할 수도 있다. 또한 학생 서비스에 대한 필요의 증가로 인해 관련 직원들의 에너지 소진이 매우 심해질 수 있다. 이러한 부정적인 영향들은 술을 마시는 개인적 차원을 넘어설 수 있다.

이러한 연구결과들은 많은 대학생들이 이미 느꼈던 일들을 보고한 것일 수도 있다. 그렇지만 이러한 연구결과들에서 확인된 또 다른 사실은 대학생 중 절반 이상이 과음하지 않는다는 점이다. 다시 말해 집단의 일원이 되기 위해 폭음할 필요는 없다.

12. 청소년들은 많은 스트레스를 받는데, 음주가 긴장을 완화하는 수단으로 사용된다.

Dermen, Cooper, Agocha(1998)에 따르면, 술은 억제력을 감소시켜 거친 행동에 대한 변명거리가 되기도 한다. 음주는 십대들에게 평소라면 하지 않을, 처음 보는 사람과 성관계를 갖거나 학교기물을 파괴하는 것 같은 행동을 하도록 만들 수도 있다.

성인과 또래의 영향

음주는 보편화된 성인 문화이기 때문에 청소년들의 음주는 미국 성인들의 태도와 행동에 대한 청소년들의 생각을 반영한다(Stevens, Mott & Youells, 1996). 청소년들은 성인 역할 수행의 필수적인 한 부분으로, 그리고 성인 사회로 들어가는 하나의 의식으로서 술을 마신다.

물질 남용과 관련해서 이전에 논의했듯이, 가족 요인은 알코올 오남용에 있어 중요한 역할을 한다. 과도하게 술을 마시는 청소년들은 술을 마시지 않는 청소년들보다 가족들과 거리감을 느낀다(Crowe, Philbin, Richards, & Crawford, 1998). 술을 마시는 청소년들은 술을 마시지 않는 또래들에 비해 가족들과 시간을 덜 보내고, 집에 있는 시간을 즐기지 않는다.

부모가 술을 마시거나 음주를 찬성하는 경우에 청소년들이 술을 마시는 경우가 많다(Barnes, Farrell, & Banerjee, 1995). 부모가 술을 마시지 않거나 음주에 찬성하지 않으면 자녀들도 부모를 따라 술을 마시지 않는 경우가 많다. 부모가 과음자에게 관대한 만큼 자녀들도 과음자에게 관대해지는 경향이 있다(Barnes, Reifman, Farrell & Dintcheff, 2000). 더구나, 만성적인 알코올 사용은 가계 내에서 이어지기 쉽다(Lieb, Merikangas, Hofler, Pfister, Isensee & Wittchen, 2002). 그렇다고 부모를 통해 음주에 노출된 아동들이 모두 문제 있는 음주자로 성장하는 것은 아니다. 음주를 금지하는 환경에서 성장했거나 알코올 중독의 비율이 높은 아메리칸 원주민, 아일랜드계 가족에서 성장한 청소년들이 가장 높은 청소년 알코올 중독률을 보였다(Gfellner & Hundelby, 1994; Huston, Hoberman & Nugent, 1994). 가족 요인에 대한 최근 연구들은 부모의 관찰이라는 역할

알고 싶은 것

▶ **많은 청소년들이 음주를 시작하게 되는 이유는 무엇인가?**

음주를 하려는 청소년들의 욕구는 다양한 신체적, 인지적, 사회적 변화가 서로 결부되어 생겨난 것이다. 간단히 말해, 청소년들은 한계를 시험하고 성인이 되고 싶어 하는데, 음주가 이러한 과정에 도움이 된다고 여기기 때문이다. 그러나 그들은 음주의 위험에 대해서는 이해하고 있지 못하다.

에 초점을 맞춰 왔다. 당연하게도 자녀들의 행동을 관찰하고 한계를 설정하는 부모의 자녀들은 술을 마시지 않는 경향이 있다(DiClemente et al., 2001).

청소년들은 또래와의 동일시, 교제, 우정에 대한 욕구나 또래집단의 압력 때문에 술을 마신다(Sieving, Perry & Williams, 2000). 또한 음주는 어떤 집단에서는 하나의 사회적 관습이기 때문에 그 집단의 일원이 되기를 원하는 청소년은 술을 마시게 된다.

많은 청소년들은 그들 자신이 음주를 규범적인 것이라고 인식하고 그 집단의 한 부분이 되기 원하기 때문에 술을 마신다(Olds & Thombs, 2001). 이에 미성년자의 음주를 줄이는 효과적인 방법 중 하나는, 모든 사람이 술을 마시는 것은 아니며, 모든 청소년들이 술에 취하는 것을 괜찮다고 생각하는 것도 아니다와 같은 말을 퍼뜨리는 것이다. 청소년들의 음주를 줄이기 위한 또래와 관련된 두 번째 방법은 거절하는 기술을 가르치는 것이다(즉 동료들의 압력 앞에서 아니라고 말할 수 있는 능력). 몇몇 연구들은 이러한 방법이 규범에 대한 인식을 바꾸는 것보다 훨씬 더 효과적이라고 제안하고 있다(Connor, Young, Williams & Ricciardelli, 2000).

술을 마시는 모든 청소년들이 문제 있는 음주자가 되는 것은 아니다. 문제 있는 음주자들은 사회적인 이유보다는 주로 심리적인 이유 때문에 술을 마시기 시작한다. 현실도피적인 폭음은 심각한 성격 문제가 증상으로 드러난 것이다. 그런 청소년들은 집이나 학교에서 잘 적응하지 못한다. 부진한 성적을 받고, 탈선하기 쉬우며, 과외 활동에도 잘 참여하지 않고, 밖에서 밤을 새는

경우가 허다하며, 온건한 음주자들에 비해 부모와의 관계도 친밀하지 못하다. 소수의 청소년들만이 문제 있는 음주자들이지만, 이들은 이미 술을 통해 반항하거나 현실로부터 회피하고자 하는 심리적인 불안정을 지니고 있다(Ralph & Morgan, 1991).

알코올 사용의 신체적 결과들

장기간의 과음이 신체에 해를 준다는 사실에는 의심할 여지가 없다. 알코올 남용이 **간경화증**(cirrhosis)으로 알려진 간의 손상과 관계되어 있다는 사실은 잘 알려져 있다. 간경화증은 치명적인 위험 가능성이 있는 질환이다. 더구나 만성적인 과음은 면역체계의 기능을 손상시킨다. 이는 알코올 남용자들이 술을 마시지 않은 사람들에 비해 결핵 같은 감염성 질환에 취약할 수 있음을 의미한다. 장기간의 과음은 또한 고혈압, 부정맥(불규칙한 심장박동), 심장근육의 약화, 뇌졸중을 일으킬 위험이 있다. 많은 양의 술을 먹는 여성들은 남성들보다 유해한 영향을 더 받을 수 있다. 일반적으로 여성 과음자들이 남성 과음자들에 비해 술을 덜 마시지만, 여성의 신체는 더 적은 알코올로도 유해한 영향을 받는다.

더구나 과음은 유방암 발생률을 높인다. 미국 알코올 남용 및 중독 협회에서는 최근에 알코올 소비가 건강에 미치는 영향에 대해 지금까지 알려진 것들을 자세하게 정리하여 제시하였다(NIAAA, 2000).

알코올에 따른 행동적, 인지적 영향은 잘 알려져 있다. 위험한 성관계를 갖거나, 수업에 빠지는 것 같은 여러 행동적 영향들은 이미 논의되었다. 여기서는 알코올이 보다 기본적인 인지적 기능에 끼치는 영향에 대해 살펴보겠다.

과음자의 대뇌가 실제로 작아진다는 점을 감안하면, 대부분의 알코올 중독자들에게 경미한 수준에서 보통 수준에까지 이르는 지능 감퇴가 나타난다는 사실은 놀랄 일이 아니다. 대부분의 세포 손실은 계획하기나 충동 조절 같은 고차원적 사고를 담당하는 **전두엽** 피질이나 학습과 기억, 동기와 관련된 해마, 균형과 조정 및 학습을 통제하는 것을 돕는 **소뇌**에서 발생한다. 세포 손상은 새로운 것을 기억하고, 복잡한 문제를 풀고, 사물의 위치를 지각하고 기억하는 능력을 감퇴시킨다. 술을 약간 마시거나 보통 정도로 마시는 음주자들은 어떨까? 연구결과들은 상반되지만, 일부 연구들에서는 장기간

Research Highlight　알코올 남용과 중독

알코올 남용(alcohol abuse)은 신체적, 사회적, 지적, 직업적 기능의 손상을 초래하거나 타인에게 유해한 행동을 보일 정도로 술을 마시는 것을 말한다. 알코올 중독자가 아니더라도 술과 관련된 문제를 보일 수 있다. 한 달에 한 번 술을 마시더라도, 취한 상태에서 운전을 해서 사고를 낸다면 알코올 남용자이다. 또한 술을 마시고 아이들을 때리는 사람도 마찬가지이다.

알코올 중독(alcoholism)은 술에 중독되어 강박적으로 과도하게 마시고 이로 인해 기능적 손상을 보이는 것을 말한다. 일부 알코올 중독자들은 매일 많은 양의 술을 마신다. 어떤 사람들은 주말에만 과음하거나 한동안 술을 절제하다가 몇 주나 몇 달 동안 매일 과음하기도 한다. 스트레스를 받거나 불안한 시기에만 과음을 하는 경우도 있다.

다음과 같은 모습들을 보인다면 음주 문제가 있는지 고려해 봐야 한다.

▶ 평소보다 많이 마시고, 한 번에 들이키는 경향이 있다.
▶ 다른 사람들과 술을 마시기 전이나 후에 몇 잔 더 마시려고 한다.
▶ 혼자서 술을 마시기 시작한다.

▶ 중요한 시기에 술에 취해 있다.
▶ 전날의 숙취를 극복하기 위해 아침에 술을 마신다.
▶ 지루함, 우울, 불안, 부적절함을 털어내기 위해 술을 마신다.
▶ 문제나 어려움에 대한 대처방법으로 술을 마신다.
▶ 주말에 술을 과음해서 월요일에도 숙취가 남아 있다.
▶ 술을 자제할 수가 없다. 계획보다도 많이 마시고 원치 않을 때도 술에 취한다.
▶ 술을 줄이겠다고 약속하지만, 그렇게 되지 않는다.
▶ 음주를 하는 동안 했던 말이나 행동에 대해 종종 후회한다.
▶ 음주에 대해 죄책감을 느끼기 시작한다.
▶ 술을 마시는 동안 다른 사람이 했던 말에 신경이 쓰인다.
▶ 술을 마셨다는 사실을 숨기거나 감추려고 한다.
▶ 술을 마시는 동안 있었던 일들이 기억나지 않는다
▶ 음주로 인해 친구와 가족과의 관계에 영향을 받고 있다.
▶ 음주로 인해 직장이나 학교에서 지각한다.
▶ 술을 마시지 않는 사람을 멀리하기 시작한다.

동안 마시는 경우에는 술을 약간 마시거나 보통 정도로 마시더라도 인지적 능력이 감퇴된다는 사실이 밝혀졌다(NIAAA, 2001).

고등학생들의 뇌는 계속 성장하기 때문에 알코올에의 노출이 뇌발달에 어떤 영향을 미치는지 확인할 필요가 있다. 실험실 동물들(Spear, 2002 참조)과 인간을 대상으로 한 연구들은 청소년이 과음을 할 경우에 뇌 발달에 부정적인 영향을 받을 가능성을 시사해 주었다. 술을 남용하는 청소년들은 술을 마시지 않는 청소년들에 비해 해마의 크기가 더 작다는 사실이 확인되었으며, 과음할수록 그리고 이른 시기에 음주를 할수록 해마 부위가 더 작은 것으로 드러났다(De Bellis et al., 2000). 해마는 기억에 기여하는 뇌 부위이기 때문에, 관련 연구에서 청소년기의 기억 문제와 과음 간의 관계가 확인되고 있다는 점은 놀랄 일이 아니다(Brown, Tapert, Granhom, & Delis, 2000).

초기 성인기의 음주

음주는 청소년기를 벗어나 초기 성인기로 가면서 감소하는 경향을 보인다. 이는 대학교에 입학하는 사람과 고등학교 졸업 후 직업을 가지는 사람 모두에게 해당된다. 전부는 아니지만 대학 시절 과음했던 많은 학생들이 학교를 졸업하면서 알코올 소비를 줄인다. 직업 세계에 발을 내딛으면서 알코올 사용은 감소하지만(Wood, Sherman, & McGowen, 2000), 대학교 졸업 후에 직업을 갖는 사람에 비해 고등학교 졸업 후 직장을 구하는 사람에게는 이러한 경향성이 덜 나타난다(Schulenberg, O'Malley,

> **알고 싶은 것**
>
> ▶ 대학교 시절 과음한 대부분의 학생들은 성인이 되어서도 계속 과음을 하는가?
>
> 아니다. 성인생활이 주는 책임감과 사회적 만남의 특성 변화로 음주가 줄어든다.

Bachman, & Johnston, 2000). 결혼하게 되면 음주율은 더 떨어진다(Bachman, Wadsworth, O'Malley, Johnson, & Schulenberg, 1997).

적어도 두 가지 요인이 이러한 경향성에 영향을 주는 것 같다. 먼저, 성인생활에 부가되는 책임감 증가로 인해 계속 과음하기가 어려워진다. 졸업 후에는 일찍 일어나서 오랜 시간 동안 일해야 한다. 또한 집을 청소하고 장을 보는 등의 일을 해야 한다. 둘째, 졸업과 결혼 후에는 사회적 만남을 가지는 데 시간을 덜 소비한다. 대다수의 사람들이 밖에는 덜 나가고, 집에 더 있으려 한다. 밖에 나가더라도 큰 모임에 참석하기보다는 친구들 몇 명과 같이 놀거나 파트너와 함께 시간을 보낸다. 사회적 만남 중에 직장 동료들과 보내는 시간이 있을 수 있는데, 직장 동료들은 연장자이고 과음을 원치 않을 수 있다.

요약하면, 알코올 중독이거나 대학 시절에도 알코올에 의존하는 청소년들 중 일부가 이후에도 계속해서 과음할 수 있지만, 대다수는 음주 소비를 크게 줄여 갈 것이다.

Babbit, N. (2000). *Adolescent Drug and Alcohol Abuse : How to Spot It, Stop It, and Get Help for your family.* Cambridge, England: O'Reilly.

Bonnie, R. J., and O' Connell, M. E. (Eds.). (2004). *Reducing Underage Drinking: A Collective Responsibility.* Washington, DC: National Academies Press.

Faupel, C. E., Horowitz, A. M., and Weaver, G. (2003). *The Sociology of American Drug Use.* New York: McGraw-Hill.

Ross, G. R. (2002). *Treating Adolescent Substance Abuse : Understanding the Fundamental Elements.* Portland, OR: Resource Publications.

Wechsler, H., and Wuethrich, B. (2003). *Dying to Drink: Confronting Binge Drinking on College Campuses.* New York:Rodale.

Windle, M. (1999). *Alcohol Use among Adolescents.* Thousand Oaks, CA : Sage.

Aalsma, M. C., Lapsley, D. K., and Flannery, D. J. (2006). "Personal Fables, Narcissism, and Adolescent Adjustment." *Psychology in the Schools,* 43, 481–491.

Aaron, D. J., Storti, K. L., Robertson, R. J., Kriska, A. M., and LaPorte, R. E. (2002). "Longitudinal Study of the Number and Choice of Leisure Time Physical Activities from Mid to Late Adolescence: Implications for School Curricula and Community Recreation Programs." *Archives of Pediatric and Adolescent Medicine,* 156, 1075–1080.

Abassi, V. (1998). "Growth and Normal Puberty." *Pediatrics,* 102, 507–511.

Abbey, A. (2002). "Alcohol-Related Sexual Assault: A Common Problem among College Students." *Journal of Studies on Alcohol,* Supplement 14, 118–128.

Abell, E., Clawson, M. C., Washington, W. N., Bost, K. K., and Vaughn, V. E. (1996). "Parenting Values, Attitudes, Behaviors, and Goals of African American Mothers from a Low-Income Population in Relation to Social and Societal Context." *Journal of Family Issues,* 17, 593–613.

Abernathy, T. J., Massad, L., and Romano-Dwyer, L. (1995). "The Relationship between Smoking and Self-Esteem." *Adolescence,* 30, 899–907.

Abma, J. C., and Sonenstein, F. L. (2001). "Sexual Activity and Contraceptive Practices among Teenagers in the United States, 1988 and 1995." *Vital and Health Statistics,* 23, 1–79.

Ackard, D. M., Neumark-Sztainer, D., Story, M., and Perry, C. (2006). "Parent-Child Connectedness and Behavioral and Emotional Health among Adolescents." *American Journal of Preventative Medicine,* 30, 59–66.

Acock, A. C., and Bengtson, V. L. (1980). "Socialization and Attribution Processes: Active versus Perceived Similarity among Parents and Youth." *Journal of Marriage and the Family,* 42, 501–515.

ACT, (2006). ACT News: Facts about ACT. Retrieved from http://www.act.org/news/aapfacts.html.

Adalbjarnardottir, S., and Hafsteinsson, L. G. (2001). "Adolescents' Perceived Parenting Styles and Their Substance Use: Concurrent and Longitudinal Analyses." *Journal of Adolescent Research,* 11, 401–423.

Adam, K. S., Bouckams, A., and Streiner, D. (1982). "Parental Loss and Family Stability in Attempted Suicide." *Archives of General Psychiatry,* 39, 1081–1085.

Adams, G. R., Gullotta, T. T., and Montenayor, R. (Eds.). (1992). *Adolescent Identity Formation.* Newbury Park, CA: Sage.

Adams, G. R., and Jones, R. M. (February 1982).

"Adolescent Egocentrism: Exploration into Possible Contributions of Parent-Child Relations." *Journal of Youth and Adolescence,* 11, 25–31.

Adams, G. R., and Marshall, S. K. (1996). "A Developmental Social Psychology of Identity: Understanding the Person in Context." *Journal of Adolescence,* 19, 429–442.

Adams, K., Sargent, R. G., Thompson, S. H., Richter, D., Corwin, S. J., and Rogan, T. J. (2000). "A Study of Body Weight Concerns and Weight Control Practices of 4th and 7th Grade Adolescents." *Ethnicity and Health,* 5, 79–94.

Adams, R., and Laursen, B. (2001). "The Organization and Dynamics of Adolescent Conflict with Parents and Friends." *Journal of Marriage & the Family,* 63, 97–110.

Adcock, A. G., Nagy, S., and Simpson, J. A. (1991). "Selected Risk Factors in Adolescent Attempts." *Adolescence,* 26, 817–828.

Adeyanju, M. (1990). "Adolescent Health Status, Behaviors, and Cardiovascular Disease." *Adolescence,* 25, 155–169.

Adler, P. A., and Adler, P. (1995). "Dynamics of Inclusion and Exclusion in Preadolescent Cliques." *Social Psychology Quarterly,* 58, 145–162.

Adler, P. A., Kleiss, S. J., and Adler, P. (1992). "Socialization to Gender Roles: Popularity among Elementary School Boys and Girls." *Sociology of Education,* 65, 169–187.

Agbayani-Siewart, P. (2002). "Filipino American Culture and Family Values." In N. V. Benokraitis (Ed.), *Contemporary Ethnic Families in the United States: Characteristics, Variations, and Dynatics* (pp. 36–42). Englewood Cliffs, NJ: Prentice Hall.

Agerbo, E., Nordentoft, M., and Mortensen, P. B. (2002). "Familial, Psychiatric, and Socioeconomic Risk Factors for Suicide in Young People: Nested Case-Control Study." *British Medical Journal,* 325, 74.

Agrawal, P. (March 1978). "A Cross-Cultural Study of Self-Image: Indian, American, Australian, and Irish Adolescents." *Journal of Youth and Adolescence,* 7, 107–116.

Ahlstrom, P. A., Richmond, D., Townsend, C., and D'Angelo, L. (1992). *The Course of HIV Infection in Adolescents.* Paper presented at the meeting of the Society for Adolescent Medicine, Washington, DC.

Ahn, N. (1994). Teenage childbearing and high school completion: Accounting for individual heterogeneity. *Family Planning Perspectives,* 26, 17–21.

Ainslie, R. C., Shafer, A., and Reynolds, J. (1996). "Mediators of Adolescents' Stress in a College

Preparatory Environment." *Adolescence,* 31, 913–924.

Ainsworth, M. D. S., Blehar, M. C., Waters, E., and Wall, S. (1978). *Patterns of Attachment: A Psychological Study of the Strange Situation.* Hillsdale, NJ: Erlbaum.

Akaka, D. (2004). *Credit Card Minimum Payment Warning Act.* Press release retrieved from http://akaka.senate.gov/~akaka/speeches/2004521A11.html.

Akinboye, J. O. (Summer 1984). "Secondary Sexual Characteristics and Normal Puberty in Nigerian and Zimbabwian Adolescents." *Adolescence,* 19, 483–492.

Alan Guttmacher Institute. (1993). *National Survey of the American Male Sexual Habits.* Unpublished data.

Alan Guttmacher Institute. (1999). *Facts in Brief: Teen Sex and Pregnancy* <www.agi-usaorg/pubs/fb_teen_sex.html>.

Alan Guttmacher Institute. (2003). *State Policies in Brief: Parental Involvement in Minors' Abortions.* New York: Author.

Alan Guttmacher Institute. (2006). Parental Involvement in Minors' Abortions. *State Policies in Brief.* Retrieved from http://www.guttmacher.org/statecenter/spibs/spib_PIMA.pdf.

Alderman, T. (1997). *The Scarred Soul: Understanding and Ending Self-Inflicted Violence.* Oakland, CA: Harbinger.

Allen, L. S., and Gorski, R. A. (1992). "Sexual Orientation and the Size of the Anterior Commissure in the Human Brain." *Proceedings of the National Academy of Sciences,* 89, 7199–7202.

Allen, R. J. (1992). "Social Factors Associated with the Amount of School Week Sleep Lag for Seniors in an Early Starting Urban High School." *Sleep Research,* 21, 114.

Allgood-Merten, B., Lewinsohn, P. M., and Hops, H. (1990). "Sex Differences and Adolescent Depression." *Journal of Abnormal Psychology,* 99, 55–63.

Allport, G. W. (1950). *Becoming: Basic Considerations for a Psychology of Personality.* New Haven, CT: Yale University Press.

Aloise-Young, P. A., Graham, J. W., and Hansen, W. B. (1994). "Peer Influence on Smoking Initiation during Early Adolescence: A Comparison of Group Members and Group Outsiders." *Journal of Applied Psychology,* 79, 281–287.

Aloise-Young, P. A., Hennigan, K. M., and Leong, C. W. (2001). "Possible Selves and Negative Health Behaviors during Early Adolescence." *Journal of Early Adolescence,* 21, 158–181.

Alsaker, F. D. (1992). "Pubertal Timing, Overweight, and Psychological Adjustment."

Journal of Early Adolescence, 12, 396–419.

Alsaker, F. D., and Flammer, A. (1999). *Time Use by Adolescents in an International Perspective: II. The Case of Necessary Activities.* Mahwah. NJ: Erlbaum.

Altchek, A. (1988). "Abnormal Uterine Bleeding in Teenage Girls." *Medical Aspects of Human Sexuality,* 22, 82–88.

Alter-Reid, K., Gibbs, M. S., Lachenmeyer, J. R., Sigal, J., and Massoth, N. A. (1986). "Sexual Abuse of Children: A Review of the Empirical Findings." *Clinical Psychology Review,* 6, 249–266.

Altpeter, T. S., and Korger, J. N. (1999). "Disruptive Behavior: Oppositional Defiant Disorder, and Conduct Disorder." In S. D. Netherton, D. Holmes, and C. E. Walker (Eds.), *Child and Adolescent Psychological Disorders: A Comprehensive Textbook* (pp. 118–139). New York: Oxford University Press.

Amaro, H., Blake, S. M., Schwartz, P. M., and Flinchbaugh, L. J. (2001). "Developing Theory-Based Substance Abuse Prevention Programs for Young Adolescent Girls." *Journal of Early Adolescence,* 21, 256–293.

Amato, P. (2000). "The Consequences of Divorce for Adults and Children." *Journal of Marriage and Family,* 62, 1269–1287.

Amato, P., and Gilbreth, J. (1999). "Nonresident Fathers and Children's Well-Being: A Meta-Analysis." *Journal of Marriage and the Family,* 61, 557–573.

Amato, P. R. (1986). "Marital Conflict, the Parent-Child Relationship, and Child Self-Esteem." *Family Relations,* 35, 403–410.

Amato, P. R. (1987). "Family Processes in One-Parent, Stepparent, and Intact Families: The Child's Point of View." *Journal of Marriage & the Family,* 49, 327–337.

Amato, P. R. (1988). "Long-Term Implications of Parental Divorce for Adult Self-Concept." *Journal of Family Issues,* 9, 201–213.

Amato, P. R. (1990). "Dimension of the Family Environment as Perceived by Children: A Multidimensional Scaling Analysis." *Journal of Marriage and the Family,* 52, 613–620.

Amato, P. R. (2000). "Diversity within Single-Parent Families." In D. H. Demo, K. R. Allen, and M. A. Fine (Eds.), *Handbook of Family Diversity* (pp. 149–172). Oxford, England: Oxford University Press.

Amato, P. R. (2001). "Children of Divorce in the 1990s: An Update of the Amato and Keith (1991) Meta-Analysis." *Journal of Family Psychology,* 15, 355–370.

Amato, P. R., and Booth, A. (2001). "The Legacy of Parents' Marital Discord: Consequences for Children's Marital Quality." *Journal of Personality and Social Psychology,* 81, 627–638.

Amato, P. R., and DeBoer, D. D. (2001). "The Transmission of Marital Instability across Generations: Relationship Skills or Commitment to Marriage?" *Journal of Marriage and the Family,* 63, 1038–1051.

Amato, P. R., and Keith, B. (1991). "Parental Divorce and Well-Being of Children: A Meta-Analysis." *Psychological Bulletin,* 110, 26–46.

Ambert, A. (1986). Being a stepparent: Live-in and visiting stepchildren. *Journal of Marriage & the Family,* 48, 795–804.

American Academy of Pediatrics, Committee on Substance Abuse. (1994). "Tobacco-Free Environment: An Imperative for the Health of Children and Adolescents." *Pediatrics,* 93, 866–868.

American Association of School Administrators. (1983). *The Excellence Report: Using It to Improve Your Schools.* Arlington, VA: Author.

American Association of University Women. (2001). *Hostile Hallways: Bullying, Teasing, and Sexual Harassment in School.* Washington, DC: American Association of University Women.

American Association of University Women (AAUW) Educational Foundation. (1992). *The AAUW Report: How Schools Short-Change Girls.* Washington, DC: Author and National Education Association.

American Association of University Women (AAUW) Educational Foundation. (1993). *Hostile Hallways: The AAUW Survey on Sexual Harassment in America's Schools.* Research Report no. 923012. Washington, DC: Harris/Scholastic Research.

American College Testing Program. (1995). *The ACT Assessment Program.* Iowa City, IA: American College Testing Program.

American Library Association. (2006). The *Children's Internet Protection Act.* Retrieved from http://www.ala.org/ala/washoff/ WOi-ssues/civilliberties/cipaweb/cipa.htm.

American Psychiatric Association. (2000). *Diagnostic and Statistical Manual of Mental Disorders.* 4th ed. (text revision) Washington, DC: Author.

American Psychological Association. (1995). *Lesbian and Gay Parenting: A Resource for Psychologists* <www.apa.org/pi/parent.html>.

American Society of Plastic Surgeons. (2004). *Plastic Surgery for Teenagers.* Retrieved from http://www.plasticsurgery.org/news_room/ Plastic-Surgery-for-Teenagers-Briefing-Paper .cfm 6/8/06.

Amos, R. J., Pingree, S., Ashbrook, S., Betts, N. M., Fox, H. M., Newell, K., Ries, C. P., Terry, R. D., Tinsley, A., Voichick, J., and Athens, S. (1989). "Developing a Strategy for Understanding Adolescent Nutrition Concerns." *Adolescence,* 24, 119–124.

Anderman, E. M., Eccles, J. S., Yoon, K. S., Roeser, R., Wigfield, A., and P. (2001). "Learning to Value Mathematics and Reading: Relations to Mastery and Performance-Oriented Instructional Practices." *Contemporary Educational Psychology,* 26, 76–95.

Anderman, E. M., Griesinger, T., and Westerfield, G. (1998). "Motivation and Cheating during Early Adolescence." *Journal of Educational Psychology,* 90, 84–93.

Andersen, B. L., and LeGrand, J. (1991). "Body Image for Women: Conceptualization Assessment, and a Test of Its Importance to Sexual Dysfunction and Medical Illness." *Journal of Sex Research,* 28, 457–477.

Anderson, C. A., and Bushman, B. J. (2002). "The Effects of Media Violence on Society." *Science,* 295, 2377–2378.

Anderson, C. A., and Dill, K. E. (2000). "Video Games and Aggressive Thoughts, Feelings, and Behavior in the Laboratory and in Life." *Journal of Personality and Social Psychology,* 78, 772–790.

Anderson, E. R. (1999). "Sibling, Half Sibling, and Stepsibling Relationships in Remarried Families." In E. M. Hetherington, S. H. Henderson, and D. Reiss (Eds.), *Adolescent Siblings in Stepfamilies: Family Functioning and Adolescent Adjustment* (pp. 101–126). Monographs of the Society for Research in Child Development, 64, no. 4.

Anderson, E. R., Greene, S. M., Hetherington, E. M., and Clingempeel, W. G. (1999). "The Dynamics of Parental Remarriage: Adolescent, Parent, and Sibling Influences." In E. M. Hetherington (Ed.), *Coping with Divorce, Single Parenting and Remarriage: A Risk and Resiliency Perspective.* Hillsdale, NJ: Lawrence Erlbaum.

Anderson, H. L., and Young, B. M. (1992). "Holistic Attitudes of High School Students towards Themselves and Their School Experiences." *Adolescence,* 27, 719–729.

Anderson, J. E., Kann, L., Holtzman, D., Arday, S., Truman, B., and Kolbe, L. (1990). "HIV/AIDS Knowledge and Sexual Behavior among High School Students." *Family Planning Perspectives,* 22, 252–255.

Anderson, P. B., Arceneaux, E. R., Carter, D., Miller, A. M., and King, B. M. (1995). "Changes in the Telephone Calling Patterns of Adolescent Girls." *Adolescence,* 30, 779–784.

Anderson, R. E. (2002). "Youth and Information Technology." In J. T. Mortimer and R. W. Larson (Eds.), *The Changing Adolescent Experience* (pp. 175–207). Cambridge, England: Cambridge University Press.

Anderson, R. E., and Ronnkvist, A. (1999). "Teaching, Learning, and Computing, 1998." University of California, Irvine. Retrieved from http://www.crito.uci.edu/tlc/html/findings.ht ml

Anderson, R. N., and Smith, B. L. (2003). "Deaths: Leading Causes for 2001." *National Vital Statistics Report,* 52, 1–86.

Anderson, S., Dallal, G., and Must, A. (2003). "Relative Weight and Racial Influence Average Age at Menarche: Results from Two Nationally Representative Surveys of US Girls Studied 25 Years Apart." *Pediatrics,* 111, 844–850.

Andrews, J. A., Hops, H., and Duncan, S. C. (1997). "Adolescent Modeling of Parent Substance Use: The Moderating Effect of the Relationship with the Parent." *Journal of Family Psychology,* 11, 259–270.

Andrews, J. A., Hops, H., Ary, D., Tildesley, E., and Harris, J. (1993). "Parental Influence on Early Adolescent Substance Use: Specific and Nonspecific Effects." *Journal of Early Adolescence,* 13, 285–310.

Angold, A., and Rutter, N. (1992). "Effects of Age and Pubertal Status on Depression in a Large Clinical Sample." *Development and Psychopathology,* 4, 5–28.

Ansuini, C. G., Fiddler-Woite, J., and Woite, R. S. (1996). "The Source, Accuracy, and Impact of the National Sexual Information on Lifetime Wellness." *Adolescence,* 31, 283–289.

Antoniades, M., and Tarasuk, V. (1998). "A Survey of Food Problems Experienced by Toronto Street Youth." *Canadian Journal of Public Health,* 89, 371–375.

Apfel, N. H., and Seitz, V. (1991). "Four Models of Adolescent Mother-Grandmother Relationships in Black Inner-City Families." *Family Relations,* 40, 421–429.

"Aptitude-Test Scores: Grumbling Gets Louder." (May 14, 1979). *U.S. News & World Report*, pp. 76ff.

Aquilino, W. S., and Supple, A. J. (2001). "Long-Term Effects of Parenting Practices during Adolescence on Well-Being Outcomes in Young Adulthood." *Journal of Family Issues,* 22, 289–308.

Archer, S. L. (1989b). "The Status of Identity: Reflections on the Need for Intervention." *Journal of Adolescence,* 12, 345–359.

Archer, S. L., and Waterman, A. S. (1990). "Varieties of Identity Diffusions and Foreclosures: An Exploration of Subcategories of the Identity Statuses." *Journal of Adolescent Research,* 5, 96–111.

Archibald, A. B., Graber, J. A., and Brooks-Gunn, J. (1999). "Parental Relations and Pubertal Development as Predictors of Dieting and Body Image in Early-Adolescent Girls: A Short Term Longitudinal Study." *Journal of Research on Adolescence,* 9, 395–415.

Archibald, A. B., Linver, M. R., Graber, J. A., and Brooks-Gunn, J. (2002). "Parent-Adolescent Relationships and Girls' Unhealthy Eating: Testing Reciprocal Relationships." *Journal of Research on Adolescence,* 12, 451–461.

Ardelt, M., and Day, L. (2002). "Parents, Siblings, and Peers: Close Social Relationships and Adolescent Deviance." *Journal of Early Adolescence,* 22, 310–349.

Ardila, A., Rosselli, M., Matute, E., and Guajardo, S. (2005). "The Influence of the Parents' Educational Level on the Development of Executive Functions." *Developmental Neuropsychology,* 28, 539–560.

Arellano, A. R., and Pedilla, A. M. (1996). "Academic Invulnerability among a Select Group of Latino University Students." *Hispanic Journal of Behavioral Sciences,* 18, 485–507.

Argyle, M., and Henderson, M. (1985). *The Anatomy of Relationships.* Harmondworth, Middlesex, England: Penguin.

Arlin, P. K. (1975). "Cognitive Development in Adulthood: A Fifth Stage?" *Developmental Psychology,* 11, 602–606.

Armstrong, P. I., and Crombie, G. (2000). "Compromises in Adolescents' Occupational Aspirations and Expectations from Grades 8 to 10." *Journal of Vocational Behavior,* 56, 82–98.

Arnett, J. J. (1990). "Contraceptive Use, Sensation Seeking, and Adolescent Egocentrism." *Journal of Youth and Adolescence,* 19, 171–180.

Arnett, J. J. (1991). "Adolescents and Heavy Metal Music: From the Mouths of Metalheads." *Youth and Society,* 23, 76–98.

Arnett, J. J. (1992). "The Soundtrack of Recklessness. Musical Preferences and Reckless Behavior among Adolescents." *Journal of Adolescent Research,* 7, 313–331.

Arnett, J. J. (1997). "Young People's Conceptions of the Transition to Adulthood." *Youth and Society,* 29, 3–23.

Arnett, J. J. (1999). "Adolescent Storm and Stress, Reconsidered." *American Psychologist,* 54, 317–326.

Arnett, J. J. (2000). "Emerging Adulthood: A Theory of Development from the Late Teens through the Twenties." *American Psychologist,* 55, 469–480.

Arnett, J. J. (2001). "Adolescents' Responses to Cigarette Advertisements for Five 'Youth Brands' and one 'adult brand.' " *Journal of Research on Adolescence,* 11, 425–443.

Arnett, J. J. (2004). *Emerging adulthood: The winding road from the late teens through the twenties.* New York: Oxford University Press.

Arnett, J. J. (2005). "Talk Is Cheap: The Tobacco Companies' Violations of Their Own Cigarette Advertising Code." *Journal of Health Communication,* 10, 419–431.

Arnstein, H. S. (1978). *Brothers and Sisters/Sisters and Brothers.* New York: Dutton.

Aronson, E. (2000). *Nobody Left to Hate: Teaching Compassion after Columbine.* New York: Worth.

Arunkumar, R., Midgley, C., and Urdan, T. (1999). "Perceiving High or Low Home-School Dissonance: Longitudinal Effects of Adolescent Emotional and Academic Well-Being." *Journal of Research on Adolescence,* 9, 441–466.

Aseltine, R. H., and Gore, S. (1993). "Mental Health and Social Adaptation Following the Transition from High School." *Journal of Research on Adolescence,* 3, 247–270.

Asendorph, J. B., and van Aken, M. A. G. (1999). "Resilient, Overcontrolled, and Undercontrolled Personality Prototypes in Childhood: Replicability, Predictive Power, and the Trait-Type Issue." *Journal of Personality and Social Psychology,* 77, 815–832.

Ashford, J. B., and LeCroy, C. W. (1990). "Juvenile Recidivism: A Comparison of Three Prediction Instruments." *Adolescence,* 98, 441–450.

Asmussen, L., and Larson, R. (1991). "The Quality of Family Time among Adolescents in Single-Parent and Married-Parent Families." *Journal of Marriage and the Family,* 53, 1021–1030.

Astin, H. S. (1984). "The Meaning of Work in Women's Lives: A Sociopsychological Model of Career Choice and Work Behavior." *Counseling Psychologist,* 12, 117–128.

Atkin, C. K., Smith, S. W., Roberto, A. J., Fediuk, T., and Wagner, T. (2002). "Correlates of Verbally Aggressive Communication in Adolescents." *Journal of Applied Communication Research,* 30, 251–266.

Atkinson, R. (2001). *Achievement versus Aptitude Test in College Admissions.* Retrieved 6/24/06 from http://www.ucop.edu/pres/speeches/achieve.htm.

Attie, I., and Brooks-Gunn, J. (1995). "The Development of Eating Regulation across the Lifespan." In D. Cicchetti and D. J. Cohen (Eds.), *Developmental Psychopathology* (Vol. 2, pp. 332–368). New York: Wiley.

Austin, D., Lopes, L., Wales, K., Casey, H., and Finch, W. (1992, 1993). *Hat 2 Da Back.* EMI April Music, Inc., Darp Music, Diva One Music, K. Wales Music, Inc., Tiz Biz Music, and Wind Swept Pacific Entertainment Company, d/b/a Longitude Business Company.

Avery, A. W. (December 1982). "Escaping Loneliness in Adolescence: The Case for Androgyny." *Journal of Youth and Adolescence,* 11, 451–459.

Azevedo, R., Cromley, J. G., Winters, F. I., Moos, D. C., and Greene, J. A. (2005). "Adaptive Human Scaffolding Facilitates Adolescents' Self-Regulated Learning with Hypermedia."

Instructional Science, 33, 381–412.

Azmitia, M., and Hesser, J. (1993). "Why Siblings Are Important Agents of Cognitive Development: A Comparison of Siblings and Peers." *Child Development,* 64, 430–444.

Azmitia, M., Kamparth, N., and Linnet, J. (1998). "Intimacy and Conflict: The Dynamic of Boys' and Girls' Friendships during Middle Childhood and Early Adolescence." In L. Meyer, H. Park, M. Grnot-Scheiyer, I. Schwartz, and B. Harry (Eds.), *Making Friends: The Influence of Culture and Development* (pp. 171–189). Baltimore: Brooks Publishing.

Bachman, J. G., and Schulenberg, J. (1993). "How Part-Time Work Intensity Relates to Drug Use, Problem Behavior, Time Use, and Satisfaction among High-School Seniors: Are These Consequences or Merely Correlates?" *Developmental Psychology,* 29, 220–235.

Bachman, J. G., Segal, D. R., Freedman-Doan, P., and O'Malley, P. M. (2000). "Who Chooses Military Service? Correlates of Propensity and Enlistment in the U.S. Armed Forces." *Military Psychology,* 12, 1–30.

Bachman, J. G., Wadsworth, K. N., O'Malley, P. M., Johnson, L. D. and Schulenberg, J. E. (1997). *Smoking, Drinking, and Drug Use in Young Adulthood: The Impacts of New Freedoms and New Responsibilities.* Mahweh, NJ: Lawrence Erlbaum.

Backover, A. (1991). "Native Americans: Alcoholism, FAS Puts a Race at Risk." *Guidepost,* 33, 1–9.

Bacon, C. S. (1993). "Student Responsibility for Learning." *Adolescence,* 28, 199–212.

Bahr, S. J., Marcos, A. C., and Maughan, S. L. (1995). "Family, Educational and Peer Influences on the Alcohol Use of Female and Male Adolescents." *Journal of Studies on Alcohol,* 56, 457–469.

Bailey, J. M., and Zucker, K. J. (1995). "Childhood Sex-Typed Behavior and Sexual Orientation: A Conceptual Analysis and Quantitative Review." *Developmental Psychology,* 31, 43–55.

Bailey, J. M., Bobrow, D., Wolfe, M., and Mikach, S. (1995). "Sexual Orientation of Adult Sons of Gay Fathers." *Developmental Psychology,* 31, 124–129.

Baines, E. T., and Slade, P. (1998). "Attributional Patterns, Moods, and the Menstrual Cycle." *Psychosomatic Medicine,* 50, 469–476.

Baird, A. A., Gruber, S. A., Fein, D. A., Maas, L. C., Steingard, R. J., Renshaw, P. F., Cohen, B. M., and Yurgelun-Todd, D. A. (1999). "Functional Magnetic Resonance Imaging of Facial Affect Recognition in Children and Adolescents." *Journal of the American Academy of Child and Adolescent Psychiatry,* 38, 195–199.

Baker, C. D. (June 1982). "The Adolescent as Theorist: An Interpretative View." *Journal of Youth and Adolescence,* 11, 167–181.

Baldry, A. C., and Farrington, D. P. (2000). "Bullies and Delinquents: Personal Characteristics and Parental Styles." *Journal of Community and Applied Social Psychology,* 10, 17–31.

Balk, D. (April 1983). "Adolescents' Grief Reactions and Self-Concept Perceptions following Sibling Death: A Study of 33 Teenagers." *Journal of Youth and Adolescence,* 12, 137–161.

Ballard, M. E., and Coates, S. (1995). "The Immediate Effects of Homicidal, Suicidal, and Nonviolent Heavy Metal and Rap Songs on the Moods of College Students." *Youth and Society,* 27, 148–168.

Bandura, A. (1971). *Social Learning Theory.* Morristown, NJ: General Learning Press.

Bandura, A. (1973). *Aggression: A Social Learning Analysis.* Englewood Cliffs, NJ: Prentice-Hall.

Bandura, A. (1977). "Self-Efficacy: Toward a Unifying Theory of Behavioral Change." *Psychological Review,* 84, 191–215.

Bandura, A. (1986). *Social Foundations of Thought and Action: A Social Cognitive Theory.* Englewood Cliffs, NJ: Prentice-Hall.

Bandura, A. (1989). "Human Agency in Social Cognitive Theory." *American Psychologist,* 44, 1175–1184.

Banks, I. W., and Wilson, P. I. (1989). "Appropriate Sex Education for Black Teens." *Adolescence,* 24, 233–245.

Bankston, C. L. III, and Zhou, M. (1997). "Valedictorians and Delinquents: The Bifurcation of Vietnamese American Youth." *Deviant Behavior,* 18, 343–364.

Banyard, B. L., and Williams, L. M. (1996). "Characteristics of Child Sexual Abuse as Correlates to Women's Adjustment: A Perspective Study." *Journal of Marriage and the Family,* 58, 853–865.

Baranowski, M. D. (Fall 1982). "Grandparent-Adolescent Relations: Beyond the Nuclear Family." *Adolescence,* 17, 575–584.

Barber, B. K. (1997). "Introduction: Adolescent Socialization in Context—The Role of Connection, Regulation, and Autonomy in the Family." *Journal of Adolescent Research,* 12, 5–11.

Barber, B. K., and Delfabbro, P. (2000). "Predictors of Adolescent Adjustment: Parent-Peer Relationships and Parent-Child Conflict." *Child and Adolescent Social Work Journal,* 17, 275–288.

Barber, B. K., and Thomas, D. L. (1986). "Dimensions of Fathers' and Mothers' Supportive Behavior: The Case for Physical Affection." *Journal of Marriage and the Family,* 48, 783–794.

Barber, B. K., Chadwick, B. A., and Oerter, R. (1992). "Parental Behaviors and Adolescent Self-Esteem in the United States and Germany." *Journal of Marriage and the Family,* 54, 128–141.

Barber, B. K., Eccles, J. S., and Stone, M. R. (2001). "Whatever Happened to the Jock, the Brain, and the Princess? Young Adult Pathways Linked to Adolescent Activity Involvement and Social Identity." *Journal of Adolescent Research,* 16, 429–455.

Barber, B. K., Maughan, S. L., Olsen, J. A., and Thomas, D. L. (2002, April). *Parental Support, Psychological Control, and Behavioral Control: Assessing the Nature of Effects.* Paper presented at the Society for Research in Adolescence Biennial Meeting, New Orleans, LA.

Bardone, A. M., Vohs, K. D., Abramson, L. Y., Heatherton, T. F., and Joiner, T. E. (2000). "The Confluence of Perfectionism, Body Dissatisfaction, and Low Self-Esteem Predicts Bulimic Symptoms: Clinical Implications." *Behavior Therapy,* 31, 265–280.

Barker, E. T., and Galambos, N. L. (2003). "Body Dissatisfaction of Adolescent Girls and Boys: Risk and Resources Factors." *Journal of Early Adolescence,* 23, 141–165.

Barker, E. T., and Galambos, N. L. (2005). "Adolescents' Implicit Theories of Maturity: Ages of Adulthood, Freedom, and Fun." *Journal of Adolescent Research,* 20, 557–576.

Barnes, G. M., Farrell, M. P., and Banerjee, S. (1995). "Family Influences on Alcohol Abuse and Other Problem Behaviors among Black and White Americans." In G. M. Boyd, J. H. Oward, and R. A. Ducker (Eds.), *Alcohol Problems among Adolescents.* Hillsdale, NJ: Erlbaum.

Barnes, G. M., Reifman, A. S., Farrell, M. P., & Dintcheff, B. A. (2000). "The Effects of Parenting on the Development of Adolescent Alcohol Misuse: A Six-Wave Latent Growth Model." *Journal of Marriage and the Family,* 62, 175–186.

Barnes, H. L., and Olson, D. H. (1985). "Parent-Adolescent Communication and the Circumplex Model." *Child Development,* 56, 438–447.

Barnes, M. A., Dennis, M., and Haefele-Kalvaitis, J. (1996). "The Effects of Knowledge Availability and Knowledge Accessibility on Coherence and Elaborative Inferencing in Children From Six to Fifteen Years of Age." *Journal of Experimental Child Psychology,* 61, 216–241.

Barnes, M. E., and Farrier, S. C. (Spring 1985). "A Longitudinal Study of the Self-Concept of Low-Income Youth." *Adolescence,* 20, 199–205.

Barnett, J. K., Papini, D. R., and Gbur, E. (1991). "Familial Correlates of Sexually Active Pregnant and Non-Pregnant Adolescents." *Adolescence,* 26, 456–472.

Baron, J. (1989). *Teaching Decision-Making to Adolescents.* Hillsdale, NJ: Erlbaum.

Baron, S. (1999). "Street Youths and Substance Abuse: the Role of Background, Street Lifestyle, and Economic Factors." *Youth and Society,* 31, 3–26.

Barry, J. (1993). *In All the Right Places.* Ensign Music Corporation, and Affirmed Productions, Inc. (BMI)/Big Life Music, Ltd. (BMI).

Barth, R. P. (1986). *Social and Cognitive Treatment of Children and Adolescents.* San Francisco: Jossey-Bass.

Bartle-Haring, S., and Strimple, R. E. (1996). "Association of Identity and Intimacy: An Exploration of Gender and Sex-Role Orientation." *Psychological Reports,* 79, 1255–1264.

Barwick, N. A., and Siegel, L. S. (1996). "Learning Difficulties in Adolescent Clients of a Shelter for Runaway and Homeless Street Youths." *Journal of Research on Adolescence,* 6, 649–670.

Basow, S. A., and Rubin, L. R. (1999). "Gender Influences on Adolescent Development." In N. G. Johnson and M. C. Roberts (Eds.), *Beyond Appearance: A New Look at Adolescent Girls* (pp. 25–52). Washington, DC: American Psychological Association.

Basseches, M. (1980). "Dialectical Schemata: A Framework for the Empirical Study of the Development of Dialectical Thinking." *Human Development,* 23, 200–421.

Batsche, G. M., and Knoff, H. M. (1994). "Bullies and Their Victims: Understanding a Pervasive Problem in Schools." *School Psychology Review,* 23, 165–174.

Bauer, B. G., and Anderson, W. P. (1989). "Bulimic Beliefs: Food for Thought." *Journal of Counseling and Development,* 67, 416–419.

Baugher, R. (1999). *A Guide for the Bereaved Survivor.* Philadelphia: Caring People Press.

Bauman, K. E., and Ennett, S. T. (1994). "Peer Influence on Adolescent Drug Use." *American Psychologist,* 49, 820–822.

Bauman, K. E., and Ennett, S. T. (1996). "On the Importance of Peer Influence for Adolescent Drug Use: Commonly Neglected Considerations." *Addiction,* 91, 185–198.

Baumeister, L. M., Flores, E., and Marin, B. V. (1995). "Sex Information Given to Latina Adolescents by Parents." *Health Education Research,* 10, 233–239.

Baumeister, R. (2000). "Gender Differences in Erotic Plasticity: The Female Sex Drive as Socially Flexible and Responsive." *Psychological Bulletin,* 126, 347–374.

Baumeister, R. F. (1991). "Identity Crisis." In R. M. Lerner, A. C. Petersen, and J. Brooks-Gunn (Eds.), *Encyclopedia of Adolescence.* Vol. 1. New York: Garland.

Baumrind, D. (1971). "Current Patterns of Parental Authority." *Developmental Psychology,* 4, 1–103.

Bauserman, R. (2002). "Child Adjustment in Joint-Custody versus Sole-Custody Arrangements: A Meta-Analytic Review." *Journal of Family Psychology,* 16, 91–102.

Baydar, N. (1988). "Effects of Parental Separation and Reentry into Union on the Emotional Well-Being of Children." *Journal of Marriage and the Family,* 50, 967–981.

Baydar, N., Brooks-Gunn, J., and Furstenberg, F. F. (1993). "Early Warning Signs of Functional Illiteracy: Predictors in Childhood and Adolescence." *Child Development,* 64, 815–829.

Bayley, N. (1968). "Behavioral Correlates of Mental Growth: Birth to Thirty-Six Years." *American Psychologist,* 23, 1–17.

Bayrakal, S., and Kope, T. M. (1990). "Dysfunction in the Single-Parent and Only-Child Family." *Adolescence,* 25, 1–7.

Beal, C. R. (1994). *Boys and Girls: The Development of Gender Roles.* New York: McGraw-Hill.

Beaty, E. A. (1995). "Effects of Paternal Absence on Male Adolescents' Peer Relations and Self Image." *Adolescence,* 30, 873–880.

Beaumont, S. L. (1996). "Adolescent Girls' Perceptions of Conversations with Mothers and Friends." *Journal of Adolescent Research,* 11, 325–346.

Beauvais, F., and Laboueff, S. (1985). "Drug and Alcohol Abuse Intervention in American Indian Communities." *International Journal of Addictions,* 20, 139–171.

Becker, A. E., Grinspoon, S. K., Klibanski, A., and Herzog, D. B. (1999). "Eating Disorders." *New England Journal of Medicine,* 340, 1092–1098.

Beer, W. R. (1992). *American Stepfamilies.* New Brunswick, NJ: Transaction.

Beidel, D. C., and Turne, S. M. (1998). *Shy Children, Phobic Adults: Nature and Treatment of Social Phobia.* Washington, DC: American

Psychological Association.

Beilin, H. (1992). "Piaget's Enduring Contribution to Developmental Psychology." *Developmental Psychology, 28,* 191–204.

Beiswinger, G. L. (1979). "The High Court, Privacy, and Teenage Sexuality." *Family Coordinator, 28,* 191–198.

Belitz, J., & Schacht, A. (1992). "Satanism as a Response to Abuse: The Dynamics and Treatment of Satanic Involvement in Male Youths." *Adolescence, 27,* 855–872.

Bell, A. P., Weinberg, M. S., and Hammersmith, K. S. (1981). *Sexual Preference—Its Development in Men and Women.* Bloomington, IN: Indiana University Press.

Bell, C. S., and Battjes, R. (1985). *Prevention Research: Deterring Drug Abuse among Children and Adolescents.* NIDA Research Monograph 63. Rockville, MD: National Institute on Drug Abuse.

Bell, L. G., Cornwell, C. S., and Bell, D. C. (1988). "Peer Relationships of Adolescent Daughters: A Reflection of Family Relationship Patterns." *Family Relation, 37,* 171–174.

Bell, N. J., and Avery, A. W. (May 1985). "Family Structure and Parent-Adolescent Relationships: Does Family Structure Really Make a Difference?" *Journal of Marriage and Family Therapy, 47,* 503–508.

Bell, N. J., Avery, A. W., Jenkins, D., Feld, J., and Schoenrock, C. J. (1985). "Family Relationships and School Competence among Late Adolescence." *Journal of Youth and Adolescence, 14,* 109–119.

Belsky, J., Steinberg, L., and Draper, P. (1991). "Childhood Experience, Interpersonal Development, and Reproductive Strategies: An Evolutionary Theory of Socialization." *Child Development, 62,* 647–670.

Bem, S. L. (1974). "The Measurement of Psychological Androgyny." *Journal of Consulting and Clinical Psychology, 41,* 155–162.

Benedict, R. (1938). "Continuities and Discontinuities in Cultural Conditioning." *Psychiatry, 1,* 161–167.

Benedict, R. (1950). *Patterns of Culture.* New York: New American Library.

Benedikt, M. (1991). *Cyberspace: First Steps.* Cambridge, MA: MIT Press.

Benedikt, R., Wertheim, E. H., and Love, A. (1998). "Eating Attitudes and Weight-Loss Attempts in Female Adolescents and Their Mothers." *Journal of Youth and Adolescence, 27,* 43–57.

Benenson, J. F. (1990). "Gender Differences in Social Networks." *Journal of Early Adolescence, 10,* 472–495.

Benson, P. L., Donahue, M. J., and Erikson, J. A. (1989). "Adolescence and Religion: A Review of the Literature from 1970 to 1986." *Research in the Social Scientific Study of Religion, 1,* 153–181.

Beren, T., and Li, Q. (2005). "Cyber-Harassment: A New Method for an Old Behavior." *Journal of Educational Computing Research, 32,* 265–277.

Berge, Z. L. (2000). "Designing Discussion Questions for Online, Adult Learning." *Educational Technology, 37,* 35–47.

Berghold, K. M., and Lock, J. (2002). "Assessing Guilt in Adolescents with Anorexia Nervosa." *American Journal of Psychotherapy, 56,* 378–390.

Bergin, D. A. (1989). Student goals for out-of-school learning activities. *Journal of Adolescent Research, 4,* 92–109.

Bergin, D. A. (1989). "Student Goals for Out-of-School Learning Activities." *Journal of Adolescent Research, 4,* 92–109.

Bergman, S. J. (1995). "Men's Psychological Development: A Relational Perspective." In R. F. Levant and W. S. Pollack (Eds.), *A New Psychology of Men.* New York: Basic.

Berk, L. (2006). *Child Development* (7th ed.). Boston: Allyn & Bacon.

Berkow, R., (Ed.), (1987). "Acne." *The Merck Manual.* 15th ed. Rahway, NJ: Merck and Co.

Berndt, T. (1992). "Friendship and Friends' Influence in Adolescence." *Current Directions in Psychological Science, 1,* 156–159.

Berndt, T. J. (1990). "Intimacy and Competition in the Friendships of Adolescent Boys and Girls." In M. Stevenson (Ed.), *Gender Roles across the Lifespan.* Madison: University of Wisconsin Press.

Berndt, T. J. (2004). "Children's Friendships: Shifts over a Half-Century in Perspectives on Their Development and Their Effects." *Merrill-Palmer Quarterly, 50,* 206–223.

Berndt, T. J., and Keefe, K. (1995). "Friends' Influence on Adolescents' Adjustment to School." *Child Development, 66,* 1312–1329.

Berndt, T. J., and Mekos, D. (1995). "Adolescents' Perceptions of the Stressful and Desirable Aspects of the Transition to Junior High School." *Journal of Research on Adolescence, 5,* 123–142.

Berndt, T. J., and Perry, T. B. (1990). "Distinctive Features and Effects of Early Adolescent Friendships." in R. Montemayor, R. Adams, and T. P. Gullotta (Eds.), *From Childhood to Adolescence: A Transitional Period.* Newbury Park, CA: Sage.

Berndt, T. J., Miller, K. E., and Park, K. (1989). "Adolescents' Perceptions of Friends and Parents' Influence on Aspects of Their School Adjustment." *Journal of Early Adolescence, 9,* 419–435.

Berry, J. W., and Bennett, J. A. (1992). "Cree Conceptions of Cognitive Competence." *International Journal of Psychology, 27,* 73–88.

Berry, J. W., Poortinga, Y. H., Segall, M. H., and Dasen, P. R. (1992). *Cross-Cultural Psychology: Theories, Methods, and Applications.* Cambridge, England: Cambridge University Press.

Bersamin, M. M.,Walker, S., Fisher, D. A., and Grube, J. (2006). "Correlates of Oral Sex and Vaginal Intercourse in Early and Middle Adolescence." *Journal of Research on Adolescence, 16,* 59–68.

Berzonsky, M. D. (1989). "Identity Style: Conceptualization and Measurement." *Journal of Adolescence, 4,* 268–282.

Berzonsky, M. D. (1997). "Identity Development, Control Theory, and Self-Regulation: An Individual Differences Perspective." *Journal of Adolescent Research, 12,* 347–353.

Berzonsky, M. D., and Kuk, L. (2000). "Identity Status, Identity Processing Style, and the Transition to University." *Journal of Adolescent Research, 15,* 81–98.

Berzonsky, M. D., Macek, P., and Nurmi, J.-E. (2003). "Interrelationships among Identity Process, Content, and Structure: A Cross-Cultural Investigation." *Journal of Adolescent Research, 18,* 112–130.

Berzonsky, M. D., Nurmi, J.-E., Kinney, A., and Tammi, K. (1999). "Identity Processing Style and Cognitive Attributional Strategies: Similarities and Differences across Different Contexts." *European Journal of Personality, 13,* 251–263.

Besen, Y. (2006). "Exploitation or Fun? The Lived Experience of Teenage Employment in Suburban America." *Journal of Contemporary Ethnography, 35,* 319–340.

Betz, N., and Schilano, R. (1999). "Evaluation of an Intervention to Increase Realistic Self-Efficacy and Interests in College Women." *Journal of Vocational Behavior, 56,* 35–52.

Bielick, S., Chandler, K., and Broughman, S. (2001). "Homeschooling in the United States: 1999." *NCES Technical Report, 2001–033.* Washington, DC: U.S. Department of Education, National Center for Education Statistics.

Biener, L., and Siegel, M. (2000). "Tobacco Marketing and Adolescent Smoking: More Support for a Causal Inference." *American Journal of Public Health, 90,* 407–411.

Billy, J. O. G., and Udry, J. R. (Spring 1985). "The Influence of Male and Female Best Friends on Adolescent Sexual Behavior." *Adolescence, 20,* 21–32.

Billy, J. O. G., Brewster, K. L., and Grady, W. R. (1994). "Contextual Effects of the Sexual Behavior of Adolescent Women." *Journal of Marriage & the Family, 56,* 387–404.

Bimler, D., and Kirkland, J. (2001). "School Truants and Truancy Motivation Sorted Out with Multidimensional Scaling." *Journal of Adolescent Research, 16,* 75–102.

Bingham, C. R., Miller, B. C., and Adams, G. R. (1990). "Correlates of Age at First Intercourse in a National Sample of Young Women." *Journal of Adolescent Research, 5,* 18–33.

Bird, G. W., and Harris, R. L. (1990). "A Comparison of Role Strain and Coping Strategies by Gender: Family Structure among Early Adolescents." *Journal of Early Adolescence, 10,* 141–158.

Birmaher, B., Arbelaez, C., and Brent, D. (2002). "Course and Outcome of Child and Adolescent Major Depressive Disorder." *Child Adolescent Psychiatric Clinics of North America, 11,* 619–637.

Birmaher, B., Ryan, N., Williamson, D. E., Brent, D., Kaufman, J., Dahl, R., Perel, J., and Nelson, B. (1996). "Childhood and Adolescent Depression: A Review of the Past Ten Years. Part 1." *Journal of the American Academy of Child and Adolescent Psychiatry, 35,* 1427–1439.

Biro, F. M., Khoury, P., and Morrison, J. A. (2006). "Influence of Obesity on Timing of Puberty." *International Journal of Andrology, 29,* 272–277.

Bischof, G. T., Stiph, S. N., and Whitney, M. L. (1995). "Family Environment in Adolescent Sex Offenders and Other Juvenile Delinquents." *Adolescence, 30,* 157–170.

Bishop, J. A., and Inderbitzen, H. M. (1995).

"Peer Acceptance of Friendship: An Investigation of the Relation to Self-Esteem." *Journal of Early Adolescence,* 15, 476–489.

Bjorklund, D. F., and Harnishfeger, K. K. (1990). "The Resources Construct in Cognitive Development: Diverse Sources of Evidence and a Theory of Inefficient Inhibition." *Developmental Review,* 10, 48–71.

Black, C., and DeBlassie, R. R. (1985). "Adolescent Pregnancy: Contributing Factors, Consequences, Treatment, and Plausible Solutions." *Adolescence,* 20, 281–290.

Black, M. M., Ricardo, I. B., and Stanton, B. (1997). "Social and Psychological Factors Associated with AIDS Risk Behaviors among Low Income, Urban African American Adolescents." *Journal of Research on Adolescence,* 7, 173–196.

Blain, M. D., Tompson, J. M., and Whiffen, V. E. (1993). "Attachment and Perceived Social Support in Late Adolescence. The Interaction between Working Models of Self and Others." *Journal of Adolescent Research,* 8, 226–241.

Blakc, M. M., Bentley, M. E., Papas, M. A., Oberlander, S., Teti, L. O., McNary, S., Le, K., & O'Connell, M. (2006). "Delaying Second Births Among Adolescent Mothers: A Randomized, Controlled Trial of a Home-based Mentoring Program." *Pediatrics,* 118, e1087–e1099.

Blake, S. M., Amaro, H., Schwartz, P. M., and Flinchbaugh, L. J. (2001). "A Review of Substance Abuse Prevention Interventions for Young Adolescent Girls." *Journal of Early Adolescence,* 21, 294–324.

Blake, S. M., Ledsky, R., Goodenow, C., Sawyer, R., Lohrmann, D., and Windsor, R. (2003). "Condom Availability Programs in Massachusetts High Schools: Relationship with Condom Use and Sexual Behavior." *American Journal of Public Health,* 93, 955–962.

Blake, S. M., Ledsky, R., Lehman, T., Goodenow, C., Sawyer, R., and Hack, T. (2001). "Preventing Sexual Risk Behaviors among Gay, Lesbian, and Bisexual Adolescents: The Benefits of Gay-Sensitive HIV Instruction in Schools." *American Journal of Public Health,* 91, 940–946.

Blakemore, J. E. O., and Centers, R. E. (2005). "Characteristics of Boys' and Girls' Toys." *Sex Roles,* 53, 619–633.

Blash, R., and Unger, D. G. (1992). *Cultural Factors and the Self-Esteem and Aspirations of African-American Adolescent Males.* Paper presented at the meeting of the Society for Research on Adolescents, Washington, DC.

Blasi, A., and Glodis, K. (1995). "The Development of Identity: A Critical Analysis from the Perspective of the Self as Subject." *Developmental Review,* 15, 404–433.

Blau, G. M., and Gulotta, T. P. (1993). "Promoting Sexual Responsibility in Adolescence." In T. P. Gulotta, G. R. Adams, and R. Montemayor (Eds.), *Adolescent Sexuality.* Newbury Park, CA: Sage.

Block, J., and Robins, R. W. (1993). "A Longitudinal Study of Consistency and Change in Self-Esteem from Early Adolescence to Early Adulthood." *Child Development,* 64, 909–923.

Block, J., Block, J. H., and Gjerde, P. F. (1986). "The Personality of Children Prior to Divorce:

A Prospective Study." *Child Development,* 57, 827–840.

Block, J., Block, J. H., and Gjerde, P. F. (1988). "Parental Functioning and Home Environment in Families of Divorce: Prospective and Concurrent Analyses." *Journal of the American Academy of Child and Adolescent Psychiatry,* 27, 207–213.

Blos, P. (1979). *The Adolescent Passage: Developmental Issues.* New York: International Universities Press, 1979.

Blumberg, M. L., and Lester, D. (1991). "High School and College Students' Attitudes towards Rape." *Adolescence,* 26, 727–729.

Blyth, D. A., and Foster-Clark, F. S. (1987). "Gender Differences in Perceived Intimacy with Different Members of Adolescents' Social Networks." *Sex Roles,* 17, 689–718.

Blyth, D. A., Hill, J. P., and Thiel, K. S. (December 1982). "Early Adolescents' Significant Others: Grade and Gender Differences in Perceived Relationships with Familial and Nonfamilial Adults and Young People." *Journal of Youth and Adolescence,* 11, 425–450.

Blyth, D. A., Saito, R., and Berkas, T. (1997). "A Quantitative Study of the Impact of Service-Learning Programs." In A. S. Waterman (Ed.), *Service Learning: Applications from the Research* (pp. 39–56). Mahweh, NJ: Erlbaum.

Bode, J. (1987). "Testimony Before the U.S. House of Representatives Select Committee on Children, Youth, and Families." In *The Crisis of Homelessness: Effects on Children and Families.* G. Miller (Chairman). Washington, DC: U.S. Government Printing Office.

Boehm, K. E., Schondel, C. K., Marlowe, A. L., and Rose, J. S. (1995). "Adolescents Calling. A Peer-Listening Phone Service: Variation in Calls by Gender, Age, and Season of the Year." *Adolescence,* 30, 863–871.

Boehnke, K. (2001). "Parent-Offspring Value Transmission in a Societal Context: Suggestions for a Utopian Research Design—with Empirical Underpinnings." *Journal of Cross-Cultural Psychology,* 32, 241–255.

Bogenschneider, K., Wu, M-Y., Raffielli, M., and Tsay, J. C. (1998). "Parent Influences on Adolescent Peer Orientation and Substance Use: The Interface of Parenting Practices and Values." *Child Development,* 69, 1672–1688.

Boice, M. M. (1998). "Chronic Illness in Adolescence." *Adolescence,* 33, 927–939.

Boivin, M., Hymel, S., and Bukowski, W. M. (1995). "The Role of Social Withdrawal, Peer Rejection, and Victimization by Peers Predicting Loneliness and Depressed Mood in Childhood." *Development and Psychopathology,* 7, 765–785.

Bolognini, M., Plancherel, B., Bellschart, W., and Halfon, O. (1996). "Self-Esteem and Mental Health in Early Adolescence: Development and Gender Differences." *Journal of Adolescence,* 19, 233–245.

Bomar, J. A., and Sabatelli, R. M. (1996). "Family System Dynamics, Gender, and Psychosocial Maturity in Late Adolescence." *Journal of Adolescent Research,* 11, 421–439.

Bond, L., Carlin, J. B., Thomas, L., Rubin, K., and Patton, G. (2001). "Does Bullying Cause Emotional Problems? A Prospective Study of Young Teenagers." *British Medical Journal,*

323, 480–484.

Bonnie, R. J., and O'Connell, M. E. (Eds). (2004). *Reducing Underage Drinking: A Collective Responsibility.* Washington, DC: National Academies Press.

Boone, C., Williamson, E., and Lyras, N. (1992, 1993). *Come In Out of the Rain.* W. B. Music Corporation, M. Squared Music, Square-Lake Music, Songs of Polygram International, Inc., Tiverton Music, and Deep N' Hard Music.

Booth, A., and Edwards, J. N. (1985). "Age at Marriage and Marital Instability." *Journal of Marriage and the Family,* 47, 67–75.

Booth, A., and Johnson, D. (1988). "Premarital Cohabitation and Marital Success." *Journal of Family Issues,* 9, 255–272.

Booth, R. E., Zhang, Y., and Kwiatkowski, C. F. (1999). "The Challenge of Changing Drug and Sex Risk Behaviors of Runaway and Homeless Adolescents." *Child Abuse and Neglect,* 23, 1295–1306.

Borden, L. M., Donnermeyer, J. F., and Scheer, S. D. (2001). "The Influence of Extracurricular Activities and Peer Influence on Substance Abuse." *Adolescent and Family Health,* 2, 12–19.

Bornholt, L. J., and Goodnow, J. J. (1999). "Cross-Gender Perceptions of Academic Competence: Parental Expectations and Adolescent Self-Disclosure." *Journal of Adolescent Research,* 14, 427–447.

Bosma, H. A., and Kunnen, E. S. (2001). "Determinants and Mechanisms in Ego-Identity Development: A Review and Synthesis." *Developmental Review,* 21, 39–66.

Bosma, H. A., Jackson, S. E., Zijlsing, D. H., Zani, B., Cicognani, E., Lucia Xerri, M., Honess, T. M., and Charman, L. (1996). "Who Has the Final Say? Decisions on Adolescent Behavior within the Family." *Journal of Adolescence,* 19, 277–291.

Bourne, E. (September 1978a). "The State of Research on Ego Identity: A Review and Appraisal. Part I." *Journal of Youth and Adolescence,* 7, 223–251.

Bourne, E. (December 1978b). "The State of Research on Ego Identity: A Review and Appraisal. Part II." *Journal of Youth and Adolescence,* 7, 371–392.

Bowen, G. L., and Chapman, M. V. (1996). "Poverty, Neighborhood Danger, Social Support, and the Individual Adaptation among At-Risk Youth in Urban Areas." *Journal of Family Issues,* 17, 641–666.

Bowen, N. K., and Bowen, G. L. (1999). "Effects of Crime and Violence in Neighborhoods and Schools on the School Behavior and Performance of Adolescents." *Journal of Adolescent Research,* 14, 319–342.

Bowman, S. A., Gortmaker, S. L., Ebbeling, C. B., Pereira, M. A., and Ludwig, D. (2004). "Effects of Fast-Food Consumption on Energy Intake and Diet Quality among Children in a National Household Survey." *Pediatrics,* 113, 112–118.

Boyatzis, C. J., Baloff, P., and Durieux, C. (1998). "Effects of Perceived Attractiveness and Academic Success on Early Adolescent Peer Popularity." *Journal of Genetic Psychology,* 159, 337–344.

Boyes, M. C., and Allen, S. G. (1993). "Styles of Parent-Child Interaction and Moral Reasoning in Adolescence." *Merrill-Palmer Quarterly, 39,* 551–570.

Boyes, M. C., and Chandler, M. (1992). "Cognitive Development, Epistemic Doubt, and Identity Formation in Adolescence." *Journal of Youth and Adolescence, 21,* 277–304.

Boyes, M. C., Giordano, R., and Galperyn, K. (1993). *Moral Orientation and Interpretative Contexts of Moral Deliberation.* Paper presented at the biennial meeting of the Society for Research in Child Development, New Orleans.

Boykin, A. W., and Toms, F. (1985). "Black Child Socialization: A Conceptual Framework." In H. McAdoo and J. McAdoo (Eds.), *Black Children: Social, Educational, and Parental Environments* (pp. 33–51). Newbury Park, CA: Sage.

Boyle, R. G., Claxton, A. J., and Forster, J. L. (1997). "The Role of Social Influences and Tobacco Availability on Adolescent Chewing Tobacco Use." *Journal of Adolescent Health, 20,* 279–285.

Bracey, J. R., Bámaca, M. Y., and Umaña-Taylor, A. J. (2004). "Examing Ethnic Identity and Self-Esteem among Biracial and Monoracial Youth." *Journal of Youth and Adolescence, 33,* 123–132.

Brack, C. J., Brack, G., and Orr, D. P. (1996). "Adolescent Health Promotion: Testing a Model Using Multi-Dimensional Scaling." *Journal of Research on Adolescence, 6,* 139–149.

Bradford-Brown, B., and Klute, C. (2003). "Friendships, Cliques, and Crowds." In G. R. Adams and M. D. Berzonsky (Eds.), *Blackwell Handbook of Adolescence* (pp. 330–348). Oxford, England: Blackwell Publishing.

Brage, D., Meredith, W., and Woodward, J. (1993). "Correlates of Loneliness among Midwestern Adolescents." *Adolescence, 111,* 685–693.

Bramlett, M. D., and Mosher, W. D. (2002). Cohabitation, Divorce, and Remarriage in the United States. National Center for Health Statistics, *Vital Health Statistics* 23 (22). Retrieved from http://www.cdc.gov/nchs/ data/series/sr_23/sr23_022.pdf.

Brannon, L. (1999). *Gender: Psychological Perspectives.* Boston: Allyn and Bacon.

Brannon, R. (1976). "The Male Sex Role: Our Culture's Blueprint for Manhood and What It's Done for Us Lately." In D. S. David and R. Brannon (Eds.), *The Forty-Nine Percent Majority* (pp. 1–45). Reading, MA: Addison-Wesley.

Bransford, J. D., Brown, A. L., and Cocking, R. R. (Eds.) (1999). *How People Learn: Brain, Mind, Experience, and School.* Washington, DC: National Academy Press.

Braver, S. L., Ellman, I. M., and Fabricius, W. V. (2003). "Relocation of Children after Divorce and Children's Best Interests: New Evidence and Legal Considerations." *Journal of Family Psychology, 17,* 206–219.

Breedlove, S. (1995). "Another Important Organ." *Nature, 378,* 15–16.

Bregman, G., and Killen, M. (1999). "Adolescents' and Young Adults' Reasoning about Career Choice and the Role of Parental Influence." *Journal of Research on Adolescence, 9,* 253–275.

Brent, D. A. (1995). "Risk Factors for Adolescent Suicide and Suicidal Behavior: Mental and Substance Abuse Disorders, Family Environmental Factors, and Life Stress." *Suicide and Life-Threatening Behavior, 25* (Supplement), 52–63.

Brent, D. A., and Mann, J. J. (2005). "Family Genetic Studies, Suicide, and Suicidal Behavior." *American Journal of Medical Genetics,* Part C, 133C, 13–24.

Brent, D. A., Baugher, M., Bridge, J., Chen, T., and Chiappetta, L. (1999). "Age and Sex-Related Risk Factors for Adolescent Suicide." *Journal of the American Academy of Child and Adolescent Psychiatry, 38,* 1497–1505.

Brent, D. A., Perper, J. A., Moritz, G., and Baugher, M. (1993). "Suicide in Adolescents with No Apparent Psychopathology." *Journal of the American Academy of Child and Adolescent Psychiatry, 32,* 494–500.

Bricker, J. B., Peterson, A. V., Leroux, B. G., Andersen, M. R., Rajan, K. B., and Sarason, I. G. (2006). "Prospective Prediction of Children's Smoking Transitions: Role of Parents' and Older Siblings' Smoking." *Addiction, 101,* 128–136.

Bridge, J. A., Goldstein, T. R., and Brent, D. A. (2006). "Adolescent Suicide and Suicidal Behavior." *Journal of Child Psychology and Psychiatry, 47,* 372–394.

Briere, J., & Gil, E. (1998). "Self-Mutilation in Clinical and General Population Samples: Prevalence, Correlates, and Functions." *American Journal of Orthopsychiatry, 68,* 609–620.

Brill, H. Q., and Christie, R. L. (1974). "Marijuana Use and Psychological Adaptation: Follow-Up Study of a Collegiate Population." *Archives of General Psychiatry, 31,* 713–719.

Brindis, C. D., Ozer, E. M., Handley, M., Knopf, D. K., Millstein, S. G., and Irwin, C. E., Jr. (1997). *Improving Adolescent Health: An Analysis and Synthesis of Health Policy Recommendations, Full Report.* San Francisco: University of California Press, National Adolescent Health Information Center. Retrieved from http://youth.ucsf.edu/nahic/ odf.html#1

Brody, G. H., Stoneman, V., and Flor, D. (1995). "Linking Family Processes and Academic Confidence among Rural African American Youths." *Journal of Marriage and the Family,* 57, 567–579.

Brody, N. (1997). "Intelligence, Schooling, and Society." *American Psychologist, 52,* 1046–1050.

Brodzinsky, D. M. (1987). "Adjustment to Adoption: A Psychosocial Perspective." *Clinical Psychology Review, 7,* 25–47.

Bromley, D. (1967). "Youth and Sex." In F. R. Donovan (Ed.), *Wild Kids.* Harrisburg, PA: Stackpole Co.

Bronfenbrenner, U. (1979). *The Ecology of Human Development.* Cambridge, MA: Harvard University Press.

Bronfenbrenner, U. (1987 August). *Recent Advances in Theory and Design.* Paper presented at the American Psychological Association, New York City.

Brooks-Gunn, J., and Markman, L. B. (2005). "The Contribution of Parenting to Ethnic and Racial Gaps in School Readiness." *The Future of Children, 15,* 139–168.

Brooks-Gunn, J., and Warren, M. P. (1988). "The Psychological Significance of Secondary Sexual Characteristics in Nine- to Eleven-Year-Old Girls." *Child Development, 59,* 1061–1069.

Brooks-Gunn, J., Guo, G., and Furstenberg, F. F., Jr. (1993). "Who Drops Out of and Who Continues beyond High School? A Twenty-Year Follow-Up of Black Urban Youth." *Journal of Research on Adolescence, 3,* 271–294.

Brooks-Gunn, J., Petersen, A. C., and Eichorn, D. (1985). "The Study of Maturational Timing Effects in Adolescence." *Journal of Youth and Adolescence, 14,* 149–161.

Brown, B. B. (1982). "The Extent and Effects of Peer Pressure Among High School Students: A Retrospective Analysis." *Journal of Youth and Adolescence, 11,* 122–133.

Brown, B. B., Eicher, S. A., and Petrie, S. (1986). "The Importance of Peer Group ("Crowd") Affiliation in Adolescence." *Journal of Adolescence, 9,* 73–96.

Brown, B. B., Larson, R. W., and Saraswathi, T. S. (2002). *The World's Youth: Adolescence in Eight Regions of the Globe.* Cambridge, England: Cambridge University Press.

Brown, B. B., Mounts, N., Lamborn, S. D., and Steinberg, L. (1993). "Parenting Practices and Peer Group Affiliation in Adolescence." *Child Development, 64,* 467–482.

Brown, B. R., Jr., Baranowski, M. D., Kulig, J. W., Stephenson, J. N., and Perry, B. (1996). "Searching for the Magic Johnson Effect: AIDS, Adolescents, and Celebrity Disclosure." *Adolescence, 31,* 253–264.

Brown, B. V., and Theobald, W. E. (1999). *How Peers Matter: A Research Synthesis on Peer Influences on Adolescent Pregnancy.* Washington, DC: National Campaign to Prevent Teen Pregnancy.

Brown, D. (1987). "The Status of Holland's Theory of Vocational Choice." *The Career Development Quarterly, 36,* 13–23.

Brown, J. E., and Mann, L. (1988). "Effects of Family Structure and Parental Involvement on Adolescent Participation in Family Decisions." *Australian Journal of Sex, Marriage, and Family,* 9, 74–85.

Brown, J. E., and Mann, L. (1990). "The Relationship between Family Structure and Process Variables and Adolescent Decision Making." *Journal of Adolescence, 13,* 25–37.

Brown, J. E., and Mann, L. (1991). "Decision-Making Confidence and Self-Esteem: A Comparison of Parents and Adolescents." *Journal of Adolescence, 14,* 363–371.

Brown, S. A., Tapert, S. F., Granholm, E., and Delis, D. C. (2000). "Neurocognitive Functioning of Adolescents: Effects of Protracted Alcohol Use." *Alcoholism: Clinical Experimental Research, 24,* 164–171.

Brown, S. L., and Booth, A. (1996). "Cohabitation versus Marriage: A Comparison of Relationship Quality." *Journal of Marriage and the Family, 58,* 668–678.

Brown, U. M. (2001). *The Interracial Experience: Growing Up Black/White Racially Mixed in the United States.* Westport, CT: Praeger.

Browne, B. A., and Francis, S. K. (1993). "Participants in School-Sponsored and Independent Sports: Perceptions of Self and Family." *Adolescence, 28,* 383–391.

Brownell, K. D. (1982). "Obesity: Understanding and Treating a Serious, Prevalent, and

Refractory Disorder." *Journal of Consulting and Clinical Psychology,* 50, 820–840.

Brownfield, D., and Sorenson, A. M. (1991). "Religion and Drug Use among Adolescents: A Social Support Conceptualization and Interpretation." *Deviant Behavior,* 12, 259–276.

Bruch, M. A., and Cheek, J. M. (1995). "Developmental Factors in Childhood and Adolescent Shyness." In R. G. Heimberg, M. R. Liebowitz, D. Hope, and F. R. Scheier (Eds.), *Social Phobia: Diagnosis, Assessment, and Treatment* (pp. 163–182). New York: Guilford Press.

Buchanan, C. M. (1991). "Pubertal Status in Early-Adolescent Girls: Relations to Moods, Energy, and Restlessness." *Journal of Early Adolescence,* 11, 185–200.

Buchanan, C. M., Eccles, J. S., Flanagan, C., Midgley, C., Feldlaufer, J., and Harold, R. D. (1990). "Parents' and Teachers' Beliefs about Adolescents: Effects of Sex and Experience." *Journal of Youth and Adolescence,* 19, 363–394.

Buchanan, C. M., Maccoby, E. E., and Dornbusch, S. M. (1991). "Caught between Parents: Adolescents' Experience in Divorced Homes." *Child Development,* 62, 1008–1029.

Buchanan, C. M., Maccoby, E. E., and Dornbusch, S. M. (1992). "Adolescents and Their Families after Divorce: Three Residential Arrangements Compared." *Journal of Research on Adolescence,* 2, 261–291.

Buchholz, E. S., and Catton, R. (1999). "Adolescents' Perceptions of Aloneness and Loneliness." *Adolescence,* 34, 203–213.

Buchman, D., and Funk, J. (1996). "Children's Time Commitment and Game Preference." *Children Today,* 24.

Buhrmester, D. (1992). "The Developmental Course of Sibling and Peer Relationships." In F. Boer and J. Dunn (Eds.), *Children's Sibling Relationships: Developmental and Clinical Issues* (pp. 19–40). Hillsdale, NJ: Erlbaum.

Buhrmester, D., and Fuhrman, W. (1990). "Perceptions of Sibling Relationships during Middle Childhood and Adolescence." *Child Development,* 61, 1387–1398.

Buis, J. M., and Thompson, D. N. (1989). "Imaginary Audience and Personal Fable: A Brief Review." *Adolescence,* 24, 773–781.

Bukowski, W. M., Gauze, C., Hoza, B., and Newcomb, A. F. (1993). "Differences and Consistency between Same-Sex and Other-Sex Peer Relationships during Early Adolescence." *Developmental Psychology,* 29, 255–263.

Bulcroft, R. A., Carmody, D. C., and Bulcroft, K. A. (1996). "Patterns of Parental Independence Given to Adolescents: Variations by Race, Age, and Gender of Child." *Journal of Marriage and the Family,* 58, 866–883.

Bumpass, L. L. (1984). "Some Characteristics of Children's Second Families." *American Journal of Sociology,* 90, 608–623.

Bumpass, L. L. (1990). "What's Happening to the Family? Interactions between Demographic and Institutional Change." *Demography,* 27, 483–498.

Bumpass, L. L., and Raley, R. K. (1995). "Redefining Single-Parent Families: Cohabitation and Changing Family Reality." *Demography,* 32, 71–82.

Bumpass, L., Raley, R., and Sweet, J. (1995). "The Changing Character of Stepfamilies: Implications of Cohabitation and Non-Marital Childbearing." *Demography,* 32, 425–436.

Bumpus, L., and Lu, H.-H. (2000). "Trends in Cohabitation and Implications for Children's Family Contexts in the United States." *Population Studies,* 54, 29–41.

Burger, J. M. (1995). "Individual Differences in Preference for Solitude." *Journal of Research in Personality,* 29, 85–108.

Buri, J. R. (1989). "Self-Esteem and Appraisals of Parental Behavior." *Journal of Adolescent Research,* 4, 33–49.

Burke, P. J. (1991). "Identity Processes and Social Stress." *American Sociological Review,* 56, 836–849.

Burlew, A. K., and Johnson, J. L. (1992). "Role Conflict and Career Advancement among African-American Women in Non-Traditional Professions." *The Career Development Quarterly,* 40, 302–312.

Burnett, D. (1999). "Physical and Emotional Well-Being of Custodial Grandparents in Latino Families." *American Journal of Orthopsychiatry,* 69, 305–318.

Burns, A., and Dunlop, R. (1999). " 'How Did You Feel about It?' Children's Feelings about Their Parents' Divorce at the Time and Three and Ten Years Later." *Journal of Divorce and Remarriage,* 31, 19–35.

Burnside, M. A., Baer, P. E., McLaughlin, R. J., and Pickering, A. D. (1986). "Alcohol Use by Adolescents in Disrupted Families." *Alcoholism: Clinical and Experimental Research,* 10, 272–278.

Burr, W. R., and Christensen, C. (1992). "Undesirable Side Effects of Enhancing Self-Esteem." *Family Relations,* 41, 460–464.

Burrows, S. (1992). "Nursing Management of Self-Mutilation." *British Journal of Nursing,* 17, 138–148.

Burton, W. (1963). *Helps to Education* (pp. 38, 39). Boston: Crosby and Nichols.

Bush, P. J., Weinfurt, K. P., and Iannotti, R. J. (1994). "Families versus Peers: Developmental Influences on Drug Use from Grade 4–5 to Grade 7–8." *Journal of Applied Developmental Psychology,* 15, 437–456.

Bussiere, A. (1998). "The Development of Adoption Law." *Adoption Quarterly,* 1, 1–36.

Button, E. (1990). "Self-Esteem in Girls Aged 11–12: Baseline Findings from a Planned Prospective Study of Vulnerability to Eating Disorders." *Journal of Adolescence,* 13, 407–413.

Button, E. J., Loan, P., Davies, J., and Sonuga-Barke, E. J. S. (1997). "Self-Esteem, Eating Problems, and Psychological Well-Being in a Cohort of Schoolgirls Aged 15–16: A Questionnaire and Interview Study." *International Journal of Eating Disorders,* 10, 39–47.

Byrne, B. (2000). "Relationships between Anxiety, Fear, Self-Esteem, and Coping Strategies in Adolescence." *Adolescence,* 35, 201–215.

Byrnes, J. P. (2003). "Cognitive Development during Adolescence." In G. R. Adams and M. D. Berzonsky (Eds.), *The Blackwell Handbook of Adolescence* (pp. 227–246). Oxford, England: Blackwell Publishing.

Byrnes, J. P., and Overton, W. F. (1988). "Reasoning about Logical Connectives: A Developmental Analysis." *Journal of Experimental Child Psychology,* 46, 194–218.

Byrnes, J. P., Miller, D. C., and Reynolds, M. (1999). "Learning to Make Good Decisions: A Self-Regulation Perspective." *Child Development,* 70, 1121–1140.

Cabral, A. C., and Salomone, P. R. (1990). "Chance and Careers: Normative versus Contextual Development." *The Career Development Quarterly,* 39, 5–17.

Cacciopo, J. T., Ernst, J. M., Burleson, M. H., McClintock, M. K., Malarkey, W. B., Hawkley, L. C., Kowalewski, R. B., Paulsen, A., Hobson, J. A., Hugdahl, K., Spiegel, D., and Bernston, G. G. (2000). "Lonely Traits and Concomitant Physiological Processes." *International Journal of Psychophysiology,* 35, 143–154.

Cadieux, A. (1996). "Relationship between Self-Concept and Classroom Behavior among Learning and Non-Learning Disabled Students in Regular Classrooms." *Perceptual and Motor Skills,* 82, 1043–1050.

Cairns, R., and Cairns, B. (1994). *Lifelines and Risks: Pathways of Youth in Our Time.* New York: Cambridge University Press.

Calabrese, R. L., and Adams, J. (1990). "Alienation: A Cause of Juvenile Delinquency." *Adolescence,* 25, 435–440.

Caldwell, C., and Antonucci, A. (1996). "Childbearing during Adolescence: Mental Health Risks and Opportunities." In J. Schulenberg, J. Maggs, and K. Hurrelmann (Eds.), *Health Risks and Developmental Transitions during Adolescence* (pp. 220–245). London, England: Cambridge University Press.

Calhoun, G. (1987). "Enhancing Self-Perception through Bibliotherapy." *Adolescence,* 88, 929–943.

Calhoun, G., Jurgens, J., and Chen, F. (1993). "The Neophyte Female Delinquent: A Review of the Literature." *Adolescence,* 28, 461–471.

Call, K. T., Aylin, A. R., Hein, K., McLoyd, V., Petersen, A., and Kipke, M. (2002). "Adolescent Health and Well-Being in the Twenty-First Century: A Global Perspective." *Journal of Research on Adolescence,* 12, 69–98.

Callahan, D., and Callahan, S. (April 1981). "Seven Pillars of Moral Wisdom." *Psychology Today,* 84ff.

Calvert, S. (1999). *Children's Journeys through the Information Age.* New York: McGraw-Hill.

Calvert, S. L. (2002). Identity construction on the Internet. In S. L. Calvert, A. B. Jordan, and R. R. Cocking (Eds.) *Children in the digital age: Influences of electronic media on development* (pp. 57–70). Westport, CT: Greenwood Publishing Group.

Camara, K. A., and Resnick, G. (1988). "Interparental Conflict and Cooperation: Factors Moderating Children's Post-Divorce Adjustment." In E. M. Hetherington and J. Arasteh (Eds.), *Impact of Divorce, Single Parenting, and Step-Parenting on Children* (pp. 169–195). Hillsdale, NJ: Erlbaum.

Campaign for Tobacco Free Kids. (2005). *Tobacco Company Marketing to Kids.* Retrieved from http://www.tobaccofreekids.org/research/factsheets/pdf/0008.pdf.

Canals, J., Carbajo, G., Fernandez, J., Marti-Henneberg, C., and Domenech, E. (1996). "Biopsychopathologic Risk Profile of

Adolescents with Eating Disorder Symptoms." *Adolescence*, 31, 443–450.

Canavan, M., Meyer, W., and Higgs, D. (1992). "The Female Experience of Sibling Incest." *Journal of Marital and Family Therapy*, 18, 129–142.

Cancian, M., and Meyer, D. (1998). "Who Gets Custody?" *Demography*, 35, 147–157.

Cantor, J. (1998). "Children's Attraction to Violent Television Programming." In J. H. Goldstein (Ed.), *Why We Watch: The Attractions of Violent Entertainment* (pp. 88–115). New York: Oxford University Press.

Cantor, J. (2000). "Media Violence." *Journal of Adolescent Health*, 27, Supplement 2, 30–34.

Card, N. A. (April, 2003). *Victims of Peer Aggression: A Meta-Analytic Review.* Presented at the Biennial Meeting of the Society for Research in Child Development, Tampa, FL.

Carey v. *Population Services International.* (1977). 75–443.

Carey, M., and Walden, N. (1990). *I Don't Want to Cry.* Vision of Love Songs, Inc.

Carey, S., and Markman, E. M. (1999). "Cognitive Development." In B. M. Bly and D. E. Rumelhart (Eds.), *Cognitive Science* (pp. 201–254). San Diego: Academic Press.

Carlo, G., Eisenberg, N., and Knight, G. P. (1992). "An Objective Measure of Adolescents' Prosocial Moral Reasoning." *Journal of Research on Adolescence*, 2, 331–349.

Carlo, G., Fabes, R. A., Laible, D., and Kupanoff, K. (1999). "Early Adolescence and Prosocial/Moral Behavior II: The Role of Social and Contextual Influences." *Journal of Early Adolescence*, 19, 133–147.

Carlo, G., Roesch, S. C., and Melby, J. (1998). "The Multiplicative Relations of Parenting and Temperament on Prosocial and Antisocial Behaviors in Adolescence." *Journal of Early Adolescence*, 18, 148–170.

Carlson, E. A., Sroufe, L. A., Collins, W. A., Jimerson, S., Weinfield, N., Hennighausen, K., Egeland, B., Hyson, D. M., Anderson, F., and Meyer, S. E. (1999). "Early Environmental Support and Elementary School Adjustment as Predictors of School Adjustment in Middle Adolescence." *Journal of Adolescent Research*, 14, 72–94.

Carlson, G. A., and Kashini, J. H. (1988). "Phenomenology of Major Depression from Childhood through Adulthood: Analysis of Three Studies." *American Journal of Psychiatry*, 145, 1222–1225.

Carlson, M. (1996). *Childproof Internet: A Parent's Guide to Safe and Secure Online Access.* New York: Mis Press.

Carlson Jones, D., and Crawford, J. K. (2005). "Adolescent Boys and Body Image: Weight and Muscularity Concerns as Dual Pathways to Body Dissatisfaction." *Journal of Youth and Adolescence*, 34, 629–636.

Carlyle, W. (1970). *You're My Friend So I Brought You This Book.* Edited by John Marvin. New York: Random House.

Carpenter, P. A., Just, M. A., & Shell, P. (1990). "What One Intelligence Test Measures: A Theoretical Account of the Processing in the Raven Progressive Matrices Test." *Psychological Review*, 97(3), 404–431.

Carr, M., and Schellenbach, C. (1993). "Reflective Monitoring in Lonely Adolescents." *Adolescence*, 111, 737–747.

Carr, R. V., Wright, J. D., and Brody, C. J. (1996). "Effects of High School Work Experience a Decade Later: Evidence from the National Longitudinal Survey." *Sociology of Education*, 69, 66–81.

Carrier, J. M. (1989). "Gay Liberation and Coming Out in Mexico." *Journal of Homosexuality*, 17, 225–252.

Carruth, B. R., and Goldberg, D. L. (1990). "Nutritional Issues of Adolescents: Athletics and the Body Image Mania." *Journal of Early Adolescence*, 10, 122–140.

Carruth, B. R., Goldberg, D. L., and Skinner, J. D. (1991). "Do Parents and Peers Mediate the Influence of Television Advertising and Food-Related Purchases?" *Journal of Adolescent Research*, 6, 253–271.

Carskadon, M. A. (2002a). "Factors Influencing Sleep Patterns of Adolescents." In M. A. Carskadon (Ed.), *Adolescent Sleep Patterns: Biological, Social, and Psychological Influences* (pp. 4–26). Cambridge: Cambridge University Press.

Carskadon, M. A. (2002b). "Risks of Driving while Sleepy in Adolescents and Young Adults." In M. A. Carskadon (Ed.), *Adolescent Sleep Patterns: Biological, Social, and Psychological Influences* (pp. 148–158). New York: Cambridge University Press.

Carskadon, M. A., Harvey, M. K., and Duke, P. (1980). "Pubertal Changes in Daytime Sleepiness." *Sleep*, 2, 453–460.

Carskadon, M. A., Vieira, C., and Acebo, C. (1993). "Association between Puberty and Delayed Phase Preference." *Sleep*, 16, 258–262.

Carskadon, M. A., Wolfson, A. R., Acebo, C., Tzischinsky, O., and Seifer, R. (1998). "Adolescent Sleep Patterns, Circadian Timing, and Sleepiness at a Transition to Early School Days." *Sleep*, 21, 871–881.

Carver, K., Joyner, K., and Udry, J. R. (2003). "National Estimates of Adolescent Romantic Relationships." In P. Florsheim (Ed.), *Adolescent Romantic Relationships and Sexual Behavior: Theory, Research, and Practical Implications* (pp. 23–56). Mahwah, NJ: Erlbaum.

Case, R. (1992). "The Role of the Frontal Lobes in the Regulation of Cognitive Development." *Brain and Cognition*, 20, 51–73.

Case, R. (Ed.). (1992). *The Mind's Staircase.* Hillsdale, NJ: Erlbaum.

Casey, B. J., Giedd, J. N., and Thomas, K. M. (2000). "Structural and Functional Brain Development and Its Relation to Cognitive Development." *Biological Psychology*, 54, 241–257.

Caspi, A., Lynan, D., Moffitt, T. E., and Silva, P. A. (1993). "Unraveling Girls' Delinquency: Biological, Dispositional, and Contextual Contributions to Adolescent Misbehavior." *Developmental Psychology*, 29, 19–30.

Caspo, B. (1997). "The Development of Inductive Reasoning: Cross-Sectional Assessments in an Educational Context." *International Journal of Behavioral Development*, 20, 609–626.

Cassidy, L., and Hurrell, R. M. (1995). "The Influence of Victim's Attire on Adolescents' Judgements of Date Rape." *Adolescence*, 30, 319–323.

Castellino, D. R., Lerner, J. V., Lerner, R. M., and Von Eye, A. (1998). "Maternal Employment and Education: Predictors of Young Adolescent Career Trajectories." *Applied Developmental Science*, 2, 114–126.

Caughlin, J. P., and Malis, R. S. (2004). Demand/Withdraw Communication between Parents and Adolescents: Connections with Self-Esteem and Substance Use. *Journal of Social and Personal Relations*, 21, 125–148.

Cella, D. F., DeWolfe, A. S., and Fitzgibbon, M. (1987). "Ego Identity Status, Identification, and Decision-Making Style in Late Adolescents." *Adolescence*, 22, 849–861.

Center for Communication and Social Policy. (1998). *National Television Violence Study*, Vol. 3. Thousand Oaks, CA: Sage.

Center for Human Resource Research. (1987). *The National Longitudinal Survey Handbook.* Columbus: Ohio State University.

Centers for Disease Control (CDC), Division of STD/HIV Prevention. (1991a). *Sexually Transmitted Disease Surveillance, 1989.* Atlanta: Author.

Centers for Disease Control (CDC). (1991b). "Body-Weight Perceptions and Selected Weight-Management Goals and Practices of High School Students—United States, 1990." *Mortality and Morbidity Weekly Report*, 40, 741–750. Washington, DC: Department of Health and Human Services, Public Health Service.

Centers for Disease Control (CDC), Division of STD/HIV Prevention. (1993). *Annual Report, 1992.* Atlanta: Author.

Centers for Disease Control (CDC). (1996). "Suicide among Black Youth, United States, 1980–1995." *Morbidity and Mortality Weekly Report*, 47, 193–196.

Centers for Disease Control and Prevention. (1999). *1997 Youth Risk Behavior Surveillance System.* Washington, DC: Department of Health and Human Services, Public Health Service.

Centers for Disease Control (CDC). (2000a). *Tracking the Hidden Epidemics: Tracking STDs in the United States 2000.* Washington DC: Author.

Centers for Disease Control (CDC). (2000b). "Youth Risk Behavior Surveillance—United States, 1999." *Morbidity and Mortality Weekly Report Surveillance Summary*, 49(5). Available online: www.cdc.gov/mmwr/preview/mmwr-html/ss4905a1.htm.

Centers for Disease Control (CDC), National Vital Statistics System. (2002). *Deaths, Percent of Total Deaths, and Death Rates for the 15 Leading Causes of Death in 5-Year Age Groups, by Race and Sex, United States, 2000.* Retrieved June 10, 2003, from http://www.cdc.gov/nchsdatawh/statab/unpubd/mortabs/gmwk210_10.htm.

Centers for Diseases Control (CDC). (2003). "Injury Mortality among American Indian and Alaskan Native Children and Youth—United States, 1989–1998." *Morbidity and Mortality Weekly Reports*, 52, 697–701.

Centers for Disease Control (CDC). (2004a). *Improving the Health of Adolescents and Young Adults: A Guide for States and Communities.* Atlanta, GA: Author.

Centers for Disease Control (CDC). (2004b). *Trends in reportable sexually transmitted diseases in the United States, 2004.* Retrieved from http://www.cdc.gov/std/stats/trends2004.htm.

Centers for Disease Control (CDC). (2004c). *WISQARS Injury Mortality Reports, 1999–2003.* Retrieved from http://webappa.cdc.gov/ sasweb/ ncipc/mortrate10_sy.html.

Centers for Disease Control (CDC). (2005). Deaths: Leadings causes for 20023. *National Vital Statistics Reports, 53, no. 17.*

Centers for Disease Control (CDC). (2006a). Deaths: Final data for 2003. *National Vital Statistics Reports, 54, no. 13.*

Centers for Disease Control (CDC). (2006b). *Health, United States, 2006.* Retrieved from http://www.cdc.gov/nchs/data/hus/hus06.pdf#074.

Centers for Disease Control (CDC). (2006c). Youth Risk Behavior Surveillance—United States 2005. *Morbidity and Mortality Weekly Report, 55,* No. SS-5. Washington, DC: Author.

Cerel, J., Fristad, M. A., Weller, E. B., and Weller, R. A. (2000). "Suicide-Bereaved Children and Adolescents: A Controlled Longitudinal Examination." *Journal of the American Academy of Child and Adolescent Psychiatry, 38,* 672–679.

Chan, C. G., and Elder, Jr., G. H. (2000). "Matrilineal Advantage in Grandchild-Grandparent Relations." *The Gerontologist, 40,* 179–190.

Chan, C. S. (1992). "Cultural Considerations in Counseling Asian American Lesbians and Gay Men." In S. Dworkin and E. Gutierrez (Eds.), *Counseling Gay Men and Lesbians: Journey to the End of the Rainbow* (pp. 115–124). Alexandria, VA: American Association for Counseling and Development.

Chandler, C. R., Tsai, Y.-M., and Wharton, R. (1999). "Twenty Years After: Replicating a Study of Anglo- and Mexican-American Cultural Values." *Social Science Journal, 36,* 353–367.

Chandler, M., Boyes, M. C., and Ball, L. (1990). "Relativism and Stations of Epistemic Doubt." *Journal of Experimental Child Psychology, 50,* 370–395.

Chapin, J. (2001). "Self-Protective Pessimism: Optimistic Bias in Reverse." *North American Journal of Psychology, 3,* 253–262.

Chassin, L. C., and Young, R. D. (Fall 1981). "Salient Self-Conceptions in Normal and Deviant Adolescents." *Adolescence, 16,* 613–620.

Chaucer, G. (1963). *Canterbury Tales.* (Translated by Vincent Hopper). New York: Barrons.

Chavkin, M. F., and Williams, D. W. (1993). "Minority Parents and the Elementary School: Attitudes and Practices." In N. F. Chavkin (Ed.), *Families and Schools in a Pluralistic Society.* Albany: State University of New York Press.

Chen-Yu, J. H., and Seock, Y. (2002). "Adolescents' Clothing Purchase Motivations, Information Sources, and Store Selection Criteria: A Comparison of Male/Female and Impulse/Nonimpulse Shoppers." *Family & Consumer Sciences Research Journal, 31,* 50–77.

Cherlin, A. J., and Furstenberg, F. F. (March 19, 1989). "Divorce Doesn't Always Hurt the Kids." *The Washington Post,* p. C1.

Cherlin, A. J., Chase-Lansdale, P. L., and McRae, C. (1998). "Effects of Parental Divorce on Mental Health throughout the Life Course." *American Sociological Review, 63,* 239–249.

Chiam, H. (1987). "Changes in Self-Concept during Adolescence." *Adolescence, 85,* 69–76.

Chiu, L. (1990). "The Relationship of Career Goals and Self-Esteem among Adolescents." *Adolescence, 25,* 593–597.

Chiu, M. L., Feldman, S. S., and Rosenthal, D. A. (1992). "The Influence of Immigration on Parental Behavior and Adolescent Distress in Chinese Families Residing in Two Western Nations." *Journal of Research on Adolescence, 2,* 205–239.

Choi, I., Land, S. M., and Turgeon, A. J. (2005). "Scaffolding Peer-Questioning Strategies to Facilitate Metacognition during Online Small Group Discussion." *Instructional Science, 33,* 483–511.

Chretien, R. D., and Persinger, M. A. (2000). " 'Prefrontal Deficits' Discriminate Young Offenders from Age-Matched Cohorts: Juvenile Delinquency as an Expected Feature of the Normal Distribution of Prefrontal Cerebral Development." *Psychological Reports, 87,* 1196–1202.

Chrisler, J. C., and Zittel, C. B. (1998). "Menarche Stories: Reminiscences of College Students from Lithuania, Malaysia, Sudan, and the United States." *Health Care for Women International, 19,* 101–110.

Christ, G. H., Siegel, K., and Christ, A. E. (2002). "Adolescent Grief: 'It Never Really Hit Me . . . Until It Actually Happened.' " *Journal of the American Medical Association, 288,* 1269–1278.

Christ, M. J., Raszka, Jr., W. V., and Dillon, C. A. (1998). "Prioritizing Education about Condom Use among Sexually Active Adolescent Females." *Adolescence, 33,* 735–744.

Christian, H. (1994). *The Making of Anti-Sexist Men.* London, England: Routledge.

Christopher, F. S., and Cate, R. M. (1988). "Premarital Sexual Involvement: A Developmental Investigation of Relational Correlates." *Adolescence, 23,* 793–803.

Chubb, N. H., Fertman, C. I., and Ross, J. L. (1997). "Adolescent Self-Esteem and Locus of Control: A Longitudinal Study of Gender and Age Differences." *Adolescence, 32,* 113–129.

Chung, I.-J., Hawkins, J. D., Gilchrist, L. D., Hill, K. G., and Nagin, D. S. (2002). "Identifying and Predicting Offending Trajectories among Poor Children." *Social Service Review, 76,* 663–685.

Ciccone, M., and Pettibone, S. (1992). *Bad Girl.* W. B. Music Corporation, Webo Girl Publishing, Inc., MCA Music Publishing.

Claes, M. E. (1992). "Friendship and Personal Adjustment during Adolescence." *Journal of Adolescence, 15,* 39–55.

Clark, C. A., and Worthington, E. V., Jr. (1987). "Family Variables Affecting the Transmission of Religious Values from Parents to Adolescents: A Review." *Family Perspectives, 21,* 1–21.

Clark, C. A., Worthington, E. L., Jr., and Danser, D. B. (1988). "The Transmission of Religious Beliefs and Practices from Parents to First Born Early Adolescent Sons." *Journal of Marriage and the Family, 50,* 463–472.

Clark, C. M. (1994). "Clinical Assessment of Adolescents Involved in Satanism." *Adolescence, 29,* 461–468.

Clark, K. B. (1953). "Desegregation: An Appraisal of the Evidence." *Journal of Social Issues, 9,* 2–76.

Clark, M. L., and Ayers, M. (1993). "Friendship Expectations and Friendship Evaluations. Reciprocity and Gender Effects." *Youth and Society, 24,* 299–313.

Clark-Lempers, D. S., Lempers, J. D., and Netusil, A. J. (1990). "Family Financial Stress, Parental Support, and Young Adolescents' Academic Achievement and Depressive Symptoms." *Journal of Early Adolescence, 10,* 21–36.

Clarke, J. I., Dawson, C. M., and Bredehoft, D. J. (2004). *How Much Is Enough? Everything You Need to Know to Steer Clear of Overindulgence and Raise Likeable, Responsible, and Respectful Children.* New York: Marlow and Company.

Claxton-Oldfield, S., and Butler, B. (1998). "Portrayal of Stepparents in Movie Plot Summaries." *Psychological Reports, 82,* 879–882.

Cobliner, W. G. (1988). "The Exclusion of Intimacy in the Sexuality of the Contemporary College-Age Population." *Adolescence, 23,* 99–113.

Cochran, J. K., Wood, P. B., Sellers, C.S., Wilkerson, W., and Chamlin, M. B. (1998). "Academic Dishonesty and Low Self-Control: An Empirical Test of a General Theory of Crime." *Deviant Behavior, 19,* 227–255.

Codega, S. A., Pasley, B. K., and Kreutzer, J. (1990). "Coping Behaviors of Adolescent Mothers: An Exploratory Study and Comparison of Mexican-Americans and Anglos." *Journal of Adolescent Research, 5,* 34–53.

Cohen, K. M., and Savin-Williams, R. C. (1996). "Developmental Perspectives on Coming Out to Self and Others." In R. C. Savin-Williams and K. M. Cohen (Eds.), *The Lives of Lesbians, Gays, and Bisexuals: Children to Adults* (pp. 113–151). Fort Worth, TX: Harcourt Brace.

Cohen, S. (1981). "Adverse Effects of Marijuana: Selected Issues." *Annals of the New York Academy of Sciences, 362,* 119–124.

Cohen, S. E., Beckwith, L., Parmelee, A. H., Sigman, M., Asarnow, R., and Espinosa, M. P. (1996). "Prediction of Low and Normal School Achievement in Early Adolescence Born Pre-Term." *Journal of Early Adolescence, 16,* 46–70.

Cohen, Y. (1991). "Gender Identity Conflicts in Adolescents as Motivation for Suicide." *Adolescence, 26,* 19–29.

Coinstar, Inc. (2003). *First Coinstar TEENS Talk Poll Reveals That Teens Spend at Least $264 Each Month.* Press release. Retrieved from http://www.coinstar.com/US/ PressReleases/453946?OpenDocument.

Colby, A., and Damon, W. (1983). "Listening to a Different Voice: A Review of Gilligan's *A Different Voice.*" *Merrill-Palmer Quarterly, 29,* 473–481.

Cole, D. A., Maxwell, S. E., Martin, J. M., Lachlin, G. P., Seroczynski, A. D. Tram, J. M., et al. (2001). "The Development of Multiple Domains of Child and Adolescent Self-Concept: A Cohort Sequential Longitudinal

Design." *Child Development, 72,* 1723–1746.

Cole, M. (1990). "Cognitive Development and Formal Schooling: The Evidence from Cross-Cultural Research." In L. C. Moll (Ed.), *Vygotsky and Education* (pp. 89–110). New York: Cambridge University Press.

Coleman, J. S. (1995). *Adolescent Sexual Knowledge: Implications for Health and Health Risks.* Paper presented at the meeting of the Society for Research in Child Development, Indianapolis, IN.

Coleman, M., Ganong, L. H., Clark, J. M., and Madsen, R. (1989). "Parenting Perceptions in Rural and Urban Families." *Journal of Marriage and the Family, 51,* 329–335.

Coley, R. L., and Chase-Lansdale, P. L. (1998). "Adolescent Pregnancy and Parenthood: Recent Evidence and Future Directions." *American Psychologist, 53,* 152–166.

College Board. (2003). *College Bound Seniors, Yearly Report 2002.* Retrieved from http://www.collegeboard.com/prod_downloads/about/news_info/cbsenior/yr2002/pdf2002Report.pdf.

Collins, P. H. (1990). "Homophobia and Black Lesbians." In P. H. Collins (Ed.), *Black Feminist Thought: Knowledge, Consciousness, and the Politics of Empowerment* (pp. 192–196). New York: Routledge.

Collins, R. L., Elliott, M. N., Berry, S. H., Kanouse, D. E., Kunkel, D., Hunter, S. B., and Miu, A. (2004). "Watching Sex on Television Predicts Adolescent Initiation of Sexual Behavior." *Pediatrics, 114,* 280–289.

Collins, W. A., and Russell, G. (1991). "Mother-Child and Father-Child Relationships in Middle Childhood and Adolescence: A Developmental Analysis." *Developmental Review, 11,* 99–136.

Collins, W. A., Laursen, B., Mortensen, N., Luebker, C., and Ferreira, M. (1997). "Conflict Processes and Transitions in Parent and Peer Relationships: Implications for Autonomy and Regulation." *Journal of Adolescent Research, 12,* 178–198.

Comer, J. (1993). *African-American Parents and Child Development: An Agenda for School Success.* Paper presented at the biannual meeting of the Society for Research in Child Development, New Orleans.

Commons, M. L., Richards, F. A., and Kuhn, D. (1982). "Systematic and Metasystematic Reasoning: A Case for Levels of Reasoning Beyond Piaget's Stage of Formal Operations." *Child Development, 53,* 1058–1069.

Comstock, G., and Paik, H. (1999). *Television and the American Child.* San Diego: Academic Press.

Comstock, J. (1994). "Parent-Adolescent Conflict: A Developmental Approach." *Western Journal of Communication, 58,* 263–283.

Conger, J. J. (1973). *Adolescence and Youth.* New York: Harper and Row.

Connell, J. P., Halpern-Felsher, B. L., Clifford, E., Crichlow, W., and Usinger, P. (1995). "Hanging in There: Behavioral, Psychological, and Contextual Factors Affecting Whether African-American Adolescents Stay in High School." *Journal of Adolescent Research, 10,* 41–63.

Connolly, J., Craig, W., Goldberg, A., and Peplar, D. (2004). "Mixed-Gender Groups, Dating, and Romantic Relationships in Early Adolescence." *Journal of Research on Adolescence, 14,* 185–207.

Connolly, J., White, D., Stevens, R., and Burstein, S. (1987). "Adolescents' Self-Reports of Social Activity: Assessment of Stability and Relations to Social Adjustment." *Journal of Adolescence, 10,* 83–95.

Connor, J.P., Young, R.M., Williams, R.J., and Ricciardelli, L.A. (2000). "Drinking Restraint versus Alcohol Expectancies: Which Is the Better Indicator of Alcohol Problems?" *Journal of Studies on Alcohol, 61,* 352–359.

Connors, L. J., and Epstein, J. L. (1995). "Parent and School Partnerships." In M. H. Bornstein (Ed.), *Children and Parenting.* Vol. 4. Hillsdale, NJ: Erlbaum.

Cook, K. V., Reiley, K. L., Stallsmith, R., and Garretson, H. B. (1991). "Eating Concerns on Two Christian and Two Nonsectarian College Campuses: A Measure of Sex and Campus Differences in Attitudes towards Eating." *Adolescence, 26,* 273–293.

Coombs, R. H., and Landsverk, J. (1988). "Parenting Styles and Substance Use during Childhood and Adolescence." *Journal of Marriage and the Family, 50,* 473–482.

Coombs, R. H., Fawzy, F. I., and Gerber, B. E. (1986). "Patterns of Cigarette, Alcohol, and Other Drug Use among Children and Adolescents." *International Journal of the Addictions, 21*(8), 897–913.

Cooper, M. L. (2002). "Alcohol Use and Risky Sexual Behavior among College Students and Youth: Evaluating the Evidence." *Journal of Studies on Alcohol,* Supplement 14, 101–117.

Corbett, K., Gentry, C. S., and Pearson, W., Jr. (1993). "Sexual Harassment in High School." *Youth and Society, 25,* 93–103.

Costa, F. M., Jessor, R., Donovan, J. E., and Fortenberry, J. D. (1995). "Early Initiation of Sexual Intercourse: The Influence of Psychosocial Unconventionality." *Journal of Research on Adolescence, 5,* 93–121.

Costin, S. E., and Jones, D. C. (1994). *The Stress-Protective Role of Parent and Friends' Support for Sixth and Ninth Graders Following a School Transition.* Paper presented at the meeting of the Society for Research on Adolescence, San Diego.

Cote, J. E., and Levine, C. G. (1992). "The Genesis of the Humanistic Academic. A Second Test of Erikson's Theory of Ego Identity Formation." *Youth in Society, 23,* 387–410.

Cote, J. E., and Levine, C. G. (February 1983). "Marcia and Erikson: The Relationships among Ego Identity Status, Neuroticism, Dogmatism, and Purpose in Life." *Journal of Youth and Adolescence, 12,* 43–53.

Cotterell, J. L. (1992a). "The Relation of Attachments and Supports to Adolescent Well-Being and School Adjustment." *Journal of Adolescent Research, 7,* 28–42.

Cotterell, J. L. (1992b). "School Size as a Factor in Adolescents' Adjustment to the Transition to Secondary School." *Journal of Early Adolescence, 12,* 28–45.

Cottom, C. (1996). "A Bold Experiment in Teaching Values." *Educational Leadership, 53*(8), 54–58.

Cox, F. D. (1994). *The AIDS Booklet.* 3rd ed. Madison, WI: Brown and Benchmark.

Crago, M., Shisslak, C. M., and Estes, L. (1996). "Eating Disorders among American Minority Groups: A Review." *International Journal of Eating Disorders, 19,* 239–248.

Crawford, E., Wright, M. O., and Masten, A. (2004). "Resilience and Spirituality in Youth." In E. Roehlkepartain, P. King, L. Wagener, & P. Benson (Eds.), *The Handbook of Spiritual Development in Children and Adolescents* (pp. 355–370). Thousand Oaks, CA: Sage.

Crawford, M., and Popp, D. (2003). "Sexual Double Standards: A Review and Methodological Critique of Two Decades of Research." *Journal of Sex Research, 40,* 13–26.

Crick, N. R. (1997). "Engagement in Gender Alternative versus Nonnormative Forms of Aggression: Links to Social-Psychological Adjustment." *Developmental Psychology, 33,* 610–617.

Crick, N. R., and Dodge, A. (1996). "Social Information-Processing Mechanisms in Reactive and Proactive Aggression." *Child Development, 67,* 993–1002.

Crocker, J., Cornwell, B., and Major, B. (1993). "The Stigma of Overweight: Affective Consequences of Attributional Ambiguity." *Journal of Personality and Social Psychology, 64,* 60–70.

Crockett, L. J., and Bingham, C. R. (1994). *Family Influences on Girls' Sexual Experience and Pregnancy Risk.* Paper presented at the meeting of the Society for Research on Adolescents, San Diego.

Crosnoe, R. (2001). "The Social World of Male and Female Athletes in High School." *Sociological Studies of Children and Youth, 8,* 87–108.

Crosnoe, R. (2002). "Academic and Health-Related Trajectories in Adolescence: The Intersection of Gender and Athletics." *Journal of Health and Social Behavior, 43,* 317–336.

Crosnoe, R., and Elder, G. H., Jr. (2002). "Life Course Transitions, the Generational Stake, and Grandparent-Grandchild Relationships." *Journal of Marriage and Family, 64,* 1089–1096.

Crowe, P. A., Philbin, J., Richards, M. H., and Crawford, I. (1998). "Adolescent Alcohol Involvement and the Experience of Social Environments." *Journal of Research on Adolescence, 8,* 403–422.

Crump, R. L., Lillie-Blanton, M., and Anthony, J. C. (1997). "The Influence of Self-Esteem on Smoking among African-American School Children." *Journal of Drug Education, 27,* 277–291.

Crystal, D. S., and Stevenson, H. W. (1995). "What Is a Bad Kid? Answers of Adolescents and Their Mothers in Three Cultures." *Journal of Research on Adolescence, 5,* 71–91.

Csikszentmihalyi, M., Rathunde, K., and Whalen, S. (1993). *Talented Teenagers: The Roots of Success and Failure.* New York: Cambridge University Press.

Cullen, F. T., and Wright, J. P. (2002). "Criminal Justice in the Lives of American Adolescents." In J. T. Mortimer and R. W. Larson (Eds.), *The Changing Adolescent Experience: Societal Trends and the Transition to Adulthood* (pp. 88–128). Cambridge, England: Cambridge University Press.

Cummings, E. M., and Davies, P. (1994). *Children and Marital Conflicts: The Impact of Family Dispute and Resolution.* New York: Guilford Press.

Cyr, M., McDuff, P., Wright, J., Theriault, C., and Cinq-Mars, C. (2005). "Clinical Correlates and Repetition of Self-Harming Behaviors among Female Adolescent Victims of Sexual Abuse." *Journal of Child Sexual Abuse,* 14, 49–68.

Dalterio, S. L. (November 1984). "Marijuana and the Unborn." *Listen,* 37, 8–11.

Daniels, J. A. (1990). "Adolescent Separation-Individuation and Family Transitions." *Adolescence,* 25, 105–116.

Daniels, S. R., McMahon, R. P., Obarzanek, E., Waclawiw, M. A., Similo, S. L., Biro, F. M., Schreiber, G. B., Kimm, S. Y. S., Morrison, J. A., and Barton, B. A. (1998). "Longitudinal Correlates of Change of Blood Pressure in Adolescent Girls." *Hypertension,* 31, 97–103.

Danielson, C. K., de Arellano, M. A., Kilpatrick, D. G., Saunders, B. E., and Resnick, H. S. (2005). "Child Maltreatment in Depressed Adolescents: Differences in Symptomatology Based on History of Abuse." *Child Maltreatment,* 10, 37–48.

Dare, C., Eisler, I., Russell, G. F. M., and Szmukler, G. I. (1990). "The Clinical and Theoretical Impact of a Controlled Trial of Family Therapy in Anorexia Nervosa." *Journal of Marriage and Family Therapy,* 16, 39–57.

Darling, C. A., and Davidson, J. K. (1986). "Coitally Active University Students: Sexual Behaviors, Concerns, and Challenges." *Adolescence,* 22, 403–419.

Darmody, J. P. (1991). "The Adolescent Personality, Formal Reasoning, and Values." *Adolescence,* 26, 732–742.

Darroch, J. E., and Singh, S. (1999). *Why Is Teenage Pregnancy Declining? The Roles of Abstinence, Sexual Activity, and Contraceptive Use.* Occasional Report no. 1. New York: Alan Guttmacher Institute.

Darroch, J. E., Frost, J. J., and Singh, S. (2001). *Teenage Sexual and Reproductive Behavior in Developed Countries: Can More Progress Be Made?* Occasional Report no. 3. New York: Alan Guttmacher Institute.

Darroch, J. E., Landry, D. J., and Singh, S. (2000). "Changing Emphasis in Sexuality Education in U.S. Public Secondary Schools, 1988–1999." *Family Planning Perspectives,* 32, 204–211.

Davidson, J. K., Sr., and Darling, C. A. (1988). "Changing Autoerotic Attitudes and Practices among College Females: A Two-Year Follow-Up Study." *Adolescence,* 23, 773–792.

Davie, R., Panting, C., and Charlton, T. (2004). "Mobile Phone Ownership and Usage among Pre-Adolescents." *Telematics and Informatics,* 4, 359–373.

Davies, P. T., and Windle, M. (2000). "Middle Adolescents' Dating Pathways and Psychosocial Adjustment." *Merrill-Palmer Quarterly,* 46, 90–118.

Davis, C. (1999). "Excessive Exercise and Anorexia Nervosa: Addictive and Compulsive Behaviors." *Psychiatric Annals,* 29, 221–224.

Davis, K. (1944). "Adolescence and the Social Structures." *Annuals of the American Academy of Political and Social Science,* 263, 1–168.

Davis, R., and Jamieson, J. (2005). "Assessing the Functional Nature of Binge Eating in the Eating Disorders." *Eating Behaviors,* 6, 345–354.

Davis, S. J. (1994). "Teaching Practices That Encourage or Eliminate Student Plagiarism." *Middle School Journal,* 25, 55–58.

Davison, T. E., and McCabe, M. P. (2006). "Adolescent Body Image and Psychosocial Functioning." *The Journal of Social Psychology,* 146, 15–30.

Dawson, D. A. (1986). "The Effects of Sex Education on Adolescent Behavior." *Family Planning Perspectives,* 18, 162–170.

Dawson, D. A. (1991). "Family Structure and Childrens' Health and Well-Being: Data from the 1988 National Health Interview Survey on Child Health." *Journal of Marriage and the Family,* 53, 573–584.

Day, R. D. (1992). "Transition to First Intercourse among Racially and Culturally Diverse Youth." *Journal of Marriage and the Family,* 54, 749–762.

De Bellis, M. D., Clark, D. B., Beers, S. R., Soloff, P. H., Boring, A. M., Hall, J., Kersh, A., and Keshavan, M. S. (2000). "Hippocampal Volume in Adolescent-Onset Alcohol Use Disorders." *American Journal of Psychiatry,* 157, 737–744.

De Bruyn, E. H., and van den Boom, D. C. (2005). "Interpersonal Behavior, Peer Popularity, and Self-Esteem in Early Adolescence." *Social Development,* 14, 555–573.

De Civita, M., and Pagani, L. (1996). "Familial Constraints on the Initiation of Cigarette Smoking among Adolescents: An Elaboration of Social Bonding Theory and Differential Association Theory." *Canadian Journal of School Psychology,* 12, 177–190.

De Gaston, J. F., Jensen L., and Weed, L. (1995). "A Closer Look at Adolescent Sexual Activity." *Journal of Youth and Adolescence,* 24, 465–479.

De Mey, L., Baartman, H. E. M., and Schulze, H-J. (1999). "Ethnic Variation and the Development of Moral Judgment of Youth in Dutch Society." *Youth and Society,* 31, 54–75.

DeBlassie, A. M., and DeBlassie, R. R. (1996). "Education of Hispanic Youth: A Cultural Lag." *Adolescence,* 31, 205–216.

DeBolt, M. E., Pasley, B. K., and Kreutzer, J. (1990). "Factors Affecting the Probability of School Dropout: A Study of Pregnant and Parenting Adolescent Females." *Journal of Adolescent Research,* 5, 190–205.

Decety, J., and Jackson, P. L. (2004). "The Functional Architecture of Human Empathy." *Behavioral and Cognitive Neuroscience Reviews,* 3, 406–412.

Deci, E. L. (March 1985). "The Well-Tempered Classroom." *Psychology Today,* 19, 52–53.

Deeks, S., Smith, M., Holodniy, M., and Kahn, J. (1997). "HIV-1 Protease Inhibitors." *Journal of the American Medical Association,* 277, 145–153.

DeGaston, J. F., Weed, S., and Jensen, L. (1996). "Understanding Gender Differences in Adolescent Sexuality." *Adolescence,* 31, 217–231.

Dekovic, M., and Meeus, W. (1997). "Peers Relations in Adolescence: Effects of Parenting and Adolescents' Self Concept." *Journal of Adolescence,* 20, 163–176.

Delorme, D. E., Kreshel, P. J., and Reid, L. N. (2003). "Lighting Up: Young Adults' Autobiographical Accounts of Their First Smoking Experiences." *Youth and Society,* 34, 468–496.

Dembo, R., Dertke, M., LaVoie, L., Borders, S., Washburn, M., and Schmeidler, J. (1987). "Physical Abuse, Sexual Victimization and Illicit Drug Use: A Structural Analysis among High Risk Adolescents." *Journal of Adolescence,* 10, 13–33.

Demetriou, A., Christou, C., Spanoudis, G., and Platsidou, M. (2002). "The Development of Mental Processing: Efficiency, Working Memory, and Thinking." *Monographs of the Society for Research in Child Development,* 67, vii–154.

Demick, J. (2002). "Stages of Parental Development." In M. H. Bornstein (Ed.), *Handbook of Parenting: Vol. 3: Being and Becoming a Parent* (2nd ed.), pp. 389–413. Mahwah, NJ: Erlbaum.

Demo, D. H., and Acock, A. C. (1988). "The Impact of Divorce on Children." *Journal of Marriage and the Family,* 50, 619–648.

Demo, D. H., and Acock, A. C. (1996). "Family Structure, Family Process, and Adolescent Well-Being." *Journal of Research on Adolescence,* 6, 457–488.

Demo, D. H., Small, S. A., and Savin-Williams, R. C. (1987). "Family Relations and the Self-Esteem of Adolescents and Their Parents." *Journal of Marriage and the Family,* 49, 705–715.

"Denial of Indian Civil and Religious Rights, The." (1975). *Indian Historian,* 8, 43–46.

Dennis, M. L., Muck, R. D., Dawud-Noursi, S., and McDermeit, M. (2003). "The Need for Developing and Evaluating Adolescent Treatment Models." In S. J. Stevens and A. R. Morral (Eds.), *Adolescent Substance Abuse Treatment in the United States: Exemplary Models from a National Evaluation Study* (pp. 3–35). New York: Haworth Press.

Dennison, B. A., Straus, J. H., Mellits, D., and Charney, E. (1988). "Childhood Physical Fitness Tests: Predictor of Adult Physical Activity Levels?" *Pediatrics,* 82, 324–330.

Denno, D. (Winter 1982). "Sex Differences in Cognition: A Review and Critique of the Longitudinal Evidence." *Adolescence,* 17, 779–788.

Dermen, K. H., Cooper, M. L., and Agocha, V. B. (1998). "Sex-Related Alcohol Expectancies as Moderators of the Relationship between Alcohol Use and Risky Sex in Adolescence." *Journal of Studies on Alcohol,* 59, 71–77.

deRosenroll, D. A. (1987). "Creativity and Self-Trust: A Field of Study." *Adolescence,* 22, 419–432.

DeSouza, M. J., and Metzger, M. S. (1991). "Reproductive Dysfunction in Amenorrheic Athletes and Anorexic Patients: A Review." *Medicine and Science in Sports Exercise,* 22, 575–582.

deTurck, M. A., and Miller, G. R. (August 1983). "Adolescent Perceptions of Parental Persuasive Message Strategies." *Journal of Marriage and the Family,* 34, 533–542.

Diamond, L. M., and Savin-Williams, R. C. (2000). "Explaining Diversity in the Development of

Same-Sex Sexuality in Young Women." *Journal of Social Issues,* 56, 297–313.

Diamond, L. M., and Savin-Williams, R. C. (2003). "Explaining Diversity in the Development of Same-Sex Sexuality among Young Women." In L. D. Garnets and D. C. Kimmel (Eds.), *Psychological Perspectives on Lesbian, Gay, and Bisexual Experiences,* 2nd ed. (pp. 130–148). New York: Columbia University Press.

Diamond, L. M., Savin-Williams, R. C., and Dubé, E. M. (1999). "Sex, Dating, Passionate Friendships, and Romance: Intimate Peer Relations among Lesbian, Gay, and Bisexual Adolescents." In W. Furman and C. Feiring (Eds.), *The Development of Relationships during Adolescence* (pp. 175–210). New York: Cambridge University Press.

DiCindio, L. A., Floyd, H. H., Wilcox, J., and McSeveney, D. R. (Summer 1983). "Race Effects in a Model of Parent-Peer Orientation." *Adolescence,* 18, 369–379.

Dickens, C. (1959). *Oliver Twist.* London: Collins Publishers.

DiClemente, R. J., Hansen, W. B., and Ponton, L. E. (1996). "Adolescents at Risk: A Generation in Jeopardy." In R. J. DiClemente, W. B. Hansen, and L. E. Ponton (Eds.), *Handbook of Adolescent Health Risk Behavior* (pp. 1–4). New York: McGraw-Hill.

DiClemente, R. J., Wingood, G. M., Crosby, R., Sionean, C., Cobb, B. K., Harrington, K., Davies, S., Hook III, E. W., & Oh, M. K. (2001). "Parental Monitoring: Association with Adolescents' Risk Behaviors." *Pediatrics,* 107, 1363–1368

Dietrich, D. R. (1984). "Psychological Health of Young Adults Who Experienced Early Parent Death: MMPI Trends." *Journal of Clinical Psychology,* 40, 901–908.

Dietz, T. (1998). "An Examination of Violence and Gender Role Portrayals in Video Games: Implications for Gender Socialization and Aggressive Behavior." *Sex Roles,* 38, 425–442.

Dilorio, C., Kelley, M., and Hockenberry-Eaton, M. (1999). "Communication about Sexual Issues: Mothers, Fathers, and Friends." *Journal of Adolescent Health,* 24, 181–189.

Dinges, M. M., and Oetting, E. R. (1993). "Similarity in Drug Use Patterns between Adolescents and Their Friends." *Adolescence,* 28, 253–266.

Dino, S., Stick, G., and Troutman, R. (1993). *Knockin' Da Boots.* Pac Jam Publishing, Saja Music, and Troutman Music.

Dixon, J. A., and Moore, C. F. (1996). "The Developmental Role of Intuitive Principles in Choosing Mathematical Strategies." *Developmental Psychology,* 32, 241–253.

Dobson, H., Ghuman, S., Prabhakar, S., and Smith, A. (2003). "A Conceptual Model of the Influence of Stress on Female Reproduction." *Reproduction,* 125, 151–163.

Doherty, W. J., and Needle, R. H. (1991). "Psychological Adjustment and Substance Use among Adolescents Before and After a Parental Divorce." *Child Development,* 62, 328–337.

Dolan, B. (1994). "Why Women? Gender Issues and Eating Disorders: An Introduction." In B. Dolan and I. Gitzinger (Eds.), *Why Women? Gender Issues and Eating Disorders* (pp. 1–11).

London: Athlone Press.

Dolcini, M. M., Cohn, L. D., Adler, N. E., et al. (1989). *Journal of Early Adolescence,* 9, 409–418.

Dolgin, K. G. (2006). "Music Education: Why Now More Than Ever." In J. Aten (Ed.), *String Teaching in America: Strategies for a Diverse Society* (pp. 101–104). Washington, DC: American String Teachers Association.

Dolgin, K. G., and Kim, S. (1994). "Adolescents' Disclosure to Best and Good Friends: The Effects of Gender and Topic Intimacy." *Social Development,* 3, 146–157.

Dolliver, M. 1999. "Getting and Spending, Junior Division." *Adweek,* 40, 20.

Domenech, E. (1996). "Biopsychopathologic Risk Profile of Adolescents with Eating Disorder Symptoms." *Adolescence,* 31, 443–450.

Donnellan, M. B., Trzesniewski, K. H., Robins, R., Moffitt, T. E., and Caspi, A. (2005). "Low Self-Esteem Is Related to Aggression, Antisocial Behavior, and Delinquency." *Psychological Science,* 16, 328–335.

Donnerstein, E., and Lint, D. (January 1984). "Sexual Violence in the Media: A Warning." *Psychology Today,* 18, 14, 15.

Donovan, F. R. (1967). *Wild Kids.* Harrisburg, PA: Stackpole Co.

Donovan, P. (1997). "Confronting a Hidden Epidemic: The Institute of Medicine's Report on Sexually Transmitted Diseases." *Family Planning Perspectives,* 29, 87–89.

Dori, G., and Overholser, J. C. (1999). "Depression, Hopelessness, and Self-Esteem: Accounting for Suicidality in Adolescent Psychiatric Inpatients." *Suicide and Life Threatening Behavior,* 29, 309–318.

Dorius, G. L., Heaton, T. B., and Steffen, P. (1993). "Adolescent Life Events and Their Association with the Onset of Sexual Intercourse." *Youth and Society,* 25, 3–23.

Doty, R. L. (2001). "Olfaction." *Annual Review of Psychology,* 52, 423–452.

Doueck, H. J., Ishisaka, A. H., and Greenaway, K. D. (1988). "The Role of Normative Development in Adolescent Abuse and Neglect." *Family Relations,* 37, 135–139.

Douvan, E., and Adelson, J. (1966). *The Adolescent Experience.* New York: Wiley.

Dowdney, L. (2000). "Annotation: Childhood Bereavement Following Parental Death." *Journal of Child Psychology & Psychiatry,* 41, 819–830.

Dowdney, L., Wilson, R., Maughan, B., Allerton, M., Schofield, P., and Skuse, D. (1999). "Bereaved Children: Psychological Disturbance and Service Provision." *British Medical Journal,* 319, 354–357.

Dowdy, B. B., and Kliewer, W. (1998). "Dating, Parent-Adolescent Conflict, and Behavioral Autonomy." *Journal of Youth and Adolescence,* 27, 473–492.

Dowling, E. M., Gestsdottir, S., Anderson, P. M., von Eye, A., Almerigi, J., and Lerner, R. M. (2004). "Structural Relations among Spirituality, Religiosity, and Thriving in Adolescence." *Applied Developmental Science,* 8, 7–16.

Downs, A. C., and Fuller, M. J. (1991). "Recollections of Spermarche: An Exploratory Investigation." *Current Psychology: Research*

and Reviews, 10, 93–102.

Doyle, J. A., and Paludi, M. A. (1995). *Sex and Gender: A Human Experience.* 3rd ed. Dubuque, IA: Brown and Benchmark.

Drevets, R. K., Benton, S. L., and Bradley, F. O. (1996). "Students' Perceptions of Parents' and Teachers' Qualities of Interpersonal Relationships." *Journal of Youth and Adolescence,* 25, 787–802.

Dreyer, T. H., Jennings, C., Johnson, F., and Evans, D. (1994). *Culture and Personality in Urban Schools: Identity Status, Self-Concepts, and Loss of Control among High School Students and Monolingual and Bilingual Homes.* Paper presented at the meeting of the Society for Research on Adolescents, San Diego.

Dreyfus, E. A. (1976). *Adolescence. Theory and Experience.* Columbus, OH: Charles E. Merrill.

Dryfoos, J. G. (July–August 1984). "A New Strategy for Preventing Teenage Childbearing." *Family Planning Perspectives,* 16, 193–195.

Dubas, J. S., Garber, J. A., and Pedersen, A. C. (1991). "A Longitudinal Investigation of Adolescents' Changing Perceptions of Pubertal Timing." *Developmental Psychology,* 27, 580–586.

DuBois, D. L., and Hirsch, B. J. (1993). "School/Non-School Friendship Patterns in Early Adolescence." *Journal of Early Adolescence,* 13, 102–122.

DuBois, D. L., Felner, R. D., Brand, S., Phillips, R. S., and Lease, A. N. (1996). "Early Adolescent Self-Esteem: A Developmental-Ecological Frame Work and Assessment Strategy." *Journal of Research on Adolescence,* 6, 543–579.

Dudley, R. L. (1999). "Youth Religious Commitments over Time: A Longitudinal Study of Retention." *Review of Religious Research,* 41, 110–121.

Dudley, R. L., and Laurent, C. R. (1988). "Alienation from Religion in Church-Related Adolescents." *Sociological Analysis,* 49, 408–420.

Duffy, J., and Coates, T. J. (1989). "Reducing Smoking among Pregnant Adolescents." *Adolescence,* 24, 29–37.

Duke, R. L., Martinez, R. O., and Stein, J. A. (1997). "Precursors and Consequences of Membership in Youth Gangs." *Youth and Society,* 29, 139–165.

Dukes, R. L., and Lorch, B. D. (1989). "The Effects of School, Family, Self-Concept, and Deviant Behavior on Adolescent Suicide Ideation." *Journal of Adolescence,* 12, 239–251.

Dunn, C., Chambers, D., and Rabren, K. (2004). "Variables Affecting Students' Decisions to Drop Out of School." *Remedial and Special Education,* 25, 314–323.

Dunn, J., Slomkowski, C., and Beardsall, L. (1994). "Sibling Relationships from the Preschool Period through Middle Childhood and Early Adolescence." *Developmental Psychology,* 30, 163–172.

Dunn, M. (2005). "The Relationship between Religiosity, Employment, and Political Beliefs on Substance Use among High School Seniors." *Journal of Alcohol and Drug Education,* 49, 73–88.

Dunphy, D. (1963). "The Social Structure of Urban Adolescent Peer Groups." *Sociometry,* 26, 230–246.

Durbin, D. L., Darling, N., Steinberg, L., and Brown, B. B. (1993). "Parenting Style and Peer Group Membership among European-American Adolescents." *Journal of Research on Adolescence, 3,* 87–100.

Durston, S., Hulshoff, P., Hilleke, E., Casey, B. J., Giedd, J. N., Buitelaar, J. K., and van Engeland, H. (2001). "Anatomical MRI of the Developing Human Brain: What Have We Learned?" *Journal of the American Academy of Child and Adolescent Psychiatry, 40,* 1012–1020.

Dusek, J. B., and McIntyre, J. G. (2003). "Self-Concept and Self-Esteem Development." In G. R. Adams and M. D. Berzonsky (Eds.), *Blackwell Handbook of Adolescence* (pp. 290–309). Oxford, England: Blackwell Publishing.

Dvorchak, R. (December 11, 1992). "Without Wampum or Buffalo, Indians Rely on Blackjack, Bingo." *Prescott Courier.*

Dye, J. L. (2005). "Fertility of American Women: June 2004." *Current Population Reports, P20-555.* Washington, DC: U.S. Bureau of the Census.

Eagly, A., Jr., Howell, J. C., and Major, A. K. (2006). *National Youth Gang Survey 1999–2001.* Washington, DC: Office of Juvenile Justice and Delinquency Prevention.

Earl, W. L. (1987). "Creativity and Self-Thrust: A Field of Study." *Adolescence, 22,* 419–432.

Earle, J. R., and Perricone, P. J. (1986). "Premarital Sexuality: A Ten Year Study of Attitudes and Behavior in a Small University Campus." *The Journal of Sex Research, 22,* 304–310.

East, P. L. (1989). "Early Adolescents' Perceived Interpersonal Risks and Benefits: Relations to Social Support and Psychological Functioning." *Journal of Early Adolescence, 9,* 374–395.

East, P. L. (1996). "The Younger Sisters of Childbearing Adolescents: Their Attitudes, Expectations, and Behaviors." *Child Development, 67,* 267–282.

East, P. L., and Khoo, S. T. (2005). "Longitudinal Pathways Linking Family Factors and Sibling Relationship Qualities to Adolescent Substance Use and Sexual Risk Behaviors." *Journal of Family Psychology, 19,* 571–580.

East, P. L., Felice, M. A., and Morgan, M. C. (1993). "Sisters' and Girlfriends' Sexual Childbearing Behavior: Effects on Early Adolescent Girls' Sexual Outcomes." *Journal of Marriage and the Family, 55,* 953–963.

Eaton, Y. M., Mitchell, M. L., and Jolley, J. M. (1991). "Gender Differences in the Development of Relationships during Late Adolescence." *Adolescence, 26,* 565–568.

Ebbeling, C. B., Sinclair, K. B., Periera, M. A., Garcia-Lago, E., Feldman, H. A., and Ludwig, D. S. (2004). "Compensation for Energy Intake from Fast Food among Overweight and Lean Adolescents." *Journal of the American Medical Association, 291,* 2828–2833.

Ebenkamp, B. (1998). "Fashion en Mass?" *Brandweek, 39,* 22–30.

Eberhart, N. K., Shih, J. H., Hammen, C. L., & Brennan, P. A. (2006). "Understanding the Sex Difference in Vulnerability to Adolescent Depression: An Examination of Child and Parent Characteristics." *Journal of Abnormal Child Psychology, 34,* 495–508.

Eccles, J. S., and Barber, B. (1999). "Student Council, Volunteering, Basketball, or Marching Band: What Kind of Extracurricular Involvement Matters?" *Journal of Adolescent Research, 14,* 10–34.

Eccles, J. S., and Midgley, C. (1989). "Stage-Environment Fit: Developmentally Appropriate Classrooms for Young Adolescents." In C. Ames and R. Ames (Eds.), *Research on Motivation in Education.* Vol. 3, *Goals and Cognitions* (pp. 13–44). New York: Academic Press.

Eccles, J. S., Midgley, C., Wigfield, A., Duchanan, C. M., Reuman, D., Flanagan, C., and MacIver, D. (1993). "Development during Adolescence: The Impact of Stage-Environment Fit on Young Adolescents' Experiences in Schools and Families." *American Psychologist, 48,* 90–101.

Eccles, J. S., and Roeser, R. W. (2003). "Schools as Developmental Contexts." In G. R. Adams and M. D. Berzonsky (Eds.), *Blackwell Handbook of Adolescence* (pp. 129–148). Oxford, England: Blackwell Publishing.

Eder, D., Evans, C. C., and Parker, S. (1995). *School Talk: Gender and Adolescent Culture.* New Brunswick, NJ: Rutgers University Press.

Eder, D., and Kinney, D. A. (1995). "The Effect of Middle School Extracurricular Activities on Adolescents' Popularity and Peer Status." *Youth and Society, 26,* 298–324.

Educational Resource Information Center. (2000). *Straight Talk about College Costs and Prices* <www.eriche.org/government/talk.html>.

Edwards, S. (1994). "As Adolescent Males Age, Risky Behavior Rises and Condom Use Decreases." *Family Planning Perspectives, 26,* 45–46.

Edwards, W. J. (1996). "A Measurement of Delinquency Differences between Delinquent and Nondelinquent Youths between a Delinquent and Nondelinquent Sample: What Are the Implications?" *Adolescence, 31,* 973–989.

Egley, A., & Ritz, C. E. (2006). Highlights of the 2004 National Youth Gang Survey: Office of Juvenile Justice and Delinquency Prevention Fact Sheet. Washington, D. C.: U. S. Department of Justice.

Ehrhardt, A., and Meyer-Bahlburg, H. (1981). "Effects of Prenatal Sex Hormones on Gender-Related Behavior." *Science, 211,* 312–318.

Ehrlich, T. (2000). *Civic Responsibility and College Education.* Phoenix: Oryx Press.

Eisen, S. V., Youngman, D. J., Grob, M. C., and Dill, D. L. (1992). "Alcohol, Drugs, and Psychiatric Disorders. A Current View of Hospitalized Adolescents." *Journal of Adolescent Research, 7,* 250–265.

Eisenberg, N. (1986). *Altruistic Emotion, Cognition, and Behavior.* Hillsdale, NJ: Erlbaum.

Eisenberg, N. (1998). "Prosocial Development." In N. Eisenberg (Ed.) and W. Damon (Series Ed.), *Handbook of Child Psychology. Vol. 3: Social, Emotional and Personality Development,* 5th ed. (pp. 701–778). New York: Wiley.

Eisenberg, N., and Fabes, R. A. (1998). "Prosocial Development." In W. Damon (Series Ed.) and N. Eisenberg (Vol. Ed.), *Handbook of Child Psychology: Volume 3, Social, Emotional, and Personality Development* (5th ed.), (pp. 701–778). New York: Wiley.

Eisenberg, N., and McNally, S. (1993). "Socialization and Mothers' and Adolescents' Empathy-Related Characteristics." *Journal of Research on Adolescence, 3,* 171–191.

Eisenberg, N., and Murphy, B. (1995). "Parenting and Children's Moral Development." In M. H. Bornstein (Ed.), *Children and Parenting.* Vol. 4. Hillsdale, NJ: Erlbaum.

Eisenberg, N., Carlo, G., Murphy, B., and Van Court, P. (1995). "Prosocial Development in Late Adolescence: A Longitudinal Study." *Child Development, 66,* 1179–1197.

Eisenberg, N., Cumberland, A., Guthrie, I. K., Murphy, B. C., and Shepard, S. A. (2005). "Age Changes in Prosocial Responding and Moral Reasoning in Adolescence and Early Adulthood." *Journal of Research on Adolescence, 15,* 235–260.

Eisenberg, N., Guthrie, I., Cumberland, A., Murphy, B. C., Shepard, S. A., Zhou, Q., and Carlo, G. (2002). "Prosocial Development in Early Adulthood: A Longitudinal Study." *Personality and Social Psychology, 82,* 993–1006.

Elder, G. H., Jr., and Conger, R. D. (2000). *Children of the Land.* Chicago: University of Chicago Press.

Elkind, D. (1967). "Egocentrism in Adolescence." *Child Development, 38,* 1025–1034.

Elkind, D. (1970). *Children and Adolescents: Interpretive Essays on Jean Piaget.* New York: Oxford University Press.

Elkind, D. (1975). "Recent Research on Cognitive Development in Adolescence." In S. E. Dragastin and G. H. Elder, Jr. (Eds.), *Adolescence in the Life Cycle.* New York: Wiley.

Elkind, D. (Spring 1978). "Understanding the Young Adolescent." *Adolescence, 13,* 127–134.

Ellickson, P. L., et al. (1996). "Teenagers and Alcohol Misuse in the United States: By Any Definition, It's a Big Problem." *Addiction, 1,* 1489–1503.

Ellington, L. (2001). "Japanese Education." *The Japan Digest.* Retrieved from http://www.indiana.edu/~japan

Elliott, D. S., and Menard, S. (1996). "Delinquent Friends and Delinquent Behavior: Temporal and Developmental Patterns." In J. D. Hawkinds (Ed.), *Delinquency and Crime: Current Theories* (pp. 28–67). New York: Cambridge University Press.

Elliott, G. C., Avery, R., Fishman, E., and Hoshiko, B. (2002). "The Encounter with Family Violence and Risky Sexual Activity among Young Adolescent Females." *Violence and Victims, 17,* 569–591.

Ellis, B. J. (2004). "Timing of Pubertal Maturation in Girls: An Integrated Life History Approach." *Psychological Bulletin, 130,* 920–958.

Ellis, B. J., and Garber, J. (2000). "Psychosocial Antecedents of Variation in Girls' Pubertal Timing: Maternal Depression, Stepfather Presence, and Marital and Family Stress." *Child Development, 71,* 485–501.

Ellis, B. J., McFaden-Ketchem, S., Dodge, K. A., Pettit, G. S., and Bates, J. E. (1999). "Quality of Early Family Relationships and Individual Differences in the Timing of Pubertal

Maturation in Girls: A Longitudinal Test of an Evolutionary Model." *Journal of Personality and Social Psychology, 77,* 387–401.

Ellis, L., and Wagemann, B. M. (1993). "The Religiosity of Mothers and Their Offspring as Related to the Offspring's Sex and Sexual Orientation." *Adolescence, 28,* 227–234.

Ellis, N. B. (1991). "An Extension of the Steinberg Accelerating Hypothesis." *Journal of Early Adolescence, 2,* 221–235.

Ellison, C. G. (1992). "Are Religious People Nice People? Evidence from the National Survey of Black Americans." *Social Forces, 71,* 411–430.

Elmen, J. (1991). "Achievement Orientation in Early Adolescence: Developmental Patterns and Social Correlates." *Journal of Early Adolescence, 11,* 125–151.

Emery, P. E. (Summer 1983). "Adolescent Depression and Suicide." *Adolescence, 18,* 245–258.

Emery, R. E. (1988). *Marriage, Divorce, and Children's Adjustment.* Newbury Park, CA: Sage.

Emick, M., and Hayslip, B. (1999). "Custodial Grandparenting: Stress, Coping and Relationships with Grandchildren." *International Journal of Aging and Human Development, 48,* 35–61.

Employment Policies Institute. (2006). *June Report.* Retrieved from http://www.epionline.org/index_gi.cfm.

Engles, R. C. M. E., Knibble, R. A., Drop, M. J., and de Haan, Y. T. (1997). "Homogeneity of Cigarette Smoking within Peer Groups: Influence or Selection." *Health Education and Behavior, 24,* 801–811.

Engstrom, C. A., and Sedlacek, W. E. (1991). "A Study of Prejudice toward University Student-Athletes." *Journal of Counseling and Development, 70,* 189–193.

Ennett, S. T., and Bauman, K. E. (1996). "Adolescent Social Networks: School, Demographics, and Longitudinal Considerations." *Journal of Adolescent Research, 11,* 194–215.

Ennis, R. H. (1991). "Critical Thinking: Literature Review and Needed Research." In L. Idol and D. S. Jones (Eds.), *Educational Values and Cognitive Instruction.* Hillsdale, NJ: Erlbaum.

Ensminger, M. E. (1990). "Sexual Activity and Problem Behaviors among Black, Urban Adolescents." *Child Development, 61,* 2032–2046.

Entwisle, D. R., Alexander, K. L., Olson, L. S., and Ross, K. (1999). "Paid Work in Early Adolescence: Developmental and Ethical Patterns." *Journal of Early Adolescence, 19,* 363–388.

Erickson, L., and Newman, I. M. (January 1984). "Developing Support for Alcohol and Drug Education: A Case Study of a Counselor's Role." *Personnel and Guidance Journal, 62,* 289–291.

Erikson, E. H. (1950). *Childhood and Society.* New York: W. W. Norton.

Erikson, E. H. (1959). *Identity and the Life Cycle.* New York: International Universities Press.

Erikson, E. H. (1968). *Identity: Youth, and Crisis.* New York: W. W. Norton.

Erikson, E. H. (1982). *The Life Cycle Completed.* New York: W. W. Norton.

Erkut, S., Marx, F., Fields, J. P., and Sing, R. (1999). "Raising Confident and Competent Girls: One Size Does Not Fit All." In L. A. Peplau, S. C. DeBro, R. C. Veniegas, and P. L. Taylor (Eds.), *Gender, Culture and Ethnicity* (pp. 83–101). Mountain View, CA: Mayfield Publishing.

Erwin, P. (1993). *Friendship and Peer Relations in Children.* New York: Wiley.

Escabedo, L. G., Marcus, S. E., Holtzman, D., and Giovino, G. A. (1986). "Sports Participation, Age at Smoking Initiation, and the Risk of Smoking among U.S. High School Students." *Journal of the American Medical Association, 256*(20), 2859–2862.

Estrada, P. (1992). *Socio-Emotional and Educational Functioning in Poor Urban Youth during the Transition to Middle School: The Role of Peer and Teacher Social Support.* Paper presented at the meeting of the Society for Research on Adolescence, Washington, DC.

Estrada, P. (1995). "Adolescents' Self-Reports of Pro-Social Responses to Friends and Acquaintances: The Role of Sympathy-Related Cognitive, Affective, and Motivational Processes." *Journal of Research on Adolescence, 5,* 173–200.

Etringer, B. D., Altmaier, E. M., and Bowers, W. (1989). "An Investigation into the Cognitive Functioning of Bulimic Women." *Journal of Counseling and Development, 68,* 216–219.

Etter, G. W., Sr. (1999). "Skinheads: Manifestations of the Warrior Culture of the New Urban Tribes." *Journal of Gang Research, 6,* 9–21.

Evans, E. D., and Craig, D. (1990). "Adolescent Cognitions for Academic Cheating as a Function of Grade Level and Achievement Status." *Journal of Adolescent Research, 5,* 325–345.

Evans, I. M., Cicchelli, P., Cohen, M., and Shapiro, M. (1995). *Staying in School.* Baltimore, MD: Paul Brookes.

Evans, N., Farkas, A., Gilpin, E., Berry, C., and Pierce, J. P. (1995). "The Influence of Tobacco Marketing and Exposure to Smokers on Adolescent Susceptibility to Smoking." *Journal of the National Cancer Institute, 87,* 1538–1545.

Fabes, R. A., Carlo, G., Kupanoff, K., and Laible, D. (1999). "Early Adolescence and Prosocial/Moral Behavior. I: The Role of Individual Processes." *Journal of Early Adolescence, 19,* 5–16.

Fagan, A. A. (2005). "The Relationship Between Adolescent Physical Abuse and Criminal Offending: Support for an Enduring and Generalized Cycle of Violence." *Journal of Family Violence, 20*(5), 279–290.

Fagot, B., Pears, K., Capaldi, M., Crosby, L., and Leve, C. (1998). "Becoming an Adolescent Father: Precursors and Planning." *Developmental Psychology, 34,* 1209–1219.

Fallone, G., Acebo, C., Arnedt, T. J., Seifer, R., and Carskadon, M. A. (2001). "Effects of Acute Sleep Restriction on Behavior, Sustained Attention, and Response Inhibition in Children." *Perceptual and Motor Skills, 93,* 213–229.

Farmer, T. W., Estell, D. B., Bishop, J. L., O'Neal, K. K., and Cairns, B. D. (2003). "Rejected Bullies or Popular Leaders? The Social Relations of Aggressive Subtypes of Rural African American Early Adolescents." *Developmental Psychology, 39,* 992–1004.

Farrington, D. P. (1990). "Implications of Criminal Career Research for the Prevention of Offending." *Journal of Adolescence, 13,* 93–114.

Farrow, P. (Spring 1978). "The Presymposial State." *Andover Review, 5,* 14–37.

Farruggia, S. P., Chen, C., Greenberger, E., Dhitrieva, J., and Macek, P. (2004). "Adolescent Self-Esteem in Cross-Cultural Perspective." *Journal of Cross-Cultural Psychology, 15,* 719–733.

Faulkenberry, J. R., Vincent, M., James, A., and Johnson, W. (1987). "Coital Behaviors, Attitudes, and Knowledge of Students Who Experience Early Coitus." *Adolescence, 22,* 321–332.

Faulkner, X., and Culwin, F. (2005). "When Fingers Do the Talking: A Study of Text Messaging." *Interacting with Computers, 17,* 167–185.

Federal Interagency Forum on Child and Family Statistics. (1999). *America's Children: Key National Indicators of Well-Being, 1998* <www.childstats.gov>.

Federal Interagency Forum on Child and Family Statistics. (2001). *America's Children: Key National Indicators of Well-Being, 2000* <www.childstats.gov>.

Feigelman, S., Stanton, B. F., and Ricardo, I. (1993). "Perceptions of Drug Selling and Drug Use among Urban Youths." *Journal of Early Adolescence, 13,* 267–284.

Feiring, C. (1996). "Concepts of Romance in 15-Year-Old Adolescents." *Journal of Research on Adolescence, 6,* 181–200.

Feldman, A. F., and Matjasko, J. L. (2005). "The Role of School-Based Extracurricular Activities in Adolescent Development: A Comprehensive Review and Future Directions." *Review of Educational Research, 75,* 159–210.

Feldman, N. A., and Ruble, D. N. (1988). "The Effect of Personal Relevance on Psychological Inference: A Developmental Analysis." *Child Development, 59,* 1339–1352.

Feldman, S. A., and Rosenthal, D. A. (1994). "Culture Makes a Difference . . . or Does It? A Comparison of Adolescents in Hong Kong, Australia, and the United States." In R. K. Silbereisen and E. Todt (Eds.), *Adolescence in Context* (pp. 99–124). New York: Springer.

Feldman, S. S., and Cauffman, E. (1999a). "Sexual Betrayal among Late Adolescents: Perspectives of the Perpetrator and the Aggrieved." *Journal of Youth and Adolescence, 28,* 235–258.

Feldman, S. S., and Cauffman, E. (1999b). "Your Cheatin' Heart: Attitudes, Behaviors, and Correlates of Sexual Betrayal in Late Adolescents." *Journal of Research on Adolescence, 9,* 227–252.

Feldman, S. S., and Gehring, T. M. (1988). "Changing Perceptions of Family Cohesion and Power across Adolescence." *Child Development, 59,* 1034–1045.

Feldman, S. S., and Quatman, T. (1988). "Factors Influencing Age Expectations for Adolescent Autonomy: A Study of Early Adolescents and Parents." *Journal of Early Adolescence, 8,* 325–343.

Feldman, S. S., and Rosenthal, D. A. (2000). "The Effect of Communication Characteristics on

Family Members' Perceptions of Parents as Sex Educators." *Journal of Research on Adolescence,* 10, 119–150.

Feldman, S. S., and Weinberger, D. A. (1994). "Self-Restraint as a Mediator of Family Influences on Boys' Delinquent Behavior: A Longitudinal Study." *Child Development,* 65, 195–211.

Feldman, S. S., and Wentzel, K. R. (1990). "The Relationship between Parenting Styles, Sons' Self Restraint, and Peer Relations in Early Adolescence." *Journal of Early Adolescence,* 10, 439–454.

Feldman, S. S., and Wood, D. N. (1994). "Parents' Expectations for Preadolescent Sons' Behavioral Autonomy: A Longitudinal Study of Correlates and Outcomes." *Journal of Research on Adolescence,* 4, 45–70.

Feldman, S. S., Mont-Reynaud, R., and Rosenthal, D. A. (1992). "When East Moves West: Acculturation of Values of Chinese Adolescents in the United States and Australia." *Journal of Research on Adolescence,* 2, 147–173.

Feldman, S. S., Turner, R., and Araujo, K. (1999). "Interpersonal Context as an Influence on Sexual Timetables of Youths: Gender and Ethnic Effects." *Journal of Research on Adolescence,* 9, 25–52.

Feltey, K. M., Ainslie, J. J., and Geib, A. (1991). "Sexual Coercion Attitudes among High School Students. The Influence of Gender and Rape Education." *Youth and Society,* 23, 229–250.

Fenzel, F. M. (1994). *The Perspective Study of the Effects of Chronic Strain on Early Adolescents' Self-Worth and School Adjustment.* Paper presented at the meeting of the society for Research on Adolescents, San Diego.

Fenzel, F. M., Blyth, D. A., and Simmons, R. G. (1991). "School Transitions, Secondary." In R. M. Lerner, A. C. Petersen, and J. Brooks-Gunn (Eds.), *Encyclopedia of Adolescence.* Vol. 2. New York: Garland.

Fenzel, L. M. (1989). "Role Strain in Early Adolescence: A Model for Investigating School Transition Stress." *Journal of Early Adolescence,* 9, 13–33.

Fenzel, L. M. (2000). "Prospective Study of Changes in Global Self-Worth and Strain during the Transition to Middle School." *Journal of Early Adolescence,* 20, 93–116.

Ferguson, R. F. (1998). "Teachers' Perceptions and Expectations and the Black-White Test Score Gap." In C. Jencks and M. Phillips (Eds.), *The Black-White Test Score Gap* (pp. 273–317). Washington, DC: Brookings Institute Press.

Fergusson, D. M., Lynskey, M., and Horwood, L. J. (1995). "The Adolescent Outcomes of Adoption: A 16–Year Longitudinal Study." *Journal of Child Psychology and Psychiatry and Allied Disciplines,* 36, 597–615.

Fernandez-Guasti, A., Kruijver, F. P. M., Fodor, M., and Swaab, D. F. (2000). "Sex Differences in the Distribution of Androgen Receptors in the Human Hypothalamus." *Journal of Comparative Neurology,* 425, 422–435.

Ferreiro, B. W., Warren, N.J., and Konanc, J. T. (1986). "ADAP: A Divorce Assessment Proposal." *Family Relations,* 35, 439–449.

Ferron, C. (1997). "Body Image in Adolescence: Cross-Cultural Research—Results of the Preliminary Phase of a Quantitative Survey." *Adolescence,* 32, 735–745.

Ferron, C., Narring, G., Cauderay, M., and Michaud, P. A. (1999). "Sport Activity in Adolescence: Association with Health Perceptions and Experimental Behaviors." *Health Education Research,* 14, 225–233.

Fertman, C. I., and Chubb, N. H. (1992). "The Effects of a Psychoeducational Program on Adolescents' Activity Involvement, Self-Esteem, and Locus of Control." *Adolescence,* 27, 517–533.

Fetto, J. (2002). "Your Questions Answered: Statistics about Skateboarders." *American Demographics, October.* Retrieved from http://www.findarticles.com/p/articles/mi_m4021/is_2002_Oct_1/ai_92087410.

Field, A. E., Camargo, C. A., Taylor, C. B., Berkey, C. S., Frazier, L., Gillman, M. W. et al. (1999). "Overweight, Weight Concerns, and Bulimic Behaviors Among Girls and Boys." *Journal of the American Academy of Child & Adolescent Psychiatry,* 38(6), 754–760.

Field, T., Lang, C., Yando, R., and Vendell, D. (1995). "Adolescents' Intimacy with Parents and Friends." *Adolescence,* 30, 133–140.

Fields, J. (2004). America's families and living arrangements: 2003. *Current Population Report # P20-553.* Washington, DC: Census Bureau.

Fields, J. M. (2003). "Children's Living Arrangements and Characteristics: March 2002." *Current Population Reports,* no. P20-547. Washington, DC: U.S. Bureau of the Census.

Fields, J., and Casper, L. M. (2001). "American Families and Living Arrangements: March, 2000." *Current Population Reports,* no. P20-537. Washington, DC: U.S. Census Bureau.

Fiering, C. (1996). "Concepts of Romance in 15-Year-Old Adolescents." *Journal of Research in Adolescence,* 6, 181–200.

Fine, M. A. (1986). "Perceptions of Stepparents: Variations in Stereotypes as a Function of Current Family Structure." *Journal of Marriage and the Family,* 48, 537–543.

Fine, M. A., Donnelly, B. W., and Voydanoff, P. (1991). "The Relation between Adolescents' Perceptions of Their Family Lives and Their Adjustment in Stepfather Families." *Journal of Adolescent Research,* 6, 423–436.

Fineran, S., and Bennett, L. (1999). "Gender and Power Issues of Peer Sexual Harassment among Teenagers." *Journal of Interpersonal Violence,* 14, 626–641.

Finkelhor, D. (1984). *Child Sexual Abuse: Theory and Research.* New York: Free Press.

Finkelhor, D. (1994). "Current Information on the Scope and Nature of Child Sexual Abuse." In *The Sexual Abuse of Children.* Retrieved from http://www.futureofchildren.org/information2826/informationshow.htm?doc_id=74217.

Finkelhor, D., Hotaling, G., and Sedlak, A. (1990). *Missing, Abducted, Runaway, and Throwaway Children in America.* Washington, DC: U.S. Department of Justice.

Finkelhor, D., Mitchell, K. J., and Wolak, J. (2000). *Online Victimization: A Report on the Nation's Youth.* Alexandria, VA: National Center for Missing and Exploited Children. Retrieved from http://missingkids.com/download/nc62.pdf.

Finkelstein, M. J. & Gaier, E. L. (1983). "The Impact of Prolonged Student Status on Late Adolescent Development." *Adolescence,* 18, 115–129.

Fiorentine, R. (1988). "Sex Differences in Success Expectancies and Causal Attributions: Is This Why Fewer Women Become Physicians?" *Social Psychology Quarterly,* 51, 236–249.

Fischer, J. L., and Crawford, D. W. (1992). "Codependency and Parenting Styles." *Journal of Adolescent Research,* 3, 352–363.

Fischman, J. (1988). "Stepdaughter Wars." *Psychology Today,* 22, 38–45.

Fisher, M., Fornari, V., Waldbaum, R., and Gold, R. (2002). "Three Case Reports on the Relationship between Anorexia Nervosa and Obsessive Compulsive Disorder." *International Journal of Adolescent Medicine and Health,* 14, 329–334.

Fisher, T. D. (1986). "Parent-Child Communication about Sex and Young Adolescents' Sexual Knowledge and Attitudes." *Adolescence,* 21, 517–527.

Fitzgerald, B. (1999). "Children of Lesbian and Gay Parents: A Review of the Literature." *Marriage and Family Review,* 29, 57–75.

Fitzgerald, J. M. (1991). "Memory." In R. M. Lerner, A. C. Petersen, and J. Brooks-Gunn (Eds.), *Encyclopedia of Adolescence.* Vol. 2. New York: Garland.

Fixico, D. L. (2000). *The Urban Indian Experience in America.* Albuquerque: University of New Mexico Press.

Flanagan, A. S., and Furman, W. C. (2000). "Sexual Victimization and Perceptions of Close Relationships in Adolescence." *Child Maltreatment,* 5, 350–359.

Flanigan, B., McLean, A., Hall, C., and Propp, V. (1990). "Alcohol Use as a Situational Influence on Young Women's Pregnancy Risk-Taking Behavior." *Adolescence,* 25, 205–214.

Flannery, D. J., Huff, C. R., and Manos, M. (1998). "Youth Gangs: A Developmental Perspective." In T. P. Gullotta, G. R. Adams, and R. Montemayor (Eds.), *Youth Violence: Prevention, Intervention, and Social Policy* (pp. 175–204). Thousand Oaks, CA: Sage.

Flannery, D. J., Hussey, D. L., Biebelhausen, L., and Wester, K. L. (2003). "Crime, Delinquency, and Youth Gangs." In G. R. Adams and M. D. Berzonsky (Eds.), *Blackwell Handbook of Adolescence* (pp. 502–522). Oxford, England: Blackwell Publishing.

Flannery, D. J., Rowe, D. C., and Gulley, B. L. (1993). "Impact of Pubertal Status, Timing, and Age on Adolescent Sexual Experience and Delinquency." *Journal of Adolescent Research,* 8, 21–40.

Flannery, D. J., Singer, M., Williams, L., and Castro, P. (1998). "Adolescent Violence Exposure and Victimization at Home: Coping and Psychological Trauma Symptoms." *International Review of Victimology,* 6, 29–48.

Flavell, J. H. (1992). "Cognitive Development: Past, Present, and Future." *Developmental Psychology,* 28, 998–1005.

Flavell, J. H., Miller, P. A., and Miller, S. A. (1993). *Cognitive Development.* 3rd ed. Englewood Cliffs, NJ: Prentice-Hall.

Fleck, J. R., Fuller, C. C., Malin, S. Z., Miller, D.

H., and Acheson, K. R. (Winter 1980). "Father Psychological Absence and Heterosexual Behavior, Personal Adjustment and Sex-Typing in Adolescent Girls." *Adolescence, 15*, 847–860.

Fleming, W. M., and Anderson, S. P. (1986). "Individuation from the Family of Origin and Personal Adjustment in Late Adolescence." *Journal of Marriage and the Family, 3*, 311–315.

Fletcher, A. C., and Jefferies, B. C. (1999). "Parental Mediators of Associations between Perceived Authoritative Parenting and Early Adolescent Substance Use." *Journal of Early Adolescence, 19*, 465–487.

Fletcher, A., Steinberg, L., and Sellers, E. (1999). "Adolescents' Well-Being as a Function of Perceived Interparental Consistency." *Journal of Marriage and the Family, 61*, 599–610.

Flewelling, R. L., and Bauman, K. E. (1990). "Family Structure as a Predictor of Initial Substance Use and Sexual Intercourse in Early Adolescence." *Journal of Marriage and the Family, 52*, 171–181.

Flint, L. (1992). "Adolescent Parental Affinity-Seeking: Age- and Gender-Mediated Strategy Use." *Adolescence, 27*, 417–434.

Florsheim, P., Moore, D., Zollinger, L., MacDonald, J., and Sumida, E. (1999). "The Transition to Parenthood among Adolescent Fathers and Their Partners: Does Antisocial Behavior Predict Problems in Parenting?" *Applied Developmental Science, 3*, 178–191.

Flug, G. (1991). "Dangerous Toys: Hot N' Nasty." *Hit Parader, 326*, 34.

Flynn, T. M., and Beasley, J. (Winter 1980). "An Experimental Study of the Effects of Competition on the Self-Concept." *Adolescence, 15*, 799–806.

Folkenberg, J. (March 1984). "Bulimia: Not for Women Only." *Psychology Today, 18*, 10.

Foltz, C., Overton, W. F., and Ricco, R. B. (1995). "Proof Construction: Adolescent Development from Inductive to Deductive Problem-Solving Strategies." *Journal of Experimental Child Psychology, 59*, 179–195.

Ford, D. Y. (1992). "Self-Perceptions of Underachievement and Support for the Achievement Ideology among Early Adolescent African Americans." *Journal of Early Adolescence, 12*, 228–252.

Ford, M. E., Wentzel, K. R., Wood, D., Stevens, E., and Siesfeld, G. A. (1989). "Process Associated with Integrated Social Competence: Emotional and Contextual Influences on Adolescent Social Responsibility." *Journal of Adolescent Research, 4*, 405–425.

Fordham, S. (1996). *Blacked Out: Dilemmas of Race, Identity, and Success at Capital High.* Chicago: The University of Chicago Press.

Fornari, V., and Dancyger, I. F. (2003). "Psychosexual Development and Eating Disorders." *Adolescent Medicine, 14*, 61–75.

Forrest, J. D., and Singh, S. (1990). "The Sexual Reproductive Behavior of American Women, 1982–1988." *Family Planning Perspectives, 22*, 206–214.

Forrest, L., and Mikolaitis, N. (1986). "The Relationship Component of Identity: An Expansion of Career Development Theory." *The Career Development Quarterly, 35*, 76–88.

Forste, R., and Tanfer, K. (1996). "Sexual Exclusivity among Dating, Cohabiting, and Married Women." *Journal of Marriage and the Family, 58*, 33–47.

Fouad, N. A., and Byars-Winston, M. (2005). "Cultural Context of Career Choice: Meta-Analysis of Race/Ethnicity Differences." *Career Development Quarterly, 53*, 223–233.

Fowler, B. A. (1989). "The Relationship of Body Image Perception and Weight Status to Recent Change in Weight Status of the Adolescent Female." *Adolescence, 95*, 557–568.

Fox, G. L., and Kelly, R. F. (1995). "Determinants of Child Custody Arrangements at Divorce." *Journal of Marriage and the Family, 57*, 693–708.

Fox, J. A., and Zawitz, M. W. (2006). *Homicide Trends in the United States.* Bureau of Justice Statistics. Retrieved from http://www.ojp.usdoj.gov/bjs/homicide/homtrnd.htm#contents.

Fox, S., and Madden, M. (2006). *Generations Online.* Data Memo. Washington, DC: Pew Internet and American Life Project.

Frank, D., and Williams, T. (1999). Attitudes about Menstruation among Fifth-, Sixth-, and Seventh-Grade Pre- and Post-Menarcheal Girls." *Journal of School Nursing, 15*, 25–31.

Fraser, K. (1994). *Ethnic Differences in Adolescents' Possible Selves: The Role of Ethnic Identity in Shaping Self-Concepts.* Paper presented at the meeting of the Society for Research on Adolescents, San Diego.

Frazao, E. (1999). "The High Costs of Poor Eating Patterns in the United States." In E. Frazao (Ed.), *America's Eating Habits: Changes and Consequences* (pp. 5–32). Washington, DC: U.S. Department of Agriculture.

Freedle, R. O. (2003). "Correcting the SAT's Ethnic and Social-Class Bias: A Method for Reestimating SAT Scores." *Harvard Educational Review, 73*, 1–43.

Freeman, C. (1998). "Drug Treatment for Bulimia Nervosa." *Neuropsychobiology, 37*, 72–79.

Freeman, D. (1983). *Margaret Mead and Samoa: The Making and Unmaking of an Anthropological Myth.* Cambridge, MA: Harvard University Press.

Freeman, S. F. N., and Alkin, M. C. (2000). "Academic and Social Attainments of Children with Mental Retardation in General Education and Special Education Settings." *Remedial and Special Education, 21*, 3–18.

French, S. A., and Perry, C. L. (1996). "Smoking among Adolescent Girls: Prevalence and Etiology." *Journal of the American Medical Women's Association, 51*, 25–28.

Freud, A. (1946). *The Ego and the Mechanism of Defence.* New York: International Universities Press.

Freud, A. (1958). *Psychoanalytic Study of the Child.* New York: International Universities Press.

Freud, P. A. (1995). "Prenatal Exposure to Marijuana and Tobacco during Infancy, Early and Middle Childhood: Effects and an Attempt at Synthesis." *Archives of Toxicology,* Supplement 17, 233–260.

Freud, S. A. (1925). "Three Contributions to the Sexual Theory." *Nervous and Mental Disease Monograph Series,* No. 7.

Freud, S. A. (1953a). *A General Introduction to Psychoanalysis.* Translated by Joan Riviere. New York: Permabooks.

Freud, S. A. (1953b). *Three Essays on the Theory of Sexuality,* vol. 7. London: Hogarth Press.

Friedman, I. A., and Mann, L. (1993). "Coping Patterns in Adolescent Decision Making: An Israeli-Australian Comparison." *Journal of Adolescence, 16*, 187–199.

Friedman, J., and Rich, A. (1991, 1992). *Run to You.* PSO Ltd., Music by Candlelight, and Music Corporation of America.

Frijns, T., Finkenauer, C., Vermulst, A. A., and Engels, C. M. E. (2005). "Keeping Secrets from Parents: Longitudinal Associations of Secrecy in Adolescence." *Journal of Youth and Adolescence, 34*, 137–148.

Froman, R. D., and Owen, S. V. (1991). "High School Student's Perceived Self-Efficacy in Physical and Mental Health." *Journal of Adolescent Research, 6*, 181–196.

Frost, J. J., and Forrest, J. D. (1995). "Understanding the Impact of Effective Teenage Pregnancy Prevention Programs. *Family Planning Perspectives, 27*, 188–195.

Frost, J., and McKelvie, S. (2004). "Self-Esteem and Body Satisfaction in Male and Female Elementary School, High School, and University Students." *Sex Roles, 51*, 45–54.

Fry, A. F., and Hale, S. (1996). "Processing Speed, Working Memory, and Fluid Intelligence: Evidence for a Developmental Cascade." *Psychological Science, 7*, 237–241.

Fu, V. R., Hinkle, D. E., Shoffner, S., et al. (Winter 1984). "Maternal Dependency and Childbearing Attitudes among Mothers of Adolescent Females." *Adolescence, 19*, 795–804.

Fuhrman, W., and Buhrmester, D. (1992). "Age and Sex Differences in Perceptions of Networks of Personal Relationships." *Child Development, 63*, 103–115.

Fuligni, A. J. (1998). "Authority, Autonomy, and Parent-Adolescent Conflict and Cohesion: A Study of Adolescents from Mexican, Chinese, Filipino, and European Backgrounds." *Developmental Psychology, 34*, 782–792.

Fuligni, A. J., and Eccles, J. S. (1993). "Perceived Parent-Child Relationships in Early Adolescents' Orientation toward Peers." *Developmental Psychology, 29*, 622–632.

Fuligni, A. J., and Stevenson, H. W. (1995). "Time Use and Mathematics Achievement among American, Chinese, and Japanese High School Students." *Child Development, 66*, 830–842.

Fuligni, A. J., Eccles, J. S., and Barber, B. L. (1995). "The Long-Term Effects of Seventh-Grade Ability Grouping in Mathematics." *Journal of Early Adolescence, 15*, 58–89.

Fuller, J. R., and LaFountain, M. J. (1987). "Performance-Enhancing Drugs in Sport: A Different Form of Drug Abuse." *Adolescence, 22*, 969–976.

Funk, J. B. (2000). *The Impact of Interactive Violence on Children.* U.S. Senate Committee on Commerce, Science, and Transportation hearing of "The Impact of Interactive Violence on Children." Retrieved from http://www.utoledo.edu/psychology/funktestimony.html.

Furby, L., Ochs, L. M., and Thomas, C. W. (1997). "Sexually Transmitted Disease Prevention: Adolescents' Perceptions of Possible Side Effects." *Adolescence, 32*, 781–810.

Furman, W., and Shaffer, L. (2003). "The Role of

Romantic Relationships in Adolescent Development." In P. Florsheim (Ed.), *Adolescent Romantic Relations and Sexual Behavior: Theory, Research, and Practical Implications* (pp. 3–22). Mahwah, NJ: Erlbaum.

Furman, W., Wehner, E. A., and Underwood, S. (1994). *Sexual Behavior, Sexual Communications, and Relationships.* Paper presented at the meeting of the Society for Research on Adolescence, San Diego.

Furrow, J. L., King, P. E., and White, K. (2004). "Religion and Positive Youth Development: Identity, Meaning, and Prosocial Concerns." *Applied Developmental Science,* 8, 17–26.

Furstenberg, Jr., F., Maziarz Geitz, L., Teitler, J. O., and Weiss, C. (1997). "Does Condom Availability Make a Difference? An Evaluation of Philadelphia's Health Resource Centers." *Family Planning Perspectives,* 29, 123–127.

Fussell, E. (2002). Youth in Aging Societies. In J. T. Mortimer and R. W. Larson (Eds.), *The Changing Adolescent Experience: Societal Trends and the Transition to Adulthood* (pp. 18–51). Cambridge, England: Cambridge University Press.

Gainor, K. A., and Forrest, L. (1991). "African American Women's Self-Concept: Implications for Career Decisions and Career Counseling." *The Career Development Quarterly,* 39, 261–272.

Galambos, N. C., and Silbereisen, R. K. (1987). "Income Change, Parental Life Outlook, and Adolescent Expectations for Job Success." *Journal of Marriage and the Family,* 49, 141–149.

Galambos, N. L., and Vitunski, E. T. (2000). *Fun, Freedom and Responsibility: Adolescents' Expectations for Their Futures.* Paper presented at the Eighth Biennial Meeting of the Society for Research on Adolescence, Chicago, IL.

Galambos, N. L., Barker, E. V., and Tilton-Weaver, L. C. (2003). "Canadian Adolescents' Implicit Theories of Immaturity: What Does 'Childish' Mean?" In J. Arnett and N. Galambos (Eds.), *New Directions for Child and Adolescent Development: Exploring Cultural Conceptions for the Transition to Adulthood* (pp. 77–89). San Francisco: Jossey-Bass.

Galambos, N. L., Kolaric, G. C., Sears, H. A., and Maggs, J. L. (1999). "Adolescents; Subjective Age: An Indicator of Perceived Maturity." *Journal of Research on Adolescence,* 9, 309–337.

Galambos, N. L., Sears, H. A., Almeida, D. M., and Kolaric, G. C. (1995). "Parents' Work Overload and Problem Behavior in Young Adolescents." *Journal of Research on Adolescence,* 5, 201–223.

Galbo, J. J. (Summer 1983). "Adolescent's Perceptions of Significant Adults." *Adolescence,* 18, 417–427.

Galbo, J. J. (Winter 1984). "Adolescent's Perceptions of Significant Adults: A Review of the Literature." *Adolescence,* 19, 951–970.

Galbo, J. J., and Demetrulias, D. M. (1996). "Recollections of Nonparental Significant Adults during Childhood and Adolescence." *Youth and Society,* 27, 403–420.

Gallagher, J. (1997). "Blacks and Gays: The Unexpected Divide." *The Advocate,* December 9, 37–41.

Gallant, S. J., and Derry, P. S. (1995). "Menarche,

Menstruation, and Menopause: Psychosocial Research and Future Directions." In A. L. Stanton and S. J. Gallant (Eds.), *The Psychology of Women's Health: Progress and Challenges in Research and Application* (pp. 199–259). Washington, DC: American Psychological Association.

Gallup, G., Jr., and Lindsay, D. M. (1999). *Surveying the Religious Landscape: Trends in U.S. Beliefs.* Harrisburg, PA: Morehouse.

Galotti, K., M., Komatsu, L. K., and Voelz, S. (1997). "Children's Differential Performance on Deductive and Inductive Syllogisms." *Developmental Psychology,* 33, 70–78.

Gambrill, E. (1996). "Loneliness, Social Isolation, and Social Anxiety." In M. Mattaini and B. Thyer (Eds.), *Finding Solutions to Social Problems: Behavioral Strategies for Change* (pp. 345–371). Washington, DC: American Psychological Association.

Gameron, A. (1992). "Religious Participation and Family Values among American Jewish Youth." *Contemporary Jewry,* 13, 44–59.

Gamoran, A., and Nystrand, M. (1991). "Background and Instructional Effects on Achievement in Eighth-Grade English and Social Studies." *Journal of Research on Adolescence,* 1, 277–300.

Ganong, L. H., and Coleman, M. (1994). *Remarried Family Relationships.* Thousand Oaks, CA: Sage.

Ganong, L. H., Coleman, M., Thompson, A., and Goodwin-Watkins, C. (1996). "African American and European American College Students' Expectations for Self and for Future Partners." *Journal of Family Issues,* 17, 758–775.

Gantman, C. A. (December 1978). "Family Interaction Patterns among Families with Normal, Disturbed, and Drug-Abusing Adolescents." *Journal of Youth and Adolescence,* 7, 429–440.

Gard, M. C. E., and Freeman, C. P. (1996). "The Dismantling of a Myth: A Review of Eating Disorders and Socioeconomic Status." *International Journal of Eating Disorders,* 20, 1–12.

Gardner, H. (1993). *Frames of Mind: The Theory of Multiple Intelligences.* 10th ed. New York: Basic Books.

Gardner, H. (1999). *Intelligence Reframed: Multiple Intelligences for the Twenty-First Century.* New York: Basic Books.

Gardner, R. M., Friedman, B. N., and Jackson, N. A. (1999). "Hispanic and White Children's Judgments of Perceived and Ideal Body Size in Self and Others." *Psychological Record,* 49, 555–564.

Garland, A. F., and Zigler, E. (1993). "Adolescent Suicide Prevention: Current Research and Social Policy Implications." *American Psychologist,* 48, 169–182.

Garland, A. F., and Zigler, E. (1999). "Emotional and Behavioral Problems among Highly Intellectually Gifted Youth." *Roeper Review,* 22, 41–44.

Garnefski, N., and Diekstra, R. (1997). "Child Sexual Abuse and Emotional and Behavioral Problems in Adolescence: Gender Differences." *Journal of the Academy of Child and Adolescent Psychiatry,* 36, 323–329.

Garner, D. M., Rosen, L. W., and Barry, D. (1998).

"Eating Disorders among Athletes: Research and Recommendations." *Child and Adolescent Psychiatric Clinics of North America,* 7, 839–857.

Garrett, S. C., and Tidwell, R. (1999). "Differences Between Adolescent Mothers and Nonmothers: An Interview Study." *Adolescence,* 34, 91–105.

Garzarelli, P., Everhart, B., and Lester, D. (1993). "Self-Concept and Academic Performance in Gifted and Academically Weak Students." *Adolescence,* 28, 235–237.

Gates, G. J., and Sonenstein, F. L. (2000). "Heterosexual Genital Sexual Activity among Adolescent Males: 1988–1995." *Family Planning Perspectives,* 32, 295–304.

Gati, I. (1998). "Using Career-Related Aspects to Elicit Preference and Characterize Occupations for a Better Person-Environment Fit." *Journal of Vocational Behavior,* 2, 341–356.

Gati, I., Fassa, N., and Houminer, D. (1995). "Applying Decision Theory to Career Counseling Practice: The Sequential Elimination Approach." *Career Development Quarterly,* 43, 211–220.

Gavazzi, S. M., and Sabatelli, R. M. (1990). "Family System Dynamics, the Individuation Process and Psychosocial Development." *Journal of Adolescent Research,* 5, 500–519.

Ge, X., Conger, D., and Elder, G. H. (1996). "Coming of Age Too Early: Pubertal Influences on Girls' Vulnerability to Psychological Distress." *Child Development,* 67, 386–340.

Ge, X., Conger, R. D., and Elder, G. H., Jr. (2001). "The Relation between Puberty and Psychological Distress in Adolescent Boys." *Journal of Research on Adolescence,* 11, 49–70.

Gecas, V., and Pasley, K. (December 1983). "Birth Order and Self-Concept in Adolescence." *Journal of Youth and Adolescence,* 12, 521–533.

Gecas, V., and Seff, M. A. (1990). "Families and Adolescents: A Review of the 1980s." *Journal of Marriage and the Family,* 52, 941–958.

Gentile, D. A., Lynch, P. J., Linder, J. R., and Walsh, J. A. (2004). "The Effects of Violent Video Game Habits on Adolescent Hostility, Aggressive Behaviors, and School Performance." *Journal of Adolescence,* 27, 5–22.

George, T. P., and Hartman, D. P. (1996). "Friendship Networks of Unpopular, Average, and Popular Children." *Child Development,* 67, 2301–2316.

Gerbner, G. (1992). "Society's Storyteller: How Television Creates the Myths by Which We Live." *Media and Values,* 59/60, 8–9.

Gerrard, M., Gibbons, F. X., Benthin, A. C., and Hessling, R. M. (1996). "A Longitudinal Study of the Reciprocal Nature of Risk Behaviors and Cognitions in Adolescents: What You Do Shapes What You Think, and Vice Versa." *Health Psychology,* 15, 344–354.

Gertner, J. M. (1986). "Short Stature in Children." *Medical Aspects of Human Sexuality,* 20, 36–42.

Gesell, Arnold, and Ames, L. B. (1956). *Youth: The Years from Ten to Sixteen.* New York: Harper and Row.

Gfellner, B. M., and Hundelby, J. D. (1994). *Patterns of Drug Use and Social Activities among Native Indians and White Adolescents.* Paper presented at the Society for Research on Adolescence, San Diego.

Ghang, J., and Jin, S. (1996). "Determinants of

Suicide Ideation: A Comparison of Chinese and American College Students." *Adolescence*, 31, 451–467.

Gibbons, J. L., Brusi-Figueroa, R., and Fisher, S. L. (1997). "Gender-Related Ideals of Puerto Rican Adolescents: Gender and School Content." *Journal of Early Adolescence*, 17, 349–370.

Gibbs, J. C. (2003). *Moral Development and Reality: Beyond the Theories of Kohlberg and Hoffman*. Thousand Oaks, CA: Sage.

Gibbs, J. C., Basinger, K. S., and Fuller, D. (1992). *Moral Maturity: Measuring the Development of Sociomoral Reflection*. Hillsdale, NJ: Erlbaum.

Gibbs, J. R., and Hines, A. M. (1989). "Factors Related to Sex Differences in Suicidal Behavior among Black Youth: Implications for Intervention and Research." *Journal of Adolescent Research*, 4, 152–172.

Gibson, J. W., and Kempf, J. (1990). "Attitudinal Predictors of Sexual Activity in Hispanic Adolescent Females." *Journal of Adolescent Research*, 5, 414–430.

Giedd, J. M., Blumenthal, J., Jeffries, N. O., et al. (1999a). "Brain Development during Childhood and Adolescence: A Longitudinal MRI Study." *Nature Neuroscience*, 2, 861–863.

Giedd, J. N., Blumenthal, J., Jeffries, N. O., Rajapakse, J. C., Vaituzis, C., Hung, L., Berry, Y., Tobin, M., Nelson, J., and Castellanos, F. X. (1999b). "Development of the Human Corpus Callosum during Childhood and Adolescence: A Longitudinal MRI Study." *Progress in Neuro-Psychopharmacology and Biological Psychiatry*, 23, 571–588.

Giedd, J. N., Castellanos, F. X., Rajapakse, J. C., Vaituzis, A. C., and Rapaport, J. L. (1997). "Sexual Dimorphism of the Developing Human Brain." *Progress in Neuro-Psychopharmacology and Biological Psychiatry*, 21, 1185–1201.

Gifford, V. D., and Dean, M. M. (1990). "Differences in Extracurricular Activity Participation, Achievement, and Attitudes toward School Between Ninth-Grade Students Attending Junior High School and Those Attending Senior High School." *Adolescence*, 25, 799–802.

Gigy, L., and Kelly, J. (1992). "Reasons for Divorce: Perspectives of Divorcing Men and Women." *Journal of Divorce and Remarriage*, 18, 169–187.

Giles-Sims, J. (1985). "A Longitudinal Study of Battered Children of Battered Women." *Family Relations*, 34, 205–210.

Gilger, J. W., Geary, D. C., and Eisele, L. M. (1991). "Reliability and Validity of Retrospective Self-Reports of the Age of Pubertal Onset Using Twin, Sibling, and College Student Data." *Adolescence*, 26, 41–53.

Gill, R. T. (1992). "For the Sake of the Children." *The Public Interest*, 108, 81–96.

Gilligan, C. (1977). "In a Different Voice: Women's Conceptions of Self and of Morality." *Harvard Educational Review*, 47, 481–517.

Gilligan, C. (1982). *In a Different Voice: Psychological Theory and Women's Development*. Cambridge, MA: Harvard University Press.

Gilligan, C. (1984). "Remapping the Moral Domain in Personality Research and Assessment." Invited address presented to the American Psychological Association Convention, Toronto.

Gilligan, C. (1992). *Joining the Resistance: Girls' Development in Adolescence*. Paper presented at the Symposium on Development and Vulnerability in Close Relationships, Montreal, Quebec.

Gilliland, H. (1995). *Teaching the Native American* (3rd ed.). Dubuque, IA: Kendall/Hall.

Gillmore, M. R., Hawkins, J. D., Day, L. E., and Catalano, R. F. (1992). "Friendship and Deviance: New Evidence of an Old Controversy." *Journal of Early Adolescence*, 12, 80–95.

Gilmartin, B. G. (1985). "Some Family Antecedents on Severe Shyness." *Family Relations*, 34, 429–438.

Ginsburg, S. D., and Orlofsky, J. L. (August 1981). "Ego Identity Status, Ego Development, and Loss of Control in College Women." *Journal of Youth and Adolescence*, 10, 297–307.

Ginzberg, E. (1988). "Toward a Theory of Occupational Choice." *The Career Development Quarterly*, 36, 358–363.

Giordano, P. C., Cernkovich, S. A., and DeMaris, A. (1993). "The Family and Peer Relations of Black Adolescents." *Journal of Marriage and the Family*, 55, 277–287.

Gispert, M., Wheeler, K., Marsh, L., and Davis, M. S. (1985). "Suicidal Adolescents: Factors in Evaluation." *Adolescence*, 20, 753–762.

Gjerde, P. F., and Westenberg, P. M. (1998). "Dysphoric Adolescents as Young Adults: A Prospective Study of the Psychological Sequelae of Depressed Mood in Adolescence." *Journal of Research on Adolescence*, 8, 377–402.

Glass, C. R., and Shea, C. A. (1986). "Cognitive Therapy for Shyness and Social Anxiety." In W. Jones, J. Cheek, and S. Briggs (Eds.), *Shyness: Perspectives on Research and Treatment* (pp. 315–327). New York: Plenum Press.

Glei, D. A. (1999). "Measuring Contraceptive Use Patterns among Teenage and Adult Women." *Family Planning Perspectives*, 31, 73–80.

Glenn, N. D., and Kramer, K. B. (1987). "The Marriages and Divorces of the Children of Divorce." *Journal of Marriage and the Family*, 49, 811–825.

Glodis, K. A., & Blasi, A. (1993). "The Sense of Self and Identity Among Adolescents and Adults." *Journal of Adolescent Research*, 8, 356–380.

Gloria, A. M., and Hird, J. S. (1999). "Influences of Ethnic and Nonethnic Variables on the Career Decision-Making Self-Efficacy of College Students." *Career Development Quarterly*, 48, 157–174.

Gnepp, J., and Chilamkurti, C. (1988). "Childrens' Use of Personality Attributions to Predict Other Peoples' Emotional and Behavioral Reactions." *Child Development*, 59, 743–754.

Goff, J. L. (1990). "Sexual Confusion among Certain College Males." *Adolescence*, 25, 599–614.

Goff, L. (1999). "Don't Miss the Bus!" *American Demographics*, 21, 48–54.

Goff, M., and Ackerman, P. L. (1997). "Personality-Intelligence Relations: Assessment of Typical Intellectual Engagement." *Journal of Educational Psychology*, 84, 537–552.

Goldman, J. A., Rosenzweig, C. M., & Lutter, A. D. (1980). Effect of similarity of ego identity status on interpersonal attraction. *Journal of Youth and Adolescence*, 9, 153–162.

Goldman, S. R., Pellegrino, J. W., Parseghian, P., and Sallis, R. (1982). "Developmental and Individual Differences in Verbal Analogical Reasoning." *Child Development*, 53, 550–559.

Goldscheider, F., and Goldscheider, C. (1999). *The Changing Transition to Adulthood: Leaving and Returning Home*. New York: Berkeley Press.

Goldschmidt, P., and Wang, J. (1999). "When Can School Affect Dropout Behavior? A Longitudinal Multilevel Analysis." *American Educational Research Journal*, 36, 715–738.

Goldstein, J. (1999). *Why We Watch: The Attraction of Violent Entertainment*. New York: Oxford University Press.

Golombok, S., and Tasker, F. (1996). "Do Parents Influence the Sexual Orientation of Their Children? Findings from a Longitudinal Study of Lesbian Families." *Developmental Psychology*, 32, 3–11.

Golub, S. (1992). *Periods: From Menarche to Menopause*. Newbury Park, CA: Sage.

Gonsiorek, J. C. (1988). "Mental Health Issues of Gay and Lesbian Adolescents." *Journal of Adolescent Health Care*, 9, 114–122.

Gonzales, N. A., and Kim, L. S. (1997). "Stress and Coping in an Ethnic Minority Context." In I. N. Sandler and S. A. Wolchik (Eds.), *Handbook of Children's Coping: Linking Theory and Intervention* (pp. 481–511). New York: Wiley.

Goodenow, C. (1993). "Classroom Belonging among Early Adolescent Students: Relationships to Motivation and Achievement." *Journal of Early Adolescence*, 13, 21–43.

Goodenow, C., and Espin, O. M. (1993). "Identity Choices in Immigrant Adolescent Females." *Adolescence*, 28, 173–184.

Goodwin, M. P., and Roscoe, B. (1990). "Sibling Violence and Agonistic Interactions among Middle Adolescents." *Adolescence*, 25, 451–467.

Goossens, L., and Marcoen A. (1999). "Adolescent Loneliness, Self-Reflection, and Identity: From Individual Differences to Developmental Processes." In K. J. Rotenberg and S. Hymel (Eds.), *Loneliness in Childhood and Adolescence* (pp. 225–243). Cambridge, England: Cambridge University Press.

Goossens, L., Seiffge-Krenke, I., and Marcoen, A. (1992). "The Many Faces of Adolescent Egocentrism. Two European Replications." *Journal of Adolescent Research*, 7, 43–48.

Gordon, C. P. (1996). "Adolescent Decision-Making: A Broadly Based Theory and Its Application to the Prevention of Early Pregnancy." *Adolescence*, 31, 561–584.

Gordon, M. (February 1981). "Was Waller Ever Right? The Rating and Dating Complex Reconsidered." *Journal of Marriage and the Family*, 43, 67–76.

Gore, S., Farrell, F., and Gordon, J. (2001). "Sport Involvement as Protection against Depressed Mood." *Journal of Research on Adolescence*, 11, 119–130.

Gottfredson, L. S. (1996). "Gottfredson's Theory of Circumscription and Compromise." In D. Brown and L. Brooks (Eds.), *Career Choice and Development*. 3rd ed. (pp. 179–232). San Francisco: Jossey-Bass.

Gottfredson, M., and Hirshi, T. (1990). A *General*

Theory of Crime. Stanford: Stanford University Press.

Gottman, J. M. (1986). "The World of Coordinated Play: Same- and Cross-Sex Friendship in Young Children". In J. M. Gottman and J. G. Parkes (Eds.), *Conversations of Friends: Speculation on Affectional Bonds. Studies in Emotion and Social Interaction* (pp. 139–191). Cambridge: Cambridge University Press.

Gould, M. S. (2001). "Suicide and the Media." *Annals of the New York Academy of Sciences,* 932, 200–221.

Gould, M. S., Fisher, P., Parides, M., Flore, M., and Shaffer, D. (1996). "Psychosocial Risk Factors of Child and Adolescent Completed Suicide." *Archives of General Psychiatry,* 53, 1155–1162.

Gould, M. S., King, R., Greenwald, S., Fisher, P., Schwab-Stone, M., Kramer, R., Flisher, A. J., Goodman, S., Canino, G., and Shaffer, D. (1998). "Psychopathology Associated with Suicidal Ideation and Attempts among Children and Adolescents." *Journal of the American Academy of Child and Adolescent Psychiatry,* 37, 915–923.

Gowensmith, W. N., and Bloom, L. J. (1997). "The Effects of Heavy Metal on Arousal and Anger." *Journal of Music Therapy,* 34, 33–45.

Graber, J. A., Brooks-Gunn, J., and Galen, B. R. (1998). "Betwixt and Between: Sexuality in the Context of Adolescent Transitions." In R. Jessor (Ed.), *New Perspectives of Adolescent Risk Behavior* (pp. 270–316). Cambridge, England: Cambridge University Press.

Graber, J. A., Lewinsohn, P. M., Seeley, J. R., and Brooks-Gunn, J. (1997). "Is Psychopathology Associated with the Timing of Pubertal Development?" *Journal of the American Academy of Child and Adolescent Psychiatry,* 36, 1768–1776.

Graber, J. A., Petersen, A., and Brooks-Gunn, J. (1996). "Pubertal Processes: Methods, Measures, and Models." In J. A. Graber, J. Brooks-Gunn, and A. Petersen (Eds.), *Transitions through Adolescence: Interpersonal Domains and Context* (pp. 23–53). Mahwah, NJ: Erlbaum.

Graff, H. J. (1995). *Conflicting Paths: Growing Up in America.* Cambridge, MA: Harvard University Press.

Grant, B. F., and Dawson, D. A. (1997). "Age at Onset of Alcohol Use and Its Association with DSM-IV Alcohol Abuse and Dependence: Results from the National Longitudinal Alcohol Epidemiological Survey." *Journal of Substance Abuse,* 9, 103–110.

Grant, C. L., and Fodor, I. G. (April 1984). "Body Image and Eating Disorders: A New Role for School Psychologists in Screening and Prevention." Mimeographed paper. New York University, School of Education, Health, Nursing, and Arts Profession.

Grant, C. L., and Fodor, I. G. (1986). "Adolescent Attitudes toward Body Image and Anorexic Behavior." *Adolescence,* 82, 269–281.

Gray, M. R., and Steinberg, L. (1999). "Adolescent Romance and the Parent-Child Relationship: A Contextual Perspective." In W. Furman, B. B. Brown, and C. Feiring (Eds.), *The Development of Romantic Relationships in Adolescence* (pp.

235–265). Cambridge, England: Cambridge University Press.

Green, J. J., Bush, D., and Sahn, J. (December 1980). "The Effects of College on Students' Partisanship: A Research Note." *Journal of Youth and Adolescence,* 9, 547–552.

Green, R., Mandel, J. B., Hotvedt, M. E., Gary, J., and Smith, L. (1986). "Lesbian Mothers and Their Children: A Comparison with Solo Parent Heterosexual Mothers and Their Children." *Archives of Sexual Behavior,* 15, 167–184.

Greenberg, E. F. (1983). "An Empirical Determination of the Competence of Children to Participate in Child Custody Decision-Making." Doctoral dissertation, University of Illinois. *Dissertation Abstracts International,* 45, (0–1) 350–B.

Greendlinger, V., and Byrne, D. (1987). "Coercive Sexual Fantasies of College Men as Predictors of Self-Reported Likelihood of Rape and Overt Sexual Aggression." *Journal of Sex Research,* 23, 1–11.

Greene, A. L. (1990). "Age and Gender Differences in Adolescents' Preference for Parental Advice: Mum's the Word." *Journal of Adolescent Research,* 5, 396–413.

Greene, A. L., and Reed, E. (1992). "Social Context Differences in the Relation Between Self-Esteem and Self-Concept during Late Adolescence." *Journal of Adolescent Research,* 2, 266–282.

Greene, B., and Land, S. M. (2000). "A Qualitative Analysis of Scaffolding Use in a Resource-Based Learning Environment Involving the World Wide Web." *Journal of Educational Computing Research,* 23, 151–179.

Greene, M. B. (2006). "Bullying in Schools: A Plea for a Measure of Human Rights." *Journal of Social Issues,* 62, 63–79.

Greene, N. B., and Esselstyn, T. C. (1972). "The Beyond Control Girl." *Juvenile Justice,* 23, 13–19.

Greeno, C. G., and Maccoby, E. E. (1986). "How Different Is the 'Different Voice'?" *Signs,* 11, 310–312.

Gregory, L. W. (1995). "The 'Turn Around' Process: Factors Influencing the School Success of Urban Youth." *Journal of Adolescent Research,* 10, 136–154.

Grief, G. (1985). "Single Fathers Rearing Children." *Journal of Marriage and the Family,* 47, 185–191.

Grieser, M., Vu, M. B., Bedimo-Rung, A. L., Neumark-Sztainer, D., Moody, J., Young, D. R., and Moe, S. G. (2006). "Physical Activity Attitudes, Preferences, and Practices in African American, Hispanic, and Caucasian Girls." *Health Education & Behavior,* 33, 40–51.

Griffin, N., Chassin, L., and Young, R. D. (Spring 1981). "Measurement of Global Self-Concept versus Multiple Role-Specific Self-Concept in Adolescents." *Adolescence,* 16, 49–56.

Griffin, R. S., and Gross, M. (2004). "Childhood Bullying: Current Empirical Findings and Future Directions for Research." *Aggression and Violent Behavior,* 9, 379–400.

Griffiths, M. (1997). "Computer Game Playing in Early Adolescence." *Youth and Society,* 29, 223–237.

Grilo, C. M., and Pogue-Geile, M. F. (1991). "The

Nature of Environmental Influences on Weight and Obesity: A Behavior Genetic Analysis." *Psychological Bulletin,* 110, 520–537.

Grob, M. C., Klein, A. A., and Eisen, S. V. (April 1983). "The Role of the High School Professional in Identifying and Managing Adolescent Suicidal Behavior." *Journal of Youth and Adolescence,* 12, 163–173.

Grohølt, B., Ekeberg,Ø., Wichstrøm, L., and Haldorson, T. (2000). Young Suicide Attempters: A Comparison between a Clinical and an Epidemiological Sample." *Journal of the American Academy of Child and Adolescent Psychiatry,* 39, 868–875.

Grossman, M., Chaloupka, F. J., Saffer, H., and Laixuthai, A. (1994). "Effects of Alcohol Price Policy on Youth: A Summary of Economic Research." *Journal of Research on Adolescence,* 4, 347–364.

Grotevant, H. D. (1987). "Toward a Process Model of Identity Formation." *Journal of Adolescent Research,* 2, 203–222.

Grotevant, H. D. (1992). "Assigned and Chosen Identity Components: A Process Perspective on Their Integration." In G. R. Adams, T. P. Gullotta, and R. Montemayor (Eds.), *Adolescent Identity Formation: Advances in Adolescent Development* (pp. 73–90). Newbury Park, CA: Sage.

Grotevant, H. D. (1997). "Family Processes, Identity Development, and Behavioral Outcomes for Adopted Adolescents." *Journal of Adolescent Research,* 12, 139–161.

Grotevant, H. D., and Cooper, C. R. (1985). "Patterns of Interaction in Family Relationships and the Development of Identity Exploration in Adolescence." *Child Development,* 56, 415–428.

Grotevant, H. D., and Cooper, C. R. (1986). "Individuation in Family Relationships." *Human Development,* 29, 82–100.

Grotevant, H. D., Ross, N. M., Marchel, M. A., and McRoy, R. G. (1999). "Adaptive Behavior in Adopted Children: Predictors from Early Risk Collaboration in Relationships within the Adoptive Kinship Network, and Openness Arrangements." *Journal of Adolescent Research,* 14, 231–247.

Grotevant, H. D., Thorbecke, W., and Meyer, M. L. (February 1982). "An Extension of Marcia's Identity Status Interview into the Interpersonal Domain." *Journal of Youth and Adolescence,* 11, 33–47.

Grover, K. M., Russell, C. S., Schumm, W. R., and Paff-Bergen, L. A. (1985). "Mate Selection Processes and Marital Satisfaction." *Family Relations,* 34, 383–386.

Grube, J. W. (1995). "Television Alcohol Portrayals, Alcohol Advertising and Alcohol Expectancies among Children and Adolescents." In S. E. Martin and P. Mail (Eds.), *Effects of the Mass Media on the Use and Abuse of Alcohol* (pp. 105–121). Bethesda, MD: National Institute on Alcohol Abuse and Alcoholism.

Grunbaum, J. A., Kann, L., Kinchen, S. A., Williams, B., Ross, J. G., and Lowry, R. (2002). "Youth Risk Behavior Surveillance—United States, 2001." *Morbidity and Mortality Weekly Report,* 51, 1–62.

Grunseit, A., Kippax, S., Aggleton, P., Baldo, M.,

and Slutkin, G. (1997). "Sexuality Education and Young People's Sexual Behavior: A Review of Studies." *Journal of Adolescent Research,* 12, 421–453.

Gruskin, E. (1994). *A Review of Research on Self-Identified Gay, Lesbian, and Bi-Sexual Youths from 1970–1993.* Paper presented at the meeting of the Society for Research on Adolescents, San Diego.

Guagliardo, M. F., Huang, Z., and D'Angelo, L. J. (1999). "Fathering Pregnancies: Marking Health-Risk Behaviors in Urban Adolescents." *Journal of Adolescent Health,* 24, 10–15.

Guidubaldi, J., and Perry, J. D. (1985). "Divorce and Mental Health Sequelae for Children. A Two-Year Follow Up of a Nationwide Sample." *Journal of the American Academy of Child Psychiatry,* 24, 531–537.

Guiney, K. M., and Furlong, N. E. (1999). "Correlates of Body Satisfaction and Self-Concept in Third- and Sixth-Graders." *Current Psychology: Developmental, Learning, Personality, and Social,* 18, 353–367.

Gullotta, T. P. (2003). "Leaving Home: The Runaway and the Forgotten Throwaway." In G. R. Adams and M. D. Berzonsky (Eds.), *Blackwell Handbook of Adolescence* (pp. 494–501). Oxford, England: Blackwell Publishing.

Gutman, I. M., Sameroff, A. J., and Cole, R. (2003). "Academic Growth Curve Trajectories from 1st Grade to 12th Grade: Effects of Multiple Social Risk Factors and Preschool Child Factors." *Developmental Psychology,* 39, 777–790.

Guttman, J., and Lazar, A. (1998). "Mother's or Father's Custody: Does It Matter for Social Adjustment?" *Educational Psychology,* 18, 225–234.

Guzmán, B. (2001). The Hispanic population. *Census 2000 Brief. Publication No. C2KBR/01-3.* Washington D.C.: U.S. Bureau of the Census.

Hafen, B. Q., and Frandsen, K. J. (1986). *Youth Suicide: Depression and Loneliness.* Provo, UT: Behavioral Health Associates.

Hafez, E. S. E. (Ed.), (1980). *Human Reproduction: Conception and Contraception.* Hagerstown, MD: Harper and Row.

Hahn-Smith, A. M., and Smith, J. E. (2001). "The Positive Influence of Maternal Identification on Body Image, Eating Attitudes, and Self-Esteem of Hispanic and Anglo Girls." *International Journal of Eating Disorders,* 29, 429–440.

Hairston, K., Gale, T., and Davis, J. (1991). *Running Back to You.* Zomba Enterprises, Inc./Hiss 'N' Tell Music/ Gale Warnings Music/Mideb Music.

Hajat, A., Lucas, J. B., and Kington, R. (2000). "Health Outcomes among Hispanic Subgroups: Data from the National Health Interview Survey, 1992–1995." National Center for Health Statistics, *Advance Data,* 310.

Hajcak, F., and Garwood, P. (1988). "Quick-Fix Sex: Pseudosexuality in Adolescents." *Adolescence,* 23, 755–760.

Hale, S. (1990). "A Global, Developmental Trend in Cognitive Processing Speed." *Child Development,* 61, 653–663.

Halebsky, M. A. (1987). "Adolescent Alcohol and Substance Abuse: Parent and Peer Effects." *Adolescence,* 22, 961–967.

Halgin, R. P., and Leahy, P. M. (1989). "Understanding and Treating Perfectionistic College Students." *Journal of Counseling and Development,* 68, 222–225.

Hall, G. S. (1904). *Adolescence: Its Psychology and Its Relation to Physiology, Anthropology, Sociology, Sex, Crime, Religion and Education.* 2 vols. New York: D. Appleton.

Hall, G. S., and Lindzay, G. (1970). *Theories of Personality.* 2nd ed. New York: J. Wiley.

Hallinan, M. T. (1991). "School Differences in Tracking Structures and Track Assignments." *Journal of Research on Adolescence,* 1, 251–275.

Hallinan, M. T., and Kubitschek, N. (1999). "Curriculum Differentiation and High School Achievement." *Social Psychology of Education,* 3, 41–62.

Halpern, C. T., and Udry, J. R. (1992). "Variation in Adolescent Hormone Measures and Implications for Behavioral Research." *Journal of Research on Adolescence,* 2, 103–122.

Halpern, C. T., Udry, J. R., Campbell, B., Suchrindran, C., and Mason, G. A. (1994). "Testosterone and Religiosity as Predictors of Sexual Attitudes and Activity among Adolescent Males: A Biosocial Model." *Journal of Biosocial Science,* 26, 217–234.

Halpern-Felsher, B. L., and Cauffman, E. (2001). "Costs and Benefits of a Decision: Decision-Making Competence in Adolescents and Adults." *Journal of Applied Developmental Psychology,* 22, 257–274.

Hamachek, D. E. (1985). "The Self's Development and Ego Growth: Conceptual Analysis and Implications for Counselors." *Journal of Counseling and Development,* 64, 136–142.

Hamilton, B. E., Ventura, S. J., Martin, J. A., and Sutton, P. D. (2005). *Preliminary Births for 2004.* Hyattsville, MD: National Center for Health Statistics.

Hamilton, J. A. (1983). "Development of Interest and Enjoyment in Adolescence: I. Attentional Capacities." *Journal of Youth and Adolescence,* 12, 355–362.

Hamilton, S. F., and Fenzel, L. M. (1988). "The Impact of Volunteer Experience on Adolescent Social Development: Evidence of Program Effects." *Journal of Adolescent Research,* 3, 65–80.

Hammer, H., Finkelhor, D. & Sedlak, A. J. (2002). *Runaway/Thrownaway children: National estimates and characteristics.* Bulletin of the Office of Juvenile Justice and Delinquency Prevention. Washington, D.C.: U.S. Department of Justice.

Hampton, T. (2004). "Suicide Caution Stamped on Antidepressants." *Journal of the American Medical Association,* 291, 2060–2061.

Hanson, S. L. (1992). "Involving Families and Programs for Pregnant Teens: Consequences for Teens and Their Families." *Family Relations,* 41, 303–311.

Hanson, T. L., McLanahan, S. S., and Thomson, E. (1996). "Double Jeopardy: Parental Conflict and Stepfamily Outcomes for Children." *Journal of Marriage and the Family,* 58, 141–154.

Hardcastle, G. W. (1998). "Joint Custody: A Family Court Judge's Perspective." *Family Law Quarterly,* 32, 201–219.

Harding, C. G., and Snyder, K. (1991). "Tom, Huck, and Oliver Stone as Advocates in Kohlberg's Just Community: Theory-Based Strategies for Moral Education." *Adolescence,* 26, 319–329.

Hardy, S. A., and Carlo, G. (2005). "Religiosity and Prosocial Behaviors in Adolescence: The Mediating Influence of Prosocial Values." *Journal of Moral Education,* 34, 231–49.

Harkness, S., and Super, C. (1985). "The Cultural Context of Gender Segregation in Children's Peer Groups." *Child Development,* 56, 219–224.

Harnishfeger, K. (1995). "The Development of Cognitive Inhibition: Theories, Definition, and Research Evidence." In F. Dempster and C. Brainard (Eds.), *Interference and Inhibition in Cognition* (pp. 175–204). San Diego: Academic Press.

Harper, J. F., and Marshall, E. (1991). "Adolescents' Problems and the Relationship to Self-Esteem." *Adolescence,* 26, 799–808.

Harrington, R., Rutter, M., and Fombonne, E. (1996). "Developmental Pathways in Depression: Multiple Meanings, Antecedents, and End Points." *Developmental Psychopathology,* 8, 601–616.

Harris Interactive. (2004). *College Students Tote $122 Billion in Spending Power Back to Campus This Year.* Press release. Retrieved from http://www.harrisinteractive.com/news/allnewsbydate.asp?NewsID=835.

Harris, K. M., and Marmer, J. K. (1996). "Poverty, Paternal Involvement, and Adolescent Well-Being." *Journal of Family Issues,* 17, 614–640.

Harris, L., and Associates. (1988). *Sexual Material on American Network Television During the 1987–1988 Season.* New York: Planned Parenthood Federation of America.

Harris, L., and Associates. (1995). *Between Hope and Fear: Teens Speak Out on Crime and the Community.* New York: Author.

Harrison, K. S., and Cantor, J. (1999). "Tales from the Screen: Enduring Fright Reactions to Scary Media." *Media Psychology,* 1, 97–116.

Hart, D., Atkins, R., and Fegley, S. (2003). "Personality and Development in Childhood: A Person-Centered Approach." *Monographs for the Society for Research in Child Development,* 68, vii–109.

Hart, D., Atkins, R., and Ford, D. (1998). "Urban America as a Context for the Development of Moral Identity in Adolescence." *Journal of Social Issues,* 54, 513–530.

Hart, J. L., & Helms, L. (2003). "Factors of Parricide: Allowance of the Use of Battered Child Syndrome as a Defense." *Aggression and Violent Behavior,* 8(6), 671–683.

Hart, S., Robinson, S. E. K., and Kerr, B. (August, 2001). *Adolescent At-Risk Behaviors: Effects of Parents, Older Siblings, and Peers.* Paper presented at the Annual convention of the American Psychological Association, San Francisco.

Harter, S. (1990). "Self and Identity Development." In S. S. Feldman and G. R. Elliott (Eds.), *At the Thresholds: The Developing Adolescent.* Cambridge, MA: Harvard University Press.

Harter, S., Stocker, T., and Robinson, N. S. (1996). "The Perceived Directionality of the

Link between Approval and Self-Worth: Reliabilities of a Looking Glass Self-Orientation among Young Adolescents." *Journal of Research on Adolescence, 6,* 285–308.

Hartman, A., and Laird, J. (1990). "Family Treatment after Adoption: Common Themes." In D. Brodzinsky and M. Schechter (Eds.), *The Psychology of Adoption* (pp. 221–239). New York: Oxford University Press.

Hartos, J. L., and Power, T. G. (1997). "Mothers' Awareness of Their Early Adolescents' Stressors: Relation between Awareness and Adolescent Adjustment." *Journal of Early Adolescence, 17,* 371–389.

Hartup, W. (1983). "Peer Relations." In E. M. Hetherington (Ed.), *Handbook of Child Psychology.* Vol. 4, *Socialization, Personality, and Social Development.* New York: Wiley.

Hartup, W. W., and Stevens, N. (1999). "Friendships and Adaptation across the Lifespan." *Current Directions in Psychological Science, 8,* 76–79.

Harvey, S. M., and Spigner, C. (1995). "Factors Associated with Sexual Behavior among Adolescents: A Multivariate Analysis." *Adolescence, 30,* 253–264.

Harwood, J., Hewstone, M., Paolini, S., and Voci, A. (2005). "Grandparent-Grandchild Contact and Attitudes towards Older Adults: Moderator and Mediator Effects." *Personality and Social Psychology Journal, 31,* 393–406.

Hassler, M. (1992). "The Critical Teens—Musical Capacities Change in Adolescence." *European Journal for High Ability, 3,* 89–98.

Hatfield, E., and Rapson, R. L. (1996). *Love and Sex: Cross-Cultural Perspectives.* Boston: Allyn and Bacon.

Hauck, W. E., and Loughead, M. (1985). "Adolescent Self-Monitoring." *Adolescence, 20,* 567–574.

Hauck, W. E., Martens, M., and Wetzel, M. (1986). "Shyness, Group Dependence and Self-Concept: Attributes of the Imaginary Audience." *Adolescence, 21,* 529–534.

Haurin, R. J. (1992). "Patterns of Childhood Residence and the Relationship to Young Adult Outcomes." *Journal of Marriage and the Family, 54,* 846–860.

Havens, B., and Swenson, I. (1988). "Imagery Associated with Menstruation in Advertising Targeted to Adolescent Women." *Adolescence, 23,* 89–97.

Havens, B., and Swenson, I. (1989). "A Content Analysis of Educational Media about Menstruation." *Adolescence, 24,* 901–907.

Havighurst, R. J. (1972). *Developmental Tasks and Education.* 3rd ed. New York: David McKay.

Hawkins, J. D., Catalano, R. F., and Miller, J. Y. (1992). "Risk and Protective Factors for Alcohol and Other Drug Problems in Adolescence and Early Adulthood: Implications for Substance Abuse Prevention." *Psychological Bulletin, 112*(1), 64–105.

Hawley, P. H. (2003). "Prosocial and Coercive Configurations of Resource Control in Early Adolescence: A Case for the Well-Adapted Machiavellian." *Merrill-Palmer Quarterly, 49,* 279–309.

Hayward, C., Killen, J. D., Wilson, D. M., and Hammer, L. D. (1997). "Psychiatric Risk Associated with Early Puberty in Adolescent Girls." *Journal of the American Academy of Child and Adolescent Psychiatry, 36,* 255–262.

"Health Service Issues. AIDS Guidelines." (November 15, 1985). *Portland Press Herald.*

Heatherton, T. F., Herman, C. P., and Polivy, J. (1992). "Effects of Distress on Eating: The Importance of Ego-Involvement." *Journal of Personality and Social Psychology, 62,* 601–803.

Heaven, P. C. L. (1996). "Personality and Self-Reported Delinquency: A Longitudinal Analysis." *Journal of Child Psychology and Psychiatry and Allied Disciplines, 37,* 747–751.

Heaviside, K., Rowand, L., Williams, F., and Farris, K. (1998). *Violence and Discipline Problems in U.S. Public Schools: 1996–1997.* Washington, DC: Department of Education, National Center for Education Statistics.

Hecker, D. E. (November, 2005). "Occupational Employment Projections to 2014." *Monthly Labor Review,* 70–101.

Heide, K. M. (1993). "Parents Who Get Killed and the Children Who Kill Them." *Journal of Interpersonal Violence, 8,* 531–544.

Heilbrun, A. B., Jr., and Loftus, M. P. (1986). "The Role of Sadism and Peer Pressure in the Sexual Aggression of Male College Students." *The Journal of Sex Research, 22,* 320–332.

Heilman, E. (1998). "The Struggle for Self: Power and Identity in Adolescent Girls." *Youth and Society, 30,* 182–208.

Heiman, T. (2000). "Friendship Quality among Children in Three Educational Settings." *Journal of Intellectual and Developmental Disability, 25,* 1–12.

Hellenga, K. (2002). "Social Space, the Final Frontier: Adolescents on the Internet." In J. T. Mortimer and R. W. Larson (Eds.), *The Changing Adolescent Experience* (pp. 208–249). Cambridge, England: Cambridge University Press.

Helms, J. E. (1990). *Black and White Racial Identity Theory and Professional Interracial Collaboration.* Paper presented at the meeting of the American Psychological Association, Boston.

Helsen, M., Vollebergh, W., and Meeus, W. (2000). "Social Support from Parents and Friends and Emotional Problems in Adolescence." *Journal of Youth and Adolescence, 29,* 319–335.

Helwig, A. (2001). "A Test of Gottfredson's Theory Using a Ten-Year Longitudinal Study." *Journal of Career Development, 28,* 77–95.

Hendershott, A. B. (1989). "Residential Mobility, Social Support and Adolescent Self-Concept." *Adolescence, 24,* 217–232.

Henderson, G. H. (April 1980). "Consequences of School-Age Pregnancy and Motherhood." *Family Relations, 29,* 185–190.

Hendry, L. B., Roberts, W., Glendinning, A., and Coleman, J. S. (1992). "Adolescents' Perceptions of Significant Individuals in their Lives." *Journal of Adolescence, 15,* 255–270.

Henninger, D., and Esposito, N. (1971). "Indian Schools." In D. Gottlieb and A. L. Heinsohn (Eds.), *America's Other Youth: Growing Up Poor.* Englewood Cliffs, NJ: Prentice-Hall.

Henningfield, J. E., Clayton, R., and Pollin, W. (1990). "Involvement of Tobacco in Alcoholism and Illicit Drug Use." *British Journal of Addiction, 85,* 279–292.

Henriques, G. R., Calhoun, L. G., and Cann, A.

(1996). "Ethnic Differences in Women's Body Satisfaction: An Experimental Investigation." *Journal of Social Psychology, 136,* 689–697.

Henry, C. S., and Lovelace, S. G. (1995). "Family Resources and Adolescent Family Life Satisfaction in Remarried Family Households." *Journal of Family Issues, 16,* 765–786.

Henry, C. S., Wilson, S. M., & Peterson, G. W. (1989). Parental power bases and processes as predictors of adolescent conformity. *Journal of Adolescent Research, 4,* 15–32.

Henshaw, S. K. (1997). "Teenage Abortion and Pregnancy Statistics by State, 1992." *Family Planning Perspectives, 29,* 115–122.

Henshaw, S. K. (1998). "Unintended Pregnancy in the United States." *Family Planning Perspective, 30,* 24–49.

Henshaw, S. K. (1999). *U.S. Teenage Pregnancy Statistics with Comparative Statistics for Women Aged 20–24.* New York: Alan Guttmacher Institute.

Henshaw, S. K. (2003). *U.S. Teenage Pregnancy Statistics with Comparative Statistics for Women Aged 20–24.* New York: Alan Guttmacher Institute.

Henshaw, S. K., and Kost, K. (1992). "Parental Involvement in Minors' Abortion Decisions." *Family Planning Perspectives, 24,* 196–207.

Hepworth, J., Ryder, R. G., and Dreyer, A. S. (January 1984). "The Effects of Parental Loss on the Formation of Intimate Relationships." *Journal of Marital and Family Therapy, 10,* 73–82.

Herbert, W. (April 1984). "Freud under Fire." *Psychology Today, 18,* 10–12.

Herman, A. M. (2000). *Report on Youth Labor Force.* Washington, DC: Department of Labor.

Herman, M. R., Dornbusch, S. M., Herron, M. C., and Herting, J. R. (1997). "The Influence of Family Regulation, Connection, and Psychological Autonomy on Six Measures of Adolescent Functioning." *Journal of Adolescent Research, 12,* 34–67.

Herring, R. D. (1994). "Substance Abuse among Native American Youth: A Selected Review of Causality." *Journal of Counseling and Development, 72,* 578–592.

Hershberger, S. L., Pilkington, N. W., and D'Augelli, A. R. (1997). "Predictors of Suicide Attempts among Gay, Lesbian, and Bisexual Youth." *Journal of Adolescent Research, 12,* 477–497.

Hertzler, A. A., and Frary, R. B. (1989). "Food Behavior of College Students." *Adolescence, 24,* 349–356.

Herzberger, S. D., and Tennen, H. (1985). "The Effect of Self-Relevance on Judgments of Moderate and Severe Disciplinary Encounters." *Journal of Marriage and the Family, 47,* 311–318.

Herzog, D. B., Dorer, D. J., Keel, P., Selwyn, S. E., Ekeblad, E. R., Flores, A. T., Greenwood, D. N., Burwell, R. A, and Keller, M. (1999). "Recovery and Relapse in Anorexia and Bulimia Nervosa: A 7.5 Year Follow-Up Study." *Journal of the American Academy of Child and Adolescent Psychiatry, 38,* 829–837.

Hetherington, E. M. (1972). "Effects of Father-Absence on Personality Development in Adolescent Daughters." *Developmental Psychology, 7,* 313–326.

Hetherington, E. M. (1987). "Family Relations Six Years after Divorce." In K. Pasley and M. Ihinger-Tallman, (Eds.), *Remarriage and Stepparenting: Current Research and Theory* (pp. 185–205). New York: Guilford.

Hetherington, E. M. (1991). "The Role of Individual Differences and Family Relationships in Children's Coping with Divorce and Remarriage." In P. A. Cowan and E. M. Hetherington (Eds.), *Family Transitions* (pp. 165–194). Hillsdale, NJ: Erlbaum.

Hetherington, E. M. (1993). "An Overview of the Virginia Longitudinal Study of Divorce and Remarriage with a Focus on Early Adolescence." *Journal of Family Psychology, 7,* 39–56.

Hetherington, E. M. (1999a). "Family Functioning and the Adjustment of Adolescent Siblings in Diverse Types of Families." In E. M. Hetherington, S. H. Henderson, and D. Reiss (Eds.), *Adolescent Siblings in Stepfamilies: Family Functioning and Adolescent Adjustment* (pp. 1–25). Monographs of the Society for Research in Child Development, 64, no. 4.

Hetherington, E. M. (1999b). "Family Functioning in Nonstepfamilies and Different Kinds of Stepfamilies: An Integration." In E. M. Hetherington, S. H. Henderson, and D. Reiss (Eds.), *Adolescent Siblings in Stepfamilies: Family Functioning and Adolescent Adjustment* (pp. 184–191). Monographs of the Society for Research in Child Development, 64, no. 4.

Hetherington, E. M. (1999c). "Should We Stay Together for the Sake of the Children?" In E. M. Hetherington (Ed.), *Coping with Divorce, Single Parenting, and Remarriage: A Risk and Resiliency Perspective.* (pp. 93–116). Mahwah, NJ: Lawrence Erlbaum.

Hetherington, E. M., and Clingempeel, W. G. (1992). "Coping with Marital Transitions: A Family Systems Perspective." Monographs of the Society for Research in Child Development, 57, no. 2–3.

Hetherington, E. M., and Jodl, K. M. (1994). "Stepfamilies as Settings for Child Development." In A. Booth and J. Dunn (Eds.), *Stepfamilies: Who Benefits? Who Does Not?* (pp. 55–79). Hillsdale, NJ: Erlbaum.

Hetherington, E. M., and Kelly, J. (2002). *For Better or for Worse.* New York: Norton.

Hetherington, E. M., and Stanley-Hagan, M. (1995). "Parenting in Divorced and Remarried Families." In M. Bornstein (Ed.), *Handbook of Parenting, Vol. 3: Status and Social Conditions of Parenting* (pp. 253–254). Hillsdale, NJ: Erlbaum.

Hetherington, E. M., and Stanley-Hagan, M. (1999). "The Adjustment of Children with Divorced Parents: A Risk and Resiliency Perspective." *Journal of Child Psychology and Psychiatry,* 40, 129–140.

Higgins, J. (2003). "More High School Students Driving Nicer, Bigger Cars." *Detroit Free Press,* March 4, 2003.

Hilgard, E. R. (1949). "Human Motives and the Concept of Self." *American Psychologist, 4,* 374–382.

Hill, A. J., and Pallin, V. (1998). "Dieting Awareness and Low Self-Worth: Related Issues in 8-Year-Old Girls." *International Journal of Eating Disorders,* 24, 405–413.

Hill, R. B. (1998). "Understanding Black Family Functioning: A Holistic Perspective." *Journal of Comparative Family Studies,* 29, 15–25.

Hillier, L., Harrison, L., and Warr, D. (1997). "'When You Carry a Condom, All the Boys Think You Want It': Negotiating Competing Discourses about Safe Sex." *Journal of Adolescence,* 21, 15–29.

Hillman, S. B., and Sawilowsky, S. S. (1991). "Maternal Employment and Early Adolescent Substance Use." *Adolescence,* 26, 829–837.

Hines, A. M. (1997). "Divorce-Related Transitions, Adolescent Development, and the Role of the Parent-Child Relationship: A Review of the Literature." *Journal of Marriage and the Family,* 59, 375–388.

Hines, S., and Groves, D. L. (1989). "Sports Competition and Its Influence on Self-Esteem Development." *Adolescence,* 24, 861–869.

Hingston, R., and Winter, M. (2003). "Epidemiology and Consequences of Drinking and Driving." *Alcohol Research & Health,* 27, 63–78.

Hinton, K., and Margerum, B. J. (Summer 1984). "Adolescent Attitudes and Values Concerning Used Clothing." *Adolescence,* 19, 397–402.

Hiraga, Y., Cauce, A. M., Mason, C., and Ordonez, N. (1992). *Ethnic Identity and the Social Adjustment of Biracial Youths.* Paper presented at the biennial meeting of the Society for Research on Child Development, New Orleans.

Hirch, B. J., and Rapkin, B. D. (1987). "The Transition to Junior High School: A Longitudinal Study of Self-Esteem, Psychological Symptomatology, School Life, and Social Support." *Child Development,* 58, 1235–1243.

Hird, M. J. (2000). "An Empirical Study of Adolescent Dating Aggression in the U. K." *Journal of Adolescence,* 23, 69–78.

Hirokane, K., Tokomura, M., Nanri, S., Kimura, K., and Saito, I. (2005). "Influences of Mothers' Dieting Behaviors on Their Junior High School Daughters." *Eating and Weight Disorders,* 10, 162–167.

Ho, C. S., Lempers, J. D., and Clark-Lempers, D. S. (1995). "Effects of Economic Hardship on Adolescent Self-Esteem: A Family Mediation Model." *Adolescence,* 30, 117–131.

Hobbs, F., & Stoops, N. (2002). "Demographic Trends in the 20th Century." *Census 2000 Special Report. Publication No. CENSR-4.* Washington D.C.: U.S. Bureau of the Census.

Hockenberry-Eaton, M., Richman, M. J., Diiorio, C., Rivero, T., and Maibach, E. (1996). "Mothers and Adolescent Knowledge of Sexual Development: The Effects of Gender, Age, and Sexual Experience." *Adolescence,* 31, 35–46.

Hoelter, J., and Harper, L. (1987). "Structural and Interpersonal Family Influences on Adolescent Self-Conception." *Journal of Marriage and the Family,* 49, 129–139.

Hoff, E., Laursen, B., and Tardif, T. (2002). "Socioeconomic Status and Parenting." In M. H. Bornstein (Ed.), *Handbook of Parenting: Vol. 2: Biology and Ecology of Parenting* (2nd ed.,) (pp. 231–252). Mahwah, NJ: Erlbaum.

Hoffer, T. B. (1998). "Social Background and Achievement in Public and Catholic High Schools." *Social Psychology of Education,* 2, 7–23.

Hofferth S. L., Reid, L., & Mott, F. L. (2001). "The Effects of Early Childbearing on Schooling Over Time." *Family Planning Perspectives,* 33, 259–267.

Hofferth, S., Kahn, J. R., and Baldwin, W. (1987). "Premarital Sexual Activity among U.S. Teenage Women over the Past Three Decades." *Family Planning Perspectives,* 19, 46–53.

Hoffman, M. L. (1994). "Discipline and Internalization." *Developmental Psychology,* 30, 26–28.

Hoffman, M. L. (2000). *Empathy and Moral Development: Implications for Caring and Justice.* Cambridge, England: Cambridge University Press.

Hoffman, V. J. (Spring 1984). "The Relationship of Psychology to Delinquency: A Comprehensive Approach." *Adolescence,* 19, 55–61.

Hoffner, C. A., and Levine, K. J. (2005). "Enjoyment of Mediated Fright and Violence: A Meta-Analysis." *Media Psychology,* 7, 207–237.

Hogan, D. P., and Astone, N. M. (1986). "The Transition to Adulthood." *American Sociological Review,* 12, 109–130.

Hogan, H. W., and McWilliams, J. M. (September 1978). "Factors Related to Self-Actualization." *Journal of Psychology,* 100, 117–122.

Hoge, D. R., Smit, E. K., and Crist, J. T. (1995). "Reciprocal Effects of Self-Concept and Academic Achievement in Sixth and Seventh Grade." *Journal of Youth and Adolescence,* 24, 295–314.

Holden, G., Geffner, R., and Jouriles, E. (Eds.). (1998). *Children Exposed to Marital Violence.* Washington, DC: American Psychological Association.

Hole, J. W. (1987). *Human Anatomy and Physiology.* 4th ed. Dubuque, IA: William C. Brown.

Hole, J. W. (1992). *Anatomy and Physiology* (6th Edition). New York: McGraw-Hill.

Holifield, J. E., Nelson, W. M., III, and Hart, K. J. (2002). "MMPI Profiles of Sexually Abused and Nonabused Outpatient Adolescents." *Journal of Adolescent Research,* 17, 188–195.

Holland, J. L. (1985). *Making Vocational Choices: A Theory of Vocational Personalities and Work Environments.* 2nd ed. Englewood Cliffs, NJ: Prentice Hall.

Hollander, D. (1996). "Contraceptive Use Is Most Regular if Teenagers Have Conventional Lifestyles." *Family Planning Perspectives,* 28, 289–290.

Holleran, P. R., Pascale, J., and Fraley, J. (1988). "Personality Correlates of College-Age Bulimics." *Journal of Counseling and Development,* 66, 378–381.

Holman, N., and Arcus, M. (1987). "Helping Adolescent Mothers and Their Children: An Integrated Multi-Agency Approach." *Family Relations,* 36, 119–123.

Holmbeck G. (1996). "A Model of Familial Relational Transformations during the Transition to Adolescence: Parent–Adolescent Conflict and Adaptation." In J. Graber, J. Brooks-Gunn, and A. Petersen, (Eds.), *Transitions through Adolescence: Interpersonal Domains and Context* (pp. 167–199). Mahwah, NJ: Erlbaum.

Holmbeck, G. N., and Hill, J. K. (1991).

"Conflictive Engagement, Positive Affect, and Menarche in Families with Seventh-Grade Girls." *Child Development,* 62, 1030–1048.

Holmbeck, G. N., Paikoff, R. L., & Brooks-Gunn, J. (1995). "Parenting Adolescents." In M. Bornstein (Ed.), *Handbook of Parenting, Vol. 1: Children and Parenting* (pp. 91–118). Hillsdale, NJ: Lawrence Erlbaum Associates.

Homan, K. B. (1986). "Vocation as the Quest for Authentic Existence." *The Career Development Quarterly,* 35, 14–23.

Hope, R. M., and Hodge, D. M. (2006). "Factors Affecting Children's Adjustment to the Death of a Parent: The Social Work Professional's Perspective." *Child and Adolescent Social Work Journal,* 23, 107–126.

Hopson, I., and Rosenfeld, A. (August 1984). "PMS: Puzzling Monthly Symptoms." *Psychology Today,* 18, 30–35.

Horowitz, J. A., Vessey, J. A., Carlson, K. L., Bradley, J. F., Montoya, C., McCullough, B., and David, J. (2004). "Teasing and Bullying Experiences of Middle School Students." *Journal of the American Psychiatric Nurses Association,* 10, 165–172.

Horowitz, R. (1983). *Honor and the American Dream.* Brunswick, NJ: Rutgers University Press.

Horowitz, T. R. (1992). "Dropout—Mertonian or Reproduction Scheme?" *Adolescence,* 27, 451–459.

Hortacsu, N. (1989). "Target Communication during Adolescence." *Journal of Adolescence,* 12, 253–263.

Hoyt, K. B. (1987). "The Impact of Technology on Occupational Change: Implications for Career Guidance." *The Career Development Quarterly,* 35, 269–278.

Hoyt, K. B. (1988). "The Changing Workforce: A Review of Projections—1986 to 2000." *The Career Development Quarterly,* 37, 31–39.

Hoza, B., Bukowski, W. M., and Beery, S. (2000). "Assessing Peer Network and Dyadic Loneliness." *Journal of Clinical Child Psychology,* 29, 119–128.

Hu, Y., Wood, J., Smith, V., and Westbrook, N. (2004). "Friendships through IM: Examining the Relationship between Instant Messaging and Intimacy." *Journal of Computer Mediated Communication,* 10. Retrieved from http://jcmc.indiana.edu/vol10/ issue1/hu.html.

Huang, C., and Grachow, F. (n.d.). "The Dilemma of Health Services in Chinatown." New York: Department of Health.

Hubble, L. M., and Groff, M. G. (December 1982). "WISC-R Verbal Performance IQ Discrepancies among Quay-Classified Adolescent Male Delinquents." *Journal of Youth and Adolescence,* 11, 503–508.

Hubbs-Tait, L., and Garmon, L. C. (1995). "The Relationship of Moral Reasoning and AIDS Knowledge to Risky Sexual Behavior." *Adolescence,* 30, 549–564.

Hudson, L. M., & Gray, W. M. (1986). "Formal Operations, the Imaginary Audience and the Personal Fable." *Adolescence,* 84, 751–765.

Huerta-Franco, R., deLeon, J. D., and Malacara, J. M. (1996). "Knowledge and Attitudes towards Sexuality in Adolescence and Their Association with the Family and Other Factors." *Adolescence,* 31, 179–191.

Huffman, J. W. (1986). "Teenagers' Gynecologic Problems." *Medical Aspects of Human Sexuality,* 20, 57–61.

Hughes, M., Morrison, K., and Asada, K. J. K. (2005). "What's Love Got to Do with It? Exploring the Maintenance Rules, Love Attitudes, and Network Support on Friends with Benefits Relationships." *Western Journal of Communication,* 69, 49–66.

Huitt, W. (2003). "Values." Retrieved July 11, 2003, from http://chiron.valdosta.edu/whuitt.

Huizinga, D., and Jakob-Chien, C. (1998). "The Contemporaneous Co-Occurrence of Serious and Violent Juvenile Offending and Other Behavior Problems." In R. Loeber and D. P. Farrington (Eds.), *Serious and Violent Juvenile Offenders: Risk Factors and Successful Intervention* (pp. 47–67). Thousand Oaks, CA: Sage.

Hulanicka, B. (1999). "Acceleration of Menarcheal Age of Girls from Dysfunctional Families." *Journal of Reproductive and Infant Psychology,* 17, 119–132.

Hultsman, W. C. (1992). "Constraints to Activity Participation in Early Adolescence." *Journal of Early Adolescence,* 12, 280–299.

Humphrey, L. L., and Stern, S. (1988). "Object Relations and the Family System in Bulimia: A Theoretical Integration." *Journal of Marital and Family Therapy,* 14, 337–350.

Hunt, G. P., and Laidler, K. J. (2001). "Alcohol and Violence in the Lives of Gang Members." *Alcohol Research & Health,* 25, 66–71.

Hunt, W. A., and Matazarro, J. D. (1970). "Habit Mechanisms in Smoking." In W. A. Hunt (Ed.), *Learning Mechanisms in Smoking.* Chicago: Aldine.

Hunter, A. (1997). "Counting on Grandmothers: Black Mothers' and Fathers' Reliance on Grandmothers for Parenting Support." *Journal of Family Issues,* 18, 251–269.

Hunter, E. (1998). "Adolescent Attraction to Cults." *Adolescence,* 33, 709–714.

Hurrelmann, K., Engel, U., Holler, B., and Nordlohne, E. (1988). "Failure in School, Family Conflicts, and Psychosomatic Disorders in Adolescence." *Journal of Adolescence,* 11, 237–249.

Hussong, A. M. (2000). "Distinguishing Mean and Structural Sex Differences in Adolescent Friendship Quality." *Journal of Social and Personal Relationships,* 17, 223–243.

Huston, A. C., and Alvarez, M. M. (1990). "The Socialization Context of Gender Role Development in Early Adolescence." In R. Montemayor, G. R. Adams, and T. P. Gullota, (Eds.), *From Childhood to Adolescence: A Transitional Period?* (pp. 156–179). Newbury Park, CA: Sage.

Huston, A. C., Donnerstein, E., Fairchild, H., Freshback, N. D., Katz, P. A., Murray, J. P., Rubenstein, E. A., Wilcox, B. L., and Zuckerman, D. (1992). *Big World, Small Screen: The Role of Television in American Society.* Lincoln: University of Nebraska Press.

Huston, L., Hoberman, H., and Nugent, S. (1994). *Alcohol Use and Abuse in Native American Adolescents.* Paper presented at the meeting of the Society for Research on Adolescence, San Diego.

Hutchinson, R. L., Valutis, W. E., Brown, D. T.,

and White, J. S. (1989). "The Effects of Family Structure on Institutionalized Children's Self-Concepts." *Adolescence,* 94, 303–310.

Huurre, T., Junkkari, H., & Aro, H. (2006). "Long-Term Psychosocial Effects of Parental Divorce: A Follow-up Study from Adolescence to Adulthood." *European Archives of Psychiatry and Clinical Neuroscience,* 256, 256–263.

Hyde, J. S. (1985). *Half the Human Experience.* Lexington, MA: D. C. Heath.

Hyde, J. S., and Delamater, J. D. (2000). *Understanding Human Sexuality.* 2nd ed. New York: McGraw-Hill.

Iceland, J., Weinberg, D. H, and Steinmetz, E. (2002). "Racial and Ethnic Residential Segregation in the United States: 1980–2000." Series no. CENSR-3. Washington, DC: Government Printing Office.

Ieit, D. (1985). *Anxiety, Depression, and Self-Esteem in Bulimia: The Role of the School Psychologist.* Paper presented an the Annual Meeting of the Educational Research Association, February, 1985, Virginia Beach, VA.

Ihinger-Tallman, M., and Pasley, K. (1986). "Remarriage and Integration within the Community." *Journal of Marriage and the Family,* 48, 395–405.

Indian Health Service. (2000). "Trends in Indian Health, 1998–1999." Retrieved September 24, 2003, from http://www.ihs.gov/publicinfo/ publications/trends98/front.pdf.

Information Please Almanac, Atlas and Yearbook: 1992. (1992). 45th edition. Boston: Houghton Mifflin.

Inhelder, B., and Piaget, J. (1958). *The Growth of Logical Thinking from Childhood to Adolescence.* New York: Basic Books.

Internet World Stats. (2006). *Internet Usage Stats: The Big Picture.* Retrieved from http://www .internetworldstats.com/stats.htm.

Irwin, D. D. (1999). "The Straight Edge Subculture: Examining the Youths' Drug-Free Way." *Journal of Drug Issues,* 29, 365–380.

Ivchenkova, N. P., Efimova, A. V., and Akkuzina, O. P. (2001). "Teenage Attitudes towards the Beginning of Sex Life." *Voprosy Psikologii,* 3, 49–57.

Jaccard, J., Dittus, P. J., and Gordon, B. B. (1996). "Maternal Correlates of Adolescent Sexual and Contraceptive Behavior." *Family Planning Perspectives,* 28, 159–165.

Jackson, A. W., and Davis, G. A. (2000). *Turning Points 2000: Educating Adolescents in the 21st Century.* New York: Teachers College Press.

Jackson, D. N., & Rushton, P. (2006). "Males Have Greater g: Sex Differences in General Mental Ability from 100,000 17- to 18-year-olds on the Scholastic Assessment Test." *Intelligence,* 34(5), 479–486.

Jackson, M. (1991, 1992). *Heal the World.* Mijac Music. Jacobs, J. B. (1988). "Families Facing the Nuclear Taboo." *Family Relations,* 37, 432–436.

Jackson, S. M., and Cram, F. (2003). "Disrupting the Sexual Double Standard: Young Women's Talk about Heterosexuality." *British Journal of Social Psychology,* 42, 113–127.

Jackson, S. M., Cram, F., and Seymour, F. W. (2000). "Violence and Sexual Coercion in High

School Students' Dating Relationships." *Journal of Family Violence*, 15, 23–36.

Jacobs, J. B. (1988). "Families Facing the Nuclear Taboo." *Family Relations*, 37, 432–436.

Jacobs, J. E., and Klaczynski, P. A. (2002). "The Development of Judgment and Decision Making during Childhood and Adolescence." *Current Directions in Psychological Science*, 11, 145–149.

Jacobs, J. E., and Potenza, M. (1990). *The Use of Decision-Making Strategies in Late Adolescence.* Paper presented at the meeting of the Society for Research in Adolescence, Atlanta.

Jacobs, J. E., Finken, L. L. Griffen, N. L., Lindsley, J. A., and Wright, J. D. (1998). "The Career Plans of Science Talented Rural Adolescent Girls." *American Educational Research Journal*, 35, 681–704.

Jacobs, J. F., and Potenza, M. T. (1991). "The Use of Judgment Heuristics to Make Social and Object Decisions: A Developmental Perspective." *Child Development*, 62, 166–178.

Jacobs, S. B., & Wagner, K. (1984). "Obese and Nonobese Individuals: Behavioral and Personality Characteristics." *Addictive Behaviors*, 9(2), 223–226.

Jacobson, K. C., and Crockett, L. J. (2000). "Parental Monitoring and Adolescent Adjustment: An Ecological Perspective." *Journal of Research on Adolescence*, 10, 65–97.

Jaffee, S., and Hyde, J. S. (2000). "Gender Differences in Moral Orientation: A Meta-Analysis." *Psychological Bulletin*, 126, 703–726.

Jahnke, H. C., and Blanchard-Fields, F. (1993). "A Test of Two Models of Adolescent Egocentrism." *Journal of Youth and Adolescence*, 22, 313–326.

James, W. (1890). *The Principles of Psychology.* New York: Holt.

Jamison, W., and Signorella, M. L. (1980). "Sex-Typing and Spatial Ability: The Association between Masculinity and Success on Piaget's Water-Level Task." *Sex Roles*, 6, 345–353.

Jang, S. J., and Thornberry, T. P. (1998). "Self-Esteem, Delinquent Peers, and Delinquency: A Test of the Self-Enhancement Thesis." *American Sociological Review*, 63, 586–598.

Jansen, P., Richter, L. M., and Griesel, R. D. (1992). "Glue Sniffing: A Comparison Study of Sniffers and Non-Sniffers." *Journal of Adolescence*, 15, 29–37.

Jarrell, A. (2000). "The Face of Teenage Sex Grows Younger." *New York Times*, April 2, 2000.

Jarrett, R. L. (1995). "Growing Up Poor: The Family Experiences of Socially Mobile Youth in Low-Income African American Neighbor-hoods." *Journal of Adolescent Research*, 10, 111–135.

Jarvinen, D. W., and Nichols, J. G. (1996). "Adolescents' Social Goals, Beliefs about the Causes of Social Success, and Satisfaction in Peer Relations." *Developmental Psychology*, 32, 435–441.

Jemmott, L. S., and Jemmott, J. B., III. (1992). "Family Structure, Parental Strictness, and Sexual Behavior among Inner City Black Male Adolescents." *Journal of Adolescent Research*, 7, 192–207.

Jencks, C. (1994). *The Homeless.* Cambridge, MA: Harvard University Press.

Jenkins, J. E., and Zunguze, S. T. (1998). "The Relationship of Family Structure to Adolescent Drug Use, Peer Affiliation, and Perception of Peer Acceptance of Drug Use." *Adolescence*, 33, 811–822.

Jenny, C., Roesler, T. A., and Poyer, K. L. (1994). "Are Children at Risk for Sexual Abuse by Homosexuals?" *Pediatrics*, 94, 41–44.

Jensen, A. F., and Ostergaard, P. (1998). "Dressing for Security or Risk? An Exploratory Study of Two Different Ways of Consumer Fashion." *European Advances in Consumer Research*, 3, 98–103.

Jensen, L. (1995). *The Moral Reasoning of Orthodox and Progressivist Indians and Americans.* Paper presented at the meeting of the Society for Research in Child Development, Indianapolis, IN.

Jensen, L. A., Arnett, J. J., Feldman, S. S., & Cauffman, E. (2002). "It's Wrong, but Everybody Does It: Academic Dishonesty Among High School and College Students." *Contemporary Educational Psychology*, 27, 209–228.

Jensen, L. A., Arnett, J. J., Feldman, S. S., and Cauffman, E. (2004). "The Right to Do Wrong: Lying to Parents among Adolescents and Emerging Adults." *Journal of Youth and Adolescence*, 33, 101–112.

Jessop, D. J. (February 1981). "Family Relationships as Viewed by Parents and Adolescents: A Specification." *Journal of Marriage and the Family*, 43, 95–106.

Johnsen, K. P., and Medley, M. L. (September 1978). "Academic Self-Concept among Black High School Seniors: An Examination of Perceived Agreement with Selected Others." *Phylon*, 39, 264–274.

Johnson, C. L., and Flach, R. A. (1985). "Family Characteristics of 105 Parents with Bulimia." *American Journal of Psychiatry*, 142, 1321–1324.

Johnson, E., Stein, R. E. K., and Dadds, M. R. (1996). "Moderating Effects of Family Structure on the Relationship between Physical and Mental Health in Urban Children with Chronic Illness." *Journal of Pediatric Psychology*, 121, 43–56.

Johnson, J. D., Adams, M. S., Ashburn, L., and Reed, W. (1995). "Differential Gender Effects of Exposure to Rap Music on African American Adolescents' Acceptance of Teen Dating Violence." *Sex Roles*, 33, 597–605.

Johnson, J. D., Jackson, L. E., and Gatto, L. (1995). "Violent Attitudes and Deferred Academic Aspirations: Deleterious Effects of Exposure to Rap Music." *Basic and Applied Social Psychology*, 16, 27–41.

Johnson, J. D., Trawalter, S., and Dovidio, J. F. (2000). "Converging Interracial Consequences of Exposure to Violent Rap Music on Stereotypical Attributions of Blacks." *Journal of Experimental Social Psychology*, 36, 233–251.

Johnson, J. G., Cohen, P., Kotler, L., Kasen, S., and Brook, J. S. (2002). "Psychiatric Disorders Associated with Risk for the Development of Eating Disorders during Adolescence and Early Adulthood." *Journal of Consulting and Clinical Psychology*, 70, 1119–1128.

Johnson, J. H. (1986). *Life Events as Stressors in Childhood and Adolescence.* Beverly Hills, CA: Sage.

Johnson, K. A. (1986). "Informal Control Networks and Adolescent Orientation toward Alcohol Use." *Adolescence*, 21, 767–784.

Johnson, L., Bachman, J., and O'Malley, P. (1994). *Drug Use Rises among American Teenagers.* News Release, Institute of Social Research, University of Michigan, Ann Arbor.

Johnson, L. D., O'Malley, P. M., and Bachman, J. G. (1985). *Use of Licit and Illicit Drugs by America's High School Students, 1975–1984.* Rockville, MD: National Institute on Drug Abuse.

Johnson, L. D., O'Malley, P. M., and Bachman, J. G. (1987). *National Trends in Drug Use and Related Factors among American High School Students and Young Adults, 1975–1986.* Washington, DC: U.S. Government Printing Office.

Johnson, L. D., O'Malley, P. M., and Bachman, J. G. (1996). *National Survey Results on Drug Use from the Monitoring the Future Study; 1975–1994.* Rockville, MD: National Institute on Drug Abuse.

Johnson, L. D., O'Malley, P. M., and Bachman, J. G. (2003). *Monitoring the Future: National Results on Adolescent Drug Use: Overview of Key Findings, 2002* (NIH Publication no. 03-5374). Bethesda, MD: National Institute on Drug Abuse.

Johnson, L. D., O'Malley, P. M., Bachman, J. G., and Schulenberg, J. E. (2005). *Monitoring the Future National Results on Adolescent Drug Use, 1975–2004: Volume, ii: College Students and Adults Ages 19–45* (NIH Publication No. 05-5728). Bethesda, MD: National Institute on Drug Abuse.

Johnson, L. D., O'Malley, P. M., Bachman, J. G., and Schulenberg, J. E. (2006). *Monitoring the Future National Results on Adolescent Drug Use: Overview of Key Findings, 2005* (NIH Publication No. 06-5882). Bethesda, MD: National Institute on Drug Abuse.

Johnson, M. K., Beebe, T., Mortimer, J. T., and Snyder, M. (1998). "Volunteerism in Adolescence: A Process Perspective." *Journal of Research on Adolescence*, 8, 309–332.

Johnson, P. L., & O'Leary, D. (1987). "Parental Behavior Patterns and Conduct Disorders in Girls." *Journal of Abnormal Child Psychology*, 15, 573–581.

Johnson, R. E. (1987). "Mother's versus Father's Roles in Causing Delinquency." *Adolescence*, 22, 305–315.

Johnson, R. J., and Kaplan, H. B. (1991). "Developmental Processes Leading to Marijuana Use: Comparing Civilians and the Military." *Youth and Society*, 23, 3–30.

Jolliffe, D. (2004). "Extent of Overweight among US Children and Adolescents from 1971 to 2000." *International Journal of Obesity and Related Metabolic Disorders*, 28, 4–9.

Jones, R. K., Darroch, J. E., and Henshaw, S. K. (2002). "Patterns in the Socioeconomic Characteristics of Women Obtaining Abortions in 2000–2001." *Perspectives on Sexual and Reproductive Health*, 34, 226–235.

Jordan, N. (1989). "Spare the Rod, Spare the Child." *Psychology Today*, 23, 16.

Jordan, W. J., Lara, J., and McPartland, G. M. (1996). "Exploring the Causes of Early Drop

Out among Race-Ethnic and Gender Groups." *Youth and Society*, 28, 62–94.

Jorm, A. F., Christensen, H., Rogers, B., Jacomb, P. A., and Easteal, S. (2004). "Association of Adverse Childhood Experiences, Age of Menarche and Adult Reproductive Behavior: Does the Androgen Receptor Gene Play a Role?" *American Journal of Medical Genetics Part B: Neuropsychiatric Genetics*, 125, 105–111.

Josephs, R. A., Markus, H. R., and Tafarodi, R. W. (1992). "Gender and Self-Esteem." *Journal of Personality and Social Psychology*, 63, 391–402.

Josephson Institute of Ethics. (2002). *The Six Pillars of Character*. Retrieved from http://www.josephsoninstitute.org/MED/MED-2sixpillars.htm

Josselson, R. (August 1982). "Personality Structure and Identity Status in Women as Viewed through Early Memories." *Journal of Youth and Adolescence*, 11, 293–299.

Josselson, R. (1987). *Finding Herself: Pathways to Identity Development in Women*. San Francisco: Jossey-Bass.

Josselson, R. (1988). "The Embedded Self: I and Thou Revisited." In D. K. Lapsley and F. C. Power (Eds.), *Self, Ego, and Identity: Integrative Approaches* (pp. 91–106.) New York: Springer-Verlag.

Jovanovic, J., Lerner, R., and Lerner, J. V. (1989). "Objective and Subjective Attractiveness and Early Adolescent Adjustment." *Journal of Adolescence*, 12, 225–229.

Joyner, K., and Udry, J. R. (2000). "You Don't Bring Me Anything but Down: Adolescent Romance and Depression." *Journal of Health and Social Behavior*, 41, 369–391.

Jozefowicz, D. M., Barber, B. L., and Mollasis, C. (1994). *Relations between Maternal and Adolescent Values and Beliefs: Sex Differences and Implications for Vocational Choice*. Paper presented at the meeting of the Society for Research on Adolescence, San Diego.

Juhasz, A. M. (1989). "Significant Others and Self-Esteem: Methods for Determining Who and Why." *Adolescence*, 24, 581–594.

Jurich, A. P., Polson, C. J., Jurich, J. A., and Bates, R. A. (Spring 1985). "Family Factors in the Lives of Drug Users and Abusers." *Adolescence*, 20, 143–159.

Jurich, A. P., Schumm, W. R., and Bollman, S. R. (1987). "The Degree of Family Orientation Perceived by Mothers, Fathers, and Adolescents." *Adolescence*, 22, 119–128.

Jurich, J. A., Adams, R. A., and Schulenberg, J. E. (1992). "Factors Related to Behavior Change in Response to AIDS." *Family Relations*, 41, 97–103.

Jussim, L., Eccles J. S., and Madon, S. (1996). "Social Perception, Social Stereotypes, and Teacher Expectations: Accuracy and the Quest for the Powerful Self-Fulfilling Prophesy." In L. Berkowitz (Ed.), *Advances in Experimental Social Psychology* (pp. 281–388). New York: Academic Press.

Kacerguis, M. A., and Adams, G. R. (April 1980). "Erikson Stage Resolution: The Relationship between Identity and Intimacy." *Journal of Youth and Adolescence*, 9, 117–126.

Kaczmarek, M. G., and Backlund, V. A. (1991). "Disenfranchised Grief: The Loss of an Adolescent Romantic Relationship." *Adolescence*, 26, 253–259.

Kafka, R. R., and London, P. (1991). "Communication in Relationships and Adolescent Substance Use: The Influence of Parents and Friends." *Adolescence*, 26, 587–598.

Kahn, J. R., and London, K. A. (1991). "Premarital Sex and the Risk of Divorce." *Journal of Marriage and the Family*, 53, 845–855.

Kail, R. (1991). "Developmental Change in Speed of Processing during Childhood and Adolescence." *Psychological Bulletin*, 109, 490–501.

Kail, R. (1997). "The Neural Noise Hypothesis: Evidence from Processing Speed in Adults with Multiple Sclerosis." *Aging, Neuropsychology, and Cognition*, 4, 157–165.

Kail, R. (2000). "Speed of Information Processing: Developmental Change and Links to Intelligence." *Journal of School Psychology*, 38, 51–61.

Kaiser Family Foundation. (1998). *National Survey of Teens: Teens Talk about Dating, Intimacy, and Their Sexual Experiences*. Publication No. 1373. Retrieved from http://www.kff.org/youthhivstds/ 1373-datingrep.cfm.

Kaiser Family Foundation. (2000). *Safer Sex, Condoms, and "The Pill": A Series of National Surveys of Teens about Sex*. Menlo Park, CA: Author.

Kalakoski, V., and Nurmi, J-E. (1998). "Identity and Educational Transitions: Age Differences in Adolescent Exploration and Commitment Related to Education, Occupation, and Family." *Journal of Research on Adolescence*, 8, 29–47.

Kalil, A., and Kunz, J. (1999). "First Births among Unmarried Adolescent Girls: Risk and Protective Factors." *Social Work Research*, 23, 197–208.

Kalmuss, D., Namerow, P. B., and Cushman, L. F. (1991). "Teenage Pregnancy Resolution: Adoption versus Parenting." *Family Planning Perspectives*, 23, 17–23.

Kanazawa, S. (2001). "Why Father Absence Might Precipitate Early Menarche: The Role of Polygyny." *Evolution and Human Behavior*, 22, 329–334.

Kandel, D. B., et al. (March 1978). "Antecedents of Adolescent Initiation into Stages of Drug Use: A Developmental Analysis." *Journal of Youth and Adolescence*, 7, 13–40.

Kandel, D. B., Johnson, J. G., Bird, H. R., Canino, G., Goodman, S. H., Lahey, B. B., Regier, D. A., and Schwab-Stone, M. (1997). "Psychiatric Disorders Associated with Substance Use among Children and Adolescents: Findings from the Methods for the Epidemiology of Child and Adolescent Mental Disorders (MECA) Study." *Journal of Abnormal Child Psychology*, 25, 121–132.

Kandel, J., Schwartz, J., and Jessel, T. (1991). *Principles of Neural Science*, 3rd ed. New York: Elsevier.

Kane, M. J. (1988). "The Female Athletic Role as a Status Determinant within the Social System of High School Adolescents." *Adolescence*, 23, 253–264.

Kanin, E. J., and Parcell, S. R. (1977). "Sexual Aggression: A Second Look at the Offended Female." *Archives of Sexual Behavior*, 6, 67–76.

Kann, L., Kinchen, S. A., Williams, B. I., et al. (2000). "Youth Risk Behavior Surveillance: United States, 1999." *Centers for Disease Control Surveillance Summary*, 49, 1–32.

Kaplan, H. B. (1980). "Deviant Behavior and Self-Enhancement in Adolescence." *Journal of Youth and Adolescence*, 7, 253–277.

Kaplan, R. M., & Saccuzzo, D. P. (2005). *Psychological Testing: Principles, Applications, and Issues*. Belmont, CA: Thomson Wadsworth.

Kaplowitz, P. B., Slora, E. J., Wasserman, R. C., Pedlow, S. E., and Herman-Giddens, M. E. (2001). "Earlier Onset of Puberty in Girls: Relation to Increased Body Mass Index and Race." *Pediatrics*, 108, 347–353.

Karatzias, A. Power, K. G., and Swanson, V. (2002). "Bullying and Victimization in Scottish Secondary Schools: Same or Separate Entities?" *Aggressive Behavior*, 28, 45–61.

Katchadourian, H. (1977). *The Biology of Adolescence*. San Francisco: W. H. Freeman.

Katz, J. E., & Rice, R. E. (2002). *Social Consequences of Internet Use: Access, Involvement, and Interaction*. Cambridge, MA: MIT Press.

Katzenstein, D. (1997). "Antiretroviral Therapy for Human Immunodeficiency Virus Infection in 1997." *Western Journal of Medicine*, 166, 319–325.

Kaufman, A. S., and Lichtenberger, E. O. (2002). *Assessing Adolescent and Adult Intelligence* (2nd ed.). Boston: Allyn & Bacon.

Kaufmann, D., Gesten, E., and Santa Lucia, R. C. (2000). "The Relationship between Children's Adjustment and Parenting Style: The Parents' Perspective." *Journal of Child and Family Studies*, 9, 231–245.

Kay, A. W. (1969). *Moral Development*. New York: Schocken Books.

Kazdin, A. E. (1995). *Conduct Disorders in Childhood and Adolescence*. 2nd ed. Newbury Park, CA: Sage.

Keating, D. (2004). "Cognitive and Brain Development." In R. Lerner and L. Steinberg (Eds.), *Handbook of Adolescent Psychology* (pp. 45–84). Chichester, England: Wiley.

Keating, D. P. (1990). "Adolescent Thinking." In S. S. Feldman and G. R. Elliott (Eds.), *At the Threshhold: A Developing Adolescent*. Cambridge, MA: Harvard University Press.

Keefe, K., and Berndt, T. J. (1996). "Relations of Friendship Quality to Self-Esteem in Early Adolescence." *Journal of Early Adolescence*, 16, 110–129.

Keelan, J. P. R., Dion, K. K., and Dion, K. L. (1992). "Correlates of Appearance Anxiety in Late Adolescence and Early Adulthood among Young Women." *Journal of Adolescence*, 15, 193–205.

Keesey, R. E, and Pawley, T. L. (1986). "The Regulation of Body Weight." *Annual Review of Psychology*, 37, 109–133.

Keith, A., Nelson, B., Schlabach, C., and Thompson, D. (1990). "The Relationship between Parental Employment and Three Measures of Early Adolescent Responsibility: Family-Related, Personal, and Social." *Journal of Early Adolescence*, 10, 399–415.

Keith, V. M., and Finlay, B. (1988). "The Impact

of Parental Divorce on Children's Educational Attainment, Marital Timing, and Likelihood of Divorce." *Journal of Marriage and the Family,* 50, 797–809.

Keithly, D., and Deseran, F. (1995). "Households, Local Labor Markets, and Youth Labor Force Participation." *Youth and Society,* 26, 463–492.

Keller, J., and Keller, K. T. (1992, 1993). *Love Is.* Warner-Tamerlane Publishing Company, Checkerman Music, Pressmancherryblossom, W. B. Music Corporation, N. Y. M., and Pressmancherry Music.

Kelley, S. S., Borawski, E. A., Flocke, S. A., and Keen, K. J. (2003). "The Role of Sequential and Concurrent Sexual Relationships in the Risk of Sexually Transmitted Diseases among Adolescents." *Journal of Adolescent Health,* 32, 296–305.

Kelly, C., and Goodwin, G. C. (Fall 1983). "Adolescents' Perceptions of Three Styles of Parental Control." *Adolescence,* 18, 567–571.

Kelly, J. (2003). "Changing Perspectives on Children's Adjustment Following Divorce: A View from the United States." *Childhood,* 10, 237–254.

Kelly, R. (1992). *Quality Time.* Willesden Music/R. Kelly Publishing Inc. (Administered by Willesden Music) (BMI).

Kendall-Tackett, K. A., Williams, L. M., and Finkelhor, D. (1993). "Impact of Sexual Abuse on Children: A Review and Synthesis of Recent Empirical Studies." *Psychological Bulletin,* 113, 164–180.

Kendler, K. S., Walters, E. E., Neale, M., C., Kessler, R. C., Heath, A. C., and Eaves, L. J. (1995). "The Structure of the Genetic and Environmental Risk Factors for Six Major Psychiatric Disorders in Women: Phobia, Generalized Anxiety Disorder, Panic Disorder, Bulimia, Major Depression, and Alcoholism." *Archives of General Psychiatry,* 52, 374–383.

Keniston, K. (1971). "Youth: A New Stage of Life." *American Scholar,* 39, 4.

Keniston, K. "The Tasks of Adolescence." *In Developmental Psychology Today.* Del Mar, CA: CRM Books.

Kennedy, E. (1995). "Correlates of Perceived Popularity among Peers: A Study of Race and Gender Differences among Middle School Students." *Journal of Negro Education,* 64, 186–195.

Kennedy, S. H., Kaplan, A. S., Garfinkel, P. E., Rockert, W., Toner, B., and Abbey, S. E. (1994). "Depression in Anorexia Nervosa and Bulimia Nervosa: Discriminating Depressive Symptoms and Episodes." *Journal of Psychosomatic Research,* 38, 773–782.

Kenney, A. M., Guardado, S., and Brown, L. (1989). "Sex Education and AIDS Education in the Schools: What States and Large School Districts are Doing." *Family Planning Perspectives,* 21, 56–64.

Kenny, M. E. (1994). "Quality and Correlates of Parental Attachment among Late Adolescents." *Journal of Counseling and Development,* 72, 399–403.

Kenny, M. E., Lomax, R., Brabeck, M., and Fife, J. (1998). "Longitudinal Pathways Linking Adolescent Reports of Maternal and Paternal Attachments to Psychological Well-Being." *Journal of Early Adolescence,* 18, 221–243.

Keough, J., and Sugden, D. (1985). *Movement Skill Development.* New York: Macmillan.

Kerber, C. S. (2005). "Problem and Pathological Gambling among College Athletes." *Annals of Clinical Psychiatry,* 17, 243–247.

Kerckhoff, A. C. (2002). "The Transition from School to Work." In J. T. Mortimer and R. W. Larson (Eds.), *The Changing Adolescent Experience: Societal Trends and the Transition to Adulthood* (pp. 52–87). Cambridge, England: Cambridge University Press.

Kerpelman, J. L., Pittman, J. F., and Lamke, L. K. (1997). "Toward a Microprocess Perspective on Adolescent Identity Development: An Identity Control Theory Approach." *Journal of Adolescent Research,* 12, 325–346.

Kerr, B. A., and Colangelo, N. (1988). "The College Plans of Academically Talented Students." *Journal of Counseling and Development,* 67, 42–48.

Kerr, M., Stattin, H., and Trost, K. (1999). "To Know You Is to Trust You: Parents' Trust Is Rooted in Child Disclosure of Information." *Journal of Adolescence,* 22, 737–752.

Kershner, R. (1996). "Adolescent Attitudes about Rape." *Adolescence,* 31, 29–33.

Keshna, R. (1980). "Relevancy of Tribal Interests and Tribal Diversity in Determining the Educational Needs of American Indians." In *Conference on the Education and Occupational Needs of American Indian Work.* Washington, DC: U.S. Department of Education, National Institute of Education.

Keski-Rahkonen, A., Viken, R. J., Kapiro, J., Rissanen, A., and Rose, R. J. (2004). "Genetic and Environmental Factors in Breakfast Eating Patterns." *Behavior Genetics,* 90, 503–514.

Ketterlinus, R. D., Henderson, S., and Lamb, M. E. (1991). "The Effects of Maternal Age-at-Birth on Children's Cognitive Development." *Journal of Research on Adolescence,* 1, 173–188.

Ketterson, T. U., and Blustein, D. L. (1997). "Attachment Relationships and the Career Exploration Process." *Career Development Quarterly,* 46, 167–177.

Keye, W. R. (Fall 1983). "Update: Premenstrual Syndrome." *Endocrine and Fertility Forum,* 6, 1–3.

Khalique, A., and Rohner, R. P. (2002). "Reliability of Measures Assessing the Pancultural Association between Perceived Parental Acceptance-Rejection and Psychological Adjustment: A Meta-Analysis of Cross-Cultural and Intra-Cultural Studies." *Cultural Research,* 33, 87–99.

Kibler, W. L. (1993). "Academic Dishonesty: A Student Development Perspective." *NASPA Journal,* 30, 252–267.

Kidd, S. A. (2003). "Street Youth: Coping and Interventions." *Child & Adolescent Social Work Journal,* 20, 235–261.

"Kids and Contraceptives." (February 16, 1987). *Newsweek,* pp. 54–65.

Kidwell, J. S., Dunham R. M., Bacho, R. A., Pastorino, E., and Portes, P. R. (1995). "Adolescent Identity Exploration: A Test of Erikson's Theory of Transitional Crisis." *Adolescence,* 30, 785–710.

Kifer, E. (1985). "Review of the ACT Assessment Program." In J. V. Mitchell (Ed.), *Ninth Mental Measurement Yearbook* (pp. 31–45). Lincoln:

Buros Mental Measurement Institute, University of Nebraska Press.

Kilbourne, J. (1995). "Beauty and the Beast of Advertising." In G. Dines and J. M. Humez (Eds.), *Gender, Race, and Class in Media* (pp. 112–125). Thousand Oaks, CA: Sage.

Killen, M., Lee-Kim, J., McGlothlin, H., and Stangor, C. (2002). *How Children and Adolescents Evaluate Gender and Racial Exclusion.* (p. 118). Monograph of the Society for Research in Child Development, 67, no. 4.

Killen, M., and Turiel, E. (1998). "Adolescents' and Young Adults' Evaluations of Helping and Sacrificing for Others." *Journal of Research on Adolescence,* 8, 355–375.

Kim, K. G., Conger, R. D., and Lorenz, F. O. (2001). "Parent-Adolescent Reciprocity in Negative Affect and Its Relation to Early Adult Social Development." *Developmental Psychology,* 37, 775–790.

Kim-Cohen, J., Moffett, T. E., Caspi, A., and Taylor, A. (2004). "Genetic and Environmental Processes in Young Children's Resilience and Vulnerability to Socioeconomic Deprivation." *Child Development,* 75, 651–668.

Kimmier, R. T., Brigman, S. L., and Noble, F. C. (1990). "Career Indecision and Family Enmeshment." *Journal of Counseling and Development,* 68, 309–312.

King, A., Staffieri, A., and Adelgais, A. (1998). "Mutual Peer Tutoring: Effects of Structuring Tutorial Interaction to Scaffold Peer Learning." *Journal of Educational Psychology,* 90, 134–152.

King, M. L. (1964). *Why We Can't Wait.* New York: Harper and Row.

King, P. (1989 March). "Living Together: Bad for Kids." *Psychology Today,* 23, 77.

King, P. E., and Furrow, J. L. (2004). "Religion as a Resource for Positive Youth Development: Religion, Social Capital, and Moral Outcomes." *Developmental Psychology,* 40, 703–713.

King, P. M., Kitchener, K. S., Davidson, M. L., Parker, C. A., and Wood, P. K. (1983). "The Justification of Beliefs in Young Adults: A Longitudinal Study." *Human Development,* 26, 106–118.

King, R. A., Schwab-Stone, M., Flisher, A. J., Greenwald, S., Kramer, R. A., Goodman, S. H., Lahey, B. B., Shaffer, D., and Gould, M. S. (2001). "Psychosocial and Risk Behavior Correlates of Youth Suicide Attempts and Suicidal Ideation." *Journal of the American Academy of Child & Adolescent Psychiatry,* 40, 837–846.

King, V., Elder, G. H., Jr., and Whitbeck, L. B. (1997). "Religious Involvement among Rural Youth: An Ecological and Life-Course Perspective." *Journal of Research on Adolescence,* 7, 431–456.

Kinsey, A., Pomeroy, W., and Martin, C. (1948). *Sexual Behavior in the Human Male.* Philadelphia: Saunders.

Kinze, J. D., Frederickson, R. H., Ben, R., Fleck, J., and Karls, W. (1984). "Post-Traumatic Stress Disorder among Survivors of Cambodian Concentration Camps." *American Journal of Psychiatry,* 141, 645–650.

Kipke, M. D., O'Connor, S., Palmer, R. F., and MacKenzie, R. G. (1995). "Street Youth in Los Angeles: Profile of a Group at High Risk for

HIV." *Archives of Pediatric and Adolescent Medicine,* 149, 513–519.

Kipke, M. D., Palmer, R. F., LaFrance, S., and O'Connor, S. (1997). "Homeless Youths' Descriptions of Their Parents' Child-Rearing Practices." *Youth and Society,* 28, 415–431.

Kirby, D. D., and Brown, N. L. (1996). "Condom Availability in Programs in U.S. Schools." *Family Planning Perspectives,* 28, 196–202.

Kirby, D., Short, L., Collins, J., Rugg, D., Kolbe, L., Howard, M., Miller, B., Sonenstein, F., and Zabin, L. (1994). "School-Based Programs to Reduce Sexual Risk Behaviors: A Review of Effectiveness." *Public Health Reports,* 109, 339–360.

Kirby, D., Waszak, C., and Ziegler, J. (1991). "Six School-Based Clinics: Their Reproductive Health Services and Impact on Sexual Behavior." *Family Planning Perspectives,* 23, 6–16.

Kirkcaldy, B. D., Shephard, R. J., and Siefen, R. G. (2002). "The Relationship between Physical Activity and Self-Image and Problem Behavior among Adolescents." *Social Psychiatry and Psychiatric Epidemiology,* 37, 544–550.

Kirkpatrick, L. A. (1998). "God as a Substitute Attachment Figure: A Longitudinal Study of Adult Attachment Style and Religious Change in College Students." *Personality and Social Psychology Bulletin,* 24.

Kirschner, D. (1996). "Adoption Psychopathology and the 'Adopted Child Syndrome.'" In *The Hatherleigh Guide to Child and Adolescent Therapy* (pp. 103–123). New York: Hatherleigh Press.

Kirsh, S. J. (2006). *Children, Adolescents, and Media Violence: A Critical Look at the Research.* Thousand Oaks, CA: Sage.

Kiselica, M. S., and Pfaller, J. (1993). "Helping Teenage Parents: The Independent and Collaborative Roles of Counselor Educators and School Counselors." *Journal of Counseling and Development,* 72, 42–48.

Kiselica, M. S., and Sturmer, P. (1993). "Is Society Giving Teenage Fathers a Mixed Message?" *Youth and Society,* 24, 487–501.

Kisker, E. E. (March–April 1985). "Teenagers Talk about Sex, Pregnancy, and Contraception." *Family Planning Perspectives,* 17, 83–90.

Klaczynski, P. (2005). "Metacognition and Cognitive Variability: A Dual-Process Model of Decision Making and Its Development." In J. Jacobs and P. Klaczynski (Eds.), *The Development of Decision Making in Children and Adolescents* (pp. 39–76). Mahwah, NJ: Erlbaum.

Klaczynski, P. A. (1990). "Cultural-Developmental Tasks and Adolescent Development: Theoretical and Methodological Considerations." *Adolescence,* 25, 811–823.

Klaczynski, P. A. (1993). "Reasoning Schema Effects on Adolescent Rule Acquisition and Transfer." *Journal of Educational Psychology,* 85, 679–692.

Klaczynski, P. A., and Gordon, D. H. (1996). "Self-Serving Influences on Adolescents' Evaluations of Belief-Relevant Evidence." *Journal of Experimental Child Psychology,* 62, 317–339.

Klaczynski, P. A., Byrnes, J. E., and Jacobs, J. E. (2001). "Introduction to the Special Issue on the Development of Decision-Making." *Journal of Applied Developmental Psychology,* 22, 225–236.

Klaczynski, P., and Cottrell, J. (2004). "A Dual-Process Approach to Cognitive Development: The Case of Children's Understanding of Sunk-Cost Decisions." *Thinking and Reasoning,* 10, 147–174.

Klarcznski, P. A., and Narasimhan, G. (1998). "Representations as Mediators of Adolescent Deductive Reasoning." *Developmental Psychology,* 34, 865–881.

Klaw, E., and Saunders, M. (1994). *An Ecological Model of Career Planning in Pregnant African-American Teens.* Paper presented at the biennial meeting of the Society for Research on Adolescents, San Diego.

Klayman, J. (1985). "Children's Decision Strategies and Their Adaptation to Talk Characteristics." *Oganizational Behavior and Human Decision Processes,* 35, 179–201.

Klebanob, P. K., and Brooks-Gunn, J. (1992). "Impact of Paternal Attitudes, Girls' Adjustment and Cognitive Skills upon Academic Performance in Middle and High School." *Journal of Research on Adolescence,* 2, 81–102.

Klein, H. A. (1992). "Temperament and Self-Esteem in Late Adolescence." *Adolescence,* 27, 689–694.

Klein, H. A. (1995). "Self-Perception in Late Adolescence: An Interactive Perspective." *Adolescence,* 30, 579–591.

Klein, M. 1998. "Teen Green." *American Demographics,* 20, 39.

Klepinger, D. H., Lundberg, S., and Plotnick, R. G. (1995). "Adolescent Fertility and the Educational Attainment of Young Women." *Family Planning Perspectives,* 27, 23–28.

Kling, K. C., Hyde, J. S., Showers, C. J., and Buswell, B. N. (1999). "Gender Differences in Self-Esteem: A Meta-Analysis." *Psychological Bulletin,* 125, 470–500.

Klingman, L., and Vicary, J. R. (1992). *Risk Factors Associated with Date Rape and Sexual Assault of Young Adolescent Girls.* Paper presented at the meeting of the Society for Research on Adolescents, Washington, DC.

Klos, D. S., and Loomis, D. F. (June 1978). "A Rating Scale of Intimate Disclosure between Late Adolescents and Their Friends." *Psychological Reports,* 42, 815–820.

Klyman, C. M. (1985). "Community Parental Surrogates and Their Role for the Adolescent." *Adolescence,* 20, 397–404.

Knapp, M., and Shields, P. (1990). "Recovering Academic Instruction for the Children of Poverty." *Phi Delta Kappan,* 71, 753–758.

Knox, D., Zusman, M. E., Snell, S., and Cooper, C. (1999). "Characteristics of College Students Who Cohabitate." *College Student Journal,* 33, 510–512.

Kochenderfer, B. J., and Ladd, G. W. (1997). "Victimized Children's Responses to Peers' Aggression: Behaviors Associated with Reduced versus Continued Victimization." *Developmental Psychopathology,* 9, 59–73.

Koenig, L. J. (1988). "Self-Image of Emotionally Disturbed Adolescents." *Journal of Abnormal Child Psychology,* 16, 111–126.

Koenig, L. J., and Abrams, R. F. (1999). "Adolescent Loneliness and Adjustment—A Focus on Gender Differences." In K. J. Rotenberg and S. Hymel (Eds.), *Loneliness in Childhood and Adolescence* (pp. 296–322). Cambridge, England: Cambridge University Press.

Koff, E., and Rierdan, J. (1990). "Gender, Body Image, and Self-Concept in Early Adolescence." *Journal of Early Adolescence,* 10, 56–68.

Koff, E., and Rierdan, J. (1995). "Preparing Girls for Menstruation: Recommendations from Adolescent Girls." *Adolescence,* 30, 795–811.

Koff, E., Rierdan, J., & Stubbs, M. L. (1990). "Gender, body image, and self-concept in early adolescence." *Journal of Early Adolescence,* 10, 56–68.

Kohlberg, L. (1963). "The Development of Children's Orientations toward a Moral Order." *Vita Humana,* 6, 11–33.

Kohlberg, L. (1966). "Moral Education in the Schools: A Developmental View." *School Review,* 74, 1–30.

Kohlberg, L. (1969). *Stages in the Development of Moral Thought and Action.* New York: Holt, Rinehart and Winston.

Kohlberg, L. (1970). "Moral Development and the Education of Adolescents." In R. F. Purnell (Ed.), *Adolescents and the American High School.* New York: Holt, Rinehart and Winston.

Kohlberg, L. (1994). *Moral Reasoning in Adolescence.* Boston: Allyn & Bacon.

Kohlberg, L., and Gilligan, C. (Fall 1971). "The Adolescent as a Philosopher: The Discovery of the Self in a Postconventional World." *Daedalus,* 1051–1086.

Kohlberg, L., and Kramer, R. (1969). "Continuities and Discontinuities in Childhood and Adult Development." *Human Development,* 12, 93–120.

Kohlberg, L., and Turiel, E., (Eds.). (1972). *Recent Research in Moral Development.* New York: Holt, Rinehart and Winston.

Kolata, G. (1988). "Child Splitting." *Psychology Today,* 22, 34–36.

Koopmans, M. (1995). "A Case of Family Dysfunction and Teenage Suicide Attempt: Applicability of a Family System's Paradigm." *Adolescence,* 30, 87–94.

Kopera-Frye, K., and Wiscott, R. (2000). "Intergenerational Continuity: Transmission of Beliefs and Culture." In B. Hayslip, Jr., and R. Goldberg-Glen (Eds.), *Grandparents Raising Grandchildren: Theoretical, Empirical, and Clinical Perspectives* (pp. 65–84). New York: Springer-Verlag.

Koss, M. P. (1993). "Rape: Scope, Impact, Interventions, and Public Policy Responses." *American Psychologist,* 48, 1062–1069.

Koss, M. P., Gidyca, C. A., and Wisniewski, N. (1987). "The Scope of Rape: Incidence and Prevalence of Sexual Aggression and Victimization in a National Sample of Higher Education Students." *Journal of Consulting and Clinical Psychology,* 55, 162–170.

Kostanski, M., and Gullone, E. (1998). "Adolescent Body Image Dissatisfaction: Relationships with Self-Esteem, Anxiety, and Depression Controlling for Body Mass." *Journal of Child Psychiatry,* 39, 255–262.

Kracke, B. (2002). "The Role of Personality,

Parents and Peers in Adolescents' Career Exploration." *Journal of Adolescence, 25,* 19–30.

Kracke, B., and Schmitt-Rodermund, E. (2001). "Adolescents' Career Exploration in the Context of Educational and Occupational Transitions." In J. E. Nurmi (Ed.), *Navigating through Adolescence: European Perspectives* (pp. 137–161). New York: Garland.

Kramer, L. R. (1991). "The Social Construction of Ability Perceptions: An Ethnographic Study of Gifted Adolescent Girls." *Journal of Early Adolescence,* 11, 340–362.

Kratzert, W. F., and Kratzert, M. Y. (1991). "Characteristics of Continuation of High School Students." *Adolescence,* 26, 13–17.

Krebs, D., and Gillmore, J. (1982). "The Relationship among the First Stages of Cognitive Development, Role-Taking Abilities, and Moral Development." *Child Development,* 53, 877–886.

Kreider, R. M. (2003). "Adopted Children and Stepchildren: 2000." *U. S. Census Special Report CENSR-6RV.* Washington, DC: U.S. Bureau of the Census.

Kreider, R. M., and Fields, J. M. (2002). "Number, Timing, and Duration of Marriages and Divorces: 1996." *Current Population Reports,* no. P70–80. Washington, DC: U.S. Bureau of the Census.

Krettenauer, T. (2004). "Metaethical Cognition and Epistemic Reasoning Development in Adolescence." *International Journal of Behavioral Development,* 28, 461–470.

Kroger, J. (1988). "A Longitudinal Study of Ego Identity Status Interview Domains." *Journal of Adolescence,* 11, 49–64.

Kroger, J. (1990). "Ego Structuralization in Late Adolescence as Seen through Early Memories and Ego Identity Status." *Journal of Adolescence,* 13, 65–77.

Kroger, J. (1995). "The Differentiation of 'Firm' and 'Developmental' Foreclosure Identity Statuses: A Longitudinal Study." *Journal of Adolescent Research,* 10, 317–337.

Kroger, J. (1997). "Gender and Identity: The Intersection of Structure, Content, and Context." *Sex Roles,* 36, 747–770.

Kroger, J. (2003). "Identity Development during Adolescence." In G. R. Adams and M. D. Berzonsky (Eds.), *Blackwell Handbook of Adolescence* (pp. 205–226). Oxford, England: Blackwell Publishing.

Krohn, F. B., and Bogan, Z. (2001). "The Effects Absent Fathers Have on Female Development and College Attendance." *College Student Journal,* 35, 598–608.

Ku, L., Sonenstein, F. L., and Turner, C. F. (1997). "The Promise of Integrated Representative Surveys about Sexually Transmitted Diseases and Behavior." *Sexually Transmitted Diseases,* 12, 299–309.

Kubitschek, W. N., and Hallinan, M. T. (1996). "Race, Gender, and Track Inequity in Track Assignment." *Research in Sociology of Education,* 11, 121–146.

Kuhn, D. (1979). "The Significance of Piaget's Formal Operations Stage in Education." *Journal of Education,* 161, 34–50.

Kuhn, D. (1989). "Children and Adults as Intuitive Scientists." *Psychological Review,* 96, 674–689.

Kuhn, D. (2006). "Do Cognitive Changes Accompany Development in the Adolescent Brain?" *Perspectives on Psychological Science,* 1, 59–67.

Kuhn, D., and Dean, D., Jr. (2005). "Is Developing Scientific Thinking All about Learning to Control Variables?" *Psychological Science,* 16, 866–870.

Kuhn, D., Langer, J., Kohlberg, L., and Haan, N. S. (1977). "The Development of Formal Operations in Logical and Moral Judgment." *Genetic Psychology Monographs,* 95, 97–188.

Kunkel, D., Keren, E., Finnety, K., Biely, E., and Donnerstein, E. (2005). *Sex on TV: 2005.* Menlo Park, CA: Kaiser Family Foundation.

Kuperminc, G. P., Allen, J. P., and Arthur, M. W. (1996). "Autonomy, Relatedness, and Male Adolescent Delinquency." *Journal of Adolescent Research,* 11, 397–420.

Kurtz, P. D., Kurtz, G. L., and Jarvis, S. D. (1991). "Problems of Maltreated, Runaway Youths." *Adolescence,* 26, 543–555.

Kuttler, A. F., La Greca, A. M., and Prinstein, M. J. (1999). "Friendship Qualities and Social-Emotional Functioning of Adolescents with Close, Cross-Sex Friends." *Journal of Research on Adolescence,* 9, 339–366.

Kuziel-Perri, P., and Snarey, J. (1991). "Adolescent Repeat Pregnancies: An Evaluation Study of a Comprehensive Service Program for Pregnant and Parenting Black Adolescents." *Family Relations,* 40, 381–385.

Lachenmeyer, J. R., and Muni-Brander, P. (1988). "Eating Disorders in a Nonclinical Adolescent Population: Implications for Treatment." *Adolescence,* 23, 303–312.

Lachman, M. E., and Burack, O. R. (1993). "Planning and Control Processes across the Life Span: An Overview." *International Journal of Behavioral Development,* 16, 131–143.

Lackovic-Grgin, K., and Dekovic, M. (1990). "The Contribution of Significant Others to Adolescents' Self-Esteem." *Adolescence,* 25, 839–846.

LaFontana, K. M., and Cillessen, K. H. N. (2002). "Children's Perceptions of Popular and Unpopular Peers: A Multimethod Assessment." *Developmental Psychology,* 38, 635–647.

LaFromboise, T. D., and Bigfoot, D. S. (1988). "Cultural and Cognitive Considerations in the Prevention of American Indian Adolescent Suicide." *Journal of Adolescence,* 11, 139–153.

Lagoni, L. S., and Cook, A. S. (1985). "Stepfamilies: A Content Analysis of the Popular Literature, 1961–1982." *Family Relations,* 34, 521–525.

Laing, J., Valiga, M., and Eberly, C. (1986). "Predicting College Freshmen Major Choices from ACT Assessment Program Data." *College and University,* 61, 198–205.

Laird, R. (2005). What Is It We Think We Are Trying to Fix and How Should We Fix It? A View From the Admissions Office. In Camara, W. J. & Kimmel, E. W. (Eds.), *Choosing Students: Higher Education Admissions Tools for the 21st Century.* pp. 13–32. Mahwah, NJ: Lawrence Erlbaum.

Lam, C-m. (2003). "Covert Parental Control: Parent-Adolescent Interaction and Adolescent Development in a Chinese Context." *International Journal of Adolescent Medicine &*

Health, 15, 63–77.

Lambert, T. A., Kahn, A. S., and Apple, K. J. (2003). "Pluralistic Ignorance and Hooking Up." *Journal of Sex Research,* 40, 129–133.

Lamborn, S., Mounts, N., Steinberg, L., and Dornbush, S. (1991). "Patterns of Competence and Adjustment among Adolescents from Authoritative, Authoritarian, Indulgent, and Neglectful Homes." *Child Development,* 62, 1049–1065.

Lamke, L. K., Lujan, B. M., and Showalter, J. M. (1988). "The Case for Modifying Adolescents' Cognitive Self-Statements." *Adolescence,* 23, 967–974.

Land, S. M. (2000). "Cognitive Requirements for Learning with Open-Ended Learning Environments." *Educational Technology: Research and Development,* 48, 61–78.

Landry, D. J., and Camelo, T. M. (1994). "Young Unmarried Men and Women Discuss Men's Role in Contraceptive Practice." *Family Planning Perspectives,* 26, 222–227.

Landry, D. J., Kaeser, L., and Richards, C. L. (1999). "Abstinence Promotion and the Provision of Information about Contraception in Public School District Sexual Education Policies." *Family Planning Perspectives,* 31, 280–286.

Landsheer, H., Maasen, G. H., Bisschop, P., and Adema, L. (1998). "Can Higher Grades Result in Fewer Friends? A Reexamination of the Relation between Academic and Social Competence." *Adolescence,* 33, 185–191.

Langlois, J. H., Kalakanis, L., Rubenstein, J., Larson, A., Hallam, M., and Smoot, M. (2000). "Maxims or Myths of Beauty? A Meta-Analytic and Theoretical Review." *Psychological Bulletin,* 126, 390–423.

Lapsley, D. K. (1990). "Continuity and Discontinuity in Adolescent Social Cognitive Development." In R. Montemayor, G. R. Adams, & T. P. Gullotta (Eds.), *From Childhood to Adolescence: A Transitional Period?* (pp. 183–204). Newbury Park, CA: Sage Publications.

Lapsley, D. K. (1993). "Toward an Integrated Theory of Adolescent Ego Development: The 'New Look' at Adolescent Egocentrism." *American Journal of Orthopsychiatry,* 63, 562–571.

Lapsley, D. K., and Murphy, M. N. (1985). "Another Look at the Theoretical Assumptions of Adolescent Egocentrism." *Developmental Review,* 5, 201–217.

Lapsley, D. K., FitzGerald, D. P., Rice, K. G., and Jackson, S. (1989). "Separation-Individuation and the 'New Look' at the Imaginary Audience and Personal Fable: A Test of an Integrative Model." *Journal of Adolescent Research,* 4, 483–505.

Larson, J. H., and Lowe, W. (1990). "Family Cohesion and Personal Space in Families with Adolescents." *Journal of Family Issues,* 11, 101–108.

Larson, J. H., Peterson, D. J., Heath, V. A., and Birch, P. (2000). "The Relationship Between Perceived Dysfunctional Family-of-Origin Rules and Intimacy in Young Adult Dating Relationships." *Journal of Sex and Marital Therapy,* 26, 161–175.

Larson, N. C., Hussey, J. M., Gilmore, J. R., and

Gilchrist, L. D. (May, 1996). "What about Dad? Fathers of Children Born to School Mothers." *Families in Society,* 279–289.

Larson, R. W. (1987). "On the Independence of Positive and Negative Affect within Hour-to-Hour Experience." *Motivation and Emotion,* 11, 145–156.

Larson, R. W., and Verma, S. (1999). "How Children and Adolescents Spend Time across the World: Work, Play, and Developmental Opportunities." *Psychological Bulletin,* 125, 701–736.

Larson, R. W., Csikszentmihalyi, M., and Graef, R. (1980). "Mood Variability and Psychosocial Adjustment of Adolescents." *Journal of Youth and Adolescence,* 9, 469–489.

Larson, R., Csikszentmihalyi, M., and Graef, R. (1982). "Time Alone in Daily Experience: Loneliness or Renewal?" In L. A. Peplau and D. Perlman (Eds.), *Loneliness: A Sourcebook of Current Theory, Research and Therapy* (pp. 40–53). New York: Wiley.

Larson, R., Richards, M., Moneta, G., Holmbeck, G., and Duckett, E. (1996). "Changes in Adolescents' Daily Interactions with Their Families from Ages 10–18: Disengagement and Transformation." *Developmental Psychology,* 32, 744–754.

Lask, B., Waugh, R., and Gordo, I. (1997). "Childhood-Onset Anorexia Nervosa Is a Serious Illness." *Annals of the New York Academy of Sciences,* 817, 120–126.

Laumann, E., Gagnon, J., Michael, R., and Michaels, S. (1994). *The Social Organization of Sexuality: Sexual Practices in the United States.* Chicago: University of Chicago Press.

Laursen, B. (1993). "The Perceived Impact on Conflict on Adolescent Relationships." *Merrill Palmer Quarterly,* 39, 535–550.

Laursen, B. (1995). "Conflict and Social Interaction in Adolescent Relationships." *Journal of Research on Adolescence,* 5, 55–70.

Laursen, B., and Collins, W. A. (1994). "Interpersonal Conflict during Adolescence." *Psychological Bulletin,* 115, 197–209.

Laursen, B., Coy, K. C., and Collins, W. C. (1998). "Reconsidering Changes in Parent-Child Conflict across Adolescence: A Meta-Analysis." *Child Development,* 69, 817–832.

Lawrence, F. C., Tasker, G. E., Daily, C. T., Orhiel, A. L., and Wozniak, P. H. (1986). "Adolescents' Time Spent Viewing Television." *Adolescence,* 21, 431–436.

Lazala, C., and Saenger, P. (2002). "Pubertal Gynecomastia." *Journal of Pediatric & Endocrinology & Metabolism,* 15, 553–560.

Lazarus, R. F. (1991). *Emotion and Adaptation.* New York: Oxford University Press.

Le Gall, A., Mullet, C., and Shafeghi, R. (2002). "Age, Religious Beliefs, and Sexual Attitudes." *Journal of Sex Research,* 39, 207–216.

Le Grange, D., and Lock, J. (2005). "The Dearth of Psychological Treatment Studies for Anorexia Nervosa." *International Journal of Eating Disorders,* 37, 79–91.

Le Roux, J., and Smith C. S. (1998). "Causes and Characteristics of the Street Child Phenomenon: A Global Perspective." *Adolescence,* 33, 683–688.

Leadbetter, D. J. (1994). *Reconceptualizing Social Supports for Adolescent Mothers, Grandmothers,* *Babies, Fathers, and Beyond.* Paper presented at the meeting of the Society for Research on Adolescents, San Diego.

Leadbetter, D. J., Way, M., and Raben, A. (1994). *Barriers to Involvement of Fathers of the Children of Adolescent Mothers.* Paper presented at the meeting of the Society for Research on Adolescents, San Diego.

Lease, A. M., Musgrove, K. T., and Axelrod, J. L. (2002). "Dimensions of Social Status in Preadolescent Peer Groups: Likability, Perceived Popularity, and Social Dominance." *Social Development,* 11, 508–533.

Lederman, L. C. (1993). "Gender and the Self." In L. P. Arliss and D. J. Borisoff (Ed.), *Women and Men Communicating.* Fort Worth, TX: Harcourt Brace Jovanovich.

Lee, B. E., Brooks-Gunn, J., Schnur, E., and Liaw, F. (1990). "Are Head Start Effects Sustained: A Longitudinal Follow-Up Comparison of Disadvantaged Children Attending Head Start, No Preschool, and Other Preschool Programs." *Child Development,* 61, 495–507.

Lee, B. E., Cloninger, R. G., Linn, E., and Chen, X. (1995). *The Culture of Sexual Harassment in Secondary Schools.* Paper presented at the meeting of the Society for Research on Child Development, Indianapolis, IN.

Lee, C. C. (Spring 1985). "Successful Rural Black Adolescents: A Psychological Profile." *Adolescence,* 20, 130–142.

Lee, E. (1982). "A Social Systems Approach to Assessment and Treatment for Chinese American Families." In M. McGoldrick, J. Pearce, and J. Giordana (Eds.), *Ethnicity and Family Therapy.* New York: Guilford Press.

Lee, E. (1988). "Cultural Factors in Working with Southeast Asian Refugee Adolescents." *Journal of Adolescence,* 11, 167–179.

Lee, E., and Chan, F. (1985). "The Use of Diagnostic Interview Schedule with Vietnamese Refugees." *Asian American Psychological Association Journal,* 1, 36–39.

Lee, J. D. (1998). "Which Kids Can "Become" Scientists? Effects of Gender, Self-Concepts, and Perceptions of Scientists." *Social Psychology Quarterly,* 61, 199–219.

Lee, M.-Y. (2002). "A Model of Children's Postdivorce Behavioral Adjustment in Maternal- and Dual-Residence Arrangements." *Journal of Family Issues,* 23, 672–697.

Lee, S. M., Daniels, M. H., and Kissinger, D. B. (2006). "Parental Influences on Adolescent Adjustment: Parenting Styles versus Parenting Practices." *Family Therapy: Counseling and Therapy for Couples and Families,* 14, 253–259.

Lee, T., Sixx, N., Mars, M., and Neil, V. (1991). *Primal Scream.* Electra.

Lee, V. E., and Burkam, D. T. (1996). "Gender Differences in Middle Grade Science Achievement: Subject Domain, Ability Level, and Course Emphasis." *Science Education,* 80, 613–650.

Lee, V. E., and Smith, J. (2001). *Restructuring High Schools for Equity and Excellence: What Works.* New York: Teachers College Press.

Lehman, E. B., Morath, R., Franklin, K., and Elbaz, V. (1998). "Knowing What to Remember and Forget: A Developmental Study of Cue Memory in Intentional Forgetting." *Memory and Cognition,* 26, 860–868.

Leiber, O. (1988). *Opposites Attract.* Virgin Music, Inc., and Oliver Leiber Music.

Leigh, B. C. (1989). "Reasons for Having and Avoiding Sex: Gender, Sexual Orientation, and Relationship to Sexual Behavior." *Journal of Sex Research,* 26, 199–209.

Leitenberg, H., Detzer, M. J., and Srebnik, D. (1993). "Gender Differences in the Relation of Masturbation Experience in Preadolescence and/or Early Adolescence to Sexual Behavior and Adjustment in Young Adulthood." *Archives of Sexual Behavior,* 22, 87–98.

Lemann, N. (2000). *The Big Test: The Secret History of the Meritocracy.* New York: Farrar, Straus, and Giroux.

LeMare, L. J., and Rubin, K. H. (1987). "Perspective Taking and Peer Interaction: Stuctural and Developmental Analysis." *Child Development,* 58, 306–315.

Lempers, J. D., and Clark-Lempers, D. G. (1992). "Young, Middle, and Late Adolescents' Comparisons of the Functional Importance of Five Significant Relationships." *Journal of Youth and Adolescence,* 21, 53–96.

Lempers, J. D., and Clark-Lempers, D. G. (1993). "A Functional Comparison of Same-Sex and Opposite-Sex Friendships During Adolescence." *Journal of Adolescent Research,* 8, 89–108.

Lenhart, A., Madden, M., and Hitlin, P. (2005). *Teens and Technology.* Washington, DC: Pew Internet and American Life Project.

Lent, R. W., Brown, S. D., and Hackett, G. (2000). "Contextual Supports and Barriers to Career Choice: A Social Cognitive Analysis." *Journal of Counseling Psychology,* 47, 36–49.

Leong, F. T. L. (1991). "Career Development Attributes and Occupational Values of Asian-American and White-American College Students." *Career Development Quarterly,* 39, 221–230.

Leong, F. T. L., and Hayes, T. J. (1990). "Occupational Stereotyping of Asian Americans." *The Career Development Quarterly,* 39, 143–154.

Lerner, H. R. M., Lerner, J. V., Hess, L. E., et al. (1991). "Physical Attractiveness and Psychosocial Functioning among Early Adolescence." *Journal of Early Adolescence,* 11, 300–320.

Lerner, R. M., and Galambos, N. L. (1998). "Adolescent Development: Challenges and Opportunities for Research, Programs, and Policies." *Annual Review of Psychology,* 49, 413–446.

Lerner, R. M., and Karabeneck, S. A. (1974). "Physical Attractiveness, Body Attitudes, and Self-Concept in Late Adolescents." *Journal of Youth and Adolescence,* 3, 307–316.

Lerner, R. M., Delaney, M., Hess, L. E., Jovanovic, J., & von Eye, A. (1990). "Early Adolescent Physical Attractiveness and Academic Competence." *Journal of Early Adolescence,* 10, 4–20.

Lester, B. M., and Dreher, M. (1989). "Effects of Marijuana Use during Pregnancy on Newborn Cry." *Child Development,* 60, 764–771.

Lester, D. (1988). "Youth Suicide: A Cross-Cultural Perspective." *Adolescence,* 23, 955–958.

Lester, D. (1991). "Social Correlates of Youth

Suicide Rates in the United States." *Adolescence*, 26, 55–58.

Letendre, G. K. (2000). *Learning to Be Adolescent: Growing Up in U.S. and Japanese Middle Schools*. New Haven, CT: Yale University Press.

Leung, S., A., Ivey, D., and Susuki, L. (1999). "Factors Affecting the Career Aspirations of Asian Americans." *Journal of Counseling and Development*, 72, 401–410.

Levant, R. F., and Pollack, W. S. (Eds.). (1995). *The New Psychology of Men*. New York: Basic.

LeVay, S. (1991). "A Difference in Hypothalamic Structure between Heterosexual and Homosexual Men." *Science*, 253, 1034–1037.

Leventhal, T., Graber, J. A., and Brooks-Gunn, J. (2001). "Adolescent Transitions to Adulthood: Antecedents, Correlates, and Consequences of Adolescent Employment." *Journal of Research on Adolescence*, 11, 297–323.

Levine, M., and Harrison, K. (2004). "Media's Role in the Perpetuation and Prevention of Negative Body Image and Disordered Eating." In J. K. Thompson (Ed.), *Handbook of Eating Disorders and Obesity* (pp. 695–717). New York: Wiley.

Levinson, R. A. (1995). "Reproductive and Contraceptive Knowledge, Contraceptive Self-Efficacy, and Contraceptive Behavior among Teenage Women." *Adolescence*, 30, 65–85.

Levy-Schiff, R., Zoran, N., and Shulman, S. (1997). "International and Domestic Adoption: Child, Parents and Family Adjustment." *International Journal of Behavioural Development*, 20, 109–129.

Lewin, K. (1939). "Field Theory and Experiment in Social Psychology: Concepts and Methods." *American Journal of Sociology*, 44, 868–897.

Lewis, R. E. (2004). "Resilience: Individual, Family, School, and Community Perspectives." In D. Capuzzi and D. Gross (Eds.), *Youth at Risk: A Prevention Resource for Counselors, Teachers and Parents* (pp. 35–68). Upper Saddle River, NJ: Pearson.

Lewis, T., Stone, J., III, Shipley, W., and Madzar, S. (1998). "The Transition from School to Work: An Examination of the Literature." *Youth and Society*, 29, 259–292.

Leyendecker, B., Harwood, R. L., Comparini, L., and Yalcinkaya, A. (2005). Socioeconomic Status, Ethnicity, and Parenting. In T. Luster and L. Okagaki (Eds.) *Parenting: An ecological perspective (2nd ed.)* (pp. 319–341). Mahwah, NJ: Lawrence Erlbaum Associates.

Li, Q. (2006). "Cyberbullying: A Research of Gender Differences." *School Psychology International*, 27, 157–170.

Liben, L. S., and Goldbeck, S. L. (1980). "Sex Differences in Performance on Piagetian Spatial Tasks: Differences in Competence or Performance?" *Child Development*, 51, 594–597.

Lidz, C. S. (2001). "Multicultural Issues and Dynamic Assessment." In L. A. Suzuki and J. G. Ponterotto (Eds.), *Handbook of Multicultural Assessment: Clinical, Psychological, and Educational Applications* (2nd ed., pp. 523–539). San Francisco: Jossy-Bass.

Lieb, R., Merikangas, K. R., Hofler, M., Pfister, H., Isensee, B., and Wittchen, H.-U. (2002). "Parental Alcohol Use Disorders and Alcohol Use and Disorders in Offspring: A Community

Study." *Psychological Medicine*, 32, 63–78.

Lindberg, L. D., Boggess, S., Porter, L., and Williams, S. (2000). *Teen Risk-Taking: A Statistical Portrait*. Washington, DC: Urban Institute.

Lines, P. M. (2001). "Homeschooling." *ERIC Digest*, 151, 1–7.

Linver, M. R., and Silverberg, S. B. (1995). "Parenting as a Multidimensional Construct: Differential Prediction of Adolescents' Sense of Self and Engagement in Problem Behavior." *International Journal of Adolescent Medicine and Health*, 8, 29–40.

Linz, D. (1985). *Sexual Violence in the Mass Media: Effects on Male Viewers and Implications for Society*. Unpublished doctoral dissertation, University of Wisconsin, Madison.

Lipsey, M. W., and Wilson, D. B. (1998). "Effective Interventions for Serious Juvenile Offenders: A Synthesis of Research." In R. Loeber and D. P. Farrington (Eds.), *Serious and Violent Juvenile Offenders: Risk Factors and Successful Interventions* (pp. 313–366). Thousand Oaks, CA: Sage.

Litchfield, A. W., Thomas, D. L., and Li, B. D. (1997). "Dimensions of Religiosity as Mediators of the Relations between Parenting and Adolescent Deviant Behavior." *Journal of Adolescent Research*, 12, 199–226.

Litt, I. F., and Vaughn, V. C., III. (1987). "Growth and Development during Adolescence." In R. E. Behrman, V. C. Vaughn, and W. E. Nelson, (Eds.), *Textbook of Pediatrics*. 13th ed. (pp. 20–23). Philadelphia: Saunders.

Littrell, M. A., Damhorst, M. L., and Littrell, J. M. (1990). "Clothing Interests, Body Satisfaction, and Eating Behavior of Adolescent Females: Belated or Independent Dimensions?" *Adolescence*, 25, 77–95.

Liu, X., Kaplan, H. B., and Risser, W. (1992). "Decomposing the Reciprocal Relationships between Academic Achievement and General Self-Esteem." *Youth and Society*, 24, 123–148.

Lobdell, J., and Perlman, D. (1986). "The Intergenerational Transmission of Loneliness: A Study of College Females and Their Parents." *Journal of Marriage and the Family*, 48, 589–595.

Lochman, J. E., and Dodge, K. A. (1994). "Social-Cognitive Processes of Severely Violent, Moderately Aggressive, and Nonaggressive Boys." *Journal of Counseling and Clinical Psychology*, 62, 366–374.

LoCicero, K. A., and Ashby, J. S. (2000). "Mulitdimensional Perfectionism in Middle School Age Gifted Students: A Comparison to Peers from the General Cohort." *Roeper Review*, 22, 182–185.

Loeb, P. (1988). "Willful Unconcern." *Psychology Today*, 22, 59–62.

Logan, D. D., Calder, J. A., and Cohen, B. L. (1980). "Toward a Contemporary Tradition for Menarche." *Journal of Youth and Adolescence*, 9, 263–269.

Lopez, N. L., Bonenberger, J. L., and Schneider, H. G. (2001). "Parental Disciplinary History, Current Levels of Empathy, and Moral Reasoning in Young Adults." *North American Journal of Psychology*, 3, 1527–7143.

LoPresto, C., Sherman, M., and Sherman, N. (1985). "The Effects of a Masturbation Seminar

on High School Males' Attitudes, False Beliefs, Guilt, and Behavior." *Journal of Sex Research*, 21, 142–156.

Lord, S. E., Eccles, J. S., and McCarthy, K. A. (1994). "Surviving the Junior High School Transition: Family Processes and Self-Perceptions as Protective and Risk Factors." *Journal of Early Adolescence*, 14, 162–199.

Loring, I. (1718). Duty and Interests of Young Persons. Boston.

Loughlin, C. A., and Barling, J. (1998). "Teenagers' Part-Time Employment and Their Work-Related Attitudes and Aspirations." *Journal of Organizational Behavior*, 19, 197–207.

Lowe, C. S., and Radius, S. M. (1987). "Young Adults' Contraceptive Practices: An Investigation of Influences." *Adolescence*, 22, 291–304.

Lowman, R. L. (1991). *The Clinical Practice of Career Assessment*. Washington, DC: American Psychological Association.

Lowney, J. (Winter 1984). "Correspondence between Attitudes and Drinking and Drug Behavior: Youth Subculture over Time." *Adolescence*, 19, 875–892.

Lowney, K. S. (1995). "Teenage Satanism as Oppositional Youth Subculture." *Journal of Contemporary Ethnography*, 23, 453–484.

Lucas, S. R., and Good, A. D. (2001). "Race, Class, and Tournament Track Mobility." *Sociology of Education*, 74, 139–156.

Lundholm, J. K., and Littrell, J. M. (1986). "Desire for Thinness among High School Cheerleaders: Relationship to Disordered Eating and Weight Control Behavior." *Adolescence*, 21, 573–579.

Lussier, G., Deater-Deckard, K., Dunn, J., and Davies, L. (2002). "Support across Two Generations: Children's Closeness to Parents Following Parental Divorce and Remarriage." *Journal of Family Psychology*, 16, 363–376.

Luster, T., and McAdoo, H. M. (1995). "Factors Related to Self-Esteem among African American Youths: A Secondary Analysis with a High/ Scope Perry Preschool Data." *Journal of Research on Adolescence*, 5, 451–467.

Luster, T., and Small, S. (1997). "Sexual Abuse History and Problems in Adolescence: Exploring the Effects of Moderating Variables." *Journal of Marriage and the Family*, 59, 131–142.

Lynam, D. R., Milich, R., Zimmerman, R., Novak, S. P., Logan, T. K., Martin C., Leukefeld, C., and Clayton, R. (1999). "Project DARE: No Effects at 10-Year Follow-Up." *Journal of Consulting and Clinical Psychology*, 67, 590–593.

Lytton, H. (1995). *Child and Family Predictors of Conduct Disorders and Criminality*. Paper presented at the meeting of the Society for Research in Child Development, Indianapolis, IN.

Ma, H. K. (1989). "Moral Orientation and Moral Judgment in Adolescents in Hong Kong, Mainland China, and England." *Journal of Cross-Cultural Psychology*, 20, 152–177.

Macallair, D. (1993). "Reaffirming Rehabilitation in Juvenile Justice." *Youth and Society*, 25, 104–125.

Maccoby, E. E. (1990). "Gender and Relationships." *American Psychologist*, 45, 513–520.

Maccoby, E. E., and Mnookin, R. H. (1992). *Dividing the Child: Social and Legal Dilemmas of Custody.* Cambridge, MA: Harvard University Press.

Maccoby, E. E., Buchanan, C. M., Mnookin, R. H., and Dornbusch, S. M. (1993). "Postdivorce Roles of Mothers and Fathers in the Lives of their Children." *Journal of Family Psychology, 7,* 24–38.

MacDonald, W. L., and DeMaris, A. (1996). "Parenting Step-Children and Biological Children." *Journal of Family Issues, 17,* 5–25.

MacGregor, J., and Newlon, B. J. (1987). "Description of a Teenage Pregnancy Program." *Journal of Counseling and Development,* 65, 447.

MacKay, A. P., Fingerhut, L. A., & Duran, C. R. (2000). *Adolescent Health Chartbook. Health, United States, 2000.* Hyattsville, MD: National Center for Health Statistics.

Maehr, M. L., and Midgley, C. (1991). "Enhancing Student Motivations: A School-Wide Approach." *Educational Psychologist, 26,* 399–427.

Maguin, E., and Loeber, R. (1996). "Academic Performance and Delinquency." In M. Tonry (Ed.), *Crime and Justice: A Review of Research* (pp. 145–264). Chicago: University of Chicago Press.

Mahoney, J. L. (2000). "School Extracurricular Activity Participation as a Moderator in the Development of Antisocial Patterns." *Child Development, 71,* 502–516.

Mahoney, J. L., Cairns, B. D., and Farmer, T. W. (2003). "Promoting Interpersonal Competence and Educational Success through Extracurricular Activity Participation." *Journal of Educational Psychology,* 95, 409–418.

Mahoney, J. L., Schweder, A. E., and Stattin, H. (2002). "Structured After-School Activities as a Moderator of Depressed-Mood for Adolescents with Detached Relations to Their Parents." *Journal of Community Psychology,* 30, 69–86.

Malamuth, N. M., and Check, J. B. P. (1985). "The Effects of Aggressive Pornography on Beliefs and Rape Myths: Individual Differences." *Journal of Research of Personality,* 19, 299–320.

Malmberg, L. E. (2001). "Future-Orientation in Educational and Interpersonal Contexts." In J. E. Nurmi (Ed.), *Navigating through Adolescence: European Perspectives* (pp. 119–140). New York: Routledge.

Manaster, G. J. (1977). *Adolescent Development and the Life Tasks.* Boston: Allyn & Bacon.

Mandara, J., Murray, C. B., and Joyner, T. N. (2005). "The Impact of Fathers' Absence on African American Adolescents' Gender Role Development." *Sex Roles,* 53, 207–220.

Manlove, J. (1998). "The Influence of High School Dropout and School Disengagement on the Risk of School-Age Pregnancy." *Journal of Research on Adolescence,* 8, 187–220.

Mann, L., Harmoni, R. V., and Power, C. N. (1989). "Adolescent Decision-Making: The Development of Competence." *Journal of Adolescence,* 12, 265–278.

Mann, L., Harmoni, R. V., Power, C. N., and Beswick, G. (1986). *Understanding and Improving Decision-Making in Adolescents.*

Unpublished manuscript, Flinders University of South Australia.

Manning, M. L. (Winter 1983). "Three Myths Concerning Adolescence." *Adolescence, 18,* 823–829.

Manning, W. D. (1990). "Parenting Employed Teenagers." *Youth and Society,* 22, 184–200.

Manning, W. D. (1995). "Cohabitation, Marriage, and Entry into Motherhood." *Journal of Marriage and the Family,* 57, 191–200.

Manning, W. D., and Landale, N. S. (1996). "Racial and Ethnic Differences in the Role of Cohabitation and Premarital Childbearing." *Journal of Marriage and the Family,* 58, 63–77.

Manning, W. D., and Lichter, D. T. (1996). "Parental Cohabitation and Children's Economic Well-Being." *Journal of Marriage and the Family,* 58, 998–1010.

Manning, W. D., Longmore, M. A., and Giordano, P. C. (2004). "Adolescents' Involvement in Non-Romantic Sexual Activity." *Social Science Research,* 34, 384–407.

Marcia, J. E. (1966). "Development and Validation of Ego Identity Status." *Journal of Personality and Social Psychology,* 3, 551–558.

Marcia, J. E. (1976). "Identity Six Years After: A Follow Up Study." *Journal of Youth and Adolescence,* 5, 145–160.

Marcia, J. E. (1980). "Identity in Adolescence." In J. Adelson (Ed.), *Handbook of Adolescent Psychology* (pp. 159–187). New York: Wiley.

Marcia, J. E. (1987). "The Identity Status Approach to the Study of Ego Identity Development." In T. Hones and K. Gardley (Eds.), *Self and Identity: Perspectives Across the Lifespan* (pp. 161–172). London: Routledge and Kegan Paul.

Marcia, J. E. (1991). "Identity and Self Development." In R. M. Lerner, A. D. Petersen, and J. Brooks-Gunn (Eds.), *Encyclopedia of Adolescence.* Vol. 1. New York: Garland.

Marcia, J. E. (1994). "The Empirical Study of Ego Identity." In H. A. Bosma, T. L. G. Graafsma, H. D. Grotebanc, and D. J. DeLivita (Eds.), *The Identity and Development.* Newbury Park, CA: Sage.

Marcia, J. E., and Friedman, M. L. (1970). "Ego Identity Status in College Women." *Journal of Personality,* 38, 249–263.

Marcus, M. D., and Kalarchian, M. A. (2003). "Binge Eating in Children and Adolescents." *International Journal of Eating Disorders,* 34, S47–S57.

Marcus, R. F. (1996). "The Friendships of Delinquents." *Adolescence,* 31, 145–158.

MarkaretResearch.com. (2005). *By 2006, U.S. Teens Can Buy and Sell Russia.* Press release. Retrieved from http://www.marketresearch .com/Corporate/aboutus/Press_view.asp?SID =54650555-228592314249687041&Article =143.

Markiewicz, D., Doyle, A. B., and Bregden, M. (2001). "The Quality of Adolescents' Friendships: Associations with Mothers' Interpersonal Relationships, Attachment to Parents and Friends, and Prosocial Behaviors." *Journal of Adolescence,* 24, 429–445.

Markovitz, H., and Bouffard-Bouchard, T. (1992). "The Belief-Bias Effect in Reasoning: the Development and Activation of Competence." *British Journal of Developmental*

Psychology, 10, 269–284.

Markstrom-Adams, C. (1990). "Coming-of-Age among Contemporary American Indians as Portrayed in Adolescent Fiction." *Adolescence,* 25, 225–237.

Markstrom-Adams, C., and Spencer, N. B. (1994). "A Model for Identity Intervention with Minority Adolescents." In S. A. Archer (Ed.), *Intervention for Adolescent Identity Development.* Newbury Park, CA: Sage.

Markus, H. R., and Kitayama, S. (1994). "A Collective Fear of the Collective: Implications for Selves and Theories of Selves." *Personality and Social Psychology Bulletin,* 20, 568–579.

Maroufi, C. (1989). "A Study of Student Attitudes towards Traditional and Generative Models of Instruction." *Adolescence,* 24, 65–72.

Marsh, H. (1989). "Age and Sex Effects in Multiple Dimensions of Self-Concept: Preadolescence to Early Adulthood." *Journal Of Educational Psychology,* 81, 417–430.

Marsh, H. W., and Kleitman, S. (2005). "Consequences of Employment during High School: Character Building, Subversion of Academic Goals, or a Threshold?" *American Educational Research Journal,* 42, 331–369.

Marsiglio, W., and Mott, F. L. (1986). "The Impact of Sex Education on Sexual Activity, Contraceptive Use and Premarital Pregnancy among American Teenagers." *Family Planning Perspectives,* 18, 151–162.

Martens, P. L. (1997). "Parental Monitoring and Deviant Behavior among Juveniles." *Studies on Crime and Crime Prevention,* 6, 224–244.

Martin, C. L., Ruble D. N., and Szkrybalo, J. (2002). "Cognitive Theories of Early Gender Development." *Psychological Bulletin,* 128, 903–933.

Martin, M. J., and Walters, J. (1982). "Family Correlates of Selected Types of Child Abuse and Neglect." *Journal of Marriage and the Family,* 44, 267–275.

Martin, Q., Peters, R. J., Amos, C. E., Yacoubian, G. S., Johnson, R. G., Meschack, and Essien, E. J. (2005). "The Relationship between Sexual Abuse and Drug Use: A View of African-American College Students in Texas." *Journal of Ethnicity in Substance Abuse,* 4, 23–33.

Martinez, A. C., Sedlacek, W. E., and Bachhuber, T. D. (1985). "Male and Female College Graduates—7 Months Later." *The Vocational Guidance Quarterly,* 34, 77–84.

Martinez, A. J. C., Mosher, W. D., and Dawson, B. S. (2004). "Teenagers in the United States: Sexual Activity, Contraceptive Use, and Child Bearing, 2002." *Vital Health Statistic,* 23. Washington, D.C.: National Center for Health Statistics.

Martinez, E. A. (1988). "Child Behavior in American/Chicano Families: Maternal Teaching and Child-Rearing Practices." *Family Relations,* 37, 275–280.

Martinez, M. E. (2000). *Education as the Cultivation of Intelligence.* Mahwah, NJ: Erlbaum.

Martinez, R., and Dukes, R. L. (1991). "Ethnic and Gender Differences and Self-Esteem." *Youth and Society,* 3, 318–338.

Martino, S. C., Collins, R. L., Elliott, M. N., Strachman, A., Kanouse, D. E., and Berry, S. H. (2006). "Exposure to Degrading versus

Nondegrading Music Lyrics and Sexual Behavior among Youth." *Pediatrics, 118,* 430–441.

Martson, A. R., Jacobs, D. F., Singer, R. D., Widaman, K. F., and Little, T. D. (1988). "Adolescents Who Apparently Are Invulnerable to Drug, Alcohol, and Nicotine Use." *Adolescence,* 23, 593–598.

Mason, C. A., Walker-Barnes, C. J., Tu, S., Simons, J., and Martinez-Arrue, R. (2004). "Ethnic Differences in the Affective Meaning of Parental Control Behaviors." *Journal of Primary Prevention,* 25, 59–79.

Mason, M. G., and Gibbs, J. C. (1993). "Social Perspective Taking and Moral Judgment among College Students." *Journal of Adolescent Research,* 8, 109–123.

Masselam, V. S., Marcus, R. F., & Stunkard, C. L. (1990). "Parent–Adolescent Communication, Family Functioning, and School Performance." *Adolescence,* 25, 725–737.

Masters, W. H., and Johnson, V. (1966). *Human Sexual Response.* Boston: Little, Brown.

Masters, W. H., and Johnson, V. (1979). *Homosexuality in Perspective.* Boston: Little, Brown.

Mathias, R. (1997). "NIH Panel Calls for Expanded Methadone Treatment for Heroin Addiction." *National Institute for Drug Abuse Notes,* Vol. 12 <www.nida.nih.gov/nidanotes/nnvol12n6/nihpanel.html>.

Maton, K. (1990). "Meaningful Involvement in Instrumental Activity and Well-Being." *American Journal of Community Psychology,* 18, 297–320.

Matthews, L. J., and Ilon, L. (July 1980). "Becoming a Chronic Runaway: The Effects of Race and Family in Hawaii." *Family Relations,* 29, 404–409.

Mattis, J. S., Jagers, R. J., Hatcher, C. A., Lawhon, G. D., Murphy, E. J., and Murray, Y. F. (2000). "Religiosity, Volunteerism, and Community Involvement among African American Men: An Exploratory Analysis." *Journal of Community Psychology,* 28, 391–406.

Mau, R. Y. (1992). "The Validity and Devolution of a Concept: Student Alienation." *Adolescence,* 27, 731–741.

Mau, W-C., and Bikos, L. H. (2000). "Educational and Vocational Aspirations of Minority and Female Students: A Longitudinal Study." *Journal of Counseling and Development,* 78, 186–194.

Mau, W-C., and Lynn, R. (2001). "Gender Differences on the Scholastic Aptitude Test, the American College Test, and College Grades." *Educational Psychology,* 21, 133–136.

Maxson, C., & Whitlock, M. (2002). "Joining the Gang: Gender Differences in Risk Factors for Gang Membership." In C. Huff (Ed.), *Gangs in America III* (pp. 19–35). Thousand Oaks, CA: Sage Publications.

May, D. C. (1999). "Scared Kids, Unattached Kids, or Peer Pressure: Why Do Students Carry Firearms to School?" *Youth and Society,* 31, 100–127.

Mayer, J. E., and Ligman, J. D. (1989). "Personality Characteristics of Adolescent Marijuana Users." *Adolescence,* 24, 965–976.

Mazor, A., and Enright, R. D. (1988). "The Development of the Individuation Process from a Social-Cognitive Perspective." *Journal of Adolescence,* 11, 29–47.

McAdams, D. P. (2001). "The Psychology of Life Stories." *Review of General Psychology,* 5, 100–122.

McAuliffe, G. J. (1991). "Assessing and Treating Barriers to Decision Making in Career Classes." *The Career Development Quarterly,* 40, 82–92.

McCabe, D. L. (1999). "Academic Dishonesty among High School Students." *Adolescence,* 34, 681–687.

McCabe, D. L., and Trevino, L. K. (1997). "Individual and Contextual Influences on Academic Dishonesty: A Multi-Campus Investigation." *Research in Higher Education,* 38, 379–396.

McCabe D. L., Trevino L. K., and Butterfield K. D. (2001). "Cheating in Academic Institutions: A Decade of Research." *Ethics and Behavior,* 11, 219–232.

McCabe, M. P. (1987). "Desired and Experienced Levels of Premarital Affection and Sexual Intercourse during Dating." *The Journal of Sex Research,* 23, 23–33.

McCartt, A. T., Shabanova, V. I., and Leaf, W. A. (2003). "Driving Experience, Crashes and Traffic Citations of Teenage Beginning Drivers. *Accident Analysis and Prevention,* 35, 311–320.

McCary, J. L., and McCary, S. P. (1982). *McCary's Human Sexuality.* 4th ed. Belmont, CA: Wadsworth.

McCreary, M. L., Slavin, L. A., and Berry, E. J. (1996). "Predicting Problem Behavior and Self-Esteem among African American Adolescents." *Journal of Adolescent Research,* 11, 216–234.

McCurdy, S. J., and Scherman, E. (1996). "Effects of Family Structure on the Adolescent Separation-Individuation Process." *Adolescence,* 31, 307–319.

McDevitt, T. M., Lennon, R., and Kopriva, R. J. (1991). "Adolescents' Perceptions of Mothers' and Fathers' Pro-Social Actions and Empathic Responses." *Youth and Society,* 22, 387–409.

McDonald, D. L., and McKinney, J. P. (1994). "Steady Dating and Self-Esteem in High School Students." *Journal of Adolescence,* 17, 557–564.

McDonald, R. M., and Towberman, D. B. (1993). "Psychosocial Correlates of Adolescent Drug Involvement." *Adolescence,* 28, 925–936.

McElroy, T., and Foster, D. (1992). *Love Don't Love You.* 2 Tuff-E-Nuff Songs (BMI).

McEvoy, M., Chang, J., and Coupey, S. M. (2004). "Common Menstrual Disorders in Adolescence: Nursing Interventions." *MCN: The American Journal of Maternal/Child Nursing,* 29, 41–49.

McGaha, J. E., and Leoni, E. L. (1995). "Family Violence, Abuse, and Related Family Issues of Incarcerated Delinquents of Alcoholic Parents Compared with Those of Nonalcoholic Parents." *Adolescence,* 30, 473–482.

McGee, Z. T. (1992). "Social Class Differences in Parental and Peer Influence on Adolescent Drug Use." *Deviant Behavior,* 13, 349–372.

McGrory, A. (1990). "Menarche: Responses of Early Adolescent Females." *Adolescence,* 25, 265–270.

McGue, M. (1999). "The Behavioral Genetics of Alcoholism." *Current Directions in Psychological Science,* 8, 109–115.

McKay, A. (2004). "Oral Sex among Teenagers: Research, Discourse, and Education." *Canadian Journal of Human Sexuality,* 13, 201–204.

McKay, A., Pietrusiak, M.-A., and Holowaty, P. (1998). "Parents' Opinions and Attitudes towards Sexuality Education in the Schools." *Canadian Journal of Human Sexuality,* 7, 139–145.

McKenry, P. C., Kotch, J. B., and Browne, D. H. (1991). "Correlates of Dysfunctional Parenting Attitudes among Low-Income Adolescent Mothers." *Journal of Adolescent Research,* 6, 212–234.

McKim, W. A. (1997). *Drugs and Behavior: An Introduction to Behavioral Pharmacology,* 3rd ed. Upper Saddle River, NJ: Prentice-Hall.

McKinnon, J. D., & Bennett, C. E. (2005). "We the People: Blacks in the United States." *Census 2000 Special Reports.* Washington D.C.: U.S. Bureau of the Census.

McLanahan, S. S., and Sandefur, G. (1994). *Growing Up with a Single Parent: What Hurts, What Helps.* Cambridge, MA: Harvard University Press.

McLeod, B. (1986). "The Oriental Express." *Psychology Today,* 20, 48–52.

McLoyd, V. C. (1990). "Minority Children: Introduction to the Special Issue." *Child Development,* 61, 260–263.

McManus, M. J. (1986). "Introduction." In *Final Report of the Attorney General's Commission on Pornography.* Washington, DC: U.S. Government Printing Office. Reprint. Nashville, TN: Rutledge Hill Press.

McMurran, M. (1991). "Young Offenders and Alcohol-Related Crime: What Interventions Will Address the Issues?" *Journal of Adolescence,* 14, 245–253.

McShane, D. (1988). An analysis of mental health research with American Indian youth. *Journal of Adolescence,* 11(2), 87–116.

McShane, D. (1988). "An Analysis of Mental Health Research with American Indian Youth." *Journal of Adolescence,* 11(2), 87–116.

McVey, G. L., Pepler, D., Davis, R., Flett, G. L., and Abdolell, M. (2002). "Risk and Protective Factors Associated with Disordered Eating during Early Adolescence." *Journal of Early Adolescence,* 22, 75–95.

Mead, M. (1950). *Coming of Age in Samoa.* New York: New American Library.

Mead, M. (1953). *Growing Up in New Guinea.* New York: New American Library.

Mead, M. (1970). *Culture and Commitment: A Study of the Generation Gap.* Garden City, NY: Doubleday.

Mead, M. (1974). "Adolescence." In H. V. Kraemer (Ed.), *Youth and Culture: A Human Development Approach.* Monterey, CA: Brooks/Cole.

Medora, N., and Woodward, J. C. (1986). "Loneliness among Adolescent College Students at a Midwestern University." *Adolescence,* 21, 391–402.

Meer, J. (March 1984). "Psychotherapy for Obesity." *Psychology Today,* 18, 10, 11.

Meer, J. (1986). "Yours, Mine, and Divorce." *Psychology Today,* 20, 13.

Meer, J. (July 1985). "Loneliness." *Psychology Today,* 19, 28–33.

Meeus, W., Iedama, M., Helsen, M., and

Vollebergh, W. (1999). "Patterns of Adolescent Identity Development: Review of Literature and Longitudinal Analysis." *Developmental Review*, 19, 419–461.

Mehlisch, D. R., Ardia, A., and Pallotta, T. (2003). "Analgesia with Ibuprofen Arginate versus Conventional Ibuprofen for Patients with Dysmenorrhea: A Crossover Trial." *Current Therapeutic Research*, 64, 327–337.

Mehrens, W. A., and Lehmann, I. J. (January 1985). "Testing the Test. Interpreting Test Scores to Clients: What Score Should You Use?" *Journal of Counseling and Development*, 5, 317–320.

Meij, H., van der (1990). "Question Asking: To Know That You Do Not Know Is Not Enough." *Journal of Educational Psychology*, 82, 505–512.

Meij, H., van der (1998). "The Great Divide between Teacher and Student Questioning." In S. A. Karabenick (Ed.), *Strategic Help Seeking: Implications for Learning and Teaching* (pp. 195–218). Mahwah, NJ: Erlbaum.

Melby, J. N., and Conger, R. D. (1996). "Parental Behaviors and Adolescent Academic Performance: A Longitudinal Analysis." *Journal of Research on Adolescence*, 6, 113–137.

Melby, J. N., Conger, R. D., Conger, K. J., and Lorenz, F. O. (1993). "Effects of Parental Behavior on Tobacco Use by Young Male Adolescents." *Journal of Marriage and the Family*, 55, 439–454.

Meneses, L. M., Orrell-Valente, J. K., Guendelman, S. R., Oman, D., and Irwin, C. E. (2006). "Racial/Ethnic Differences in Mother-Daughter Communication about Sex." *Journal of Adolescent Sex*, 39, 128–131.

Menning, C. L. (2002). "Absent Parents Are More Than Money: The Joint Effects of Activities and Financial Support on Youths' Educational Attainment." *Journal of Family Issues*, 23, 648–671.

Mercer, R. J. Merritt, S. L., and Cowell, J. M. (1998). "Differences in Reported Sleep Needs among Adolescents." *Journal of Adolescent Health*, 23, 259–263.

Merskin, D. (1999). "Adolescence, Advertising, and the Ideology of Menstruation." *Sex Roles*, 40, 941–957.

Merten, D. E. (1996). "Visibility and Vulnerability: Responses to Rejection by Nonaggressive Junior High School Boys." *Journal of Early Adolescence*, 16, 5–26.

Metcalf, K., and Gaier, E. L. (1987). "Patterns of Middle-Class Parenting and Adolescent Underachievement." *Adolescence*, 23, 919–928.

Metz, E., McLellan, J., and Youniss, J. (2003). "Types of Voluntary Service and Adolescents' Civic Development." *Journal of Adolescent Research*, 18, 188–203.

Meyer-Bahlburg, H., Ehrhardt, A., Rosen, L., Gruen, R., Veridiano, N., Vann, F., and Neuwalder, H. (1995). "Prenatal Estrogens and the Development of Homosexual Orientation." *Developmental Psychology*, 31, 12–21.

Meyers, J. E., and Nelson, W. M., III. (1986). "Cognitive Strategies and Expectations as Components of Social Competence in Young Adolescents." *Adolescence*, 21, 291–303.

Michael, G. (1989). *Praying for Time*. Morrison Leahy Music, Ltd.

Michaels, B., Dall, B., Rockett, R., and Kotzen, R. (1993). *Stand.* Cyanide Publishing (Administered by Willesden Music/Richie Kotzen Music) (Administered by Zomba Enterprises, Inc.).

Michelman, J. D., Eicher, J. B., and Michelman, S. O. (1991). "Adolescent Dress, Part I: Dress and Body Markings of Psychiatric Outpatients and Inpatients." *Adolescence*, 26, 375–385.

Middleton, M., and Midgley, C. (1997). "Avoiding the Demonstration of Lack of Ability: An Underexplored Aspect of Goal Theory." *Journal of Educational Psychology*, 89, 710–718.

Midgley, C., and Urdan, T. (1995). "Predictors of Middle School Students' Views of Self-Handicapping Strategies." *Journal of Early Adolescence*, 15, 389–411.

Mihalic, S. W., and Elliott, D. (1997). "Short- and Long-Term Consequences of Adolescent Work." *Youth and Society*, 28, 464–498.

Milan, R. J., Jr., and Kilmann, P. R. (1987). "Interpersonal Factors in Premarital Contraception." *The Journal of Sex Research*, 23, 289–321.

Miller, A. T., Eggertson-Tacon, C., and Quigg, B. (1990). "Patterns of Runaway Behavior within a Large Systems Context: The Road to Empowerment." *Adolescence*, 25, 271–289.

Miller, B. C., & Heaton, T. B. (1991). "Age at First Sexual Intercourse and the Timing of Marriage and Childbirth." *Journal of Marriage and the Family*, 53, 719–732.

Miller, B. C., and Bingham, C. R. (1989). "Family Configuration in Relation to the Sexual Behavior of Female Adolescents." *Journal of Marriage and the Family*, 51, 499–506.

Miller, B. C., and Moore, K. A. (1990). "Adolescent Sexual Behavior, Pregnancy, and Parenting: Research through the 1980s." *Journal of Marriage and the Family*, 52, 1025–1044.

Miller, B. C., and Sneesby, K. R. (1988). "Educational Correlates of Adolescents' Attitudes and Behavior." *Journal of Youth and Adolescence*, 17, 521–530.

Miller, B. C., Benson, B., and Galbraith, K. A. (2001). "Family Relationships and Adolescent Pregnancy Risk: A Research Synthesis." *Developmental Review*, 21, 1–38.

Miller, B. C., Norton, M. C., Curtis, T., Hill, E. J., Schvaneveldt, P., and Young, M. H. (1997). "The Timing of Sexual Intercourse among Adolescents: Family, Peer, and Other Antecedents." *Youth and Society*, 29, 54–83.

Miller, D. (1974). *Adolescence: Psychology, Psychopathology, and Psychotherapy*. New York: Jason Aronson.

Miller, J. G. (1997). "Culture and Self: Uncovering the Cultural Grounding of Psychological Theory." In J. G. Snodgrass and R. Thompson (Eds.), *Annals of the New York Academy of Sciences, 18* (pp. 217–231). New York: New York Academy of Sciences.

Miller, K. E. (1990). "Adolescents' Same-Sex and Opposite-Sex Peer Relations: Sex Differences in Popularity, Perceived Social Competence, and Social Cognitive Skills." *Journal of Adolescent Research*, 5, 222–241.

Miller, K. E., Sabo, D. F., Farrell, M. Pi, Barnes, G. M., and Melnick, M. J. (1998). "Athletic Participation and Sexual Behavior in Adolescents: The Different Worlds of Boys and Girls." *Journal of Health and Social Behavior*, 39, 108–123.

Miller, K. E., Sabo, D. F., Farrell, M. P., Barnes, G. M., and Melnick, M. J. (1999). "Sports, Sexual Behavior, Contraceptive Use, and Pregnancy among Female and Male High School Students: Testing Cultural Resource Theory." *Sociology of Sport Journal*, 16, 366–387.

Miller, P. H., and Aloise, P. A. (1989). "Young Children's Understanding of the Psychological Causes of Behavior: A Review." *Child Development*, 60, 257–285.

Miller, R. L. (1989). "Desegregation Experiences of Minority Students: Adolescent Coping Strategies in Five Connecticut High Schools." *Journal of Adolescent Research*, 4, 173–189.

Miller, R. P., Cosgrove, J. M., and Doke, L. (1990). "Motivating Adolescents to Reduce Their Fines in a Token Economy." *Adolescence*, 25, 97–104.

Miller-Johnson, S., Winn, D. M., Coie, J., Maumary-Gremaud, A., Hyman, C., Terry, R., and Lochman, J. (1999). "Motherhood during the Teenage Years: A Developmental Perspective on Risk Factors for Childbearing." *Development and Psychopathology*, 11, 85–100.

Miller-Jones, D. (1989). "Culture and Testing." *American Psychologist*, 44, 360–366.

Mills, R. K. (1987a). "Traditional Morality, Moral Reasoning and the Moral Education of Adolescents." *Adolescence*, 22, 371–375.

Mills, R. K. (1987b). "The Novels of S. E. Hinton; Springboard to Personal Growth of Adolescents." *Adolescence*, 22, 641–646.

Mills, R. K. (1988). "Using Tom and Huck to Develop Moral Reasoning in Adolescents: A Strategy for the Classroom." *Adolescence*, 23, 325–329.

Millstein, S. G., and Halpern-Felsher, B. L. (2002a). "Judgments about Risk and Perceived Invulnerability in Adolescents and Young Adults." *Journal of Research in Adolescence*, 12, 399–422.

Millstein, S. G., and Halpern-Felsher B. L. (2002b). "Perceptions of Risk and Vulnerability." *Journal of Adolescent Health*, 31, 10–27.

Minkler, M., and Fuller-Thomson, E. (1999). "The Health of Grandparents Raising Grandchildren: Results of a National Study." *American Journal of Public Health*, 89, 1384–1389.

Mitchell, C. E. (1988). "Preparing for Vocational Choice." *Adolescence*, 23, 331–334.

Mitchell, C. E. (1990). "Development or Restoration of Trust in Interpersonal Relationships during Adolescence and Beyond." *Adolescence*, 25, 847–854.

Mitchell, C. M., O'Nell, T. D., Beals, J., Dick, R. W., Keane, E., and Manson, S. M. (1996). "Dimensionality of Alcohol Use among American Indian Adolescents: Latent Structure, Construct Validity, and Implications for Developmental Research." *Journal of Research on Adolescence*, 6, 151–180.

Mitchell, J. E., Pyle, R. L., and Eckert, E. D. (1981). "Frequency and Duration of Binge-Eating Episodes in Patients with Bulimia." *America Journal of Psychiatry*, 138, 835, 836.

Mitchell, J., and Dodder, R. A. (August 1983).

"Types of Neutralization and Types of Delinquency." *Journal of Youth and Adolescence,* 12, 307–318.

Mitchell, J., Dodder, R. A., and Norris, T. D. (1990). "Neutralization and Delinquency: A Comparison by Sex and Ethnicity." *Adolescence,* 25, 487–497.

Moffitt, T. E., Caspi, A., Belsky, J., and Silva, T. A. (1992). "Childhood Experience and the Onset of Menarche: A Test of the Sociobiological Model." *Child Development,* 63, 47–58.

Molitor, F., and Hirsch, K. W. (1994). "Children's Toleration of Real-Life Aggression after Exposure to Media Violence: A Replication of the Drabman and Thomas Studies." *Child Studies Journal,* 24, 191–207.

Molnar, B. E., Shade, S. B., Kral, A. H., Booth, R. H., and Watters, J. K. (1999). "Suicidal Behavior and Sexual/Physical Abuse among Street Youth." *Child Abuse and Neglect,* 22, 213–222.

Montemayor, R. (1986). "Family Variation in Parent-Adolescent Storm and Stress." *Journal of Adolescent Research,* 1, 15–31.

Montemayor, R., and Browler, J. R. (1987). "Fathers, Mothers, and Adolescents' Gender Based Differences in Parental Roles During Adolescence." *Journal of Youth and Adolescence,* 16, 281–291.

Montemayor, R., and Flannery, D. J. (1991). "Parent-Adolescent Relations in Middle to Late Adolescence." In R. Lerner, A. Petersen, and J. Brooks-Gunn (Eds.), *Encyclopedia of Adolescence* (pp. 729–734). New York: Garland.

Montepare, J. M., and Lachman, M. E. (1989). "'You're Only as Old as You Feel': Self-Perceptions of Age, Fears of Aging, and Life Satisfaction from Adolescence to Old Age." *Psychology and Aging,* 4, 73–78.

Montgomery, M. J., and Coté, J. E. (2003). "College as a Transition to Adulthood." In G. R. Adams and M. D. Berzonsky (Eds.), *Blackwell Handbook of Adolescence* (pp. 149–172). Oxford, England: Blackwell Publishing.

Montgomery, M. J., and Sorell, G. T. (1998). "Love and Dating Experience in Early and Middle Adolescence: Grade and Gender Comparisons." *Journal of Adolescence,* 21, 677–689.

Moore, D., and Hotch, D. F. (April 1982). "Parent-Adolescent Separation: The Role of Parental Divorce." *Journal of Youth and Adolescence,* 11, 115–119.

Moore, J. W., Jensen, B., and Hauck, W. E. (1990). "Decision-Making Processes of Youth." *Adolescence,* 25, 583–592.

Moore, J., and Pachon, H. (1985). *Hispanics in the United States.* Englewood Cliffs, NJ: Prentice Hall.

Moore, K. A., & Stieft, T. M. (1991). "Changes in Marriage and Fertility Behavior: Behavior versus Attitudes of Young Adults." *Youth and Society,* 22, 362–386.

Moore, K. A., Miller, B. C., Glei, D., and Morrison D. R. (1995). *Adolescent Sex, Contraception, and Childbearing: A Review of Recent Research.* Washington, DC: Child Trends.

Moore, S. M. (1995). "Girls' Understanding and Social Constructions of Menarche." *Journal of Adolescence,* 18, 87–104.

Moore, S. M., and Rosenthal, D. A. (1992). "The Social Context of Adolescent Sexuality: Safe Sex Implications." *Journal of Adolescence,* 15, 415–435.

Moore, S., and Cartwright, C. (2005). "Adolescents' and Young Adults' Expectations of Parental Responsibilities in Stepfamilies." *Journal of Divorce & Remarriage,* 43, 109–127.

Moote, G. T., Jr., and Wodarski, J. S. (1997). "The Acquisition of Life Skills through Adventure-Based Activities and Programs: A Review of the Literature." *Adolescence,* 32, 143–168.

Moran, P. B., and Eckenrode, J. (1991). "Gender Differences in the Costs and Benefits of Peer Relationships during Adolescence." *Journal of Adolescent Research,* 6, 396–409.

Moran, P. B., Vuchinich, S., and Hall, N. K. (2004). "Associations between Types of Maltreatment and Substance Use during Adolescence." *Child Abuse & Neglect,* 28, 565–574.

Morano, C. D., Cisler, R. A., and Lemerond, J. (1993). "Risk Factors for Adolescent Suicidal Behavior: Loss, Insufficient Family Support, and Hopelessness." *Adolescence,* 28, 851–865.

Morgan, C., Isaac, J. D., and Sansone, C. (2001). "The Role of Interest in Understanding the Career Choices of Female and Male College Students." *Sex Roles,* 44, 295–320.

Morris, G. B. (1992). "Adolescent Leaders: Rational Thinking, Future Beliefs, Temporal Perspective, and Other Correlates." *Adolescence,* 105, 173–181.

Morris, R. E., Harrison, E. A., Knox, G. W., Romanjhauser, E., Marques, D. K., and Watts, L. L. (1996). "Health Risk Behavioral Survey from 39 Juvenile Correction Facilities in the United States." *Journal of Adolescent Health,* 117, 334–375.

Morrison, D. A., and Coiro, M. J. (1999). "Parental Conflict and Marital Disruption: Do Children Benefit When High Conflict Marriages Are Dissolved?" *Journal of Marriage and the Family,* 61, 626–637.

Morrow, K. B., and Sorell, G. T. (1989). "Factors Affecting Self-Esteem, Depression, and Negative Behaviors in Sexually Abused Female Adolescents." *Journal of Marriage and the Family,* 51, 677–686.

Mortimer, J. (2003). *Working and Growing Up in America.* Cambridge, MA: Harvard University Press.

Mortimer, J. T., Finch, M., Shanahan, M., and Ryu, S. (1992). "Work Experience, Mental Health, and Behavioral Adjustment in Adolescents." *Journal of Research of Adolescence,* 2, 25–57.

Mortimer, J. T., Pimentel, E. E., Ryu, S., Nash, K., and Lee, C. (1996). "Part-Time Work and Occupational Value Formation in Adolescence." *Social Forces,* 74, 1405–1418.

Moser, M. R., Paternite, C. E., and Dixon, W. E., Jr. (1996). "Late Adolescents' Feelings toward Parents and Siblings." *Merrill-Palmer Quarterly,* 42, 537–553.

Mosher, W. D. (1990). "Contraceptive Practice in the United States, 1982–1988." *Family Planning Perspectives,* 22, 198–205.

Mosher, W. D., Chandra, A., and Jones, J. (2005). "Sexual Behavior and Selected Health Measures: Men and Women 15–44 Years of Age, United States, 2002." *Advance Data from Health and Vital Statistics,* No. 362. Retrieved from http://www.cdc.gov/nchs/data/ad/ad362.pdf.

Moshman, D. (1993). "Adolescent Reasoning and Adolescent Rights." *Human Development,* 36, 27–40.

Moshman, D. (1994). "Reason, Reasons, and Reasoning: A Constructivist Account of Human Rationality." *Theory and Psychology,* 4, 245–260.

Moshman, D. (1997). "Cognitive Development beyond Childhood." In W. Damon, D. Kuhn, and R. Siegler (Eds.), *Handbook of Child Psychology.* Vol. 2 (pp. 947–978). New York: Wiley.

Moshman, D. (1999). *Adolescent Psychological Development: Rationality, Morality, and Identity.* Mahwah, NJ: Erlbaum.

Moshman, D., and Franks, B. F. (1986). "Development of the Concept of Inferential Validity." *Child Development,* 57, 153–165.

Mott, F. L., Fondell, M. M., Hu, P. N., Kowaleski-Jones, L., and Menaghan, E. G. (1996). "The Determinants of First Sex by Age 14 in a High-Risk Adolescent Population." *Family Planning Perspectives,* 28, 13–18.

Moulton, P., Moulton, M., Housewright, M., and Bailey, K. (1998). "Gifted and Talented: Exploring the Positive and Negative Aspects of Labeling." *Roeper Review,* 21, 153–154.

Muck, R., Zempolich, K. A., Titus, J. C., Fishman, M., Godley, M. D., and Schwebel, R. (2001). "An Overview of the Effectiveness of Adolescent Substance Abuse Treatment Models." *Youth and Society,* 33, 143–168.

Mueller, M. M., Wilhelm, B., and Elder, G. H., Jr., (2002). "Variations in Grandparenting." *Research on Aging,* 24, 360–388.

Mueller, U., Sokol, B., and Overton, W. F. (1999). "Developmental Sequences in Class Reasoning and Propositional Reasoning." *Journal of Experimental Child Psychology,* 74, 69–106.

Mulkey, L. M., Catsambis, S., Steelman, L. C., and Crain, R. L. (2005). "The Long-Term Effects of Ability Grouping in Mathematics: A National Investigation." *Social Psychology of Education,* 8, 137–177.

Mullis, A. K., Mullis, R. L., and Normandin, D. (1992). "Cross-Sectional and Longitudinal Comparisons of Adolescent Self-Esteem." *Adolescence,* 27, 51–61.

Mullis, R. L., and McKinley, K. (1989). "Gender-Role Orientation of Adolescent Females: Effects on Self-Esteem and Locus of Control." *Journal of Adolescent Research,* 4, 506–516.

Mulsow, M. H., and Murry, V. M. (1996). "Parenting on Edge." *Journal of Family Issues,* 17, 704–721.

Munk, N. (1997). "Girl Power." *Fortune,* 8 December, pp. 132–140.

Munson, W. W. (1992). "Self-Esteem, Vocational Identity, and Career Salience in High School Students." *The Career Development Quarterly,* 40, 361–368.

Murdock, B. B., Jr. (1974). *Human Memory: Theory and Data.* Mahwah, NJ: Erlbaum.

Murray, A., and Sandkvist, K. (1990). "Father Absence and Children's Achievement from Age 13 to 21." *Scandinavian Journal of Educational Research,* 34, 3–28.

Murry, B. M. (1992). "First Pregnancy among Black Adolescent Females over Three Decades." *Youth and Society,* 23, 478–506.

Murry, B. M. (1995). "An Ecological Analysis of Pregnancy Resolution Decisions among African American and Hispanic Adolescent Females." *Youth and Society,* 26, 325–350.

Murry, B. M. (1996). "An Ecological Analysis of Coital Timing among Middle-Class African-American Adolescent Females." *Journal of Adolescent Research,* 11, 261–279.

Must, A., Jacques, P. F., Dallal, G. E., Bajema, C. J., and Dietz, W. H. (1992). "Long-Term Morbidity and Mortality of Overweight Adolescents: A Follow-Up of the Harvard Growth Study of 1922–1935." *New England Journal of Medicine,* 327, 1350–1355.

Muuss, R. E. (Fall 1982). "Social Cognition: Robert Selman's Theory of Role Taking." *Adolescence,* 17, 499–525.

Muuss, R. E. (1985). "Adolescent Eating Disorder: Anorexia Nervosa." *Adolescence,* 20, 525–536.

Muuss, R. E. (1986). "Adolescent Eating Disorder: Bulimia." *Adolescence,* 22, 257–267.

Muuss, R. E. (1988a). "Carol Gilligan's Theory of Sex Differences in the Development of Moral Reasoning during Adolescence." *Adolescence,* 23, 229–243.

Muuss, R. E. (1988b). *Theories of Adolescence.* 5th ed. New York: McGraw-Hill.

Muuss, R. E. (1995). *Theories of Adolescenc* (6th Edition). New York: McGraw Hill.

Myers, S. M. (1996). "An Interactive Model of Religiosity Inheritance: The Importance of Family Context." *American Sociological Review,* 61, 858–866.

Nadeem, E., and Graham, S. (2005). "Early Puberty, Peer Victimization, and Internalizing Symptoms in Ethnic Minority Adolescents." *Journal of Early Adolescence,* 25, 197–222.

Nævdal, F., and Thuen, F. (2004). "Residence Arrangements and Well-Being: A Study of Norwegian Adolescents." *Scandinavian Journal of Psychology,* 45, 363–371.

Nail, J. M., and Evans, J. G. (1997). "The Emotional Adjustment of Gifted Adolescents: A View of Global Functioning." *Roeper Review,* 20, 18–21.

Najman, J. M., Aird, R., Bor, W., O'Callaghan, M., Williams, G. M., and Shuttlewood, G. J. (2004). "The Generational Transmission of Socioeconomic Inequalities in Child Cognitive Development and Emotional Health." *Social Science & Medicine,* 58, 1147–1158.

Nakajima, Y., and Hotta, M. (1989). "A Developmental Study of Cognitive Processes in Decision-Making: Information Searching as a Function of Task Complexity." *Psychological Reports,* 64, 67–79.

Namerow, P. B., Kalmuss, D. S., and Cushman, L. F. (1993). "The Determinants of Young Women's Pregnancy-Resolution Choices." *Journal of Research on Adolescence,* 3, 193–215.

Nathanson, C., Paulhus, D. L., and Williams, K. M. (2006). "Predictors of a Behavioral Measure of Scholastic Cheating: Personality and Competence But Not Demographics." *Contemporary Educational Psychology,* 31, 97–122.

Nathanson, M., Baird, A., and Jemail, J. (1986). "Family Functioning and the Adolescent Mother: A Systems Approach." *Adolescence,* 21, 827–841.

National Center for Education Statistics. (2001). *National Mathematics Achievement-Level Results by Race/Ethnicity for Grade 12: 1990–2000.* Retrieved from http://nces.ed.gov/nationsreportcard/mathematics/results/natachieveg12RE.asp.

National Center for Education Statistics. (2002). *Table 146: Percent of High School Seniors Who Participate in Selected School-Sponsored Extracurricular Activities, by Student Characteristics: 1980 and 1992.* Retrieved June 1, 2005, from http://nces.ed.gov.proxy.lib.ohio-state.edu/programs/digest/d02/dt145.asp.

National Center for Health Statistics. (2001). *Healthy People 2000: Final Review.* Hyattsville, MD: Public Health Service.

National Center for Health Statistics. (2002). *Vital Statistics of the United States, 2001 Volume I, Natality.* Washington, DC: National Center for Health Statistics.

National Center for Injury Prevention and Control. (2000, February 3). *Facts on Adolescent Injury* <www.cdc.gov/ ncipc/duip/adoles.htm>.

National Center for Tobacco Free Kids. (2000). *Tobacco Company Marketing to Kids* <www.tobaccofreekids.org/research/factsheets/pdf/0008.pdf>.

National Children's Home. (2002). *NCH 2002 Survey.* Retrieved from http://www.nch.org.uk/itok/showquestion.asp?faq=9andfldAuto=145.

National Coalition of the Homeless. (1999). *Homeless Youth.* Fact Sheet no. 11. Washington, DC: Author.

National Coalition of the Homeless. (2006). Why are people homeless? *Fact Sheet no. 1.* Retrieved from http://www.nationalhomeless.org/publications/facts/Why.pdf.

National Commission on Excellence in Education. (1983). *A Nation at Risk: The Imperative for Educational Reform.* Washington, DC: U.S. Government Printing Office.

National Consumer League. (2000). *An Overview of Federal Labor Laws.* Retrieved from http://www.neinet.org/child%20labor/factI.htm.

National Gambling Impact Study Commission. (1998). *Final Report* <www.ngisc.gov/research/nagamng.html>.

National Highway and Traffic Safety Administration (NHTSA). (1997). *1995 Youth Fatal Crash and Alcohol Facts.* Washington, DC: Author/Department of Transportation.

National Highway Traffic Safety Administration (NHTSA). (1998). *Traffic Safety Facts 1997: Alcohol.* Report no. DOT HS 808 806. Washington, DC: U.S. Department of Transportation.

National Highway Traffic Safety Administration (NHTSA). (2001). *Traffic Safety Facts 2000: A Compilation of Motor Vehicle Crash Data from the Fatality Analysis Reporting System and the General Estimates System.* Washington, DC: U.S. Department of Transportation.

National Incidence Studies of Missing, Abducted, Runaway and Thrownaway Children. (2002). "Runaway/Thrownaway Children: National Estimates and Characteristics." *NISMART Bulletin,* October.

National Institute of Allergy and Infectious Diseases. (2002). *HIV Infection in Adolescents: Fact Sheet.* Rockville, MD: National Institutes of Health.

National Institute of Arthritis and Musculoskeletal and Skin Diseases. (2006). *Questions and Answers about Acne.* Retrieved from www.nih.gov/niams/healthinfo/acne/ acne.htm.

National Institute of Mental Health. (2000). *Depression in Children and Adolescents.* NIH Publication no. 00-4744. Retrieved from www.nimh.gov/publicat/dechildresfact.cfm.

National Institute on Alcohol Abuse and Alcoholism (NIAAA). (2000). *Tenth Special Report to the U.S. Congress on Alcohol and Health.* Rockville, MD: Author.

National Institute on Alcohol Abuse and Alcoholism. (2001). *Cognitive Impairment and Recovery from Alcoholism.* Publication no. 53. Rockville, MD: Author.

National Institute on Drug Abuse (NIDA). (1997). *National Institute on Drug Abuse Prevention Brochure.* Retrieved from www.165.112.78.61/prevention.html.

National Institute on Drug Abuse (NIDA). (1998). *Marijuana: Facts Parents Need to Know.* Retrieved from www.nida.nih.gov/marijbroch/parentpg3–4n.html.

National Institute on Drug Abuse (NIDA). (1999a). *Infofax: Rohypnol and GHD.* Report no. 13556. Retrieved from www.nida.nih.gov/infofax/ rohypnolghb.htm.

National Institute on Drug Abuse (NIDA). (1999b). *Infofax: Ecstasy.* Report no. 13547. Retrieved from www.nida.nih.gov/infofax/ecstasy.html.

National Institute on Drug Abuse (NIDA). (1999c). *Infofax: Inhalants.* Report no. 13549. Retrieved from www.nida.nih.gov/infofax/inhalants.html.

National Institute on Drug Abuse (NIDA). (1999d). *Infofax: LSD.* Report no. 13550. Retrieved from www.nida.nih.gov/infofax/lsd.html.

National Institute on Drug Abuse (NIDA). (1999e). *Infofax: Marijuana.* Report no. 13551. Retrieved from www.nida.nih.gov/infofax/marijuana.html.

National Institute on Drug Abuse (NIDA). (1999f). "NIDA Notes: Tracking Trends in Teen Drug Abuse over the Years." *Special Report,* 14(1). Washington, DC: Government Printing Office. Retrieved from www.nida.nih.gov/nida_notes/nnvol14n1/tentrends.html.

National Institute on Drug Abuse (NIDA). (2000a). *Monitoring the Future National Results on Adolescent Drug Use: Overview of Key Findings, 1999.* NIH Publication no. 00-4690. Washington, DC: Government Printing Office.

National Institute on Drug Abuse (NIDA). (2000b) *National Institute on Drug Abuse Research Report Series: Anabolic Steroid Abuse.* Retrieved from www.165.112.78.61/research_reports/steroids/html.

National Institute on Drug Abuse (NIDA). (2001). *Ecstasy: What We Know and Don't Know about MDMA.* Retrieved from http://www.drugabuse.gov/Meetings/MDMA/MDMAExSummary.

National Institute on Drug Abuse. (2003). *Preventing Drug Use among Children and Adolescents* (2nd ed.). NIH Publication no. 04-4212(A). Bethesda, MD: National Institute on Drug Abuse.

National Institute on Drug Abuse. (2005). *Marijuana Abuse*. NIH Publication no. 05-3859. Bethesda, MD: National Institute on Drug Abuse.

National Marriage Project. (2005). *The State of Our Unions 2005: The Social Health of Marriage in America*. Piscataway, NJ: Rutgers University Press.

National Middle School Association. (2005) *Position Statement on Curriculum, Instruction, and Assessment*. Retrieved from http://www.nmsa.org/AboutNMSA/PositionStatements/Curriculum/tabid/767/Default.aspx.

National Public Radio (NPR). (2003). *Poverty in America*. Washington, DC: Author. Retrieved from http://www.npr.org/programs/specials/poll/results.html.

National Public Radio. (2000). "NPR/Kaiser/Kennedy School Kids and Technology Survey." Retrieved from http://npr.org/programs/specials/poll/technology/technology.kids.html.

National Research Council. (1998). *Protecting Youth at Work: Health, Safety and Development of Working Children and Adolescents in the United States*. Washington, DC: National Academy Press.

National Science Foundation. (1996). *Women, Minorities, and Persons with Disabilities in Science and Engineering: 1996*. Arlington, VA: Author.

Neapolitan, J. (Winter 1981). "Parental Influences on Aggressive Behavior: A Social Learning Approach." *Adolescence*, 16, 831–840.

Necessary, J. R., and Parish, T. S. (1995). "Relationships of Parents' Perceived Actions toward Their Children." *Adolescence*, 30, 175–176.

Needle, R. H., Su, S. S., and Doherty, W. J. (1990). "Divorce, Remarriage, and Adolescent Substance Use: A Prospective Longitudinal Study." *Journal of Marriage and the Family*, 152, 157–159.

Neighbors, B., Forehand, R., and Armistead, L. (1992). "Is Parental Divorce a Critical Stressor for Young Adolescents? Grade Point Average as a Case in Point." *Adolescence*, 27, 639–646.

Neimark, E. D. (1975). "Longitudinal Development of Formal Operations Thought." *Genetic Psychology Monographs*, 91, 171–225.

Neisser, U., Boodoo, G., Bouchard, T. J., Jr., Boykin, A. W., Brody, N., Ceci, S. J., Halpern, D. F., Loehlin, J. C., Perloff, R., Sternberg, R. J., and Urbina, S. (1996). "Intelligence: Knowns and Unknowns." *American Psychologist*, 51, 77–101.

NellieMae Corporation. (2006). *Credit Card Tips*. Retrieved from http://www.nelliemae.org/managingmoney/cc_tips.html.

Nelson, C., and Keith, J. (1990). "Comparisons of Female and Male Early Adolescent Sex-Role Attitudes and Behavior Development." *Adolescence*, 25, 183–204.

Nelson, F. H., Rosenberg, B., and van Meter, N. (2004). *Charter School Achievement on the 2003 National Assessment of Educational Progress*. Washington, DC: American Federation of Teachers.

Nelson, T. F., and Wechsler, H. (2001). "Alcohol and College Athletes." *Medicine and Science in Sports and Exercise*, 33, 43–47.

Nelson, W. L., Hughes, H. M., Handal, P., Katz, B., and Searight, H. R. (1993). "The Relationship of Family Structure and Family Conflict to Adjustment in Young Adult College Students." *Adolescence*, 28, 29–40.

Nevid, J. S., and Gotfried, F. (1995). *Choices: Sex in the Age of STD*. Boston: Allyn & Bacon.

Nevil, R., Golden, L., and Faragher, T. (1992, 1993). *The Right Kind of Love*. W. B. Music Corporation, Dresden China Music, MCA Music Publishing.

New York Civil Liberties Union. (2006). *The Rights of Pregnant and Parenting Teens*. Retrieved from http://www.nyclu.org/rrp_rppt2.html.

Newburger, E. C. (1999). *Computer Use in the United States: Current Population Reports, October 1997*. U.S. Bureau of the Census Publication no. 20-522. Washington, DC: Government Printing Office.

Newcomb, M. D. (1986). "Sexual Behavior of Cohabitators: A Comparison of Three Independent Samples." *The Journal of Sex Research*, 22, 492–513.

Newcomb, M. D., Maddahian, E., and Bentler, P. M. (1986). "Risk Factors for Drug Use among Adolescents: Concurrent and Longitudinal Analysis." *American Journal of Public Health*, 76, 525–531.

Newell, G. K., Hammig, C. L., Jurick, A. P., and Johnson, D. E. (1990). "Self-Concept as a Factor in the Quality of Diets of Adolescent Girls." *Adolescence*, 25, 117–130.

Newman, B. M. (1989). "The Changing Nature of the Parent-Adolescent Relationship from Early to Late Adolescence." *Adolescence*, 96, 915–924.

Newman, B. S., and Muzzonigro, P. G. (1993). "The Effects of Traditional Family Values on the Coming Out Process of Gay Male Adolescents." *Adolescence*, 28, 213–226.

Newman, J. (1987). "Psychological Effects on College Students on Raising the Drinking Age." *Adolescence*, 22, 503–510.

Newspaper Association of America. (2005). *Targeting Teens*. Retrieved from http://www.naa.org/marketscope/TargetingTeensBrief.pdf.

Nielsen S. J., and Popkin B. M. (2003). "Patterns and Trends in Food Portion Sizes, 1977–1998." *Journal of the American Medical Association*, 289, 450–453.

Niemann, Y. F., Romero, A. J., Arredondo, J., and Rodriguez, V. (1999). "What Does It Mean to Be "Mexican"? Social Construction of an Ethnic Identity." *Hispanic Journal of Behavioral Sciences*, 21, 47–60.

Niemi, R. G., Hepburn, M. A., and Chapman, C. (2000). "Community Service by High School Students: A Cure for Civic Ills?" *Political Behavior*, 22, 45–69.

Nilzon, K. R., and Palmérus, K. (1997). "The Influence of Familial Factors on Anxiety and Depression in Childhood and Early Adolescence." *Adolescence*, 32, 935–943.

Nippold, M. (1994). "Third-Order Verbal Analogical Reasoning: A Developmental Study of Children and Adolescents." *Contemporary Educational Psychology*, 19, 101–107.

Noack, P., and Buhl, H. M. (2004). "Relations with Parents and Friends during Adolescence and Early Adulthood." *Marriage & Family Review*, 36, 31–51.

Noble, P. S., Adams, G. R., & Openshaw, D. K. (1989). "Interpersonal Communication in Parent–Adolescent Dyads: A Brief Report on the Effects of a Social Skills Training Program." *Journal of Family Psychology*, 2, 483–494.

Nock, M. K., and Prinstein, M. J. (2005). "Contextual Features and Behavioral Functions of Self-Mutilation among Adolescents." *Journal of Abnormal Psychology*, 114, 140–146.

Nock, S. L. (1995). "A Comparison of Marriages and Cohabiting Relationships." *Journal of Family Issues*, 16, 53–76.

Nock, S. L. (1998). "The Consequences of Premarital Fatherhood." *American Sociological Review*, 63, 250–263.

Nolen-Hoeksema, S., and Girgus, J. S. (1994). "The Emergence of Gender Differences in Depression during Adolescence." *Psychological Bulletin*, 115, 424–443.

Noller, P., and Callan, V. J. (1986). "Adolescent and Parent Perception of Family Cohesion and Adaptability." *Journal of Adolescence*, 9, 97–106.

Noller, P., and Callan, V. J. (1990). "Adolescents' Perceptions of the Nature of Their Communication with Parents." *Journal of Youth and Adolescence*, 19, 349–362.

Noom, M. J., Dekovic, M., and Meeus, W. H. J. (1999). "Autonomy, Attachment and Psychosocial Adjustment during Adolescence: A Double-Edged Sword?" *Journal of Adolescence*, 22, 771–783.

Norcini, J. J., and Snyder, S. S. (April 1983). "The Effects of Modeling and Cognitive Induction on the Moral Reasoning of Adolescents." *Journal of Youth and Adolescence*, 12, 101–115.

Novins, D. K., Spicer, P., Beals, J., and Spero M. M. (2004). "Preventing Underage Drinking in American Indian and Alaska Native Communities: Contexts, Epidemiology, and Culture." In R. J. Bonnie and M. E. O'Connell (Eds.), *Reducing Underage Drinking: A Collective Responsibility* (pp. 678–696). Washington, DC: National Academies Press.

Nwadiora, E., and McAdoo, H. (1996). "Acculturative Stress among Amerasian Refugees: Gender and Racial Differences." *Adolescence*, 31, 477–487.

Nye, F. I., and Edelbrock, C. (1980). "Some Social Characteristics of Runaways." *Journal of Family Issues*, 1, 1–11.

Nye, S. S., and Johnson, C. L. (1999). "Eating Disorders." In S. D. Netherton, D. Holmes, and C. E. Walker (Eds.), *Child and Adolescent Psychological Disorders: A Comprehensive Textbook* (pp. 397–414). New York: Oxford University Press.

O'Brien, K. M., Friedman, S. M., Tipton, L. C., and Linn, S. G. (2000). "Attachment, Separation, and Women's Vocational Development: A Longitudinal Analysis." *Journal of Counseling Psychology*, 47, 301–315.

O'Brien, R. W., and Iannotti, R. J. (1993). "Differences in Mothers' and Children's Perceptions of Urban Black Children's Life Stress." *Journal of Youth and Adolescence*, 22, 543–557.

O'Brien, R., and Cohen, S. (1984). *The Encyclopedia of Drug Abuse*. New York: Facts on File.

O'Brien, S. (1989). *American Indian Tribal Governments*. Norman, OK: University of Oklahoma Press.

O'Callaghan, M. F., Borkowski, J. G., Whitman, T. L., Maxwell, S. E., and Keogh, D. (1999). "A Model of Adolescent Parenting: The Role of Cognitive Readiness to Parent." *Journal of Research on Adolescence, 9*, 203–225.

O'Connor, B. P. (1995). "Identity Development and Perceived Parental Behavior as Sources of Adolescent Egocentrism." *Journal of Youth and Adolescence, 24*, 205–227.

O'Connor, T. G., Pickering, K., Dunn, J., and Golding, J. (1999). "Frequency and Predictors of Relationship Dissolution in a Community Sample in England." *Journal of Family Psychology, 13*, 436–439.

O'Dea, J. A., and Abraham, S. (1999). "Association between Self-Concept and Body Weight, Gender, and Pubertal Development among Male and Female Adolescents." *Adolescence, 34*, 69–79.

O'Donnell, C. R. (1995). "Firearm Deaths among Children and Youth." *American Psychologist, 50*, 771–776.

O'Keefe, M., and Treister, L. (1998). "Victims of Dating Violence among High School Students: Are the Predictors Different for Males and Females?" *Violence against Women, 4*, 195–223.

O'Koon, J. (1997). "Attachment to Parents and Peers in Late Adolescence and Their Relationship with Self-Image." *Adolescence, 32*, 471–482.

O'Sullivan, R. G. (1990). "Validating a Method to Identify At-Risk Middle School Students for Participation in a Dropout Prevention Program." *Journal of Early Adolescence, 10*, 209–220.

Obeidallah, D. A., Brennan, R. T., Brooks-Gunn, J., Kindlon, D., and Earls, F. (2000). "Socioeconomic Status, Race, and Girls' Pubertal Maturation: Results from the Project on Human Development in Chicago Neighborhoods." *Journal of Research on Adolescence, 10*, 443–464.

Offer, D., & Schonert-Reichl, A. (1992). "Debunking the Myths of Adolescence: Findings from Recent Research." *Journal of the American Academy of Child & Adolescent Psychiatry, 31*(6), 1003–1014.

Offer, D., and Offer, J. (1974). "Normal Adolescent Males: The High School and College Years." *Journal of the American College Health Association, 22*, 209–215.

Offer, D., Ostrov, E., and Howard, K. I. (August 1982). "Family Perceptions of Adolescent Self-Image." *Journal of Youth and Adolescence, 11*, 281–291.

Office of Economic Cooperation and Development. (2004). *Employment Outlook 2004: How Does the U.S. Compare?* Retrieved from http://www.oecd.org/dataoecd/41/15/32504422.pdf.

Office of Juvenile Justice and Delinquency Prevention. (1995). *Balanced and Restorative Justice: Program Summary*. Washington, DC: Author.

Office of Juvenile Justice and Delinquency Prevention. (1998). *When Your Child Is Missing: A Family Survival Guide*. Washington, DC: Author.

Office of Juvenile Justice and Delinquency Prevention. (1999). *1997 National Youth Gang Survey*. Washington, DC: Department of Justice.

Office of Minority Health. (2006). *American Indian and Alaska Native Populations*. Retrieved from http://www.cdc.gov/omh/Populations/AIAN/AIAN.htm.

Office of National AIDS Policy. (2000). *Youth and HIV/AIDS 2000: A New American Agenda*. Washington, DC: Author.

Office of Refugee Resettlement. (1982, 1985). *Refugee Resettlement Program: Report to the Congress*. Washington, DC: U.S. Government Printing Office.

Ogbu, J. (1992). "Understanding Cultural Diversity and Learning." *Educational Researcher, 21*, 5–14.

Ogden, C. I., Carroll, M. D., Curtin, L. R., McDowell, M. A., Tabak, C. J., and Flegal, K. M. (2006). "Prevalence of Overweight and Obesity in the United States, 1999–2004." *Journal of the American Medical Association, 295*, 1549–1555.

Ognibene, F. P. (October 1984). "Complications of AIDS." *Medical Aspects of Human Sexuality, 18*, 9.

Ogundari, J. T. (Spring 1985). "Somatic Deviations in Adolescence: Reactions and Adjustments." *Adolescence, 20*, 179–183.

Ogunwole, S. U. (2006). *We the People: American Indians and Alaska Natives in the United States*. Census 2000 Special Reports. Washington, DC: U.S. Census Bureau.

Ohannessian, C. M., & Crockett, J. (1993). "A Longitudinal Investigation of the Relationship Between Educational Investment and Adolescent Sexual Activity." *Journal of Adolescent Research, 8*, 167–182.

Ohannessian, C. M., and Lerner, R. M. (1995). "Discrepancies in Adolescents' and Parents' Perceptions of Family Functioning and Adolescent Emotional Development." *Journal of Early Adolescence, 15*, 490–516.

Okazaki, S. (2002). "Influences of Culture on Asian Americans' Sexuality." *Journal of Sex Research, 39*, 34–41.

Okum, M. A., and Sasfy, J. H. (Fall 1977). "Adolescence: The Self-Concept, and Formal Operations." *Adolescence, 12*, 373–379.

Okwumabua, J. O., Okwumabua, T. M., Winston, B. L., and Walker, H., Jr. (1989). "Onset of Drug Use among Rural Black Youth." *Journal of Adolescent Research, 4*, 238–246.

Oldenburg, C. M., and Kerns, K. A. (1997). "Associations between Peer Relationships and Depressive Symptoms: Testing Moderator Effects of Gender and Age." *Journal of Early Adolescence, 17*, 319–337.

Olds, R. S., and Thombs, D. L. (2001). "The Relationship of Adolescent Perceptions of Peer Norms and Parent Involvement to Cigarette and Alcohol Use." *Journal of School Health, 71*, 223–228.

Olson, D. (1988). "Family Assessment and Intervention: The Circumplex Model of Family Systems." *Child and Youth Services, 11*, 9–48.

Olson, D. H. (1986). Circumplex Model VII: Validation Studies and FACES III. *Family Process, 25*, 337–351.

Olson, D. H., Portner, J., and Lavee, Y. (1985). "FACES III." In D. H. Olson, H. McCubbin, H. Barnes, A. Larsen, M. Muxen, and M. Wilson (Eds.), *Family Inventories* (pp. 7–42). St. Paul: Family Social Science, University of Minnesota.

Olweus, D. (1991). "Bully-Victim Problems among School Children: Basic Facts and Effects of a School-Based Intervention Program." In D. Pepler and K. Rubin (Eds.), *The Development and Treatment of Childhood Aggression* (pp. 411–448). Hillsdale, NJ: Erlbaum.

Olweus, D. (1993). *Bully in Schools: What We Know and What We Can Do*. Oxford, England: Basil Blackwell.

Olweus, D. (1994). "Annotation: Bullying at School: Basic Facts and Effects of a School-Based Intervention Program." *Journal of Child Psychology and Psychiatry, 35*, 1171–1190.

Olweus, D. (2001). "Peer Harassment: A Critical Analysis and Some Important Issues." In J. Juvenon and S. Graham (Eds.), *Peer Harassment in School* (pp. 3–20). New York: Guilford.

Olweus, D. (December 1977). "Aggression and Peer Acceptance in Adolescent Boys: Two Short-Term Longitudinal Studies of Ratings." *Child Development, 48*, 1301–1313.

Openshaw, D. K., and Thomas, D. L. (1986). "The Adolescent Self and the Family." In G. K. Leigh and G. W. Peterson (Eds.), *Adolescents in Families* (pp. 104–129). Cincinatti: South-Western.

Ordway v. *Hargraves*. (1971). 323 F. Supp. 1115.

Orfield, G., Losen, D., Wald, J., and Swanson, C. B. (2004). *Losing Our Future: How Minority Youth Are Being Left Behind by the Graduation Rate Crisis*. Cambridge, MA: The Civil Rights Project at Harvard University.

Orlofsky, J. L., and Ginsburg, S. D. (Spring 1981). "Intimacy Status: Relationship to Affect Cognition." *Adolescence, 16*, 91–99.

Ormond, C., Luszez, M. A., Mann, L., and Beswick, G. (1991). "Metacognitive Analysis of Decision Making in Adolescence." *Journal of Adolescence, 14*, 275–291.

Oropesa, R. S. (1996). "Normative Beliefs about Marriage and Cohabitation: A Comparison of Non-Latino Whites, Mexican Americans, and Puerto Ricans." *Journal of Marriage and the Family, 58*, 49–62.

Orr, M. T. (November–December, 1982). "Sex Education and Contraceptive Education in U.S. Public High Schools." *Family Planning Perspectives, 14*, 304–313.

Osborne, J. W. (1995). "Academics, Self-Esteem, and Race: A Look at the Underlying Assumptions of the Disidentification Hypothesis." *Personality and Social Psychology Bulletin, 21*, 449–455.

Ostermann, J., Sloan, F. A., and Taylor, D. H. (2005). "Heavy Alcohol Use and Marital Dissolution in the USA." *Social Science & Medicine, 61*, 2304–2316.

Overton, W. F., and Byrnes, J. C. (1991). "Cognitive Development." In R. M. Lerney, A. C. Petersen, and J. Brooks-Gunn (Eds.), *Encyclopedia of Adolescence*. Vol. 1. New York: Garland.

Owens, J. A., Stahl, J., Patton, A., Reddy, U., and Crouch, M. (2006). "Sleep Practices, Attitudes, and Beliefs in Inner City Middle School Children: A Mixed-Methods Study." *Behavioral Sleep Medicine, 4*, 114–134.

Owens, T. J. (1992). "Where Do We Go from

Here? Post-High School Choices of American Men." *Youth and Society, 23,* 452–477.

Oxford, M. L., Gilchrist, L. D., Gillmore, M. R., and Lohr, M. J. (2006). "Predicting Variation in the Life Course of Adolescent Mothers as They Enter Adulthood." *Journal of Adolescent Health, 39,* 20–26.

Oyserman, D., and Markus, H. R. (1990a). "Possible Selves and Delinquency." *Journal of Personality and Social Psychology, 59,* 112–125.

Oyserman, D., and Markus, H. R. (1990b). "Possible Selves in Balance: Implications for Delinquency." *Journal of Social Issues, 46,* 141–157.

Oyserman, D., and Saltz, E. (1993). "Competence, Delinquency, and Attempts to Attain Possible Selves." *Journal of Personality and Social Psychology, 65,* 360–374.

Ozarak, E. W. (1989). "Social and Cognitive Influences on the Development of Religious Beliefs and Commitment in Adolescence." *Journal for the Scientific Study of Religion, 28,* 448–463.

Ozechowski, T. J., and Liddle, H. A. (2000). "Family-Based Therapy for Adolescent Drug Abuse: Knowns and Unknowns." *Clinical and Family Psychology Review, 3,* 269–298.

Ozer, E. M., MacDonald, R., and Irwin, C. E., Jr. (2002). "Adolescent Health Care in the U.S.: Implications and Projection in the New Millennium." In J. Mortimer and R. Larson (Eds.), *The Changing Adolescent Experience: Societal Trends and the Transition to Young Adulthood* (pp. 129–174). New York: Cambridge University Press.

Ozer, E. M., Park, M. J., Paul, T., Brindis, C. D., and Irwin, C. E., Jr. (2003). *America's Adolescents: Are They Healthy?* San Francisco: University of California, San Francisco, National Adolescent Health Information Center.

Paddack, C. (1987). "Preparing a Boy for Nocturnal Emissions." *Medical Aspects of Human Sexuality, 21,* 15, 16.

Padilla, A. M., and Baird, T. L. (1991). "Mexican-American Adolescent Sexuality and Sexual Knowledge: An Exploratory Study." *Hispanic Journal of Behavioral Science, 13,* 95–104.

Padilla, A. M., and Lindholm, K. J. (1992). *What Do We Know about Culturally Diverse Children?* Paper presented at the meeting of the American Psychological Association, Washington, DC.

Padilla-Walker, L. M., and Carlo, G. (2004). "'It's Not Fair!' Adolescents' Constructions of Appropriateness of Parental Reactions." *Journal of Youth and Adolescence, 33,* 389–401.

Page, E. W. (1922). "A Flapper's Appeal to Parents." *Outlook,* December 6.

Page, R. M. (1990). "Shyness and Sociability: A Dangerous Combination for Illicit Substance Use in Adolescent Males?" *Adolescence, 25,* 803–806.

Pagliuso, S. (1976). *Understanding Stages of Moral Development: A Programmed Learning Workbook.* New York: Paulist Press.

Palenski, J. E., and Launer, H. M. (1987). "The 'Process' of Running Away: A Redefinition." *Adolescence, 22,* 347–362.

Pallas, A. M., Entwisle, D. R., Alexander, K. L., & Stluka, M. F. (1994). Ability-group effects: Instructional, social, or institutional? *Sociology of Education, 67,* 27–46.

Panchaud, C., Singh, S., Feivelson, D., and Darroch, J. E. (2000). "Sexually Transmitted Diseases among Adolescents in Developed Countries." *Family Planning Perspectives, 32,* 24–32.

Paolucci, E. O., and Violata, C. (2004). "A Meta-Analysis of the Published Research on the Affective, Cognitive, and Behavioral Effects of Corporal Punishment." *Journal of Psychology, 138,* 197–221.

Paolucci, E. O., Genius, M. L., and Violato, C. (2001). "A Meta-Analysis of the Published Research on the Effects of Child Sexual Abuse." *Journal of Psychology, 135,* 17–36.

Papini, D. R., and Roggman, L. A. (1992). "Adolescent Perceived Attachment to Parents in Relation to Competence, Depression and Anxiety: A Longitudinal Study." *Journal of Early Adolescence, 12,* 420–440.

Papini, D. R., Farmer, F. F., Clark, S. M., Micka, J. C., and Barnett, J. K. (1990). "Early Adolescent Age and Gender Differences in Patterns of Emotional Self-Disclosure to Parents and Friends." *Adolescence, 25,* 959–976.

Papini, D. R., Mucks, J. C., and Barnett, J. K. (1989). "Perceptions of Intrapsychic and Extrapsychic Functioning as Bases of Adolescent Ego Identity Statuses." *Journal of Adolescent Research, 4,* 462–482.

Parish, J. G., and Parish, T. S. (Fall 1983). "Children's Self-Concepts as Related to Family Structure and Family Concept." *Adolescence, 18,* 649–658.

Parish, T. S. (1991). "Ratings of Self and Parents by Youth: Are They Affected by Family Status, Gender, and Birth Order?" *Adolescence, 26,* 105–112.

Parish, T. S. (1993). "The Relationships between Support System Failures and College Students' Ratings of Self and Family: Do They Vary across Family Configuration?" *Adolescence, 28,* 422–424.

Parish, T. S. (Fall 1980). "The Relationship between Factors Associated with Father Loss and Individuals' Level of Moral Judgment." *Adolescence, 15,* 535–541.

Parish, T. S., and Dostal, J. W. (August 1980). "Evaluations of Self and Parent Figures by Children from Intact, Divorced, and Reconstituted Families." *Journal of Youth and Adolescence, 9,* 347–351.

Parish, T. S., and Parish, J. G. (1991). "The Effects of Family Configuration and Support System Failures during Childhood and Adolescence on College Students' Self-Concept and Social Skills." *Adolescence, 26,* 441–447.

Parker, J. S., and Benson, M. J. (2005). "Parent-Adolescent Relations and Adolescent Functioning: Self-Esteem, Substance Abuse, and Delinquency." *Family Therapy, 32,* 131–142.

Parks, P. S. M., and Read, M. H. (1997). "Adolescent Male Athletes: Body Image, Diet, and Exercise." *Adolescence, 32,* 593–602.

Parrott, C. A., and Strongman, K. T. (Summer 1984). "Locus of Control and Delinquency." *Adolescence, 19,* 459–471.

Pascarella, E. T., and Terenzini, P. T. (1991). *How College Affects Students: Findings and Insights from 20 Years of Research.* San Francisco: Jossey-Bass.

Patrick, H., Hicks, L., and Ryan, A. M. (1997). "Relations of Perceived Social Efficacy and Social Goal Pursuit to Self-Efficacy for Academic Work." *Journal of Early Adolescence, 17,* 109–128.

Patrick, H., Ryan, A. M., Alfeld-Liro, C., Fredricks, J. A., Hruda, L., and Eccles, J. (1999). "Adolescents' Commitment to Developing Talent: The Role of Peers in Continuing Motivation for Sports and the Arts." *Journal of Youth and Adolescence, 28,* 741–763.

Patterson, C. J. (1994). "Children of the Lesbian Baby Boom: Behavioral Adjustment, Self-Concepts, and Sex-Role Identity." In B. Greene and G. M. Herek (Eds.), *Contemporary Perspectives on Lesbian and Gay Psychology: Theory, Research and Applications* (pp. 156–175). Beverly Hills, CA: Sage.

Patterson, G. R., DeBarysne, B. D., and Ramsey, E. (1989). A Developmental Perspective on Antisocial Behavior. *American Psychologist, 44,* 329–335.

Paul, E. L., and White, K. M. (1990). "The Development of Intimate Relationships in Late Adolescence." *Adolescence, 25,* 375–400.

Paul, E. L., McManus, B., and Hayes, A. (2000). "Hookups: Characteristics and Correlates of College Students' Spontaneous and Anonymous Sexual Experiences." *The Journal of Sex Research, 37,* 76–88.

Paul, M. J., and Fischer, J. L. (April 1980). "Correlates of Self-Concept among Black Early Adolescents." *Journal of Youth and Adolescence, 9,* 163–173.

Paul, T., Schroeter, K., Dahme, B., and Nutzinger, D. O. (2002). "Self-Injurious Behavior in Women with Eating Disorders." *American Journal of Psychiatry, 159,* 408–411.

Paulson, S. E. (1994). "Relations of Parenting Style and Parental Involvement with Ninth-Grade Students' Achievement." *Journal of Early Adolescence, 2,* 250–267.

Paulson, S. E., and Sputa, C. L. (1996). "Patterns of Parenting during Adolescence: Perceptions of Adolescents and Parents." *Adolescence, 31,* 369–381.

Paulson, S. E., Marchant, G. J., and Rothlisberg, B. A. (1998). "Early Adolescents' Perceptions of Patterns of Parenting, Teaching, and School Atmosphere: Implications for Achievement." *Journal of Early Adolescence, 18,* 5–26.

Paus, T., Zijdenbos, A., Worsley, K., Collins, D. L., Blumenthal, J., Giedd, J. N., Rapoport, J. L., and Evans, A. C. (1999). "Structural Maturation of Neural Pathways in Children and Adolescents: In Vivo Study." *Science, 283,* 1908–1911.

Paxton, S. J., Norris, M., Wertheim, E. H., Durkin, S. J., and Anderson, J. (2005). "Body Dissatisfaction, Dating, and Importance of Thinness to Attractiveness in Adolescent Girls." *Sex Roles, 53,* 663–675.

Paxton, S. J., Schultz, H. K., Wertheim, E. H., and Muir, S. L. (1999). "Friendship Clique and Peer Influences on Body Image Concerns, Dietary Restraint, Extreme Weight-Loss Behaviors, and Binge Eating in Adolescent Girls." *Journal of Abnormal Psychology, 108,* 255–266.

P.C. Games. (January 1997). Volume 4, Number 1.

Pearlman, M. (1995). "The Role of Socio-economic Status in Adolescent Literature." *Adolescence*, 30, 223–231.

Pearson, C. A., and Gleaves, D. H. (2006). "The Multiple Dimensions of Perfectionism and Their Relation with Eating Disorder Features." *Personality and Individual Differences,* 41, 225–235.

Pearson, J. L., and Ferguson, L. R. (1989). "Gender Differences in Patterns and Spatial Ability, Environmental Cognition, and Math and English Achievement in Late Adolescence." *Adolescence,* 24, 421–431.

Peck, C., Cuban, L., and Kirkpatrick, H. (February, 2002). "Techno-Promoter Dreams, Student Realities." *Phi Delta Kappan*, pp. 472–480.

Peck, D. L., and Warner, K. (1995). "Accident or Suicide? Single-Vehicle Car Accident and the Intent Hypothesis." *Adolescence*, 30, 463–472.

Pedersen, W. (1990). "Adolescents Initiating Cannabis Use: Cultural Opposition or Poor Mental Health?" *Journal of Adolescence,* 13, 327–339.

Penick, N. I., and Jepsen, D. A. (1992). "Family Functioning and Adolescent Career Development." *Career Development Quarterly,* 40, 208–222.

Peretti, P. O. (Fall 1980). "Perceived Primary Group Criteria in the Relational Network of Closest Friendships." *Adolescence,* 15, 555–565.

Perkins, D. F., and Lerner, R. M. (1995). "Single and Multiple Indicators of Physical Attractiveness and Psychosocial Behaviors among Young Adolescents." *Journal of Early Adolescence,* 15, 269–298.

Perkins, H. W. (2002). "Surveying the Damage: A Review of Research on Consequences of Alcohol Misuse in College Populations." *Journal of Studies on Alcohol,* Supplement 14, 91–100.

Perlman, S. B. (1980). "Pregnancy and Parenting among Runaway Girls." *Journal of Family Issues,* 1, 262–273.

Perper, T., and Weis, D. L. (1987). "Proceptive and Rejective Strategies of U.S. and Canadian College Women." *Journal of Sex Research,* 23, 455–480.

Perry, C. L., and Staufacker, M. J. (1996). "Tobacco Use." In R. J. DiClemente, W. B. Hansen, and L. E. Ponton, (Eds.) *Handbook of Adolescent Health Risk Behavior* (pp. 53–81). New York: Plenum Press.

Perry, C. L., Telch, M. J., Killen, J., Burke, A., and Maccoby, N. (Fall 1983). "High School Smoking Prevention: The Relative Efficacy of Varied Treatments and Instructions." *Adolescence,* 18, 561–566.

Perry, C. N., and McIntire, W. G. (1995). "Modes of Moral Judgement among Early Adolescents." *Adolescence,* 30, 707–715.

Perry v. *Granada.* (1969). 300 F. Supp. 748 (Miss.).

Persell, C. H., Catsambis, S., and Cookson, P. W., Jr. (1992). "Family Background, School Type, and College Attendance: A Conjoint System of Cultural Capital Transmission." *Journal of Research on Adolescence,* 2, 1–23.

Pesce, R. C., and Harding, C. G. (1986). "Imaginary Audience Behavior and Its Relationship to Operational Thought and Social Experience." *Journal of Early Adolescence,* 6, 83–94.

Pestrak, V. A., and Martin, D. (1985). "Cognitive Development and Aspects of Adolescent Sexuality." *Adolescence,* 22, 981–987.

Petersen, A. C., Compas, B. E., Brooks-Gunn, J., and Stemmler, M. (1993). "Depression in Adolescence." *American Psychologist,* 48, 155–168.

Petersen, J. R., Kretchner, A., Nellis, B., Lever, J., and Hertz, R. (March 1983). "The Playboy Reader's Sex Survey, Part 2." *Playboy,* p. 90.

Peterson, G. W., and Rollins, B. C. (1987). Parent-Child Socialization: A Review of Research and Applications of Symbolic Interaction Concepts. In M. B. Sussman and S. K. Steinmetz (Eds.), *Handbook of Marriage and the Family* (pp. 471–507). New York: Plenum.

Peterson, G. W., Stiver, M. E., and Peters, D. F. (1986). "Family versus Nonfamily Significant Others for the Career Decisions of Low-Income Youth." *Family Relations,* 35, 417–424.

Peterson, J. L., and Zill, N. (1986). "Marital Disruption, Parent-Child Relationships and Behavior Problems in Children." *Journal of Marriage and the Family,* 48, 295–307.

Peterson, K. L., and Roscoe, B. (1991). "Imaginary Audience Behavior in Older Adolescent Females." *Adolescence,* 26, 195–200.

Peterson, R. R. (1996). "A Re-Evaluation of the Economic Consequences of Divorce." *American Sociological Review,* 61, 528–536.

Petridou, E., Syrigou, E., Toupadaki, N., Zavitzanos, X., Willet, W., and Trichopoulos, D. (1996). "Determinants of Age at Menarche as Early Life Predictors of Breast Cancer Risk." *International Journal of Cancer,* 68, 193–198.

Pett, M. A., and Vaughan-Cole, B. (1986). "The Impact of Income Issues and Social Status in Post-Divorce Adjustment of Custodial Parents." *Family Relations,* 35, 103–111.

Pfeffer, C. R. (1989). "Life Stress and Family Risk Factors for Youth Fatal and Nonfatal Suicidal Behavior." In C. R. Pfeffer (Ed.), *Suicide among Youth: Perspectives on Risk and Prevention* (pp. 143–164). Washington, DC: American Psychiatric Press.

Phelps, L. A., Johnston, L. S., Jimenesez, D. P., Wilczenski, F. L., Andrea, R. K., and Healy, R. W. (1993). "Figure Preference, Body Dissatisfaction, and Body Distortion in Adolescence." *Journal of Adolescent Research,* 8, 297–310.

Philliber, S. G., and Tatum, M. L. (Summer 1982). "Sex Education and the Double Standard in High School." *Adolescence,* 17, 272–283.

Phillips, E. L., Greydanus, D. E., Pratt, H. D., and Patel, D. P. (2003). "Treatment of Bulimia Nervosa: Psychological and Psychopharmacologic Considerations." *Journal of Adolescent Research,* 18, 261–279.

Phillips, S. D., and Imhoff, A. R. (1997). "Women and Career Development: A Decade of Research." *Annual Review of Psychology,* 48, 31–59.

Phinney, J. S. (1989). "Stages of Ethnic Identity Development in Minority Group Adolescents." *Journal of Early Adolescence,* 9, 34–49.

Phinney, J. S. (1992). "The Multigroup Ethnic Identity Measure. A New Scale for Use with Diverse Groups." *Journal of Adolescent Research,* 7, 156–176.

Phinney, J. S., and Alipuria, L. L. (1990). "Ethnic Identity in College Students from Four Different Ethnic Groups." *Journal of Adolescence,* 13, 171–183.

Phinney, J. S., and Alipuria, L. L. (1996). "At the Interface of Cultures: Multiethnic/Multiracial High School and College Students." *Journal of Social Psychology,* 136, 139–158.

Phinney, J. S., and Chavira, V. (1995). "Parental Ethnic Socialization and Adolescent Coping with Problems Related to Ethnicity." *Journal of Research on Adolescence,* 5, 31–63.

Phinney, J. S., and Devich-Navarro, M. (1997). "Variations in Bicultural Identification among African American and Mexican American Adolescents." *Journal of Research on Adolescence,* 7, 3–32.

Phinney, J. S., Chavira, V., and Williamson, L. (1992). "Acculturation Attitudes and Self-Esteem among High-School and College Students." *Youth and Society,* 23, 299–312.

Phinney, J. S., Dupont, S., Landin, J., and Onwughalu, M. (1994). *Social Identity Orientation, Bicultural Conflicts, and Coping Strategies among Minority Adolescents.* Paper presented at the meeting of the Society for Research on Adolescents, San Diego.

Phinney, V. G., Jensen, L. C., Olsen, J. A., and Cundick, B. (1990). "The Relationship between Early Development and Psychosexual Behaviors in Adolescent Females." *Adolescence,* 25, 321–332.

Piacentini, M., and Mailer, G. (2004). "Symbolic Consumption in Teenagers' Clothing Choices." *Journal of Consumer Behaviour,* 3, 251–262.

Piaget, J. (1948). *The Moral Judgment of the Child.* Glencoe, IL: Free Press. (Originally 1932).

Piaget, J. (1951). *Psychology of Intelligence.* London: Routledge and Kegan Paul.

Piaget, J. (1963). *The Origins of Intelligence in the Child.* New York: Norton. (Originally 1936)

Piaget, J. (1967). *Six Psychological Studies.* Translated by A. Tenzer and D. Elkind. New York: Random House.

Piaget, J. (1971). "The Theory of Stages in Cognitive Development." In D. R. Green (Ed.), *Measurement and Piaget.* New York: McGraw-Hill.

Piaget, J. (1972). "Intellectual Evolution from Adolescence to Adulthood." *Human Development,* 15, 1012.

Piaget, J., and Inhelder, B. (1969). *The Psychology of the Child.* Translated by Helen Weaver. New York: Basic Books.

Piaget, J., and Inhelder, B. (Winter 1976). "The Development of Formal Thinking and Creativity in Adolescence." *Adolescence,* 11, 609–617.

Piccinino, L. J., and Mosher, W. D. (1998). "Trends in Contraceptive Use in the United States: 1982–1995." *Family Planning Perspectives,* 30, 4–10.

Pillemer, D. B., Koff, E., Rhinehart, E. D., and Rierdan, J. (1987). "Flashbulb Memories of Menarche and Adult Menstrual Distress." *Journal of Adolescence,* 10, 187–199.

Pink, J. E. T., and Wampler, K. S. (1985). "Problem Areas in Stepfamilies: Cohesion, Adaptability, and the Stepfather-Adolescent

Relationship." *Family Relations, 34,* 327–335.

Pino, N. W., and Smith, W. L. (2003). "College Students and Academic Dishonesty." *College Student Journal,* 37, 490–500.

Pinquart, M. (2003). "Loneliness in Married, Widowed, Divorced, and Never-Married Older Adults." *Journal of Social and Personal Relationships,* 20, 31–53.

Pipher, M. (1996). *The Shelter of Each Other: Rebuilding Our Families.* New York: Grosset/Putnam Book.

Pirog-Good, M. A. (1996). "The Education and Labor Market Outcomes of Adolescent Fathers." *Youth and Society,* 28, 236–262.

Pittman, F. S. (1991). "The Secret Passions of Men." *Journal of Marital and Family Therapy,* 17, 17–23.

Plake, B. S., Kaplan, B. J., and Steinbrunn, J. (1986). "Sex Role Orientation, Level of Cognitive Development, and Mathematics Performance in Late Adolescence." *Adolescence,* 83, 607–613.

Plant, T. M., Winters, S. J., Attardi, B. J., and Majumdar, S. S. (1993). "The Follicle Stimulating Hormone—Inhibin Feedback Loop in Male Primates." *Human Reproduction,* 8, 41–44.

Plastic Surgery Information Service. (2000a). *National Clearinghouse of Plastic Surgery Statistics* <www.plasticsurgery.org/ediactr/ 98agedist.htm>.

Plastic Surgery Information Service. (2000b). *Most Popular Surgeries among Teenagers: Nose Reshaping and Breast Reduction* <www.plastic surgery.org>.

Pleck, J. H. (1976). "The Male Sex Role: Definitions, Problems, and Sources of Change." *Journal of Social Issues,* 32, 155–164.

Pliner, P., Chaiken, S., and Flett, G. L. (1990). "Gender Differences in Concern with Body Weight and Physical Appearance Over the Lifespan." *Personality and Social Psychology Bulletin,* 16, 263–273.

Plotnick, R., and Butler, S. (1991). "Attitudes and Adolescent Nonmarital Childbearing." *Journal of Adolescent Research,* 6, 470–492.

Plummer, L. C., and Koch-Hattern, A. (1986). "Family Stress and Adjustment to Divorce." *Family Relations,* 523–529.

Plummer, W. (October 28, 1985). "A School's Rx for Sex." *People,* pp. 39–41.

Pogarsky, G., Thornberry, T. P., and Lizotte, A. J. (2006). "Developmental Outcomes for Children of Young Mothers." *Journal of Marriage and Family,* 68, 332–344.

Polaneczky, M., et al. (1994). "The Use of Levonorgestrel Implants (Norplant) for Contraception in Adolescent Mothers." *New England Journal of Medicine,* 331, 1201–1206.

Pombeni, M., Kirchler, E., and Palmonari, A. (1990). "Identification with Peers as a Strategy to Muddle through the Troubles of the Adolescent Years." *Journal of Adolescence,* 13, 351–369.

Pomeroy, W. (May, 1965). "Why We Tolerate Lesbians." *Sexology,* pp. 652–654.

Pompili, M., Mancinelli, I., Girardi, P., Ruberto, A., and Taterelli, R. (2004). "Suicide in Anorexia Nervosa: A Meta-Analysis." *International Journal of Eating Disorders,* 36, 99–103.

Popenoe, D. (1996). *Life Without Father.* New York: Martin Kessler Books.

Popenoe, D., and Whitehead, B. D. (2005). *The State of Our Unions 2005.* Piscataway, NJ: The National Marriage Project.

Popkin, B. M., and Udry, J. R. (1998). "Adolescent Obesity Increases Significantly in Second and Third Generation U.S. Immigrants: The National Longitudinal Study of Adolescent Health." *Journal of Nutrition,* 128, 701–706.

Portes, P. R., Dunham, R. M., and Williams, S. (1986). "Assessing Child-Rearing Style in Ecological Settings: Its Relation to Culture, Social Class, Early Age Intervention, and Scholastic Achievement." *Adolescence,* 21, 723–735.

Postrado, L. T., and Nicholson, H. J. (1992). "Effectiveness in Delaying the Initiation of Sexual Intercourse in Girls Aged 12–14." *Youth and Society,* 23, 356–379.

Powell, A. (2003). *Infofacts Resources: Campuses and the Club Drug Ecstasy.* Higher Education Center for Alcohol and Other Drug Prevention. Retrieved from http://www.campusblues. com/ drgus3.shtml.

Powers, D. E., and Rock, D. A. (1999). "Effects of Coaching on SAT I: Reasoning Test Scores." *Journal of Educational Measurement,* 36, 93–118.

Powers, P. S. (1980). *Obesity: The Regulation of Weight.* Baltimore: Williams and Wilkins.

Pratt, M. W., Arnold, M. L., Pratt, A. T., and Diessner, R. (1999). "Predicting Adolescent Formal Reasoning from Family Climate: A Longitudinal Study." *Journal of Early Adolescence,* 19, 148–175.

Prediger, D. J., and Brandt, W. E. (1991). "Project CHOICE: Validity of Interest and Ability Measures for Student Choice of Vocational Program." *The Career Development Quarterly,* 40, 132–144.

President's Advisory Commission on Educational Excellence for Hispanic Americans. (1996). *Hispanic American Education.* Washington, DC: Government Printing Office.

Presley, C. A., Meilman, P. W., and Leichliter, J. S. (2002). "College Factors That Influence Drinking." *Journal of Studies on Alcohol,* Supplement no. 14, 82–90.

Prince, F. (1995). "The Relative Effectiveness of a Peer-Led and Adult-Led Smoking Intervention Program." *Adolescence,* 30, 187–194.

Princeton Survey Research Associates for the Association of Reproductive Health Professionals and the National Campaign to Prevent Teen Pregnancy. (1997). *National Omnibus Survey Questions about Teen Pregnancy.* Washington, DC: Author.

Pritchard, M. E., King, S. L., & Czajka-Narins, D. M. (1997). "Adolescent Body Mass Indices and Self-Perception." *Adolescence,* 32, 863–880.

Pritchard, M. E., Myers, B. K., and Cassidy, D. J. (1989). "Factors Associated with Adolescent Saving and Spending Patterns." *Adolescence,* 24, 711–723.

Prokopcakova, A. (1998). "Drug Experimenting and Pubertal Maturation in Girls." *Studia Psychologica,* 40, 287–290.

Protinsky, H. (1988). "Identity Formation: A Comparison of Problem and Nonproblem

Adolescents." *Adolescence,* 23, 67–72.

Protinsky, H., and Farrier, S. (Winter 1980). "Self-Image in Pre-Adolescents and Adolescents." *Adolescence,* 15, 887–893.

Pruchno, R. (1999). "Raising Grandchildren: The Experiences of Black and White Grandmothers." *The Gerontologist,* 39, 209–221.

Pryor, D. W., and McGarrell, E. F. (1993). "Public Perceptions of Youth Gang Crime: An Exploratory Analysis." *Youth and Society,* 24, 399–418.

Pryor, J., and Rogers, B. (2001). *Children in Changing Families: Life after Parental Separation.* Oxford, England: Blackwell Publishing.

Ptacek, C. (1988). "The Nuclear Age: Context for Family Interaction." *Family Relations,* 37, 437–443.

Public Agenda. (1999). *Kids These Days '99.* Retrieved fromhttp://publicagenda.org/ research/pdfs/ kids_these_days_99.pdf.

Putukian, M. (1998). "The Female Athlete Triad." *Clinics in Sports Medicine,* 17, 675–696.

Quadrel, M. J., Fischoff, B., and Davis, W. W. (1993). "Adolescent (In)vulnerability." *American Psychologist,* 48, 102–116.

Queralt, M. (1993). "Risk Factors Associated with Completed Suicide in Latino Adolescents." *Adolescence,* 28, 831–850.

Quinlin, R. J. (2003). "Father Absence, Parental Care, and Female Reproductive Development." *Evolution and Human Behavior,* 24, 376–390.

Quintana, S. M., and Lapsley, D. K. (1990). "Rapprochement in Late Adolescent Separation-Individuation: A Structure Equations Approach." *Journal of Adolescence,* 13, 371–385.

Quintana, S. M., Casteñeda-English, P., and Ybarra, V. C. (1999). "Role of Perspective-Taking Abilities and Ethnic Socialization in Development of Adolescent Ethnic Identity." *Journal of Research on Adolescence,* 9, 161–184.

Rabasca, L. (1999) "Not Enough Evidence to Support 'Abstinence-Only.' " *APA Monitor Online,* 30(11)<www.apa.org/monitor/dec99/ pil.html>.

Rabin, D. F., and Chrousos, G. P. (1991). "Androgens, Gonadal." In R. M. Lerner, A. C. Petersen, and J. Brooks-Gunn (Eds.), *Encyclopedia of Adolescence.* Vol. 1. New York: Garland.

Rabinowitz, F. E. (1991). "The Male-to-Male Embrace: Breaking the Touch Taboo in Men's Therapy Groups." *Journal of Counseling and Development,* 69, 574–576.

Raffaelli, M., Bogenschneider, K., and Flood, M. F. (1998). "Parent-Teen Communication abut Sexual Topics." *Journal of Family Issues,* 19, 316–334.

Rahman, Q. Q., Glenn, G. D., and Wilson, D. (2003). "Born Gay? The Psychobiology of Human Sexual Orientation." *Personality and Individuals Differences,* 34, 1337–1382.

Rajan, K. B., Leroux, B. G., Peterson, A. V., Jr., Bricker, J. B., Andersen, M. R., Kealey, K. A, et al. (2003). "Nine Year Prospective Association between Older Siblings' Smoking and Children's Daily Smoking." *Journal of Adolescent Health,* 33, 25–30.

Raley, K., and Bumpus, L. (2003). "The

Topography of the Divorce Plateau: Levels and Trends in Unity Stability in the United States after 1980." *Demographic Research, 8,* 245–259.

Ralph, N., and Morgan, K. A. (1991). "Assessing Differences in Chemically Dependent Adolescent Males Using the Child Behavior Check List." *Adolescence, 26,* 183–194.

Ramirez, R. R. (2004). *We the People: Hispanics in the United States.* Census 2000 Special Report. Washington DC.: U.S. Bureau of the Census.

Ramsey, C. E. "A Study of Decision-Making of Adolescence." Unpublished data.

Raphael, B., Cubis, J., Dunne, M., Lewin, T., & Kelly, S. (1990). "The Impact of Parental Loss on Adolescents' Psychosocial Characteristics." *Adolescence, 25,* 689–700.

Raschke, H. J., and Raschke, V. J. (May 1979). "Family Conflict and Children's Self-Concepts: A Comparison of Intact and Single-Parent Families." *Journal of Marriage and the Family,* 41, 367–374.

Raskoff, S., and Sundeen, R. (1994, July). *The Ties That Bind: Teenage Volunteers in the United States.* Paper presented at the International Sociological Association Meetings, Bielefeld, Germany.

Rathus, S. A., Nevid, J. S., and Fichner-Rathus, L. (1997). *Human Sexuality in a World of Diversity.* Boston: Allyn & Bacon.

Rathus, S. A., Nevid, J. S., & Fichner-Rathus, L. (2000). *Human Sexuality in a World of Diversity* (4th Edition). Boston: Allyn & Bacon.

Ravitch, D. (October 1983). "The Educational Pendulum." *Psychology Today,* 17, 62–71.

Ray, W. J., Georgiou, S., and Ravizza, R. (1979). "Spatial Abilities, Sex Differences, and Lateral Eye Movements." *Developmental Psychology,* 15, 455–457.

Ream, G. L., and Savin-Williams, R. C. (2003). "Religious Development in Adolescence." In G. R. Adams and M. D. Berzonsky (Eds.), *Blackwell Handbook of Adolescence* (pp. 51–59). Oxford, England: Blackwell Publishing.

Reardon, B., and Griffing, P. (Spring 1983). "Factors Related to the Self-Concept of Institutionalized, White, Male, Adolescent Drug Abusers." *Adolescence,* 18, 29–41.

Reeves, T. J., and Bennett, C. E. (2004). *We the People: Asians in the United States.* Census Bureau Special Report. Washington, DC: U.S. Bureau of the Census.

Regnerus, M. D. (2000). "Shaping Schooling Success: Religious Socialization and Educational Outcomes in Metropolitan Public Schools." *Journal for the Scientific Study of Religion,* 39, 363–370.

Regnerus, M. D. (2005). "Talking About Sex: Religion and Patterns of Parent-Child Communication about Sex and Contraception." *Sociological Quarterly,* 46, 79–105.

Reijonen, J. H., Pratt, H. D., Patel, D. R., and Greydanus, D. E. (2003). "Eating Disorders in the General Population: An Overview." *Journal of Adolescent Research,* 18, 209–222.

Reiner, W. (1997). "To Be Male or Female—That Is the Question." *Archives of Pediatric and Adolescent Medicine,* 151, 224–225.

Reinking, M. F., and Alexander, L. E. (2005). "Prevalence of Disordered-Eating Behaviors in Undergraduate Female Collegiate Athletes and

Nonathletes." *Journal of Athletic Training,* 40, 47–51.

Reis, I. L. (1971). *The Family System in America.* New York: Holt, Rinehart and Winston.

Reisch, S. K., Bush, L., Nelson, C. J., Ohm, B. J., Portz, P. A., Abell, B., et al. (2000). "Topics of Conflict between Parents and Young Adolescents." *Journal of the Society of Pediatric Nurses,* 5, 27–40.

Remafedi, G. (1987). "Adolescent Homosexuality: Psychosocial and Medical Implications." *Pediatrics,* 79, 331–337.

Remez, L. (1992). "Adolescent Drug Users More Likely to Become Pregnant, Elect Abortion." *Family Planning Perspectives,* 24, 281–282.

Remez, L. (2000). "Oral Sex among Adolescents: Is It Sex or Is It Abstinence?" *Family Planning Perspective,* 32, 298–304.

Renk, K., Liljequist, L., Simpson, J. E., and Phares, V. (2005). "Gender and Age Differences in the Topics of Parent-Adolescent Conflict." *The Family Journal: Counseling and Therapy for Couples and Families,* 13, 139–149.

Repetti, R., Taylor, S., and Seeman, T. (2002). "Risky Families: Family Social Environments and the Mental and Physical Health of Offspring." *Psychological Bulletin,* 128, 330–366.

Resnick, M. D., Wattenberg, E., and Brewer, R. (1992). *Paternity of Avowal/Disavowal among Partners of Low Income Mothers.* Paper presented at the Meeting of the Society for Research on Adolescence, Washington, DC.

Rest, J. (1986). *Moral Development: Advances in Research and Theory.* New York: Praeger.

Rest, J. R. (1983). "Morality." In P. H. Mussen (Ed.), *Handbook of Child Psychology,* III. 4th ed. New York: Wiley.

Reuterman, N. A., and Burcky, W. D. (1989). "Dating Violence in High School: A Profile of the Victims." *Psychology: A Journal of Human Behavior,* 26, 1–9.

Reyes, O., Kobus, K., and Gillock, K. (1999). "Career Aspirations of Urban, Mexican American Adolescent Females." *Hispanic Journal of Behavioral Sciences,* 21, 366–382.

Rhein, L. M., Ginsburg, K. R., Schwartz, D., Pinto-Martin, J. A., Zhao, H., Morgan, A. P., and Slap, G. B. (1997). "Teen Father Participation in Child Rearing: Family Perspectives." *Journal of Adolescent Health,* 21, 244–252.

Rhodes, J. E., and Fisher, K. (1993). "Spanning the Gender Gap: Gender Differences in Delinquency among Inner-City Adolescents." *Adolescence,* 28, 879–889.

Rhynard, J., Krebs, M., and Glover, J. (1997). "Sexual Assault in Dating Relationships." *Journal of School Health,* 67, 89–93.

Ricciardelli, L. A., and McCabe, M. P. (2001). "Children's Body Image Concerns and Eating Disturbance: A Review of the Literature." *Clinical Psychology Review,* 21, 325–344.

Ricciardelli, L. A., and McCabe, M. P. (2004). "A Biopsychosocial Model of Disordered Eating and the Pursuit of Muscularity in Adolescent Boys." *Psychological Bulletin,* 130, 179–205.

Ricciardelli, L. A., McCabe, M. P., Holt, K., E., and Finemore, J. (2003). "A Biopsychosocial Model for Understanding Body Image and Body Change Strategies among Children."

Applied Developmental Psychology, 24, 475–495.

Rice, F. P. (1980). *Morality and Youth.* Philadelphia: Westminster Press.

Rice, F. P. (1989). *Human Sexuality.* Dubuque, IA: Wm. C. Brown.

Rice, F. P. (1993). *Intimate Relationships, Marriages, and Families.* Mountain View, CA: Mayfield.

Rice, F. P. (1996). *Intimate Relationships, Marriages, and Families.* Moutain View, CA: Mayfield.

Rice, K. G. (1993). "Separation-Individuation and Adjustment in College: A Longitudinal Study." *Journal of Counseling Psychology,* 39, 203–213.

Rice, K. G., and Whaley, T. J. (1994)."A Short-Term Longitudinal Study of Within-Semester Stability and Change in Attachment and College Student Adjustment." *Journal of College Student Development,* 35, 324–330.

Rich, C. L., Sherman, M., and Fowler, R. C. (1990). "San Diego Suicide Study: The Adolescents." *Adolescence,* 25, 855–865.

Rich, Y., and Golan, R. (1992). "Career Plans for Male-Dominated Occupations and Female Seniors in Religious and Secular High Schools." *Adolescence,* 27, 73–86.

Richards, L. N., and Schmiege, C. J. (1993). "Problems and Strengths of Single-Parent Families." *Family Relations,* 42, 277–285.

Richards, M. H., and Larson, R. (1993). "Pubertal Development in the Daily Subjective States of Young Adolescents." *Journal of Research on Adolescence,* 3, 145–169.

Richards, M. H., Boxer, A. M., Petersen, A. C., & Albrecht, R. (1990). "Relation of Weight to Body Image in Pubertal Girls and Boys from Two Communities." *Developmental Psychology,* 26, 313–321.

Richards, M. H., Crowe, P. A., Larson, R., and Swarr, A. (1998). "Developmental Patterns and Gender Differences in the Experience of Peer Companionship during Adolescence." *Child Development,* 69, 154–163.

Richardson, K. (2002). "What IQ Tests Test." *Theory & Psychology,* 12, 283–314.

Rideout, V., Roberts, D. F., and Foehr, U. G. (2005). *Generation M: Media in the Lives of 8–18 Year Olds.* Washington, DC: Kaiser Family Foundation.

Riegel, K. F. (1973). "Dialectical Operations: The Final Period of Cognitive Development." *Human Development,* 16, 346–370.

Rierdan, J. and Koff, E. (1997). "Weight, Weight-Related Aspects of Body Image, and Depression in Early Adolescent Girls." *Adolescence,* 32, 615–624.

Rierdan, J., Koff, E., and Stubbs, M. L. (1989). "A Longitudinal Analysis of Body Image as a Predictor of the Onset and Persistence of Adolescent Girls' Depression." *Journal of Early of Adolescence,* 9, 454–466.

Rigby, K. (2002). *New Perspective on Bullying.* Philadephia: Kingsley.

Rigby, K., and Cox, I. (1996). "The Contribution of Bullying at School and Boys' Self-Esteem to Acts of Delinquency among Australian Teenagers." *Personality and Individual Differences,* 21, 609–612.

Riggio, H. R. (2001). "Relations between Parental

Divorce and the Quality of Adult Sibling Relationships." *Journal of Divorce and Remarriage,* 36, 67–82.

Rind, B., and Tromovitch, P. (1997). "A Meta-Analytic Review of Findings from National Samples of Psychological Correlates of Child Sexual Abuse." *Journal of Sex Research,* 34, 237–255.

Ringwalt, C. L., and Palmer, J. H. (1989). "Cocaine and Crack Users Compared." *Adolescence,* 24, 851–859.

Risman, B. J., Hill, C. T., Rubin, Z., & Peplau, L. A. (1981). "Living Together in College: Implications for Courtship." *Journal of Marriage & the Family,* 43, 77–83.

Ritchey, P. N., and Fishbein, H. D. (2001). "The Lack of an Association between Adolescents' Friends' Prejudices and Stereotypes." *Merrill-Palmer Quarterly,* 47, 188–206.

Ritzer, G. (2000). *The McDonaldization of Society.* Thousand Oaks, CA: Pine Forge Press.

Robbins, D. (1983). "A Cluster of Adolescent Suicide Attempts: Is Suicide Contagious?" *Journal of Adolescent Health Care,* 3, 253–255.

Robert, M. M., Pauzé R., and Fournier, L. (2005). "Factors Associated with Homelessness of Adolescents under Supervision of the Youth Protection System." *Journal of Adolescence,* 28, 215–230.

Roberto, L. G. (1986). "Bulimia: The Transgenerational View." *Journal of Marital and Family Therapy,* 12, 231–240.

Roberts, D. F. (2000). "Media and Youth: Access, Exposure, and Privatization." *Journal of Adolescent Health,* Supplement to vol. 27, 8–14.

Roberts, D. F., Christianson, P. G., and Gentile, D. A. (2003). "The Effects of Violent Music on Children and Adolescents." In D. A. Gentile (Ed.), *Media Violence and Children: A Complete Guide for Parents and Professionals* (pp. 153–170). Westport, CT: Praeger.

Roberts, D. F., Foehr, U. G., and Rideout, V. G. (2005). *Generation M: Media in the Lives of 8–18 Year Olds.* Menlo Park, CA: Kaiser Family Foundation.

Roberts, D. F., Foehr, U. G., Rideout, V. J., and Brodie, M. (1999). *Kids and Media at the New Millennium: A Comprehensive National Analysis of Children's Media Use.* Menlo Park, CA: Kaiser Family Foundation.

Roberts, E., and DeBlossie, R. R. (Winter 1983). "Test Bias and the Culturally Different Early Adolescent." *Adolescence,* 18, 837–843.

Roberts, L. R., and Petersen, A. C. (1992). "The Relationship between Academic Achievement and Social Self-Image during Early Adolescence." *Journal of Early Adolescence,* 12, 197–219.

Roberts, L. R., Sarigiani, P. A., Petersen, A. C., and Newman, J. L. (1990). "Gender Differences in Relationship between Achievement and Self-Image during Early Adolescence." *Journal of Early Adolescence,* 10, 159–175.

Roberts, R. E., Phinney, J. S., Masse, L. C., Chen, Y. R., Roberts, C. R., and Romero, A. (1999). "The Structure of Ethnic Identity of Young Adolescents from Diverse Ethnocultural Groups." *Journal of Early Adolescence,* 19, 301–322.

Robertson, J. F., and Simons, R. L. (1989).

"Family Factors, Self-Esteem, and Adolescent Depression." *Journal of Marriage and the Family,* 51, 125–138.

Robins, L. N. (1966). *Deviant Children Grown Up.* Baltimore: Williams and Wilkins.

Robinson, B. E., Skeen, P., Flake-Hobson, C., and Herman, M. (1982). "Gay Men's and Women's Perceptions of Early Family Life and Their Relationships with Parents." *Family Relations,* 31, 79–83.

Robinson, I. E., and Jedlicka, D. (February 1982). "Change in Sexual Attitudes and Behavior of College Students from 1965 to 1980: A Research Note." *Journal of Marriage and the Family,* 44, 237–240.

Robinson, N. S. (1995). "Evaluating the Nature of Perceived Support in Its Relation to Perceived Self-Worth in Adolescents." *Journal of Research on Adolescence,* 5, 253–280.

Robinson, S. E. (January 1983). "Nader versus ETS: Who Should We Believe?" *Personnel and Guidance Journal,* 61, 260–262.

Robinson, T. N., Killen, J. D., Litt, I. F., and Hammer, L. D. (1996). "Ethnicity and Body Dissatisfaction: Are Hispanic and Asian Girls at Increased Risk for Eating Disorders?" *Journal of Adolescent Health,* 19, 384–393.

Roche, J. P., and Ramsbey, T. W. (1993). "Premarital Sexuality: A Five-Year Follow-Up Study of Attitudes and Behavior by Dating Stage." *Adolescence,* 28, 67–80.

Rodgers, J. L., and Rowe, D. C. (1990). "Adolescent Sexual Activity and Mildly Deviant Behavior." *Journal of Family Issues,* 11, 274–303.

Rodgers, J. L., Rowe, D. C., and Harris, D. F. (1992). "Sibling Differences in Adolescent Sexual Behavior: Inferring Process Models from Family Composition Patterns." *Journal of Marriage and the Family,* 54, 142–152.

Rodriquez, C., Jr., and Moore, M. B. (1995). Perceptions of Pregnant/Parenting Teens: Reframing Issues for an Integrated Approach to Pregnancy Problems." *Adolescence,* 30, 685–706.

Roe, K. (1995). "Adolescents' Use of Socially Devalued Media: Towards a Theory of Media Delinquency." *Journal of Youth and Adolescence,* 24, 617–631.

Roeser, R. W., and Eccles, J. S. (1998). "Adolescents' Perceptions of Middle School: Relation to Longitudinal Changes in Academic and Psychological Adjustment." *Journal of Research on Adolescence,* 8, 123–158.

Roeser, R. W., Eccles, J. S., and Freedman-Doan, C. (1999). "Academic Functioning and Mental Health in Adolescence: Patterns, Progressions, and Routes from Childhood." *Journal of Adolescent Research,* 14, 135–174.

Roeser, R. W., Midgley, C., and Urdan, T. C. (1996). "Perceptions of the School Psychological Environment and Early Adolescents' Psychological and Behavioral Functioning in School: the Mediating Role of Goals and Belonging." *Journal of Educational Psychology,* 88, 408–422.

Rogers, C. R. (1961). *On Becoming a Person: A Therapist's View of Psychotherapy.* Boston: Houghton Mifflin.

Rogers, M. M., Peoples-Sheps, M. D., and Suchindran, C. (1996). "Impact of Social

Support Program on Teenage Prenatal Care Use and Pregnancy Outcomes." *Journal of Adolescent Health,* 19, 132–140.

Rohner, R. P., and Veneziano, R. A. (2001). "The Importance of Father Love: History and Contemporary Evidence." *Review of General Psychology,* 5, 382–405.

Rohner, R. P., and Britner, P. A. (2002). "Worldwide Mental Health Correlates of Parental Acceptance-Rejection: Review of Cross-Cultural and Intracultural Evidence." *Journal of Cross-Cultural Research,* 36, 15–47.

Rohner, R. P., Bourque, S. L., and Elordi, C. A. (1996). "Children's Perceptions of Corporal Punishment, Caretaker Acceptance, and Psychological Adjustment in a Poor, Biracial Southern Community." *Journal of Marriage and the Family,* 58, 842–852.

Roig, M. (1999). "When College Students' Attempts at Paraphrasing Become Instances of Potential Plagiarism." *Psychological Reports,* 84, 973–982.

Roig, M., and Caso, M. (2005). "Lying and Cheating: Fraudulent Excuse Making, Cheating, and Plagiarism." *Journal of Psychology: Interdisciplinary and Applied,* 139, 485–494.

Roll, E. J. (Fall 1980). "Psychologists' Conflicts about the Inevitability of Conflict during Adolescence: An Attempt at Reconciliation." *Adolescence,* 15, 661–670.

Rolls, B. J., Federoff, I. C., and Guthrie, J. F. (1991). "Gender Differences in Eating Behavior and Body Weight Regulation." *Health Psychology,* 10, 133–142.

Romans, S. E., Martin, M., Gendall, K., and Herbison, G. P. (2003). "Age of Menarche: The Role of Some Psychosocial Factors." *Psychological Medicine,* 33, 933–939.

Roosa, M. W. (1991). "Adolescent Pregnancy Programs Collection: An Introduction." *Family Relations,* 40, 370–372.

Rose, A. J., Swenson, L. P., and Waller, E. M. (2004). "Overt and Relational Aggression and Perceived Popularity: Developmental Differences in Concurrent and Prospective Relations." *Developmental Psychology,* 40, 378–387.

Rosen, D. (2003). "Eating Disorders in Childhood and Early Adolescence: Etiology, Classification, Clinical Features, and Treatment." *Adolescent Medicine,* 14, 49–59.

Rosen, J. C., and Gross, J. (1987). "Prevalence of Weight Reducing and Weight Gaining in Adolescent Girls and Boys." *Health Psychology,* 6, 131–147.

Rosenblum, G. D., and Lewis, M. (1999). "The Relations among Body Image, Physical Attractiveness, and Body Mass in Adolescence." *Child Development,* 70, 50–64.

Rosenthal, D. A., and Feldman, S. S. (1991). "The Influence of Perceived Family and Personal Factors on Self-Reported School Performance of Chinese and Western High School Students." *Journal of Research on Adolescence,* 1, 135–154.

Rosenthal, D. A., and Feldman, S. S. (1999). "The Importance of Importance: Parent-Adolescent Communication About Sexuality." *Journal of Adolescence,* 22, 835–852.

Rosenthal, D. A., Biro, F. M., Succop, P. A.,

Bernstein, D. I., and Stanberry, L. (1997). "Impact of Demographics, Sexual History, and Psychological Functioning on the Acquisition of STDs in Adolescents." *Adolescence, 32*, 757–770.

Rosenthal, D. A., Moore, S. M., and Brumer, I. (1990). "Ethnic Group Differences in Adolescent Responses to AIDS." *Australian Journal of Social Science, 25*, 77–88.

Rosenthal, D. A., Moore, S. M., and Taylor, M. J. (April 1983). "Ethnicity and Adjustment: A Study of the Self-Image of Anglo-, Greek-, and Italian-Australian Working Class Adolescents." *Journal of Youth and Adolescence, 12*, 117–135.

Rosenthal, R., and Jacobson, L. (1968). *Pygmalion in the Classroom: Teacher Expectation and Pupil's Intellectual Development*. New York: Holt, Rinehart and Winston.

Rosenthal, S. L., and Simeonsson, R. J. (1989). "Emotional Disturbances and the Development of Self-Consciousness in Adolescence." *Adolescence, 24*, 689–698.

Rosenthal, S. L., Biro, F. N., Cohen, S. S., Succop, P. A., and Stanberry, L. R. (1995). "Strategies for Coping with Sexually Transmitted Diseases by Adolescent Females." *Adolescence, 30*, 655–666.

Rosenthal, S. L., Lewis, L. M., and Cohen, S. S. (1996). "Issues Related to the Sexual Decision-Making of Inner-City Adolescent Girls. *Adolescence, 31*, 731–739.

Ross, J. A. (1981). "Improving Adolescent Decision-Making Skills." *Curriculum Inquiry, 11*, 279–295.

Ross, M. E. T., and Aday, M. L. (2006). "Stress and Coping in African American Grandparents Who Are Raising Their Grandchildren." *Journal of Family Issues, 27*, 912–932.

Ross, S., and Heath, N. (2002). "A Study of the Frequency of Self-Mutilation in a Community Sample of Adolescents." *Journal of Youth and Adolescence, 31*, 67–77.

Rosseel, E. (1985a). "Work Ethic and Orientation to Work of the Young Generation: The Impact of Educational Level." *Social Indicators Research, 17*, 171–187.

Rosseel, E. (1985b). *Riders and Knights in the Empty Dawn: Evolution in the Work Ethic of the Youth*. Brussels: Free University Press.

Rosseel, E. (1989). "The Impact of Attitudes toward the Personal Future in Study Motivation and Work Orientations of Nonworking Adolescents." *Adolescence, 24*, 73–93.

Rostosky, S. S., Wilcox, B. L., Wright, M. L. C., and Randall, B. A. (2004). "The Impact of Religiosity on Adolescent Sexual Behavior: A Review of the Evidence." *Journal of Adolescent Research, 19*, 677–697.

Roth, J. (2000). *What We Know and What We Need to Know about Youth Development Programs*. Paper presented at the Biennial Meeting for the Society for Research on Adolescence, Chicago, IL.

Roth, J., Brooks-Gunn, J., Murray, L., and Foster, W. (1998). "Promoting Healthy Adolescents: Synthesis of Youth Development Program Evaluations." *Journal of Research on Adolescence, 8*, 423–459.

Rotheram-Borus, M. J. (1989). "Ethnic Differences in Adolescents' Identity Status and Associated Behavior Problems." *Journal of Adolescence, 12*, 361–374.

Rotheram-Borus, M. J., Hunter, J., and Rosaria, M. (1994). "Suicidal Behavior and Gay-Related Stress among Gay and Bisexual Male Adolescents." *Journal of Adolescent Research, 9*, 498–508.

Rotheram-Borus, M. J., Lightfoot, M., Moraes, A., Dopkins, S., and LaCouer, J. (1998). "Developmental, Gender, and Ethnic Differences in Ethnic Identity among Adolescents." *Journal of Adolescent Research, 13*, 487–507.

Rotheram-Borus, M. J., Parra, M., Cantwell, C. Gwadz, M., and Murphy, D. A. (1996). "Runaway and Homeless Youths." In R. J. Diclemente, W. B. Hansen, and L. E. Ponton (Eds.), *Handbook of Adolescent Health Risk Behavior* (pp. 369–391). New York: Plenum Press.

Rotherarm, M. J., and Armstrong, M. (Summer 1980). "Assertiveness Training with High School Students." *Adolescence, 15*, 267–276.

Rowe, D. C. (2002). "On Genetic Variation at Menarche and Age at First Sexual Intercourse: A Critique of the Belsky-Draper Hypothesis." *Evolution and Human Behavior, 23*, 365–372.

Rowe, D. C., Rodgers, J. L., and Meseck-Bushey, S. (1992). "Sibling Delinquency and the Family Environment: Shared and Unshared Influences." *Child Development, 63*, 59–67.

Rubin, K. H., Bukowski, W., and Parker, J. G. (1998). "Peer Interactions, Relationships, and Groups." In W. Damon (Series Ed.) and N. Eisenberg (Vol. Ed.), *Handbook of Child Psychology: Volume 3. Social, Emotional, and Personality Development* (5th ed., pp. 619–700). New York: Wiley.

Rubin, Z., Hill, C. T., Peplau, L. A., and Dunkel-Schetter, C. (May 1980). "Self-Disclosure in Dating Couples: Sex Roles and the Ethic of Openness." *Journal of Marriage and the Family, 42*, 305–317.

Rueter, M. A., and Conger, R. D. (1995). "Antecedents of Parent-Adolescent Disagreements." *Journal of Marriage and the Family, 57*, 435–448.

Ruhn, C. J. (1994). *High School Employment*. Department of Labor Discussion Paper. Report no. NLS94-19. Washington, DC: Department of Labor.

Rumbaut, R. G., and Weeks, Jr. (1985). *Fertility and Adaptation among Indochinese Refugees in the United States*. Research Paper No. 3. San Diego: University of California, San Diego, Indochinese Health and Adaptation Research Project.

Russell, J., Halasz, G., and Beumont, P. J. V. (1990). "Death Related Themes in Anorexia Nervosa: A Practical Exploration." *Journal of Adolescence, 13*, 311–326.

Russell, M. A. H. (1971). "Cigarette Smoking: Natural History of a Dependence Disorder." *British Journal of Medical Psychology, 44*, 9.

Ruuska, J., Kaltiala-Heino, R., Rantanen,m P., and Koivisto, A.-M. (2005). "Are There Differences in the Attitudinal Body Image between Adolescent Anorexia Nervosa and Bulimia Nervosa?" *Eating and Weight Disorders, 10*, 98–106.

Ryan, A. M., and Pintrich, P. R. (1997). " 'Should I Ask for Help?' The Role of Motivation and Attitudes in Adolescents' Help-Seeking in Math Class." *Journal of Educational Psychology, 89*, 1–13.

Ryan, B. A., Adams, G. R., Gullotta, T. P., Weissberg, R. P., and Hampton, R. L. (Eds.). (1995). *The Family-School Connection*. Newbury Park, CA: Sage.

Ryan, S., Franzetta, K., & Manlove, J. (2005). "Hispanic Teen Pregnancy and Birth Rates: Looking Behind the Numbers." *Child Research Brief*, February, 2005. Washington, DC: Child Trends.

Sabatelli, R. M., and Anderson, S. A. (1991). "Family System Dynamics, Peer Relationships, and Adolescents' Psychological Adjustment." *Family Relations, 40*, 363–369.

Sacks, J. H. (1994). "A New Age of Understanding: Allowing Self-Defense Claims for Battered Children Who Kill Their Abusers." *Journal of Contemporary Health Law and Policy, 10*, 349–388.

Sadker, M., and Sadker, M. (1985). "Sexism in the School of the 80s." *Psychology Today, 19*, 54–57.

Safren, S. A., and Heimberg, R. G. (1999). "Depression, Hopelessness, Suicidality, and Related Factors in Sexual Minority and Heterosexual Adolescents." *Journal of Consulting and Clinical Psychology, 67*, 859–866.

Sallis, J. F., Prochaska, J. J., Taylor, W. C., Hill, J. O., and Geraci, J. C. (1999). "Correlates of Physical Activity in a National Sample of Girls and Boys in Grades 4 through 12." *Health Psychology, 18*, 410–415.

Salmivalli, C., Kaukiainen, A., Kaistaniemi, L., and Lagerspetz, K. (1999). "Self-Evaluated Self-Esteem, Peer-Evaluated Self-Esteem, and Defensive Egotism as Predictors of Adeolscents' Participation in Bullying Situations." *Personality and Social Psychology Bulletin, 25*, 1268–1278.

Salmon, C. A., and Daly, M. (1998). "Birth Order and Familial Sentiment: Middleborns Are Different." *Evolution and Human Behavior, 19*, 299–312.

Salomone, P. R., and Sheehan, M. C. (1985). "Vocational Stability and Congruence: An Examination of Holland's Proposition." *The Vocational Guidance Quarterly, 34*, 91–98.

Salt, R. E. (1991). "Affectionate Touch between Fathers and Preadolescent Sons." *Journal of Marriage and the Family, 53*, 545–554.

Sandberg, D. E. (1999). "Experiences of Being Short: Should We Expect Problems of Psychosocial Adjustment?" In U. Eiholzer, F. Haverkamp, and L. D. Voss (Eds.), *Growth, Stature, and Psychosocial Well-Being* (pp. 15–26). Seattle: Hogrefe and Huber.

Sandler, I. (2001). "Quality and Ecology of Adversity as Common Mechanisms of Risk and Resilience." *American Journal of Community Psychology, 29*, 19–42.

Sansone, R. A., Gaither, G. A., and Songer, D. A. (2002). "Self-Harm Behaviors across the Life Cycle: A Pilot Study of Inpatients with Borderline Personality Disorder." *Comprehensive Psychiatry, 43*, 215–218.

Santelli, J. S., Duberstein Lindberg, L., Abma, J., Sucoff McNeally, C., and Resnick, M. (2000).

"Adolescent Sexual Behavior: Estimates and Trends from Four Nationally Representative Surveys." *Family Planning Perspectives, 32,* 156–165.

Santelli, J. S., Warren, C. W., Lowry, R., Sogolow, E., Collins, J., Kann, L., Kaufmann, R. B., and Celentano, D. D. (1997). "The Use of Condoms with Other Contraceptive Methods among Young Men and Women." *Family Planning Perspectives, 29,* 261–267.

Santilli, N. R., and Hudson, L. M. (1992). "Enhancing Moral Growth: Is Communication the Key?" *Adolescence, 27,* 145–160.

Santrock, J. W. (1987). *Adolescence.* Dubuque, IA: Wm. C. Brown.

Sarigiani, P. A., Ryan, R. M., and Peterson, J. (1999). "Prevention of High-Risk Behaviors in Adolescent Women." *Journal of Adolescent Health, 25,* 109–119.

Sarigiani, P. A., Wilson, J. L., Petersen, A. C., and Vicary, J. R. (1990). "Self-Image and Educational Plans of Adolescents from Two Contrasting Communities." *Journal of Early Adolescence, 10,* 37–55.

Sassaroli, S., and Ruggiero, G. M. (2005). "The Role of Stress in the Association between Low Self-Esteem, Perfectionism, and Worry, and Eating Disorders." *International Journal of Eating Disorders, 37,* 135–141.

Saucier, J. F., and Ambert, A. M. (1983). "Adolescents' Self-Reported Mental Health and Parents' Marital Status." *Psychiatry, 46,* 363–369.

Savin-Williams, R. C. (1990). *Gay and Lesbian Youth: Expressions of Identity.* New York: Hemisphere.

Savin-Williams, R. C. (1994). "Verbal and Physical Abuse as Stressors in the Lives of Lesbians, Gay Male and Bisexual Youth: Associations with School Problems, Running Away, Substance Abuse, Prostitution, and Suicide." *Journal of Consulting and Clinical Psychology, 62,* 261–269.

Savin-Williams, R. C. (1996). "Ethnic- and Sexual-Minority Youth." In R. C. Savin-Williams and K. M. Cohen (Eds.), *The Lives of Lesbians, Gays, and Bisexuals: Children to Adults* (pp. 152–165). Orlando: Harcourt, Brace College.

Savin-Williams, R. C. (1998). "The Disclosure to Families of Same-Sex Attractions by Lesbian, Gay, and Bisexual Youths." *Journal of Research on Adolescence, 8,* 49–68.

Savin-Williams, R. C., and Dubé, E. M. (1998). "Parental Reactions to Their Child's Disclosure of Same-Sex Attractions." *Family Relations, 47,* 1–7.

Scales, P. (1990). "Developing Capable Young People: An Alternative Strategy for Prevention Program." *Journal of Early Adolescence, 10,* 420–438.

Scamvougeras, A., Witelson, S. F., Branskill, M., Stanchev, P., Black, S., Cheung, G., Steiner, M., and Buck B. (1994). "Sexual Orientation and Anatomy of the Corpus Callosum." *Society for Neuroscience Abstracts, 20,* 1425.

Scarr, S. (1997). "Behavior-Genetic and Socialization Theories of Intelligence: Truce and Reconciliation." In R. J. Sternberg and E. L. Grigorenko (Eds.), *Intelligence, Heredity, and Environment* (pp. 3–41). Cambridge:

Cambridge University Press.

Schab, F. (1991). "Schooling without Learning: Twenty Years of Cheating in High School." *Adolescence, 26,* 839–847.

Schaffner, L. (1998). "Searching for Connection: A New Look at Teenaged Runaways." *Adolescence, 33,* 619–628.

Schaller, M. (1992). "In-Group Favoritism and Statistical Reasoning in Social Inference: Implications for Formation and Maintenance of Group Stereotypes." *Journal of Personality and Social Psychology, 63,* 61–74.

Scheel, K. R., and Westefeld, J. S. (1999). "Heavy Metal Music and Adolescent Suicidality: An Empirical Investigation." *Adolescence, 34,* 253–273.

Scheer, S. D., Unger, D. G., and Brown, M. P. (1996). "Adolescents Becoming Adults: Attributes for Adulthood." *Adolescence, 31,* 127–131.

Schichor, A., Beck, A., Berstein, B., and Crabtree, B. (1990). "Seat Belt Use and Stress in Adolescents." *Adolescence, 25,* 773–779.

Schlecter, T. M., and Gump, P. V. (1983). "Car Availability and the Daily Life of the Teenage Male." *Adolescence, 18,* 101–113.

Schlegel, A., and Barry, H., III. (1991). *Adolescence: An Anthropological Inquiry.* New York: Free Press.

Schmidley, A. D. (2001). *Profile of the Foreign-Born Population in the United States: 2000. Current Population Report,* no. P23-206. Washington, DC: U.S. Bureau of the Census.

Schneider, B. H., and Younger, A. K. (1996). "Adolescent-Parent Attachment in Adolescents' Relations with Their Peers." *Youth and Society, 28,* 95–108.

Schneider, F. W., and Couts, L. M. (1985). "Person Orientation of Male and Female High School Students: to the Educational Disadvantage of Males?" *Sex Roles, 13,* 47–63.

Schneider, W., Perner, J., Bullock, M., Stefanick, J., and Zeigler, A. (1999). "Development of Intelligence and Thinking." In F. E. Weinert and W. Schneider (Eds.), *Individual Development from 3 to 12: Findings from the Munich Longitudinal Study* (pp. 9–28). Cambridge, England: Cambridge University Press.

Schoen, R., and Weinick, R. M. (1993). "Partner Choices in Marriage and Cohabitations." *Journal of Marriage and the Family, 55,* 408–414.

Schonert-Reichl, K. A. (1999). "Relations of Peer Acceptance, Friendship Adjustment, and Social Behavior to Moral Reasoning during Early Adolescence." *Journal of Early Adolescence, 19,* 249–279.

Schulenberg, J. E., and Maggs, J. L. (2002). "A Developmental Perspective on Alcohol Use and Heavy Drinking during Adolescence and the Transition to Young Adulthood." *Journal of Studies on Alcohol,* Supplement 14, 54–70.

Schulenberg, J., Asp, E., and Petersen, A. C. (1984). "School from the Young Adolescents' Perspective: A Descriptive Report." *Journal of Early Adolescence, 4,* 107–130.

Schulenberg, J., O'Malley, P. M., Bachman, J. G., and Johnson, L. D. (2000). " 'Spread Your Wings and Fly': The Course of Well-Being and Substance Use during the Transition to Young

Adulthood." In L. J. Crockett and R. K. Silbereisen (Eds.), *Negotiating Adolescence in Times of Social Change* (pp. 224–255). New York: Cambridge University Press.

Schuster, M. A., Bell, R. M., and Kanouse, D. E. (1996). "The Sexual Practices of Adolescent Virgins: Genital Sexual Activities of High School Students Who Have Never Had Vaginal Intercourse." *American Journal of Public Health, 86,* 1570–1576.

Schuster, M. A., Bell, R. M., Berry, S. H. and Kanouse, D. E. (1998). "Impact of a High School Condom Availability Program on Sexual Attitudes and Behaviors." *Family Planning Perspectives, 30,* 67–72.

Schvaneveldt, J. D., and Adams, G. R. (1983). "Adolescents and the Decision-Making Process." *Theory into Practice, 22,* 98–104.

Schwartz, I. M. (1999). "Sexual Activity Prior to Coitus Initiation: A Comparison between Males and Females." *Archives of Sexual Behavior, 28,* 63–69.

Schwartz, K. D., & Fouts, T. (2003). "Music Preferences, Personality Style, and Developmental Issues of Adolescents." *Journal of Youth and Adolescence, 32,* 205–213.

Schwartz, R. C. (1987). "Working with 'Internal' and 'External' Families in the Treatment of Bulimia." *Family Relations, 36,* 242–245.

Schwartz, W. (1995). "School Dropouts: New Information about an Old Problem." *ERIC Clearinghouse on Urban Education Digest,* 109.

Schweinhart, L. J., and Weikert, D. P. (1985). "Evidence That Good Early Childhood Programs Work." *Phi Delta Kappan, 66,* 545–551.

Scott, C. S., Shifman, L., Orr, L., Owen, R. G., and Fawcett, N. (1988). "Hispanic and Black American Adolescents' Beliefs Relating to Sexuality and Contraception." *Adolescence, 23,* 667–688.

Scott, J., and Hatalla, J. (1990). "The Influence of Chance and Contingency Factors on Career Patterns of College-Educated Women." *The Career Development Quarterly, 39,* 19–30.

Scott-Jones, D., and White, A. B. (1990). "Correlates of Sexual Activity in Early Adolescence." *Journal of Early Adolescence, 10,* 221–238.

Sears, H. A., Sheppard, H. M., Scott, D., Lodge, S., and Scott, L. (2000). "Adolescents' Participation in Physical Activity and Sport and Their Emotional and Behavioral Adjustment." Paper presented at the Biennial Meeting of the Society for Research in Adolescence, Chicago, IL.

Sebald, H. (Spring 1981). "Adolescents' Concept of Popularity and Unpopularity, Comparing 1960 with 1976." *Adolescence, 16,* 187–193.

Sebald, H. (1989). "Adolescent's Peer Orientation: Changes in the Support System during the Past Three Decades." *Adolescence, 24,* 937–946.

Sedlak, A. J., Finkelhor, D., Hammer, H., and Schultz, D. (2002). *National Estimates of Missing Children: An Overview.* Office of Juvenile Justice and Delinquency Prevention Bulletin Series. Washington, DC: U.S. Department of Justice.

Segal, S. D., and Fairchild, H. H. (1996).

"Polysubstance Abuse—A Case Study." *Adolescence*, 31, 797–805.

Seginer, R. (1998). "Adolescents' Perceptions of Relationships with Older Siblings in the Context of Other Relationships." *Journal of Research on Adolescence*, 8, 287–308.

Seide, F. W. (Spring 1982). "Big Sisters: An Experimental Evaluation." *Adolescence*, 17, 117–128.

Seidman, S. N., and Reider, R. (1994). "A Review of Sexual Behavior in the United States." *Journal of Psychiatry*, 151, 330–341.

Seitz, V., and Apfel, N. H. (1994). "Parent-Focused Intervention: Diffusing Effects on Siblings." *Child Development*, 65, 677–683.

Selman, R. L. (1977). "A Structural-Developmental Model of Social Cognition: Implications for Intervention Research." *Counseling Psychologist*, 6, 3–6.

Selman, R. L. (1980). *The Growth of Interpersonal Understanding: Development and Clinical Analysis*. New York: Academic Press.

Senate Hearings. (1993). *Children and Gun Violence*. Washington, DC: Government Printing Office.

Seroczynski, A. D., Jacquez, F. M., and Cole, D. A. (2003). "Depression and Suicide during Adolescence." In G. R. Adams and M. D. Berzonsky (Eds.), *Blackwell Handbook of Adolescence* (pp. 550–572). Oxford, England: Blackwell Publishing.

Serow, R. C., and Dreyden, J. I. (1990). "Community Service among College and University Students: Individual and Institutional Relationships." *Adolescence*, 25, 552–566.

Sessa, F. M., and Steinberg, L. (1991). "Family Structure and Development of Autonomy during Adolescence." *Journal of Early Adolescence*, 11, 38–55.

Settertobulte, W., and Kolip, P. (1997). "Gender-Specific Factors in the Utilization of Medical Services during Adolescence." *Journal of Adolescence*, 20, 121–132.

Sexuality Education and Information Council of the United States (SEICUS). (2005). "On our Side: Public Support for Comprehensive Sexuality Education." *SEICUS Public Policy Fact Sheet*. Retrieved from http://www.siecus.org/ policy/public_support.pdf.

Sexuality Information and Education Council of the United States (SEICUS). (1996). "Media Recommendations for More Realistic, Accurate Images Concerning Sexuality. *SIECUS Report*, 24, 22–23.

Sexuality Information and Education Council of the United States (SEICUS). (1999). *Sexuality Education in the Schools: Issues and Answers*. Retrieved from http://www.siecus.org/ pubs/fact/fact0007.html.

Sexuality Information and Education Council of the United States (SEICUS). (2001). "Fact Sheet: Public Support for Sexuality Education." *SEICUS Report*, 28.

Seydlitz, R. (1988). "Suicidal Children." *Medical Aspects of Human Sexuality*, 22, 63.

Seydlitz, R. (1991). "The Effects of Age and Gender on Parental Control and Delinquency." *Youth and Society*, 23, 175–201.

Seydlitz, R. (1993). "Perplexity in the Relationships among Direct and Indirect Parental Controls and Delinquency." *Youth and Society*, 24, 243–275.

Shaffer, D., Gould, M. S., Fisher, P., Trautmant, P., Moreau, D., Kleinman, M., and Flory, M. (1996). "Psychiatric Diagnosis in Child and Adolescent Suicide." *Archives of General Psychiatry*, 53, 339–348.

Shakespeare, W. (1974). *Plays: The Riverside Shakespeare*. Boston: Houghton Mifflin.

Shane, P. G. (1989). "Changing Patterns among Homeless and Runaway Youth." *American Journal of Orthopsychiatry*, 59, 208–214.

Shapiro, S. H. (1973). "Vicissitudes of Adolescence." In S. L. Cope (Ed.), *Behavior Pathology of Childhood and Adolescence*. New York: Basic Books.

Sharlin, S. A., and Mor-Barak, M. (1992). "Runaway Girls in Distress: Motivation, Background, and Personality." *Adolescence*, 27, 387–405.

Sharp, J. G., and Graeven, D. B. (December 1981). "The Social, Behavioral, and Health Effects of Phencyclidine (PCP) Use." *Journal of Youth and Adolescence*, 10, 487–499.

Shaw, M., and Dorling, D. (1998). "Mortality among Street Youth in the UK." *Lancet*, 352, 743.

Sheinberg, M., and Penn, P. (1991). "Gender Dilemmas, Gender Questions, and the Gender Mantra." *Journal of Marriage and the Family Therapy*, 17, 33–44.

Shek, D. (2001). "Chinese Adolescents and Their Parents' Views on a Happy Family: Implications for Family Therapy." *Family Therapy*, 28, 73–104.

Sheldon, S. B., and Epstein, L. (2004). "Getting Students to School: Using Family and Community Involvement to Reduce Chronic Absenteeism." *School Community Journal*, 14, 39–56.

Shelton, C. M., and McAdams, D. P. (1990). "In Search of an Everyday Morality: The Development of a Measure." *Adolescence*, 25, 923–943.

Sheppard, M. A., Wright, D., and Goodstadt, M. S. (1985). "Peer Pressure and Drug Use—Exploding the Myth." *Adolescence*, 20, 949–958.

Sherrod, L. R., Haggerty, R. J., and Featherman, D. L. (1993). "Introduction: Late Adolescence and the Transition to Adulthood." *Journal of Research on Adolescence*, 3, 217–226.

Shibley-Hyde, J., and Delamater, J. D. (2000). *Understanding Human Sexuality*. New York: McGraw-Hill.

Shilts, L. (1991). "The Relationship of Early Adolescent Substance Use to Extracurricular Activities, Peer Influence, and Personal Attitudes." *Adolescence*, 26, 613–617.

Shinn, M., and Weitzman, B. (1996). "Homeless Families Are Different." In J. Baumohl (Ed.), *Homelessness in America* (pp. 109–122). Westport, CT: Greenwood Press.

Shon, P. C., and Targonski, R. (2003). "Declining Trends in U.S. Parricides, 1976–1998: Testing the Freudian Assumptions." *International Journal of Law and Psychiatry*, 26, 387–402.

Shreve, B. W., and Kunkel, M. A. (1991). "Self-Psychology, Shame, and Adolescent Suicide: Theoretical and Practical Considerations." *Journal of Counseling and Development*, 69, 305–311.

Shrier, L., Pierce, J., Emans, S., and DuRant, R. (1998). "Gender Differences in Risk Behaviors Associated with Forced or Pressured Sex." *Archives of Pediatric and Adolescent Medicine*, 152, 57–63.

Shrum, W., and Cheek, N. H. (1987). "Social Structure during the School Years: Onset of the Degrouping Process." *American Sociological Review*, 52, 218–223.

Siann, G., Callaghan, M. Glissov, P., Lockhart, R., and Rawson, L. (1999). "Who Gets Bullied? The Effect of School, Gender, and Ethnic Group." *Educational Research*, 36, 123–134.

Siegall, B. (August 21, 1977). "Incest: An American Epidemic." *Los Angeles Times*.

Siegel, J. M. (2002). "Body Image Change and Adolescent Depressive Symptoms." *Journal of Adolescent Research*, 17(1), 27–41.

Siegel, J. M., Yancy, A. K., Aneshensel, C. S., and Schuler, R. (1999). "Body Image, Perceived Pubertal Timing, and Adolescent Mental Health." *Journal of Adolescent Health*, 25, 155–165.

Siegler, R. S. (1991). *Children's Thinking*. 2nd ed. Englewood Cliffs, NJ: Prentice Hall.

Siegler, R. S. (1995). "Children's Thinking: How Does Change Occur?" In F. E. Weinert & W. Schneider (Eds.), *Memory Performance and Competencies: Issues in Growth and Development* (pp. 405–430). Hillsdale, NJ: Lawrence Erlbaum.

Sieving, R., McNeely, C., and Blum, R. (2000). "Maternal Expectations, Mother-Child Connectedness, and Adolescent Sexual Debut." *Archives of Pediatrics and Adolescent Medicine*, 154, 809–816.

Sieving, R. E., Perry, C. L., and Williams, C. L. (2000). "Do Friendships Change Behaviors, or Do Behaviors Change Friendships? Examining Paths of Influence in Young Adolescents' Alcohol Use." *Journal of Adolescent Health*, 26, 27–35.

Sigelman, C. K., Gurstell, S. A., and Stewart, A. K. (1992). "The Development of Lay Theories of Problem Drinking: Causes and Cures." *Journal of Adolescent Research*, 7, 292–312.

Signorielli, N. (1993). "Television and Adolescents' Perceptions about Work." *Youth and Society*, 24, 314–341.

Silverberg, D., and Sternberg, L. (1987). "Adolescent Autonomy, Parent-Adolescent Conflict and Parental Well-Being." *Journal of Youth and Adolescence*, 16, 293–311.

Sim, T. N. (2000). "Adolescent Psychosocial Competence: The Importance and Role of Regard for Parents." *Journal of Research on Adolescence*, 10, 49–64.

Simes, M. R., and Berg, D. H. (2001). "Surreptitious Learning: Menarche and Menstrual Product Advertisements." *Health Care for Women International*, 22, 455–469.

Simmons, R., and Blyth, D. (1987). *Moving into Adolescence: The Impact of Pubertal Change and Social Context*. New York: Adine de Gruyter.

Simons, J. M., Finley, R., and Yang, A. (1991). *The Adolescent and Young Adult Fact Book*. Washington, DC: Children's Defense Fund.

Simons, R. L., and Robertson, J. F. (1989). "The Impact of Parenting Factors, Deviant Peers, and Coping Style among Adolescent Drug

Users." *Family Relations,* 38, 273–281.

Simons, R. L., and Whitbeck, L. B. (1991). "Sexual Abuse as a Precursor to Prostitution and Victimization among Adolescent and Adult Homeless Women." *Journal of Family Issues,* 12, 361–379.

Simons, R. L., Lin, K.-H., Gordon, L. C., Conger, R. D., and Lorenz, F. O. (1999). "Explaining the Higher Incidence of Adjustment Problems among Children of Divorce Compared with Those in Two-Parent Families." *Journal of Marriage and the Family,* 61, 1020–1033.

Simons, R. L., Whitbeck, L. B., Conger, R. D., and Melby, J. N. (1991). "The Effect of Social Skills, Values, Peers, and Depression on Adolescent Substance Use." *Journal of Early Adolescence,* 11, 466–481.

Simpson, L., Douglas, S., and Schimmel, J. (1998). "Teen Consumers: Catalog Clothing Purchase Behavior." *Adolescence,* 33, 637–644.

Simsek, F., Ulukol, B., and Gulnar, S. B. (2005). "The Secular Trends in Height and Weight of Turkish School Children during 1993–2003." *Child: Care, Health, and Development,* 31, 441–447.

Singer, M. T. (1992). "Cults." In S. B. Friedman, M. Fisher, and S. K. Schonberg (Eds.), *Comprehensive Adolescent Health Care* (pp. 699–703). St. Louis: Quality Medical.

Singh, S. (1986). "Adolescent Pregnancy in the United States: An Interstate Analysis." *Family Planning Perspectives,* 18, 210–220.

Singh, S., and Darrock, J. E. (2000). "Adolescent Pregnancy and Childbearing: Levels and Trends in Developed Countries." *Family Planning Perspectives,* 32, 14–23.

Sirgy, M. J., Lee, D-J., Kosenko, R., Meadow, H. L., Rahtz, D., Cicic, M., Jin, G. X., Yarsuvat, D., Blenkhorm, D. L., and Wright, N. (1998). "Does Television Viewership Play a Role in the Perception of Quality of Life?" *Journal of Advertising,* 27, 125–142.

Sirin, S. R. (2005). "Socioeconomic Status and Academic Achievement: A Meta-Analytic Review of Research." *Review of Educational Research,* 75, 417–453.

Skinner, B. F. (1938). *The Behavior of Organisms.* New York: Appleton-Century-Crofts.

Skoe, E. (1995). "Self Role Orientation and Its Relationship to the Development of Identity and Moral Thought." *Scandinavian Journal of Psychology,* 36, 235–245.

Skoe, E., and Gooden, A. (1993). "Ethic of Care and Real-Life Moral Dilemma Content in Male and Female Early Adolescents." *Journal of Early Adolescence,* 13, 154–167.

Slater, E. J., Stewart, K. J., and Linn, M. W. (Winter 1983). "The Effects of Family Disruption on Adolescent Males and Females." *Adolescence,* 18, 931–942.

Slater, M. D. (2003). "Alienation, Aggression, and Sensation Seeking as Predictors of Adolescent Use of Violent Film, Computer, and Website Content." *Journal of Communication,* 53, 105–121.

Slaughter-Defoe, D. T., Kuehne, V. S., and Straker, J. K. (1992). "African-American, Anglo-American, and Anglo-Canadian Grade 4 Children's Concepts of Old People and of Extended Family." *International Journal of Aging & Human Development,* 35, 161–178.

Slonim-Nevo, V. (1992). "First Premarital Intercourse among Mexican-American and Anglo-American Adolescent Women." *Journal of Adolescent Research,* 7, 332–351.

Small, S., and Kerns, D. (1993). "Unwanted Sexual Activity among Peers during Early and Middle Adolescence: Incidence and Risk Factors." *Journal of Marriage and the Family,* 55, 941–952.

Smart, L. S., Chibucos, T. R., and Didier, L. A. (1990). "Adolescent Substance Use and Perceived Family Functioning." *Journal of Family Issues,* 11, 208–227.

Smetana, J. G. (1995). "Context, Conflict, and Constraint in Adolescent-Parent Authority Relationships." In M. Killen and D. Hart (Eds.), *Morality in Everyday Life: Developmental Perspectives* (pp. 225–255). Cambridge, England: Cambridge University Press.

Smetana, J. G. (1996). "Adolescent-Parent Conflict: Implications for Adaptive and Maladaptive Adjustment." In D. Cicchetti and S. L. Toth (Eds.), *Rochester Symposium on Developmental Psychology: Volume 7. Adolescence: Opportunity and Challenges* (pp. 1–46). Rochester, NY: Rochester University Press.

Smetana, J. G. (2002). "Culture, Autonomy, and Personal Jurisdiction in Adolescent-Parent Relationships." In H. W. Reese and R. Kail (Eds.), *Advances in Child Development and Behavior,* vol. 2 (pp. 51–87). New York: Academic Press.

Smetana, J. G., and Asquith, P. (1994). "Adolescents' and Parents' Conceptions of Parental Authority and Adolescent Autonomy." *Child Development,* 65, 1147–1162.

Smetana, J. G., and Turiel, E. (2003). "Moral Development during Adolescence." In G. R. Adams and M. D. Berzonsky (Eds.), *Blackwell Handbook of Adolescence* (pp. 247–268). Oxford, England: Blackwell Publishing.

Smetana, J. G., Metzger, A., Gettman, D. C., and Campione-Barr., N. (2006). "Disclosure and Secrecy in Parent-Adolescent Relationships." *Child Development,* 77, 201–217.

Smith, A. M. A., Rosenthal, D. A., and Reichler, H. (1996). "High Schoolers' Masturbatory Practices: Their Relationship to Sexual Intercourse and Personal Characteristics." *Psychological Reports,* 79, 499–509.

Smith, C., Faris, R., and Denten, M. L. (2003). "Mapping American Adolescent Subjective Religiosity and Alienation toward Religion: A Research Report." *Sociology of Religion,* 64, 111–133.

Smith, E. (May 1989). "The New Moral Classroom." *Psychology Today,* 23, 32–36.

Smith, E. A., and Caldwell, L. L. (1989). "The Perceived Quality of Leisure Experiences among Smoking and Nonsmoking Adolescents." *Journal of Early Adolescence,* 9, 153–162.

Smith, E. A., and Zabin, L. S. (1993). "Marital and Birth Expectations of Urban Adolescents." *Youth and Society,* 25, 62–74.

Smith, E. J. (1991). "Ethnic Identity Development: Toward the Development of a Theory within the Context of Majority/Minority Status." *Journal of Counseling and Development,* 770, 181–188.

Smith, E. P., Walker, K., Fields, L., Brookins, C.

C., and Seay, R. C. (1999). "Ethnic Identity and Its Relationship to Self-Esteem, Perceived Efficacy and Prosocial Attitudes in Early Adolescence." *Journal of Adolescence,* 22, 867–880.

Smith, K. H., and Stutts, M. A. (1999). "Factors That Influence Adolescents to Smoke." *Journal of Consumer Affairs,* 33, 321–357.

Smith, P. (2004). "Bullying: Recent Developments." *Child and Adolescent Mental Health,* 9, 98–103.

Smith, P. K., Morita, Y., Junger-Tas, J., Olweus, D., Catalano, R., and Slee, P. (1999). *The Nature of School Bullying.* New York: Routledge.

Smith, S. P. (1996). "Dating-Partner Preferences among a Group of Inner-City African-American High School Students." *Adolescence,* 31, 79–90.

Smith, T. E. (1988). "Parental Control Techniques." *Journal of Family Issues,* 2, 155–176.

Smith, T. E. (1990). "Parental Separation and the Academic Self-Concepts of Adolescents: An Effort to Solve the Puzzle of Separation Effects." *Journal of Marriage and the Family,* 52, 107–118.

Smith, T. E. (1991). "Agreement of Adolescent Educational Expectations with Perceived Maternal and Paternal Educational Goals." *Youth and Society,* 23, 155–174.

Snarey, J. R. (1985). "Cross-Cultural Universality of Social-Moral Development: A Critical Review of Kohlbergian Research." *Psychological Bulletin,* 97, 202–232.

Snarey, J. R. (1995). "In a Commuitarian Voice: The Sociological Expansion of Kohlbergian Theory, Research, and Practice." In W. R. Kurtines and J. L. Gewirtz (Eds.), *Moral Development: An Introduction* (pp. 109–134). Boston: Allyn & Bacon.

Sneddon, H. (2003). "The Effects of Maltreatment on Children's Health and Well-Being." *Child Care in Practice,* 9, 236–250.

Snodgrass, D. M. (1991). "The Parent Connection." *Adolescence,* 26, 83–87.

Snyder, H. (1999). *Juvenile Arrests 1998.* Washington, DC: Office of Juvenile Justice and Delinquency Prevention.

Snyder, H. N. (2004). *Juvenile Arrests 2002.* Washington, DC: Office of Juvenile Justice and Prevention.

Snyder, H. N., & Sickmund, M. (1995). *Juvenile Offenders and Victims: A National Report.* Washington, D.C.: U.S. Department of Justice.

Snyder, H., and Sickmund, M. (2006). *Juvenile Offenders and Victims: 2006 National Report.* Washington, DC: Office of Juvenile Justice and Delinquency Prevention.

Snyder, J., Dishion, T. J., and Patterson, G. R. (1986). "Determinants and Consequences of Associating with Deviant Peers during Preadolescence and Adolescence." *Journal of Early Adolescence,* 6, 29–43.

Snyder, L. B., Milici, F. F., Slater, M., Sun, H., and Strizhakova, Y. (2006). "Effects of Alcohol Advertising Exposure on Drinking among Youth." *Archives of Pediatrics and Adolescent Medicine,* 160, 18–24.

Snyder, S. (1995). "Movie Portrayals of Juvenile Delinquency: Part I—Epidemiology and Criminology." *Adolescence,* 30, 53–64.

Sobal, J. (1984). "Group Dieting, the Stigma of Obesity, and Overweight Adolescents: Contributions of Natalie Allon to the Sociology of Obesity." *Marriage and Family Review,* 7, 9–20.

Sobal, J. (1987). "Health Concerns of Young Adolescents." *Adolescence,* 87, 739–750.

Sobal, J., Nicolopoulos, V., and Lee, J. (1995). "Attitudes about Overweight and Dating among Secondary School Students." *International Journal of Obesity,* 19, 376–381. "Social Factors, Not Age, Are Found to Affect Risk of Low Birth Weight." (May–June, 1984). *Family Planning Perspectives,* 16, 142, 143.

Sodowsky, G. R., Lai, E. W., & Plake, B. S. (1991). "Moderating Effects of Sociocultural Variables on Acculturation Attitudes of Hispanics and Asian Americans." *Journal of Counseling & Development,* 70, 194–204.

Sommer, B. (1984). "The Troubled Teen: Suicide, Drug Use, and Running Away." *Women's Health,* 9, 117–141.

Sommer, B., and Nagel, S. (1991). "Ecological and Typological Characteristics in Early Adolescent Truancy." *Journal of Early Adolescence,* 11, 379–392.

Sonenstein, F. L., and Pittman, K. J. (January–February, 1984). "The Availability of Sex Education in Large School Districts." *Family Planning Perspectives,* 16, 19–25.

Sonenstein, F. L., Pleck, J. H., and Ku, L. C. (1989). "Sexual Activity, Condom Use, and AIDS Awareness among Adolescent Males." *Family Planning Perspectives,* 21, 152–258.

Song, C., & Glick, E. (2004). "College Attendance and Choice of College Majors among Asian-American Students." *Social Science Quarterly,* 85, 1401–1421.

South, S. J. (1995). "Do You Need to Shop Around?" *Journal of Family Issues,* 16, 432–449.

Sparks, G. G. (2001). *Media Effects Research: A Basic Overview.* Belmont, CA: Wadsworth.

Spear, L. P. (2002). "The Adolescent Brain and the College Drinker: Biological Basis of Propensity to Use and Misuse Alcohol." *Journal of Studies on Alcohol,* Supplement no. 14, 71–81.

"Special Issue: Mental Health Research and Service Issues for Minority Youth." (June 1988). *Journal of Adolescence,* 11.

Spencer, M. B., Dupree, D., Swanson, D. P., and Cunningham, M. (1998). "The Influence of Physical Maturation and Hassles on African American Adolescents' Learning Behaviors." *Journal of Comparative Family Studies,* 29, 189–200.

Spera, C. (2005). "A Review of the Relationship among Parenting Practices, Parenting Styles, and Adolescent School Achievement." *Educational Psychology Review,* 17, 125–146.

Spillane-Grieco, E. (Spring 1984). "Characteristics of a Helpful Relationship: A Study of Empathetic Understanding and Positive Regard between Runaways and Their Parents." *Adolescence,* 19, 63–75.

Sprecher, S., Barbee, A., and Schwartz, P. (1995). "'Was It Good for You, Too?': Gender Differences in First Sexual Intercourse Experiences." *Journal of Sex Research,* 32, 3–15.

St. Louis, G. R., and Liem, J. H. (2005). "Ego Identity, Ethnic Identity, and the Psychosocial Well-Being of Ethnic Minority and Majority College Students." *Identity,* 5, 227–246.

Stacey, B. G., Singer, M. S., and Ritchie, G. (1989). "The Perception of Poverty and Wealth among Teenage University Students." *Adolescence,* 24, 193–207.

Stack, S. (1998). "Heavy Metal, Religiosity, and Suicide Acceptability." *Suicide and Life-Threatening Behavior,* 28, 388–394.

Stack, S. (2003). "Media Coverage as a Risk Factor in Suicide." *Journal of Epidemiology and Community Health,* 57, 238–240.

Stager, J. M. (1984). "Reversibility of Amenorrhea in Athletes: A Review." *Sports Medicine,* 1, 337.

Stager, J. M., Ritchie, B. A., and Robertshaw, D. (1984). "Reversal of Oligo/Amenorrhea in Collegiate Distance Runners." *New England Journal of Medicine,* 310, 51.

Staksrud, E. (2003). *Parents Believe, Kids Act.* Presented at the 2003 SAFT Conference: Future Kids Online: How to Promote Safety, Awareness, Facts, and Tools. Sweden. Retrieved from http://www.saftonline.org.

Stallmann, J. I., and Johnson, T. G. (1996). "Community Factors in Secondary Educational Achievement in Appalacia." *Youth and Society,* 27, 469–484.

Stanton, B. F., Black, M., Kaljee, L., and Ricardo, I. (1993). "Perceptions of Sexual Behavior among Urban Early Adolescents: Translating Theory through Focus Groups." *Journal of Early Adolescence,* 13, 44–66.

Stanton, W. R., and Silva, P. A. (1992). "A Longitudinal Study of the Influence of Parents and Friends on Childrens' Initiation of Smoking." *Journal of Applied Developmental Psychology,* 13, 423–434.

Stapley, J. C., and Haviland, J. M. (1989). "Beyond Depression: Gender Differences in Normal Adolescents' Emotional Experiences." *Sex Roles,* 20, 295–308.

Stein, D. B., and Smith, E. D. (1990). "The 'Rest' Program: A New Treatment System for the Oppositional Defiant Adolescent." *Adolescent,* 25, 891–904.

Stein, D. M., and Reichert, P. (1990). "Extreme Dieting Behaviors in Early Adolescence." *Journal of Early Adolescence,* 10, 108–121.

Stein, D., Witztum, E., Brom, D., DeNour, A. K., and Elizur, A. (1992). "The Association between Adolescents' Attitudes towards Suicide and Their Psychosocial Background and Suicidal Tendencies." *Adolescence,* 27, 949–959.

Stein, J. H., and Reiser, L. W. (1994). "A Study of White Middle-Class Adolescent Boys' Responses to 'Semenarche' (the First Ejaculation)." *Journal of Youth and Adolescence,* 23, 373–384.

Stein, R. F. (1987). "Comparison of Self-Concept of Nonobese and Obese University Junior Female Nursing Students." *Adolescence,* 22, 77–90.

Stein, S. L., and Weston, L. C. (Winter 1982). "College Women's Attitudes toward Women and Identity Achievement." *Adolescence,* 17, 895–899.

Steinberg, L. (1990). "Autonomy, Conflict, and Harmony in the Family Relationship." In S. S. Feldman and G. R. Elliot (Eds.), *At the Threshold: The Developing Adolescent* (pp. 255–276). Cambridge, MA: Harvard University Press.

Steinberg, L. (2001). "We Know Some Things: Parent-Adolescent Relationships in Retrospect and Prospect." *Journal of Research on Adolescence,* 11, 1–19.

Steinberg, L., and Dornbusch, S. M. (1991). "Negative Correlates of Part-Time Employment during Adolescence: Replication and Elaboration." *Developmental Psychology,* 27, 304–313.

Steinberg, L., and Steinberg, W. (1994). *Crossing Paths: How Your Child's Adolescence Triggers Your Own Crisis.* New York: Simon and Schuster.

Steinberg, L., Blatt-Eisengart, I., and Cauffman, E. (2006). "Patterns of Competence and Adjustment among Adolescents from Authoritative, Authoritarian, Indulgent, and Neglectful Homes: A Replication in a Sample of Serious Juvenile Offenders." *Journal of Research on Adolescence,* 16, 47–58.

Steinberg, L., Dornbusch, S. M., and Brown, B. B. (1992). "Ethnic Differences in Adolescent Achievement: An Ecological Perspective." *American Psychologist,* 47, 723–729.

Steinberg, L., Fegley, S., and Dornbusch, S. M. (1993). "Negative Impact of Part-Time Work on Adolescent Adjustment: Evidence from a Longitudinal Study." *Developmental Psychology,* 29, 171–180.

Steinberg, L., Greenberger, E., Garduque, L., Ruggiero, M., and Vaux, A. (1982). "Effects of Working on Adolescent Development." *Developmental Psychology,* 18, 385–395.

Steinberg, L., Lamborn, S. D., Dornbusch, S. M., and Darling, N. (1992). "Impact of Parenting Practices on Adolescent Achievement: Authoritative Parenting, School Involvement, and Encouragement to Succeed." *Child Development,* 63, 1266–1281.

Steitz, J. A., and Owen, T. P. (1992). "School Activities and Work: Effects on Adolescent Self-Esteem." *Adolescence,* 27, 37–50.

Stephen, J., Fraser, E., and Marcia, J. E. (1992). "Moratorium Achievement, (Mama) Cycles in Life Span Identity Development: Value Orientations and Reasoning Systems' Correlates." *Journal of Adolescence,* 15, 283–300.

Stepp, L. S. (1999). "Parents Are Alarmed by an Unsettling New Fad in Middle School: Oral Sex." *Washington Post,* July 8, 1999.

Sterling, C. M., and Van Horn, K. R. (1989). "Identity and Death Anxiety." *Adolescence,* 24, 321–326.

Stern, D., Rahn, M. L., and Chung, Y-P. (1998). "Design of Work-Based Learning for Students in the United States." *Youth and Adolescence,* 29, 471–502.

Stern, M., and Alvarez, A. (1992). "Pregnant and Parenting Adolescents. A Comparative Analysis of Coping Response and Psychosocial Adjustment." *Journal of Adolescent Research,* 7, 469–493.

Sternberg, R. J. (1997). *Successful intelligence.* New York: Plume.

Sternberg, R. J., and Girgorenko, E. L. (2002). *Dynamic Testing.* New York: Cambridge University Press.

Sternberg, R. J., and Wagner, R. K. (Eds.). (1986). *Practical Intelligence: Nature and Origins of*

Competence in the Everyday World. Cambridge, England: Cambridge University Press.

Sternberg, R. J., and Williams, W. M. (1996). *How to Develop Student Creativity.* Alexandria, VA: Association for Supervision and Curriculum Development.

Sternberg, R. J., Torff, B., and Grigorenko, E. L. (1998). "Teaching Triarchically Improves School Achievement." *Journal of Educational Psychology, 90,* 374–384.

Sternberg, R., and Nigro, G. (1980). "Developmental Strategies in the Solution of Verbal Analogies." *Child Development, 51,* 27–38.

Stevens, N. M., Mott, L. A., and Youells, F. (1996). "Rural Adolescent Drinking Behavior: Three-Year Follow-Up on the New Hampshire Substance Abuse Prevention Study." *Adolescence, 31,* 159–166.

Stevens, R., and Pihl, R. O. (1987). "Seventh-Grade Students at Risk for School Failure." *Adolescence, 22,* 333–345.

Stewart, M. A., Cummings, C., Singer, S., and deBlois, C. S. (1981). "The Overlap between Hyperactive and Unsocialized Aggressive Children." *Journal of Child Psychology and Psychiatry and Allied Disciplines, 22,* 35–45.

Stivers, C. (1988). "Parent-Adolescent Communication and Its Relationship to Adolescent Depression and Suicide Proneness." *Adolescence, 23,* 291–295.

Stolzenberg, R. M., Blair-Loy, M., and Waite, L. J. (1995). "Religious Participation in Early Adulthood: Age and Family Life Cycle Effects on Church Membership." *American Sociological Review, 60,* 84–103.

Stoppelbein, L., and Greening, L. (2000). "Post-Traumatic Stress Symptoms in Parentally-Bereaved Children and Adolescents." *Journal of the American Academy of Child and Adolescent Psychiatry, 39,* 1112–1119.

Storch, E. A., and Storch, J. B. (2002). "Fraternities, Sororities, and Academic Dishonesty." *College Student Journal, 36,* 247–252.

Story, M. D. (Winter 1982). "A Comparison of University Student Experience with Various Sexual Outlets in 1974 and 1980." *Adolescence,* 737–747.

Stouthamer-Loeber, M, and Wei, E. H. (1998). "The Precursors of Young Fatherhood and Its Effects on Delinquency of Teenage Males." *Journal of Adolescent Health, 22,* 56–65.

Strang, R. (1957). *The Adolescent Views Himself.* New York: McGraw-Hill.

Strang, S. P., and Orlofsky, J. L. (1990). "Factors Underlying Suicidal Ideation among College Students: A Test of Teicher and Jacob's Model." *Journal of Adolescence, 13,* 39–52.

Strasburger, V. C. (1989). "Children, Adolescents, and Television 1989. Vol. 2: The Role of Pediatricians." *Pediatrics, 83,* 446–448.

Strasburger, V. C. (1995). *Adolescents and the Media: Medical and Psychological Impact.* Thousand Oaks, CA: Sage.

Strasburger, V. C., and Donnerstein, E. (1999). "Children, Adolescents, and the Media: Issues and Solutions." *Pediatrics, 103,* 129–139.

Straugh, B. (2003). *The Primal Teen: What New Discoveries about the Teenage Brain Tell Us about Our Kids.* New York: Doubleday.

Straus, M. A., and Yodanis, C. L. (1996). "Corporal Punishment in Adolescence and Physical Assaults on Spouses in Later Life: What Accounts for the Link?" *Journal of Marriage and the Family, 58,* 825–841.

Streetman, L. G. (1987). "Contrasts in Self-Esteem of Unwed Teenage Mothers." *Adolescence, 23,* 459–464.

Streib, H. (1999). "Off-Road Religion? A Narrative Approach to Fundamentalist and Occult Orientations of Adolescents." *Journal of Adolescence, 22,* 255–267.

Stringer, D. M., and Duncan, E. (1985). "Nontraditional Occupations: A Study of Women Who Have Made the Choice." *The Vocational Guidance Quarterly, 33,* 241–248.

Stringer, T. (2003). "Summer Time, Summer Teens." *Occupational Outlook Quarterly,* Winter, Washington, DC: National Bureau of Labor Statistics.

Strong, E. K. (1943). *Vocational Interests of Men and Women.* Palo Alto, CA: Stanford University Press.

Strouse, J. S., Buerkel-Rothfuss, N., and Long, E. C. J. (1995). "Gender and Families as Moderators of the Relationship between Music Video Exposure and Adolescent Sexual Permissiveness." *Adolescence, 30,* 505–521.

Stubbs, M. L., Rierdan, J., and Koff, E. (1989). "Developmental Differences in Menstrual Attitudes." *Journal of Early Adolescence, 9,* 480–498.

Stunkard, A., Sorensen, T., Hanis, S. C., Teasdale, T., Chakraborty, R., Schull, W., and Schulsinger, F. (1986). "An Adoption Study of Human Obesity." *New England Journal of Medicine, 314,* 193–198.

Subrahmanyam, K., Greenfield, P., Kraut, R., and Gross, E. (2001). "The Impact of Computer Use on Children's and Adolescents' Development." *Journal of Applied Developmental Psychology, 22,* 7–30.

Substance Abuse and Mental Health Services Administration. (2003). *Results from the 2002 National Survey on Drug Use and Health: National Findings* (Office of Applied Studies, NHSDA Series H-22, DHHS Publication No. SMA 03-3836). Rockville, MD: Author.

"Substantially Higher Morbidity and Mortality Rates Found among Infants Born to Adolescent Mothers." (March–April, 1984). *Family Planning Perspectives, 16,* 91, 92.

Substance Abuse and Mental Health Services Administration. (2005). *Results from the 2004 National Survey on Drug Use and Health: National Findings* (Office of Applied Studies, NSDUH Series H-28, DHHS Publication No. SMA 05-4062). Rockville, MD: Author.

Suitor, J. J., and Reavis, R. (1995). "Football, Fast Cars, and Cheerleading: Adolescent Gender Norms, 1978 through 1989." *Adolescence, 30,* 265–272.

Sullivan, M. L. (1993). "Culture and Class as Determinants of Out-of-Wedlock Childbearing and Poverty during Late Adolescence." *Journal of Research on Adolescence, 3,* 295–316.

Sun, S. S., Schubert, C. M., Liang, R., Roche, A. F., Kulin, H. E., Le, P. A., Himes, J. H., and Chumlea, W. C. (2005). "Is Sexual Maturity Occurring Earlier among U.S. Children?" *Journal of Adolescent Health, 37,* 345–355.

Superka, D., Ahrens, C., and Hedstrom, J. (1976). *Values Education Sourcebook.* Boulder, CO: Social Science Education Consortium.

Sutherland, E. H., and Cressey, D. R. (1966). *Principles of Criminology.* 7th ed. New York: J. B. Lippincott.

Suyemoto, K. L. (1998). "The Functions of Self-Mutilation." *Clinical Psychology Review, 18,* 531–554.

Suyemoto, K. L., and MacDonald, M. L. (1995). "Self-Cutting in Female Adolescents." *Psychotherapy, 32,* 162–171.

Svensson, R. (2003). "Gender Differences in Adolescent Drug Use: The Impact of Parental Monitoring and Peer Deviance. *Youth and Society, 34,* 300–329.

Swaab, D. F., and Hofman, M. A. (1995). "Sexual Differentiation of the Human Hypothalamus in Relation to Gender and Sexual Orientation." *Trends in Neurosciences, 18,* 264–270.

Swain, C. R., Acherman, L. K., and Ackerman, M. A. (2006). "The Influence of Individual Characteristics and Contraceptive Beliefs on Parent-Teen Sexual Communications: A Structural Model." *Journal of Adolescent Health, 38,* 753e.9–753e.18.

Swanson, H. L. (1999). "What Develops in Working Memory? A Life Span Perspective." *Developmental Psychology, 35,* 986–1000.

Swanson, H. L., and Hill, G. (1993). "Metacognitive Aspects of Moral Reasoning and Behavior." *Adolescence, 28,* 711–735.

Sweat, K., and Murray, R. (1992, 1993). *Freak Me.* WB Music Corporation, E/A Music Inc., Keith Sweat Publishing, Inc., EMI Blackwood Music, Inc., and Saints Alive Music.

Sweeting, H., and West, P. (2001). "Being Different: Correlates of the Experience of Teasing at Age 11." *Research Paper in Education, 16,* 225–246.

Swenson, C. C., and Kennedy, W. A. (1995). "Perceived Control and Treatment Outcome with Chronic Adolescent Offenders." *Adolescence, 30,* 565–578.

Swenson, I. E., Foster, B., and Asay, M. (1995). "Menstruation, Menarche, and Sexuality in the Public School Curriculum: School Nurses' Perceptions." *Adolescence, 30,* 677–683.

Szabo, A., and Underwood, J. (2004). "Cybercheats: Is Information and Communication Technology Fueling Academic Dishonesty?" *Active Learning in Higher Education, 5,* 180–199.

Szinovacz, M. E. (1998). "Grandparent Research: Past, Present, and Future." In M. E. Szinovacz (Ed.), *Handbook on Grandparenthood* (pp. 1–20). Westport, CT: Greenwood Press.

Talero, K., and Talero, A. (1996). *Foundations in Microbiology.* 2nd ed. Dubuque, IA: Brown.

Tamborini, R. (1996). "A Model of Empathy and Emotional Reactions to Horror." In J. Weaver and R. Tamborini (Eds.), *Horror Films: Current Research on Audience Preference and Reactions* (pp. 103–123). Mahwah, NJ: Erlbaum.

Tanaka, T. (2001). "The Identity Formation of the Victim of Shunning." *School Psychology International, 22,* 464–476.

Tanner, J. M. (1962). *Growth of Adolescence.* Springfield, IL: Charles C. Thomas.

Tanner, J. M. (1968). "Earlier Maturation in

Man." *Scientific American, 218,* 21–27.

Tanner, J. M. (1971). "Sequence, Tempo, and Individual Variation in the Growth and Development of Boys and Girls Aged Twelve to Sixteen." *Daedalus, 100,* 907–930.

Tanner, J. M. (1990). *Foetus into Man,* 2nd ed. Cambridge, MA: Harvard University Press.

Tanner, J. M. (1991). "Adolescent Growth Spurt." In R. M. Lerner, A. C. Peterson, and J. Brooks-Gunn (Eds.), *Encyclopedia of Adolescence.* Vol. 2 (pp. 418–424). New York: Garland.

Tanner, J. M. (September 1973). *Scientific American,* p. 8.

Tarnowski, K. J., Brown, R. T., and Simonian, S. J. (1999). "Social Class." In W. K. Silverman and T. H. Ollendick, (Eds.), *Developmental Issues in the Clinical Treatment of Children* (pp. 213–230). Boston: Allyn & Bacon.

Tasker, F., and Golombok, S. (1995). "Adults Raised as Children in Lesbian Families." *American Journal of Orthopsychiatry, 65,* 203–215.

Taylor, A. (2005). "What Employers Look For: The Skills Debate and the Fit with Youth Perceptions." *Journal of Education and Work, 18,* 201–218.

Taylor, L. D. (2005). "Effects of Visual and Verbal Sexual Content and Perceived Realism on Attitudes and Beliefs." *Journal of Sex Research, 42,* 130–137.

Taylor, L. T. (1994). *Winning Combinations: The Effects of Different Parenting Style Combinations on Adolescent Adjustment.* Paper presented at the biennial meeting of the Society for Research on Child Development, San Diego.

Taylor, R. (2000). "Diversity within African American Families." In D. H. Demo, K. R. Allen, and M. A. Fine, (Eds.), *Handbook of Family Diversity* (pp. 232–251). New York: Oxford University Press.

Taylor, R. D., Casten, R., and Flickinger, S. M. (1993). "Influence of Social Support on the Parenting Experiences and Psychosocial Adjustment of African-American Adolescents." *Developmental Psychology, 29,* 382–388.

Taylor, R. J. (1994). "Black American Families." In R. L. Taylor (Ed.), *Minority Families in the United States: A Multicultural Perspective* (pp. 19–46). Englewood Cliffs, NJ: Prentice Hall.

Taylor, R., and Roberts, D. (1995). "Kinship Support and Maternal and Adolescent Well-Being in Economically Disadvantaged African American Families." *Child Development, 66,* 1585–1597.

Teachman, J. (2003). "Premarital Sex, Premarital Cohabitation, and the Risk of Subsequent Marital Dissolution among Women." *Journal of Marriage and Family, 65,* 444–455.

Teachman, J. D., and Polonko, K. A. (1990). "Cohabitation and Marital Stability in the United States." *Social Forces, 69,* 207–220.

Teachman, J. D., Paasch, K., and Carver, K. (1996). "Social Capital and Dropping Out of School Early." *Journal of Marriage and the Family, 58,* 773–783.

Tedesco, L. A., and Gaier, E. L. (1988). "Friendship Bonds in Adolescence." *Adolescence, 89,* 127–136. "Teenage Pregnancy and Birth Rate—United States, 1990." (1993). *Morbidity and Mortality Weekly Report, 42,* 733–737.

Terrell, F., Terrell, S. L., and Miller, F. (1993). "Level of Cultural Mistrust as a Function of Educational and Occupational Expectations among Black Students." *Adolescence, 28,* 573–578.

Terrell, N.-E. (1997). "Aggravated and Sexual Assaults among Homeless and Runaway Adolescents." *Youth and Society, 28,* 267–290.

Tevendale, H. D., Dubois, D. L., Lopez, C., and Prindiville, S. L. (1997). "Self-Esteem Stability and Early Adolescent Adjustment: An Exploratory Study." *Journal of Early Adolescence, 17,* 216–237.

Thanasiu, P. L. (2004). "Childhood Sexuality: Discerning Healthy from Abnormal Sexual Behaviors." *Journal of Mental Health Counseling, 26,* 309–319.

Thelen, E., and Adolph, K. E. (1992). "Arnold L. Gesell: The Paradox of Nature and Nurture." *Developmental Psychology, 28,* 368–380.

Thomas, G., Farrell, M. P., and Barnes, G. M. (1996). "The Effects of Single-Mother Families and Nonresident Fathers on Delinquency and Substance Abuse in Black and White Adolescents." *Journal of Marriage and the Family, 58,* 884–894.

Thomas, T. (1992, 1993). *Mr. Wendal.* EMI Blackwood Music, Inc., and Arrested Development Music.

Thompson, D. N. (1985). "Parent-Peer Compliance in a Group of Preadolescent Youths." *Adolescence, 20,* 501–508.

Thompson, L., Acock, A. C., and Clark, K. (1985). "Do Parents Know Their Children? The Ability of Mothers and Fathers to Gauge the Attitudes of Their Young Adult Children." *Family Relations, 34,* 315–320.

Thomson, E., McLanahan, S. S., and Curtin, R. B. (1992). "Family Structure, Gender, and Parental Socialization." *Journal of Marriage and the Family, 54,* 368–378.

Thornberry, T. P., and Krohn, M. D. (1997). "Peers, Drug Use, and Delinquency." In D. M. Stoff, J. Breiling, and J. D. Maser (Eds.), *Handbook of Antisocial Behavior* (pp. 218–233). New York: Wiley.

Thorne, B. (1986). "Girls and Boys Together . . . but Mostly Apart: Gender Arrangements in Elementary Schools." In W. Hartup and Z. Rubin (Eds.), *Relationships and Development* (pp. 167–184). Hillsdale, NJ: Erlbaum.

Thorne, C. R., and DeBlassie, R. R. (1985). "Adolescent Substance Abuse." *Adolescence, 20,* 335–347.

Thornton, A. (1990). "The Courtship Process and Adolescent Sexuality." *Journal of Family Issues, 11,* 239–273.

Thornton, B., and Maurice, J. (1997). "Physique Contrast Effect: Adverse Impact of Idealized Body Images for Women." *Sex Roles, 37,* 433–439.

Thornton, C., and Russell, J. (1997). "Obsessive Comorbidity in the Dieting Disorders." *International Journal of Eating Disorders, 21,* 83–87.

Thornton, L. P., and DeBlassie, R. R. (1989). "Treating Bulimia." *Adolescence, 24,* 631–637.

Thurlow, C. (2001). "The Usual Suspects? A Comparative Investigation of Crowds and Social-Type Labeling among Young British Teenagers." *Journal of Youth Studies, 4,* 319–334.

Tice, D. M., Buder, J., and Baumeister, R. F. (1985). "Development of Self-Consciousness: At What Age Does Audience Pressure Disrupt Performance?" *Adolescence, 20,* 301–305.

Tierno, M. J. (Fall 1983). "Responding to Self-Concept Disturbance among Early Adolescents: A Psychosocial View for Educators." *Adolescence, 18,* 577–584.

Tietjen, A. (1982). "The Social Networks of Preadolescent Children in Sweden." *International Journal of Behavioral Development, 5,* 111–130.

Tietz, C. C., Hu, S. S., and Arendt, E. A. (1997). "The Female Athlete: Evaluation and Treatment of Sports-Related Problems." *Journal of the Academy of Orthopaedic Surgeons, 5,* 87–96.

Tiggemann, M. (2005). "Body Dissatisfaction and Adolescent Self-Esteem: Prospective Findings." *Body Image, 2,* 129–135.

Timnick, L. (August 1982). "How You Can Learn to Be Likeable, Confident, Socially Successful for Only the Cost of Your Present Education." *Psychology Today,* 42ff.

Tisak, M. S., and Tisak, J. (1996). "My Sibling's but Not My Friend's Keeper: Reasoning about Responses to Aggressive Acts." *Journal of Early Adolescence, 16,* 324–339.

Titus, D. N. (1994). *Values Education in American Secondary Schools.* Paper presented at the Kutztown University Education Conference, Kutztown, PA.

Toder, N. L., and Marcia, J. E. (1973). "Ego Identity Status and Response to Conformity Pressure in College Women." *Journal of Personality and Social Psychology, 26,* 287–294.

Tolan, P. H., Guerra, N. G., & Kendall, P. (1995). "A Developmental-Ecological Perspective on Antisocial Behavior in Children and Adolescents: Towards a Unified Risk and Intervention Framework." *Journal of Consulting and Clinical Psychology, 63,* 579–584.

Tolson, J. M., and Urberg, K. A. (1993). "Similarity between Adolescent Best Friends." *Journal of Adolescent Research, 8,* 274–288.

Tomar, S. L., and Giovino, G. A. (1998). "Incidence and Predictors of Chewing Tobacco Use among U.S. Youth." *American Journal of Public Health, 88,* 20–26.

Tomas, P., Zijdenbos, A., Worsley, K., Collins, D. L. Blumenthal, J., Giedd, J. N., Rapoport, J. L., and Evans, A. C. (1999). "Structural Maturation of Neural Pathways in Children and Adolescents: In Vivo Study." *Science, 283,* 1908–1911.

Tomlinson-Keasey, C. (1972). "Formal Operations in Females from Eleven to Fifty-Four Years of Age." *Developmental Psychology, 6,* 364.

Toney, G. T., & Weaver, B. (1994). "Effects of Gender and Gender Role Self-Perceptions on Affective Reactions to Rock Music Videos." *Sex Roles, 30,* 567–583.

Torabi, M. R., Bailey, W. J., and Majd-Jabbari, M. (1993). "Cigarette Smoking as a Predictor of Alcohol and Other Drug Use by Children and Adolescents: Evidence of the 'Gateway Drug Effect.'" *Journal of School Health, 63,* 302–306.

Toray, T., Coughlin, C., Buchinich, S., and

Patricelli, P. (1991). "Gender Differences Associated with Adolescent Substance Abuse: Comparisons and Implications for Treatment." *Family Relations,* 40, 338–344.

Torres, R., Fernandez, F., and Maceira, D. (1995). "Self-Esteem and Value of Health as Correlates of Adolescent Health Behavior." *Adolescence,* 30, 403–412.

Toufexis, A. (1992). "When Kids Kill Abusive Parents." *Time,* 140, 60–61.

Toy, V. S. (1999). "Teen-Agers and Cell Phones: A Match Made in Gab Heaven." *New York Times,* August 2.

Traub, S. H., and Dodder, R. A. (1988). "Intergenerational Conflict of Values and Norms: A Theoretical Model." *Adolescence,* 23, 975–989.

Traver, N. (October 26, 1992). "Children without Pity." *Time,* 140, 46–51.

Trepanier-Street, M. L., Romatowski, J. A., and McNair, S. (1990). "Development of Story Characters in Gender-Therapeutic and Non-Therapeutic Occupational Roles." *Journal of Early Adolescence,* 10, 496–510.

Trevoux, D., and Busch-Rossnagel, N. A. (1995). "Age Differences in Parents and Peer Influences on Female Sexual Behavior." *Journal of Research on Adolescence,* 5, 469–487.

Troiden, R. R. (1988). *Gay and Lesbian Identity: A Sociological Study.* Dix Hills, NY: General Hall.

Trotter, R. T. (Summer 1982). "Ethical and Sexual Patterns of Alcohol Use: Anglo and Mexican-American College Students." *Adolescence,* 17, 305–325.

Trumbull, E., Rothstein-Fisch, C., Greenfield, P., and Quiroz, B. (2001). *Bridging Cultures between Home and School: A Guide for Teachers.* Mahwah, NJ: Erlbaum.

Trussell, J. (1988). "Teenage Pregnancy in the United States." *Family Planning Perspectives,* 20, 262–272.

Trusty, J., Robinson, C. R., Plata, M., and Ng, K. M. (2000). "Effects of Gender, Socioeconomic Status, and Early Academic Performance on Post Secondary Educational Choice." *Journal of Counseling and Development,* 78, 463–472.

Tschann, J. M., Adler, N. E., Irwin, C. E., Jr., Milstein, S. G., Turner, R. A., and Kegeles, S. M. (1994). "Initiation of Substance Use in Early Adolescence: The Roles of Pubertal Timing and Emotional Distress." *Health Psychology,* 13, 326–333.

Tschann, J. M., and Adler, N. E. (1997). "Sexual Self-Acceptance, Communication with Partner, and Contraceptive Use among Adolescent Females: A Longitudinal Study." *Journal of Research on Adolescence,* 7, 413–430.

Tschann, J. M., Johnston, J. R., and Wallerstein, J. S. (1989). "Resources, Stressors, and Attachment as Predictors of Adult Adjustment after Divorce: A Longitudinal Study." *Journal of Marriage and the Family,* 51, 1033–1046.

Tse, L. (1999). "Finding a Place to Be: Ethnic Identity Exploration of Asian Americans." *Adolescence,* 34, 121–138.

Tsunokai, G. T. (2005). "Beyond the Lenses of the 'Model' Minority Myth: A Descriptive Portrait of Asian Gang Members." *Journal of Gang Research,* 12, 37–58.

Tucker, C. J., Barber, B. L., and Eccles, J. S. (1997). "Advice about Life Plans and Personal Problems in Late Adolescent Sibling Relationships." *Journal of Youth and Adolescence,* 26, 63–76.

Tudge, J., and Winterhoff, P. (1993). *The Cognitive Consequences of Collaboration: Why Ask How?* Paper presented at the biennial meeting of the Society for Research in Child Development, New Orleans.

Turiel, E. (1998). "Moral Development." In N. Eisenberg (Ed.) and W. Damon (Series Ed.), *Handbook of Child Psychology. Vol. 3: Social, Emotional and Personality Development,* 5th ed. (pp. 863–932). New York: Wiley.

Turnage, B. F. (2004). "African American Mother-Daughter Relationships Mediating Daughter's Self-Esteem." *Child & Adolescent Social Work Journal,* 21, 155–173.

Turner, H. A., and Finkelhor, D. (1996). "Corporal Punishment as a Stressor among Youth." *Journal of Marriage and the Family,* 58, 155–166.

Twenge, J. M., & Crocker, J. (2002). "Race and Self-Esteem Revisited: Reply to Hafdahl and Gray-Little (2002)." *Psychological Bulletin,* 128, 417–420.

Tyler, K. A., Whitbeck, L. B., Hoyt, D. R., and Johnson, K. (2003). "Self-Mutilation and Homeless Youth: The Role of Family Abuse, Street Experiences, and Mental Disorders." *Journal of Research on Adolescence,* 13, 457–474.

Tyrka, A. R., Graber, J. A., and Brooks-Gunn, J. (2000). "The Development of Disordered Eating: Correlates and Predictors of Eating in the Context of Adolescence." In A. J. Sameriff, M. Lewis, and S. Miller (Eds.), *Handbook of Developmental Psychopathology,* 2nd ed. (pp. 607–627). New York: Plenum.

Tzeng, J. M., and Mare, R. D. (1995). "Labor Market and Socioeconomic Effects on Marital Stability." *Social Science Research,* 24, 329–351.

U.S. Bureau of Justice Statistics. (2000). *Violent Crime Rate Trends.* Retrieved from http://www.ojp.usdoj.gov/bjs/glance/viort/htm.

U.S. Bureau of Labor Statistics. (2000). *Report on the Youth Labor Force.* Retrieved from http://www.stats.bls.gov/opub/rylf/pdf.chapter3.pdf.

U.S. Bureau of Labor Statistics. (2001). "Occupational Employment." *Occupational Outlook Quarterly,* Winter, 8–23.

U.S. Bureau of Labor Statistics. (2003). *Occupational Outlook Handbook, 2002–2003.* Washington, DC: Author. Retrieved from http://www.bls.gov.

U.S. Bureau of Labor Statistics. (2003a). *Computer and Internet Use at Work in 2003.* Retrieved from http://www.bls.gov/news.release/ciuaw.nr0.htm.

U.S. Bureau of Labor Statistics. (2004). *Employment of Unemployment among Youth—Summer 2004.* Retrieved from http://www.bls.gov/news.release/archives/you th_08182004.pdf.

U.S. Bureau of Labor Statistics. (2005). "Women in the Labor Force: A Databook." *Report 985.* Washington, D.C.: U.S. Department of Labor.

U.S. Bureau of Labor Statistics. *Occupational Outlook Handbook, 2006–07 Edition,* accessed 1/28/07 at http://www.bls.gov/oco.

U.S. Bureau of the Census. (1998). "Marital Status and Living Arrangements: March 1998 (Update). In *Current Population Reports.* Series P20-514. Washington, DC: Government Printing Office.

U.S. Bureau of the Census. (1999a). *Statistical Abstract of the United States, 1999.* Washington, DC: Government Printing Office.

U.S. Bureau of the Census. (1999b). *Poverty in the United States, 1999.* Washington, DC: Government Printing Office.

U.S. Bureau of the Census. (1999c). *Current Population Reports, March 1999.* Washington, DC: Government Printing Office.

U.S. Bureau of the Census. (1999d). *Marital Status and Living Arrangements: March 1998 (Update).* No. P20-514. Retrieved from http://www.census.gov/prod/ 99pubs/p20-514u.pdf.

U.S. Bureau of the Census. (2000a). "The Foreign-Born Population of the United States." In *Current Population Reports, March 1999.* Washington, DC: Government Printing Office.

U.S. Bureau of the Census. (2000b). *Poverty Rate Lowest in 20 Years, Household Income at Record High, Census Bureau Reports.* Press Release, Department of Commerce News, September 26, 2000. Retrieved from www.census.gov/pressrelease/www/2000/cb00–158.html.

U.S. Bureau of the Census. (2000c). *Statistical Abstract of the United States, 2000.* Washington, DC: Government Printing Office.

U.S. Bureau of the Census. (2000d). *Census 2000 Supplemental Survey.* Retrieved from http://www.census.gov/population/socdemo/hh-fam/tabCH-7.txt.

U.S. Bureau of the Census. (2002). *Statistical Abstract of the United States: 2002.* Washington, DC: Government Printing Office.

U.S. Bureau of the Census. (2003a). *Statistical Abstract of the United States, 2003.* Washington, DC: Government Printing Office.

U.S. Bureau of the Census. (2003b). *Computer Use in 2003.* Population Profile of the United States. Retrieved from http://www.census.gov/population/pop-profile/dynamic/Computers.pdf.

U.S. Bureau of the Census. (2004). *U.S. Interim Projections by Age, Sex, Race, and Hispanic Origin.* Retrieved from http://www.census.gov/ipc/www/usinterimproj/natprojtab02a.pdf.

U.S. Bureau of the Census. (June, 2005a). *Families and Living Arrangements.* Retrieved from http://www.census.gov/population/www/socdemo/hh-fam.html.

U.S. Bureau of the Census. (August, 2005b). *Poverty: 2004 Highlights.* Retrieved from http://www.census.gov/hhes/www/poverty/poverty04/pov04hi.html.

U.S. Bureau of the Census. (2005c). "Income, Poverty, and Health Insurance Coverage in the United States: 2004." *Current Population Reports, P60-229.*

U.S. Bureau of the Census. (2005d). *Statistical Abstract of the United States: 2004.* Washington D.C.: U.S. Bureau of the Census.

U.S. Bureau of the Census. (2006). *Current Population Survey,* March 2006.

U.S. Bureau of the Census. (2007). *Statistical Abstract of the United States: 2007* (126th Edition). Washington, D.C.: Bureau of the Census.

U.S. Department of Commernce. (1999). "Falling through the Net: Defining the Digital Divide." Retrieved from http://www.ntia.doc.gov/ntiahome/fttn99/contents.html.

U.S. Department of Education. (1993). *Adult Literacy in America*. Washington, DC: Government Printing Office.

U.S. Department of Health and Human Services. (1994). *Preventing Tobacco Use among Young People: A Report of the Surgeon General*. DHHS Publication no. (CDC) 94-8926. Washington, DC: Government Printing Office.

U.S. Department of Health and Human Services. (1995). *Report to Congress on Out-of-Wedlock Childbearing*. DHHS Publication no. 95-1257. Washington, DC: Government Printing Office.

U.S. Department of Health and Human Services. (1996). *Trends in the Well-Being of America's Children and Youth: 1996*. Washington, DC: Office of the Assistant Secretary for Planning and Evaluation.

U.S. Department of Health and Human Services. (1999). *Mental Health: A Report of the Surgeon General*. Washington, DC: Government Printing Office.

U.S. Department of Health and Human Services. (2000). *Reducing Tobacco Use: A Report of the Surgeon General*. Washington, DC: Government Printing Office.

U.S. Department of Health and Human Services. (2001). *The Surgeon General's Call to Action to Prevent and Decrease Overweight and Obesity*. Rockville, MD: Government Printing Office.

U.S. National Center for Education Statistics. (2005). "Characteristics of Schools in the United States: Results from the 2003–2004 Private School Survey." *NCES 2006-319*.

U.S. National Center for Health Statistics. (2000). *Vital Statistics of the United States, March 2000*. Washington, DC: Government Printing Office.

Udry, J. R., and Cliquet, R. L. (1982). "A Cross-Cultural Examination of the Relationship between Ages at Menarche, Marriage, and First Birth." *Demography, 19*, 53–63.

Uhlenberg, P., and Hammill. B. G. (1998). "Frequency of Grandparent Contact with Grandchild Sets: Six Factors That Make a Difference." *The Gerontologist, 38*, 276–285.

Umaña-Taylor, A. J., Diversi, M., and Fine, M. A. (2002). "Ethnic Identity and Self-Esteem among Latino Adolescents: Making Distinctions among the Latino Populations." *Journal of Adolescent Research, 17*, 303–327.

Umberson, D. (1989). "Relationship with Children: Explaining Parents' Psychological Well-Being." *Journal of Marriage and the Family, 51*, 999–1012.

Underwood, M. K., Kupersmidt, J. B., & Coie, J. D. (1996). "Childhood Peer Sociometric Status and Aggression as Predictors of Adolescent Childbearing." *Journal of Research on Adolescence, 6*, 201–223.

Underwood, R. C., and Patch, C. (1999). "Siblicide: A Descriptive Analysis of Sibling Homicide." *"Homicide Studies: An Interdisciplinary & International Journal, 3*, 333–348.

Ungar, M. T. (2000). "The Myth of Peer Pressure." *Adolescence, 35*, 167–180.

Unger, J. B., Kipke, M. D., Simon. T. R., Montgomery, S. B., and Johnson, C. J. (1997). "Homeless Youths and Young Adults in Los Angeles: Prevalence of Mental Health Problems and the Relationship between Mental Health and Substance Abuse Disorders." *American Journal of Community Psychology, 25*, 371–394.

Unger, J. B., Simon, T. R., Newman, T. L., Montgomery, S. B., Kipke, M D., and Albornoz, M. (1998). "Early Adolescent Street Youth: An Overlooked Population with Unique Problems and Service Needs." *Journal of Early Adolescence, 18*, 325–348.

United Nations High Commissioner for Refugees. (2000). From Sudan to North Dakota. *Refugees, 2*, 5–11.

United Nations High Commissioner for Refugees. (2005). *Refugees by the Numbers, 2005 edition*.

United Nations Population Find. (2003). *Making I Billion Count: Investing in Adolescents' Health and Rights. The State of the World's Population: 2003*. Retrieved from http://www.unfpa.org/swp/2003/english/ch1/page2.htm.

University of California at Los Angeles Medical Center. (2000). *Acne. Patient Learning Series* <www.mednet.ucla. edu/healthtopics/pls/acne .htm>.

Upchurch, D. M. (1993). "Early Schooling and Childbearing Experiences: Implications for Post Secondary School Attendance." *Journal of Research on Adolescence, 3*, 423–443.

Upchurch, D. M., Aneshensel, C. S., Sucoff, C. A., and Levy-Storms, L. (1999). "Neighborhood and Family Contexts of Adolescent Sexual Activity." *Journal of Marriage and Family, 61*, 920–933.

Urberg, K. A., Degirmencioglu, S., Toloson, J. M., and Halliday-Scher, K. (2000). "Adolescent Social Crowds: Measurement and Relationship to Friendships." *Journal of Adolescent Research, 15*, 427–445.

Urberg, K. A., Degirmencioglu, S. M., Tolson, J. M., and Halliday-Scher, K. (1995). "The Structure of Adolescent Peer Networks." *Developmental Psychology, 31*, 540–547.

Urberg, K. A., Degirmencioglu, S. M., and Tolson, J. M. (1998). "Adolescent Friendship Selection and Termination: The Role of Similarity." *Journal of Social and Personal Relationships, 15*, 703–710.

Vachon, J., Vtaro, F., Wanner, B., and Tremblay, R. E. (2004). "Adolescent Gambling: Relationships with Parent Gambling and Parenting Practices." *Psychology of Addictive Behaviors, 18*, 398–401.

Valentine, S., and Mosley, G. (1998). "Aversion to Women Who Work and Perceived Discrimination among Euro-Americans and Mexican-Americans." *Perceptual and Motor Skills, 86*, 1027–1033.

Valentine, S., and Mosley, G. (1999). "Acculturation and Sex-Role Attitudes among Mexican Americans: A Longitudinal Analysis." *Hispanic Journal of Behavioral Sciences, 22*, 104–113.

Valium Package Insert. (1988). Roche Laboratories.

Valkenburg, P. M., Schouten, A. P., and Peter, J. (2005). "Adolescents' Identity Experiments on the Internet." *New Media & Society, 7*, 383–402.

Van den Broucke, S., and Vandereycken, W. (1986). "Risk Factors for the Development of Eating Disorders in Adolescent Exchange Students: An Exploratory Study." *Journal of Adolescence, 9*, 145–150.

van Der Molen, H. T. (1990). "A Definition of Shyness and Its Implications for Clinical Practice." In W. Crozier (Ed.), *Shyness and Embarrassment* (pp. 286–314). Cambridge, England: Cambridge University Press.

Van Halen, E., Van Halen, A., Anthony, M., and Hager, S. (1991). *In 'N' Out*. Yessup Music.

van Hoof, A. (1999). "The Identity Status Approach: In Need of Fundamental Revision and Qualitative Change." *Developmental Review, 19*, 497–556.

Van Roosmalen, E. H., and Krahn, H. (1996). "Boundaries of Youth." *Youth and Society, 28*, 3–39.

Van Roosmalen, E. H., and McDaniel, S. A. (1989). "Peer Group Influence as a Factor in Smoking Behavior of Adolescents." *Adolesence, 24*, 801–816.

Van Roosmalen, E. H., and McDaniel, S. A. (1992). "Adolescent Smoking Intentions. Gender Differences in Peer Context." *Adolesence, 27*, 87–105.

Van Thorre, M. D., and Vogel, F. X. (Spring 1985). "The Presence of Bulimia in High School Females." *Adolescence, 20*, 45–51.

Vandereycken, W. (1994). "Emergence of Bulimia Nervosa as a Separate Diagnostic Entity: Review of the Literature from 1960 to 1979." *International Journal of Eating Disorders, 16*, 105–116.

Vanderlinden, J., and Vandereycken, W. (1991). "Guidelines for the Family Therapeutic Approach to Eating Disorders." *Psychotherapy and Psychosomatics, 56*, 36–42.

Vargas, L. A., and Willis, D. J. (1994). "Introduction to the Special Section: New Directions in the Treatment and Assessment of Ethnic Minority Children and Adolescents." *Journal of Clinical Child Psychology, 23*, 2–4.

Vartanian, L. R. (1997). "Separation-Individuation, Social Support, and Adolescent Egocentrism: An Exploratory Study." *Journal of Early Adolescence, 17*, 245–270.

Vartanian, L. R. (2000). "Revisiting the Imaginary Audience and Personal Fable Constructs of Adolescent Egocentrism: A Conceptual Review." *Adolescence, 35*, 639–661.

Vartanian, L. R., and Herman, C. P. (2006). "Beliefs about the Determinants of Body Weight Predict Dieting and Exercise Behavior." *Eating Behavior, 7*, 176–179.

Vartanian, L. R., and Powlishta, K. K. (1996). "A Longitudinal Examination of the Social-Cognitive Foundations of Adolescent Egocentrism." *Journal of Early Adolescence, 16*, 157–178.

Vasa, R. A., Carlino, A. R., and Pine, D. S. (2006). "Pharmacotherapy of Depressed Children and Adolescents: Current Issues and Potential Directions." *Biological Psychiatry, 59*, 1021–1028.

Vaughn, M. G., and Howard, M. O. (2004). "Adolescent Substance Abuse Treatment: A Synthesis of Controlled Evaluations." *Research on Social Work Practice, 14*, 325–335.

Vazsonyi, A. T., Hibbert, J. R., and Snider, J. B.

(2003). "Exotic Enterprise No More? Adolescent Reports of Family and Parenting Processes from Youth in Four Countries." *Journal of Research on Adolescence,* 13, 129–160.

Vega, W. A. (1990). "Hispanic Families in the 1980s: A Decade of Research." *Journal of Marriage and the Family,* 52, 1015–1024.

Venkdeswaran, R. (2000). "Nutrition for Youth." *Clinical Family Practice,* 2, 791–822.

Ventura, S. J., Mosher, W. D., Curtin, M. A., Abma, J. C., and Henshaw, S. (2001). "Trends in Pregnancy Rates for the United States, 1976–1997: An Update." *National Vital Statistics Reports,* 49, 1–9.

Verma, S., and Saraswathi, T. S. (2002). "Adolescence in India: Street Urichins or Silicon Valley Millionaires?" In B. Brown, R. Larson, and T. S. Saraswathi (Eds.), *The World's Youth: Adolescence in Eight Regions of the Globe.* New York: Cambridge University Press.

Vicary, J. R., and Lerner, J. V. (1986). "Parental Attributes and Adolescent Drug Use." *Journal of Adolescence,* 9, 115–122.

Villarruel, A. M. (1998). "Cultural Influences on the Sexual Attitudes, Beliefs, and Norms of Young Latina Adolescents." *Journal of the Society of Pediatric Nursing,* 3, 69–79.

Violato, C., and Wiley, A. J. (1990). "Images of Adolescence in English Literature: The Middle Ages to the Modern Period." *Adolescence,* 25, 253–264.

Vischof, G. P., Stith, S. M., and Wilson, S. M. (1992). "A Comparison of the Family Systems of Adolescent Sexual Offenders and Nonsexual Offending Delinquents." *Family Relations,* 41, 318–323.

Visser, J., and Geuze, R. H. (2000). "Kinesthetic Acuity in Adolescent Boys: A Longitudinal Study." *Developmental Medicine and Child Neurology,* 42, 93–96.

Vitaro, F., Brendgen, M., and Tremblay, R. E. (2000). "Influence of Deviant Friends on Delinquency: Searching for Moderator Variables." *Journal of Abnormal Child Psychology,* 28, 313–325.

Vodanovich, S. J., and Kramer, T. J. (1989). "An Examination of the Work Values of Parents and Their Children." *Career Development Quarterly,* 37, 365–374.

Voight, J. 1999. "Moving Target." *Mediaweek,* 9, 38–39.

Volk, R. J., Edwards, D. W., Lewis, R. A., and Sprinkle, D. H. (1989). "Family Systems of Adolescent Substance Abusers." *Family Relations,* 38, 266–272.

Vondracek, F. W. (1991). "Vocational Development and Choice in Adolescence." In R. M. Lerner, A. C. Petersen, and J. Brooks-Gunn (Eds.), *Encyclopedia of Adolescence.* Vol. 2. New York: Garland.

Vondracek, F. W., and Schulenberg, J. E. (1986). "Career Development in Adolescence: Some Conceptual and Intervention Issues." *The Vocational Guidance Quarterly,* 34, 247–254.

Vondracek, F. W., and Schulenberg, J. E. (1992). "Counseling for Normative and Nonnormative Influences on Career Development." *The Career Development Quarterly,* 40, 291–301.

Vroegh, K. S. (1997). "Transracial Adoptees: Developmental Status after 17 Years." *American Journal of Orthopsychiatry,* 67, 568–575.

Vygotsky, L. S. (1978). *Mind in Society: The Development of Higher Mental Processes.* Cambridge, MA: Harvard University Press.

Wade, T. J., & Cooper, M. (1999). "Sex Differences in the Links Between Attractiveness, Self-Esteem, and the Body." *Personality and Individual Differences,* 27, 1047–1056.

Wade, T. J., Cairney, J., and Pevalin, D. J. (2002). "Emergence of Gender Differences in Depression during Adolescence: National Panel Results from Three Countries." *Journal of the American Academy of Child & Adolescent Psychiatry,* 41, 190–198.

Wagenaar, A. C., and Toomi, T. L. (2002). "Effects of Minimum Drinking Age Laws: Review and Analyses of the Literature from 1960 to 2000." *Journal of Studies on Alcohol,* Supplement 14, 206–225.

Wagner, R. K. (1997). "Intelligence, Training, and Employment." *American Psychologist,* 52, 1059–1069.

Waite, B., Foster, H., and Hillbrand, M. (1992). "Reduction of Aggressive Behavior after Removal of Music Television." *Hospital and Community Psychiatry,* 43, 173–175.

Waksman, S. A. (Spring 1984). "Assertion Training with Adolescents." *Adolescence,* 73, 123–130.

Walcott, D. D., Pratt, H. D., and Patel, D. R. (2003). "Adolescents and Eating Disorders: Gender, Racial, Ethnic, Sociocultural, and Socioeconomic Issues." *Journal of Adolescent Research,* 18, 223–243.

Waldner-Haugrud, L. K., & Magruder, B. (1996). "Homosexual Identity Expression Among Lesbian and Gay Adolescents: An Analysis of Perceived Structural Associations." *Youth & Society,* 27, 313–333.

Walker, D. K., Cross, A. W., Heyman, P. W., Ruck-Ross, H., Benson, P., and Tuthill, J. W. G. (1982). "Comparisons Between Inner City and Private School Adolescents' Perceptions of Health Problems." *Journal of Adolescent Health Care,* 3, 82–90.

Walker, L. J. (1980). "Cognitive and Perspective-Taking Prerequisites for Moral Development." *Child Development,* 51, 131–139.

Walker, L. J. (1991). "Sex Differences in Moral Reasoning." In J. L. Gewirtz and W. M. Kurtines (Eds.), *Handbook of Moral Behavior and Development,* Vol. 2 (pp. 333–364). Hillsdale, NJ: Erlbaum.

Walker, L. J., & Taylor, H. (1991). "Family Interactions and the Development of Moral Reasoning." *Child Development,* 62, 264–283.

Walker, L. J., and Henning, K. H. (1997). "Moral Development in the Broader Context of Personality." In S. Hala (Ed.), *The Development of Social Cognition* (pp. 297–327). Hove, England: Psychology Press.

Walker, L. J., and Richards, B. S. (1979). "Stimulating Transitions in Moral Reasoning as a Function of Stage of Cognitive Development." *Developmental Psychology,* 15, 95–103.

Walker-Barnes, C. J., and Mason, C. A. (2004).

"Delinquency and Substance Use among Gang-Involved Youth: The Moderating Role of Parenting Practices." *American Journal of Community Psychology,* 34, 235–250.

Wall, J. A., Power, T. G., and Arbona, C. (1993). "Susceptibility to Antisocial Peer Pressure and Its Relation to Acculturation in Mexican-American Adolescents." *Journal of Adolescent Research,* 8, 403–418.

Wallace, J. M., Jr., and Forman, T. A. (1998). "Religion's Role in Promoting Health and Reducing Risk among American Youth." *Health Education & Behavior,* 25, 721–741.

Wallace-Broscious, A., Serafica, F. C., and Osipow, S. H. (1994). "Adolescent Career Development: Relationships to Self-Concepts and Identity Status." *Journal of Research on Adolescence,* 4, 127–150.

Wallerstein, J. S. (1983). "Children of Divorce: Stress and Developmental Tasks." In N. Garmezy and M. Rutter (Eds.), *Stress, Coping and Development in Children* (pp. 265–302). New York: McGraw-Hill.

Wallerstein, J. S. (1991). "The Long-Term Effects of Divorce on Children: A Review." *Journal of the Academy of Child Adolescence Psychiatry,* 30, 349–360.

Wallerstein, J. S., and Blakeslee, S. (1989). *Second Chances: Men, Women, and Children a Decade after Divorce.* New York: Ticknor and Fields.

Wallerstein, J. S., and Lewis, J. (1998). "The Long-Term Impact of Divorce on Children: A First Report from a 25-Year Study." *Family and Conciliation Courts Review,* 36, 368–383.

Wallerstein, J. S., and Lewis, J. M. (2004). "The Unexpected Legacy of Divorce: Report of a 25-Year Study." *Psychoanalytic Psychology,* 21, 353–370.

Wallis, C. (February 16, 1987). "You Haven't Heard Anything Yet." *Time.*

Walsh, A., and Beyer, J. A. (1987). "Violent Crime, Sociopathy, and Love Deprivation among Adolescent Delinquents." *Adolescence,* 22, 705–717.

Walsh, B. T., Haidgan, C. M., Devlin, M. J., Gladis, M., and Roose, S. P. (1991). "Long-Term Outcome of Anti-Depressant Treatment for Bulimia Nervosa." *American Journal of Psychiatry,* 148, 1206–1212.

Walsh, R. N., et al. (1981). "The Menstrual Cycle, Sex, and Academic Performance." *Archives of General Psychiatry,* 38, 219–221.

Walsh, Y., Russell, R. J. H., and Wells, P. A. (1995). "The Personality of Ex-Cult Members." *Personality and Individual Differences,* 19, 339–344.

Waltz, J. A., Knowlton, B. J., Holyoak, K. J., Boone, K. B., Mishkin, F. S., de Menzes Santos, M., Thomas, C. R., and Miller, B. L. (1999). "A System for Relational Reasoning in Human Prefrontal Cortex." *Psychological Science,* 10, 119–125.

Wang, S., Baillargeon, R., and Paterson, S. (2005). "Detecting Continuity Violations in Infancy: A New Account and New Evidence from Covering and Tube Events." *Cognition,* 95, 129–137.

Ward, L. M. (2002). "Does Television Exposure Affect Emerging Adults' Attitudes and Assumptions about Sexual Relationships? Correlational and Experimental Confirmation."

Journal of Youth and Adolescence, 24, 595–615.

Ward, S. L., and Overton, W. F. (1990). "Semantic Familiarity, Relevance, and the Development of Deductive Reasoning." *Developmental Psychology,* 26, 488–493.

Ware, N. C., and Lee, V. E. (1988). "Sex Differences in Choice of College Science Majors." *American Educational Research Journal,* 25, 593–614.

Wark, G. R., and Krebs, D. L. (1996). "Gender and Dilemma Differences in Real-Life Moral Judgment." *Developmental Psychology,* 32, 220–230.

Warner, P. E., Critchley, H., Lumsden, M. A., Campbell-Brown, M., Douglas, A., and Murray, G. D. (2004). "Menorrhagia I: Measured Blood Loss, Clinical Features, and Outcome in Women with Heavy Periods: A Survey with Follow-Up Data." *American Journal of Obstetrics and Gynecology,* 190, 1216–1223.

Warren, D. (1992, 1993). *I'll Never Get Over You Getting Over Me.* Real Songs.

Warren, D. (1992, 1993). *Love Can Move Mountains.* Real Songs.

Warren, D. (1993). *Don't Take Away My Heaven.* Real Songs.

Warren, J. R. (2002). "Reconsidering the Relationship between Student Employment and Academic Outcomes." *Youth and Society,* 33, 366–393.

Warren, J. R., LePore, P. C., and Mare, R. D. (2000). "Employment during High School: Consequences for Students' Grades in Academic Courses." *American Educational Research Journal,* 37, 943–969.

Warren, M. P., and Perlroth, N. E. (2001). "The Effects of Intense Exercise on the Female Reproductive System." *Journal of Endocrinology,* 170, 3–11.

Warren, R., Good, G., and Velten, E. (Fall 1984). "Measurement of Social-Evaluative Anxiety in Junior High School Students." *Adolescence,* 19, 643–648.

Warshak, R. A. (1986). "Father-Custody and Child Development: A Review of Analysis of Psychological Research." *Behavioral Science and the Law,* 4, 185–202.

Washington State Department of Health. (2000). *Adolescent Nutrition.* Publication no. 910-117. Tacoma: Author.

Waterman, A. S. (1992). "Identity as an Aspect of Optimal Psychological Functioning." In G. R. Adams, T. P. Gullotta, & R. Montemayor (Eds.), *Adolescent Identity Formation* (pp. 50–72). Newbury Park, CA: Sage Publications.

Waterman, A. S. (1999). "Identity, the Identity Statuses, and Identity Status Development: A Contemporary Statement." *Developmental Review,* 19, 591–621.

Waterman, J. (1986). "Overview of Treatment Issues." In K. MacFarlane and J. Waterman (Eds.), *Sexual Abuse of Young Children: Evaluation and Treatment* (pp. 197–203). New York: Guilford.

Waters, E., and Cummings, M. (2000). "A Secure Base from Which to Explore Close Relationships." *Child Development,* 71, 164–172.

Watkins, B. (1992). "Youth Beliefs about Health and Physical Activity." *Journal of Applied Developmental Psychology,* 13, 257–269.

Watson, C. M., Quatman, T., and Edler, E. (2002). "Career Aspirations of Adolescent Girls: Effects of Achievement Level, Grade, and Single-Sex School Environment." *Sex Roles,* 46, 323–335.

Watson, R. E. L., and DeMeo, P. W. (1987). "Premarital Cohabitation vs. Traditional Courtship and Subsequent Marital Adjustment: A Reflection and Follow-Up." *Family Relations,* 36, 193–196.

Watts, W. D., and Wright, L. S. (1990). "The Relationship of Alcohol, Tobacco, Marijuana, and Other Illegal Drug Use to Delinquency among Mexican-American, Black, and White Adolescent Males." *Adolescence,* 25, 171–181.

Way, N., and Chen, L. (2000). "Close and General Friendships among African American, Latino, and Asian American Adolescents from Low-Income Families." *Journal of Adolescent Research,* 15, 274–301.

Way, N., and Greene, M. (March, 2005). *Exploring Adolescents' Perceptions of Parental Attitudes and Rules about Friendships.* Paper presented at the Biennial Meeting of the Society for Research on Child Development, Seattle, WA.

Wayment, H., & Zetlin, G. (1989). "Theoretical and Methodological Considerations of Self-Concept Measurement." *Adolescence,* 24, 339–348.

Webb, R. A. (1974). "Concrete and Formal Operations in Very Bright 6- to 11-Year-Olds." *Human Development,* 17, 292–300.

Weber, T. E. (January 16, 1997). "Mainstream Sites Accept Ads Selling X-Rated Fare." *The Wall Street Journal.*

Wechsler, H., Lee, J. E., Kuo, M., and Lee, H. (2000). "College Binge Drinking in the 1990s: A Continuing Problem. Results of the Harvard School of Public Health 1999 College Alcohol Study." *Journal of American College Health,* 48, 199–210 <www.hsph.harvard.edu/organizations/cas/test/rpt2000/cas2000rpt.html>.

Wechsler H., Lee, J. E., Kuo, M., Seibring, M., Nelson, T. F., and Lee, H. P. (2002). "Trends in College Binge Drinking during a Period of Increased Prevention Efforts: Findings from Four Harvard School of Public Health Study Surveys, 1993–2001." *Journal of American College Health,* 50(5), 203–217.

Wegner, K. E., Smyth, J. M., Crosby, R. D., Wittrock, D., Wonderlich, S.A., and Mitchell, J. E. (2002). "An Evaluation of the Relationship between Mood and Binge Eating in the Natural Environment Using Ecological Momentary Assessment." *International Journal of Eating Disorders,* 32, 352–361.

Wehmeyer, M. L., and Palmer, S. B. (1997). "Perceptions of Control of Students with and without Cognitive Disabilities." *Psychological Reports,* 81, 195–206.

Wehr, S. H., and Kaufman, M. E. (1987). "The Effects of Assertive Training on Performance in Highly Anxious Adolescents." *Adolescence,* 85, 195–205.

Weinbender, M. L. M., and Rossignol, A. M. (1996). "Lifestyle and Risk of Premature Sexual Activity in a High School Population of Seven-Day Adventists: Valuegenesis, 1989." *Adolescence,* 31, 265–281.

Weinberg, D. H. (2000). *U.S. Census Bureau Press*

Briefing on 1999 Income and Poverty Estimates, September 26, 2000 <www.census.gov/hhes/income/income99/prs00ase.html>.

Weinburgh, M. (1995). "Gender Differences in Student Attitudes toward Science: A Meta-Analysis of the Literature from 1970 to 1991." *Journal of Research in Science Teaching,* 32, 387–398.

Weinger, S. (2000). "Opportunities for Career Success: Views of Poor and Middle-Class Children." *Children and Youth Services Review,* 22, 13–35.

Weinreich, H. E. (1974). "The Structure of Moral Reason." *Journal of Youth and Adolescence,* 3, 135–143.

Weinstock, H., Berman, S., and Cates, W., Jr. (2004). "Sexually Transmitted Diseases among American Youth: Incidence and Prevalence Estimates, 2000." *Perspectives on Sexual and Reproductive Health,* 36, 6–10.

Weisfeld, G. (1997). "Puberty Rites as Clues to the Nature of Human Adolescence." *Cross-Cultural Research: The Journal of Comparative Social Science,* 31, 27–54.

Weisfeld, G. E., Bloch, S. A., and Ivers, J. W. (1984). "Possible Determinants of Social Dominance among Adolescent Girls." *Journal of Genetic Psychology,* 144, 115–129.

Weisman, C. S., Plichta, S., Nathanson, C. A., Ensminger, M., and Robinson, J. C. (1991). "Consistency of Condom Use for Disease Prevention among Adolescent Users of Oral Contraceptives." *Family Planning Perspectives,* 23, 71–74.

Weithorn, L. A., and Campbell, S. B. (1982). "The Competency of Children and Adolescents to Make Informed Treatment Decisions." *Child Development,* 53, 1589–1598.

Weitoft, G. R., Hjern, A., Haglund, B., and Rosén, M. (2003). "Mortality, Severe Morbidity, and Injury in Children Living with Single Parents in Sweden: A Population-Based Study." *Lancet,* 361, 289–295.

Wellman, H. M., and Gellman, S. A. (1998). "Knowledge Acquisition in Fundamental Domains." In W. Damon (Ed.), *Handbook of Child Psychology. Vol. 2: Cognition, Language, and Perception* (pp. 524–573). New York: Wiley.

Wellsand v. Valparaiso Community Schools Corporation et al. (1971). U.S.C.C., N.D., 71 Hlss (2) (Ind.).

Welte, J. W., and Barnes, G. M. (1987). "Youthful Smoking: Patterns and Relationships of Alcohol and Other Drug Use." *Journal of Adolescence,* 10, 327–340.

Wentzel, K. R. (1996). "Social and Academic Motivation in Middle School: Concurrent and Long-Term Relations to Academic Effort." *Journal of Early Adolescence,* 16, 390–406.

Wentzel, K. R., and Erdley, C. A. (1993). "Strategies for Making Friends: Relations to Social Behavior and Peer Acceptance in Early Adolescence." *Developmental Psychology,* 29, 819–826.

Wentzel, K. R., and McNamara, C. C. (1999). "Interpersonal Relationships, Emotional Distress, and Prosocial Behavior in Middle School." *Journal of Early Adolescence,* 19, 114–125.

Wentzel, K. R., Feldman, S. S., and Weinberger,

D. A. (1991). "Parental Child Rearing and Academic Achievement in Boys: The Mediational Role of Social-Emotional Adjustment." *Journal of Early Adolescence,* 11, 321–339.

Werner, E. E. (1998). "Resilience and the Lifespan Perspective: What We Have Learned—So Far." *Resiliency in Action,* 3, 1–9.

West, C. K., Jones P. A., and McConahay, G. (Fall 1981). "Who Does What to the Adolescent in the High School: Relationships among Resulting Affect and Self-Concept and Achievement." *Adolescence,* 16, 657–661.

Westbrook, R. B. (1991). *John Dewey and the American Democracy.* Ithaca, NY: Cornell University Press.

Westney, O. I., Jenkins, R. R., Butts, J. D., and Williams, I. (Fall 1984). *Adolescence,* 19, 557–568.

Whitbeck, L. B., and Simons, R. L. (1990). "Life on the Streets: The Victimization of Runaway and Homeless Adolescents." *Youth and Society,* 22, 108–125.

Whitbeck, L. B., Hoyt, D. R., Miller, M., and Kao, M. (1992). "Parental Support, Depressed Affect and Sexual Experience Among Adolescents." *Youth and Society,* 24, 166–177.

Whitbeck, L. B., Yoder, K. A., Hoyt, D. R., and Conger, R. D. (1999). "Early Adolescent Sexual Activity: A Developmental Study." *Journal of Marriage and Family,* 61, 934–946.

White, K. M. (1980). "Problems and Characteristics of College Students." *Adolescence,* 15(57), 23–41.

White, M. A., Kohlmaier, J. R., Varnado-Sullivan, P., and Williamson, D. A. (2003). "Racial/Ethnic Differences in Weight Concerns: Protective and Risk Factors for the Development of Eating Disorders and Obesity among Adolescent Females." *Eating and Weight Disorders,* 8, 20–25.

White, S. H. (1992). "G. Stanley Hall: From Philosophy to Developmental Psychology." *Developmental Psychology,* 28, 25–34.

Whitley, B. E., and Keith-Spiegel, P. (2002). *Academic Dishonesty: An Educator's Guide.* Mahwah, NJ: Erlbaum.

Whitman, F. L., Diamond, M., and Martin, J. (1993). "Homosexual Orientation in Twins: A Report on 61 Pairs and 3 Triplet Sets." *Archives of Sexual Behavior,* 22, 187–206.

Whitman, T., Bokowski, J., Keogh, D., and Weed, K. (2001). *Interwoven Lives: Adolescent Mothers and Their Children.* Mahwah, NJ: Erlbaum.

Wichstrøm, L. (2001). "The Impact of Pubertal Timing on Adolescents' Alcohol Use." *Journal of Research on Adolescence,* 11, 131–150.

Wickens, C. D. (1974). "Limits of Human Information Processing: A Developmental Study." *Psychological Bulletin,* 81, 739–755.

Widmer, E. D., and Weiss, C. C. (2000). "Do Older Siblings Make a Difference? The Effects of Older Sibling Support and Older Sibling Adjustment on the Adjustment of Socially Disadvantaged Adolescents." *Journal of Research on Adolescence,* 10, 1–27.

Wierzbicki, M. (1993). "Psychological Adjustment of Adoptees: A Meta-Analysis." *Journal of Clinical Child Psychology,* 22, 447–454.

Wigfield, A., and Eccles, J. S. (1994). "Children's Competence Beliefs Achievement Values, and General Self-Esteem: Change across Elementary and Middle School." *Journal of Early Adolescence,* 14, 107–138.

Wigfield, A., and Eccles, J. S. (1995). "Middle School Grades, Schooling, and Early Adolescent Development." *Journal of Early Adolescence,* 5–8.

Wigfield, A., Eccles, J. S., MacIver, D., Reuman, D. A., and Midgley, C. (1991). "Transitions during Early Adolescence: Changes in Children's Domain-Specific Self-Perceptions and General Self-Esteem across the Transition to Junior High School." *Developmental Psychology,* 27, 552–565.

Wigfield, A., Eccles, J. S., and Pintrich, P. R. (1996). "Development between the Ages of 11 and 25." In D. C. Berliner and R. C. Calfee (Eds.), *Handbook of Educational Psychology* (pp. 148–185). New York: Macmillan.

Wilcox, B., Cantor, J., Dowrick, P., Kunkel, D., Linn, S., and Palmer, E. (2004). *Report of the APA Task Force on Advertising and Children: Summary of Findings and Conclusions.* Washington, DC: American Psychological Association.

Wilkins, R., and Lewis, C. (1993). "Sex and Drugs and Nuclear War: Secular, Developmental, and Type A Influences upon Adolescents, Fears of the Nuclear Threat, AIDS, and Drug Addiction." *Journal of Adolescence,* 16, 23–41.

Willard, N. *Cyberbullying.* Retrieved from http://cyberbully.org/.

Williams, J. M., and Currie. C. (2000). "Self-Esteem and Physical Development in Early Adolescence: Pubertal Timing and Body Image." *Journal of Early Adolescence,* 20, 129–149.

Williams, J. M., and Dunlop, L. C. (1999). "Pubertal Timing and Self-Reported Delinquency among Male Adolescents." *Journal of Adolescence,* 22, 157–171.

Williams, J. W., and White, K. A. (1983). "Adolescent Status Systems for Males and Females at Three Age Levels." *Adolescence,* 18, 381–389.

Williams, K. (1988). "Parents Reinforce Feminine Role in Girls." *Medical Aspects of Human Sexuality,* 22, 106–107.

Williams, L. (1992, 1993). *Passionate Kisses.* Warner-Tamerlane Publishing Corporation, Lucy Jones Music, and Noman Music.

Williams, M., Himmel, K. F., Sjoberg, A. F., and Torrez, D. J., (1995). "The Assimilation Model, Family Life, and Race and Ethnicity in the United States." *Journal of Family Issues,* 16, 380–405.

Williams, R. J., Chang, S. Y., and the Addiction Centre Adolescent Research Group. (2000). "A Comprehensive and Comparative Review of Adolescent Substance Abuse Treatment Outcome." *Clinical Psychology: Science and Practice,* 7, 138–166.

Williams, S., and Williams, L. (2005). "Space Invaders: The Negotiation of Teenage Boundaries through the Mobile Phone." *The Sociological Review,* 53, 314–331.

Williams, T., Connolly, J., Peplar, D., and Craig, W. (2005). "Peer Victimization, Social Support, and Psychosocial Adjustment of Sexual Minority Adolescents." *Journal of Youth and Adolescence,* 34, 471–482.

Wilson, D. M., Killen, J. D., Hayward, C., Robinson, T. N., Hammer, L. D., Kraemer, H. C., Varady, A., and Taylor, C. B. (1994). "Timing and Rate of Sexual Maturation and the Onset of Cigarette and Alcohol Use." *Archives of Pediatric Adolescent Medicine,* 148, 789–795.

Wilson, J. (2001). "Hi-Tech Plagiarism: New Twist on a Perennial Problem." *Acumen,* 1, 1–4.

Wilson, P. M., and Wilson, J. R. (1992). "Environmental Influences on Adolescent Educational Aspirations. A Logistic Transform Model." *Youth and Society,* 24, 52–70.

Wilson, S. M., and Medora, N. P. (1990). "Gender Comparisons of College Students' Attitudes toward Sexual Behavior." *Adolescence,* 25, 615–627.

Wilson, W. J. (1987). *The Truly Disadvantaged.* Chicago: University of Chicago Press.

Windle, M., Shope, J. T., and Bukstein, O. (1996). "Alcohol Use." In R. J. DiClemente, W. B. Hansen, and L. E. Ponton (Eds.), *Handbook of Adolescent Health Risk Behavior* (pp. 115–159). Thousand Oaks, CA: Sage.

Winters, K. (1999). "Treating Adolescents with Substance Abuse Disorders: An Overview of Practice Issues and Treatment Outcomes." *Substance Abuse,* 20, 203–223.

Winters, K., Stinchfield, R. D., Opland, E., Weller, C., and Latimer, W. W. (2000). "The Effectiveness of the Minnesota Model Approach in the Treatment of Adolescent Drug Abusers." *Addiction,* 95, 601–612.

Wittchen, H.-U., Becker, E., Lieb, R., and Krause, P. (2002). "Prevalence, Incidence and Stability of Premenstrual Dysphoric Disorder in the Community." *Psychological Medicine,* 32, 119–132.

Wodarski, J. S. (1990). "Adolescent Substance Abuse: Practice Implications." *Adolescence,* 99, 667–688.

Wolfe, D. A., and Feiring, C. (2000). "Dating Violence through the Lens of Adolescent Romantic Relationships." *Child Maltreatment,* 5, 360–363.

Wolfson, A. R., and Carskadon, M. A. (1998). "Sleep Schedules and Daytime Functioning in Adolescents." *Child Development,* 69, 875–887.

Wolke, D., Woods, S., Bloomfield, L., and Karstadt, L. (2000). "The Association between Direct and Relational Bullying and Behavior Problems among Primary School Children." *Journal of Child Psychology and Psychiatry,* 41, 989–1002.

Wolock, I., and Horowitz, B. (1984). "Child Maltreatment as a Social Problem: The Neglect of Neglect." *American Journal of Orthopsychiatry,* 54, 530–543.

Wonderlich, S. A., Lilenfeld, L. R., Riso, L. P., Engel, S., and Mitchell, J. E. (2005). "Personality and Anorexia Nervosa." *International Journal of Eating Disorders,* 37 (Suppl.), s68–s71.

Wong, W. W., Nicholson, M., Stuff, J. E., Butte, N. F., Ellis, K., J., Hergenroeder, A. C., Hill, R. B., and Smith, E. O. (1998). "Serum Leptin Concentrations in Caucasian and African-American Girls." *Journal of Clinical Endocrinology and Metabolism,* 83, 3574–3577.

Wood, M. D., Sherman, K. J., and McGowen, A.

K. (2000). "Collegiate Alcohol Involvement and Role Attainment in Early Adulthood: Findings from a Prospective High-Risk Study." *Journal of Studies of Alcohol,* 61, 278–289.

Wood, N. L., Wood, R. A., and McDonald, T. D. (1988). "Integration of Student Development Theory into the Academic Classroom." *Adolescence,* 23, 349–356.

Wood, R. T. (1999). " 'Nailed to the X': A Lyrical History of the Straightedge Youth Subculture." *Journal of Youth Studies,* 2, 133–151.

Woodside, D. B. (2005). "Treatment of Anorexia Nervosa: More Questions than Answers." *International Journal of Eating Disorders,* 37 (Suppl.), s41–s42.

Woodward, J. C., and Kalyan-Masih, V. (1990). "Loneliness, Coping Strategies and Cognitive Styles of the Gifted Rural Adolescent." *Adolescence,* 25, 977–988.

Wray, H. (1999). *Japanese and American Education: Attitudes and Practices.* Westport, CT: Bergin and Garvey.

Wright, R. (1937). "The Ethics of Living Jim Crow." In *American Stuff.* New York: Harper and Row.

Wright, S. A., and Piper, E. S. (1986). "Families and Cults: Familial Factors Related to Youth Leaving or Remaining in Deviant Religious Groups." *Journal of Marriage and the Family,* 48, 15–25.

Wrobel, G. M., Grotevant, H. D., and McRoy, R. G. (2004). "Adolescent Search for Birth Parents: Who Moves Forward?" and *Journal of Adolescent Research,* 19, 132–151.

Wu, Z. (1995a). "Premarital Cohabitation and Postmarital Cohabiting Union Formation." *Journal of Family Issues,* 16, 212–232.

Wu, Z. (1995b). "The Stability of Cohabitation Relationships: The Role of Children." *Journal of Marriage and the Family,* 57, 231–236.

Wu, Z. (1996). "Childbearing and Cohabitational Relationships." *Journal of Marriage and the Family,* 58, 281–292.

Wyatt, G. E. (1989). "Reexamining Factors Predicting Afro-American and White American Women's Age at First Coitus." *Archives of Sexual Behavior,* 18, 271–298.

Wyatt, G. E., and Newcomb, M. (1990). "Internal and External Mediators of Women's Sexual Abuse in Childhood." *Journal of Consulting and Clinical Psychology,* 58, 758–767.

Wynne, E. (1989). "Transmitting Traditional Values in Contemporary Schools." In L. Nucci (Ed.), *Moral Development and Character Education: A Dialogue* (pp. 19–36). Berkeley, CA: McCutchan.

Xie, H., Swift, D. J., Carins, R. B., and Cairns, B.D. (2002). "Aggressive Behaviors in Social Interaction and Developmental Adaptation: A Narrative Analysis of Interpersonal Conflicts during Early Adolescence." *Social Development,* 11, 205–224.

Yacoubian, J. H., and Lourie, R. S. (1973). "Suicide and Attempted Suicide in Children and Adolescents." In S. L. Copel (Ed.), *Pathology of Childhood and Adolescence.* New York: Basic Books.

Yang, P. Q., and Kayaardi, N. (2004). "Who Chooses Non-Public Schools for Their Children?" *Educational Studies,* 30, 231–249.

Yaryura-Tobias, J. A., Neziroglu, F. A., and

Kaplan, S. (1995). "Self-Mutilation, Anorexia, and Dysmenorrhea in Obsessive-Compulsive Disorder." *International Journal of Eating Disorders,* 17, 33–38.

Yates, M., and Youniss, J. (1996). "Community Service and Political-Moral Identity in Adolescents." *Journal of Research in Adolescence,* 6, 271–284.

Yates, T. M. (2004). "The Developmental Psychology of Self-Injurious Behavior: Compensatory Regulation in Posttraumatic Adaptation." *Clinical Psychological Review,* 24, 35–74.

Yau, J., and Smetna, J. G. (1993). "Chinese-American Adolescents' Reasoning about Cultural Conflicts." *Journal of Adolescent Research,* 8, 419–438.

Yeh, C. J., and Huang, K. (1996). "The Collectivistic Nature of Ethnic Identity Development among Asian-American College Students." *Adolescence,* 31, 645–661.

Yoder, K. A. (1999). "Comparing Suicide Attempters, Suicide Ideators, and Nonsuicidal Homeless and Runaway Adolescents." *Suicide and Life-Threatening Behavior,* 29, 23–36.

Young, E. A., Clopton, J. R., & Bleckley, M. K. (2004). "Perfectionism, Low Self-Esteem, and Family Factors as Predictors of Bulimic Behavior." *Eating Behaviors,* 5(4), 273–283.

Young, E. W., Jensen, L. C., Olsen, J. A., and Cundick, B. P. (1991). "The Effects of Family Structure on the Sexual Behavior of Adolescents." *Adolescence,* 26, 977–986.

Young, M. H., Miller, B. C., Norton, M. C., and Hill, E. J. (1995). "The Effect of Parental Supportive Behaviors on Life Satisfaction of Adolescent Offspring." *Journal of Marriage and the Family,* 57, 813–822.

Young, R. A. (1994). "Helping Adolescents with Career Development: The Active Role of Parents." *Career Development Quarterly,* 42, 195–203.

Young, R. A., and Friesen, J. D. (1992). "The Intentions of Parents in Influencing the Career Development of Their Children." *The Career Development Quarterly,* 40, 198–207.

Youngs, G. A., Jr., Rathge, R., Mullis, R., and Mullis, A. (1990). "Adolescent Stress and Self-Esteem." *Adolescence,* 25, 333–341.

Youniss, J., McLellan, J. A., and Yates, M. (1999). "Religion, Community Service, and Identity in American Youth." *Journal of Adolescence,* 22, 243–253.

Youniss, J., and Smollar, J. (1985). *Adolescent Relations with Mothers, Fathers, and Friends.* Chicago: University of Chicago Press.

Yuen, N., Andrade, N., Nahulu, L., Makini, G., McDermott, J. F., Danko, G., et al. (1996). "The Rate and Characteristics of Suicide Attempters in the Native Hawaiian Adolescent Population." *Suicide and Life-Threatening Behavior,* 26, 27–36.

Zachry, E. M. (2005). "Getting My Education: Teen Mothers' Experiences in School before and after Motherhood." *Teachers College Record,* 107, 2566–2598.

Zald, D. H., and Iacono, W. G. (1998). "The Development of Spatial Working Memory Abilities." *Developmental Neuropsychology,* 14, 563–578.

Zambrana, R. E., and Silva-Palacios, V. (1989).

"Gender Differences in Stress among Mexican Immigrant Adolescents in Los Angeles, CA." *Journal of Adolescent Research,* 4, 426–442.

Zarb, J. M. (Summer 1984). "A Comparison of Remedial Failure, and Successful Secondary School Students across Self-Perception and Past and Present School Performance Variables." *Adolescence,* 19, 335–348.

Zarbatany, L., Ghesquiere, K., and Mohr, K. (1992). "A Context Perspective on Early Adolescents' Friendship Expectations." *Journal of Early Adolescence,* 12, 111–126.

Zebrowitz, L. A., Hall, J. A., Murphy, N. A., and Rhodes, G. (2002). "Looking Smart and Looking Good: Facial Cues to Intelligence and Their Origins." *Personality and Social Psychology Bulletin,* 28, 238–249.

Zeidner, M. (1995). "Personality Trait Correlates of Intelligence." In D. H. Saklofske and M. Zeidner (Eds.), *International Handbook of Personality and Intelligence* (pp. 299–319). New York: Plenum.

Zelkowitz, P. (1987). "Social Support and Aggressive Behavior in Young Children." *Family Relations,* 36, 129–134.

Zellman, G. L. (January–February, 1982). "Public School Programs for Adolescent Pregnancy and Parenthood: An Assessment." *Family Planning Perspectives,* 14, 15–21.

Zern, D. S. (1989). "Some Connections between Increasing Religiousness and Academic Accomplishment in a College Population." *Adolescence,* 24, 141–153.

Zhao, Y., Pugh, K., Sheldon, S., and Byers, J. L. (2002). "Conditions for Classroom Technology Innovations." *Teachers College Record,* 104, 482–515.

Zhou, J., Hofman, M., Gooren, L., and Swaab, D. (1995). "A Sex Difference in the Human Brain and Its Relation to Transsexuality." *Nature,* 378, 68–70.

Zila, L. M., and Kiselica, M. (2001). "Understanding and Counseling Self-Mutilation in Female Adolescents and Young Adults." *Journal of Counseling and Development,* 79, 46–52.

Zill, N., Morrison, D. R., and Coiro, M. J. (1993). "Long-Term Effects of Parental Divorce on Parent-Child Relationships, Adjustment, and Achievement in Young Adulthood." *Journal of Family Psychology,* 7, 91–103.

Zillman, D. (1996). "The Psychology of Suspense in Dramatic Exposition." In P. Vorderer, H. J. Wulff, and M. Friedrichsen, (Eds.), *Suspense: Conceptualizations, Theoretical Analyses, and Empirical Explorations* (pp. 199–231). Mahwah, NJ: Erlbaum.

Zillman, D. (2000). "Influence of Unrestrained Access to Erotica on Adolescents' and Young Adults' Dispositions toward Sexuality." *Journal of Adolescent Health,* 27, Supplement no. 2, 41–44.

Zimmerman, P. (1999). "Structure and Functioning of Internal Models of Attachment and Their Role in Emotional Regulation." *Attachment and Human Development,* 1, 55–71.

Zimmermann, P. (2004). "Attachment Representations and Characteristics of Friendship Relations during Adolescence." *Journal of Experimental Child Psychology,* 88,

83–101.

Zimmerman, R. S., Sprecher, S., Langer, L. M., and Holloway, C. D. (1995). "Adolescents' Perceived Ability to Say 'No' to Unwanted Sex." *Journal of Adolescent Research*, 10, 383–399.

Zlotnick, C., Shea, M. T., Pearlstein, T., Simpson, E., Costello, E., and Begin, A. (1996). "The Relationship between Dissociative Symptoms, Alexithymia, Impulsivity, Sexual Abuse, and Self-Multilation." *Comprehensive Psychiatry*, 37, 12–16.

Zuckerman, D. (2005). "Teenagers and Cosmetic Surgery." *Virtual Mentor*, 7. Retrieved from http://www.ama-assn.org/ama/pub/category/14695.html 6/8/06.

Zuckerman, D. (January 1985). "Too Many Sibs Put Our Nation at Risk?" *Psychology Today*, 19, 5, 10.

찾아보기

역자소개

정영숙

서울대학교 대학원 심리학과 졸업(석사)
서울대학교 대학원 심리학과 졸업(박사)
현재 부산대학교 심리학과 교수

신민섭

서울대학교 대학원 심리학과 졸업(석사)
연세대학교 대학원 심리학과 졸업(박사)
현재 서울대학교 의과대학 정신과학교실
        서울대학병원 소아청소년정신과 교수

이승연

이화여자대학교 대학원 심리학과 졸업(석사)
미국 아이오와대학교 대학원 심리학과 졸업(박사)
현재 이화여자대학교 심리학과 교수